SOUS LA DIRECTION DE

Jean-François Sirinelli

Histoire des droites en France

3. Sensibilités

Gallimard

Le lecteur trouvera en fin de chacun des trois volumes de *L'Histoire des droites en France* un index recensant personnages, organisations et mouvements. Nous l'invitons à le consulter systématiquement, afin qu'il puisse saisir, par une lecture transversale, les mêmes réalités historiques selon des approches différentes – politique, cultures, sensibilités.

Les notes, regroupées en fin de volume, sont appelées dans le texte par des exposants ; les chiffres entre crochets dans le texte renvoient aux ouvrages référencés dans les bibliographies figurant à la suite de chaque chapitre.

Ont contribué à ce volume :

Pierre Barral, Université de Montpellier III.
Pierre Birnbaum, Université de Paris I.
Pierre Bouretz, École des hautes études en sciences sociales.
Philippe Boutry, Université de Paris I.
Jean-Pierre Chaline, Université de Paris IV.
Jean-Marie Donegani, Institut d'études politiques de Paris.
Jacques Dupâquier, École des hautes études en sciences sociales.
Jean Estèbe (†), Université de Toulouse II.
Antoinette Fauve-Chamoux, École des hautes études en sciences sociales.
Pierre Guillaume, Université de Bordeaux III.
Yves Lequin, Université de Lyon II.
Françoise Mayeur (†), Université de Paris IV.
Alain-René Michel (†), Université de Lille III.
Marc Michel, Université d'Aix-Marseille I.
Harry W. Paul, Université de Floride.
Jacques Portes, Université de Paris VIII.
Guy Rossi-Landi, Institut d'études politiques de Paris.
Anthony Rowley, Institut d'études politiques de Paris.
Odile Rudelle, CEVIPOF (Fondation nationale des sciences politiques).
Marc Sadoun, Institut d'études politiques de Paris.
Jean-François Sirinelli, Institut d'études politiques de Paris.
Alain-Gérard Slama, Institut d'études politiques de Paris.
Pierre Vaisse, Université de Paris X.

INTRODUCTION

Des sensibilités

Les individus tissent quotidiennement, par les liens qu'ils établissent d'eux-mêmes aux autres, la trame de la vie dans la Cité. Ils découpent à leur échelle l'espace public en des espaces plus restreints et davantage homogènes que sont, par exemple, les milieux sociaux, les réseaux professionnels, les sociabilités de loisir ou d'engagement associatif. Ces opérations d'organisation de la sphère reconnue comme propre à l'individu et distincte de celle, politique, dévolue à l'État et à l'administration résultent de l'exercice par chacun des droits fondamentaux qui lui sont garantis : liberté d'opinion, liberté d'expression, liberté de posséder, liberté d'entreprendre, liberté de créer, liberté de circuler... Elles reflètent, dans les activités de tous les acteurs qui animent la vie de la Cité par leur travail, leurs pensées, leurs sentiments ou leurs choix d'existence, ce que nous avons proposé d'appeler les sensibilités[1]. En effet, dans la gestion quotidienne des rapports sociaux les plus simples comme dans l'élaboration des produits de la pensée ou du goût les plus achevés et dans la place qui leur est socialement reconnue, se dévoilent des grandes manières partagées de vivre, de concevoir, de sentir, de s'exprimer... Ces manières induisent donc, selon les affinités de croyances, de religion, d'éducation, chez chacun, qu'il agisse comme citoyen ou comme individu social, l'expression de son suffrage ou les conduites de coexistence de soi avec les personnes et les groupes.

Il est historiographiquement le plus souvent convenu que le domaine social de l'individu — ce que, pour des raisons déjà exposées, nous avons appelé la Cité[2] — est hors de portée du

1. Voir l'introduction générale, « Des droites et du politique », *supra*, tome I, p. I à XLVI.
2. Voir l'introduction générale, *op. cit.*, p. XXXIX-XLI.

politique. Pourtant, l'étude des droites en France a révélé combien la limite entre l'univers politique institutionnel et celui de la Cité est marquée, dans son premier tracement par la Révolution de 1789 comme dans les débats qui n'ont depuis lors cessé sur la signification réactivée et la portée exacte de cet acte fondateur, du sceau de l'idéologie révolutionnaire et démocratique[1]. L'approche en termes de cultures a, pour sa part, souligné combien les droites ne se sont pas contentées de s'organiser dans la seule sphère de la politique afin de conquérir et exercer le pouvoir d'État, mais qu'elles ont, au contraire, très souvent débordé, au même titre que les gauches, mais selon des modalités qui leur étaient spécifiques, sur la sphère des individus : soit qu'elles fussent en quête d'une légitimité affermie par un enracinement dans des domaines d'activités sociales, économiques, professionnelles ou culturelles, que devaient rendre possible une sociabilité de salon ou d'association et de ligue puis, à l'époque du parti de masse moderne, les organisations satellites destinées à regrouper les individus d'après leurs déterminations sociales et non plus politiques — femme, jeune, professionnel, ancien combattant...; soit encore, qu'au lendemain d'une défaite politique majeure, elles aient espéré puiser les premières forces nécessaires à leur reconstitution dans un lien étroit avec tous ceux et toutes celles qui partageaient leurs valeurs, mais exprimaient celles-ci en dehors de la politique institutionnalisée.

Les sensibilités dévoilent donc la part obscure du politique, celle des formes héritées des générations devancières — croyances, valeurs, certitudes instinctives — que chacun fait siennes grâce à son milieu, à son éducation, à sa formation, sans pour autant avoir toujours la claire conscience de leur historicité ni de leur origine[2]. Les sensibilités sont stratifiées par les dépôts d'une mémoire sociale perdue par presque tous et qui les fabrique en forgeant à chaque époque les réponses aux crises et aux défis du temps à partir d'éléments empruntés aux horizons idéologiques contemporains.

1. On sait combien le statut exact de la société est devenu essentiel, en philosophie politique, à la problématique de la nature de la démocratie. Pour mémoire, rappelons deux textes qui aidèrent fortement à la relance de cette réflexion : Claude Lefort, « Droits de l'homme et politique », *Libre*, 7, Paris, Payot, 1980 (repris dans *L'invention démocratique. Les limites de la domination totalitaire*, Paris, Fayard, 1981, p. 85-106); Marcel Gauchet, « Tocqueville, l'Amérique et nous », *Libre, op. cit.*, p. 42-120.

2. Cette appropriation individuelle diffère donc de la « socialisation politique » telle que les politologues la définissent. Lire la belle synthèse introductive d'Annick Percheron, « La socialisation politique. Défense et illustration », dans Madeleine Grawitz et Jean Leca, *Traité de science politique*, t. III, *L'action politique*, Paris, PUF, 1985, p. 166-235.

On devine ainsi combien ces sensibilités peuvent être la source d'une vigueur pérenne de l'axe droites-gauches en des périodes où celui-ci donnerait aux observateurs l'impression d'un effacement dans le champ politique...

Aussi l'étude des sensibilités doit-elle conjuguer le calcul du poids des valeurs communes dans leur époque respective et l'analyse des différents apports qui sont à leur soubassement. Pour saisir les sensibilités, en effet, il convient de repérer d'abord, dans l'univers social, et à l'occasion de crises et de débats majeurs, les constructions systématisées de valeurs et de perceptions. Dans ces moments particuliers, très souvent, les croyances et les conceptions jusqu'alors portées par les individus sont prises formellement en charge par des élaborations argumentatives qui se différencient du discours des partis. Alors la parole revient aux essayistes, aux hommes de l'art, aux hommes de plume. Alors la parole individualisée d'un auteur exprime un dire où se reconnaissent en masse ses contemporains. Alors la littérature ou les analyses d'un grand témoin du temps apprendront plus à l'historien que les discours des partis, qui tardivement refléteront, en l'appauvrissant, cette parole sociale. Dans ces écrits et discours qui traversent et animent la Cité en ce qu'elle peut avoir de plus essentiel pour l'individu — la foi, l'univers familial, l'éducation, le sentiment d'appartenance au groupe ou à une forme supérieure de collectivité, le sentiment artistique... —, l'historien pourra, en effet, respirer l'air d'un temps social qui souffle à sa propre guise, hors du monde de la politique instituée. A l'historien apparaît dans ces brèches une formulation — souvent inédite, autre, modelée par l'espace social et à lui seul destinée, et non pas tamisée par les discours partisans convenus — des questions fondamentales à la vie de la Cité.

L'approche des sensibilités doit donc, répétons-le, savoir également restituer aux grands systèmes et récits explicatifs leur part propre au fondement des sensibilités, même si ces dernières jamais ne réfèrent aux horizons idéologiques où pourtant un jour elles ont trouvé une part de leur origine. L'étude des sensibilités s'inscrit donc dans le va-et-vient permanent entre l'expression la plus achevée que chacune d'entre elles put recevoir d'un auteur, d'un romancier, d'un critique ou d'un artiste au diapason des préoccupations de ses contemporains concernant la défense et l'illustration de l'univers social de l'individu, et la prise en charge déformante de ces mêmes préoccupations par les partis politiques, souvent sous la forme d'une rhétorique de propagande préalablement fixée, mais parfois aussi sous la forme consécutive d'une loi ou d'une création institutionnelle.

Les grandes sensibilités auxquelles nous nous sommes arrêtés structurent quatre domaines : la présence au monde ; l'organisation de la Cité ; les manières de vivre la Cité au quotidien ; le moule de l'individu.

La présence au monde est le domaine premier des sensibilités. Premier chronologiquement, dirons-nous, puisque c'est par rapport au legs essentiel de la Révolution française — à savoir, un univers social qui puise en lui-même son propre sens et ses principes régulateurs grâce au pouvoir organisateur des individus —, que les droites mirent longtemps à se déterminer, rejetant ou infléchissant la construction sociale et politique laissée par cette Révolution en héritage. Le point portait sur les attaches nécessaires à l'individu pour qu'il échappe à l'atomisation qui le guettait et puisse se rattacher à des autorités que les droites jugeaient plus naturelles que celle accordée par la Révolution à l'individu souverain : serait-ce la famille ? La terre ? La région ? La patrie ? Ces appartenances détermineraient-elles une supériorité particulière de l'organisation culturelle et sociale qui, par sa pente naturelle, devait étendre son aire aux terres colonisées et se déterminer — dans l'épreuve de l'étranger[1] — par rapport à d'autres nations, par rapport à d'autres pays ?

Une fois déterminée la place de l'individu dans le monde, place qui, selon les droites, donne sens à son existence, se pose la question de l'organisation de la Cité, de la détermination des valeurs qui seront au principe de l'univers social de l'individu : ces valeurs seront-elles religieuses, référant l'ordre social à une puissance extérieure à la Cité des hommes, ou bien, au contraire, démocratiques, renvoyant aux lumières supposées de chacun dans l'exercice de son pouvoir suffrageant ? La délégation de la souveraineté implique l'existence d'un corps constitué de représentants — les députés — et celle d'une administration efficace, en la personne du fonctionnaire. Or, ces deux figures n'ont jamais été sans susciter chez les individus de droite une réaction pour le moins ambivalente, traduisant l'ambiguïté d'une demande d'État que les droites voulaient compatible avec la défense et la protection de l'univers social. De ce point de vue, l'analyse de la place accordée par les droites, place qui se révèle loin d'être évidente, au marché et à l'économie est éclairante : s'y mêlent, dans une délicate conjugaison, valeurs référant au seul individu entrepreneur et créateur et

---

1. Pour reprendre, et lui donner un autre sens, le titre de l'ouvrage d'Antoine Berman, *L'épreuve de l'étranger. Culture et traduction dans l'Allemagne romantique*, Paris, Gallimard, 1984.

valeurs réclamant de l'État qu'il se fasse le gendarme de l'activité désordonnée et dérégulatrice des acteurs.

Reste à vivre selon ces valeurs et ces croyances la Cité ainsi aménagée, c'est-à-dire vivre le rapport social de soi aux autres sur des modes aussi différents que les haines et les préjugés à l'égard de groupes et de confessions minoritaires, que les hantises nourries à l'égard de classes jugées étrangères à la Cité par leur culture, leur statut, leur fonction, voire leur hygiène, que les expériences esthétiques partagées ou qu'une croyance commune dans les bienfaits — ou les méfaits — sociaux de la Science.

Toutes ces valeurs sont portées, propagées, reproduites par les individus. Il fallait donc tâcher de comprendre comment ce dernier les fait siennes. Les droites ont longtemps affiché la certitude que l'individu et le citoyen partageraient leurs horizons idéologiques grâce à trois expériences formatrices et fondamentales : la religion, qui donne le sens d'une continuité des temps humains et suprahumains ; l'éducation, qui doit transmettre les valeurs religieuses ou le sentiment d'appartenance à une tradition ; le patrimoine, enfin, dont la possession est dotée des vertus de la stabilité sociale. Ces trois grands moules de l'individu, posés comme tels par les idéologies de droite, devaient être aunés dans leurs influences respectives à notre époque. De cette conclusion du panorama des valeurs de droite, comme du parcours historique des formes que celles-ci revêtirent dans la perpétuation de la division fondamentale entre droites et gauches, dépendait la réponse à la question : qu'est-ce qu'être de droite ?

JEAN-FRANÇOIS SIRINELLI, ÉRIC VIGNE

Nota Bene : Les textes en italiques assurant d'un chapitre à l'autre la continuité démonstrative du volume sont dus à Jean-François Sirinelli et Éric Vigne.

Première partie

LA PRÉSENCE AU MONDE

CHAPITRE I

La famille

Expérience première, pour l'individu, de la venue et de la présence au monde, la famille est le lieu d'apprentissage des contraintes et des libertés. Sur elle, les droites ont bâti tous les systèmes d'identité et d'appartenance : à l'espèce, au groupe, à la communauté politique. En cela, la famille ouvre à la présence au monde comme à l'organisation de la Cité.

Au sortir de la tourmente révolutionnaire accouchéuse d'un nouvel ordre établi, sinon politique, du moins social, la famille prend rang d'institution.

Assurément, Napoléon y a fortement contribué, fondant en partie la masse de granit impérial sur le Code civil. Mais, surtout, cherchant à formaliser leur vision du monde nouveau, les droites, contre-révolutionnaire ou libérale, bientôt diversifiées selon leur appartenance aux branches dynastiques (légitimistes, orléanistes, bonapartistes), puis idéologiques (droite révolutionnaire au tournant du siècle ou nationaliste organiciste de la Ligue d'Action française), érigeront la famille en contrepoids premier à l'État. Qu'elles fondent le politique sur l'association naturelle ou l'association contractuelle, qu'elles cherchent à borner la sphère de l'État par une société civile qui demeure à charpenter, qu'elles ambitionnent de reconstruire l'État à partir des sociabilités communautaires, qu'elles dénoncent l'individualisme démocratique ou veuillent simplement le tempérer, qu'elles prônent le retour à une liberté enserrée dans la hiérarchie des obligations dictées par la tradition ou qu'elles exigent le respect de la liberté moderne, toutes les droites placent la famille au fondement de leur réflexion.

La famille est, au long du XIXᵉ siècle, l'objet à droite d'une impressionnante construction idéologique, dont l'historien ne pourrait assurément trouver d'équivalent, à gauche, que dans celle dont le peuple fait l'objet.

Qu'on en juge. Chez les idéologues refusant la philosophie contractualiste de la Révolution française, on mobilise l'histoire pour fonder la famille comme la seule institution matérielle et première, assurant, selon Joseph de Maistre et

Louis de Bonald, l'antériorité et la primauté du social sur l'individu. Toute sa vie durant, Numa-Denis Fustel de Coulanges n'aura de cesse de prouver, dans ses travaux d'historien et particulièrement dans La cité antique *(première édition 1864, septième édition revue et augmentée en 1879), que la famille est une association de nature qui est d'abord une association religieuse : la famille est née de cette dette essentielle des vivants à l'égard des morts auxquels elle rend un culte. En cela, elle n'établit pas seulement le lien à la terre qui s'élargira à l'amour de la patrie, elle fonde, contre la métaphysique rousseauiste de l'appropriation contre-nature, la propriété dans la religion même : chaque famille avait son foyer et ses ancêtres à honorer dans un enclos délimitant l'habitat du dieu. C'est dire que la propriété est ici un droit naturel, primordial et absolu, lié à la famille et à sa construction primitive [36]. L'œuvre de Fustel de Coulanges sera largement utilisée par la droite nationaliste et organiciste, afin d'ériger — avec l'apport des travaux de Frédéric Le Play, opposant ce qui aurait été, à ses yeux, la continuité et l'universalité historique de la famille-souche à l'artificialité de la famille nucléaire sur laquelle la philosophie des Lumières fondait le pacte social — la hiérarchie pyramidale des autorités naturelles qui conduit, chez un Charles Maurras par exemple, de la famille à la monarchie corporative.*

Que l'on se tourne vers la droite libérale, et la famille demeure une institution stratégique afin d'exiger de l'État qu'il respecte la liberté politique moderne, telle que Benjamin Constant, dans sa célèbre conférence à l'Athénée Royal de Paris, prononcée en février 1819, l'opposa à la liberté des Anciens où « l'individu, souverain presque habituellement dans les affaires publiques, est l'esclave dans tous ses rapports privés ». C'est à la famille que revient l'éducation des individus modernes, le gouvernement se bornant à l'instruction, puisque l'autorité publique doit respecter les droits des individus et que « dans ces droits, sont compris ceux des pères sur leurs enfants » : « Nous voulons jouir chacun de nos droits, développer chacun nos facultés comme bon nous semble, sans nuire à autrui ; veiller sur le développement de ces facultés dans les enfants que la nature confie à notre affection, et n'ayant besoin de l'autorité que pour tenir d'elle les moyens généraux d'instruction qu'elle peut rassembler, comme les voyageurs acceptent d'elle les grands chemins sans être dirigés par elle dans la route qu'ils veulent suivre » [34, p. 284].

Mais, dans les rangs libéraux, c'est Alexis de Tocqueville qui a le plus vivement éclairé combien, face à la révolution de l'état social qu'est la démocratie fondée sur le sentiment, devenu volonté, d'égalité, la famille a pris rang d'institution où se joue l'essentiel du devenir politique des pays. La famille est bouleversée, en effet, par l'individualisme démocratique qui se développe en proportion de l'égalisation des conditions. Tocqueville pose comme diagnostic le rétrécissement existentiel et l'appauvrissement culturel de la famille démocratique comparée à la famille aristocratique : « Chez les peuples aristocratiques, les familles restent pendant des siècles dans le même état, et souvent dans le même lieu. Cela rend, pour ainsi dire, toutes les générations contemporaines. Un homme connaît presque toujours ses aïeux et les respecte; il croit déjà apercevoir ses arrière-petits-fils, et il les aime. Il se fait volontiers des devoirs envers les uns et les autres, et il lui arrive fréquemment de sacrifier ses jouissances personnelles à ces êtres qui ne sont plus ou qui ne sont pas encore.

« Les institutions aristocratiques ont, de plus, pour effet de lier étroitement chaque homme à plusieurs de ses concitoyens [...]. Les hommes qui vivent dans les siècles aristocratiques sont donc presque toujours liés d'une manière étroite à quelque chose qui est placé en dehors d'eux, et ils sont souvent disposés à s'oublier eux-mêmes. Il est vrai que, dans ces mêmes siècles, la notion générale du semblable *est obscure, et qu'on ne songe guère à s'y dévouer pour la cause de l'humanité; mais on se sacrifie souvent à certains hommes.*

« Dans les siècles démocratiques, au contraire, où les devoirs de chaque individu envers l'espèce sont bien plus clairs, le dévouement envers un homme devient plus rare : le lien des affections humaines s'étend et se desserre.

« Chez les peuples démocratiques, de nouvelles familles sortent sans cesse du néant, d'autres y retombent sans cesse, et toutes celles qui demeurent changent de face; la trame des temps se rompt à tout moment, et le vestige des générations s'efface. On oublie aisément ceux qui vous ont précédé, et l'on n'a aucune idée de ceux qui vous suivront. Les plus proches seuls intéressent [...] Ainsi, non seulement la démocratie fait oublier à chaque homme ses aïeux, mais elle lui cache ses descendants et le sépare de ses contemporains; elle le ramène sans cesse vers lui seul et menace de le renfermer enfin tout entier dans la solitude de son propre cœur » [35, p. 613-614].

L'ère nouvelle de la démocratie est, aux yeux des droites, l'âge de tous les dangers pour la famille.

Soit la famille est emportée par les progrès de l'idéologie égalitaire et elle n'est plus qu'une monade vidée de toutes fonctions autres que d'être la niche où se replie l'individu atomisé (« *Je vois* », écrit encore Alexis de Tocqueville, « *une foule innombrable d'hommes semblables et égaux qui tournent sans repos sur eux-mêmes pour se procurer de petits et vulgaires plaisirs, dont ils emplissent leur âme. Chacun d'eux, retiré à l'écart, est comme étranger à la destinée de tous les autres : ses enfants et ses amis particuliers forment pour lui toute l'espèce humaine; quant au demeurant de ses concitoyens, il est à côté d'eux, mais il ne les voit pas; il les touche et ne les sent point; il n'existe qu'en lui-même et pour lui seul, et, s'il lui reste encore une famille, on peut dire du moins qu'il n'a plus de patrie* ») ; auquel cas elle cesse bientôt d'être le lieu nécessaire à la fortification des êtres par la transmission de l'héritage formateur des croyances, des savoirs et des sentiments communs accumulés par la chaîne des générations et elle livre, pour finir, chacun de ses membres au despotisme immense et tutélaire de l'État (« *Après avoir pris ainsi tour à tour* dans ses puissantes mains chaque individu, et l'avoir pétri à sa guise, le souverain étend ses bras sur la société tout entière ; il en couvre la surface d'un réseau de petites règles compliquées, minutieuses et uniformes, à travers lesquelles les esprits les plus originaux et les âmes les plus vigoureuses ne sauraient se faire jour pour dépasser la foule ; il ne brise pas les volontés, mais il les amollit, les plie et les dirige ; il force rarement d'agir, mais il s'oppose sans cesse à ce que l'on agisse ; il ne détruit point, il empêche de naître ; il ne tyrannise point, il gêne, il comprime, il énerve, il éteint, il hébète, et il réduit enfin chaque nation à n'être plus qu'un troupeau d'animaux timides et industrieux, dont le gouvernement est le berger », conclut Tocqueville [35, p. 837-863]).

Soit, au contraire, les droites réussissent à rebâtir à neuf sur l'institution familiale un ordre politique, social et culturel qui puisse borner l'emprise de l'État. Toute la bataille se livrera dès lors pour que la famille reproduise en son sein une hiérarchie de l'autorité, une circulation des croyances et une police des mœurs, qui non seulement échappent à l'État, mais contrecarrent son idéologie. En effet, une fois abolis par la Révolution « les privilèges particuliers des provinces, principautés, pays, cantons, villes et communautés d'habitants » (nuit du 4 août 1789), et chacun rendu à un espace public devenu politiquement et socialement homogène par l'égalité proclamée de tous, la famille devenait désormais le seul foyer de transmission des solidarités organiques et identitaires que pouvaient encore définir l'appartenance religieuse, la transmission de traditions, les récits historiques communautaires. Très vite, la Révolution jacobine, soucieuse d'élever le peuple, en la personne de chacun de ses membres, à sa dignité éclairée de Souverain, entendit prendre en charge non seulement l'instruction du peuple, mais l'éducation de ses enfants (« Que ne nous dit-on pas sur la nécessité de permettre que le gouvernement s'empare des générations naissantes pour les façonner à son gré ! » s'écrie Benjamin Constant [34, p. 284]). Que la famille préserve sa fonction essentielle d'enracinement, de transmission et d'éducation, et voilà préservés non seulement le bonheur privé, mais son expression politique par des individus libres d'exprimer leurs opinions librement formées, leurs intérêts librement choisis, leur foi librement épousée, et, par là même, libres d'influer sur l'administration et l'autorité [34, p. 267-268].

Désormais, la famille est non seulement le lieu de reproduction de la vie au plus intime, elle est également le foyer au plus près de l'émergence d'un ordre nouveau où la liberté dans la sphère de la société triomphe à terme de l'égalité dans la sphère de l'État. C'est en elle que doivent s'expérimenter les rapports nouveaux de pouvoirs hiérarchisés, nécessaires à la reconstruction de l'ordre social. Alexis de Tocqueville, si admiratif de ce que la civilisation anglo-américaine ait su combiner merveilleusement deux éléments distincts, l'esprit de religion et l'esprit de liberté, attribue « principalement » la prospérité singu-

lière et la force croissante de ce peuple à l'organisation de la famille. Refusant de renoncer à la diversité naturelle entre la constitution physique et morale de l'homme et celle de la femme, les Américains du Nord ont étendu l'égalité démocratique non plus aux individus, mais à l'univers respectif de leurs talents divisés : « *L'Amérique est le pays du monde où l'on a pris le soin le plus continuel de tracer aux deux sexes des lignes d'action nettement séparées, et où l'on a voulu que tous deux marchassent d'un pas égal, mais dans des chemins toujours différents. Vous ne voyez point d'Américaines diriger les affaires extérieures de la famille, conduire un négoce, ni pénétrer enfin dans la sphère politique ; mais on n'en rencontre point non plus qui soient obligées de se livrer aux rudes travaux du labourage, ni à aucun des exercices pénibles qui exigent le développement de la force physique [...] Ainsi, les Américains ne croient pas que l'homme et la femme aient le devoir ni le droit de faire les mêmes choses, mais ils montrent une même estime pour le rôle de chacun d'eux, et ils les considèrent comme des êtres dont la valeur est égale, quoique la destinée diffère. Ils ne donnent point au courage de la femme la même forme ni le même emploi qu'à celui de l'homme ; mais ils ne doutent jamais de son courage ; et s'ils estiment que l'homme et sa compagne ne doivent pas toujours employer leur intelligence et leur raison de la même manière, ils jugent, du moins, que la raison de l'une est aussi assurée que celle de l'autre, et son intelligence aussi claire.*

« *Les Américains, qui ont laissé subsister dans la société l'infériorité de la femme, l'ont donc élevée de tout leur pouvoir, dans le monde intellectuel et moral, au niveau de l'homme ; et, en ceci, ils me paraissent avoir admirablement compris la véritable notion du progrès démocratique* » [35, p. 726-729]*.*

La famille, chez un penseur d'inspiration organiciste comme Fustel de Coulanges ou un théoricien libéral comme Tocqueville, est donc le microcosme primordial du grand travail social. De la police de la famille dépend celle de la Cité. La conclusion de Tocqueville est, une fois encore, éclairante pour l'intelligence des lignes de force que les droites — *de Bonald à Maurras, de Constant à Lemire* — *dessinèrent dans leur défense de l'institution famille :* « *Jamais non plus les Américains n'ont imaginé que la conséquence des principes démocratiques fût de renverser la puissance maritale et d'introduire la confusion des autorités dans la famille. Ils ont pensé que toute association, pour être efficace, devait avoir un chef, et que le chef naturel de l'association conjugale était l'homme. Ils ne refusent donc point à celui-ci le droit de diriger sa compagne ; et ils croient que, dans la petite société du mari et de la femme, ainsi que dans la grande société politique, l'objet de la démocratie est de régler et de légitimer les pouvoirs nécessaires, et non de détruire tout pouvoir.* »

*
**

I. L'HÉRITAGE RÉVOLUTIONNAIRE

Ces horizons idéologiques communs aux droites ont inspiré les combats politiques et législatifs de tous les jours. Les droites n'ont cessé d'exalter la famille, accusant régulièrement les gauches de « ne voir, dans l'union de l'homme et de la femme, que les jouissances de l'amour animal[1] ». En contrepoint, c'est de gauche que sont montées, contre la famille, les attaques les plus virulentes : « Pas un sou à la famille nombreuse. C'est trop de ce qu'elle vous coûte, par répercussion, contre votre volonté... Abreuvez la brute prolifique — qui se trouve toujours, sauf rarissimes exceptions, dans le bien dénommé prolétariat (classe de faiseurs d'enfants) — d'un mépris correspondant au culte que lui sert, hypocritement d'ailleurs, la bourgeoisie, du règne de laquelle sa bestialité est un pilier, à l'égal de l'alcoolisme, de l'ignorance et de la religiosité[2]. » Et tout récemment Rémi Lenoir décrivait avec jubilation « l'effondrement des bases sociales du familialisme » [15].

Pourtant, les contre-exemples ne manquent pas : hommes de droite indifférents aux valeurs familiales[3], ralliement de tous les partis au Code de la famille en 1939 — voyez l'affiche du Parti communiste pour les élections législatives de 1936 représentant une famille restreinte à un enfant unique et proclamant « Pour que la famille soit heureuse, Votez communiste » —, et même retournement contre l'Église des accusations de subversion de l'institution familiale : « La famille et l'esprit de famille n'ont pas d'ennemi plus redoutable que la morale de l'Église[4]. »

A observer le déroulement de ces débats, on s'aperçoit que ce n'est presque jamais la famille elle-même qui a été contestée — sauf par quelques isolés aux motivations très personnelles, comme André Gide —, mais la conception qu'on se faisait de son rôle dans la société et les valeurs qu'elle semblait symboliser.

Tout commence avec la Révolution française, ou plutôt avec la contestation, par les philosophes du XVIIIe siècle, des fondements traditionnels de la famille [5]. S'ils reconnaissaient, avec Rousseau, « l'attrait de la vie familiale », ils avaient réclamé la réforme de la famille sur la base des principes de laïcité, de liberté et d'égalité :

sécularisation de l'état civil et du mariage, liberté de choix pour les jeunes gens, autorisation du divorce[5], égalité de droit des époux, limitation de la puissance paternelle, suppression du droit d'aînesse, protection des enfants naturels.

Sur tous ces points, l'Assemblée constituante et l'Assemblée législative s'étaient montrées très prudentes[6], mais, après la chute du roi, la Législative avait brusquement laïcisé le mariage et légalisé le divorce. Ce fut la Convention qui révolutionna, pour l'essentiel, l'institution familiale, sous l'impulsion de son « Comité de législation civile, criminelle et de féodalité », présidé par Cambacérès. Elle autorisa les changements de nom par simple déclaration, élargit considérablement les possibilités de divorcer, accorda aux enfants naturels l'égalité avec les enfants légitimes (en y mêlant un principe de rétroactivité), abolit toutes les coutumes matrimoniales, supprima la liberté de tester et affirma le droit égal de tous les descendants sur les biens de leurs ascendants. Certains auraient même voulu aller plus loin, et enlever aux parents l'éducation des enfants, qui, proclamait Danton, « appartiennent à la République avant d'appartenir à leurs parents[7] ».

Par la suite, les thermidoriens étaient revenus sur quelques-unes de ces réformes improvisées, en particulier sur les délais du divorce et sur le principe de rétroactivité des lois en ce qui concerne l'égalité des héritiers; mais l'essentiel de la législation révolutionnaire subsista jusqu'à l'élaboration du Code civil en 1804, qui aboutit à un compromis entre les traditions de l'ancienne France et les nouveautés introduites dans l'institution familiale depuis 1789. Le principe de l'égalité successorale fut conservé, avec des aménagements; le divorce resta possible, dans un cadre rétréci; mais, sous l'impulsion personnelle de Bonaparte, on revint en arrière sur trois points fondamentaux : la condition de la femme, la puissance paternelle, les droits des enfants naturels. Pour l'épouse, on ne se contenta même pas de revenir à la tradition (les coutumes lui reconnaissaient souvent une certaine capacité civile) : le Code Napoléon établit fermement sa dépendance à l'égard du mari et son incapacité civile. Pour le père, on rétablit une grande partie de son autorité : droit de correction (limité), veto sur le mariage des enfants mineurs, droit de tutelle, disposition de l'usufruit des biens des enfants; toutefois, la liberté de tester fut réduite à la quotité disponible. Pour les enfants naturels, on leur retira la qualité d'héritiers à part entière, et on leur interdit de faire la preuve de leur filiation paternelle.

Tels furent les termes du compromis entre traditionalistes et progressistes. Sur la frontière ainsi tracée, se déroulèrent sous la Restauration les premières batailles entre droite et gauche au sujet de l'institution familiale, la première voulant revenir à l'ancien droit, la seconde défendant pied à pied les acquis de la Révolution. Finalement, après une série d'escarmouches, on en resta presque exactement à la ligne de 1804, sauf sur un point très important : le principe du divorce.

Dans un deuxième temps, beaucoup plus tardif (1880-1914), les hostilités reprennent. Les gauches, victorieuses, regagnent le terrain perdu. Elles s'attaquent alors, non plus aux traditions des droites proprement dites, mais à la conception catholique du mariage, amenant ainsi l'Église à se confondre presque avec les droites, en dépit des réserves du catholicisme social. Pourtant, tout en revendiquant hautement l'héritage de la Révolution, les gauches se gardent bien de faire la guerre à la famille, comme l'y invitent alors anarchistes et néo-malthusiens.

Dans un troisième temps, qui mord sur la période précédente et s'étend jusqu'aux années 1960, la crainte de la dénatalité semble refaire l'unité nationale. C'est l'union sacrée autour de la famille. Dans ce vaste consensus, le régime de Vichy ne marque nulle rupture : Travail-Famille-Patrie aurait aussi bien pu servir de devise à la quatrième République (et à la cinquième en ses débuts) qu'à l'État français. Il y a presque continuité, sur ce plan, de Daladier (Code de la famille du 28 juillet 1939) à Pétain, et de Pétain à de Gaulle.

Enfin la période immédiatement contemporaine (au moins de 1968 à 1986) est marquée par la crise de la famille, ou plus exactement celle du mariage. On en revient presque intégralement à l'esprit des lois révolutionnaires; mais il est curieux d'observer que ce sont cette fois des gouvernements de droite — sous l'impulsion des féministes et des contestataires de mai 1968 — qui révolutionnent l'institution familiale, en y introduisant intégralement les principes de liberté et d'égalité : liberté du mariage, du non-mariage et du divorce, égalité totale des époux, des enfants naturels et adultérins; sans même parler du droit à l'avortement qui eût été inconcevable par les hommes de la Convention. La famille, référent en crise, fait alors retour dans le discours propagandiste des droites contemporaines.

II. LA FAMILLE SELON LES DROITES

La concrétisation de la fonction reconnue à l'institution famille par les horizons idéologiques des droites se traduit dans les trois piliers du statut législatif de la famille, tel que les droites vont le définir : l'autorité du père, la transmission du patrimoine et l'indissolubilité du mariage.

Jusqu'à la loi sur le divorce du 20 septembre 1792 la séparation de corps pouvait bien, le cas échéant, protéger la femme des violences de son mari[8], mais l'indissolubilité du mariage restait civilement et religieusement incontestée. Seule la population luthérienne d'Alsace avait bénéficié de quelques libertés en ce domaine entre son annexion et 1692, date à laquelle la minorité catholique avait obtenu du roi l'interdiction de tout divorce[9]. Par ailleurs les communautés juives de France, situées également en Alsace mais aussi en Lorraine, Région parisienne, Avignon et Comtat Venaissin, à Bordeaux et à Bayonne, rencontraient sous l'Ancien Régime des difficultés insurmontables à faire admettre comme légitimes par les divers Parlements des remariages conformes à leurs coutumes. L'Édit de tolérance de 1787 avait enfin reconnu la validité du mariage des non-catholiques, mais sans remettre en cause l'indissolubilité.

Chez les philosophes de l'époque des Lumières, le traitement du divorce est fonction des principes de référence des auteurs. Au nom des effets heureux de la liberté sur des êtres raisonnables, Montesquieu soutient que le divorce entraînera l'accroissement de la population, un renouveau de la moralité, le bonheur et l'harmonie des familles[10]; ou bien, au nom de la loi de nature, Diderot mettra en scène de mythiques Tahitiens : ceux-ci ne sont-ils pas libres et heureux[11]? — mais ce n'était qu'une fable philosophique. Enfin, sans doute mû par son hostilité à l'intolérance de l'Église, Morelly s'en prend à l'indissolubilité des lois du mariage[12], mais son extrémisme ne fera guère école que chez Gracchus Babeuf. Sans doute plus représentatif de ce que pensent les philosophes est l'article « divorce » de l'*Encyclopédie*, très mesuré, dû à la plume de Boucher d'Argis, mais aussi accepté par les éditeurs, Diderot ou d'Alembert. Il faudra attendre 1770 pour voir paraître quelques libelles — théoriquement édités hors de France[13] — réclamant la légitimation du divorce. On relèvera par la suite, jusqu'à la fin de l'époque révolutionnaire, que l'argument nataliste est employé systématiquement par les partisans du divorce et que ces derniers lient le divorce à une amélioration de la condition de l'enfant[14]. C'est à Cerfvol, un démographe, que l'on doit les parutions qui firent le plus de bruit en ce domaine entre 1768 et 1770 : agitant le spectre de la dépopulation, il réédite son *Mémoire sur la population* (1768) sous le titre *Utilité civile et politique du divorce*[15]. Il faut faire la chasse au célibat, à l'immoralité de l'adultère et de la prostitution, endiguer le flot des naissances illégitimes et des abandons d'enfants, conséquences de l'indissolubilité du mariage. Helvétius avait aussi esquissé avant 1770 un tel plaidoyer, totalement athée, qui faisait paradoxalement de la possibilité du divorce le plus sûr fondement de la famille; on le retrouve chez Condorcet[16]. Il s'accompagne d'arguments en faveur de l'allaitement maternel et de l'alphabétisation. Dans cette ligne, l'ouvrage de Hennet, *Du divorce* (1789[17]), ne suscite que de bien timides réfutations[18], puisqu'il semble répondre aux préoccupations de l'honnête homme et du bon citoyen[19]. On comprend mieux que la Révolution ait alors donné à la France, dans une quasi-unanimité républicaine[20], une loi particulièrement libérale que les juristes impériaux achevèrent de codifier, en la limitant quelque peu : par exemple plus de divorce pour incompatibilité d'humeur. Les divorces « frivoles » de l'An II et de l'An III ne cesseront d'inspirer, dans les années 1880, les défenseurs du mariage indissoluble. Avec le Code civil, le divorce devenait plus difficile à obtenir pour les femmes, qui en étaient dans les faits plus souvent demandeurs que les hommes[21].

Tant que l'institution familiale n'avait pas été mise en question, la droite — ou plutôt les traditionalistes, car il est difficile de parler de droite avant 1814 — n'avait pas éprouvé le besoin de la justifier. Pour ses penseurs, la famille était antérieure à l'État, et celui-ci n'avait d'autre fonction que d'assurer sa sécurité : « Si l'état habituel de guerre et d'alarme où vivaient les familles avant l'établissement des sociétés publiques n'avait pas été insupportable et aussi contraire à la nature de l'homme qu'aux volontés de son auteur, jamais la famille, naturellement indépendante, n'aurait songé à se donner un maître ou n'aurait pu le supporter », écrit le vicomte Louis de Bonald en 1819[22].

Pour la droite, l'institution familiale repose, on l'a vu, sur l'autorité du père, la transmission du patrimoine et l'indissolubilité du mariage. C'est donc sur ces trois points qu'elle attaque, de 1815 à 1826, avec plus ou moins de succès, le Code civil.

De même que la monarchie « présente le pouvoir d'un seul, supérieur à tout, soumis par sa durée à la seule action du temps[23] », il faut à la famille un chef unique « de qui tout ordre dérive, pour tendre vers un seul intérêt[24] ». D'où cette injonction du vicomte de Bonald aux législateurs : « Renforcez le pouvoir domestique, élément naturel du pouvoir public, et consacrez l'entière dépendance des femmes et des enfants, gage de la constante obéissance des peuples. Gardez-vous de créer des pouvoirs, là où la nature n'a mis que des devoirs, en décrétant l'égalité civile de personnes distinguées entre elles par des inégalités domestiques. »

En février 1818, le député Pierre-Joseph Dubruel propose à la Chambre des députés de réviser la législation sur les effets de la puissance paternelle, avec les considérations suivantes. « La puissance paternelle est fondée sur la nature, sur les devoirs des parents, sur les obligations des enfants, et sur l'intérêt général. Ce pouvoir, tel qu'il existait dans le pays de droit écrit... était avantageux aux enfants, juste envers les pères et utile à la société. Il était conforme à nos institutions monarchiques, il était la sauvegarde des bonnes mœurs, de l'union et de l'honneur des familles. Les nouvelles lois sur les effets de la puissance paternelle ruinent en général, de fond en comble, ces précieux avantages ; elles sont nuisibles aux enfants, injustes envers les pères, dangereuses pour l'ordre social, et deviennent la source des plus grands désastres[25]. » Cette proposition est prise en considération, mais elle n'aboutit pas, et c'est en vain que Dubruel revient à la charge les années suivantes. Il semble évident que la majorité de l'opinion, et même une partie de la droite, se satisfaisait du compromis napoléonien et ne ressentait pas le besoin d'aller au-delà, car, sur le rétablissement de la puissance paternelle, le Code civil avait déjà frayé aux trois quarts la voie.

Il en fut de même pour le rétablissement du droit d'aînesse et la liberté de tester. Dès le 30 avril 1820, le duc de Lévis, inquiet de l'extrême morcellement des propriétés, avait proposé à la Chambre des pairs la création de majorats, mais en évitant de la justifier par des considérations d'ordre familial[26]. Au contraire, lorsque le gouvernement dépose, le 10 février 1826, sur le bureau de la Chambre des pairs, un projet de loi sur les successions et substitutions, le ministre de la Justice, Charles-Ignace de Peyronnet, oppose franchement l'intérêt de la famille à celui de l'individu[27] : « Dans les monarchies, l'individu, c'est la famille, l'homme collectif, l'homme qui se succède et se perpétue, l'homme qui ne change point et ne veut aussi rien changer. Dans les démocraties, au contraire, dont le principe n'est pas la durée, mais bien la division et le changement, ce n'est que l'homme, l'homme isolé, l'homme d'un jour, l'homme sans liaison et sans rapport avec le passé et l'avenir, l'homme qui n'ait le temps de rien fonder pour soi, dans un État où rien ne doit l'être parce que le pouvoir lui-même ne l'est point. » Il s'agissait d'attribuer de droit au fils aîné la partie disponible de la fortune du père, lorsque celui-ci n'aurait pas testé.

Pourtant cette modeste proposition provoqua une tempête de protestations, et l'argumentation du garde des Sceaux fut rejetée par la noblesse libérale, au nom même de la défense des intérêts familiaux : « En bouleversant nos usages et nos mœurs », opina le duc de la Rochefoucauld, « en rétablissant des castes, non plus seulement entre des masses de population, mais dans le foyer domestique, entre les frères, et sous le toit paternel, cette loi détruirait et rendrait impossible l'union des familles, laquelle est aussi un appui, une force de l'ordre social, et par cela même un des éléments du maintien de l'ordre public, et de l'attachement au gouvernement sous lequel nous avons le bonheur de vivre[28] ». Finalement, ce fut seulement sur la suppression du divorce que la droite obtint un succès significatif.

Dès la chute du Directoire, en 1800, Louis de Bonald, publie *Du divorce, considéré au XIXe siècle relativement à l'état domestique et à l'état public de société*[29], ouvrage qui connut le succès ; il en reprendra l'essentiel dans la proposition de suppression du divorce qu'il présentera le 26 décembre 1815 à la Chambre des députés. Son discours souligne les dommages que le divorce cause à la femme, qui perd « pureté virginale, jeunesse, beauté, fécondité, considération », même si elle y retrouve parfois son argent. L'éducation des enfants est compromise et l'autorité du père tristement affaiblie. Le divorce marque la dégradation du pouvoir marital et paternel, et Bonald conclut : « Pour retirer l'État des mains du peuple, il faut retirer la famille des mains des femmes et des enfants. » Quant à l'argument nataliste, employé désormais par la droite contre le divorce, selon lequel « c'est dans les bonnes mœurs qu'est la source féconde de la population », ce n'est pas Bonald qui l'emploie à la Chambre, mais c'est le rapporteur même du projet de loi, le député du Gard, Trinquelague, qui poursuit : « Si le mariage est indissoluble par son institution et par sa nature, si la religion de l'État le déclare tel, si l'intérêt de la société exige qu'il le soit, comment la loi civile pourrait-elle admettre le divorce ?... C'est donc à la loi civile à céder, et l'interdiction du divorce prononcée par la loi religieuse doit être prononcée par la loi civile, doit être respectée par elle[30] »

Ainsi, après vingt-trois ans de loi libérale, le divorce, qui, pour les thuriféraires de la Révolution, ouvrait surtout la voie à la démocratie au sein de la famille, est-il aboli avec la loi du 8 mai 1816.

On s'était cependant gardé de toucher à la séparation de corps (déjà légale sous l'Ancien Régime), d'autant plus qu'elle était admise par le catholicisme auquel la Charte de 1814 avait conféré le statut de religion d'État. L'Église catholique distinguait en effet la séparation d'habitation (*quoad thorum*) du divorce complet (*quoad vinculum*) que l'indissolubilité du mariage-sacrement rendait impossible selon les canons du Concile de Trente : celui-ci, en 1563 (session XXIV, can. 17), avait prononcé la condamnation définitive du divorce par consentement mutuel que, jusque-là, en France, la loi salique avait autorisé.

Mais, défaisant d'une main, pour certains, ce qu'elle faisait de l'autre, l'Église, comme elle l'avait toujours fait, pouvait annuler les mariages et pactiser avec le siècle. Après la Révolution de Juillet et la Charte de 1830, le catholicisme cessant d'être religion d'État, le problème du divorce fut de nouveau posé. La Chambre des députés vota plusieurs projets de rétablissement du divorce en 1831, 1832, 1833 et 1834, qui furent adoptés par l'assemblée mais rejetés par la Chambre des pairs.

Le programme des droites — légitimiste comme orléaniste —, avant 1848, était assis sur quatre principes : ordre, religion, propriété, famille ; et on peut soutenir à bon droit qu'il n'y eut pas, substantiellement, de grandes différences, de ce point de vue, entre les deux grandes composantes de la droite. La nouvelle Constitution de 1848 remédiera bien à certaines conséquences sociales de la politique antérieure (art. 13 : la société « fournit l'assistance aux enfants abandonnés, aux infirmes et aux vieillards sans ressources et que leurs familles ne peuvent secourir »). Sans doute, comme le dit Proudhon, la valeur morale de la famille dépend-elle de celle de la société et de l'État. Et le socialiste de s'en prendre particulièrement à Malthus, coupable, à ses yeux, d'imputer à la famille — qui doit mettre un frein à sa reproduction — une responsabilité qui est celle de la société : « Qui viendra me dire que le droit de travailler et de vivre n'est pas toute la révolution ? Qui viendra me dire que le principe de Malthus n'est pas toute la contre-révolution ? » Aussi, citant l'apologue du banquet, il affirme que « la théorie de Malthus, c'est la théorie de l'assassinat par philanthropie, par amour de Dieu[31] ». Et les idées de Proudhon sur le mariage et la famille ne semblent ni particulièrement athées, ni, à nos yeux, particulièrement à gauche : l'union conjugale doit être inviolable, indissoluble, au sein d'une cellule sociale hiérarchisée sous l'autorité du père de famille[32]. Assurément le divorce affaiblirait cette autorité paternelle.

Quant aux députés catholiques, ils sont loin de tenir des discours homogènes. Pour Trinquelague, le divorce n'offre même pas l'avantage d'augmenter la natalité puisque la limitation des naissances est largement pratiquée « dans les grandes villes, où règne audacieusement la licence, où les passions en délire trompent sans cesse les sentiments et le vœu de la nature[33] ». Sur ce point Bonald, admirateur de Malthus, estime au contraire que l'industrie est « une cause extrêmement active et continuellement agissante de population[34] ». Peu après la Révolution de 1848, quelques propositions favorables au rétablissement du divorce échouèrent devant l'Assemblée, en particulier celle que cosignèrent au nom du gouvernement Arago, Lamartine, Marie et Louis-Antoine Garnier-Pagès et que présenta le 26 mai 1848 le ministre de la Justice, Adolphe Crémieux : on y voit poindre un souci certain des droits de la femme, à travers une proposition de modification de l'article 310 du Code civil — George Sand, amie d'Arago et responsable de nombreux textes de l'époque n'a peut-être pas été étrangère à sa rédaction. Une loi de janvier 1851 facilite cependant les séparations de corps[35]. Or, face à une politique de plus en plus conservatrice, l'opinion publique commençait à se faire entendre, défendant les « internés de mauvais mariage[36] » et les intérêts féminins. La presse, la littérature, le théâtre s'emparèrent du sujet : l'absence de divorce encourage le crime passionnel et les actes de justice sommaire face à l'adultère[37]. On ne manque pas, à l'occasion, de citer *La coutume du Berry*, selon laquelle le mari trompé est habilité à supprimer femme et amant.

Pourquoi le second Empire n'a-t-il pas restauré le divorce ? Dans le manifeste politique que sont les *Idées napoléoniennes* (1839), Louis-Napoléon appelle à la relégalisation d'un divorce assurant la sécurité des familles. Mais Napoléon III ne voulut pas perdre l'appui de l'Église. Après 1870, les bonapartistes se feront les avocats du divorce, mais un peu tard : le prince Jérôme dirige un parti qui, aux élections de 1881, met le divorce à son programme.

III. RÉTABLISSEMENT DU DIVORCE, LAÏCISATION DE LA FAMILLE

En 1869, Alfred Naquet, jeune socialiste, professeur de chimie, a publié à compte d'auteur *Religion, propriété, famille*[38], qui a fait scandale au point que son auteur s'est vu traduit en justice pour atteinte à la religion et à la morale. La polémique sur le divorce est ouverte et ne se refermera qu'avec la loi de 1884. Naquet attaque violemment : « Proudhon nous dit en paraphrasant saint Paul, "Mieux vaut concubiner que brûler"; il ajoute que le concubinat, inférieur au mariage, est supérieur à la prostitution. N'est-ce pas faire le procès à l'indissolubilité du mariage ? Pour un défenseur de cette institution, le divorce nous paraît plus naturel à admettre. Repousser le divorce, et aboutir au concubinat est une monstruosité de logique. » Il faut noter que, pour Naquet, le divorce n'est qu'une étape, un stade nécessaire à une réforme complète de la société, c'est sans doute pourquoi ses projets faisaient si peur aux conservateurs : « Le divorce volontaire, tout d'abord, modifie l'institution du mariage et tend à la supprimer. Il n'empêche pas, cependant, que cette institution puisse être nuisible... Tant que toutes les charges familiales incomberont au père, le mariage sera de fait indissoluble, malgré toutes les lois qu'on pourra faire pour qu'il ne le soit pas... Le mariage, même avec le divorce, porte en soi une source de tyrannie qui projette son ombre malfaisante jusque sur les unions dites illégitimes[39]. » De fait, Naquet juge (après avoir discuté le principe de population de Malthus et — contrairement à Proudhon qu'il critique vivement — refusé toute « contrainte morale ») que si la famille fut une institution assez utile à la société, désormais « le remède à l'excès de population est dans l'abolition du mariage ». Des remèdes proposés par les économistes contre l'accroissement de la population, la plupart sont inefficaces et tous dangereux et immoraux. En particulier « mettre un obstacle à l'immigration est d'un patriotisme étroit que la conscience moderne repousse ». Et toute réforme de la famille passe par l'instruction pour tous : « Ce qui fait que la famille est ordinairement considérée comme une arche sainte, c'est que ceux qui peuvent l'attaquer ou la défendre, c'est-à-dire les hommes instruits, appartiennent d'ordinaire aux classes aisées. Ils n'ont eu de la famille que les avantages :

instruction et richesse; aussi la considèrent-ils comme le plus grand des biens d'ici-bas[40]. » Finalement la reconstitution de la famille, point de départ de la rénovation future de l'humanité, passe par l'amour, la liberté, l'égalité — Naquet est bien sûr hostile à l'héritage — et les responsabilités données aux femmes. Devenues inutiles, les religions n'auront plus qu'à disparaître. Entre-temps, le divorce a été rétabli en 1876 par la législation allemande en Alsace et en Lorraine.

Une fois député, Naquet, se référant à la loi de 1792, peut déposer le 6 juin 1876 sa proposition de loi pour le rétablissement du divorce, à laquelle il se consacrera. Le projet, qui est repoussé par la Chambre, aura suscité des réactions indignées des milieux catholiques — Naquet fera la distinction entre ses adversaires catholiques « militants » et les catholiques « ordinaires », moins dangereux. Il publiera en 1877 un mémoire intitulé *Le divorce*[41] et reviendra encore à la charge, sans succès, en 1878. De son côté, Alexandre Dumas fils prépare une réponse à l'abbé Vidieu (qui vient d'attaquer Naquet par *Famille et divorce*) et fait paraître en 1880 *La question du divorce*. Le ton de la bataille est donné par Dumas : c'est le diable du divorce contre l'ange du mariage indissoluble : « Je suis homme de théâtre, vous êtes homme d'Église... Voilà donc le monstre que M. Naquet a fait sortir de son antre; le voilà avec son corps gigantesque, sa face menaçante... Approchons-nous, il ne nous mordra pas; il est encore attaché dans un bureau de la Chambre, il est encore muselé par la loi de 1816... Moi, je suis convaincu que, comme l'éléphant indien, il est prêt à porter tout un monde sur son dos, à se promener au milieu des jardins sans les dévaster, à faire les plus pénibles et les plus durs ouvrages de la maison, à protéger les enfants contre les autres animaux et à jouer avec eux[42]. »

Dumas se complaît à démonter point par point les arguments des prédicateurs. En premier lieu la Bible ne dit pas ce que les catholiques soutiennent. « Hélas! monsieur, la Bible qui est un livre que tout le monde peut acheter, mais que bien peu de personnes lisent, surtout parmi les catholiques..., la Bible non seulement ne dit pas un mot de ce que vous dites, mais elle dit tout le contraire. Il n'y est pas question de mariage; elle ne parle même pas d'amour, elle ne parle que de reproduction... L'alliance est donc complète entre l'Éternel et le patriarche adultère, polygame, entremetteur. » D'ailleurs, c'est la Réforme qui a introduit le divorce dans le mariage, ce qui la fait, pour les catholiques, « damnable et responsable de tous les malheurs et de toutes les corruptions des temps modernes ». Il ne se prive pas — c'est là un argument qui l'emportera auprès de l'opinion publique dans la polémique du divorce — de soulever le scandale des indulgences et annulations de mariage distribuées par l'Église catholique et romaine contre espèces sonnantes : « Nous avons le droit de vous demander un peu plus de justice et de tolérance pour ceux de cette pauvre nation française qui, ne pouvant plus acheter moyennant quelques ducats le droit à l'adultère, à la bigamie et à l'annulation du mariage, demandent honnêtement et naïvement qu'on révise une loi dont ils ont tant souffert et dont l'Église a tant bénéficié[43]. » Mais les prédicateurs, comme le père Didon, à Saint-Philippe-du-Roule, continuent de partir en guerre contre le divorce, négligeant un peu trop ce que prônait pourtant l'un des maîtres du catholicisme social, Frédéric Le Play dans *La réforme sociale* en 1864 : « l'observation méthodique des faits sociaux ».

Il n'échappe pas, en effet, à des chrétiens plus avisés qu'avant de parler de divorce, il faut parler de mariage. Or « le mariage religieux devient de plus en plus inconnu pour les ouvriers de nos grandes villes, et beaucoup, en se dispensant du mariage civil, prouvent sur quelle pente se précipitent toutes les négations [...] Pour restaurer dans la famille et par la famille l'ordre moral nécessaire à tout gouvernement... tout un travail d'études doit être entrepris... Familles modèles du passé, c'est avec cet esprit, c'est au nom de cet intérêt suprême de salut que nous vous avons interrogées et décrites, en pensant à toutes les familles modèles du présent, dont la suprême vertu est de défendre leurs bonnes coutumes contre la contrainte qui s'emploie à les leur arracher ! ». Charles de Ribbe, ardent défenseur de la famille « traditionnelle » et de l'éducation chrétienne, ne mentionne jamais la séparation possible des époux dans son ouvrage *Les familles et la société en France avant la Révolution* qui fait partie des nombreux travaux historiques et comparatifs traitant de l'histoire de la famille en Occident et fleurissant dans les années 1870-1880[44]. Pour sa part, Le Play ne s'était pas privé de s'exprimer clairement « sur l'indissolubilité du mariage, garantie des bonnes mœurs », arguant que les femmes « les plus respectées » réprouvent le divorce. Il a cependant remarqué que l'on ne pouvait plus exiger des femmes qu'elles s'enferment au foyer. Et de conclure le chapitre XXVI de sa *Réforme sociale* par une notation sur l'utilité de l'interdiction du divorce : ainsi, « les personnes, dépourvues des qualités qui rendent les mariages heureux, ne peuvent pas commettre de nouveaux scandales en concluant de nouvelles unions ». Cependant, comparée aux départements du Nord de la France, où — sans parler du concubinage — les séparations de corps sont fréquentes, la Belgique fournira à d'autres d'excellents arguments en faveur du rétablissement du divorce. En effet, le divorce civil qui avait été institué en Belgique en 1830, à l'occasion de l'indépendance, selon les modalités du Code Napoléon, n'avait guère donné lieu à polémique : les catholiques n'en faisaient simplement pas usage.

Ce n'est qu'avec les républicains au pouvoir, à partir de 1879, et la politique de sécularisation, que le rétablissement du divorce pourra être sérieusement envisagé. Naquet propose donc pour la troisième fois son projet en 1881, en des termes beaucoup plus modérés. Un peu plus tard, ses efforts sont enfin couronnés de succès — il est sénateur depuis 1883 — par la loi du 27 juillet 1884, dite Loi Naquet, adoptée au Sénat par 153 voix contre 116 et, en second examen, à la Chambre par 355 voix contre 155. Le rapport, modifié en fonction de l'avis du Sénat, est présenté à la Chambre par Alfred Letellier, au nom de la commission présidée par Benjamin Raspail[45]. La proposition « réalise un progrès immense sur la situation actuelle. Nous la considérons comme une étape de plus de franchie sur la voie de la laïcisation de l'État. Elle va affranchir grand nombre de malheureuses victimes du mauvais mariage. Elle enrichira l'État d'une foule de familles légitimes dont, à ce jour, il s'appauvrissait volontairement ». D'ailleurs la loi est explicitement applicable à ces provinces, où fleurissent les unions consensuelles, que sont l'Algérie et les « colonies de la Martinique, de la Guadeloupe et de la Réunion ». Des interventions s'opposant au rétablissement, on peut retenir l'intervention de Mgr Freppel — chef des évêques intransigeants bientôt opposé au Ralliement des catholiques à la République — en 1882 à la Chambre, celle de Pierre-Charles Chesnelong — inlassable apôtre du rétablissement de la monarchie — et surtout celle de Jules Simon — républicain de centre droit qui s'opposa aux lois scolaires de Jules Ferry — au Sénat en 1884, ce dernier estimant que les femmes sont mieux protégées au total par l'indissolubilité du mariage. On considère généralement que la Loi Naquet est moins libérale sur le divorce que ne l'était le Code civil de 1804 : le divorce par consentement mutuel a bel et bien disparu (article 233). Trois causes de divorce demeurent.

La première cause reconnue de divorce est l'adultère d'un des époux. En droit français, c'était une nouveauté, pour ne pas dire une révolution que d'assimiler l'infidélité du mari à celle de la femme. Pour l'Église, considérer que l'adultère rompait le mariage aussi bien pour le mari que pour la femme, c'était rejoindre l'opinion de saint Jérôme et celle de saint Augustin. Pour les contemporains cependant, en particulier les adeptes de la nouvelle science sociale, située assurément à gauche, du côté de l'anthropologie naissante et des sciences naturelles, par opposition à l'école de Le Play, il reste encore fort à faire contre traditions tenaces et préjugés conservateurs. « S'il fallut le grand mouvement de la Révolution française pour faire reculer momentanément le préjugé catholique contre le divorce, à peine et incomplètement rétabli dans notre code français depuis quelques années..., la brutalité de nos anciennes mœurs conjugales survit encore et leur niveau est bien inférieur à celui de notre législation matrimoniale, pourtant si imparfaite ; quantité de maris considèrent toujours leurs femmes comme des esclaves, contre lesquelles tout est permis, puisque sur cent demandes en séparation ou divorce, il y en a de quatre-vingt-onze à quatre-vingt-treize faites par des femmes et motivées sur des excès, sévices ou injures graves ; puisque surtout nos jurys acquittent presque invariablement le mari meurtrier de sa femme adultère. » Ainsi pense Charles Letourneau en 1888[46]. Ces excès, sévices ou injures graves allaient donc constituer une seconde cause recevable de divorce, la troisième étant la condamnation de l'époux du demandeur à une peine « afflictive et infamante » (qui écartait les peines politiques).

Après trois ans, la séparation de corps pouvait être convertie en divorce. Le remariage entre époux divorcés, interdit par le Code napoléonien, était désormais possible. « Il était excessif, alors que nous ne voulions plus de l'indissolubilité du mariage, de prononcer l'irrévocabilité du divorce[47]. » Mais « dans le cas de divorce admis en justice pour cause d'adultère, l'époux coupable ne pourra jamais se marier avec son complice ». Dans les faits, les tribunaux se montrèrent par la suite plutôt libéraux et les procédures de divorce furent allégées en 1904[48].

L'offensive victorieuse de Naquet contre l'indissolubilité du mariage ne correspondait qu'à une partie du programme élaboré par un Comité de réforme du mariage, qu'il avait constitué avec Paul Adam, Henry Bataille, Lucien Descaves, Maurice Leblanc, Pierre Louÿs, Maurice Maeterlinck, Paul et Victor Margueritte, Octave Mirbeau, Marcel Prévost, Jules Renard, Joseph-Henri Rosny aîné, Mme Avril de Sainte-Croix, Séverine, etc. Ce comité fit connaître son programme par deux publications[49] et déposa cinq propositions de loi : sur la séduction, sur l'assistance nationale aux mères, sur la puissance parentale et sur la liberté de tester, aussi intéressantes les unes que les autres[50].

En réalité, les projets de celui qui avait écrit le sulfureux *Religion,*
propriété, famille s'étendaient bien au-delà, comme le reconnut sans
fard Alfred Naquet lui-même dans sa préface à *La famille libre* : « Au
fond, vous êtes presque tous partisans de l'union libre. Vous vous
rendez très bien compte que, si le mariage était supprimé, rien ne
serait changé. Les gens qui aujourd'hui se marient pour constituer
une famille agiraient de même... Les prétendues garanties que le
mariage donne à la femme sont nulles pour l'ouvrière, inutiles pour
les femmes riches qui n'ont nul besoin de leur mari, et utiles
seulement aux femmes pauvres mariées à des hommes riches. Le
nombre en est si faible que ce n'est vraiment pas la peine de
légiférer pour elles. »

Henry Bataille, l'un des membres les plus virulents du Comité,
va même jusqu'à opposer, tout comme le faisait Naquet dans ses
jeunes années, le sentiment individuel à l'esprit de famille : « Basés
sur l'amour, uniquement sur lui, les sentiments maternel, filial et
paternel sont parmi les plus beaux domaines de l'âme, les plus
belles ressources de la vie. Mais le sentiment de famille, dans ce
qu'il a de conventionnel, par ses droits iniques, par la législation de
féodalisme de ses préjugés caducs, est la plus détestable atteinte à la
liberté de l'individu ; il est la source empoisonnée d'une erreur
sociale formidable, sur laquelle repose, depuis des siècles, la famille
européenne[51]. »

On rejoint ici l'un des thèmes favoris de la littérature engagée du
XIXe siècle : l'individu étouffe dans la cellule familiale ; il n'épa-
nouit sa personnalité et ne réalise ses aspirations profondes qu'en
s'en évadant[52]. Au contraire, les romanciers classés à droite (Henry
Bordeaux, René Bazin, Paul Bourget) exaltent les valeurs familiales
et montrent les effets terribles du déracinement[53].

Cette offensive des radicaux et des libres penseurs contre les
valeurs traditionnelles, beaucoup plus redoutable en fin de compte
que les spéculations d'Engels[54] et les emportements des néo-
malthusiens[55], provoque, en effet, une réaction très forte de la
hiérarchie catholique et de sa mouvance, que l'âpreté du combat et
l'importance de l'enjeu conduisent à s'aligner sur les positions de la
droite.

IV. CATHOLICISME SOCIAL
ET DROITS DE LA FAMILLE

Dès 1860, le père Félix, en chaire de Notre-Dame de Paris, avait repris les anciens griefs contre l'œuvre de la Révolution, accusée d'avoir essayé de tout changer, ou plutôt de tout détruire, « dans l'asile sacré qui garde l'exemplaire de toute société bien faite [...] La science révolutionnaire, en niant la propriété ou, ce qui revient à peu près au même, en restreignant indéfiniment dans la famille la faculté de posséder et de transmettre la possession, brise cette chaîne matérielle qui rattache la famille à la terre[56] ». Frédéric Le Play allait reprendre et développer les mêmes conceptions dans *La réforme sociale en France*, en remettant en question le partage égalitaire des héritages, et en présentant la famille-souche comme garantie de la paix sociale. « Le plan de réforme se résume en des termes fort simples : soustraire la famille au régime de destruction créé par la Terreur et le premier Empire ; rendre au père l'autorité qui lui appartient chez tous les peuples libres et prospères, le mettre ainsi en demeure de rétablir, de proche en proche, la paix avec le respect et l'obéissance dans la vie privée, le gouvernement local et l'État ; enfin signaler aux contemporains parmi les organisations diverses de la famille, le meilleur modèle formé par la tradition nationale et par l'observation comparée des peuples européens[57]. »

L'influence de Le Play est d'abord restreinte, mais elle s'élargit brusquement à partir de 1880, quand sont fondés le mouvement des « Unions de la paix sociale » et la revue *La réforme sociale*, qui militent en faveur de la liberté testamentaire. Ils obtiennent un premier succès en 1894 avec la loi sur les habitations à bon marché, dont la division est interdite ; un second avec la loi du 31 mars 1896, étendant l'indivision à toutes les habitations urbaines ou rurales de faible valeur locative ; un troisième avec la loi du 10 avril 1908 concernant cette fois les petites propriétés rurales (propositions de Jules Siegfried), et un quatrième avec la loi du 12 juillet 1909 déclarant insaisissable et provisoirement indivis le bien de famille.

Mais sur la question du vote familial, les traditionalistes n'aboutissent à rien [9, t. 5, p. 38-40, 118-122]. L'idée avait été lancée par Alphonse de Lamartine, un républicain pourtant, dès 1849 :

« Un jour viendra, je n'en doute pas, où le père de famille aura autant de voix dans le suffrage qu'il y a de vieillards, de femmes et d'enfants à son foyer ; car, dans une société mieux faite, ce n'est pas l'individu, c'est la famille qui est l'unité permanente. L'individu passe, la famille reste[58]. » Reprise par Ernest Renan[59], elle devint, après la chute du second Empire, une arme de circonstance entre les mains des conservateurs, ce qui lui aliéna définitivement l'opinion démocratique. Motivée par la défense de la société, de la propriété et de l'ordre moral, une proposition de suffrage familial, déposée le 31 juillet 1871 par le baron de Jouvenel, inquiéta les milieux républicains, qui parvinrent à la faire repousser. Les arguments juridiques d'Henri Lasserre et de Gabriel Tarde[60], l'habileté manœuvrière du capitaine Marchand et de l'abbé Lemire[61] ne réussirent pas à faire fléchir l'opposition de la gauche, attachée au principe de l'égalité du suffrage, aussi bien pour des raisons doctrinales que par opportunisme électoral[62].

Pourtant, les droites de 1914 n'étaient plus celles de 1871. Avec le catholicisme social, les positions doctrinales avaient changé ; avec l'essor du mouvement familial, les droites avaient repris, en ce domaine, des forces ; enfin elles avaient trouvé, contre les gauches anticléricales, individualistes et malthusiennes, un argument redoutable en cette période de montée du nationalisme : elles accusaient celles-ci d'affaiblir la France, face à l'Allemagne, en favorisant la dénatalité.

Les pères du catholicisme social (Albert de Mun, René de La Tour du Pin) n'étaient à l'origine que des champions de l'Ordre moral, dans la ligne de Louis de Bonald et de Joseph de Maistre [19, 20]. En 1877 encore, Albert de Mun définit ainsi son programme : « Opposer à la Déclaration des droits de l'homme, qui a servi de base à la Révolution, la proclamation des Droits de Dieu, qui doit être le fondement de la Contre-Révolution » [9, t. I, p. 48]. L'œuvre des Cercles catholiques d'ouvriers, fondée en 1871, fait siennes les thèses de Frédéric Le Play, en insistant sur la constitution d'un bien de famille insaisissable, mais, après la publication de l'encyclique *Rerum novarum* en mai 1891, elle y ajoute une revendication d'importance : celle du salaire familial. « Le droit de l'ouvrier au salaire suffisant pour son entretien normal et celui de sa famille relevant de la justice commutative, il est de la mission du Pouvoir, en vue d'assurer la paix sociale, de sauvegarder ce droit par des mesures adaptées aux temps et aux lieux. Nous disons que l'élévation des salaires à un taux suffisant pour faire vivre la famille de l'ouvrier est une question de justice et non de charité[63]. » Le

28 octobre 1910, l'abbé Lemire, député d'Hazebrouck, oppose même à la notion d'indemnité celle d'« allocation de famille » : « Avoir une famille, ce n'est éprouver ni un accident ni un dommage... Une allocation, c'est la rémunération pour un service. La famille est un service social » [12]. Ainsi, en réaction contre le courant individualiste du XIXᵉ siècle, « les membres de l'Œuvre entreprennent la critique systématique des doctrines libérales, qui assimilaient le travail à une marchandise, et le salaire à un prix » [9, t. I, p. 52].

Cet intérêt nouveau porté à la question sociale n'implique nullement une modernisation des conceptions traditionnelles en matière de morale familiale. Pour les catholiques sociaux, lancés alors dans une vigoureuse polémique contre la famille laïque[64], ses fondements restent la discipline, l'ordre et le respect. Ils dénoncent « le culte égoïste et exclusif du moi, qui aboutit, quasi nécessairement, à l'horreur de tout ce qui est une prohibition, une prescription, une simple gêne ; à la haine de toute espèce de joug, surtout moral ; au reniement de toute tradition, à l'affranchissement de toute règle[65] ». Ils admettent « le féminisme sage et progressif », se réjouissent « que le mouvement législatif tende aujourd'hui à donner à la femme une participation de plus en plus active, et une liberté de plus en plus grande dans l'administration des biens de la communauté » ; ils trouvent « légitime que la femme travaille et par son travail contribue à l'entretien de la famille », mais estimeraient « fâcheux que le foyer fût absolument déserté pour l'atelier[66] ».

Les catholiques sociaux participent, dans les premières années du XXᵉ siècle, à l'essor du mouvement familial[67]. En septembre 1903, l'abbé Viollet, qui avait créé quelques mois plus tôt l'œuvre du Moulin Vert (pour le logement ouvrier), fonde dans le 14ᵉ arrondissement de Paris une association familiale catholique. En 1905 apparaît à Saint-Rambert-d'Albon (Ain) une association catholique de chefs de famille ; il y en a cinquante en 1908, quatre cents en 1910. Alors Jean Guiraud, professeur d'histoire à l'Université de Besançon, les fédère en une Union nationale, qui se spécialise dans le contrôle de la neutralité des manuels scolaires et entreprend une longue (et vaine) lutte pour obtenir la RPS (répartition proportionnelle scolaire), au nom du droit des parents en matière d'éducation.

Parallèlement, se développe la Ligue populaire des pères et mères de familles nombreuses, fondée le 1ᵉʳ août 1908 par le capitaine Simon Maire [9, t. I, p. 147-151]. Celui-ci, subventionné par le bijoutier Chaumet, fait en province des tournées triomphales, crée 1 100 sections locales et lance un journal bimensuel où il expose son programme d'aide publique aux familles. Le 31 mars 1912, à l'issue d'une grandiose manifestation, il interpelle ainsi Raymond Poincaré, alors président du Conseil : « Alors que la France meurt, faute de naissances, tandis qu'autour d'elle les autres nations grandissent, comment oser prêcher la repopulation au nom du patriotisme, quand on fait une situation si défavorable à ceux qui donnent des enfants à la France ? »

Le mouvement familial, animé par les catholiques, avait en effet trouvé, contre la République laïque, un argument mortel : « La société moderne, étant composée surtout de gens qui calculent et qui ont perdu la croyance en Dieu et partant la confiance de la Providence, est fatalement condamnée à voir diminuer la natalité... Je crois que ni les lois, ni les prescriptions d'hygiène n'y peuvent rien changer. Ce qui fait la population, c'est la natalité ; ce qui entretient la natalité, c'est avant tout la morale[68]. » Dès 1897, l'économiste Paul Leroy-Beaulieu liait la dénatalité à l'affaiblissement des croyances religieuses et à la conception démocratique nouvelle de la société et de la famille [9, t. I, p. 61] ; et Jacques Bertillon, bien que très éloigné de la droite catholique, finit par reconnaître le fait, tout en soulignant que « la foi religieuse n'aurait sans doute pas suffi pour conserver à la France sa fécondité, et l'indifférence religieuse n'aurait pas suffi peut-être à la lui enlever, si elle avait été le seul facteur en jeu[69] ».

Ainsi, à la fin du XIXe siècle, la famille apparaissait toujours comme une valeur des droites : aussi bien de la droite conservatrice, fidèle à la pensée de Bonald, que de la droite organiciste à la Maurras (« Depuis cent ans, la France est désorganisée. Le Code civil, avec ses dispositions sur le partage égal des héritages, a ruiné l'esprit de famille »), ou bien encore du catholicisme social assimilé de gré ou de force aux droites non seulement par la violence des luttes religieuses mais également, à travers de Mun et La Tour du Pin, du fait de la greffe légitimiste d'origine. Ce n'est pas par hasard que, dans le vocabulaire des proclamations électorales — en particulier celui de 1881, qui est malheureusement un peu ancien pour notre propos —, les mots de *famille* et d'*enfant* restent monopole des droites, alors que ceux de *moderne*, d'*égalité*, d'*état*, de *progressiste*, de *réforme* figurent surtout dans les programmes des gauches [13, p. 96].

Pour autant, l'offensive des droites sur le terrain de la famille ne laissant pas les gauches — particulièrement la radicale et l'opportuniste — totalement indifférentes, républicains et hommes de gauche sont très gênés par les accusations du mouvement familial. Les uns se réfugient dans un silence rusé — c'est ainsi qu'on étouffera les travaux de la seconde commission de la dépopulation, dont les dossiers ont purement et simplement disparu —, les autres préfèrent incriminer l'esprit du temps, les progrès inévitables de l'individualisme, ou la « capillarité sociale[70] » : autrement dit, pour eux la dénatalité n'est que la rançon du progrès.

Toutefois les plus avertis, sincèrement patriotes, s'inquiètent de l'affaiblissement démographique de la France face à une Allemagne en pleine expansion. Léonce de Lavergne et Frédéric Le Play avaient jeté, dès 1867, un premier cri d'alarme, auquel Lucien Prévost-Paradol avait donné un grand retentissement [5, t. III, p. 483-484]. Après publication des résultats du recensement de 1881, Charles Richet, professeur à la Faculté de médecine de Paris, expose le problème dans toute son ampleur, par une série d'articles publiés dans la *Revue des Deux Mondes* d'avril à juin 1882. Dès lors le sujet devint à la mode; en vingt ans seraient parus 216 ouvrages, dont le plus sérieux est le traité monumental d'Émile Levasseur[71], et le plus retentissant le livre de Georges Rossignol (pseudonyme de Roger Debury, inspecteur d'Académie à Troyes), *Un pays de célibataires et de fils uniques.*

V. LA FAMILLE, RETOUR AUX DROITES?

C'est autant par conviction intime que par souci de ne pas laisser à la droite le monopole de la défense de la famille que ces républicains fondent, en mai 1896, l'Alliance nationale pour l'accroissement de la population française. L'appel est lancé par Charles Richet, Jacques Bertillon, André Honnorat et le docteur Émile Javal. Ce sont tous des hommes de gauche : le père de Jacques Bertillon a été quarante-huitard et ami de Michelet; André Honnorat est franc-maçon et chef de cabinet du ministre de la Marine; le docteur Émile Javal est un républicain bon teint. Par la suite viendront s'agréger à ce groupe Émile Cheysson, disciple et ami de Frédéric Le Play (il créera en 1903 la Ligue nationale antialcoolique), et A. Delaire, secrétaire des Unions de la paix sociale; mais globalement l'Alliance recrutera plutôt à gauche :

Émile Zola (qui dans *Nouvelle campagne*, *1896* exhortera les mères françaises à faire des enfants pour que la France garde rang, puissance et prospérité, tant « il est nécessaire au salut du monde que la France vive, elle d'où est partie l'émancipation humaine, elle d'où partiront toute vérité et toute justice »), les parlementaires Jean-Marie de Lanessan, Paul Strauss, G. Bernard et Edme Piot (gauche démocratique), Louis-Lucien Klotz, les socialistes Marcel Sembat et Jean-Louis Breton, Adolphe Landry et, enfin, Ferdinand Buisson, président de la Ligue des droits de l'homme.

Le programme de l'Alliance nationale se propose « d'attirer l'attention de tous sur les dangers que la dépopulation fait courir à la nation française, et de provoquer les mesures fiscales ou autres propres à augmenter la natalité ». Il n'est nullement question de réforme morale, ni de défense de la famille. Jacques Bertillon proclame publiquement que l'influence des croyances religieuses en matière de population est peut-être réelle, mais « très secondaire, et dominée de beaucoup dans la plupart des familles par des considérations de fortune[72] »; il tient pour illusoires tous les remèdes sociaux proposés ici ou là, aussi bien l'émancipation de la femme que la recherche de la paternité ou la suppression du divorce.

Cette prise de position allait provoquer beaucoup de réticences chez les militants du mouvement familial[73]. En janvier 1914, un spécialiste des questions sociales, Paul Bureau, lance, avec l'aide de Georges Rossignol, un journal destiné à « la réforme des mœurs » et à la « rénovation des consciences » : *Pour la Vie-Repopulation-Hygiène et Morales sociales*. Puis il crée, le 5 mai 1916, une Ligue pour la vie qu'anime Édouard Jordan, professeur à la Sorbonne. Bien qu'il se défende de vouloir faire concurrence à l'Alliance, il empiète en fait sur son terrain, et menace de l'écraser sous le poids du nombre, puisqu'il réunit en un an 6 000 adhérents, alors que l'Alliance a plafonné à 370 en juin 1900 et n'en a plus que 230 en juin 1913. Il est vrai que la Ligue populaire des pères et mères de familles nombreuses du capitaine Maire a fait encore beaucoup mieux, puisqu'elle revendique 500 000 adhérents[74].

La Ligue pour la vie n'aura qu'une existence éphémère, mais presque à la même date, trois autres militants catholiques, Achille Glorieux, G. Lecoin et Auguste Isaac, avaient fondé une autre association, La Plus Grande Famille, qui allait être à l'origine du Mouvement familial français.

Il ne peut être question ici de raconter l'histoire de ce mouvement, non plus que celle de l'Alliance nationale. Disons seulement que, sur le plan législatif, ils allèrent tous deux à l'échec. L'Alliance nationale, malgré le sérieux de ses propositions et ses nombreux appuis parlementaires, ne réussit à faire adopter que des mesures de détail en faveur des familles nombreuses [9, t. I, p. 74-97]. En 1900, elle croit toucher au but avec la création d'une Commission de la dépopulation, mais les travaux de celle-ci traînent en longueur et, en 1903, la Chambre des députés refuse de voter le crédit de 4 000 F nécessaire à la poursuite de ses travaux[75]. Une seconde commission est instituée en 1911, mais la guerre de 1914 éclate avant qu'un projet ait pu aboutir. Quant au mouvement familial, il organise avec succès des Congrès de la natalité, fait proclamer à celui de Lille, en décembre 1920, une Déclaration des droits de la famille, et tient à Rouen, en mai 1923, les États généraux de la famille; mais, sur le plan parlementaire, il échoue. Sa participation au gouvernement Millerand, en janvier 1920, n'aboutit qu'à des résultats décevants[76]. Il espérait obtenir le vote familial et des mesures efficaces en faveur des familles nombreuses; il doit se contenter d'une loi contre la propagande en faveur de l'avortement et de la contraception[77], puis d'un autre correctionnalisant l'avortement pour rendre sa répression plus efficace[78].

Ces mesures avaient été réclamées à la fois par le Mouvement familial et par l'Alliance nationale, très sensibilisés au problème de l'avortement[79]. Pourtant, le point de vue de ces deux courants de pensée et d'action divergeait notoirement : le premier cherchait surtout à défendre la famille traditionnelle et les valeurs chrétiennes, l'autre à encourager la natalité par des mesures d'aide matérielle. Il en résulta quelques conflits, au sujet du principe du vote familial : l'Alliance était favorable au vote des femmes et au partage entre père et mère des droits de suffrage accordés pour les enfants; au contraire le Comité d'études familiales s'accrochait aux positions prises par l'abbé Lemire en 1911 : « Le vote familial est une requête du droit social et non une exigence du droit individuel »; il doit se traduire par un double vote au profit de l'homme marié, et un triple vote pour le père de quatre enfants. Ces controverses doctrinales, que l'on retrouve sous-jacentes à toute l'histoire de l'action familiale en France, reflétaient, en réalité, deux conceptions opposées du Mouvement familial : « D'un côté, un mouvement politico-religieux, animé d'une mystique familiale au contenu parfois peu précis, subordonnant la restauration de la famille à la transformation radicale, mais utopique, des institutions; de l'autre, un mouvement neutre et apolitique, plus réaliste que mystique, liant le relèvement de la natalité à la restauration matérielle, et si possible morale, de la famille. L'opposition se cristallisait autour d'un programme de politique religieuse, mais, en définitive, et sur certains points, la ligne de démarcation se situait au-delà : elle séparait les tenants de la tradition des défenseurs de la société moderne née de la Révolution » [9].

Ces divergences aboutirent à l'échec définitif du projet de vote familial (1934-1935) et à la rupture entre familialistes et féministes ; mais l'Alliance n'en continua pas moins à progresser dans les milieux parlementaires. En 1918, le Groupe de protection des familles nombreuses réunissait à la Chambre 348 députés sur 532 ; paradoxalement, dans la Chambre bleu horizon, élue l'année suivante, il n'en a plus que 234 sur 619, mais c'est qu'il recrute à gauche aussi bien qu'à droite[80].

Cette ouverture allait finir par porter ses fruits. C'est le second gouvernement Blum qui étend les allocations familiales à l'agriculture ; c'est Camille Chautemps — membre actif d'une association de familles nombreuses — qui conçoit l'idée d'un Haut comité de la population ; c'est le gouvernement Daladier qui lie les allocations familiales au salaire (décret-loi du 12 novembre 1938, préparé par Alfred Sauvy), institue le Haut comité de la population (décret du 23 février 1939), puis fait adopter le Code de la famille, qui entre en application le 1er janvier 1940 : ce Code (en réalité un décret-loi) veut favoriser la famille de plus de trois enfants par un nouveau barème des allocations familiales, inciter les jeunes couples à procréer grâce à une forte prime à la première naissance, étendre le bénéfice des allocations à toute la population active par l'unification des barèmes appliqués aux divers groupes professionnels. Ainsi, quelques mois seulement avant la défaite, la famille avait définitivement cessé d'apparaître comme une valeur de droite.

Elle aurait pu le redevenir avec le gouvernement de Vichy. Celui-ci sacralise la famille, qui figure au cœur de sa devise : Travail, Famille, Patrie ; il ne se contente pas de renforcer les avantages matériels accordés à la famille (prêt aux jeunes ménages, supplément familial de traitement pour les fonctionnaires, relèvement de 50 % des allocations servies pour le troisième enfant et les suivants) ; il remplace la maigre allocation dite « de la mère au foyer » par une très importante allocation de salaire unique qui dissuadera pendant longtemps les jeunes femmes de chercher un emploi ; et il assimile l'avortement à un crime contre la sûreté de l'État[81]. On aurait donc pu imaginer que le gouvernement du général de Gaulle allait tourner le dos à cette politique. Mais il n'en a rien été — sauf pour les aspects répressifs —, tant à cause de l'option du général en faveur d'un relèvement de la natalité que de l'influence considérable du MRP, dont les cadres étaient issus en grande partie du mouvement familial; à quelques nuances près, toute la gauche était d'accord, et il existait là-dessus un large consensus dans l'opinion, comme en témoignent les résultats d'un sondage effectué au printemps de 1945, paru dans *Vitalité française* :

	QUELLES SONT, À VOTRE AVIS, LES CAUSES DE LA DÉNATALITÉ ?		QUELLES SERAIENT LES MESURES LES PLUS EFFICACES CONTRE ELLE ?	
	Insuffisance de ressources et de logement	*Désir de confort*	*Une aide massive de l'État*	*Éduquer la jeunesse dans un sens idéaliste*
Extrême gauche	92 %	8 %	72 %	10 %
Gauche	65 %	31 %	66 %	14 %
Centre	50 %	41 %	47 %	24 %
Droite	30 %	61 %	40 %	26 %
Indifférents	47 %	41 %	52 %	19 %

Pourtant, lorsque Germaine Peyroles, l'une des figures les plus marquantes du MRP, proposa d'amender l'article de la déclaration des droits de la Constitution de 1946, « La Nation garantit à la famille les conditions nécessaires à son libre développement », en précisant... « la famille, fondée sur le mariage », la gauche fit repousser la formule par 343 voix contre 207. On avait trouvé les limites du consensus.

L'Assemblée admit néanmoins que « la participation de chacun aux dépenses publiques doit être progressive, calculée en fonction de l'importance des revenus, et en tenant compte des charges familiales ».

Déjà les ordonnances de 1945-1946 avaient intégré les allocations familiales au système général de la Sécurité sociale. Elles sont désormais étendues à l'ensemble de la population. Pour le second enfant à charge, elles passent de 10 à 20 %, et en 1953 les taux du barème sont augmentés uniformément de 10 %. Le montant annuel des prestations par enfant bénéficiaire — exprimé en francs constants de 1985 — atteint 5 796 francs en 1949, 6 193 francs en

1955, et les abattements de zone, qui allaient de o à 49 % à l'origine, sont fortement réduits.

Toutefois, dès cette époque, la clause d'indexation des allocations familiales sur le salaire du manœuvre, inscrite dans la loi du 22 août 1946, cesse d'être respectée; rapportée au PNB, la part de ces prestations desindexées tombe de 21,8 % (1949) à 14,6 % (1958), ce qui correspond à un recul relatif d'un tiers[82]. Le mouvement se poursuivra sous la cinquième République, le point le plus bas étant atteint en 1976, avec 9,3 %.

Par ailleurs commence à resurgir le discours antifamilial[83]. Il atteint son paroxysme avec la vague libertaire de mai 1968 et les débats sur la libéralisation de l'avortement et l'accès aux moyens contraceptifs. Peu à peu les mœurs se transforment : on note une forte poussée des divorces à partir de 1970, tandis que se développe ce que l'on a appelé la « cohabitation juvénile[84] ». Le nombre annuel des mariages tombe de 417 000 (1972) à 273 000 (1985).

Comment allaient réagir les droites devant cette crise de la famille traditionnelle? Le plus curieux, c'est que la droite libérale, loin de réagir, a accéléré cette crise en la légalisant. C'est au début du septennat de Valéry Giscard d'Estaing (1974-1981) que l'avortement est institutionnalisé[85]. Auparavant, la loi du 4 juin 1970 avait supprimé la fonction de chef de famille; celle du 3 juillet 1972 avait donné aux enfants naturels les mêmes droits qu'aux enfants légitimes. Bientôt, celle du 11 juillet 1975 élargira considérablement les possibilités de divorce.

En outre, il y a eu alors accord tacite entre la majorité de la gauche et la majorité de la droite pour démanteler discrètement la politique familiale et la transformer en politique de redistribution « verticale » des revenus : nombre de prestations ne sont plus accordées que sous condition de ressources[86], les avantages fiscaux du quotient familial sont plafonnés, l'allocation de salaire unique est remplacée par celle de parent isolé (1976). Cette politique aboutit même, par une sorte d'effet pervers de l'aide sociale, à pénaliser les couples mariés[87].

Ce consensus dans le discours, cette connivence dans l'inaction se retrouvent alors dans les programmes des principales formations des droites républicaines et de la gauche modérée. Par exemple, les propositions du RPR, en 1977, restent axées sur les trois objectifs suivants : l'environnement de la famille (« contrecarrer les agressions systématiques contre la famille [...] veiller à ce que la mission éducatrice des parents puisse être remplie »); l'égalité (entre ceux qui assument des tâches familiales et ceux qui n'en supportent pas) ; la liberté (statut social personnel pour la mère de famille, mise en place d'équipements et de services d'assistance[88]).

Celles du Parti socialiste reposent sur trois principes de base[89] : « Pour les socialistes, la famille est une réalité sociale qu'ils acceptent dans la diversité de ses formes et de ses fonctions, et dont ils entendent favoriser l'épanouissement »... ; la France se trouve engagée dans un processus de déclin démographique qui, s'il se poursuivait, aurait des conséquences désastreuses et contre lequel il faut réagir, « non pas certes par des mesures étroitement natalistes d'incitations financières, mais en créant les conditions dans lesquelles Françaises et Français envisageront avec confiance d'avoir des enfants : pour favoriser la vie, il faut d'abord changer la vie » ; pourtant, des mesures spécifiques sont nécessaires : « Ces mesures doivent s'appliquer indifféremment à toutes les situations juridiques et de fait qui peuvent définir le statut parental : parents mariés ou en union libre, veufs, divorcés ou célibataires. »

Tranchant sur cette grisaille, les points de vue du défunt PSU, ceux du PCF et ceux du Front national. Celui du PSU[90], bien représentatif de l'idéologie « gauchiste », consiste à substituer au droit de la famille celui des individus qui la composent : élimination de tout ce qui maintient de fait l'homme chef de famille ; abolition des avantages fiscaux pour les personnes à charge ; abolition de toute règle qui permet au mariage de fonder une communauté de biens ; abolition du statut d'aide familiale pour les femmes de commerçants, d'artisans et d'agriculteurs ; abolition du statut d'ayant droit de la Sécurité sociale pour les conjoints sans activité personnelle ; redéfinition du statut du mineur. Pour le Parti communiste[91], la vraie question porte sur le choix des femmes et sur les moyens : « Dans leur immense majorité, les femmes et les couples de notre pays ne disposent pas du choix [...] Ce sont la crise, le chômage et la peur de l'avenir qui contraignent un grand nombre de femmes ou de familles à se priver de la joie d'un enfant. »

Quant au Front national, il dénonce la dissolution de la famille « dans l'unité factice et inorganique de l'État collectiviste : dans cette perspective, au cours des dernières années, l'attention n'a jamais été centrée sur la famille ; mais sur "la femme" et sur "l'enfant" dans une optique radicalement différente. Remarquablement implanté dans les médias, présent dans les appareils politiques, le lobby soi-disant féministe a inspiré toute une législation encourageant le développement du salariat féminin et imposant une image dévaluée de la mère de famille se consacrant à plein temps à ses enfants... Notre pays ne peut garantir son indépendance que si son peuple est jeune, vigoureux et nombreux. De même qu'une maison désertée par ses propriétaires court le risque permanent d'être visitée par des cambrioleurs ou occupée par des squatters, un pays qui se dépeuple est condamné à terme à devenir la propriété de l'étranger, la victime de tous les pillages et le cadre de toutes les oppressions[92] ». Sur cette base, le parti d'extrême droite entend bâtir un apartheid social distinguant les familles françaises bénéficiaires de toutes les prestations et incitations, et les familles étrangères — immigrées des rives sud de la Méditerranée notamment — dont l'État devrait, par diverses mesures anti-intégrationnistes, éviter et le croît démographique et l'installation permanente. L'appareil législatif cesserait d'être universel dans son application pour se relativiser selon l'origine nationale.

Le discours propagandiste se durcit donc. Après quarante ans de consensus apparent, droites et gauches prennent leurs distances d'avec le modèle commun de la politique familiale. Il n'est pas inimaginable qu'après avoir cessé d'être une valeur de droite, la famille le redevienne dans un prochain avenir. A l'extrême droite, comme prétexte à une définition idéologique de l'identité française, dans un discours du Front national qui n'exalte pas la famille en soi, comme cellule matricielle de l'ordre à préserver contre la décadence qui la menacerait, mais la seule famille française, à l'exclusion de toute autre, comme laboratoire d'une législation raciale sur les prestations, les devoirs et les droits. Chez les droites républicaines — libérale et gaulliste —, comme objet d'une politique visant à rétablir les équilibres démographiques nécessaires aux progrès économiques, à la préservation pour tous du système de protection sociale, au maintien d'un niveau de vie adéquat à l'exercice de la démocratie régulée.

JACQUES DUPÂQUIER,
ANTOINETTE FAUVE-CHAMOUX

Bibliographie

Sur les droites on se reportera à .

[1] RENÉ RÉMOND, *La droite en France de 1815 à nos jours*, Paris, Aubier, 1re éd., 1954.

[2] RENÉ RÉMOND, *Les droites en France*, Paris, Aubier, 1982.

En revanche, les problèmes politiques de la famille sont à peine effleurés dans :

[3] JEAN TOUCHARD et al., *Histoire des idées politiques*, Paris, PUF, 1re éd., 1959.

[4] ANDRÉ BURGUIÈRE, CHRISTIANE KLAPISCH-ZUBER, MARTINE SEGA-LEN, FRANÇOISE ZONABEND, *Histoire de la famille*, 2 vol., Paris, A. Colin, 1986.

[5] JACQUES DUPÂQUIER, éd., *Histoire de la population française*, Paris, PUF, 1988 (voir en particulier la contribution de JOSEPH GOY, « La Révolution française et la famille », tome III (p. 84-115) ; celle d'ANDRÉ BÉJIN, « Néo-malthusianisme, populationnisme et eugénisme en France de 1870 à 1914 », *Ibid.* (p. 481-501) ; et celle de JEAN-CLAUDE CHESNAIS, « La politique de population française depuis 1914 », *Ibid.*, t. IV (p. 181-231).

Du côté des juristes, on peut consulter :

[6] ANDRÉ-JEAN ARNAUD, *Les juristes face à la société du XIXe siècle à nos jours*, Paris, PUF, 1975.

[7] MIREILLE DELMAS-MARTY, *Le droit de la famille*, Paris, PUF, 1980.

[8] JEAN CARBONNIER, « Cinquante années de transformation de la famille française », *Flexible droit*, Paris, LGDJ, 1979, p. 139-155.

[9] ROBERT TALMY, *Histoire du mouvement familial en France (1896-1939)*, 2 vol., Aubenas, Union nationale des Caisses d'Allocations familiales, 1962 (fondamental.)

Pour la période la plus récente, on pourra se reporter à :

[10] PIERRE LAROQUE, éd., *Histoire de la politique familiale de 1965 à 1984*, Paris, La Documentation française, 1985.

On pourra consulter aussi :

[11] HENRI GALLAND, *Histoire politique de la Sécurité sociale*, Paris, A. Colin, 1955.

[12] DOMINIQUE CECCALDI, *Histoire des prestations familiales en France*, Paris, Union nationale des Caisses d'Allocations familiales, 1957.

[13] ANTOINE PROST, « Histoire de la politique familiale en France depuis 1938 », *Le Mouvement social*, 129, oct.-déc. 1984 (p. 7-28).

[14] ROBERT PRIGENT, éd., *Renouveau des idées sur la famille*, INED, Travaux et documents, Cahier n° 18, 1954.

On lira avec intérêt, mais prudence, les articles très polémiques de :

[15] RÉMI LENOIR, « L'effondrement des bases sociales du familialisme », *Actes de la recherche en sciences sociales*, n° 57-58, juin 1985 (p. 69-88).

[16] RÉMI LENOIR, « Transformations du familialisme et reconversions morales », *Ibid.*, 1986 (p. 3-47).

et dans l'autre sens :

[17] FERDINAND MOUNT, *La famille subversive* (trad. de l'anglais), Bruxelles, Pierre Mardaga, 1982.

Sur le catholicisme social :

[18] R.P. PAUL COULET, *L'Église et le problème de la famille*, 7 vol., Paris, 1924-1930 (ouvrage important).

[19] JEAN-BAPTISTE DUROSELLE, *Les débuts du catholicisme social en France*, Paris, PUF, 1951.

[20] HENRI ROLLET, *L'action sociale des catholiques en France*, 2 vol., Paris, 1947 et 1958.

[21] RENÉE COIRARD, *L'apport des catholiques sociaux à la politique familiale française*, Aix, Imprimerie de P. Roubaud, 1943 (fondamental).

[22] GEORGES WEILL, *Histoire du catholicisme libéral en France (1829-1908)*, Paris, Alcan, 1909.

Sur le vote familial :

[23] ANDRÉ TOULEMON, *Le suffrage familial*, Paris, Sirey, 1933 (important).

Pour une vue d'ensemble sur la question du divorce :

[24] RODERICK PHILLIPS, *Putting asunder. A History of Divorce in Western Society*, Cambridge University Press, Cambridge, 1988 (ouvrage fondamental qui apporte une vue comparative).

[25] JEAN CARBONNIER, « Terre et ciel dans le droit français du mariage », *Mélanges Ripert*, Paris, 1950, t. 1.

Sur l'indissolubilité du mariage et les bases de la position catholique :

[26] JEAN GAUDEMET, *Le mariage en Occident*, Paris, Le Cerf, 1987, p. 403-405 (très bonne étude qui confronte la théologie, le droit et les mœurs).

[27] PHILIPPE ARIÈS et ANDRÉ BÉJIN (éds), « Sexualités occidentales », *Communications*, n° 35 (paru séparément en volume dans la collection « Points », Paris, Le Seuil, 1984). On y trouvera une présentation de :

[28] PHILIPPE ARIÈS, « Le mariage indissoluble », (p. 148-168).

[29] PIERRE DAUDET, *L'établissement de la compétence de l'Église en matière de divorce et consanguinité*, Paris, 1941.

[30] R. KUITERS, « Saint Augustin et l'indissolubilité du mariage », *Augustiniana*, 9, 1959, (p. 5-11).

Sur les débats autour de la loi Naquet rétablissant le divorce (1884) :

[31] ALFRED NAQUET, *Religion, propriété, famille*, Paris, 1869.

[32] ALFRED NAQUET, *Le divorce*, Paris, E. Dentu, 1877 ; 2ᵉ éd. 1881.

[33] ALEXANDRE DUMAS fils, *La question du divorce*, Paris, Calmann-Lévy, 1880.

Sur la place de la famille dans les horizons idéologiques des droites, outre les textes circonstanciellement cités en notes de Louis de Bonald ou Frédéric Le Play, par exemple, on pourra lire :

[34] BENJAMIN CONSTANT, *De l'esprit de conquête et de l'usurpation dans leurs rapports avec la civilisation européenne* (1813), Paris, Garnier Flammarion, 1986.

[35] ALEXIS DE TOCQUEVILLE, *De la démocratie en Amérique*, livre I (1835) et livre II (1840), in *Œuvres*, Paris, Gallimard, La Pléiade, 1992.

[36] NUMA-DENIS FUSTEL DE COULANGES, *La Cité antique* (1864), Paris, Flammarion, 1984.

CHAPITRE II

La terre

Gustave Flaubert avait imaginé que Bouvard et Pécuchet, après avoir achevé de parcourir toutes les sphères de la Science, rédigeraient un dictionnaire des idées reçues. A l'entrée « campagne », on pourrait lire : « Les gens de la campagne meilleurs que ceux de la ville. Envier leur sort. » Ce monument dressé à la bêtise prudhommesque et bourgeoise dit ici l'essentiel. Dans une France bouleversée par la révolution industrielle, où l'expansion urbaine semblait porteuse de dysharmonies et de troubles, dans une troisième République que hante la question sociale, les campagnes sont campées dans leur rôle de conservatoire des équilibres d'antan, de préservation d'un mode de vie régulé, de maintien de l'ordre familial et moral.

Que la terre, au même titre que la famille comme cellule de reproduction et d'éducation, soit encore, un siècle après la Révolution que l'on disait être l'œuvre de la bourgeoisie, la grande référence idéologique n'étonne pas : condition d'accès au pouvoir politique sous l'Ancien Régime, assise de l'éminence sociale dans la France absolutiste, premier secteur d'activité jusqu'en plein XIXᵉ siècle, la terre n'est pas seulement un bien immobilier ; elle détermine, longtemps après la Révolution française, une représentation de la société et de ses statuts. La terre est à la fois la glèbe dans sa matérialité la plus grossière et une construction fine et achevée de l'imaginaire politique. Parce qu'elle perpétue une activité ancestrale qui fut la première à laquelle se livra l'humanité sédentarisée, elle occupe, dans une vision du monde créationniste ou, plus simplement, religieuse, la place première (la terre première). Renvoyant à ce qu'il y a de plus humain dans l'humain, elle ne peut, par postulat, qu'être la plus proche des vérités camouflées par les artifices de la ville et de son urbanité. La terre est donc porteuse des valeurs morales les moins entachées — soumission, obéissance, respect — déterminant ainsi les caractères d'un peuple particulier que d'aucuns pensent en termes de race singulière (la terre civilisation). En cela, elle porte et nourrit des hommes plus sensibilisés que *d'autres aux régularités et continuités cycliques du cours du monde et de l'ordre des choses, plus attentifs au respect d'un encadrement social de leur communauté que les ans ont fini par faire croire naturel : la terre porte récolte, fructifie de la morale, nourrit paysans et notables. Cette hiérarchie pyramidale, traditionnelle et édilitaire, Charles Maurras, qui toujours exacerba, en se portant aux extrêmes, les logiques implicites des horizons idéologiques communs aux droites, la décrivit en quelques mots. Présupposant qu'« il y eut un ancien régime ; il n'y a pas encore de régime nouveau : il n'y a qu'un état d'esprit tendant à empêcher ce régime de naître », il affirmait « le sol concret, la race concrète, la tradition concrète, ces trois biens nous échappent, il importe de les réorganiser : c'est le programme simple et fort ou, si l'on aime ce mot-là, c'est l'idéal auquel s'arrête le sens commun[1] ».*

Ce monde que nous avons perdu fait qu'aujourd'hui la terre, pour les droites républicaines, est un référent en crise.

***

I. LA TERRE PREMIÈRE

La croissance des plantes et des animaux constitue un processus biologique. De cette donnée capitale, les physiocrates du XVIIIe siècle concluaient, par un raisonnement schématique, que l'agriculture est la seule activité économique qui fournisse un produit net. Ce don gratuit, la pensée traditionaliste l'attribue à l'opération d'une puissance divine dans le monde. Un dirigeant du syndicalisme exaltait ainsi, au début du XXe siècle, « la profession agricole » comme « la plus noble, puisqu'elle participe à l'œuvre de la création. L'industriel transforme, le commerçant échange, le savant découvre, l'artiste embellit. Semblable au penseur, l'agriculteur avec l'aide de Dieu crée et c'est son plus beau titre de gloire » [12, p. 382]. Toutes les religions, d'Orient comme d'Occident, rendent grâces au Créateur pour les fruits du sol ; toutes aussi, jugeant son intervention indispensable, le prient d'écarter les fléaux du mauvais temps, de la sécheresse ou de la grêle qui compromettent la récolte : le travail de la terre, disait le comte de Falloux, grand propriétaire angevin, « est la carrière où la créature demeure le plus constamment en rapport avec le Créateur » [1, p. 201].

Les auteurs du courant ruraliste soulignent à l'envi cette dépendance. Pour Henri Pourrat — prix Goncourt 1941 pour *Vent de mars*, roman racontant l'Auvergne de l'auteur (« la terre est la perpétuelle mère des peuples ») —, « l'homme à la bêche travaille accordé à la Création. Il accepte les conditions de la terre et du temps, il suit l'ordre des saisons, il fait entrer sa vie dans le train vivant de la grande nature » [29, p. 12]. Pour Gustave Thibon, « un ouvrier, par exemple, peut se sentir humilié d'obéir... un homme des champs ne souffre jamais de ne pas commander au temps et aux saisons » [31, p. 23]. Pour Charles-Ferdinand Ramuz, « à notre époque qui est celle des combinaisons les plus hasardées et les plus complexes », le paysan « reste l'homme de la combinaison la plus simple, de la combinaison première, mais de la plus indispensable aux autres hommes. Il ne constitue pas une classe sociale, il n'exerce pas seulement un métier, il représente un état, l'état premier ». Et de conclure cette analyse par une apostrophe lyrique : « Sur une terre avare que le soleil durcit, que la pluie noie ou délave [...], sur un sol qui résonne douloureusement sous tes pieds ou au contraire y colle et fait un grand poids à tes semelles [...], tu étais patient devant les saisons, parce qu'elles ne venaient pas de toi : l'interminable hiver, le printemps, le brûlant été, l'automne, tournant autour de l'axe de l'année comme les quatre nacelles d'un des manèges de nos foires, peintes en gris, en vert, en jaune, en rouge; paraissant et disparaissant dans un ordre toujours le même, avec leurs promesses, avec leurs menaces et leurs risques, mais quelquefois aussi leur complet aboutissement, car il y a de bonnes années de vin et il arrive des fois que la moisson soit belle, mais on ne sait jamais d'avance » [24, p. 196].

A celui qui donc « est éminemment l'homme des pouvoirs premiers », Ramuz applique fièrement la qualification de « paysan ». Il veut réhabiliter un terme qui a longtemps comporté une tonalité fortement péjorative. Au XIXᵉ siècle, le *Dictionnaire de l'Académie française*, repris par Littré, lui donnait comme sens figuré : « un homme rustre, impoli, grossier dans ses manières et son langage ». Peu à peu, à partir de 1900, les divers courants agrariens ont repris cette désignation à leur compte, avec une pointe de défi, pour revaloriser la condition. Et si l'acceptation du terme comme la condition qu'il désigne sont d'une riche complexité, l'insertion dans la réalité concrète en constitue le premier élément. Comme dit encore Ramuz : « Paysan, nature, on sent bien que ces deux mots sont apparentés. » Et un prêtre d'ajouter : « Le paysan est encore de ceux qui savent regarder », « sol et ciel, bêtes et gens, il observe, tout lui est signe » [22, p. 14].

On en déduit souvent que la vie du rural est plus saine, parce qu'il vit en plein air, loin des fumées d'usine, à l'écart des épidémies urbaines. Représentation assurément fort contestable : l'hygiène est restée longtemps aussi défaillante à la campagne qu'en ville, le réseau médical et hospitalier s'y est développé plus tard et les conditions de logement ont été parfois aussi lamentables que dans les taudis citadins. Il n'en demeure pas moins une image de vitalité naturelle, opposée à l'atmosphère de la ville, « frelatée » et « empoisonnée ». Du plan physique on passe couramment au plan moral : « La concentration des populations dans les usines a tué la foi et ruiné la vigueur de notre race » écrivit l'abbé Lemire qui ajoutait : « remettre nos travailleurs en contact avec la terre et l'air pur des champs » aidera à « relever leur force morale comme leur santé physique » [44, p. 203]. Les paysans apparaissent à Marcel Arland, en pleine Révolution nationale, comme étant les « hommes les plus proches de la nature, les moins artificiels, les plus vrais » [30, p. 11]. Gustave Thibon, en ces mêmes années, leur trouve « autant de défauts » mais « moins de perversion » : « plus que leur vertu, c'est leur santé que je loue » [31, p. 32].

Si, au physique comme au moral, le paysan est exalté, c'est aussi que l'agriculture qu'il pratique satisfait l'exigence la plus vitale de l'humanité, l'alimentation. Le pape Léon XIII le formule en 1891, dans son encyclique *Rerum novarum* : « La terre ne laisse pas de servir à la commune utilité de tous, puisqu'il n'est personne parmi les mortels qui ne se nourrisse du produit des champs. » Et le poète Sully Prudhomme évoque cette mission essentielle :

« Le laboureur m'a dit en songe : Fais ton pain,

« Je ne te nourris plus, gratte la terre et sème. »

Dans une optique élargie, la terre est fréquemment proclamée la branche originelle de l'économie, celle qui commande toutes les autres. Jules Méline — auteur du double tarif douanier en 1892 mais aussi, on l'oublie trop, créateur du Mérite agricole en 1884 — cite ainsi, au moment où il rejoint le centre droit, cette allégorie qu'il attribue à « un philosophe chinois » : « La prospérité publique est semblable à un arbre : l'agriculture en est la racine, l'industrie et le commerce en sont les branches et les feuilles ; si la racine vient à souffrir, les feuilles tombent, les branches se détachent et l'arbre meurt » [10, p. 213]. On peut parler de « fondamentalisme agrarien ».

Léon XIII ajoute toutefois : « La terre, sans doute, fournit avec la plus grande largesse les choses nécessaires à la conservation de la vie et plus encore à son perfectionnement, mais elle ne le pourrait

d'elle-même sans la culture et sans les soins des hommes. » L'agriculteur semble, « en employant les ressources de son esprit et les
forces de son corps [...] s'appliquer pour ainsi dire à lui-même la
portion de la nature corporelle qu'il cultive et y laisser comme une
certaine empreinte de sa personne ». Dans un autre style, le
syndicaliste Rémy Goussault relève de même que le paysan doit se
dépenser rudement, pour un résultat incertain : « Entre lui et sa
terre, c'est un mariage intime. La terre est femme. C'est sa femme
légitime. Il la commande, il n'en fait pas toujours ce qu'il veut. Elle
est capricieuse, mais féconde » [25, p. 29-31].

C'est pourquoi les vieilles unités de superficie se définissent, non
par un arpentage des côtés, mais par une évaluation concrète : soit
de la production moyenne (en « fauchées » de foin ou en « biche-
rées » de grains), soit du travail nécessaire (en « jours » de besogne
à la charrue) [45, p. 74]. Le médecin vendéen Jean Yole systéma-
tise avec quelque exagération : « Ne demandez pas au fermier, mon
voisin, la grandeur exacte de sa terre. Il l'ignore [...] mais ce qu'il
sait bien, c'est que sa terre est une terre de cinq hommes vaillants
qui se tiennent à l'ouvrage, de deux femmes courageuses et de dix
bœufs de labour. [...] Cette mesure de la terre par l'effort est
autrement précise qu'exprimée en nombre d'hectares. Elle tient
compte de la nature du sol, de sa facilité ou de sa résistance, de la
somme de travail qu'il impose. Elle a une signification humaine »
[17, p. 16]. Le juriste Roland Maspetiol note pour sa part :
« L'ordre éternel des champs est une résistance et un reproche pour
tous ceux qui, pénétrés d'une passion logicienne et simplificatrice,
rêvent de réduire la vie sociale à un mécanisme livré à la seule
puissance du rationnel et de l'organisation » [33, p. 466].

La louange agrarienne glorifie donc le paysan pour savoir associer à l'instinct de la nature l'énergie qui maîtrise les adversités. On
lit chez un Gustave Thibon, lui-même exploitant, dont la réflexion
se fonde sur le « réalisme de la terre » : « Enveloppé ainsi d'incertitude, façonné par tant d'échecs et de réussites imprévisibles, le
paysan acquiert nécessairement une souplesse et une résistance à
l'épreuve, que tel habitant des cités, cuirassé d'assurances de toute
espèce, n'est même plus capable d'imaginer » [31, p. 20]. Les
ruralistes ne sont pas seuls à tenir ce discours, les notables de la
ville le reprennent à l'occasion, comme une vérité de bon ton. Un
Lucien Romier, chroniqueur de rang académique avant de devenir
l'un des proches conseillers du maréchal Pétain à Vichy, appartient
assurément au courant industrialiste, il n'en écrit pas moins que
l'agriculture « permet à l'homme de vivre en bonne santé et en

liberté, développe en lui les dons d'observation, de réflexion, de mesure et de patience. Elle ne fait pas des fortunes étonnantes, mais elle fait des caractères robustes et des esprits de bon sens. Elle assure mieux que rien autre la durée des nations et des sociétés » [20, p. 84].

Le régime de Vichy, on le sait, met l'accent sur ce ressort de la ténacité terrienne. Dans le désarroi causé par la débâcle, c'est l'axe central des premiers messages du maréchal Pétain : « Il arrive qu'un paysan de chez nous voie son champ dévasté par la grêle. Il ne désespère pas de la moisson prochaine. Il creuse avec la même foi le même sillon pour le grain futur » (23 juin 1940) ; « La terre, elle, ne ment pas. Elle demande votre secours. Elle est la patrie elle-même. Un champ qui tombe en friche, c'est une portion de la France qui meurt. Une jachère de nouveau emblavée, c'est une portion de la France qui renaît » (25 juin 1940). Si ces textes sont écrits par des intellectuels citadins, Emmanuel Berl — auteur de la formule « La terre, elle, ne ment pas » et ancien directeur de *Marianne,* magazine de gauche, ou René Gillouin, maurrassien —, la propagande officielle souligne les racines rurales du « maréchal-paysan », fils et frère d'exploitants du Pas-de-Calais. Cette image « ruraliste » — il est vrai renforcée par l'importance soudaine que prirent les problèmes de ravitaillement pour une population soumise au rationnement — est restée accolée à l'« État français », au détriment des aspirations au modernisme et des velléités de planisme qu'il entretenait aussi et qu'on a longtemps ignorées. Le général de Gaulle, pour sa part, ne refuse pas le thème, lorsqu'il s'écrie à Nevers le 19 juin 1948 : « Des biens de France, le premier, le plus noble, le plus important, c'est la terre !... Les cultivateurs ont au fond d'eux-mêmes le sentiment qu'ils sont essentiellement la terre, parce qu'ils tiennent, pétrissent, épousent la terre, où les autres sont posés. »

Ajoutons pourtant qu'au sein de la pensée traditionaliste des voix dissonantes contestent au terrien une pureté intrinsèque. Balzac, dont on connaît les opinions légitimistes, fait place au peuple des villages dans le panorama de la société que brosse *La comédie humaine.* Dans *Le médecin de campagne* (1833), il déclare les ruraux « ni entièrement bons ni entièrement mauvais », en leur reconnaissant quelque sensibilité. Mais dans *Les paysans* (1844), il les peint comme des barbares : « Voilà les Peaux-Rouges de Cooper... il n'y a pas besoin d'aller en Amérique pour observer des sauvages. » Au physique, il répugne à « cette rigidité particulière au tissu des gens qui vivent en plein air, habitués aux intempéries de l'atmosphère, à supporter les excès du froid et du chaud, à tout souffrir enfin ». Au moral, il dénonce une convoitise sans frein ni scrupule, ainsi chez « ce manouvrier... naturellement sec, encore desséché par le travail et par la stupide sobriété sous laquelle expirent dans la campagne les travailleurs acharnés [...] avare sans or, le plus cruel de tous les avares, car avant celui qui couve son argent, ne faut-il pas mettre celui qui en cherche? » [35, p. 71 et 227]. Formules au vitriol, où se conjuguent le dédain spontané de l'homme de lettres et de la ville et l'argumentation politisée du défenseur des autorités sociales. Elles sont approuvées, à l'autre bout du siècle, par un notable qui s'avoue déçu par les paysans, « ces êtres dégradés » et par « leur ignorance, leur grossièreté, leur lâcheté et leur ingratitude » [38, p. 1]. De même, l'histoire ne se répétant pas, si le maréchal Pétain réagit à la défaite de mai-juin 1940 par la propagation d'une Révolution nationale largement fondée sur l'exaltation propagandiste des valeurs présumées de la terre, la défaite de 1870-1871 avait, en revanche, suscité nombre de réactions peu amènes pour les campagnes : en 1940, Pétain dénonçait la corruption des esprits et le laxisme des mœurs de la civilisation urbaine, en 1871, Ernest Renan dénonçait, avec sa *Réforme intellectuelle et morale*, la corruption des valeurs de la terre par le matérialisme paysan et l'inaptitude intellectuelle du paysan, comme de l'ouvrier, à sélectionner dans une démocratie égalitaire l'aristocratie du savoir à qui devait revenir l'exercice des destinées nationales.

Ce noir éclairage se retrouve chez certains prêtres. Vers 1850, plusieurs curés du diocèse d'Orléans présentent leurs paroissiens comme des « gens grossiers », « sobres, laborieux pour des motifs purement humains ». Ils jugent le Beauceron « très orgueilleux, plein de suffisance et d'un esprit dominant », « orgueilleux, entêté, niais, rusé, stupidement spirituel » et ils dénoncent en outre « la corruption prématurée des enfants » [36, p. 147-181]. En 1885, l'abbé Joseph Roux, du Limousin, dresse un tableau pessimiste, qui conquiert une réelle audience. Il concède assurément que « tout paysan n'aurait besoin pour devenir un grand saint que d'être par surnature ce qu'il est par nature, laborieux, sobre, patient, résigné »; mais il préfère les notations cruelles : « Le paysan n'aime rien ni personne que pour l'usage »; « le paysan se prive moins de jouir qu'il ne jouit de se priver »; « le paysan passerait pour moins fin si on ne le croyait pas si bête »; « un paysan est un homme à peu près comme un bloc de marbre est une statue » [37, p. 573-586]. Enfin, les lamentations réitérées sur l'ampleur de l'alcoolisme villageois donnent de la pureté campagnarde une image en demi-teinte.

II. LA TERRE CIVILISATION

La terre, parce qu'elle est première, historiquement comme activité et existentiellement par les besoins fondamentaux qu'elle satisfait, est, aux yeux de beaucoup, ontologiquement, sinon vecteur de vérités, du moins facteur de tradition. Le monde rural est un pôle de stabilité au sein d'un monde où le rythme du changement s'accélère. Il apparaît comme une force de permanence face aux bouleversements de la société, parce qu'il entretient la mémoire du passé. Ce thème est développé avec complaisance dans un panégyrique sans cesse recommencé. Pour Louis de Clermont-Tonnerre en 1910, « l'agriculture est autre chose et mieux encore qu'une source de richesses : elle est la réserve où viennent s'alimenter nos vertus nationales les plus pures, l'amour du sol de nos pères, le respect des leçons qui s'en dégagent et des traditions qui y reposent, la passion de la liberté, l'attachement à l'indépendance, la fierté de l'âme et la noblesse du cœur » [12, p. 381]. Pour André Tardieu, Parisien s'adressant aux hommes des champs, en 1930, « la terre vous tient. La terre est votre noblesse. Héritiers de ces villages immobiles qui ont vu vos pères se transmettre le flambeau, vous enseignez aux gens des villes la grandeur de la continuité » [18]. Pour Gustave Thibon en 1943, « les Français d'aujourd'hui ont surtout besoin de racines : or les âmes aussi s'enracinent dans la terre » [31, p. 33].

Un tel enracinement dans l'histoire se fonde sur la permanence des activités. « Depuis toujours » écrit un aumônier, « les données de la vie sont les mêmes, comme le travail qui la discipline : chaque génération refait les mêmes gestes augustes à peine variés, face à cette même vie constante, et fidèle en ses promesses. Comment résister à cette si lointaine leçon de continuité où le sens du passé révèle au paysan le sens d'un avenir à ne pas compromettre; comment le paysan ne serait-il pas l'homme de la tradition, l'homme qui ne peut que rester semblable à lui-même et sait se souvenir? » La réhabilitation du terme « paysan », on le voit, se retrouve ici, avec une signification autant sociale que biologique : « il a de l'usage et un cérémonial qui lui est particulier » [22, p. 11]. Il est, proclame-t-on, « l'homme du pays, celui qui est sa force et sa réserve, celui qui fait la race et qui est capable de la refaire » [9, p. 7]. Il transmet tout un héritage spirituel, « les qualités fondamentales de la race, le bon sens, le goût du travail, le souci de l'épargne, en un mot le sens du devoir et de la justice [...] sans cela — conclut en 1939 un dirigeant du PSF —, nous glissons vers les abîmes où se perd une civilisation » [26].

Dans cet ensemble fermement structuré, l'élément de base n'est pas l'exploitant agricole, considéré isolément, mais la communauté familiale, cellule de consommation en même temps qu'unité de production. Robert Préaud, haut fonctionnaire de Vichy, le répète après bien d'autres : « Ce n'est pas l'individu qui compte à la campagne, c'est la famille. Plus précisément, c'est l'étroite association de la famille et du métier qui est riche de conséquences heureuses pour l'un comme pour l'autre » [32, p. 6]. Le pape Pie XII énumère en 1946 dans cette optique les composants « essentiels de ce qu'on pourrait appeler la véritable civilisation rurale [...] ardeur au travail, simplicité et droiture, respect de l'autorité, avant tout de celle des parents, amour de la patrie et fidélité aux traditions qui, au cours des siècles, se sont avérées fécondes et bienfaisantes, disposition à l'aide mutuelle, non seulement dans le cercle de sa propre famille, mais encore de famille à famille, de maison à maison » [34, p. 37].

La sphère de vie s'élargit en effet au village et au canton, par la connivence de pratiques sociales partagées. Si l'intérêt pour le folklore peut naître d'une curiosité scientifique soucieuse d'objectivité, la philosophie traditionaliste en est une autre motivation, qui valorise la sagesse des « arts et traditions populaires ». Le patois est exalté dans cet esprit par un auteur comme « la langue agricole de la Gascogne » : « C'est de lui qu'on se sert pour commander les animaux, les flatter et les gourmander. C'est en patois qu'on salue les épis lourds "qui courbent la tête comme le col d'une oie" et qu'en septembre éclate la joie triomphale des vendanges. C'est en patois que le vin nouveau délie les langues pour célébrer la vigne et conseiller aux jeunes de la planter de bon plant.

« "Comme de bonne mère il faut choisir la fille."

« Joies, sentiments, images, tous les mouvements de l'âme, liés aux travaux agricoles, sont fixés par des mots patois. Quand il s'agit de la terre, on pense en patois » [14, p. 178].

La foi religieuse du rural s'articule sur cette insertion dans un passé collectif, en même temps que sur l'admiration de la Création divine. Le vieux métayer Lumineau le ressent spontanément dans un roman de René Bazin, *La terre qui meurt* : « Du fond de son cœur

douloureux, du fond de sa race catéchisée depuis des siècles, des
mots de croyant montèrent à ses lèvres » [5, p. 109]. La Bible, par
le langage de ses récits et de ses paraboles, est directement accessible au paysan et s'accorde sans peine à son expérience vécue :
« Agriculteur, ouvre l'Évangile », prêche un archevêque, « de qui
parle-t-il autant que de toi ? Les images qui sont couramment sous
tes yeux sont aussi celles qui y abondent » [13]. Et sur le registre
protestant, Charles-Ferdinand Ramuz confirme pour sa part :
« Une mythologie paysanne, voilà ce que le Vieux Testament a été
et est encore pour moi ; une mythologie paysanne conférant aux
paysans qui m'entouraient et dont je suis issu une noblesse magnifique » [24, p. 165].

Il existe assurément en France des campagnes déchristianisées,
au moins depuis la Révolution, des « terres de mission » décrites et
localisées par le chanoine Boulard en 1945. Mais cette situation,
relève-t-il, est « le cas limite » : « nos paroisses rurales se présentent
plutôt avec une façade chrétienne plus ou moins vraie » [41, p. 36].
Les rites cultuels accompagnent en général les moments décisifs de
l'existence, la naissance, le mariage et la mort. Dans les régions les
plus ferventes, des gestes de foi marquent de plus les actes quotidiens. Le chef de famille fait le signe de croix avant de couper la
miche de pain, ou avant de semer le grain dans le champ : ce
dernier usage disparaîtra inconsciemment quand la conduite d'une
machine remplacera le travail à la main. De ces comportements, le
pape Pie XII donne une vue idéalisée : « La crainte de Dieu, la
confiance en Dieu, la foi vive qui trouve son expression quotidienne
dans la prière commune de la famille, régissent et guident la vie des
travailleurs des champs ; l'église reste le cœur du village, le lieu
sacré qui, suivant les saintes traditions des pères, réunit chaque
dimanche les habitants, pour élever leurs âmes au-dessus des
choses matérielles, dans la louange et le service de Dieu, en lui
demandant la force de penser et de vivre chrétiennement tous les
jours de la semaine qui commence » [34, p. 39].

Le journaliste catholique Louis Veuillot, à la fin du second
Empire, prend donc le contre-pied de Balzac, estimant que le
paysan sait sauver sa dignité morale, malgré les perversions qui
l'assaillent : « Manipulé en tous sens par le mensonge, empoisonné
de cabarets et de journaux, troublé de mille scandales, tenté de
toutes les convoitises, accablé d'impôts, il reste encore ferme dans
son bon sens et dans sa foi et fournit presque seul à peu près ce qui
nous reste de droit, de dévoué et de pur » [2]. Ce dithyrambe
rejoint l'éloge civique de l'agriculture, que prononce l'ancien

ministre de l'Instruction publique, le comte de Falloux : « Dans le paysan, elle prépare le soldat le plus robuste, l'électeur le plus sensé, le contribuable le plus docile ; dans le propriétaire, elle donne l'éligible le plus éclairé, le gardien le plus vigilant des principes conservateurs et des deniers publics, le juge le plus compétent des problèmes intérieurs parce qu'il y est le plus intéressé, et des problèmes de la politique étrangère, parce qu'il est le plus initié aux vieilles annales de la patrie » [1, p. 204].

Détachons le premier point, qui constitue un lieu commun du discours de la droite. L'académicien François Coppée, qui sera un virulent antidreyfusard, attribue « quelque chose d'auguste à cet humble, à ce simple, à ce patient, qui fournit depuis tant de siècles à la patrie le blé qui la nourrit et les soldats qui meurent pour elle » : « devant cette constante offrande du pain et du sang, ajoute-t-il, mon imagination rêve d'on ne sait quel mystère sacré, d'un vague et obscur sacerdoce » [7, p. 6]. Trente ans plus tard, André Tardieu flatte de même les agriculteurs, en évoquant les combats glorieux d'autrefois contre l'invasion étrangère : « Vos ancêtres étaient à Bouvines » [18]. En 1935, devant le monument aux morts de Capoulet-Junac, le maréchal Pétain, avec le poids d'un prestige encore indiscuté, identifie à son tour le paysan et le soldat : « Insensible aux excitations pernicieuses, il accomplit son devoir militaire avec la même assurance tranquille que son devoir terrien. [...] Pendant la guerre, [...] le paysan s'est battu dans le rang avec le sentiment profondément ancré en lui qu'il défendait sa terre. Aux heures les plus sombres, c'est le regard paisible et décidé du paysan français qui a soutenu ma confiance » [23, p. I].

Si la terre est telle, façonnant les hommes et fondant les hiérarchies morales et sociales, on ne peut ressentir qu'amertume quand surviennent les épreuves pour l'agriculture. Après 1880, la crise agricole suscite de vives inquiétudes. La baisse des cours des céréales, sous l'effet de la concurrence des pays neufs, affecte gravement la valeur du capital foncier. Les grands propriétaires du temps s'en indignent : « La terre dépréciée à un point effrayant, c'est un désastre véritable et cruel » [3, p. 501] ; « Il ne faut pas dire : la terre est soumise à fluctuation comme toute autre marchandise. La terre est plus que cela ; c'est le sol, c'est la patrie : si la terre n'était qu'une marchandise, nous ne serions pas inconsolables de la perte de l'Alsace et de la Lorraine » [4, p. 128]. Cinquante ans plus tard, la Grande Dépression réduit à nouveau les prix de vente, alors que le progrès technique a accru les charges d'exploitation. Le syndicalisme paysan donne un large écho à la chute de l'indice Dessirier du « pouvoir d'achat de l'agriculture » (631 en 1935 pour 1005 en 1929). Et la hausse nominale de la terre ne dépasse pas le coefficient 2,5, alors que le franc a été dévalué des quatre cinquièmes. « La France », proteste-t-on alors, « trahit ses paysans », pour reprendre le titre d'un ouvrage de Pierre Hallé, en 1935.

On déplore parallèlement avec insistance l'exode constant des populations rurales attirées « par les splendeurs des villes comme le papillon vers la lumière ». La formule est de Jules Méline, qui se lamente de voir abandonner « la terre nourricière de l'humanité, féconde et éternelle », « la terre qui a des consolations pour toutes les misères et qui ne laisse jamais mourir de faim ceux qui l'aiment et qui se confient à elle » [10, p. 97]. Dans une tonalité plus religieuse, deux romans sur ce sujet obtiennent une audience notable dans les milieux catholiques. René Bazin intitule *La terre qui meurt* le drame moral d'un cultivateur vendéen qui voit partir ses deux fils, l'un vers la ville voisine, l'autre vers l'Amérique ; en guise d'*happy end*, le valet courageux, accepté comme gendre, reprend le bien abandonné. L'abbé Loutil, sous le pseudonyme de « Pierre l'Ermite », exalte la terre comme *La grande amie*, « cette chose faite de la poussière, du souvenir et des travaux de nos ancêtres qu'on ne peut pas arracher, emporter avec soi » et il condamne ceux qui la quittent comme des « déserteurs », avec tout le mépris que charrie alors ce terme [6, p. 158]

Une place privilégiée doit donc être reconnue officiellement à l'agriculture, reflet du statut fondamental, au moral comme au social, de la terre : « Il faut », revendique en 1885 le syndicat de Poligny, « faire aimer la profession par excellence qui, depuis des siècles, constitue la principale richesse de la patrie ». Tout au plus un Falloux nuance-t-il avec humour : « L'agriculture doit être puissante dans une grande nation, mais non pas seule puissante. Le char de l'État deviendrait une charrette et j'en serais aussi désolé que personne. » Après deux générations, une nouvelle équipe de militants exprime avec force « cette soif d'idéal et de réforme qui s'est emparée tout à coup de l'âme paysanne soulevée du terre à terre habituel par son injuste souffrance » [21]. Elle élabore en ce sens pour le congrès de Caen, en 1937, un programme corporatif : « Première place à la paysannerie », exige le secrétaire général Jacques Le Roy Ladurie, « parce qu'elle représente le premier ordre dans la nation, celui dont est issue la nation et celui sans lequel il n'y aurait plus de nation ». Car, soutient son ami Rémy Goussault, « la masse paysanne est bien la source [...] de ces vertus mélangées de notre race qui étonnent le monde : sens de la mesure et goût du risque, amour du petit et du grand, de l'économie et de l'aventure, du jardinage et de la colonisation, de l'ouvrage "bien faite" et du "débrouillage", de l'ordre et de la fronde, de l'organisation et de l'indépendance » [25, p. 11].

Nous voici reconduits au régime de Vichy, dont Jacques Le Roy Ladurie devient un moment ministre de l'Agriculture. L'État français prône « le retour à la terre » pour renverser l'exode rural. Il appose l'effigie de Sully sur ses billets de 100 francs et son chef accorde une préface à la réédition du *Théâtre d'agriculture* d'Olivier de Serres. Comme au temps de cet ancien agronome, écrit-il, « une saine compréhension des nécessités présentes nous incite à relancer l'agriculture au premier rang des diverses branches de l'activité nationale » [28, p. 1]. Et le mythe grec d'Antée, adversaire d'Hercule, est mobilisé, non seulement pour résoudre les urgences concrètes du ravitaillement, mais plus largement pour restaurer les valeurs éthiques dans le cadre de la Révolution nationale : « La France de demain sera à la fois très nouvelle et très ancienne. [...] Comme le géant de la fable, elle retrouvera toutes ses forces en reprenant contact avec la terre », déclare le maréchal Pétain le 22 août 1941. D'où les ambiguïtés que suscitèrent rapidement les initiatives de l'État français : la civilisation rurale est exaltée dans l'enracinement de ses êtres, à commencer par ses notables qui forment l'encadrement du pays (« Priver la France de ses défenseurs naturels dans une période de désarroi général, c'est la livrer à l'ennemi, c'est tuer l'âme de la France », écrivait Pétain dans sa note au Conseil des ministres du 13 juin 1940, mais ses notables, élites traditionnelles enracinées dans le terroir, sont appelés à fusionner avec les élites nouvelles — socioprofessionnelles, culturelles et administratives — sélectionnées, non pas par la terre, mais par la compétence, le concours et la cooptation.

III. LE MONDE
QUE NOUS AVONS PERDU

Dans le monde de la terre, le discours de la droite loue enfin, selon une formule du comte de Falloux, « l'harmonie des âges et des classes ». Roger Grand, historien du droit et président d'association, affirme par exemple en 1935 : « La terre est un facteur d'union entre tous ceux qui, à des titres divers, ont un intérêt, direct ou indirect, à son bon rendement, comme la paix et la sérénité de la nature sont un gage calme et un repos physique » [21, p. 439]. Au discours d'extrême gauche qui exalte et prétend dévoiler les luttes de classes au village, Rémy Goussault réplique : « Certes la paysannerie comprend dans ses membres des riches et des pauvres, des gens instruits et des simples, des patrons, des ouvriers, des non-propriétaires et des propriétaires, tous les degrés de l'être et de l'avoir. » Mais, s'« il y a des différences de conditions, il n'y a pas de "classe" », parce que la « classe est le résultat d'un fossé creusé entre les conditions sociales et que de tels fossés n'existent pas dans la vie paysanne » [25, p. 29].

Le nœud de l'argumentation est l'éloge de l'exploitation familiale, aux dimensions suffisantes mais limitées. Non une entreprise, mais « la personne même de l'homme qui exploite des biens agricoles à ses risques et profits personnels[2] », assisté de ses proches, avec le minimum de main-d'œuvre salariée. On exalte « le foyer rural stabilisé, agrandi, enrichi qui, assis et prospère, fixe l'homme et le multiplie » [15, p. 181]; « il y fera assez de pain et de vin pour s'en nourrir et pour en donner » [29, p. 131]. Avec une telle structure de production, le paysan se définit par l'indépendance (troisième élément de l'acception du terme, après les références à la nature et à la tradition). René Bazin peint ainsi son héros comme « venu librement, dans son costume de laine noire, ceinturé de bleu, son chapeau neuf à galons de velours bien posé en arrière, lui, maître de régler le travail et le loisir de ses journées », face à une « troupe de manœuvres commandés, serrés de près par les chefs, vêtus d'un uniforme qu'ils n'avaient pas le droit de changer pour un vêtement de leur choix » [5, p. 279].

On pourrait gloser longuement sur cette représentation qui escamote l'intensité du labeur nécessaire, l'engrenage impitoyable des tâches, la presse de la fenaison ou de la moisson avant l'orage, le retour de la traite des vaches chaque jour et sans répit. Chaque instant de liberté est dérobé à un cycle de contraintes qui ne connaît de temps mort qu'à la mauvaise saison. D'autre part, nombre d'exploitants ne disposent que d'une parcelle étriquée, d'un matériel sommaire, d'un cheptel réduit; ils sont obligés de travailler pour autrui, au moins à temps partiel, afin d'assurer la subsistance des leurs. Et le progrès des techniques de production, exigeant un capital croissant, élève inexorablement le seuil de rentabilité, sous lequel le domaine familial n'est plus viable. L'avenir des petites fermes est donc constamment remis en cause.

Le thème n'en suscite pas moins un large écho parmi les ruraux, car il répond à leur volonté de survivre. Aussi constitue-t-il un fonds commun, que la gauche ne se prive pas d'invoquer, en se réclamant de la défense des humbles. Quand la droite le met en avant, elle lui donne pour sa part une justification plus éthique que matérielle. Aux yeux de Roger Grand, « c'est le foyer paysan, groupant la famille agricole fixée à la terre, qui seul est éminemment intéressant pour le progrès moral et pour la formation sociale » [19]. Avec quelque exagération hyperbolique, le message programmatique du 11 octobre 1940, rédigé pour le maréchal Pétain par Gaston Bergery, proclame « l'agriculture familiale [...] la principale base économique et sociale de la France ». Et par la suite, le maintien de cette structure ne cesse d'être répété comme un slogan, en contrepoids à l'industrialisation du pays que veulent hâter la quatrième puis la cinquième République.

Cela ne va pas sans quelque ambiguïté, puisque la loi d'orientation sur l'agriculture de 1960 exclut en réalité les minifundia, quand elle prône « une structure d'exploitation de type familial, susceptible d'utiliser au mieux les méthodes techniques modernes de production et de permettre le plein emploi du travail et du capital d'exploitation ». Diverses dispositions législatives encouragent une certaine concentration, en promouvant par des superficies de référence un modèle de dimension moyenne. Les critiques d'extrême gauche considèrent que cette « petite production marchande » se situe en réalité dans la mouvance du capitalisme, avec une fonction de sous-traitance, et elles dénoncent l'influence au sein de l'agrarisme de la « grande culture » plus puissante du Bassin parisien, des « gros » s'abritant derrière les « petits ». Mais si « l'unité paysanne » est ainsi contestée par certains comme un mythe, la majorité des exploitants demeure attachée à une dynamique de rassemblement qui leur semble assurer la meilleure défense de leurs aspirations et de leurs intérêts.

Cependant, l'exploitation, relation économique à la mise en valeur de la terre, n'implique pas nécessairement la propriété, relation juridique à la maîtrise du capital foncier. Ces deux données sont tantôt séparées, tantôt confondues, selon les époques et selon les régions. Le discours politique prend en compte la situation concrète et s'adapte à l'évolution globale de la société comme de l'idéologie. Par une mutation liée au déplacement des conflits, deux systèmes bien différents de représentation idéalisée se sont ainsi succédé chez les auteurs de la droite française.

Au XIXe siècle, la pensée traditionaliste situe habituellement l'exploitation familiale dans l'ordonnance de la grande propriété, distribuée en fermes louées autour du château. Le climat humain évoqué de préférence est le paternalisme : c'est-à-dire la combinaison de l'autorité ferme et de la protection bienveillante du propriétaire sur ses tenanciers. Falloux exprime ainsi l'idéal des aristocrates de l'Ouest : « L'agriculture ne corrompt point ceux qu'elle enrichit, seul genre de fortune qui mérite ce compliment », à condition que les propriétaires fonciers résident sur place et qu'ils adoptent des mœurs simples. André Siegfried relève encore en 1913 la marque de cette « hiérarchie acceptée » dans le langage : « Le paysan appelle son propriétaire "Not' maître" et dans l'Anjou rural, on entend même cette expression toute féodale : "Je suis de la sujétion de M. X ou Y" » [40, p. 374]. Et René Bazin souligne la force unifiante de l'histoire commune : « On était là, sur parole, depuis des siècles, marquis d'un côté, Lumineau de l'autre, liés par l'habitude, comprenant la campagne et l'aimant de la même façon, buvant ensemble le vin du terroir quand on se rencontrait » [5, p. 8]. Son héros se heurte au régisseur, non au châtelain, comme le prévoyait une première ébauche du roman, et quand les meubles du maître ruiné sont mis à l'encan, il achète une canne par fidélité.

Dans ce sens, on vante longtemps le contrat de métayage, qui associe le capital procuré par le propriétaire et le travail fourni par le paysan, avec un partage des fruits défini par la coutume. On organise le syndicalisme agricole comme « une maison dont les fondations, solidement établies sur la loi de 1884, devaient être formées de l'agglomération des bonnes volontés de tous, cimentées en un bloc compact par l'esprit de solidarité et de mutualité » [8, p. 683]. Un peu plus tard un dirigeant, Louis Delalande, retrace l'histoire de ces premiers syndicats en un compliment joliment tourné : les paysans ont « compris qu'il fallait pour les administrer avec désintéressement et les diriger avec intelligence des hommes offrant des garanties d'instruction et d'indépendance [...], ces guides naturels que les circonstances ou le découragement avaient un instant écartés de leurs traditions de dévouement et de patronage. De leur côté, les propriétaires, ramenés dans leurs terres par la perte d'une carrière, par l'éloignement des fonctions publiques, par les difficultés de la vie [...] ont senti à leur tour que leur situation privilégiée leur créait des devoirs particuliers et ils sont rentrés dans leur rôle social » [11].

Cette vision idyllique a soulevé, on s'en doute, bien des objections. Il y a, regrette Rémy Goussault, « les propriétaires terriens qui élèvent si haut les murs de leur parc qu'ils ne voient plus les paysans » [25, p. 29], prenant revenus et plaisirs, sans assumer les obligations. Il y a aussi ceux qui jugent leurs bonnes intentions méconnues et leur porte-parole véhément est le Balzac des *Paysans*, qui veut faire, écrit-il, « la peinture de la lutte, au fond des campagnes, entre les grands propriétaires et les prolétaires », avides jusqu'au crime [35, p. 1239]. A l'inverse, l'image de l'entente harmonieuse autour du château est rejetée comme une duperie par les auteurs de gauche qui s'en prennent aux propriétaires injustement exploiteurs. René Bazin publie honnêtement dans *Le blé qui lève* un manifeste de révolte, diffusé parmi les métayers du Bourbonnais, comme une contradiction à son idéal de paix sociale.

Au tournant du siècle, la droite change de stratégie et se saisit du modèle de la petite propriété paysanne. La diffusion concrète de celle-ci est ancienne et elle s'est accrue par la poussée soutenue des achats. Mais son éloge comme thème idéologique est longtemps resté le fait de la gauche, notamment de Léon Gambetta et de Jules Ferry. Dorénavant la montée du socialisme déplace le terrain du débat politique et les partisans de l'ordre établi veulent s'appuyer sur ceux qui tiennent à leur bien. André Siegfried observe justement : « Je reste toujours frappé d'étonnement chaque fois que je constate avec quelle rapidité le terrien français devient conservateur : quelques milliers de francs d'économies, quelques arpents acquis par le travail, et voici un homme si fermement attaché à l'équilibre de cette société où il a su se faire une place qu'elle n'a plus désormais de meilleur soutien que lui ! » [40, p. 441].

L'économiste Auguste Souchon recommande donc : « Les propriétaires devant être les meilleurs défenseurs de la propriété, leur multiplication est pour augmenter de façon peut-être décisive les chances de survie de nos vieilles formes sociales » [39, p. 12]. L'abbé Lemire, prêtre et démocrate, fait voter un statut du « bien de famille » insaisissable, en fait peu appliqué, et Pierre Caziot, futur ministre de Vichy, propose sans succès un programme de lotissement foncier. D'autres se satisfont du jeu spontané de la promotion individuelle à la propriété. Pour Rémy Goussault, « à la terre, un ouvrier peut devenir exploitant. Un exploitant peut s'agrandir et devenir propriétaire. A la seule condition que la situation économique s'y prête. *Car la contexture sociale de la paysannerie ne s'y oppose pas, elle est continue, comme la nature, elle ne connaît pas les sauts, les fossés* ». En outre, il existe une « compénétration des conditions » : « les enfants d'un chef d'exploitation louent souvent leurs bras jusqu'à leur établissement. Nombre de petits exploitants s'emploient comme journaliers et la plupart des ouvriers font, en même temps, valoir un petit bien. De même beaucoup de fermiers sont-ils en même temps propriétaires » [25].

C'est alors, dans les années cinquante, la relève du « syndicalisme des ducs » par des équipes nouvelles, constituées d'exploitants. Si nombre de ceux-ci pratiquent le faire-valoir indirect, préférant affecter leurs ressources personnelles au capital d'exploitation, la masse paysanne continue de vouloir posséder le sol. De cette passion charnelle, la droite politique fait une valeur de référence. Avec un accent antisémite chez le polémiste Henri Béraud, figure importante de la collaboration passé 1940 : « J'ai de la terre qui me vient de mes vieux parents et j'en ai que j'ai payée de mes économies. Si Dieu le permet, j'en achèterai encore et tant que j'en pourrai acheter. Je sais le prix d'un arpent de vigne, la valeur d'un hectare de blé. Et jamais, mon pauvre Blum, ni moi ni mes parents ne rougirons de ces biens pour lesquels de père en fils nous nous sommes battus, [...] de cette terre que ni toi ni les tiens n'avez su cultiver ni défendre » (*Gringoire*, 12 octobre 1938). Avec un accent rassembleur chez le ministre André Tardieu : « La possession populaire du sol fait la stabilité de la France moderne. Il n'est point parmi vous d'hommes de droite qui consentiraient à revenir sur les conquêtes individuelles de la Révolution. Mais il n'est pas non plus d'hommes de gauche qui accepteraient de transformer en propriété collective la propriété individuelle » [18]. De fait, sur ce terrain, les radicaux-socialistes rejoignent les hommes de droite ; les socialistes et les communistes des campagnes ont eux-mêmes souvent manifesté leur attachement au petit domaine familial.

Aujourd'hui, il n'est plus que l'extrême droite pour demeurer attachée à la conception organiciste de la terre, qui fait de celle-ci un marqueur biologique. Fidèle en cela au Drumont de la *France juive* — pour lequel « il faut avoir sucé en naissant le vin de la patrie, être vraiment sorti du sol [...] alors seulement, votre phrase a un goût de terroir puisé à un fonds commun de sentiments et d'idées[3] » —, elle perpétue, dans la veine d'Henri Béraud qui reprochait à Léon Blum de tenir « entre ses maigres doigts les destinées de notre vieille nation... un vieux pays de brave terre, où il est bien vrai que le grand-père Blum n'a pas pris du cal aux mains en poussant la charrue[4] », une tradition illustrée par Pierre Poujade, « fils d'une vieille terre », contre Pierre Mendès France, lequel, sans « une goutte de sang gaulois dans les veines », ignorait la terre qu'il ne cultivait pas et combattait les bouilleurs de cru, producteurs d'« un breuvage exclusivement français », qu'il ne pouvait goûter, étant lui-même « un apatride[5] ». Le Front national de Jean-Marie Le Pen exalte à son tour la terre nourricière pour mieux défendre une prétendue race française. La terre est ici un élément d'une fantasmagorie idéologique où se mêlent, en réaction à une décadence supposée, haine de l'étranger, délimitation selon la religion des bons et des mauvais Français et déterminisme biologique.

La terre est, pour l'extrême droite, un référent de crise. Elle est, en revanche, pour les familles politiques démocratiques, un référent en crise. Après la terre première et la terre civilisation, voici venue, pour les droites républicaines, l'heure du monde que nous avons perdu. La modernisation de l'agriculture, relayée par les grands projets industrialistes du gaullisme, a hissé la France au rang de puissance agro-alimentaire exportatrice. L'itinéraire d'un Jacques Chirac, du ministère de l'Agriculture sous Georges Pompidou aux fonctions de Premier ministre de 1974 à 1976 et de 1986 à 1988, est éclairante de ce point de vue. Pour lui désormais, la terre, par son produit agricole, est d'abord un facteur essentiel de la puissance et du rang international de la France. Du Marché commun aux accords de régulation du commerce mondial (le GATT), les droites se battent pour la défense des intérêts de l'agriculture française. Dans le même temps, l'entrée de cette dernière dans l'ère industrielle a bouleversé le monde traditionnel des campagnes. L'avenir de la terre passe par la survie organisée de ses hommes. Ici, encore, les droites républicaines marquent une évolution. La défense de la paysannerie n'est plus tout à fait la même, de l'UDR de Georges Pompidou au RPR de Jacques Chirac ou à l'UDF de Valéry Giscard d'Estaing. Georges Pompidou, qui eut un grand rôle dans la modernisation industrielle de la France, voyait un contrepoids aux effets de cette entrée en modernité dans la ténacité et la prudence paysannes, rétives aux révolutions ou aux changements par décrets ; toute la bataille — perdue par le général de Gaulle et que Georges Pompidou avait déconseillé de livrer — de la réforme du Sénat portait sur le poids qui devait revenir à la représentation d'une ruralité édilitaire dont on attendait qu'elle tempérât politiquement les évolutions sociales et culturelles d'une civilisation urbaine en trop forte expansion. Aujourd'hui, les droites républicaines ne défendent plus uniquement dans la terre et ses paysans une clientèle électorale ; sensibles, à leur tour, au devenir politique et social des grands écosystèmes, elles défendent également, à travers le maintien d'une paysannerie de qualité, non plus une civilisation rurale définitivement engloutie par la modernisation industrielle, mais un monde agraire qu'il ne faut pas perdre, tant, de l'avis de tous, il est nécessaire à la survie de l'espèce.

PIERRE BARRAL

Bibliographie

La valeur de la civilisation rurale et du travail agraire a été exaltée par une longue chaîne d'auteurs de droite : observateurs, dirigeants d'associations ou personnalités politiques. Citons, dans l'ordre chronologique :

[1] ALBERT DE FALLOUX, « Dix ans d'agriculture », 1863, in *Études et souvenirs*, Paris, Perrin, 1885 (p. 204).

[2] LOUIS VEUILLOT, *L'Univers*, 6 nov. 1869.

[3] Comte de SAINT-VALLIER, *Journal officiel. Sénat*, débats du 1er mars 1884 (p. 499-504).

[4] J. IMBART DE LA TOUR, *La crise agricole en France et à l'étranger*, Nevers, 1901.

[5] RENÉ BAZIN, *La terre qui meurt*, Paris, Calmann-Lévy, 1899.

[6] PIERRE L'ERMITE, *La grande amie*, Paris, Bonne Presse, 1899.

[7] FRANÇOIS COPPÉE, préface à Hyacinthe de Gailhard-Bancel, *Quinze années d'action syndicale*, Paris, Lamulle, 1900 (p. 6-7).

[8] ADRIEN DUPORT, *La réforme sociale*, t. II, 1904 (p. 523-528).

[9] Action populaire, *Paysans de France*, Reims, 1905.

[10] JULES MÉLINE, *Le retour à la terre et la surproduction industrielle*, Paris, Hachette, 1905.

[11] LOUIS DELALANDE, in *VIIe Congrès national des syndicats agricoles*, Nancy, 1909.

[12] LOUIS DE CLERMONT-TONNERRE, « L'association agricole », in *Semaines sociales de France*, Rouen, 1910 (p. 381-397).

[13] *Lettre pastorale de Mgr l'Archevêque de Rouen... sur la vie agricole, sa dignité, ses déchéances et son relèvement*, 1910.

[14] Docteur LABAT, *Revue des Deux Mondes*, 15 juil. 1912.

[15] JOSEPH DE PESQUIDOUX, *Sur la glèbe*, Paris, Plon, 1922.

[16] *Semaines sociales de France*, Rennes, 1924, *Le problème de la terre dans l'économie nationale*.

[17] JEAN YOLE, *Le malaise paysan*, Paris, Spes, 1930.

[18] ANDRÉ TARDIEU, *Le Temps*, 29 sept. 1930.

[19] ROGER GRAND, *La force paysanne. Le rôle moral et social de l'agriculture*, Paris, 1931.

[20] LUCIEN ROMIER, *Plaisir de France*, Paris, Hachette, 1932.

[21] ROGER GRAND, in *Semaines sociales de France*, Angers, 1935 (p. 425-448).

[22] M. DE GANAY, *Pour l'action au village. Problèmes paysans et apostolat spécialisé*, Paris, Spes, 1935.

[23] Maréchal PÉTAIN, discours de Capulet-Junac, 1935, *in* J.A. Néret, *Les plus beaux métiers du monde*, Paris, 1941.

[24] CHARLES-FERDINAND RAMUZ, « Le Paysan », *Questions*, 1936 (p. 87-119).

[25] *Congrès syndical paysan*, Caen, 1937, 3 vol.

[26] VAN GRAEFSCHEPE au Premier congrès national agricole du Parti social français, en 1939.

[27] PHILIPPE PÉTAIN, *Quatre années au pouvoir. Paroles aux Français*, éd. Jacques Isorni, 1949.

[28] OLIVIER DE SERRES, *Pages choisies*, Paris, Firmin-Didot, 1941 (préface).

[29] HENRI POURRAT, *L'homme à la bêche*, Paris, Flammarion, 1941.

[30] MARCEL ARLAND, *Le paysan français à travers la littérature*, Paris, Stock, 1941.

[31] GUSTAVE THIBON, *Retour au réel*, Lyon, Lardanchet, 1943.

[32] ROBERT PRÉAUD, *Quelques traits essentiels d'une politique agricole française*, juin 1944.

[33] ROLAND MASPETIOL, *L'ordre éternel des champs*, Paris, 1946.

[34] *Les enseignements pontificaux. Problèmes agricoles et ruraux*, Paris, Desclée, 1960.

On ne doit pas ignorer toutefois un courant minoritaire, antipaysanniste :

[35] HONORÉ DE BALZAC, *Les paysans*, 1844, et *Œuvres complètes*, Paris, Pléiade, Gallimard, 1978, t. IX. Cf. Marc Blanchard, *La campagne et ses habitants dans l'œuvre de Honoré de Balzac*. Étude des idées de Balzac sur la grande propriété, Paris, Champion, 1931, et Jean-Hervé Donnard, *La vie économique et les classes sociales dans l'œuvre de Balzac*, Paris, A. Colin, 1961 (p. 173-176).

[36] CHRISTIANE MARCILHACY, « Émile Zola, historien des paysans beaucerons », *Annales. Économies. Sociétés. Civilisations*, 1957 (p. 573-586).

[37] Abbé JOSEPH ROUX, *Pensées*, Paris, Lemerre, 1885 (p. 147-191).

[38] L. DE LA GARDE, *Nos paysans, étude de psychologie sociale*, Aix, 1902.

Signalons enfin les analyses de sociologues, d'historiens et de géographes qui ont abordé le problème des valeurs paysannes :

[39] AUGUSTE SOUCHON, *La propriété paysanne*, Paris, Larose, 1899.

[40] ANDRÉ SIEGFRIED, *Tableau politique de la France de l'Ouest sous la troisième République*, Paris, A. Colin, 1913.

[41] FERNAND BOULARD, *Problèmes missionnaires de la France rurale*, Paris, Cerf, 1945.

[42] PAUL VERNOIS, *Le roman rustique de George Sand à Ramuz*, Paris, Nizet, 1962.

[43] PIERRE BARRAL, *Les agrariens français de Méline à Pisani*, Paris, PFNSP, 1968.

[44] JEAN-MARIE MAYEUR, *Un prêtre démocrate, l'abbé Lemire*, Paris, Casterman, 1968 (p. 197-204).

[45] JEAN PELTRE, *Recherches métrologiques sur les finages lorrains*, Université Paris IV, 1974, thèse dactylographiée.

[46] GEORGES DUBY et ARMAND WALLON, (s.d.) *Histoire de la France rurale*, t. III et IV, Paris, Le Seuil, 1976.

[47] PIERRE BARRAL, *Les sociétés rurales du XXᵉ siècle*, Paris, A. Colin, 1978.

[48] RÉMY PONTON, « Les images de la paysannerie dans le roman rural à la fin du XIXᵉ siècle », *Actes de la recherche en sciences sociales*, novembre 1977 (p. 62-72).

[49] CHRISTIAN FAURE, *Le projet culturel de Vichy*, Presses universitaires de Lyon, 1989.

CHAPITRE III

La région

Dans la hiérarchie commune aux horizons idéologiques des droites — libérales, conservatrices ou extrêmes — la région occupe une place singulière. Si la famille est la cellule fondamentale d'acquisition et d'apprentissage des valeurs religieuses, politiques et morales au principe d'une identité qui transcende le simple lien social en rattachant à la chaîne des temps et en insérant dans la tradition; si la terre est l'inscription symbolique de cette identité dans la continuité mémorielle de la présence des morts, la région est, en dessous de l'appartenance collective suprême que définit la patrie, le lieu essentiel où s'expérimente dans le temps comme dans l'espace un vivre-ensemble communautaire selon les coutumes, les mœurs et les langues.

Échelon intermédiaire dans la représentation de la présence au monde et des définitions identitaires, concentré de toutes les diversités politiques, sociales, religieuses, culturelles et linguistiques, la région fut le terrain privilégié de manœuvre de la Révolution française dans sa volonté de bâtir à neuf. La place accordée à la région dans l'imaginaire politique des droites n'est concevable qu'à la lumière de cet événement fondateur de la notion de droite et créateur du département, comme rationalisation et homogénéisation de l'espace public qui s'ouvrait à un peuple unifié par l'égalité de tous ses membres. Pour plus d'un siècle, le département, substitué aux circonscriptions et provinces de l'Ancien Régime, sera marqué du sceau de Sieyès, son véritable fondateur, et de son désir d'« unité sociale ». L'Ancien Régime naquit par la définition même que lui fixait son abolition, dans la nuit du 4 août 1789, qui jurait de supprimer « tous les privilèges particuliers des provinces, principautés, pays, cantons, villes et communautés d'habitants ». En regard, Sieyès proposait à l'Assemblée, le 7 septembre, de nommer un comité chargé d'établir un nouveau maillage tel que la France, à jamais proclamée « une et indivisible », « puisse former un seul tout, soumis uniformément, dans toutes ses parties, à une législation et à une administration communes » [3, p. 134].

Ces deux textes bornent, en quelque sorte, pour plus d'un siècle et demi, ce que sera l'alternative pour les droites. Ce qu'abolit la nuit du 4 août, des droites s'attacheront à le défendre sous le nom de régions : la sociabilité identitaire qui lie tout à la fois à un sol, à un parler, à des coutumes des hommes qui se vivent d'abord dans cette particularité quotidienne plutôt que dans l'universalisme abstrait de l'égalité du genre humain. Au nom de ces solidarités organiques, les droites légitimistes puis maurrassiennes n'auront de cesse de vouloir, contre le département niveleur, restaurer la région comme petite patrie, comme patrie locale, où s'expérimente essentiellement le sentiment d'appartenance à la grande patrie commune. Cette défense organiciste de la région, grâce à l'identité religieuse, corporative et linguistique, passe nécessairement par la défense des élites traditionnelles qui forment l'encadrement naturel des communautés et le refus du suffrage universel éradicateur des spécificités de chacun fondées sur l'inégalité naturelle.

Ce que Sieyès fixe pour idéal, en revanche, définit l'autre parti, celui des droites libérales : comment, dans une nation indivisible qui ne veut plus connaître qu'un seul peuple, améliorer la diffusion et la circulation de l'autorité politique, sinon en trouvant dans la personnalité propre à chaque région, voire aux départements qui désormais les composent ou les recoupent, l'antidote même à l'hypertrophie du centre politique, afin de mettre un frein au despotisme d'État?

Régionalisme ou décentralisation, les valses-hésitations des droites sur la nature historique et culturelle ou le statut politique et administratif de la région ne s'éclairent que par le contexte dans lequel naquirent et les droites et le département : l'indivisibilité d'une nation posée comme corps souverain dissocié — et bientôt substitut — du roi et de sa personne.

***

L'unicité et l'indivisibilité de la France est au cœur des débats des droites sur la décentralisation, le régionalisme, le fédéralisme ou le séparatisme. La meilleure preuve en fut apportée, il n'y a guère, à l'automne 1990, par la discussion du nouveau statut pour la Corse et la reconnaissance de la notion de « peuple corse ». Les droites républicaines dénoncèrent, en général, au nom de toute la tradition républicaine, la différenciation entre les Corses et le peuple français. Il ne fut jusqu'à l'extrême droite organiciste qui ne vit alors éclater ses contradictions idéologiques. Dans *National-Hebdo*, Jean Mabire, historien des diverses divisions SS recrutées sur une base ethnique dans les pays occupés, saluait, le 15 novembre 1990, Pierre Joxe le ministre qui fut l'instigateur du projet en déclarant qu'il faisait « incontestablement preuve de lucidité ». Pour lui, en effet, « la France est une mosaïque de peuples » et, si le séparatisme de la Corse est impensable, son autonomie est nécessaire. Dans le même numéro, le directeur de la publication, Roland Gaucher, ancien militant du PPF de Jacques Doriot sous l'occupation, lui répliquait : « Le statut Joxe n'est pas un statut d'ouverture, mais de rupture. » Dans *Aspects de la France*, Pierre Pujo en appela à l'union sacrée : « Il est nécessaire que les patriotes français se retrouvent pour défendre l'intégrité de la nation » et l'hebdomadaire royaliste de donner la parole au radical de gauche François Giacobbi, hostile à la réforme et qui, anticipant sur la décision du Conseil constitutionnel, déclarait que « il n'y a qu'un peuple français ».

Subitement, la Corse rappelait que, toutes tendances confondues, les droites sont partagées entre les partisans d'un État fort et les tenants des libertés locales.

I. DE LA PROVINCE AU DÉPARTEMENT

La région n'est pas qu'une collectivité territoriale parmi d'autres : plongeant souvent ses racines dans l'histoire (ce qui lui attire la sympathie des traditionalistes), d'une dimension apparemment plus viable que le département (argument auquel les gestionnaires sont sensibles), elle est la seule qui soit susceptible de revendiquer, au-delà de quelques pouvoirs administratifs, une réelle autonomie politique. Mais l'idée régionale n'apparaît que tardivement, à la fin du XIXe siècle. Jusqu'alors, c'est la notion de province qui a prévalu.

Le mot de province est emprunté au vocabulaire administratif de l'Empire romain. Sous l'Ancien Régime, le terme de région est également utilisé, mais on l'applique normalement à certains pays, géographiquement constitués (la Bretagne, la Normandie, la Provence), qu'on appelle d'ailleurs aussi, indifféremment, des nations.

Le règne de Louis XVI est marqué par la renaissance du sentiment régional, pris au sens moderne du mot. Selon ce qui fut longtemps la vulgate de la Révolution française, « les années 1787-1788 paraissent à ce titre d'une singulière importance. Elles voient, en particulier, la tentative des Assemblées provinciales [fondées en 1787 par Loménie de Brienne], où s'affrontèrent souvent les tendances de l'aristocratie à l'autonomie et l'autorité centralisatrice de l'intendant : le contenu social du régionalisme fut, dès l'abord, évident » [1, p. 28]. Il semblerait plutôt que ce fut d'abord l'inefficacité administrative du pouvoir monarchique qui suscita cette aspiration à un autre type d'organisation. La noblesse y participe, pour s'affranchir du pouvoir central, mais aussi le tiers état, dans l'espoir d'être soulagé d'une partie de ses impôts. Les cahiers de doléances contiennent de multiples témoignages d'hostilité à la centralisation monarchique et à ses agents — les intendants et les subdélégués. Devant la gravité de la crise d'autorité, deux types de réactions apparaissent : d'un côté, les physiocrates pensent y remédier en rationalisant et en unifiant; de l'autre, certains notables souhaitent restaurer des chaînes de commandement et de pouvoirs qui relèvent d'un ordre féodal aboli. Des historiens ont parlé de « réaction féodale » pour regrouper l'ensemble de ces initiatives locales visant à revivifier des privilèges, tombés en désuétude, en même temps que des institutions locales de justice ou de fiscalités, grâce aux recherches archivistiques confiées à des feudistes, spécialistes du droit féodal. On a évoqué, à propos de ces efforts, une « reviviscence provincialiste ». La Révolution y mettra brutalement fin.

Avec elle, en effet, naît un concept nouveau, celui de nation. La nation devient la masse des citoyens, fondus en un seul bloc, par l'abolition des ordres et l'égalité des droits. C'en est fini des appartenances particulières, politiques, culturelles, identitaires : provinces, communautés, ordres, langues, corporations, classes. Se trouvent brutalement rejetés dans le camp de l'archaïsme, donc — selon une chaîne d'associations que très vite forgèrent les révolutionnaires, particulièrement jacobins et montagnards — dans celui de l'Ancien Régime, et de la contre-révolution, d'authentiques contre-révolutionnaires au plan politique et idéologique mais aussi les tenants d'une identité culturelle et linguistique régionale dont l'idiome est désormais appelé patois et devient l'objet de toutes les suspicions dès lors que la Révolution postule, par la bouche de Barère, que « le fédéralisme et la superstition parlent bas breton ». La langue est alors subordonnée aux intérêts civiques de la nation. Le français est proclamé langue nationale, outil de l'idéal nouveau et de la centralisation administrative, puisque avec la nation triomphent dans toutes les parties de la France une et indivisible les lumières de la Raison[1]. Le 3 novembre 1789, Thouret propose le découpage administratif du royaume en 80 départements de 320 lieues carrées chacun (le mot lui-même vient de départir, partager)... Mirabeau, plus raisonnablement, combat ce projet à la Procuste. Dénonçant le risque que l'on divise « ce qui est encore plus inséparable, on trancherait tous les liens qui resserrent depuis si longtemps les mœurs, les coutumes, les productions et le langage », il conclut : « Je voudrais une division matérielle et de fait, propre aux localités, aux circonstances et non point une division mathématique presque idéale et dont l'exécution me paraît impraticable. » La nouvelle division administrative est finalement un compromis entre les données de la géographie et de l'histoire d'une part, et les nécessités d'une administration éclairée et moderne, de l'autre[2]. Mais qui dit compromis dit forcément sacrifices et mécontentement. L'un des quatre commissaires adjoints (au comité de Constitution) pour la division du royaume, Pinterville de Cernon, stigmatisera par la suite, en l'an IX, « les prétentions des ci-devant provinces dont le caractère de corporation était encore dans toute sa force » [1, p. 38]. Ces provinces réussissent, toutefois, à échapper à la retaille : la Bretagne et la Normandie sont divisées en cinq départements chacune, la Provence en trois. Les « pays », de dimension plus modeste et moins ancrés dans l'histoire, sont moins heureux. Le Velay, par exemple, perd sa spécificité : il se fond dans le département de la Haute-Loire avec une partie de l'Auvergne (Brioude). Edmund Burke, sur ce point aussi, lancera force diatribes contre les révolutionnaires accusés d'avoir morcelé leur patrie d'une manière barbare. Il contestera ces divisions artificielles, trop étroites, inégales en taille, en nombre d'habitants et en richesses.

Si, deux siècles plus tard, les mêmes départements existent encore dans des frontières pratiquement inchangées, c'est que sur le plan administratif, celui de l'efficacité des décisions et de leurs exécutions, le réalisme a finalement prévalu au cours de ce premier affrontement entre rénovateurs ambitieux et traditionalistes raisonnables. Sur le plan politique et idéologique, celui des représentations des forces et des identités, il n'en alla, dans l'immédiat, pas de même. La méfiance à l'égard du pouvoir central parisien, de plus en plus instable et démesuré, explique la place accordée aux régions dans la construction politique girondine, fruit du délicat équilibre entre la nécessaire propagation des lumières dans un peuple à éduquer pour qu'il devienne le véritable souverain et la tout aussi nécessaire protection de l'œuvre politique et sociale nouvelle contre les fureurs aveugles et manipulables des foules, émeutières et circonstancielles, d'une capitale hypertrophiée dans son rôle politique. Raison pour laquelle la Gironde fut décentralisatrice : le fédéralisme était destiné à protéger la Révolution contre ses propres excès, jamais à restaurer l'Ancien Régime, comme le prétendirent sur l'heure ses adversaires et comme il s'est trouvé, depuis, des historiens pour le répéter. A l'appui de cette dernière thèse, il suffit, il est vrai, de confondre idéologiquement ce qui coexistait chronologiquement : le fédéralisme girondin sur le plan politique, les insurrections méridionales contre-révolutionnaires sur le plan militaire, puis, bientôt, la Vendée et la chouannerie[3].

L'insurrection vendéenne, à partir de mars 1793, contribue à séparer en deux camps irréconciliables les partisans de la République « une et indivisible », d'un côté, et, de l'autre, tous ceux qui, critiquant le pouvoir central, sont suspects de séparatisme. La Terreur achève d'assimiler l'idée de contre-pouvoir et celle de contre-révolution. Il sera difficile désormais de les dissocier. Toutefois, le thème décentralisateur n'est pas un élément constitutif de la pensée contre-révolutionnaire qui s'attache alors plutôt à lutter contre l'universalisme. Joseph de Maistre, dans ses *Considérations sur la France*, insiste sur le particularisme historique de la France par rapport aux autres pays, et argue de celui-ci pour nier qu'il pût exister des droits de l'homme, puisque d'homme il n'y a pas dans l'absolu ; il n'en est que dans le relatif des mœurs, des traditions et des coutumes. En ce sens, il n'y a pas d'homme ayant des droits, mais des Français, des Allemands, des Anglais et d'autres nationaux ayant des devoirs. Ce particularisme est national, en réaction à l'abstraction universaliste des Lumières, il n'est aucunement régional. Encore s'agit-il là des efforts de théorisation politique d'un écrivain et philosophe ; dans le combat quotidien de l'émigration, la question, pour les monarchistes, est de restaurer la plénitude de ses pouvoirs à une monarchie conçue, les sensibilités étant diverses, selon les acquis centralisateurs de l'absolutisme à la Louis XIV ou du despotisme éclairé à la Louis XV dans la version antiparlementaire à la Maupeou. C'est assez dire que la région était loin d'avoir les faveurs de la contre-révolution.

II. DE LA DÉCENTRAL-SATION

L'ampleur des débats constitutionnels et l'instabilité des régimes dans la première moitié du XIXe siècle vont occulter la querelle sur la décentralisation. Le thème apparaît occasionnellement. Chez quelques auteurs libéraux, bien évidemment, qui s'inspirent, peu ou prou, de la théorie des pouvoirs intermédiaires qu'ils trouvent chez le Montesquieu de *L'esprit des lois*. On songe d'abord à Alexis de Tocqueville qui, impressionné par la vivacité des communautés et associations dans les États américains, insiste, dans *L'Ancien Régime et la Révolution* sur la continuité, de l'absolutisme à l'Empire napoléonien, de l'œuvre centralisatrice monarchique qu'il attribue à la marche irréversible des sociétés vers l'égalité. Il pose, pour préserver la liberté face à la passion de l'égalité, la nécessité de préserver les libertés communales comme sauvegarde de l'individu contre l'emprise du pouvoir central, puissance paternelle et tuté-laire qui peut envahir jusqu'à l'espace privé. Ces libertés consti-tuent, avec les associations, les éléments vivants de la démocratie, alors que le jacobinisme, livré à sa pente naturelle, conduit inéluc-tablement au despotisme[4]. Moins théorique, la revendication d'une décentralisation vient à l'époque, le plus souvent, de considérations techniques, liées à la croissance démesurée de la capitale. Un siècle avant la publication par Jean-François Gravier d'un ouvrage dont le titre *Paris et le désert français* (1947) deviendrait bientôt une expression commune, Lamennais peut dénoncer « l'apoplexie du centre » et Proudhon se plaindre de voir Paris « congestionné, apoplectique ».

Si de nombreuses voix ont dénoncé, notamment sous l'Empire, l'uniformisation et la centralisation de l'enseignement, de la littéra-ture, de l'Art, le thème n'a jamais revêtu la dimension particulière d'un programme politique en soi. La Restauration a garde de défaire l'œuvre administrative de la Révolution (les départements) et de l'Empire (les préfets). Les nostalgies de l'Ancien Régime ne portent jamais sur la restauration des pays, régions et parlements.

Sous le second Empire, l'offensive décentralisatrice la plus importante a des visées ambitieuses : apparemment d'ordre tech-nique — elle dénonce l'hypertrophie parisienne —, mais elle porte en soi, à dire vrai, une réorganisation des pouvoirs sur la base des libertés nécessaires. Le comité de Nancy fait paraître, en 1865, un opuscule de soixante-dix pages, intitulé *Un projet de décentralisation*. On y lit, dans une longue introduction, que « la décentralisation n'est le mot d'ordre d'aucun parti » mais qu'elle est revendiquée par des citoyens d'opinions diverses, qui souhaitent que « la province, où vivent les 14/15ᵉ de la population de l'Empire, ne soit plus en tout et toujours la très humble tributaire de Paris » [1, p. 287-302]. Ce qui deviendra le « principe de subsidiarité » y est claire-ment défini : « Ce qui est national à l'État, ce qui est régional à la région, ce qui est communal à la commune. »

L'ouvrage se compose de trois parties ; la première traite de la commune, qu'il faut affranchir de la tutelle préfectorale ; la deuxième du canton, où un conseil cantonal devrait être créé, se substituant au conseil d'arrondissement ; la troisième du départe-ment, qui pourrait, le cas échéant, être agrandi. L'exécution des décisions devrait être confiée à une commission permanente et non plus au préfet. Ce que l'on a appelé le programme de Nancy entend donc fortifier la commune, qui existe à peine, créer le canton, qui n'existe pas, supprimer l'arrondissement, qui ne répond à rien et émanciper le département. Le texte, qui se présente comme le canevas d'un projet de loi, est signé par dix-neuf notables, dont une majorité de légitimistes, parmi lesquels un seul ancien élu (en 1849), Foblant, du parti de l'Ordre, arrêté lors du coup d'État du 2 décembre. Chacun des signataires a demandé à des personnalités de l'opposition une lettre ou un commentaire. Le libelle imprimé est donc composé du texte du manifeste proprement dit et de cinquante-huit lettres d'approbation, parmi lesquelles beaucoup proviennent de légitimistes (Charles de Montalembert, Pierre Ber-ryer, Frédéric de Falloux), mais aussi d'orléanistes (Victor de Broglie, François Guizot, Odilon Barrot, Jules Dufaure), de libé-raux (Lucien Prévost-Paradol), de républicains (Lazare Carnot, Jules Ferry, Jules Simon, Félix Faure, Camille Pelletan, Étienne Garnier-Pagès). La revendication décentralisatrice, qui est, bien souvent, une démarche d'opposants, semble donc réconcilier toutes les oppositions à l'Empire. C'est sans doute pourquoi l'effet de la brochure fut dans la proportion inverse à la modestie de sa longueur. Selon un rapport de police du 24 août 1865, « on n'a pas tardé à comprendre que le parti démocratique jouait un rôle de dupe et que le parti royaliste seul, c'est-à-dire les gros tenanciers du sol, pourrait bénéficier de la décentralisation, telle que la deman-dait le comité lorrain ». Il n'est, en effet, pas indifférent aux historiens que cette brochure soit l'œuvre d'un comité de Nancy, où l'on trouve alors, dans le mouvement « lotharingiste » de Guerrier de Dumast, quelques partisans d'une indépendance de la Lorraine.

En réalité, le programme de Nancy, malgré sa modernité, — il n'y manque, toutefois, que l'idée de la région... —, reste sans lendemain. Les adversaires de Jules Ferry — qui, soucieux de « morceler l'autorité préfectorale », écrivait au comité de Nancy, à l'époque, que « la France a besoin d'un gouvernement faible » — auront beau jeu de lui reprocher, lorsqu'il exercera le pouvoir dans les années 1880, d'y avoir adhéré, mais de ne pas l'appliquer ; il est vrai qu'« une fois le pouvoir renversé, une partie des signataires disposant à son profit des avantages de la centralisation étatique s'empressera d'oublier le programme commun » [1, p. 164]. Les républicains eux-mêmes considéreront qu'il s'agissait d'une manœuvre royaliste. Le 7 août 1906, au républicain Maurice Toussaint qui a évoqué le programme de Nancy, le lieutenant-colonel Royal répond : « Les signataires du programme de Nancy étaient royalistes, n'en doutez pas » [1, p. 300].

Jusque sous le second Empire, il s'était encore trouvé quelques nostalgiques des provinces de l'Ancien Régime pour attaquer le département, dans lequel ils voyaient le symbole de l'arbitraire de l'organisation révolutionnaire. Les partisans de la région ont alors, le plus souvent, des adversaires du nouvel ordre social instauré par la Révolution. En 1844, le géographe Omalius d'Halloy propose de diviser la France en sept régions, elles-mêmes subdivisées en pays. Le géologue Victor Raulin, la même année, distingue entre vingt et une régions « naturelles et botaniques » [1, p. 402-403]. Les projets régionalistes élaborés sous le second Empire sont plus explicites, car ils correspondent à une véritable réorganisation de l'administration territoriale. Celui d'Auguste Comte consiste à définir dix-sept intendances, tout en conservant le département. Le positivisme d'Auguste Comte allait marquer de son sceau l'évolution du régionalisme, « car il introduit la notion selon laquelle l'observation scientifique des données historiques, géographiques, économiques et humaines conditionne la mise en place de toute organisation régionale naturelle » [1, p. 204].

Faute de réelle théorisation politique, décentralisation et régionalisme sont confondus, sous l'Empire libéral, dans le combat politique tactique contre l'autorité de l'Empereur. La décantation viendra des rangs légitimistes. En effet, la décentralisation devient alors la clef de voûte de la pensée légitimiste. Le 5 juillet 1871, le comte de Chambord publie un manifeste dans lequel il affirme vouloir fonder son gouvernement sur « les larges assises de la décentralisation administrative et des franchises locales ». Frédéric Le Play — tout à la fois le père de la monographie en sociologie et, au titre du catholicisme social, le théoricien de la cellule familiale — présente au prétendant un projet cohérent de réforme administrative. Les collectivités (professions libérales, agricoles, industrielles) seraient représentées dans des chambres provinciales, une vingtaine au total, qui se réuniraient pour délibérer dans la capitale de la province. Ainsi, retrouveraient vie les États provinciaux de l'Ancien Régime, mais « d'une façon toute moderne, car la représentation des trois anciens ordres y serait remplacée par celle de tous les ordres d'activité sociale ». Un Sénat assurerait la représentation des intérêts régionaux et professionnels. C'est, très exactement, le projet sur lequel le général de Gaulle fut mis en minorité lors du référendum d'avril 1969 : le conseil régional, avec trois cinquièmes d'élus au suffrage indirect et des socioprofessionnels désignés, pour le reste, par des organisations représentatives; le Sénat, réduit au rôle d'un conseil économique. Mais, dans la réforme gaulliste, le Sénat n'était qu'une haute assemblée, et les élections avaient lieu au suffrage universel, tandis que, pour Le Play, la représentation des intérêts devant se substituer à l'élection, il s'agissait explicitement d'un projet contre-révolutionnaire, refusant le principe d'une égale répartition des lumières dans l'ensemble du corps souverain. De son côté, le journaliste et pamphlétaire catholique Louis Veuillot avait proposé de faire élire le comte de Chambord « chef des Républiques françaises », entendant par là les cités et les provinces.

Proche de Frédéric Le Play, le fondateur des Cercles d'ouvriers catholiques, René de La Tour du Pin développe ses idées d'un régime chrétien corporatif et représentatif, lors des seize Assemblées provinciales organisées, de novembre 1888 à mai 1889, en protestation contre la célébration de la révolution dauphinoise et du centenaire de la Révolution française[5]. Il y envisage une fédération de seize gouvernements provinciaux. Il y revient à plusieurs reprises, notamment dans *L'Action française* du 15 novembre 1906, puis dans son livre *Vers un ordre social chrétien* publié en 1907. Sur cette idée d'une société organique fondée sur des corps, monarchistes et catholiques sociaux se rejoignent. Eugène Duthoit, président des Semaines sociales, considère que « l'État est une superstructure, les infrastructures étant les institutions familiales, sociales et professionnelles ». Les arguments relèvent d'une véritable métaphysique politique; ils visent à assurer le meilleur épanouissement de la personne humaine enserrée dans la chaîne divine des êtres et placée dans une structure pyramidale de devoirs et de respects coiffée par le monarque. En regard, le programme de la démocratie chrétienne, que présente à Lyon, le 18 juillet 1896, l'abbé Lemire, est plus proche d'une littérature décentralisatrice libérale que de la pensée catholique organiciste, lorsqu'il estime que la « Révolution a abattu tous les pouvoirs locaux et corporatifs » et qu'il convient en conséquence d'« opposer un rempart à la tyrannie centralisatrice » [1, p. 450[6]].

Il est vrai que dans le camp républicain, l'heure n'est pas à la décentralisation. En décembre 1870, le programme de l'Alliance républicaine (Ledru-Rollin, Henri Brisson, Charles Floquet) avait exigé une forte centralisation politique, qui, toutefois, n'entravât pas « la vie et la liberté communales ». Dans son programme de Montmartre, Georges Clemenceau réclame en 1871 l'autonomie communale, c'est-à-dire que la commune soit maîtresse de son administration, de ses finances et de sa police, dans les limites compatibles avec l'unité de la France. Au pouvoir, les républicains se contentent finalement de réformes timides visant à ne pas renforcer le pouvoir des notables et élites traditionnelles : la loi sur les conseils généraux, élus au suffrage universel, date de 1872, la loi municipale, confirmant l'élection des maires et des adjoints, du 5 avril 1884. Dans les débats parlementaires, les souvenirs de la Commune ardemment décentralisatrice furent, pour beaucoup, dans la référence réitérée à la République « une et indivisible ». Le texte sur les conseils généraux, par exemple, dont William Waddington fut le rapporteur, avait pour point de départ une proposition de loi qui organisait la France en vingt-quatre provinces, pourvues d'attributions étendues. Il n'en reste plus rien à l'arrivée. Sous la République radicale, aux yeux de laquelle la centralisation semble nécessaire à l'accomplissement de son programme — la laïcité et la séparation de l'Église et de l'État —, la décentralisation est une idée de droite. Arme de guerre, elle conduit, par sa radicalisation, à l'émergence de la notion de région, clé de voûte, désormais, d'une pensée organiciste et monarchiste.

III. FÉDÉRALISME
ET RÉGIONALISME ORGANICISTE

L'argumentation régionaliste devient pour longtemps une arme politique d'opposant à la République, de minoritaire. Tandis que les républicains, qui conquièrent peu à peu l'ensemble des pouvoirs constitutionnels, sont désormais moins intéressés par ces contre-pouvoirs qu'ils exaltaient dans leur opposition à l'Empire, les monarchistes, qui voient s'affermir la République, portent naturel-lement une attention toute particulière à ces contre-pouvoirs. Ce renversement des fronts n'échappe pas à Georges Clemenceau qui, comme d'ailleurs Léon Gambetta, trouve la France trop décentrali-sée : « Se voyant délogés du pouvoir central par les électeurs aux scrutins législatifs, les notables ont imaginé de se réfugier, comme en autant de forteresses, dans les dernières places d'occupation que leur ont conservées l'ignorance, les préjugés d'Ancien Régime et les basses superstitions de l'Église romaine[7]. » Outre qu'on entend ici comme les accents de Bertrand Barère dans son rapport du Comité de salut public à la Convention le 8 pluviôse an II, associant fédéralisme et superstition dans un rejet commun de la République, l'époque était alors marquée par la multiplication des initiatives catholiques en faveur de l'idée régionale, notamment par l'anima-tion de mouvements plus souvent culturels que politiques : de 1870 à 1914, en effet, « des générations de prêtres, nombreux, mieux formés, souvent très libres de leur temps, apportent leur contribu-tion à la défense des traditions provinciales » [1, p. 195] (études d'archéologie et d'histoire locale, folklore...). Le curé rend suspecte, aux yeux républicains, l'érudition locale à laquelle il s'associe, tandis que l'instituteur transmet, pour sa part, un savoir universel, qui ne puise pas ses sources dans le village où il enseigne, mais dans l'humanité à laquelle se rattache, par l'instruction, l'élève d'aujourd'hui, citoyen de demain. Ce triangle idéologique révolu-tionnaire revivifié par la République — la quasi-identité entre l'esprit pédagogique, la raison éclairée et la centralisation politique — aura en France une prégnance telle qu'en 1950, encore, le philosophe marxiste Henri Lefebvre, figure intellectuelle d'un Parti communiste soucieux d'une synthèse entre jacobinisme et stali-nisme, verra dans l'idée de décentralisation « une manœuvre d'éru-dits obscurs et de douairières attardées »...

On n'aura garde d'ignorer que ce patriotisme régionaliste d'érudition combattait une sensibilité et un patriotisme départementaux qui s'affirmèrent tout au long du XIXᵉ siècle : outre les dotations en pouvoir des départements comme personnalité juridique et administrative qui virent sous les débuts de la troisième République se substituer à cet échelon un personnel politique nouveau aux notables traditionnels, il convient de rappeler les efforts publics (annuaires départementaux, expositions et comices), les initiatives privées (journaux, guides touristiques et géographiques) et les recherches historiques menées, souvent contre les sociétés savantes régionalistes, par les associations généralement installées au chef-lieu [3, p. 140-143].

En réalité, Georges Clemenceau, pour les besoins de sa cause polémique, confondait en un seul ennemi des orléanistes attachés à une décentralisation libérale et notabilitaire et des légitimistes préoccupés par une reconstruction organiciste par le bas des régions d'une France monarchique et catholique. C'est de ces derniers rangs, nous l'avons vu avec le catholicisme social, que vinrent les tentatives de conceptualisation politique, constituant un héritage que l'Action française de Charles Maurras allait relever.

Dans *La Quinzaine* du 15 décembre 1895, Maurice Barrès se prononce pour la création d'assemblées régionales, au prétexte que la région pourrait être un laboratoire social. Par ce geste inaugural, Maurice Barrès a souvent été chargé du péché d'avoir politisé le mouvement régionaliste : « Un demi-siècle sera nécessaire pour dépolitiser l'idée régionaliste » [7, p. 34] ; il serait plus juste de dire qu'il l'a curieusement réconciliée avec le nationalisme, en faisant de la région le fondement de la nation et non plus son antithèse ou son antidote. La prise de conscience nationale passe par la prise de conscience régionale. C'est ce qui ressort du *Roman de l'énergie nationale* et, plus particulièrement, du volume consacré aux *Déracinés*. Être enraciné dans une région — en l'occurrence, la Lorraine —, donc dans une tradition, est le garant de l'équilibre moral et social, que compromettent le cosmopolitisme et l'universalisme de l'enseignement républicain. Maurice Barrès rejoint ici Auguste Comte : pour la philosophie positiviste, il y a un déterminisme du milieu. C'est, en réalité, une idée généralement admise, presque un lieu commun — notamment littéraire, que l'on pense au Zola de *Thérèse Raquin* — pour les hommes de la fin du XIXᵉ siècle, qui réagissent contre l'universalisme des Lumières. Pour Barrès, il ne fait aucun doute que « nous avons vu le reflet des Ardennes sur Taine, le reflet de la Bretagne sur Renan, le reflet de la Provence sur

Mistral, le reflet de notre Alsace-Lorraine sur Erckmann-Chatrian. Cette vue sur le terroir nous mène à une organisation régionaliste[8] ». Les assemblées régionales réclamées par Maurice Barrès seront de véritables parlements régionaux, dans des circonscriptions tracées sur une base « à la fois économique et historique ». La Normandie, la Bourgogne, la Lorraine, la Gascogne « ont une existence aussi légitime que celle de la France ». Et l'auteur des *Scènes et doctrines du nationalisme* de rejeter l'objection qu'on ne manquera pas de lui faire sur l'incompétence qu'il prête au parlementarisme : « Les inconvénients du parlementarisme disparaissent lorsque l'assemblée est composée d'hommes délibérant sur des sujets qu'ils connaissent bien, sous le contrôle perpétuel de leurs électeurs[9]. » Reprenant, en la modifiant quelque peu, la formule du programme de Nancy, Barrès conclut : « A la commune, les intérêts communaux ; à la région, les intérêts régionaux ; à la nation les intérêts nationaux », ajoutant, ce que ne rejetteraient pas les néo-libéraux d'aujourd'hui, que par le fédéralisme, « nous allégerions les responsabilités et la tâche du gouvernement. Et par là, l'État, aujourd'hui surchargé de mille soins où il n'est pas compétent, pourrait appliquer à ses fonctions essentielles une activité plus libre et plus complète[10] ». La décentralisation deviendrait alors un moyen de ce que Barrès appelle la transformation sociale — nous dirions plutôt l'expérimentation : on pourrait expérimenter les lois nouvelles, et, par exemple, ne procéder à la séparation de l'Église et de l'État d'abord que dans un seul département, avant, au vu des résultats, d'étendre la mesure à l'échelle nationale.

Charles Maurras sera l'un des plus sensibles aux thèmes barrèsiens. Rendant compte dans *La Nouvelle Revue* d'une conférence de Maurice Barrès à Marseille le 2 octobre 1895 sur la commune et la région comme « laboratoire de sociologie », Maurras se félicite de cette volonté d'« introduire dans la politique les méthodes de la science » et conclut : « Une autonomie communale, justement tempérée par l'intervention des conseils régionaux, couvrirait la France d'un incomparable réseau de ces petits laboratoires de la législation administrative, civile et sociale. » Commence ici la greffe du nationalisme sur ce qui depuis quelques années est apparu sous le nom de régionalisme.

C'est quelques mois à peine après l'adoption des lois constitutionnelles de 1875 que le mot de régionalisme était apparu pour la première fois, sous la plume de Joseph Reinach, dans *Les Débats* du 6 octobre 1875. Sa diffusion sera le fait de Charles Brun (1870-

1946), qui consacre sa vie au mouvement régionaliste. Il fonde, en mars 1900, la Fédération régionaliste française, qui publie, à partir de 1902, *L'Action régionaliste*. La pensée de Charles Brun, agrégé de lettres, félibre — c'est-à-dire membre de l'école littéraire fondée en 1894 par Frédéric Mistral, Joseph Roumanille et Théodore Aubanel pour redonner vie à la littérature en langue d'oc —, a plusieurs particularités. D'abord, elle refuse de se laisser enfermer dans un carcan : « Le régionalisme », écrit-il, « est une notion essentiellement vivante et dynamique, qui ne peut être figée dans une définition statique et définitive[11]. » Cet empiriste se veut aussi homme de synthèse et, refusant de poser clairement le problème de la nature politique du régime, il s'efforce de réconcilier au sein de sa fédération des courants d'origines très diverses, qui ont en commun de refuser l'État jacobin hypercentralisé. Premier courant, le fédéralisme proudhonien, lui-même est secrétaire général de la société Proudhon (il publiera en 1921 une édition de l'ouvrage de Pierre Joseph Proudhon, *Du principe fédératif*, dans lequel figure la fameuse formule : « Qui dit République et ne dit pas fédéralisme ne dit rien ») ; Joseph Paul-Boncour, encore socialiste, figure parmi les premiers adhérents, ainsi que Charles Longuet, le gendre de Karl Marx, et Eugène Clémentel. Deuxième courant : les républicains décentralisateurs, comme Paul Deschanel[12], mais aussi Paul Doumer, Louis Marin, Alexandre Ribot, André Tardieu (qui se réclame explicitement du programme de Nancy), Albert Lebrun. Enfin, troisième courant, les catholiques sociaux, tels l'abbé Lemire ou Hyacinthe de Gailhard-Bancel, qui se battent depuis longtemps pour les assemblées régionales. Charles Brun situe explicitement sa fédération dans le cadre des institutions républicaines, ce qui lui aliène une partie des régionalistes. Une controverse éclate, en 1905, entre Joseph Paul-Boncour, qui, au nom de la fédération, affirme que la décentralisation est dans la nature de la République, et Charles Maurras. Pour celui-ci, la régionalisation ne peut s'opérer que sous la monarchie. Il développe sa démonstration : le principe électif de la République condamne toute possibilité de régionalisme, car, pour rester au pouvoir, un parti centralise ; c'est la condition de sa réélection : « le terme naturel d'une République démocratique est le socialisme d'État démocratique, chef-d'œuvre de la centralisation et du fonctionnariat », écrit-il dans une intéressante prophétie. Au contraire, grâce à l'absence de principe électif, « l'essence de la monarchie est de régionaliser et de décentraliser[13] ». A Paul-Boncour qui demande « décentralisation d'abord », le fondateur de *L'Action française* rétorque donc : « politique d'abord ».

La réflexion de Charles Maurras est née au sein même du félibrige. Soucieux, face à l'œuvre hâtive et sans racines de la Constituante, de rebâtir une organisation culturelle et territoriale selon la tradition, Charles Maurras avait, le 21 février 1892, cosigné avec Frédéric Amouretti la célèbre *Déclaration des félibres fédéralistes*, où l'on pouvait lire : « Nous réclamons la liberté de nos communes ; nous voulons qu'elles deviennent maîtresses de leurs fonctionnaires et de leurs fonctions essentielles [...] nos communes ne seront pas alors de simples circonscriptions administratives ; elles auront une vie profonde, elles seront de véritables personnes, et, pour ainsi dire, des mères inspirant à leurs fils les vertus, les passions ardentes de la race et du sang. » Face à la définition courante de la région comme une petite patrie et de l'État-nation comme la grande patrie, Maurras affirme le lien de la patrie locale (la région) et de la patrie commune (la France) : « Nous concevons la France, nous aussi, comme indivisible, mais cette unité indivi-duelle nous apparaît chose synthétique et complexe, comme le sont toutes les fortes unités de la nature. Nous sommes Français et Provençaux comme nous appartenons à la fois au type des verté-brés et à l'espèce des hommes. Cela n'est pas contradiction, mais union et synthèse. » Le fédéralisme devient désormais l'instrument du nationalisme. Maurras le confirme, répondant à un correspon-dant qui le complimentait sur sa brochure *Décentralisation* : « La décentralisation politique en elle-même m'intéresse très médiocre-ment [...]. Mais l'autonomie des villes et des provinces m'intéresse à titre de moyen indispensable et de cause nécessaire, pour aboutir à la décentralisation intellectuelle et morale. » En cela, il n'est jusqu'à la renaissance des dialectes qui ne devienne une grande cause politique : « Il y a *une* France. Il y a *un* ensemble de dialectes français. Il y a *une* histoire, *une* civilisation, *une* âme de la France. Tout ce qui séparerait cette magnifique unité serait absurde et criminel. Mais la diversité la plus infinie ne saurait, il est vrai, altérer cette unité, car les différences sont ici d'un ordre homogène. Tous les dialectes parlés sur la surface de la France se trouvent être de souche gallo-latine, et de plus, d'un rameau particulier à cette souche : si ce rameau s'est bifurqué en langue d'oïl et langue d'oc, la divergence des deux familles n'a pas été considérable. »

Le politique d'abord, dans le national-fédéralisme de Maurras, se fonde sur un postulat programmatique : « Il y eut un ancien régime, il n'y a pas encore de régime nouveau : il n'y a qu'un état d'esprit tendant à empêcher ce régime de naître. » Tout, dans le fédéralisme, doit donc tendre à défaire l'œuvre de la Révolution —

son maillage administratif, son ordre social, son œuvre linguistique, intellectuelle et idéologique, ses aspirations universalistes. Nationaliste, monarchique, le fédéralisme sera donc antisémite au nom du sol concret, de la race concrète, de la tradition concrète : « Depuis cent ans, la France est désorganisée. Le Code civil, avec ses dispositions sur le partage égal des héritages, a ruiné l'esprit de famille. La centralisation administrative a ébranlé le fondement de la vie communale et de la cité. La division départementale a détruit les grands corps provinciaux. Depuis Turgot jusqu'à la loi trop récente de 1884, les travailleurs français n'ont été que des unités incohérentes, isolées, sans rapport mutuel. Et le jour même où la nation s'est imposée de n'être qu'un jeu de forces divergentes, une simple poussière d'individus, on a affranchi Israël ! Dans cette foule en miettes, où la vie de famille, la solidarité civique et l'esprit de corps se mouraient, Israël soutenu du sentiment de sa faiblesse, fidèle à ses traditions et tout empli encore des paroles bibliques, Israël est entré comme un coin de bois dur[14]. »

Tous les monarchistes ne se portèrent pas aux extrêmes dogmatiques maurrassiens. Pour nombre d'entre eux, ni la décentralisation ni la centralisation n'étaient propres à des régimes particuliers. Frédéric Mistral déclarait, ainsi : « Je déteste les niveleurs, qu'ils s'appellent Louis XIV, Babeuf ou Napoléon[15]. »

La diversité des adhésions fait la force de la Fédération régionaliste de Charles Brun ; elle en fait aussi la faiblesse. Elle regroupe, en effet, des érudits locaux passionnés d'identité régionale (langues, histoire, coutumes) — c'est la dimension peut-être la plus importante quantitativement du régionalisme, celle du félibrige et, plus généralement, du pays d'oc, mais son influence politique demeure à peu près nulle —, des partisans de la décentralisation administrative qui veulent, pour des raisons de bonne gestion, rapprocher les administrés des services de l'État, des adversaires du régime républicain ; enfin, en petit nombre, des adeptes d'un État fédéral, au premier rang desquels Charles Brun, fidèle à Proudhon.

Peut-on dire, pour autant, qu'il y a eu une véritable doctrine régionaliste constituée, qu'un auteur définissait naguère comme « une tentative de conciliation entre l'autorité et la liberté, entre la tradition et le progrès, entre l'individu et la collectivité » [8, p. 34 sq] ? Certes, les régionalistes de la Fédération ont en commun le rejet du département qu'ils trouvent un cadre trop étroit et trop rigide ; de même, ils refusent les anciennes provinces qu'ils jugent disproportionnées. Quelques-uns envisagent de regrouper quelques départements (c'est le régionalisme par agrégation), la plupart d'entre eux préféreraient un régionalisme par désagrégation, par scission des anciennes provinces. En désaccord sur le nombre et donc sur la taille des régions, ces régionalistes le sont encore plus sur leurs pouvoirs. S'ils revendiquent tous un organe délibérant, les uns pensent à une assemblée politique, les autres, plus nombreux, à une assemblée professionnelle ou corporatiste (c'est d'ailleurs l'un des slogans chers à Charles Brun : « la profession représentée dans la région organisée »); l'une serait élue, l'autre désignée; les pouvoirs qui lui seraient attribués restent flous. Aucun consensus n'apparaît sur l'éventualité d'un exécutif régional, rien n'est dit des ressources de la région. Bref, la Fédération régionaliste est une tribune où l'on s'exprime librement, mais ce n'est aucunement un mouvement politique. En 1936, Charles Brun tirait fierté de cette ambiguïté : « Nous avons été amenés à choisir ce vocable dont la fortune a dépassé toutes nos espérances et que nous avons vu parfois si bizarrement employé. Décentralisation paraissait plat et fatigué... Provincialisme et fédéralisme pour des raisons différentes effrayaient un peu... Régionalisme avait pour lui son imprécision même, propre à recouvrir des conceptions diverses, à rallier des adhésions. »

Quelle influence la Fédération régionaliste a-t-elle exercée? Sur les milieux nationalistes, barrèsiens ou maurrassiens d'avant l'expansion de l'Action française (créée en avril 1898 et régentée par Maurras dès janvier 1899), l'influence fut pour ainsi dire nulle. Non seulement parce que certains membres de la Fédération polémiquèrent publiquement, nous l'avons vu, avec Maurras, mais également parce que, occupés à retourner contre la République ses propres armes, Barrès et Maurras envisagèrent quelque temps d'entrer avec leurs partisans, à des fins de noyautage, dans la Ligue nationale républicaine de décentralisation. Celle-ci était l'œuvre du sénateur Émile de Marcère, un proche de Juliette Adam (de la revue nationaliste mais républicaine, *La Nouvelle Revue*, à laquelle Maurras collaborait parfois), et avait pour secrétaire général Paul Deschanel, qui était membre de la Fédération régionaliste. Ces personnalités républicaines modérées entendaient prouver la viabilité politique et économique de la province, face aux lenteurs de la commission de décentralisation.

En effet, les républicains n'étaient pas tous hostiles à l'idée d'une nouvelle organisation territoriale. En 1898, Pierre Foncin, adversaire résolu du département et partisan de la décentralisation propose la formation de 32 régions[16]. En 1910, le géographe Vidal de la Blache suggère, lui, de maintenir les départements, mais de leur ajouter 17 régions[17]. L'auteur qui, dans son *Tableau de la géographie de la France* en 1903, ignorait le maillage départemental pour celui des régions et pays, véritables entités naturelles, rejoignait, à sa manière, Élisée Reclus qui, dès 1881, dans sa *Géographie de la France*, soulignait que les populations savaient reconnaître encore les limites des pays naturels, mais sentaient également la nécessité d'une organisation administrative adaptée au rétrécissement de l'espace national et régional dû à la révolution des transports.

Les radicaux, pour leur part, refusent le débat sur le régionalisme. En 1898, le manifeste du groupe radical à la Chambre des députés a pris position en faveur de la décentralisation, pour des raisons politiques et économiques (« le nombre de fonctionnaires ne cesse de croître »), mais il s'agit alors d'affaiblir le gouvernement Méline, que combat le parti. En 1902, la proposition de loi de Charles Beauquier, député radical du Doubs et chantre de la culture franc-comtoise, visant à remplacer les départements par des régions et à supprimer la tutelle administrative, est reprise — au congrès de Lyon, qui adopte ce vœu — sans débat; il la renouvelle, l'année suivante, au congrès de Marseille. Mais la question est enterrée sitôt les radicaux arrivés au pouvoir. Ne demeure qu'un débat interne au parti, sur la domination des Parisiens au comité exécutif. Militants et élus de province ont toujours tenté de résister aux empiétements du centralisme républicain.

Tant du côté monarchiste que républicain, la Fédération régionaliste semble donc n'avoir guère pesé. La prise de conscience régionaliste, avant la guerre de 1914, reste le fait d'une élite intellectuelle restreinte. En 1911, Jean Hennessy, député de la Charente et proche des radicaux, fonde la Ligue de représentation professionnelle et d'action régionaliste, pour obtenir une représentation des professions au sein d'une assemblée régionale. Lors de son congrès de février 1914, cette Ligue définit ainsi ses objectifs : « 1. Créer des circonscriptions administratives nouvelles plus étendues que les départements, afin de satisfaire aux besoins nouveaux engendrés par la concentration économique et de permettre la décentralisation administrative; 2. Constituer des assemblées régionales et organiser le suffrage universel de telle façon que ces assemblées fussent composées par les représentants des grandes catégories professionnelles et englobent des hommes compétents dans toutes les branches de l'activité sociale. »

En 1917, Clémentel, ministre du Commerce et de l'Industrie, instaure dans son ministère un service spécial chargé d'étudier la création de régions économiques (dès 1903, rapporteur du budget, il affirmait que le mouvement régionaliste était irrésistible). Cela aboutit simplement au regroupement des 149 chambres de commerce en 17 groupements économiques régionaux par un arrêté du 5 avril 1919. Alexandre Millerand reprend son idée dans son discours du Ba-Ta-Clan, le 7 novembre 1919 : « Il faut tenir compte des réalités régionales », explique-t-il, et il propose des conseils régionaux qui pourraient, à l'exemple du Sénat rénové, être formés « pour partie par des représentants élus par les assemblées professionnelles » (mais président du Conseil quelques mois plus tard, puis président de la République, il se gardera bien d'y donner suite). A la même époque, Marc Sangnier et son Parti démocrate populaire, proches d'ailleurs de Charles Brun, se prononcent eux aussi pour un conseil régional à caractère essentiellement professionnel.

IV. AUTONOMISME
ET RÉGIONALISME VICHYSTE

Si l'idée régionale commence à progresser en des eaux républicaines plus consensuelles désormais que strictement droitières, une nouvelle menace pèse bientôt sur elle : la déviance autonomiste. Les adversaires du régionalisme y puisent vite un nouvel argument : le régionalisme porterait en lui les germes du séparatisme. En défense, la Fédération régionaliste publie de nombreux communiqués expliquant que le régionalisme s'attaque à l'uniformité et non pas à l'unité et qu'il conduit, au contraire, au renforcement de l'État par l'atténuation de ses dysharmonies et non pas à sa dislocation. En 1934, le *Dictionnaire de l'Académie française* définit pour la première fois le mot régionalisme : « Tendance à favoriser, tout en maintenant l'unité nationale, le développement particulier, autonome, des régions et à en conserver la physionomie des mœurs, les coutumes et les traditions historiques. » Cette référence explicite au conservatisme qui entend ancrer à droite les partisans du régionalisme reflète l'influence de l'Action française sur l'Académie qui accueillera Charles Maurras en 1938. Mais, en même temps, la définition délimite le régionalisme d'avec l'autonomisme alors que prolifèrent autonomistes alsaciens, bretons et corses.

Aux élections législatives de novembre 1919, la décentralisation est une préoccupation mentionnée dans 43 des 86 listes radicales, sans doute en réaction à la concentration du pouvoir dans les mains de Clemenceau à la fin de la guerre. Une fois encore « l'expression même de ce régionalisme est imprécise et révèle qu'on est en présence, non d'une position politique nettement réfléchie, mais d'une réaction sommaire contre une situation jugée inacceptable » [1, p. 234]. Le Puy-de-Dôme et le Doubs vont jusqu'à demander l'élection d'assemblées régionales. Mais le thème retombe vite. Dans *L'Ère nouvelle* du 7 mai 1923, le sénateur de Belfort, Laurent-Thiéry, reprenant l'argumentation de Clemenceau vingt ans plus tôt, écrit à propos des régionalistes : « Ils rêvent d'assemblées régionales, de capitales de province, qui pourraient devenir des foyers d'opposition au Parlement de la nation, comme avant la Révolution. Leurs vœux les plus ardents vont à la région politique, avec scrutin régional et à la représentation proportionnelle. » Ce rêve ne deviendra réalité que soixante ans plus tard...

Les radicaux sont particulièrement embarrassés par le régionalisme alsacien; le Cartel des gauches entend, par assimilationnisme, unifier le régime de l'Alsace-Lorraine dans les domaines de la séparation de l'Église et de l'État et de l'éducation par l'abrogation du Concordat. Si l'identité de la région fut unanimement défendue par les élus de la région au nom des promesses de *statu quo* qui avaient été faites en 1918, le combat politique, au niveau national, porta moins sur l'identité des régions que sur les privilèges des Églises et sur l'identité catholique de la France, telle que la défendit pour l'occasion la Fédération nationale catholique du général de Castelnau. En 1926 deux élus radicaux alsaciens, Camille Dalhet et Georges Wolf, rompent avec leur parti. En 1938, le congrès de Marseille (mais, entre-temps, les autonomistes corses ont été très remuants) adopte un vœu contre l'autonomisme qui « sape notre unité nationale ». L'autonomisme devient donc la cause ou le prétexte du rejet de tout régionalisme.

A l'origine de l'agitation des minorités ethniques en France, il y a plusieurs raisons. D'abord le poids, voire les excès, de l'œuvre d'uniformisation des Républicains, lesquels sont accusés d'avoir sacrifié, dans la grande tradition, langues et coutumes locales; en juillet 1925, Anatole de Monzie, à l'époque ministre de l'Instruction publique, déclare encore : « Pour l'unité linguistique de la France, la langue bretonne doit disparaître. » Face au sentiment dominant que le progrès technique doit conduire à l'uniformisation — sentiment exacerbé qu'exprime, par exemple, en 1930, Georges

Duhamel dans ses *Scènes de la vie future* — quelques minorités
refusent ce qu'elles considèrent comme un anéantissement.

Ensuite, la diffusion, au cours de la Première Guerre mondiale,
comme fondements d'une paix juste et d'un monde stable, des
principes wilsoniens, qui aboutissent au démantèlement de
l'Autriche-Hongrie et encouragent sans doute les minorités ethniques, en Bretagne notamment; les maladresses commises en
1924 par Herriot et le Cartel des gauches, voulant appliquer le
droit commun à l'Alsace, sont à l'origine d'une première vague
d'agitation. La presse française réagit brutalement et sans finesse :
les autonomistes alsaciens sont assimilés aux partisans de l'Allemagne. Pour la majorité de l'opinion, qui ne connaît pas le dossier,
l'Alsace n'a pas de réel motif de mécontentement. Pour les radicaux, celui-ci est fomenté par les « cléricaux »; pour la droite, il est
l'œuvre des agitateurs communistes. En effet, le Parti communiste,
lui aussi excessif, considère l'Alsace-Lorraine comme une colonie.
Droite et gauche se rendent donc mutuellement responsables de
l'autonomisme. Il faut pourtant distinguer entre les régionalistes,
qui ne souhaitent qu'un statut différent pour l'Alsace, et les
autonomistes, qui souhaitent l'indépendance de l'Alsace ou, bientôt, son rattachement au Reich. En 1925, ceux-ci fondent le
Heimatbund et la rupture est consommée avec la minorité. L'agitation s'apaise sous Poincaré, à partir de 1926, puis reprend en
1932-1934, le nouveau succès électoral de la gauche en 1932 ayant
réveillé les inquiétudes, et surtout l'influence du nazisme y était
grandissante.

L'évolution est à peu près la même en Corse. En 1923, Petru
Rocca, écrivain, journaliste, fonde le Partitu corsu d'Azione (PCA),
qui devient en 1926 le Partitu corsu autonomistu. Les adhérents
sont surtout des intellectuels (écrivains, poètes, journalistes), mais
aussi des notables, partisans du « corsisme ». Pour eux, la Corse est
une nation vaincue, qui doit renaître. Ils s'inquiètent de constater
le sous-développement de leur île, la désertion des habitants et leur
journal, *A Muvra* (Le Mouflon, animal emblématique de la Corse),
réclame une décentralisation administrative et une renaissance de
la vie culturelle. Ils ne se situent pas en dehors du cadre national.

Le 12 septembre 1927, à Quimper, est constitué, entre Alsaciens, Bretons, Corses et Flamands, un Comité central des minorités nationales, qui se veut apolitique, mais dont les communistes
tenteront de s'emparer. Il n'aura d'ailleurs guère d'activités. Très
vite, Mussolini essaie, de son côté, de récupérer le mouvement
corse. Il a des contacts avec Orsini Delval qui dirige une revue

d'extrême droite, *Corsica*, où se mêlent les thèmes régionalistes et antisémites. En juin 1935, le Duce rencontre le poète corse Santu Casanova, qui a fondé quarante ans plus tôt une revue, *A Tramuntana*. A cette époque, le mouvement corsiste soutient l'invasion de l'Éthiopie. En 1934 à Ajaccio et en 1935 à Bastia ont lieu des états généraux organisés par le PCA. On y évoque l'éventualité d'une grève de l'impôt et on y prend parti contre le Front populaire. Cette dérive vers la droite devient irrémédiable quand le Parti communiste, qui jusqu'alors servait de frein par sa dénonciation de la situation coloniale faite, selon lui, aux minorités ethniques, abandonne toute politique favorable aux minorités pour appuyer le Front populaire. Jusqu'alors, le mouvement prétendait refuser l'alternative droite-gauche et n'être que corse. Au moment de la crise tchécoslovaque, *A Muvra* soutient, le 20 septembre 1938, « la constante fidélité à la vraie patrie des Sudètes » et approuve un article du Breton Mordrel, selon lequel « le front des démocraties réunit les capitalistes de Wall Street aux bourreaux de Moscou, dont le seul ciment est la soif de revanche des Juifs expulsés d'Allemagne ». Pendant la guerre, de même que les partisans de l'indépendance de la Bretagne soutiendront les nazis au nom d'une mythique solidarité raciale, certains corsistes rejoindront l'Italie fasciste, sensibles aux solidarités latines appuyées de subsides, puis à la puissance de l'Axe[18].

On voit donc l'extrême diversité des régionalistes et de leurs projets durant l'entre-deux-guerres. On peut distinguer toutefois trois grandes sensibilités : la première, animée par des soucis d'ordre administratif (transfert des pouvoirs et simple décentralisation); la deuxième, traversée par des préoccupations politiques (provincialisme historique et conservateur, auquel il faut ajouter les mouvements fédéralistes); la troisième, enfin, propageant des préoccupations idéologiques d'ordre économique et corporatiste (souvent proches des thèses du catholicisme social, de Lacordaire ou Montalembert) [6]. Plus particulièrement la droite libérale peut se reconnaître dans la première, la droite conservatrice dans la deuxième, la droite organiciste dans la troisième : on a recensé pas moins de 73 projets de découpage régional entre 1900 et 1950 : 36 prévoyaient environ 22 régions, 19 de 20 à 30, 14 moins de 20 et 4 plus de 30...

Ces trois droites se retrouveront, les deux dernières surtout, dans le régime vichyste de l'État français. L'affirmation régionaliste sera l'un des thèmes de la Révolution nationale. Dès le 11 juillet 1940, le maréchal Pétain, dans son premier message en tant que chef de l'État français, annonce que « des gouverneurs seront placés à la tête des grandes provinces françaises et ainsi l'administration sera concentrée et décentralisée ». Il ajoute que « la province sera organisée de manière à pouvoir se suffire à elle-même ». Les initiatives régionales du régime, préoccupé, il est vrai, par d'autres priorités, resteront limitées et souvent symboliques (tel le message de Pétain, le 8 septembre 1940, à la veuve de Mistral pour l'anniversaire de la mort du poète : « Je vois en lui l'évocation de la France nouvelle que nous voulons instaurer, en même temps que la France traditionnelle que nous voulons restaurer »). En 1941, au sein du Conseil national, éphémère tentative de représentation parlementaire, Lucien Romier préside une commission de la réorganisation administrative. Elle suggère un découpage de la France en dix-huit provinces, à la tête desquelles il y aurait un gouverneur. Il serait assisté d'un comité des chefs de service et d'un conseil provincial, nommé, sans budget autonome. En réalité, il se serait davantage agi de déconcentration que de régionalisation. Un texte de 1942 est éclairant de ce point de vue : le régionalisme au sens où l'entend Vichy vise à « assurer le développement harmonieux de toutes les parties de la France et abolir un déséquilibre parfois choquant existant entre Paris et la province; cette province ainsi rajeunie deviendra une animatrice de la rénovation nationale et offrira une garantie de durée de la restauration française » [1, p. 516]. Ni Charles Maurras, ni Charles Brun — tous deux encore vivants à l'époque — ne semblent avoir d'une manière ou d'une autre influencé ce projet qui, de toute façon, restera lettre morte [1, p. 432 sq]. En revanche, la loi du 19 avril 1941, inspirée par Yves Bouthillier, ministre des Finances, confie à certains préfets une mission de coordination sur plusieurs départements en ce qui concerne l'ordre public et le ravitaillement. Apparaît ainsi l'ancêtre du préfet de région. D'autres lois suivent : celle du 11 août lui donne le pouvoir de suspendre tout fonctionnaire de la région et celle du 25 août prévoit l'organisation tous les deux mois de conférences auprès du ministre de l'Intérieur pour fixer les attributions respectives des administrations centrales et des préfectures régionales.

V. LA RÉGION,
UNE RÉALITÉ INCONTESTABLE

Pour autant, Vichy, dans les régions qui n'avaient pas été annexées par l'Allemagne ou l'Italie, n'a satisfait aucun des espoirs régionalistes. En Bretagne, une quarantaine de grands notables — du monde politique, religieux ou associatif — adressent au maréchal Pétain, en décembre 1940, une demande de retour « à une autonomie administrative » dans le cadre de « l'unité française ». Ces notables seront abusés par la création, le 30 juin 1941, d'une région économique de Bretagne, mais excluant la Loire-Inférieure, contre toute histoire. Ils seront vite désabusés par la proclamation d'un statut spécial avec installation, le 12 octobre 1942, d'un comité consultatif sans aucun véritable pouvoir. Dès le printemps 1942, l'opinion publique, profondément républicaine, se détache de ces notables et des collaborateurs. Ces notables pourtant s'efforçaient de se distinguer du Parti national breton, le PNB de Mordrel et Debauvais, qui avait espéré que soit proclamée l'indépendance de la Bretagne. Les quelque trois mille militants du PNB fourniront l'armature et les troupes du principal parti collaborationniste en Bretagne, exigeant de Vichy « un État breton autonome dans le cadre d'un État français fédéral ». L'aventure autonomiste s'achèvera dans la défaite du nazisme[19].

À la Libération, après que les tentatives autonomistes eurent sombré dans l'auxiliariat à l'occupant, les thèmes régionalistes disparaissent, victimes de l'opprobre contre le fédéralisme. Le Parti communiste oppose à la région vichyssoise « le département de la République, creuset dans lequel se sont fondus tous les particularismes provinciaux, ciment de l'unité française » et, afin de se constituer des bastions, propose vainement de transférer les pouvoirs du préfet au président du conseil général. Les travaux préparatoires des deux Constitutions de 1946 manifestent avec éclat l'hostilité des députés à l'échelon régional [5, p. 70 sq]. Seul Fonlupt-Esperaber, député MRP du Haut-Rhin, défend l'idée d'une circonscription supra-départementale et estime que « le refus du cadre régional fait partie des idées reçues ». L'article 114 de la Constitution cite, de façon limitative, les collectivités locales. Les deux Constitutions prévoient que « les collectivités territoriales s'administrent librement ». La deuxième Assemblée constituante tient un débat confus sur la réforme administrative, d'où il ressort simplement (article 89 de la Constitution) que « des lois organiques étendront les libertés départementales et communales ». Elles ne seront jamais votées, pas davantage que celles qui devaient réglementer l'exercice du droit de grève. En tout cas, la région est, une fois encore, repoussée.

Elle va s'imposer peu à peu, insidieusement, pour des raisons beaucoup plus économiques qu'idéologiques. La loi du 21 mars 1948 crée les Inspecteurs généraux de l'administration en mission extraordinaire (Igame), qui joueront un rôle de préfet régional. En 1952, le Conseil national des économies régionales et de la productivité (CNERP), une association qui fédère divers comités d'expansion, tient son premier congrès sur « les régions et l'aménagement du territoire ». Le 28 novembre 1956 sont créées 22 régions de programme. Le décret du 7 janvier 1959 définit 21 régions, dénommées circonscriptions d'action régionale et constituant les bases d'harmonisation des autres circonscriptions administratives. Les décrets du 14 mars 1964 font du préfet coordinateur le préfet de région. Le même jour sont créées la mission régionale et les commissions de développement économique régional (CODER). La place des conseillers généraux est limitée au quart par rapport à celle des socioprofessionnels, qui sont nommés. Mais, malgré les réticences *a priori* des politiques, l'attelage fonctionnera convenablement. La région est donc portée sur les fonts baptismaux tant par la nécessité par tous reconnue de tempérer les rigidités de la centralisation étatique que, après 1958, par une droite gaulliste animée en ce domaine par la volonté de réussir son pari de modernisation industrielle.

La région ne prendra une véritable dimension politique, et non plus strictement administrative, dans le cadre des incitations économiques et industrielles de l'État planificateur, qu'au lendemain des événements de mai 1968. Le général de Gaulle va faire appel aux régions pour rétablir son autorité, voire sa légitimité. Dès avant la tourmente, il avait, il est vrai, déclaré, le 24 mars 1968, dans un discours à Lyon : « L'effort multiséculaire de centralisation, qui fut longtemps nécessaire à la nation pour réaliser et maintenir son unité, malgré les divergences des provinces qui lui étaient successivement rattachées, ne s'impose plus désormais. Au contraire, ce sont les activités régionales qui apparaissent comme les ressorts de la puissance économique de demain. » Dans son allocution du 24 mai 1968, il annonce un référendum, qui favoriserait l'adaptation des structures économiques de la France « en mettant en œuvre les activités industrielles et agricoles dans le cadre de nos régions ». Le référendum est finalement reporté, mais, dès le 28 août 1968, une circulaire, adressée par le Premier ministre Maurice Couve de Murville aux préfets de région, fixe une procédure de consultations locales sur l'organisation de la région. Le projet soumis à référendum le 27 avril 1969 maintenait les régions existantes, leur donnait des ressources propres et les incluait dans la liste des collectivités locales. Le débat, à vrai dire, porta beaucoup moins sur la région que sur la réforme du Sénat et, davantage encore, sur le maintien au pouvoir du général de Gaulle, finalement désavoué par 53 % des électeurs. La coalition des gauches et d'une partie des droites qui mit fin à presque onze ans de pouvoir importe ici moins que l'ancrage du thème de la région dans le débat politique. La région est, en effet, le fruit des initiatives de la droite gaulliste. La réforme régionale ne fut abandonnée ni par Georges Pompidou ni par son Premier ministre, Jacques Chaban-Delmas. Son ministre des Réformes administratives, Roger Frey, dépose le 23 novembre 1971 un projet de loi « portant création des régions ». Le texte est discuté à la session de printemps suivante. Beaucoup d'amendements portent sur le découpage des régions, qui reste celui des circonscriptions d'action régionale de 1956. La loi, promulguée le 5 juillet 1972, déclare qu'elles portent désormais le nom de « régions ». La région Ile-de-France, remplaçant le district de la région parisienne, ne naît, sous le gouvernement Chirac, que le 6 mai 1976.

Toutefois, les régions n'ont encore qu'une compétence limitée au « développement économique et social »; le conseil régional est composé des parlementaires de la région et de représentants des conseils généraux. Il faudra attendre l'arrivée au pouvoir de la gauche, convertie dans les années soixante à la nécessité de tempérer le jacobinisme équarrisseur et dans les années soixante-dix à la défense des identités culturelles, voire linguistiques des régions, et la loi de décentralisation promulguée le 3 mars 1982, puis celle du 10 juillet 1985, pour que la région devienne une collectivité territoriale à part entière, avec un conseil régional élu au suffrage universel — les élections auront lieu pour la première fois le 16 mars 1986, en même temps que les élections législatives, de sorte que ce scrutin passera à peu près inaperçu des électeurs — et de nouvelles responsabilités : la formation professionnelle et les lycées.

Aujourd'hui, la région est une réalité : les sondages réalisés par l'Observatoire interrégional du politique prouvent que les trois quarts des Français sont favorables à la régionalisation, quelle que soit leur préférence politique. Sortie des cartons des rêveurs et des technocrates, la région est entrée dans le quotidien et elle est perçue comme un moyen de réconcilier les citoyens et la politique.

Elle est surtout, pour des droites républicaines, tardivement converties au libéralisme politique, un des cadres désormais privilégiés de l'exercice du pouvoir. Lieu d'éclosion ou de consécration de grandes personnalités, outil d'une politique économique, culturelle, ou de formation et d'éducation, instrument de promotion d'un patrimoine et d'une identité historiques, la région, en ses vingt-deux grandes collectivités territoriales, est désormais pensée par les droites comme une configuration spatiale du politique dans l'expression nécessaire de ses diversités [12]. La région n'est plus le contrepoids au despotisme de l'État démocratique ; elle est, dans la mécanique de l'État républicain, la pondération nécessaire à l'exercice régulé et continu de sa souveraineté. On en aura pour preuve qu'à l'heure où se construit l'Europe comme espace et marché uniques, les droites les plus soucieuses de l'intégrité des pouvoirs des régions, dans le but, notamment, de développer les échanges et solidarités économiques et financières entre régions de différents pays, sont également celles qui s'inquiètent le plus des renoncements à la souveraineté de l'État dont pourraient se payer les avancées dans l'édification d'une seule Communauté européenne.

GUY ROSSI-LANDI

Bibliographie

Nous n'indiquons dans cette bibliographie que les études consacrées à la région. Les autres ouvrages utilisés, soit comme sources (Maurice Barrès ou Charles Maurras, par exemple), soit comme références sur un point précis (création des départements, mouvements autonomistes ou régionalisme vichyste) sont cités dans les notes.

Un ouvrage indispensable couvre vraiment l'ensemble du sujet :

[1] *Régions et régionalisme en France du XVIIIᵉ siècle à nos jours*, PUF, 1977.
Il s'agit des actes d'un colloque tenu à Strasbourg du 11 au 13 octobre 1974.
Parmi les contributions que nous avons utilisées plus particulièrement, signalons :

ALBERT SOBOUL, « De l'Ancien Régime à la Révolution. Problème régional et réalités sociales » (p. 25-54);

PHILIPPE VIGIER, « Régions et régionalisme au XIXe siècle » (p. 161-175);

SERGE BERSTEIN, « Le parti radical et le problème du centralisme (1870-1939) » (p. 225-240);

ODETTE VOILLIARD, « Autour du programme de Nancy (1865) » (p. 287-302);

PIERRE GUIRAL, « Rapport général (l'entre-deux-guerres) » (p. 311-325);

PIERRE BARRAL, « Rapport général (de 1939 à nos jours) » (p. 423-428);

JEAN-MARIE MAYEUR, « Démocratie chrétienne et régionalisme » (p. 445-460);

MICHEL PHLIPPONNEAU, « La gauche et le régionalisme (1945-1975) » (p. 529-543).

Sur l'aspect historique du phénomène, voir également :

[2] MAURICE BOURJOL, *Les institutions régionales de 1789 à nos jours*, Paris, Berger-Levrault, 1969.

La mise en perspective la plus récente du cheminement historique qui conduit des circonscriptions d'Ancien Régime aux régions actuelles est due à :

[3] DANIEL NORDMAN et JACQUES REVEL, « La formation de l'espace français », *in* ANDRÉ BURGUIÈRE et JACQUES REVEL, *Histoire de la France*, t. 1, *L'espace français*, Paris, Le Seuil, 1989 (p. 33-175).

Sur ce débat historique, un ouvrage collectif, d'ambition plus modeste, peut être utilisé :

[4] ROBERT PELLOUX (s.d.), *Libéralisme, traditionalisme, décentralisation. Contribution à l'histoire des idées politiques*, Paris, A. Colin, 1952, Cahier FNSP, 31.

On signalera également, plus juridique :

[5] YVES MÉNY, *Centralisation et décentralisation dans le débat politique français (1945-1969)*, Paris, Librairie générale de droit et de jurisprudence, 1974.

Une autre thèse de doctorat de droit :

[6] JEAN-LOUIS MASSON, *Provinces, départements, régions. L'organisation administrative de la France d'hier à demain*, Paris, Éd. Fernand Lanore, 1984.

On pourra également consulter :

[7] ALAIN DELCAMP, *Le Sénat et la décentralisation*, Paris, Economica, 1991.

L'histoire de la Fédération régionaliste a été faite, en s'efforçant de lui donner plus de cohérence qu'elle n'en avait sans doute, par :

[8] THIÉBAUT FLORY, *Le mouvement régionaliste français. Sources et développements*, travaux et recherches de la faculté de droit et des sciences économiques de Paris, série « science politique », n° 6, Paris, PUF, 1966.

Une abondante littérature a été consacrée à la région, depuis qu'elle est une collectivité territoriale à part entière. Voir, par exemple :

[9] JEAN-MARIE PONTIER, *La région*, Paris, Dalloz, 1988.

[10] DOMINIQUE TURPIN, *La région*, Paris, Economica, 1987.

Ou encore .

[11] ANNICK PERCHERON (s.d.), *La région an I : état des régions françaises un an après les élections de 1986*, Paris, PUF, 1987.

Surtout, la région a été prise par des géographes comme ordre de grandeur

pour l'observation de l'emboîtement des phénomènes politiques et des configu-
rations spatiales dans une entreprise pionnière :

[12] YVES LACOSTE (s.d.), *Géopolitiques des régions françaises*, t. 1, *La France septentrio-*
nale · t. 2, *La façade occidentale*; t. 3, *La France du Sud-Est*, Paris, Fayard, 1986.

CHAPITRE IV

La patrie

La patrie est l'expression suprême du sentiment d'appartenance à un fonds partagé de souvenirs, d'idées et d'intérêts qui définissent l'identité collective par excellence. En cela, elle marque toujours, pour les droites dans leur ensemble, l'indispensable présence au monde d'un héritage de culture, de sentiments et de croyances qui prend la forme d'un peuple, donc d'une tradition transmise par la famille à chacun, enracinée pour tous dans la terre qui porte les ancêtres, reflétée pour certains par la petite patrie qu'est la région.

La patrie, à laquelle on doit faire, si nécessaire, le sacrifice de sa vie, est, depuis l'émergence en Occident de puissances temporelles nationales, une des valeurs consubstantielles au politique. En ce domaine, comme en d'autres, la Révolution française marqua une rupture. Appelant en 1792-1793 la nation en armes à se porter aux frontières menacées, elle associa, pour longtemps, la patrie à la nation comme corps souverain des citoyens liés par le contrat social. Passé 1815, les droites entendirent différemment l'acception du mot patrie. Pour d'aucuns — les ultras — la patrie référait à une communauté politique incarnée par la personne du monarque ; pour d'autres, les orléanistes, la patrie référait à la communauté souveraine des citoyens symbolisée par la personne du roi (encore les orléanistes devaient-ils se diviser pour savoir si le roi-bourgeois règne mais ne gouverne pas). Cette divergence qui se lit dans les deux Chartes, celle de 1815 et celle, révisée, de 1830, ne renvoie pas seulement à l'impossible restauration d'une synonymie entre patrie et monarchie ; elle témoigne que, même parmi les émigrés, le sentiment d'appartenance à la patrie fut souvent plus fort que celui d'appartenance au roi. Nombreux furent ceux qui, de retour en France, firent leurs certaines des pages glorieuses de l'épopée militaire révolutionnaire et napoléonienne. On connaît, grâce à ses Mémoires d'outre-tombe, les affres de Chateaubriand souhaitant, malgré qu'il en ait contre l'Ogre, la victoire de Napoléon à Waterloo ; on se souvient de Louis XVIII se déclarant le Grand Maître de l'ordre de la Légion d'honneur, création pourtant du premier Empire, parce que celle-ci « récompense, d'une manière analogue aux mœurs des Français, tous les genres de services rendus à la patrie » ; on sait, surtout, que la nomination du ministère Polignac, le 8 août 1829, marqua le suicide de la monarchie bourbonienne : le prince Jules de Polignac — fils d'une favorite de Marie-Antoinette et émigré — aux Affaires étrangères, La Bourdonnaye — qui en 1815 avait réclamé « des fers, des bourreaux ! » contre les ralliés au Napoléon des Cent-Jours — à l'Intérieur et Bourmont — ancien chouan rallié à l'Empereur et passé à l'ennemi à la veille du combat de Ligny — à la Guerre, offusquèrent les monarchistes libéraux, bientôt orléanistes. L'article du Journal des Débats du 10 août est passé à la postérité : « Voilà encore une fois la Cour avec ses vieilles rancunes, l'émigration avec ses préjugés, le sacerdoce avec sa haine de la liberté, qui viennent se jeter entre la France et son roi... Coblence, Waterloo, 1815 ! Voilà les trois principes, les trois personnages du ministère ! »

La preuve était faite que désormais la patrie, cimentée par la volonté de vivre ensemble, accueillait chez les droites, à l'exception des organicistes, dans la chaîne de son histoire tous ceux qui étaient morts pour elle. Bientôt dissociée d'un régime particulier — la monarchie —, la patrie des droites serait associée à une tradition propre qui lui donnerait son identité.

*
**

I. LE ROI ET LA FOI

Durant un millénaire, la solidarité des Français entre eux s'était confondue avec leur fidélité envers la monarchie. L'avocat parisien Rossel écrivait en 1769 : « Quand le Français se sacrifie, quand il fait de grandes choses, il s'oublie, pour ainsi dire, pour ne penser qu'à la gloire de son Roi, ou à l'honneur et à l'avantage de sa Nation... Depuis la bataille de Clovis sous les murs de Soissons jusqu'à la paix de Fontainebleau signée par Louis XV, je ne vois partout dans la nation qu'un esprit de zèle pour l'affermissement du Trône et de la Monarchie, et dans les rois qu'un esprit d'amour envers leurs peuples dont ils ont plus ou moins procuré et assuré la gloire et le bonheur, selon les circonstances où ils se sont trouvés » [46, p. 295].

Au siècle suivant, Chateaubriand, de même, exalte « le sort d'une race aussi entrelacée à l'ordre social qui fut, aussi apparentée à l'ordre social qui sera » [11, p. 678]. Renan confirme, dans un autre style : « A toute nationalité correspond une dynastie en laquelle s'incarnent le génie et les intérêts de la nation ; une conscience nationale n'est fixe et ferme que quand elle a contracté un mariage indissoluble avec une famille qui s'engage par contrat à n'avoir aucun intérêt distinct de la nation. Jamais cette identification ne fut aussi parfaite qu'entre la Maison Capétienne et la France » [14, p. 250]. Dans cette ligne, le maréchal Lyautey glorifie devant l'Académie française les Capétiens, « race qui, depuis près de neuf siècles, avait formé pièce par pièce le domaine national, tellement identifiée avec la France que leurs noms mêmes se confondent » : « Des rives de la Seine, dans le plus continu des desseins poursuivi sous les pires régimes même, arrondissant patiemment le territoire, cette race avait fait la France, en portant les limites, siècle par siècle, aux Alpes, aux Pyrénées, aux deux mers... Et c'est par ce labeur tenace et continu qu'elle avait formé cet État de vingt-cinq millions d'habitants, le plus unifié, le seul unifié qui existât en Europe, le plus cohérent, le mieux administré même, malgré les abus que personne ne méconnaît et que la marche du temps devait fatalement réformer » [31].

Si, à gauche, Gambetta admet qu'on ne peut « rayer de notre histoire le magnifique développement de la monarchie qui a fait la France » (discours prononcé à Angers, le 7 avril 1872), il ajoute aussitôt, soulignant le support de la nation, « avec le concours, avec les efforts associés du peuple, de la bourgeoisie et de la noblesse ». De fait, l'action du souverain n'avait pu réussir qu'en s'appuyant sur la force de ses guerriers, sur l'habileté de ses diplomates, sur la ténacité de ses légistes. Mais la doctrine officielle de l'Ancien Régime incarnait l'État dans la personne du monarque. Face à la fronde du Parlement de Paris, Louis XV rappelait vivement, lors de la séance dite de « la Flagellation » le 5 mars 1766 : « Je ne souffrirai pas qu'il se forme dans mon royaume une association qui fera dégénérer en une confédération de résistance le lien naturel des mêmes devoirs et des obligations communes. » Il affirmait alors le principe absolutiste, dans une formulation attribuée au chancelier Maupeou : « L'ordre public tout entier émane de moi et les droits et intérêts de la Nation, dont on ose faire un corps séparé du Monarque, sont nécessairement unis avec les miens et ne reposent qu'en mes mains » [2].

L'identification du dévouement au roi et de l'appartenance à la nation a certes été remise en cause par la Révolution française. Les monarchistes les plus ardents se sont alors alliés aux souverains étrangers, afin, selon le maréchal de Castries, ancien ministre de Louis XVI, d'« abattre les factieux qui se sont emparés du royaume » [48, p. 175]. Ainsi, analyse l'historien orléaniste, Albert Sorel : « égarés par le même esprit d'abstraction et de logique qui entraînait les révolutionnaires à confondre l'idée de patrie avec l'idée de révolution, les émigrés la confondirent avec l'idée de royauté... Ils se forgèrent une France chimérique, une "vraie France" qu'ils opposaient à la France réelle, la France de la nature et de l'histoire qu'ils étaient contraints d'abandonner » [43, I, p. 539]. Certains allèrent jusqu'à changer de patrie : Louis Charles Chamisso de Boncourt, émigré, s'engagea sous la Terreur dans un régiment parisien et devint un écrivain allemand sous le nom d'Adalbert von Chamisso; Langeron, un général russe, qui parle dans ses Mémoires des Français comme de l'ennemi. La plupart toutefois furent heureux de rentrer au pays natal lorsque le Premier consul leur en offrit la possibilité. Quand se livra la bataille de Waterloo, Chateaubriand éprouva plus nettement un déchirement intérieur, pressenti dans sa jeunesse, et il s'en explique avec lucidité : « Bien qu'un succès de Napoléon m'ouvrît un exil éternel, la patrie l'emportait dans ce moment dans mon cœur; mes vœux étaient pour l'oppresseur de la France s'il devait, en sauvant notre honneur, nous arracher à la domination étrangère » [11, p. 963].

La Restauration semble réconcilier les fidélités. Dans le préambule de sa Charte constitutionnelle, Louis XVIII se déclare « heureux de nous retrouver au sein de la grande famille » : « Nous avons effacé de notre souvenir, comme nous voudrions qu'on pût les effacer de l'histoire, tous les maux qui ont affligé la patrie durant notre absence. » Cependant les ultras, qui se disent simplement « royalistes », revendiquent l'exclusivité de la pure tradition et un de leurs journaux prend pour titre *Le Drapeau blanc*. La nouvelle rupture de 1830, substituant la branche cadette à la branche aînée, les rejette pour la plupart dans une retraite orgueilleuse, non plus dans une dissidence extérieure, en même temps qu'elle donne naissance aux légitimistes et aux orléanistes. Chateaubriand, toujours indépendant, s'isole en distinguant la patrie du régime : « Quelles que soient les destinées qui attendent M. le lieutenant-général du royaume, je ne serai jamais son ennemi s'il fait le bonheur de la patrie » [11, p. 471].

Nombre de ces légitimistes, ignorant les débats de la Cité, se consacrent à la carrière des armes. C'est le cas typique du jeune sous-lieutenant Edme de Mac-Mahon. Né dans un milieu ultra, d'une famille aristocratique d'origine irlandaise et jacobite, il s'engage en 1827 et participe à la campagne à Alger. Il ne donne pas sa démission, comme d'autres le firent à l'avènement de la branche Orléans, estimant que l'armée « devait rester avant tout au service du pays ». Il obéit avec loyauté aux régimes successifs et, contre ses sentiments intimes, il vote oui au plébiscite de 1851, car, expliquera-t-il, « en votant négativement, je prendrais officiellement parti contre le chef du gouvernement et ne serais plus qualifié pour commander en son nom » [16, p. 29, 228]. Napoléon III comme Thiers voient en lui un chef militaire sans couleur politique affichée et lui renouvellent leur confiance. Quand en 1870 revient l'invasion, beaucoup de traditionalistes se portent volontaires dans les armées que lève le pouvoir de la Défense nationale. Gambetta leur rend hommage le 31 janvier 1871, « à vous, légitimistes, qui vous battez si vaillamment sous le drapeau de la République pour défendre le sol du vieux royaume de France ».

Lorsqu'il faut relever le pays de la défaite, le climat semble propice à une restauration monarchique. Revendiquant ses droits, le comte de Chambord, prétendant exilé, que les légitimistes reconnaissent sous le nom de Henri V, prend pour symbole, on le sait, le drapeau blanc, « l'étendard de Henri IV, de François Ier et de Jeanne d'Arc [...] toujours pour moi inséparable du souvenir de la patrie absente ». « C'est avec lui que s'est faite l'unité nationale », argumente le chef de la branche aînée dans son manifeste du 5 juillet 1871, « c'est avec lui que vos pères, conduits par les miens, ont conquis cette Alsace et cette Lorraine dont la fidélité sera la consolation de nos malheurs. Il a vaincu la barbarie sur cette terre d'Afrique, témoin des premiers faits d'armes des princes de ma famille ; c'est lui qui vaincra la barbarie nouvelle dont le monde est menacé ». Historiquement contestable, politiquement malencontreuse, l'exigence du drapeau blanc paraît archaïque et absolutiste à la majorité de l'opinion publique. Elle fait échouer définitivement un projet déjà fragile, tant, avec ou sans les aigles de l'Empire, le drapeau tricolore de 1789 est devenu l'étendard de l'identité de la patrie, pour des républicains qui en font l'oriflamme de leurs idéaux universels, pour des bonapartistes qui y lisent les souvenirs d'une gloire qui fit trembler l'Europe, pour les orléanistes, enfin, qui drapèrent dans ses plis de 1830 la réconciliation du juste milieu et la nécessité de clore le cycle révolutionnaire.

Une génération plus tard, Charles Maurras répète à son tour que

« les Rois de France ont été les pères de la patrie » et, contre la philosophie politique inaugurée par Jean-Jacques Rousseau, soutient : « Notre patrie n'est pas née d'un contrat entre ses enfants, elle n'est pas le fruit d'un pacte consenti entre leurs volontés » [34, p. 280, 251]. « Nos bons grands-pères » s'étaient attachés « à ces Capétiens les plus purs et les plus honnêtes princes de l'univers, hommes sages, droits justiciers, souvent débonnaires, esprits modérés et sagaces, amis du petit peuple, quoique très grands seigneurs, le miroir et l'honneur de la chrétienté » [35, p. 54]. Et, alors que commençait la débâcle de Vichy et de l'occupant, il répétait encore : « Notre ombrageux patriotisme territorial » se combinait avec « ces fidélités à nos princes »; leur amalgame, concluait-il dans *L'Action française* du 26 mai 1944, « faisait lien permanent et formait un système tout à fait cohérent ». La Ligue d'Action française se réclame donc avec éclat de « la monarchie telle que la personnifie Mgr le duc d'Orléans, l'héritier des quarante rois qui, en mille ans, firent la France ». Pour le maurrassisme, la monarchie est une identité principielle, parce que nationale : politique d'abord, mais aussi religieuse et intellectuelle. Tout au plus, dans sa définition de la patrie, le maurrassisme bouscule-t-il l'ordre des facteurs de définition, ne laissant pas à l'identité chrétienne la seule première place : religion et politique se confortent, là où, traditionnellement, le monarchisme situe le politique sous l'inspiration du religieux.

La tradition monarchique ne saurait, en effet, se considérer hors du « droit divin ». « Qu'on ne croie pas, enseignait Bossuet, que cela soit particulier aux Israélites d'avoir des rois établis de Dieu, voici ce que dit *L'Ecclésiastique* : "Dieu donne à chaque peuple son gouverneur et Israël lui est manifestement réservé" » [1, p. 81]. Quand la Vendée se révolte contre la Convention, le conseil central de Châtillon-sur-Sèvre tient davantage à « soutenir la religion de nos pères » qu'à « rendre à Louis XVII l'éclat de la solidité de son trône » [61, p. 107]. « L'armée catholique et royale » donne la priorité à sa qualification première sur la seconde.

La référence fréquente à Clovis illustre la mission reçue de l'Église catholique. Le baptême du roi franc a revêtu dès le Xe siècle, la double dimension d'une vertu légendaire et d'une valeur mythique. Ce mythe d'origine a fondé une mémoire nationale et la cérémonie liturgique du Sacre à Reims marque cette « antique alliance de la religion et de la royauté » [J. Le Goff, 59]. En 1825 encore, malgré le sarcasme de Béranger et le détachement de Chateaubriand, une adresse de la Chambre des Pairs affirme :

« La France de Clovis et de Saint Louis se retrouvera dans la France de Charles X. » Et l'officieux *Moniteur* commente, indifférent aux changements de dynastie le sacre de Charles X en la cathédrale de Reims le 29 mai 1825 : « L'huile sainte qui coulera sur le front de Charles X sera la même que celle qui, depuis Clovis, a consacré tous les monarques français. » Sous la troisième République, l'acte décisif de cette conversion est volontiers rapporté à l'influence bénéfique de la reine Clotilde : « La France chrétienne », prêche un évêque, « est née sur un champ de bataille, dans les périls et les ardeurs du combat, du cœur et de la prière d'une femme. Elle a gardé de cette double origine une ineffaçable empreinte, qui apparaît et resplendit à toutes les pages de son histoire » [17]. Légitimistes, orléanistes, catholiques organicistes se mobilisent pour mener la bataille de cette mémoire chrétienne contre le culte de la nation révolutionnaire que propage la République laïque. Ils ont, entre autres, leur tribune avec la *Revue des questions historiques* où ils ferraillent dur pour défendre leur vérité sur des points, à leurs yeux essentiels, tels Clovis, Jeanne d'Arc, etc.

Dans cet esprit, on rappelle sans cesse des expressions séculaires : « Gesta Dei per Francos », « la fille aînée de l'Église », « le Roy très chrétien ». Un autre évêque s'écrie : « O France patrie bien aimée [...], écoute [...] la voix de ces héros chrétiens dont l'épée surmontée de la Croix t'a faite le soldat de Dieu, depuis les Du Guesclin, les Bayard, les Turenne et les Condé, jusqu'aux Lamoricière, aux Sonis et aux Courbet » [17]. Dans la nation divisée par la question laïque, les catholiques placent volontiers l'image du Sacré Cœur sur le drapeau tricolore, en invoquant le vœu énoncé deux siècles plus tôt par la sœur Marguerite-Marie Alacoque, visitée par le Christ en 1689 au couvent des visitandines de Paray-le-Monial. Brodé par les visitandines sur une bannière blanche que déployait le baron de Charette, petit-neveu du chef chouan, commandant les zouaves pontificaux à Patay, le 2 décembre 1870, le Sacré Cœur devint, quelques mois après, le signe de ralliement des catholiques lorsqu'un autre combattant de Patay, Cazenove de Pradines, déposait à l'Assemblée une proposition de loi, votée le 16 mai 1871, visant à organiser des prières publiques à fin d'expiation. Des députés voulurent alors consacrer la France au Sacré Cœur, culte qui, avec le pèlerinage à Paray-le-Monial, connut une vague de ferveur. Des foules allaient chantant le cantique « Pitié, mon Dieu », que Vichy remettra au goût de sa Révolution nationale pour expier la défaite et ses causes, en même temps qu'il mobilisera, lui aussi, dans sa propagande quelques figures historiques du légendaire catholique, dont Jeanne d'Arc, enjeu d'une formidable bataille à la fin du XIXe siècle. Les catholiques glorifient alors, en effet, Jeanne d'Arc comme « la sainte de la patrie », contre la lecture anticléricale de son épopée. « A une époque et dans un pays où l'on essaie de séparer le patriotisme de la religion », écrit la *Semaine religieuse du diocèse de Nancy et Toul,* le 5 juillet 1890, ils veulent montrer par cet exemple « que l'amour le plus pur, le plus fort de la Patrie se puise dans la source de la Foi » [18][1].

En vers bientôt popularisés, Charles Péguy proclame la primauté spirituelle du peuple français :

« Mais moi je t'ai pesé, dit Dieu, et je ne t'ai point trouvé léger.

« O peuple inventeur de la cathédrale, je ne t'ai point trouvé léger en foi.

« O peuple inventeur de la croisade, je ne t'ai point trouvé léger en charité.

« Quant à l'espérance, il vaut mieux ne pas en parler, il n'y en a que pour eux » [28, p. 742].

Et le jeune Charles de Gaulle, dont la mère « portait à la patrie une passion intransigeante à l'égal de sa piété religieuse », ressent lui aussi dans ces années-là « d'instinct l'impression que la Providence l'a créé pour des succès achevés ou des malheurs exemplaires », le terme providence devant être compris dans son sens authentique chez cet homme de foi [42, p. 1]. Lorsque éclate la Grande Guerre, les fidèles s'empressent de répondre à l'appel du « sacrifice », les prêtres rivalisent de zèle avec les instituteurs laïcs, et les religieux expulsés à l'étranger rentrent occuper leur place au front. L'ardeur des uns et des autres engendre même quelques tensions : la présentation par certains prédicateurs du fléau de la guerre comme une expiation nécessaire des excès républicains suscite des protestations scandalisées et les croyants ne comprennent pas plus que les incroyants les efforts du pape Benoît XV pour favoriser une paix de compromis.

II. LA TERRE ET LES MORTS

Au thème de la France royale et chrétienne se combine le thème de la continuité historique. Ils s'étayent réciproquement et coexistent sous les mêmes plumes. Mais l'argumentation historiciste ne suit pas la même logique que l'argumentation traditionaliste ; si elle parvient à des conclusions proches, elle s'appuie sur d'autres principes. Au patriotisme de gauche, elle oppose une contradiction différente.

Louis de Bonald, un des grands penseurs de la contre-révolution, distinguait en 1796 « dans les matières religieuses une autorité infaillible qui est celle de l'Église » et « en politique une autorité incontestable qui est celle de l'histoire » [3]. Si le plan naturel est subordonné au plan surnaturel, si le qualificatif d'« incontestable » n'a pas la force absolue de celui d'« infaillible », le terme cerne une contrainte logique qui s'impose à la raison. Outre-Rhin, l'école historique allemande de Savigny intègre à cette époque les unités humaines dans des ensembles préexistants. Et ce courant de pensée se prolonge au long du XIXe siècle en France comme dans d'autres pays. Hippolyte Taine met l'accent sur la continuité de l'héritage collectif : « Chaque génération n'est que la gérante responsable et la dépositaire responsable d'un patrimoine précis et glorieux qu'elle a reçu de la précédente à charge de la transmettre à la suivante » [15, III, p. 222]. Ferdinand Brunetière lui fait écho, dans sa conférence prononcée le 28 octobre 1896 à Marseille, au profit de la souscription ouverte pour l'érection d'un monument aux morts de Tombouctou, en parlant de « ce qu'il y a en nous qui n'est pas nous, mais le legs de nos pères, le patrimoine qu'ils nous ont transmis pour qu'à notre tour nous le transmettions aux générations futures » [19].

Un tel sentiment d'appartenance déborde largement le loyalisme à une dynastie ; comme l'esprit de famille, il se fonde sur la communauté de lignage. « Il n'y a point de patrie », développe Brunetière, « sans une longue histoire qui en soit ensemble le support, la justification, le principe de vie et de rajeunissement perpétuel ». Ces convictions marquent aussi l'enfance de Charles de Gaulle : « Mon père », se souvient-il, « homme de pensée, de culture, de tradition, était imprégné du sentiment de la dignité de la

France. Il m'en a découvert l'Histoire » [42, p. 1]. Maurice Barrès frappe à son tour une formule célébrissime : « Je ne puis vivre que selon mes morts. Eux et ma terre me commandent une certaine activité... L'individu me semble lié à toutes ses ascendances mortes... comme la pierre l'est au conglomérat par le mortier qu'a formé le travail des couches successives » [23, p. 26-33]. A cet élan spontané les théologiens donnent, selon l'enseignement de saint Thomas d'Aquin, la légitimation de la volonté divine : « L'homme doit à sa patrie la piété », d'« un mot spécial et tiré du vocabulaire religieux », car « parents et patrie sont la très imparfaite mais bien réelle image du Père du ciel » [32].

Cette insertion prend une tonalité très concrète. Chateaubriand relie l'amour de la patrie aux « circonstances les plus simples, même les plus triviales : un chien qui aboyait la nuit dans la campagne, un rossignol qui revenait tous les ans dans le verger, le nid de l'hirondelle à la fenêtre, le clocher de l'église qu'on voyait au-dessus des arbres, l'if du cimetière, le tombeau gothique » [4, p. 601]. Le pape Pie X prêche de même, en 1909, aux pèlerins d'Orléans : « Oui, elle est digne, non seulement d'amour mais de prédilection, la patrie dont le nom sacré éveille les plus chers souvenirs et fait tressaillir toutes les fibres de votre âme, cette terre commune où vous avez votre berceau, à laquelle vous rattachent les liens du sang et cette autre communauté plus noble des affections et des traditions » [32].

Une démarche de cet ordre intègre « la petite patrie » à la grande plus aisément que le système jacobin de « la République une et indivisible », et les régionalismes se sont longtemps nourris exclusivement des valeurs traditionalistes. Frédéric Mistral, de Maillane, proclame dans une note de *Calendal* : « Notre patrie s'annexa librement à la France, non comme un accessoire à un accessoire, mais comme un principal à un autre principal. » En 1940 le maréchal Pétain le louera officiellement d'avoir témoigné « que l'attachement à la petite patrie, non seulement n'ôte rien à l'amour de la grande, mais contribue à l'accroître en opposant une résistance invincible à tout ce qui veut nous déclasser, nous niveler, nous déraciner ». Maurice Barrès, de Charmes, enseigne à son fils : « Toi et moi, comme tous les Lorrains, nous sommes Français; nous ne pouvons être aujourd'hui que Français ou Allemands. La France, maintenant, c'est nous. Si nous y développons nos devoirs et nos droits, nous n'avons plus à nous rappeler qu'au début nous avons beaucoup souffert » [25, p. 516]. Charles Maurras, de Martigues, se félicite que « le patriotisme basque, breton ou provençal [...] aspire à des villages actifs, peuplés » et veuille « aussi une patrie nationale saine et libre, un État central indépendant et bien défendu : ni Marseille ni Saint-Jean-de-Luz ne sont gaillards quand Paris est pris » [40, p. 55].

Les hommes de droite condamnent donc avec âpreté l'universalisme cosmopolite. Si après 1871 le deuil de l'Alsace-Lorraine ne leur est pas particulier, ils se distinguent de la gauche en réagissant à l'Affaire Dreyfus et à l'affirmation d'idéaux abstraits transcendant le particularisme d'une patrie (justice, égalité, vérité) par une intransigeance qui n'admet pas d'interrogation. La Ligue de la patrie française, dont l'épithète est, à ses yeux, un superlatif d'excellence, s'en prend à « la plus funeste des agitations », qui « ne saurait durer davantage sans compromettre mortellement les intérêts vitaux de la Patrie française ». Georges Goyau dénonce « cette idée que l'existence des groupements appelés nations serait une sorte d'atteinte à l'intégrité du vaste lien social qui doit unir les hommes entre eux et qui est la conséquence de la fraternité humaine » [24, p. III]. Après l'épreuve de la Grande Guerre, le *Dictionnaire apologétique de la foi catholique* publie un article polémique contre le pacifisme, qu'inspireraient juifs et francs-maçons, et la Fédération républicaine de Louis Marin inscrit dans son programme : « Nous proclamons hautement les droits de la Patrie. Nous voulons la défendre, aussi bien contre les doctrinaires qui la minent que contre les actes qui l'attaquent. »

La gauche patriote elle-même, si ardente sous la troisième République, n'est pas épargnée par des adversaires qui lui reprochent une vision abstraite de la France exaltée comme le pays des droits de l'homme. C'est là le nœud de la critique barrèsienne contre « un verbalisme qui écarte l'enfant de toute réalité, un kantisme qui le déracine de la terre de ses morts » [23, V, p. 66]. L'auteur des *Déracinés* rejette un tel universalisme en caricaturant l'enseignement de Burdeau-Bouteiller au lycée de Nancy : « Bouteiller ne se plaçait pas au point de vue français, mais chaque fois au milieu du système qu'il commentait. Aussi fit-il de ses élèves des citoyens de l'humanité... C'est un état dont quelques hommes par siècle sont dignes... Quel point d'appui dans leur race Bouteiller leur a-t-il donné ? » [20, III, p. 34]. La même tendance inspire l'adoption à Vichy de la devise « Travail, Famille, Patrie » : René Gillouin, conseiller du Maréchal, vante « le caractère concret et puissamment affectif de la formule », tandis qu'il blâme « la triade Liberté, Égalité, Fraternité [...] à cause de sa prétention universaliste, de son caractère abstrait et aussi de son incohérence interne » [36, p. 201].

Cependant, l'interprétation du message reçu de l'histoire suscite des lectures divergentes. Chez un abbé Lemire, l'attachement à « la terre de France », imprégnée de foi chrétienne, débouche sur le Ralliement à la République. Charles Maurras au contraire appelle, au nom même de la préservation du sol, du sang et de la tradition, à renverser ce régime, par une démarche qui lui est propre, bien au-delà de la fidélité dynastique. Il se définit au départ comme un nationaliste : « La nation n'est pas une société de forme contractuelle ni d'origine volontaire, ce n'est pas une libre association, ni une libre option : naturelle et historique, de toutes les formes sociales usitées dans le genre humain, la nation apparaît la plus solide et la plus étendue, la seule après le foyer qui soit tout à fait cohérente. » Pour lui, le royalisme n'est « que corollaire » du patriotisme : « Nous avons toujours pensé à servir la France avant de servir la cause royale » [39, p. 108, 120]. Mais selon Maurras, persuadé que la politique est une science naturelle, une « physique sociale », la doctrine se démontre logiquement « comme un théorème » de son « empirisme organisateur » : « La volonté de conserver notre patrie française une fois posée comme postulat, tout s'enchaîne, tout se déduit d'un mouvement inéluctable. La fantaisie, le choix lui-même n'y ont aucune part : si vous avez résolu d'être patriote, vous serez obligatoirement royaliste... La raison le veut » [22, p. 520].

Si Maurras invoque avec tous les traditionalistes « l'amour du sol, mais aussi celui des morts qui y dorment, des pères qui l'ont construit et fondé » [37, p. 68], son esprit de système opère une sélection au sein de ce passé national. Les volontaires de l'an II et les grognards de l'Empire lui paraissent des égarés : « La réussite militaire de la Révolution française n'ôte rien aux graves faiblesses impliquées dans le "quot capita tot census" (autant de têtes, autant de voix) propre au patriotisme des Gaulois et qui les fit conquérir par César... Un déchaînement de sensibilité incoordonnée se répand dans les directions confuses et contraires et s'y gaspille dans la mesure même de l'importance et de la gravité des passions en jeu, la hauteur et le prix de leurs nobles objets... Les comités irresponsables et frénétiques se disputent les foules hurlantes, mais leur malfaçon n'est pas beaucoup plus scandaleuse que celle des dictateurs élus de 1814, 1815 ou 1870 : un seul homme ne suffit pas à incarner la patrie : il y faut le Roi » [41, p. 237].

Cette discrimination prolonge l'anathème jeté par les anciens légitimistes sur la période révolutionnaire comme sur une déviation funeste hors de la voie prédestinée. Mais elle n'est nullement partagée par toute la droite. Un clivage essentiel se marque ici. Chateaubriand déjà prônait « l'union des anciennes mœurs et des formes politiques actuelles, du bon sens de nos pères et des lumières du siècle, de la vieille gloire de Du Guesclin et de la nouvelle gloire de Moreau » (général républicain rallié aux Bourbons) [5]. Face au comte de Chambord, orléanistes, bonapartistes et militaires tiennent au drapeau tricolore et c'est ce symbole qui empêche la restauration projetée. Un peu plus tard, Brunetière refuse explicitement de « dilapider l'héritage du passé... pour la satisfaction d'un intérêt de secte ou de parti » : « Eh quoi, nous renoncerions, sous un faux prétexte de libéralisme, à notre part de gloire dans l'épopée du vainqueur d'Arcole et de Rivoli, d'Austerlitz et d'Iéna, de Montmirail et de Champaubert? Nous pourrions oublier ce que l'énergie farouche de la Convention nationale a inspiré d'héroïsme aux armées de la Révolution? » [19].

Maurice Barrès surtout objecte à Charles Maurras : « Vous laissez trop de choses en dehors de vous. Vous resserrez la doctrine, moi je l'étends » [26, XVI, p. 157]. Son regard est éclectique : « Je ne date pas d'un siècle l'histoire de France, mais je ne puis non plus méconnaître ses périodes les plus récentes » [22, p. 135]. « Je me suis toujours arrêté », ajoute-t-il, « de donner mon adhésion expresse au mouvement de Maurras et de Bourget contre la Révolution, parce que je considère qu'on ne peut se dispenser, quand on est traditionaliste, quand on est soumis à la loi de continuité, de prendre les choses dans l'état où on les trouve » [26, XIV, p. 113].

En revanche, l'accord se rétablit pour exclure de la patrie tous ceux qui n'ont pas vécu son histoire commune, faute, notamment, d'être nés sur la même terre. Car, pour cette conception déterministe, voire fixiste, de la patrie, il y a un continuum de la terre, dans sa matérialité la plus grossière, à la patrie, dans la symbolique la plus abstraite de son légendaire et de son martyrologe. La terre, parce qu'elle détermine jusqu'aux qualités les plus singulières de l'individu, marque donc les caractères propres à un peuple. Qui n'a pas cette terre à ses souliers, mais une autre, sera toujours étranger à une patrie riche de ses traditions et dont on ne saurait, dans cette vision d'une biologie sociale et d'une physiologie nationale, accepter qu'elle soit tout autant fécondée par les apports de l'extérieur. La patrie est donc, non plus la volonté et le sentiment de partager en commun une même conscience du vivre-ensemble, mais le legs exclusif d'une civilisation sinon strictement catholique, du moins chrétienne censée mouler l'âme de chacun. Ainsi, Alfred Gabriel, compagnon de Maurice Barrès à Nancy, ne voit « dans les rangs de ceux qui ont fait la France ni Isaac ni Jacob », écrit-il dans le *Courrier de l'Est*, le 12 février 1889. Édouard Drumont, polémiste dénonçant *La France juive*, veut sonner le tocsin : « Il y a là une véritable conquête, une mise à la glèbe de toute une nation par une minorité infime mais cohésive, comparable à la mise à la glèbe des Saxons par les soixante mille Normands de Guillaume le Conquérant. » Barrès s'en prend avec bien d'autres à la concurrence des ouvriers italiens, contre lesquels il veut « défendre le travail national », et Jules Lemaître, au nom de la Ligue de la patrie française, juge le pays menacé par les immigrants de diverses origines : « trop de demi-étrangers et de cosmopolites pèsent sur nos affaires intérieures » [21, p. 170]. Maurras théorise ce rejet par le mythe des « quatre États confédérés — juif, protestant, maçon, métèque — avec qui s'identifie nécessairement le pouvoir réel », politique, social et culturel, sous la République. D'où un sursaut sélectif : « Nous avons le droit absolu de faire nos conditions aux nomades que nous recevons sous nos toits et nous avons aussi le droit de fixer la mesure dans laquelle se donne une hospitalité que nous pourrions ne pas donner », écrit-il dans *L'Action française*, le 6 juillet 1912. La thèse, abondamment reprise dans les années trente, sera discréditée par la politique raciale de Vichy et elle n'est plus aussi généralement défendue à droite aujourd'hui, dans les rangs républicains. Même si une polémique se développe sur le terme d'« invasion » employé par Valéry Giscard d'Estaing en 1991 à propos de l'immigration.

En revanche, l'extrême droite, fidèle à sa mémoire génétique, reprend souvent ce thème d'exclusion, développé lors de la crise des années trente, sous le régime de Vichy[2] et aujourd'hui. A la « Journée de l'amitié française », le 16 octobre 1983, Arnaud de Lassus actualise la dénonciation des « quatre superpuissances colonisant la France : le marxiste, le maçonnique, le juif, le protestant, que symbolisent les ministres Fiterman, Hernu, Badinter et Rocard ». Pendant la campagne présidentielle de 1988, Jean-Marie Le Pen exalte « les droits des familles françaises à être considérées et respectées » ; il place en tête de son programme « la défense de l'identité nationale par la réduction du nombre des immigrés du tiers monde présents en France et la réforme du Code de la nationalité dans un sens restrictif, parce que être Français cela s'hérite ou cela se mérite ». Un glissement s'observe toutefois : Bruno Mégret, au nom du Front national, laisse ouverte la communauté nationale aux « ressortissants de notre communauté européenne de destin, de culture, de religion et de civilisation »; il s'agit essentiellement d'éliminer les immigrés originaires du Maghreb et d'Afrique noire. Pour ce faire, le Front national entend renouer avec la politique de Vichy : présentant ses mesures contre l'immigration à l'automne 1991, il appelait purement et simplement à suspendre de fait l'application du droit et à renoncer à son universalité, par le fait même qu'il exigeait que l'on revienne sur les naturalisations accordées au cours des années précédentes et que l'on définisse à côté des citoyens français dûment fichés, des citoyens immigrés de seconde zone avec des devoirs sans plus beaucoup de droits. Cette conception discriminatoire de la nationalité demeure encore l'exclusivité de l'extrême droite : aujourd'hui, la plupart des personnalités des droites républicaines tiennent à s'en démarquer et les porte-parole de sa composante religieuse y mettent une vigueur particulière.

III. GUERRE OU PAIX?

La patrie enserre l'individu dans la continuité temporelle des générations et lie son avenir au sacrifice des ancêtres; par le même mouvement où elle l'attache aux morts, la patrie inscrit l'individu dans l'espace. Les droites, de ce point de vue, partagent une culture revivifiée par la Révolution : cet événement majeur a pu bouleverser la carte de l'Europe parce qu'il avait déjà ébranlé la distinction commune, à la fin de l'Ancien Régime, entre les frontières, zone militaire dont le tracé est celui du hasard des armes, et les limites, lignes intangibles, naturelles, car dictées par la géographie, ou fondées sur le droit, car définies par la négociation entre deux États. Désormais, on parle des frontières naturelles de la patrie[3] — notion à laquelle se rallient les droites. Visitant en juin 1833 le Palatinat cisrhénan, qui fut un département français (Mont-Tonnerre, chef-lieu : Mayence), Chateaubriand écrit ainsi : « Napoléon, et la République avant lui, avaient réalisé le rêve de plusieurs de nos rois et surtout de Louis XIV. Tant que nous n'occuperons pas nos frontières naturelles, il y aura guerre en Europe, parce que l'intérêt de la conservation pousse la France à saisir les limites nécessaires à son indépendance nationale[4]. » Ces frontières naturelles, historiques et géographiques, doivent s'appuyer sur la volonté partagée par tous de vivre ensemble dans la même patrie. Edmond de Cazalès conclut ainsi : « Les vraies limites naturelles ne sont pas déterminées par les montagnes et les rivières, mais bien plutôt par la langue, les mœurs, les souvenirs, par tout ce qui distingue une nation d'une autre nation[5]. » Les droites monarchistes — légitimiste et orléaniste — qui ont longtemps associé la cause de la patrie à celle d'un régime, ne pouvaient que s'opposer au principe des nationalités, avec la part d'autodétermination des peuples que cela pouvait signifier. Mais c'est bien dans la culture commune du principe français de la frontière naturelle de la patrie qu'il faut comprendre les conceptions que se firent les droites de ce que doit être le rang de la patrie dans le monde.

La communauté nationale, en effet, n'est pas isolée dans le monde et l'Europe juxtapose les patries. Entre elles, l'Histoire enregistre contestations de territoires, conflits d'intérêts, rivalités d'amour-propre. Chaque pouvoir oscille selon les circonstances entre le recours aux armes et la négociation de compromis. Lors de crises graves, l'opinion se rassemble en un sursaut d'union sacrée, mais la lutte des partis transporte souvent ses clivages sur le terrain de la politique extérieure. Dans cette optique, la droite est-elle plus belliqueuse que la gauche ou plus conciliante ? A plusieurs reprises, les positions occupées ont été bousculées par le choc d'un désastre militaire.

En 1814-1815, la monarchie restaurée se trouve en liberté surveillée, car les souverains alliés se défient du peuple français, si turbulent depuis vingt-cinq ans. Par le système de la Sainte-Alliance, ils combinent un engagement concret de soutien réciproque avec la promesse idéaliste de « ne se considérer tous que comme membres d'une même nation chrétienne ». Une fois la part faite de l'hypocrisie diplomatique, demeure l'idéal auquel aspire une société et, en ce cas précis, les cours européennes souhaitent bien la paix au lendemain des campagnes napoléoniennes. D'autre part, les Français eux-mêmes exigent la fin d'une hécatombe sanglante et l'état désastreux des finances interdit pour un temps au gouvernement royal toute initiative armée.

Les ministres de Louis XVIII cherchent alors à se réinsérer en souplesse dans le jeu diplomatique. Au Congrès de Vienne, Talleyrand, placé dans la situation délicate d'un suspect, invoque avec habileté le principe de la légitimité, que cet opportuniste profanait naguère. Jouant la division des Alliés, il parvient à conclure une alliance défensive avec l'Angleterre et l'Autriche. Si l'aventure des

Cent-Jours remet en question ce résultat précaire, l'action est poursuivie par le duc de Richelieu. Celui-ci, qui a servi le tsar, et non pas Napoléon « l'Usurpateur », n'en est pas moins patriote au fond de l'âme. Il entreprend de lier les Alliés par la bonne volonté : « Je ne doute pas un moment qu'ils ne désirent vivement l'affermissement du gouvernement actuel et c'est pour cette raison qu'il me paraît si essentiel de se conduire avec sagesse et modération, afin de les maintenir dans ces dispositions favorables, et d'en profiter pour nous établir et nous renforcer un peu. Il me semble qu'il faudrait leur montrer de la confiance, quand même nous n'en aurions pas, à plus forte raison quand nous avons toutes les raisons de croire qu'ils sont sincères » [6, p. 18]. Cette tactique rassurante obtient après trois ans l'admission formelle de la France dans une Quintuple Alliance.

Une fraction des ultraroyalistes manifeste toutefois une humeur plus ombrageuse. Chateaubriand se fait le champion du recours aux armes contre la révolution libérale qui survient en Espagne. Car « la légitimité se mourait faute de victoires après les triomphes de Napoléon et surtout après la transaction diplomatique qui l'avait déshonorée. L'idée de la liberté dans la tête des Français qui ne comprendront jamais bien cette liberté, ne compensera jamais l'idée de gloire, leur naturelle idée ». L'intervention militaire réussit outre-Pyrénées, mais provoque une crise au sein du gouvernement, « nous et M. de Villèle, avions chacun une idée fixe : nous voulions la guerre, il voulait la paix » [7, p. 165]. Quelques années plus tard, Polignac rêve, par son Grand Projet, une redistribution territoriale de l'Europe qui assurerait la Belgique et une partie de la rive gauche du Rhin au royaume et, amplifiant un vieux contentieux avec la régence d'Alger et la piraterie qu'elle tolère, il lance l'expédition commandée par Bourmont. Son ministre de la Marine, le baron d'Haussez, repousse avec hauteur les observations de l'ambassadeur britannique : « la France se moque de l'Angleterre » (et il aurait employé « un terme beaucoup plus énergique, de trop mauvais ton pour être écrit »). « Nous ne sommes plus », défie-t-il, « au temps où vous dictiez des lois à l'Europe » [8, p. 24].

Après les Trois Glorieuses de juillet 1830, le parti du Mouvement voudrait soutenir les insurrections parallèles de Belgique, de Pologne, d'Italie. Le parti de l'Ordre observe, à l'opposé, une grande réserve à l'extérieur. Casimir Perier tient tête fermement à l'élan en faveur des Polonais dressés contre le joug russe : « Nous ne concédons à aucun peuple le droit de nous forcer à combattre pour sa cause, et le sang des Français n'appartient qu'à la France. » Son neveu le félicite « de croire à la paix, parce que c'était vrai, et de la vouloir, parce qu'elle seule peut rétablir le commerce et le repos intérieur » [9, p. 132]. « Sa modération voulue » n'exclut pas, il est vrai, note Thureau-Dangin, « je ne sais quoi de hardi et de fier », comme le montre l'envoi, dans les États pontificaux, d'une garnison à Ancône, alors que les Autrichiens interviennent en Romagne pour briser un soulèvement contre le pape [44]. En 1840, Guizot blâme dans le même esprit les accents belliqueux de Thiers dans la crise d'Orient : « Je ne crois pas à la guerre. Je n'y crois guère plus que je ne la veux. Je la trouverais absurde, comme un effet sans cause est absurde. Jamais je ne consentirai à voir, dans Beyrouth et dans Damas, une cause suffisante à un si immense effet » [10, p. 222]. Accédant au pouvoir, il veille à maintenir avec la Grande-Bretagne une « entente cordiale » et il y fait des concessions que la gauche de l'époque critique avec indignation.

Par tradition, le bonapartisme se veut plus intransigeant que le légitimisme ou l'orléanisme sur la défense de l'honneur national. Le prince-président a bien pu promettre : « L'Empire, c'est la paix », ses conceptions intimes sont, en réalité, très proches de la gauche de son temps : annuler les traités de 1815 et redessiner la carte de l'Europe selon le principe des nationalités [60, p. 249]. Il ne mène pas toutefois ses actions jusqu'au bout : il entre en guerre en Italie pour soutenir l'unification italienne contre l'Autriche, puis conclut rapidement un armistice et envoie à Rome un corps expéditionnaire afin d'y maintenir le pape et d'empêcher que la ville ne devienne la capitale du royaume d'Italie, il organise une expédition au Mexique puis abandonne son protégé Maximilien, il négocie l'achat du Luxembourg puis recule devant l'obstruction de la Prusse. En juillet 1870, l'Empereur malade laisse ses ministres, entraînés par la tendance autoritaire, lancer avec inconscience une guerre mal préparée qui entraîne l'effondrement du régime.

Le bonapartisme ainsi disqualifié, les monarchistes se résignent en février 1871 aux conditions de paix qu'exige Bismarck et, contre une fraction des républicains, ils ratifient par réalisme les prélimi-naires qu'a conclus Thiers. « L'avenir », note l'un d'eux, « ne saura pas ce que le présent sait : l'état de nos armées, la dissolution complète de toute autorité, de toute discipline et l'avenir souffrira de toutes les conséquences de la paix douloureuse qui nous sera imposée : humiliation, ruine, etc. » [13, p. 178]. Dix ans plus tard, le gros de la droite — hors quelques missionnaires patriotes — combat l'expansion coloniale que mettent en œuvre les républicains opportunistes. En 1881 les conservateurs de l'Isère jugent ainsi « la paix follement compromise par cette expédition tunisienne grosse de périls et de complications et pour laquelle on est en train de gaspiller nos millions et de verser le sang de nos soldats » [49, p. 365].

C'est à la fin du siècle, à la charnière de la crise boulangiste et de l'Affaire Dreyfus, que les positions s'échangent, par un retournement de longue durée et d'ample portée. Les droites confondues recueillent les thèmes de la fierté nationale et, au nom des frontières naturelles, exigent la revanche et le retour de l'Alsace et de la Lorraine dans le giron de la patrie : l'expression la plus nette de cette exigence a été formulée par Fustel de Coulanges, historien fêté par l'Action française, qui répondait à son collègue allemand Theodor Mommsen que le facteur essentiel de la patrie n'est pas la race ni la langue, mais qu'un peuple partage en son cœur « une communauté d'idées, d'intérêts, d'affections, de souvenirs et d'espérances[6] ». Dans le même temps, sans renoncer à récupérer quelque jour l'Alsace et la Lorraine, les gauches tendent à abandonner leurs thèmes cocardiers pour des accents plus conciliants au nom de la fraternité des peuples et de l'internationalisme. Deux données de fond expliquent ce durcissement. Tout d'abord, le nationalisme « de la terre et des morts », qui vient occuper les horizons idéologiques, est plus absolu et plus passionnel que celui du loyalisme dynastique; pour les nationalistes monarchistes à la Maurras, dans la France républicaine qui doit récupérer l'Alsace et la Lorraine, il n'importe plus aucunement en 1914 que les souverains d'Allemagne, de Russie et de Grande-Bretagne soient cousins germains à l'encontre de la solidarité monarchique observée par la France de la Restauration. Surtout, il est dans le tempérament des droites de maintenir les situations acquises, face aux bouleversements qui secouent l'équilibre international au XXe siècle. C'est là le fil directeur d'une politique extérieure plus rigide désormais.

Au lendemain de la Grande Guerre, le phare de la droite, à cet égard, est Jacques Bainville, proche compagnon de Charles Maurras. Son *Histoire de deux peuples* exalte l'effort des rois capétiens pour « empêcher que l'Allemagne ne fît son unité comme la France avait fait la sienne » : « œuvre réaliste, inspirée par le bon sens, dominée par la notion de l'intérêt national » [29, p. 50]. Il déplore que le traité de Versailles (« une paix trop douce dans ce qu'elle a de dur ») laisse à l'Allemagne « son unité politique, c'est-à-dire le principal résultat des anciennes victoires de la Prusse » [30, p. 38, 57]. Les livres de Bainville connaissent un immense succès de librairie et ses thèses débordent largement le cercle propre de l'Action française. Le Lorrain Louis Marin prononce un autre réquisitoire sévère contre le traité de Versailles et, avec son ami François de Wendel, il constitue « un noyau nationaliste résistant... contre la politique d'entente internationale » [45, p. 184]. Certes des hommes au passé de gauche, tels Alexandre Millerand et Raymond Poincaré, prônent également la fermeté, alors que la petite frange démocrate-chrétienne se détache par son ouverture conciliatrice. Il reste que l'occupation de la Ruhr est un des thèmes qui rassemble l'ordre établi aux élections de 1924.

Certains hommes de droite confirment leur intransigeance dans les épreuves de la Seconde Guerre mondiale. L'antigermanisme de Louis Marin et de François de Wendel ne se relâche pas, Philippe Barrès, le fils de Maurice, rejoint la France libre alors que Charles Maurras inspire et soutient la Révolution nationale que Pétain veut mener avec la bénédiction de l'occupant. Parmi ces irréductibles, on trouve aussi des maurrassiens authentiques, tels le capitaine de Hauteclocque qui, par ses faits d'armes, deviendra le maréchal Leclerc, et le commandant d'Estienne d'Orves, dont le sacrifice dans le combat de l'ombre sera honoré par de nombreuses municipalités d'extrême gauche... Mais globalement les positions se brouillent. La sympathie pour le fascisme italien a déjà conduit en octobre 1935 de nombreux intellectuels de droite à défendre sa cause au nom de la défense de l'Occident auquel appartient solidairement la patrie lors de la guerre de conquête qu'il a lancée contre l'Éthiopie : soutenir à la Société des Nations la demande de sanctions entre l'Italie fasciste « sous prétexte de protéger en Afrique l'indépendance d'un amalgame de tribus incultes » aurait pour résultat que « par l'offense d'une coalition monstrueuse, les justes intérêts de la communauté occidentale seraient blessés, toute la civilisation serait mise en posture de vaincue. L'envisager est déjà le signe d'un mal mental, où se trahit une véritable démission de l'esprit civilisateur ». Parmi les signataires nombre d'intellectuels qui, au nom de la défense de l'occidentalité de la patrie, prendront le parti de l'occupant cinq ans plus tard, et compteront à la libération de la patrie un nombre impressionnant d'épurés, voire de fusillés (Robert Brasillach, Fernand de Brinon, Paul Chack[7]). La défaite militaire de juin 1940, plus tragique que le premier Sedan, efface d'un coup l'image dominante d'une France forte et le désarroi entraîne une remise en question radicale.

La résignation l'emporte à droite — comme déjà, deux ans plus tôt, au moment de Munich —, avec un éventail de nuances. Le fier Maurras se soumet à la fatalité : « Nous avons été battus, nous nous devons de ne pas rendre plus amères encore les conséquences de la défaite », écrit-il dans *L'Action française* du 18 mars 1943. Et il accusera « nos émigrés de Londres et d'Alger » d'avoir pratiqué « la politique du pire » : « Patriotisme, disaient-ils. Oui, jusqu'à tuer la patrie » [39, p. 119]. Philippe Pétain a pris le pouvoir en refusant, déclare-t-il le 25 juin 1940, de « répandre le sang français pour prolonger le rêve de quelques Français mal instruits des conditions de notre lutte ». Il ne s'en tient pas à l'armistice et il engage, dès octobre 1940, une collaboration avec le vainqueur qui comporte bien des abandons. Des Vichyssois de la première heure, dans l'armée, aux Chantiers de la Jeunesse, voire à l'École d'Uriage finiront, passé 1942, pour certains dans le soutien à la Résistance. Robert Brasillach, au contraire, adhère au fascisme, et, reprenant la conception biologique de la patrie, appelle à la déportation des juifs, femmes et enfants compris. Il note, mais pour lui-même : « Je suis germanophile et Français; Français plus que national-socialiste. En cas de danger, c'est à sa nation qu'il faut se rattacher » [38, p. 585].

D'autre part, pour les droites du XXᵉ siècle, la défense des droits de la France s'étend à l'outre-mer. En décembre 1911, Albert de Mun combat le compromis conclu avec l'Allemagne sur le Congo : « Il ne s'agit pas seulement de l'honneur national. C'est le plan magnifique de notre empire africain qui s'écroule » [27]. Un demi-siècle plus tard, Antoine Pinay abonde dans le même sens : « Conservateur, assurément, si conserver, c'est maintenir la grandeur de la patrie, être fidèle aux missions que l'histoire lui assigna, non point dans la passivité mais dans l'action et s'il le faut dans le sacrifice » [47, p. 464]. Et les conjurés du Petit-Clamart de pousser jusqu'à l'attentat contre Charles de Gaulle leur volonté de défendre « l'Algérie française », « non seulement en tant que territoire national, mais en tant que dernier bastion de l'Occident chrétien » [47, p. 469].

Cette fois encore, la défense de la patrie connaît des interprétations variées : s'agit-il de proroger l'ordre acquis ou de prendre rang dans l'ordre à venir? La France doit-elle être une puissance coloniale ou une puissance européenne? Le dernier carré des partisans de l'Empire n'est pas formé que de grognards des droites : on y compte des militants à la sensibilité de gauche, un Paul Rivet ou un Jacques Soustelle. A l'opposé, des hommes de tradition ont admis assez vite la nécessité de s'adapter aux évolutions en cours ou qui se dessinaient. Un général Leclerc le pressent en Indochine dès 1946, un général de Gaulle en déduit à partir de

1960 la résolution de mettre fin à la guerre d'Algérie. S'il déclare le 5 septembre « belle, grande et féconde » « l'œuvre colonisatrice qui a été accomplie par l'Occident européen », s'il juge « naturel qu'on ressente la nostalgie de ce qui était l'Empire, tout comme on peut regretter la douceur des lampes à huile, la splendeur de la marine à voile, le charme du temps qui passe », il conclut — dès le 14 juin — avec une lucidité abrupte : « Mais quoi ? Il n'y a pas de politique qui vaille en dehors des réalités. »

La remarque est de portée générale : l'attachement des droites républicaines à la patrie se traduit aujourd'hui dans le difficile équilibre qu'elles entendent maintenir entre une Europe unie qui soit plus que l'Europe des patries, et la perpétuation, en toute souveraineté, de cette part d'histoire qui s'est stratifiée au cours des siècles dans une patrie qui a nom France.

PIERRE BARRAL

Bibliographie

Nombreux ont été, au long des siècles, les témoins de la conscience collective de la nation :

[1] BOSSUET, *Politique tirée de l'Écriture sainte*, cité d'après JACQUES TRUCHET, *Politique de Bossuet*, Paris, A. Colin, 1966.

[2] LOUIS XV, 5 mars 1766, JULES FLAMMERMONT et MAURICE TOURNEUX, *Remontrances du Parlement de Paris*, Paris, Imprimerie nationale, 1895, II (p. 556-558).

[3] LOUIS DE BONALD, *Théorie du pouvoir politique et religieux dans la société civile*, 1796.

[4] RENÉ DE CHATEAUBRIAND, *Génie du christianisme*, Paris, 1802, I, V, Paris, Gallimard, la Pléiade, 1978 (p. 601).

[5] RENÉ DE CHATEAUBRIAND, *De la monarchie selon la Charte*, Paris, 1816, conclusion.

[6] *Lettres du duc de Richelieu au marquis d'Osmond*, Paris, Gallimard, 1939.

[7] RENÉ DE CHATEAUBRIAND, *Le Congrès de Vérone*, Paris, 1838, ch. XIX et XXIX. Cf. G. DUPUIS, J. GEORGEL, J. MOREAU, *Politique de Chateaubriand*, Paris, A. Colin, 1967 (p. 162-165).

[8] BARON D'HAUSSEZ, *Mémoires*, Paris, Calmann-Lévy, 1897, t. II.

[9] EUGÈNE PERIER, 25 septembre 1831, cité *in* PIERRE BARRAL, *Les Perier dans l'Isère au XIXᵉ siècle*, Presses universitaires de Lyon, 1964.

[10] FRANÇOIS GUIZOT, *Lettres à la princesse de Lieven*, Paris, Mercure de France, 1963.

[11] RENÉ DE CHATEAUBRIAND, *Mémoires d'outre-tombe*, 2 vol., Paris, Gallimard, la Pléiade, 1951-1952.

[12] FRÉDÉRIC MISTRAL, *Calendal*, 1867. Cf. PIERRE LASSERRE, *Frédéric Mistral poète, moraliste, citoyen*, Paris, Payot, 1918 (p. 136-167), et MARIUS ANDRÉ, *La vie harmonieuse de Mistral*, Paris, Plon, 1928 (p. 199).

[13] EUGÈNE CHAPER, cité *in* PIERRE BARRAL, *Les Perier dans l'Isère au XIXᵉ siècle* (*op. cit.*).

[14] ERNEST RENAN, *La réforme intellectuelle et morale*, Paris, Michel Lévy, 1871, rééd., Bruxelles, Complexe, 1990.

[15] HIPPOLYTE TAINE, *Les origines de la France contemporaine*, Paris, Hachette, III, 1877, rééd., Paris, Laffont, 1989.

[16] *Mémoires du maréchal de Mac-Mahon*, Paris, Plon, 1932.

[17] Mgr TURINAZ, évêque de Nancy, 23 mars 1889 et Mgr FREPPEL, évêque d'Angers, 30 juin 1889.

[18] *Semaine religieuse du diocèse de Nancy et Toul*, 5 juillet 1890.

[19] FERDINAND BRUNETIÈRE, *L'idée de patrie*, conférence du 28 octobre 1896 à Marseille.

[20] MAURICE BARRÈS, *Les déracinés*, 1897, *L'Œuvre*, t. III, Paris, Club de l'honnête homme, 1966.

[21] JULES LEMAÎTRE, 13 novembre 1899, cité *in* [51] p. 169-172.

[22] CHARLES MAURRAS, *Enquête sur la monarchie*, Paris, 1900.

[23] MAURICE BARRÈS, *Scènes et doctrines du nationalisme*, *L'Œuvre*, t. V, Paris, Plon, 1902.

[24] GEORGES GOYAU, *L'idée de patrie et l'humanitarisme*, Paris, Perrin, 1902.

[25] MAURICE BARRÈS, *Les amitiés françaises*, *L'Œuvre*, t. V.

[26] MAURICE BARRÈS, *Mes Cahiers*, *L'Œuvre*, t. XIII-XX.

[27] ALBERT DE MUN, Chambre des députés, 14 décembre 1911.

[28] CHARLES PÉGUY, *Le mystère des saints Innocents*, 1912, *Œuvres poétiques complètes*, Paris, Gallimard, la Pléiade, 1957.

[29] JACQUES BAINVILLE, *Histoire de deux peuples*, Paris, 1915, 2ᵉ éd., Fayard, 1933.

[30] JACQUES BAINVILLE, *Les conséquences politiques de la paix*, Paris, Fayard, 1920.

[31] Maréchal LYAUTEY, discours de réception à l'Académie française, 8 juillet 1920.

[32] *Dictionnaire apologétique de la foi catholique*, Patrie, JEAN DU PLESSIS DE GRENE-DAN, Paris, Touzet, 1926, et *Dictionnaire de théologie catholique*, Patrie, Mgr RUCH, Paris.

[33] CHARLES MAURRAS, *Dictionnaire politique et critique*, 5 vol., Paris, PIERRE CHARDON, 1931-1934, et complément, JEAN PELISSIER, 4 vol., Paris, 1960-1976.

[34] CHARLES MAURRAS, *Mes idées politiques*, Paris, Fayard, 1937.

[35] CHARLES MAURRAS, *Jeanne d'Arc*, Paris, Flammarion, 1937.

[36] RENÉ GILLOUIN, *J'étais l'ami du maréchal Pétain*, Paris, Plon, 1966.

[37] CHARLES MAURRAS, *La contre-révolution spontanée*, Lyon, Lardanchet, 1943.

[38] ROBERT BRASILLACH, 14 août 1943, *Œuvres complètes*, t. X, Paris, Club de l'honnête homme, 1965.

[39] CHARLES MAURRAS, *Pour un jeune Français*, 1949.

[40] CHARLES MAURRAS, *Les jarres de Biot*, Paris, Lanauve de Tartas, 1951.

[41] CHARLES MAURRAS, *Votre bel aujourd'hui*, Paris, Fayard, 1953.

[42] CHARLES DE GAULLE, *Mémoires de guerre*, Paris, Plon, t. I, 1954.

Parmi les analyses des historiens sur le problème, on a surtout utilisé :

[43] ALBERT SOREL, *L'Europe et la Révolution française*, Paris, Plon, 1885.

[44] PAUL THUREAU-DANGIN, *Histoire de la Monarchie de Juillet*, 7 vol., Paris, Plon, 1889.

[45] ANDRÉ SIEGFRIED, *Tableau des partis en France*, Paris, A. Colin, 1930.

[46] MARIE-MADELEINE MARTIN, *La formation morale de la France (Histoire de l'unité française)*, Paris, Gallimard, 1949.

[47] RENÉ RÉMOND, *La droite en France*, Paris, Aubier, 1re éd., 1954.

[48] JACQUES GODECHOT, *La contre-révolution*, Paris, PUF, 1961.

[49] PIERRE BARRAL, *Le département de l'Isère sous la troisième République*, Paris, PFNSP, 1962.

[50] JEAN TOUCHARD, « Le nationalisme de Barrès » et RENÉ TAVENEAUX, « Barrès et la Lorraine », in *Maurice Barrès*, Nancy, 1963.

[51] RAOUL GIRARDET, *Le nationalisme français 1871-1914*, Paris, A. Colin, 1966, rééd., Le Seuil, Paris, 1983.

[52] JEAN-MARIE MAYEUR, *Un prêtre démocrate l'abbé Lemire*, Paris, Casterman, 1968.

[53] JEAN LESTOCQUOY, *Histoire du patriotisme en France*, Paris, Albin Michel, 1968.

[54] ZEEV STERNHELL, *Maurice Barrès et le nationalisme français*, Paris, PFNSP, 1972.

[55] GUILLAUME DE BERTIER DE SAUVIGNY, *La Sainte Alliance*, Paris, A. Colin, 1972.

[56] JEAN-NOËL JEANNENEY, *François de Wendel en République*, Paris, Le Seuil, 1976 (p. 111-178 et 413-432).

[57] JEAN-JACQUES BECKER, *Les Français dans la Grande Guerre*, Paris, Laffont, 1980.

[58] « Les guerres franco-françaises », *Vingtième siècle, Revue d'histoire* n° 5, 1985.

[59] PHILIPPE CONTAMINE, « Mourir pour la patrie X^e-XXe siècle » et JACQUES LE GOFF, « Reims ville du sacre », in *Les lieux de mémoire*, PIERRE NORA (s.d.), t. II, *La nation** et *** Paris, Le Seuil, 1986.

[60] LOUIS GIRARD, *Napoléon III*, Paris, Fayard, 1986.

[61] JEAN-CLÉMENT MARTIN, *La Vendée et la France*, Paris, Le Seuil, 1987.

[62] YVES LEQUIN (s.d.), *La mosaïque France. Histoire des étrangers et de l'immigration*, Paris, Larousse, 1988.

CHAPITRE V

La colonisation

Longtemps la colonisation ne fut pas, dans l'idéologie commune des droites, une présence naturelle au monde. Hommage de la vertu au vice, les droites du premier XIXe siècle gardent de l'épopée révolutionnaire et napoléonienne la conviction intime que c'est en Europe que se définissent d'abord les dimensions de la présence au monde de la France.

Portée sur les fonts baptismaux de la légitimité internationale par le Congrès de Vienne, la monarchie de la Restauration se détermine primordialement par rapport aux cours européennes et à la consolidation de leur pouvoir dans le combat que toutes mènent contre le libéralisme. Le monde extra-européen n'a, dans cette représentation idéologique du monde, guère de place — sinon, par héritage d'un legs mercantiliste, comme pourvoyeur des produits manquant à la métropole, laquelle se réserve le monopole absolu de leur commercialisation, voire comme exutoire des tensions politiques intérieures : parce que l'expédition lancée en Espagne pour rétablir le pouvoir de Ferdinand VII face aux officiers libéraux en 1823 a permis, après dissolution de la Chambre, l'élection d'une Chambre retrouvée dominée par les ultras, Charles X croit, en juillet 1830, que l'expédition en Algérie redonnera du prestige à une monarchie contestée. La monarchie conquiert l'Algérie pour gagner des élections plutôt que pour y bâtir un empire. Cela n'empêcha aucunement la Révolution de 1830 et la substitution, à la branche aînée, de la branche Orléans. Celle-ci partage, avec le libéralisme, le sentiment, fortement affirmé par Benjamin Constant dès la fin du premier Empire, que la liberté chez les Modernes repose désormais non plus sur la participation directe de ces derniers aux affaires de l'État, mais sur leur représentation déléguée dans la sphère politique et leur participation active, par le commerce et l'harmonisation des intérêts privés, au bonheur commun dans la sphère publique. Converti à l'idéologie économique, le libéralisme politique tient désormais que le commerce *doit remplacer la guerre ; l'Europe sera le lieu de la fructification des affaires et du respect des équilibres entre les nations, particulièrement entre l'Angleterre et la France. L'accession à l'indépendance de la Belgique, où la France pouvait tenir un rang, importe, somme toute, plus que le devenir de l'Algérie. Celui-ci sera l'affaire de Napoléon III, soucieux que l'Angleterre, intéressée par l'Égypte, ne soit pas la seule à devenir une puissance méditerranéenne ; mais le grand dessein du second Empire demeure le remodelage de l'Europe d'après le principe des nationalités et selon une application pondérée que la France dicterait.*

L'apprivoisement du colonialisme fut, pour les droites, l'affaire de tout un siècle. Œuvre de la République, troisième du nom, la colonisation à l'échelle du monde ne rallie que tardivement les suffrages de droites trop monarchistes dans leur identité pour ne pas d'abord rejeter la politique d'un régime honni. La conversion au colonialisme est le fruit des grands basculements idéologiques, sur le plan intérieur, de la fin du siècle : ralliement pour les uns, catholiques, qui rêvent de la possible fusion de la mission civilisatrice de la République avec la mission évangélisatrice de la France ; reprise à leur compte, pour les autres, d'un nationalisme laissé en déshérence par des républicains dont l'idée qu'ils se font du droit et de la justice les conduit à ne plus exalter les vertus d'une armée de la Revanche ; surimposition, chez les monarchistes, enfin, des valeurs militaires incarnées par les officiers de l'aventure coloniale et des valeurs d'un Occident chrétien au sein duquel la France triompherait de l'Allemagne.

Encore cette conversion au colonialisme n'est-elle pas générale. D'aucuns acceptent, au nom du libéralisme économique, la colonisation, mais ne se font pas pour autant les apôtres du colonialisme : que la colonie demeure, pour la métropole, une source de matières premières et un marché, parmi d'autres, où écouler ses propres produits ne signifie pas que la colonie devienne une colonie de peuplement et le marché unique d'une métropole empêtrée dans son développement industriel et financier par les rets du monopole protectionniste. D'autres, au nom d'une vision organiciste du monde, où la force d'un peuple tient à la circulation vitaliste de ses énergies, de la famille à la patrie, craignent, avec Charles Maurras, que la colonisation soit un facteur d'affaiblissement de la race dans sa présence au monde — par le mélange des sangs, par la dispersion de ses forces, par l'oubli de son devoir premier qui est d'œuvrer au retour de l'Alsace et de la Lorraine dans une patrie qui cesserait de propager les illusions universalistes des droits de l'homme et romprait avec la prétention, destructrice de tout lien social, que nourrissait la Révolution française d'être l'institutrice du genre humain.

Les positions désespérément colonialistes des droites conservatrice, contre-révolutionnaire et extrême au début des années soixante de notre siècle ne doivent pas faire oublier qu'un siècle auparavant, celles-ci n'avaient d'yeux que pour ce qui était alors, par excellence, la présence au monde de la France : le pré carré.

*
**

I. LA LENTE CONVERSION
AU COLONIALISME

Au sortir de la Révolution, sous la Restauration puis la Monarchie de Juillet, le problème colonial revêt deux dimensions. La première est un legs de l'Ancien Régime, héritage de l'empire mercantiliste : l'exclusif et l'esclavage; la seconde est le fruit de cette période même : une reprise d'initiative et d'expansion, tout particulièrement en Algérie. L'une comme l'autre n'autorisent guère à distinguer, à l'époque, véritablement entre une opinion de droite et une opinion de gauche en matière coloniale.

L'exclusif et l'esclavage avaient constitué les fondements de ce qu'on appela le Pacte colonial. L'esclavage permettait de produire le sucre que réclamait la métropole; l'exclusif, comme le terme l'indiquait, permettait de réserver à cette dernière l'exclusivité du commerce et du transport avec les colonies. Passé la Révolution et l'Empire, ce régime économique se trouva battu en brèche. Tandis que les planteurs des îles s'accrochèrent désespérément à leurs privilèges pour échapper à la ruine, l'opinion en métropole suivit facilement leurs adversaires. L'intérêt économique — celui des betteraviers métropolitains, en particulier — rejoignit ici aisément la dénonciation généreuse de l'esclavage par les philanthropes et l'apologie du libéralisme par les économistes du temps qui, à la suite de Jean-Baptiste Say, dénonçaient le « fardeau des colonies » et les effets nocifs de l'exclusif. L'opinion internationale appuya la campagne anticoloniale, contre le commerce « honteux » et l'esclavage. Déjà sous la Restauration, on put constater les premiers signes de l'ébranlement d'un système critiqué par l'opposition à la Chambre des députés où quelques orateurs se posèrent tant en spécialistes qu'en champions des libertés et de l'égalité des hommes de couleur. Pour ces libéraux, il s'agissait d'ajouter également un motif de plus au mécontentement contre le régime de Charles X. Le régime crut alors qu'il n'avait plus d'autre ressource que de « se jeter hors d'Europe ».

La conquête de l'Algérie illustre parfaitement la complexité des motivations et des appartenances. Née d'une initiative du gouvernement Polignac de réaction, elle ne visait, on le sait, qu'un objectif de politique intérieure, celui de renflouer un régime en perdition. La droite ultra ne pouvait qu'approuver et espérer qu'un succès *en Alger* lui permettrait de revenir en force à la Chambre. Il fallait bien des prétextes; les fameuses créances Bacri, créances pour des fournitures de grains, qui constituaient depuis des années une pomme de discorde entre la France et Alger et « l'affaire de l'éventail » — le dey Hussein aurait frappé de son chasse-mouches le consul de France, Deval, en 1827... — les fournirent. Il fallait aussi des justifications; on invoqua le scandale de l'esclavage pratiqué dans la régence d'Alger — que la France ait, pour sa part, rétabli l'esclavage dans ses colonies des Antilles était, fort évidemment, un tout autre problème — et la lutte contre la piraterie qui faisait régner l'insécurité en Méditerranée. Mais la Restauration et la droite ultra ne gagnèrent rien à cette entreprise, à laquelle l'une et l'autre ne prêtèrent en définitive qu'une importance circonstancielle. En réalité, la monarchie avait vite rompu avec la politique beaucoup plus ample de restauration coloniale qu'avait tenté de mener pendant quelques années — de 1815 à 1821 — à la tête de l'administration des colonies comme du ministère de la Marine, le baron Portal dans trois grandes directions : rétablissement de l'exclusif, développement du commerce de la gomme arabique au Sénégal, colonie dont la France reprit possession en 1817, tentative de réimplantation de comptoirs à Madagascar.

La Monarchie de Juillet hérita donc d'une conquête qu'elle n'avait pas souhaitée. Cette indifférence, voire gêne, de la Monarchie de Juillet en ses premiers temps à l'égard de l'Algérie n'échappait pas à certains contemporains. Ainsi, rendant compte des souvenirs publiés par Jean-Toussaint Merle, auteur dramatique et publiciste qui fut le secrétaire du maréchal de Bourmont et l'historiographe de l'expédition d'Alger dans ses *Anecdotes pour l'histoire de la conquête d'Alger* (1831-1832), Alfred de Vigny notait le 1er septembre 1831 dans la *Revue des Deux Mondes* : « Voici une grande expédition entreprise et exécutée dans un temps donné comme une manœuvre du Champ-de-Mars. Le résultat en est complet, la nation en profite, et les noms des braves, qui ont laissé là leurs ossements, le nom de celui qui les a conduits, le nom de leurs batailles, les drapeaux qu'ils ont enlevés, les armes qu'ils ont arrachées à l'ennemi, tout cela n'a pas une église où se réfugier, un cénotaphe, un obélisque, un pauvre gazon où s'abriter. Peu s'en faut que chaque conquérant, en revenant en France, ne se cache de sa conquête comme d'une mauvaise action, et ne l'efface de ses états de service. [...] Voilà la gloire des faits d'armes en l'an de grâce 1831. » Les partisans ou les adversaires du maintien se recrutèrent aussi bien parmi les orléanistes du parti de l'Ordre ou de celui du Mouvement, que parmi les libéraux et les républicains. Lorsque la question coloniale fut évoquée dans les débats de la Chambre des députés, en général à propos du budget de l'Algérie, elle opposa « colonistes » et « anticolonistes » dont les champions furent d'un côté le marquis de La Rochefoucauld de Liancourt, mais aussi le brillant avocat libéral Mauguin et Adolphe Thiers lui-même, de l'autre, un gros propriétaire normand siégeant à gauche, Amédée Desjobert, mais aussi Hippolyte Passy, Xavier de Sade et le président de la Chambre, Dupin aîné. Ce dernier aimait à déclarer : « La colonisation est une chose absurde [...] point de colons, point de terres à leur concéder. Il faut hâter le moment de libérer la France d'un fardeau qu'elle ne voudra porter longtemps[1]. »

Plus violent encore fut Xavier de Sade dans une critique dont les accents étaient déjà ceux des dénonciations les plus virulentes du colonialisme : « Alger était entouré de jardins et d'habitations de plaisance; ses environs offraient le même spectacle que ceux de Marseille. Tout cela a disparu. Ses jardins ont été dévastés... les maisons ont été abattues... on a coupé les plantations d'arbres fruitiers; voilà jusqu'à présent à peu près les seuls défrichements que vous avez opérés[2]. »

S'il y eut un lobby des algérianistes, il est bien difficile de le situer politiquement. On y trouvait des militaires de la race des Bugeaud ou de celle de Lamoricière, un général saint-simonien, des saint-simoniens eux-mêmes, et à leur tête le père Enfantin, désireux de célébrer les noces de l'Orient et de l'Occident, des fouriéristes, des affairistes, « colons en gants jaunes », des publicistes de diverses obédiences. Le critique sans doute le plus pénétrant de la politique suivie en Algérie fut le libéral Tocqueville, au demeurant opposant très modéré du gouvernement Guizot et nullement contempteur du régime. En réalité, les incertitudes de la politique française étaient encore telles qu'à droite comme à gauche, on pouvait souscrire au jugement du célèbre essayiste, selon lequel en 1846 encore « cette grande affaire d'Afrique a été dirigée jusqu'à présent par qui? Par le hasard[3] ». Un seul point paraît établi pour les droites au pouvoir : celui du droit à coloniser, droit que ne contestaient d'ailleurs pas non plus les libéraux de l'époque[4].

Un problème restait cependant en suspens, celui des rapports entre civils et militaires; il posait en filigrane la « question indigène ». A cet égard, la seconde République marqua le triomphe des premiers sur les seconds. Or, les colons civils étaient républicains, bien qu'ils le fussent surtout par opposition à la « dictature » militaire de Bugeaud. Il se produisit donc parmi eux « une éruption républicaine à fleur de peau », pour reprendre l'expression du préfet Lacroix ; leur grand homme fut d'abord Alexandre Ledru-Rollin. La République les récompensa en écartant les militaires et en facilitant leur rêve d'assimilation ; une assimilation qui leur conférait en fait le pouvoir sur les indigènes, ce qu'ils venaient de résumer à la veille de la Révolution de 1848, dans une formule lapidaire : « L'Algérie une terre est à jamais française[5]. » Républicains, voire démocrates et suspects de socialisme, les colons furent d'autant plus mal vus par la droite conservatrice triomphante en 1849, que la gauche locale triompha aux municipales. La République conservatrice en France entreprit alors de réduire les manifestations d'indiscipline dans la colonie grâce à ses préfets et ses généraux auxquels elle confia de nouveau la tutelle de l'Algérie. Au total, la fin de la République fut marquée par un net divorce entre les colons et la droite. Mais, au fond, la Chambre ne s'intéressait guère à la colonisation et la droite avait surtout hâte d'expédier outre-mer les quelques milliers d'indésirables qui avaient menacé l'ordre social lors des journées de juin 1848.

Quant au système, il trouvait de moins en moins de défenseurs. Les droites, comme les gauches, réprouvaient désormais l'esclavage. Lorsque Victor Schoelcher en proposa l'abolition en mars 1848, l'approbation fut quasiment unanime, à l'exclusion des colons-planteurs et des familles de grands négociants-armateurs des ports atlantiques. Mais leurs pressions ne furent cette fois d'aucun effet ; ils n'obtinrent pas de représentant dans la commission d'abolition présidée par Schoelcher. Ils se rattrapèrent partiellement au sein de la commission d'indemnité où ils réussirent à se faire représenter. Ils y jouèrent sur la « grande peur » du désordre auprès de la droite métropolitaine pour rogner sur les recommandations de Schoelcher, en insistant, par exemple, sur l'évocation des troubles de Saint-Domingue et de Haïti, deux générations plus tôt.

L'esclavage, cette poutre maîtresse de l'Ancien Régime, n'avait pu trouver de défenseur parmi les droites françaises. La dernière pièce du Pacte colonial, l'exclusif, restait cependant à supprimer. La crise du sucre dans les îles et celle de la gomme au Sénégal, en démontraient la faillite. La commission d'enquête parlementaire constituée en 1849 finit par se prononcer contre les privilèges et les protections. L'évolution devait trouver son épilogue à la faveur de la poussée de libéralisme économique sous le second Empire avec la loi du 3 juillet 1861 qui mit fin au Pacte colonial. Elle démolissait un système qui avait duré près de deux siècles, libérait les transactions et ouvrait aux colons des îles des orientations possibles vers de nouveaux marchés, autres que la seule métropole.

Les champions de cette force nouvelle qu'était le bonapartisme se contentèrent de suivre le souverain dans ses initiatives expansionnistes, et particulièrement dans une politique algérienne qui dressa les colons contre Napoléon III (rétablissement du gouvernement général en Algérie, le 10 février 1860). Jusqu'à l'affaire du Mexique (1861-1867), il n'y eut guère de débat sur les questions de l'expansion et de la colonisation. En outre, la protection des chrétiens dont l'empereur se fit le champion au Liban et en Extrême-Orient, devait atténuer l'opposition catholique au régime. Dans le retour en force des oppositions, au nom du libéralisme politique illustré par le discours de Thiers, le 11 janvier 1864, sur « les libertés nécessaires », les problèmes coloniaux n'occupèrent guère de place. Tout au plus furent-ils l'occasion de dénoncer le coût des aventures lointaines ; ce thème sera abondamment exploité par la suite : les économistes libéraux comme Frédéric Bastiat n'avaient déjà de cesse de condamner la colonisation. Tout au plus, c'est une réorientation et une concentration de l'action outre-mer, en particulier vers l'Algérie, « terre française » de peuplement, que préconisèrent certains orléanistes derrière Prévost-Paradol qui exaltait l'avenir de la France en Afrique.

La défaite survenant, la question coloniale rentra pour un bon moment dans l'ombre du recueillement et de l'expiation exigés par l'ordre moral. Tout au plus, peut-on signaler quelques plaidoyers en faveur du maintien du « pavillon » dans les terres lointaines, comme en 1875 celui du marquis de Compiègne, explorateur et propagandiste des « établissements français du Gabon ».

Cependant, une nouvelle aventure coloniale était en gestation dans les milieux de la bourgeoisie « éclairée » qui fréquentaient les sociétés de géographie, les marins, ou les négociants des ports tournés vers l'outre-mer. On sait comment Paul Leroy-Beaulieu vint en 1874 leur apporter une caution intellectuelle magistrale avec sa fameuse dissertation : *De la colonisation chez les peuples modernes.*

De la part du gendre de Michel Chevalier — saint-simonien devenu le champion de l'industrialisme dans le second Empire —, il s'agissait en quelque sorte d'une trahison des idéaux de sa famille intellectuelle. Celle-ci ne désarmait, en effet, nullement contre la colonisation. Les arguments des économistes libéraux rejoignaient d'ailleurs les sentiments de la droite d'affaires. Tel était le cas, à gauche, d'un économiste de sensibilité radicale, l'auteur des célèbres *Principes d'économie politique* (1884) et futur théoricien de *La coopération* (1900), Charles Gide; ou bien encore, au centre droit, du modéré Frédéric Passy, neveu d'un orléaniste notoire — Hippolyte Philibert, qui fut l'un des plus fervents partisans du libre-échange comme l'un des plus farouches adversaires de la conquête de l'Algérie — et lui-même futur prix Nobel de la paix en 1901 pour avoir fondé en 1870 une Société pour l'arbitrage entre les nations. L'un et l'autre ne voient pas en 1885 l'intérêt de coloniser, ni celui d'envoyer des émigrants, des capitaux ou des marchandises au-dehors, ni celui d'accroître la puissance maritime et militaire de la métropole. Capitaux et énergies doivent être réservés au développement de la métropole, objet de tous les intérêts : Charles Gide, à la même époque, fonde l'Association protestante pour l'étude et l'action sociale (1887). L'unanimité des économistes dépasse donc singulièrement les clivages droites-gauches, puisque Yves Guyot, député d'extrême gauche et directeur du *Siècle*, se retrouve dans le même camp que Frédéric Passy. Tandis que le premier se fait à la même date le pourfendeur d'une politique pour laquelle « le drapeau de la France » n'est qu'un « cache-pot », le second refuse de sacrifier « l'or et le sang de la France ». Il y ajoute, de plus, des considérations humanitaires en dénonçant cette colonisation par le sabre qui éloigne « les unes des autres ces mains qui commençaient à se rapprocher[6] ». A l'époque, il soulève les applaudissements de Clemenceau qui siège à l'extrême gauche; mais il préfigure aussi le discours, treize ans plus tard, d'un des adversaires les plus acharnés de la colonisation, Paul de Cassagnac, bonapartiste convaincu : « La civilisation en matière coloniale, consiste, vous le savez, à s'emparer purement et simplement d'un pays qui ne vous appartient pas et à en chasser ou en exterminer les habitants pour peu qu'ils regimbent contre l'invasion[7]. » L'accusation, en forme de constat d'évidence, date de 1898; elle manifeste la persistance d'une hostilité à droite, alors que la majorité d'entre ses membres s'est déjà ralliée, ou est en passe de le faire, à la colonisation.

Ce ralliement ne s'est pas effectué aisément. Les droites ont *a priori* bien des raisons de condamner les « entreprises insensées » de la France outre-mer. Ne sont-elles pas le fait d'une République haïe par les monarchistes de toutes obédiences et par les catholiques? Lorsque Léon Gambetta lance le pays dans les aventures coloniales de Tunisie — où le protectorat fut imposé par le traité du Bardo en mai 1881 —, puis du Tonkin, entreprises plus assumées que décidées par Jules Ferry à qui en fut attribuée la paternité, les uns et les autres rivalisent de violence dans la dénonciation de ces folles expéditions. Jules Ferry passait, aux yeux de ses contemporains, moins pour le père de l'aventure coloniale ou le fondateur de l'école publique, tant célébré plus tard, que pour l'homme des « tripotages tunisiens », ou pour « le Tonkinois », celui qui, sans en référer vraiment au Parlement, développa le corps expéditionnaire et ne put toutefois éviter l'échec de Langson qui provoqua, sitôt connu à Paris, la chute de son ministère (30 mars 1885). Dans l'exécration de Jules Ferry se rejoignaient un républicain passé au nationalisme, Henri Rochefort, un Georges Clemenceau, député d'extrême gauche, et nombre de futurs dirigeants et militants de ce qui allait bientôt être, par radicalisation des droites classiques, une droite révolutionnaire et ligueuse.

Les débats d'avril et de novembre 1881 sur la Tunisie, ceux de 1883 à 1885 sur le Tonkin, font bien apercevoir cette conjonction des extrêmes. La droite monarchiste prend l'offensive en avril 1881 pour dénier au gouvernement le droit de faire la guerre sans l'assentiment des Chambres : « Nous ne voulons pas donner l'argent de la France et le sang de nos enfants pour les Jeckers de la Tunisie[8] », affirme le bonapartiste Paul Lenglé dans un grand mouvement d'éloquence qui ne manque pas de sel, puisque c'est au nom de la défense même des intérêts du financier Jean-Baptiste Jecker que le duc de Morny avait convaincu Napoléon III de poursuivre l'expédition du Mexique, après que l'Angleterre et l'Espagne eurent signé avec le président Juarez la convention de Soledad, en février 1862, sur le règlement de la dette extérieure du Mexique... Assurément, ce sont Georges Clemenceau et Henri Rochefort qui ont raison de Jules Ferry, mais l'examen des votes montre que toute la droite a voté alors avec l'extrême gauche contre le président du Conseil, tandis que la gauche républicaine se divisait. Dès 1883, Paul de Cassagnac, au nom de la droite, accuse Jules Ferry de vouloir mener la conquête du Tonkin, à seule fin d'offrir des concessions minières à ses amis républicains. Le président du Conseil n'a pas de mal à stigmatiser l'ignominie d'un tel procès, mais désormais l'affaire du Tonkin se déroulera dans le soupçon. En mars 1885, les 86 députés de droite participent à l'hallali contre Ferry. Enfin, en juillet, lors du grand débat où Ferry intervint sur la question de Madagascar (la France n'obtenant pas la reconnaissance par les souverains malgaches de son protectorat avait bombardé puis occupé Tamatave), Cassagnac et Baudry d'Asson, une notable figure de la droite monarchiste, auront beau jeu de dénoncer le bellicisme gouvernemental (« la République, c'est la guerre »), mais s'attireront alors la célèbre réplique de Ferry : « Rayonner sans agir, sans se mêler aux affaires du monde, en se tenant à l'écart de toutes les combinaisons européennes, en regardant comme un piège, comme une aventure toute expansion vers l'Afrique ou vers l'Orient, vivre de cette sorte, pour une grande nation, croyez-le bien, c'est abdiquer[9]. »

Les arguments développés à droite ne sont guère originaux, ni vraiment nouveaux, si l'on excepte évidemment le rappel lancinant des provinces perdues et de l'oubli de « la ligne bleue des Vosges ». Ils se résument pour le reste dans une série de refus : le refus des complications qui surgiraient de compétitions pour des terres incertaines et lointaines ; le refus d'une vaine dilapidation de la substance même de la nation dont les énergies devaient être bandées par la revanche et la reconquête de l'Alsace et de la Lorraine ; le dégoût à l'encontre des combinaisons nécessairement louches dont la presse se délecte. Mais, au fond, l'hostilité au personnel républicain en place, l'esprit de parti, constitue le fondement véritable de l'opposition à la politique coloniale, tout autant que les convictions doctrinales. Enfin, la flambée d'antisémitisme qui explose dans *La France juive* de Drumont en 1886 vient ajouter ses relents nauséabonds à la campagne contre la politique « ferryste » : « Les millions dépensés en l'absence des Chambres, la malversation, les concussions, les infamies de toute nature... vous connaissez tout cela... Ce qu'il faudrait dire, ce sont les souffrances endurées par nos soldats pour permettre aux juifs de se livrer à ces opérations[10]... » Lancé sur cette ligne, le polémiste ne recule pas devant l'évocation d'images qui n'auront pour répondant dans l'horreur que les violences étalées avec complaisance par Paul Vigné d'Octon quelques années plus tard dans *La gloire du sabre*. Les victimes ont seulement changé de côté ; au soldat prisonnier « livré comme jouet aux femmes des tribus » et déchiqueté « lentement » (*sic*) se substitueront les insurgés malgaches massacrés dont le sang inonde le sol[11].

Dans les années 1880, il convient de distinguer plusieurs familles d'anticolonialistes de droite[12]. L'opposition des monarchistes, simplement antirépublicains, ne fut « qu'un cri unanime contre la politique coloniale insensée des opportunistes »[13]. Pourtant certains d'entre eux, monarchistes libéraux, héritiers de la tradition orléaniste, voulurent donner un contenu plus doctrinal à leur critique. Depuis longtemps, mais particulièrement lors des affaires du Tonkin, le duc de Broglie, figure incontestée des conservateurs, mène le combat contre un « système » qu'il estime « contraire aux leçons de l'histoire et aux enseignements de la raison ». L'ancien vice-président du Conseil du temps de l'Ordre moral croit lui aussi que les colonies ne sont que des boulets; il n'y voit, encore en 1884, qu'un « luxe » que ne peut s'offrir « une nation momentanément affaiblie », un « poids » dont rien n'assure qu'il se transformera dans un avenir prévisible en appui pour la métropole, ni qu'il ne devienne « à un jour critique », le creuset de nouveaux malheurs[14].

A dire vrai, l'argumentation des nationalistes d'opposition n'est guère différente; elle se présente simplement sous un tour moins bienséant que celui donné à ses positions par l'aristocrate distant qu'était Albert de Broglie. Surtout, elle n'hésite pas à invoquer le sentiment populaire. Le plus virulent, et le plus célèbre, est alors Paul Déroulède, le porte-drapeau de la Revanche — mot fétiche qu'il écrit avec une capitale. Celui-ci lance contre Jules Ferry l'accusation majeure, le péché capital, la félonie avérée : à l'occasion de la prochaine conférence de Berlin sur l'Afrique (novembre 1884-février 1885), Ferry va s'entendre avec Bismarck sur le dos des provinces perdues : « Avant d'aller planter le drapeau français là où il n'est jamais allé, il fallait le replanter d'abord là où il flottait jadis, là où nous l'avons tous vu de nos propres yeux. » « Que Monsieur Ferry s'accorde donc avec Monsieur de Bismarck si bon lui semble, qu'il se rende donc à cette conférence, si conférence il y a, mais qu'il y emporte avec lui le souvenir de ce cri entendu par nous et qui est l'expression nette de la volonté populaire : "Assez de guerres lointaines, pas de guerre nouvelle[15]." »

A son tour, Déroulède parle de « système », plus exactement de deux « systèmes » : celui de la « politique coloniale limitée », il admet alors qu'il faille garder « ce que nous avons conquis »; celui de la « *politique coloniale illimitée* » des conquêtes nouvelles, qu'il faut vigoureusement rejeter : « Le premier système avait pour résultats : la mobilisation intacte, l'Allemagne tenue en respect, l'Angleterre ramenée à nous, les complications européennes surveillées, les revendications nationales restées possibles. Le second a pour conséquence : la dispersion de nos forces militaires, notre absence d'Europe, l'intronisation de l'Allemagne en France, la renonciation de nos droits et l'abandon de nos Français d'Alsace-Lorraine[16]. »

Jusqu'à quand les droites se maintinrent-elles dans une opposition aussi intransigeante? Les professions de foi des candidats aux élections et leurs résultats en donnent une idée. En 1886, l'opposition aux aventures coloniales est encore payante : la droite, qui a tant contribué à la chute de Ferry sur le Tonkin, gagne plus de 100 sièges. Quatre ans plus tard, seuls 84 élus ont attaqué la politique coloniale, dont la moitié sont des conservateurs; enfin, en 1893, il n'en reste plus que 28, tandis que 40 d'entre eux ont réclamé l'organisation d'une armée coloniale. Il est certain que dans les années 1890, la cause coloniale gagne de larges fractions de l'opinion et de la classe politique. Elle est exaltée et exploitée par les milieux coloniaux; il ne s'agit que d'un très petit nombre d'hommes qui se retrouvent dans les mêmes groupes de pression, le Comité de l'Afrique française (et les comités plus tardifs de l'Asie française, de Madagascar, du Maroc), l'Union coloniale, le Groupe colonial de la Chambre; mais, ce sont des notables de la vie intellectuelle et politique du temps. Les soutiens les plus affirmés du milieu colonial se situent toujours parmi les républicains opportunistes et même anticléricaux mais il acquiert aussi une respectabilité qui le fait mieux voir à droite dans la bonne société du temps. Des personnalités prestigieuses viennent apporter leur caution enthousiaste et militante à la cause : le président du Comité de l'Afrique française, le prince d'Arenberg, une figure respectée de la droite conservatrice, dans le monde politique, l'académicien Eugène Melchior de Vogüé, dans le monde des lettres. Encore plus caractéristique, le cas de Jules Charles-Roux qui cumule les présidences, honorifiques ou réelles, de la Compagnie transatlantique, de la Société de géographie de Marseille et du Comité de Madagascar; de plus, il est député conservateur social des Bouches-du-Rhône pendant dix ans. D'Arenberg, Charles-Roux, de Vogüé, qui sont respectivement président, vice-président et administrateur de la Compagnie du canal de Suez, incarnent bien cette nouvelle convergence. Même les champions de la cause monarchiste se convertissent; la duchesse d'Uzès, dont les largesses avaient tant aidé les boulangistes en leur temps, patronne désormais l'expédition mi-mondaine, mi-politique de son fils au Congo où il trouvera la mort. Et c'est avec une belle élévation de sentiments que la duchesse exprime sa douleur d'y avoir perdu un être cher qui avait trouvé dans l'aventure coloniale une compensation aux « difficultés politiques et sociales qui barrent à notre époque l'entrée de presque toutes les grandes carrières aux fils de l'ancienne aristocratie française ». « Je n'avais pas le droit de m'opposer à un pareil dessein et, si je l'avais eu, je n'en aurais point fait usage, car comme mon fils bien-aimé, j'estime que Dieu nous a mis ici-bas non pas pour nous, mais pour aider les autres. J'estimais aussi que l'égalité des droits peut parfaitement se concilier avec l'inégalité des devoirs, et que la France peut exiger davantage de ceux de ses fils qui portent un nom, auxquels elle a fait plus d'une fois les honneurs de ses annales[17]. »

Politiquement, il s'agit là d'un changement considérable qui accentue le glissement à droite de la cause coloniale : la cause coloniale, en effet, sera toujours identifiée aux plus hautes valeurs militaires. Dès lors que l'armée a été l'accusée principale dans le combat mené au nom du Droit et de la Justice pendant l'Affaire Dreyfus, la défense des valeurs de celle-ci passe désormais, chez les nationalistes, par la défense de leur illustration sur le terrain colonial. L'association joue dans les deux sens : les dreyfusards passés à l'antimilitarisme passent également à l'anticolonialisme. L'officier français, très souvent encore issu de milieux légitimistes ou de vieille aristocratie, ne s'est toujours pas vraiment converti à la carrière coloniale ; les choix de sortie à Saint-Cyr ne montrent aucune vocation des jeunes officiers pour l'armée coloniale, souvent qualifiée, selon le mot de Paul Leroy-Beaulieu lui-même, d'armée de « mercenaires[18] », jusqu'à la fin du siècle, et même après. Encore en 1910, le plus célèbre des soldats de l'Empire, Joseph Gallieni, refusera le haut commandement sous prétexte qu'il était « un colonial ». Mais, à l'évidence, les conquêtes lointaines constituent les seules gloires militaires de la France à cette époque et le prestige de personnalités comme Charles Mangin et Louis-Hubert Lyautey accréditent l'impression que la cause de l'armée et celle de l'expansion sont désormais solidaires. Et puis, une inlassable propagande, militariste et coloniale à la fois, exalte la valeur de l'engagement outre-mer, matrice d'un « homme nouveau » qui réconciliera les valeurs de la tradition et de la nouveauté. C'est tout à la fois Hubert Lyautey qui, en 1891, publie un texte qui marquera jusqu'à l'entre-deux-guerres nombre d'officiers : *Du rôle social de l'officier dans le service militaire universel*, mais aussi Ernest Psichari, petit-fils d'Ernest Renan, ami de Charles Péguy, converti au catholicisme, engagé dans l'artillerie, qui sert au Congo puis en Mauritanie, ancien dreyfusard exaltant, en 1913, dans *L'appel des armes* le rôle de l'officier colonial face aux renoncements d'une société embourgeoisée, prosateur de l'aventure guerrière devenu le héros exemplaire d'une France idéale et idéalisée, plus grande et plus belle qu'il faut découvrir, comme Charles de Foucauld, au désert : « Ce désert est plein de la France, on l'y trouve à chaque pas. Mais ce n'est plus la France que l'on voit en France, ce n'est plus la France des sophistes et des faux savants. C'est la France vertueuse, pure, simple, la France casquée de raison, cuirassée de fidélité. Nul ne peut la comprendre pleinement s'il n'est chrétien. Pourtant, sa vertu agit, pour peu que dans la fièvre on ait gardé le goût de la santé[19]. »

Du côté des catholiques, les choses évoluent aussi. La défense des intérêts catholiques en Annam avait bien généré quelques troubles et des divisions au sein des droites ; mais, dans l'ensemble, l'hostilité dominante aux républicains et l'amalgame avec la politique scolaire l'avaient emporté dans les années 1880. Bientôt, l'appel au ralliement lancé par le cardinal-archevêque d'Alger, Mgr Lavigerie, dans un toast porté à l'escadre de la Marine, le 12 novembre 1890, s'il ne rallie pas tous les catholiques à la République, les conforte dans l'idée qu'il est possible de concilier la mission civilisatrice que la France républicaine s'est convaincue d'avoir et celle de l'Église évangélisatrice des peuples païens.

L'apogée du parti colonial se situe entre 1890 et 1905, du propre aveu du Comité de l'Afrique française, dans les grands moments d'expansion. Le nationalisme français peut alors conjuguer deux obsessions : l'anglophobie qui culmine avec Fachoda et la germanophobie avec l'affaire du Maroc. L'anglophobie réveillée par la question d'Égypte en 1882, excitée dix ans plus tard par la rivalité sur le Niger, devient une « passion française » avec la mission Marchand qui atteignit Fachoda avant l'expédition anglaise du général Kitchener, mais dut abandonner la place sous les fortes pressions de Londres (juillet 1898). Mais, l'« humiliation » de Fachoda, qui aboutit à l'accord franco-britannique de mars 1899 par lequel la France renonçait au Nil, sera plus exploitée par la droite antidreyfusarde que par le parti colonial, dont la presse se tint nettement en retrait des journaux de l'extrême droite antirépublicaine, *La Patrie*, *L'Autorité*, *La libre Parole*, et de la droite nationaliste, *L'Écho de Paris* ou *Le petit Journal*. On crie « Vive l'Armée! Vive Marchand! »; on n'hésite pas à comparer Marchand à Jeanne d'Arc et à fustiger « notre diplomatie poltronne », non sans une grande ambiguïté d'intentions, car il s'agit plus d'une campagne contre les dreyfusards que d'une campagne coloniale.

Le Maroc permet de franchir une nouvelle étape. Cette fois, le processus d'identification de l'intérêt national et de l'intérêt colonial s'achève. Comme le reconnaîtra un colonial : « L'Allemagne nous a rendu le plus grand service en faisant du Maroc une question nationale au premier chef[20]. » Effectivement, à droite, les patriotes n'hésiteront plus à célébrer la gloire de l'empire. A leur tête Maurice Barrès, qui, il est vrai, avait, en 1890 déjà, célébré la

naissance du Comité de l'Afrique française : « J'aime le Maroc »,
écrira-t-il en 1911 dans ses Cahiers, « parce qu'il est dans le destin
de la France... Les destinées de la France sont si belles, sa
prédestination si heureuse, elle est une si noble, si heureuse pensée
qu'au milieu des incohérences, elle s'achemine vers de grandes
choses... Merci Brazza, merci Crampel, Gentil, Maistre, merci
Mison, merci Moll, qui nous avez valu cet accroissement quasi
européen[21] ».

L'anticolonialisme est donc passé à gauche. A droite, les critiques prennent l'allure de regrets rétrospectifs et stériles dès la fin
du siècle. Des voix discordantes continuent pourtant à se faire
entendre. En 1892, Paul Déroulède continue à vitupérer contre la
« passion coloniale »; en 1896, le vieux duc de Broglie affirme
toujours qu'« il faut choisir », ne pas se laisser leurrer par la
« valeur imaginaire » de possessions dont « la quantité tient lieu de
la qualité »; en 1898, Paul de Cassagnac réclame qu'on aille
« fusiller comme traître le Tonkinois et le Malgache », et déplore
qu'on se soit précipité vers de « prétendues » mines d'or ou de
houille, qu'on se soit dépensé en vains efforts au lieu de regarder en
France car « c'est la misère en France qu'il faut soulager[22] ». Plus
significative de divisions encore sensibles est la condamnation sans
appel, au nom de la revanche, par la nouvelle étoile montante de la
droite organiciste et nationaliste, Charles Maurras, dans une
réponse à Maurice Barrès, publiée dans la *Gazette de France* en
1900 : « La politique coloniale suivie, depuis [1870], avec plus
d'acharnement que de véritable persévérance, est en train de nous
faire oublier nos grands intérêts européens. *Cette négligence du
principal* [souligné par l'auteur] est d'autant plus piquante, même
chez les plus bruyamment patriotes d'entre nous, chez les nationalistes de profession, que leur homme préféré est M. Déroulède, qui
ne rêve que de la conquête des pays annexés[23]. »

L'auteur de *Kiel et Tanger* ne démordra pas de ce point de vue et il
entraînera encore longtemps *L'Action française* dans son sillage : en
1909, Bainville y déplorera « cette étrange politique qui frappe de
stérilité les magnifiques efforts de nos soldats et de nos diplomates
[...] qui a été une politique de flottements, de faiblesses, de
contradictions et d'abdication[24]. » Et c'est encore Maurras qui, en
1920, accusera la politique coloniale de la République d'avoir
préféré la gloire facile au véritable courage : « Nous avons soldé
cette préférence par quinze cent mille morts; nos pertes irréparées,
peut-être irréparables, donnent raison à Boulanger contre
Ferry[25]. » Mais Maurras n'est plus alors qu'une voix dans le

désert ; déjà en 1913, la jeunesse interrogée par Agathon (Alfred de Tarde et Henri Massis) avait — dans cette enquête menée par deux nationalistes attachés à illustrer coûte que coûte leur conviction que la guerre serait accueillie comme une libération des tensions et frustrations accumulées par la jeunesse des Écoles — proclamé son attachement à une Afrique « où se prolonge une puissance dont je sens les racines en moi[26] ».

Au total, venue d'un horizon de centre gauche et combattue dans un premier temps à droite et à l'extrême droite, l'idée coloniale a été adoptée sous la troisième République par ces familles politiques au tournant du siècle.

Mais, au cours de sa traversée de l'échiquier politique, il est avéré que l'idée coloniale s'est chargée d'une acception qui n'est plus, en vérité, celle que lui avaient donnée les républicains : la mission civilisatrice de la France, pour un Gambetta et un Ferry, plonge ses racines dans l'héritage universaliste d'une Révolution qui s'est voulue l'institutrice du genre humain ; la mission civilisatrice de la France, pour les droites, puise sa source à l'identité catholique d'une Fille aînée de l'Église, missionnaire de la parole du Christ et moins encore soucieuse que la France républicaine de l'universalité des droits de l'homme hors de l'Europe. Si gauches et droites, en effet, partagent la même conviction de l'infériorité des peuples extra-occidentaux, ce credo commun est, lui aussi, entendu différemment : les gauches prétendent faire partager aux peuples soumis les lumières du progrès afin que quelque jour ils deviennent des égaux ; les droites s'embarrassent moins de ces justifications et, à la faveur des grandes crises, notamment de l'Affaire Dreyfus, voient d'abord dans les colonies une source d'énergie militaire renouvelée pour la nation, sinon la race française, afin que celle-ci puisse très vite recouvrer son rang en Europe et dans le monde face à l'Angleterre et surtout à l'Allemagne.

Encore convient-il de placer, en regard de ces droites nationaliste et conservatrice devenues colonialistes, la droite d'affaires, financière et industrielle, qui ne s'organise pas politiquement, mais qui, depuis sa sphère d'activités, cherche à induire ou infléchir les choix et orientations gouvernementaux : celle-ci ne s'est ralliée que du bout des lèvres à l'entreprise coloniale, quand elle s'y est ralliée. C'est en ce sens que pour certains historiens, la colonisation française sous la troisième République ne fut pas le stade ultime du capitalisme, mais celui du nationalisme[27].

II. UNE DROITE IMPÉRIALE

La Grande Guerre marque plus une accentuation qu'une rupture. Lorsqu'elle se termine, il n'est guère d'hommes de droite qui ne se sentent pas la fibre impériale. Au lendemain d'une victoire à laquelle les colonies ont contribué de leur sang, de leur travail et de leurs ressources, jamais le groupe colonial ne fut aussi important que dans la Chambre bleu horizon avec plus de deux cents députés. Mais cette attention nouvelle était trompeuse. En réalité, il n'y eut au cours de l'entre-deux-guerres que des bouffées d'intérêt pour l'empire, aussi bien dans l'opinion qu'au sein des forces politiques : la première, dans l'euphorie de la victoire; la seconde, dans la poussée de curiosité de l'Exposition coloniale; la dernière lorsque se firent entendre les « bruits de bottes » dont l'écho devint de plus en plus sonore à partir de 1938.

Malgré les apparences, il convient donc de ne pas oublier la dimension réduite des colonies dans la vie politique des Français, afin de mieux mesurer leur portée réelle pour les droites de l'époque. Ainsi, les colonies ne constituèrent jamais un enjeu, un atout ou une faiblesse dans les élections de l'entre-deux-guerres, ni à droite ni à gauche. Affaires de spécialistes, d'intellectuels ou de marginaux de la politique, elles restèrent en dehors du champ de préoccupations majeures, des majorités comme des oppositions. A la Chambre, les débats sur les questions coloniales furent particulièrement rares, sinon inexistants. Le fait que la représentation coloniale demeura minuscule (2,5 à 2,6 % des élus français sous la troisième République), dispersée et désunie, sauf en ce qui concerne le remuant lobby des élus d'Algérie, qu'elle fut monopolisée par les colons dans ce dernier territoire, par une infime minorité de « citoyens » ailleurs, explique largement ce quasi-mutisme du Parlement. Le système de gouvernement colonial par décrets participa également à cette situation, puisque les possibilités de débats se réduisaient ordinairement au vote des crédits de la Rue Oudinot, département secondaire de l'administration gouvernementale. Toujours classé dans les derniers rangs des portefeuilles ministériels, y compris lorsqu'il fut transformé en ministère de la France d'outre-mer en 1934, le ministère des Colonies servit surtout aux dosages parlementaires dans les cabinets ministériels et le plus souvent au profit des radicaux. Ajoutons que l'autonomie financière des colonies — à leurs risques et périls — étant devenue une règle sacro-sainte des relations avec la métropole depuis la loi de 1900, le débat sur le coût des colonies ne revêtit pas la même virulence que du temps de la conquête. L'égoïsme métropolitain n'en demeurait pas moins fort comme le montra l'échec du plan proposé par Albert Sarraut, ancien gouverneur de l'Indochine et ministre des Colonies, visant à la mise en valeur des colonies; présenté au Sénat en septembre 1920, il ne dépassa pas ce stade malgré les sentiments impériaux de la Chambre bleu horizon et il demeura un catalogue de vœux pieux.

Dans ces conditions, les seuls indices significatifs des prises de position eurent lieu en 1925, à propos de la guerre du Rif et de la Syrie, et sous le Front populaire, à propos de l'Algérie; ni les scandales du Congo, révélés par André Gide dénonçant les traitements réservés à la main-d'œuvre indigène (*Voyage au Congo*, 1927; *Retour du Tchad*, 1928), ni les troubles en Indochine dans les années 1930 ne suscitèrent d'interpellations et de débats. Les droites se rassemblèrent pour soutenir la politique coloniale d'un gouvernement de gauche — celui du Cartel — en 1925, et rejeter celle du Front populaire en 1936. En juin 1925, en effet, les droites applaudirent sans réserve Paul Painlevé lorsqu'il proclama, à propos de la guerre menée par la France dans le Rif contre Abd el-Krim : « La question marocaine est au premier chef une question nationale[28]. » La formule est à comprendre comme signifiant que toute atteinte portée au protectorat marocain est une atteinte portée à la France, et non pas, comme le proclamait alors le Parti communiste français, que Paris combattait une nation marocaine en lutte pour son indépendance. A trente ans d'écart, les mots politiques, même à gauche, n'auraient pas le même poids... En décembre 1936, les droites se laissent convaincre par les lobbies de l'Algérie des colons dont les députés jouèrent sur la montée de l'agitation musulmane : après plus d'un an de tergiversations, elles s'engagèrent dans leur entreprise de torpillage des réformes Blum-Viollette au demeurant très modestes (maintien des deux collèges — européen et musulman, celui-ci élargi à 21 000 Français musulmans). Quand elle dut prendre spécifiquement position en matière coloniale, la droite modérée adopta en général une attitude commandée par le nationalisme et le conservatisme. Elle n'innova donc guère par rapport à l'avant-guerre; son conservatisme fut simplement aggravé par la crainte du communisme. Attitude dont on doit souligner par ailleurs qu'elle ne fut ni aussi monolithique, ni aussi constante qu'on a voulu le dire; des députés respectés de la droite libérale et modérée, Maurice de Rothschild, le prince Joachim Murat, Maurice Barrès, Joseph Barthélemy, furent les premiers à préconiser, le 22 février 1922, l'octroi à la Tunisie, avec l'accord du bey, d'une charte constitutionnelle lorsque se produisit la première crise tunisienne liée à l'agitation nationaliste du jeune parti Destour.

La droite classique n'innova pas non plus par rapport au langage dominant de l'époque. Que ce soit à l'Alliance démocratique ou à la Fédération républicaine, on se contenta de reprendre le discours officiel sur la « plus grande France » et sa « mission civilisatrice », la « mise en valeur » du « bloc franco-africain ». A la fin des années 1920, les journaux modérés, et conservateurs, *Le Temps*, le *Journal des Débats*, *L'Écho de Paris* se veulent les thuriféraires de la gloire impériale de la France. Mais, la droite républicaine ne fait alors qu'emboîter le pas au chantre radical-socialiste de l'humanisme colonial, Albert Sarraut, qui exalte le « devoir de l'homme blanc » au moment de l'Exposition coloniale dans son fameux ouvrage en forme d'acte de foi, *Grandeur et servitude coloniales*. Et même l'anticommunisme colonial ne lui était pas du tout spécifique, puisque c'était encore Sarraut qui avait dénoncé, en 1927 à Constantine, le bolchevisme et son soutien apporté aux peuples colonisés, dans une de ces sonores déclarations dont il eut le secret : « Le communisme, voilà l'ennemi. »

A droite, épousait-on vraiment tout ce composé idéologique d'humanisme, d'anticommunisme et de calculs? Croyait-on réellement au nouvel humanisme colonial célébré par le maréchal Lyautey, à l'ouverture de l'Exposition coloniale, « orgueilleux et ultime feu d'artifice de l'Empire français », pour reprendre la formule de Paul Reynaud[29] : « En décidant cette exposition », expliquait Lyautey, « le Parlement a voulu montrer, au lendemain de la période meurtrière et fratricide qui a couvert le monde de ruines, qu'il y a pour notre civilisation d'autres champs de batailles où les hommes peuvent rivaliser loyalement, généreusement dans les œuvres de paix et de progrès[30] ».

Des quais et des voies ferrées, il fallait pourtant en construire, et nul plus que Lyautey le savait. Il fallait pour cela de l'argent. Les droites n'y furent pas systématiquement hostiles. C'est un homme de droite, le chef de la majorité poincariste à l'Assemblée, André Maginot qui, redevenu ministre des Colonies en 1929 (il l'avait déjà été en 1917), reprit le plan Sarraut et amorça sa réalisation grâce à de grands emprunts garantis. Il est également significatif que certains des ténors de la droite modérée, comme Paul Reynaud et André Tardieu, adhérèrent au discours colonial. Paul Reynaud, ministre des Colonies en 1931, croit fermement à sa mission. Après avoir procédé à une réorganisation drastique des services de son ministère, il préside avec conviction et émotion aux festivités de l'Exposition. En ces temps de Crise mondiale, il exalte le « fardeau de l'homme blanc » et la solidarité de nations coloniales en portant un toast à Rudyard Kipling. Puis, il entreprend un grand voyage en Indochine où gronde le mécontentement nationaliste. Il s'y déclare « émerveillé par l'œuvre de la France », mais il témoigne aussi des inquiétudes d'une droite éclairée qui sent combien la présence coloniale est désormais fragilisée : « Personne ne se comprend, peuples colonisateurs et peuples colonisés... La souffrance et la crise ont aigri les rapports entre les hommes. Raison de plus pour faire l'effort de compréhension mutuelle par des contacts humains », dit-il à Marseille, avant de s'embarquer[31]. « Ce que je n'ai pas dit », ajoutera-t-il, « c'est qu'au moment de quitter l'Indochine, je me demande si la tutelle du Blanc sera acceptée assez longtemps pour permettre aux peuples colonisés de franchir le fossé de plusieurs siècles qui les sépare de notre civilisation. Ou le communisme...[32] » Puis, Paul Reynaud déplore la profonde indifférence métropolitaine qui demeure derrière la curiosité pour le fatras folklorique de l'Exposition coloniale. Lyautey, lui-même — qui avait signé en 1900 un article « Du rôle colonial de l'armée » — constate cette indifférence lorsqu'il préface le rapport général de l'Exposition : « Dans l'opinion publique, et notamment à l'étranger, il paraît entendu qu'elle a été un "succès"... Et, pourtant, je crains que le "succès" ne soit pas, dans l'ordre colonial et social, tel que je l'avais souhaité, en raison, précisément, du caractère "éphémère" de la manifestation de Vincennes... En effet, il ne semble pas que la Métropole soit préparée à faire aux Colonies l'effort massif de mise en valeur qui (je mets à part l'Afrique du Nord) n'est encore que trop souvent ébauché. [...] Les administrations publiques, d'autre part, continuent à considérer les choses coloniales du haut de leur superbe. Les colonies sont ces parentes pauvres qu'il faut bien se garder d'obliger, à moins qu'on ne les considère comme l'exutoire où peut se déverser un trop-plein de fonctionnaires métropolitains. [...] Et pourtant, nous ne développerons, nous ne conserverons même notre empire colonial — suivant les principes que je rappelais dans mon discours d'ouverture de l'Exposition — qu'au prix d'une *politique indigène* de tous les instants. Ces idées, répétées mille et mille fois, seront-elles enfin comprises? Ce n'est pas sans une certaine mélancolie qu'après cinquante années d'une réussite coloniale qui a éclaté aux yeux du monde à Vincennes, et, ajouterai-je, au crépuscule d'une longue carrière consacrée à la France d'outre-mer, l'on se trouve obligé de répéter des vérités aussi élémentaires et d'attendre encore la création des organismes susceptibles de les implanter et de les diffuser dans l'opinion[33]. »

Lyautey, « cet aristocrate qui avait bien servi la France, en pensant du mal de la République[34] », selon la formule de Paul Reynaud, c'était tout un symbole dans lequel les droites pouvaient se reconnaître — la républicaine, car Lyautey servit le régime dans la droite ligne de la grande muette, l'organiciste car la défense du rôle social de l'officier puisait, chez Lyautey, aux mêmes sources que l'idéologie de l'Action française. André Tardieu, par exemple, se convertit alors à l'action coloniale. Mais c'était surtout pour déplorer à son tour que les Français n'aient encore acquis « ni conscience coloniale, ni fierté coloniale ». En 1931, il écrivait dans *L'épreuve du pouvoir* : « Nous avons l'Empire, mais où en est la conscience? [...] Nous pourrions nous épanouir, nous concevoir 100 millions, que nous sommes. Nous préférons rester 40 millions à nous entre-dévorer [...] »

Cette réalité, toutes les droites ne pouvaient y échapper, malgré les efforts déployés par la propagande coloniale. Dans l'immédiat avant-guerre, la poussée d'intérêt fut nette, préparée par la montée des périls et soutenue par une intense propagande officielle. On commença à se persuader de la droite à la gauche que « de l'Empire nous viendrait le salut en cas de menace », comme l'avait affirmé André Tardieu en 1935. En 1938, c'est un homme issu de l'équipe clemenciste comme ce même Tardieu, inclassable mais que les vues et les pratiques plaçaient à droite, Georges Mandel[35], qui entreprit, dans le gouvernement Daladier, le programme colonial sans doute le plus audacieux de l'entre-deux-guerres, lorsqu'il reçut la charge de la Rue Oudinot; la guerre ne lui laissa pas la liberté de le réaliser.

De toutes les façons, le décalage avec l'opinion resta sensible; les derniers indicateurs fournis par les fameux sondages de 1938 et 1939 ne permettent pas de conclure à une prise de conscience impériale en profondeur dans l'opinion, même s'ils témoignèrent d'une sensible évolution[36]. Ils illustrent plutôt le ralliement sensible de la classe ouvrière à l'empire et la renonciation provisoire des communistes à l'anticolonialisme, que la conversion de la bourgeoisie et de la paysannerie françaises à la gloire de l'empire. Quant aux libéraux, leur conversion ne paraît guère avoir dépassé les propositions méfiantes d'un Edmond Giscard d'Estaing visant à une mise en valeur sélective de possessions dont la rentabilité était des plus discutables[37].

Dans ces conditions, il faut ramener à sa juste mesure le tapage impérial de l'extrême droite. On peut assurément parler d'un « prosélytisme impérialiste » de *L'Action française* qui inaugura en 1935 une *Lettre aux amis d'Outre-Mer* (curieusement au moment où *Le Temps* juge bon de supprimer son supplément colonial), de *L'Ami du Peuple* du parfumeur François Coty, du *Je suis partout* de Robert Brasillach, du *Petit Journal* racheté en 1937 par le Parti social français du colonel de La Rocque et de *L'Émancipation nationale* du Parti populaire français de Jacques Doriot. Néanmoins, il n'y eut guère d'originalité dans cette floraison. Comme la droite modérée, la droite extrême des années 1930 intégra l'œuvre coloniale dans le discours patriotique. Les différences résidaient surtout dans une question de ton, ces droites embouchant alors les trompettes de la défense de la race, ou bien encore, défendant l'invasion de l'Éthiopie par Mussolini, afin que la civilisation triomphe là où ne vivait qu'« un amalgame de tribus incultes », celles de la défense de l'Occident et de « la notion même de l'*homme*, la légitimité de ses avoirs et de ses titres », pour reprendre les termes d'un manifeste signé par tous les ténors de cette droite, le 4 octobre 1935. Enfin comme la presse de la droite modérée, la presse de la droite extrême ne consacra qu'une infime partie de ses articles aux questions coloniales, guère plus de 1 % de sa surface imprimée ; compte tenu d'un lectorat tout de même spécifique, cela limite singulièrement la portée de sa propagande. Son antisémitisme colonial n'avait rien de vraiment neuf — Max Régis, maire d'Alger au moment de l'Affaire Dreyfus et figure de la droite révolutionnaire, avait organisé un pogrom en 1899, jouant de l'hostilité des colons à l'extension aux juifs de la pleine citoyenneté française par le décret Crémieux de 1871. Non plus que les charges de Jean Paillard, chroniqueur de *L'Action française*, contre les « métèques » levantins syro-libanais, dans le petit volume qu'il consacra en 1935 à *La Fin des Français en Afrique noire*, avec une préface de J.-L. Gherbrandt, le directeur de l'Institut colonial français[38]. Ce dernier tenait pourtant un langage singulièrement œcuménique, bien proche de l'humanisme colonial d'un Robert Delavignette, grande figure du parti colonial intellectuel et administratif : « C'est un creuset d'airain qu'exige l'avenir des grandes démocraties, faites des alliages les plus hétéroclites, celui-là même de l'immense famille d'humanités diverses et différentes que va former l'empire de la France[39]. »

Mais, ce qui est nouveau consiste sans doute dans la fonction idéologique de l'antisémitisme colonial. Alors qu'Édouard Drumont s'en servit jadis pour alimenter son arsenal anticolonial — les juifs distrayaient et épuisaient, à leur profit financier, les énergies nationales hors de France —, l'extrême droite mobilisait désormais l'antisémitisme, à l'inverse, pour dénoncer l'entreprise de démolition de l'empire par les « menées juives ». L'antisémitisme était une figure particulière de l'anti-égalitarisme qui inspirait la plupart des écrits de l'extrême droite en matière coloniale et Charles Maurras, enfin converti à l'empire, en fournit une synthèse idéologique éclatante dans une virulente critique du « droit des peuples à disposer d'eux-mêmes » en 1940 : « Garder un Empire colonial sous la fiction égalitaire? On peut en défier n'importe quelle Nation! Comment admettre l'égalité du colon et du colonisé? L'égalité des peuples est tout aussi absurde que celle des individus... Nous n'apportons pas la liberté, nous ne pouvons pas l'apporter; ne suffit-il pas des bienfaits d'une économie et d'une morale supérieures? Ni égalitarisme, ni libéralisme ne valent dans un Empire colonial tel que le nôtre... Il n'existe pas d'égalité, il n'existe pas de liberté; il y a la fraternité... on est des frères sans être des égaux, on est des frères sans être exempts du rapport naturel d'infériorité et de supériorité[40]. » Texte étonnant dans sa lucidité du fait colonial car il posait sur le fond le seul véritable problème qu'aucun responsable à droite n'avait voulu ni su poser. Il devait être au cœur des débats de l'après-guerre. Comment fonder l'assimilation, l'association ou l'intégration sur un fait de violence fondamentale : la conquête colonisatrice de pays qui ne répondaient même pas au principe de continuité géographique dont l'idéologie des frontières naturelles pouvait encore arguer? En attendant, la cacophonie régna plus que l'unité de vue à l'extrême droite. Assurément, nous l'avons vu, il y eut, au moment de la guerre d'Éthiopie, convergence pour soutenir les menées de l'Italie civilisatrice contre « quelques tribus sauvages » d'Abyssinie. Plus tard, il y eut quasi-convergence contre le projet Blum-Viollette, encore que le Parti social français ait montré pas mal d'hésitations avant de se rallier au rejet. De sérieuses divergences apparurent cependant à propos des projets d'Eurafrique qui auraient fait une place à l'Allemagne nazie et, plus encore, à propos des thèses raciales de l'hitlérisme : l'antisémitisme et la division de l'humanité en surhommes aryens et sous-hommes qui ne le sont pas. Charles Maurras désavoue en 1939 « le racisme [germanique qui] occupe une position tout à fait contraire à l'esprit de nos traditions[41] », seul l'antisémitisme relevant, bien évidemment, de ces dernières. Pierre Drieu la Rochelle, militant doriotiste, récuse le racisme gobinien, avant de sombrer, sous l'occupation, dans le délire antisémite que laisse éclater son *Journal*. Dans les cercles catholiques au contraire, c'est aussi bien le culte de la brute blonde que l'antisémitisme que rejettent finalement un Vladimir d'Ormesson ou un Georges Bernanos rejoignant alors un démocrate-chrétien comme Georges Bidault.

Ces désaveux ne sauraient, pour autant, faire oublier l'idéologie commune nourrie par la conviction d'une inégalité fondamentale et jugée naturelle entre les peuples et le racisme ordinaire des attitudes à l'égard des colonisés de couleur. Cette idéologie, dans le domaine colonial, n'était pas propre à la droite extrême, ni à la droite modérée.

En définitive, la grande question de l'entre-deux-guerres n'était plus : faut-il des colonies? mais : que faire des colonies? Les diverses droites, devenues colonialistes dès avant 1914, ne prêtèrent pourtant pas plus d'attention que les autres familles politiques aux colonies. La droite impériale qu'elles constituèrent demeurait, à l'image des pavillons de l'Exposition de 1931, une belle façade, sans véritable réalité constructive. A cela, trois grandes raisons : d'abord, parce que l'opinion générale n'acquit jamais véritablement une conscience impériale comparable à celle des Britanniques; celle-ci s'ébaucha seulement à la veille du conflit mondial. En second lieu, parce que les problèmes coloniaux ne furent jamais véritablement intégrés aux débats et aux enjeux politiques métropolitains, sauf exceptions, et encore s'agissait-il presque toujours d'opérations militaires et très rarement de problèmes budgétaires ou de plans de développement. Enfin, parce que ces problèmes furent toujours envisagés non pas dans leurs dimensions propres, mais comme subordonnés aux problèmes nationaux et internationaux. Ce dernier point est peut-être le plus important, car à l'heure de la décolonisation, les droites se crispèrent, par un effet de renversement, sur la dimension nationale de la possession d'un empire, quand il devint évident que l'accession à l'indépendance des colonies était un mouvement inéluctable du cours international des choses.

III. DE L'INDOCHINE À L'ALGÉRIE :
LES ILLUSIONS PERDUES?

La Seconde Guerre mondiale changea considérablement les choses en fortifiant la conscience impériale en gestation. Non qu'elle la forgeât, mais Vichy et la France libre la renforcèrent en exaltant les colonies comme recours et espérances. Aussi est-il possible de soutenir que le désastre tout autant que le redressement du pays développèrent cet attachement du pays à l'empire. Exalté par Vichy avec toute la ferveur qu'on puisse mettre dans le dernier sanctuaire de la souveraineté de la France, l'empire fut tout autant revendiqué par la France libre à qui il offrit sa première légitimité. Cette convergence tourna au consensus national à l'issue de la guerre, quand le Parti communiste lui-même s'y rallia. En soutenant que « pour la France, être une grande puissance et tout simplement continuer d'être, c'est la même chose[42] » — l'empire d'hier devenant simplement l'Union française de demain —, le PCF se retrouva ainsi à l'unisson du MRP Georges Bidault proclamant que « l'Union française était destinée à préserver l'image de la France comme puissance mondiale[43] ».

Ce consensus n'allait pas évidemment sans ambiguïté. On s'en rendit compte assez vite. Non pas lors des dramatiques événements de l'insurrection dans le Constantinois en mai 1945, car l'insurrection et la répression passèrent presque inaperçues[44]. Ni peut-être deux ans plus tard, lorsque, à Madagascar, l'insurrection fut réprimée avec une sévérité hors du droit et qu'au Maroc le sultan en appela à la Ligue arabe, moments à partir desquels certains historiens datent l'apparition en métropole du pessimisme concernant l'avenir de l'empire[45]. On est plutôt tenté de voir apparaître le clivage majeur de l'après-guerre à la fin de 1945, quand le PCF se rend compte que le régime qui se met en place en Indochine est bien celui d'un parti frère[46]. En 1946, ce clivage s'accentue; l'affaire indochinoise repousse déjà le MRP vers la droite, tandis que le PCF s'efforce de mobiliser l'opinion et les intellectuels dans sa campagne en faveur de la République du Viêt-nam. Une partie de la presse de la Résistance, *Combat*, *Libération* et *Le Populaire*, prend ainsi fait et cause pour Hô Chi Minh contre Thierry d'Argenlieu, le haut-commissaire opposé à la politique d'entente défendue par

Leclerc, contre Georges Bidault et Max André (chef de la délégation française à Fontainebleau où l'avenir de la Fédération indochinoise devait être discuté avec Hô Chi Minh) et les tenants de
l'empire. Cependant, les choses ne sont pas encore tranchées
définitivement quand l'irrémédiable se produit à la fin de 1946 à
Haiphong avec le bombardement de la ville par les forces françaises
et le passage à la clandestinité du Viêt-minh d'Hô Chi Minh; les
communistes refusent encore d'abandonner l'Union française et
L'Humanité, visiblement embarrassée, s'en tient d'abord à la thèse
de la provocation. Pourtant le soutien ouvertement apporté à partir
de l'été 1946 par les communistes français au Viêt-minh ainsi
qu'aux nationalistes malgaches et maghrébins, puis la rupture de
1947, à propos des crédits de guerre pour l'Indochine dont le
groupe communiste refuse le vote, enfin le grand combat anti-
colonialiste déclenché en 1948-1949 par le PCF pour soutenir
l'URSS et participer à la guerre froide[47] paraissent faire renaître un
clivage entre droites et gauches, ordre et mouvement, à propos des
colonies.

Encore faut-il relativiser cette vision. Tout d'abord, faut-il y voir
un clivage qui séparerait radicalement droites et gauches ou bien
ure ligne de fracture fluctuante passant à l'intérieur même des
camps politiques — on sait combien la SFIO fut attachée à la
défense de l'Empire —, voire des familles de pensée? Peut-on même
parler d'*une* question coloniale, alors que la perception en fut si
variée, voire incohérente, selon qu'il s'agisse des problèmes d'Indochine, de l'Afrique du Nord ou de l'Afrique noire? Enfin, observons
que les colonies ne constituèrent guère une préoccupation majeure
dans la vie politique en métropole jusqu'aux années 1950. Après
une courte flambée d'intérêt en 1946, prolongée par le débat de
1947, on ignore à peu près tout de ce qui se passe en Indochine
pendant quatre ans; c'est véritablement « l'étiage[48] ». Et, si les
pires injures sont échangées entre les droites et la gauche communiste en 1950 à l'occasion d'un débat sur l'Indochine, elles ne sont
significatives que du climat de violence verbale lié à la guerre
froide[49]. D'ordinaire, la parole polémique est abandonnée le plus
souvent à des députés de second rang ou aux spécialistes, les élus
d'outre-mer dans les institutions représentatives de la quatrième
République. Ces derniers sont d'ailleurs loin de se classer à droite,
même si la majorité des élus du premier collège (les Français
d'outre-mer) rejoignent la droite classique lorsque, après son ébranlement de la Libération, elle réapparaît véritablement sur la scène
politique au début des années cinquante grâce à Antoine Pinay.

Symptôme et résultat, les années d'après-guerre voient « l'irrésistible déclin du "parti colonial"[50] » se traduire par une érosion régulière de son audience après la courte flambée d'enthousiasme impérial de l'après-guerre.

Focalisé sur l'Indochine, le débat colonial se trouva d'abord placé sur le terrain de l'anticommunisme. Or, étant la chose du monde la mieux partagée et fournissant une commode explication par amalgame des troubles outre-mer avec le « complot » mondial que tisserait Moscou, l'anticommunisme n'est pas, à l'époque, un marqueur idéologique des seules droites, surtout dans les affaires coloniales. Même s'il est vrai que le MRP, responsable des affaires d'outre-mer à partir de 1947[51], dut assumer les conséquences des choix du maintien de l'empire, la SFIO, son alliée de la troisième force, nourrissait à l'égard du parti communiste français des sentiments du même type. Le MRP conduisit sa politique coloniale au prix de contradictions et de déchirements dans la famille démocrate-chrétienne. Ainsi, tandis que Georges Bidault s'arc-boute dans une défense intransigeante de l'intégrité des colonies, par conviction nationaliste et attachement aux valeurs traditionnelles, Robert Schuman est ouvert à une redéfinition des liens entre métropole et colonies du fait de son appréciation nouvelle des priorités nationales ; ajoutons que sa volonté de construire une Europe nouvelle et réconciliée s'assortit chez lui d'une grande inattention aux problèmes de l'outre-mer et d'une grande ignorance des réalités locales, qui n'ont d'égales que celles de la majorité des métropolitains.

Dès le début des années 1950, c'est autour de la question des protectorats d'Afrique du Nord que les partis d'inspiration catholique vont s'opposer car, jusque-là, le caractère de croisade anticommuniste de la guerre d'Indochine et les bonnes intentions de l'Union française avaient soudé la majorité des catholiques dans la fidélité à l'empire. En Tunisie et au Maroc, la tendance la plus conservatrice et immobiliste va faire reculer les partisans de solutions négociées. Pourtant, en juin 1950, Robert Schuman laisse échapper — malgré lui[52]? — à Thionville l'idée d'une indépendance tunisienne au grand dam du résident général Jean de Hauteclocque et d'une partie du gouvernement lui-même, ainsi le radical René Mayer et le républicain populaire Georges Bidault. On sait comment la politique de fermeté recommandée par ces derniers l'emporta (note du 15 décembre 1951 réclamant pour la France, au nom de son œuvre coloniale, la souveraineté définitive sur le pays ; arrestation de Habib Bourguiba, chef du Néo-Destour, puis des ministres tunisiens) au moins pour un temps[53]. Mais, en 1953, l'opposition entre les deux courants de la droite chrétienne-démocrate réapparaît plus nettement encore à propos du Maroc, où la France avait répondu aux revendications d'indépendance, formulées par le sultan en avril 1947, par la nomination comme résidents de deux généraux — Juin, puis Guillaume —, la déposition et la déportation à Madagascar du sultan Mohammed V. Elle s'affirme plus vive et plus considérable car elle dépasse cette fois les limites des cercles gouvernementaux et de la classe politique ; elle inquiète au point que certains purent craindre qu'elle ne trouble les catholiques dont quelques intellectuels s'engagent dans la voie de la contestation. François Mauriac est de ceux-là et le premier à renouer spectaculairement avec un vieil anticolonialisme chrétien : « Rien ne peut faire que le nom de la France ne soit lié à une certaine conception de l'homme et de ses droits à la liberté de l'esprit. Les Machiavel de chez nous, même s'ils n'y croient pas, devraient agir comme s'ils y croyaient et se garder de certains abus de la force, non parce qu'ils sont un crime (il n'existe pas de crime pour eux lorsque est en jeu le maintien de l'ordre au service des intérêts), mais parce qu'ils sont une maladresse : les abus de la force gâchent en effet notre meilleure chance de dominer encore sur les cœurs et sur les esprits et, par eux, sur les royaumes dont nous avons la charge[54]. » Si Mauriac, académicien, figure de la droite des notables, n'avait pas écrit dans *Le Figaro* et s'il n'avait pas été considéré comme une des autorités littéraires les plus indiscutées de la France de l'époque, sa prise de position n'aurait eu qu'une valeur toute relative. En 1953, l'attaque est tout de même jugée suffisamment subversive pour que d'autres représentants autorisés des droites montent au créneau. Ainsi, François Charles-Roux et le tout nouvel académicien maréchal, Alphonse Juin. Visant les esprits égarés du Centre des intellectuels catholiques, celui-ci ironise dans son discours de réception à propos « des consciences prêtes à s'émouvoir sur de faux rapports et sensibles à l'excès à l'argument des affinités morales et spirituelles[55] ». De politique, le débat colonial prend de plus en plus une dimension morale et tandis qu'une fraction des catholiques glissera de plus en plus vers la gauche anticoloniale, une autre rejoindra, un peu plus tard, à l'extrême droite, les tenants de l'Algérie française.

Lorsque se profilent ces bouleversements au sein de la droite chrétienne-démocrate, la droite politique classique s'était reconstituée depuis peu. C'est, en effet, au début de 1949 que le sénateur de la Côte-d'Or, Roger Duchet, fonde le Centre national des indépendants qui deviendra en 1955 le groupe des Indépendants et paysans d'action sociale grâce au ralliement de bon nombre de conservateurs, menés par Joseph Laniel, Antoine Pinay et Paul Reynaud, considéré par le journal *Combat* comme un des hommes les plus représentatifs du « néo-capitalisme intelligent[56] ». Ces « modérés » — telle est la dénomination qu'ils adoptent — prétendent répudier toute idéologie formelle. Dans un premier temps ils ne s'intéressent guère au colonialisme et aux colonies. D'ailleurs, tout cela ne passionne guère leur clientèle et, jusqu'en 1954, les journées d'études des Indépendants ignorent presque toujours ces problèmes. Exceptionnellement quelque attention est prêtée à ceux-ci en 1952, mais seulement pour s'inquiéter des risques que provoque le maintien de marchés protégés dans un monde où se développe une concurrence croissante[57]. Une telle inquiétude est d'ailleurs significative ; elle indique déjà la réserve que suscite, dans une partie de la droite, le maintien de privilèges coloniaux stérilisants au profit d'intérêts secondaires, alors que s'ébauche l'Europe[58].

Les préoccupations hexagonales des modérés, leurs convictions européennes et leur libéralisme en matière économique, tout semblait devoir être autant de garde-fous contre le nationalisme colonial. Il en alla pourtant autrement. Le CNIP découvre semble-t-il le nationalisme colonial par l'intermédiaire de ses élus d'outre-mer, du moins par ceux d'Algérie. Mais, la conversion au nationalisme colonial n'a pas encore eu lieu, lorsque le Centre est brusquement confronté aux urgences de l'outre-mer : ce parti qui n'en est pas un, et s'affirme avant tout en 1952 comme un centre de coordination des notables locaux, accède au pouvoir avec l'investiture, le 6 mars 1952, d'Antoine Pinay. La Tunisie et le Maroc sont venus s'ajouter à l'Indochine dans les préoccupations coloniales. Sur l'Indochine, déjà, beaucoup des membres du CNIP sont déjà très réservés : « La charge que la France assume pour la défense de l'indépendance des États associés est trop lourde pour elle seule... » déclare Joseph Laniel, dans son discours d'investiture à la présidence du Conseil, en juin 1953[59] ; puis, quelque temps plus tard, il invoque l'autorité de Paul Reynaud qui lui avait affirmé : « c'est une affaire impossible » ; enfin, il rejoint l'opinion dominante lassée par la guerre et cherche — trop tard — une issue négociée avec le Viêt-minh, ne pouvant éviter la chute de Diên Biên Phu, qui met fin à l'existence du cabinet.

Le principal opposant, au sein du gouvernement, à la liquidation indochinoise avait été Georges Bidault, ministre des Affaires étrangères. Sur le Maroc, cependant, Georges Bidault et Joseph Laniel s'étaient rejoints. Deux ans plus tard, c'est pourtant cette politique de maintien de la présence française qui provoque la cassure au sein des conservateurs, lors d'un vote décisif du 8 octobre 1955, car Antoine Pinay, qui avait accepté les Affaires étrangères dans le deuxième cabinet Edgar Faure, s'est rallié à une politique libérale au Maroc — retour du sultan dans son pays après les entretiens Pinay-Mohammed V de La Celle-Saint-Cloud du 5 novembre — et en Tunisie — retour de Bourguiba à Tunis, convention du 3 juin rendant aux Tunisiens la gestion des Affaires intérieures.

A partir de 1954, l'Algérie à son tour perturbe la droite modérée. L'unité des Indépendants ne va pas résister au drame qui s'y déroule. C'est lui, en effet, qui cristallise véritablement les oppositions à propos des colonies et qui déchaîne les passions au point de constituer un enjeu majeur entre les droites et les gauches. De cette inégale perception des problèmes coloniaux, on a une illustration avec l'Afrique noire. Lorsqu'en 1956 se précisa la nécessité d'une évolution à court terme de l'Afrique noire, et que Gaston Defferre, ministre de la France d'outre-mer, proposa au nom d'un gouvernement socialiste une loi-cadre en juin 1956, aménageant la constitution de la quatrième République par la suppression du double collège et l'instauration du suffrage universel pour les élections des assemblées territoriales, il ne rencontra guère d'opposition virulente. On assista plutôt au spectacle d'un unanimisme parlementaire troublé seulement par quelques voix de droite et surtout d'extrême droite. Luc Durand-Réville, radical mais aussi orateur attitré des intérêts coloniaux, donna le ton en s'adressant à Gaston Defferre : « C'est donc, Monsieur le Ministre, parce que je sais qu'il n'est plus possible désormais de pratiquer cette politique d'assimilation que, avec le temps, je me résigne à la politique que vous proposez du fédéralisme, et peut-être de désintégration, en dehors du temps, c'est-à-dire immédiatement. J'avoue que pour ma part, malgré une nostalgie, que je n'éprouve aucune honte à afficher, de l'assimilation, je ne serais pas délibérément hostile à une telle formule, si je ne me présentais qu'elle est, aux yeux de certains du moins, la voie idéale vers un risque de sécession, avec pour conséquence à la fois une régression dans l'évolution des populations autochtones d'Outre-Mer et une réduction sensible du niveau de vie des Français de la métropole et de l'Outre-Mer[60]. » Durand-Réville se contentait de demander des amendements à la loi-cadre, et se résignait déjà à l'inévitable : l'évolution rapide vers des indépendances. Elles seront saluées par une satisfaction quasi unanime de l'opinion française, marquée par une remarquable bonne conscience et un soulagement non dissimulé[61].

C'est probablement qu'entre-temps, ce que l'on appela à l'époque le cartiérisme — du nom du journaliste de droite Raymond Cartier — avait marqué les esprits. Les thèses cartiéristes perturbèrent la cohésion des droites. Par ses origines, le cartiérisme, qui appelait à ne garder des colonies que la part strictement utile à la modernisation industrielle de la métropole — le Sahara pétrolifère, par exemple —, se situa largement à droite. Il naquit, on le sait, de ce qui fut dénommé le « complexe hollandais[62] ». Il avait été ébauché en 1954 par Raymond Aron ; il se lisait en filigrane dans les méfiances des Indépendants ; il avait trouvé une expression plus retentissante dans la revue *Entreprise* qui, sous la plume de Raymond Cartier, appelait en 1955 la métropole à divorcer d'avec ses colonies et invitait les Français à méditer l'exemple des Pays-Bas depuis la perte de l'Indonésie : « A priori, on a plutôt l'impression que cet événement a constitué pour les Pays-Bas une catastrophe... Il n'en est rien. Les Hollandais eux-mêmes admettent dès maintenant que non seulement l'industrialisation de la métropole a déjà produit plus de bénéfices que n'en ont jamais apporté les affaires indonésiennes, mais encore que cette industrialisation aurait eu moins d'ampleur si les Pays-Bas avaient conservé leur empire[63]. » Les articles de Raymond Cartier n'eurent peut-être pas un écho aussi immédiat et radical qu'on a pu le croire[64] ; il n'empêche que, en 1960, le cartiérisme, ou le métropolisme, comme l'appelèrent certains, paraît avoir largement gagné dans l'opinion métropolitaine. Il répondait aussi au désir du patronat français de se dégager de l'outre-mer, ou plutôt de ne plus s'y engager seul. Exprimant le point de vue du CNPF, Georges Villiers indique clairement dans quel sens le patronat souhaite s'orienter, dès février 1956 : « Le patronat partage [...] avec tous les Français, les inquiétudes et les responsabilités qui découlent de l'évolution de l'Union française. La France, même avec l'Union française aux possibilités immenses, mais dont la mise en valeur sera longue et difficile, constitue un marché trop restreint qui ne peut se développer isolément de ses voisins européens auxquels tout devrait l'unir[65]. »

A titre privé, en tant que nationalistes ou comme catholiques conservateurs, certains de ces patrons purent avoir des sympathies pour la défense coloniale, et même des engagements discrets pendant la guerre d'Algérie. Mais, s'il y eut à choisir, c'est bien du côté de l'Europe que le patronat français avait conscience de devoir se tourner et avec laquelle il savait devoir composer, éventuellement au prix d'un abandon de l'empire[66].

Il est évident, aujourd'hui, que le drame algérien ne peut s'inscrire dans un débat simpliste entre des droites supposées collectivement acquises aux « intérêts » et des gauches postulées anticapitalistes. En réalité, la guerre d'Algérie, si elle creusa le fossé entre droites et gauches, le fit autant sur la nature du pouvoir politique et la nécessaire conciliation de son exercice avec les exigences de la morale et du parti républicain des droits de l'homme que sur la nature de la puissance et des intérêts d'une métropole, même si ces derniers arguments furent surtout développés à droite. Dès la fin de 1954, François Mauriac prend à nouveau la tête de la contestation, et, à partir de 1956, s'engage une véritable bataille des intellectuels se réclamant des gauches ou des droites, par manifestes interposés ; au Comité des intellectuels de gauche répond l'appel du 23 mai 1956, « pour le salut et le renouveau de l'Algérie française » ; en octobre 1960, au Manifeste des 121 « sur le droit à l'insoumission dans la guerre d'Algérie » répondra le Manifeste des intellectuels français rendant hommage à « l'armée qui se bat pour la France en Algérie » et qui « accomplit depuis des années une mission civilisatrice, sociale et humaine » ; ce Manifeste est signé par Roland Mousnier, Jacques Heurgon, François Bluche, Pierre Chaunu, Guy Fourquin, Raoul Girardet, etc. Jacques Soustelle, dès 1955, exprime l'essentiel des vues de ces clercs de droite dans sa fameuse « Lettre d'un intellectuel à quelques autres : J'ai toujours cru que notre devoir, à nous qui faisons profession de penser clairement, était d'aborder franchement et sans réticence la bataille des idées [...] Si, maintenant, on somme la France, au nom d'un totalitarisme médiéval, de renoncer non seulement à l'Algérie mais en fait à elle-même, je ne serai pas complice. L'œuvre de progrès politique et social à accomplir en Algérie, après trop de délais, nous impose de rester ; céder au terrorisme serait la condamner à jamais[67]. »

On débat aujourd'hui encore de l'influence réelle qui fut celle des intellectuels, face à la décision du politique, passé 1960, de donner l'indépendance à l'Algérie[68].

Dans la sphère intellectuelle, il y eut sans doute plus de différences et de distance entre ceux qui suivirent les voies extrêmes de l'OAS, comme Jacques Soustelle, et ceux qui comprirent, comme Raymond Aron, qu'une solution négociée avec les nationalistes algériens était la seule issue possible, qu'entre ces derniers et ceux qui reconnaissaient le « fait national algérien ». Dans ses *Mémoires*,

Raymond Aron, à propos de la publication de sa célèbre brochure : *La tragédie algérienne*, dont les textes furent écrits en 1956 et 1957, rappelle quelles furent les conclusions qu'en tira alors *L'Express* : « I. La perte de l'Empire est inéluctable dans un avenir proche. Elle était déjà en germe dans la fausse victoire de 1945. II. L'expansion française ne peut plus être liée à la souveraineté et particulièrement en Algérie.III. L'empire est une mauvaise affaire. IV. La France peut vivre sans l'Union française. V. Pourquoi ne pas traiter avec le FLN[69] ? » « La brochure fit un certain bruit : la thèse de l'abandon ne fut plus bannie des salons et de la salle des colonnes », ajouta Aron avec modestie. En fait, elle fit beaucoup de bruit et suscita une conjonction d'attaques venues de la droite et de la gauche contre une évidence qui eut du mal à s'imposer[70]. Surtout, la mobilisation des intellectuels aurait eu plus de poids encore si, par un effet de levier, elle avait pu faire bouger des droites agrégées en un bloc compact; or, tel n'était pas le cas : les droites politiques d'elles-mêmes se fissuraient, elles étaient plus divisées que jamais. Les fractions les plus ultras d'une extrême droite largement ressuscitée par la guerre d'Algérie mènent alors un combat d'arrière-garde pour la défense du dernier carré de l'Empire. Aussi, le Centre national des indépendants, qui a subi un échec aux élections de 1956 et s'est réveillé avec l'aiguillon poujadiste planté dans son flanc droit, croit pouvoir retrouver, face à la concurrence populiste, une audience nationale en empruntant aux ultras leur langage le plus extrémiste. Le processus commence d'ailleurs dès le début de 1956. Significative est, à cet égard, la profession de foi d'Henry Bergasse, candidat et porte-parole d'une droite qui fédère la quasi-totalité des modérés des Bouches-du-Rhône, aux élections législatives de janvier. Accusant violemment la politique d'abandon, de bradage et de démission outre-mer menée par Pierre Mendès France, Henry Bergasse en appelle à un sursaut national pour le salut et l'honneur du pays : « Notre politique. D'abord sauvegarder l'Afrique du Nord et l'Union française, sans laquelle un Français sur quatre ne pourrait plus travailler. Nous ne voudrions pas être de ceux qui ont mis leur signature au bas des traités, stipulant la perte de l'Indochine, des Établissements français de l'Inde, l'abandon progressif de la Tunisie et du Maroc[71]. »

Avec l'aggravation de la situation en Algérie, le CNI évolue encore plus à droite, entraînant ses éléments les plus prudents dans le sillage de l'Union pour le renouveau et le salut de l'Algérie française, et adhère au langage de Jacques Soustelle, sans atteindre sa hauteur de vue. « Moi j'en étais partisan... », reconnaît Antoine

Pinay après coup ; mais il ajoute, et c'est sans aucun doute la clé du drame qui déchira aussi bien la droite modérée que la gauche, ne laissant dans le camp des certitudes que les extrémistes des deux bords : « J'étais convaincu que le colonialisme ne durerait pas indéfiniment. Pourtant, dans le cas de l'Algérie, c'était différent : elle était un territoire français[72]. »

Car l'ambiguïté du dernier acte de la colonisation — la décolonisation même — tenait justement à ce qu'il ne s'agissait plus exactement de cela aux yeux des contemporains : l'Algérie n'était pas une colonie. L'ancienne droite modérée derrière Roger Duchet se laissa piéger par ce mirage et ses porte-parole dans les Assemblées, Pierre Marcilhacy, Jacques Bardoux, François Quilici, Édouard Frédéric-Dupont, François Valentin, Adolphe Aumeran, surenchérirent sur les champions de l'ultra-nationalisme, dénonçant pêle-mêle le nationalisme pan-arabe, l'islam totalitaire, le communisme allié, les complicités anglo-saxonnes, les ingérences insupportables des Nations Unies et les trahisons de l'intérieur..., jusqu'à mettre en cause, avec les poujadistes, la politique engagée par le général de Gaulle lui-même à Brazzaville — qui excluait pourtant l'indépendance au profit de l'association graduelle des élites indigènes à l'administration locale — car « les principes de démantèlement de l'empire étaient posés, et l'empire français est mort le 8 février 1944[73] ».

La droite qui n'avait plus de modéré que le nom payera cher l'erreur d'avoir choisi « la peau de chagrin de l'Algérie française[74] ». En adoptant ce slogan comme clé de voûte de son programme, elle avait cru pouvoir concurrencer l'extrême droite sur son propre terrain. Après le reflux poujadiste, elle est ainsi conduite à s'aligner sur une extrême droite pour qui « la défense de l'Algérie française représente surtout la divine surprise[75] » et qui s'identifie avec un néo-vichysme ultra-nationaliste. En définitive, la question coloniale, à travers l'Algérie, ne représente plus qu'un levier — illusoire — dont l'utilisation devient de plus en plus impopulaire au fur et à mesure que la guerre s'éternise et se transforme en drame métropolitain. La droite modérée ne sera sauvée que par l'initiative de Valéry Giscard d'Estaing de rompre avec l'extrême droite en 1962[76]. Les modérés, sous l'effet de la concurrence populiste comme du rejeu des mêmes valeurs qui avaient aligné nombre d'entre eux au côté de l'État français à Vichy, s'étaient à nouveau laissé prendre au piège d'une cause perdue.

Si les conservateurs rebaptisés modérés faillirent disparaître, l'autre composante majoritaire de la droite, les gaullistes, faillit imposer. Depuis la création du RPF, le 7 avril 1947, les chefs gaullistes n'avaient guère montré de dispositions décolonisatrices, et ils s'en tenaient au mieux aux recommandations de la conférence de Brazzaville. Ils n'y avaient même pas été encouragés par les déclarations publiques de leur guide; encore en août 1953, le général de Gaulle estimait possible de « vaincre en Indochine » en « pratiquant en un an l'effort qui avait été déployé en cinq[77] ». Aussi, le RPF ne cessait-il de répéter, lors de ses assises qu'aucune négociation n'était possible avec le Viêt-minh communiste. Le mouvement gaulliste ne montra guère plus de libéralisme à l'égard des nationalistes de Tunisie et du Maroc, et moins encore avec les Algériens aux débuts de la guerre. Après la dissolution du mouvement en décembre 1954, les gaullistes, qui se sont rebaptisés eux-mêmes républicains sociaux, persévèrent dans la fermeté : en décembre 1955, le rapport préparé pour le congrès du mouvement par Claude Hettier de Boislambert exclut encore toute possibilité d'indépendance en se référant à la lettre des recommandations de la conférence de Brazzaville, onze ans plus tôt[78]. Très rares étaient les gaullistes qui à l'instar de Pierre Clostermann, déplorant que les leçons de la guerre d'Indochine n'aient pas été retenues[79], osaient rompre le consensus. Le ton général d'exhortation à l'intransigeance est alors donné par Michel Debré et par Maurice Schumann; tous deux ne cessent de fulminer contre l'« abandon », l'esprit destructeur de la Conférence de Bandoung, qui marqua l'émergence du tiers monde, les ingérences inadmissibles de l'ONU, les trahisons des Alliés, etc., et d'exalter la fidélité à la mission civilisatrice et pacificatrice de la France. Cependant, Michel Debré élève la réflexion au-delà d'un simple discours sur le colonialisme et d'une sommaire apologie de l'Algérie française dont il conteste d'ailleurs la validité sémantique : « La tragédie de l'Algérie est une part de la tragédie de l'Afrique du Nord et même du continent africain tout entier [...] Une fois pour toutes, qu'il soit bien établi que le conflit en Algérie, en Afrique noire n'est pas entre le colonialisme et le nationalisme. Le colonialisme est mort depuis longtemps et ceux qui veulent le faire revivre n'ont d'audience nulle part. Le conflit est entre un nationalisme libéral à la manière occidentale et un nationalisme sectaire à la manière asiatique[80]. »

Quoi qu'il en soit, le divorce entre de Gaulle et les gaullistes se profilait déjà. Le général, resté longtemps silencieux, après des déclarations peu avancées au lendemain de la guerre, amorça, semble-t-il, un virage considérable au milieu des années cinquante[81].

L'évolution, qui devait le mener à dégager la France « des astreintes, désormais sans contrepartie, que lui imposait son empire », ne fut pas aisée ni « de gaieté de cœur », car, reconnut-il, « pour un homme de mon âge et de ma formation, il était proprement cruel de devenir, de son propre chef, le maître d'œuvre d'un pareil changement[82] ».

Ce « changement » — la liquidation de l'empire — et son dernier acte — l'indépendance de l'Algérie — furent vécus douloureusement par nombre de dirigeants de la droite gaulliste, rapidement déchirée, entre plusieurs tendances : ceux qui, derrière Jacques Soustelle, continuent de faire de l'Algérie française une priorité nationale, ceux qui, derrière Michel Debré, placent la refonte du régime en tête des urgences et entendent, pour ce faire, se servir de la crise algérienne comme d'un levier, ceux qui, avec Edmond Michelet et une petite phalange de partisans, militent pour une solution libérale et, ceux qui, comme Jacques Chaban-Delmas, ont accepté le jeu parlementaire de la quatrième République. L'histoire de la droite gaulliste face aux problèmes coloniaux se traduira par le laminage des tenants de l'Algérie française à partir du tournant décisif du 16 septembre 1959 — l'autodétermination de l'Algérie — et l'alignement du parti sous la conduite de son chef, en dépit des états d'âme de beaucoup. Dans ces conditions, dès 1960, la cause est entendue; on ne peut pas dire qu'il y ait encore, parmi les droites, de débat politique sur la colonisation ou sur la décolonisation. Pour la majorité des droites, « la coopération est désormais une grande ambition de la France[83] ».

Il serait sommaire de conclure que la page est définitivement tournée, tant les séquelles sont visibles et considérables : Georges Pompidou, Premier ministre, le reconnaîtra dès le 10 juin 1964, en expliquant à l'Assemblée nationale « qu'en fin de compte, et tout au moins pour l'essentiel, la politique de coopération est la suite de la politique d'expansion de l'Europe au XIXᵉ siècle... ». Il s'est d'ailleurs constitué un ou des discours de droite sur la colonisation, après la colonisation. On les négligera ici.

Du siècle de la colonisation effective, on retiendra d'abord que droites et gauches partagèrent très largement la conviction de la valeur civilisatrice du phénomène colonial; elles ne divergèrent, en particulier à ses débuts et à sa fin, que sur les moyens employés et sur l'intérêt prêté à l'entreprise.

Dans la mesure où le nationalisme constitua aussi le ressort fondamental du phénomène, on pourrait être tenté d'opposer un nationalisme d'« exclusion », qui sous-tendrait le discours colonial des droites à un nationalisme d'« intégration », qui sous-tendrait celui des gauches. Ce serait alors faire fi d'Édouard Herriot ou de Jules Moch qui, rejetant avec indignation l'idée d'un peuple de citoyens-électeurs de Dunkerque à Libreville et au-delà, se montrèrent plus « exclusifs » qu'un Jacques Soustelle préconisant l'« intégration »! Et il ne s'agit pas là d'une simple boutade, car le débat posait — et pose — des problèmes qui dépassent singulièrement les clivages politiques classiques.

Autre constatation frappante : la continuité d'un courant « cartiériste » des origines à la fin de la colonisation française. Doit-on le situer à gauche ou à droite? Simple forme de l'égoïsme national, il s'opposa constamment au nationalisme colonial, et paraît l'avoir largement emporté sur ce dernier dans une nation restée — à la différence de la Grande-Bretagne — beaucoup plus rurale et provinciale que cosmopolite et impériale. Dans les grands moments de crise, seulement, le nationalisme colonial put rejoindre le conservatisme et se combiner à un « nationalisme hexagonal » dominant. *Ni droite, ni gauche,* tel pourrait être résumé, en définitive, le sens général du phénomène[84].

Plus que l'histoire des « intérêts », ou du « grand capital » prétendument acharné à prolonger son règne (il ne suivit même pas les invites pressantes du « plan de Constantine » à se lancer dans le sauvetage de la présence française en Algérie), la colonisation fut une histoire de passion, nationale et nationaliste, qui y engagea — et y fourvoya — les droites dans l'ultime épisode de la liquidation de l'« aventure coloniale de la France ».

Enfin, illustration de l'ambiguïté fondamentale du phénomène, il est singulier et remarquable que ce fût un homme venu de la gauche, Gambetta, qui lança la France sur les voies de la grande expansion coloniale, en 1880, et que ce fût un homme venu de la droite, Charles de Gaulle, qui y mit un terme, tous deux au nom « d'une certaine idée de la France ».

Le cycle de la colonisation, ouvert dans la baie d'Alger en 1830, s'est achevé au même endroit en juillet 1962. Des possessions d'outre-mer ne demeurent aujourd'hui que des miettes de l'empire auquel l'attachement des droites, s'il est réel, se fonde sur d'autres valeurs : à propos de territoires ou de départements dont la population, frappée par des niveaux de chômage ignorés en métropole, échappe le plus souvent à la misère grâce aux subsides directs de l'État (allocations familiales, RMI, etc.), et par la fonctionnarisation en métropole d'hommes et de femmes contraints à l'émigration, les droites démocrates ne tiennent plus le langage de la mission civilisatrice de la République. Converties à un néo-cartiérisme par l'inéluctabilité de l'enjeu européen, elles insistent moins encore sur la balance coûts-revenus d'une France d'outre-mer largement orientée par la métropole vers l'économie touristique, que sur la nécessité des possessions pour le maintien du rang de grande puissance militaire, nucléaire et spatiale de la France métropolitaine.

Que la colonisation marque encore profondément les horizons idéologiques des droites, nul n'en doutera. A l'extrême droite, passée de l'intégrationnisme absolu des colonies défendu en 1958 encore, au Parlement, à propos de l'Algérie, par Jean-Marie Le Pen à l'exclusion des immigrés originaires de ces mêmes colonies, la colonisation est un enjeu de la mémoire identitaire : exalter la mission civilisatrice de la France, c'est exalter un Occident racialement et religieusement défini, celui de toutes les Croisades contre le Croissant, c'est renouer avec les discours coloniaux d'hier sur la démographie galopante des peuples pauvres, c'est tenter de réhabiliter nombre de dirigeants de la droite ultra, soldats perdus de l'Algérie française et du terrorisme de l'OAS. La colonisation est ici nostalgie. Dans l'idéologie du « fardeau de l'homme blanc », c'est le dernier mot qui compte. Pour les droites républicaines, ce serait plutôt sur le premier mot que l'on porterait l'accent.

Car gaullistes et libéraux se sentent encore des responsabilités à l'égard des anciennes colonies — responsabilités où les intérêts de la France et de son rayonnement sont entendus : francophonie, marchés ouverts à l'industrie française, solidarité eurafricaine, les droites républicaines, au nom même de l'œuvre coloniale, ont été convaincues, par le général de Gaulle, que la France avait une mission spécifique dans le monde — d'intermédiaire entre l'Europe et l'Islam, de garante, voire de cogérante des frontières et de la stabilité des États dans le continent subsaharien. Au risque, parfois, de verser, par embardées, dans de vieux réflexes du paternalisme colonial et de prétendre, comme le fit Jacques Chirac il n'y a guère, que les anciennes colonies africaines n'avaient pas à suivre le modèle de la démocratie pluraliste. Le cycle de la colonisation est donc, pour les droites, doublement bouclé — au plan historique, il a conduit de la conquête de l'Algérie par Charles X en juillet 1830 à l'accession à l'indépendance de l'Algérie reconnue par Charles de Gaulle en 1962 ; au plan politique, il a conduit les droites de l'inéluctable décolonisation imposée, et peu ou prou acceptée, par la nécessité de la modernisation industrielle, de l'enjeu européen et de l'insertion de la France dans l'entre-deux des superpuissances, à la défense du rang spécifique — diplomatique et militaire — dans le monde au nom de la colonisation passée.

MARC MICHEL

Bibliographie

Les rapports qu'entretinrent dans le temps les droites avec la colonisation n'ont fait jusqu'à aujourd'hui l'objet d'aucune synthèse.

A peine effleurés par les histoires générales de la colonisation française, ils affleurent dans les déclarations d'intention, discours devant les Chambres, articles et Mémoires d'hommes politiques de droite, qu'ils soient de premier ou de deuxième rang. Toutes ces sources, nécessaires à notre propos, sont référencées dans les notes.

Rappelons seulement, pour une vue cavalière des choses, trois ouvrages auxquels nous avons plusieurs fois renvoyé :

[1] CHARLES-ROBERT AGERON, *L'anticolonialisme en France*, Paris, PUF, 1973.

[2] RAOUL GIRARDET, *L'idée coloniale en France de 1871 à 1962*, Paris, La Table Ronde, 1972.

[3] JACQUES MARSEILLE, *Empire colonial et capitalisme français. Histoire d'un divorce*, Paris, Albin Michel, 1984.

On ajoutera à ces ouvrages un article récent :

[4] JACQUES MARSEILLE, « La gauche, la droite et le fait colonial en France des années 1880 aux années 1960 », *Vingtième siècle. Revue d'histoire*, n° 24, octobre-décembre 1989 , p. 17-28.

CHAPITRE VI

L'épreuve de l'étranger

Pour les droites, la patrie est le stade suprême de la présence au monde ; l'épreuve de l'étranger peut en être le stade ultime.

Non pas que les droites françaises aient jamais été marquées par une vision à la Carl Schmidt, posant la discrimination de l'ami et de l'ennemi comme « la distinction spécifique du politique » et l'expression du « degré d'union et de désunion, d'association ou de dissociation ». Au regard des préoccupations de l'auteur de La notion de politique, *et pour lui emprunter ses concepts, les droites ont eu pour préoccupations premières la police (l'organisation de la Cité), la politique (la défense extérieure de la collectivité, du peuple tout entier) en étant le corollaire. De fait, dès lors que la patrie reconduit à l'individu transcendé par les liens organiques qui l'attachent à ceux qu'une communauté de langue, d'histoire et de culture définit comme ses semblables, la confrontation — pacifique ou guerrière — avec l'étranger est une manière essentielle de ressaisir son identité dans les différences comme dans les similitudes.*

L'épreuve de l'étranger n'est pas constitutive du politique, elle est, dans l'histoire comme dans les idéologies des droites, seconde, induite par les circonstances : émigration, exil, occupation, ouverture au monde et aux échanges. Cette confrontation avec l'étranger, vécue selon des modalités aussi différentes, génère finalement, par comparaison, l'élaboration de modèles et de repoussoirs. Ceux-ci, fondés sur des clichés, des généralisations abusives et des simplismes à l'apparent pouvoir explicatif, ont une fonction identitaire particulière : ils aident moins à définir la France en général que l'idée que s'en font les idéologies politiques qui prétendent l'organiser. Gauches et droites ont ainsi, sur deux siècles, défendu des modèles ou brandi des repoussoirs dont la fonction n'était pas l'intelligence meilleure des pays élevés au rang de référence ou d'ennemi absolu, mais l'illustration propagandiste, donc, insistons-y, conjoncturelle, de ce que les uns et les autres défendaient comme idéal de société ou de communauté politique. Cette épreuve de l'étranger est un passage nécessaire pour revenir, par la comparaison, à l'idée certaine de la patrie que partis et mouvements se font.

On en voudra pour preuve trois des grands philosophes ou idéologues qui influencèrent le plus profondément les horizons des droites.

François Guizot, le premier. Se définissant encore dans ses Mémoires *comme doctrinaire (« Les doctrinaires se défendirent à la fois du retour aux maximes de l'Ancien Régime et de l'adhésion, même spéculative, aux principes révolutionnaires. En acceptant franchement la nouvelle société française telle que toute notre histoire, et non pas seulement 1789, l'a faite, ils entreprirent de fonder un gouvernement sur des bases rationnelles et pourtant tout autres que les théories au nom desquelles on avait détruit l'ancienne société, ou les maximes incohérentes qu'on essayait d'évoquer pour la reconstruire[1] »), Guizot n'eut de cesse, sa vie durant, de fonder le lien social non pas sur le contrat, comme le firent Jean-Jacques Rousseau et les révolutionnaires, ni sur la nature organique du social que défendirent Louis de Bonald et les contre-révolutionnaires, mais sur la souveraineté de la raison publique grâce à la représentation des « capacités ». (« Il existe, dans toute société, une certaine somme d'idées justes... dispersée dans les individus qui composent la société et inégalement répartie entre eux. Le problème est de recueillir partout les fragments épars et incomplets de ce pouvoir, de les concentrer et de les constituer en gouvernement... de réaliser la raison publique, la morale publique et de les appeler au pouvoir. Ce qu'on appelle la* représentation *n'est autre chose que le moyen d'arriver à ce résultat[2]. ») Sur ces fondements, Guizot élabore un système politique dans lequel le suffrage censitaire est la seule forme de représentation politique qui convienne à l'état achevé de la civilisation entendue comme « le développement de la société humaine et celui de l'homme lui-même ; d'une part, le développement politique et social, de l'autre, le développement intérieur, moral ». Ces deux développements ont revêtu, au cours de l'histoire européenne, la forme de la centralisation, accoucheuse des États-nations, et de la liberté, fondée par la Réforme sur le libre examen. Le mouvement, qui trouve son équilibre dans la synthèse du gouvernement représentatif, Guizot en donne le tempo dans ses quatorze leçons sur l'*Histoire de la civilisation en Europe, *qui rencontrèrent chez ses contemporains, du 18 avril au 18 juillet 1828, un écho immédiat. L'avant-dernière leçon est consacrée à l'Angleterre, la dernière à la France. Guizot donne, pour le libéralisme français, toute son ampleur au modèle britannique : « Lorsque j'ai tenté de déterminer la physionomie propre de la civilisation européenne, j'ai fait voir qu'[elle] était avancée, riche, complexe, qu'elle n'était jamais tombée sous la domination d'aucun principe exclusif, que les divers éléments de l'état social s'y étaient combinés, combattus, modifiés, et qu'ils avaient été continuellement obligés de transiger et de vivre en commun. Ce fait, caractère général de la civilisation européenne, a été celui de la civilisation anglaise ; c'est là que l'ordre civil et l'ordre religieux, l'aristo-*

cratie, la démocratie, la royauté, les institutions locales et centrales, le développement moral et politique, ont marché et grandi ensemble, pêle-mêle pour ainsi dire, sinon avec une égale rapidité, du moins toujours à peu de distance les uns des autres[3]. » *Qu'on ne se méprenne pas, toutefois : le modèle britannique ne marque ni la fin de l'histoire, ni le terme du parcours de Guizot dans la reconstruction systématique d'une sphère politique pondérée, policée et stable.* L'Histoire de la civilisation en Europe *a pour dernier chapitre une réflexion sur la possibilité qui s'offre désormais à la France de clore le cycle révolutionnaire en développant, à l'instar de la Glorieuse Révolution de 1688, l'esprit de liberté et en préservant l'acquis de 1789, une centralisation achevée. Alors, conclut Guizot, à chacun qui embrassera les siècles il sera « impossible de ne pas reconnaître que la France marche à la tête de la civilisation européenne ». Tout, ou presque, est dit : le modèle britannique qui reçoit de François Guizot son expression la plus élaborée n'a pour seule fonction que de faire toujours retour à la France et à son ultime effort pour être la terre privilégiée du droit et des lois.*

Dix ans encore, et Alexis de Tocqueville fonde le modèle américain. On ne change ici pas seulement de pays, mais également de culture politique. Libéraux, Guizot et Tocqueville le sont également, pas semblablement : le premier est convaincu de la perfection du suffrage censitaire, le deuxième de l'inéluctabilité du suffrage universel. « Ne faudrait-il pas », écrit Tocqueville, « alors considérer le développement graduel des institutions et des mœurs démocratiques, non comme les meilleurs mais comme le seul moyen qui nous reste d'être libres ; et sans aimer le gouvernement de la démocratie, ne serait-on pas disposé à l'adopter comme le remède le mieux applicable et le plus honnête qu'on puisse opposer aux maux présents de la société[4] *? »* L'étude de la démocratie en Amérique, *terre vierge de tout legs de la monarchie absolue, de tout héritage d'une volonté révolutionnaire de bâtir à neuf un nouveau lien social, reconduit, elle aussi, à la France : au regard des convulsions politiques qui agitent ce pays depuis 1789, l'Amérique, offrant une image de la stabilité de l'État social démocratique, offre également l'intelligence de la situation française. L'Amérique est férue de liberté, la France passionnée d'égalité. Or, la liberté ne naît pas de l'égalité, mais de l'indépendance. Et il n'est rien de moins indépendant qu'un citoyen libre. Élaborer conceptuellement le modèle américain, c'est-à-dire, selon les propres termes de Tocqueville, fonder, pour ainsi dire, la société sur un seul principe unique, c'est diagnostiquer en fin de compte le mal français pour y porter remède : « En Amérique, on a des idées et des passions démocratiques ; en France, nous avons encore des passions et des idées révolution-naires*[5]. »

A la fin du siècle, Charles Maurras, reconstruisant une France organique sur la base du sol, de la race et de la tradition, définit la place de la province et du dialecte dans l'identité et l'environnement de chacun grâce au modèle de l'Autriche-Hongrie : « Ce principe que la diversité des dialectes peut servir à donner un sentiment plus vif de l'unité nationale est excellent en France pour certaines raisons... et pour des raisons diamétralement opposées mais très fortes aussi, il est excellent en Autriche. » Formation historique à part entière, originale, sans langue unique, sans même une « civilisation austro-hongroise », l'Autriche n'existerait pas si elle ne reconnaissait pas la diversité des peuples qui la composent. Au contraire, « il y a une France. Il y a un ensemble de dialectes français. Il y a une histoire, une civilisation, une âme de la France. Tout ce qui séparerait cette magnifique unité serait absurde et criminel. Mais la diversité la plus infinie ne saurait, il est vrai, altérer cette unité, car les différences sont ici d'un ordre homogène. Tous les dialectes parlés sur la surface de la France se trouvent être de souche gallo-latine[6] ». L'Autriche-Hongrie est le révélateur de l'essentielle romanité française.

Une fois encore, l'épreuve de l'étranger conduit, comme chez Guizot et Tocqueville, à ce qu'il y a, dans leur système, de plus essentiel à l'identité de leur France. En cela, dresser l'inventaire des modèles et des repoussoirs permet, à sa manière, de saisir les droites telles qu'en elles-mêmes leur construction de l'étranger les change.

La permanence des modèles comme la rémanence des repoussoirs ne sauraient toutefois asseoir l'impression illusoire d'une continuité des attachements des diverses sensibilités des droites françaises à des figures ou types spécifiques de l'étranger. Non seulement modèles autant que repoussoirs se meuvent sur l'échiquier des droites selon les nécessités du débat politique de l'heure, mais le revers des modèles est également à géométrie variable : une même référence à un modèle peut s'accompagner d'une redéfinition mouvante, car tout aussi conjoncturelle que celle de ses vertus, des aspects négatifs qu'il convient de récuser, voire de combattre : l'organisation sociale ou la politique extérieure. On devine immédiatement combien l'exercice visant à sélectionner dans un modèle étranger les aspects positifs des institutions politiques, tout en récusant les effets sociaux ou culturels qui en découlent naturellement, relève d'une alchimie idéologique particulière. Mais, dans les modèles et repoussoirs étrangers propres aux grandes familles et sensibilités politiques, il n'est aucunement question de logique politique, mais plutôt de combat idéologique et programmatique. Il faut donc entendre par modèle, non pas un système réel à importer selon des degrés variables d'adaptation, mais une construction largement découpée dans le tissu de la réalité historique afin d'élaborer à gros traits une image de la visée politique d'un parti, d'un mouvement, d'une famille. Qu'on ne s'étonne donc pas de ce qui, par la nature fonctionnelle même du modèle, n'est pas une contradiction : qu'un courant idéologique puisse, dans le même temps où il vante la constitution politique d'un régime étranger, juger plus sévèrement sa constitution sociale et condamner sa politique dans le monde. Modèles et repoussoirs ne sont jamais que des miroirs tendus à la France pour que chacun puisse y voir l'image inversée de ce que l'on prétend dénoncer.

**
***

Les Français de droite, tout comme les autres, ont affaire avec les pays étrangers et ces contacts prennent, selon les périodes, des tournures particulières. Le XIXᵉ et le XXᵉ siècle en offrent de multiples occasions : la plus violente est l'exil, l'émigration des opposants puis des victimes de la Révolution — qui marque, par les choix mêmes des lieux de résidence, déjà des sensibilités particulières ; se réfugier en Angleterre plutôt qu'à Coblence ou à Gand n'est pas indifférent pour le devenir des courants du monarchisme. La plus brutale est l'invasion et l'occupation par des troupes étrangères, telles qu'elles se sont produites en 1815, 1870, 1914 et 1940 ; la plus pacifique est la multiplication des échanges et des contacts, comme avec les États-Unis particulièrement après la Seconde Guerre mondiale ; la plus enrichissante résulte des contacts générés par les voyages, dans les deux sens, la France étant d'ailleurs plus visitée que les siens ne visitent l'étranger. Il faut attendre le XXᵉ siècle pour que les déplacements internationaux ne soient plus le fait d'une petite minorité. Enfin, les divers moyens de communication — presse et édition, puis radio, cinéma et télévision — fournissent des informations régulières, plus ou moins abondantes et variées suivant le temps et les modes.

Les droites, dont les valeurs constitutives sont nationales, ne peuvent être confrontées à l'étranger de la même façon que les gauches ; les droites veulent une France unique, les gauches la veulent universelle, du moins celles qui ne s'abîmeront pas dans la contemplation de l'idéal communiste. Aussi les droites, pour se définir, ont-elles besoin d'un ennemi transformé souvent en faire-valoir, voire en repoussoir, pour mieux faire resplendir la grandeur de leur France. Cette quête est particulièrement ardente quand une défaite vient ébranler les certitudes, quand le blason national a besoin d'être quelque peu défendu, sinon redoré. Par ailleurs, depuis la Révolution, les droites sont à la recherche d'un nouvel équilibre — qu'il prenne la forme d'un retour en arrière ou d'une acceptation des bouleversements survenus. Pour éviter de retomber dans les tourments et les horreurs, ne convient-il pas de regarder au-delà des frontières, de choisir des modèles étrangers qui puissent ou permettre de retrouver le chemin du passé, ou fournir les clefs d'un avenir acceptable ?

Modèles et repoussoirs ne sont pas seulement politiques, ils interviennent également dans la recherche d'une société meilleure ou dans le refus d'une culture vulgaire et envahissante. Pourtant, le culte de la patrie, s'il permet de rejeter en bloc le repoussoir, ne peut faire accepter facilement qu'une société ou qu'un régime étrangers soient des modèles meilleurs que celui de la France. Aussi, les penseurs de droite sont-ils rarement des hérauts de l'étranger pour l'étranger, leur but étant la comparaison, plus que la connaissance. Alexis de Tocqueville est sans doute l'exception qui confirme la règle : avec *De la démocratie en Amérique* il fabrique un modèle si extraordinaire que son œuvre, jusqu'à la fin du XXᵉ siècle, est plus lue et connue aux États-Unis qu'elle ne l'est en France.

L'épreuve de l'étranger permet donc d'éclairer modes de pensée et comportements, obéissant, suivant les moments, à des impératifs conjoncturels ou à d'étranges constantes.

I EN FINIR AVEC LA RÉVOLUTION

Dans le cycle des crises successives qui, depuis 1789, agitent la France et bouleversent ses régimes, les droites manifestent la ferme volonté d'arrêter la course folle des événements et de stabiliser une fois pour toutes les institutions. Dans cette quête, les exemples étrangers ont une place éminente, particulièrement l'Angleterre et les États-Unis.

L'image de l'Angleterre sous la Restauration est éclairante. Elle propose aux Français un double idéal : l'unité de la nation et le loyalisme de l'opposition : « Les uns voulurent, à l'imitation de l'Angleterre, surmonter les contradictions sociales, politiques et morales de la France [...] ; les autres soulignèrent ces contradictions qui [...] interdisaient toute imitation des institutions britanniques. Tous, en secret ou explicitement, admiraient la continuité de l'histoire de l'Angleterre et la cohésion de son peuple » [13, p. 164]. Sans doute, ce pays fut-il célébré à l'envi au XVIIIᵉ siècle par les adeptes des Lumières, de Voltaire à Condorcet, de Brissot à Marat qui trouva refuge à Londres. Mais en 1815, ce qui triomphe ce n'est pas l'Angleterre des *Lettres philosophiques*, c'est l'Angleterre de la monarchie tempérée et de l'aristocratie terrienne, ce n'est pas le pays libre dans ses pensées et leur expression, c'est le régime pondéré dans ses lois. Les royalistes dans leur ensemble ne s'y

trompent pas qui vantent les mérites de l'Angleterre, ennemie jurée
de la Révolution.

Aussi, tandis que la déclaration de Louis XVIII faite en réponse
aux représentations du Sénat impérial à Saint-Ouen le 2 mai 1814
prouve que, si modèle politique il y a, c'est celui de la monarchie de
droit divin de l'Ancien Régime à la française (« Louis, par la grâce
de Dieu, roi de France et de Navarre, à tous ceux qui verront les
présentes, salut »), la volonté du souverain de préserver les acquis
libéraux de la Révolution de 1789-1790, affichée dans le préambule de la Charte (« Le gouvernement représentatif sera maintenu
tel qu'il existe aujourd'hui, divisé en deux corps. L'impôt sera
librement consenti ; la liberté publique et individuelle assurée, la
liberté de la presse respectée, la liberté des cultes garantie. Les
propriétés seront inviolables et sacrées ; la vente des biens nationaux sera irrévocable. Les juges seront inamovibles et le pouvoir
judiciaire indépendant. La dette publique sera garantie. Tout
Français sera admissible aux emplois civils et militaires. Enfin nul
individu ne pourra être inquiété pour ses opinions et ses votes »),
explique qu'apparaisse chez les royalistes le désir de prendre
modèle sur l'Angleterre. L'octroi de la Charte rapproche beaucoup
à leurs yeux non encore dessillés par les réalités anglaises la France
des Bourbons de la Grande-Bretagne de George III. D'ailleurs,
René de Chateaubriand, Charles de Rémusat ou Benjamin
Constant n'hésitent pas, entre 1815 et 1818, à évoquer très
précisément ce pays qui « mérite encore ici de nous servir de
modèle » [13, p. 60].

La composition du modèle institutionnel britannique n'est nullement uniforme suivant les fractions de la droite, ni immuable
suivant les années. Au début du règne des Bourbons, l'Angleterre
est une référence unanime, ne serait-ce que par sa longue lutte
contre Napoléon, l'usurpateur, mais ambiguë ; les libertés anglaises
ne sont pas oubliées par les uns, et redoutées par les autres.
Assurément, la connaissance de l'Angleterre politique, allant
s'améliorant, révèle que la liberté et le système parlementaire vont
de pair avec les privilèges d'une caste qui ressemblent fort à ceux de
la noblesse française d'Ancien Régime. Si certains ultras gardent
rancune à l'Angleterre d'avoir initié — notamment avec sa Glorieuse Révolution de 1688-1689 qui vit le peuple et le Parlement
changer de dynastie, mais pas la monarchie — les troubles qui
aboutirent à la Révolution française, tous découvrent la permanence de l'ordre aristocratique au prix de menues concessions.
L'Angleterre est une source d'inspiration plus qu'un modèle : en

effet, le pays est trop marqué par son insularité et parcouru par des pulsions libérales redoutables, comme celle qui apparaît lors du ministère Canning en 1827, accentuée par les divergences au sujet de la péninsule ibérique — l'Angleterre reconnut contre Ferdinand VII, que la France soutint face aux officiers libéraux pour une intervention militaire, l'indépendance des colonies d'Amérique du Sud —, pour que les ultras veuillent à tout prix copier l'Angleterre.

En revanche, les libéraux, nobles ou bourgeois, apprécient particulièrement l'équilibre anglais entre la tradition et les libertés; ils sont conscients du lent processus de réformes qui a su prévenir, depuis 1688, toute crise majeure. Les institutions britanniques ne sont pas que vertueuses, l'inégalité des circonscriptions et les étrangetés du suffrage restent choquantes pour les plus libéraux, mais elles semblent dotées d'une solidité qui les apparente à l'ordre de la nature.

Car tel est bien le fondement du modèle britannique; les Anglais ont su ne pas rompre l'évolution naturelle. Comment les droites — dans leur ensemble — ne seraient-elles pas sensibles à une telle stabilité? Au-delà de ce constat général, les opinions divergent. Les aristocrates français, menés par Chateaubriand, voient bientôt dans le pouvoir que conservent, outre-Manche, leurs semblables britanniques la seule preuve que « les Anglais furent assez sages pour ne pas se soustraire à la protection d'une aristocratie puissante » [13, p. 168]. Cela ne suffit plus à faire un programme politique : « On admire la tour penchée de Pise, on ne l'imite pas[7]. » Les ultras, tout à leur combat contre le libéralisme, rencontrent bientôt l'Angleterre non plus comme une référence, mais comme un obstacle, au plan de la politique extérieure nous l'avons dit, comme intérieure, l'outre-Manche devenant la référence première des libéraux dans leur discours politique.

En effet, au fil des années, les libéraux découvrent toujours plus de qualités au régime britannique; la brutalité des élections est compensée par la qualité d'une presse libre, l'arrogance des lords n'empêche pas la promotion des bourgeois. Un homme comme Guizot est naturellement sensible, avant 1830, à cette souplesse des institutions, à cette modération des oppositions : « Toutes les forces, toutes les opinions en présence portent le joug les unes des autres, se contiennent, se modifient et transigent, même en se combattant » [13, p. 297]. Cela ne signifie pas qu'il faille imiter servilement, mais pourquoi ne pas chercher à adapter?

La Monarchie de Juillet est un bon exemple de cette tentative d'application des leçons venues d'Angleterre. La droite orléaniste triomphe et peut suivre ses penchants naturels; le régime est enfin parlementaire, le pouvoir décidément aux mains d'une élite éclairée qui tient les masses à distance. A cela s'ajoutent le retour de l'anglomanie et la parenté protestante pour certaines des grandes figures du libéralisme bourgeois, dont François Guizot ambassadeur à Londres en 1840; quant à Alexis de Tocqueville, il est anglophile avant même d'aller aux États-Unis. C'est l'époque où triomphe alors une des grandes figures du discours historique : l'opposition du cours anarchique de la Révolution française, qui mène de la Terreur robespierriste au despotisme napoléonien, au cours pacifique et vertueux de la Révolution anglaise, qui conduit, à travers les siècles, de l'habeas corpus au bicaméralisme et au suffrage limité aux seules fractions du peuple aptes à exercer les lumières de la raison. Entreprise en 1826, achevée en 1856, l'*Histoire de la Révolution d'Angleterre* aura été, pour François Guizot, la grande œuvre de sa vie : amplification de sa treizième leçon sur l'Angleterre du cycle consacré à l'*Histoire de la civilisation en Europe*, elle repense l'opposition des deux Révolutions — 1688 et 1789 — telle que Guizot la fixa en 1850 dans *Pourquoi la Révolution d'Angleterre a-t-elle réussi? Discours sur l'histoire de la Révolution d'Angleterre.*

Bientôt, cependant, le modèle britannique, conçu au niveau des principes plus qu'à celui des réalités effectives, devient d'autant moins utile comme visée politique que le régime en France s'en inspire et s'en rapproche. Les progrès, même relatifs, du suffrage en France rendent archaïque le système britannique, dont les défauts apparaissent plus nettement. De plus, la révolution de 1848, abolissant la monarchie et proclamant la République avec une présidence élue au suffrage universel direct, sans anéantir la valeur de l'exemple britannique, met plutôt à l'ordre du jour le modèle américain.

Cela ne signifie pas que le modèle politique britannique disparaisse définitivement des horizons idéologiques et politiques des droites, mais qu'il a perdu de son importance. L'anglophilie du second Empire, liée en partie aux années que l'Empereur passa en exil outre-Manche du temps de la Monarchie de Juillet, se porte plus vers l'alliée avec laquelle on signe un traité de libre-échange en 1860 ou participe à des expéditions militaires communes au Mexique et en Crimée, qu'à un improbable modèle politique, soit que l'Empire se fasse autoritaire, soit que, libéral, il prétende renouer avec les promesses politiques de l'Empire des Cent-Jours. Il reviendra aux républicains de remettre à l'honneur ce modèle, dès 1875, le préférant à celui des États-Unis; la troisième République ralliera peu à peu les orléanistes grâce à un régime assez proche de celui qui règne outre-Manche. Mais alors que ce modèle triomphe grâce aux couches nouvelles chères à Gambetta, de nouveau, la parenté fait s'éloigner le modèle britannique, qui semble inchangé. Ce que Hippolyte Taine confirme à sa manière lorsqu'il vante en Angleterre les chefs « naturels » issus de la population, dans la lignée de René de Chateaubriand ou de François Guizot [15, p. 128]. La France et les droites libérale et bonapartiste s'accoutument au parlementarisme, aux libertés, au suffrage universel; la Grande-Bretagne n'a plus rien à offrir de particulier, sinon ses traditions. L'extrême droite ne peut s'en contenter, Maurice Barrès ignore tout simplement les vertus politiques britanniques et Charles Maurras s'acharne à lutter contre les préjugés anglophiles des royalistes traditionnels [14, p. 286]. Dans l'entre-deux-guerres, les anglophiles, un André Maurois par exemple, un Abel Hermand, continuent — à la suite de Paul Bourget — d'admirer ces mêmes vertus de tolérance et de liberté bien comprise, sans réellement percevoir les changements majeurs que signifient le renforcement du rôle du Premier ministre ou la montée des travaillistes. La monarchie et son rituel, les lords — aussi diminué que soit leur rôle — sont toujours là, il suffit.

La Grande-Bretagne, alliée dont on vante volontiers le courage héroïque des soldats, n'offre donc rien de très nouveau. Elle reste estimable par sa stabilité politique et la préservation d'un mode de vie traditionnel, mais la vigueur de cet exemple s'est sensiblement affadie. Si l'on continue à vanter ses qualités, on ne trouve plus d'autres arguments que ceux du siècle précédent; André Maurois n'a supplanté ni Taine ni Chateaubriand... [14, p. 36-37].

Aussi, les bouleversements de 1945 ne restaureront-ils pas le modèle politique britannique; celui-ci est une référence d'autant plus lointaine que la France renoue avec un régime parlementaire, et ne peut compter sur l'aide britannique pour se reconstruire.

Pour les droites démocrates, les États-Unis ont, d'ailleurs, depuis longtemps concurrencé, dans le système des références, la Grande-Bretagne.

Dès la Révolution de Juillet, les libéraux de toutes origines avaient célébré les institutions américaines : une démocratie tempérée, une grande liberté religieuse et un gouvernement discret en constituaient le fondement. Une poignée d'aristocrates, tel Hyde de Neuville[8], oublie même l'origine révolutionnaire du pays... Le modèle américain, à sa naissance, se fixe au centre, selon une terminologie contemporaine; les républicains, grâce au modèle américain, peuvent vanter la démocratie et la liberté, montrer qu'une révolution ne ressemblait pas à une autre. Les journées de 1848 leur donnent raison en apparence. Les États-Unis sont alors la « République modèle » [21, p. 835 sqq.], largement fêtée; seule une fraction de la droite libérale se rallie à ce modèle. Néanmoins, les débats autour du projet de la nouvelle constitution prouvent clairement que le modèle américain devient la référence privilégiée de cette droite libérale. Dans la constitution de novembre 1848, le président est élu au suffrage universel, mais sans le frein des grands électeurs, et le Sénat a tout simplement disparu; quant aux libertés locales inspirées du fédéralisme, il n'en est pas question. Les libéraux ne retrouvent aucun contrepoids à l'exercice d'un pouvoir plébiscitaire ni aucun équilibre entre le législatif et l'exécutif. Aussi vont-ils soit se raccrocher au modèle de la République américaine, dont Édouard Laboulaye va se faire durant tout le second Empire le dévoué propagandiste face à un régime personnel et plébiscitaire [24, p. 145-149; 25, p. 151-157], soit, avec Alexis de Tocqueville et *De la démocratie en Amérique* (1835-1840), rompre le cercle magique que dessine le couple de la Révolution française et de la Glorieuse Révolution, pour trouver, hors des fantasmes rémanents de table rase et de reconstruction à neuf hérités de la Révolution française et de sa passion égalitaire, ce que nul autre pays que l'Amérique peut apporter à la France : « de plus grandes espérances et de plus grandes leçons ». En effet, avec Tocqueville, et quoi qu'il en dise (« Les institutions de l'Amérique, qui n'étaient qu'un sujet de curiosité pour la France monarchique, doivent être un sujet d'étude pour la France républicaine »), la droite libérale ne découvre pas seulement les vertus des corps intermédiaires revivifiés par un subtil jeu d'équilibre entre le pouvoir central et les autorités fédérales et locales, elle ne s'initie pas aux complexités du *checks and balances* — auquel cas Tocqueville ne serait qu'un Laboulaye bis —, elle élargit ses horizons aux principes généraux de la démocratie et du difficile équilibre entre un état social, l'égalité, et un régime politique, la liberté. L'avertissement que Tocqueville rédige en 1848 pour la douzième édition de *La démocratie* est éclairant sur le statut nouveau de la référence américaine : elle n'est plus seulement imitative, elle devient principielle. Pour fonder en France une République « tranquille, régulière, pacifique, libérale », il ne suffit plus d'asseoir un régime sur la violence, mais sur de bonnes lois, à l'instar de la République américaine qui, « alors que presque toute l'Europe était bouleversée par les révolutions, n'avait même pas d'émeutes, n'y était pas perturbatrice, mais conservatrice de tous les droits; la propriété individuelle y avait plus de garanties que dans aucun pays du monde, l'anarchie y restait aussi inconnue que le despotisme ». Et Tocqueville de conclure : « Ne tournons pas nos regards vers l'Amérique pour copier servilement les institutions qu'elle s'est données, mais pour mieux comprendre celles qui nous conviennent, moins pour y puiser des exemples que des enseignements, pour lui emprunter les principes plutôt que les détails de ses lois. Les lois de la République française peuvent et doivent, en bien des cas, être différentes de celles qui régissent les États-Unis, mais les principes sur lesquels les constitutions américaines reposent, ces principes d'ordre, de pondération des pouvoirs, de liberté vraie, de respect sincère et profond du droit sont indispensables à toutes les Républiques, ils doivent être communs à toutes, et l'on peut dire à l'avance que là où ils ne se rencontreront pas, la République aura bientôt cessé d'exister. »

Le modèle américain perdure sous le second Empire, en dépit des aléas politiques de la guerre civile. La droite bonapartiste a des sympathies avouées pour le Sud plus pour des raisons de commerce que d'idéologie, l'esclavage heurtant bonapartistes et libéraux. Le Nord, de son côté, attire plutôt la gauche, bien que le duc de Joinville et le comte de Paris n'hésitent pas à aller combattre dans les armées nordistes. Orléanistes et bonapartistes se rejoignent sur l'Angleterre, mais se divisent au sujet des États-Unis. Cette évolution vers les États-Unis de la droite libérale est définitive. En effet, à l'exception des dernières années du second Empire qui voient les républicains de Jules Ferry ou Léon Gambetta se servir de l'exemple de la république d'outre-Atlantique comme machine de guerre contre l'Empire [24, p. 160-168], les institutions américaines seront désormais admirées et enviées par la droite libérale. Les républicains à la Thiers préfèrent en 1875 un système plus britannique dans l'organisation de ses pouvoirs, mais la victoire des républicains à la Gambetta, passé 1877, puis l'éviction du maréchal Mac-Mahon, qui seul pouvait encore restaurer la monarchie, laissent craindre aux orléanistes la relance d'un cycle d'instabilité institutionnelle. Les États-Unis, tels que se les représentent alors les libéraux, offrent des vertus supérieures au seul exercice du suffrage universel. Ce nouveau modèle repose, en effet, sur des bases bien spécifiques. Si les États-Unis ne disposent pas encore d'une civilisation comme l'Angleterre, du moins leur Constitution paraît immuable et, par là, acquiert une existence historique qui devient naturelle et suscite l'envie : « Neuf changements de gouvernements, onze changements de constitution pour un peuple vieux de quatorze siècles, plus que mûr par conséquent; tandis que les États-Unis de l'Amérique du Nord, peuple jeune, à qui l'on pardonnerait aisément la mobilité et l'inconstance, en sont encore à leur première constitution de 1787[9]. »

D'autre part, les divers analystes — le duc de Noailles, Émile Boutmy ou Charles de Chambrun, tous de droite — se plaisent à souligner les traits conservateurs des institutions américaines (veto, Sénat, élection indirecte du président). L'ouvrage de James Bryce, *The American Commonwealth*, qui fait autorité, vient confirmer ces réflexions, insistant sur les origines britanniques des grands textes américains. La pratique politique, si l'on néglige les mœurs quotidiennes assez déplaisantes, apporte une confirmation de la nature éminemment conservatrice, aux yeux des libéraux, de la République à l'américaine. Le duc de Noailles le comprend fort bien : « Le trait le plus curieux de la démocratie américaine est l'organisation de deux droites, l'une au pouvoir, l'autre dans l'opposition, alternativement. Diverses par les nuances, elles sont d'accord sur le fond des doctrines et des principes essentiels » [25, p. 159].

Ce constat de 1889 ne vieillit guère et explique pourquoi une droite orléaniste libérale peut être fascinée par ce modèle américain, qui lui permet, sans renier ses idéaux — dans lesquels le libéralisme des institutions finit par importer plus que la nature monarchique du régime — de combattre la République sur son propre terrain. Que ce modèle soit républicain lui donne une plus grande force que celui de la Grande-Bretagne demeuré apparemment figée dans son intangible monarchie. Même la médiocrité du personnel politique américain et la multiplicité des scandales n'ont bientôt plus prise sur le modèle fabriqué par les libéraux français : l'émergence d'une forte personnalité comme Theodore Roosevelt modifie ces perspectives en donnant l'image d'un pouvoir fort, dans un cadre constitutionnel bien défini.

C'est à cette époque qu'un André Tardieu, en voyage aux États-Unis, observe ce régime présidentiel avec beaucoup d'intérêt [55]. Il en tirera des leçons qu'il tentera vainement d'appliquer dans les années 1930, quand se posera à nouveau la question de la réforme du parlementarisme et de l'exécutif sous la troisième République[10].

Depuis 1945, la droite libérale a de nouveau flirté avec un régime à l'américaine. Non pas tant lors des débuts de la quatrième République, le parlementarisme l'ayant emporté — devenu plus français encore que britannique —, qu'au moment de la naissance de la cinquième. La possibilité d'un régime présidentiel est évoquée à plusieurs reprises, surtout en 1962, lorsque le général de Gaulle envisage l'élection au suffrage universel du président de la République : comment hommes politiques et politologues ne se tourneraient-ils pas alors vers les États-Unis [30, p. 251-257]? Pourtant, une large partie de la droite gaulliste reste attachée au système parlementaire et l'ensemble de la classe politique se méfie de toute dérive fédéraliste, comme de l'instauration d'une Cour suprême non élue.

Ce qui n'empêche pas le modèle politique américain — rejeté depuis longtemps par les gauches, guerre froide oblige — de demeurer la dernière grande référence. Régulièrement, il se trouve une personnalité de droite pour rêver d'un véritable régime présidentiel à l'américaine; tel Philippe Séguin à l'automne 1989. Il semble pourtant qu'il soit bien tard pour qu'un tel régime puisse être adopté, le système politique américain ayant largement fait la preuve qu'il générait des pratiques peu enviables : abstention massive, éthique fragile, pauvreté du débat. Encore convient-il de préciser que le modèle ne joue qu'au plan institutionnel, et qu'il n'est pas exclusif de poussées de ferveur ou d'hostilité sur d'autres plans : ainsi la même droite gaulliste sera passée de la dénonciation de la politique des États-Unis en Asie par le de Gaulle du discours de Phnom Penh (1er septembre 1966) à la célébration du reaganisme économique par le Jacques Chirac des années de cohabitation (1986-1988)...

Le modèle politique américain a donc subsisté plus longtemps que son cousin britannique, même s'il emprunte à ce dernier un certain nombre de traits. La droite modérée y sélectionne ce qu'elle ne trouve pas en France : pouvoir présidentiel fort, stabilité, refus des extrêmes, liberté totale d'expression ou d'association. Les droites extrêmes, des ultras au GRECE, de Charles Maurras à Jean-Marie Le Pen, ont, nous le verrons, dénoncé le modèle, quand, plus simplement, elles ne l'ignoraient pas.

II. LE RÊVE D'UNE AUTRE SOCIÉTÉ

Les droites, longtemps bouleversées par les effets de la Révolution française, ont de tout temps cherché des modes étrangères qui leur permettent de dénoncer et de combattre le nouvel état social égalitaire. Sur le plan social, une distinction s'impose — surtout dans la première moitié du XIXe — entre aristocrates et bourgeois. Les premiers ne peuvent avoir comme modèle qu'une société capable de préserver leurs privilèges; les seconds sont plus attirés par une promotion sociale leur permettant de progresser socialement en les mettant à distance du reste du peuple.

Aussi, les pays où se trouvent réunies ces conditions ne sont-ils pas nombreux. D'un côté, on découvre la fantaisie russe; la vie des boyards, entourés de serviteurs dans des domaines immenses, mais seuls les thuriféraires du régime tsariste célèbrent cette vie-là dans une ambiance monarchique à l'ancienne mode, comme Dick de Lonlay à la fin des années 1880 [39, p. 402-403]. De l'autre, on retrouve la Grande-Bretagne et, plus curieusement, les États-Unis.

L'Angleterre n'est autre chose pour Charles de Montalembert, vers 1830, que la « féodalité vivante »; formule qui évoque la vie de château, les plaisirs mondains et la domination préservée d'une caste. Comment des nobles français ne seraient-ils pas sensibles, avec quelque nostalgie, à un tel genre de vie? Souvent, d'ailleurs, ils ont le modèle archaïque, tout droit venu du XVIIIe siècle de Fielding, de nouveaux *Tom Jones*, grands chasseurs et grands buveurs. Mais une telle vie est désormais tellement éloignée des possibilités françaises que même les réactionnaires les plus fervents ne peuvent s'en satisfaire tout à fait. Aussi le modèle aristocratique se limite-t-il au formalisme extérieur, au rituel qui entoure la vie de ces *mylords*, pimentée au fil des années par les fantaisies minutieuses du *dandy* et par les charmes de la *fashion* [13, p. 307]. Toutefois, d'autres, tels Chateaubriand ou Montalembert, sont passionnés par la recherche des raisons qui permettent à cette aristocratie britannique de subsister, portée par la vague du progrès qui aurait dû l'emporter. Là, en effet, réside l'énigme du modèle britannique; à l'aval de la Révolution française et en connaissance des tensions sociales qui parcourent la société anglaise, il est évident, pour les anglophiles, que cette classe sociale devrait être déjà engloutie par une révolu-

tion ou bientôt métamorphosée par une série de réformes profondes. Or, elle dure en se renouvelant, et en se contentant de
l'apparence du pouvoir. Cette fascination pour une vie formellement à l'abri des injures sociales du temps démocratique a subsisté,
en France, bien au-delà des cercles de la droite conservatrice et
aristocratique : elle a marqué jusqu'au goût des Français
d'aujourd'hui pour les fastes royaux de la cour de Londres, et les
drames familiaux d'une dynastie symbolique.

Toutefois, au fil des années, ce modèle aristocratique finit par se
réduire à l'anecdotique. En effet, l'Angleterre offre un autre
modèle, moins caractéristique de la seule droite conservatrice, mais
qui attire désormais les bourgeois libéraux. Les guerres de la
Révolution et de l'Empire ont semblé donner un élan nouveau à
l'industrie et au commerce britanniques. Si une fraction de la
droite, souvent aristocratique, considère avec mépris cette « nation
boutiquière », une autre est fascinée par l'efficacité et le progrès qui
caractérisent cette nouvelle Angleterre. Les mines de charbon et les
machines à vapeur qui se multiplient dans certaines régions,
accompagnées par le confort, les trottoirs macadamisés font du
pays une image de l'avenir. La Grande-Bretagne est la nation la
plus riche, à l'économie la plus puissante, les ferblanteries ou les
textiles de Manchester envahissent les marchés, les idées de l'école
de Manchester suivent : l'Angleterre est également, désormais, le
pays où, depuis Ricardo et Smith, l'économie politique est une
science et le marché une instance de régulation indépendante de
l'État, dotée, par l'idéologie économique, d'une existence propre.

L'évolution est si marquée qu'elle suscite les inquiétudes de ceux
mêmes qui en apprécient les résultats; Astolphe de Custine
exprime très bien cette double réaction : « Je me félicite d'avoir vu
une société dont la civilisation matérielle a devancé de si loin tous
les États voisins, qu'en observant le point où elle est parvenue, on
pressent en quelque sorte l'avenir de l'Europe. Il faut étudier
l'Italie pour savoir ce qu'a été le genre humain, il faut voir
l'Angleterre, pour prévoir ce qu'il sera » [13, p. 285].

Pour un conservateur — de quelque nuance qu'il soit — un tel
avenir ne laisse pas d'inquiéter profondément; la recherche de la
richesse génère le matérialisme desséchant — en cela le conservateur rejoint le libéral, préoccupé par la quête des biens dans
l'individualisme démocratique, qui détourne le citoyen de la vie
politique et laisse ainsi le champ libre au despotisme d'État — et la
manière de vivre de certains riches Anglais, dépourvue de tout
raffinement, choque le conservatisme attaché au maintien, à l'âge

de l'égalité, d'une étiquette d'Ancien Régime. De surcroît, dans la première moitié du XIXe siècle, la prospérité anglaise s'accompagne d'une misère ouvrière qui ne semble pas, outre-Manche, susciter toujours la même compassion paternaliste que chez des catholiques, tel Louis René Villermé, dont le célèbre *Tableau de l'état physique et moral des ouvriers dans les fabriques de coton, de laine et de soie*, en 1840, aidera à ce que l'année suivante la France adopte une loi limitant le travail des enfants.

En revanche, un modèle de vie bourgeoise va progressivement s'imposer, venu d'outre-Manche. De cette société industrielle, émerge le *gentleman*, bien né, bien élevé, issu des fameuses *public schools*, plein de retenue de bon aloi, sachant voyager, car s'étant frotté aux autres langues et cultures par la pratique du grand Tour en Europe : il va devenir, grâce à Taine dans ses *Notes sur l'Angleterre* de 1872 [14, p. 115], le type même de l'Anglais, au moins jusqu'en 1940. Ce personnage est un modèle d'élégance, de manières et de réussite pour des Français qui appartiennent au courant conservateur.

Ces éléments d'un modèle social britannique perdureront, en dépit des évolutions du pays auquel ils sont empruntés, parce qu'ils sont justement exagérés ou incomplets. Les Français de droite ont isolé quelques-uns des aspects qu'ils envient dans un pays qui suscite simultanément bien des réserves, mais aucune solution globale ne s'impose à leurs yeux, tant ce pays leur fournit, par le même mouvement, le modèle de la tradition et de l'évolution paisible et celui, plus agité, du progrès et de l'industrialisation d'une société bouleversée par l'urbanisation.

Ces réactions de la droite française à l'égard de la société britannique laissent mal augurer de ce qu'elles peuvent être vis-à-vis de l'américaine. En effet, il n'y a là aucune tradition aristocratique, aucun privilège apparent ; les États-Unis ne sont-ils pas dans l'imaginaire français, au moins jusqu'à la guerre de Sécession, la terre de l'égalité et de la démocratie sociale et politique ? Autant de valeurs répulsives pour la droite[11] ; sans doute, Alexis de Tocqueville, qui cherche à convaincre, dès les premières pages de la *Démocratie en Amérique*, son lectorat de l'inéluctabilité de la démocratie (« Le développement graduel de l'égalité est un fait providentiel. Il en a les principaux caractères : il est universel, il est durable, il échappe chaque jour à la puissance humaine, tous les événements comme tous les hommes ont servi à son développement. Serait-il sage de croire qu'un mouvement social qui vient de si loin puisse être suspendu par une génération ? Pense-t-on qu'après avoir détruit la féodalité et vaincu les rois, la démocratie reculera devant les bourgeois et les riches ? S'arrêtera-t-elle maintenant qu'elle est devenue si forte et ses adversaires si faibles ? »), a-t-il dégagé un modèle acceptable — alliance de l'esprit de religion et de l'esprit démocratique, gouvernement des lois, respect de la propriété, stabilité des institutions fédérales, locales et de la famille —, mais la société américaine par l'extraordinaire mobilité de ses individus ne s'inscrit pas naturellement à droite, dans un modèle de stabilité des hiérarchies, comme le font les institutions. En dépit de ces bases incertaines, une partie de la droite française va cependant connaître l'attraction de la vie américaine.

Dans un premier temps, apparaît le modèle du Sud où s'est développée une sorte d'aristocratie terrienne. Il s'agit là d'un système archaïque, proche parent de celui de la *gentry* anglaise ; l'esclavage des Noirs n'est, somme toute, que l'équivalent local du salariat des ouvriers dans les métropoles du Nord, et les agréments de la vie de plantation valent bien ceux de la campagne anglaise. Pourtant, ce modèle est menacé — l'esclavage retient d'ailleurs très peu l'attention de Tocqueville qui note, à propos des « trois races » (blanche, indienne et noire), « l'espace immense qu'ont mis entre elles les préjugés et les lois » ; les contemporains en surent plus à la lecture des deux volumes de *Lettres sur l'Amérique du Nord* de Michel Chevalier parus en 1836 — et il est à proprement parler moins américain qu'il n'est d'abord le paradigme nostalgique d'un univers englouti par la Révolution française. D'ailleurs, après la guerre, les États-Unis vont très vite remplacer l'Angleterre comme terre du progrès et du modernisme, provoquant des réactions analogues à celles provoquées par l'outre-Manche dans la première moitié du XIXe siècle. On retrouve alors, à droite, les mêmes remarques de voyageurs suscitées par l'excentricité américaine, le goût du gigantisme, le triomphe du matérialisme, si bien illustré par le dollar-roi, devant la « vie truquée et machinée » et qui toutes trahissent un goût conservateur pour le classicisme à la française et la modération. Dans le même temps, les États-Unis offrent d'autres bouleversements qui ne troublent pas seulement la droite la plus modérée, et qui, pour certains, deviennent, sinon des modèles, du moins des exemples. Ainsi, la liberté des filles, leur accès libre à une éducation égale à celle des garçons sont admirés par des hommes qui n'ont aucune inclination de gauche. Il suffit de mentionner Paul Bourget, ou le baron de Mandat-Grancey. De la même façon, une partie de ces observateurs de droite admettent fort bien, dès la fin du XIXe siècle, que les Américaines puissent accéder à diverses professions [25, p. 227-250].

Le problème social semble beaucoup moins menaçant qu'en Angleterre, malgré le développement industriel accéléré et en dépit des grandes grèves qui secouent le pays en 1877, 1892, 1894 ou 1902 et d'une violence des rapports sociaux que traduit, par exemple, dans la mémoire ouvrière la célébration chaque année des victimes du 1er mai 1886 à Chicago. Les syndicats américains apparaissent comme particulièrement paisibles, cherchant à régler les conflits plus qu'à les envenimer, et indemnes de toute dérive anarcho-syndicaliste à la française. Jules Siegfried estime avec satisfaction que l'ouvrier américain ne veut pas prendre la place du patron et il se contente de gros salaires [25, p. 291]. Il se forme, là, pour les observateurs les plus attentifs, un modèle de règlement des conflits sociaux tout à fait satisfaisant pour la droite ; il va subsister pendant la plus grande partie du XXe siècle.

Les États-Unis offrent aux droites d'autres expériences auxquelles elles demeurent plus sensibles.

La première est celle de l'américanisme religieux. Dans les années 1890, l'Église catholique semble offrir aux États-Unis des solutions spécifiques d'adaptation au monde moderne. Une petite partie des catholiques français — le vicomte de Meaux, Ferdinand Brunetière ou Paul Bourget sont les plus connus avec l'abbé Félix Klein — sont séduits par ce catholicisme libéral. Mais les forces ne sont pas égales, la hiérarchie conservatrice réagit vigoureusement avec l'aide de prélats canadiens français et, surtout, l'appui du pape[12]. L'américanisme n'a été qu'éphémère, mais cet exemple montre comment la droite est divisée par les États-Unis, plus encore qu'elle ne l'était par la Grande-Bretagne.

Cette division est illustrée par un exemple particulièrement pittoresque et révélateur. Dans l'ensemble, les modèles américains séduisent plutôt la droite libérale qui trouve aux États-Unis une liberté réelle plus accomplie qu'en Angleterre ; les plus conservateurs sont invariablement rebutés par la rudesse et le manque de charme de la vie américaine, comme Talleyrand l'avait été en 1796. Pourtant, dans les années 1880, un petit groupe d'aristocrates autour du duc d'Auzias-Turenne ou d'un marquis de Morès, fuyant la République honnie, est venu mener une vie libre dans les Blackhills du Dakota ; ils y ont établi des ranchs, fait respecter leurs droits par la force, assuré leur propre justice. Ces quelques hommes mènent ainsi une vie analogue à celle qu'ils auraient pu avoir dans un château du Moyen Age ; or, ils le font dans la région de la Frontière, élevée au même moment au rang de mythe fondateur par l'historien américain Frederick J. Turner, en tant que laboratoire

grandeur nature de la démocratie [25, p. 80-90]. Modèle américain très particulier et très marginal, qui prouve que des hommes
issus de la droite la plus extrême peuvent trouver leur bonheur aux
États-Unis.

L'important est ailleurs : la liberté d'établissement et d'entreprise, qui n'est pas caractéristique du seul Ouest, est au fondement
du modèle américain du XXᵉ siècle tel que l'élaborent les droites
françaises. Ce modèle de liberté, débarrassé, croit-on, des
contraintes administratives, est récurrent en 1920, en 1950 et,
parfois encore, en 1992. Encore ce modèle idéal se heurte-t-il à la
réalité : lorsque le président Roosevelt, pour sortir le pays de la
Grande Dépression, lance la politique du *New Deal*, les droites
françaises à l'unisson y voient un ensemble de mesures relevant
d'un socialisme planiste. Par ailleurs, les droites n'échappent pas à
la confusion des genres, récusant parfois le modèle qu'elles ont
inventé au nom même, soit de la politique extérieure des États-Unis
— ainsi de la politique de réparations dans l'entre-deux-guerres
menée par Washington et qui semble, aux droites, favoriser l'Allemagne en réduisant, par le rééchelonnement, la part de ses paie-
ments —, soit du mode de vie généré par cette liberté d'initiative
par ailleurs exaltée. On le voit bien aux réactions des auteurs de
droite. Ainsi le contraste est frappant entre André Maurois en
1927, puis 1930, et Georges Duhamel en cette même année[13] : ce
dernier, auteur de *Scènes de la vie future*, dont on a dit qu'elles sont
aux États-Unis ce que *1984* de George Orwell sera pour les pays
totalitaires, le stalinisme au premier chef, met en place tout un
registre de clichés et de lieux communs auxquels la droite conservatrice ou extrême, aujourd'hui, puise dans sa défense d'une France
idéalement villageoise et rurale. Ces réactions révèlent bien la
division profonde des droites, qui dépasse largement les clivages
strictement politiques entre droite extrême et droite libérale.

Cette dichotomie ne disparaît pas avec la Seconde Guerre
mondiale, bien que la situation s'en trouve presque inversée. Du
fait de leur victoire, les États-Unis jouissent d'un prestige considérable dans toute l'opinion française, puis, rapidement, la guerre
froide exerce ses ravages. Au fur et à mesure que la gauche et une
large partie des gaullistes deviennent neutralistes ou antiaméri-
cains, la droite traditionnelle, compromise avec Vichy et ressuscitée
avec l'arrivée d'Antoine Pinay à la présidence du Conseil en
mars 1952, se rapproche des États-Unis. Le modèle américain joue
alors à plein; la prospérité, l'*American way of life* s'ajoutent aux
bienfaits de la politique extérieure. Cette droite qui se nomme

modérée s'émerveille de l'efficacité de l'économie qui permet une croissance soutenue bénéficiant aux classes moyennes; les supermarchés regorgent de produits et la paix sociale semble assurée. De tels résultats permettent de négliger la ségrégation raciale — rares sont les visiteurs à aller dans le Sud — ou les taudis des grandes villes. Les plus conservateurs, quant à eux, se contentent de la fermeté anticommuniste des autorités américaines, modèle de sécurité, applaudissent au maccarthysme mais persistent à trouver vulgaire la façon de vivre d'Américains jugés, somme toute, de grands et bons enfants.

Ce double modèle ne résiste pas au tourbillon des années 1960; les libéraux défendent l'appartenance de la France à l'OTAN, les gaullistes prônent une politique extérieure spécifique à la France et en rupture avec l'ordre mondial gelé en deux blocs; seule l'extrême droite admire et soutient jusqu'au bout l'effort américain au Viêtnam. Demeure le modèle économique qui connaît une flambée de ferveur lorsque l'ensemble des droites françaises, contre leur propre histoire, prônent, le temps de la cohabitation, l'État minimal et le libéralisme absolu du marché, tel que l'incarne, à leurs yeux, la politique du président Ronald Reagan.

Le modèle américain n'aura donc pas échappé à la loi même de son genre : modèle, il est refabriqué sans cesse — on le verra pour d'autres pays — au gré de la conjoncture intérieure et pour les besoins idéologiques du combat politique quotidien. Surtout, il n'est jamais absolu : les mêmes droites républicaines, hier fascinées par l'ultra-libéralisme à l'américaine, s'inquiétant aujourd'hui des effets sociaux d'une telle politique, cherchent, lorsque se pose la question de l'immigration et de l'intégration, à trouver une solution aux antipodes du contre-modèle américain du ghetto.

III. LE REJET DE LA DÉMOCRATIE

A chacun son modèle, donc, selon les besoins de sa cause. Aux conservateurs et aux libéraux, les modèles anglo-saxons, construits sur la modération et débarrassés de leurs aspérités; aux droites extrêmes — ultra d'abord, puis légitimiste, nationaliste et extrême droite contemporaine — il faut des modèles plus violents et brutaux.

Parmi ce type de références, la plus ancienne est incontestablement la Russie tsariste. En 1815, les troupes russes sont accueillies par des cocardes blanches au chapeau, il est de bon ton dans certains salons de fêter les officiers cosaques ou autrichiens et, pendant plusieurs années, la Russie va être parée de toutes les vertus par une fraction de la droite ultra [39, p. 50; 97]. Mais ces manifestations superficielles n'impliquent pas encore la formation d'un modèle russe, il s'agit tout au plus d'humeurs qui n'affectent pas vraiment l'opinion française : en 1815, la Russie demeure étrangère à l'horizon culturel français [39, p. 88].

Cela étant, la Russie va susciter peu à peu quelque sympathie chez les ultras, puis chez les légitimistes. Les uns et les autres voient dans la cour des tsars un modèle relatif de société totalement aristocratique à l'abri de toute contamination libérale ou démocratique. Cet attachement à la Sainte Russie ne repose sur aucune connaissance sérieuse; Joseph de Maistre, ambassadeur du Piémont à Saint-Pétersbourg pendant douze ans, a ignoré superbement les Russes tout en continuant ses activités de propagandiste royaliste et catholique [39, p. 103]. Il faut attendre Custine et sa *Russie en 1839* pour que le pays soit réellement connu en France; encore son ouvrage paraît-il après la féroce répression que le tsar a infligée à la Pologne en 1831. Sans doute certains légitimistes continuent-ils à approuver l'action de Nicolas Ier, mais le choc est grand pour les orléanistes et pour beaucoup de catholiques. Les dernières illusions qu'ils pouvaient entretenir au sujet du régime russe se dissipent au contact des Polonais qui viennent s'exiler en France [39, p. 164].

Ainsi, il ne s'agit pas d'un modèle véritable — la vie russe n'a rien d'enviable et les aristocrates qui en rêvent se gardent bien d'aller voir sur place, à l'exception du célèbre marquis de Custine, légitimiste ultraciste qui « allai[t] en Russie pour y chercher des arguments contre le gouvernement représentatif, en revien[t] partisan des constitutions », décrivant dans *La Russie en 1839* (ouvrage publié en 1848) « cette discipline de camp substituée à l'ordre de la cité, l'état de siège devenu l'état normal de la société » —, mais d'une référence constante tout le long du XIXe siècle. Ainsi, chaque fois que le tsar réprime les Polonais, en 1830 ou 1861, ou ses propres sujets en 1905, il est excusé par la droite extrême [39, p. 128, 164-165, 285; 43]. La Russie fournit le modèle absolu d'un régime autocratique, d'une société figée sous la férule d'une classe et d'un souverain sans pitié, qui peut animer les fantasmes les plus réactionnaires. En effet, ce modèle n'est nullement applicable en France, certains des acquis sociaux de la Révolution étant irréversibles comme l'ont prouvé certaines tentatives des ultras et de Charles X, sous la Restauration, de revenir en vain à l'ordre antérieur. Pourtant, la sympathie insistante pour cette Russie qui, la première, sut affaiblir à mort Napoléon, prouve bien l'existence d'une tendance réactionnaire, dure et violente, qui refuse la démocratie et rejette la République, qui s'accroche, pour cela, au passé idéal qu'elle croit exister ailleurs. Il est vrai, également, que pour la droite nationaliste la Russie est parée des charmes d'une alliance de revers permettant à la France d'encercler l'ennemi allemand.

La droite modérée s'éloigne pour longtemps de la Russie, barrière européenne dressée contre le libéralisme. Mais la situation internationale, avec l'accentuation de la rivalité franco-allemande, redonne quelque lustre à la Russie, y compris chez les libéraux. Si les monarchistes gardent un attachement sentimental au tsarisme fondé sur la solidarité monarchique, si les nationalistes peuvent applaudir à la ratification de l'alliance de revers franco-russe en 1891, si les droites répondent favorablement aux souscriptions des emprunts russes, la connaissance de la Russie, dans sa réalité, telle que la développent les ouvrages d'Anatole Leroy-Beaulieu par exemple [39, p. 395], attiserait plutôt l'impression de faiblesse que donne le nouvel allié : la crise du régime tsariste en 1905 et la répression qu'elle suscite, même masquée par une bonne partie de la presse [43, p. 456-460], en fournissent un signe inquiétant. La droite cherche alors à se convaincre de l'efficacité des réformes entreprises par Nicolas II. Grâce à qui la Russie a cessé d'être répulsive, mais elle ne redevient pas un modèle pour autant.

Le cas de la Russie tsariste est intéressant, qui passe du rang de l'allié fêté à celui de préservateur de l'ordre européen, aux yeux des ultras, et d'oppresseur des peuples aux yeux des libéraux, pour finir, aux yeux de tous et à titre posthume comme une alternative, en voie de démocratisation, au bolchevisme, œuvre des menées allemandes

L'entre-deux-guerres fournit à la droite extrême et à la droite contre-révolutionnaire nombre de modèles. Dans la fascination exercée par l'Italie de Mussolini, on retrouve certains des ingrédients du penchant russe d'autrefois, notamment le goût des solutions tranchées, violentes si nécessaire. Pourtant, cette fois, il ne s'agit plus seulement de lutter contre la République, mais de prouver que les moyens mis en œuvre par le fascisme construisent une alternative au parlementarisme et aux maladies de la démocra-

tie comme à son frère ennemi, le communisme. Ces fins justifient
d'autant plus les moyens qu'elles paraissent exaltantes dans le
climat délétère des années 1920 et 1930.

Le modèle italien, qui, à ses premières heures, attire, dans son
goût de l'ordre, l'ensemble des droites, est composite. Il s'apparente pour *L'Action française* à la contre-révolution longtemps désirée et enfin réalisée : « Aujourd'hui le besoin de stabilité, d'ordre,
est tellement fort, que dans un pays essentiellement politique
comme l'Italie, l'esprit dictatorial vient arc-bouter et renforcer la
monarchie » [44, p. 57]. Pour d'autres, plus modérés, le besoin
d'un dictateur ne se fait pas plus sentir en France que celui des
violences italiennes, mais les objectifs du fascisme recueillent un
large assentiment : du moins, la paix sociale est-elle revenue et le
bolchevisme vaincu. A cela, s'ajoute le rapprochement de Mussolini et du Vatican qui réjouit tous les catholiques. Très vite, les
droites vantent le modèle fasciste. L'extrême droite se félicite du
côté révolutionnaire du régime et approuve ses méthodes musclées
— assassinat du député socialiste Giacomo Matteotti le 1ᵉʳ juin
1924, qui marqua la fascisation définitive du régime —, alors que
les plus modérés souhaitent un rapide retour à la paix civile dans un
cadre sainement conservateur. Mais, tout ensemble, les droites
excusent la propagande impérialiste du Duce ou les excès de la
dictature, comme elles savaient excuser, un demi-siècle plus tôt, les
débordements tsaristes. Au début des années 1930, la prégnance
du modèle italien est telle qu'elle suscite des vocations en France
même — soit pâle imitation, soit parenté idéologique; on assiste, à
droite, à une véritable promotion de l'Italie fasciste, désormais
parée de toutes les vertus, de tous les courages. Non pas que toutes
les droites soient désormais fascistes, mais que la disparition de la
démocratie pluraliste est considérée comme le juste prix à payer
pour le rétablissement de l'ordre si nécessaire aux affaires. Volontiers, on vante Mussolini et on s'émerveille devant les diverses
réalisations du fascisme, quand, à l'instar de Drieu la Rochelle
fasciné par le corporatisme, on ne les envie pas.

Le modèle italien va pourtant s'effriter sous le coup des événements de politique extérieure. D'un côté, l'affirmation nationaliste
de l'Italie fasciste renforce encore la sympathie, puisqu'elle établit
une parenté entre deux nations latines partageant les mêmes
valeurs : nombre d'intellectuels, au nom de la défense de
l'Occident, soutiendront publiquement, en octobre 1935, l'invasion de l'Éthiopie. De l'autre, l'Italie s'affirme vite contre la France
l'alliée de l'hitlérisme, après l'éphémère front de Stresa

d'avril 1935, qui vit Mussolini jouer pour la dernière fois le rôle de conciliateur entre la France et l'Angleterre, d'une part, l'Allemagne, de l'autre, après qu'Hitler eut rétabli le service militaire en violation des dispositions du traité de Versailles qu'on jura de respecter désormais à l'occasion de cette conférence; cette évolution du fascisme met ses zélateurs dans une mauvaise position; le modèle contrevient aux intérêts extérieurs de la France; les droites se divisent. Les modérés continuent à apprécier les réalisations fascistes et à célébrer le fait que « les trains arrivent à l'heure », mais ils condamnent les ambitions extérieures, position intenable puisque la fascisation du pays est indissociable des revendications internationales du fascisme au nom des « nations prolétaires », au point que l'alliance extérieure avec Hitler se traduira, au plan intérieur, par la contamination nazie. *L'Action française, Je suis partout* ou *Gringoire*, malgré la contradiction avec leurs positions nationalistes, choisissent clairement leur camp, le modèle italien a fini par les aveugler; ils y trouvent ce qu'ils croient être les clefs de la situation en France. Quand la contradiction éclate, après le Pacte d'Acier en mai 1939 qui fonde l'Axe Berlin-Rome-Tokyo, ils ne peuvent que se taire mais ils renoncent d'autant moins que certains ont déjà fait le choix de l'Allemagne [44, p. 220-224].

Le cas de l'Italie éclaire nécessairement la nature d'un éventuel modèle allemand. Celui-ci paraît impossible tellement est enracinée, à droite, la haine de l'Allemagne. Charles Maurras et *L'Action française* ne cessent de dénoncer l'Allemagne. Pourtant, à la fin des années 1930, des anciens partisans de Maurras, tel Robert Brasillach, vont construire à nouveaux frais leur modèle politique. Ils se feront les thuriféraires non de l'Allemagne, ennemi héréditaire, mais du nazisme, avenir de l'humanité blanche. Le rejet total de la démocratie, la fascination pour la force, qui avaient joué dans le cas de l'Italie des années 1920, prennent une nouvelle signification. En effet, cette fois, il s'agit bien d'un renversement total d'opinion, que la politique extérieure ne parvient pas à empêcher. La fascination trouble pour l'efficacité brutale du nazisme — « le fascisme immense et rouge » des rassemblements de Nuremberg célébrés par Brasillach — conduit à relativiser le différend avec l'Allemagne au nom d'une réconciliation pacifiste des combattants de la veille, dans l'espoir d'amener sur ce terrain l'extrême droite nationaliste classique pour laquelle Berlin demeure l'ennemi héréditaire, et à universaliser le modèle nazi afin de le découpler du pays-repoussoir où il est advenu. Ils sont, en réalité, dans cet avant-guerre, peu nombreux à suivre cette voie, de la conversion, non à l'Allemagne, mais à son idéologie. Ni les Croix-de-Feu, devenus Parti social français, du colonel de La Rocque, ni Charles Maurras, toujours influent, ne montrent, avant 1940, la moindre faiblesse envers l'Allemagne, l'ennemi héréditaire, que l'idéologie nazie ne saurait masquer à leurs yeux. Avant que l'occupation et la politique spontanée de Vichy de collaborer avec les nazis ne poussent vers l'Allemagne un grand nombre d'intellectuels et de politiques, seuls, en 1939, s'activent en France, comme amis du nazisme, les Francistes de Marcel Bucard, le Parti populaire français de Jacques Doriot, les journalistes de *Je suis partout*.

Malgré l'isolement de ces hommes, malgré le refus de ce modèle par l'ensemble de la droite, force est de constater les filiations avec une certaine lignée qui vient de loin. La passion mauvaise de leurs ancêtres pour les exactions russes, la fascination pour la vulgarité brutale de Mussolini sont-elles si différentes du choix de l'Allemagne d'Hitler fait par certains ? L'ampleur du chemin parcouru vers une Allemagne honnie par les droites ne surprendra, somme toute, qu'à condition d'oublier combien le principe de l'ennemi de mon ennemi a pu conduire à des positions à front renversé : la haine des Soviets conduit à l'admiration d'Hitler comme, à droite toujours, une certaine haine du matérialisme américain a pu conduire, dans l'entre-deux-guerres, d'aucuns à trouver quelque mérite aux Soviets[14].

Dans cette même période, sur l'échelle graduée des modèles autoritaires, les catholiques conservateurs comme les contre-révolutionnaires, avant de pouvoir célébrer le franquisme, se reconnaissent dans l'État nouveau du docteur Salazar au Portugal, catholique et corporatiste ; ce modèle, qui inspirera les maurrassiens de Vichy, remporte les suffrages de nombre d'intellectuels, dont Paul Valéry qui, préfaçant en 1934 l'ouvrage de A. Ferro, *Salazar, le Portugal et son chef*, écrit : « Les idées exposées dans ce livre par M. Salazar ou qui lui sont attribuées me semblent parfaitement sages. Elles témoignent d'une réflexion profonde, élaborée par un esprit qui ressent la grandeur du devoir qu'il s'est assigné. C'est ce sentiment de grandeur qui distingue l'homme qui poursuit une politique noble de celui qui, dans un grand rôle, s'abaisse à penser principalement à soi ».

IV. MARQUER L'ADVERSAIRE

Le même besoin qui conduit les droites à construire des modèles pour donner à lire, dans l'espace politique, l'image, conjoncturelle le plus souvent, de l'idéal vers lequel elles tendent, les conduit à bâtir des repoussoirs, tout de brutalité, d'abjection et de noirceur, qui servent moins à dire ce que les droites veulent éviter qu'à marquer, par association, l'adversaire idéologique, sur le double plan intérieur et extérieur.

L'autre, comme négatif de soi, se définit d'abord par la barbarie. Barbarie des Russes au moment de l'occupation de la France en 1815 — même quand les officiers sont de parfaits gentilshommes. Les royalistes qui accueillent ces troupes en libérateurs n'en conçoivent pas moins leur pays comme une simple puissance militaire, totalement dépourvue de civilisation. On tresse des couronnes au tsar Alexandre parce qu'il est le pilier du nouvel ordre européen bâti sur les ruines de l'épopée révolutionnaire et impériale ; mais les aristocrates qui prennent la peine de connaître la Russie de cette première moitié du XIXe découvrent tantôt « un pays... indifférent à la pensée et aux arts », comme Joseph de Maistre, tantôt des Russes « grands et petits... ivres d'esclavage », à l'instar du marquis de Custine [39, p. 105 et 221]. Ces accusations de barbarie profonde vont resurgir de façon récurrente tout au long du XIXe siècle. Pour les libéraux, la répression répétée des Polonais confirme cette inévitable et haïssable brutalité. Certes, le développement de la connaissance de la grande littérature russe, tel qu'il se produit à la fin du XIXe siècle, fait oublier cette violence ancestrale mais la victoire des bolcheviques permet bientôt de renouer avec ce lieu commun.

La brutalité et la barbarie sont, pour les droites, consubstantielles au communisme, mais il leur paraît aisé de montrer la continuité historique qui reconduit le communisme aux origines anciennes de l'horreur russe, sur laquelle s'est édifié le lénino-stalinisme. La Sibérie des tsars fait écho au goulag, les déportés de Dostoïevski aux détenus de Soljénitsyne, le sort des moujiks du temps du servage à celui des kolkhoziens, tous abrutis de travail et d'ignorance, Pierre le Grand ou Ivan le Terrible à Staline, la tradition du régicide et du tsarévitch immolé à l'anéantissement bolchevique des rapports sociaux. Le marquis de Custine est appelé à l'aide qui, ayant par grossissement fixé de la Russie les traits du pire despotisme, semble dès 1839 avoir visité l'URSS, de Leonid Brejnev. La barbarie russe et soviétique est expliquée par le manque de culture, l'absence de tout raffinement et le surgissement soudain d'accès irrépressibles de violence populaire, qui conduisent aux massacres et s'éteignent dans l'alcool. Tout cela étant mis sur le compte de l'âme slave si tourmentée ou de la nature patrimoniale du pouvoir qui empêcha toujours l'émergence d'une société civile parée des nécessaires vertus de la modération.

Que la barbarie soit un des arguments utilisés pour condamner la Russie, puis l'URSS, se comprend par le mépris dans lequel ce pays a été longtemps tenu et par la peur qu'il a suscitée à diverses périodes. Le mystère de l'immensité et de l'éloignement qui ont vaincu Napoléon, la tradition brutale mise en avant par les Russes eux-mêmes sont autant d'éléments qui permettent de rejeter dans le camp des repoussoirs un pays à ce point aux confins de l'Europe et de l'Asie qu'on finit par ne plus savoir auquel de ces deux univers il appartient. Encore faut-il, ici encore, rappeler combien les droites, au temps du communisme, parèrent rétrospectivement le tsarisme de vertus réformatrices.

La barbarie, en revanche, n'est pas la définition première du repoussoir germanique. L'Allemagne, dans ses diverses définitions, ne peut être rangée dans le camp des pays sans culture. Il suffit d'évoquer Goethe ou Schiller avant même les philosophes sulfureux — pour la droite — du second XIXe siècle, il suffit d'écouter les œuvres de Beethoven ou de Schubert avant même celles, troublantes, de Wagner. Sans doute, les grands auteurs allemands plaisent-ils plus aux libéraux — songez au *De l'Allemagne* de Madame de Staël, l'égérie de Benjamin Constant — qu'aux conservateurs dès les années 1820, mais ces derniers, s'ils la contestent, ne peuvent nier la culture allemande. Pourtant, des rangs de la droite, surgit la dénonciation de la barbarie allemande dès les années 1850. Elle vient des chaires de l'Église, hostile au matérialisme moderne de la Prusse, « péché contre l'esprit », alors même que les libéraux s'extasient devant la vitalité intellectuelle des universités allemandes.

Le choc de 1870 est considérable, l'Allemagne libérale est devenue une puissance de proie. Ses admirateurs de la veille ne peuvent que s'interroger, ses détracteurs se trouver justifiés au-delà de leurs espérances. L'Allemand est cruel, méchant, hypocrite; d'intellectuel paisible il est devenu un envahisseur militarisé. Gustave Flaubert exprime sa surprise : « Ce qui me reste sur le cœur, c'est l'invasion des docteurs ès lettres cassant des glaces à coups de pistolet et volant des pendules ; voilà du neuf dans l'histoire » [33, p. 168]. Le fait que la France soit partiellement responsable de sa défaite, par excès d'esprit républicain pour certains, ne diminue pas la noirceur de l'Allemand. Des esprits libéraux, admirateurs de l'universalité des idées allemandes d'avant-guerre comme Hippolyte Taine ou surtout Ernest Renan, féru de la grande philosophie allemande, rejettent le germanisme vers la brutalité des nations ordinaires, au nom même de ce qui fut l'Allemagne des lettres et des arts : c'est le mouvement du livre de Renan, en 1871, sur *La réforme intellectuelle et morale* nécessaire à la France. Désormais, c'est de la gauche intellectuelle que viendra le désir de redresser la France par l'emprunt de ce qui est possible, en histoire comme en d'autres disciplines, à la vitalité universitaire allemande. Dans l'immédiat ce revirement jette vers les plus conservateurs qui avaient dénoncé l'illusion libérale nombre d'intellectuels hier encore philosophiquement germanophiles.

Le choc de 1870 passé, les droites se contentent d'avoir forgé, une fois pour toutes, le repoussoir germanique et elles s'en détournent, se préoccupant du recueillement nécessaire au redressement de la France. A l'occasion, elles renouent avec ce repoussoir, lorsqu'il s'agit de combattre les républicains qui cherchent à adapter en France les recettes du succès allemand, tant dans le domaine universitaire que militaire : Maurice Barrès part en guerre contre le kantisme dont le postulat de l'universalité rationnelle du genre humain porte au comble le déracinement des êtres, hors de leurs petites patries que sont familles et régions. Cependant, à partir de 1880, la nouvelle Allemagne suscite dans le même temps des exemples qui ne sont pas indifférents aux droites. Elles redécouvrent un pays organisé hiérarchiquement, dans lequel l'aristocratie joue un rôle éminent et où la tradition constitue une règle de vie ; pour les catholiques mêmes, un semblant de liberté religieuse y existe, encore que la séparation de l'Église et de l'État en France permettra bientôt à certains d'entre eux d'agiter l'épouvantail allemand du *Kulturkampf* mené par Bismarck contre le centre catholique qu'il jugeait plus fidèle à Rome qu'à Berlin » [39, p. 348-349] ; et Bismarck, aussi haïssable soit-il, ne manque pas d'une envergure que les droites recherchent en vain dans le personnel politique républicain.

La montée progressive de la droite nationaliste, issue du boulangisme et de l'Affaire Dreyfus, va réactiver l'idéologie de la

Revanche, notamment avec l'apparition du nationalisme de *L'Action française*, et rompre avec le consensus autrefois défini par Gambetta : « Pensons-y toujours, n'en parlons jamais. » De la Revanche, désormais, par contamination par les extrêmes, les droites ne vont cesser de parler. Le repoussoir allemand connaît alors une vigueur renouvelée, la barbarie est à nouveau à l'ordre du jour. Très caractéristique de ce point de vue, l'évolution d'un Maurice Barrès. Dans sa jeunesse, son attachement au sol lorrain et son goût pour un certain universalisme le rendent sensible à l'influence allemande ; il ne dédaigne pas cette dernière, même si son nationalisme le fait s'opposer à l'Allemagne [39, p. 419-434]. A partir de 1896-1897, un tournant s'amorce, définitif ; le nationalisme de Barrès devient plus exigeant et se définit par rapport à l'ennemi irréductible et absolu : l'Allemagne. Cette attitude nouvelle est répandue au sein des droites, d'autant que l'influence de Charles Maurras va s'y faire de plus en plus sentir. Or, l'auteur de *Quand les Français ne s'aimaient pas*, né sous le signe du Midi, chantre d'une forme de latinité, n'a jamais eu la moindre attirance pour la grande puissance voisine ; il va même développer son nationalisme en opposition à l'Allemagne. Si la France a été vaincue et humiliée, c'est qu'elle a été soumise, depuis Mme de Staël, à l'influence délétère de la philosophie allemande qui s'oppose en tout point aux beautés classiques d'un cartésianisme qui sait faire une place à Dieu. Si l'Allemagne a triomphé c'est qu'elle a su, en revanche, adopter les principes de la monarchie française — « les Hohenzollern ne sont que les heureux et brillants imitateurs de nos Capétiens » ; si elle peut être considérée comme un modèle, c'est uniquement du fait de cette réussite de l'organisation monarchique[15]. Pour le reste, l'Allemagne est une « race femelle » et lourde, dépendant de la culture française ; non romanisée, elle n'a d'autres références que le germanisme. Or, de celui-ci découlent tous les penseurs qui firent le malheur de la France, par l'idéologie abstraite des lumières : Luther, Kant, Fichte, mais aussi Rousseau le Suisse, voire Tolstoï le Russe [39, p. 444]. Peu importent ici les incohérences de Maurras classant Fichte aux côtés de Kant, alors que le premier fut à l'origine de la réaction allemande aux lumières...

L'Allemagne est l'anti-France, menace constante contre laquelle il faut lutter sans trêve ni faiblesse, le système maurrassien dévoilant les racines allemandes des quatre « États confédérés » qui domineraient la France — les juifs, les protestants, les maçons et les métèques — a pour lui la force d'une idéologie totale et d'un dogme universellement explicatif. Dans son intégralité ou dans ses parties, la construction maurrassienne contamine les droites. Le repoussoir allemand est dénoncé dans tous les écrits, dans toutes les enquêtes. Alors que les droites de 1895 s'interrogeaient, celles de 1902 ont des certitudes : le *Mercure de France* mène une enquête, en 1895 puis en 1902, parmi les écrivains. Lors de la seconde, et contrairement à la première, la droite est devenue largement antiallemande. Ainsi, Remy de Gourmont, qui, en 1895, vantait « la pénétration intellectuelle des races », sept ans plus tard évoque une Allemagne qui a « tout à apprendre de nous » [39, p. 469]. De même, on assiste, après 1905, à la conversion de Charles Péguy à la mission divine de la France, opposée à la barbarie allemande.

Car l'Allemagne abêtit, elle n'a pas de littérature originale, les Allemands sont tous ivrognes et traîneurs de sabres... L'Allemagne est barbarie, ce qui permet — par un parallèle — de grandir les valeurs de la France et de railler l'universalisme pacifique d'un Jaurès et des socialistes. La droite se structure partiellement en fonction de la dénonciation sans relâche du repoussoir allemand, rendu encore plus dangereux par son dynamisme économique et par ses appétits coloniaux qui empoisonnent les relations internationales à partir de 1905. Le repoussoir allemand dote la droite nationaliste puis toutes les droites d'un corps de doctrines cohérent et renouvelé justifiant leurs prétentions nationales. Le repoussoir communiste jouera, dans les années 1930, puis 1950, un rôle assez voisin.

De toute évidence, la guerre va donner plus encore de vigueur au repoussoir allemand, les besoins de la propagande mobilisant jusqu'à de grands universitaires niant du jour au lendemain les apports, qu'ils avaient la veille encore défendus, de la science allemande, vont contribuer à réactiver toutes les facettes de la barbarie germanique; les romans de guerre et d'immédiat après-guerre propagent l'image du Boche sanguinaire plus bête que homme [34, p. 21-24]. Si la victoire de 1918 n'efface pas du discours propagandiste la barbarie allemande, les enjeux sont autres : il faut que l'Allemagne paie pour que le sacrifice de générations entières au cours de la guerre n'ait pas été vain. Mais le repoussoir se brouille. La donne nouvelle que sont la Révolution soviétique et la création d'une internationale communiste bouleverse les termes du débat : il est désormais question d'idéologie et de régimes, plus de pays. Que l'Allemagne contrebalance l'URSS, et elle peut devenir alors, pour une droite extrême, le modèle que l'on a dit, avec le changement de registre que l'on sait : si l'Allemagne était un repoussoir, c'est le nazisme qui devient un modèle.

La barbarie est, en réalité, au cœur de tous les repoussoirs. Que les États-Unis entrent à leur tour dans cette dernière catégorie, et la barbarie devient consubstantielle à leur nouvelle acception. La construction du repoussoir repose, après 1830, dans certaines fractions des droites, sur des bases essentiellement culturelles, la Grande République n'étant pas, sur le plan politique, une menace pour la France. Les Américains sont des brutes grossières — surtout dans l'Ouest —, ils n'ont aucun plaisir raffiné, pas de littérature, encore moins de poésie; d'ailleurs, celles-ci ne pourraient s'épanouir dans un environnement aussi morose, marqué par le règne de l'argent et le trop grand amour des biens [21, p. 720-728]. Il s'agit là d'une sorte de barbarie douce, propre à un pays sans histoire, sans passé, sans tradition. Ce lieu commun perdure depuis la première moitié du XIXᵉ siècle jusqu'à nos jours. Alors que les États-Unis deviennent une société complexe, hiérarchisée, où se développe le goût pour les lettres et les arts, ils n'en restent pas moins, pour une grande partie de l'opinion de droite, un pays où ne souffle guère l'esprit. La brutalité des mœurs, *topos* de la représentation européenne du Far West, à laquelle succède bientôt celle du gangstérisme en milieu urbain, l'âpreté des hommes d'affaires, la médiocrité de la nourriture et l'importance prise par les manifestations d'une culture de masse sont les symptômes de la barbarie à l'américaine. Celle-ci est particulièrement redoutée à partir du moment où les productions américaines pénètrent en France, à la faveur de l'affirmation de la puissance internationale des États-Unis.

Dans cette dénonciation d'une barbarie typiquement américaine s'illustre la droite conservatrice. Dès la venue, en 1889, de la tournée de Buffalo Bill et de sa troupe à Paris, s'élève le chœur de ceux qui ne trouvent aux États-Unis « rien de commun avec la littérature et avec l'art » [25, p. 368-370]. L'arrivée du jazz, musique syncopée, est déclarée signe de barbarie par excellence : il s'agit, somme toute, d'une musique de Nègres. Ce refus de prendre en considération la culture américaine se déchaîne dans les années 1930, quand la crise et les menaces de guerre attisent les craintes et conduisent à chercher des coupables. Ainsi, Eugène Deloncle, grand animateur de la Cagoule puis de groupuscules collaborationnistes, exprime-t-il très bien cette réaction, s'adressant aux États-Unis en novembre 1932 : « — Vous nous avez insultés! — Vous nous avez désarmés! — Vous nous avez ruinés! — Vous nous avez abêtis par vos films idiots. Eh bien, nous en avons assez! Occupez-vous de vos gangsters et de vos voleurs d'enfants et *Foutez-nous La Paix!* » [36, p. 120].

La référence au cinéma est particulièrement significative, elle constitue, à l'extrême droite comme à l'extrême gauche, la clef de voûte du repoussoir américain ; on la retrouve aussi vive dans la bouche de Louis Jouvet, en 1946, dénonçant les clauses des accords Blum-Byrnes sur l'exploitation des films américains dans les salles françaises. Il craint une invasion des films d'Hollywood : « L'altération du goût serait irrémédiable et mortelle. Faits au vin de Bordeaux, nos estomacs devront s'accoutumer au Coca-Cola. Cela revient, en somme, à proprement abdiquer sa qualité de Français » [27, p. 321]. Encore Louis Jouvet parlait-il au nom des artistes mobilisés par la CGT et le Parti communiste contre l'influence américaine... Mais, en juillet 1989, Claude Autant-Lara, de la tribune du Parlement européen où il siège au titre de député du Front national, ne dit pas autre chose quand il stigmatise « l'impérialisme culturel des États-Unis » et exhorte les jeunes à abandonner le Coca-Cola, au profit du vin d'Alsace[16]. Le repoussoir américain est donc essentiellement culturel, et pour l'extrême droite d'aujourd'hui, la dénonciation du matérialisme américain est aussi importante que l'exaltation du paganisme fondateur d'une civilisation européenne enfermée dans le carcan idéologique du judéo-christianisme.

La barbarie, définition première du repoussoir, commande les définitions secondaires : l'amoralité, l'injustice, l'hypocrisie.

Si l'un des repoussoirs acquiert quelque supériorité sur la France, c'est qu'en violation du droit, dont la France est la patrie, il aura vaincu par déloyauté. Ainsi juge-t-on, à droite, au lendemain de la défaite de 1870, que la victoire allemande ne peut qu'avoir été obtenue indignement. La puissance économique et militaire de l'ennemi résulte d'« une immense organisation impersonnelle et malfaisante » [39, p. 59]. D'ailleurs, les Allemands sont même parvenus, selon certains, « à vaincre sans voir, ni être vus », grâce à des intelligences qu'ils avaient acquises au préalable en France. Ce thème prendra, en 1940, les dimensions du mythe de la cinquième colonne. Plus tard, d'autres hommes de droite dénonceront les milliards de l'indemnité versée à l'Allemagne par la France ; ils contribuent à renforcer injustement l'Allemagne. Mais le cas allemand n'est pas le plus éclairant : déclarée barbare, l'Allemagne tient dans cette qualification même.

Il en va autrement des États-Unis qui, à la même époque, sont l'objet de griefs semblables. Devenus, vers 1900, les rivaux des grandes puissances traditionnelles et leurs produits envahissant le marché européen, sans que l'on ait beaucoup prêté attention jusqu'alors aux causes de cet essor étonnant, les États-Unis voient, en France, leur réussite expliquée par l'immensité de leurs ressources naturelles. Cette abondance permet aux Américains, selon les analystes de droite, de pratiquer des méthodes financières qui ruineraient tout autre qu'eux, d'être très tolérants vis-à-vis des faillites, de tricher par rapport aux lois bien établies de l'économie [25, p. 319-322]. Ces accusations de tricherie vont revenir régulièrement tout au long du XXe siècle. Ce sera le cas dans les années 1920 ; les Américains, avec leurs plans des réparations, ne trichent-ils pas en faveur de l'Allemagne ? Et, dans les années 1960, l'offensive gaullienne contre l'omnipotence du dollar recourt également à l'argument de l'avantage indu dont disposent les Américains. Aujourd'hui, dans les négociations agricoles, les États-Unis sont accusés de dumping d'un côté, de protectionnisme de l'autre ; dans cette perspective, la France, qui jure respecter les règles, ne peut qu'être désavantagée.

Trichant avec le droit, les repoussoirs dévoilent leur profonde amoralité qui reconduit à un vice constitutif : l'hypocrisie. Le meilleur exemple est fourni par l'Angleterre, ennemi héréditaire et dont la perfidie et l'égoïsme dans les relations internationales sont dénoncés par les droites.

Il est vrai que, très tôt, catholiques et libéraux s'entendent pour dénoncer le puritanisme qui moule, dans l'hypocrisie protestante, l'Anglais dès sa plus tendre enfance : le respect des conventions les plus surannées ne peut masquer la bestialité convulsive des mœurs individuelles[17]. Fortes de cette explication à bon compte, les droites croient détenir la clef du comportement britannique dans tous les domaines, politique, social, culturel. L'hypocrisie explique que la politique extérieure soit toujours présentée comme morale, alors qu'elle masque les plus sordides intérêts. L'hypocrisie éclaire le comportement d'une aristocratie qui dissimule une vie de licence et de privilèges, sous le manteau de la vertu et du devoir. L'hypocrisie unifie les deux visages de l'Angleterre, libérale et réactionnaire, avide et généreuse, austère et débauchée.

Sur une telle interprétation, se greffe, à la fin du XIXe siècle, la dénonciation des pratiques coloniales. Les Anglais se livrent à des exactions en Inde ou en Afrique bien pires que celles des Français, tout en proclamant irréprochable leur conduite, et leur répression contre les catholiques en Irlande, sans pitié, est également dissimulée sous les grands principes. Sans être exclusive de l'extrême droite, la définition du repoussoir britannique par l'hypocrisie atteint son paroxysme à partir de 1935, quand les positions de la

France et de l'Angleterre sont les plus éloignées au sujet de l'Italie
fasciste et des sanctions à prendre au plan international contre ses
initiatives guerrières. Henri Béraud se demande alors : *Faut-il
réduire l'Angleterre en esclavage?* au nom de la perfidie et de la cruauté
de la grande île. Louis-Ferdinand Céline, en 1938, prend le relais
dans *L'école des cadavres*; il voit partout, dans les affaires du monde,
la main enjuivée de « Londres-l'hypocrite », il s'ingénie à dynami-
ter l'image lisse de ces *gentlemen* « si convenables!... Si propres! si
correctement habillés!... » [14, p. 154-157].

Ces positions extrêmes, que contrebalance encore l'anglomanie
largement répandue parmi les droites, triomphent avec Vichy et la
collaboration. Le repoussoir britannique est logiquement stigmatisé le 9 mars 1942, dans *Le Petit Parisien*, par nombre d'écrivains connus, au premier rang desquels figurent encore Henri
Béraud et Louis-Ferdinand Céline, mais aussi Abel Bonnard,
Ramon Fernandez, Georges Blond, Robert Brasillach, Pierre Drieu
la Rochelle, Georges Suarez et Jean de La Varende : « La Grande-
Bretagne, qui a toujours affiché le plus profond mépris pour les
populations coloniales qu'elle avait conquises, demeure fidèle à sa
conception que les Nègres commencent à Calais... Le pays qui a
tenté de voler à notre grand Branly son invention géniale qui,
vraiment, n'a jamais rien appris ni rien oublié, s'est permis une
impertinence criminelle. » L'hypocrisie britannique a fait, au
royaume des clichés nationaux, une fort belle carrière, excédant
d'ailleurs les frontières des droites. Elle a resurgi à l'occasion sous la
plume d'un Charles de Gaulle, difficilement convaincu par les
professions de foi britanniques lors de la demande d'entrée du
Royaume-Uni dans le Marché commun, ou bien encore alors même
que les droites, au temps de la cohabitation, célébraient la politique
économique de libéralisme ultra de Margaret Thatcher mais redou-
taient que son attachement aux États-Unis n'affaiblisse, face à
l'Amérique du Nord, la solidarité européenne.

Dès lors que l'identité protestante de l'Angleterre a été jugée
explicative des comportements de celle-ci, la même attitude des
droites se retrouve à l'égard des États-Unis. Les droites ont
toujours été mal à l'aise avec la proclamation de grands principes
abstraits. Or, les Américains s'y réfèrent souvent; il est, dès lors,
inévitable qu'ils soient pris en flagrant délit de ne pas bien les
respecter. Moins que l'esclavage des Noirs ou l'extermination des
populations indiennes, c'est la politique extérieure des États-Unis
qui a été dénoncée par les droites, qui virent dans l'impérialisme
une politique apparemment contraire aux traditions américaines.

Il est facile de dénoncer « l'hypocrisie des prétextes humanitaires » mis en avant pour justifier la guerre contre l'Espagne de 1898, ou encore l'absence de tout principe moral chez un peuple « trop près de l'état de nature », à la « civilisation surchauffée et factice ». Il est inévitable que la politique de Wilson au Mexique, en 1913, suscite des irritations semblables [25, p. 355-364]. Durant tout le XXᵉ siècle, les mêmes arguments réapparaissent, repris et amplifiés, par exemple, par la droite classique lorsque les États-Unis de l'entre-deux-guerres se soucient de reconstruire une Europe équilibrée et ouverte au commerce international; par la droite maurrassienne et extrême lorsque celle-ci, à Vichy et à Paris, dénonce la société nouvelle des nations pour laquelle le président Roosevelt affirme combattre, en alliance avec l'URSS de Staline; par la droite gaulliste, enfin, qui juge l'appartenance de la France à l'OTAN lourde de dérives générées par l'autorité exercée par les États-Unis dans une alliance qu'ils conduisent selon leurs intérêts stratégiques.

Aujourd'hui, les droites ne semblent plus avoir ni modèles, ni repoussoirs qui leur soient propres; elles partagent *grosso modo* l'opinion d'une large majorité de Français et aucun pays ne s'impose avec assez de force pour provoquer une évolution dans une direction ou une autre. Les certitudes propres aux droites qui leur ont permis de reconnaître autrefois l'ami fidèle ou l'ennemi haïssable ont été remises en question et même le Front national ne se détermine pas en fonction d'un modèle ou d'un repoussoir étranger.

Cette situation provient de la conjonction de plusieurs facteurs. Le premier est sans conteste la construction de l'Europe qui, rapprochant et faisant mieux se connaître des pays longtemps hostiles, n'en fait ni de véritables modèles, ni de possibles repoussoirs. Le deuxième provient de l'uniformisation et de l'internationalisation des modes de vie et des courants d'échanges dans le monde développées sous l'égide des États-Unis; elles sont indépendantes des courants idéologiques et politiques. Le troisième a tenu à la vigueur de l'anticommunisme, qui a fourni un repoussoir évident à toutes les droites et même au-delà, sans qu'il soit nécessaire d'élaborer ni de se fixer sur un pays modèle.

Dans ces conditions, les rares modèles s'apparentent à des recettes apparues de façon épisodique et superficielle comme le thatchérisme ou l'ultra-libéralisme reaganien. De la même façon, un repoussoir relatif comme le Japon a fixé un moment l'opinion, et pas seulement les droites; une certaine méconnaissance a conduit à l'accuser de ce que l'on avait reproché, dans les périodes précédentes, aux États-Unis et à l'Allemagne : copiage, truquage, déshumanisation de la vie en société, tout en admirant, de la même façon, ses capacités et sa réussite.

Il s'agit tout au plus de fantasme de modèles, de nostalgie de repoussoirs, qui signalent sans doute une intégration des droites dans un ensemble plus large, où elles n'ont plus à se distinguer ou à s'affirmer en s'appuyant sur l'étranger.

Cela ne saurait occulter, toutefois, l'étrange permanence des thèmes dans les modèles et les repoussoirs étrangers : la réussite matérielle de l'Angleterre, des États-Unis puis de l'Allemagne ou du Japon a été jugée semblablement, avec un mélange de dégoût et d'envie; et la barbarie a servi à définir, parfois dans les mêmes termes, tour à tour la Russie tsariste, l'Allemagne ou l'URSS. Une telle continuité éclaire d'un jour particulier les angoisses et les espoirs des droites. Ces traits constants sont inévitablement nuancés par les besoins conjoncturels qui modifient la hiérarchie des pays et font oublier certains des thèmes qui n'ont plus d'attrait; ainsi, les modèles politiques se sont peu à peu affadis, quand la nature du régime a cessé, en France, de faire problème.

On voit combien les droites, comme d'ailleurs les autres courants de l'opinion publique, ne cherchent pas à connaître totalement un pays étranger, ni à appliquer dans sa globalité le modèle qu'il propose — alors que le rejet du repoussoir peut être absolu. Il s'agit, pour elles, de sélectionner dans le modèle éventuel les aspects qui leur conviennent — ils peuvent être institutionnels ou culturels — tout en rejetant les autres considérés comme inutiles — méthodes économiques ou statut de la femme —, sans réaliser que, pour produire leurs effets bénéfiques, les premiers sont solidaires des deuxièmes. Le modèle de l'étranger ne structure pas une conception idéologique, il lui fournit des munitions. On comprend mieux la permanence de certains thèmes, liée à l'inertie des idéologies. Modèles et repoussoirs sont, pour les droites, les preuves de l'excellence française ou les moyens permettant de l'accomplir. Dans cette mesure, l'épreuve de l'étranger contribue à l'édification de la Cité.

JACQUES PORTES

La présence au monde

Bibliographie

Le sujet des modèles et des repoussoirs, souvent évoqué, n'a pas donné lieu à une littérature historique très précise; il faut partir à leur recherche dans les ouvrages, plus nombreux, sur l'opinion publique et les pays étrangers.
De plus, presque aucun ouvrage, ou article, n'a été consacré à l'aspect particulier des droites et de l'étranger; en revanche, les publications d'ensemble sur les droites ne manquent pas, qui peuvent fournir des éléments importants.

Ouvrages généraux sur les droites

[1] RENÉ RÉMOND, *Les droites en France*, Paris, Aubier, 1982.
A cet ouvrage qui a élaboré la distinction des trois droites, on peut ajouter des études plus particulières sur l'extrême droite.

[2] ARIANE CHEBEL D'APPOLLONIA, *L'extrême droite en France, de Maurras à Le Pen*, Bruxelles, éd. Complexe, 1988.

[3] ANNE-MARIE DURANTON-CRABOL, *Visages de la nouvelle droite, le G.R.E.C.E. et son histoire*, Paris, Presses de la Fondation nationale des sciences politiques, 1988.

Travaux généraux sur l'opinion et l'étranger

La question est particulièrement bien introduite dans :

[4] JEAN-BAPTISTE DUROSELLE et PIERRE RENOUVIN, *Introduction à l'histoire des relations internationales*, Paris, A. Colin, rééd. 1990.

[5] JEAN-BAPTISTE DUROSELLE, *Tout empire périra, vision théorique des relations internationales*, Paris, Publications de la Sorbonne, 1981; rééd., A. Colin, 1991.

On peut consulter avec profit des ouvrages plus précis :

[6] MELVIN SMALL, éd., *Public opinion and historians*, Detroit, Wayne State University Press, 1970.

[7] *Opinion publique et politique extérieure, I. 1870-1914 et II. 1915-1940*, Rome, École française de Rome, 1981 et 1984.

[8] PIERRE MILZA, « Mentalités collectives et relations internationales », *Relations internationales*, vol. 41, 1985.

Depuis une cinquantaine d'années, les sondages d'opinion peuvent constituer des sources particulièrement riches. Toutefois, leur utilisation dans le cadre de cette recherche est particulièrement délicate. En effet, les questions sur l'opinion des Français et les pays étrangers sont très variées et jamais homogènes. Le plus souvent, elles portent sur des problèmes de politique étrangère du moment — guerre froide, OTAN, CED, ou désarmement — et ne sont guère utilisables pour déterminer la formation de modèles ou de repoussoirs. D'autant plus que seul ce type de questionnaire fait appel à la répartition des sondés selon leur appartenance politique; le plus souvent, les questions portant sur l'opinion des Français à l'égard des pays étrangers restent générales, sans distinction de groupe social ou politique, ce qui les rend difficilement utilisables. Un exemple frappant de cette attitude est donné par le sondage du printemps 1982 présentant ce que les Français pensent des six autres pays qui composent le groupe des sept pays les plus industrialisés, qui allait se réunir dans les fastes de Versailles. Les questions sont formulées de la façon suivante : « Parmi les pays suivants, quel est selon vous celui où les gens vivent le plus heureux ? » et « Parmi les peuples suivants, quel est celui qui vous inspire le plus de confiance ? » (dans les deux cas, ce sont le Canada et les États-Unis qui arrivent nettement en tête). Voir :

[9] « Que pensent de nous nos amis de Versailles, les Français ne sont plus aimés », *Paris-Match*, 11 juin 1982.

Les instituts de sondage et leurs clients ne sont guère intéressés par l'étranger autrement que dans l'actualité ou la vision globale. Cette donnée est constante, quels que soient le type d'institut et le type de recueil dans lequel le sondage paraît ; ces autres exemples le confirment :

[10] « La politique étrangère de la France et l'opinion publique, 1954-1957 », in *Sondages, revue française de l'opinion publique*, nos 1 et 2, 1958.

[11] JACQUES RUPNIK et MURIEL HUMBERTJEAN, « Images des États-Unis dans l'opinion publique », *in* [30].

Cet article compare même l'image des États-Unis à celle de l'URSS, mais toujours sans donner de précision sur les questions d'opinion générale. Voir la même pratique dans :

[12] JÉRÔME DUHAMEL, *Vous les Français*, Paris, Albin Michel, 1989.

Ces constatations expliquent qu'il faille utiliser les sondages avec beaucoup de précautions, tout spécialement pour ce type de sujet.

Les travaux sur l'opinion française et l'étranger

Ils proviennent essentiellement de deux disciplines différentes, l'histoire et la littérature comparée. Aussi ont-ils des approches assez différentes, reposent-ils sur des sources dissemblables et, dans un cas comme dans l'autre, il n'existe aucune série complète sur un pays, suivant les périodes, et seul un petit nombre de pays a été étudié. Il est donc difficile de mener de véritables comparaisons, surtout sur une période assez longue.

Les travaux de recherche sur les Français et l'*Angleterre* sont essentiellement littéraires :

[13] PIERRE REBOUL, *Le mythe anglais dans la littérature française sous la Restauration*, Lille, Bibliothèque universitaire de Lille, 1962 (thèse intéressante et riche).

[14] MARIUS-FRANÇOIS GUYARD, *L'image de la Grande-Bretagne dans le roman français, 1914-1940*, Paris, Didier, 1954.

Solide travail parfois trop analytique. On trouve une mise au point très intéressante dans :

[15] FRANÇOIS CROUZET, « Problèmes de la communication franco-britannique », *Revue historique*, 515, juil.-sept. 1975.

Sur un événement célèbre, qui révèle les tensions de l'opinion :

[16] R. ARIÉ, « L'opinion publique en France et l'affaire Fachoda », in *Revue d'histoire des colonies*, 1954.

Pour le *Canada*, le principal travail est également littéraire, mais son approche est rigoureuse et historique :

[17] SYLVAIN SIMARD, *Mythe et reflet de la France, l'image du Canada en France, 1850-1914*, Ottawa, Presses de l'Université d'Ottawa, 1987.

Voir également, sur des sujets plus réduits :

[18] JACQUES PORTES, « Le Québec ou la nostalgie de l'Amérique », in *Les Cahiers de Pandora*, 9, juin 1984.

[19] JACQUES PORTES, « Paris-Ottawa-Québec : A unique triangle », *in* IVO D. DUCHACEK, DANIEL LATOUCHE and GARTH STEVENSON, *Perforated Sovereignties and International Relations*, New York, Greenwood Press, 1988.

[20] JACQUES PORTES, « Le Janus canadien », in *Revue d'Histoire moderne et contemporaine*, nº spéc., printemps 1990.

Sur les *États-Unis*, les travaux sont plus divers et d'origines variées. Le maître ouvrage, surtout par sa problématique et ses conclusions, est sans conteste :

[21] RENÉ RÉMOND, *Les États-Unis devant l'opinion française, 1815-1852*, Paris, A. Colin, 1962.

Un compte rendu particulièrement intéressant est celui de :

[22] DURAND ECHEVARRIA, « L'Amérique devant l'opinion française », in *Revue d'histoire moderne et contemporaine*, janv.-mars 1962.

On ne doit pourtant pas oublier deux travaux restés dactylographiés, qui ont fait avancer la connaissance. Le premier, parfois superficiel, reste pénétrant :

[23] SIM COPANS, *French Opinion of American Democracy*, Brown University, 1941.

Le second est excellent par les nuances et le renouvellement de l'analyse, malgré une organisation un peu chaotique :

[24] THOMAS A. SANCTON, *America in the Eyes of the French Left, 1848-1871*, University of Oxford, Balliol College, 1978.

Voir également :

[25] JACQUES PORTES, *Une fascination réticente, les États-Unis dans l'opinion française, 1870-1914*, Nancy, Presses universitaires de Nancy, 1990.

[26] JACQUES PORTES, « Les manuels d'histoire-géographie de la IIIᵉ République et les États-Unis, 1870-1914 », in *Revue d'histoire moderne et contemporaine*, janv.-mars 1981.

[27] JACQUES PORTES, « A l'origine de la légende noire des accords Blum-Byrnes sur le cinéma », in *Revue d'histoire moderne et contemporaine*, avril-juin 1986.

Les autres travaux principaux sont d'origine littéraire, mais sont tout à fait complémentaires des précédents. Particulièrement riche par son information :

[28] SIMON JEUNE, *De F.T. Graindorge à A.O. Barnabooth, les types américains dans le roman et le théâtre français, 1861-1917*, Paris, Didier, 1963.

Moins homogène et plus superficiel, sans manquer d'intérêt :

[29] KORNEL HUVOS, *Cinq mirages américains, les États-Unis dans l'œuvre de G. Duhamel, J. Romains, A. Maurois, J. Maritain et S. de Beauvoir*, Paris, Didier, 1972.

Pour la période actuelle, il n'existe aucun ouvrage d'ensemble, mais des actes de colloques, très inégaux mais qui apportent des perspectives intéressantes :

[30] DENIS LACORNE, JACQUES RUPNIK, MARIE-FRANCE TOINET, éd., *L'Amérique dans les têtes*, Paris, Hachette, 1986.

[31] CLAUDE-JEAN BERTRAND et FRANCIS BORDAT, éd., *Les médias américains en France, influence et pénétration*, Paris, Belin, 1989.

Ou, sur un mode plus polémique :

[32] JACQUES THIBAU, *La France colonisée*, Paris, Flammarion, 1980.

Les autres pays sont un peu moins représentés, peut-être par manque d'intérêt des chercheurs, sans doute par moindre connaissance de l'auteur de ce chapitre. On trouve pourtant sur l'*Allemagne* une thèse de littérature, dense et riche, quoiqu'un peu touffue :

[33] CLAUDE DIGEON, *La crise allemande de la pensée française, 1870-1914*, Paris, PUF, 1959.

Beaucoup moins ambitieux, et étroitement littéraire :

[34] GEORGES PISTORIUS, *L'image de l'Allemagne dans le roman français entre les deux guerres*, Paris, Debresse, 1964.

Seulement documentaire :

[35] CHARLES MICAUD, *The French Right and Nazi Germany, 1933-1939*, New York, Duke University Press, 1943.

Riche, sur un sujet limité :

[36] PHILIPPE MACHEFER, « Les Croix-de-feu devant l'Allemagne », in *La France et l'Allemagne, 1932-1936*, Paris, éd. du CNRS, 1980.

[37] PASCAL ORY, *La France allemande*, Paris, coll. « Archives », Gallimard/Julliard, 1977.

Il ne faut pas négliger, pour donner un cadre général :

[38] RAYMOND POIDEVIN et JACQUES BARIÉTY, *Les relations franco-allemandes, 1815-1975*, Paris, A. Colin, 1977.

On retrouve, à propos de la *Russie*, le même genre de travaux, plus littéraires qu'historiques, avec deux thèses dont la première est intéressante et riche, mais hélas dépourvue de toute bibliographie, la seconde apportant moins :

[39] CHARLES CORBET, *A l'ère des nationalismes, l'opinion française face à l'inconnue russe, 1799-1914*, Paris, Didier, 1967.

[40] MICHEL CADOT, *L'image de la Russie dans la vie intellectuelle française, 1839-1856*, Paris, Fayard, 1967.

Pour le XXᵉ siècle, des ouvrages de vulgarisation très utiles :

[41] MARC FERRO, *L'Occident devant la révolution russe de 1917*, Bruxelles, Complexe, 1981.

[42] FRED KUPFERMAN, *Au pays des soviets, le voyage en URSS, 1917-1939*, Paris, coll. « Archives », Gallimard/Julliard, 1979.

On peut également utiliser, plus ponctuellement :

[43] DENISE EECKAUTE, « 1905 dans la presse anglaise et française », in FRANÇOIS-XAVIER COQUIN et CÉLINE GERVAIS-FRANCELLE éd., *1905, la première révolution russe*, Paris, Publications de la Sorbonne et Institut d'études slaves, 1986.

L'*Italie* n'est pas très bien servie, au-delà de l'excellent ouvrage de Pierre Milza :

[44] PIERRE MILZA, *L'Italie fasciste devant l'opinion française, 1920-1940*, Paris, A. Colin, coll. « Kiosque », 1967.

Sur une période antérieure et peu connue :

[45] PHILIPPE GUT, « Victor-Emmanuel II, son règne et les relations franco-italiennes devant l'opinion publique française », in [7, I].

Au sujet de la guerre d'Espagne, se reporter à un ouvrage utile :

[46] DAVID W. PIKE, *Les Français et la guerre d'Espagne*, Paris, PUF et Publications de la Sorbonne, 1973.

Enfin, sur un thème général voisin et très complémentaire, il faut utiliser ce remarquable travail :

[47] RALPH SCHOR, *L'opinion française et les étrangers en France, 1919-1939*, Paris, Publications de la Sorbonne, 1985.

À ces travaux majeurs, s'ajoute un nombre assez important de mémoires de maîtrises, de diplômes d'études supérieures, provenant essentiellement de l'Institut d'histoire des relations internationales contemporaines de Jean-Baptiste Duroselle, surtout dans les années 1960; ainsi que des mémoires de l'Institut d'études politiques. Ces petits travaux de recherches portent, pour l'essentiel, sur une étude de presse limitée à un événement précis : *La presse française et la Russie, avril 1906-avril 1907*, ou *Les catholiques français et la question d'Irlande, 1911-1932*, par exemple.

Pour la très grande généralité, ces travaux, même de facture honnête, ne sont pas faciles à utiliser. Premières recherches, ils apportent tout au plus quelques menues précisions. Se détache parmi eux, pourtant :

[48] JEAN-PIERRE CHEVÈNEMENT, *La droite nationaliste devant l'Allemagne*, Paris, IEP, 1960.

Par ailleurs, il ne semble jamais y avoir eu de véritable projet portant sur un pays pendant une période assez longue ; ces travaux restent disparates et sans véritable cohérence entre eux.

Autres travaux

Outre les travaux spécifiques sur l'opinion française, on peut glaner des renseignements utiles dans bien d'autres ouvrages, mémoires ou autres. On se contentera de citer ici quelques titres qui ont été particulièrement utilisés. Pour les pages qu'il consacre spécifiquement à l'opinion des Français vis-à-vis de l'étranger, à sa façon si originale :

[49] THEODORE ZELDIN, *Histoire des passions françaises, 1848-1945*, 2. *Orgueil et intelligence*, Paris, Le Seuil, 1978.

Les biographies peuvent fournir des renseignements utiles, il suffit de mentionner deux exemples significatifs et récents :

[50] MARC FERRO, *Pétain*, Paris, Fayard, 1988.

[51] JEAN LACOUTURE, *De Gaulle*, Paris, Le Seuil, 1984-1986.

Les sources originales

Elles portent essentiellement sur l'opinion des Français vis-à-vis des États-Unis, plus directement connus par l'auteur.

Le grand ancêtre, toujours d'actualité, surtout aux États-Unis :

[52] ALEXIS DE TOCQUEVILLE, *De la démocratie en Amérique, Œuvres*, t. II, Paris, Gallimard, la Pléiade, 1992.

On signalera également :

[53] CLAUDIO JANNET, *Les États-Unis contemporains*, Paris, Plon, 1876.

[54] PAUL DE NOAILLES, *Cent ans de république aux États-Unis*, Paris, Calmann-Lévy, 1886.

[55] ANDRÉ TARDIEU, *Notes sur les États-Unis*, Paris, Calmann-Lévy, 1908.

Ou encore :

[56] PAUL BOURGET, *Outre-mer : Notes sur l'Amérique*, Paris, Lemerre, 1895.

[57] GEORGES DUHAMEL, *Scènes de la vie future*, Paris, Mercure de France, 1930.

Il s'agit d'une liste très incomplète, mais assez révélatrice.

Deuxième partie

L'ORGANISATION DE LA CITÉ

CHAPITRE VII

Dieu

La Révolution française a procédé à une déchirure essentielle et fonda-mentale : elle a coupé, à jamais, le lien qui unissait jusqu'alors l'organisation de la Cité des hommes à la cité matricielle de Dieu.

Le 21 janvier 1793, en guillotinant Louis XVI, elle avait voulu parache-ver son parcours en tuant le corps mortel du roi par décision délibérée de la nation ; en proclamant la République une et indivisible le 21 septembre 1792, la Convention, abolissant la monarchie, avait, dans les faits, brisé le corps mystique du roi, incarnation impersonnelle — puisque n'appartenant pas en propre à Louis XVI — de la chaîne des temps et de la continuité du pouvoir ; en 1790, l'Assemblée constituante avait donné le branle en posant, par une constitution écrite, l'existence de la nation, à côté de celle du roi.

C'est, en définitive, cette année-là que s'opéra, sans même que tous les contemporains en eussent la réelle conscience, la déchirure. Face à une culture politique héritée de l'Ancien Régime, où n'existait aucune constitution écrite du royaume autre que quelques lois fondamentales pour le monarque — dites lois du royaume, au premier chef, la successivité en ligne masculine et la catholicité — immanentes et intangibles, distinguées des lois des rois, réfor-mables sinon révocables, l'Assemblée constituante non seulement fixe l'ordre et les règles fondamentales de la communauté politique, mais légitime cette Constitution par la nation et non par Dieu. Tout l'édifice théologico-politique de l'Ancien Régime se fondait sur un principe qui avait reçu de Bossuet une formulation d'autant plus classique qu'elle avait le mérite d'une frappante simplicité : « Dieu établit les rois comme ses ministres et règne par eux sur les peuples. » Avec Emmanuel Sieyès, le gouvernement est établi désormais par la nation, individualité collective préexistante à tout ordre politique et social : « La nation existe avant tout, elle est l'origine de tout. Sa volonté est toujours légale, elle est la loi elle-même. Avant elle et au-dessus d'elle il n'y a que le droit naturel. »

De Bossuet à Sieyès se joue une éradication constitutive de la modernité politique française : il n'y a tout simplement plus d'arrière-monde à la Cité. Le souverain n'est plus un monarque de droit divin, lieutenant de Dieu sur la terre ; il est désormais le corps politique lui-même, en tant qu'il fait les lois. Dieu était un principe de transcendance auquel s'adossait la Cité ; désormais, à sa place règne la loi, immanente à la société politique qu'est la nation. Sieyès ne dit rien d'autre, lorsqu'il précise, en phrases denses où compte chaque mot : « Si nous voulons nous former une idée juste de la suite des lois positives qui ne peuvent émaner que de sa [la nation] volonté, nous voyons en première ligne les lois constitutionnelles, qui se divisent en deux parties : les unes règlent l'organisation et les fonctions du corps législatif, les autres déterminent l'organisation et les fonctions des différents corps actifs. Ces lois sont dites fondamentales, non pas en ce sens qu'elles puissent devenir indépendantes de la volonté nationale, mais parce que les corps qui existent et agissent par elles ne peuvent point y toucher. Dans chaque partie, la constitution n'est pas l'ouvrage du pouvoir constitué, mais du pouvoir constituant [...]. Les premières [lois], celles qui établissent la législature, sont fondées par la volonté nationale avant toute institution ; elles en forment le premier degré. Les secondes doivent être établies par une volonté représentative spéciale. Ainsi toutes les parties du gouvernement se répondent et dépendent en dernière analyse de la nation[1]. » La communauté politique est désormais à soi-même son propre monde, se fondant par et sur son existence même. La Révolution conduit de l'univers politique ouvert sur Dieu au monde clos structuré par la volonté nationale.

Il n'y a plus, pour Dieu, de place au fondement de la Cité ; tout au mieux lui réserve-t-on une place dans la Cité, que son culte consolidera en confortant le citoyen dans la croyance de la juste nécessité de l'ordre des choses civiques : ce sera, au printemps 1790, la Constitution civile du clergé, bientôt suivie d'un serment de fidélité juré à la Constitution politique. On sait les déchirements qui en résultent, jusqu'à ce que Bonaparte signe, avec Pie VII, le 26 Messidor an IX (15 juillet 1801), le Concordat qui fonde la reconnaissance par l'Église de la République, qui arrête le principe de la pluralité des religions en faisant de la liberté des cultes une liberté publique — et non plus privée comme l'avaient proclamé successivement la Convention, puis le Directoire — et en fixant les rapports territoriaux et administratifs de l'Église et de l'État. Écoutant Portalis exposer devant le Corps législatif les grandes lignes du Concordat par lequel un gouvernement sécularisé dessinait précisément la place de Dieu dans la Cité, le comte Molé notera : « C'était la première fois, depuis l'origine des sociétés, qu'un gouvernement parlait aux hommes de religions, abstraction faite de leur vérité, et se déterminait publiquement dans le choix de celle qui convenait à l'État par des raisons purement humaines[2]. »

La brisure du lien qui attachait jusqu'alors la Cité à Dieu sera vécue douloureusement par les royalistes et les croyants. Il faut y voir l'origine du recouvrement, pendant plus d'un siècle, du catholicisme et de la droite dans sa globalité, malgré sa diversité interne au fil des temps. Deux réactions de contemporains marquent bien les voies qui s'offrirent immédiatement aux droites pour réintroduire Dieu dans la Cité : fonder à nouveau une communauté politique dans la chaîne des œuvres de la Providence (Maistre) ; consolider la communauté politique nouvelle, issue de la Révolution, par la stabilité sociale qu'apporterait le respect de la foi et de son exercice (Benjamin Constant).

Maistre fait de la Cité révolutionnaire l'œuvre d'une Providence châtiant la France pour la régénérer, pour la guérir de sa longue impiété et faire en sorte que le pays redevienne, une fois oubliés les constitutions nées de délibérations, les droits de l'homme et les droits du peuple, le « plus beau royaume après celui du Ciel » : « Nous sommes tous attachés au trône de l'Être suprême par une chaîne souple, qui nous retient sans nous asservir. Ce qu'il y a de plus admirable dans l'ordre universel des choses, c'est l'action des êtres libres sous la main divine. Librement esclaves, ils opèrent tout à la fois volontairement et nécessairement : ils font réellement ce qu'ils veulent, mais sans pouvoir déranger les plans généraux [...] Mais jamais l'ordre n'est plus visible, jamais la Providence n'est plus palpable que lorsque l'action supérieure se substitue à celle de l'homme et agit toute seule : c'est ce que nous voyons dans ce moment. Ce qu'il y a de plus frappant dans la Révolution française, c'est cette force entraînante qui courbe tous les obstacles [...] Comme [la Providence] peut tout ce qu'elle veut, elle ignore ces grâces produites par l'impression de punir. Il fallait que la grande épuration s'accomplît, et que les yeux fussent frappés ; il fallait que le métal français, dégagé de ses scories aigres et impures, parvînt plus net et plus malléable entre les mains du Roi futur[3]. »

Benjamin Constant, au contraire, place le culte de Dieu au simple rang des libertés nécessaires à la vie de la Cité, et non plus, comme le fait Maistre, au principe même de celle-ci. Encore prêtera-t-on quelque attention à la place exacte qu'occupe la religion dans la revue détaillée des éléments constitutifs de la liberté chez les Modernes : « C'est pour chacun le droit de n'être soumis qu'aux lois, de ne pouvoir être ni arrêté, ni détenu, ni mis à mort, ni maltraité d'aucune manière, par l'effet de la volonté arbitraire d'un ou de plusieurs individus. C'est pour chacun le droit de dire son opinion, de choisir son industrie, et de l'exercer, de disposer de sa propriété, d'en abuser même ; d'aller, de venir sans en obtenir la permission, et sans rendre compte de ses motifs ou de ses démarches. C'est, pour chacun, le droit de se réunir à d'autres individus, soit pour conférer sur ses intérêts, soit pour professer le culte que lui et ses associés préfèrent, soit simplement pour remplir ses jours ou ses heures d'une manière plus conforme à ses inclinations, à ses fantaisies. Enfin, c'est le droit, pour chacun, d'influer sur l'administration du gouvernement, soit par la *nomination de tous ou de certains fonctionnaires, soit par des représentations, des pétitions, des demandes, que l'autorité est plus ou moins obligée de prendre en considération*[4]. *»*

Maistre-Constant : chez le premier, Dieu préside aux destinées de la Cité ; chez le second, il participe à son existence régulée. Plus qu'une alternative, il convient de voir, en ces auteurs, les deux limites extrêmes du champ des présences possibles de Dieu dans l'organisation de la Cité, telles que les droites voudront les défendre.

*
**

« Une étrange perversion s'est installée dans certains esprits. On dirait qu'ils confondent la droite et la gauche politiques avec la droite et la gauche du Père au jour terrible du Jugement. Alors ceux qui furent à droite ici-bas s'avanceraient d'un pas délibéré vers la droite du Père, tandis que les suppôts de la gauche, remplis de confusion, n'auraient d'autre ressource que de se précipiter vers les maudits. [...] Mais beaucoup de ceux qui se croient dedans sont dehors, et beaucoup de ceux qui semblent dehors sont dedans. [...] N'anticipons pas sur le partage des bons et des mauvais. » Ainsi s'interrogeait, en mars 1936, *La Vie intellectuelle* dans un article intitulé « Dieu est-il à droite? ». De fait, Dieu est-il *à droite*? Dieu est-il *de droite*? Que le Dieu de l'Écriture et des prophètes, que le Dieu de Jésus-Christ puisse constituer, dans l'histoire de la France contemporaine, un mode de légitimation du pouvoir, une valeur de référence ou une figure de rhétorique politique, voilà qui renvoie à des conceptions qui sont davantage celles de Voltaire ou de Ludwig Feuerbach, que celles de Pascal. « Si Dieu nous a faits à son image, nous le lui avons bien rendu » [17, p. 158], ironise le premier, que prolonge plus doctement le second : « Le Dieu de l'homme est sa propre essence [...] La conscience de Dieu est la conscience de soi de l'homme, la connaissance de Dieu est la connaissance de soi de l'homme » [7, p. 122, 129-130]. Pascal récuse à l'avance l'un et l'autre, qui ne veut connaître ni « un Dieu simplement auteur des vérités géométriques », ni « un Dieu qui exerce sa providence sur la vie et les biens des hommes », mais « Le Dieu d'Abraham, le Dieu d'Isaac, le Dieu de Jacob, le Dieu des chrétiens... Dieu d'amour et de consolation... qui remplit l'âme et le cœur de ceux qu'il possède [et] les rend incapables d'autre fin que de lui-même » [15, n° 602]. Le Dieu « sensible au cœur » ne siège ni ne discourt dans les assemblées parlementaires...

La rhétorique divine des politiques porte ainsi en elle un

ensemble de présupposés dont il importe de prendre dès l'abord la mesure. Elle implique une objectivation — d'aucuns diront : une instrumentalisation; d'aucuns encore : une profanation — de la figure du Dieu pascalien. Le Dieu des politiques est une fonction, tour à tour autorité, argument, caution, témoin ou alibi, qui se développe selon une multiplicité d'emplois ou de registres — Dieu terrible, Dieu vengeur, Dieu des armées, Dieu-Providence, Dieu de justice et de vérité, Dieu des pauvres et des humiliés — au gré de conjonctures historiques et selon l'optique de ceux qui l'invoquent — évêques et prêtres, pasteurs et rabbins, rois et ministres, magistrats ou officiers, politiques ou philosophes, mais aussi croyants et fidèles, à titre individuel ou collectif. Au XIXe siècle en toute occasion et de tous côtés, au XXe siècle encore parfois (mais il faudra rendre compte de l'affaiblissement de la référence à Dieu dans le discours politique contemporain), Dieu *sert* : les croyances et les opinions, les justes causes et les luttes finales, les restaurations et les coups d'État, parfois même les révolutions. Il sert à droite surtout, à gauche jadis aussi : et chacun de prétendre, et de s'efforcer de convaincre, qu'Il a été, ainsi, servi.

Toutes les droites cependant, précisons-le d'emblée, ne se reconnaissent pas en Dieu, n'ont pas besoin de Dieu. Ernest Renan, Hippolyte Taine appartiennent tous deux à cette droite du XIXe siècle, autoritaire et antirépublicaine, qui rend explicite son rejet du christianisme et de ses croyances. A l'aube du XXe siècle, Charles Maurras incarne la tradition d'un nationalisme agnostique, que l'influence de Friedrich Nietzsche et les modèles fascistes de l'entre-deux-guerres approfondiront dans le sens d'un anticléricalisme de droite ou d'extrême droite, tout aussi vivace que son pendant.

Saisir dans le long terme de l'histoire des droites en France durant les deux derniers siècles les usages et le sens de la référence à Dieu implique dès lors une approche attentive et nuancée, en termes de culture religieuse d'une part, de culture politique d'autre part, de conjoncture historique générale enfin.

Toute citation divine est ainsi, en un sens, pour prosaïque ou utilitaire qu'elle puisse paraître, référence scripturaire, lecture et interprétation de la Bible ou des Évangiles : or il y a un Dieu de l'Ancien ou du Nouveau Testament, le Dieu de la Genèse, le Dieu des Rois, le Dieu des Psaumes et des Prophètes, le Dieu des Maccabées, le Dieu des Paraboles ou le Dieu de saint Paul; de même que, parmi les trois personnes de la Trinité chrétienne, le Père est, à l'évidence, plus invoqué par les politiques que le Fils ou l'Esprit-Saint. Cette culture religieuse est elle-même évolutive, susceptible de transformations, de condensations, ou d'abandons. Que l'évolution des croyances et des consciences modifie considérablement les représentations religieuses et les conceptions du monde, que s'affaiblissent le sentiment d'appartenance à une Église, l'adhésion au dogme ou la cohésion du groupe, et se modifie du même coup l'efficacité sociale de la rhétorique divine des politiques.

D'autre part, les traditions historiques qui structurent le paysage divers des droites françaises, si elles ne génèrent pas toutes un discours spécifique sur Dieu, privilégient, consciemment ou inconsciemment, à partir d'une culture religieuse commune, des conceptions, des images ou des textes propres à soutenir une argumentation ou un projet politiques : le Dieu des légitimistes diffère au XIXe siècle du Dieu des orléanistes; et le Dieu qu'invoque — discrètement — le maréchal Pétain en 1940 ne se confond pas avec le Dieu ou les « valeurs chrétiennes » auxquels aujourd'hui Jean-Marie Le Pen se flatte de se référer dans chacun de ses discours publics.

Il entre enfin, dans l'évolution de la référence à Dieu, une part d'histoire, sinon de chronologie, ancrée autour d'événements restaurateurs, ou supposés tels (1814, 1848, 1851, 1873), de crises (1830, 1871, 1962), de cataclysmes (le choléra de 1832, la défaite de l'été 1940), de guerres enfin. Le Dieu des droites est ainsi, successivement et souvent contradictoirement, fonction de cultures et de sensibilités religieuses diverses, de traditions politiques distinctes et de circonstances historiques déterminées. Il a une histoire, il est histoire.

I. LE DIEU TERRIBLE, OU LE DIEU DES EXPIATIONS

A l'origine d'une formulation nouvelle du Dieu politique par les droites du XIXe siècle, il y a, bien sûr, la Révolution; et, au cœur de cette Révolution, la mort du Roi très Chrétien, l'Oint du Seigneur, sur l'échafaud de la guillotine, à Paris, place de la Révolution (dont on tentera de faire, plus tard, une place de la Concorde), en présence d'une foule immense et silencieuse, le 21 janvier 1793. Crime inouï, exemplaire, injuste; sacrifice de l'innocent, qui appelle les châtiments les plus terribles; victime propitiatoire, promesse d'expiations nécessaires et d'un douloureux rachat. La Révolution « impie », la mort du roi et la persécution de l'Église fixent une origine aux malheurs de la France; ils déterminent un plan de Dieu sur la Nation coupable, que la pensée contre-révolutionnaire n'aura de cesse, au XIXe et jusqu'au XXe siècle, de déchiffrer et d'élucider.

« Un des plus grands crimes qu'on puisse commettre », écrit en 1796 Joseph de Maistre dans ses *Considérations sur la France*, « c'est sans doute l'attentat contre la *souveraineté*, nul n'ayant des suites plus terribles. Si la souveraineté réside dans une tête, et que cette tête tombe victime de l'attentat, le crime augmente d'atrocité. Mais si ce souverain n'a mérité son sort par aucun crime; si ses vertus mêmes ont armé contre lui la main des coupables, le crime n'a plus de nom. A ces traits, on reconnaît la mort de Louis XVI; mais ce qu'il est important de remarquer, c'est que *jamais un plus grand crime n'eut plus de complices...* Il faut encore faire une observation importante : c'est que tout attentat commis contre la souveraineté *au nom de la Nation*, est toujours plus ou moins un crime national; car c'est toujours plus ou moins la faute de la Nation, si un nombre quelconque de factieux s'est mis en état de commettre un crime en son nom » [13, p. 36]. « Quand Louis monta sur l'échafaud », médite en 1817 Félicité de Lamennais dans l'*Essai sur l'indifférence*, « ce ne fut pas seulement un mortel vertueux qui succomba sous la rage de quelques scélérats; ce fut le pouvoir lui-même, vivante image de la divinité dont il émane, ce fut le principe de l'ordre et de l'existence politique, ce fut la société entière qui périt » [9, t. 1, p. 375].

Le sang de l'innocent rejaillira donc sur la tête des coupables. Un châtiment exemplaire, une punition mémorable est inscrite par la justice divine au terme du sacrifice inique de la victime royale. « Le genre humain peut être considéré comme un arbre qu'une main invisible taille sans relâche, et qui gagne souvent à cette opération », poursuit le comte de Maistre. « Terrible purification... Dogme universel et aussi ancien que le monde, de la réversibilité des douleurs de l'innocence au profit des coupables... Chaque goutte du sang de Louis XVI en coûtera des torrents à la France; quatre millions de Français, peut-être, paieront de leurs têtes le grand crime national d'une insurrection antireligieuse et anti-sociale, couronnée par un régicide... Les grands crimes exigent malheureusement de grands supplices » [13, p. 37, 47]. « Le Dieu qui semble vouloir laver la France dans ces fleuves de sang », écrit dans les mêmes et sombres années du Directoire l'abbé Barruel dans ses *Mémoires pour servir à l'histoire du jacobinisme*, « vient donner au monde un autre spectacle de ses vengeances. Le Christ n'a plus d'autel en France; les Rois n'ont plus de trône; ceux qui ont renversé et le Trône et l'Autel, conspirent les uns contre les autres. Les intrus, les déistes et les athées ont égorgé les catholiques; les intrus, les athées et les déistes s'égorgent les uns les autres... Ah! qu'ils sont accablants, ces sarcasmes d'un Dieu trop bien vengé! [1, t. II, p. 468, 544] ».

Mais la Révolution et la mort de Louis XVI fondent à leur tour la nécessité d'une expiation, et, au terme d'un douloureux *retour*, la possibilité d'une rédemption. Assimilé très tôt à un nouveau Christ par l'émigration royaliste, célébré officiellement par la monarchie française à l'instar d'un martyr à partir du 21 janvier 1816 jusqu'à la fin de la Restauration, le Roi Très Chrétien, « l'auguste victime », a versé son sang pour le salut de la France coupable, punie et (si elle y consent manifestement, publiquement, collectivement, politiquement) pardonnée. « Espérons que le sang innocent de Louis crie en quelque sorte et intercède », s'écrie le pape Pie VI en conclusion de son allocution du 17 juin 1793, « afin que la France reconnoisse et déteste son obstination à accumuler sur elle tant de crimes, et qu'elle se souvienne des châtiments effroyables, qu'un Dieu juste vengeur des forfaits a souvent infligés à des peuples qui avoient commis des attentats beaucoup moins énormes » [61, p. 61]. « Ainsi, il peut y avoir eu », suggère Joseph de Maistre, « dans le cœur de Louis XVI, dans celui de la céleste Élisabeth, tel mouvement, telle acceptation, capable de sauver la France » [13, p. 49]. Note d'espérance enfin chez Pierre Simon Ballanche, mystique auteur lyonnais d'une *Antigone* de 1814 dédiée à Madame Royale, de l'*Homme sans nom* (c'est-à-dire du régicide) et de *La ville des expiations* : dans la Convention, écrit-il en 1818, « quelques-uns furent, à leur insu, des sortes de prêtres et de sacrificateurs pour immoler la victime expiatoire. Du haut de son trône immuable et au-dessus de tous les changements, Dieu peut-être avait condamné le juste pour le salut de la France qu'il aime. Ce Dieu n'avait-il pas voulu que son Fils payât la dette de l'humanité? Le roi a racheté la France comme Jésus-Christ a racheté le genre humain » [60, p. 77].

Le triple mouvement qu'implique la lecture « providentialiste » de la Révolution — crime, punition, expiation (rédemption) — se fonde sur une théologie du Dieu vengeur, qui détruit Sodome et Gomorrhe à cause de leurs « abominations » (Genèse, XIX, 13), du Dieu redoutable qui annonce à Babylone sa ruine et à Jérusalem sa désolation, du Dieu terrible qui châtie le Peuple infidèle à Sa Loi — « Et le Seigneur dit à Moïse : jusqu'à quand ce peuple m'outragera-t-il par ses paroles? » (Nombres XIV, 11). C'est Lui qui a permis le déchaînement de la Révolution : « Il y a eu des Nations condamnées à mort au pied de la lettre, comme des individus coupables, et nous savons pourquoi », écrit encore le comte de Maistre [13, p. 38]. C'est Lui qui est, en dernière analyse, l'Auteur de cette Révolution « mauvaise radicalement », « satanique » [13, p. 54, 56], « le mal élevé à sa plus haute puissance » [2, t. III, p. 328].

Les cérémonies expiatoires du 21 janvier, l'entreprise politico-religieuse des missions de la Restauration sont l'expression pratique, pédagogique, pastorale en un certain sens, de cette conception, de cette conviction qu'une Nation tout entière peut pécher, et qu'elle doit expier pour être pardonnée. Instruments de légitimation de la monarchie restaurée, pénitences publiques et missions réparatrices participent ainsi d'une croyance qui va au-delà de la lettre de la Charte libérale octroyée par Louis XVIII à son retour d'exil : que la dynastie est sacrée, que Dieu scelle l'union, renouvelée par le sang du juste, du trône et de l'autel. A crime collectif, responsabilité collective. Le désastre national impose les pénitences publiques comme les punitions exemplaires. Dieu a permis la Terreur révolutionnaire : Dieu justifie la Terreur blanche. « Défenseurs de l'humanité », s'écrie dans l'été 1815 devant la Chambre le comte de La Bourdonnais, « sachez répandre quelques gouttes de sang pour en épargner des torrents » [40, p. 134]. Et le prophète paysan Martin de Gallardon délivre au roi Louis XVIII et à la France ce message céleste (janvier 1816) : « Il faut que le Roi en use envers son peuple comme un père envers son enfant quand il mérite d'être châtié; qu'il en punisse un petit nombre des plus coupables pour intimider les autres [...] sinon toutes ces choses, la France tombera dans de nouveaux malheurs » [65, p. 20].

Plus profondément, il convient de rapporter l'eschatologie contre-révolutionnaire à l'image du Dieu jaloux, du Dieu justicier qui domine les croyances communes des fidèles de toute confession. A l'aube du XIXe siècle, a-t-on noté, « l'intervention immédiate de Dieu dans le cours de la vie humaine ou dans la nature paraît relever de l'expérience courante de toutes les communautés de croyants. Ceux qui interprètent les signes sont nombreux : ils montrent que "le doigt de Dieu est là", *digitus Dei est hic*. Qu'il s'agisse du malheur individuel ou du cataclysme qui frappe une collectivité — et la nation entière quand éclate la guerre —, la réaction est souvent celle que traduit cette vieille chanson hugue-note : *Nous voyons le Ciel irrité par les orages qu'il a fait... Faut s'assembler tous de bon cœur pour dire nos prières.* Sécheresse ou inondation, choléra ou phylloxera provoquent l'intervention des prières publiques destinées à implorer la clémence divine » [66, p. 148]. Le malheur n'est pas innocent, mais donné et, en quelque point, mérité : Dieu punit. Une prédication fondée sur la crainte de Dieu, si ce n'est une « pastorale de la peur[5] », alimente et soutient les interprétations dramatiques des scrutateurs des desseins cachés du Très-Haut.

L'eschatologie politique contre-révolutionnaire tend cependant à s'estomper au fil des décennies. La transformation graduelle du sentiment religieux dominant — plus christocentrique dans sa théologie, plus « consolant » dans sa pastorale, plus « sensible » dans son expression — comme le détachement d'une partie croissante de la population masculine d'une pratique religieuse font lentement — beaucoup plus lentement que ne le suppose parfois une science politique isolée de l'analyse du mouvement général des croyances — reculer au cours du siècle le substrat religieux du providentialisme apocalyptique. Le caractère exclusivement politique des lectures, interprétations et prédictions relatives aux « temps mauvais » isole d'autre part à long terme, par-delà la chute définitive des Bourbons en 1830, le discours contre-révolutionnaire dans des cercles légitimistes et prophétiques de plus en plus étroits, nourris des rancœurs d'une émigration de l'intérieur et des espérances rancies, et toujours détrompées, dans une impossible restauration. Rome s'est refusée en 1820 à ouvrir la cause de béatification de Louis XVI ; la croix apparue dans le ciel de Migné, en décembre 1826, n'a pas pu recevoir d'interprétation politico-religieuse satisfaisante [73, p. 238-241] ; les malheurs prévus « pour l'an quarante » n'ont pas eu lieu ; le règne du « Grand Monarque » n'est pas pour demain. Le Dieu terrible semble s'être apaisé.

Survienne pourtant un nouveau désastre, et, dans le clergé comme chez les fidèles (mais ce discours est devenu plus rarement public), les réflexes abandonnés resurgissent, les terreurs et les espérances mêlées dans les signes des temps reprennent vie et consistance politique pour tous ceux qui, tel Léon Bloy à l'aube de ce siècle, considèrent « l'Histoire [...] comme un immense texte liturgique où des iotas et des points valent autant que des versets ou des chapitres entiers, mais [où] l'importance des uns et des autres

est indéterminable et profondément cachée » [5, p. 15]. L'épidémie de choléra de 1832, qui emporte des dizaines de milliers de
victimes (dont le président du Conseil Casimir Perier), est ainsi
déchiffrée par de larges secteurs de l'opinion publique catholique
ou légitimiste, comme un châtiment céleste au lendemain de la
Révolution de Juillet, de la chute de la dynastie des Bourbons et de
la dévastation de l'archevêché de Paris. C'est l'heure de la
« médaille miraculeuse », gravée d'après les révélations de Catherine Labouré et diffusée par millions d'exemplaires. C'est le temps
retrouvé des prédications sévères et des appels à la pénitence. A
Rodez, Mgr Giraud, ancien prédicateur à la Cour de Charles X,
futur cardinal et archevêque de Cambrai, se déclare « persuadé que
dans les calamités publiques, quand une grande nation est frappée
au cœur, c'est à la nation tout entière à s'humilier sous la main
puissante de Dieu (I, Pierre 5, 6), qui blesse et qui guérit, qui perd
et qui ressuscite » (I, Rois 2, 6) ... « Ce que nous savons, et ce qui
ne peut être l'objet d'aucun doute sérieux pour un chrétien, ni
même pour un homme raisonnable », poursuit avec assurance
l'évêque légitimiste de Rodez, « c'est que tout effet a une cause, que
le hasard n'est qu'un vain mot inventé par notre orgueil pour
couvrir notre ignorance ; c'est qu'il est au Ciel un Dieu qui fait des
prodiges ; c'est qu'une Providence, paternelle même dans ses
rigueurs, préside à tous les événements et les conduit vers des fins
dignes d'elle ; c'est que, dans tous les siècles et sur tous les points de
la terre, tous les peuples du monde ont reconnu et adoré sa main,
dans ces calamités extraordinaires qui jettent l'épouvante au cœur
des nations ; c'est qu'enfin toute peine, sous l'empire d'un Dieu
juste et bon, est une épreuve ou un châtiment, et souvent l'une et
l'autre à la fois » [8, t. 1, p. 99-101].

La défaite militaire de 1870-1871 contre l'Allemagne, la
Commune de Paris et la grande peur sociale des années 1871-
1877, puis, sur le mode mineur, les lois laïques et anticléricales des
années 1880 sont à nouveau l'occasion d'une renaissance des
apocalypses politiques réactionnaires. L'abbé Torné-Chavigny réédite les *Centuries* de Nostradamus, le « Grand Prophète », qui a
prévu le désastre de Sedan :

> « Le grand Empire sera tost désolé
> « Et translaté près d'Ardenne silve »,

et la restauration de Henri V, l'enfant du miracle :

> « Et régnera Oenobarbe nez de milve » [75, p. 195]

Mélanie, la bergère de La Salette, publie au cours des années 1870

son *secret* conservé, s'il faut l'en croire, depuis les apparitions de
1846 : « Dieu », fait-elle dire à la Vierge, « va frapper d'une
manière sans exemple... Malheur aux habitants de la terre ! Dieu va
épuiser sa colère, et personne ne pourra se soustraire à tant de
maux réunis... La Société est à la veille des fléaux les plus terribles
et des plus grands événements ; on doit s'attendre à être gouverné
par une verge de fer et à boire le calice de la colère de Dieu » [59,
p. 105]. Nombreux sont ceux qui retrouvent comme spontanément, face à l'invasion prussienne, le thème du Dieu vengé.
« Malheur à Assur, c'est lui qui est la verge et le bâton de ma
fureur ; j'ai rendu sa main l'instrument de ma colère », répétaient
avec Isaïe (10, 5) les clercs de l'an mil confrontés aux incursions
des Hongrois et des Normands [67] : c'est le même argument de la
punition divine que reprennent en 1871 Mgr Pie, évêque de
Poitiers, futur cardinal, ou l'abbé Freppel, futur évêque d'Angers,
en discernant dans la Prusse le bras du Dieu vengeur, et dans la
France révolutionnaire et impériale, la nation impie, et condamnée.
« La main du comte de Bismark », affirme le premier, « s'est
chargée de reprendre, et par-delà, le don du comte de Cavour ».
« Qui sait », écrit le second, « si la nation qui a tué le Christ social
en 1789 n'est pas destinée aux mêmes châtiments que la nation
déicide de l'ancienne Loi ? Je tremble à la pensée de ce rapprochement » [52, t. 1, p. 223]. Crime, expiation, réparation : le Dieu
terrible a soudain retrouvé sa place dans l'histoire, et la basilique
du Sacré-Cœur de Montmartre, élevée par la nation repentie en
pénitence des « crimes » de la Commune, s'apprête à dominer
Paris-Babylone de sa masse immaculée.

Le désastre militaire de 1940 offre un dernier écho, atténué et
laïcisé, de cette lecture apocalyptique des malheurs de la France. Si
Dieu est rarement cité dans les discours du maréchal Pétain, les
thèmes de la punition méritée, des sacrifices nécessaires et de
l'expiation collective nourrissent encore son analyse du présent et
de l'avenir. « Je fais à la France le don de ma personne pour
atténuer son malheur », déclare-t-il, tel un nouveau Moïse, dans
son premier appel du 17 juin 1940, au jour de l'armistice [16,
p. 57]. « Nous tirerons la leçon des batailles perdues », poursuit-il
le 20 juin. « Depuis la victoire [de 1918], l'esprit de jouissance l'a
emporté sur l'esprit de sacrifice. On a revendiqué plus qu'on n'a
servi. On a voulu épargner l'effort ; on rencontre aujourd'hui le
malheur » [*idem*, p. 60]. « Vous avez souffert, vous souffrirez
encore... Votre vie sera dure », admoneste-t-il la nation le 25 juin.
« Ce n'est pas moi qui vous bernerai par des paroles trompeuses. Je

hais les mensonges qui vous ont fait tant de mal. La terre, elle, ne ment pas. Elle demeure votre recours... Notre défaite est venue de nos relâchements. L'esprit de jouissance a détruit ce que l'esprit de sacrifice a édifié. C'est à un redressement intellectuel et moral que je vous convie » [*idem*, p. 66]. Mais Dieu demeure absent, évoqué seulement à travers Noël, symbole d'une renaissance à venir — « Mes enfants, Noël, ne l'oubliez pas, c'est la nuit de l'espérance, c'est la fête de la Nativité. Une France nouvelle est née » (24 décembre 1940) [*idem*, p. 103] — ou à travers le souvenir de Jeanne d'Arc, figure de fidélité dans l'épreuve — « Portons aujourd'hui nos yeux sur la sainte de la patrie, dont la fête est celle de la nation tout entière, paysanne de nos marches de l'Est, fidèle à son sol, fidèle à son prince, fidèle à son Dieu » (11 mai 1941) [*idem*, p. 131]. La rhétorique divine des désastres de 1940 demeure discrète : la figure du maréchal, l'évocation de la patrie éclipsent la référence à Dieu. La culture politique de Vichy — sans évoquer ici celle des courants spécifiquement fascistes de la collaboration, totalement étrangers à toute référence à Dieu — appartient aussi (tout en jouant très habilement sur la confusion des registres) au XXe siècle sécularisé.

C'est l'Église catholique, ses évêques et son clergé qui retrouvent alors une fois encore, dans l'été et l'automne 1940, les accents les plus pressants d'une lecture providentialiste de la défaite, à la faveur de lettres pastorales et de sermons, de missions réparatrices et de cérémonies à la mémoire des morts. « Pour avoir chassé Dieu de l'école, des prétoires, de la nation. Pour avoir supporté une littérature malsaine, la traite des blanches. Pour la promiscuité dégradante des ateliers, des bureaux, des usines. Seigneur, nous vous demandons pardon. Quel usage avons-nous fait de la victoire de 1918 ? Quel usage aurions-nous fait d'une victoire facile en 1940 ? », s'écrie Mgr Saliège, archevêque de Toulouse [49, t. III, p. 73]. Le discours pénitentiel de l'épiscopat et du clergé français, que lui reprocheront amèrement tous les courants issus de la Résistance à l'heure de la Libération, s'il n'est pas étranger à des sympathies politiques envers un régime ostensiblement favorable à l'Église, procède tout autant d'une conception archaïque du châtiment et de la rédemption des nations, renforcée par trois quarts de siècle de désillusions politiques et de défaites sociales. Aussi, dans la société profondément sécularisée de la France contemporaine, l'apocalypse (et certaines exégèses du SIDA dans le courant intégriste des années 1990 en offriraient aujourd'hui encore le témoignage) n'est-elle pas en passe de devenir l'ultime argument des

minorités prophétiques, dans leur impuissance réprobatrice autant
que désespérée?

II. LE DIEU DES ARMÉES,
OU L'HOMME DE LA DROITE
DU SEIGNEUR

La réflexion politique des droites à l'aube de l'ère contemporaine
ne se construit pas seulement à partir d'une Révolution vécue
comme le traumatisme majeur de l'ordre politique et social. Elle
s'ouvre aussi sur la guerre — les vingt-trois années de combats
presque ininterrompus (1792-1815) qui opposent la France révolutionnaire puis impériale à l'Europe coalisée jusqu'à l'ultime défaite
de Waterloo. Et Dieu — non plus le Dieu terrible, mais le Dieu des
armées — intervient à nouveau comme la figure centrale d'une
rhétorique guerrière; et, par-delà les victoires et les défaites des
généraux, comme le fondement d'un discours de justification ou de
légitimation politiques en faveur du vainqueur — de l'homme de *la
droite du Très-Haut* (Psaume 76, 10). Du discours apocalyptique du
malheur vécu aux certitudes providentielles du salut assuré, on
conçoit ce qui sépare ces deux versants de la rhétorique divine du
XIXᵉ siècle : ici, le sang de Louis XVI criant justice et exigeant
réparation; là, l'épée de Napoléon Bonaparte, le bras de son neveu
ou la poigne du général Boulanger appelés à la rescousse des
desseins prêtés au Très-Haut sur la France et la société. Le Dieu
terrible, c'est la Justice divine invoquée sur le mode tragique; le
Dieu des armées, la Providence exaltée sur le mode cynique. On
prête à Turenne ce mot : « Dieu est toujours avec les gros bataillons. » Du désespoir des causes perdues, on est ainsi passé, par une
inflexion positive du discours divinatoire, à la jubilation de la force
victorieuse.

La théologie de la guerre a fourni à cette justification providentielle du *héros* une argumentation éprouvée. Théologie politique qui,
tout en privilégiant la paix, légitime la *juste guerre* en s'appuyant
avec prédilection sur les exploits et les hymnes guerriers de l'Écriture, des Juges aux Rois, des Psaumes de David aux récits des
guerres des Maccabées. « Avec les conditions requises », écrit

Bossuet dans sa *Politique tirée des propres paroles de l'Écriture sainte* (1709) qui demeure loin avant dans le XIXᵉ siècle la somme de la réflexion politique de l'épiscopat gallican, « la guerre n'est pas seulement légitime, mais encore pieuse et sainte [...] Dieu s'appelle ordinairement lui-même le Dieu des armées et les sanctifie en prenant ce nom [...] Dieu néanmoins, après tout, n'aime pas la guerre; et préfère les pacifiques aux guerriers [...] Dieu aime les pacifiques; et la gloire de la paix a la préférence sur celle des armes, quoique saintes et religieuses » [4, p. 226].

« Dieu », énonce toutefois d'emblée l'évêque de Meaux, « forme les princes guerriers » [4, p. 203]. C'est ce point surtout que retiennent, illustrent et amplifient à l'envi les dociles évêques de l'Empire français, développant en faveur de Napoléon Bonaparte, à une échelle encore inédite, les références scripturaires et les arguments théologiques qui avaient un siècle plus tôt servi à exalter les guerres du Roi-Soleil. « Prêtres du Seigneur », écrit en 1808 à son clergé Mgr Rousseau, évêque d'Orléans, « vous allez donc, au nom du Dieu de Saint Louis et de la Patrie, exciter la jeunesse de vos paroisses à se rendre au poste honorable où l'appellent la voix de son Souverain et la certitude de la victoire. Vous l'enflammerez de la même ardeur que faisait éclater la jeunesse d'Israël, quand elle demandait à marcher sur les ordres de Gédéon » [58, p. 65]. « Repousser dans les flots de l'océan ces semeurs de discordes, ces hommes atroces, ennemis inconciliables de votre Patrie et de tout le continent », s'écrie encore en 1813, à l'intention des jeunes conscrits, Mgr Le Coz, archevêque de Besançon, dans son *Instruction pastorale sur l'amour de la Patrie*; « préluder, par les rapides élans de votre valeur, à cette punition exemplaire que doivent attendre ces mortels perturbateurs de l'Europe, à ce jour épouvantable où Londres, trop fidèle imitateur de Tyr, éprouvera, comme cette ville, qu'il existe un Dieu vengeur de l'impiété et de l'orgueil, un Dieu vengeur des usurpations et de tous les crimes; hâter enfin parmi les peuples du continent cette paix, cette précieuse harmonie après laquelle tous ces peuples soupirent, telle est, ô jeunes gens, votre glorieuse destinée [...] Et vous, pères et mères, vous croyez [...] que Napoléon est l'homme choisi du Ciel pour exécuter ses décrets » [48, p. 317].

« Homme du Très-Haut » [58, p. 62], Oint du Seigneur qu'un pape est venu sacrer à Notre-Dame de Paris, Napoléon Bonaparte est, pour l'ensemble de l'épiscopat concordataire ce qu'il est pour le Sanhédrin de 1807 [*idem*, p. 55], le « nouveau Cyrus ». Sauvegarde de l'ordre public, restaurateur de l'Église catholique, protecteur de tous les cultes, consul à vie puis empereur des Français, général victorieux, réputé invincible, il est exalté dans les chaires, et acclamé jusque dans les Loges, avec « transports » :

« Il vient dans votre sein protégeant vos mystères
« Partager vos travaux et rendre heureux ses frères.
« — Placé par son génie au-dessus des mortels
« Nous devons dans nos cœurs lui dresser des autels » [25, p. 99].

Le choix de la référence au « Cyrus chrétien » importe — Cyrus, l'empereur des Perses, qui délivre Israël de la captivité de Babylone et autorise la reconstruction du temple de Jérusalem, et qu'exalte la prophétie d'Isaïe — « Cyrus qui est mon Christ, que j'ai pris par la main pour lui assujettir les nations, pour mettre les rois en fuite... C'est moi qui le susciterai pour faire justice, et qui aplanirai devant lui tous les chemins ; il rebâtira la ville qui m'est consacrée, et il renverra libres mes captifs, sans recevoir pour lui ni de rançons, ni de présents, dit le Seigneur le Dieu des armées » (Isaïe 45, 1 et 13). Napoléon n'est en effet, contrairement aux rois de la France médiévale ou moderne, assimilé ni aux Juges, ni aux rois d'Israël Saül, David ou Salomon : il n'est pas issu d'Israël, mais *suscité* par Dieu pour libérer Israël (entendez chez la plupart des évêques : la France chrétienne et son Église restaurée par le Concordat). Faut-il lire, comme on l'a suggéré [58], dans ce choix scripturaire apparemment inédit d'une figure tout à la fois étrangère au peuple élu et prophétique de son destin, une critique implicite de l'illégitimité napoléonienne, empire né d'une Révolution ? L'hypothèse, indulgente au regard de la pusillanimité courtisane de l'épiscopat impérial, est, dans le moyen terme, particulièrement convaincante : dès lors que s'éloigne du trône, en 1830, la dynastie légitime des Bourbons de la branche aînée, l'homme de la droite du Seigneur ne devient-il pas, aux yeux des croyants et des fidèles, le Héros plutôt que le Souverain et le Sauveur bien plus que le Prince ? Le versant autoritaire, césarien d'une droite qu'on peut qualifier [46] de bonapartiste, retrouve dès lors sans difficulté, lors des crises majeures du second XIXe siècle (1851, 1873, 1877, 1889, 1898), en faveur du chef vainqueur, du général populaire, du pouvoir fort, pour les mesures d'exception salutaires et les coups d'État nécessaires, l'argumentaire justificatif du « nouveau Cyrus ». La théologie de la « juste guerre » est ainsi entrée en politique.

C'est au lendemain du coup d'État du 2 décembre 1851 que se manifeste avec le plus de netteté, le plus de cynisme aussi, le souci de légitimation divine du fait accompli de la part des hommes du

« Parti de l'ordre », toutes tendances et confessions confondues.
« Le doigt de Dieu est ici, il veut nous sauver », déclare aussitôt au
libéral Montalembert, encore hésitant, le cardinal Gousset, archevêque de Reims [55, p. 254]. « Quant à moi, mon choix est fait »,
écrit à l'intention des catholiques le même comte de Montalembert,
désormais convaincu, dans les colonnes de *L'Univers* du
14 décembre : « pour la société contre le socialisme, pour le catholicisme contre la révolution » [*idem*, p. 255]. « Vous avez bien servi
la cause de la religion chrétienne et de son autorité sur les
peuples », l'assure le protestant François Guizot, ancien ministre
du roi Louis-Philippe, lors de la réception de Montalembert à
l'Académie française le 5 février suivant [*idem*, p. 259]. Dans le
même *Univers* du 18 décembre 1851, où Louis Veuillot appelle avec
ardeur les catholiques à voter *oui* au plébiscite du 21 décembre,
Philippe Gerbet, l'ancien compagnon de Félicité de Lamennais,
célèbre « ces coups d'État de Dieu, qui se cachent sous les coups
d'État de l'homme » [21, p. 82]. Cinq évêques publient une
circulaire à leur clergé afin qu'ils incitent les électeurs de leurs
paroisses à voter en faveur du prince-président. Un mandement de
l'évêque de Saint-Flour, Mgr de Marguerye, exalte « l'homme de la
droite de Dieu, l'instrument des bontés de la Providence » [55,
p. 261]. Le 1er janvier 1852, Mgr Sibour, archevêque de Paris,
ancien prélat républicain de 1848, entonne — sans doute à contre-
cœur — un *Te Deum* à Notre-Dame en l'honneur du nouveau
régime. Le nouveau Cyrus pourtant, ancien *carbonaro*, n'est guère
plus dévot que son oncle; son entourage immédiat (Magne, Saint-
Arnaud) est réputé corrompu. Qu'à cela ne tienne : « ce sont »,
assure début décembre Louis Veuillot, qui les connaît personnellement, « de bons diables », « des viveurs, mais pas voltairiens, et
assez intelligents pour comprendre que l'Église doit se gouverner
elle-même » [30, p. 96]. « Comme il est bien vrai que Dieu se
réserve toujours immédiatement la solution des grandes crises de
l'État », conclut benoîtement de Rome, le 3 janvier 1852, Prosper
Guéranger, abbé de Solesmes, à l'intention de Mgr Pie, évêque de
Poitiers [47, t. I, p. 372].

Mais ce dernier, légitimiste, s'abstient de voter au jour du
plébiscite : « A Dieu ne plaise, mes frères », proteste-t-il dans la
cathédrale de Poitiers le jour de Noël 1851, « que j'amoindrisse
l'importance des choses qu'un homme a accomplies dans ces
derniers jours [...] Mais, pour exalter l'œuvre de l'homme, gardons-nous de rabaisser celle de Dieu. Et quand j'entends parler de
toutes parts de l'événement sauveur, de l'homme sauveur, du vote

sauveur, moi je persiste hardiment à dire : l'événement majeur de l'année qui s'achève [...], c'est le Jubilé » [47, t. I, p. 364]. Mgr Pie n'observera pourtant pas la même discrétion en 1873, à l'heure où la restauration du comte de Chambord, sous l'égide du maréchal de Mac-Mahon, semble possible. « La France en détresse », s'écrie-t-il au pèlerinage de Notre-Dame de Chartres le 28 mai, quatre jours après la chute de Thiers, en présence de quatorze évêques, « attend un chef, elle appelle un maître ; elle n'en a pas aujourd'hui, et, sans alliance au-dehors, sans cohésion et sans force à l'intérieur, elle n'a d'espoir que dans le Roi des Cieux, ce Roi Jésus auquel il a plu de se qualifier autrefois Roi de France » [*idem*, t. II, p. 523]. La confusion des registres est ici poussée à l'extrême : le prélat ne va-t-il pas jusqu'à citer la prière d'Esther — « Mon Seigneur, qui êtes seul notre roi, assistez-moi dans l'abandon où je suis, puisque vous êtes le seul qui me puissiez secourir » (Esther, 14, 3) — en précisant à l'intention d'un auditoire attentif que « le descendant de David était alors en exil » [*idem*, t. II, p. 523]... Et Louis Veuillot ne craint pas d'écrire, dans un article de soutien à la candidature d'Albert de Mun à Pontivy, publié dans *L'Univers* du 16 février 1876, que « en l'écoutant, on sent que cet homme est porteur d'un mandat impératif. Il l'a reçu de Dieu » [31, p. 470, n. 101].

Espoirs déçus pourtant : la restauration espérée de la miséricorde du Très-Haut ne se fera pas. On relèverait sans doute, dans les années 1875-1905, encore maints appels au Sauveur de la part d'un large secteur de l'opinion catholique, désorienté par ses échecs successifs et raidi dans son refus du régime, lors de l'épisode boulangiste, ou de l'Affaire Dreyfus. De même que de véritables appels à la croisade : « Levez-vous, seigneurs, chevaliers de Dieu, soldats de l'Église », s'écrie en juillet 1882 Mgr Duquesnay, le combatif archevêque de Cambrai, « pour combattre l'irréligion qui nous atteint, qui veut renverser notre foi et nos croyances ! Debout pour abattre l'hydre de l'athéisme. Dieu le veut ! Dieu le veut ! » [52, t. II, p. 204]... Mais la politique de Ralliement préconisée par Léon XIII (*Au milieu des sollicitudes*, 16 février 1892), « l'esprit nouveau » qui parcourt les années 1890, le Ralliement effectif, et bien antérieur, de millions de « catholiques du suffrage universel » à la République démocratique et laïque qu'ils contribuent, hors des terres de chrétienté de l'Ouest ou des hautes terres du Massif Central, à soutenir malgré tout de leur vote, la sanction enfin de la séparation de l'Église et de l'État (le 9 décembre 1905), contribuent à affaiblir la rhétorique divine du Sauveur, dont le maréchal

Pétain recueillera à l'été 1940, dans un tout autre contexte de défaite militaire et d'humiliation nationale, les derniers échos et les douteux bénéfices.

C'est au contraire la théologie de la guerre qui connaît, au début du XXᵉ siècle, un brutal renouveau. Pendant plus de quatre ans, tandis que les armées des principales puissances de l'Europe et de l'univers s'affrontent jusqu'à épuisement dans la boue des tranchées, laissant sur le champ de bataille des millions de morts, le Dieu des armées est à nouveau invoqué par tous les combattants. A l'Allemagne du *Gott mit uns* et à l'Amérique du *In God we trust* répondent les *Gesta Dei per Francos*. Guerre du droit pour la défense de la patrie envahie par l'Allemagne impie et inique, sinon protestante [19], guerre juste, guerre sainte, guerre d'expiation et de purification : l'Église de France — mais aussi, quoique avec plus de retenue, églises protestantes et synagogues — prête aux combats des tranchées toutes les ressources de l'apologétique divine. La contre-offensive de la Marne, « cette bataille que nous avons livrée avec Geneviève à notre gauche et Jeanne à notre droite », écrit Paul Claudel [49, t. II, p. 240], est saluée comme un miracle, « un chef-d'œuvre militaire de notre race auquel Dieu a souri », selon l'expression de Mgr Julien, évêque d'Arras [51, p. 85]. On peut « sans crainte demander à Dieu qu'il nous donne la victoire complète », assure en mai 1915 Mgr Biolley, évêque de Moûtiers [*idem*, p. 72]. Un acte collectif des évêques consacre la même année la France au Sacré-Cœur [49, t. II, p. 251]; et de Loublande, au diocèse de Poitiers, une jeune voyante, Claude Ferchaud, vient en 1917, à la suite de révélations particulières, réclamer au président Raymond Poincaré que l'image du Sacré-Cœur soit apposée sur le drapeau tricolore : la *Semaine religieuse* du diocèse de Poitiers y verrait avec satisfaction, en juin 1918, « l'acte de foi de la nation abjurant l'athéisme officiel et rendant hommage à la royauté du Christ » [59, p. 113]. « On les aura parce que Dieu le veut », renchérit sur Clemenceau en 1917 Mgr Tissier, évêque de Châlons [51, p. 69]. « Notre Père qui êtes aux cieux, élargissez mon cœur, afin qu'il puisse contenir plus de haine », écrit Jacques Péricard au paroxysme de la fureur de *Ceux de Verdun* (1917). « Dieu nous a donné le témoignage de son amour et de sa prédilection », déclare enfin, à l'heure de la victoire, Mgr Chapon, évêque de Nice [*idem*, p. 384].

Des réticences ou des refus pourtant s'expriment quant à la justification divine de la guerre. Elles touchent en premier lieu les combattants eux-mêmes, étrangers au lyrisme héroïque de l'arrière et confrontés dans la boue et le froid à toutes les atrocités du combat. « J'ai maudit avec une énergie farouche ceux, quels qu'ils soient, qui portent devant Dieu la responsabilité d'une aussi épouvantable catastrophe », confesse un aumônier militaire, l'abbé Lissorgue [51, p. 91]. « Quiconque ne maudit pas la guerre, qu'il soit maudit. Amen », écrit Paul Cazin dans ses carnets du Haut-de-Meuse en 1915 [*idem*, p. 112]. La rhétorique divine de la guerre inquiète, parfois écœure ou scandalise. « On se tue au nom de Dieu », note succinctement dans son journal, le 28 mai 1916, l'abbé Mugnier [*idem*, p. 90]. Une réflexion théologique se fait jour, qui refuse pour Dieu et la paternité du mal et la sanctification du combat. « Dieu, qui n'aime pas la guerre, la permet comme une conséquence de la liberté qu'il a donnée aux hommes », prend soin de préciser en 1916 une lettre collective de l'épiscopat français [49, t. II, p. 249] ; « Ce père qui nous aime est en même temps le Dieu de Sainteté, le Dieu que les hommes affligent par cette guerre », écrit le pasteur Raoul Allier [*idem*, t. II, p. 250]. L'appel solennel que lance de Rome le pape Benoît XV dans sa note du 1er août 1917 aux chefs des peuples belligérants afin de « terminer au plus tôt la lutte terrible qui apparaît de plus en plus comme un massacre inutile », rappelle que le Saint-Père ne saurait être que « le Père commun qui aime tous ses enfants d'une égale affection », et que « le Divin Rédempteur [est] prince de la paix » [51, p. 407-409]. Mais l'horreur des tranchées, les réticences des théologiens et les paroles du pape lui-même ne parviennent pas à entamer la résolution de la majeure partie de l'épiscopat et des fidèles de poursuivre la guerre jusqu'à la victoire. « Très Saint-Père, nous ne pouvons, pour l'instant, retenir vos appels de paix [...] Nous sommes des fils qui disent parfois : Non, non ! », rétorque à Benoît XV le dominicain Sertillanges le 10 décembre 1917 dans l'église de la Madeleine, en présence du cardinal Amette, archevêque de Paris, et de Mme Poincaré [*idem*, p. 210-211].

C'est le retour à la paix qui vient sonner le glas de cette Union sacrée des rhétoriques guerrières. Le 17 novembre 1918, le cardinal Amette célèbre à Notre-Dame de Paris le *Te Deum* de la victoire : « la main de Dieu a été là », écrivait-il dans sa Lettre pastorale du 11 novembre [51, p. 384]. Mais le président Poincaré, qui représente à l'Élysée la droite laïque et républicaine, refuse de se rendre à la cathédrale, et y délègue son épouse. « Jamais le scandale de l'irréligion d'État, offense grave au domaine souverain de Dieu sur la société temporelle, ne parut plus choquant à tous les esprits qu'en une circonstance telle que le *Te*

Deum d'action de grâces pour le triomphe des armées de la France », protestent les *Études* [*idem*, p. 385]. L'éditorialiste jésuite voit juste : à l'heure même du triomphe de l'Union sacrée, la République laïque entend ainsi marquer l'autonomie du « domaine temporel ».

C'est à Notre-Dame pourtant qu'un quart de siècle plus tard, le 26 août 1944, le général de Gaulle, chef du gouvernement provisoire de la République française, et Georges Bidault, président du Conseil national de la Résistance, se rendent à pied depuis les Champs-Élysées dans Paris libéré, accompagnés d'une foule immense : mais le cardinal Suhard, archevêque de Paris, a été tenu à l'écart de la cathédrale pour avoir célébré peu auparavant les obsèques du journaliste collaborateur Philippe Henriot, et le gouvernement exige de Rome — et obtient en partie — le rappel du nonce en poste à Vichy et l'épuration de l'épiscopat. Le très catholique Charles de Gaulle, qui a voulu incarner pendant quatre ans hors des frontières la légitimité de la France envahie et occupée, n'est pas plus en 1944 qu'il ne le sera en 1958 *l'homme de la droite du Seigneur.*

III. LE DIEU CONSERVATEUR,
OU LE NAUFRAGE
DE LA THÉOLOGIE POLITIQUE CLASSIQUE

Au sortir d'un quart de siècle de Révolution et d'Empire, d'eschatologie contre-révolutionnaire et d'opportunisme exégétique, les fondements de la sacralité royale, les principes de la légitimité dynastique, la situation du catholicisme comme religion du royaume ont été profondément ébranlés. Le retour des Rois en 1814, conçu comme un miracle par l'opinion monarchique, alimente pour plus d'un siècle les espérances en un Dieu restaurateur de l'ordre politique et conservateur de l'ordre social. Conservation n'est pas cependant restauration. Du Dieu du légitimisme politique des années 1820 au Dieu de la conservation sociale des années 1870, la théologie politique des droites opère, sous des mots parfois identiques, un déplacement considérable, par abstraction progressive et généralisation programmatique. La référence à Dieu émigre, non sans tâtonnements ni tensions internes aux droites, du champ du politique — pour ne pas parler du dynastique — vers les horizons du social. C'est à travers la lente décomposition de la théologie politique de l'âge classique que le Dieu des Bourbons s'est progressivement mué en France en un Dieu des temps nouveaux et des révolutions, de ces *rerum novarum* au centre desquelles s'efforce en 1891 de le placer Léon XIII.

La théologie politique de l'âge classique, telle que Bossuet l'a systématisée à l'issue du règne de Louis XIV, lie indissociablement loi divine et monarchie absolue. « Dieu établit les rois comme ses ministres, et règne par eux sur les peuples », énonce-t-il d'emblée dans sa *Politique tirée des propres paroles de l'Écriture sainte*. « Les princes agissent donc comme les ministres de Dieu, et ses lieutenants sur la terre » [4, p. 39], selon l'épître de saint Paul aux Romains (13, 1, 4) : « Le prince est ministre de Dieu pour le bien. » Si « Dieu est le vrai roi » [*idem*, p. 27], poursuit l'évêque de Meaux, à son image « le gouvernement monarchique est le meilleur », « le plus naturel », « le plus durable », « le plus fort » [*idem*, p. 33]. « L'autorité royale est sacrée », « paternelle », « absolue » et « soumise à la raison » [*idem*, p. 38]. « De toutes les monarchies, la meilleure est la successive, surtout quand elle va de mâle en mâle, et d'aîné en aîné » [*idem*, p. 33] : aussi « la France, où la succession est réglée selon ces maximes, peut se glorifier d'avoir la meilleure constitution d'État qui soit possible, et la plus conforme à ce que Dieu même a établi. Ce qui montre tout ensemble, et la sagesse de nos ancêtres, et la protection particulière de Dieu sur ce royaume » [*idem*, p. 36]. Il reste cependant avéré que l'on « doit s'attacher à la forme du gouvernement qu'on trouve établie dans son pays » [*idem*, p. 36], selon l'injonction de saint Paul (Épître aux Romains, 13, 1, 2) : « Que toute âme soit soumise aux puissances supérieures : car il n'y a point de puissance qui ne soit de Dieu ; et toutes celles qui sont, c'est Dieu qui les a établies : ainsi, qui résiste à la puissance, résiste à l'ordre de Dieu. »

C'est cet enseignement, profondément bouleversé dans ses principes et ses effets par l'exécution de Louis XVI et le sacre de Napoléon, que s'applique à restaurer en théorie et en pratique la dynastie des Bourbons replacée sur le trône de France par la Providence, les armées de la coalition et la vertu de Talleyrand et de Fouché, en 1814, et à nouveau en 1815. Dieu doit redevenir le garant de l'union du trône et de l'autel. C'est pourquoi Louis XVIII date la charte constitutionnelle qu'il octroie le 4 juin 1814 à ses « sujets », de la « dix-neuvième année » de son règne, fait de « la religion catholique, apostolique et romaine » « la religion de l'État » (art. 6) et stipule que « la personne du roi est inviolable et sacrée » (art. 13) [40, p. 70-76]. Légitimité dynastique, religion du royaume et sacralité royale, tels sont les trois éléments que la monarchie restaurée entend conjuguer par-delà même le caractère constitutionnel du régime. En décembre 1818, ouvrant la session des Chambres, le frère du Roi martyr fait l'annonce solennelle de son prochain sacre : « En recevant l'onction royale au milieu de vous, je prendrai à témoin le Dieu par qui règnent les Rois, le Dieu de Clovis, de Charlemagne, de Saint Louis » [65, p. 161]. C'est à son frère Charles X qu'il appartint de réaliser ce vœu en allant se faire sacrer sous les voûtes de la cathédrale de Reims qui retentissent pour la dernière fois, le 29 mai 1825, du *Vivat Rex in aeternum!* [41].

Est-il encore temps? Les plus lucides parmi les légitimistes eux-mêmes en doutent. « Le sacre actuel sera la représentation d'un sacre, non un sacre », écrit Chateaubriand. « Il n'y a plus de main assez vertueuse pour guérir les écrouelles, plus de Sainte Ampoule assez salutaire pour rendre les rois inviolables » [6, t. II, p. 117-118]. « Le roi », note cruellement Lamennais à l'automne 1825 dans son essai *De la religion*, « est un souvenir vénérable du passé, l'inscription d'un temple ancien, qu'on a placé sur le fronton d'un autre édifice tout moderne » [10, p. 49]. La Sainte Ampoule a été brisée en place de Reims le 7 octobre 1793 d'un coup de marteau porté des propres mains du conventionnel Philippe Rühl en présence du peuple assemblé [29]. Surtout, « le sacre nouveau, où le pape est venu oindre un homme aussi grand que le chef de la seconde race, n'a-t-il pas », insinue Chateaubriand, « détruit l'effet de l'antique cérémonie de notre histoire? » [6, t. II, p. 117]. Cinq ans plus tard, la Restauration s'effondre et le dernier des rois légitimes prend le chemin de l'exil. Dans des *Réflexions sur la Révolution de 1830* qu'il rédige sous le coup encore de l'événement, mais qu'il conservera inédites, Louis de Bonald note avec amertume que « tous les gouvernements sont en un sens de droit divin, *omnis potestas a Deo*. Soit que la Providence les accorde aux peuples comme un bienfait, ou les leur impose comme un châtiment, ils sont encore, ils sont surtout de droit divin lorsqu'ils sont conformes aux lois naturelles de l'ordre social dont le Suprême Législateur est l'auteur et le conservateur [...] Et les imposteurs qui disent, et les sots qui répètent que nous croyons telle ou telle famille, tel ou tel homme visiblement désigné par la Providence pour régner sur un peuple nous prêtent gratuitement une absurdité pour avoir le facile mérite de la combattre; et, sous ce rapport, la famille des Bourbons n'était pas plus de droit divin que celle des Ottomans » [3, p. 46-47].

Pareils propos ne s'expliquent pas seulement par le désarroi que suscite parmi ses partisans et ses dévots la chute de la branche aînée. C'est dans le cours des années précédentes que s'est progressivement élaborée, sous la plume des plus ardents défenseurs du trône et de l'autel, une théorie sociale et politique à la fois intransigeante dans ses formulations et de plus en plus désincarnée dans sa substance. En ce sens, le traditionalisme ne se confond nullement avec le légitimisme : il constitue un ensemble doctrinal, un formidable appareil critique [26, p. 106], une tentative de redécouverte des fondements de l'ordre et de l'autorité, qui ne saurait circonscrire Dieu ou sa Providence au destin d'une famille régnante. « Dieu », écrit Louis de Bonald, « est l'auteur de tous les États, l'homme ne peut rien sur l'homme que par Dieu et ne doit rien à l'homme que pour Dieu » [27, p. 107]. « Toute véritable législation émane de Dieu, principe éternel de l'ordre, et pouvoir général de la société des êtres intelligents », déclare Lamennais dans l'*Essai sur l'indifférence* [9, t. I, p. 344]. La figure du pape prime celle du monarque. « Il ne peut y avoir de société humaine sans gouvernement, ni de gouvernement sans souveraineté, ni de souveraineté sans infaillibilité », assure Joseph de Maistre dans *Le Pape* [14, p. 147]. Point de pape, point d'Église; point d'Église, point de christianisme; point de christianisme, point de religion, et par conséquent point de société, scande Lamennais dans *De la religion*, qui précise encore à l'usage des gallicans que « l'Écriture ne dit pas que tout souverain est de Dieu, mais que *toute souveraineté, toute puissance est de Dieu*, parce que la puissance en elle-même est bonne et nécessaire [et que] la puissance, *ordonnée* pour une fin qui est la conservation de la société par le règne de la justice ou de la loi divine, implique toujours l'idée de droit et d'un droit divin; et c'est ce qui la distingue de la force » [10, p. 182].

Aussi la redondante rhétorique divine des évêques du XIXᵉ siècle doit-elle être lue à différents niveaux, consciemment ou inconsciemment confondus : un légitimisme de combat, de conviction, de sentiment, ou de regret; mais aussi un traditionalisme de principe, de raison ou de protestation, selon des nuances et des conjonctures qui tour à tour divisent ou réunissent légitimistes et orléanistes, bonapartistes, hommes du parti de l'ordre, conservateurs et modérés de toutes tendances unis par la référence au Dieu des politiques. « Toute solution humaine est désormais impossible », écrit Mgr Pie dans sa première lettre pastorale du 25 novembre 1849. « Il ne reste à notre société qu'une alternative, se soumettre à Dieu ou périr. Rien ne sera fait tant que Dieu ne sera pas replacé au-dessus de toutes les institutions. On parle aujourd'hui d'un grand parti de l'ordre et de la conciliation. Un seul parti pourra sauver le monde, le parti de Dieu [...] Et si nous devions apporter avec nous un seul mot d'ordre, ce serait celui-ci : *instaurare omnia in Christo* [47, t. I, p. 229]. Restaurer toutes choses dans le Christ : le mot d'ordre de saint Paul (Épître aux Éphésiens 1, 10), qui a été celui de Léon XII et qui sera celui de Pie X, prend à l'heure des restaurations attendues, et toujours déçues, quelles que soient les défiances légitimes ou illégitimes des républicains envers un épiscopat demeuré majoritairement monarchiste, une signification de plus en plus générique. « Pas de liberté, pas de moralité, pas d'égalité, pas de société sans Dieu. Il n'y a ni gauche ni droite ici », s'écrie Mgr Dupanloup, évêque d'Orléans, le 22 juillet 1871 à la barre de l'Assemblée nationale [52, t. I, p. 225]. « La vraie cause de nos maux, c'est la rupture officielle de la société moderne avec Dieu » [52, t. I, p. 140], renchérit en 1873, après tant d'autres, Mgr Saivet en prenant possession de son diocèse de Mende. De déception politique en réaffirmation de principe, la rhétorique divine des évêques s'arrache progressivement, *volens nolens*, de l'étroit sentier qui conduit aux restaurations tangibles. En 1875, une phrase de la première lettre pastorale du nouvel évêque — républicain — de Gap, Mgr Guilbert, à propos de la religion — « se servir d'elle pour étayer un parti, c'est un abus sacrilège qui la compromet indignement » — fait encore scandale [50, t. II, p. 42]. La disparition des dernières illusions légitimistes, l'isolement politique de l'Église sous la troisième République, la politique de ralliement au Régime préconisée par Léon XIII interdisent bientôt toute instrumentalisation partisane de Dieu.

Les lois laïques, puis la séparation réduisent dans le même temps la rhétorique divine à l'expression d'une indignation véhémente autant qu'impuissante. Dans le combat perdu des droites contre « l'École sans Dieu » de la République laïque, gratuite et obligatoire, c'est sans doute le débat autour de l'instruction morale et civique, plutôt que religieuse, au sein de ce qui deviendra la loi du 28 mars 1882 sur l'école primaire, qui illustre le plus nettement l'enjeu du conflit entre droites catholiques et gauches républicaines. « Ne pas parler de Dieu à l'enfant pendant sept ans, alors qu'on l'instruit six heures par jour, c'est lui faire accroire positivement que Dieu n'existe pas », s'insurge à la barre de l'Assemblée Mgr

Freppel, évêque d'Angers : « votre école neutre, que vous le vouliez ou que vous ne le vouliez pas, deviendra logiquement, forcément, l'école athée, l'école sans Dieu » [22, p. 306 et 308]. Battu à la Chambre, l'orateur de la droite catholique trouve au Sénat un allié inattendu en la personne de Jules Simon, républicain et spiritualiste, qui réintroduit mention dans le projet de loi des « devoirs envers Dieu et envers la patrie ». « — Est-ce que les devoirs envers Dieu sont les mêmes, si ce Dieu est le Dieu des chrétiens ou s'il est le Dieu de Spinoza, le Dieu de Malebranche, le Dieu de Descartes ? », lui rétorque Jules Ferry, qui a fait supprimer cinq ans plus tôt la mention du « Grand Architecte de l'Univers » des constitutions du Grand Orient de France [22, p. 334-335]. Et Paul Bert, qui a évoqué Dieu dans le débat comme une « hypothèse métaphysique » [*idem*, p. 333], fait rejeter l'amendement sénatorial en contestant qu'une assemblée puisse prescrire « aucun acte de foi ni d'adoration ni de négation », ou proclamer « pas plus un athéisme qu'un déisme d'État » [*idem*, p. 338]. Par 334 voix contre 127 à la Chambre, par 167 voix contre 123 au Sénat, Dieu disparaît de l'enseignement primaire de la République.

Mgr Freppel voit cependant juste sur un point capital : dès lors, la place de Dieu à l'intérieur de la société politique et civile ne peut que s'amenuiser et s'étioler. A partir du 9 décembre 1880, le préfet de Paris Hérold fait procéder à l'enlèvement des crucifix, statues de la Vierge et tableaux religieux de toutes les écoles publiques de la capitale [*idem*, p. 317]. La loi du 15 novembre 1881 supprime les distinctions de croyance à l'intérieur des cimetières. Un décret d'octobre 1883 interdit aux troupes de rendre les honneurs à l'intérieur des édifices religieux. La loi du 5 avril 1884 attribue au maire le droit d'autoriser ou d'interdire les processions sur la voie publique. La loi du 27 juillet 1884 rétablit le divorce. La loi du 14 août 1884 supprime les prières publiques. La loi du 15 juillet 1889 supprime la clause d'exemption du service militaire pour le clergé [50, t. II, p. 95-96]. Malgré le vote hostile des droites catholiques, mais grâce à l'assentiment ou à l'indifférence d'une grande partie de l'opinion, la laïcisation de la vie publique est presque achevée à la veille du vote de la loi de séparation de l'Église et de l'État (le 9 décembre 1905) [32]. L'ordre d'enlèvement des « crucifix, tableaux et autres signes extérieurs d'un culte, qui se trouvent dans les Chambres des cours d'appel », donné le 1er avril 1904 aux procureurs généraux de la République, s'il suscite l'indignation d'une grande partie des magistrats pour la défense des *Christs des prétoires* [18], ne vient que sanctionner une évolution désormais irréversible. A Émile Keller qui, vingt ans plus tôt, s'écriait : « Vous avez chassé Dieu de l'école », Paul Bert avait plus ou moins plaisamment répliqué : « Avant de s'en aller, il attendra le vote du Sénat » [22, p. 319]. A Jules Simon qui souhaitait maintenir mention de Dieu dans le texte de la loi scolaire, Jules Ferry avait solennellement rétorqué : « Il ne s'agit pas de voter ici pour ou contre Dieu : on ne vote pas Dieu dans les assemblées » [*idem*, p. 336]. Par pensée, par action et par omission, malgré l'attachement de l'ensemble des droites au principe d'un Dieu conservateur ou restaurateur de l'ordre politique et social, Dieu a été définitivement exclu en France à l'aube du XXᵉ siècle du domaine de l'État.

IV. DROITS DE DIEU, DROITS DE L'HOMME

Est-ce à dire qu'il a été aussi donné congé à Dieu dans le vaste domaine de la société civile et de la morale publique, selon le vœu séculaire d'une pensée libérale qui voudrait réduire la foi à une affaire personnelle, et son expression au culte privé ? La mutation brièvement esquissée de la référence à Dieu par réduction ou expulsion du champ politique est inséparable, on l'a dit, d'une réflexion élargie des droites d'inspiration religieuse sur les fondements mêmes de la société. C'est une nouvelle théologie politique que va engendrer, non sans tensions internes et désarrois de toute sorte, la longue traversée du désert des Églises sous le gouvernement de l'État laïque.

On ne saurait ainsi minimiser la vigueur de la critique de l'État que suscitent et alimentent dans l'opinion catholique les défaites successives et l'impuissance politique des droites monarchistes, puis conservatrices dans leur ensemble. « L'autorité civile n'est ni le fondement, ni la règle de la foi », rappelait Lamennais en 1825 à ses adversaires gallicans [10, p. 120]. C'est l'*État-Dieu* que dénonce véhémentement en novembre 1859 Mgr Pie : « La politique ainsi *sécularisée*, elle a un nom dans l'Évangile. On l'y appelle le prince de ce monde, le prince de ce siècle ou bien encore la puissance du mal, la puissance de la Bête, et cette puissance a reçu un nom aussi dans les temps modernes, un nom formidable qui, depuis soixante-dix ans, a retenti d'un pôle à l'autre : elle s'appelle la Révolution » [52, t. I, p. 53]. C'est la même idée que reprend, en 1864, le *Syllabus* de Pie IX en condamnant une proposition (n° 39) selon laquelle « l'État, étant l'origine et la source de tous les droits, jouit d'un droit sans limites ». « L'État, Messieurs, est à mes yeux une grande chose », déclare en 1876 Mgr Dupanloup. « Mais si je n'admets pas que l'État soit un athée imbécile qui ne sait pas s'il y a un Dieu et qui ne se croit pas le droit d'inscrire son nom au frontispice de ses lois, je n'admets pas davantage que l'État soit une idole à laquelle il faille tout sacrifier » [*idem*, t. I, p. 85]. « Si l'État sans Dieu est une anomalie de notre présent, le Dieu-État s'annonce comme le fléau de notre avenir », s'inquiète l'archevêque de Toulouse en 1879 [*idem*, t. II, p. 148]. « De l'État, on a fait le Dieu qui absorbe tout », écrit de son côté en 1881 Mgr Duquesnay [*idem*, t. II, p. 183]. « L'État est postérieur à l'homme » [57, p. 50], rappelle encore Léon XIII en 1891 dans l'encyclique *Rerum novarum*; « une loi ne mérite obéissance qu'autant qu'elle est conforme à la droite raison et, ainsi, à la loi éternelle de Dieu » [*idem*, p. 59]. Faute de pouvoir réaliser l'union tant désirée du trône et de l'autel, mais aussi par approfondissement d'une réflexion sur l'ordre divin de la société issue en droite ligne du traditionalisme philosophique de la Restauration, Dieu devient argument pour la personne, la famille ou la communauté contre l'État.

Un soupçon d'opportunisme pourrait diminuer la valeur de semblables déclarations de la part de légitimistes vaincus, s'il n'allait de pair avec une dénonciation sans appel des « principes de 1789 » et des « droits de l'homme » opposés véhémentement aux « droits de Dieu ». « France », s'écrie Mgr Pie en 1873, « du jour où tu as mis la main sur l'arche sainte des droits de Dieu en lui opposant la déclaration idolâtrique des droits de l'homme, ta propre constitution a été brisée, ta constitution de quatorze siècles; et voici que, depuis quatre-vingts ans, tu ne sais plus affirmer ton autorité constituante que pour étaler aux yeux de l'univers ton impuissance à rien constituer » [52, t. I, p. 304]. « Oui », renchérit Mgr Freppel lors d'un discours retentissant prononcé à Nantes, le 29 octobre 1879, à l'occasion de l'inauguration du monument érigé en l'honneur du général de Lamoricière « l'homme substitué à Dieu comme source unique de tout droit, de toute justice, de tout pouvoir, de toute moralité, c'est-à-dire le déicide dans l'ordre social, voilà le dernier mot de la Révolution » [*idem*, t. I, p. 64-65]. Contre-révolution et antilibéralisme se conjuguent ainsi dans le courant issu du légitimisme pour opposer la loi divine à la société née de 1789 [31; 33; 37].

Or, c'est, on le sait, à ce moment précis de l'histoire du catholicisme que s'effectue le retournement qui va fonder, à partir de la revendication des droits de Dieu et à l'intérieur même de la pensée contre-révolutionnaire, la réaffirmation de la dignité des droits de l'homme, de la famille et de la société civile [*ibidem*]. « Quant aux riches et aux patrons », peut-on lire dans l'encyclique *Rerum novarum*, « ils ne doivent point traiter l'ouvrier en esclave; il est juste qu'ils respectent en lui la dignité de l'homme, relevée encore par celle du chrétien... Ce qui est honteux et inhumain, c'est d'user de l'homme comme un vil instrument de lucre, de ne l'estimer qu'en vigueur de ses bras » [57, p. 40]; ou encore : « Il importe au salut public et privé que l'ordre et la paix règnent partout; que toute l'économie de la vie familiale soit réglée d'après les commandements de Dieu et les principes de la loi naturelle » [*idem*, p. 50].

Comment cette nouvelle perception, indissociablement religieuse, morale et sociale, de la situation de l'homme s'est-elle traduite sur le plan strictement politique? Le Dieu des *Rerum novarum* rend difficiles, et pour tout dire génériques, les rhétoriques politiques des droites, et des Églises elles-mêmes : les restaurations à venir sont désormais plus profondes, les conservations plus incertaines. Autant que la laïcisation subie de la vie publique de la France républicaine, l'avènement d'une légitimité religieuse revendiquée au sein même de la société civile et politique a accéléré le déclin de la rhétorique divine. Certes, on pourrait noter, ici ou là, au cours du XXe siècle, la résurgence d'une mobilisation des droites sous le drapeau de la religion ou de Dieu lui-même : la croisade conduite à partir de 1924 par la Fédération nationale catholique du général de Castelnau contre la politique laïque du Cartel des gauches constitue sans doute à cet égard l'une des ultimes et plus puissantes manifestations collectives de l'engagement politique en fonction de critères religieux [54]. Mais c'est sous la bannière de « l'école libre » plutôt que de « l'école sans Dieu » que triomphent en 1958, puis en 1984, les thèses de l'enseignement privé catholique; et c'est contre une lecture providentialiste de la défaite que s'élève dès 1940, au nom de la dignité de l'homme, le « Témoignage chrétien » d'une poignée de résistants catholiques. Si le XIXe siècle avait cru pouvoir opposer sans détour droits de Dieu et droits de l'homme, la synthèse que constitue l'affirmation religieuse de la dignité de l'homme a mué au cours du XXe siècle, selon des formules diverses et bien souvent antagonistes, la rhétorique divine des droites en une fonction critique de l'instance religieuse sur l'ensemble de la vie sociale et politique.

V. L'EXTRÊME DROITE,
OU LE DIEU IDENTITAIRE

« C'est Jean » (Marcilly, l'auteur de *Le Pen sans bandeau* [79]) « qui lui a soufflé l'idée de citer Dieu dans ses discours », assure Pierrette Le Pen, épouse en rupture de ban[6]. « Un créneau à prendre. Personne ne le faisait. Pas même les curés » [80, p. 187, n. 2]. Ce *créneau*, cette opportunité rhétorique et ce coup politique — la référence publique à Dieu, ou aux « valeurs chrétiennes » — occupent, de fait, dans le discours public du chef du Front national une place particulière, unique dans le paysage actuel des droites françaises. Le Dieu de Jean-Marie Le Pen mérite à ce titre toute attention : mis au service d'une idéologie d'extrême droite, Dieu assume une fonction en partie inédite, celle de garant d'identité collective. Il est celui qui fonde la « préférence nationale », qui légitime le rejet de l'étranger et attire un électorat catholique non négligeable au Front national.

Paradoxe à première vue que cette résurgence de la rhétorique divine dans une extrême droite fortement et anciennement déchristianisée. Certes, une composante catholique, intégriste sur le plan des croyances et traditionaliste sur le plan des mentalités et des comportements, héritière de l'antisémitisme de l'Action française et de Vichy, existe au sein du Front national [80, p. 33, p. 188], regroupée autour des comités *Chrétienté-Solidarité* (« Dieu-Famille-Patrie ») et de l'hebdomadaire puis quotidien *Présent* (« Dieu premier servi » — « Travail, Famille, Patrie » — « La France aux Français ») de Bernard Antony, *alias* Romain Marie, et Jean Madiran : elle sympathise avec les mouvements catholiques traditionalistes (Mgr Lefebvre, l'abbé Georges de Nantes), a défendu l'occupation de l'église Saint-Nicolas-du-Chardonnet par les fidèles de la messe en latin, et combat la loi Veil et la prise en charge par la Sécurité sociale des interruptions volontaires de grossesse. Mais la pratique religieuse des électeurs du Front national est médiocre — 12 % de messalisants, 55 % de pratiquants occasionnels selon un

sondage réalisé à l'automne 1987 [*idem*, p. 139] —, proche de celle
de l'électorat socialiste et inférieure de plus de la moitié par rapport
à celle de l'électorat de la droite modérée. Et les convictions
religieuses de la majorité des dirigeants du parti sont, dans la
tradition de l'extrême droite française du premier XXᵉ siècle [82],
souvent absentes, ou formelles.

A la messe célébrée par un clergé intégriste au matin de la fête
« Bleu-blanc-rouge » de septembre 1987, des journalistes
observent l'attitude de Le Pen : « Il s'est installé à une place
quelconque, mais, tout de même, au bord de la travée centrale,
pour que de partout on parvienne à distinguer sa chevelure et sa
haute stature [...] Il chante la liturgie distinctement, bien visiblement, pour Dieu, pour lui-même, pour les électeurs fidèles et pour
les caméras [...] Sa fille cadette Marie-Caroline et son gendre
extériorisent leur foi et se sont agenouillés à même le béton, au côté
du président-père, lequel s'abstient de la génuflexion [...] La messe
des Bleu-blanc-rouge ne connaît pas une grande affluence : quelques centaines de femmes et d'hommes ; des enfants, endimanchés
à la mode ancienne [...] Le public vient ici assister à la messe de
"toujours" [...] La cérémonie religieuse restera un événement
annexe des deux journées de la fête » [77, p. 97-100].

Le secrétaire de la section du Front national du XVᵉ arrondissement de Marseille, dans la banlieue nord de la ville, tient, sur la
religion et sur l'Église, des propos confus, un peu contradictoires :
« il m'enseigna le respect des traditions », mais ce secrétaire établit
un subtil distinguo entre l'institution ecclésiastique et « ces pédés
de curés qui sont tous de gauche ». Une journaliste raconte :
« Quand l'évêque intégriste, Monseigneur Lefebvre, vint dire une
messe à Marseille, il me conseilla d'y aller. Il ne m'avait pas
habituée à tant de ferveur chrétienne. Les militants de la section du
5ᵉ ne mettent les pieds à l'église que pour les baptêmes, les
mariages et les obsèques. Il me donna même rendez-vous sur place,
il irait lui aussi "parce que ce curé-là respectait l'alliance du sabre
et du goupillon". De fait, à la messe, l'évêque rejoignit l'autel en
marchant sous un dais porté par deux soldats [...] A la sortie, sur le
parvis, on me tendit un tract pour la révision du procès de Pétain
[...] Sur un stand de livres, je vis un ouvrage intitulé *Dieu est-il
antisémite?* consacré à "l'infiltration judaïque dans l'Église conci-
liaire" » [83, p. 206].

« Je suis français et catholique » [80, p. 171], déclare Jean-
Marie Le Pen. « Je suis un homme d'éducation chrétienne » [*idem*,
p. 167]. « Quand j'étais petit garçon, j'étais enfant de chœur » [77,

p. 111]. « La droite », écrit-il, « me paraît se rattacher philosophiquement à l'ordre naturel, au message chrétien, même s'il y a
des athées à droite et des agnostiques » [78, p. 71]. Le Dieu de Le
Pen, tel qu'il s'exprime à usage public (de la foi de l'homme, il n'y a
rien ici à dire), se constitue à la rencontre d'une affirmation de
principe, d'une tradition revendiquée comme nationale et d'une
sensibilité de type fusionnel. Le chef du Front national a conservé
du catholicisme breton de son enfance le goût des liturgies solen-
nelles et des cérémonies collectives : « Les grandes fêtes, l'Avent, le
carême donnaient lieu à des manifestations religieuses prestigieuses, où il y avait cent cinquante choristes, quarante ou cinquante enfants de chœur, où les offices étaient à cinq officiants.
C'était le temps des rites triomphants de l'Église magnifique » [77,
p. 137]. Et Bruno Mégret, son principal conseiller en communication, déplore « l'éclipse du sacré » : « la religion est aujourd'hui
pratiquement exclue de la vie sociale [...] La naissance, le mariage,
la mort ont perdu de leur dimension sacrée. Le blasphème s'étale
sur les affiches de cinéma pendant que les prêtres déambulent au
milieu de la foule sans signe distinctif. Les évêques sont désormais
considérés comme des autorités morales au même titre que le
ligues de vertu et le lobby de l'immigration [...] Pour notre peuple,
cette éclipse du sacré équivaut à une mutilation » [81, p. 82-83].

Car Le Pen et Mégret ont pleinement conscience de ce que « les
hommes ont besoin de références qui les transcendent et les
dépassent » [81, p. 83] : « nous croyons que ce qui élève les
peuples, ce qui leur permet de vivre, ce sont les saints, les héros, les
martyrs » [78, p. 191]. Le flair politique et l'intelligence du pul-
sionnel collectif se conjuguent dès lors dans une instrumentalisation
lucide des figures du christianisme en symboles, images et rites à
fonction identitaire et à usages militants. Le catholicisme devient
« l'attribut emblématique de l'identité nationale » [*idem*, p. 199] ; il
autorise « d'innombrables reformulations nationalistes des valeurs
chrétiennes » [*idem* p. 188]. « Le culte marial », analyse Le Pen, « a
joué un grand rôle dans la culture religieuse bretonne et occidentale. L'image de Marie, vierge mère, a été un symbole de civilisation, c'est-à-dire de débellicisation [...] Personnage central, inter-
cesseur sentimental. Toute la culture occidentale est imprégnée de
son image et de la sensibilité qu'elle diffuse » [77, p. 64]. « Jeanne
d'Arc », confie-t-il encore, « était une sainte héroïne nationale,
pour laquelle j'ai toujours éprouvé piété, admiration. Une très
jeune fille, général victorieux avant l'âge de dix-neuf ans, et
martyre avant vingt ans. L'une des plus belles figures de l'histoire

de France » [*idem*, p. 62]. C'est à l'occasion d'une conférence sur la Pucelle organisée à Marseille par le « Comité d'entente pour le réveil français » que des militants du Front national affirment, au détour d'une phrase, que « les Juifs sont des agités, ce qui les porte à être des agitateurs, la preuve c'est qu'ils ont tué Dieu » [83, p. 186]. Car Jeanne d'Arc, objet de vastes déplacements organisés de foules militantes, est une sainte guerrière autant que nationale : « si seulement il y avait des Arabes sur les trottoirs, on pourrait s'amuser ! », relève encore une journaliste à Paris, le 10 mai 1987, en enregistrant autour d'elle les sentiments des manifestants [*idem*, p. 188].

Le Dieu identitaire de Jean-Marie Le Pen est un Dieu jaloux. Il a voulu la différence, et la légitime. « Les races, dans leur diversité, ont été créées par Dieu et de ce fait ont certainement leur raison d'être. C'est vrai pour les hommes comme ça l'est pour les chiens » [78, p. 192]. C'est un Dieu national, un Dieu français d'abord, blanc et occidental. « Le monde afro-asiatique et musulman constitue un réel danger pour le continent européen et chrétien », écrit de son côté Mégret qui retrouve des accents de croisade : « Souvenons-nous de Salamine, des champs Catalauniques, de Poitiers, de Saint-Jean-d'Acre, de Vienne et de Lépante » [81, p. 208]. Aussi le Dieu identitaire ne requiert-il aucune autre culture religieuse et n'implique aucune autre réflexion spirituelle, qu'une affirmation sommaire de croyance et d'appartenance. Ce ne sont pas, on s'en doute, les versets des Béatitudes ou la parabole du bon Samaritain qu'évoquent ordinairement les militants du Front national en se référant aux « valeurs chrétiennes » ; mais ils ne retrouvent pas plus les accents guerriers du Livre des Juges ou des Maccabées. La rhétorique divine de Le Pen et de ses partisans est davantage affaire de souvenirs d'enfance et d'images récurrentes que de citations scripturaires ou de démonstrations théologiques.

Dieu trouve ainsi place aux côtés d'autres instances — la race, la nation, la culture —, et les « valeurs chrétiennes » confortent d'autres condensés doctrinaux — le sang et le sol, la sélection naturelle, la lutte pour la vie —, au sein d'une argumentation politique composite, et singulièrement efficace. « Le Front est une auberge espagnole », conclut la journaliste à l'issue de son voyage marseillais ; « on y entre avec sa révolte à soi, sa rancœur, sa rage de vivre en HLM, de manquer d'argent et tant d'autres raisons d'agressivité rentrée. Chacun apporte sa haine sous le bras, puis, grappillant dans les autres plats, trouve à se mettre sous la dent d'autres haines, attisées par des militants chevronnés » [83,

p. 213]. La requête d'identité (qu'elle soit ou non fondée sur la référence à Dieu) y est inséparable du refus de l'étranger : Dieu, la religion catholique constituent à ce titre des points de ralliement autant que des ferments de haine[7].

Les références chrétiennes qui jalonnent et renforcent le discours de Jean-Marie Le Pen ne sont toutefois pas en elles-mêmes indifférentes. A des phénomènes religieux, exigeait avec raison Lucien Febvre, il faut rechercher des causes religieuses. Au niveau le plus profond (et particulièrement pour une aile intégriste ou traditionaliste, mieux représentée au sommet qu'à la base de l'organisation), l'évocation du nom de Dieu au service de la cause « nationale » participe d'une conviction qui relève moins de la croyance que de la mentalité : d'une « disposition d'esprit », d'une « attitude totale [...] liée à toute une manière d'être, à une éducation, à un tempérament, à des options si foncières qu'elles atteignent le tissu même de la vie intellectuelle et morale... Comme l'Église est, par structure, hiérarchique et, par sa loi même, traditionnelle, on comprend que des catholiques aient souvent établi une union entre leur attitude d'hommes de droite et leur fidélité catholique. C'est cette transposition qui est le principe de l'intégrisme » [23, p. 651]. Des outrances verbales de Louis Veuillot à l'antisémitisme d'Édouard Drumont jusqu'aux lois raciales de Xavier Vallat, de l'Action française de Charles Maurras à la Fédération nationale catholique du général de Castelnau, de Vichy à l'Algérie française, le Front national assume l'héritage proche ou lointain d'un courant national et catholique qui l'entraîne d'un même élan à magnifier les valeurs de la « France chrétienne », exalter la supériorité de la race blanche et nier l'existence des chambres à gaz.

Plus superficiellement, mais plus largement encore, le Dieu identitaire du Front national participe, à partir des multiples ressources qu'offre une culture commune, d'une entreprise intellectuellement perverse et électoralement efficace d'instrumentalisation du Dieu de Jésus-Christ au service des thèses du parti. « On ne peut pas servir deux maîtres, dit l'Évangile, on ne peut pas servir deux pays » [77, p. 145], déclare Le Pen. Et, à la parole du Christ : « Tu aimeras ton prochain comme toi-même », il oppose un dicton de son cru : « J'aime mieux mes filles que mes nièces, mes nièces que mes cousines, mes cousines que mes voisines. Il en est de même en politique. J'aime mieux les Français. Et l'on ne me fera jamais dire autre chose » [*idem*, p. 75]. Le Dieu identitaire du Front national est un Dieu d'exclusion.

La résurgence contemporaine d'une rhétorique divine en politique, aussi limitée et appauvrie qu'elle puisse paraître, ne doit pas cependant dissimuler l'évolution majeure des deux siècles écoulés depuis la Révolution française : Dieu n'est plus aujourd'hui un argument fondamental ni une figure majeure à l'intérieur du débat politique français. Plus tardivement que les gauches — où ce type de discours s'éclipse presque complètement après 1851 —, les droites ont progressivement abandonné aussi, entre les dernières décennies du XIXᵉ siècle et les premières décennies du XXᵉ siècle, une référence jadis déterminante. On imagine mal, dans la France de ce dernier XXᵉ siècle, Valéry Giscard d'Estaing, telle Margaret Thatcher, invoquant Dieu pour justifier la libéralisation des prix et des salaires, ou Jacques Chirac, tel George Bush [34, 36], appelant les prières publiques pour l'écrasement militaire de l'Irak. La laïcisation, profonde et, à certains égards, irréversible, de la droite française passe aussi par l'évacuation de toute théologie politique du domaine temporel au profit d'une définition sécularisée de la République et de la citoyenneté.

Cette évolution a été, au cours du XXᵉ siècle, confortée et, depuis 1945 surtout, accélérée par le refus exprimé par la majeure partie des fidèles des différentes confessions de voir annexée, instrumentalisée, voire compromise leur croyance au profit d'une option politique particulière. La revue dominicaine *La Vie intellectuelle*, en s'efforçant de réfuter en 1936 la confusion entre « l'idéologie de droite » (entendez l'Action française) et les « principes catholiques », pouvait s'appuyer sur l'enseignement de Léon XIII — « vouloir engager l'Église dans les querelles des partis et prétendre se servir de son appui pour triompher plus facilement de ses adversaires, c'est abuser indiscrètement de la religion » (encyclique *Sapientiae christianae*, 10 janvier 1890) et de Pie XI — « personne absolument n'a le droit, dans des vues purement politiques ou pour soutenir la cause d'un parti quelconque, de se servir abusivement de l'autorité religieuse » (allocution *Amplissimum concessum*). A cet égard, Vichy — par la prise de conscience qu'a provoquée l'engagement explicite de la majorité de l'épiscopat catholique en faveur du maréchal Pétain, ainsi que par le scandale qu'a suscité à l'heure de la Libération la confusion des discours opérée par le régime à son profit durant quatre sombres années — constitue un tournant majeur dans l'acceptation ou la revendication, de la part des catholiques français eux-mêmes, d'une sécularisation du discours politique. En avril 1942, à la Sainte-Baume, devant le congrès national des aumôniers des Chantiers de jeunesse, Henri de Lubac s'arme d'une phrase de Charles Péguy — « Il faut qu'il y ait une raison pour que, dans le pays de Saint Louis et de Jeanne d'Arc, dans la ville de sainte Geneviève, quand on se met à parler du christianisme, tout le monde comprenne qu'il s'agit de Mac-Mahon, et quand on se prépare à parler de l'ordre chrétien, pour que tout le monde comprenne qu'il s'agit du seize Mai » — pour évoquer, avec un courage et une lucidité rares, « dans un milieu quasi officiel », « le double péril d'un glissement dans le profane et d'un abandon sacrilège à un "sacré" usurpateur » [12, p. 117]. Les Églises n'ont certes pas accepté dès lors de cantonner leur foi dans la « sphère privée » que leur réservait si commodément la pensée libérale du XIXᵉ siècle, ni renoncé à interpeller ou critiquer la société civile ou politique au nom des valeurs fondamentales dont elles se reconnaissent garantes ; mais l'idée de délimitation du spirituel et du temporel, de séparation des Églises et de l'État a, plus que dans tout autre pays au monde, pénétré profondément à l'intérieur des consciences des croyants.

Faut-il pour autant tenir pour négligeable le renouveau contemporain de la référence à Dieu dans le discours politique, identifié trop facilement à une « montée des intégrismes » en vertu d'analyses qui apparaissent souvent hâtives ou superficielles ? Les traditions religieuses mises en cause — juive, chrétienne ou musulmane — sont diverses ; les principes constitutionnels, les fondements juridiques et les traditions civiques qui régissent la culture politique française sont spécifiques d'une nation où l'État a, depuis des siècles, fait prévaloir son droit sur celui de l'Église et où la citoyenneté s'est constituée indépendamment de la croyance. La laïcité de l'État, qui fait l'originalité profonde de la culture politique française [38], toutes tendances désormais confondues, constitue à coup sûr à l'horizon du XXIᵉ siècle l'un des enjeux du devenir des droites.

PHILIPPE BOUTRY

Bibliographie

Mention particulière doit être faite en premier lieu de l'article (anonyme), « Dieu est-il à droite? », publié à la veille des élections qui porteront au pouvoir le Front populaire dans la revue dominicaine *La Vie intellectuelle* dans deux livraisons du 25 février 1936 (p. 49-72) et du 10 mars 1936 (p. 219-245).
« Question étrange, dira-t-on », prévient l'éditorial. « Et, d'abord, pourquoi ne parler que de la droite? — C'est qu'il n'est sans doute pas inutile de dissiper quelque équivoque de ce côté, tandis qu'il ne viendrait à personne l'idée que Dieu soit d'ordinaire "à gauche" » (p. 45). « On le pense bien, le ridicule et l'inconvenance de cette question ne nous échappent pas », poursuit l'article (p. 49). Pendant près de cinquante pages, l'auteur développe cependant, principalement contre les thèses de l'Action française, le thème du danger d'une confusion entre idéologie de droite et foi catholique : « si l'on nous demande pourquoi nous bornons ce travail à l'étude critique de la droite, nous dirons que c'est pour écarter le péril de confusion qui se manifeste principalement de ce côté » (p. 50) ; « nous ne saurions trop insister sur la confusion habilement entretenue de l'idéologie de droite avec les principes du catholicisme » (p. 63) ; « l'Église ne doit pas être enfermée dans la clôture barbelée d'un parti » (p. 49) ; « il n'y a pas de fait historique plus évident que la nécessité pour le catholicisme d'écarter tout soupçon de complicité ou de servilité avec les partis qui manifestent leur opposition au régime établi » (p. 54). « *Dieu n'aime rien tant que la liberté de son Église* : cette parole de saint Anselme devrait hanter les chrétiens. Plus les gauches ont besoin de catholicisme », conclut l'article, « plus il est important qu'il soit libre du côté de la droite »...
Faire référence à Dieu, c'est Le connaître, c'est-à-dire, en un sens, faire entrer la politique en théologie, à travers quelques textes fondamentaux :

[1] AUGUSTIN BARRUEL, *Mémoires pour servir à l'histoire du jacobinisme* (1797-1798), 2 vol., 86190 Chiré-en-Montreuil, diffusion de la Pensée française, 1973.

[2] LOUIS DE BONALD, *Œuvres complètes*, 7 vol., Paris, Le Clère, 1847-1854.

[3] LOUIS DE BONALD, *Réflexions sur la révolution de 1830*, publiées par Jean Bastié, Toulouse, Presses de l'Institut d'études politiques, 1983.

[4] JACQUES-BÉNIGNE BOSSUET, *Politique tirée des propres paroles de l'Écriture sainte* (1709), in *Œuvres choisies*, t. II (p. 1-289), Paris, Hachette, 1872.

[5] LÉON BLOY, *L'Âme de Napoléon* (1912), Paris, Gallimard, 1983.

[6] FRANÇOIS-RENÉ DE CHATEAUBRIAND, *Mémoires d'outre-tombe* (1848-1850), 2 vol., Maurice Levaillant et Georges Moulinier (s.d.), Paris, Gallimard, la Pléiade, 1951.

[7] LUDWIG FEUERBACH, *Das Wesen des Christenthums* (1841), *L'Essence du christianisme* (trad. franç. de J.P. Osier), Paris, La Découverte, 1982.

[8] PIERRE GIRAUD, *Œuvres*, 7 vol., réunies par l'abbé Capelle, Lille, Lefort, 1850.

[9] FÉLICITÉ DE LAMENNAIS, *Essai sur l'indifférence en matière de religion* (1817-1823), édition définitive, Paris-Bruxelles, Belin-Mandar et Devaux, 1828.

[10] FÉLICITÉ DE LAMENNAIS, *De la religion considérée dans ses rapports avec l'ordre politique et civil* (1825-1826), Henri Guillemin (s.d.), Genève, Le milieu du monde.

[11] HENRI DE LUBAC, *De la connaissance de Dieu*, Paris, Témoignage chrétien, 1946.

[12] HENRI DE LUBAC, *Résistance chrétienne à l'antisémitisme. Souvenirs 1940-1944*, Paris, Fayard, 1988.

[13] JOSEPH DE MAISTRE, *Considérations sur la France* (1796), introduction, notes et bibliographie par Jean Tulard, Paris, Garnier, Les Classiques de la politique, 1980.

[14] JOSEPH DE MAISTRE, *Du pape* (1819; édition amendée, 1821), 15ᵉ éd. conforme à celle de 1821, Lyon-Paris, Pélagaud, 1859.

[15] BLAISE PASCAL, *Pensées*, 2 vol., Michel Le Guern éd., Paris, Gallimard, Folio, 1977.

[16] PHILIPPE PÉTAIN, *Discours aux Français, 17 juin 1940-20 août 1944*, Jean-Claude Barbas éd., Paris, Albin Michel, 1989.

[17] RENÉ POMEAU, *La religion de Voltaire*, Paris, Nizet, 1956.

[18] EDMOND ROUSSE, « Les Christs des prétoires », in *La liberté religieuse en France (1880-1904). Documents officiels, consultations, notes, écrits divers*, Paris, Plon, 1908 (p. 363-402).

Théologie politique, cependant : Dieu tel qu'Il est perçu dans l'histoire antagoniste de la pensée des droites et des gauches :

[19] JEAN BAUBÉROT, « L'antiprotestantisme politique à la fin du XIXᵉ siècle », *Revue d'histoire et de philosophie religieuse*, LII/4, 1972 (p. 443-484) et LIII/2, 1973 (p. 177-221).

[20] PHILIPPE BOUTRY, « *Le roi martyr*. La cause de Louis XVI devant la Cour de Rome (1820) », *Revue d'histoire de l'Église de France*, LXXVI, 1990/1 (p. 57-71).

[21] JOSÉ CABANIS, *Lacordaire et quelques autres. Politique et religion*, Paris, Gallimard, 1982.

[22] PIERRE CHEVALLIER, *La séparation de l'Église et de l'École. Jules Ferry et Léon XIII*, Paris, Fayard, 1981.

[23] YVES CONGAR, « Mentalité de droite et intégrisme », *La Vie intellectuelle*, juin 1950 (p. 644-666).

[24] JEAN DEPRUN, « A la fête de l'Être Suprême. Les "noms divins" dans deux discours de Robespierre », *Annales historiques de la Révolution française*, XLIV, 1972 (p. 161-180).

[25] GÉRARD GAYOT, *La franc-maçonnerie française. Textes et pratiques (XVIIIᵉ-XIXᵉ siècles)*, Paris, Gallimard/Julliard, 1980.

[26] GÉRARD GENGEMBRE, « Dieu ou le contre-révolutionnaire suprême », in *La contre-révolution, ou l'histoire désespérante*, Paris, Imago, 1989 (p. 113-148).

[27] JACQUES GODECHOT, *La contre-révolution, 1789-1804*, Paris, PUF, 1961.

[28] ANDRÉ LATREILLE, *Le catéchisme impérial de 1806. Études et documents pour servir à l'histoire des rapports de Napoléon et du clergé concordataire*, Paris, Les Belles Lettres, 1935.

[29] GUSTAVE LAURENT, « Le conventionnel Rühl à Reims. La destruction de la Sainte-Ampoule », *Annales historiques de la Révolution française*, III, 1926 (p. 136-167).

[30] BENOÎT LE ROUX, *Louis Veuillot, un homme, un combat*, Paris, Téqui, 1984.

[31] PHILIPPE LEVILLAIN, *Albert de Mun. Catholicisme français et catholicisme romain du Syllabus au Ralliement*, Rome, Bibliothèque des Écoles françaises de Rome et d'Athènes, 1983.

[32] JEAN-MARIE MAYEUR, *La séparation des Églises et de l'État*, Paris, Julliard, 1966, rééd., Paris, Les éd. Ouvrières, 1991.

[33] JEAN-MARIE MAYEUR, *Catholicisme social et démocratie chrétienne. Principes romains, expérience française*, Paris, Le Cerf, 1986.

[34] PIERRE MÉLANDRI, « *In God we trust* », *Vingtième siècle. Revue d'histoire*, 19, 1988 (p. 3-15).

[35] DANIELE MENOZZI, *Letture politiche di Gesù. Dall'Ancien Régime alla Rivoluzione*, Brescia, Paideia, 1969; *Les interprétations politiques de Jésus de l'Ancien Régime à la Révolution* (trad. franç.), Paris, Le Cerf, 1983.

[36] YVES-HENRI NOUAILHAT, « La Cour suprême et la séparation de l'Église et de l'État » *Vingtième siècle. Revue d'histoire*, 19, 1988 (p. 79-89).

[37] ÉMILE POULAT, *Église contre bourgeoisie. Introduction au devenir du catholicisme actuel*, Paris, Casterman, 1977.

[38] ÉMILE POULAT, « Dieu dans les constitutions des États contemporains », *Liberté, laïcité. La guerre des deux France et le principe de la modernité*, Paris, Le Cerf/Cujas, 1987 (p. 139-186).

[39] BERNARD PLONGERON, *Théologie et politique au siècle des Lumières (1770-1820)*, Genève, Droz, 1973.

Rares sont, en revanche, les études d'histoire politique consacrées à la droite qui abordent le problème des références religieuses :

[40] GUILLAUME DE BERTIER DE SAUVIGNY, *La Restauration*, Paris, Flammarion, 3e éd., 1974.

[41] JEAN-PAUL GARNIER, *Le sacre de Charles X et l'opinion publique en 1825*, Paris, Jouve, 1927.

[42] DANIEL HALÉVY, *La fin des notables*, Paris, Grasset, 1930.

[43] DANIEL HALÉVY, *La République des ducs*, Paris, Grasset, 1937.

[44] JEAN-MARIE MAYEUR, *Les débuts de la troisième République, 1871-1898*, Paris, Le Seuil, 1973.

[45] JEAN-MARIE MAYEUR, *La vie politique sous la troisième République*, Paris, Le Seuil, 1984.

[46] RENÉ RÉMOND, *La droite en France de la première Restauration à la Ve République*, Paris, Aubier-Montaigne, 3e éd., 1968.

Le Dieu des Églises, des évêques et des prêtres, de l'enseignement, de la prédication et de la pastorale, des prophètes et des docteurs, est aussi un Dieu politique.

[47] LOUIS BAUNARD, *Histoire du cardinal Pie, évêque de Poitiers*, 2 vol., Poitiers-Paris, Oudin, 1885.

[48] JEAN-PIERRE BERTHO, « Histoire des mentalités et méthodes sérielles. La théologie de la guerre d'après les mandements des évêques de Napoléon », in *Voies nouvelles pour l'histoire de la Révolution française*, Paris, BN, 1978 (p. 313-318).

[49] GÉRARD CHOLVY, YVES-MARIE HILAIRE, *Histoire religieuse de la France contemporaine*, 3 vol., Toulouse, Privat, 1985-1988.

[50] ADRIEN DANSETTE, *Histoire religieuse de la France contemporaine*, 2 vol., Paris, Flammarion, 1948-1951.

[51] JACQUES FONTANA, *Les catholiques français pendant la Grande Guerre*, Paris, Le Cerf, 1990.

[52] JACQUES GADILLE, *La pensée et l'action politiques des évêques français au début de la IIIe République (1870-1883)*, 2 vol., Paris, Hachette, 1967.

[53] RALPH GIBSON, *A Social History of French Catholicism (1789-1914)*, London-New York, Routledge, 1989.

[54] YVES GRAS, *Castelnau, ou l'art de commander*, 1851-1944, Paris, Denoël, 1990.

[55] HENRI GUILLEMIN, *Histoire des catholiques français au XIXe siècle (1815-1914)*, Genève, Au milieu du monde, 1947.

[56] PHILIPPE JOUTARD (s.d.), *Histoire de la France religieuse. III — Du roi très-chrétien à la laïcité républicaine (XVIIIe-XIXe siècles)*, avec la collaboration de PHILIPPE BOUTRY, PHILIPPE JOUTARD, DOMINIQUE JULIA, CLAUDE LANGLOIS, FREDDY RAPHAËL et MICHEL VOVELLE, Paris, Le Seuil, 1991.

[57] DENIS MAUGENEST, éd., *Le discours social de l'Église catholique de Léon XIII à Jean-Paul II*, Paris, Le Centurion, 1985.

[58] BERNARD PLONGERON, « *Cyrus ou les lectures d'une figure biblique dans la rhétorique religieuse de l'Ancien Régime à Napoléon* », *Revue d'histoire de l'Église de France*, LXVIII, 1982 (p. 31-67).

Au Dieu des philosophes, des politiques et des Églises, il convient de confronter le Dieu des représentations collectives, savantes ou populaires et leurs évolutions.

[59] ÉMILE APPOLIS, « En marge du catholicisme contemporain : millénaristes, cordiphores et naundorffistes autour du « secret de La Salette », *Archives de sociologie des religions*, XIV, 1962 (p. 103-121).

[60] PAUL BÉNICHOU, *Le temps des prophètes. Doctrines de l'âge romantique*, Paris, Gallimard, 1977.

[61] PAUL BÉNICHOU, *Le sacre de l'écrivain, 1750-1830. Essai sur l'avènement d'un pouvoir spirituel laïque dans la France moderne*, Paris, Corti, 1985.

[62] FRANÇOIS BLUCHE, « Le Dieu de Monte-Cristo et de Jane Eyre », *Revue d'histoire et de philosophie religieuse*, 1979/2 (p. 161-186).

[63] FRANK PAUL BOWMAN, *Christ romantique*, Genève, Droz, 1973.

[64] FRANK PAUL BOWMAN, *Le Christ des barricades, 1789-1848*, Paris, Le Cerf, 1987.

[65] PHILIPPE BOUTRY, JACQUES NASSIF, *Martin l'Archange*, Paris, Gallimard, 1985.

[66] GÉRARD CHOLVY, « Du Dieu terrible au Dieu d'amour : une évolution de la sensibilité religieuse au XIXe siècle », *109e Congrès national des sociétés savantes (Dijon, 1984)*, t. I, Paris, Imprimerie nationale, 1984, histoire moderne (p. 141-154).

[67] SIMON COUPLAND, « The Rod of God's Wrath or the People of God's Wrath? The Carolingian Theology of the Viking Invasions », *Journal of Ecclesiastical History*, XLII, 1991 (p. 535-554).

[68] ÉLISABETH GERMAIN, *Parler du salut? Aux origines d'une mentalité religieuse. La catéchèse du salut dans la France de la Restauration*, Paris, Beauchesne, 1967.

[69] RALPH GIBSON, « Hellfire and damnation in nineteenth-century France », *The Catholic Historical Review*, LXXIV/3, 1988 (p. 283-402).

[70] BERNARD GROETHUYSEN, « L'idée de Dieu », in *Origines de l'esprit bourgeois en France*, Paris, Gallimard, 1927, éd. Tel, Gallimard, 1977 (p. 99-129).

[71] DANIÈLE HERVIEU-LÉGER, FRANÇOISE CHAMPION, *Vers un nouveau christianisme?*, Paris, Le Cerf, 1986.

[72] YVES LAMBERT, *Dieu change en Bretagne. La religion à Limerzel de 1900 à nos jours*, Paris, Le Cerf, 1985.

[73] CLAUDE LANGLOIS, « La conjoncture miraculaire à la fin de la Restauration. Migné, miracle oublié », *Revue d'histoire de la spiritualité*, 49 1973 (p. 227-242).

[74] JACQUES LE GOFF, « Royauté biblique et idéal monarchique médiéval. Saint

Louis et Josias », in *Les juifs au regard de l'histoire. Mélanges en l'honneur de Berhard Blumenkranz*, Gibert Dahan éd., Paris, Picard, 1985 (p. 157-167).

[75] JEAN-MARIE MAYEUR, « Mgr Dupanloup et Louis Veuillot devant les prophéties contemporaines en 1874 », *Revue d'histoire de la spiritualité*, 48, 1972 (p. 193-204).

[76] ANDRÉ TIHON, « Dieu dans les mandements de carême des archevêques de Malines, 1803-1926 », in *Qu'est-ce que Dieu? Philosophie/Théologie*, Bruxelles, Facultés universitaires Saint-Louis, 1985 (p. 651-684).

Le Dieu de Jean-Marie Le Pen et ses usages politiques ont fait enfin l'objet d'une attention particulière.

[77] PIERRE JOUVE, ALI MAGOUDI, *Les dits et les non-dits de Jean-Marie Le Pen*, Paris, La Découverte, 1988.

[78] JEAN-MARIE LE PEN, *Les Français d'abord*, Paris, Carrère/Laffont, 1984.

[79] JEAN MARCILLY, *Le Pen sans bandeau*, Paris, Grancher, 1984.

[80] NONNA MAYER, PASCAL PERRINEAU (s.d.), *Le Front national à découvert*, Paris, Presses FNSP, 1989, en particulier la contribution de PIERRE-ANDRÉ TAGUIEFF, « La métaphysique de Jean-Marie Le Pen » (p. 173-194).

[81] BRUNO MÉGRET, *La Flamme. Les voies de la renaissance*, Paris, Robert Laffont, 1990.

[82] PIERRE MILZA, *Fascisme français. Passé et présent*, Paris, Flammarion, 1987.

[83] ANNE TRISTAN, *Au Front*, Paris, Gallimard, 1987, Folio, 1988.

CHAPITRE VIII

Le suffrage universel

Rédigeant ses Fragments d'un ouvrage abandonné sur la possibilité de la constitution républicaine dans un grand pays, *Benjamin Constant écrivait : « Sous quelques dénominations variées que se soit engagée et soutenue la lutte dont nous avons été témoins et souvent victimes, elle a toujours été dans le fond la lutte du système électif contre le système héréditaire. C'est la question principale de la Révolution française, et pour ainsi dire la question du siècle. » De fait, la Révolution, abolissant la nuit du 4 août 1789 tous les privilèges, donc les identités et solidarités organiques, posa l'égalité de tous devant la loi et la nécessaire participation de chacun à l'exercice de la souveraineté : « La souveraineté est une, indivisible, inaliénable et imprescriptible. Elle appartient à la nation. » La nation, et non plus Dieu et le roi, son lieutenant, est au principe de la Cité. C'est Emmanuel Sieyès qui fixa la mystique de la souveraineté nationale telle que la Révolution allait la propager universellement. Posant, dans* Qu'est-ce que le tiers état?, *qu'une nation est « un corps d'associés vivant sous une loi commune et représentés par une même législature », il affirme, au chapitre V, l'antériorité de la nation sur l'État : « On doit concevoir les nations sur la terre comme des individus hors du lien social ou, comme l'on dit, dans l'état de nature. L'exercice de leur volonté est libre et indépendant de toutes formes civiles. N'existant que dans l'ordre naturel, leur volonté, pour sortir tout son effet, n'a besoin que de porter les caractères* naturels *d'une volonté. De quelque manière qu'une nation veuille, il suffit qu'elle veuille ; toutes les formes sont bonnes, et sa volonté est toujours la loi suprême. » Et Sieyès de préciser l'évolution historique des nations : « La nation se forme par le seul droit* naturel. *Le gouvernement, au contraire, ne peut appartenir qu'au droit positif. La nation est tout ce qu'elle peut être, par cela seul qu'elle est. Il ne dépend point de sa volonté de s'attribuer plus de droits qu'elle n'en a. A sa première époque, elle a tous ceux d'une nation. A la seconde époque [la constitution], elle les exerce ; à la troisième elle en fait exercer par ses représentants tout ce qui est nécessaire pour la conservation et le bon ordre de la communauté. »*

Du cercle magique de la souveraineté du peuple institué en nation, plus personne, depuis 1789, ne pourra sortir. Le préambule de la Charte institutionnelle du 4 juin 1814 lui-même prendra note de l'impossibilité de revenir à la monarchie de droit divin (« Nous avons dû, à l'exemple des rois nos prédécesseurs, apprécier les effets des progrès toujours croissants des Lumières, les rapports nouveaux que ces progrès ont introduits dans la société, la direction imprimée aux esprits depuis un demi-siècle et les graves altérations qui en sont résultées : nous avons reconnu que le vœu de nos sujets pour une Charte institutionnelle était l'expression d'un besoin réel ») ; il instaurera, à côté d'une Chambre des pairs, nommée par le roi, une Chambre des députés, élus par des collèges électoraux (« Nous avons remplacé par la Chambre des députés les anciennes assemblées des Champs de Mars et de Mai, et ces Chambres du tiers état, qui ont si souvent donné tout à la fois des preuves de zèle pour les intérêts du peuple, de fidélité et de respect pour l'autorité des rois »). Le concours du peuple à la détermination de la loi est désormais une réalité inéluctable. Toutes les batailles politiques se livreront à l'avenir sur le terrain non plus du principe mais sur celui de son application pratique : par la définition du corps électoral, les droites tenteront d'infléchir théoriquement la notion de souverain, c'est-à-dire du corps politique, en tant qu'il fait les lois. La postérité a le plus souvent retenu tous les combats, des ordonnances de Charles X en juillet 1830 aux lois électorales du 31 mai 1850, pour restreindre l'exercice du droit de vote, toutes les tentatives de réduire l'universalité du suffrage — du suffrage censitaire de François Guizot (« Il existe dans toute société une certaine somme d'idées justes… dispersée dans les individus qui composent la société et inégalement répartie entre eux… Le problème est de recueillir partout les fragments épars et incomplets de ce pouvoir, de les rencontrer et de les constituer en gouvernement ») au suffrage universel indirect d'un Ernest Renan assurant dans sa Réforme intellectuelle et morale que la défaite de 1870 était imputable aux ravages du suffrage universel émasculant, par l'individualisme matérialiste de la masse, tout héroïsme militaire (« Un pays qui n'a d'autre organe que le suffrage universel direct est dans son ensemble, quelle que soit la valeur des hommes qu'il possède, un être ignorant, sot, inhabile à trancher sagement une question quelconque ») ou bien encore au suffrage organique de Charles Maurras, tel que Vichy prétendra l'appliquer. Il se trouve qu'aux premières heures de la Révolution, alors que Sieyès instituait la nation souveraine en lieu et place du monarque, la droite naissante en appelait au peuple, au nom du constitutionnalisme.

*
**

Une droite née de sa défaite

Traiter de deux siècles de rapports entre les droites et le suffrage universel relève de la gageure. Tant de paroles et tant d'années ont coulé; tant de combats de sang et de mots ont été menés qu'il devient difficile de trouver son chemin. D'autant qu'en France, l'opposition droites-gauches a, jusqu'à ces dernières années, baigné dans une atmosphère métaphysique fort peu propice à la clarté des concepts.

Le plus simple est alors de remonter aux origines, à ces jours de 1789 où la gauche a gagné ses batailles décisives, celles qui, dans l'avenir, lui donneraient son long avantage politique d'abord, idéologique et culturel ensuite. Cette remontée dans le temps devrait permettre de comprendre pourquoi nous vivons la fin d'une époque; et pourquoi la clôture s'est opérée sous l'égide du général de Gaulle, dont l'action a réussi une double réconciliation : d'une part, celle de l'ensemble des droites avec le suffrage universel libre et, d'autre part, celle des différentes gauches avec la discipline constitutionnelle.

Si bien qu'avec le recul du temps, la question pourrait apparaître dans la fausse simplicité d'une histoire qui serait celle d'un long apprentissage, presque d'une découverte réciproque entre les droites et le suffrage universel. Mais à y regarder de près, c'est, au contraire, l'incroyable complexité de la réalité qui surgit avec son imbroglio d'hommes et d'événements, avec ses nombreux chassés-croisés, puisque toutes les parties ont, tour à tour, pratiqué les alliances frontales, de bloc à bloc, ou, au contraire, les alliances de revers, celles-là mêmes qui ont séparé les droites en familles irréconciliables.

On connaît la division tripartite des droites due à René Rémond [5] qui prend appui sur les trois dynasties du XIXe siècle : les légitimistes, partisans des Bourbons, en qui s'incarne la continuité du temps de la nation française, jadis appelée « fille aînée de l'Église »; en 1830, après les Trois Glorieuses de juillet, ce sont les Orléans qui réussissent à s'imposer sous le prétexte de réussir en France le transfert que les Orange avaient opéré dans l'Angleterre de 1688, pour restaurer les droits du Parlement. C'était sans compter la troisième dynastie qui, chronologiquement, avait en fait été la deuxième, puisque Napoléon Ier avait, dès 1804, réussi la conciliation de la filiation dynastique avec les principes nouveaux de la Révolution garantis par le Code civil et la centralisation administrative [50, p. 385].

Pour leurs thuriféraires, chaque dynastie se définissait par sa fidélité à un passé d'honneur : le roi et la religion pour les légitimistes; les libertés publiques pour les orléanistes, appelés à un grand avenir sous le nom de parlementaires; et, enfin, l'appel au peuple pour les bonapartistes qui, à l'abri du plébiscite, oublient volontiers les coups d'État de leurs commencements. Mais pour leurs adversaires, les trois dynasties avaient failli : les légitimistes en oubliant que la tradition n'a de sens et d'avenir politique que si elle est synonyme de liberté; les Orléans en refusant de voir qu'un parlement n'a d'autorité qu'au regard de son mode d'élection; et les bonapartistes, en négligeant de faire le lien entre l'irresponsabilité du pouvoir exécutif et la folie d'une politique extérieure qui avait conduit à Waterloo comme à Sedan.

Ces échecs et ces impasses feront la fortune de la République, troisième du nom, qui, après deux essais malheureux, réussira à pratiquer la liberté qui engendre la confiance, à rencontrer la durée qui donne la légitimité, et même à conduire en 1918 le pays à la victoire, sans attenter à la forme parlementaire de son régime, effaçant l'humiliation du traité de Francfort. Menée par Clemenceau, vétéran de tous les combats de la gauche républicaine, la République avait alors gagné l'ensemble des esprits qui ne concevraient guère d'autre calendrier politique que le sien. Ce tempo commence en 1789 avec la Déclaration des droits de l'homme, dont les gauches aiment rappeler que, pour les faire triompher, elles durent batailler contre l'Europe de l'an II, aussi bien que contre les droites dynastiques du XIXe siècle et leurs derniers avatars : le boulangisme (caricature du césarisme) et le nationalisme antidreyfusard (mené par des « moines-ligueurs »). Sans oublier la menace fasciste en notre siècle, contre lequel le Front populaire voudra, mais en vain, opposer une nouvelle grande mobilisation politique.

Mais la belle histoire de la « conquête de la République par les républicains », histoire linéaire et aimantée par l'espoir du Progrès par le Droit, s'arrête, en réalité, en 1918. Elle ne peut rendre compte ni du désastre de 1940, ni de la réponse inventée par le gaullisme. Non pas le gaullisme de guerre, qui peut encore se lire comme l'aventure traditionnelle du patriotisme républicain, mais le gaullisme constitutionnel qui voudrait bâtir cet État « juste et fort » que le général de Gaulle proposa en vain en 1945, 1947 et 1951 et qui, finalement, s'imposera après 1958, à la faveur de cette crise périphérique qu'était la guerre d'Algérie [113]. Ce retour a intrigué : regardé à travers la problématique dynastique du

XIXe siècle, le gaullisme politique et surtout constitutionnel reste opaque. En effet, pour saisir la nature de cette quête de légitimité qui a été la sienne, il faut revenir aux origines de la déchirure française, non pas celle de 1830, qui est une déchirure dynastique, mais celle de 1789, année de la déchirure métaphysique, et plus particulièrement aux mois de septembre et octobre 1789, au cours desquels la Révolution a basculé de la fraternité des droits de l'homme à l'humiliation du roi, à l'exclusion de l'émigration [93, p. 346].

Le mois d'août 1789 avait pourtant été le mois des grands élans. Pour répondre à l'explosion de la prise de la Bastille comme à la Grande-Peur des campagnes, l'Assemblée nationale avait voté, le 4 août l'abolition des privilèges et le 26, la Déclaration des droits de l'homme et du citoyen qui était la traduction philosophico-politique des nouveaux principes de liberté par l'égalité [92]. Quatre semaines avaient suffi pour mettre à bas l'édifice social de la plus vieille monarchie d'Europe et les hommes de ce qui deviendrait l'Ancien Régime [93, p. 627] y avaient eux-mêmes aidé. Pour commencer la discussion par exemple, l'Assemblée avait choisi de prendre comme texte de base celui du sixième bureau, présidé par l'archevêque de Bordeaux; ensuite c'est Talleyrand qui proposera la rédaction finalement adoptée pour l'article 6 sur « La loi, expression de la volonté générale »; et Mirabeau, non content d'avoir prêté la main pour la rédaction du fier préambule sur « l'oubli, le mépris et l'ignorance » qui étaient la cause du malheur des hommes, pèsera encore en faveur de la liberté de conscience de l'article 8. Enfin quand tout aura été voté à de très larges majorités, c'est le duc de Clermont-Tonnerre, le président de l'Assemblée, qui est désigné pour apporter la déclaration au roi. Celui-ci affirme que, pour donner sa sanction, il attendra que les principes aient trouvé leurs conclusions pratiques dans la Constitution qui doit suivre [11, t. 2]. Or les premiers débats constitutionnels seront pour lui un échec. Ses partisans vont très vite se trouver isolés, incapables de faire accepter des prérogatives propres au pouvoir exécutif. Ce qui aura pour résultat de priver la France nouvelle de toute référence à son passé. Et cet échec constitutionnel sera d'autant plus grave qu'il est aussitôt suivi d'un échec politique qui achèvera de lui imprimer sa valeur symbolique. La révolution juridique de Versailles ne fut, écrit François Furet, que le prélude de la révolution des campagnes où couraient peurs et rumeurs, et de la révolution des villes, toujours menacées par les crises de subsistances [94]. C'est cette crise alimentaire qui explique que dès les premiers jours d'octobre, une foule de femmes ait marché de Paris à

Versailles pour crier sa faim et sa fureur, avant de ramener le roi et sa famille aux Tuileries. Humilié et privé de liberté, le souverain n'est plus alors qu'une ombre, incapable d'incarner l'autorité d'une tradition vivante, ou l'efficacité d'un pouvoir légitime issu de la continuité du Temps.

L'histoire de la Révolution, et avec elle, celle de la France, allait donc continuer. Mais dans une violence événementielle que personne ne pourrait plus maîtriser. Et, de Mirabeau à Gambetta et Jules Ferry, en passant par Napoléon, tous les hommes d'État des années à venir chercheront, mais en vain, à arrêter cette course éperdue vers l'avenir dans « l'abri » d'un repos constitutionnel [102].

La profondeur de cette fracture traduisait un grave échec de la pensée politique. Échec qui deviendra la longue incapacité de la Révolution à se « clore » puisque le bel assentiment de la Déclaration des droits de l'homme ne pourra plus se retrouver dans une Constitution [118]. Et cela, en raison de graves divergences métaphysiques, aussitôt cristallisées autour de deux points constitutionnels : l'unité ou la division du Corps législatif d'une part, et, d'autre part, l'autonomie du pouvoir exécutif à qui ne sera concédé ni le droit de veto du président américain, ni le droit de dissolution du monarque anglais. Deux prérogatives constitutionnelles qui sont immédiatement apparues comme incompatibles avec l'Unité de la nation ou l'égalité des citoyens, que la jeune Assemblée venait de conquérir contre la Société d'ordres issue du passé français. Avec la série de votes constitutionnels qui se succèdent à l'Assemblée dans la première quinzaine du mois de septembre 1789 [13, a, b, c, d, e, f] c'est la « régénération » de la « table rase » qui triomphe et l'esprit de transaction avec le passé qui déserte. En effet, comme Talleyrand l'écrira dans ses *Mémoires* [46], la division du Corps législatif en une chambre basse et une chambre haute, aurait laissé à la noblesse et à l'Église de France une place dans la nation, au moins au titre de témoins d'un passé révolu mais prestigieux. De la même façon, donner au Roi un droit de veto autre que suspensif aurait signifié que les représentants, tout orientés vers l'avenir qu'ils voulaient être, acceptaient néanmoins de composer avec un temps qui n'aurait pas été humilié. Bien sûr l'acceptation de ces « concours », comme disent les monarchiens vaincus, aurait ralenti la marche des affaires. Mais ce délai, qui ne pourrait négliger les vœux renouvelés de la nation, serait considéré comme le prix à payer pour que soit respectée cette part de liberté qu'est la fidélité au passé [46].

Rien de ce que désirait cette droite constitutionnelle n'eut lieu. Et c'est ainsi que la société française sera désormais fracturée par une faille métaphysique entre ceux qui refusent en bloc le passé — la gauche — et ceux qui, du jour au lendemain, se découvrent privés d'avenir — la droite — puisque c'est à l'occasion de cette succession de votes d'août et septembre 1789 que les partisans de la chambre haute ou du veto royal prendront l'habitude de se rassembler à droite du président de l'Assemblée et en face d'une gauche qui inaugure alors sa longue préférence constitutionnelle pour la suprématie de l'assemblée unique des représentants de la nation.

Telles sont les conditions de l'apparition de la droite en France qui naît de sa défaite constitutionnelle, de son interdiction à exister sous une forme propre. Défaite qui se traduira par une longue incapacité à avoir barre sur l'événement. Incapacité dont la première et plus désolante manifestation sera l'émigration qui, contre le vœu du Roi, commence dès cet automne 1789. De plus, bientôt privée de ses biens comme de sa citoyenneté, l'émigration va se trouver en marge de l'immense aventure nationale des trois couleurs. Pire encore, réfugiée à Coblence, elle prend la figure de la trahison et de l'appel à l'étranger. Et son bruyant retour en 1815, plus encore qu'en 1814, justifiera les accusations de ses adversaires sur le fait de « n'avoir rien oublié, ni rien appris ». Accusation que les fils et petits-fils de la droite traditionnelle méditeront en 1848 et 1870 [59] et que Charles de Gaulle exilé à Londres aura à cœur de faire mentir [113].

On ne peut comprendre la complexité des rapports de la droite en général avec le suffrage universel — le point de départ de la fracture, le long divorce puis la réparation opérée, nous le verrons, par la cinquième République — sans avoir à l'esprit que c'est la divergence métaphysique de la différente gestion du temps (qui ira, en l'an III, jusqu'à inventer un « calendrier républicain ») qui a engendré la première fracture constitutionnelle, un an avant la fracture religieuse. Si c'est de celle-ci dont on se souvient plus généralement, c'est parce que la fracture religieuse a donné à la première son assise populaire et donc électorale. Votée en juillet 1790, la Constitution civile du clergé aura finalement pour conséquence l'aggravation de la rupture avec la tradition, ici incarnée par le siège de Rome, symbole de la continuité de la chaîne épiscopale. Pourtant, là encore, de nombreux clercs avaient commencé par l'accepter. Jusqu'à ce que l'obligation de prêter serment, assortie d'un délai fixé à la fin de l'année 1790, n'ajoute une condition qui sera fatale, en donnant à la papauté l'occasion de déclarer son hostilité [93, p. 554].

Dès lors, toutes les oppositions — politique, économique, religieuse et bientôt militaire — pourront se nouer pour se retrouver dans cette chouannerie qui prendra elle-même le nom de contre-révolution [93, p. 33]. A l'émigration des princes, finalement peu dangereuse, s'ajoutait, infiniment plus redoutable, la dissidence interne puisque les blancs du Midi ou de l'Ouest iront jusqu'à faire appel aux Anglais, ce qui menacerait l'unité territoriale de la patrie. Cette fracture religieuse sera des plus graves : dépouillée de ses biens, coupée de sa source spirituelle, l'Église de France sera réduite à chercher refuge auprès du nouvel État centralisé de Bonaparte, comme à pratiquer toutes les figures de l'alliance du « trône et de l'autel ». Au risque de perdre sa base nationale et avec elle, la faculté d'actualiser une tradition où le peuple se reconnaît. C'est tout le paradoxe de la fortune électorale de l'anticléricalisme dans un pays où la tradition catholique s'était séparée du courant national.

Il n'en avait pas toujours été ainsi. Dans ce conflit de « principes », la droite avait donc commencé par chercher des voies de recours plus paisibles, en se tournant vers « le peuple » des bail-lages. Ainsi demanda-t-elle, sans succès, de le consulter sur les changements survenus depuis qu'il avait envoyé ses représentants siéger aux états généraux. Ajoutons que cette idée de contrôler les notables en faisant « appel au peuple » est aussi celle de Louis XVI, qui y restera fidèle jusqu'au terme de sa vie [17, b]. C'est en effet lui qui, sur le conseil de Necker, et cette fois contre l'avis de Talleyrand, avait voulu que la convocation des états généraux ait une base très large : tout homme âgé de 25 ans et inscrit sur le rôle des impositions [93, p. 614]. La Constitution de 1791 restera d'ailleurs fidèle à cet esprit de confiance dans le « peuple », en lui confiant l'élection des juges ou des nouveaux responsables de l'administration locale. Un siècle plus tard, on retrouvera encore le même esprit de confiance lorsque l'Assemblée nationale de 1871 peuplée de légitimistes, votera la loi Treveneuc favorable à l'élection des autorités locales, principe que Thiers, fidèle à l'esprit orléaniste, refusera [105]. Encore faut-il s'entendre sur le sens des mots. Quand les monarchiens qui, en 1789, s'appellent aussi les constitutionnels, invoquent le recours devant « le peuple », ils ne pensent pas au suffrage universel, individualisé et émis dans le secret de l'isoloir tel que nous le connaissons aujourd'hui [7]. Dans le contexte d'une époque qui vient de renverser la société d'ordres, l'appel à l'égalité du suffrage universel appartient à la gauche, à Robespierre en particulier [16], toujours ardent à dénoncer la corruption et à faire briller un avenir de pureté civique. A droite, le raisonnement est évidemment inverse et ce sera au nom de la fidélité à un passé auquel on croit le peuple attaché qu'il sera demandé un retour devant le peuple, dans des conditions qui respectent sa « liberté de choix ».

Pour la suite de l'Histoire, il ne faudra pas oublier que le premier mouvement des vaincus de la Révolution aura été de souhaiter, contre les représentants, le recours au peuple. Situé très en amont par rapport aux divisions ultérieures de la droite, ce recours peut être considéré comme la préhistoire des rapports avec le suffrage universel d'une droite constitutionnelle ou légitimiste, à condition de dépouiller le terme de la connotation « ultra », que les émigrés lui donneront sous la Restauration.

Voilà pourquoi ces pages, consacrées au rapport des droites avec le suffrage universel, feront une place inhabituelle aux années malheureuses de la préhistoire (1789-1795). Puis, en laissant de côté les années du suffrage censitaire qui relèvent d'une problématique exclusivement représentative, ou les années de l'État français entièrement extérieures aux préoccupations électorales, elles s'intéresseront au printemps de 1848, bien vite suivi d'un très long siècle de méfiance (1850-1962), puisque l'année 1962 est celle de l'ultime combat de la « droite parlementaire » contre l'élection au suffrage universel du président de la République française [115].

Inhabituelle, cette chronologie n'a d'autre utilité que de pénétrer l'incompréhension qui a entouré le « retour aux sources » opéré par l'action du général de Gaulle. Initiée en 1940 par un appel au combat mené au nom d'une France toujours libre, elle exprimait un premier retour à l'idée vraie de légitimité. Prenant l'engagement de « rendre la parole au peuple », elle voulut ensuite lui donner, par le référendum constitutionnel, le moyen de solder son passé : le passé proche de Vichy d'abord puis, le temps passant et la durée aidant, le passé plus lointain d'un État millénaire d'une France qui, elle, avait un contrat « bimillénaire » avec la liberté [117, b].

I. LA PRÉHISTOIRE
DE LA SOUVERAINETÉ DU PEUPLE : 1789-1848

En raison du long succès de parlementarisme on a souvent négligé la présence du citoyen dans la définition de la loi, telle que Talleyrand la proposa avec succès pour la Déclaration des droits de l'homme et du citoyen : « La loi est l'expression de la volonté générale. Tous les citoyens ont droit de concourir *personnellement* ou *par leurs représentants* à sa formation. Elle doit être la même pour tous, soit qu'elle protège soit qu'elle punisse. Tous les citoyens étant égaux à ses yeux, sont également admissibles à toutes dignités, places et emplois publics, selon leur capacité et sans autre distinction que celle de leurs vertus et leurs talents. »

C'est donc un prince de l'Église catholique ayant opté pour le tiers état qui, le premier, aura trouvé la formulation capable de lier toutes les conséquences de la nouvelle égalité : celle de l'accès aux emplois qui est revendiquée par toute la bourgeoisie des capacités qui se sent appelée à « représenter » le peuple, et celle du « concours » à l'expression de cette « volonté générale » que doit être la loi qui « protège et punit » les citoyens de la même façon [92].

Si Talleyrand eut cette audace d'aristocrate catholique devant laquelle la bourgeoisie des lumières hésitait, c'est parce que le « peuple » auquel il se réfère est le peuple chrétien qui n'est ni le peuple antique où sévit l'esclavage, ni le peuple barbare, privé d'éducation, que redoutent les citadins du tiers état. A la différence de la bourgeoisie voltairienne, l'Église catholique ne peut oublier qu'elle est Assemblée du peuple de Dieu ; que sa mission est d'enseigner au peuple parce que, devant le Créateur, toutes les créatures sont égales en dignité ; ce qui est fort différent de la « capacité » qui, elle, varie avec les « vertus ou les talents ». L'égalité de la dignité est celle des âmes capables de discerner le bon gouvernement du mauvais, et donc d'exprimer une opinion qui, « personnellement ou par ses représentants », formulera un jugement équitable sur la qualité des gouvernants fidèles ou non à la loi divine [14, e].

Ces idées, venues de la plus ancienne théologie chrétienne, avaient été écartées lorsqu'au sortir des guerres de religion, la monarchie avait reconstruit la paix civile autour d'un absolutisme de droit divin, qui avait fini par exclure les protestants, accusés de troubler l'unité et de vouloir faire revivre l'esprit républicain des origines. Mais la source religieuse de l'égalité des âmes ne pouvait être oubliée et, devant les risques d'une Assemblée qui n'admettait aucune limite, Talleyrand, qui avait regretté la large consultation proposée par Necker, comprit tout de suite que la souveraineté du peuple était le seul recours. Lisons ses *Mémoires* : « La députation du troisième ordre, avant d'avoir triomphé des deux autres, s'était occupée de dresser une déclaration des droits, à l'imitation de celle des colonies anglaises [...] Cette déclaration n'était autre qu'une théorie de l'égalité [...] L'incompatibilité d'une monarchie hérédi-taire avec l'application d'une pareille théorie était palpable. Cepen-dant l'Assemblée voulait de bonne foi conserver la monarchie et y appliquer la républicaine théorie qui s'était emparée de toutes les têtes. Elle ne soupçonnait même pas qu'il y eût difficulté à les concilier tant... les passions aveuglent [...] Argumenter contre elle n'aurait servi de rien... Protester contre ses actes était une mesure pleine de dangers... mais le roi pouvait lui dire : "Ce peuple est un juge que vous ne sauriez récuser : je vais l'interroger, sa réponse sera notre loi." Toutes les probabilités sont que, pour peu qu'on y eût mis de l'habileté, le peuple, à une époque où les idées révolu-tionnaires n'en avaient point encore infecté la masse, et où ce qu'on a appelé les intérêts révolutionnaires n'existait pas encore, aurait désavoué les doctrines et condamné les prétentions de l'Assemblée. Rien n'eût été plus facile que de la dissoudre [...] D'un appel au peuple s'ensuivait, il est vrai, la nécessité de le reconnaître pour souverain, s'il se déclarait tel ; et l'on dira peut-être que c'était une chose qu'il fallait éviter à tout prix. Mais l'appel au peuple, à l'époque à laquelle on était arrivé n'aurait pas créé cette nécessité ; il aurait au contraire présenté l'unique chance de s'y soustraire, en la rendant de présente et absolue qu'elle était, contingente et simplement possible [...] Alors ou [le peuple] aurait, comme je crois, rempli ces espérances qu'on avait mises en lui, ou il aurait trompé ces espérances. Dans le premier cas il aurait arrêté le mal à sa naissance et fait avorter la révolution » [46].

Pour Talleyrand, le citoyen s'exprimant au nom du peuple, aurait seul pu domestiquer le torrent déclenché par les représen-tants. Ainsi se comprend comment se maintiendra, dans la petite cohorte d'un constitutionnalisme teinté d'esprit traditionnel, la confiance la plus continue dans une souveraineté du peuple, conçue comme recours, par opposition à la souveraineté nationale qui renvoie au mandat des représentants. Voilà pourquoi le peuple doit être accepté dans son universalité. Ce qui veut dire qu'il ne doit être limité ni aux « classes moyennes », comme le dira Barnave, plaidant pour le cens [16], ni par des principes politiques préalables, comme le voudra Robespierre, créateur d'un peuple vertueux et épuré, ni même par ses capacités intellectuelles comme le demanderont en 1849 les représentants qui voudraient exclure les illettrés de listes électorales [92, a]. Ni, évidemment, qu'il soit manipulé par l'Administration comme Bonaparte et son neveu le réussiront.

Du Consulat de l'an VIII à la charte de 1830, la référence à la souveraineté du peuple est d'ailleurs bannie de textes constitutionnels où l'élection est réduite à la portion congrue. La large élection des « listes de confiance » imaginée par Sieyès, pour réserver au pouvoir le choix des nominations, ne vivra pas deux ans. Dès l'an X, le cens revient et demeure tel quel sous les Bourbons; même si les Orléans l'élargiront de façon à faire passer le corps électoral de 100 à 200 000 électeurs [4].

La monarchie française ne se remettra jamais de ce retour raté, opéré dans « les fourgons de l'étranger » et marqué de cette peur de la « souveraineté du peuple ». Il n'en avait pas toujours été ainsi comme le montrent les combats perdus des années 1789-1795. Combats perdus par les constitutionnels qui, monarchistes ou républicains, cherchaient la paix civile dans la soumission de la vie politique française à la règle supérieure de la Constitution.

De 1789 à 1795, qu'il s'agisse de la source du pouvoir ou du contrôle en fin de mandat, le problème des rapports entre le peuple et sa représentation s'est posé constamment. Sans compter le cas très particulier de la mort du roi et de « l'appel au peuple » par lui demandé. Les girondins y étaient favorables, mais pas les montagnards. Pour imposer ses vues, Robespierre dut ressusciter la théorie d'une sorte de mandat impératif s'imposant aux députés élus pour condamner le « roi-tyran », déchu par la « révolution du 10 août ». Et s'il réussit, c'est que les girondins n'avaient jamais considéré l'appel au peuple comme un recours, mais simplement comme une procédure afin d'échapper à la culpabilité d'une décision qu'ils approuvaient [17, b].

En 1790 pour l'abbé Maury, en 1791 et 1795 pour Thouret, Duport ou madame de Staël, le point est constitutionnel et non révolutionnaire. Tous demandent la liberté pour le peuple de juger l'action des représentants. Tous seront battus avec des modalités variables. En 1790, avec l'accord du roi et du comité de Constitution; en 1791, à l'inverse, c'est le comité qui, cette fois, est battu quand il demande la liberté de réélection pour les membres de l'Assemblée. Et, en 1795, le même résultat est obtenu avec une procédure contraire puisque là ce sont les thermidoriens qui imposent, avec le décret des deux tiers, la réélection obligée, c'est-à-dire la liberté de choix pour l'électeur réduite au tiers des représentants !

Comme on le sait les « muscadins » de 1795 crurent que cet abus pouvait justifier un appel à la rue. Ils décidèrent donc de reprendre à leur compte la technique des journées révolutionnaires. Et, sitôt connu le résultat du plébiscite constitutionnel de l'an III, qui montrait que le gouvernement était minoritaire dans certaines sections de Paris, ils prennent les armes contre la Convention. Mais celle-ci, sûre de son droit et de sa force dès lors qu'il s'agissait de défendre les « principes de la Révolution », fait appel à l'armée dont le chef est le jeune Bonaparte : c'est la journée du 13 vendémiaire où se scelle la longue alliance de la force militaire et du suffrage universel et, à l'inverse, la longue défaite de la droite constitutionnelle, incapable d'attendre que la revanche politique lui soit donnée par la voie des urnes, où les premiers résultats l'avaient pourtant favorisée [1].

De grandes conséquences politiques ou historiques, le débat d. 1795 ne pouvait être de grande portée intellectuelle. A la Convention « épurée » et terrorisée par l'Histoire qu'elle venait de vivre, il n'y eut que deux voix pour mettre en doute la « sagesse » du décret des deux tiers ; ce dernier, par précaution, sera ratifié par le plébiciste. Encore ces deux voix viennent-elles de deux hommes qui ne siègent que depuis deux mois ! En accord avec leur conscience, ils peuvent se déclarer désireux de rendre au peuple « sa liberté » de jugement [18, a, b, c]. L'opposition constitutionnelle ne s'exprima vraiment que dans la presse ou les libelles. Et non sans une certaine hésitation, si on se souvient que Benjamin Constant produisit à deux mois de distance des opinions tout aussi brillantes que contraires [96, p. 9].

Tel n'avait pas été le grand débat de mai 1791 sur la rééligibilité qui, développant celui de l'année précédente sur la prolongation du mandat, expose l'ensemble de la thèse constitutionnelle classique qui sera, par la suite, si longtemps oubliée par la droite : le représentant a un pouvoir provisoire qui tire sa « source » de sa convocation par le pouvoir exécutif et son pouvoir de son « élection par la souveraineté du peuple » devant qui il doit rendre des comptes [14 ; 15].

En 1790, l'abbé Maury avait argué du fait que plusieurs députations n'avaient été élues que pour un an, pour demander que les assemblées des nouveaux départements, qui allaient se réunir, renouvellent leur représentation. Juridiquement le point était faible : les mandats impératifs avaient été abolis et les nouvelles circonscriptions ne se superposant pas aux anciennes, ces élections partielles n'avaient pas grand sens. Ce sera l'opinion du comité de Constitution sanctionnée par le roi, qui fait voter un décret rappelant le serment du Jeu de paume : puisqu'il avait été juré de rédiger une Constitution et que son achèvement nécessitait encore un délai de quelques mois, on pouvait conclure à « la suspension de la clause limitative » [14]. Battu politiquement, l'abbé Maury avait néanmoins mis le doigt sur un point important : la tendance des assemblées à se perpétuer, car elles n'aiment pas se regarder comme des organismes mortels, soumis à un contrôle extérieur. Avec ce langage, l'abbé retrouvait le langage de l'Église rappelant au chrétien qu'il est mortel parce que pêcheur et que, face à l'Éternité, il n'est que cendres : « Voulez-vous imposer à vos décrets un caractère de perpétuité qui les mette à l'abri de cette loi éternelle des révolutions et des changements ? C'est leur sagesse, c'est leur utilité qui doit leur imprimer cette immortelle conséquence... Vous ne déshériterez jamais la nation du droit de juger, de corriger, d'améliorer votre ouvrage [...] Des provinces n'auront bientôt plus ici de légitimes représentants. Veut-on éterniser nos fonctions ? Veut-on commander le parjure en ne comptant pour rien le serment de nous conformer aux limitations de nos cahiers, en suppléant d'office à des pouvoirs expirés ? Veut-on empêcher les mandataires du peuple d'aller rendre compte de leur mission à leurs commettants ? » [14, b].

L'abbé Maury, qui incarnait une droite religieuse opposée à la nationalisation des biens du clergé, n'est guère soutenu. Un an plus tard, le passé de fidélité religieuse s'est grossi de l'œuvre constituante qu'il s'agit maintenant de défendre contre « les exagérations » de l'esprit public, lesquelles, du fait de leur excès, finiront par rendre impossible le gouvernement du pays. C'est pourquoi, en 1791, l'ensemble du comité de Constitution défend, cette fois, contre Robespierre, la possibilité de la réélection des représentants afin d'assurer la continuité et la stabilité de la nouvelle politique constitutionnelle. Et en ce nom, se lèvera tout ce que l'ancienne France comptait de meilleur en matière de savoir juridique et de respect des droits de l'homme : Duport, magistrat élu de la noblesse et rédacteur des articles 7, 8 et 9 sur la protection du prévenu ;

Thouret, l'avocat géomètre qui avait dessiné les départements qui devaient « subdiviser sans diviser » le vieux royaume ; Cazalès, militaire élu par la noblesse et fils d'un conseiller au Parlement de Toulouse ; Clermont-Tonnerre enfin, célèbre pour son discours contre la discrimination à l'égard des « bourreaux, des comédiens, des protestants ou des juifs » [10].

Tous cherchent, sans y réussir, à stigmatiser le raisonnement de Robespierre qui, au nom du « désintéressement » ou des risques de corruption plaide avec succès pour la non-rééligibilité des représentants de la Constituante. En fait ce discours de pureté et d'incorruptibilité ne visait qu'à frapper de mort politique ceux qui, faute d'avoir été envoyés siéger dans une Chambre Haute capable d'accueillir compétences ou notabilités, étaient prêts à se représenter avec succès pour défendre, après deux ans de bouleversements, la stabilité constitutionnelle. Pour réussir, Robespierre procédera par étapes : en demandant d'abord l'inéligibilité pour les constituants, ce qui assurait l'immédiat ; puis, pour l'avenir, l'inéligibilité réduite à deux ans pour ménager les susceptibilités et réduire les critiques sur la nécessité de l'expérience. Ainsi, contre la réélection des constituants, Robespierre rencontra-t-il la seule opposition du comité de Constitution (Thouret, Duport et Le Chapelier décidés à défendre leur œuvre) tandis que pour « l'inéligibilité graduée » à deux ans, viendront s'adjoindre Cazalès et Clermont-Tonnerre qui croiront, bien à tort, que le fait d'avoir montré leur désintéressement dans la question de la réélection des constituants, donnerait plus de poids à leur plaidoyer pour la liberté de la souveraineté du peuple [15, c].

Mais tous se retrouvent dans la défense d'une liberté qui n'a d'existence que s'il y a choix ouvert, c'est-à-dire choix de confirmer ou d'infirmer les votes des représentants qui seront, ou non, reconduits. Et ce contrôle par la souveraineté du peuple est présenté comme d'autant plus souhaitable qu'il y aura eu conflit avec le pouvoir exécutif : seule la volonté de la nation peut contredire le veto royal ou, à l'inverse, conforter le « représentant héréditaire » contre les abus des représentants. Le 16 mai Thouret déclare au nom du comité de Constitution : « Le principe impérieux est la liberté des élections. Il est si imposant qu'il exclut toute autre considération... le fondement du gouvernement représentatif est le droit d'élire. Ce droit est essentiellement le droit du peuple. Il doit être d'autant plus respecté qu'il est le seul que le peuple exerce par lui-même, que son exercice est l'exercice de la souveraineté immédiate et que c'est de lui que toutes les autorités déléguées tirent leur existence légitime » [15, a]. Le lendemain Duport insiste : « Ce qu'on appelle la Révolution est fait », il s'agit désormais de défendre le gouvernement : « Cessez d'insulter le peuple en le dépouillant ; car lui cessera de croire à votre prétendu dévouement à ses intérêts. Laissez au citoyen le libre exercice d'une faculté dont il est à la fois le juge et l'objet, ne le privez pas du droit d'influer sur ses députés, et de pouvoir leur retirer ou continuer sa confiance à son gré. On n'est libre dans un choix, que lorsqu'on a la faculté de dire oui ou non » [15, b]. Plus explicite, Cazalès fera, le 18 mai, le lien entre la réélection et l'autorité du pouvoir royal institué par le peuple comme recours contre la volonté abusive des représentants : « Quand le peuple se multiplie et se disperse sur la surface d'un vaste territoire, alors le seul acte de souveraineté que puisse exercer le peuple, c'est la réélection... C'est par la réélection qu'il distribue le blâme ou la louange : c'est par la réélection qu'il vide l'appel posé devant lui lorsque le pouvoir exécutif s'oppose aux actes du Corps législatif... Car je le répète il est du devoir du Chef de la nation française de céder au vœu de son peuple quand le vœu est clairement manifeste ; mais ce serait une trahison — l'oubli du pouvoir qui lui a été confié par la nation en qualité de son représentant héréditaire — que de céder à la volonté des représentants de la nation, s'il croit que cette volonté est contraire aux intérêts et au vœu de la nation elle-même » [15, c].

Avec ces paroles, Cazalès retrouvait la plus ancienne vérité de la monarchie française, celle qui avait su s'appuyer sur les communes et le peuple contre les Grands. Le raisonnement ne sera pas entendu. Ni des représentants de 1791, ni des Bourbons qui reviendraient longtemps après sa mort.

Quand la monarchie qui se dit nationale reparaît, elle choisit de renouer la chaîne des temps au nom de la Providence plutôt qu'à celui de la confiance du peuple. Et, malgré les avertissements de Chateaubriand, les Bourbons revenus d'exil ne voulurent pas comprendre que ce privilège de la légitimité, que personne ne leur déniait, les autorisait à la « saturer » de libertés. La Révolution de juillet 1830 ne changera pas grand-chose sur ce point. Ayant commencé à se dire républicaine, elle s'enfermera vite dans le discours littéral de la fidélité juridique à la Charte et à l'ordre des Trois couleurs. Dupin et Thiers pourront inventer la « quasi-légitimité » [53], Chateaubriand qui se dit « républicain par nature, monarchiste par raison et bourbonniste par honneur » récusera cette monarchie « bâtarde, octroyée par je ne sais qui ».

Allant jusqu'au bout de ses pensées, il conclut son opuscule d'octobre 1831, en écrivant que puisque « la légitimité est une foi dont la religion est morte », le retour d'Henri V ne saurait plus être que le fait du suffrage universel [52].

Ainsi l'apparition des Orléans, loin de clore la Révolution, allait-elle permettre à la légitimité de renouer avec l'esprit de liberté. Une opposition qui se dit « dynastique » s'exprimera dans la presse, en particulier dans *La Gazette de France*, célèbre pour les procès qu'on lui intente et où elle est défendue par Berryer [98]. Retrouvant les arguments des vieux constitutionnels, le journal plaide pour l'élargissement du suffrage, auquel pourraient participer les gardes nationaux comme les masses catholiques, ce qui amorçait, contre les hommes de Juillet, la réconciliation du courant national et du sentiment religieux, dont l'alliance donnerait sa couleur si particulière au printemps de 1848.

Adolphe Thiers et François Guizot auront été les représentants les plus remarquables de cette Monarchie de Juillet, qui croira que la Liberté se limite aux droits d'expression et d'entreprise. Les deux hommes se succèdent dans la confiance de Louis-Philippe et, avec lui, incarnent ce gouvernement des affaires mené par la bourgeoisie des villes ; celle qui déteste le peuple des campagnes qu'elle considère comme d'autant plus arriéré qu'il est resté fidèle aux légitimistes, élus de la propriété terrienne. En ce sens Guizot s'oppose à Tocqueville et bien que les deux hommes aient visé le même but, qui était de clore l'ère des révolutions, leurs politiques, telles qu'ils les ont eux-mêmes évoquées dans leurs Mémoires, s'opposent termes à termes : « La politique que nous soutenions et pratiquions », écrit Guizot, « avait son principal point d'appui dans l'influence prépondérante des classes moyennes... Sans aucun principe ni limite dans l'ordre civil et incessamment ouvertes dans l'ordre politique au mouvement ascendant de la nation tout entière, elles étaient à nos yeux les meilleurs organes et les meilleurs gardiens des principes de 1789 » [54, t. 8]. L'absence de limite « dans l'ordre civil » signifie le libre accès aux emplois publics qui ouvrent la carrière aux fonctionnaires, lesquels, en outre, deviennent députés ; tandis que « le mouvement ascendant de la nation » n'est autre que la promotion de l'argent qui permet au nouvellement enrichi d'accéder au cens qui donne le statut si envié d'électeur. C'est contre cette étroitesse capacitaire que Tocqueville tonne dans ses *Souvenirs* posthumes : « L'esprit particulier de la classe moyenne devint l'esprit général du gouvernement, et domina la politique extérieure aussi bien que les affaires du dedans : espri actif, industrieux, souvent déshonnête, généralement rangé, téméraire quelquefois par vanité et par égoïsme, timide par tempérament, modéré en toute chose excepté dans le fait du bien-être et médiocre; esprit qui, mêlé à celui du peuple ou de l'aristocratie peut faire merveille, mais qui seul ne produira jamais qu'un gouvernement sans vertu ni grandeur. Maîtresse de tout comme ne l'avait jamais été aucune autre aristocratie, la classe moyenne, devenue le gouvernement, prit un air d'industrie privée; elle se cantonna dans son pouvoir et bientôt après dans son égoïsme, chacun de ses membres songeant beaucoup plus à ses affaires privées qu'aux affaires publiques et à ses jouissances qu'à la grandeur de la nation [...] Dans ce monde politique ainsi composé et ainsi conduit ce qui manquait le plus, surtout vers la fin, c'était la vie politique elle-même. Elle ne pouvait naître ni se soutenir dans le cercle légal que la Constitution avait tracé : l'ancienne aristocratie était vaincue, le peuple était exclu : comme toutes les affaires se traitaient entre les membres d'une seule classe, dans son intérêt, dans son esprit, on ne pouvait trouver de champ de bataille où des grands partis puissent se faire la guerre » [57].

Le « cercle légal » délimitait un « pays légal » sans rapport avec le pays réel. Cette étroitesse est à l'origine de la campagne de 1847 en faveur d'une « réforme électorale » dont l'originalité est de réunir dans le même camp des républicains — Ledru-Rollin, Carnot, Marrast ou Marie — et des légitimistes dont Duvergier de Hauranne est le plus engagé. Ce dernier écrit sur le sujet un livre très moderne car documenté et loin des « grands principes » invoqués par un Garnier-Pagès en mars 1847 à la Chambre lorsqu'il annonce que « le suffrage universel est l'avenir » [19, c]. Duvergier de Hauranne, lui, fait une étude de science politique qui lui permet de conclure scientifiquement à la corruption du système. Dressant un tableau comparé des lois électorales en France et en Angleterre, il souligne que les « monarchies restaurées » ont gardé l'esprit administratif du cens bonapartiste, au lieu de renouer avec l'esprit politique des années 1789-1791. Il justifie donc l'alliance des constitutionnels avec les radicaux puisqu'il ne s'agit que de moraliser une vie publique corrompue par l'argent et la servilité de collèges électoraux trop étroits. Pour étayer ce dernier propos, Duvergier se livre à une analyse quantitative des résultats département par département; analyse extrêmement rare puisque aujourd'hui encore l'École historique française, pourtant célèbre pour ses analyses de sociologie électorale, est incapable, faute de données dûment contrôlées, d'établir le tableau électoral de deux

siècles de suffrage politique de France [55]. Duvergier de Hauranne fait donc œuvre de pionnier lorsque, comparant la taille des
collèges et les résultats, il conclut que plus les collèges électoraux
sont petits et plus ils sont ministériels! A l'inverse, l'équilibre
penche vers l'opposition dans les collèges supérieurs à 800 électeurs. Mieux que tous les discours, ces chiffres expliquent pourquoi,
dans ses *Mémoires*, Guizot peut écrire qu'il était favorable au
principe de l'élargissement du corps électoral, à la condition que
l'initiative vienne de la majorité de la Chambre, c'est-à-dire des
élus qui auraient été menacés par la réforme. On comprend que la
demande ne soit jamais venue [54]!

Le refus obstiné du ministère fit que la campagne des banquets
s'engagea devant le pays réel, celui-là même qui était exclu de la vie
légale et donc parlementaire. En 1790, l'abbé Maury avait voulu
faire appel de l'aventurisme de l'Assemblée devant le peuple. Cette
fois, c'était l'immobilisme d'un ministère qui conduisait l'opposition à de nouveau ériger le peuple en instance de recours. Et à la
surprise générale, il suffira d'un banquet interdit à Paris, et d'une
demande de mise en accusation du ministère par Odilon Barrot,
pour que ce régime sans assise s'effondre. Sans avoir poussé à
l'événement, Tocqueville écrit que, pour la première fois de sa vie
publique, il s'était senti heureux.

Ce climat d'euphorie était dû à la réconciliation de l'Église avec
la démocratie. Falloux dans ses Mémoires rappelle que *L'Univers* de
Louis Veuillot parlait du « droit divin des peuples » et se retrouvait
avec le légitimiste La Rochejacquelein pour ne plus vouloir agir
qu'au nom du « droit national » [59]. Tocqueville lui-même fut
frappé de ce retour de faveur de l'Église : « C'était pour la première
fois, depuis soixante ans que les prêtres, l'ancienne aristocratie et le
peuple se rencontraient dans un sentiment commun, sentiment de
rancune il est vrai et non d'affection; mais c'est déjà beaucoup en
politique où la communauté des haines fait presque toujours le fond
des amitiés. Les véritables et seuls vaincus du jour étaient les
bourgeois » [57].

De fait, la réconciliation de l'aristocratie et du peuple sous l'égide
de l'Église, reposait sur un malentendu. Elle avait été rendue
possible par le soutien des prêtres qui crurent retrouver, avec la
faveur des urnes, leur mission de direction spirituelle. Nombreux à
l'Assemblée constituante, ils ne réussiront pourtant pas à prendre
de l'influence. Pour Tocqueville, les prêtres étaient trop absolus,
trop ignorants de la « langue politique » qui demande l'aptitude au
compromis. Aussi appréciait-il qu'ils soient « rentrés dans l'esprit

ancien et véritable de tout clergé catholique, qui est de n'appartenir qu'à l'Église ». Élu de la Manche, si proche de l'Angleterre, Alexis de Tocqueville est la meilleure figure du légitimisme constitutionnel. Mais il reste un cas atypique. Sur la terre de ses ancêtres, sa députation est un fait de naissance qui ressemble à celle d'un aristocrate anglais. Ainsi en allait-il pour quelques autres de ses amis : le comte de Falloux en Maine-et-Loire, le marquis de La Rochejacquelein en Vendée, Audren de Kerdrel dans le Finistère, tous issus de cet Ouest électoral à ce point particulier qu'André Siegfried l'étudiera en 1913 [103]. Dans ces terres catholiques qui acceptent les règles de la démocratie, ces hommes représentent une famille de pensée où le suffrage universel devient instrument d'accord, et non de rupture, entre la tradition et l'avenir. C'est en cela qu'ils se différencient des orléanistes qui, élus des villes, sont toujours inquiets de la menace que fait peser le « péril social » des faubourgs sur l'exercice continu du pouvoir. Vaincus par cette « Révolution douce » de février, dont Lamartine dit qu'elle va permettre la « réconciliation des classes sociales », les orléanistes restent cependant les plus « capables » et les plus attentifs à la question de la représentation politique. Battus en février, ils réapparaissent en juillet après la répression sanglante de juin 1848.

II. LE SUFFRAGE UNIVERSEL ET SES CRAINTES : 1848-1962

L'espoir de 1848

La confiance dans les vertus d'apaisement du suffrage universel durera le temps de l'influence politique de Lamartine. En effet, dès le début de l'hiver 1848-1849, on verra se dessiner un partage appelé à un grand avenir : tandis que les habiles — c'est-à-dire les bonapartistes et les orléanistes — accaparent les affaires intérieures et électorales, les légitimistes prennent l'habitude de se cantonner dans les domaines diplomatique et militaire, où leur savoir-faire traditionnel continuera à être apprécié au travers des différents régimes que la France connaîtra.

Tout avait pourtant commencé de façon libérale, pour un travail constitutionnel qui, non seulement fut vite mené à bien, mais encore avait créé ce pouvoir exécutif autonome capable d'incarner l'ensemble du passé français, même s'il était dépourvu de ces armes propres que sont les droits de veto ou de dissolution [8, a]. A côté de ce pouvoir, siège l'Assemblée des « représentants du peuple » élus au scrutin de liste départemental à la pluralité des voix [4]. Quant au « citoyen qui prend le titre de président de la République », il est élu pour quatre ans au suffrage universel direct ou, à défaut de majorité absolue, par l'Assemblée. A la tête de l'administration centralisée créée par le Consulat, le chef du pouvoir exécutif reste donc un personnage considérable dont le lien est direct avec la vie quotidienne des citoyens, en particulier pour la nomination aux emplois. Mais, à période fixe, le suffrage universel s'exprime sur l'évolution de ce pouvoir républicain, puisqu'il ne peut être immédiatement réélu, ce qui peut être considéré comme une forme de responsabilité. Exactement comme en 1789, ces choix de 1848 avaient été justifiés par Lamartine ou Armand Dufaure par la nécessité de maintenir « l'unité du pays ». Unité morale contre la corruption du cens. Unité de la centralisation face à une Allemagne qui découvre la modernité de l'unité nationale. Unité de la société contre le risque que représentent les utopies qui, au nom du « socialisme » ou du « communisme », refusent de se soumettre à la loi des suffrages [8, a]. Ce climat d'unité ne permet pas de séparer encore nettement une droite d'une gauche. Comme en 1789, l'Assemblée constituante s'exprime avec des majorités qui varient des deux tiers aux trois quarts et ne cesse de s'en réjouir. Les divergences sont personnelles. Chez les républicains par exemple, Jules Favre s'oppose d'abord à Ledru-Rollin au sujet de l'invalidation de Louis-Napoléon Bonaparte puis, à Jules Grévy, au sujet de l'élection directe du chef du pouvoir exécutif. A l'inverse les catholiques n'arrivent pas à trouver une majorité pour consacrer, au bénéfice de l'Église, une Liberté de l'enseignement dont la République ne veut pas abandonner la tutelle [8, a].

Pour l'Assemblée constituante de 1848, le premier danger reste celui de la rue, alors que l'Assemblée législative qui lui succédera en 1849 aura, elle, peur du suffrage universel. C'est contre la rue de Paris que Lamartine avait maintenu la convocation des électeurs pour le premier dimanche d'avril qui était jour de Pâques [20]. Et, pour la même raison, la Constituante voulut très vite établir un pouvoir exécutif bien assis. Tout se décida au cours du mois d'octobre 1848. Le 5, l'Assemblée commence par se déjuger en votant la validation des quatre nouvelles élections de Louis-Napoléon. Trois jours plus tard le mode de nomination du chef du pouvoir exécutif est choisi. Et, le 31 octobre, la date de l'élection présidentielle est fixée pour le 10 décembre, dans un vote qui a effet de ratification constitutionnelle puisque, sous prétexte « d'unité », l'Assemblée recule devant le risque d'un débat constitutionnel ouvert devant le peuple. C'est le premier signe de méfiance à l'égard du suffrage universel ; méfiance qui va bientôt s'alourdir du poids des 5 millions de voix recueillies par le candidat Louis-Napoléon que l'Assemblée avait reçu en son sein avec commisération, tant il avait l'air peu au fait de la politique. Ce qui lui avait permis de faire oublier le comploteur qu'il avait été. Entièrement soumis à son « étoile », comme au légendaire du *Mémorial de Sainte-Hélène* où l'oncle avait su remettre son nom dans la filiation libérale de 1789, le neveu assume tout l'héritage. Ayant écrit en 1839 que Napoléon était le successeur de Carnot, Louis XIV et Henri IV, Louis-Napoléon Bonaparte utilisera en 1852 le suffrage universel pour rétablir sa dynastie [24]. Et, ce faisant, il reculerait d'un siècle et plus la réconciliation entre la légitimité et le suffrage universel [9].

Déjà les résultats du 10 décembre 1848 avaient été un choc pour les parlementaires, même pour ceux qui étaient favorables au Prince. Mais par sa masse, ce chiffre devenait un désaveu brutal pour tous les acteurs du constitutionnalisme républicain. Lamartine, par exemple, l'orateur du drapeau tricolore et de l'élection directe, recueillait à peine 8 000 voix [1] tandis que son confrère du gouvernement provisoire, Ledru-Rollin, n'est guère mieux loti avec 300 000 voix. Quant au vainqueur des journées de juin, le général Cavaignac, qui était le favori de l'Assemblée, il n'obtient que 1 400 000 voix. C'est peu à côté des millions du prince Napoléon appelé à inaugurer sa présidence à côté d'une Assemblée aussitôt dévaluée, et invitée à laisser la place. Et cela, malgré les protestations sur l'œuvre « constituante » inachevée, puisque les « lois organiques » n'ont pas encore été votées.

Pour la première fois dans l'Histoire française, le suffrage universel des campagnes avait parlé librement. Mais ce vote inquiéta les parlementaires, désormais pris en tenaille entre ce pouvoir exécutif qui les surplombe et les élus républicains des élections partielles de Paris qui dénoncent l'horreur de la répression qui a suivi les journées de juin 1848. Ce souvenir tragique creusa un fossé, cette fois infranchissable, entre la gauche, solidaire des victimes, et la droite parlementaire qui fait étalage de ses craintes. Oublieuse alors du combat de jadis pour la défense d'une tradition irriguée par la confiance du peuple, les droites rétréciront leurs ambitions à la protection de la Société. En clair, à la défense d'une propriété devenue la garante des vertus privées. Et, pour cette défense, les droites ne reculeront devant aucun appui : le bras séculier de l'Administration aux beaux temps du bonapartisme ; l'ombrage des talents et de la capacité sous le régime parlementaire ; sans négliger les secours d'une religion qui devenait pourtant de moins en moins populaire.

Sous des appellations et des modalités différentes, les droites politiques vont gouverner le pays jusqu'à la crise de 1877 dont l'issue les envoie dans l'opposition. Une opposition totale jusqu'en 1914 et mitigée dans les années suivantes puisque avant 1958 jamais les droites, unies ou divisées, n'auront été capables de gouverner la France sous leur propre drapeau de la fidélité à l'ensemble du passé français. En d'autres termes sous le drapeau de la Légitimité, terme qui finira par sortir du vocabulaire politique d'une République qui ne connaît plus que la légalité [9]. Or ces années d'enracinement républicain sont, par la force des choses, celles de la cristallisation d'une culture politique qui sera diffusée par l'École publique qui, tout naturellement, enseignera que l'opposition gauche-droite a sa source dans le refus des principes « proclamés par nos pères en 1789 » [118, b]. Il y a donc un paradoxe propre à la droite française sous la IIIe République. C'est elle qui avait été au pouvoir pendant les années constituantes de 1871 à 1875. Mais puisqu'à partir de 1877 les droites sont renvoyées dans l'opposition, ce sont les gauches qui s'institueront gardiennes du régime, jusqu'à se transformer en incarnation d'une nouvelle légitimité [102]. Renvoyées dans l'opposition, les droites parlementaires voudront obtenir une revanche et, à leur grande déception, se découvriront prisonnières d'un système de méfiance à l'égard du suffrage universel qu'elles avaient elles-mêmes bâti contre les vieux légitimistes. Dès lors condamnées à un statut de minorités, les droites parlementaires croiront trouver un palliatif dans la Représentation proportionnelle. Sans plus de succès. C'est donc bien cent treize années de vicissitudes qui s'ouvrent devant les droites. Vicissitudes qui ont leurs lointaines origines dans les mésaventures du constitutionnalisme sous la deuxième République.

Le suffrage protégé, 1849-1877

Le temps des responsabilités constituantes est lui-même partagé en trois époques caractérisées par l'impossibilité d'une transmission régulière du pouvoir, ce qui montre à quel point les droites avaient rompu avec le fil traditionnel de la légitimité. Ainsi verra-t-on apparaître d'abord les orléanistes qui font un bref retour en 1849; puis les bonapartistes qui, après dix-neuf ans de stabilité administrative, sont emportés dans la débâcle de Sedan; et enfin, après les quelques mois du Gouvernement de la Défense nationale qui renoue avec l'esprit de 1848, la France assiste à l'établissement d'une « République parlementaire » où le suffrage universel sera apprivoisé, tamisé et fractionné de façon à ne plus échapper à la tutelle des élus.

Vaincus dans la rue et aux élections d'avril 1848, les orléanistes vont chercher et bientôt trouver leur revanche. Ainsi Adolphe Thiers refait-il très vite surface pour reprendre une initiative qui, jusqu'à sa mort, en 1877, pèsera plusieurs fois de façon décisive. Sa ligne est toujours la même : il faut organiser le gouvernement des notables. Ainsi dès son retour à l'Assemblée, en juillet 1848, son influence se fait-elle sentir dans les bureaux. On le trouve là où se discute la Constitution et quand le parti de l'ordre choisit le candidat Bonaparte dont il espère disposer à sa guise. Et surtout, dans le combat qui aboutit à la loi du 31 mai 1850, qui mutile de 3 millions un corps électoral, pourtant consacré par la Constitution. Dans cette longue méfiance à l'égard d'un peuple ignorant, Adolphe Thiers reste un fils de 1789, un bourgeois des lumières. Nouveau venu pour les hommes de la vieille société, il n'est accepté que lorsqu'il les protège contre un danger social. Mais non lorsqu'il voudra exister par lui-même : président de la République de 1871 à 1873, il voudra institutionnaliser à son profit un pouvoir exécutif issu d'un large collège d'élus locaux, représentant les chefs-lieux de cantons plutôt que les campagnes traditionnelles. Les droites orléaniste et légitimiste le rejetteront. Elles attendaient le comte de Chambord et M. Thiers n'était pas homme à « renouer la chaîne des temps » [102].

Dans son rapport au temps, Guizot est intellectuellement mieux placé. Même si sa qualité de bourgeois protestant, cévenol réfugié de Genève, lui interdisait d'en faire un profit personnel [97]. Au moins sa pensée théorique est-elle une pensée de la droite intégrale dans la mesure où sa critique, *De la démocratie en France* qui paraît dès janvier 1849, se situe tout entière par rapport aux exigences du temps de la tradition en laissant de côté les exigences des propriétaires, à l'encontre de Montalembert, Thiers et même Louis-Bonaparte qui pense au profit électoral [25, 26].

Par son simple titre, le livre de François Guizot fait évidemment écho à la *Démocratie en Amérique*, dont l'auteur, élu à l'Acamédie, puis à la Chambre des députés, s'était joint, contre Guizot, à « l'opposition dynastique », avant de se rallier à cette deuxième République, qui fera de lui le ministre des Affaires étrangères d'un prince-président, pour qui il n'avait pourtant pas voté! [64, b].

Guizot ne biaise pas avec les mots. Pour le bien de la France, il a décidé de lutter contre « l'idolâtrie démocratique », contre la République du suffrage universel, qu'elle soit « démocratique » ou « sociale », car le péché capital de celle-ci est de ne s'adresser qu'à des « êtres individuels », à qui le bonheur est promis ici-bas. Or si l'homme est bien le roi de la Création, écrit Guizot, c'est en tant qu'il appartient au « genre humain, qui a une vue d'ensemble, une destinée générale et progressive. C'est donc parce qu'elles se tiennent les unes aux autres que les générations successives des hommes sont liés entre elles et s'enchaînent en se succédant » [58].

Voilà le cœur de la différence métaphysique entre les droites et les gauches : d'un côté un progrès fait de continuité; de l'autre un progrès qui exige la rupture. Dans un cas, une reconnaissance de l'importance de la transmission des savoirs au travers des générations de l'espèce humaine; dans l'autre la priorité donnée à l'invention. Lucide pour la compréhension de l'épaisseur du temps, Guizot a été victime de son idolâtrie des classes moyennes, qu'il croit chargées de porter le flambeau de la civilisation, maintenant que l'aristocratie est déchue et en attendant l'arrivée d'un peuple, encore dans l'enfance. Guizot est donc imperméable à la doctrine catholique d'une souveraineté d'un peuple assemblé autour de la bonne parole de ses pasteurs. Une parole qui par définition, restera périphérique par rapport au langage de la capacité que pratique l'élite de la connaissance ou de la richesse qui se reconnaît dans un régime d'opinion, un régime représentatif fondé sur les libertés publiques [97].

Voilà pourquoi les orléanistes et, après leur ralliement au pacte républicain, les libéraux vont, à travers les différents régimes, multiplier les procédés pour diminuer l'influence d'un suffrage universel pourtant proclamé principe constitutionnel. Le champ de manœuvre était étroit. En effet, se souvenant des déboires de leurs ancêtres, les constituants de 1848 ont multiplié les précisions : pour les électeurs âgés de 21 ans, un suffrage « direct et secret », « sans aucune prescription de cens » ; pour les éligibles, âgés de 25 ans et « toujours rééligibles », aucune « condition de domicile » ; cela permet les candidatures multiples dispensées à travers le territoire, mais non les cumuls avec les charges de fonctionnaires, qui doivent renoncer à leur rétribution comme à la possibilité de se présenter aussitôt là où ils ont exercé leur fonction [4, p. 267].

La seule faille résidait dans les conditions de savoir ou de domicile qui, pour l'électeur, n'avaient pas été précisées et, l'apparition de ces conditions en 1849 ou 1850 devient l'aune à laquelle mesurer l'évolution des mentalités de l'Assemblée constituante à l'Assemblée législative qui lui succède en mai 1849. La première loi électorale votée restait libérale et fidèle à l'esprit de confiance en la « souveraineté du peuple » : ainsi les conditions de savoir sont-elles rejetées après l'intervention de l'évêque Freslon qui explique que « l'électeur qui ne sait pas lire, est entouré d'hommes intelligents » [22, a] ; et si la condition de domicile est acceptée, c'est limitée à six mois, et selon une interprétation qui en fait une simple vérification d'identité dans une France rurale qui vit l'apprentissage de la discipline des listes électorales [*idem*]. Enfin, c'est avec le même esprit d'honnêteté, qu'est décidé le vote au canton où seuls peuvent être constitués des bureaux « intelligents » ; mais pour rassurer Montalembert qui a peur que cela éloigne les « ouvriers des campagnes », il est décidé de diviser les cantons en sections chaque fois que nécessaire.

En 1850, l'esprit de l'Assemblée législative est au contraire à la réaction. Et, dans la discussion de la loi du 31 mai, s'affiche tout le mépris pour la « souveraineté du peuple » de parlementaires affolés par ses dernières manifestations. L'initiative vient du gouvernement qui, le 22 mai, assurera avoir l'appui du président. Le 8 mai Baroche, le ministre de l'Intérieur, avait expliqué que la Constitution ne trouvait pas dans la loi électorale « la protection suffisante ». Il faut donc « peser les droits que la Constitution donne pour défendre la société menacée », et élargir « l'unique condition d'habitation » à trois années, de façon à « éviter les entraînements » et écarter les « majorités du hasard » [23, a]. Immédiatement critiqué par les républicains qui comprennent ce qu'implique ce rétrécissement de leur assise électorale dans les villes, le gouvernement est soutenu par Berryer, Montalembert et Thiers, mais condamné par les constitutionnels que sont Cavaignac, Lamartine et le marquis de La Rochejacquelein, tous unis dans le même respect de la « souveraineté du peuple ». Thiers sera le plus méprisant dans sa fameuse harangue contre la « vile multitude » [23, c]. Montalembert le plus offensif, par son appel à « la guerre légale contre la guerre civile », elle-même assimilée au triomphe du « socialisme » ; contre ce danger, il faut mobiliser la majorité « nationale et sérieuse » qui a su montrer son courage en votant l'expédition de Rome au secours du pape ou la loi Falloux sur la liberté catholique de l'enseignement [23, b].

Moins religieuse et sociale, mais plus politique, l'argumentation de Thiers ridiculise cette « universalité », qui n'en est pas une. D'abord parce que les républicains, adeptes de l'insurrection, ont été les premiers à lever la rue au prétexte que la République était « au-dessus du suffrage universel ». Et, ajoute Thiers non sans perfidie, le suffrage n'est jamais « universel » puisque tout le monde accepte qu'il exclut les enfants, les jeunes de 18 à 21 ans, les émancipés et bien sûr les femmes, ce qui ampute le corps électoral de 25 millions de voix sur les 35 que compte la population française. Après cela, Thiers peut se déclarer le meilleur fidèle de la République comme de la Constitution, en voulant exclure les vagabonds sans domicile fixe et tous ceux qui, par principes plutôt que par manque de ressources, préfèrent « la route » au travail régulier, les « plaisirs du cabaret aux joies de la famille ». Assurément sa préférence irait au suffrage à deux degrés qui respecte la « hiérarchie des intelligences » ; mais puisque la Constitution l'interdit, il ne reste que cette clause de domicile pour garantir la « valeur » de l'élection.

Guizot pensait au Temps qui éduque. Montalembert à la religion qui moralise. Thiers à la propriété qui stabilise l'homme de bien. Tous ces parlementaires se retrouvent donc pour s'opposer à Lamartine et La Rochejacquelein, derniers représentants à faire entendre le vieux langage du constitutionnalisme. Le premier qui voyait dans le suffrage universel le moyen de créer « la concorde entre les classes sociales » [23, b] le second qui croit que le « droit national », est l'avenir de la légitimité [23, d]. Avec un siècle de recul on voit comment ce débat du mois de mai 1850 a figé les positions politiques pour de longues années : les orléanistes mutilent avec la bonne conscience des intelligents ; les catholiques s'enferment dans la défense d'un passé exclusivement religieux ; les bonapartistes se taisent en attendant du coup de force l'opportunité de perpétrer toutes les manipulations.

Pourquoi parler de manipulations à propos du bonapartisme

dont la gloire est d'avoir pratiqué l'appel au peuple et inaugurer la démocratie plébiscitaire du suffrage universel? En raison d'une pratique qui organise la dissociation systématique entre la parole et l'acte. Président de la République, Louis-Napoléon ne cessera de protester de sa fidélité à la Constitution en se différenciant des « fauteurs de coups d'État » qui agitent la rue ou poussent leurs agissements jusque dans l'Assemblée [25]. Puis, auteur lui-même du coup d'État de décembre 1851, il lance un appel au peuple pour justifier la dissolution de l'Assemblée « qui forge les armes de la guerre civile » ce qui renvoie, en réalité, à ses propres manœuvres : qu'il s'agisse de sa requête de révision constitutionnelle pour être réélu (que l'Assemblée refuse) ou de la campagne pour le retour à l'intégralité d'un suffrage universel (alors que son ministre avait assuré l'Assemblée qu'il approuvait la mutilation de mai 1850) qui est également refusé.

Puis, loin de prendre le peuple à témoin de ces seuls conflits — comme le lui proposait Tocqueville sur le moment ou comme le regrettera plus tard Boulanger — le prince-président demande au peuple non seulement de le nommer « Chef responsable pour dix ans » mais encore de reconnaître en son nom « le symbole de la France régénérée par la Révolution de 1789 et organisée par l'Empereur », de sorte que « pour la première fois depuis 1804 » (qui est la date d'apparition de l'Empire héréditaire) il sera possible de « voter en connaissance de cause, en sachant bien pour qui et pour quoi ». En clair pour un retour de l'Empire qui, de fait, n'attendra pas un an, date à laquelle il sera ratifié par un second plébiscite; procédure qui permettrait de voir dans le coup d'État une « sortie de la légalité pour rentrer dans le droit ».

Curieux droit cependant puisqu'il est aussitôt mis sous le régime de l'appréciation personnelle du prince, devenu le seul capable de juger du « moment », où la Liberté serait à nouveau possible. Elle n'est pas alors à l'ordre du jour, puisque l'Empereur s'engage au contraire à « donner satisfaction aux exigences du moment » en créant un système qui reconstitue l'autorité sans blesser l'égalité, sans fermer aucune voie d'amélioration afin de « jeter les bases du seul édifice capable de supporter plus tard, une liberté sage et bienfaisante » [25].

Avec ces mots on voit que le bonapartisme, malgré son désir de renouer avec un passé de gloire, est l'exact contraire de la vieille tradition de la légitimité qui alliait la « souveraineté du peuple » à la « liberté de choix de l'élection ». Mieux, qui trouvait la justification de l'une par l'existence de l'autre. Troisième dynastie, le bonapartisme ne rompt pas le cycle de la violence ouvert par la Révolution. Et, à la différence de la royauté des Capétiens, troisième lignée succédant elle aussi aux Mérovingiens, le second Empire ne pratiquera pas la prudente politique qui avait permis d'abord, l'enracinement des seigneurs d'Ile-de-France, puis le passage en douceur de l'élection à l'hérédité [110, p. 113]. Si le bonapartisme assume la fracture de 1789-1792 qui avait dissocié le désir d'unité de la Patrie de la fidélité au roi de la tradition, il en introduit aussitôt une seconde en théorisant la dissociation entre l'égalité, dont l'Administration civile est la garante, et la liberté qui, elle, se joue dans l'ordre politique du suffrage et de la confiance.

La manipulation des origines pèsera jusqu'à devenir la malédiction des derniers jours. L'Empire libéral qui devait couronner le fameux édifice constitutionnel ne sut jamais concilier l'hérédité, qui était sa vraie pensée, avec la confiance libre qui veut un exécutif responsable devant les élus ou le suffrage universel. Telle sera l'amère expérience d'Émile Ollivier, ministre républicain, choisi pour illustrer le retour d'influence des chambres. Or à quoi assiste-t-il ? Au plébiscite de mai 1870 qui le prive de l'initiative en matière intérieure, et bientôt à la déclaration de guerre qui conduira l'Empire à sa chute. Chute, qui, par-delà les faux-semblants de la démocratie plébiscitaire, ramène le régime au mensonge de ses origines, qu'il ne put jamais effacer comme devait le dire dans une célèbre plaidoirie un jeune avocat, Léon Gambetta, qui comprendra fort bien comment se posait en France la question de légitimité [102].

Le régime bonapartiste avait pourtant brillé. Au point même d'abuser de nombreux esprits avec le poids de ses millions de voix devant lesquelles le jugement individuel vacillait. Pour un Tocqueville scandalisé par ce retour du « despotisme » qu'il assimile à la plus mauvaise tradition d'un Ancien Régime [64] combien de Montalembert qui cède aussitôt, de marquis de La Rochejacquelein qui explique en 1853 pourquoi les partisans du droit national doivent se rallier à la volonté nationale [60]. Et en 1870, au moment de l'Empire libéral pour un marquis de Talhouët-Roy, ministre des Travaux publics d'Émile Ollivier qui démissionne en signe de refus de ce brusque retour au plébiscite [66], combien de Laboulaye qui, pourtant héritier spirituel de Tocqueville dont il a pris la succession comme chef de file de l'École américaine, se sentent néanmoins incapables de résister à l'attrait du suffrage universel ? [62].

Pour comprendre la fascination survenue chez ceux-là même qui avaient su résister à la loi de mai 1850, aussi bien qu'au coup d'État de 1851 (puisque La Rochejacquelein avait participé à la résistance légale de la mairie du Xe arrondissement) il faut rappeler non seulement la haine des légitimistes à l'égard des Orléans, mais aussi le respect de cet aristocrate pour « ses paysans » qui, ne comprendraient pas de voir leur vote désapprouvé : « Sous le gouvernement de juillet se forma dans le parti légitimiste le parti du droit national. Cette appellation fut prise par opposition à l'étrange et persévérante accusation portée contre ces légitimistes que l'on appelait avec ironie, le parti du droit divin… Il n'existait pas un meilleur terrain pour nous rendre odieux et impopulaires. On avait réussi [6o, p. 13-14]. Nous répondîmes donc "Nous sommes les hommes du droit national car le principe héréditaire a été institué par la nation et pour elle" [*idem*, p. 16]. Nous avons maintenu le drapeau du droit national après 1848. En face des divers partis qui se sont manifestés, nous ne pouvions mieux faire à la vue de notre pays exposé à des déchirements, en prise à tant de divisions, que de nous inspirer de la pensée du Roi martyr qui, lorsque sa tête sacrée était menacée, demandait "l'appel au peuple" pour éviter à notre nation le crime affreux dont elle allait se trouver solidaire [*idem*, p. 18]. Au moment où la République fut proclamée le 26 février les royalistes applaudirent à la chute du gouvernement de l'usurpation. J'ai dit quelle fut leur action… Je rendais justice aux loyales intentions qui avaient animé l'Assemblée constituante… Je signalais les tendances mauvaises de l'Assemblée législative… impuissante à mettre fin aux divisions de la France : après avoir chaudement appuyé l'avènement du prince Louis-Napoléon et son gouvernement, des hommes considérables du Parlement, s'apercevant un peu tard qu'ils lui avaient préparé un trône, voulaient l'empêcher de s'y asseoir [*idem*, p. 20-21] […] L'autorité et la liberté doivent vivre de la même vie, elles doivent s'appuyer sur la nation ; tant que le principe de l'autorité sera contesté par les partis, la liberté ne pourra jamais s'établir. Au milieu de ce gâchis sans exemple, au milieu de toutes ces impossibilités, où est le devoir des hommes qui ont toujours invoqué la volonté nationale pour sauver leur pays des révolutions ? Ils n'ont à mon avis qu'une ligne à suivre : c'est de se maintenir dans le courant de la volonté de la nation, et de faire pour la France tout ce que leur situation leur permet pour la bien servir » [*idem*, p. 260-263].

Au nom de la « volonté nationale » le marquis de La Rochejacquelein adepte du droit national se ralliait. On remarquera qu'il ne parle pas du « suffrage universel ». Il accepte la chose, mais non le mot qui, pour ce légitimiste de la vieille école, a encore une résonance trop individualiste et pas assez communautaire. C'est pourquoi il est éclairant de comparer cette explication à l'analyse rétrospective fournie en 1888 par Boulanger dont le père, républicain, avait comme La Rochejacquelein été mis en prison au lendemain du coup d'État. Le 2 décembre 1888, jour anniversaire fatidique s'il en fut, le général Boulanger à Nevers fait campagne pour la révision d'une Constitution à son avis trop parlementaire : « L'histoire n'aurait peut-être rien à reprocher à celui qui s'appelait Louis-Napoléon, si dans le conflit soulevé entre les parlementaires déconsidérés et lui, il s'était borné à prendre le pays comme juge suprême et souverain, et à en exécuter les volontés; mais, manquant de confiance dans la sagesse de ce peuple dont il était élu, il lui enleva ses libertés les plus essentielles et les plus chères, pour le livrer à l'arbitraire des fonctionnaires dont la tyrannie est aussi odieuse aux citoyens que funeste aux gouvernements. Il établit son pouvoir par la proscription, comme si l'élu de cinq millions de suffrages avait besoin de proscrire personne. Enfin, il restaura le droit monarchique dans ce pays où, depuis un siècle, pas un fils ne succède à son père et où la nation, si elle délègue pour un moment à des hommes ayant sa confiance le soin d'exécuter sa volonté, veut rester maîtresse d'elle-même et de ses destinées. Ce fut sa faute irréparable. Elle rendit toute réconciliation impossible et domina la politique du gouvernement impérial jusqu'à le conduire à cette guerre néfaste où il trouva sa chute » [102, p. 230].

Cet excellent discours a probablement été inspiré par le républicain plébiscitaire Alfred Naquet qui, alors, avait entrepris de capter le suffrage universel rassemblé par Boulanger pour établir une République à l'américaine [102]. L'intérêt de ce texte vient seulement de ce qu'il formule la distinction devant laquelle les contemporains avaient tremblé : mis en demeure de choisir entre une Assemblée bavarde et égoïste et un pouvoir exécutif qui promettait l'ordre de la stabilité, le suffrage universel avait, en choisissant l'autorité, illustré le vieil adage de la scholastique chrétienne : « La confiance vient du bas, l'autorité vient du haut. »

Louis-Napoléon comprit le principe de l'autorité sans avoir le courage de la confiance. Non seulement il supprima la liberté, mais encore le scrutin de liste qui permet l'espoir des revanches électorales comme le comprendront plus tard Gambetta, Boulanger et Jaurès [102].

Au lendemain du plébiscite, le scrutin d'arrondissement est

établi. Non pas le scrutin uninominal à l'anglo-saxonne qui permet aux influences locales de se manifester de façon indépendante. Mais un scrutin manipulé par la règle des deux tours qui, en évitant les surprises, permettra en réalité à l'influence administrative de s'exercer. L'introduction du second tour avait été la première manœuvre de revanche des orléanistes. Au travers de trois régimes il établit la continuité entre la deuxième République, le second Empire et la République organisée par les lois de 1875.

Le suffrage fractionné des lois de 1875

L'effondrement de l'Empire après la catastrophe de Sedan commence comme une nouvelle version de la seconde République. Gambetta et Jules Ferry vont à l'Hôtel-de-Ville comme jadis Lamartine et Ledru-Rollin. On y proclame la République comme en 1848. Avec cette différence que la guerre est là et qu'elle se fait contre Bismarck. Au nom de la Défense nationale, et replié à Tours, Gambetta trouve le concours des légitimistes locaux, venus les armes à la main, pour l'aider, dans sa tentative de « Sauver l'honneur » [102].

Les républicains de 1870, comme leurs prédécesseurs de 1848, croient à la vertu pacifique du suffrage universel. Et sitôt signé l'armistice, les électeurs sont convoqués pour le 8 février 1871. Ils envoient siéger à Bordeaux, puis à Versailles non pas des républicains, mais une majorité de députés favorables à la paix. Divisés par les souvenirs et les fidélités, les élus monarchistes sont unis dans la même ferveur constitutionnelle et au grand dam des républicains, proclament le 30 août 1871 leur intention de donner des institutions à la France. Le constitutionnalisme renaissait pour la troisième fois.

Plus heureuse que les précédentes, la troisième Assemblée nationale de l'Histoire française réussira à voter des lois constitutionnelles qui s'inscriront dans la durée du Temps. Mais rédigées par les droites elles seront pratiquées par les gauches qui eurent l'intelligence de les voter [102]. Tant et si bien qu'elles finiront par donner naissance à une tradition qui sanctifiée par l'Affaire Dreyfus dominera toute la première moitié du XXe siècle [108]. La droite parlementaire était piégée. Elle avait pensé des institutions protectrices de la société plus encore que de la tradition. Une autre tradition prévaudra en donnant une longévité républicaine à un conservatisme qui s'était voulu simplement social.

Ce résultat paradoxal n'est pas le fait du hasard, mais la conséquence de la compétence constitutionnelle des orléanistes. Le constitutionnalisme de 1875 avait en effet emprunté à l'Amérique sa division du Corps législatif en deux Chambres démocratiques [117]; à l'Angleterre, son chef du pouvoir exécutif irresponsable; et à l'expérience propre de la France, la règle des deux tours pour éviter les surprises du suffrage universel. Combinés avec l'interdiction de fait de la dissolution, que les républicains ajouteront à partir de 1879, le régime réussira jusqu'en 1914 non seulement à éviter toutes les surprises, mais aussi à absorber toutes les poussées de fièvre, que ces dernières s'appellent le gambettisme, le boulangisme ou le nationalisme. Cette stabilité couvrant près de deux générations était du jamais vu depuis 1789. Elle donnera le sentiment de l'éternité de cette synthèse républicaine, encore appelée « modèle républicain »[1].

A cette œuvre constitutionnelle d'une solidité nouvelle pour la France, toutes les familles de la droite avaient participé. Même si c'était à leur corps défendant. Ainsi le bonapartisme a-t-il servi de repoussoir pour interdire toute tentative personnelle, et tout espoir de ratification constitutionnelle directe par le peuple; les orléanistes ont inventé le septennat, œuvre du duc Broglie qui, en 1873, après l'échec de la fusion monarchique, proposa ce pouvoir exécutif issu du seul vote des parlementaires [68, a]; en novembre 1875 s'ajoutera une loi électorale qui, abandonnant le scrutin de liste des grands courants, cantonnerait les élus du suffrage universel dans l'étroitesse de l'horizon d'un scrutin d'arrondissement verrouillé par la règle des deux tours [30]; enfin le mérite du Sénat républicain revient à l'école constitutionnelle américaine qui avec Waddington et Laboulaye saura reconvertir le Sénat fédéral des États-Unis, en cette seconde Chambre, issue de la démocratie locale — ce qui allait à l'encontre de toutes les traditions françaises de Chambre des pairs.

Gambetta eut le génie de comprendre tout le profit que pourraient en tirer les républicains, bénéficiaires de la révolution des mairies [81, b]. Quant aux légitimistes, ils tinrent un double rôle souvent méconnu : le premier relève de la démocratie locale avec la loi Treveneuc de 1871 qui libéralisait et démocratisait l'administration des départements; le second se situe au niveau national : en acceptant la manœuvre de Gambetta, ils contribueront à peupler le nouveau Sénat de sénateurs inamovibles qui, légitimistes ou républicains, avaient pour eux le mérite de hâter la défaite politique de leurs ennemis jurés, les orléanistes!

Conçu pour protéger les orléanistes des surprises du suffrage universel, le système finira par servir les républicains. Un homme fait le lien entre les deux mondes : Armand Dufaure, présent en 1848, pour plaider la centralisation contre Tocqueville; présent en 1873 pour proposer, avec Thiers, une Constitution de notables qui fut rejetée; et à nouveau en 1878 pour tempérer la défaite de Mac-Mahon. Grand parlementaire s'il en fut, Armand Dufaure assure la transition entre Lamartine et Jules Grévy, autre vétéran de 1848. On sait en effet que, pour être élu président de la République en 1879, Grévy renonça officiellement à la dissolution, qui est le symbole de l'autonomie du pouvoir exécutif. A peine établi, le constitutionnalisme était donc battu en brèche. Ce faisant Grévy était fidèle à la plus vieille tradition de gauche, puisque le droit de dissolution avait été refusé au roi de 1791, comme au président de 1848. Voulue par les droites, la dissolution relevait du droit royal. Elle est introduite par la Restauration et le duc de Broglie avait réussi à l'imposer pour équilibrer la faiblesse d'un septennat, pouvoir exécutif défini par une durée et issu de la seule élection parlementaire; après 1879, la droite parlementaire se verra donc supprimer la seule forme d'appel au peuple qu'elle acceptait.

Les lois de 1875 avaient été conçues pour que le régime nouveau fût une citadelle. Les vagues du suffrage universel pouvaient venir battre : entouré de plusieurs fossés, le donjon central du pouvoir restait très difficilement accessible. En effet, comment conquérir simultanément la majorité de la Chambre au scrutin uninominal à deux tours, la majorité du Sénat élu au scrutin à deux degrés et celle du Congrès des deux Chambres? Pour y réussir il faudrait vraiment faire partie du « club », décrit par Jules Ferry [102], club qui obéissait désormais aux règles énoncées par Gambetta. Liant le panache de la Défense nationale à la lutte contre le cléricalisme, Léon Gambetta avait, pour le malheur des droites, dessiné la carte de la légitimité jusqu'en 1914. Puisque le club était de gauche, les droites découvriraient les amertumes de l'opposition, oscillant sans cesse entre l'espoir d'une reconquête inaccessible et la résignation à un statut de minorité. Quand elles ne régresseraient pas plus loin encore dans l'archaïsme en cherchant une politique entièrement extérieure à l'impératif électoral.

Refusant en 1873 de se rallier au drapeau tricolore de la liberté nationale, le comte de Chambord a une nouvelle et dernière fois rompu le fil liant les héritiers de l'ancienne monarchie à la confiance de ses peuples. Puisqu'il ne veut connaître que la Providence, il annihile toute la construction de la légitimité élaborée autour de Chateaubriand « républicain » depuis 1831 [52], et vide de tout sens la théorie du droit national. Néanmoins les légitimistes acceptent la décision car ils se souviennent comment les orléanistes avaient capté à leur profit la seconde République, et comment les bonapartistes ont subverti la théorie du droit national. Ils jurent aussi de ne plus être dupes et, de ce fait, repousseront toute transaction « parlementaire » [102].

Le temps de l'opposition, 1879-1914

Résolument hostiles aux lois de 1875, ils retournent à leur exil provincial sans plus s'étonner des vicissitudes d'un régime parlementaire incapable de défendre les principes constitutionnels qui leur tenaient à cœur : l'autonomie du pouvoir exécutif capable d'assumer la tradition de la continuité de l'État ; la reconnaissance de la mission éducative d'une Église catholique forte de ses œuvres ; et enfin, la neutralité de l'armée. Même le petit parti constitutionnel réfugié au Sénat se montre impuissant. Vaincu dans la tourmente de la crise de mai 1877 où il avait approuvé la dissolution, il n'est plus d'aucun secours pour le maréchal Mac-Mahon, qui apparaît alors comme le dernier vestige d'un constitutionnalisme qui a fait long feu. Il se démettra en janvier 1879, dès qu'il aura compris qu'il a moins d'influence que Gambetta dans la nomination des généraux. Avec lui le légitimisme républicain disparaît pour soixante ans [81, b].

L'arrivée de la République des républicains refera l'unité des droites. Mais dans le malheur. A partir de 1879, c'est en effet l'ensemble des droites qui découvrent leur impuissance face aux lois laïques qui, sans attenter à l'enseignement du catéchisme ou à la liberté du culte, organisent une École publique « gratuite, obligatoire et laïque » qui aura pour effet de creuser un nouveau fossé infranchissable entre deux personnels politiques : d'un côté celui de l'ancienne France, désormais figé dans un langage de défense sociale et religieuse incapable de rallier des majorités électorales ; et de l'autre, celui de la France nouvelle et républicaine qui, tout à la joie du souvenir exclusif des principes de 1789 et des grands ancêtres, interdit le pouvoir à la droite constitutionnelle, qui participe pourtant des succès célébrés, puisque c'est grâce à elle que la déclaration des droits rencontra cette unanimité qui fit tant pour son prestige universel.

Dépouillées de leur passé de libertés qui ne peuvent être que constitutionnelles, les droites politiques ne sauront plus que balbutier.

Sans chefs prestigieux, privée de ses propres principes, la droite se voit condamnée à chercher des palliatifs; elle croira les trouver tantôt dans la conspiration militaire tantôt dans l'agitation populaire; tantôt dans le révisionnisme tantôt dans le nationalisme. Sans négliger ces aiguillons acérés qui sont l'antisémitisme ou l'antisocialisme. Autant de drapeaux qui les éloignaient un peu plus du légitimisme.

Du point de vue du suffrage universel, ces drapeaux variés se retrouvent dans l'observation élémentaire qu'il n'y a rien à faire tant que subsiste le scrutin d'arrondissement à deux tours, devenu la forteresse de l'ordre laïc et d'un certain conservatisme républicain. On verra donc les droites tantôt unies, tantôt divisées s'engouffrer successivement dans la brève aventure du boulangisme, puis dans la longue campagne en faveur de la Représentation proportionnelle, et enfin, en 1931 apporter leur soutien à la brève action de Georges Mandel favorable à l'établissement d'un scrutin uninominal à un tour à l'anglaise. Ce seront trois échecs. Trois échecs qui résument le long malheur du constitutionnalisme sous la troisième République.

Le boulangisme fut une aventure républicaine où la droite monarchiste perdit ce qui lui restait d'âme en faisant une fois de plus la preuve qu'il n'y aurait d'avenir pour elle que dans la fidélité à l'esprit constitutionnel de 1789. Non seulement Boulanger était républicain et, malgré ses promesses secrètes, tout à fait décidé à le rester [106]. Mais son aventure même ne fut possible qu'en raison du bref retour de ce scrutin républicain qu'était le scrutin de liste départemental. Abandonné en 1875 par les droites constituantes, refusé par les républicains en 1882 (quand il pouvait servir Gambetta) le scrutin de liste départemental est rétabli en 1885 à la demande de ses fidèles, mais après sa mort. C'est Waldeck-Rousseau, le ministre de l'Intérieur de Jules Ferry, qui le défend en expliquant aux députés que ce scrutin des grands courants permettra de porter la République jusqu'au fond des campagnes. En clair de lutter contre l'influence du légitimisme catholique afin de laisser la place à des républicains modérés, mieux capables, à son sens, de lutter contre l'intransigeance des radicaux. Devant un Jules Ferry silencieux, la défense sociale était récupérée par les républicains de gouvernement. Waldeck-Rousseau ne sera pas bon prophète. Et ses amis seront les premières victimes des élections d'octobre 1885 où Clemenceau inventa, pour refaire l'unité des républicains, cette « discipline républicaine » qui sera si longtemps fatale aux droites. Mais au cours de la campagne électorale, les droites menées par le baron de Mackau, croient tenir leur revanche : cette fois fidèles aux institutions, elles sont silencieuses sur la question du régime, mais elles accablent la politique républicaine : guerre au Tonkin, anticléricalisme en France, dépenses excessives partout. Réussissant une meilleure mobilisation qu'en 1881, où elles étaient absentes de 250 circonscriptions, les droites totalisent plus de 3 500 000 voix, gagnant 200 députés qui auraient pu être 250 si, comme en 1871 ou en 1848, il n'y avait eu qu'un seul tour de scrutin. Entre le camp républicain et le camp des conservateurs il n'y avait plus qu'un écart d'un million de voix, ce qui a fait croire aux droites qu'il n'y avait que 500 000 voix à conquérir pour atteindre le succès! D'où la séduction exercée par le général Boulanger, ministre de la Guerre, évincé pour son aventurisme face à Bismarck. Rêvant de retrouver le pouvoir, il promet de réviser la Constitution si les droites lui apportent leur aide. Mais comment? Toutes les contradictions de la situation se révèlent alors : si c'est au prix d'un coup d'État, les droites rompent avec le constitutionnalisme qui est leur seule vraie force. Et si c'est par le suffrage universel, cela voudra dire que les droites n'ont plus besoin de la monarchie...

Les impérialistes voulaient une consultation directe que les orléanistes refusent, car ils restent fidèles à la médiation parlementaire dont ils attendent un retour à la monarchie. Raté en 1873, ce retour est redevenu possible depuis la mort du comte de Chambord qui a réduit le nombre des prétendants. « L'heure est à Dieu, et la parole à la France » : le comte de Paris croit trouver une formule de synthèse en demandant une consultation nationale, ce qui avait l'avantage de ne pas trancher du point de procédure entre la consultation « directe » ou médiatisée [106].

Inquiets de ce qui se trame, les républicains vont tirer les droites de leur embarras en leur ôtant l'instrument du succès. Après le triomphe électoral de Boulanger à Paris, triomphe qui suivait les succès du Nord, de Dordogne et d'ailleurs, les députés décident d'abandonner le scrutin de liste départemental et de revenir au scrutin uninominal. Parallèlement ils engagent des poursuites contre Boulanger qui s'enfuit à l'étranger, avant de se suicider quelques mois plus tard. Privées à nouveau de drapeau et revenues à leurs divisions d'arrondissement, les droites sont battues aux élections de 1889 qui sont en outre les premières où sont interdites les candidatures multiples capables d'exprimer un vœu national. L'échec de ce révisionnisme ambigu ramènera la droite parlementaire à la politique constitutionnelle. Et puisque décidément la majorité lui demeurait inaccessible, la droite catholique, désormais libérée de ses princes, va chercher à protéger son statut de minorité en réfléchissant à un nouveau mode de représentation. Ainsi se joignit-elle à la campagne pour la représentation proportionnelle.

Cette campagne, commencée dans les années 1890, n'aura pas de conclusion sous la troisième République. Votée par la Chambre des députés en 1912 puis à nouveau en 1939, elle sera refusée par le Sénat et finalement n'aboutira qu'en 1945 avec la décision favorable du Gouvernement provisoire du général de Gaulle. Encore s'agissait-il de l'élection d'une Constituante, ce qui laissait entière la question des futures législatives comme il autorisera Michel Debré à l'écrire dans l'exposé des motifs de l'ordonnance de 1945 [91].

Du point de vue des droites, cette campagne pour la RP reste donc marginale, même si elle aide à comprendre le mécanisme des résistances à l'acceptation des implications et disciplines d'une politique républicaine majoritaire. En fait, la revendication de la représentation proportionnelle était née en Allemagne dans les milieux socialistes ou catholiques, qui précisément, existaient à la périphérie du gouvernement impérial fondé sur l'alliance de l'aristocratie terrienne et militaire et du pouvoir héréditaire. C'est donc par excellence une revendication de minorités qui plaident non pour accéder au gouvernement, mais pour la reconnaissance de leur statut et qui, en échange de leur acceptation de la forme juridique du gouvernement, espèrent obtenir certains avantages politiques.

En France, le ralliement aux institutions de la droite monarchique sera facilité par la politique de Léon XIII ; après le discours d'Alger du cardinal Lavigerie en 1890, le pape confirmera son désir de voir les catholiques français abandonner leur hostilité à la République, pour accepter un régime où leur soutien pourrait aider les gouvernements à acquérir une stabilité ministérielle toujours défaillante. En échange, les catholiques espéraient obtenir des aménagements pour ce qui leur tenait à cœur, essentiellement leurs écoles entièrement financées par les fidèles, ou l'accès aux emplois de la fonction publique, trop souvent dépendant du seul pouvoir politique [102].

Et comme en Allemagne, les catholiques français trouvent des alliances variées soit chez les socialistes, entièrement favorables, soit le temps passant, chez les républicains, qui tel Poincaré [76] pensent qu'il y a dans la RP un moyen de s'affranchir d'une politique anticléricale qui, depuis Combes, n'était plus qu'un « bonapartisme sans grandeur » [105]. A l'inverse, par son objectif exclusivement parlementaire, la RP ne peut intéresser toute cette partie de la droite qui met son premier espoir dans l'autonomie d'un pouvoir exécutif, extérieur au Parlement; qu'il s'agisse des chantres de l'hérédité qui, avec Charles Maurras, réservent l'élection aux autorités locales [73, 74], ou de ceux qui, avec Maurice Barrès ou Paul Déroulède, resteront fidèles à la doctrine de 1848, rajeunie par le boulangisme, d'un pouvoir exécutif directement issu du peuple [71, 72].

En effet, le fond de l'argumentation des théoriciens de la représentation proportionnelle est la méfiance à l'égard d'un peuple inorganisé représentant le nombre, force aveugle qui doit être canalisée au travers de communautés destinées à l'apprivoiser. On retrouve là le raisonnement orléaniste de la hiérarchie des intelligences simplement mis au goût du jour. Certes, l'impossibilité de revenir sur le suffrage universel est reconnue puisque ce suffrage « permet de constituer légalement le pouvoir souverain, de donner l'autorité qui, dans l'état actuel de nos idées est la plus incontestée, celle dont la source se rapproche le plus possible de l'assentiment des hommes ». Ainsi s'exprime Charles Benoist en 1893 dans ses *Sophismes politiques* où il inaugure sa carrière de propagandiste de la représentation proportionnelle qu'il défendra pendant vingt ans. Homme de droite, il appartient à cette nouvelle génération qui, pour prouver la validité de son attachement à la République, est obligée de déclarer une fidélité exclusive au régime parlementaire, seul à même de tempérer les foucades du suffrage universel lequel « n'est exempt ni d'ignorance ni de fantaisie; il est parfois servile et corruptible; il est capable d'approuver les massacres de septembre et le coup d'État de Brumaire, il est d'une simplicité excessive qui tour à tour se livre à des emportements de sauvage et à des adulations d'enfants » [75]. Pour éviter ces inconvénients il convient d'« organiser » ce qui est le maître mot de la politique orléaniste depuis 1848. On peut le faire à la manière constitutionnelle, par l'établissement d'institutions fortes, elles-mêmes liées par un subtil équilibre de *check and balance*. On peut le faire à la façon organique qui veille à ce que le peuple se prononce au travers d'unions locales permettant à la classe, à la profession ou à la région d'exister comme communautés intermédiaires où les hommes apprendraient à se reconnaître des intérêts communs. Ainsi tout en reconnaissant que le suffrage universel est « la source », on lui permet de « choisir » mais non d'exprimer une « volonté ». Ce qui est le priver d'une force de décision qui est renvoyée dans l'enceinte du Parlement. Mais là, la droite, minoritaire, ne pourra exister qu'en position subordonnée, à titre d'alliée, dans un ministère décidé à assumer l'intégralité de l'héritage non de la France, mais du seul « parti républicain », constitué au XIXe siècle autour de l'interprétation métaphysique de la rupture de 1789 et confirmé par l'Affaire Dreyfus qui avait sanctifié sa « tradition », désormais plus honorable que celle des droites qui, une fois de plus, avaient failli dans leur mission de défense des « libertés traditionnelles » en laissant les corps constitués de l'armée ou de l'Église, se fourvoyer dans l'antisémitisme [8b ; 108].

Mais comme tout a une fin, les excès de la politique « dreyfusarde », tombée de « mystique » en « politique », allaient conduire au dégoût des élections de 1910. 200 nouveaux députés sont élus et, signe d'une volonté de renouveau, plus de la majorité de la Chambre a signé un manifeste favorable au scrutin de liste dont on attend la fin du règne des « mares stagnantes » dénoncées en 1909, à Périgueux, par Aristide Briand. Mais là où les républicains de gouvernement voulaient trouver une majorité pour mettre fin à la politique de « l'assiette au beurre », et se donner les moyens de réformes administratives ou judiciaires rendues impossibles en raison du poids des tutelles locales, les députés de droite espéraient, au contraire, secouer l'oppression de la majorité. Ainsi s'exprimeront Jules Delahayes, le royaliste, Jacques Piou, ancien boulangiste devenu chef de l'Action libérale et populaire, ou Jules Dansette représentant d'un catholicisme républicain, vivace dans le département du Nord. Tous expliquent, comme Charles Benoist, que le « suffrage universel doit être organisé » pour irriguer une République vivant de ses communautés naturelles [33, c].

Les débats à la Chambre seront longs : ils occupent tout le printemps 1911 avant d'échouer l'année suivante au Sénat. Quelques voix isolées et discordantes se font entendre, qui demeurent fidèles au vieil esprit de la droite constitutionnelle de 1848 : celle du marquis de Dion qui plaide pour la « souveraineté du suffrage universel » [33, b] ; celle du député Kerguedec qui dit la valeur irremplaçable de l'homme « indépendant du point de vue de l'action comme de l'argent » ; et celle, plus originale encore de l'abbé Lemire qui rappelle que 1789 a été l'abolition du vote « par ordre » qui allait revenir puisque la représentation proportionnelle allait introduire la « cristallisation des partis », dont les comités monopoliseraient la confection des listes. La force de l'abbé Lemire est de ne pas craindre l'expression de la volonté populaire et, en cela, de se montrer le vrai fidèle de l'esprit de 1848. « En 1894 », dit-il, « je croyais à la RP. J'étais un idéologue, un professeur », mais « le paysan qui représente le bon sens n'en veut pas. La RP peut exister ailleurs : à l'Académie, au Concile, dans les congrès de parti, mais non à la Chambre qui est l'émanation directe du pays, se gouvernant par lui-même » [33, f]. L'abbé Lemire ne se pensait certainement pas comme un homme de droite, surtout pas d'une droite de revanche sociale puisqu'il refusait de transformer le catholicisme en parti politique[2]. Mais, républicain et catholique, il était fils de 1848 pour la démocratie et de 1789 pour la liberté comprise comme irruption, mais non comme rupture métaphysique infranchissable. D'instinct il sentait que le catholicisme, qui est la plus vieille tradition de la France, ne pouvait trouver son salut dans une quelconque politique de minorités. Pour que sa place, traditionnelle, lui soit reconnue dans la nation, le catholicisme avait besoin d'une puissante vague majoritaire. Élus de la proportionnelle, les députés de la démocratie chrétienne seront condamnés à en faire l'amère expérience. Aucun des gouvernements de la quatrième République auxquels ils participeront ne leur concéda le moindre avantage pour leurs écoles[3]. Pour que ce plus vieux problème de la République soit résolu, il faudra attendre la réapparition d'un constitutionnalisme majoritaire, c'est-à-dire l'avènement de la cinquième République [91, t. III].

Le temps de l'immobilisme, 1914-1962

Pourquoi grouper ce demi-siècle, traversé par le séisme de deux guerres mondiales, autour de l'idée d'immobilisme? Parce que la droite politique, prise au piège du parlementarisme et de la proportionnelle, se révélera incapable de faire accepter les catholiques français comme citoyens à part entière d'une République désormais devenue *Respublica* [8, b]. Écartelées entre une droite populiste ou révolutionnaire et une droite libérale qui participait de l'honorabilité républicaine [3] grâce à l'absolutisation de ses convictions parlementaires, les droites vont oublier leur raison d'être qui est la prise en charge de l'ensemble du passé politique de l'ancienne France, par le moyen de l'autonomie d'un pouvoir exécutif, issu et contrôlé par le libre choix de l'élection. L'oubli de cette vérité première se révélera si profond que, lorsque surgira le général de

Gaulle avec son langage de fidélité aux « traditions des libertés françaises » et de soumission à la « souveraineté du peuple » [118], les droites parlementaire et catholique, au moins dans leurs figures organisées et partisanes, se révéleront incapables de reconnaître le langage d'une légitimité constitutionnelle enfin réconciliée avec le droit national de la tradition.

La guerre de 1914-1918 avait pourtant fait lever un espoir. Raymond Poincaré le premier jour, aussi bien que Georges Clemenceau au soir de l'Armistice, avaient trouvé les mots du cœur pour sceller la réconciliation avec l'ensemble du passé politique du pays. Le président de la République avait eu l'idée de l'Union sacrée, qui était une façon de renouer avec l'esprit religieux de la tradition. Plus explicite encore, le Tigre avait lié le passé au présent en une éternité désormais consubstantielle : « La France, hier soldat de Dieu, aujourd'hui soldat du Droit, et toujours soldat de l'idéal » [3, p. 21].

Le malheur des droites sera qu'aucune transformation dans les rapports au suffrage universel ne viendra sanctionner cette confiance retrouvée des pouvoirs publics envers l'ensemble du peuple français. En 1914, les socialistes, les pacifistes et les congréganistes revenus d'exil s'étaient retrouvés au coude à coude dans les tranchées. Pendant quatre longues années de guerre, les femmes avaient pu quitter leurs foyers pour investir les champs, les usines ou les bureaux désertés par les hommes retenus au front. Le 14 juillet 1919, Joffre, Pétain et Foch, trois généraux représentant tout l'éventail politique de la France, avaient pu défiler ensemble sous l'Arc de Triomphe. Rien n'y fit. Tout resta identique dans l'édifice des lois de 1875 animé par le seul scrutin à deux tours. Sans compter que l'esprit conservateur de ces dispositions constitutionnelles sera même aggravé par l'usage fallacieux qu'Édouard Herriot fera de la tradition républicaine pour couper court à toutes les innovations [108]. Inventée par Gambetta et reprise par Waldeck-Rousseau au nom de la défense républicaine, pour faire pièce aux traditions et libertés évoquées par les droites parlementaires contre la rigueur de la politique anticléricale, la tradition républicaine est réutilisée vingt ou trente ans plus tard à fins strictement partisanes. Or, depuis la Victoire, les catholiques sont tout à fait ralliés et désireux d'agir à l'intérieur du régime constitutionnel. Pour s'en convaincre il n'y a qu'à lire les professions de foi des députés du bloc républicain national élus en 1919. Ils acceptent tout l'édifice républicain et même les lois laïques. A cette date, le révisionnisme constitutionnel se situe à gauche, chez les socialistes qui demandent tout à la fois le vote des femmes, la proportionnelle intégrale et le référendum [110].

Mais, faute de chefs reconnus, les droites se montrent incapables de produire des références républicaines qui leur soient propres, elles sont condamnées à chercher protection derrière les républicains de tradition qui refusent la nouvelle alliance avec les socialistes. Ainsi de Poincaré, Clemenceau, Millerand ou Doumergue. Mais, efficaces pour garantir l'ordre social de la République, ces derniers n'ont aucun titre pour prendre en charge le passé de l'ancienne France ni, au vu du patriotisme récent dont les catholiques ont fait montre pendant la guerre, pour rappeler le rôle qu'ils avaient joué dans la rédaction et le vote de la Déclaration des droits de l'homme de 1789. Déclaration dont les républicains se font un étendard, mais qu'ils affichent plus volontiers dans les mairies qu'ils n'acceptent l'idée de lui donner valeur de droit positif en la transformant, par exemple, en obligation constitutionnelle [109].

Le ton de l'entre-deux-guerres [3, p. 37] est donné par les débats de l'année 1919, qui est une année de renouvellement politique total. Les élections à la Chambre et au Sénat doivent en effet précéder l'élection présidentielle de janvier 1920 à l'échéance normale du septennat de Raymond Poincaré. Comment vont se faire les élections? Le premier problème est celui du vote des femmes. Élu pour la première fois en 1910, représentant l'Alliance démocratique, qui est cette droite républicaine proche du président de la République, Pierre-Étienne Flandin est le rapporteur d'une proposition de loi sur le droit de vote des femmes. Pour la première fois, il y a là un vrai débat [107]. Il rappelle alors que ce droit existe déjà dans de nombreux pays développés. Mais sachant les réserves du Sénat, sanctuaire de la tradition républicaine, Flandin propose de procéder avec prudence, en commençant avec les élections locales. Ainsi les femmes pourront-elles inaugurer leurs expériences dans les conseils municipaux, y faire la preuve de leur prudence en mettant les hommes à l'abri « des surprises » redoutées! Ancien socialiste, Aristide Briand est dépêché pour trouver la parade : d'une part on ne peut modifier les conseils municipaux sans modifier le corps électoral du Sénat et d'autre part les principes d'égalité de la République interdisent toute discrimination. Conclusion? La Chambre des députés, fidèle à ses principes des Lumières, ne peut voter que l'égalité complète entre les sexes! Ce que la Chambre fera d'autant plus facilement qu'il est dit très officiellement dans le débat parlementaire que le Sénat refusera cette proposition. Ainsi sera fait. Mais de façon fort galante puisque la Chambre Haute négligera simplement d'inscrire le débat à son ordre du jour. Et ainsi en sera-t-il, au nom de la tradition républicaine, à chaque législature jusqu'en 1932 ! Et quand le débat vient enfin à l'ordre du jour en mai 1932, ce sera pour rappeler le « danger » que le vote des femmes fait peser sur la République [108].

Un scénario semblable, au moins dans son résultat final de *statu quo*, se déroulera à propos du mode de scrutin. Puisque la représentation proportionnelle avait été la grande controverse des années 1910 et 1914, qu'elle avait même été votée par la Chambre en première lecture, le projet est ressorti, dénaturé par la règle des alliances afin de préserver les intérêts majoritaires des radicaux, inquiets du discrédit où leur parti était tombé. Ainsi, choisissant de s'allier tantôt avec le Bloc républicain national patronné en 1919 par Clemenceau, tantôt avec les socialistes dans le Cartel des gauches de 1924, les radicaux pourront-ils sauver suffisamment de sièges pour conserver les portefeuilles qui leur importent : le ministère de l'Instruction publique qui gouverne les esprits et celui de l'Intérieur qui, à la tête de l'Administration centralisée commande les élections. On le voit immédiatement en 1919, où les succès de leurs candidats au Sénat à la fin de l'année, vont rééquilibrer à gauche, l'axe politique du pays. Et le premier effet de ce réajustement est l'échec de la candidature Clemenceau à la présidence de la République : les radicaux tenaient ainsi leur première revanche contre la Chambre « bleu horizon ».

Partisan de la représentation proportionnelle et fort discret sur les problèmes de fond, Paul Deschanel est donc élu président. L'immobilisme était de retour. Ainsi la droite républicaine, qui avait gagné les élections, se révélait-elle incapable de donner à son succès législatif de 1919 une signification de réconciliation nationale, celle-là même qui était attendue par les combattants des tranchées : « Étrange histoire, écrira Daniel Halévy dans sa *République des comités* : les vainqueurs n'osent pas. Grands propriétaires, aristocrates nombreux qui rentrent au Palais-Bourbon, qui ramènent au Parlement, après un demi-siècle de désuétude, les noms, les amitiés de l'Assemblée nationale, ils n'ont plus l'assurance qu'y portaient leurs grands-pères. Les notables de 1871 avaient le sentiment d'une possession légitime de la France interrompue par des rébellions désastreuses. Et sans doute quelque ombre de ce sentiment-là habite encore les élus de 1919. Il persiste, chez les conservateurs catholiques français, la notion d'une France défigurée qui est celle des radicaux, l'anti-France. Mais ce n'est plus guère qu'une notion, une croyance, unie à une espérance... "Le radicalisme, écrit Emmanuel Berl, c'est à beaucoup d'égards, la France même." Mot terrible dont la vérité ne peut échapper à qui reste en contact avec les réalités terriennes, la vie des bourgs, des hameaux dans cette France qui a pour limite septentrionale la Loire et qui déborde sur la Bourgogne, la Champagne. Là dans ce vaste pays existe le sentiment d'une sorte de pouvoir inévitable exercé par les comités, leurs agents, leurs alliés, l'instituteur qui tient le secrétariat de mairie, le facteur qui passe chaque jour, laissant une lettre, un journal colportant jugements et nouvelles. C'est le vieux phénomène de la soumission au roi, la légitimité retournée. »

La « légitimité retournée ». Sous la plume de Daniel Halévy, ce mot est celui du désespoir qui a été le sien après le 6 février 1934, où, pour la première fois, depuis la Commune, le sang français avait coulé sur le pavé de Paris. Cette violence nouvelle avait des causes variées mais le dépit des ligues se nourrissait en particulier de l'échec de toutes les tentatives législatives d'une droite parlementaire qui avait été fort peu récompensée de son républicanisme. Dix ans auparavant, en 1926, l'échec financier du Cartel des gauches avait ramené Poincaré au pouvoir pour sauver le franc. Mais cette revanche politique avait aussitôt eu son prix : le retour au scrutin d'arrondissement à deux tours que le président du Conseil avait dû concéder aux radicaux en 1927. Incapable de s'y opposer, la droite républicaine essaya de l'apprivoiser ou du moins de le tempérer en demandant soit la diminution du nombre des députés, soit au minimum la péréquation démographique entre les circonscriptions. Ainsi, citations à l'appui, le député Veslot invoque-t-il les patronages très républicains de Jules Ferry, Waldeck-Rousseau et Louis Barthou pour demander la diminution du nombre des circonscriptions [36, a]. En vain. Il en est de même pour René Coty qui fait alors ses premiers pas dans les questions constitutionnelles [36, b].

Le résultat sera identique lorsque quatre ans plus tard, en 1931, Georges Mandel, disciple de Clemenceau et président de la Commission du suffrage universel, présente sa proposition de scrutin uninominal à un tour. Évoquant les exemples de 1848 et 1871, Mandel rappelle l'essence historique du second tour, mis en pratique par l'Empire à des fins de manipulations administratives. Louis Marin l'avait précédé dans son plaidoyer pour le tour unique. Mais, parlant au nom des seuls catholiques, il demandait la RP et le vote des femmes, ce qui fait hésiter la Chambre [37, a].

Une fois encore le Sénat enterra la proposition. Plus une seule issue légale n'était possible. L'orthodoxie de concentration républicaine, aussi sévère pour les socialistes que pour les catholiques, pour l'extrême gauche que pour la droite républicaine, stérilisait toutes les initiatives d'élargissement du corps électoral ou de renouvellement des modalités de l'accès au pouvoir.

Depuis la victoire de 1918, l'ensemble des droites était pourtant acquis au suffrage universel. Encore fallait-il que le mode de scrutin leur permette de faire aboutir la revendication qui leur était propre et les définissait dans leur identité programmatique : l'autonomie d'un pouvoir exécutif capable d'assumer au nom de la Liberté, l'ensemble du passé de la France. Or, toutes les tentatives pour élargir le corps électoral ou établir un lien plus direct entre le pouvoir exécutif et le suffrage universel échouent à cause de l'immobilisme dogmatique des radicaux. La réforme électorale échoue exactement comme les propositions de révision constitutionnelle, qu'elles émanent d'un René Coty ou d'un Paul Reynaud qui, tous deux, auraient voulu faciliter l'exercice du droit de dissolution en supprimant l'avis conforme du Sénat [111]. Ce droit pouvait être donné soit au président de la République, comme le demandaient les partisans du Mouvement pour la réforme de l'État, soit au président du Conseil, comme le préféraient les adeptes de la réforme du parlementarisme. Mais le point commun de ces projets était l'espoir de redonner un pouvoir de contrôle au suffrage universel [110]. C'était un retour à l'esprit vrai du constitutionnalisme. Exactement ce qu'interdisaient les lois de 1875, revues par la pratique des républicains. La pyramide de collèges électoraux instaurée en 1875 avait peut-être eu sa justification au siècle précédent quand il s'était agi d'acclimater la République constitutionnelle des trois pouvoirs [102]. Mais depuis la Grande Guerre et la Victoire qui avait sanctionné le nouveau légitimisme constitutionnel des catholiques, cet ordonnancement avait d'autant moins de justification qu'à partir de 1933, la montée des fascismes en Europe exigeait, au contraire, la mobilisation de l'ensemble de la Nation autour de l'impératif traditionnel s'il en fut, de la défense de la Liberté extérieure.

Frappés de stérilité au Parlement, les projets intellectuels de réforme des institutions se développent cependant dans des cercles extérieurs aux Chambres. Les plus complets sont présentés soit à l'Académie des sciences morales et politiques où ils reflètent une tendance technocratique qui cherche à affranchir les fonctionnaires de la tutelle du favoritisme, soit dans le petit Parti démocrate populaire qui lui, essaye d'exister à la Chambre en y faisant revivre la tradition démocratique de 1848 [110]. Mais, restés plus catholiques que républicains, ses représentants cherchent avant tout à préserver leur spécificité. S'ils se montrent favorables au vote des femmes ou au référendum, ils se font aussi un dogme de la représentation proportionnelle ; dogme que, pour le malheur de la République, ils transmettront au futur MRP [80]. Autre projet, cette fois plus républicain, celui d'André Tardieu qui se situe dans la filiation plus traditionnelle de Clemenceau et Mandel. André Tardieu a du talent, de l'ambition et l'expérience de la démocratie américaine qu'il admire beaucoup [82]. Mais, désespéré par les échecs politiques répétés de la droite républicaine, il va abandonner son mandat de parlementaire et, surtout, il publiera, au fil des années trente, une série d'ouvrages de réflexion dont les titres disent assez le programme : *La Révolution à refaire, Le souverain captif, Devant le pays* et *L'heure de la décision*. Dans ces textes, Tardieu expose l'ensemble des thèses politiques d'une certaine droite républicaine qui voit son salut non dans un retour aux sources constitutionnelles de l'ancienne France, mais dans celles d'une République démocratique encore à bâtir [82]. Ballotté, critiqué, haï, il sombre sans entraîner. D'autant que dans le climat des années du Front populaire, et de la lutte antifasciste, ses véhémences réformatrices permettaient de le confondre dans l'agitation ligueuse et antirépublicaine. Acquis trop tardivement à la nécessité d'une réforme de l'État, l'esprit public évoluera progressivement de la passivité à l'exaspération, du vœu d'autorité et d'impartialité à l'acceptation de la suppression du contrôle de la « liberté de choix de l'élection ». Ainsi se fera le glissement progressif vers l'acceptation de l'idée d'un État fort et efficace dû au dépit de ne pas être entendu ni représenté dans cet immobilisme général.

C'est alors que, profitant du désarroi engendré par un désastre militaire sans précédent, Pierre Laval agira. Venu de l'extrême gauche, il n'avait, quant à lui, jamais pardonné aux parlementaires ses échecs personnels de 1932 et 1936. Il croit son heure arrivée, et manœuvre dans les couloirs, de sorte que le 10 juillet 1940, une Assemblée nationale aux abois vote une large délégation de pouvoirs constitutionnels à un gouvernement présidé par le maréchal Pétain. Le gouvernement se dit Gouvernement de la République. Mais ce titre n'est plus qu'un mot vide de sens : pour la première fois depuis 1848, le suffrage universel n'est plus mentionné. Il n'est alors question que d'une Constitution de l'État français garantissant « le travail, la famille et la patrie » dans une formule choisie pour s'opposer exactement à la liberté, l'égalité et la fraternité [7 ; 2] alors que 1848 les avait expressément réunis [8, a]. Enfin, pour répondre au souci de la droite républicaine comme au vœu des associations d'anciens combattants, un dernier alinéa précise que la nouvelle Constitution devra être soumise à la ratification de la « Nation et appliquée par les Assemblées qu'elle aura créées » [86]. Sans autre forme de précision. Rien ne verra jamais le jour ailleurs que dans les papiers du Conseil national [112]. L'État français marquera une régression archaïque sans précédent qui donnera sa triste chance à tous les vaincus du suffrage universel.

À la Libération, qui voit s'effondrer sans phrases le régime du Maréchal passé à la trahison, c'est moins Vichy que son ombre qui va peser sur les rapports des droites et du suffrage universel. Une fois de plus, celles-ci se révéleront incapables d'exister par elles-mêmes, malgré des conditions politiques entièrement renouvelées puisque, grâce à l'ordonnance d'avril 1944 signée par le général de Gaulle, les femmes ont enfin le droit de vote. En passant de 10 à 25 millions d'électeurs, le corps électoral de la Libération va d'ailleurs créer la surprise jadis tant redoutée des radicaux. Celle-ci prend la forme d'un immense succès électoral pour le MRP, ce qui transforme totalement le petit parti des démocrates chrétiens issus de ce courant d'Action catholique qui, hostile à Munich, s'était très tôt engagé dans la Résistance [114]. Mais ce succès a son revers : l'irruption de la démocratie chrétienne se fait aux dépens de la droite républicaine traditionnelle dont les représentants — tel René Coty — sont isolés dans les Assemblées constituantes entièrement dominées par le tripartisme PC-SFIO-MRP. Or, ces trois partis nés au XXᵉ siècle sont dépourvus de la mémoire vraie des combats majoritaires de la République. Si bien que dès le départ, la quatrième République se pensera comme coalition de partis minoritaires. On assistera donc à la grande revanche des proportionnalistes, qui, dans les dernières années de la quatrième République, verra même se nouer une complicité objective entre le MRP et les communistes, afin de refuser obstinément toute réforme électorale qui renoncerait à la proportionnelle. À l'automne 1955, malgré l'urgence algérienne, ce réflexe sera poussé jusqu'à un absurde suicidaire : l'Assemblée nationale arriva à la dissolution de décembre sans avoir été capable de voter une réforme électorale pourtant jugée désirable par la majorité du corps électoral [38].

Une fois de plus la droite parlementaire qui, depuis 1947 avait cru pouvoir exister en défendant, contre le général de Gaulle, la République des partis parlementaires avait échoué. Privés de leur chef retiré à Colombey, les fidèles du général ne sont plus qu'une poignée alors que dans l'Assemblée de 1956, la droite républicaine (sans compter les poujadistes) est, avec 80 députés, à égalité avec le MRP qui, grâce à la proportionnelle, a encore de beaux restes. Mais rien de cela n'allait résister à l'émeute d'Alger, nouveau cri de colère contre l'immobilisme gouvernemental [118]. Comme en 1934, la République cherchera un sage. Mais Colombey-les-Deux-Églises n'était pas Tournefeuille, et le général de Gaulle avait d'autres références constitutionnelles que Gaston Doumergue.

Derrière ce drame de l'Algérie c'est une tout autre histoire qui allait en réalité surgir. Une histoire venue du fond des âges, puisqu'au soir de sa vie le Général écrira avoir voulu résoudre un problème « vieux de 169 ans » [88, b]. Le retour du général de Gaulle, c'est rien moins que la résurrection du constitutionnalisme. Pour la République, ce sera une révolution puisqu'à terme, elle se verra obligée d'assumer l'ensemble du passé catholique de la France.

III. LE GAULLISME
OU LE RETOUR AUX SOURCES
DU CONSTITUTIONNALISME FRANÇAIS

Entré dans la vie publique par un appel à la continuité du combat, le général de Gaulle va renouer avec le vieux légitimisme qui, rappelons-le, n'avait cessé d'être présent dans les domaines militaire — avec des hommes comme Foch ou Lyautey — et diplomatique des ambassadeurs de la République. Le légitimisme est tradition de la liberté, fidélité au génie de la France, nation des droits de l'homme proclamés contre « l'oubli, le mépris et l'ignorance ».

L'appel du 18 Juin est souvent présenté comme le manifeste d'un grand rebelle. Et certes, le général de Gaulle et nombre de ceux qui l'ont suivi seront condamnés à mort pour avoir refusé de se soumettre à l'armistice. Mais il faut voir que pour le général de Gaulle, pour les Français libres ou les résistants, l'insoumission et la dissidence étaient fidélité bien plus que rébellion. Fidélité aux alliances quand il faut définir une stratégie militaire ; fidélité aux « traditions des libertés françaises » quand il fallut se situer par rapport au passé [118, b] ; fidélité à la parole donnée quand il lui faudra se projeter vers un avenir dont, dès Brazzaville en 1940, il se porte le garant provisoire, puisqu'il prend l'engagement de rendre des comptes de son action devant les représentants du peuple, « dès lors qu'il pourra en désigner librement » [114].

Héritière de 1830, 1848 et 1870, cette notion de gouvernement provisoire illustre le progrès de la pensée politique qui d'emblée accepte de se situer dans la continuité du Temps et, ce faisant, trace la ligne de démarcation entre la politique révolutionnaire et la politique constitutionnelle. Le partage se fait sur l'idée de rendre des comptes, c'est-à-dire de s'incliner devant le libre choix de la souveraineté du peuple. Tout au long des années de guerre, le général de Gaulle ne donnera d'autre but à son action militaire et diplomatique que de « rendre la parole à la France ». Et sitôt signés l'arrêt des combats et la reddition de l'Allemagne (que la République Française reçoit à côté de ses Alliés), le Général songe aux procédures à mettre en forme pour la consultation de la nation. Et il est remarquable de voir que, s'il a toujours pesé pour agir selon la continuité des principes et des hommes, il n'accorde qu'à la Souveraineté du peuple le droit de lier ou de délier le fil du Temps.

Pour la continuité des principes, le témoignage de René Cassin, arrivé à Londres le 29 juin 1940, est formel : interrogé par le professeur de droit, le général l'a assuré de sa fidélité aux « lois de la République », qui englobent toutes les libertés individuelles, publiques ou collectives. Et tout le monde sait qu'invité à proclamer la République sur le balcon de l'Hôtel-de-Ville de Paris en août 1944, le Général s'est récusé sur cette simple parole : « La République existe ; elle continue ». Cette continuité des principes s'incarnait, autant que faire se pouvait, dans la continuité des hommes : ainsi Henri Queuille à Alger et Jules Jeanneney à Paris prendront-ils la suite de René Cassin à Londres, comme conseillers juridiques. Exactement comme en juin 1958, on verra autour de lui pour rédiger la Constitution, Guy Mollet, Pierre Pflimlin, Antoine Pinay et Louis Jacquinot, venus par leur présence, témoigner de la continuité de la République qui acceptaient la transformation de sa pratique constitutionnelle mais non de ses principes de liberté et de démocratie.

Enfin quand il faut trancher un lien avec le passé ou donner une orientation fondamentale pour l'avenir, il s'en remet à la souveraineté du peuple qui, seule, peut délier sans déchirer. Ainsi s'explique la cascade du référendum de la Libération, comme de la période algérienne de son retour de 1958-1962.

En 1945, il s'agissait de se situer par rapport au passé de la République; en 1960, par rapport à l'avenir de l'Algérie. Le scénario des années 1945-1946 est le plus exemplaire dans la mesure où le général de Gaulle aura quitté le pouvoir avant même que ce scénario soit terminé et qu'il reviendra au peuple français de l'achever par lui-même. Ainsi, contre les adeptes du passé de la tradition républicaine, le peuple doit dire s'il veut, ou non, de nouvelles institutions (96 % de oui). En même temps, contre les partisans d'une nouvelle Révolution, le peuple dira s'il accepte, ou non, la discipline constitutionnelle du présent. Ce qui veut dire aussi bien une organisation provisoire des pouvoirs de l'Assemblée constituante à élire, que l'obligation pour cette dernière de soumettre à la sanction populaire, et dans un délai de sept mois, le travail constitutionnel des élus. Autant de procédures qui, fonctionnant au bénéfice de la « souveraineté du peuple », consommaient la rupture avec l'usage, inauguré contre le roi de 1789 et repris tel quel contre le peuple de 1848 et de 1871, d'une Assemblée nationale constituante souveraine, légiférant sans obligation de délai, de sanction ou de contrôle exprimée par le suffrage populaire.

On sait la suite. Le peuple français, enfin composé de l'ensemble de ses hommes et de ses femmes, refusa le retour à la tradition républicaine aussi bien que le premier projet des députés élus en octobre 1945. C'est ainsi que le non du 5 mai 1946 devient l'acte de naissance du constitutionnalisme républicain en France. Prononcé alors que le général de Gaulle a quitté le pouvoir depuis le 20 janvier, ce non prenait la signification d'un désaveu prononcé à l'égard du texte patronné par les seuls socialistes et communistes. Texte qui, par son Assemblée unique élue à la proportionnelle, allait au rebours de toutes les garanties de la séparation des pouvoirs et donc de l'article 16 de la Déclaration des droits de l'homme qui dit que . « Toute société dans laquelle la garantie des droits n'est pas assurée, ni la séparation des pouvoirs déterminée, n'a point de Constitution. »

Le 16 juin 1946, à Bayeux, le général de Gaulle lance un appel à la reconstruction de « l'État légitime » dans une France qui, « au cours d'une période de temps qui ne dépasse pas deux fois la vie d'un homme, fut envahie sept fois et a pratiqué treize régimes ». Cet appel à revenir à l'esprit du constitutionnalisme de 1789 par l'établissement, à côté de l'Assemblée élue au suffrage universel et devant laquelle le gouvernement serait responsable, d'un président de la République d'où doit « procéder le pouvoir exécutif » est rejeté par tous les partis, qu'ils soient catholiques, républicains ou socialistes. Léon Blum prendra même la tête du combat en écrivant dans *Le Populaire* du 18 juin 1946 qu'aucune transaction n'est possible avec l'esprit du discours de Bayeux. Et à droite il n'y aura pas un député pour y faire allusion lorsque les débats constitutionnels reprendront.

En 1948, l'appel du Général en faveur d'une réforme électorale majoritaire soumise au référendum est de la même façon refusé par l'ensemble des partis au pouvoir. Plus grave encore, les élections de 1951 auront lieu selon des modalités très particulières d'apparentements dont le seul but est d'affaiblir le PCF de Maurice Thorez aussi bien que le RPF du général de Gaulle! Le retour du général de Gaulle en 1958 allait pourtant illustrer la réinstallation triomphante de la règle démocratique de la confiance majoritaire; règle devant laquelle toutes les droites politiques avaient hésité depuis 1850 et que, pour le malheur de la République, les gauches n'avaient pas non plus su rétablir.

Dès le début, le Général ne fait aucun mystère de ses intentions puisque l'article 1 de la loi constitutionnelle du 3 juin 1958 déclare : « Seul le suffrage universel est la source du pouvoir. C'est du suffrage universel ou des instances élues par lui que dérivent le pouvoir législatif et le pouvoir exécutif. » Mais dans l'atmosphère électrisée de juin 1958, qui pouvait comprendre que cette « source » renvoyait au constitutionnalisme vaincu de l'automne 1789 ? On compare avec 1940, 1934 ou 1851, jamais avec 1789 qui est hors du champ des références de la culture républicaine [113]. Ce qui n'empêche pas le général de Gaulle d'agir de façon à en faire une méthode de gouvernement si forte que la leçon sera désormais entendue et mise en pratique par l'ensemble des droites constitutionnelles qui lui succéderont. Non seulement le Général aura voulu rendre tout à fait explicite le lien qui existe entre la légitimité et l'expression du suffrage universel, mais, pédagogue de la tradition, il fait souvent partir sa réflexion politique de l'année 1789. Ce fut en particulier le cas lors du plaidoyer de son dernier et malheureux référendum sur les régions où la référence à 1789 est maintes fois explicitée. Comme s'il avait voulu donner cette ultime clef de son action et de son œuvre. Ajoutera-t-on que dans cette dernière épreuve le Général a failli à son principe en refusant de faire du suffrage universel le principe d'organisation de ces régions qu'il proposait aux Français de ressusciter ? Ce fut sans doute là une marque de sa prudence, voire une concession à la tradition jacobine présente dans son gouvernement. Toujours est-il qu'à se tenir au plan national qui est l'essentiel, le général de Gaulle n'hésite pas. Et lors de ce qui va être son avant-dernière intervention à la télévision le 10 avril 1969, il ramassera son action de façon à faire de la confiance populaire le principe premier de trente années de vie publique : « Ainsi en 1945 après avoir conduit dans sa défense la France en tant qu'État et en tant que nation, c'est par référendum que j'ai fait d'une part légitimer par le pays l'action menée pendant la guerre, d'autre part adopter ce qui était immédiatement nécessaire pour rétablir la démocratie et empêcher l'avènement menaçant du régime totalitaire. Par la suite, fidèle à ce principe, c'est par référendum que j'ai obtenu de la nation la Constitution de 1958 grâce à laquelle, depuis plus de dix ans, nous avons réellement un État... C'est par référendum qu'il a, comme je lui demandais, accordé l'indépendance à l'Algérie et en même temps affirmé l'unité nationale face aux menées de la subversion. C'est par référendum, qu'à mon instigation, il décida d'élire désormais le président de la République au suffrage universel. »

Après le départ de De Gaulle, l'ensemble des droites constitutionnelles saura être fidèle. Georges Pompidou proposera un référendum sur l'entrée de la Grande-Bretagne dans le Marché commun ; Valéry Giscard d'Estaing, héritier de la plus ancienne droite parlementaire, fera voter en 1974 l'élargissement du corps électoral par l'abaissement de la majorité de 21 à 18 ans ; enfin, même la Démocratie chrétienne refusera sous l'influence de Raymond Barre et Pierre Méhaignerie, en 1985, la représentation proportionnelle, demandée par le gouvernement de Laurent Fabius qui, dans la plus mauvaise fidélité à la tradition républicaine, cherchait à se protéger des surprises du suffrage universel.

Les élections de 1986, qui se font à la représentation proportionnelle, n'éviteront pas la surprise de l'entrée au parlement du Front national. Mais grâce à sa majorité, le gouvernement de Jacques Chirac rétablira, dès la fin de 1986, le scrutin majoritaire d'arrondissement à deux tours. Les réflexes avaient d'ailleurs tellement changé que, deux ans avant, en 1984, on avait même vu le Sénat de la République, jadis sanctuaire de la tradition républicaine de la laïcité, proposer cette fois un référendum, pour sortir la France de la crise politique née des projets d'incorporation de l'École libre dans un grand Service public laïc et national...

Grâce à l'action du général de Gaulle, les droites politiques françaises avaient enfin trouvé le moyen de rompre le sortilège maléfique qui pesait sur elles, depuis qu'elles s'étaient successivement avilies dans les mensonges bonapartistes, ou laissé piéger dans la prison parlementaire des orléanistes. Et, grâce aux institu tions de la cinquième République, le constitutionnalisme qui aurait dû être sa force depuis toujours, est enfin devenu ce qu'il aurait dû être depuis les origines : le point de rencontre de toutes les tendances politiques françaises qui acceptent que la souveraineté du peuple se traduise concrètement par la liberté de choix de l'élection.

Jusqu'à présent, en dehors du Front national qui, malgré sa « préférence française » n'est en rien un parti de la tradition, tous les grands partis de la droite constitutionnelle ont su respecter l'héritage du Général. Seul l'avenir dira si, de la même façon, ils sauront accepter le risque de la liberté pour résoudre les problèmes de cette fin de siècle, que ces derniers s'appellent citoyenneté, organisation territoriale de la République ou construction de l'Europe.

ODILE RUDELLE

Bibliographie

Le fil conducteur choisi pour traiter de deux siècles de rapports des droites avec le suffrage universel a été le constitutionnalisme. Vaincu dans les années 1789-1792, il réapparaît avec la cinquième République qui a su conjuguer, à la base, un régime où tous les pouvoirs ont le suffrage universel comme source et au sommet, un contrôle juridique pratiqué au nom des principes constitutionnels.

L'ampleur d'un tel sujet interdit jusqu'à l'idée d'une bibliographie générale. Il a donc fallu procéder à des choix, en donnant toujours la priorité aux documents d'origine : discours parlementaires qui sont la matière vivante d'un sujet sans cesse remis sur le métier (B) et livres ou mémoires d'acteurs de premier plan (C). L'ensemble sera précédé de quelques titres généraux (A) et sera découpé en trois périodes : a) *la préhistoire* (1789-1848); b) *le temps des craintes* (1849-1962); c) *le retour aux sources* (1940-1986). Enfin, une quatrième partie (D) fait sa place aux études particulières les plus récentes.

A. Histoire générale

Pour une histoire politique de la France depuis la Révolution on rappellera les vénérables neuf volumes d'ERNEST LAVISSE, *Histoire de France contemporaine*, depuis la Révolution jusqu'à la paix de 1919, Paris, Hachette, 1920-1922, dans la mesure où elle a constitué la référence, longtemps obligée. Si ses interprétations républicaines peuvent être contestées, son souci des faits, chronologiques et bibliographiques, comme son mode d'écriture strictement narratif, en font cependant un outil de travail inégalé.

Ici ont été particulièrement utilisés :

[1] GEORGES PARISET, *La Révolution 1792-1799*, t. II.

[2] CHARLES SEIGNOBOS, *La Révolution 1848. Le second Empire*, t. VI.

Le relais pour le XXe siècle sera utilement pris par :

[3] RENÉ RÉMOND, *Notre siècle*, 1919-1989, t. VI de JEAN FAVIER, *Histoire de France*, Paris, Fayard, 1988 (avec la collaboration de Jean-François Sirinelli).

Sur les points particuliers du constitutionnalisme, de la droite ou du suffrage universel on lira avec profit :

[4] JACQUES GODECHOT, *Les constitutions en France depuis 1789*, Paris, Garnier-Flammarion, 1970.

Irremplaçable pour saisir le développement du constitutionnalisme au travers des documents d'origine qui révèlent leur parenté sur des points fondamentaux : citoyenneté, indivisibilité, responsabilité des ministres, divisions territoriales, etc. :

[5] RENÉ RÉMOND, *Les droites en France*, Paris, Aubier, 1982 (qui reprend la fameuse thèse de 1954 sur la figure tripartite des droites — ultra, orléaniste, bonapartiste —, et dont la bibliographie est remarquable. Centré sur le parlementarisme qui commence avec la Restauration, le livre ne fait que mentionner le problème du constitutionnalisme qui, lui, est ouvert depuis 1789).

[6] J.P. CHARNAY, *Le suffrage politique en France*, Paris, Mouton, 1965 (qui est la somme juridique de tout ce qui concerne la législation).

[7] R. HUARD, *Le suffrage universel en France*, 1848-1946, Paris, Aubier, 1991 (très neuf pour tout ce qui a trait à l'histoire de l'organisation pratique du vote — campagne d'affiches ou de radio, lieux de vote, secret de l'isoloir, décompte des voix, extension aux femmes et aux indigènes. Reste prisonnière d'une problématique de « conquête de la République » par le suffrage universel de la représentation proportionnelle (1848-1946). Ce qui explique son arrêt à la Libération, malgré les problèmes de l'Union française et de l'Algérie).

[8] PAUL ISOART et CH. BIGARAY, *Des Républiques*, Paris Economica 1990. Un des rares ouvrages à embrasser l'histoire de la naissance et de la mort des différentes Républiques. Voir en particulier : a) ODILE RUDELLE, « L'élaboration de la Constitution de 1848 » (p. 388-412) pour l'insertion de la République dans la continuité républicaine et b) « 1881-1887 : succès du parti républicain et échec de la *Respublica* » (p. 122-135) pour l'échec du constitutionnalisme républicain.

[9] MAURICE AGULHON, *La République de 1880 à nos jours*, Paris, Hachette, 1990 (l'élargissement de « l'idée républicaine » à la droite républicaine).

B. *Chronologie des principaux débats parlementaires : 1789-1986*

D'après les « Archives Parlementaires » (1re série, 82 vol., Paris, 1867-1913, ici cité AP), pour la période révolutionnaire ; *Le Moniteur* pour le XIXe siècle et le *Journal officiel de la République française* pour les troisième, quatrième et cinquième Républiques.

Également pour 1789-1792 :

[10] FRANÇOIS FURET et RAN HALÉVI, *Orateurs de la Révolution française 1789-1792*, Paris, Gallimard, La Pléiade, 1989 (qui rassemble non seulement l'essentiel des grands discours (Robespierre et Sieyès exceptés) mais aussi des notices biographiques de grand intérêt).

[11] J.B. BUCHEZ et P.C. ROUX, *Histoire parlementaire de la Révolution française*, Paris, 1834, XII tomes (version simplifiée des AP).

Naissance de la droite constitutionnelle, 1789 : le combat perdu en 1789 pour la

« liberté de l'élection » comporte deux faces : la liberté et la protection de l'élu (qui sera obtenue) et la liberté et la protection du peuple qui doit avoir un vrai choix ouvert à délais réguliers et raisonnables (qui sera perdue).

[12] LES MANDATS IMPÉRATIFS :

a. 7 juillet : Talleyrand-Périgord évêque d'Autun le récuse (AP, t. VIII, p. 200).

b. Lally-Tollendal : remercie Talleyrand qui a « calmé la conscience » au sujet des obligations dues aux serments individuels qui doivent savoir s'incliner devant les exigences de la « délibération en commun » (AP, t. VIII, p. 204).

c. 28 août : liberté de vote et *anonymat du décompte* Mirabeau (AP, t. VIII, p. 506) : pour protéger la dignité et la fraternité il ne « doit rester parmi nous nulle trace de dissentiment » (i.e. ; pas de publicité des votes).

d. 31 août : liberté de vote et *pressions sur l'Assemblée* Lally-Tollendal (AP, t. VII, p. 512) : nécessité de la sanction royale (pour protéger les représentants).

e. Clermont-Tonnerre (AP, t. VIII, p. 513) : critique du « Palais royal » qui profère des « menaces ».

[13] LE ROI : PROTECTEUR DU PEUPLE CONTRE LES ABUS DES GRANDS

a. 31 août : Lally-Tollendal (AP, t. 8, p. 522) : le Corps législatif doit être composé de trois parties : le Roi, le Sénat et les représentants de la nation. Le Roi peut convoquer, proroger, dissoudre le Corps législatif. L'initiative des lois appartient aux Chambres, et la sanction au roi.

b. 1er septembre : Duc de Liancourt : pour la *Sanction royale* (AP, t. VIII, p. 529)

— Malouet : pour la *Sanction royale* (*idem*, p. 535)

— Mirabeau : pour la *Sanction royale*, corrigé par l'annualité de l'Assemblée, de l'impôt et de la responsabilité des ministres, ce qui ferait de la sanction royale le « paladium » de la liberté (AP, t. VIII, p. 539-542).

c. 2 septembre : D'Antraigues : pour la *Sanction royale* (AP, t. VIII, p. 543) toute autorité émane du peuple qui doit partager sa surveillance entre les différents pouvoirs qui émanent de lui : la sanction royale est le *rempart de la liberté publique*, l'assurance que les représentants ne deviendront jamais les maîtres.

d. 5 septembre : Mounier : discours sur la sanction royale présenté au nom du comité de Constitution (AP, t. VIII, p. 407).

e. 10 septembre : l'Assemblée se déclare favorable à la Chambre unique (849 voix contre 89).

f. 11 septembre : 673 voix contre 325 adoptent le veto suspensif (qui, le 21 septembre, sera limité à deux législatures) (t. VIII, p. 1328-29).

g. 12 septembre : l'abbé Maury réussit au nom de « l'esprit de suite » à faire reculer l'annualité de l'élection demandée par Mirabeau, Le Pelletier, de Saint-Fargeau, ou Robespierre, et à faire admettre une *législature de deux ans* (AP, t. VIII, p. 618-619).

Cette succession de votes marque l'échec du parti « monarchien » qui tenait la plume au « Comité de Constitution ». Le 15 septembre huit nouveaux membres sont élus (Thouret, Sieyès, Target, Talleyrand, Démeunier, Rabaud-Saint-Étienne, Tronchet et Le Chapelier). (AP, p. 641). Lally-Tollendal et Mounier quittent alors l'Assemblée et avec eux, s'en va l'esprit d'un constitutionnalisme balancé. Partis hors de France, ils ne reviennent qu'avec le Consulat. Ils deviendront conseiller d'État en 1805 ou pairs de France sous la Monarchie.

Au tome II de leur *Histoire parlementaire*, Buchez et Roux notent (p. 349) qu'à la suite de la séance du 28 août sur le veto, « l'Assemblée se sépara définitive-ment en côté gauche et côté droit. Cette séparation rendait plus facile le calcul des voix dans le vote par assis et levé, qui avait été conservé ».

h. 8 octobre : après les journées qui ont ramené aux Tuileries le roi et sa famille, l'Assemblée décide sa « translation à Paris » malgré Tronchet, qui explique que les « citoyens de Paris » ne le demandent pas, ou l'abbé Grégoire qui s'inquiète de la sécurité du clergé dans la capitale. Le duc de Liancourt emporte la décision en déclarant que c'est le vœu du roi dont l'Assemblée s'est d'ailleurs déclarée « inséparable » (AP, t. VIII, p. 383).

[14] 1790 : LE REFUS D'ÉLECTIONS PARTIELLES conduit à la décision de prolonger le mandat des députés qui n'avaient été élus que pour un an (5 députations dont deux issues de la noblesse en particulier celles de Paris hors les murs).

a. 19 avril : Le Chapelier explique qu'une Assemblée constituante ne peut être ni « remplacée, ni confirmée » par des élections qui auraient lieu dans ces circonscriptions nouvelles que sont les départements (AP, t. XIII, p. 106).

b. L'abbé Maury répond en insistant sur l'antériorité du titre de représentant des baillages et en critiquant une Assemblée que veut lier l'éternité (AP, t. XIII, p. 108).

c. Démeunier dénonce ces sophismes (AP, t. XIII, p. 113), comme Pétion de Villeneuve, Garat, Mirabeau.

d. Le marquis de Laqueille, député de la noblesse élu pour un an dans la sénéchaussée de Riom annonce son intention de démissionner en attendant « la décision de la nation » et en fidélité au roi comme à son serment (AP, t. XIII, p. 115-116).

e. L'enjeu réel de ce débat renvoie à la politique religieuse (nationalisation des biens du clergé) et à la politique financière (création des assignats gagés sur ces biens). Si Talleyrand et Mirabeau sont favorables (10 et 30 octobre 1789), Clermont-Tonnerre, au nom du droit des pauvres (23 octobre) et Boisgelin au nom de l'ancienneté des titres juridiques de l'Église, sont hostiles ou réservés. Pour autant ils ne refusent pas la traditionnelle « offre patriotique et volon-taire », et reconnaissent la nécessaire réforme de la « répartition des secours offerts à la nation » (t. VIII, p. 223 et 241).

[15] 1791 : LE REFUS DE LA RÉÉLIGIBILITÉ

a. 16 mai : Thouret expose le point de vue du Comité de Constitution (AP, t. XXVI, p. 113).

— Robespierre plaide le « désintéressement ».

— Garat et Pétion disent que l'inéligibilité a été votée en même temps que la permanence et l'unité les 9 et 10 septembre 1789.

b. 17 mai : Duport explique le danger d'exclure les constituants maintenant que « la Révolution est faite » (AP, t. XXVI, p. 149).

Buzot reprend la thèse de Robespierre (p. 153), Rewbelle la critique (AP, t. XXVI, p. 200).

c. 18 mai : La Reveillère-Lepeaux revient à la thèse de la corruption (AP, t. XXVI, p. 200).

— La Rochefoucauld demande la réélection au moins pour l'avenir.

— Le Chapelier va jusqu'à dire qu'au nom de la Liberté, les départements pourraient désobéir à ce vote.

— Cazalès rappelle la théorie du pouvoir « héréditaire », institué par le peuple pour résister aux usurpations des représentants (AP, t. XXVI, p. 210).

d. Malgré le brio des arguments, le décret proposé par Robespierre est voté à la quasi-unanimité. A la veille de la fuite à Varennes, le Roi, juridiquement désarmé, perd donc l'ultime espoir de voir ses partisans mener la bataille à de futures élections. Ajoutons que l'âpreté du débat politique se doublait maintenant d'un débat religieux depuis que la condamnation du pape avait fait quitter le terrain administratif et financier de 1789 pour celui de la fidélité religieuse à Rome; ce que l'année précédente l'évêque Boisgelin avait fort bien annoncé (28 mai 1790 AP, t. XV, p. 724).

[16] 1791 : HAUSSE DU CENS ÉLECTORAL
11 août : Répondant à Thouret qui propose une révision du système très ouvert de 1789, Barnave s'oppose à Robespierre qui propose le suffrage universel (AP, t. XXIX, p. 356) et défend le cens avec la célèbre distinction entre « vote-fonction » et « vote-droit », qui oppose la théorie libérale des orléanistes à la théorie démocratique des républicains et des constitutionnalistes (AP, t. XXIX, p. 365).

[17] 1792-1793 : L'ABOLITION DE LA MONARCHIE ET LA MORT DU ROI
a. 16 octobre 1792 : à l'appel de Danton, la Convention refuse une proposition de Manuel tendant à soumettre à la sanction du peuple les décrets de septembre sur la constitution de la France en République (AP, t. LII, p. 526).
b. 15 janvier 1793 : 423 députés contre 286 rejetteront l'idée de soumettre le sort du roi au jugement du peuple (AP, t. LVII, p. 106).

[18] 1795 : DÉBAT SUR LE « MOYEN DE TERMINER LA RÉVOLUTION » (décret des 2/3 d'après la *Gazette nationale* ou le *Moniteur universel*).
a. 24 août (7 fructidor) : Baudin expose le principe de la « répétition » des 2/3 des conventionnels dans les futures assemblées du Directoire. Il pense qu'un « jury de confiance » devrait établir la liste du tiers démissionnaire ou « réduit » (p. 1361). Desgraves (élu depuis 2 mois) s'y oppose.
b. 26 août (9 fructidor) : Thibaudeau, Eschassériaux, refusent le « jury de confiance » qui rappelle trop l'épuration.
c. 27 août (10 fructidor) : Lakanal et Louvet déclarent qu'il faut laisser les Assemblées électorales libres de choisir les 2/3 de représentants qui seront réélus. Ce que l'Assemblée accepte (p. 1367).

[19] LA RÉFORME ÉLECTORALE, 1840-1848 (débats rapportés dans *Le Moniteur*).
a. 24 mars 1840 : débat Rémusat-Thiers où ce dernier dit que « la réforme appartient à l'avenir ».
b. 15 février 1842 : devenu chef du ministère, Guizot défend le « statu quo ».
c. 26 mars 1847 : contre les « radicaux » (Carnot et Garnier-Pagès), Guizot déclare attendre les propositions de sa « majorité ».

[20] LE PRINTEMPS DE LA RÉVOLUTION : 1848-1849
Alphonse de Lamartine, *Trois mois au pouvoir*, Paris, Michel Lévy, 1848, où à côté de la justification de son action dans un gouvernement provisoire entièrement dévoué au suffrage universel, il publie ses discours (24-27 février), manifestes, réponses et prises de paroles à l'Assemblée jusqu'au mois de juillet 1848.

[21] OCTOBRE 1848 : DISCUSSION SUR LE MODE D'ÉLECTION DU PRÉSIDENT DE LA RÉPUBLIQUE (d'après *Le Moniteur*) :
a. 5 octobre : la commission de Constitution se déclare favorable. Tocqueville approuve, avec des modalités particulières en cas de deuxième tour où la décision revient à l'Assemblée. Il oppose alors la « démocratie politique », qu'il faut encourager, à la « démocratie sociale » contre laquelle il faut lutter avec l'aide du suffrage universel (p. 2724-2725).
b. 7 octobre : opposition de Jules Grévy (p. 2733); soutien de Lamartine qui emporte le vote (p. 2735).

[22] FÉVRIER-MARS 1849 : DÉBAT SUR LA LOI ÉLECTORALE ORGANIQUE
a. 15 février : débat sur la condition de domicile : avec le soutien de l'évêque Freslon, l'Assemblée accepte le délai de six mois, ordinaire pour les actes de la vie civile; débat sur les conditions de savoir (lecture et écriture) au nom du

respect du suffrage universel, l'évêque Freslon s'y oppose ; débat sur le lieu de vote : Montalembert regrette le choix du canton qui gênera les ouvriers-paysans (p. 544).

b. 1ᵉʳ mars : débat sur le secret et la sécurité des opérations de vote (p. 569 : crimes et délits relatifs à ces journées électorales seront jugés par la Cour d'assises).

c. L'Assemblée achoppe sur le problème du vote indigène en Algérie et décide une sur-représentation des Français (5 représentants chargés de représenter 50 000 Français, 120 000 Européens et 2 500 000 « âmes »), p. 672.

d. 6 mars : 3ᵉ délibération : adoption du scrutin de liste départemental.

[23] 1850 : LES ORLÉANISTES : mutilation du suffrage universel avec la clause de domicile de 3 ans : mai 1850.

a. 8 mai : communication de Baroche, ministre de l'Intérieur. Il faut « protéger » les principes sacrés en instaurant une clause de domicile de 3 ans et un second tour (p. 1575).

b. 22 mai : Montalembert : le projet est fidèle à la Constitution (p. 1775). Lamartine : le suffrage universel scellait l'alliance des classes sociales alors que ce projet rouvre la porte à l'insurrection (p. 1789).
Le ministre assure avoir le soutien du président de la République (p. 1789).

c. 24 mai : Thiers félicite le gouvernement de se faire le « chef de la guerre du bien » et prononce la célèbre harangue contre la « vile multitude » (p. 1802).

d. 25 mai : le général Lamoricière : le parti conservateur auquel il appartient « par instinct », se trompe avec cette loi (p. 1844) ; Berryer l'approuve (p. 1845) ; le marquis de La Rochejacquelein se déclare décidé à maintenir le suffrage universel en fidélité à tous ses « antécédents » (p. 1849) ; Vaujnas défend les éléments « moraux et respectables » du peuple que Thiers veut exclure (p. 1859).

e. Le 30 mai la loi est votée par 295 voix contre 178.

1849-1870 : le bonapartisme, un monarque plébiscitaire.

[24] DES IDÉES NAPOLÉONIENNES, édité en 1839 à Paris (chez tous les « marchands de nouveautés »). Livre où le prince Louis se met dans la filiation dynastique de son oncle, lui-même héritier d'Henri IV, Louis XIV et Carnot. Il y explique que dans un système démocratique l'organisation administrative a plus d'importance que l'organisation politique qui est l'apanage des pays aristocratiques.

[25] DISCOURS ET MESSAGES : (1848-1852), Paris, Plon, 1853. Transformation d'un exilé en candidat à la députation, à la présidence de la République puis à l'Empire ; toutes transformations opérées en fidélité aux « devoirs », imposés par les suffrages des électeurs et les volontés de l'Assemblée (p. 2). Puis, au nom du suffrage universel obéré par la loi du 31 mai 1850, il demande une révision des institutions (11 septembre 1851, p. 150). Puisque le corps électoral a été mutilé, la condition de majorité absolue exigée pour le premier tour présidentiel ne peut plus être la même (p. 188-190). L'Assemblée ayant refusé cette révision, « la situation actuelle ne peut plus durer » (2 décembre 1851, p. 191) ; et l'ancienne Constitution devient alors celle qui « a été faite dans le but d'affaiblir d'avance le pouvoir » que le peuple allait lui confier (p. 191).

Dès lors une autre Constitution s'impose : ayant été ratifiée par 7 439 000 de oui, elle illustre qu'on n'était « sorti de la légalité que pour rentrer dans le droit » (31 décembre 1851, p. 189).

Dans la nouvelle Constitution « le président de la République est responsable devant le peuple français, auquel il a toujours droit de faire appel » ; et les « députés sont élus au suffrage universel pour 6 ans, sans scrutin de liste ni traitement » (p. 217).

Le 1ᵉʳ décembre 1852 « le nouveau régime commence ». Il n'a pas pour origine « la violence, la conquête ou la ruse » mais le « résultat légal de la volonté de tout un peuple » (p. 249).

[26] NAPOLÉON III, ŒUVRES, Paris, Plon, 1869. Le tome V publie la série des discours de l'empereur devant le Corps législatif où, depuis 1861, se trouve illustrée la marche vers « l'Empire libéral » que le plébiscite de mai 1870 devait couronner. En réalité, il en signa l'acte de décès puisqu'il dessaisissait le Cabinet Ollivier de l'initiative politique.

[27] JANVIER-FÉVRIER 1873 : modification de la *loi électorale* de mars 1849 reprise le 15 septembre 1870.

a. 10 janvier : le ministre Savary : il faut se modeler sur la loi du 5 mai 1853 sur les conseils municipaux : 1ᵉʳ tour majorité des suffrages exprimés, votants égal au 1/4 des inscrits ; 2ᵉ tour majorité relative. Il demande « l'urgence » en raison des élections partielles où des candidats sont déclarés élus quand ils n'ont recueilli que la minorité des suffrages exprimés.

b. 20 février : le gouvernement insiste sur la « garantie » que représente le second tour qui va de pair avec le vote à la « commune, l'abstention des militaires, et l'inéligibilité des préfets. Cette politique est définie comme « libérale et conservatrice » (p. 271).

La loi est votée le 5 mars 1873.

[28] 19 novembre 1873 : le « *septennat* » constitutionnalise l'élection du président de la République par l'Assemblée nationale pour une durée de sept ans.

[29] 24 février 1875 : loi sur l'organisation du Sénat (300 membres dont 225 élus au scrutin indirect par les départements et les colonies, et 75 cooptés par l'Assemblée nationale et ensuite par le Sénat, qui seront inamovibles).

[30] 30 novembre 1875 : rétablissement du scrutin à deux tours dans le cadre des arrondissements administratifs. Ce fractionnement est présenté comme un élément d'équilibre en face d'un Sénat élu par les départements et d'un président élu du Congrès.

[31] 20-24 mars 1885 : Waldeck-Rousseau, ministre de l'Intérieur de Jules Ferry, obtient (contre la droite constitutionnelle) le rétablissement du scrutin de liste à deux tours (refusé à Gambetta en janvier 1882) : *JO*, 21 mars p. 609 et sq.

[32] 9-11 février 1889 : après le succès parisien de Boulanger (29 janvier) la Chambre rétablit le scrutin d'arrondissement à deux tours. Au nom de la droite constitutionnelle Lefèvre-Pontalis s'y oppose expliquant que l'atmosphère troublée justifie le recours à ce scrutin des « grands courants » *JO*, p. 378.

[33] LA CAMPAGNE POUR LA RP, 1893-1912. Le débat durera vingt ans sans être clos. Politiquement il entre dans le domaine du possible avec le discours d'Aristide Briand qui, le 12 octobre 1909 dénonce à Périgueux les « mares stagnantes ». Le débat sur la loi électorale domine donc la législature de 1910 où l'arrivée de 200 députés nouveaux traduit l'espoir d'une nouvelle génération de républicains qui se veulent détachés des avatars du combisme comme des luttes sociales du ministère Clemenceau.

a. 1ᵉʳ juin 1910 : le doyen d'âge Louis Passy rappelle dans son discours d'ouverture que 190 députés se sont déclarés favorables au discours de Périgueux.

b. 9 juin : Aristide Briand rappelle que la République est « un régime de justice et de liberté », qu'elle a besoin d'un « scrutin élargi » pour faire prévaloir l'intérêt général et que la démocratie « trouve son expression dans le principe de majorité » (p. 2082). Il propose donc une Chambre renouvelable par tiers avec scrutin de liste assurant la « représentation des minorités ».

c. 6 mars 1911 : le président du Conseil Monis rappelle que la Chambre est libre de sa décision en la matière, et que la « majorité républicaine commence là où commence la violence » (p. 990).

Ch. Benoist demande la collaboration des ministres au projet de RP voté par la commission (p. 992).

d. 29 mai : Paul Deschanel expose le point de vue de la Commission (auquel s'oppose Léon Bourgeois à l'extérieur de la Chambre) p. 2184-2188 ; Joseph Reinach (fidèle de Gambetta) se déclare favorable (p. 2196).

e. 30 mai : Jules Dansette (républicain catholique du Nord) dit que la réforme s'impose depuis quinze ans (p. 2214). Ch. Benoist rappelle la discussion générale de novembre 1909 et la victoire électorale des proportionnalistes en 1910 (p. 2220) et ajoute que le régime parlementaire n'est plus « qu'un régime féodal avec ses barons embusqués dans leur donjon ». Abel Ferry (gauche radicale) dit que le parti républicain ne doit pas avoir peur de la RP puisque c'est toujours à gauche que les « idées naissent » (p. 2221). Jacques Piou (Action populaire et libérale) dénonce les abus de « 30 ans de manipulation » (p. 2224).

Painlevé (radical anciennement favorable à la RP) dit que (« des paroles irréparables » ayant été prononcées) la « question n'est plus entière » et d'autant que Deschanel veut favoriser les « minorités » aux dépens de la majorité.

f. 7 juin : le marquis de Dion dénonce les « illusions » de cette réforme. Rappelant les erreurs de 1814 (le cens) de 1850 (la clause de domicile) il plaide pour le scrutin de liste majoritaire (sauf dans les plus grands départements qui seront sectionnés p. 2271).

P. Leroy-Beaulieu : « les anti-proportionnalistes siègent du côté de l'assiette au beurre » (p. 2271).

L'abbé Lemire : « non à la RP » (p. 2278) qui va rétablir « le vote par ordre » en faveur des partis abolis en 1789 !

g. 9 juin : Jules Dansette « en écrasant les minorités, vous les mettez en état de légitime défense » (p. 2453).

h. Finalement votée à la Chambre en juillet 1912 selon une formule bâtarde, la RP sera battue au Sénat en 1913 et 1914 dans un débat où Jules Jeanneney se distinguera en se mettant sous la protection de la « tradition républicaine » de Waldeck-Rousseau (Sénat séances des 17 mars 1913 et 10 mars 1914).

[34] LA LOI ÉLECTORALE DU 12 juillet 1919. Le débat reprend en mars 1919 sans que les arguments aient beaucoup évolué. Mais le changement d'esprit dû à la guerre fera que le Sénat acceptera cette fois cette RP mâtinée de scrutin majoritaire puisque la RP ne jouait qu'en cas d'absence de majorité absolue.

[35] Plus nouvelle est la discussion sur le VOTE DES FEMMES.

a. 8 mai 1919 : rapport favorable de Pierre Étienne Flandin qui, par prudence, propose de commencer par des élections municipales (p. 2229). Augagneur est « d'accord sur le principe » tout en s'interrogeant sur « l'opportunité » de ce « saut dans l'inconnu », au sortir de la guerre où « les femmes sont les plus nombreuses » (p. 2232).

b. 20 mai : Aristide Briand donne la solution : il fait voter à la Chambre l'égalité complète en se montrant compréhensif devant « l'inquiétude » du Sénat qui, même avec le vote féminin limité aux seules élections locales, verrait son corps électoral très modifié (p. 2358).

c. Par la suite tous les refus viendront du Sénat où la gauche est majoritaire. Un seul vrai débat a lieu en mai 1932 (au lendemain de la victoire électorale des gauches) et se solde par un échec après une série de discours peu glorieux sur la lucidité politique des sénateurs.

[36] RETOUR AU SCRUTIN D'ARRONDISSEMENT : loi du 21 juillet 1927 exigée par les radicaux d'Édouard Herriot pour le prix de leur ralliement à « l'Union nationale » de Raymond Poincaré pour « sauver le franc ». La droite républicaine propose des mesures de moralisation. En vain.
   a. 1er juillet 1927 : Le débat commence par une protestation des députés de droite contre la présence de leurs collègues de gauche qui, élus au Sénat, continuent de voter à la Chambre, Veslot demande la diminution du nombre des députés (p.2349).
   b. 11 juillet : René Coty, hostile à la RP et favorable au scrutin d'arrondissement, demande en préalable une péréquation démographique des circonscriptions : plafond à 100 000 habitants et plancher à 50 000 (p. 2522).

[37] SCRUTIN À UN TOUR : L'ÉCHEC DE 1931
   a. 11 juin 1931 : L. Marin rappelle la position de son parti (vote des femmes et RP). Cette proposition illustrant la division de la droite, retirait ses chances aux propositions plus « républicaines » de Georges Mandel.
   b. 16 décembre 1931 : Président de la Commission du suffrage universel, Georges Mandel explique que le second tour est une invention de l'Empire et rappelle les exemples de 1848 et 1871 de Ledru-Rollin et Jules Ferry, favorables au scrutin à un tour (p. 4385).

[38] INCAPACITÉ DE LA QUATRIÈME RÉPUBLIQUE à modifier la loi électorale sur la RP avec apparentements votés en mai 1951 contre le PCF et le RPF. 30 octobre 1955 : l'Assemblée nationale refuse le projet de la Commission (scrutin de liste à un tour) et le projet R. Marcellin (uninominal à un tour) (p. 5393).

[39] DROIT DE VOTE AUX FEMMES :
   a. 21 avril 1944 : ordonnance sur le retour à la légalité républicaine publiée au *JO* du 25 août 1944.

[40] RÉFÉRENDUM CONSTITUTIONNEL
   Juillet-août 1945 : Le 29 juillet, le général ouvre le débat à l'Assemblée Consultative.
   Charles de Gaulle, *Discours et Messages*, Paris, Berger-Levrault, 1947, p. 639.

[41] « LE SUFFRAGE UNIVERSEL EST LA SOURCE DE TOUS LES POUVOIRS »
   1-3 juin 1958 : Débat à l'Assemblée nationale sur la loi constitutionnelle du 3 juin *in* Didier Maus, *Documents pour servir à l'histoire de l'élaboration de la Constitution du 4 octobre 1958*, Paris, Documentation française, t. 1, 1987. Les tomes II et III sont parus en 1988 et 1991 et donnent les avis du CCC et du Conseil d'État sur le projet.

[42] ÉLECTION DIRECTE DU CHEF DE L'ÉTAT :
   a. 20 septembre 1962 : Discours télévisé du général de Gaulle sur la réforme de l'élection du président de la République. (Charles de Gaulle, *Discours et Messages*, Paris, Plon, t. IV, p. 20).
   b. 4 octobre 1962 : Duel Georges Pompidou-Paul Reynaud parfait représentant de l'hostilité de la droite républicaine et parlementaire (*JO*, p. 3202).

[43] ABAISSEMENT DE LA MAJORITÉ ÉLECTORALE : élargissement du corps électoral.
   20 juin 1974 : Michel Poniatowski (ministre de l'Intérieur) et J. Foyer (garde des Sceaux) expliquent pourquoi il n'y a pas lieu de disjoindre majorité civile et majorité politique (*JO*, p. 2924).

[44] 1985-1986 : LES HÉSITATIONS DE LA TRADITION RÉPUBLICAINE.
   a. Le gouvernement Fabius retourne à la RP de 1945.
   23 avril 1985 : Ch. Millon : la « RP veut empêcher l'alternance », c'est le bouleversement des institutions de la cinquième République (p. 358). Bourg-

Broc : il s'agit d'un sauvetage pour les sanctionnés du suffrage universel. Il faut tuer le mythe d'un général de Gaulle favorable à la RP (p. 360).

24 avril 1985 : Michel Debré : Montesquieu a écrit que la loi électorale est le pilier des institutions. L'Assemblée nationale ne sera plus qu'une addition de minorités. C'est la fin du pouvoir de clarification de la dissolution (p. 362). Valéry Giscard d'Estaing : on avait parlé « d'instillation ». Il s'agit d'un changement profond qui rompt le lien entre l'électeur et l'élu (p. 364).

b. Retour au scrutin d'arrondissement à deux tours, 1986 : cette fois la controverse portera moins sur le changement de scrutin qui avait fait l'objet d'un engagement très clair devant le corps électoral que sur la procédure suivie : loi d'habilitation qui confie au gouvernement le découpage des circonscriptions (inchangé depuis 1958).

Le président de la République intervient en signifiant que « la tradition républicaine veut que l'Assemblée nationale détermine elle-même les modalités de l'élection des députés ». Le gouvernement Chirac répond qu'il soumettra son projet « dans les meilleurs délais » au Parlement qui vote l'urgence. Le Conseil constitutionnel entérinera la procédure le 18 novembre 1986. (*JO*, 19 novembre 1986).

Voir l'ensemble du dossier *in* Didier Maus, *Les grands textes de la pratique constitutionnelle de la Ve République*, Paris, la Documentation française, 1987.

C. *Livres d'auteurs ayant valeur de sources*

[45] J.J. MOUNIER, *Ma conduite à l'Assemblée nationale* (novembre 1789). *In* [10] (p. 908-978).

[46] TALLEYRAND, *Mémoires* (1754-1815), Paris, Plon, 1982).

[47] GERMAINE DE STAËL, *Considération sur la Révolution française*, Paris, Tallandier, 1983 (le vote des 2/3 et la journée du 13 vendémiaire) (p. 315-335).

[48] A.C. THIBAUDEAU, *Mémoires 1799-1815*, Paris, Plon, 1913 (le point de vue d'un conventionnel, « répété » au Conseil des Cinq Cents et futur préfet d'Empire).

[49] MATHIEU MOLÉ, *Souvenirs de jeunesse*, Paris, Mercure de France, 1990 (le ralliement de la vieille société à Napoléon).

[50] LAS CASES, *Le Mémorial de Sainte-Hélène*, Paris, Gallimard, la Pléiade, t. 1, 1956 : le 13 vendémiaire (p. 330) ; rôle de pacificateur (p. 385) ; idées libérales (p. 443) ; et triomphe inéluctable de ces idées grâce à la France qui les a « neutralisées » (p. 470).

[51] JOSEPH DE MAISTRE, *Considérations sur la France* (1re éd. 1796), Paris, Garnier, 1980 (rôle de « la Providence » dans le retour à la Monarchie).

[52] CHATEAUBRIAND, *De la nouvelle proposition relative au bannissement de Charles X et de sa famille ou suite à mon dernier écrit : De la Restauration et la monarchie élective*, Paris, Le Normant éditeur, mars-octobre 1831 (le retour d'Henri V doit être le fait du suffrage universel — or la légitimité est une religion dont la foi est morte. Les orléanistes ne sont que des usurpateurs).

[53] ADOLPHE THIERS, *La monarchie de 1830*, Paris, 1831 (le nouveau prince est celui de l'Ordre et des trois couleurs ; il incarne la « monarchie quasi légitime »).

[54] FRANÇOIS GUIZOT, *Mémoires pour servir à l'histoire de notre temps*, t. VIII, Paris, 1867 (consacré à la relation de son « gouvernement parlementaire », synonyme de liberté (p. 1 à 15 et 518-571), où est relatée la campagne pour « la réforme électorale »).

[55] DUVERGIER DE HAURANNE, *De la réforme parlementaire et de la réforme électorale*, Paris, 1847 (l'historique et l'étude concrète des diverses implications de ces deux réformes).

[56] FÉLICITÉ DE LAMENNAIS, *Politique à l'usage du peuple et paroles d'un croyant*, *Œuvres complètes*, t. IX et X, Paris, 1844 (redécouverte du peuple par un catholicisme victime du voltairianisme des Orléans).

[57] ALEXIS DE TOCQUEVILLE, *Souvenirs posthumes*, Paris, 1892, rééd. Paris, Laffont, 1986 (p. 729-862) (retrouvailles avec le peuple légitimiste p. 768).

[58] FRANÇOIS GUIZOT, *De la démocratie en France*, Paris, Masson, janvier 1849 (pour une critique qui s'oppose point par point au plaidoyer de Lamartine [20]).

[59] ALBERT DE FALLOUX, *Mémoires d'un royaliste*, Paris, 1925, III t. (l'éblouissement d'un légitimiste qui retrouve la confiance du peuple catholique (1848) bientôt suivi de sa déception et de sa résistance au Coup d'État — après avoir fait voter la fameuse « loi Falloux » sur la liberté de l'enseignement qui deviendra la bête noire des républicains en raison de la place laissée à l'Église en la matière).

[60] LA ROCHEJACQUELEIN, *La France en 1853*, Paris, 1853 (le ralliement à Napoléon III d'un légitimiste qui s'est pourtant opposé au Coup d'État mais qui s'incline devant les résultats d'un libre plébiscite qui a retrouvé l'antique chemin du « droit national »).

[61] GRANIER DE CASSAGNAC, *Histoire de la chute du roi Louis-Philippe, de la République de 1848 et du rétablissement de l'Empire (1847-1855)*, II t., Paris, 1857 (histoire favorable à Louis-Napoléon Bonaparte et entièrement écrite au nom de « l'ordre » et du « suffrage universel »).

[62] ED. LABOULAYE, *Lettres politiques. Esquisse d'une Constitution républicaine*, Paris, 1872 (le successeur de Tocqueville comme chef de file de « l'École américaine » justifie son ralliement au plébiscite de 1870 par le respect dû à la procédure qui lui avait paru un progrès sur la bonne voie).

[63] ÉMILE OLLIVIER, *1789-1889*, Paris, rééd. Aubier, 1989, avec introduction de Maurice Agulhon (en pleine crise boulangiste, le propagandiste malheureux de l'Empire libéral, Ollivier, justifie sa position de 1870 où il voit le prolongement de 1848).

[64] ALEXIS DE TOCQUEVILLE, a. *L'Ancien Régime et la Révolution*, 1re éd. 1856, Paris, Gallimard, 1967 ; dès le 2 décembre Tocqueville analyse le Coup d'État comme un « retour du despotisme ». En l'assimilant au 18 Brumaire, il fortifie une opposition jamais démentie jusqu'à sa mort, même si, au regard de la République, l'immédiat assentiment obtenu en l'an VIII de la part de la vieille société ravie de revenir vers la vie officielle ne peut se comparer aux réserves rencontrées par Napoléon III. La vieille société intellectuelle se réfugie avec Tocqueville dans la vie académique et plus tard constituera avec les Broglie une « Union libérale » où elle rencontrera les jeunes républicains du programme de Nancy qui prônaient la liberté et la décentralisation).
b. Voir t. XVI des *Œuvres complètes* de Tocqueville préfacé par F. Mélonio, Paris Gallimard, 1989.

[65] ALLAIN-TARGÉ, *La République sous l'Empire. Lettres (1864-1870)*, Paris, Grasset, 1939 (sur l'opposition des « radicaux » à Tocqueville, p. 38-39).

[66] M. DE MARCÈRE, *L'Assemblée nationale de 1871*, Paris, Plon, 1904-1907 (pour le récit du rôle du marquis de Talhouët-Roy, hostile au plébiscite et favorable à la guerre).

[67] M. DE MARCÈRE, *Histoire de la République 1876-1878*, Paris, Plon, 1908-1910 (issu de l'opposition libérale favorable à la religion et à la décentralisation, ce député du Nord est un exemple de ce légitimisme devenu constitutionnel puis républicain conservateur, qui disparaîtra en 1879 avec le départ de Mac-Mahon. Pour mémoire on rappellera que la famille maternelle de Charles de Gaulle est issue de ce Nord catholique, libéral et républicain qui élira plus tard l'abbé Lemire).

[68] DUC DE BROGLIE, a. *Discours politiques (1871-1891)*, Paris, 1909 (l'invention du « septennat » et du Sénat composé d'inamovibles cooptés qu'il appelle « capacités »).
   b. *Histoire et politique*, Paris, Calmann-Lévy, 1907 (le vote de la République est dû à l'opposition légitimiste).

[69] L. DE BELLEVAL, « *Sommes-nous en République* », Paris, Rousseau, 1888.

[70] L. DE BELLEVAL, *Le complot contre le suffrage universel*, Paris, Rousseau, 1889 (plaidoyer pour le suffrage universel écrit par un conseiller d'État).

[71] MAURICE BARRÈS, *L'appel au soldat*, 2 vol., Paris, Plon, rééd. 1943-1945 (récit remanié de cette « fièvre »).

[72] MAURICE BARRÈS, *Scènes et doctrine du nationalisme*, Éd. de Thivet, 1902 (où se trouve le programme de Nancy (1898) qui propose la restauration de la souveraineté du suffrage universel et la décentralisation).

[73] CHARLES MAURRAS, *Le dilemme Marc Sangnier*, Paris, Librairie nationale, 1906 (les idées de Charles Maurras sont étrangères au vieux légitimisme constitutionnel puisqu'elles glorifient l'hérédité et l'organisation corporatiste en refusant le peuple du suffrage universel. Ses bêtes noires sont les francs-maçons, les juifs et les militants de la démocratie-chrétienne de Marc Sangnier).

[74] CHARLES MAURRAS, *De Démos à César*, Paris, Éd. du Capitole, 1902 (où l'auteur explique que la République est préférable à la Démocratie).
   Le scrutin de liste et la représentation proportionnelle : la campagne pour la RP vient des milieux socialistes et catholiques qui, après le Ralliement de 1891, y voient le moyen d'afficher leur sentiment républicain tout en s'affranchissant de l'anticléricalisme des arrondissements.

[75] CH. BENOIST, *La crise de l'État moderne. De l'organisation du suffrage universel*, Paris, 1893 (est le maître ouvrage sur la proportionnelle présentée comme une « domestication » d'un suffrage universel qu'on ne peut plus éviter).
   Ce ton est évidemment différent de celui des vieux gambettistes dont le parti se construira autour de :

[76] RAYMOND POINCARÉ, *Ce que demande la Cité*, Paris, Hachette (s.d.), *Idées contemporaines*, Paris, Charpentier, 1906 (qui plaide pour une République gouvernementale capable d'user du droit de dissolution avec des hommes comme).

[77] JULES REINACH, *La réforme électorale*, Paris, Charpentier, 1913.

[78] PAUL DESCHANEL, *Gambetta*, Paris, Hachette, 1919.
   Dans la masse des critiques et propositions de l'entre-deux-guerres, on sélectionnera quatre auteurs représentant l'éventail ouvert d'une droite républicaine qui échoua à se faire entendre, alors que ses appels à la réforme (de l'État ou du parlement) avaient encore une tonalité républicaine dénuée d'équivoque.

[79] JOSEPH BARTHÉLEMY, *Le gouvernement de la France*, Paris, Payot, 1925 (à une date où, député du Gers, il croyait encore que l'élargissement de l'assise électorale du président se ferait dans la « continuité de la République »).

[80] MARCEL PRÉLOT et RAYMOND LAURENT, *Manuel politique*, Paris, Spes, 1928 (où est présenté le programme du Parti démocrate populaire, nouveau parti catholique favorable au vote des femmes et au référendum (p. 51 et sq.)).

[81] DANIEL HALÉVY, a. *La République des comités*, Paris, Grasset, 1935 (pamphlet écrit dans la rage désespérée de la crise de février 1934. Dans sa recherche sur les origines, l'auteur reviendra sur les années de l'Assemblée Nationale et écrira sa fameuse) :
   b. *La République des ducs*, Paris, Grasset, 1937 (qui se termine par un hommage

appuyé à Mac-Mahon dernier homme d'État à avoir quitté le pouvoir sans « s'être enrichi »).

[82] ANDRÉ TARDIEU (chef malheureux de la campagne électorale de 1932. Il va conduire une réflexion politique originale dans la mesure où, disciple de Clemenceau et de Poincaré, il connaissait également les État-Unis d'où il avait rapporté des *Notes sur les États-Unis*, publiées à Paris en 1908).

[83] ANDRÉ TARDIEU, *Devant le pays*, Paris, Flammarion, 1932 (discours de la campagne électorale qui critique l'alliance des radicaux avec les socialistes qui veulent tout étatiser en refusant de voter les crédits de la Défense nationale. Tardieu ridiculise la « discipline républicaine » qui n'a plus de sens quand le régime n'est plus contesté).

[84] ANDRÉ TARDIEU, *L'heure de la décision*, Paris, Flammarion, 1934, où le « civisme républicain » est mobilisé contre Hitler et Mussolini.

[85] ANDRÉ TARDIEU, *La Révolution à refaire*, t. I. *Le souverain captif*, Paris, Flammarion, 1936 t. II. *La profession parlementaire*, Flammarion, 1937. Un vibrant plaidoyer pour le suffrage universel mobilisé au travers du vote féminin comme de la diversification des procédures d'appel (référendum et dissolution).

Les textes des actes constitutionnels de Vichy faisant litière du suffrage universel sont réunis dans :

[86] *Le gouvernement de Vichy et la Révolution nationale (1940-1942)*, Paris, Fondation nationale des sciences politiques, Colin, 1972 (p. 313 et sqq.).

[87] PHILIPPE PÉTAIN, *Appels et Messages*, Paris, 1941 et 1943 (plus significatifs par leurs silences que par leurs dires).

Le retour aux sources opéré entre 1940 et 1986.

[88] CHARLES DE GAULLE, a. *Discours et Messages*, V t., Paris, Plon, 1970-1975. b. *Mémoires d'espoir*, 2 t., Paris, Plon, 1970-1971.

[89] H. MICHEL et B. MIRKINE-GUETZÉVITCH, *Les idées politiques et sociales de la Résistance*, Paris, PUF, 1954 (où sont réunis des morceaux choisis de la littérature politique de la Résistance, en particulier l'article de Michel Debré, « le problème constitutionnel français », publié en avril 1944 dans les cahiers politiques du Comité général d'Études (p. 287)).

On notera aussi :

[90] RENÉ CAPITANT, *Écrits politiques*, Paris, Éd. CNRS, 1984.

[91] MICHEL DEBRÉ, *Trois Républiques pour une France*, t. I, Paris, Albin Michel, 1984 (où sont publiés d'intéressants échanges entre le Général et son conseiller de 1945 et 1946, au sujet de l'usage du suffrage universel et du mode de scrutin. Les tomes II et III traitent de la rédaction de la Constitution et de la solution du problème scolaire).

D. *Ouvrages particuliers*

Un choix drastique a été opéré pour tenir compte du renouvellement récent des études politiques qui commencent à embrasser du même regard deux siècles d'histoire post-révolutionnaire.

[92] STÉPHANE RIALS, *La Déclaration des droits de l'homme et du citoyen*, Paris Hachette, 1988 (article par article, étude d'un texte dont le mystère de la rédaction est traqué autant que faire se peut. Description donc du miracle d'équilibre du mois d'août 1789, équilibre destiné à se rompre dès le mois suivant. Ce livre se termine par la publication de 62 projets préalables venus des horizons les plus variés dans le temps et l'espace).

[93] FRANÇOIS FURET et MONA OZOUF, *Dictionnaire critique de la Révolution française*, Paris, Flammarion, 1988 (on notera particulièrement les notes sur

« l'Ancien Régime » (p. 627), la centralisation (p. 563), la Chouannerie (p. 33), la Constitution (p. 537), la Constitution civile du clergé (p. 554), la démocratie (p. 674), les élections (p. 63), les émigrés (p. 346), les États-Généraux (p. 76), la Grande Peur (p. 145), les monarchiens (p. 394), la régénération (p. 821) et le suffrage (p. 614). Tous articles qui montrent à quel point le processus révolutionnaire est l'exact contraire d'un processus électoral respectant la libre expression de la « souveraineté du peuple »).

[94] FRANÇOIS FURET, *La Révolution 1770-1880,,* Paris, Hachette, 1988 (un mouvement que *tous* les gouvernements du XIXe siècle ont voulu « clore », sans jamais y réussir).

[95] ROLAND DEBBASCH, *Le principe révolutionnaire d'unité et d'indivisibilité de la République,* Paris, Economica-Presses Universitaires d'Aix, Marseille, 1989 (remarquable ouvrage, nourri d'une lecture directe des Archives parlementaires, et capital pour suivre des origines jusqu'à nos jours, l'histoire du principe fondateur de la vie politique française).

[96] PAUL THUREAU-DANGIN, a. *Royalistes et républicains* (la question de la monarchie ou de la République du 9 thermidor au 18 brumaire. L'extrême droite et les royalistes sous la Restauration), Paris, Plon, 1888 (vieux livre qui reste excellent pour comprendre le désespoir des « constitutionnels » devant l'action des royalistes d'extrême droite qui, au lieu de jouer la confiance, gâchent leurs cartes dans une agitation désordonnée).
b. *Le parti libéral sous la Restauration* Paris, Plon, 1876 (critique des excès du parti libéral, comme de la rupture dynastique de 1830 par un « constitutionnel »).

[97] PIERRE ROSANVALLON, *Le moment Guizot,* Paris, Gallimard, 1985 (nourri d'une documentation de première main venue de la correspondance privée; étude capitale pour cerner l'homme « doctrinaire » qui a incarné la force et les limites d'une idéologie capacitaire qui a cru résumer la tradition et pouvoir arrêter le Temps).

[98] PIERRE JACOMET, *Berryer au prétoire,* Paris, Plon, 1938.
Contrairement à ce que l'on pourrait penser, l'histoire de deux siècles de suffrage politique est encore dans les limbes.
Le suffrage universel :

[99] RENÉ RÉMOND, « L'apport des historiens aux études électorales » *in* Daniel Gaxie, *Explication du vote,* Paris, Presses de la Fondation nationale des sciences politiques, 1985 (p. 37-49) (où il donne la bibliographie des travaux les plus récents).

[100] G. GÉNIQUE, *L'élection de l'Assemblée législative de 1849,* Paris, Rieder, 1921 (essai d'une répartition géographique des partis en France).

[101] J. GOUAULT, *Comment la France est devenue républicaine. Les élections générales et partielles : l'Assemblée nationale 1870-1875,* Paris, Colin, 1954.

[102] ODILE RUDELLE, *La République absolue,* Paris, Publication de la Sorbonne, 1986 (où sont étudiées les élections de 1881, 1885 et 1889; analyse le boulangisme comme révolte d'un suffrage universel républicain conservateur (pour les 4/5) et socialisant (pour 1/5) contre un système exclusivement parlementaire).

[103] A. SIEGFRIED, *Tableau électoral de la France de l'Ouest,* Paris, Colin, 1913 (où est analysé le comportement de ces « terres de fidélité » dont l'auteur écrit qu'elles serviront peut-être de réservoirs de légitimité pour une République menacée par le socialisme marxisant).

[104] F. GOGUEL, *Chroniques électorales,* 3 t., Paris, Presses de la Fondation nationale des sciences politiques 1981 (qui couvrent les années de la Libération, de la quatrième et de la cinquième République en insistant sur la nouveauté du

vote du 5 mai 1946 où, pour la première fois, a été prononcé un « non » constitutionnel sur lequel se construira le futur constitutionnalisme de la République. On n'aura garde d'oublier le classique :

[105] F. GOGUEL, *La politique des partis sous la IIIᵉ République*, Paris, Le Seuil, rééd., 1987.

On ajoutera quelques livres traitant d'épisodes particuliers :

[106] PHILIPPE LEVILLAIN, *Boulanger fossoyeur de la monarchie*, Paris, Flammarion, 1982.

[107] LAURENCE KLEJMAN et FLORENCE ROCHEFORT, *L'égalité en marche. Le féminisme sous la IIIᵉ République*, Paris, Presses de la Fondation nationale des sciences politiques, 1982 (étude qui s'arrête malheureusement quand l'obstruction vient de la gauche anticléricale, qu'il s'agisse du Sénat de l'entre-deux-guerres ou de l'épisode de la Charte du CNR).

Pour le poids de cet oubli voir :

[108] ODILE RUDELLE, « La tradition républicaine » in *La tradition politique, Pouvoirs*, 1987, nᵒ 42, p. 31-42.

Sur l'essai raté de réappropriation de la déclaration des droits de l'Homme par les droites.

[109] JEAN-PIERRE MACHELON, « Un épisode parlementaire de la IIIᵉ : La Déclaration des droits de l'homme et du citoyen à la Chambre (28 mars 1901) », *Revue administrative*, novembre 1989 (p. 497-502).

Sur les essais ratés de réforme constitutionnelle de l'entre-deux-guerres voir :

[110] ODILE RUDELLE, « L'élargissement du corps électoral du chef de l'État », *in* Léo Hamon-Guy Lobrichon, *L'élection du chef de l'État en France*, Paris, Beauchesne, 1988.

[111] RENÉ GICQUEL et LUCIEN SFEZ, *Le problème de la réforme de l'État en France en 1934*, Paris, A. Colin, 1964.

Sur l'abandon du suffrage universel par l'État de Vichy et l'impasse constitutionnelle qui s'en est suivi :

[112] MICHÈLE COINTET, *Le Conseil national de Vichy, 1940 à 1944*, Paris, Aux amateurs de livres, 1989.

Sur le rôle du général de Gaulle comme « stratège de la légitimité », capable de mobiliser le suffrage universel, voir :

[113] ODILE RUDELLE, « Mai 1958, de Gaulle et la République », *Espoir*, Paris, Plon, 1988.

[114] ODILE RUDELLE, *De Gaulle pour mémoire*, Paris, Gallimard, 1990.

Sur la récapitulation historique illustrée par le Discours de Bayeux voir :

[115] ODILE RUDELLE, « La réception du discours de Bayeux », *in* F. Decaumont (s.d.), *Le discours de Bayeux*, Paris, Economica, 1991.

Sur la crise présidentielle de 1962 et les vicissitudes de la tradition républicaine voir :

[116] JACQUES DELARUE et ODILE RUDELLE, *L'attentat du Petit-Clamart et la révision des institutions de 1962*, Paris, La Documentation française, 1990 (les médias et l'événement).

Sur l'influence américaine et la pensée constitutionnelle française réveillée par le général de Gaulle voir :

[117] ODILE RUDELLE, « La France et l'expérience constitutionnelle américaine » *in* M.F. Toinet, *Et la Constitution créa l'Amérique*, Paris, Presses universitaires de Nancy, 1988.

[118] Sur la gestion du Temps politique par le général de Gaulle voir :
a. ODILE RUDELLE, « Gaullisme et crise d'identité républicaine » *in* J.-P. Rioux (s.d.), *La guerre d'Algérie*, Fayard, 1990.

o. ODILE RUDELLE, « Une politique de la mémoire : politique de la postérité » in *De Gaulle en son siècle*, t. I, Paris, Plon-La Documentation française, 1991 (p. 143-169).

[119] Sur l'oubli constitutionnel dont la République a été victime et le rôle du suffrage universel dans ce retour de mémoire qui est le fait de ces dernières années voir : ODILE RUDELLE, « Lieux de mémoire révolutionnaire et communion républicaine » in *Vingtième siècle. Revue d'Histoire*, sept.-oct. 1989.

CHAPITRE IX

Le parlementaire

La reconnaissance du principe électif implique celle de la délégation du pouvoir en matière politique. Benjamin Constant mettait ce dernier principe au fondement de la liberté chez les Modernes : « Perdu dans la multitude, l'individu n'aperçoit presque jamais l'influence qu'il exerce. Jamais sa volonté ne s'empreinte sur l'ensemble, rien ne constate à ses propres yeux sa coopération. L'exercice des droits politiques ne nous offre donc plus qu'une partie de ses jouissances que les anciens y trouvaient, et en même temps les progrès de la civilisation, la tendance commerciale de l'époque, la communication des peuples entre eux, ont multiplié et varié à l'infini les moyens de bonheur particulier. »

De fait, nombre de gouvernements de droite tableront sur l'enfermement dans un bonheur particulier de chacun de ceux qu'ils appelaient à déléguer leur pouvoir souverain pour tenter de leur imposer une représentation politique à leur main : fonctionnaires proposés à la députation sous la Monarchie de Juillet, candidatures officielles sous le second Empire, tout semblait bon pour que l'exécutif se protégeât des surprises du suffrage, qu'il fût censitaire ou universel. Longtemps, le fait que des notabilités nobles ou bourgeoises constituassent, pour l'essentiel, la représentation parlementaire établit comme une concordance naturelle aux yeux des droites. Que lèvent, avec la République, des couches nouvelles trouvant, dans le suffrage universel, la possibilité d'exercer leur droit à la représentation politique, et le parlementaire devient une figure problématique de l'organisation de la Cité, faisant obstacle, selon les droites, à l'expression d'une transparence supposée des intérêts de tous.

***

La conception que les droites se sont faite de cet acteur essentiel de la représentation politique qu'est le parlementaire n'a cessé d'évoluer de 1815 à nos jours. On songe immédiatement aux sentiments qu'elles nourrirent à l'égard du député : d'abord neutres, parfois même favorables sous la Monarchie de Juillet, ceux-ci devinrent franchement hostiles sous la troisième République. Mais, en réalité, ces conceptions et regards s'organisent selon un large spectre.

A une extrémité se situe le discours élaboré des doctrines politiques, qu'elles soient favorables ou hostiles au parlementarisme. L'histoire des doctrines n'est pas directement notre objet même si, parfois, il est nécessaire d'en rappeler l'influence. Puis vient, en dégradé des doctrines, répandue et propagée par la presse et les discours, l'image du parlementaire qui nous offre les lieux communs acceptés par une génération. Cette image, dans sa version la plus élaborée et concentrée, sera pour l'essentiel littéraire, la presse, le plus souvent, particularisant cette représentation selon l'événement et l'individu, quand l'écriture vise à universaliser un type.

L'image littéraire du parlementaire, d'abord assez floue, se précise et devient d'une netteté si parfaite sous la troisième République qu'elle verse dans le stéréotype, véritable portrait-robot, précis et cohérent, tracé avec une unanimité remarquable par les écrivains conservateurs. Maurice Barrès, qui propagera largement la dénonciation du parlementaire républicain déraciné, écrivait dans ses *Cahiers* (janvier-août 1904) : « Tous les écrivains agissent, qu'ils le veuillent ou non, sur l'opinion publique. Il faut qu'ils soient bien vides et bien nuls pour que leur œuvre ne retentisse pas dans la vie sociale. Nul besoin d'être un homme à thèse. Chaque fois que l'on excite une manière de sentir, on prend une part plus ou moins directe, mais positive à la conduite de l'opinion. » La contamination des auteurs de gauche par le point de vue de droite aboutit à un certain consensus qui assure son succès. En effet, le stéréotype, pour finir, dépasse le strict milieu littéraire pour atteindre, par les canaux les plus divers (tel le cinéma), les représentations collectives, ce qui est très sensible après 1918. L'antiparlementarisme des écrivains, expression d'une opinion réduite, s'étend et atteint des couches plus vastes, comme en témoignent les manifestations de groupes organisés, numériquement importants (des ligues aux associations d'anciens combattants). La forme prise par l'antiparlementarisme à ce niveau peut être décelée grâce à la paralittérature qui, plus qu'un guide de l'opinion, est un reflet des mentalités dans ce qu'elles ont de simplificateur et de spontané.

C'est au dégradé du spectre — du plus théorique au plus

simpliste — que se mesure le rapport des droites à la représentation politique telle qu'elle s'incarne en la personne du parlementaire.

I. NAISSANCE D'UNE IMAGE

A la chute du premier Empire, l'avènement du régime représentatif donne au parlementaire une importance politique qui se traduit, surtout après 1830, par l'apparition de nombreux personnages de députés dans le roman et le théâtre, tantôt à titre rétrospectif (l'intrigue étant située sous les Bourbons), tantôt dans la rubrique des mœurs contemporaines [4, p. 18]. L'émergence rapide du roman social et le débat entre les partisans du mouvement et ceux de la résistance expliquent cette brusque éclosion. A lui seul Honoré de Balzac, dont on connaît les sympathies légitimistes, met sur pied une petite armée parlementaire aussi nombreuse que celle que l'on trouve chez tous les autres écrivains réunis. Mais si Balzac se dit carliste, si Stendhal ou Alexandre Dumas ont quelque inclination libérale, si maints feuilletonistes ou publicistes sont politiquement inclassables, tous parlent semblablement du parlementaire[1].

Personne ne met en cause la dignité de la fonction parlementaire [4, p. 23-24]. Comme le scrutin censitaire est très contraignant concernant les conditions d'éligibilité, l'élu appartient obligatoirement à une mince élite fortunée. C'est donc un notable qui peut naturellement paraître dans les salons bourgeois voire, parfois, dans ceux de l'aristocratie. Aussi personne dans les milieux aisés ne juge-t-il déshonorant de briguer un siège au Palais-Bourbon. La carrière parlementaire n'est frappée d'aucun opprobre, c'est, au contraire, une activité honorable qui procure un prestige certain. Élément d'un statut social acquis par ailleurs, le siège de député se borne à compléter un cursus social en cours de constitution. Aussi l'auteur ne définit-il pas généralement la situation de son personnage par ses seules fonctions parlementaires, qui ne viennent que par surcroît, le plus souvent tard dans le roman. Ainsi un aristocrate balzacien, le comte de Fontaines, vétéran des guerres de Vendée, propriétaire d'un domaine dans sa province, devient conseiller d'État par la faveur de Louis XVIII, administrateur du domaine royal et député [8, p. 112]. Un tel personnage peut jouer sur une gamme de pouvoirs étendue en inspirant crainte et révérence à des électeurs qui n'ont guère de prise sur lui.

Ces parlementaires mettent parfois le prestige dont ils jouissent au service d'idéaux élevés. On trouve, en effet, dans la production du temps un petit groupe de députés tout à fait honorables, personnages centraux et positifs ou comparses sympathiques, dont le meilleur exemple est Félix de Vandenesse, héros du *Lys dans la vallée* [9, p. 969]. Assurément, dans un système d'où la corruption n'est pas absente, la réussite de ces honnêtes gens n'est pas assurée, mais leur échec n'est pas davantage inéluctable. Toutefois ils ne sont pas absolument représentatifs du milieu parlementaire, la majorité des hommes politiques étant déjà présentés comme immoraux en ces temps de Monarchie de Juillet et de fonctionnaires-parlementaires. Immoraux mais non dépourvus d'allure car bien souvent la force et la lucidité sont leurs vertus [4, p. 36]. Balzac et Stendhal, sans compter plusieurs auteurs mineurs, se plaisent ainsi à tracer les portraits de séduisants scélérats du monde politique [11, t. 2, p. 12]. Une génération d'hommes publics attire surtout leur attention : celle qui s'est formée sous Napoléon. Les guerres et la tyrannie impériales ont, semble-t-il, trempé des hommes sans scrupules ni faiblesse. L'apparence de ces héros ambigus est parfois celle de parfaits dandies, ce sont les « corsaires aux gants jaunes » de la politique : de Marsay en est l'archétype [7, t. 12, p. 1426].

Mais il n'y a pas que de beaux monstres chez les députés de roman ou de théâtre, la bêtise et la médiocrité à l'état pur sont aussi de la partie. On les trouve presque toujours chez les gens du juste milieu, les partisans de Louis-Philippe : il paraît inconcevable à nos auteurs qu'un orléaniste puisse présenter quelque qualité [4, p. 26]. Seuls les mémoires d'hommes d'État orléanistes, on s'en doute, tendent à prouver le contraire [15]. En revanche les écrivains traitent avec indulgence les extrêmes ; légitimistes et républicains, dont la fréquente naïveté implique courage et sens de l'honneur. Il est clair que les auteurs n'apprécient guère le centrisme mou d'un régime bourgeois et lorsqu'ils font un choix, c'est vers les partis nettement affirmés, à droite ou à gauche, que vont leurs préférences. Au-delà de l'adversaire politique, c'est ici le bourgeois qui est visé. La génération romantique, on le sait, ne cesse de brocarder ce milieu bourgeois auquel appartient pourtant son public. Le député louis-philippard n'est qu'un échantillon parmi d'autres de cette sous-humanité. C'est donc à l'enseigne du roi-citoyen que logent le plus souvent les héros négatifs, sources des stéréotypes de l'avenir. Ainsi le provincial vulgaire dans ses manières et ses pensées, qui réussit par les bassesses [4, p. 25]. Ainsi l'homme-caméléon qui s'est mis au service de tous les partis avec la même servilité. Quant au coureur de dot sans vergogne, il est prêt à duper les naïves héritières. On est ainsi en face d'une diversité de types parlementaires irréductible à l'unité. Le stéréotype de droite est encore dans les limbes.

L'image du parlementaire n'évolue guère avec la seconde République, mais l'expérience de 1848 a suscité chez plusieurs auteurs (Eugène Labiche [12], Charles Baudelaire, Gustave Flaubert [13]) une aversion réelle pour la démocratie : *L'éducation sentimentale*, publiée vingt ans après les événements, est sans doute la meilleure illustration de cet état d'esprit. Gustave Flaubert y témoigne d'un pessimisme dont l'affectation apolitique cache mal les profondes tendances conservatrices. Cet apolitisme de droite, revers d'un aristocratisme de l'esprit et d'une détestation de la violente grossièreté du peuple autant que du matérialisme mesquin du bourgeois, est promis à un long avenir.

La fin du système censitaire et l'avènement du suffrage universel n'affectent pas immédiatement la figure littéraire et sociale du député. En effet, Napoléon III recommande aux électeurs des candidats officiels riches et influents qui auraient pu siéger dans les chambres de Louis-Philippe. Il est vrai que pendant la période autoritaire (1851-1859) les membres du Corps législatif sont des figurants sans rôle ni épaisseur qui n'attirent guère l'attention. S'ils reprennent quelque consistance avec les réformes libérales postérieures à 1860 l'opinion lettrée ne s'intéresse guère à eux.

L'entrée de la France, puis des droites, en République va bouleverser cette quiétude.

A l'origine, le personnel politique de la troisième République ne connaît pas un grand renouvellement puisque la majorité conservatrice de l'Assemblée nationale, élue en février 1871, se compose largement d'hommes du passé monarchique [3, p. 27-35]. Les droites sont dominées par les fortes personnalités de notables historiques, grands bourgeois ou nobles, qui appartiennent à des lignées qui se sont illustrées dans la politique et la haute administration sous les régimes précédents. Or, les républicains, minoritaires, sont en général d'une origine sociale plus modeste et plus obscure que celle de nombre d'élus de la droite. Soucieux de conformer la politique aux hiérarchies sociales, les dirigeants conservateurs comme Victor de Broglie, Albert de Mun ou le vicomte de Meaux conçoivent la représentation politique selon la délégation faite aux « honnêtes gens », seuls aptes à se décider librement grâce à leur « indépendance », qualité à la fois morale et sociale; ce sont « les meilleurs, les plus qualifiés de chaque catégorie sociale » qui se signalent à la fois par la culture et par la richesse [2, p. 100]. Ces gens de valeur travaillent à la conservation de l'ordre. En face, chez les républicains, on trouve bien quelques hommes de cette sorte, mais ils sont submergés non plus par l'élite mais par « le rebut de toutes les professions » [14, p. 335]. Chez les républicains, plus férus de droit et de morale que de science politique, cette sociologie polémique n'est véritablement exprimée que par Léon Gambetta lorsqu'il annonce, face à « ce qu'il est convenu d'appeler les classes dirigeantes », l'avènement des fameuses « couches nouvelles », dans son discours de Grenoble, le 26 septembre 1872 [16, p. 228-234]. Gambetta explicite cette expression deux ans plus tard. Il s'agit « d'un monde de petits industriels, de petits boutiquiers » qui, après avoir appris la pratique des affaires au niveau local, commence à entrer à l'Assemblée nationale. Que ce soit pour la déplorer ou pour s'en féliciter, les droites comme les gauches, par la bouche de Gambetta, mettent en lumière une certaine démocratisation progressive du personnel politique.

Effectivement la recherche quantitative confirme aujourd'hui que les nouveaux représentants républicains appartiennent à des milieux moins riches et prestigieux que ceux dont sont issus les conservateurs. Ce ne sont pas vraiment des boutiquiers mais plutôt des diplômés de l'enseignement supérieur provenant pour la plupart de la moyenne bourgeoisie provinciale. Parmi eux, les membres des professions libérales et surtout les avocats sont les plus nombreux. La méritocratie républicaine n'est ni très pauvre ni très riche et surtout elle se recrute dans des familles généralement dépourvues de toute illustration.

1872, date de l'invention des couches nouvelles par Gambetta, correspond aussi à la sortie d'une petite comédie de Victorien Sardou, *Rabagas*, où l'on trouve déjà quelques thèmes de l'anti-parlementarisme promis à un bel avenir. Il y est question d'un élu républicain monégasque, menteur, hâbleur, sans manières, qui est, pour finir, remis à sa juste place par un prince fort distingué. *Le candidat*, comédie bâclée de Gustave Flaubert, représentée au Vaudeville en 1874, reprend les mêmes ficelles avec nettement moins de brio que dans *L'éducation sentimentale*. Mais, comme dans son roman, Flaubert ne s'en prend pas aux seuls républicains car, dans sa comédie, tous les candidats aux élections sont veules et plats quel que soit leur parti. Il est intéressant de noter que la pièce fut mal accueillie et que *Le Figaro* du 14 mars 1874 déclara sous la plume d'Auguste Vitu : « C'est à l'opinion de faire le cas qu'il convient de ces peintures désobligeantes et absolument fausses dans leur injuste généralité. » En 1874, l'antiparlementarisme systématique n'est pas encore de saison.

Les victoires électorales des républicains en 1876 et 1877 installent définitivement un régime dans lequel le législatif a un pouvoir immense, au point que d'aucuns parleront, plus tard, de « République des députés » [53, p. 85-107]. La gauche n'admet pas d'autre système qu'une démocratie parlementaire proche du régime d'assemblée. Aussi le président de la République pratique-t-il une autolimitation de ses pouvoirs ; les élus, pour leur part, se méfient des personnalités d'exception et refusent la prééminence d'un chef de parti à l'anglaise. Avec l'instabilité ministérielle, le pays assiste à une ronde accélérée des responsabilités. On a, aujourd'hui, quelque peine à distinguer quiconque dans le défilé de ministères indistincts dirigés par des hommes apparemment interchangeables, vêtus de vêtements sombres, dépourvus d'élégance comme de qualités saillantes. Cette impression de grisaille, les contemporains la ressentaient déjà. C'est ce sentiment que traduit l'historien royaliste d'Action française, Jacques Bainville, lorsqu'il écrit qu'« après 1880 il n'y a rien », et l'historien orléaniste Daniel Halévy quand il affirme que les années 1871-1877 marquent « l'origine des temps obscurs » [50, p. 7].

Cette impression est renforcée par l'extraction sociale des élus. La victoire des républicains, c'est aussi l'hégémonie durable des couches nouvelles dans le personnel des deux chambres.

Cette période charnière marque la dissociation des élites françaises : une nouvelle distribution des atouts sociaux sépare le pouvoir politique de la richesse et du prestige [60, p. 48]. Le Britannique John Edward Courtnay Bodley, observateur perspicace des réalités françaises, s'étonne de voir aux sommets de l'État des hommes qui ne se signalent ni par une grande fortune ni par des titres mondains ou intellectuels reconnus [46]. Plus que dans la victoire de la gauche, là réside le scandale pour une culture notabilitaire qui a toujours associé, dans l'encadrement naturel des masses, pouvoir et fortune. Nombreux sont les membres des classes supérieures qui refusent une telle mutation, signifiant pour eux la prise en main de l'État par des parvenus infréquentables, sans ascendance sociale ni blason culturel. Telle est l'origine immédiate de l'image négative du parlementaire.

Celle-ci se fixe en un stéréotype avec un roman à succès, *Numa Roumestan*, qu'Alphonse Daudet publie en 1880. Assurément le père est plus difficile à situer politiquement que le fils, Léon, chantre de *L'Action française*; c'est pourtant Alphonse qui, le premier, a dessiné l'image noire du député, reprise avec passion par l'intelligentsia de droite. Le succès du roman peut étonner tant l'intrigue est banale : un élu méridional, grisé par les succès que le pouvoir lui apporte auprès des femmes, perd l'amour d'une épouse remarquable qui lui était passionnément attachée. L'affligeante pauvreté de la trame romanesque n'interdira pas, cependant, qu'elle devienne à l'avenir un canevas maintes fois repris. L'image négative du député est donc antérieure de huit ans à la campagne boulangiste contre le régime parlementaire.

Après le livre de Daudet, les œuvres où figurent les députés ou les sénateurs se multiplient avec régularité dans tous les genres littéraires : roman proprement dit, théâtre, feuilleton, monologue, bande dessinée sans compter les essais concernant la vie politique. Pour autant, aucun titre ne s'impose avec succès dans ce corpus, à l'exception, peut-être, de la pièce du critique nationaliste Jules Lemaître, *Le député Leveau*, représentée en 1891. La présence de l'homme politique dans le livre français prend brusquement plus d'importance avec l'affaire de Panama qui n'améliore pas, on s'en doute, l'image de l'anti-héros politicien. La trilogie barrésienne, *Le roman de l'énergie nationale*, fait partie de cette vague, surtout grâce à son premier titre, *Les déracinés*, publié en 1897 [27 ; 28 ; 29], qui est passé à la postérité par l'expression que l'auteur a donnée de l'idéologie organiciste des racines de l'individu, alors que l'Affaire de Panama est au centre de l'autre roman, *Leurs figures*. Engagé dans le courant boulangiste, puis nationaliste, Maurice Barrès, qui fut député boulangiste en 1889, connaît bien le Palais-Bourbon. La polémique n'exclut chez lui ni la lucidité ni l'invention de fructueuses hypothèses historiques. *Les valets* de George Lecomte, roman paru un an après *Les déracinés*, se veut une fresque précise, exacte du milieu parlementaire; on y retrouve des idées très voisines de celles de Barrès[2].

En 1902, les succès du Bloc des gauches entraînent une nouvelle démocratisation du recrutement parlementaire et ministériel [3, p. 23-27]. La République radicale tire de plus en plus son personnel de la petite bourgeoisie; c'est affaire de génération, plus que de parti, car le phénomène se ressent chez les modérés comme chez les radicaux. Les provinciaux triomphent au gouvernement aux dépens des Parisiens et l'on constate la présence grandissante des méridionaux [3, p. 74]. De nombreux auteurs de droite ironisent sur le manque de raffinement de ces nouveaux venus — ce qui ne manque pas d'une ironie certaine, puisque le maître à venir de nombre d'entre eux, Charles Maurras, se place, à cette époque, sous le signe du Midi. Léon Daudet se donne les gants de regretter le bon ton de l'époque de Jules Ferry qui n'est plus qu'un souvenir [37, p. 188].

Horrifiés par l'avènement des couches nouvelles, les auteurs de sensibilité conservatrice, avec une unanimité rare, exploitent le modèle construit par Alphonse Daudet. Du plus vulgaire au plus raffiné, de Gyp à Maurice Barrès ou Jules Delafosse, l'unanimité de leurs conceptions est étonnante. Leur hostilité atteint l'intégralité du monde parlementaire, y compris les représentants de la droite. Le parlementaire, quel qu'il soit, se caractérise par des traits sans reluisance.

II. FIXATION D'UN STÉRÉOTYPE

Les caractéristiques du parlementaire, définies par les lettrés conservateurs, peuvent se ramener à trois tares majeures : la grossièreté du provincial, l'inaptitude du déclassé et la corruption du vénal.

On peut assurément être d'une province sans être un provincial, ce n'est pas le cas de notre parlementaire que sa localité d'origine a marqué de stigmates ineffaçables. Le provincial se reconnaît d'abord à sa façon de prononcer le français. Sénateurs et députés en visite chez un ministre font « sonner tour à tour entre ces quatre murs les divers accents de la France » [34, p. 98]. Quant au ministre, provincial lui-même, il est souvent mal attifé : il « porte des gilets mal coupés sur des chemises d'une mode ancienne qui n'a pas même l'avantage de rappeler l'époque des Royer-Collard et des Guizot. Dans la sous-préfecture où il a germé, on ne lui a pas appris à tailler sa barbe » [21, p. 127]. Il se montre mal à l'aise dans les relations sociales. « La société des femmes lui est inconnue ou il les a rencontrées dans je ne sais quels milieux inavouables. » A table, à côté d'une femme du monde, il débite « des compliments de pion en goguette » [20, p. 4]. Aussi l'élu est-il grisé par la société féminine de Paris et il perd la tête pour les actrices, entendez les cocottes, de la capitale.

Le petit groupe des ministrables, ceux qui percent dans le monde parlementaire, comprend beaucoup trop de méridionaux. Menteurs, sales, bavards et superficiels, tels sont les méridionaux qui envahissent Paris[3]. Le nom des membres du cabinet a des sonorités qui ne trompent pas : Roumestan, Lavardagnac, Ravignac; leur circonscription est Bombignac, ou quelque autre bourg proche de la Garonne. Le méridional vu par l'écrivain conservateur est doué pour la politique; sa facilité d'élocution est un bon atout pour la vie parlementaire. Son mépris de la vérité, son goût de la galéjade l'aident dans ses relations avec les électeurs. Il est le plus parfait des parlementaires, il en possède les traits de la façon la plus accusée [2, p. 137-138].

Il est une fraction du monde des lettres qui s'en prend aux hommes politiques méridionaux avec une âpreté particulière : les auteurs nationalistes. Déjà Paul Déroulède accuse de couardise les Français du Sud. Thème repris par un journaliste antisémite, Gaston Méry, dans un roman bizarre paru en 1892, *Jean Révolte*. Hanté par le succès d'Edouard Drumont et de la *France juive*, Méry découvre son juif de remplacement : l'homme du Midi. Selon lui, si les sémites peuvent « fouiller aussi impudemment dans nos coffres-forts, c'est qu'apparemment quelqu'un leur en avait donné la clef. Drumont vous a désigné le voleur, c'est le complice, plus coupable peut-être que le voleur, que je viens vous désigner à mon tour. » Il « s'est emparé des pouvoirs publics. Il légifère à la Chambre et au Sénat, il concussionne dans l'administration, il règne en maître dans les ministères. Il se nomme Rouvier, Fallières,... Constans. Il vient de Toulouse, il vient de Nérac, il vient de Marseille, il vient de Bordeaux..., le Méridional voilà l'ennemi » [26, p. 293]. L'accent, l'éloquence de mauvais aloi, la saleté et surtout une odeur spécifique le signalent à l'attention des patriotes. D'ailleurs il conviendrait d'abandonner le mot « France », sali par la partie méridionale de la nation, et ne plus désormais parler que de « Gaule » pour désigner la France du Nord. La politique sera fondée sur la race ou ne sera pas, voici venu le temps de « la Gaule aux Gaulois ».

On est surpris que Maurice Barrès, quelques années plus tard, reprenne à son compte ces élucubrations. Il est vrai qu'il retrouve dans *Jean Révolte* des théories raciales et des idées racistes semblables à celles que Jules Soury, professeur de psychologie à la Sorbonne, enseigne plus doctement. Influencé par Soury, Barrès décrit une race du Midi inapte selon lui au patriotisme. Si Jaurès n'est pas un bon Français, c'est qu'« il suit sa race ». Une telle obsession s'explique sans doute par l'influence de *La Dépêche*, le journal radical de Toulouse, « syndicat despotique » qui règne sur le Bloc des gauches. Pour lutter contre l'influence délétère du Midi, vaticine Barrès, il faut déplacer le centre de gravité du pays. La frontière de la France se situe trop au sud : il faut retrouver les limites de la Gaule et annexer la Rhénanie. Ce délire n'aura toutefois qu'un temps et Maurice Barrès, avec le déclin du Bloc, recouvrera ses esprits nationalistes, défendant la France de la monarchie, donc celle de la croisade contre les cathares et de l'annexion du Midi, face à la menace venue, non plus du Sud, mais de l'Est : l'Allemagne [57, p. 254-266, 322-335].

Le mépris pour la province est un thème éculé de la littérature française, le plus souvent séculairement convaincue qu'il n'est bon bec que de Paris ; toutefois, il atteint, semble-t-il, des sommets de virulence entre 1870 et 1914. Assurément, être Parisien n'est pas une grâce d'état. On peut le devenir et il est bien connu que la majorité des habitants de la capitale n'y sont pas nés. Mais le parlementaire, lui, n'est pas capable de cette mutation nécessaire qui transforme le mal dégrossi du département en dandy de la capitale. C'est son origine sociale, son éducation première qui expliquent cette inadaptation. Le politicien de la troisième République, vu par l'auteur de droite, est généralement un plébéien incapable de se défaire du style de son milieu initial. Insistant sur la nécessité de *l'Étape* dans l'ascension sociale d'une famille, Paul Bourget se trouve en accord avec un grand nombre de ses confrères. Le grand tort de notre élu c'est d'être un « déclassé », trop rapidement extrait d'un milieu modeste, inapte à une fonction d'autorité [2, p. 143]. La tradition du pouvoir n'existe pas dans sa lignée, maladie inguérissable ; l'exemple le plus réussi de ce personnage est le Bouteiller des *Déracinés* de Barrès, figure emblématique du déracinement de l'être par la méritocratie républicaine qui fit de Bouteiller — alias Auguste Burdeau —, fils d'une famille pauvre de Lyon, un boursier, puis un normalien, puis un professeur de philosophie au lycée de Nancy, bientôt nommé au lycée Saint-Louis à Paris, un député opportuniste, ensuite, le président de la Chambre en 1894, pour finir[4].

Mais le terme « déclassé », courant avant 1914, ne concerne pas les seuls parvenus. Il y a aussi les déclassés descendants, les transfuges des classes supérieures. Le fils d'une famille respectable où l'on n'a pas su maintenir les traditions rejoint à la Chambre l'enfant doué sorti d'une famille populaire. Dans le mouvement de haut en bas, on trouve d'abord les gens bien nés qui, par simple choix, passent dans le parti du peuple. Il y a surtout ceux qui font le même itinéraire par suite d'un échec, les « fruits secs » des professions libérales déjà dénoncés par les grands ténors de l'Assemblée nationale. Pour stigmatiser ces ratés, les plumes de droite se font intarissables. Quelle que soit l'origine sociale de ces élus, Maurras met au pilori tous les « avocats sans causes, médecins sans malades, professeurs en rupture de chaire, ingénieurs mal diplômés, écrivains sans lecteurs, journalistes sans feuille ni public » [48, p. 86]. Ces médiocres se ruent sur les charges électives pour y trouver une compensation à leurs échecs.

Un texte de Barrès explique la stabilité de la troisième République par le rôle, dans le milieu politique, de ces migrants sociaux. En effet, les hôtes des deux chambres forment « un personnel de déclassés » qui accueille « tous ceux qui sont en mesure de s'imposer »; dépourvu de tout filtrage, le système intègre rapidement aigris et opposants. La surenchère à gauche, les crises fréquentes font entrer « les plus ardents révoltés » au parlement, puis au gouvernement [27, p. 258]. L'État est mené par d'anciens mécontents qui avaient des revanches à prendre sur la société. Si la troisième République a brisé l'enchantement qui condamnait les régimes français d'après 1789 à périr avant leur vingtième année, il le doit à son personnel de ratés ainsi qu'à une formidable machine intégratrice et récupératrice de tous les vices.

Pourquoi les membres des classes supérieures ou, plus simplement, les gens qui ont réussi professionnellement ne percent-ils pas en politique? Prolongeant Barrès, plusieurs auteurs de droite avancent des explications (par exemple le bonapartiste Delafosse, observateur aigu des mœurs parlementaires). Pour des gens aisés, heureux dans leurs entreprises, la politique démocratique ne présente aucun attrait. Les tâches médiocres qui accaparent l'essentiel du temps de l'élu répugnent à ceux qui ont déjà une activité intéressante. Ainsi un riche industriel, pressenti pour les prochaines élections, a des chances de vaincre, mais ne veut pas entendre parler de candidature. Il aime son métier, il a créé dans son département plusieurs établissements utiles. Il lui faudrait tout abandonner pour devenir le protecteur des petits fonctionnaires de sa circonscription qui l'assommeraient de demandes; cela n'est de nul profit pour lui. En revanche, l'élection constitue une promotion pour le docteur du canton [47, p. 407].

Les savants et les grands écrivains semblent réagir devant la vie politique comme le riche homme d'affaires. Sous les régimes monarchiques et même encore au temps de l'Assemblée nationale de 1871, les hommes célèbres par leur plume et leurs découvertes recherchaient les postes électifs. Il n'en est plus de même après 1876, c'est ainsi que les membres de l'Institut sont devenus très rares dans les Chambres. Ce comportement contraste avec celui des héros de Balzac : la politique qu'attirait un notable sous la Monarchie constitutionnelle le revulse, semble-t-il, sous la République démocratique.

Désireux de faire oublier ses origines ou un début de carrière peu reluisant, notre discutable héros va tenter de briller par tous les moyens. Il s'efforce d'abord de se marier au-dessus de sa condition et y parvient, comme le Mirambeau de *La jungle de Paris* [34]. Mais s'il arrondit ainsi son pécule, il n'en obtient pas pour autant son ticket d'entrée pour le grand monde car la jeune fille qu'il épouse n'est souvent qu'une pécore vaniteuse comme la Léonie Lagrathe de Gyp, dont le snobisme suscite l'hilarité méprisante des gens du monde [24]. Une femme capable d'exercer la fonction mondaine est un signe indiscutable d'appartenance à la bonne société, un politicien ne peut donc en être doté.

Fasciné par les salons et par les femmes de Paris, dépensant des sommes considérables à chaque élection, notre homme mène un train de vie infernal et a vite fait d'épuiser la dot de son épouse. Ses besoins d'argent vont le mettre en contact avec des hommes d'affaires douteux. Les rapports malhonnêtes du député ou du ministre avec le monde de l'argent sont un motif souvent brodé. Le thème du corrompu devient tout naturellement prédominant après les grands scandales : affaire des décorations ou Panama. Charles Maurras pour sa part pose de façon catégorique l'équation : parlementaire = corrompu[5].

Mais tous les hommes de droite ne succombent pas à cette facilité. Le personnage de Rouvier qui paraît dans *Leurs figures* n'est pas antipathique puisqu'il affirme publiquement avoir touché de l'argent mais pour défendre la république en subventionnant la presse de gauche. Ce cynisme vigoureux n'est pas sans attrait, mais il ne se trouve guère d'hommes de cette trempe à la Chambre. On peut admettre que l'honnêteté des hommes publics n'est que de peu d'importance, car des scélérats peuvent accomplir de grandes choses. C'est l'insignifiance de nos corrompus qui est affligeante. Passe encore qu'ils s'enrichissent, s'ils avaient des objectifs précis poursuivis avec une inébranlable volonté, mais ces hommes sans idées n'ont pas de but. Plusieurs écrivains de tendance conservatrice reconnaissent l'honnêteté de la majeure partie des élus. Ce n'est pas la vénalité qui est critiquable chez eux, c'est la nullité, l'absence de toute compétence, qui rend ces hommes sans qualité inaptes à gouverner.

III. LA COMÉDIE DÉMOCRATIQUE

Cette médiocrité générale vient de ce que les Chambres sont désormais peuplées de *politiciens*. Calqué sur l'anglo-américain *politician*, signifiant « professionnel de la politique », le terme est d'abord employé exclusivement pour désigner un phénomène américain. C'est avec une nuance péjorative qu'après 1876-1877 il s'applique progressivement à la société française [2, p. 173]. A réalité nouvelle, mot nouveau : il est clair que l'intrusion de ce terme dans la langue française coïncide avec l'arrivée des couches nouvelles dans la classe politique. N'ayant ni position sociale, ni fortune propre, le politicien dépend entièrement de l'électorat, ce qui n'était pas le cas des notables d'autrefois.

Gagne-t-il son élection, affirment les auteurs de droite, et le politicien renoue pour plusieurs années avec les joies et les profits de la vie politique; échoue-t-il, il cesse d'être quelque chose et sombre immédiatement dans l'oubli. La chose est si grave que le souci de la réélection prime tout. Députés et sénateurs sont donc irrésistiblement conduits à devenir les valets de leurs électeurs, en particulier des plus influents. Certes, il est légitime que l'élu se fasse l'écho des grands courants de l'opinion, mais il devrait aussi savoir orienter l'électorat lorsque la nécessité s'en fait pressante et, à l'occasion, trouver le courage d'imposer ses vues. Cette mission, il est vrai, fait courir à qui l'assume le péril de l'impopularité : c'est ce que craint par-dessus tout le politicien, dont la couardise est la qualité première. Aussi n'exerce-t-il pas sa fonction de guide.

En outre, les politiciens ne se contentent pas de suivre les fluctuations de leurs mandants, ils interprètent médiocrement les aspirations populaires. Pour eux, le peuple n'est qu'une somme d'individus dont il faut satisfaire les appétits; l'opinion publique se résume à la juxtaposition de revendications égoïstes. Le problème se pose d'ailleurs de savoir qui est le premier responsable de cette déplorable situation : l'élu ou l'électeur? En effet, les parlementaires les plus honnêtes se voient contraints de perdre un temps considérable avec des problèmes individuels; ils ne peuvent s'occuper d'affaires de dimension nationale. Rubans rouges, verts, ou violets, places d'institutrices, bureaux de tabac, tel est leur pain quotidien. Le député passe donc sa vie en démarches pour régler ces questions fastidieuses. Toute requête nécessite au moins la rédaction de trois lettres : une destinée à l'administration concernée, une à l'intéressé pour accuser réception, une seconde au même pour l'avertir de la réponse de l'administration. Dans la salle des conférences du Palais-Bourbon, il y a une immense table en forme de fer à cheval; la plupart des députés y écrivent de deux à six heures par jour. Selon Delafosse, un député se vantait d'écrire quarante lettres par jour, mais il s'agit d'un record et la moyenne se situerait entre quinze et vingt. Les matinées des parlementaires sont entièrement consacrées aux visites aux ministères [47, Chap. I]. D'ailleurs les ministres perdent également un temps considérable à traiter ces minuscules affaires qu'ils ne peuvent pas toujours confier à leur cabinet. Ils sont tenus de ménager les députés comme ceux-ci ménagent leurs électeurs. Telle est la chaîne de servitudes.

Les électeurs ne se contentent pas d'écrire à leur élu pour les raisons les plus futiles; ils lui demandent toutes sortes de services. Il faut leur faire visiter Paris, les amener au spectacle ou bien encore « aller leur acheter un parapluie au Bon-Marché » [31, Chap. III]. Le parlementaire est un homme à tout faire. Quant aux comités électoraux, ils suscitent naturellement l'ironie hostile de l'observateur de droite. Surveillant haineusement le comportement de leur représentant, ces groupes de militants prétendent l'entourer d'affection mais, en réalité, le jalousent. Les petits bourgeois aigris et envieux qui les composent ont pour jeu favori de comploter contre leur député dans un café de la sous-préfecture. Ils ont en permanence un ou deux candidats de remplacement à leur disposition et font subir à leur mandataire un chantage incessant.

Ce rôle de défenseur des intérêts privés et locaux peut néanmoins se justifier facilement. Plusieurs auteurs s'entendent pour en attribuer la nécessité à l'excessive centralisation de la France. Le parlementarisme a été greffé en France sur l'administration napoléonienne d'inspiration dictatoriale. Le vrai pouvoir appartient aux bureaux qui font régner des règles impersonnelles. Députés et sénateurs exercent, en réalité, les fonctions de ces institutions décentralisées qui font cruellement défaut au pays. Ils sont choisis par les électeurs pour jouer le rôle de *defensor civitatis*. Cette fonction, finalement fort utile, le député vu par Albert Thibaudet l'exerce quelquefois de façon assez heureuse [38, p. 226]. Les soldats de la Grande Guerre s'en sont aperçus. L'armée, selon Thibaudet, est le type de l'administration centralisée qui dirige les hommes au nom de règlements trop généraux pour être humains. Si, pendant les années de guerre, les combattants ont vu leur sort un peu amélioré (nourriture, vêtements, permissions), c'est grâce aux millions de réclamations reçues et transmises par les parlementaires. Mais, selon Thibaudet, les députés devraient être confinés dans ces attributions qu'ils remplissent correctement. « Le vice réside dans le fait de déléguer à ce collège de défenseurs locaux tous les pouvoirs d'un État centralisé. » Leur incompétence particulière en matière de politique extérieure et militaire est flagrante. Un bon connaisseur des intérêts départementaux n'a pas qualité pour décider de la guerre et de la paix. Quand il le fait, c'est le plus souvent de façon catastrophique.

Fidèles à leur circonscription, dévoués à leurs mandants, nos mandataires n'ont pas de convictions personnelles, l'accord est général sur ce point. Qu'ils se proclament monarchistes ou républicains, républicains modérés, radicaux ou socialistes, leur but est le même : s'accrocher à la place coûte que coûte. A la veille de la Grande guerre, Robert de Jouvenel résume ces notations en quelques mots définitifs : « Il y a moins de différence entre deux députés dont l'un est révolutionnaire et l'autre ne l'est pas, qu'entre deux révolutionnaires dont l'un est député et l'autre ne l'est pas » [49, Chap. III].

L'absence de conviction, ces changements à vue, s'expliquent par l'intérêt mais aussi par la peur. Car la lâcheté, une lâcheté universelle devant tous les périls imaginables, c'est encore une des tares les plus graves que l'on prête au parlementaire. Ainsi Léon Daudet ne reproche-t-il pas fondamentalement aux politiciens leur malhonnêteté, mais leur couardise.

Le mépris des mœurs politiques que l'on rencontre couramment trouve là son origine essentielle. Exemple éclairant des décalages de perception entre les contemporains de l'événement et l'historien qui le relit avec la distance du temps et l'intelligence que celle-ci peut procurer : aujourd'hui, ce qui frapperait plutôt chez les républicains de la troisième République, c'est un certain sectarisme anticlérical, jugé de nos jours obsolète, maintenant que la séparation de l'Église et de l'État est entrée dans la culture politique commune. Certes la condamnation de l'anticléricalisme est chose courante dans la presse catholique ou conservatrice, mais le portrait littéraire du parlementaire n'est pas celui du pharmacien Homais de *Madame Bovary*. L'hostilité à l'Église des uns, le cléricalisme des autres, paraissent aux auteurs du temps des opinions affichées « pour la galerie ». Monsieur Homais est trop sincère dans ses convictions pour avoir la moindre chance dans une élection. De même, les loges maçonniques n'apparaissent dans les écrits du temps que selon des modalités précises. Il existe, en effet, toute une littérature spécialisée dans l'antimaçonnisme avec ses revues, sa presse, ses doctrines, mais à part ce secteur bien délimité, les écrivains conservateurs n'ont pas l'air de juger particulièrement préoccupante l'influence de la franc-maçonnerie au parlement.

Il est clair, devant une telle unanimité, que l'aspiration à un jeu politique mieux défini est fréquente, quoique implicite. Les ministères de concentration où fusionnent toutes les tendances du parti républicain excitent une antipathie particulièrement vive. L'exemple anglais est la grande référence à laquelle chacun songe. Hippolyte Taine et Ernest Renan font du système britannique une apologie qui n'a de sens que par la critique conjointe de la vie politique française. L'anglomanie, illustrée par tant de libéraux — le dernier, très lu dans les années 1870, étant Prévost-Paradol —, est une des dimensions de la pensée de l'époque. La supériorité du régime parlementaire anglais sur le français tient à l'alternance régulière de deux partis, laquelle suscite chez nombre de clercs français une nostalgie obsédante, quoique peu exprimée.

Si la stabilité britannique excite l'envie, la valse des ministères suscite l'ironie. Ironie lourde, dans les genres populaires du corpus. Comment devient-on ministre lors de la formation d'un cabinet? Par hasard. Et nos auteurs de dauber sur tel député, passionné d'abord par la mer et les bateaux, qui se découvre brusquement une vocation pour les engrais afin d'obtenir le portefeuille de l'agriculture [2, p. 143]. Plus sérieusement, d'après des observateurs plus perspicaces, l'instabilité empêche nos hommes politiques d'avoir des vues à long terme puisque la conjuration de la prochaine crise occupe toutes leurs pensées et borne leurs vues. Comment faut-il interpréter la phrase de Léon Gambetta : « La question sociale n'existe pas »? Selon un personnage de Barrès . « Gambetta voulait dire que la question sociale n'est pas du ressort de la politique, qu'elle est insoluble pour un homme d'État et ne peut intervenir dans ses décisions... la question même du prolétariat déborde l'espace de temps — vous disiez un semestre — où peut s'étendre la prévoyance d'un homme politique » [27, p. 257]. Les parlementaires de la troisième République n'ont donc aucune

doctrine sur ce point essentiel. Le temps court domine impérieusement leur vie, c'est ce qui fait leur faiblesse. L'armée des politiques
comprend d'innombrables sous-officiers assez bon tacticiens mais
aucun stratège.

Les tenants de *L'Action française* attribuent à la démocratie la
responsabilité de ce bilan désastreux. Un homme qui dépend des
foucades de l'électorat n'est pas à sa place au pouvoir. Le courant
libéral, issu de l'orléanisme rallié à la République, n'est pas aussi
catégorique et dans ce secteur de l'opinion surgit parfois le profil de
ce que pourrait être un bon député utile au pays. Ce serait un
homme dans la force de l'âge et qui se serait déjà pleinement
accompli dans son métier. Ayant des obligés dans ses affaires,
rendant des services à ses concitoyens, il exercerait un certain
ascendant sur l'électorat. Ayant du bien au soleil, il ne tremblerait
pas à la perspective d'un échec électoral et serait capable de
prendre des positions impopulaires quand ce serait nécessaire [46,
p. 407]. Malheureusement, dans le contexte français, un tel
homme, déjà rare, s'il arrive à être élu ne récoltera qu'avanies au
Palais-Bourbon ou au Luxembourg. Isolé dans un milieu délétère,
il ne pourra rien faire d'utile; et en peu de temps, ses électeurs,
habitués au clientélisme démagogique, le renverront à ses foyers. Il
ne peut donc pas y avoir de bon député conservateur issu des
capacités supérieures de la société.

Dans ce monde des représentations littéraires, où le négatif tient
lieu de photographie, opposé, en miroir, à ce que devait être le bon
représentant du peuple, le parlementaire stéréotypé apparaît plus
net dans sa cohérence. Les traits dispersés de son portrait
s'assemblent comme les pièces d'un puzzle. Parce que le député est
un déclassé, il est obligé de devenir un politicien professionnel,
c'est-à-dire l'esclave de ses électeurs, renonçant donc à toute
conviction forte. Par les services qu'il rend, et qu'un homme de bien
ne rendrait pas, il se perpétue au pouvoir.

Cet engrenage maléfique atteint l'ensemble du milieu parlementaire : le stéréotype, comme tel, ignore dans son abstraction la
particularité des partis et il croque les élus de droite aussi bien que
ceux de gauche. Impartialité qui ne doit pas nous leurrer. De Jules
Vallès à Alain, on l'a observé : l'affectation d'apolitisme est souvent
le fait d'hommes de droite. L'écrivain conservateur se présente
volontiers comme étranger aux partis, y compris au sien. Le
portrait-charge du parlementaire s'inscrit bien dans cette tendance.
Alfred de Vigny et Gustave Flaubert exécutent la vie politique dans
son ensemble sans faire de distinctions partisanes. Numa Roumes-

tan fait penser à Numa Baragnon, député monarchiste de Nîmes, mais aussi à Léon Gambetta. Le député Leveau de Jules Lemaître est un hybride de Maurice Rouvier et de Boulanger.

L'antiparlementarisme littéraire de droite, s'affichant comme apolitique, finit par rencontrer de nombreux échos au-delà de son champ d'origine. On observe, en effet, l'essor d'un antiparlementarisme républicain qui reprend une partie des thèmes de la droite.

Mettons à part l'antiparlementarisme d'extrême gauche. Ses racines plongent fort loin, mais son origine indiscutable se situe en 1871 avec la Commune de Paris. Au nom de deux conceptions antagonistes, le proudhonisme anarchisant et la dictature révolutionnaire de type jacobin, les Communards condamnent le régime parlementaire. La déclaration au peuple français du 19 avril 1871, qui tente la synthèse entre les courants de la Commune, stigmatise explicitement le parlementarisme. Quant aux élus de l'Assemblée nationale, ils sont qualifiés de « ruraux », ce qui sonne comme une insulte dans la bouche de Gaston Crémieux, dirigeant de la Commune de Marseille. La semaine sanglante, tolérée sinon voulue par les représentants républicains, laisse de profondes rancunes. Aussi trouve-t-on des doctrines ou des sensibilités antiparlementaires dans plusieurs secteurs de l'extrême gauche ; chez les syndicalistes révolutionnaires en particulier. Ce type de réaction se rencontre dans le journal de tendance anarcho-syndicaliste, *Le Père Peinard*, d'Émile Pouget qui s'en prend couramment à la « vie de bombances et de patachonades » des « irréductibles républicains » depuis qu'ils « ont mis un doigt dans l'assiette au beurre » [30, p. 189] ou bien encore dans les dessins et caricatures de Steinlein. Le parlementaire français se trouve donc dans une situation inconfortable, ignorée Outre-Manche : il est pris entre l'antiparlementarisme de droite et son symétrique d'extrême gauche. A l'occasion certains courants de ces deux eaux peuvent se mêler : Georges Sorel et la droite révolutionnaire en sont la preuve, ancêtres doctrinaux, par leur anticapitalisme, du fascisme, si l'on en croit Zeev Sternhell[6].

En réalité, ce qui nous retient est l'antipathie déclarée envers le milieu parlementaire chez les républicains bon teint. Gambetta lui-même a favorisé cette perversion en traitant ses collègues députés de « sous-vétérinaires », voulant ainsi marquer leur faible valeur intellectuelle. Des auteurs incontestablement orientés à gauche se plaisent à critiquer le manque de raffinement, l'allure trop plébéienne des élus du peuple. Anatole France ironise sur les

patronymes des parlementaires qui font trop peuple [3, p. 166].
Laurent Tailhade s'en prend au « gros Fallières aussi mal culotté
que le roi Dagobert » [33, p. 216]. La littérature dans son
ensemble demeure, en effet, imprégnée de valeurs aristocratiques.
Comme dans la première moitié du siècle, le comportement bourgeois est méprisé, dénoncé, les vertus attribuées à la noblesse sont
appréciées, et les aristocrates sont crédités de sens de l'honneur et
de l'élégance dans leur morale comme dans leurs manières. Un
républicain déclaré comme Jules Clarétie met en scène des nobles
légitimistes dont le courage tranche sur la bassesse des hommes
politiques républicains [23]. Les écrivains, même de gauche,
jettent sur le présent un regard dépréciateur en se plaçant implicitement du point de vue d'une noblesse idéale qui méprise le monde
bourgeois et ses petitesses.

S'il existe donc un certain consensus entre les Lettres de gauche
et de droite, il n'est pas total. Pour Anatole France, la corruption
des hommes politiques n'est plus (dans *L'île des pingouins*) le fait
d'individus, elle provient de la coexistence du système capitaliste et
de la démocratie. Anatole France y voit un phénomène continu,
compatible avec la probité des élus, « petits seigneurs » dépourvus
de pouvoir réel [35, p. 243]. Si les hommes de lettres conservateurs
confondent dans un même dédain la République et les républicains,
les auteurs de gauche distinguent soigneusement les deux. Laurent
Tailhade qui évoque volontiers « les bassesses, la domesticité que
défend l'étiquette républicaine » déclare qu'« on doit aimer, servir,
défendre même un régime où la liberté d'écrire et de penser... sont
inscrites dans les lois ». Distinguo subtil qui ne doit pas manquer
d'échapper au lecteur ordinaire [33, p. 216].

Effectivement il semble que le consensus gagne vers l'autre
extrémité du spectre, vers les représentations collectives. On trouve
d'abord des traces de cette imprégnation dans la paralittérature :
vaudevilles, bandes dessinées, sketches de chansonniers, romans
populaires. Ces ouvrages affirment, souvent sans nuances,
l'absence de convictions, la cupidité et l'incompétence des élus. Il
est entendu que la corruption est quasi générale chez les parlementaires. Qu'un ministre puisse passer de la marine à l'agriculture démontre le manque de sérieux de la vie politique. Ce
dernier point de vue est significatif : un tel changement est impossible dans la vie professionnelle ordinaire; qu'il le soit au plan
politique peut scandaliser l'électeur moyen. L'ampleur de l'indemnité parlementaire est également susceptible de choquer l'opinion
commune : il est difficile de comprendre à qui gagne 1 000 francs

par an que 9 000 francs soient insuffisants à l'élu. Lorsqu'en 1907 l'indemnité est augmentée sans qu'un débat ait lieu, apparaît le surnom QM (quinze mille); on vend des tirelires représentant un gros député qui vient de toucher sa prébende. Les auteurs les plus faciles exploitent cette veine sans traiter pour autant ce problème qui fut celui, très tôt, de la représentation politique : comment assurer l'indépendance du mandataire sinon par une indemnité qui le dégage de toute tentation matérielle qui limiterait sa liberté? Ils expriment certainement un préjugé très vivant qui nourrit la littérature antiparlementaire et qui est nourri par elle, mais qui plonge loin dans l'histoire, si l'on veut bien songer à la mort du député Baudin, lors du coup d'État bonapartiste du 2 décembre 1851, à qui des ouvriers qu'il haranguait pour qu'ils s'opposassent au coup de force auraient répondu qu'ils n'entendaient pas mourir pour son indemnité.

L'antiparlementarisme — de droite et de gauche — semble particulièrement vivant à Paris — l'aigreur avec laquelle le stéréotype littéraire parle des provinciaux et de l'invasion méridionale en apporte une preuve. L'ambiance de la province et surtout des zones rurales semble tout autre. Les preuves de la popularité de certains élus abondent. Georges Lecomte qui affirme avoir écrit *Les valets* en se fondant sur une observation soigneuse (que les études d'archives recoupent souvent) nous propose un député, Denisot, très aimé de ses fidèles Bourguignons qui l'accompagnent à la gare avec fleurs et vivats. Ils l'apprécient parce qu'ils se sentent proches de ce brave médecin de quartier naturellement cordial et familier, aux antipodes du notable dédaigneux. La gêne commence dans le train qui va vers la capitale avec les regards ironiques des voyageurs parisiens sur le bouquet tricolore que les électeurs ont offert à leur député [31, Chap. I]. Les fonctions de défenseur local du parlementaire sont plus facilement perçues dans le village ou le bourg que dans la capitale. Il est clair que le député d'arrondissement est adapté à la société pré-industrielle, il puise son énergie vitale de la ruralité et s'anémie sitôt transplanté dans la grande ville.

Entre l'hostilité et l'affection, il y a place pour l'indifférence. John Edward Courtnay, Bodley, observateur britannique dont le sérieux est indiscutable, affirme avoir été surpris par l'absence d'intérêt que les Français éprouvent pour tout ce qui touche à leurs élus. Un membre du Parlement britannique est connu et respecté dans sa circonscription, on trouve même son portrait dans les magasins, les Français au contraire ignorent très souvent les traits et jusqu'au nom de leur député [46, Chap. I]. Même son de cloche chez

Charles Maurras, Albert Thibaudet, Jules Lemaître qui affirment que seule une minorité de militants s'intéresse à la politique.

Le stéréotype antiparlementaire de droite réussit donc à s'imposer en partie à l'ensemble du monde des Lettres et de la presse grâce à sa cohérence, à son apolitisme d'apparence comme à sa conformité profonde avec les goûts et les valeurs des clercs. Pour autant, thématique, littéraire, il ne s'est pas, jusqu'à la Grande Guerre, consolidé en une représentation collective.

IV. L'ANTIPARLEMENTARISME DE MASSE

C'est dans l'entre-deux-guerres que l'antiparlementaire connaît un essor considérable et devient de masse, triomphe tardif du stéréotype littéraire. Celui-ci, par percolation, s'infiltre dans des couches de représentations qui ne sont plus seulement celle de l'écrit, mais également, par exemple, du cinéma, tandis que sur le plan de l'expression écrite le stéréotype lui-même se diffracte en images plurielles.

L'atmosphère antiparlementaire de la période s'explique, on le sait, par le formidable ébranlement démographique, culturel, générationnel et social de la Première Guerre mondiale relayée, une décennie plus tard, par la crise mondiale de la Grande Dépression. Le parlementarisme subit les feux nourris du nouveau parti communiste qui prolonge la tradition de l'antiparlementarisme d'extrême gauche, jusqu'en 1934 du moins, tandis que les ligues de droite, si elles ne savent guère ce qu'elles veulent, savent ce qu'elles détestent : la République des députés. Dans cette ambiance de crise morale, sociale et politique, la dégradation de l'image du parlementaire est indéniable.

Ce processus s'observe notamment chez les anciens combattants. Or, à leur apogée, les associations d'anciens combattants comptent trois millions de membres qui reflètent bien, en eux-mêmes, l'ensemble de la société française, malgré une légère sous-représentation des ouvriers. Toutes les opinions politiques y sont représentées : association de droite comme l'Union nationale des combattants, de gauche comme l'Union fédérale, et même communisante avec l'Association républicaine des anciens combattants [59, t. III,

p. 124]. Le discours politique des dirigeants combattants et de la presse du mouvement semble puiser très largement dans le stéréotype antiparlementaire d'avant-guerre à son niveau le plus bas. Qu'on en juge! La politique est « sale », c'est un « repoussoir ». La différence entre partis « dits de gauche » et « dits de droite » est négligeable. Les politiciens — ou pire encore les « politicards » — sont cupides et « entachés dans les scandales ». Ce langage s'observe d'abord dans la presse des associations de droite mais, au fil des années, il s'étend à la gauche. L'ARAC elle-même — qui appellera ses membres à manifester le 6 février 1934, certes séparément des ligues — prétend refuser la politique telle que la pratique le législatif. Assurément la condamnation du milieu politique demeure toujours plus totale à droite qu'à gauche, mais le succès durable de cette phraséologie sur un public aussi large et aussi divers donne la mesure du discrédit dans lequel sont tombés les parlementaires.

Se greffant sur une association d'anciens combattants, la plus importante des ligues, les Croix-de-Feu, développe une argumentation politique du même genre. Son animateur, le colonel François de La Rocque insiste sur le professionnalisme des politiciens fondé, à l'entendre, sur l'intérêt. Le modèle qu'il propose serait-il le notable qui se consacre à la politique pour couronner une vie réussie? On pourrait le croire puisque, selon lui, les chefs doivent « servir, non se servir » [62, p. 136]. Le scandale Stavisky, habilement gonflé par la presse de droite, réactive le thème de la corruption parlementaire; les Croix-de-Feu, comme les autres ligues, défilent en scandant le slogan « A bas les voleurs », qu'on dirait repris de l'époque de Panama. Or, le Parti social français qui succède aux Croix-de-Feu, après leur dissolution par le Front populaire, aurait compté plusieurs centaines de milliers de membres à la veille de la guerre et aurait peut-être obtenu une centaine de sièges aux élections de 1940 si elles avaient eu lieu [61, p. 215]. Peu élaborée doctrinalement, la pensée du colonel de La Rocque semble donc le reflet de représentations collectives fort répandues[7].

Les groupes de droite les plus divers prolifèrent à l'époque, leur point commun étant l'hostilité envers les parlementaires. La Fédération des contribuables y ajoute une critique de la fiscalité inspirée par le libéralisme classique. Les chemises vertes d'Henri Dorgères, organisation paysanne, ont une coloration traditionaliste et antisémite, cependant que divers groupuscules s'inspirent plus ou moins ouvertement du fascisme. L'émeute du 6 février 1934 marque le point d'orgue de toute cette agitation. Elle n'est pas sans lendemains. L'accession de Léon Blum à la présidence du Conseil en 1936 permet d'associer antisémitisme et antiparlementarisme. Enfin le Parti populaire français de Jacques Doriot, né au même moment, constitue en France le premier mouvement fasciste de masse. Dans ces diverses organisations la phraséologie hostile aux députés reprend point par point la diatribe stéréotypée d'avant 1914 : l'élu n'a pas de convictions, tous les partis se ressemblent, le monde politique est corrompu. Seule la condamnation du parvenu et du déclassé a disparu. Sans doute est-elle incompatible avec l'esprit plus ou moins populiste des mouvements de masse de l'entre-deux-guerres. Semblable au juif, le parlementaire devient un bouc émissaire responsable de tout ce qui ne va pas. La dénonciation inlassable de ses torts est sommaire et ne s'accompagne le plus souvent d'aucune solution précise. Antisémitisme et antiparlementarisme sont des systèmes d'explications commodes qui ont plus d'un point commun : on tient la République pour un régime anonyme, ne voulant voir, au nom de l'égalité de tous, que des citoyens abstraits là où il n'y a que des Français de souche et des communautés étrangères à leur identité — les juifs ou les protestants, émancipés par la Révolution[8].

A la jonction des représentations collectives et de la création littéraire, la force du stéréotype demeure très grande. La comédie de boulevard reproduit sans changements les thèmes d'avant-guerre : Sacha Guitry croque la silhouette d'un ministre provincial obligé d'avoir une maîtresse dans le vent pour se naturaliser parisien [43]. Les chansonniers de Montmartre ont des réflexes politiques très voisins de ceux des anciens combattants et font leurs choux gras du scandale Stavisky. René Dorin, grand chantre du pacifisme, malmène assez durement la corruption du monde politique sur l'air de « la femme du roulier » :

> « Monsieur l'Préfet, vous seriez compromis ?
> — Eh! oui, mes bons amis,
> Mais je n'ai pas à m'en faire,
> Puisque derrière moi,
> Tireloi
> J'ai tout le ministère!
> — Gouvernement, gouvernement pourri!
> — Tout beau, pas tant de cris
> Songez qu'en cette affaire,
> Nous avons avec nous
> Tirelou
> Trois cents Parlementaires » [41, t. 2, p. 220].

Max Régnier dénonce « un nouveau scandale », celui du député qui n'a rien touché, risée de ses collègues et de ses électeurs qui le prennent pour un incapable. Les plaisanteries montmartroises sur Gastounet (Doumergue) ou sur le pantalon tire-bouchonné d'Herriot semblent recopiées sur celles du temps de Fallières. Le cinéma parlant, grande nouveauté technique des années 1930, peut se montrer archaïque dans son contenu. Ainsi Raimu prête-t-il son talent à deux personnages d'élus cyniques et vulgaires, dont un politicien du Midi [5].

Mais le ton change quand on aborde les œuvres plus créatives. La charge systématique contre l'élu du peuple n'y est plus de mise. Ainsi Thibaudet dans *La République des professeurs*, en 1927, constate l'émergence de quelques grands dirigeants issus de la rue d'Ulm et croit — à tort — y distinguer une nouvelle classe politique. Il en loue le raffinement intellectuel sans être certain de ses capacités. Les écrivains de droite ou d'extrême droite, un Robert Brasillach, un Pierre Drieu La Rochelle, dénoncent la vulgarité de la république parlementaire. Quant aux auteurs de gauche, ils semblent devenus plus prudents. Des personnages positifs de députés réapparaissent dans le roman, tel le Jerphanion des *Hommes de bonne volonté* (publiés entre 1932 et 1946), décrit par Jules Romains comme un boursier intelligent[9] et courageux. Dans un tout autre registre, le Féral d'André Malraux dans *La condition humaine* (1933) rappelle les scélérats balzaciens : odieux mais non dépourvus de grandeur. Cette évolution correspond sans doute à un changement des valeurs et références littéraires. La génération de *La Nouvelle Revue française* se définit, en effet, par le refus des facilités littéraires de la Belle Époque. On peut y voir aussi une prise de conscience politique. Devant l'essor de la droite extrême, les écrivains de gauche, gagnés à l'antifascisme, ne pactisent plus avec l'adversaire. Le rejet du stéréotype par une partie des lettrés s'inscrit sans doute dans cette double motivation. Il isole en tout cas le haut milieu littéraire dans la société de son temps.

Il est probable, en effet, que l'antiparlementarisme qui imprègne alors une grande partie de l'opinion favorise la naissance du régime de Vichy où tout ce qui rappelle la troisième République est honni. En 1940, les parlementaires, jugés responsables de la défaite, sont universellement rejetés à Vichy, à Londres et même chez les premiers résistants de l'intérieur, comme ceux que s'efforce d'organiser Henri Frenay, fondateur de *Combat*. La mutation de l'été-automne 40, où une nation démocratique semble accepter d'un seul coup une dictature contre-révolutionnaire et raciste, a été préparée de longue date.

V. LA FIN DE L'ANTIPARLEMENTARISME?

Vichy se présente comme le négatif non seulement de la troisième République, mais du système démocratique. Toute élection est bannie de la vie politique que l'on entend reconstruire à partir du corporatisme et d'une représentation politique non plus universelle (le député est un représentant national), mais impérative, selon les métiers, les corporations, les fonctions notabilitaires. La représentation n'est plus déléguée, mais organique. A deux exceptions notables mises à part (Pierre Laval et Pierre-Étienne Flandin), le personnel parlementaire est donc exclu du gouvernement. La propagande du régime vise moins le parlementaire, que l'expression démocratique de la pluralité. Le retournement de l'opinion publique, dès 1941, redore le blason de la démocratie parlementaire et de ses libertés, telles que restaurées dans les organismes dirigeants de la France libre.

L'instauration d'une quatrième République où les pouvoirs du législatif sont renforcés, renoue en apparence avec la vie politique de la troisième. Le règne des députés et la ronde des ministères sont communs aux deux systèmes. L'origine sociale des élus, diplômés provinciaux de petite ou moyenne bourgeoisie, ne varie guère d'un régime à l'autre.

Pourtant, la littérature ne s'occupe plus beaucoup des hommes politiques qui l'intéressent nettement moins qu'autrefois. Le cinéma, lorsqu'il s'intéresse au parlementaire, ne renoue pas avec le stéréotype de naguère. Ainsi *Le Président*, film d'Henri Verneuil tourné en 1961, évoque, à partir d'un roman de Simenon, la raison d'État telle que l'aurait incarnée un Georges Clemenceau (Émile Beaufort — Jean Gabin). Le simplisme antiparlementaire n'a plus cours dans le septième art. En revanche, la critique du parlementarisme à la française joue un rôle essentiel sur la scène politique.

Le gaullisme, que ce soit par les discours du général de Gaulle ou les écrits de Michel Debré, attaque vivement l'inefficacité du système. Mais il s'en prend beaucoup plus à la Constitution et à ce qu'il nomme « le régime des partis » qu'aux élus eux-mêmes. Dans sa critique non pas de la représentation politique, mais de son exercice, son argumentaire rejoint les critiques que les grands commis, milieu réduit mais influent, formulent contre les parlementaires au nom de la continuité de l'État qu'ils incarnent face à l'instabilité de l'exécutif. Les députés seraient-ils devenus des rois fainéants dont les maires du palais (les « technocrates ») aspirent à prendre la place? Le développement des techniques keynésiennes mettant au premier plan des tâches de l'État l'intervention économique favorise le développement de pouvoirs parallèles, relayant les gouvernants et palliant leurs lacunes. A lire les mémoires de François Bloch-Lainé, on mesure le rôle de ces hauts fonctionnaires agissant comme des gouvernants de longue durée.

Au fur et à mesure que l'économie moderne pénètre en profondeur le tissu national, que les impératifs d'efficacité et de productivité s'imposent comme valeurs de vie, les Français supportent mal que les principes de leur existence professionnelle ne soient apparemment pas du tout ceux du personnel politique. La discordance entre les mœurs des parlementaires et celles des citoyens entraîne une désaffection pour la République des députés. L'urbanisation rapide du pays rend moins visible l'action de l'élu en faveur de sa circonscription, les services qu'il rend sont désormais moins connus des électeurs. Aussi le dédain pour la politique et pour les parlementaires est-il fort répandu même si c'est de façon moins éclatante qu'au temps du colonel de La Rocque.

Mais il est une autre façon, opposée à la précédente, de s'en prendre aux députés, c'est de les rendre responsables de mutations de la société et de l'économie ressenties douloureusement par une partie des classes moyennes. Dans ce secteur de l'opinion s'exprime une droite populiste, cultivant le mythe des petits contre les gros et leurs alliés : parlementaires et grands commis. Sous la quatrième République, on peut en trouver une expression chez les chansonniers dont les refrains connaissent une grande diffusion grâce à une émission de radio très populaire, « le Grenier de Montmartre ». Un proto-poujadisme antiparlementaire et hostile au dirigisme s'y exprime chaque semaine. Les chansonniers des années 1950 reprennent la plupart des éléments du stéréotype antiparlementaire qu'ils utilisaient déjà avant 1939, en y ajoutant une satire de la Sécurité sociale et de la fiscalité. C'est ainsi que Max Régnier et Raymond Vincy en 1952 nous présentent une société de naufragés pris en main par le « grand baratineur » qui a tous les défauts classiques du parlementaire et exige que chaque couple lui remette trois noix de coco, mais fait valoir qu'à la naissance d'un bébé on donnera aux parents une noix de coco au lait « gratuit, hygiénique, démocratique et égalitaire » [45]. Cette nostalgie du passé se retrouve aussi dans un attachement sentimental à l'Empire français, très répandu chez les chansonniers. A cet égard, le refus de la décolonisation vient relayer la satire antiparlementaire, les députés étant suspectés de brader l'Empire, faute de donner à la France les moyens de le défendre.

Le poujadisme qui surgit de manière explosive entre 1953 et 1956 se situe dans le prolongement de ce courant. Dès les débuts de l'Union de défense des commerçants et artisans (UDCA), Pierre Poujade dénonce les parlementaires comme les responsables des souffrances des commerçants. Le Parlement est comparé à un « salon de débauche » peuplé de « cloportes » et d'« aventuriers ». « Vieux débris et jeunes vendus », « mères maquerelles du système », « vieilles haquenées », « grenouilleurs déconfits », tels sont les qualificatifs courants que le chef de l'UDCA [56, p. 215] attribue aux parlementaires. Cette fureur est impartiale, aucun parti n'est épargné, surtout pas la droite modérée, relativement proche du poujadisme par son libéralisme économique. Aussi, lors des élections de 1956, l'UDCA prend-elle comme slogan : « Sortez les sortants! » Parmi les responsables Pierre Mendès France sert de cible prioritaire. Comme au temps de Blum, on glisse ainsi de l'antiparlementarisme à l'antisémitisme. Les hauts fonctionnaires sont traités avec autant de sévérité que les députés, Poujade les jugeant également responsables de l'oppression subie par les travailleurs indépendants.

Le poujadisme a été la dernière grande explosion d'antiparlementarisme. En effet, la cinquième République réorganise le jeu politique autour de l'exécutif et du président de la République bientôt élu au suffrage universel. La représentation politique se dédouble, entre la présidence et le législatif, minoré dans ses pouvoirs. Par ailleurs, le nouveau personnel gouvernemental mis en place sous les présidences du général de Gaulle et de Georges Pompidou, choisi par le chef de l'État, n'est plus le reflet de la société parlementaire. Ce sont pour beaucoup des techniciens supérieurs de l'administration et des entreprises publiques ou privées qui, au cours de leur mandat ministériel, quêteront un mandat parlementaire [60, p. 75]. Nés en grand nombre dans la capitale, souvent issus de milieux proches de la haute bourgeoisie, ces hommes ne ressemblent guère à leurs prédécesseurs des troisième et quatrième Républiques. La page est tournée, puisque même l'élite rose de l'après-Mai 1981 reproduira nombre des traits de la technocratie gaulliste.

Dans l'imaginaire politique, le technocrate prend, petit à petit, la place du parlementaire. Il n'est plus que le Front national, de culture antidémocratique, pour vouloir flatter l'antiparlementarisme par la dénonciation réitérée de la « bande » des partis et de l'absentéisme des parlementaires, tout en réclamant à son profit un scrutin proportionnel, jugé, dans la France présidentielle de la cinquième République, porteur de toutes les dérives de l'instabilité politique. L'amnistie des députés impliqués dans le financement des partis par le système des fausses factures, votée par le Parlement en 1990, a redonné quelque regain, dans l'opinion, à certains traits du stéréotype d'avant 1914. Mais, gagnées au présidentialisme, les droites républicaines, dans un système où l'élu est désormais le président de la République comme le député ou le conseiller régional, semblent s'être réconciliées avec la représentation politique sous toutes ses formes, dont les modalités de mise en œuvre ne paraissent donc plus constituer pour l'heure, entre ces droites, une ligne de clivage ontologique.

JEAN ESTÈBE

Bibliographie

Ouvrages traitant des éléments du sujet

[1] ÉMILIEN CARASSUS, *Le snobisme dans les lettres françaises de Paul Bourget à Marcel Proust (1884-1914)*, thèse de lettres, Paris, A. Colin, 1966 (beaucoup d'idées, bibliographie intéressante. M. Carassus m'a aidé dans mes recherches et m'a fourni une importante documentation).

[2] JEAN ESTÈBE, *Les ministres de la République (1871-1914)*, thèse dact., 3 vol., Toulouse, 1978 (les exemplaires dactylographiés contiennent le chapitre II, « le jury des écrivains », qui décrit l'image littéraire de l'homme politique avec une liste complète des ouvrages utilisés. Ces exemplaires sont disponibles à la Bibliothèque nationale, à la bibliothèque de l'Institut d'études politiques de Paris et à la bibliothèque universitaire de Toulouse-le-Mirail).

[3] JEAN ESTÈBE, *Les ministres de la République (1871-1914)*, Paris, FNSP, 1982 (ouvrage réduit par rapport au précédent).

[4] CHANTAL RABANE, *Les hommes politiques de la Restauration et de la Monarchie de Juillet vus par les romanciers contemporains*, mémoire de DEA dact., Université de Toulouse-le-Mirail, 1987 (l'auteur m'a aimablement autorisé à utiliser son DEA ; j'en ai tiré des informations essentielles sur la période 1815-1848).

[5] Colloque des 3, 4, 5 et 6 décembre 1981, *Les représentations de l'homme politique*

français dans le cinéma français de l'entre-deux-guerres, organisé par l'Institut Jean Vigo de Perpignan (il n'en reste malheureusement pas de trace écrite à l'exception du programme du colloque et d'un article préliminaire de J. BALDIZZONE, « Critique sociale à la française », *Cahiers de la cinémathèque*, n° 12, Perpignan, 1980. Parmi les films présentés à ce colloque on peut citer : Jacques Feyder, *Les nouveaux messieurs*, 1928. Pierre Colombier, *Le roi*, 1936 (Raimu dans le rôle d'un homme politique tenté par le grand monde). Julien Duvivier, *Carnet de bal*, 1937 (séquence où Raimu joue le rôle d'un politicien du Midi). André Berthomieu, *Eusèbe député*, 1938.

[6] FRANCIS DESBARATS, « Autour de l'épée », *Cahiers de la cinémathèque*, n°s 51-52, p. 73, Perpignan, 1989 (Francis Desbarats indique comment l'image de l'homme politique se transforme et s'améliore dans le cinéma français de la quatrième à la cinquième République. Pour confirmer cette thèse, signalons *Le Président* d'Henri Verneuil et Michel Audiard, 1962, et *Le bon plaisir* de Francis Girod, 1988, avec Jean-Louis Trintignant, président de la République, et Michel Serrault, ministre de l'Intérieur).

Textes littéraires et mémoires

[7] HONORÉ DE BALZAC, *La comédie humaine*, 12 vol., bibliothèque de la Pléiade, Paris, Gallimard, achevé en 1981 (l'index des personnages fictifs, vol. 12, est très utile pour notre objet). Voir plus précisément :

[8] HONORÉ DE BALZAC, *Le bal de Sceaux*, Paris, 1829, vol. I, la Pléiade.

[9] HONORÉ DE BALZAC, *Le lys dans la vallée*, Paris, 1835, vol. 9, la Pléiade.

[10] HONORÉ DE BALZAC, *Le député d'Arcis*, Paris, 1847, vol. 8, la Pléiade (présente le personnage d'un homme politique coureur de dot).

[11] STENDHAL, *Lucien Leuwen*, texte et notes établis par HENRI MARTINEAU, éd. du Rocher, 1945.

[12] EUGÈNE LABICHE, *Le club champenois*, pièce jouée à Paris en 1848 : renvoie dos à dos les divers partis.

[13] GUSTAVE FLAUBERT, *L'éducation sentimentale*, Paris, 1869 (ouvrage fondateur de l'apolitisme au nom de l'aristocratisme de l'esprit : vivre en bourgeois, penser en géant).

[14] Vicomte DE MEAUX, *Souvenirs politiques, 1871-1877*, Paris, 1905 : les mémoires d'un conservateur très lucide.

[15] Duc DE BROGLIE, *M. Buffet*, Paris, 1899 (à l'occasion d'une biographie, quelques aperçus intéressants sur la politique).

[16] PIERRE BARRAL, *Les fondateurs de la troisième République*, Paris, A. Colin, 1968 (on y trouve les principaux textes de Gambetta sur les couches nouvelles).

[17] VICTORIEN SARDOU, *Rabagas* (comédie représentée le 1er février 1872), *Théâtre complet*, t. VII, Paris, 1927 (c'est la première apparition du stéréotype encore incomplet).

[18] GUSTAVE FLAUBERT, *Le candidat* (comédie représentée en 1874), *Œuvres complètes*, Paris, 1927.

[19] ALPHONSE DAUDET, *Numa Roumestan*, 1re éd. 1880, Paris, éd. Nelson, 1931 (le stéréotype du parlementaire est achevé, ouvrage très imité).

[20] JULES CLARÉTIE, *M. le ministre*, roman parisien, Paris, 1881.

[21] LABRUYÈRE (Albert Millaud), *Physiologies parisiennes*, Paris (sans date, probablement entre 1885 et 1890).

[22] ALFRED BISSON, *Le député de Bombignac*, comédie, Paris, 1887.

[23] JULES CLARÉTIE, *Candidat!*, Paris, 1887.

[24] GYP, *C'est nous qui sont l'histoire*, Paris, 1891.

[25] JULES LEMAÎTRE, *Le député Leveau*, comédie, Paris, 1891.

[26] GASTON MÉRY, *Jean Révolte*, « *Le méridional voilà l'ennemi* », Paris, 1892 (imitation de *La France juive* de Drumont, les méridionaux remplaçant les juifs).

[27] MAURICE BARRÈS, *Le roman de l'énergie nationale — Les déracinés*, Paris, 1897 (Barrès est aussi politologue).

[28] MAURICE BARRÈS, *L'appel au soldat*, Paris, 1900.

[29] MAURICE BARRÈS, *Leurs figures*, Paris, 1902.

[30] ÉMILE POUGET, *Le Père Peinard*, 1898-1911, textes choisis et présentés par ROGER LANGLOIS, Paris, éd. Galilée, 1976 (recueil d'articles truculents d'orientation syndicaliste révolutionnaire).

[31] GEORGES LECOMTE, *Les valets*, Paris, 1898 (roman naturaliste très précis décrivant les mœurs parlementaires).

[32] ALFRED CAPUS et EMMANUEL ARÈNE, *L'adversaire*, Paris, 1904.

[33] LAURENT TAILHADE, *Les commérages de Tybalt. 1903-1913*, Paris, 1914 (essais critiques écrits d'un point de vue anarchisant).

[34] JEAN RAMEAU, *La jungle de Paris*, Paris, 1904 (roman facile centré sur le mariage malhonnête d'un politicien).

[35] ANATOLE FRANCE, *L'île des pingouins*, Paris, 1907 (histoire satirique de la Pingouinie (la France)).

[36] LOUIS FORTON, *La bande des Pieds-Nickelés*, publié dans *L'Épatant*, 1908-1911, Paris, rééd. Azur, 1966.

[37] LÉON DAUDET, *Devant la douleur*, Paris, 1915 (souvenirs des milieux littéraires, politiques, artistiques et médicaux de 1880 à 1905).

[38] ALBERT THIBAUDET, *Les idées de Charles Maurras*, Paris, NRF, 1919 (contient un exposé des idées de Maurras, revues par Thibaudet, sur le monde parlementaire).

[39] ALBERT THIBAUDET, *La République des professeurs*, Paris, 1927.

[40] PAUL BRULAT, *Lumières et grandes ombres*, Paris, 1930.

[41] GUY BRETON, *Le cabaret de l'histoire*, 2 vol., Paris, Presses de la Cité, 1974 (contient des textes de chansonniers écrits entre 1918 et 1939).

[42] ANDRÉ MALRAUX, *La Condition humaine*, Paris, 1933.

[43] SACHA GUITRY, *Faisons un rêve...*, illustration théâtrale, Paris, 1934.

[44] JULES ROMAINS, *Les hommes de bonne volonté*, Paris, 1932-1946 (un parlementaire sympathique!).

[45] MAX RÉGNIER et RAYMOND VINCY, *Autant que les impôts*, Paris, 1952 (les chansonniers s'en prennent à la Sécurité sociale, au fisc et aux parlementaires).

Essais politiques

[46] JOHN EDWARD COURTNAY BODLEY, *France*, Londres, 1898 et 1902 (œuvre d'un observateur britannique très intéressant, à mi-chemin entre le style d'Arthur Young et celui de Tocqueville).

[47] JULES DELAFOSSE, *Psychologie du député*, Paris, 1904 (pamphlet d'un bonapartiste très bien informé et bon observateur).

[48] CHARLES MAURRAS, *De la politique naturelle au nationalisme intégral*, textes choisis, Paris, J. Vrin, 1972.

[49] ROBERT DE JOUVENEL, *La République des camarades*, Paris, 1914 et 1932 (méchant et lumineux).

[50] DANIEL HALÉVY, *La République des comités. Essai d'histoire contemporaine (1895-1934)*, Paris, 1934 (assassinat spirituel du radicalisme).

352   *L'organisation de la Cité*

[51] ANDRÉ TARDIEU, *La profession parlementaire*, Paris, 1937 (un ancêtre du parlementarisme rationalisé).

[52] PAUL GATERAT, *Vade-Mecum du petit homme d'État*, Paris, Le Seuil, 1952 (guide humoristique de la profession).

[53] ROGER PRIOURET, *La République des députés*, Paris, Grasset, 1959 (définit le parlementarisme à la française).

[54] G. LEBON-PHILON, *Devenir ministre*, Paris, Julliard, 1973.

Travaux historiques

[55] DANIEL HALÉVY, *La fin des notables*, t. I, Paris, 1930.

[56] STANLEY HOFFMANN, *Le mouvement Poujade*, Cahiers de la FNSP, Paris, A. Colin, 1956.

[57] ZEEV STERNHELL, *Maurice Barrès et le nationalisme français*, Paris, A. Colin, 1972 (Barrès est décrit comme un prédécesseur du fascisme).

[58] SERGE BERSTEIN, *Le 6 février 1934*, Coll. Archives, Paris, Gallimard/Julliard, 1975 (utilisé ici à propos des causes de l'antiparlementarisme dans l'entre-deux-guerres).

[59] ANTOINE PROST, *Les anciens combattants et la société française*, 3 vol., Paris, PFNSP FNSP, 1977.

[60] PIERRE BIRNBAUM, *Les sommets de l'État. Essai sur l'élite du pouvoir en France*, Points-Politique, Paris, Le Seuil, 1977 (excellent tableau de la classe politique, surtout sous la cinquième République).

[61] RENÉ RÉMOND, *Les droites en France*, Paris, Aubier, 1982 (grand classique; René Rémond démontre que la plupart des ligues ne méritent pas l'épithète de « fasciste »).

[62] PIERRE MILZA, *Fascisme français. Passé et présent*, Paris, Flammarion, 1987 (solide description de l'antiparlementarisme entre les deux guerres).

[63] Pour terminer, il serait injuste de ne pas citer THEODORE ZELDIN dont les séminaires et les livres m'ont donné l'idée d'utiliser la littérature dans mes recherches. Voir en particulier le 1er chapitre du tome 3 de *L'Histoire des passions françaises* (trad. franç.), 5 vol., Points Histoire, Paris, Le Seuil, 1981, paru en anglais sous le titre *France 1848-1945*, Oxford University Press, 1973 et 1977.

CHAPITRE X

Le fonctionnaire

La Révolution française, abolissant les privilèges, proclama le libre accès de tous aux emplois publics. Dès lors que chaque citoyen participait à la fixation des lois, il pouvait également, s'il le désirait, servir l'État. La Charte constitutionnelle du 4 juin 1814 entérine cet acquis de la Révolution. Dès l'article 3, elle affirme que les Français « sont tous également admissibles aux emplois civils et militaires ». Or, le fonctionnaire devient rapidement un révélateur des ambivalences des droites à l'égard de l'État et du rôle que tour à tour on lui demande et refuse d'assurer dans l'organisation de la Cité. Alexis de Tocqueville a, sur ce point, dans De la démocratie en Amérique *(Livre II, quatrième partie, chapitre III, « Que les sentiments des peuples démocratiques sont d'accord avec leurs idées pour les porter à concentrer le pouvoir »), une vision éclairante : s'il annonce la venue d'un despotisme nouveau, le despotisme démocratique qui est le despotisme administratif (« absolu, détaillé, régulier, prévoyant et doux »), c'est que dans les sociétés égalitaires, l'État centralisé, seul, incarne avec son appareil de fonctionnaires, la stabilité dans son assiette et dans ses entreprises face aux citoyens qui « remuent sans cesse et se transforment » : « Les siècles démocratiques sont des temps d'essai, d'innovation et d'aventure. Il s'y trouve toujours une multitude d'hommes qui sont engagés dans une entreprise difficile ou nouvelle qu'ils poursuivent à part, sans s'embarrasser de leurs semblables. Ceux-ci admettent bien, pour principe général, que la puissance publique ne doit pas intervenir dans les affaires privées ; mais, par exception, chacun d'eux désire qu'elle l'aide dans l'affaire spéciale qui le préoccupe et cherche à attirer l'action du gouvernement de son côté, tout en voulant la resserrer de tous les autres. Une multitude de gens ayant à la fois sur une foule d'objets différents cette vue particulière, la sphère du pouvoir central s'étend insensiblement de toutes parts, bien que chacun d'eux souhaite de la restreindre. » Et Tocqueville de conclure puissamment : « Les peuples démo-*

cratiques haïssent souvent les dépositaires du pouvoir central ; mais ils aiment toujours ce pouvoir lui-même. »

Tout est dit ici, ou presque, des ambivalences essentielles que les droites *nourriront à l'égard du fonctionnaire, d'hier à aujourd'hui. Soucieuses de la continuité de l'État — celui-ci fût-il minimal comme on l'entendit réclamer à l'heure de la mode libérale importée d'Outre-Manche et Atlantique à la fin des années quatre-vingt — les droites voudraient tout à la fois que le fonctionnaire ne se mêlât pas des affaires de la Cité, mais que la vie réglée de cette dernière — sécurité, instruction, échanges et production — profitât de la protection, voire de l'aide de l'État. Quadrature d'un cercle où souvent, par facilité, les droites ont enfermé le fonctionnaire.*

**
* **

Droites et fonctionnaires ; il est à craindre que l'association soit celle de deux ambivalences. Difficilement réductible à un singulier, chacune de ces notions éclate en vertu de principes qui ne se recoupent guère et ne sont stables ni dans le temps ni dans l'espace. Pour ce qui concerne la première, le lecteur est averti des méandres d'une identité constituée dans la différence et l'opposition, mais qui déplace ses contours selon des logiques qui ne sont pas toujours celles de la durée. Quant à la seconde, la difficulté est d'autant plus grande qu'au prisme du clivage gauches-droites, le fonctionnaire est souvent perçu au travers de figures de rhétoriques complexes. Comme métaphores, lorsqu'il est associé à l'État dont il incarne tantôt la majesté, tantôt l'encombrante présence, à moins que ce ne soient les deux ensembles. Mais comme métonymie aussi, s'il devient l'objet — faire-valoir ou bouc émissaire — de la réforme administrative ou plus généralement de l'État comme problème.

S'agissant de la chronologie, les cartes sont à peine plus claires. Brossée à grands traits, elle n'offrirait que rarement une coïncidence des césures relatives aux deux domaines. En France, la Révolution invente la dichotomie du spectre politique, mais hérite de la question des fonctionnaires. Suspects de porter les habits d'un absolutisme honni dont ils seraient le bras séculier, ceux-ci sont frappés de vindicte. Élus, pourraient-ils pourtant devenir les symboles d'une citoyenneté nouvelle ? D'Empire en Restauration, leur situation est réfléchie par des personnages tels Alexis de Tocqueville ou Édouard Laboulaye dont le libéralisme même oscille sur l'axe politique. Voués à l'arbitraire du Prince dont ils reproduisent et subissent les caprices, les fonctionnaires doivent-ils réintégrer l'État de droit en y acquérant un statut ? La République quant à elle, combattante puis triomphante, hésite. Faut-il faire des fonctionnaires l'instrument d'une politique volontariste ou les missionnaires d'un projet qui semble un temps effacer une moitié de l'échiquier partisan? Face aux spectres du syndicalisme et de la grève peut-on leur offrir toutes les figures de la liberté? Lorsque la Libération semble enfin démêler l'écheveau en accordant le statut de la fonction publique, c'est sur fond d'un consensus introuvable qui se disjoint bientôt. Au point que la solution tisse aussitôt un réseau de problèmes qui sont encore notre lot et dont le fait qu'ils soient largement hérités n'est pas le moindre paradoxe.

Sans doute la liste des questions actuellement posées au service public et à ses fonctionnaires pourrait-elle offrir une clef d'investigation, en indiquant des enjeux pouvant être saisis à rebours et dans leur généalogie politique. Sous d'autres cieux idéologiques, le fonctionnaire demeure sans doute un bon indicateur des visions de la politique au travers des conceptions de l'État. Une droite américaine volontiers ultra-libérale persiste à voir en lui le vecteur d'une économie administrée qui parée du nom d'État providence n'en pave pas moins la route du totalitarisme[1]. De Friedrich Hayek à Robert Nozick et chez leurs disciples se développe l'idée d'une fonctionnarisation de la société inversement proportionnelle à son degré de liberté. Mais on serait en mal d'identifier sérieusement un tel courant dans le débat politique français[2]. Deux alternances politiques ont ici largement affecté la bataille du plus ou moins d'État : la gauche a certes accru le nombre des fonctionnaires et réhabillé leur statut, mais la droite n'a pas défait ce qu'elle dénonçait comme une dangereuse révolution; inversement la gauche a eu beau dénoncer toute velléité de réforme, elle hérite des problèmes et la fonction publique est toujours le « grand chantier » du futur. La consultation de l'opinion publique n'offrirait d'ailleurs pas de fractures plus limpides. Les clivages partisans peuvent bien resurgir à propos du mérite ou du service minimum en cas de grève, le consensus se renoue en ce qui concerne les enjeux essentiels : refus d'une privatisation des services publics, appréciation pragmatique de leur fonctionnement et perception d'un malaise qui appelle une rénovation [48].

Ainsi serait-il hasardeux de se laisser guider par les questions aujourd'hui posées à propos des fonctionnaires, fussent-elles historiquement récurrentes. Qui se risquerait à dire que le concours, la notation, les mécanismes de la responsabilité, les systèmes de carrière et même le nombre, le mérite ou le droit d'association sont de droite ou de gauche? Sans doute existe-t-il un tropisme s'agissant de la grève par exemple, mais même sur un point aussi sensible et chargé de potentialités conflictuelles, discours et pratiques se modifient au prisme du pouvoir. Autant le dire d'emblée, s'agissant des fonctionnaires la France présente une particularité qui brouille le jeu du clivage partisan et les exemples de chassés-croisés idéologiques sont aussi nombreux que ceux d'une continuité qui permettrait d'identifier avec sûreté une vision propre à la droite même tempérée de ses variantes. Lui associera-t-on la préférence pour un État minimal doté d'agents en nombre réduit, que les débuts de la cinquième République, pour ne prendre qu'un exemple récent, infirmeraient le jugement [15 et 16]. Préférerait-on partir de son attention pour la majesté qui sied à la puissance publique, la gauche républicaine se fera jalouse. Exception enfin à une règle pourtant valable en bien d'autres domaines, même la Révolution n'offre que rarement l'origine de positions demeurées depuis inaltérées.

Particularité française, le fonctionnaire perçu sous l'angle de sa citoyenneté, de l'État qu'il représente ou des missions qu'il assume, est toujours un problème et plus encore ces problèmes procurent le sentiment de demeurer invariants. Mais paradoxe français, leur translation dans une succession effrénée de régimes bouleverse leur traitement par les familles politiques. Au point qu'à se vouloir ici cartésien il faille l'être radicalement : en commençant par douter de la réalité même d'une vision essentiellement de droite concernant le fonctionnaire. Faute de pouvoir se laisser porter par l'alliance de la chronologie et de la dichotomie politique, on préférera esquisser une approche thématique. Loin de pouvoir prétendre offrir une vision exhaustive d'un spectre de problèmes doublement éclaté, celle-ci a l'avantage de permettre une sélection de questions où puissent se laisser lire les articulations en cause. Questions de moments, où s'inventent des oppositions significatives entre perceptions de droite ou de gauche, où apparaissent les glissements qui en complexifient le sens, où s'effacent en consensus des affrontements qui cèdent la place à d'autres conflits. Questions aussi de consistance des discours à l'aune de la pratique et donc de la part respective des systèmes doctrinaux et de l'opportunité politique. Questions enfin liées au réseau des significations associées à la notion même de fonctionnaire qui fait signe à la fois vers l'État doté des attributs de la souveraineté et les plus infimes détails de la position de ses agents ou d'une relation ambivalente à leur public.

A la recherche de lieux pertinents d'observation, trois thèmes semblent présenter des traits susceptibles de permettre une approche transversale. En dépit des continuités maintes fois soulignées avec l'Ancien Régime, la politique moderne à l'égard des fonctionnaires vise à les fondre dans la figure de la nation qui en constitue la catégorie centrale. Mais c'est pour aussitôt en faire apparaître la polysémie. Les fonctionnaires sont-ils les serviteurs neutres d'un État d'autant plus impartial qu'il lui revient de construire l'unité nationale? Ou, plus prosaïquement, doivent-ils être les agents du pouvoir politique, l'expression d'une volonté souveraine qui pour être immuable en son principe n'en demeure pas moins fluctuante en ses expressions? A droite comme à gauche, le fonctionnaire est bien serviteur de deux maîtres. Est-ce à dire qu'il reste inéluctablement soumis au caprice du Prince dont il subit l'arbitraire mais sait parfois tirer profit? Ici l'originalité française a un nom, celui de statut des fonctionnaires, mais selon une histoire qui est celle d'un chassé-croisé typique des incertitudes doctrinales et politiques : de droite à gauche, l'équivoque statutaire. Reste enfin que pour apparemment intangible qu'il paraisse ce cadre statutaire ne résout pas toutes les difficultés propres à l'état du fonctionnaire. Exercice du droit de grève, sanction du mérite, obligation de réserve : quelques exemples parmi d'autres de ces éléments qui signent l'identité juridique du fonctionnaire sans en clarifier toujours la portée. Doté de droits spécifiques et soumis à des obligations particulières, peut-il être un citoyen comme les autres? Question actuelle propre à nourrir encore le débat idéologique sans toutefois dessiner les fronts d'une guerre politique : la question de la citoyenneté ou l'ambivalence partagée.

I. LE FONCTIONNAIRE
SERVITEUR DE DEUX MAÎTRES

Moment matriciel des logiques politiques à tant d'égards, la Révolution française n'offre pas cette figure rassurante concernant la question des fonctionnaires, de leur nombre, leur position et leur rôle. Ce flou dépend bien évidemment du fait qu'en cours d'invention, le découpage du spectre politique rend les classifications délicates et contestables. Mais il découle aussi de ce que les problèmes liés aux fonctions publiques sont construits selon des logiques partiellement étrangères à celles qui prévaudront aux XIXe et XXe siècles. Étrangères, mais qui aussi les préparent, en esquissant au moins quelques modèles qui finiront par épouser des contrastes de nature politique.

Le poids du nombre

Institutionnellement, l'innovation de la part de la Constitutante réside dans le fait de recourir aux mécanismes de l'élection des fonctionnaires. Accrochée au principe d'égalité d'accès aux emplois publics qui sera énoncé par la Déclaration des droits de l'homme, l'idée semble acquise dès la nuit du 4 août : au sein des privilèges abolis se trouve la vénalité des offices et l'alternative se présente spontanément sous les traits de l'élection. Pourtant cette dernière n'offre guère prise au débat qui se focalise en réalité sur les questions de l'organisation territoriale, du découpage des entités administratives, de leur nombre et de leur titre : provinces, départements... Le cadre est posé par un rapport de Jacques-Guillaume Thouret dès le 29 septembre 1789 : au nom du Comité de constitution, ce dernier expose un plan d'organisation conçu comme développant un problème général « d'égalité proportionnelle dans la représentation » et recherchant un « ordre fixe et simple dans les élections » [1, t. I, p. 527]. Ajournée puis reprise en novembre, la discussion conduira à la création des départements. Il faut toutefois attendre le 19 novembre pour qu'elle prenne un tour plus concret, concernant le nombre des « administrateurs » des départements.

Sur ce point deux positions se dessinent, qui recourent cependant au même type d'argument. Pour Antoine Barnave, « le nombre des administrateurs doit être considérable, sinon on concentrerait dans peu de personnes une autorité dangereuse, puisqu'elles auraient toujours à leur disposition des faveurs et des grâces » [1, t. II, p. 204]. Point ici de pusillanimité financière, l'objectif est d'empêcher la reconstitution des phénomènes courtisans d'Ancien Régime en diluant la fonction administrative. On retrouve la même intention chez Robespierre qui déclare : « il faut sacrifier la considération de l'économie à l'avantage essentiel de multiplier les soutiens et les défenseurs du peuple » [*idem*]. L'idée est combattue par Joseph Dominique Garat qui plaide quant à lui pour l'économie, mais en ajoutant que la multiplication des fonctionnaires risque de conduire à une impossibilité de les payer, avec pour conséquence qu'« ils ne pourront être pris que parmi les gens riches et l'aristocratie renaîtra » [*idem*]. Ainsi pour commun qu'il soit aux orateurs, le spectre de la reconstitution d'une aristocratie administrative débouche sur des positions inverses. Si s'ébauche ici le thème d'un « gouvernement à bon marché », force est d'admettre qu'il ne discrimine pas des positions idéologiques tranchées. Dans des contextes postérieurs, il resurgira d'ailleurs toujours associé à la fois à la lutte contre la corruption et à l'idéal de perfectionnement du régime représentatif. Mais toujours sous des plumes très diverses, qui vont au XIXe siècle des républicains modérés aux légitimistes, en passant bien entendu par les libéraux [6, p. 59-60].

Reste que derrière ce débat lié au nombre des fonctionnaires se cachent peut-être d'autres considérations qui ont trait cette fois à la nature de leurs emplois. Faut-il ou non admettre une gradualité des emplois publics, c'est-à-dire en réalité accepter l'existence et la structuration d'une fonction publique permanente, spécialement formée et dotée de mécanismes de carrières? Mirabeau développe un long plaidoyer dans ce sens. Prudent, il rappelle que l'idée n'est certes pas nouvelle, mais qu'elle est fondamentalement motivée par le souci de l'égalité récemment proclamée. Puisque « l'administration est une science et un art », déclare Mirabeau, il convient qu'elle soit exercée par des hommes d'expérience, une expérience qui ne se forge que graduellement et doit donc guider l'organisation des carrières [1, t. II, p. 357]. A quoi s'ajoute le fait que la sanction de la compétence effective est le seul moyen d'éviter quant au choix des fonctionnaires la corruption, la vénalité et la flatterie. D'où l'idée d'une fonction publique unifiée et continue, qui trouve la garantie de sa transparence dans celle de sa répartition comme « une onde pure distribuée dans des canaux différents, mais coulant des uns dans les autres, toujours limpides, et surtout toujours la même » [*idem*].

Mais cette conception de la fonction publique repose sur une vision méritocratique déjà trop suspecte pour ne pas susciter méfiance et réactions. Celle de Barnave est brutale, qui traque derrière l'éloquence de Mirabeau une intention perverse. Non seulement un tel système de gradualité ne pourrait fonctionner qu'au terme de plusieurs années, mais surtout il est contraire à l'idée selon laquelle « les pouvoirs doivent être répartis entre tous » et au fait que « sans cette égale répartition l'égalité sociale ne peut exister » (1, t. II, p. 358). Est-ce à dire que se profile à l'encontre d'une vision trop inspirée de la monarchie éclairée un modèle alternatif de fonction publique? Les réflexions ultérieures de Barnave pourraient le suggérer en dévoilant l'enjeu de son refus du système de Mirabeau. Lorsqu'il s'agit en mars 1791 de discuter de la réélection des fonctionnaires, Barnave fait accepter l'idée d'une impossibilité pendant un intervalle de deux ans et en livre le sens : éviter que « l'esprit de corps » ne s'établisse dans l'administration [1, t. VII, p. 533]. Telle est donc bien la tension qui hante le débat sur les fonctionnaires : entre le souhait d'une administration continue, efficiente et autonome et la crainte que cette unité n'entraîne la formation d'une forme nouvelle de corporatisme.

Globalement c'est bien cette seconde logique qui l'emporte, transcrite dans les mécanismes institutionnels qui expriment une défiance à l'égard de l'administration et plus généralement du pouvoir exécutif. Défaite sur la question de la gradualité des emplois, la position de Mirabeau est d'autant plus tenue à l'écart que dans le cadre de la Constitution de 1791 tout est censé procéder et revenir à la volonté du peuple. C'est ici la même vision qui sous-tend la définition restrictive du veto royal, l'idée de l'exécutif comme pouvoir commis et la distinction des agents et des représentants. Au travers de cette dernière, se fixe une limite nettement formulée par Barnave. « Dans l'ordre et les limites des fonctions constitutionnelles, ce qui distingue le représentant de celui qui n'est qu'un simple fonctionnaire public, c'est qu'il est dans certains cas chargé de vouloir pour la nation tandis que le simple fonctionnaire public n'est jamais chargé que d'agir pour elle » [1, t. IX, p. 364]. Ce que Pierre-Louis Roederer précise en opposant les députés exerçant un pouvoir représentatif « égal à celui du peuple » et les administrateurs qui ne « sont les représentants du peuple que pour exercer des pouvoirs commis et délégués » [1, t. IX, p. 361]. Telle est alors la position qui s'impose et conduit au principe de l'élection des fonctionnaires inscrit dans la Constitution de 1791 : « Les administrateurs n'ont aucun caractère de représentation. Ils sont des agents élus à temps par le peuple, pour exercer, sous la surveillance et l'autorité du Roi, les fonctions administratives » [titre III, chap. IV, section II, art. 2]. En d'autres termes, si les projets de Mirabeau expriment à l'aube de la Révolution la cohérence d'une droite de l'Assemblée, celle-ci est battue et une défiance à l'égard des fonctionnaires l'emporte, reproduite dans la Constitution de 1793 qui stipule que « les administrateurs et officiers municipaux n'ont aucun caractère de représentation » [art. 82].

Les infortunes de la vertu

De 1791 à 1793, l'inquiétude à l'égard du corporatisme administratif se radicalise et se retrouve au cœur de l'offensive jacobine conduite sur le thème de la vertu et de la lutte contre la corruption. En témoignant les attaques de Saint-Just contre la figure même du fonctionnaire qui devient une sorte de contre-modèle du héros révolutionnaire. Sans doute Mirabeau avait-il su évoquer le problème en précisant que la vertu ne pouvait découler que de la compétence offerte par la gradualité des emplois. Plus encore, il avait pris la précaution de placer cette idée sous l'invocation des mânes d'un Jean-Jacques Rousseau plaidant en faveur d'un modèle romain [1, t. II, p. 356-359]. Mais après trois ans de révolution, non seulement l'idéal de Mirabeau n'a plus cours, mais c'est presque son triomphe posthume, en dépit des apparences, qui semble provoquer la colère de Saint-Just, lequel lance son attaque contre l'administration : « le service public, tel qu'on le fait, n'est pas vertu ; il est métier » [32, p. 529]. A l'encontre de l'image romaine d'une fonction publique permanente et nombreuse, il suggère plutôt une référence spartiate : « Il est impossible que l'on gouverne sans laconisme. » Et c'est pour aussitôt découvrir que la réalité confirme les craintes exprimées dès 1789 : « Les représentants du peuple, les généraux, les administrateurs, sont environnés de bureaux comme les anciens hommes de palais ; il ne se fait rien et pourtant la dépense est énorme. Les bureaux ont remplacé le monarchisme ; le démon d'écrire nous fait la guerre et l'on ne gouverne point » [*idem*, p. 528].

Ce n'est même plus le gouvernement à bon marché que réclame ici Saint-Just, mais la frugalité, la guerre contre l'ambition et l'esprit de cour. Nul doute que l'administration ne soit devenue une corporation et le mal est entré au cœur même des sociétés populaires qui connaissent « trop de fonctionnaires, trop peu de citoyens » [32, p. 728]. Est-ce assez dire que la corruption a envahi l'ensemble de la société et que le fonctionnaire en est le symbole ? Saint-Just en tout cas n'a pas de mots assez dur pour dénoncer le phénomène : « il est une autre classe corruptrice, c'est le ménage de fonctionnaires. Le lendemain qu'un homme est dans un emploi lucratif, il met un palais en réquisition ; il a des valets soumis ; son épouse se plaint du temps, elle ne peut se procurer l'hermine et les bijoux à juste prix, elle se plaint que l'on a bien du mal à se trouver des délices [...]. Ils vont le soir dans les lieux publics se plaindre du gouvernement. Si j'étais ministre, dit celui-ci ; si j'étais le maître, dit celui-là, tout irait mieux » [*idem*, p. 731]. On sait le succès qu'aura ce thème au XIXᵉ siècle, où il cesse largement d'être l'apanage de la gauche radicale. Critiques du « bureaucratisme » et de la « paperasse », du « fonctionnarisme » et des « ronds de cuir », l'idée voyage de gauche à droite et prend des formes qui vont des *Employés* de Balzac (1837) aux *Études administratives* (1845) du préfet Vivien [28] sous la Monarchie du Juillet.

Utilisée tant par l'économiste libéral Frédéric Bastiat que par les républicains, l'idée de fonctionnarisme exprime bien le sentiment d'irritation suscité par la croissance du nombre des fonctionnaires au XIXᵉ siècle. Irritation à la fois économique, sociale et politique, lorsque le terme est défini par « l'exagération du nombre des fonctionnaires, l'élévation immodérée du traitement de quelques-uns d'entre eux, l'existence de honteuses sinécures ; [...] les innombrables abus qu'engendrent leur mode de recrutement et leur sujétion au pouvoir exécutif, dont ils sont les agents, les serviteurs quand même, au lieu d'être les serviteurs du pays » [4, p. 307]. L'entrecroisement des thèmes est ici symptomatique d'un malaise d'autant plus largement répandu qu'il transcende les changements de régimes et n'épouse qu'imparfaitement les clivages politiques. La problématique de l'excès du nombre des fonctionnaires peut à coup sûr devenir le signe de ralliement d'un libéralisme économique attaché à la prodigalité d'un État réduit à ses fonctions essentielles. Mais les débats du XIXᵉ siècle français sont trop surchargés d'héritages régaliens et de conflits à teneur plus politique pour que le thème s'impose véritablement. Si l'on s'attache aux figures essentielles du monde libéral, les enjeux sont assurément ailleurs et le problème du fonctionnaire est plutôt noué à la question de son rapport à la société civile et politique qu'à celle du coût induit par son entretien.

La position de Tocqueville est comme souvent le meilleur témoignage de l'identité intellectuelle d'un libéralisme qui irait de Constant à Laboulaye et fait preuve à l'égard des fonctionnaires d'une prudence significative. Si le Tocqueville historien du monde moderne souligne à l'envi la persistance du modèle étatiste français en dépit de la rupture révolutionnaire [25, livre 2], lorsqu'il se fait plus politique, il nuance fortement la défiance attendue à l'égard des agents d'un État pourtant décrit comme sorti renforcé des expériences contemporaines. Ainsi se veut-il rassurant lorsqu'il déclare en 1842 : « Je ne partage pas, contre MM. Les fonctionnaires publics, la passion qui existe dans certains esprits ; je crois que, dans un gouvernement comme le nôtre, il faut un grand nombre de fonctionnaires publics, je crois que la classe des fonctionnaires publics est une des plus respectables de la société; mais je n'en dis pas moins qu'il est extrêmement dangereux que les fonctions publiques deviennent le but incessant de toutes les ambitions du pays » [24, p. 201]. En l'affaire, le problème tiendrait donc moins au nombre et à la qualité des agents de l'État qu'à l'attrait suscité par le prestige de la fonction publique. Ce que dénonce Tocqueville, ne tient pas directement aux fonctionnaires, mais à « la passion croissante, illimitée, déréglée des places ». Loin de les attaquer en tant que tels, au motif de leur absence de vertu ou de la menace du nombre, le libéralisme français focalise sa réflexion sur les attributs juridiques de la personnalité du fonctionnaire saisie comme indice des blocages de la société post-révolutionnaire. Évitant de faire du fonctionnaire une figure repoussoir, il déplace le débat sur un terrain politique et institutionnel : celui de la responsabilité.

De la Révolution au second Empire, est inventé et maintenu le système de la « garantie du fonctionnaire », motivée au travers des différents régimes par le souci de la séparation des pouvoirs. Dès la loi du 14 décembre 1789, toute action en responsabilité civile contre un agent public est subordonnée à une autorisation de poursuite accordée par le directoire du département [13]. En d'autres termes, et en contradiction avec l'idéal qui préside au principe de l'élection des fonctionnaires, l'administration se réserve le pouvoir discrétionnaire d'accorder ou refuser l'autorisation de mettre en cause la responsabilité de ses agents. Avec la création du Conseil d'État, la Constitution de l'An VIII renforce le dispositif, puisque l'article 75 prévoit que les fonctionnaires ne peuvent être poursuivis pour des faits relatifs à leur service qu'après autorisation du Conseil. De Constant à Laboulaye, de la première Restauration à la fin du second Empire, cet article 75 de la Constitution de l'An VIII va être l'objet des attaques incessantes des libéraux qui y trouvent le symbole par excellence d'un véritable privilège personnel des fonctionnaires leur donnant une quasi-immunité civile.

Le regard historique de Tocqueville se fait sur ce point particulièrement ironique : « Parmi les neuf ou dix constitutions qui ont été établies à perpétuité en France depuis soixante ans, il s'en trouve une dans laquelle il est dit expressément qu'aucun agent de l'administration ne peut être poursuivi devant les tribunaux ordinaires sans qu'au préalable la poursuite n'ait été autorisée. L'article parut si bien imaginé qu'en détruisant la constitution dont il faisait partie, on a eu soin de le tirer au milieu des ruines et que depuis on l'a toujours tenu soigneusement à l'abri des révolutions. Les administrateurs ont encore coutume d'appeler le privilège qui leur est accordé par cet article une des grandes conquêtes de 1789; mais en cela ils se trompent également, car sous l'ancienne monarchie, le gouvernement n'avait guère moins de soins que de nos jours d'éviter aux fonctionnaires le désagrément d'avoir à se confesser à la justice comme de simples citoyens. La seule différence essentielle entre les deux époques est celle-ci : avant la Révolution, le gouvernement ne pouvait couvrir ses agents qu'en recourant à des mesures illégales et arbitraires, tandis que depuis il a pu légalement leur laisser violer les lois » [25, t. I, p. 125-126]. Il faut alors attendre un décret loi du 19 novembre 1870 à la chute de l'Empire pour que soit abrogé l'article 75 ainsi que toutes les autres dispositions « ayant pour objet d'entraver les poursuites dirigées contre les fonctionnaires publics de tous ordres ».

La victoire des libéraux en l'espèce rejoints par les républicains n'est cependant pas exempte d'ambiguïtés et les débats des premières heures de la République recèlent quelques surprises qui brouillent à nouveau les cartes idéologiques. L'abrogation de l'article 75, en abandonnant l'autorisation préalable des poursuites, brise la logique héritée de l'Ancien Régime selon laquelle « juger l'administration c'est encore administrer ». La justice administrative n'est désormais plus une justice retenue, au terme de laquelle le juge donne un simple avis qu'il revient au ministre d'accepter ou non, mais devient une véritable justice déléguée. A partir de 1872, le juge administratif prend seul ses décisions qui deviennent exécutoires. La loi du 24 mai offre pourtant un exemple d'affrontement à fronts renversés qui continue d'éclairer la fragilité des césures politiques en matière de responsabilité des fonctionnaires.

L'accord semble assuré sur les points essentiels : maintien du Conseil d'État, légitimité du contentieux administratif, passage de la justice retenue à la justice déléguée. Mais la polémique resurgit aussitôt sur le mode de nomination des membres du Conseil d'État ainsi doté de pouvoirs renforcés. S'attend-on à ce que, héritiers de la Révolution, les républicains plaident pour l'élection? C'est l'inverse qui advient : le ministre de l'Intérieur, Jules Dufaure, demande que les vingt-huit conseillers ordinaires soient nommés par l'exécutif. En face, l'opposition monarchiste défend quant à elle le principe électif et les pouvoirs du Parlement : « Vous avez le droit de grâce, le droit d'amnistie; vous avez le droit et le devoir de

nommer les conseillers d'État. » Républicains s'offusquant de
« l'horrible doctrine de la toute-puissance des assemblées » et
monarchistes en faveur de l'élection, le paradoxe s'éclaire évidemment de considérations très politiques : le fait que l'exécutif
s'incarne alors en Adolphe Thiers, bête noire des monarchistes.
L'opposition gagne pour un bref moment, mais l'anomalie doctrinale, politique et historique est vite corrigée : dès 1875, la République rend au pouvoir exécutif le droit de nommer les juges de
l'État. D'où le bilan de cette étrange histoire aux significations bien
françaises : la discussion doctrinale se dilue aisément dans des
considérations politiques qui inversent les fronts attendus, mais
l'accord se reforme autour de la question centrale formulée par
Léon Gambetta : « L'État a bien le droit de comparaître devant
une juridiction spéciale » [53; 5, p. 108-110].

Un siècle plus tard, ce principe peut encore susciter ici où là
réserves et inquiétudes, sa critique demeure limitée et n'est l'apanage d'aucune des fractions du monde juridique ou politique.
Éminent spécialiste conscient des paradoxes français, Prosper Weil
peut même aller jusqu'à retourner le sens d'une figure régalienne *a
priori* étrangère à l'esprit libéral : « On pouvait craindre naguère
que, issu de l'administration et demeuré proche d'elle, le Conseil
d'État ne se montrât peu enclin à protéger les droits et libertés des
citoyens. Il n'en a rien été, et les juristes anglo-saxons eux-mêmes,
qui ont longtemps cru qu'une juridiction administrative ne pouvait
s'expliquer que si on l'espérait partiale en faveur du pouvoir, ont dû
reconnaître leur erreur. Le Conseil d'État a imprimé à la vie
publique française un climat de libéralisme qui a survécu à toutes
les tempêtes » [44, p. 95]. Qu'il soit conjugué sur le mode de
l'intégrité individuelle ou de la responsabilité à l'égard de la société
et des citoyens, le thème de la vertu du fonctionnaire ne parvient
donc jamais à structurer en longue durée une figure caractéristique
du discours de la droite. Gauches et droites peuvent bien développer alternativement la question de la corruption, de l'excès des
prérogatives de l'État face aux libertés publiques, la manière
française de gérer par le droit la responsabilité du fonctionnaire
persiste en sa spécificité. Et elle renoue des consensus introuvables
plus sûrement qu'elle ne provoque de temps à autres des affrontements idéologiques. Faut-il entendre qu'en ces matières la discussion doctrinale cède le pas aux considérations éminemment
politiques ? Les pratiques successives des gauches et des droites au
pouvoir en deux cents ans d'histoire renforceraient aisément ce
sentiment.

Les aléas de l'épuration

Fonctionnaire agent d'un État neutre promoteur du bien public ou serviteur d'un pouvoir élu pour réaliser une volonté politique, un rapide survol de l'histoire administrative de la France viendrait une fois encore confirmer l'idée que l'attitude des forces partisanes dépend plus de la position par rapport au pouvoir que de considérations philosophiques. S'agit-il de prendre en compte le problème des épurations, des hésitations concernant la situation juridique des fonctionnaires ou du refus du droit d'association, le XIXe siècle offre un terrain d'observation privilégié où la succession des alternances de régime signe une continuité sans faille. Au point que l'on peut presque renverser l'hypothèse explicative en avançant que nombre des pratiques engagées vis-à-vis des fonctionnaires dépendent moins de considérations théoriques ou idéologiques, que d'une incapacité structurelle à résoudre le problème du lien entre administration et politique [6, p. 75 sq.].

On ne saurait trouver meilleur exemple sur ce point que celui des épurations. Institutionnalisée sous la Révolution, l'épuration administrative est le fait de tous les régimes et de 1815 à 1852, en passant par 1830 et 1848. Chaque nouveau pouvoir, autoritaire, libéral ou progressiste y a recours. Croit-on que la République installée s'en dégage et fasse preuve d'une vertu si souvent dénoncée comme absente chez les autres? Elle saura non seulement installer les bases sûres de son pouvoir (1877-1879), mais encore pratiquer une épuration interne en 1883, Jules Ferry poussant alors le paradoxe jusqu'à expliquer que celle de la magistrature permettait enfin de conduire une « politique modérée » [43]. Dans une circulaire aux préfets du 20 juin 1906, Émile Combes, ministre de l'Intérieur, résume encore l'esprit de l'épuration républicaine mâtinée d'un civisme de défense du régime : « Si, dans votre administration, vous devez la justice à tous, votre devoir vous commande de réserver les faveurs dont vous disposez à ceux de vos administrés qui ont donné des preuves non équivoques de fidélité aux institutions républicaines. Je me suis mis d'accord avec nos collègues du Cabinet pour qu'aucune nomination, aucun avancement de fonctionnaire appartenant à votre département ne se produise sans que vous ayez été préalablement consulté » [42, p. 14]. Discours qui reprend la célèbre circulaire de Ledru-Rollin qui en 1848 lançait aux préfets : « Prenez comme règle que les fonctions publiques, à quelque degré de hiérarchie que ce soit, ne peuvent être confiées qu'à des républicains éprouvés » [6, p. 78].

L'épuration n'est donc pas le fait spécifique des droites, même s'il revient à sa variante nationaliste de l'État français de 1940 d'en radicaliser les effets, et cette fois sous l'impulsion de considérations purement idéologiques. De l'Acte dit loi du 17 juillet 1940 qui stipule que tous les agents civils ou militaires de l'État pourront par simple décret ministériel « être relevés de leurs fonctions nonobstant toutes dispositions législatives ou réglementaires contraires », à celui du 3 octobre 1940 qui ferme l'accès de la fonction publique aux juifs, l'épuration est ici posée et développée en son sens le plus immédiat et le plus trivial. Mais sa brutalité est de l'ordre de l'exception, la pratique des épurations de droite liées aux changements de régimes du XIXe relevant d'un modèle finalement très proche de celui des vagues républicaines. Symptomatique d'un esprit public fortement structuré, la lettre de démission d'un futur ministre de l'Éducation de la Monarchie de Juillet au Roi en 1829 : « J'ai pensé qu'il fallait une administration propre à rallier tous les amis de l'ordre légitime, tous ceux qui veulent la Monarchie et la veulent forte et respectée, tous ceux qui veulent que les classes élevées tiennent le timon, tous ceux qui, dans les sociétés humaines, pensent que c'est la tête qui doit tout régir » [20, p. 214].

Dans la mesure où cette pratique se reproduit à l'identique au travers des changements de régime, on peut penser qu'elle fonctionne longtemps comme un mécanisme régulateur des rapports entre administration et politique. Substitut à un système légal qui résoudrait la question, l'épuration touche évidemment en premier lieu et de la manière la plus visible les postes régaliens à proximité directe du pouvoir : préfets, conseillers d'État, magistrature, armée... Mais elle diffuse aussi au sein même de l'administration, toujours suspectée d'infidélité aux régimes, souvent requise de prêter serment et sans cesse vécue comme un serviteur rebelle aux Princes qui la dirigent. En ce sens elle est archétypale d'un malaise qui caractérise longtemps l'administration française. Rétive au modèle américain du *Spoils System* au motif de la grandeur et de la continuité qui doivent caractériser le service du bien public, mais sans cesse tentée de faire du fonctionnaire un instrument, la politique française oscille entre les deux pôles d'une solution clarifiée au problème du lien entre administration et société. Serviteur de deux maîtres, le fonctionnaire subit les vicissitudes d'un tel écartèlement, même s'il peut aussi en tirer parfois un avantage social, politique au économique[3]. En l'occurrence, la discrimination des familles politiques est peu efficiente, et lorsqu'une solution se profile au travers de l'idée de statut, elle offre l'exemple d'un parfait chassé-croisé idéologique.

II. DE DROITE À GAUCHE : L'ÉQUIVOQUE STATUTAIRE

On l'oublie souvent, le statut de la fonction publique qui fait aujourd'hui figure d'étendard de la gauche syndicale et politique est né de l'autre côté de la frontière politique. Plus exactement même, l'idée émerge dans les rangs des libéraux inquiets au XIXᵉ siècle de voir l'administration soumise aux caprices du Prince et partis à la recherche d'un modèle apte à briser la logique de l'arbitraire. Modèle prussien d'une fonction publique structurée et efficiente, mais aussi autonomisée, modèle militaire d'une carrière organisée et régulière, la revendication d'un cadre législatif vise à résoudre par le droit le problème du lien entre le fonctionnaire et la politique et plus généralement la société. Mais c'est précisément ce rapport à la société, à l'âge des classes et de la lutte syndicale, qui brise la logique d'expansion statutaire. Par un formidable paradoxe c'est la gauche qui opposera le contrat au statut libéral, préférant le droit commun qui offre les armes de la lutte des classes à une protection dérogatoire sans doute grevée d'un certain nombre d'arrière-pensées. Près d'un siècle d'hésitation sera nécessaire pour aboutir à un accord sur cette solution, mais au prix de quelles ambiguïtés?

A la recherche d'un modèle

Il revient aux libéraux d'avoir les premiers envisagé l'idée de statut. Celle-ci ne peut évidemment naître que sur fond de reflux des idéaux révolutionnaires, du système de l'élection et du modèle du citoyen-fonctionnaire. Avec l'Empire et la Restauration, on est loin de la vision d'un Barère qui pouvait déclarer que « l'administration ne ressemble pas à la magistrature; c'est en quelque sorte une charge imposée à tous les citoyens; chacun doit y passer à son tour. C'est la gestion de la chose publique dont on s'occupe, après s'être occupé de la sienne et d'après l'expérience et les circonstances de la vie » [5, p. 86]. Cette conception presque léniniste avant l'heure abandonnée, les premières années du XIXe siècle voient se déployer une intense activité de réorganisation administrative. Un Talleyrand, par exemple, n'hésite pas à tirer le bilan le plus négatif de la période révolutionnaire quant aux administrations. Poussée par sa passion à détruire l'ancien gouvernement, la Révolution a éradiqué toutes les administrations existantes et a « relégué dans les dictionnaires de l'Ancien Régime, comme les idées de hiérarchie et d'esprit de corporation, les degrés d'instruction, les titres de promotion, les droits de l'indispensable expérience ». En d'autres termes, l'heure est au rattrapage du temps perdu, du fait qu'en matière d'administration la Révolution n'a su que « retarder l'époque de leur organisation, pour les frapper toutes de stérilité, d'instabilité, pour maintenir partout les affaires dans un état d'incertitude » [5, p. 90-91].

Premiers bénéficiaires de ces réorganisations, l'armée dont le corps des officiers acquiert rapidement un statut, mais aussi les corps techniques, le Conseil d'État et la Cour des comptes qui obtiennent des protections. La droite reconstructrice, consciente des problèmes d'une administration qui commence à proliférer dans une relative anarchie, tente de restaurer ce que Talleyrand encore nomme « l'esprit d'administration » guidé par le souci de fixer invariablement « les rapports des administrés à chaque branche du pouvoir, et les rapports de toutes les parties de l'administration au système général de l'organisation de l'État » [5, p. 90]. De manière plus technique, la solution se profile sous la forme d'un « système de promotion sagement conçu et invariablement exécuté » [12, p. 364]. Au ministère de l'Intérieur, Gérando le premier cherche à construire « un système fixe et régulier d'avancement, fondé d'une part sur l'ancienneté des services, de l'autre sur le mérite du travail ». D'où l'esquisse d'un tableau d'ancienneté qui se complète en 1809 par le projet de Cretet d'une classification des grades et des emplois. La Restauration emboîtera le pas, multipliant décrets, circulaires et arrêtés visant à rationaliser le fonctionnement des services administratifs.

Reste que cette prolifération réglementaire loin de rassurer l'opinion libérale suscite l'inquiétude. Les statuts particuliers offerts à certains corps, techniques ou prestigieux, contribuent certes à promouvoir une spécialisation synonyme d'efficacité et de compétence, mais ils provoquent jalousies et rancœurs, désordres et inégalités. Avantages de l'esprit de corps et fantôme du corporatisme, l'opinion prend conscience du danger d'une administration envahissante sous couvert d'utilité, irresponsable sous prétexte de compétence et suspecte de réclamer des privilèges de caste. L'inquiétude trouve alors des relais dans une classe politique sensible aux fragilités de sa légitimité et qui craint l'émergence d'un pouvoir autonome et concurrent. Tel est donc le climat qui voit naître l'idée statutaire : le caractère incontournable du fait administratif prend la forme de l'apparition d'un véritable *nouveau pouvoir*; mais faute d'un cadre juridique, ce dernier menace à la fois l'autorité des gouvernants et les libertés publiques des citoyens, les équilibres politiques du gouvernement représentatif et l'indépendance des fonctionnaires.

Retour de Prusse où il a étudié le système de recrutement et de formation des fonctionnaires dotés d'un statut, Édouard Laboulaye plaide vigoureusement en faveur d'une telle idée. Pour ce parfait libéral, le problème de l'heure n'est à coup sûr plus celui du nombre des fonctionnaires, mais de leur qualité d'une part, de leur protection contre l'arbitraire de l'autre. Certes la France connaît-elle pour certains corps, tels ceux de l'armée ou des Ponts et Chaussées, ces exigences « d'aptitude et de capacité » sanctionnées par des méthodes de recrutement et d'avancement. Mais dans la majorité des administrations, on n'admet comme « condition d'admissibilité qu'un surnumérariat insignifiant, puisque l'on entre à la faveur, et qu'une fois entré c'est encore de la faveur seule qu'on attend son titre et son avancement ». Le bilan de Laboulaye est sévère, qui montre qu'en France « la capacité exigée est en raison inverse de l'importance de la place et de la responsabilité » [45, p. 525-526]. La Prusse, à l'inverse, offre avec son statut des fonctionnaires un modèle à imiter, et ce pour de nombreux observateurs aussi vigilants que Tocqueville. Ce dernier n'hésite pas à réclamer l'intervention du législateur et retrouve le Mirabeau de 1789 dont il mêle l'inspiration à celle qui présidait au statut des militaires et des fonctionnaires prussiens. Dès lors, c'est le noviciat et la réglementation des carrières qu'il demande : « Là, on n'entre qu'après un certain noviciat, un certain examen dans la carrière; là on ne peut marcher que pas à pas dans la carrière où l'on est entré, il faut aller du premier grade au second, et passer successivement par tous les degrés de l'échelle hiérarchique » [24, p. 204].

Formation et noviciat sur une face, règles d'avancement sur l'autre, le cadre est fixé d'une solution par la loi aux désordres de l'administration. Mais l'histoire du XIXe siècle est de ce point de vue celle d'échecs successifs. Échec du projet de Georges Cuvier visant à créer, dès 1820, une École spéciale d'administration ; échec aussi, après une brève expérience, de l'École d'administration d'Hippolyte Carnot en 1848 ; relatif succès après 1870 de la création de l'École libre des sciences politiques, qui laisse toutefois à l'initiative privée le soin de pallier les origines intellectuelles et morales de la défaite [18 et 19]. Plus significative est cependant l'histoire tourmentée des projets de statut qui, pendant près d'un siècle, jalonnent les tâtonnements de la réforme administrative.

Le temps des hésitations

Le premier projet de 1844 est précisément le fait des amis libéraux de Tocqueville et Laboulaye. Il est déposé à la Chambre par de Gasparin, Saint-Aulaire et Saint-Marc Girardin et se donne pour objet d'inventer un cadre réglementaire d'admission et d'avancement au sein de ce que l'on nomme encore « les fonctions publiques » [46]. Vérification des aptitudes à l'entrée par concours ou examen, règles d'ancienneté et tableau d'avancement pour l'organisation des carrières, les ingrédients sont là d'un dispositif qui vise à concilier la cohérence organisationnelle d'une administration continue et la lutte contre le favoritisme, l'efficacité technique et la protection des agents. Reste que c'est surtout le destin de ce projet qui reste pour longtemps symptomatique. Son échec tout d'abord, sous les coups du gouvernement Guizot qui met en avant les dangers de l'unification et de l'uniformité des règles de promotion, craignant ouvertement une limitation des prérogatives du pouvoir exécutif ainsi privé d'un instrument docile et malléable. Mais son succès aussi, dans la mesure où l'argument libéral en faveur d'un statut législatif livre une sorte de matrice de l'idéal statutaire : à des devoirs exorbitants pour les agents de l'État doivent correspondre des garanties spécifiques.

Ce premier moment de l'histoire du statut est d'autant plus important qu'il donne les clefs d'une structure de débat qui va rester largement invariante en ses arguments, mais inversera les signes de ses interprétations politiques. Le refus de François Guizot trace une ligne de défense de l'exécutif contre les projets de statut d'origine parlementaire qui sera reprise par nombre de gouvernements sous tous les cieux idéologiques, notamment républicains, à la fin du siècle. Inversement, l'idée d'un équilibre entre droits et obligations, d'une garantie par la loi de la spécificité des fonctionnaires nourrit toutes les réflexions et propositions, qu'elles émanent de la doctrine ou des fonctionnaires eux-mêmes. Du côté de ces derniers, Georges Demartial deviendra la figure éponyme du combat en faveur du statut face à une République rétive [33 ; 34]. Fonctionnaire au ministère des Colonies, historien savant de l'administration, ce dernier multiplie les publications critiques des mœurs d'une République qui pratique « des largesses avec les fonctions publiques comme l'Ancien Régime en faisait avec des prébendes et des pensions ». Mais s'il aborde tous les aspects de la désorganisation administrative et approche les solutions par des biais aussi divers que ceux du recrutement ou du coût, de l'avancement ou de la liberté d'opinion, Demartial a toujours les yeux rivés sur le statut législatif comme cadre global [5, p. 92-97].

Sous sa forme critique, l'argument est au début du XXᵉ siècle semblable à celui des libéraux de la Monarchie de Juillet : la République au pouvoir, telles ses devancières, pratique toujours le « régime des décrets » qui laisse aux ministres la capacité discrétionnaire de régir les conditions de nomination, d'avancement et de révocation des agents placés sous leur responsabilité. Avec pour conséquence non seulement les dysfonctionnements d'un système inégalitaire et parasité mais aussi l'injustice faite aux fonctionnaires, catégorie de citoyens soumise au bon vouloir des gouvernants alors que leurs compatriotes jouissent de l'égalité de la loi. En d'autres termes, sous la République, c'est toujours d'archaïsme qu'il s'agit : « La substitution de la loi, expression de la volonté générale, à l'ordonnance, expression de la volonté individuelle du chef de l'État, a constitué le phénomène le plus remarquable de l'évolution des sociétés depuis cent ans. Or, le statut des fonctionnaires n'a pas connu cette évolution, il est resté soumis au régime des décrets, c'est-à-dire du bon plaisir. » Même si Demartial se veut rassurant lorsqu'il affirme ne pas vouloir « saper l'autorité du gouvernement sur les fonctionnaires », il sait toutefois qu'à prétendre « tracer le cercle des compétences », il altère un pouvoir : « un ministre n'aurait pas le droit d'acheter discrétionnairement un cheval pour le compte de l'État ; qu'il n'ait pas davantage le droit de nommer discrétionnairement un juge, un consul, un chef de bureau » [33, p. 50-59].

Du côté de la doctrine, l'École du service public en la personne d'un Léon Duguit aborde plus franchement le problème sous l'angle de la théorie de l'État et de la souveraineté. Au cœur de sa démarche se trouve la volonté d'en finir avec l'arbitraire d'un État dont la prétendue personne morale déguise la puissance. Qu'elle prenne des allures libérales individualistes ou socialistes à coloration collectiviste, la doctrine de l'État-puissance masque toujours une autorité sans borne qui rend les citoyens dociles et les fonctionnaires serviles. Et si Duguit se rallie finalement à l'idée de statut, c'est qu'elle doit permettre de les arracher ensemble à ce piège. Garanti par la loi, le statut accorde aux fonctionnaires une situation objective de droit qui scelle leur spécificité d'agents du service public ; cette dernière quant à elle gomme tout aspect de puissance des actes des fonctionnaires qui deviennent ainsi porteurs d'une mission collective. Mais il ne faut pas s'y tromper, les temps ont changé depuis Laboulaye, et si Duguit substitue le statut législatif au contrat de droit commun, il s'agit de résoudre un problème éminemment politique. A l'heure de la lutte des classes, Duguit ne s'en cache pas : « les fonctionnaires ne sont pas des employés comme les autres en face d'un employeur, des producteurs en face d'un capitaliste, luttant contre l'employeur pour conquérir le produit de leur travail. C'est là une conception fausse favorisée d'ailleurs par la fausse conception de l'État-personne. L'État-patron capitaliste n'existe point » [35, t. III, p. 97]. Partisan du statut lui aussi, Durkheim dit les choses plus clairement encore. Le malaise de l'administration tient à l'absence de régularité dans les mécanismes qui régissent la condition des agents, mais, « pour l'obtenir c'est un statut qu'il faut demander, non des syndicats » [41, p. 211].

C'est sans doute le fait que cette construction puisse paraître un subterfuge qui explique l'étrangeté d'un débat à fronts renversés. Alors que libéraux et républicains militent pour un statut législatif dérogatoire, la gauche syndicale se bat pour le contrat de droit commun. Les uns s'appuient sur une conception uniforme de la loi d'allure franchement rousseauiste, alors que les autres s'attachent à une version fort libérale du lien entre individus. Longtemps due aux gouvernements soucieux de préserver les prérogatives de l'exécutif, la résistance au statut est désormais aussi le fait de partisans du syndicalisme et de la grève qui craignent un piège. Dans ce camp aussi l'ambivalence règne. Alors qu'apparaît dans les années 1850 une presse fonctionnaire qui dénonce « la misère du commis » et veut défendre « le prolétariat administratif », les premières ébauches syndicales s'accrochent à la doctrine du « syndicalisme intégral » qui prône la destruction de l'État. D'où une difficulté à distinguer parmi les fonctionnaires les agents complices de l'État figure de l'autorité des employés victimes du plus puissant des patrons. Le thème de l'État-patron peut alors induire tout autant un ouvriérisme antifonctionnaire dénonçant privilèges et complicités qu'un radicalisme de lutte de classe fondé sur la solidarité revendicative [5, p. 60-63].

Le paradoxe du contractualisme syndical peut dès lors s'éclairer en tant que solution moyenne permettant de résoudre la contradiction. Attaché à l'idée d'une solidarité de classe, il rachète le fonctionnaire en compensant son statut social privilégié par un lien juridique similaire à celui de l'ouvrier. Mais dans le même temps, il offre aux partisans de la révolution sociale les armes de leur combat : lié à l'État-patron par un contrat de droit commun, le fonctionnaire disposera des instruments de la lutte que sont le syndicat et la grève. Une cohérence se dessine qui fait que plus le fonctionnaire se veut révolutionnaire, plus il revendique le contrat, préférant briser la logique de l'incorporation à l'État pour jouer des tensions qu'offre la bilatéralité contractuelle. Lorsqu'en 1909 un groupe de syndicalistes des postes publie son manifeste dans *Le Matin*, les fils sont explicitement tissés : « De quel statut nous parle-t-on ? D'un statut *simple contrat* de travail entre l'employé et son patron, l'État ? Ou d'un statut réglant l'exercice du droit d'association pour les salariés de l'État ? S'il s'agit du second, les congrès l'ont repoussé, ils ont revendiqué le *droit commun*, c'est-à-dire la loi de 1884 avec toutes ses conséquences, parce que tout autre régime constituerait une *loi d'exception*, nous mettrait hors du droit commun, créerait *deux catégories* de producteurs, perpétuerait la division du prolétariat » [5, p. 59].

Les enjeux du chassé-croisé idéologique sont ici parfaitement noués. Libéraux du XIXe siècle puis républicains revendiquant le statut cherchaient à en faire l'instrument d'un compromis entre une protection spécifique du fonctionnaire contre l'arbitraire d'un patron hors du commun et des devoirs liés à des fonctions particulières[4]. Mais au cœur du compromis se trouvait à l'évidence l'idée selon laquelle la liberté s'exprime au travers de formes originales : l'association et non le syndicat, la négociation contre la grève. Théoricien du syndicalisme, Maxime Leroy sent le piège et renverse la proposition : « Le syndicat, c'est le droit privé, c'est-à-dire l'application aux rapports entre l'État et les fonctionnaires de toutes les règles qui sont applicables entre employés, ouvriers et patrons » [39, p. 216]. L'équivoque est à son comble lorsqu'il développe cette position selon une cohérence qui, aux arrière-pensées politiques près, n'a rien à envier à l'ultra-libéralisme le plus contemporain. En effet, avec le contrat, « le traitement tombe au rang de salaire ; la nomination, contrat de droit public ou acte de puissance publique, n'est plus qu'un contrat de droit privé, un louage de service, la loi du budget tombe sous la dépendance de l'offre et de la demande; l'autorité hiérarchique est soumise à discussion; le fonctionnaire, d'agent chargé d'un mandat public, devient employé ou ouvrier, et avec cette transformation tombent toutes les immunités dont le protège le Code pénal » [*idem*, p. 250].

Peut-on penser qu'un tel discours sous la plume d'un théoricien du syndicalisme intégral prive pour longtemps la droite d'une logique libérale de traitement du lien entre le fonctionnaire et l'État? Il semble en tout cas certain qu'en ce moment de passage de l'État régalien à l'État-patron, la prégnance des modèles hérités conjuguée à la difficulté récurrente à définir le rapport entre administration et société, confirme une particularité française qui obscurcit l'interprétation des clivages idéologiques. La réalisation de l'idée statutaire en 1946 et suite à l'épisode vichyste ne viendra guère éclairer le problème puisqu'à nouveau le contexte politique surdétermine largement le débat. La Chambre des députés vote la loi créant le statut à l'unanimité le 5 octobre 1946, à la veille de se séparer, mais le consensus dissimule des intentions disparates voire contradictoires. Élaboré à partir d'un projet de la CGT par le Cabinet de Maurice Thorez, le statut rallie finalement la CFTC qui y trouve l'accès à une représentativité et le MRP qui en fait sans doute l'objet d'un marchandage : Georges Bidault accepte une loi promue par les communistes en échange d'une neutralité de ces derniers à l'égard des dispositions constitutionnelles régissant l'Union française. Quant aux socialistes, certaines voix peuvent bien dénoncer son aspect « imparfait et emprunt d'un esprit totalitaire », ils votent cependant un texte qui assure une « revalorisation de la fonction publique » [54]. Consensus introuvable au terme d'un siècle de débat idéologiquement marqué de mouvements browniens, la solution statutaire ne fait-elle que substituer une ambiguïté à une autre, en laissant les problèmes en l'état?

III. L'AMBIVALENCE PARTAGÉE

Près d'un demi-siècle plus tard, le statut général des fonctionnaires n'a, semble-t-il, fait que donner un cadre renouvelé aux questions inlassablement posées à propos de l'É.at et de ses agents.

Plus encore, au regard de débats bousculés au rythme des alternances politiques, il fait aujourd'hui figure de tabou, tout à la fois objet de rancœurs et frappé d'interdits. Du côté syndical, ce cadre juridique devenu sacré n'empêche pas le jeu sur un double registre : citoyen comme les autres, le fonctionnaire revendique la garantie de l'emploi face à un patron pas comme les autres ; mais face à un État-patron aussitôt conçu comme les autres, il entend toutefois arracher la garantie du pouvoir d'achat, fût-ce au travers de procédures contractuelles incompatibles avec la logique statutaire. Dans le malaise le plus complet, la question de la garantie de l'emploi est donc bien l'axe névralgique d'un impossible dialogue : symbole de la citoyenneté du fonctionnaire pour les uns, elle devient la métaphore de ses privilèges pour d'autres. Le thème d'allure américaine d'une fonction publique « ouverte », opposée aux rigidités de la carrière à la française, peut bien resurgir de temps à autre, le service public n'est jamais véritablement un « métier comme les autres ». La spécificité française résiste à tout, de la fascination des modèles importés aux tentatives les plus audacieuses de réforme : auteur en 1979 d'un rapport explosif visant à « l'éclatement du modèle type du fonctionnaire » [55], Gérard Longuet, ministre moins de dix ans plus tard, se garde bien d'appliquer à la tête de l'une des plus massives administrations françaises ses propres recettes de contractualisation d'une partie des agents publics.

Force est alors de constater qu'aujourd'hui encore la litanie des heurs et malheurs du fonctionnaire n'emprunte que de manière incertaine les voies d'une polarisation selon l'axe gauches-droites. Auteur d'un *Traité pratique de fonction publique*, conseiller d'État, ancien membre du Cabinet du général de Gaulle, Alain Plantey publie en 1975 une ambitieuse *Prospective de l'État* [30]. On pourrait dans un tel contexte s'attendre à trouver là une réponse idéologiquement marquée à *La mort de l'État républicain* annoncée par Michel Debré, ou au *Mal français* dénoncé par Alain Peyrefitte. Mais à l'écart de toute polémique, l'ouvrage offre un symptomatique mélange de modération dans l'innovation et de prudence dans l'expression. Avec un effet de prospective d'autant plus saisissant que quinze ans plus tard la liste de ses thèmes est exactement celle des problèmes toujours à l'ordre du jour des projets d'intention, des discours et des tentatives de réforme des gouvernements successivement de droite et de gauche. Féminisation de l'administration, rationalisation des méthodes de travail, programmation des activités et évaluation des résultats, participation et dialogue social décrivent un parfait vade-mecum du réformateur de l'État en France et profilent la gamme complète des solutions esquissées aux problèmes de ses agents.

Inutile alors d'entonner l'air du catalogue des questions toujours ouvertes pour tenter de le faire courir en contrepoint du répons d'hypothétiques voix de la gauche et de la droite. Ici ou là, quelques propositions originales peuvent bien surgir concernant l'avancement, les incompatibilités ou le droit de grève qui offriraient une connotation idéologique marquée, elles semblent cependant vouées à demeurer marginales. Ici ou là, le malaise demeure sans doute qui peut encore produire une vertueuse indignation teintée d'invocation des références doctrinales. Mais n'est-ce pas pour dessiner aussitôt une sorte de front du refus des déçus qui finiraient parfois par se rejoindre dans le souci de la pureté des intentions ? En témoignerait par exemple l'amertume d'un Thierry Pfister [31] portant un regard douloureux sur l'attitude de ses amis de gauche face à *La République des fonctionnaires*, mais rejoignant le député RPR Michel Hannoun pour déplorer l'invasion des cabinets ministériels par les fonctionnaires, ou encore plaidant avec le très libéral Jean-Michel de Forges en faveur d'une limitation des possibilités de retour des fonctionnaires élus dans leur corps d'origine[5]. Voudrait-on enfin quitter ces aspects précis pour prendre en compte des visions et des pratiques plus larges que le jugement se confirmerait. On sait depuis les années 1930 que le discours sur la réforme de l'État n'est l'apanage d'aucune des forces politiques ; le thème de sa modernisation apparaît aujourd'hui comme un dénominateur commun aux élites technocratiques férues de management et aux savants soucieux de fonctionnalité, aux libéraux apôtres de l'efficacité et aux socialistes avocats de la participation, à moins que ce ne soit l'inverse[6].

Ce raccourci est d'autant plus saisissant que l'ambiance idéologique globale semble être propice à une telle réduction des aspérités du débat. Effet second d'un déclin des idéologies ou résultat plus limité de la confrontation successive des programmes politiques aux réalités du pouvoir, les temps sont révolus où la gauche s'avançait avec un « plus d'État » synonyme de bonheur pour les citoyens et de liberté pour les fonctionnaires lors même que la droite gageait l'autonomie de la société sur la réduction d'un État protéiforme et liberticide. A droite comme à gauche on semble convenir avec Michel Crozier que pour être moderne l'État se doit d'être modeste et la société civile est conviée à participer aux affaires. Mais dans le même temps on est en droit de penser avec Pierre

Rosanvallon que l'État-providence à la française bénéficie d'un bel avenir [6, p. 276-280]. Réhabillé aux couleurs de la République qui mêlent l'idéal solidariste et le goût de la loi, il continue d'enrichir un esprit de synthèse sorti renforcé des allers et retours du balancier idéologique et persiste à satisfaire une opinion publique volontiers économiquement libérale et socialement socialiste [50].

C'est dire que sans doute pourra-t-on pour longtemps spéculer encore sur les volontés et les chances du plus ou moins d'État et voir le fonctionnaire subir les aléas d'une utilisation politique de ce thème. Mais l'essentiel est ailleurs, dans le fait que l'ambiguïté des discours concernant les agents de l'État ne fait qu'accompagner et reproduire l'ambivalence associée à ce dernier. Sur l'une de ses faces, soumis au droit et perméable aux revendications démocratiques, il radicalise l'affirmation du caractère sacré de la sphère privée et focalise les demandes d'extension de la citoyenneté. Mais en tant que structure de gestion, il persiste pourtant à s'étendre à mesure qu'il réussit en sa tâche de « réducteur de risque ». Est-ce avouer qu'en la figure du fonctionnaire nous n'en avons jamais fini d'explorer les mystères d'un État qui demeure complice des aventures de la démocratie?

PIERRE BOURETZ

Bibliographie

Archives, ouvrages généraux et de synthèse

[1] *Ancien Moniteur*, mai 1789-nov. 1799, 30 vol., réimpr., Paris, 1863.

[2] MAURICE BLOCK, *Dictionnaire général de la politique*, 2 vol., Paris, 1863.

[3] MAURICE BLOCK, *Dictionnaire de l'administration française*, Paris, 1878, 2ᵉ éd. et suppl. gén., 1878-1884, Paris, 1885.

[4] JEAN DUBOIS, *Le vocabulaire politique et social en France de 1869 à 1872*, Paris, Larousse, 1962.

[5] ÉVELYNE PISIER, PIERRE BOURETZ, *Le paradoxe du fonctionnaire*, Paris, Calmann-Lévy, 1988.

[6] PIERRE ROSANVALLON, *L'État en France de 1789 à nos jours*, Paris, Le Seuil, 1990.

[7] FRANÇOIS DUPUY, JEAN-CLAUDE THOENIG, *L'administration en miettes*, Paris, Fayard, 1985.

Histoire de l'administration et des fonctionnaires

[8] PIERRE LEGENDRE, *Histoire de l'administration de 1750 à nos jours*, Paris, PUF, 1968

[9] PIERRE LEGENDRE, *L'administration du XVIIᵉ siècle à nos jours*, Paris, PUF, 1969 (documents).

[10] ALBERT LANZA, *L'expression constitutionnelle de l'administration française*, Paris, LGDJ, 1984.

[11] ALBERT LANZA, *Les projets de réforme administrative en France*, Paris, PUF, 1968.

[12] GUY THUILLIER, *Bureaucratie et bureaucrates en France au XIXᵉ siècle*, Genève, Droz, 1980.

[13] JACQUES CHEVALLIER, *L'élaboration historique du principe de séparation de la juridiction administrative et de la juridiction active*, Paris, LGDJ, 1970.

[14] ALAIN DI STEFANO, *La participation des fonctionnaires civils à la vie politique*, Paris, LGDJ, 1979.

[15] FRANCIS DE BAECQUE, JEAN-LOUIS QUERMONNE, *Administration et politique sous la Vᵉ République*, Paris, PFNSP, 1982.

[16] JEAN-LUC BODIGUEL, JEAN-LOUIS QUERMONNE, *La haute fonction publique sous la Vᵉ République*, Paris, PUF, 1983.

[17] PIERRE BIRNBAUM, *Les sommets de l'État. Essai sur l'élite du pouvoir en France*, Paris, Le Seuil, 1977.

[18] MARIE-CHRISTINE KESSLER, *L'ENA : la politique de la haute fonction publique*, Paris, PFNSP, 1978.

[19] JEAN-FRANÇOIS KESLER, *L'ENA, la société, l'État*, Paris, Berger-Levrault, 1985.

[20] DOMINIQUE CHAGNOLLAUD, *L'invention des hauts fonctionnaires*, thèse IEP, Paris, 1988. La version remaniée de cette thèse a été publiée aux Éditions Fayard en 1991 sous le titre *Le premier des ordres. Les hauts fonctionnaires (XVIIIᵉ-XXᵉ siècles)*.

Des modèles politiques

[21] FRIEDRICH HAYEK, *La route de la servitude* (trad. franç.), Paris, PUF, 1985.

[22] FRIEDRICH HAYEK, *The Fatal Conceit. The Errors of Socialism*, Chicago University Press, 1988.

[23] ROBERT NOZICK, *Anarchie, État et utopie* (trad. franç.), Paris, PUF, 1988.

[24] ALEXIS DE TOCQUEVILLE, *Écrits et discours politiques*, Œuvres complètes, t. III, Paris, Gallimard, 1985.

[25] ALEXIS DE TOCQUEVILLE, *L'Ancien Régime et la Révolution*, Œuvres complètes, 2 vol., t. II, Paris, Gallimard, 1952.

[26] ÉDOUARD LABOULAYE, *Le parti libéral, son programme, son avenir*, Paris, 1863.

[27] ÉDOUARD LABOULAYE, *L'État et ses limites*, Paris, 1863.

[28] VIVIEN, *Études administratives*, 2 vol., Paris, 1845, 2ᵉ éd., Paris, 1852.

[29] ALAIN PLANTEY, *Traité pratique de la fonction publique*, Paris, LGDJ, 1971, 2 vol., et *Réformes dans la fonction publique*, mises à jour, 1978 puis 1985.

[30] ALAIN PLANTEY, *Prospective de l'État*, éd. du CNRS, 1975.

[31] THIERRY PFISTER, *La république des fonctionnaires*, Paris, Albin Michel, 1988.

[32] SAINT-JUST, *Œuvres complètes*, Paris, Gérard Lebovici, 1984.

A la recherche d'un statut

[33] GEORGES DEMARTIAL, *Le statut des fonctionnaires*, Paris, 1909.

[34] GEORGES DEMARTIAL, *La réforme administrative*, Paris, 1911.

[35] LÉON DUGUIT, *Traité de droit constitutionnel*, 5 vol., Paris, 1928.

[36] JACQUES BUSQUET, *Les fonctionnaires, La lutte pour le droit — la question du statut*, Paris, 1910.

[37] HENRY NÉZARD, *Théorie juridique de la fonction publique*, Paris, 1901.

[38] CHARLES GEORGIN, *Le statut des fonctionnaires. L'avancement, son organisation, ses garanties*, Paris, 1912.

[39] MAXIME LEROY, *Les transformations de la puissance publique*, Paris, 1907.

[40] MAXIME LEROY, *Syndicats et services publics*, Paris, 1909.

[41] ÉMILE DURKHEIM, *Textes, III*, Paris, Éditions de Minuit, 1975.

[42] FRANCIS HAMON, *Statut général et diversité des situations dans la fonction publique*, thèse, Université de Paris II, 1972.

[43] JEAN-PIERRE MACHELON, *La République contre les libertés*, Paris, PFNSP, 1976.

[44] PROSPER WEIL, *Le droit administratif*, Paris, PUF, 1980.

Articles

[45] ÉDOUARD LABOULAYE, « De l'enseignement et du noviciat administratif en Allemagne », *Revue de législation et de jurisprudence*, t. 18, juillet-décembre 1843.

[46] A. DE GASPARIN, SAINT-MARC GIRARDIN et SAINT-AULAIRE, « Rapport sur la proposition relative aux conditions d'admission et d'avancement dans les fonctions publiques », *Revue de législation et de jurisprudence*, t. XXII, 1845.

[47] JEAN-LOUIS MOREAU, « Faut-il abroger le statut général des fonctionnaires? », AJDA, 1986.

[48] JEAN-MICHEL DE FORGES, « L'administration de la liberté », in *La liberté à refaire*, Paris, Hachette, 1984.

[49] OLIVIER DUHAMEL, ÉVELYNE PISIER, « Services publics, opinions publiques », in *Idéologies, partis politiques & groupes sociaux*, YVES MÉNY (s.d.), Paris, PFNSP, 1989.

[50] OLIVIER DUHAMEL, « Libéraux-socialistes-conservateurs : les évolutions idéologiques des Français », *SOFRES, Opinion publique 1985*, Paris, Gallimard, 1985.

[51] PIERRE DELVOLVÉ, « Service public et libertés publiques », *Revue française de droit administratif*, n° 1, 1975.

[52] ÉVELYNE PISIER, « Services publics et libertés publiques », *Pouvoirs*, n° 36, 1986.

[53] VINCENT WRIGHT, « La réorganisation du Conseil d'État en 1872 », *Études et documents*, Conseil d'État, 1973.

[54] JEANNE SIWEK-POUIDESSEAU, « Les conditions d'élaboration du statut général des fonctionnaires de 1946 », *Annuaire international de la Fonction publique*, 1970-1971.

[55] GÉRARD LONGUET, Avis, Assemblée nationale, Doc. parl. n° 1296, 1980.

[56] JACQUES DONZELOT, « D'une modernisation l'autre », *Esprit*, août-sept. 1986.

CHAPITRE XI

L'économie et le marché

Achever l'étude de l'organisation de la Cité selon les droites par l'économie et le marché n'est pas un effet d'évidente symétrie. Le discours généalogique tenu notamment dans les années 1980 par les idéologues libéraux comme la rhétorique démonstrative voudraient que la boucle se referme sur le deuxième élément d'une polarité qui, à Dieu, transcendance irriguant de son sens originaire l'univers par lui structuré de la Cité, opposerait le marché régulé par la grâce de la main invisible s'exerçant à travers, et comme malgré eux, les individus désireux de maximiser chances et gains. Or, une telle polarité présuppose d'abord que l'économie soit reconnue comme un domaine autonome, indépendant du monde social et autorégulé. Ce postulat qui fonde la modernité occidentale, telle que définie par les travaux de Karl Polanyi[1], puis de Louis Dumont[2], se caractérise essentiellement par le refus d'immerger, à l'encontre des civilisations traditionnelles, les faits économiques dans le monde social et pose comme premier le rapport de l'individu à la nature (par la propriété ou le travail), comme second le rapport aux hommes. Les sociétés holistes assurent la primauté ontologique du social sur les êtres, de l'ordre collectif sur l'individu empirique ; notre modernité fait de l'individu l'incarnation de l'humanité tout entière, le définit comme libre, égal à tout autre homme, et assure que ses besoins et ses droits subordonnent ceux de la société.

Refuser l'individualisme de l'état social démocratique implique dès lors que le marché ne soit pas constitué en réalité : l'économie demeure, dans une vision plus encore aristotélicienne que thomiste, une activité propre à la sphère domestique. Pour les droites inspirées par la Contre-Révolution, l'horizon idéologique holiste bouche toute expression d'une sensibilité économique qui ne soit pas la réitération des vieux canons du juste prix, de la charité et du secours aux pauvres. C'est le même mouvement qui conduit Louis de Bonald à poser en tête de sa Théorie du pouvoir politique et religieux *qu'« il existe des lois entre Dieu et l'homme, des lois ou des rapports nécessaires dérivés de leur* nature [...] *Il y a donc une* société *entre Dieu et l'homme. C'est la société naturelle religieuse ou* religion naturelle[3] *», et à conclure, quatre ans plus tard, en* 1800, *dans son* Essai analytique sur les lois naturelles de l'ordre social : « *Tous les raisonnements des niveleurs ou des esprits chagrins ne prévaudront jamais contre cette raison naturelle et supérieure qui dit à l'homme qu'il est plus digne de lui d'*agir sur l'homme pour le service de la société politique, que de *travailler sur la matière pour le service de la société domestique*[4]. »

L'acceptation de l'individualisme démocratique comme état social, outre, on l'a vu, qu'elle ne fonde pas nécessairement dans le libéralisme l'acceptation de la démocratie comme état de gouvernement, n'implique pas pour autant l'affirmation du primat ontologique du marché dans l'organisation de la Cité. Non que l'on puisse opposer un libéralisme politique à un libéralisme économique, mais, dans les horizons idéologiques des droites libérales françaises, le rapport au marché est à ce point particulier qu'il a jusqu'à nos jours modelé leurs sensibilités économiques. Pour le dire d'un mot, Benjamin Constant n'est pas John Locke, ni les doctrinaires — Pierre-Paul Royer-Collard et François Guizot —, Adam Smith.

John Locke, dans son Deuxième Traité du gouvernement civil (1690), *place à l'origine de la condition sociable de l'homme l'appropriation de la terre et son travail, d'où naît l'échange. C'est secondairement que naît la société civile, lorsque les hommes renoncent à leur état de nature et à leur droit afférent de défense de leur propriété pour déléguer ce droit à la communauté. Sans cette antériorité ontologique de la propriété sur la société formulée par Locke, on ne peut comprendre Adam Smith, dont toute la* Recherche sur la nature et les causes de la richesse des nations (1776) *vise à fonder la production et le commerce dans le monde de la société naturelle et à prouver conséquemment que l'institution politique — la communauté civile —, historiquement seconde, se doit de demeurer extérieure, parce que essentiellement étrangère, au système naturel, lequel se régule de lui-même par la main invisible, c'est-à-dire l'harmonisation permanente des intérêts de chacun au profit de tous.*

Qu'en regard on relise Benjamin Constant et le contraste est frappant. Au sortir d'une Révolution au cours de laquelle, avec la Terreur notamment, le politique a hypertrophié sa sphère au point de vouloir la faire coïncider avec celle, privée et domestique, de chacun, Constant n'a qu'une ambition : borner le politique en lui opposant l'antériorité de l'univers propre de l'individu. Dès 1815, *il ouvre ses* Principes de politique applicables à tous les gouvernements représentatifs et particulièrement à la Constitution actuelle de la France *sur un double postulat : « Il y a une partie de l'existence humaine qui, de nécessité, reste individuelle et indépendante, et qui est de droit hors de toute compétence sociale. La souveraineté n'existe que d'une manière limitée et relative. Au point où commencent l'indépendance et l'existence individuelle s'arrête la juridiction de cette souveraineté[5].* » *Voilà pour le fondement individualiste du libéralisme; voici ce qui donne existence à la société civile :* « *Les citoyens possèdent des droits individuels indépendants de toute autorité sociale ou politique, et toute autorité qui viole ces droits devient illégitime. Les droits des citoyens sont la liberté individuelle, la liberté religieuse, la liberté d'opinion, dans laquelle est comprise sa publicité, la puissance de la propriété, la garantie contre tout arbitraire. Aucune autorité ne peut porter atteinte à ces droits, sans déchirer son propre titre[6].* » *Non seulement la société civile cesse ici de s'opposer, comme chez Locke ou Rousseau, à l'état de nature pour s'opposer désormais à l'État, mais c'est dans et grâce à cette sociabilité des individus, hors d'atteinte de la souveraineté et de la puissance publique, que s'exercent le commerce et l'industrie. On se souvient que* De la liberté des Anciens comparée à celle des Modernes *s'ouvrait en* 1819 *sur la forte affirmation que désormais* « *nous sommes arrivés à cette époque où le commerce remplace la guerre* ». *A rapprocher ces deux textes, on pourrait conclure que le marché, fruit du droit imprescriptible de propriété, relèverait également du domaine de la liberté civile, hors des atteintes de la puissance publique. Il n'en est rien. Le commerce est, chez Constant, le fruit de la liberté moderne qui* « *doit se composer de la jouissance paisible de l'indépendance privée[7]* ». *La société civile est ici première, le marché second. Au point que* De la liberté *oublie très vite le commerce pour ne plus s'intéresser qu'à la nécessaire représentation politique déléguée de la société civile :* « *L'exercice des droits politiques ne nous offre donc plus qu'une partie des jouissances que les anciens y trouvèrent, et en même temps les progrès de la civilisation, la tendance commerciale de l'époque, la communication des peuples entre eux, ont multiplié et varié à l'infini les moyens du bonheur particulier* [...] *Le but des anciens était le partage du pouvoir social entre tous les citoyens d'une même patrie. C'était là ce qu'ils nommaient liberté. Le but des modernes est la sécurité dans les jouissances privées; et ils nomment liberté les garanties accordées par les institutions à ces jouissances[8].* » *A dire le vrai, traitant du marché, qu'il continue encore à nommer symptomatiquement commerce, Constant ne dépasse aucunement les aimables propos de Montesquieu sur les effets civilisateurs du commerce,* « *profession des gens égaux* », *lequel aurait adouci les mœurs des nations par la grâce de la lettre de change. Celle-ci aurait notamment rendu les biens invisibles,* « *qui pouvaient être envoyés partout, et ne laissaient de trace nulle part* [...] *Il a fallu, depuis ce temps, que les princes se gouvernent avec plus de sagesse qu'ils n'auraient eux-mêmes pensé; car, par l'événement, les grands coups d'autorité se sont trouvés si maladroits, que c'est une expérience reconnue, qu'il n'y a plus que la bonté du gouvernement qui donne de la prospérité[9]* ». *Constant n'ira pas plus loin : subordonnant le marché à la société, même si la propriété est un droit imprescriptible,* reconnaissant qu'en prônant la liberté d'industrie, il pouvait émouvoir nombre des siens libéraux qui refuseraient de le suivre dans cette mise « sur la même ligne [de] la liberté commerciale et [de] la liberté civile », il concluait dans ses Principes de politique : « *Je me serais trompé dans mes assertions sur la liberté de l'industrie et du commerce, que mes principes sur la liberté religieuse, intellectuelle et personnelle n'en seraient pas affaiblis.* »

Voilà érigé l'amont de la réflexion des droites libérales, elles n'en sortiront plus, et c'est dans ce cadre préalablement accepté que s'inscriront les réflexions des Say, Bastiat et autres théoriciens français du marché. Les droites lorsqu'elles se montreront, de gré ou de force, attachées au marché, inséreront celui-ci dans la sphère sociale indépendante de l'autorité publique, mais ne lui reconnaîtront jamais une existence séparée, structurée par le libre exercice de ses lois propres. En surplomb de leurs sensibilités économiques résonnent aujourd'hui encore les critiques cinglantes que Constant adressait à Locke : « Plusieurs de ceux qui ont défendu la propriété, par des raisonnements abstraits, me semblent être tombés dans une erreur grave : ils ont représenté la propriété comme quelque chose d'antérieur à la société, d'indépendant d'elle. La propriété n'est point antérieure à la société, car sans l'association qui lui donne une garantie, elle ne serait que le droit du premier occupant, en d'autres mots, le droit de la force, c'est-à-dire un droit qui n'en est plus un. La propriété n'est point indépendante de la société, car [...] on ne peut imaginer de propriété sans état social. La propriété existe de par la société[10]. » C'est à cette subordination de la propriété, donc de ce qu'elle fonde, le marché, qu'il faut auner sur plus d'un siècle les sensibilités des droites — ou plutôt de la droite, tant le fonds commun est grand — à la sphère économique et à sa théorisation.

**
***

Écrire sur la pensée économique de droite constitue un pari. Il n'existe pas, en effet, de doctrine économique propre à la droite, au sens scientifique du terme, soit un corps de vérités organisées et solidaires accompagné de jugements de valeurs homogènes. En outre, on ne peut indiquer aucune date fondatrice qui en marquerait l'émergence ; l'idée même d'une datation est d'ailleurs récusée par de nombreux penseurs qui se réclament de droite. Enfin, il existe des sensibilités évidemment différentes, même si celles-ci se mobilisent souvent au service de projets économiques identiques.

La subjectivité semble donc indispensable, à moins de se heurter à de multiples apories. On en voudra pour preuve les exemples suivants. Chercher l'apparition d'une conscience économique de droite est tentant. Malheureusement, l'exercice est impossible, ce qui conduit à deux absurdités : nier toute rupture et conclure qu'il n'y a pas de prise de conscience. Ainsi, lorsque le Tiers-État s'attribue le vote de l'impôt, le 18 juin 1789, et qu'il apporte sa garantie « d'honneur et de loyauté » aux créanciers de la puissance publique, il fonde la démocratie des rentiers. L'audace politique est indiscutable, mais l'idée économique n'est ni neuve, ni catalogable à droite même si celle-ci s'en emparera bien vite. Le Tiers s'immisce par un biais politique de circonstance dans le débat sur le capital et la dette lancé par Turgot vingt ans plus tôt[11]. En proposant que l'épargne soit désormais distinguée comme une vertu, le Tiers condamne l'oisiveté et le luxe aristocratiques au nom d'une éthique. Mais la bourgeoisie ou les paysans peuvent bien être conscients de l'importance de ce geste, ils n'ont certes pas l'idée de le qualifier, de droite ou de gauche.

La coïncidence entre révolution capitaliste et révolution politique ne permet pas davantage de rapprochements satisfaisants. Rien ne prouve, en effet, que la droite soit le promoteur de ce capitalisme fin de siècle ou bien que la révolution paysanne, anticapitaliste selon Georges Lefebvre[12], soit de droite parce qu'elle est tournée vers le passé. Le déroulement de la Révolution n'éclaircit pas vraiment les choses. On oppose ainsi par commodité les tenants de la liberté à ceux de la taxation et du contrôle. Mais la droite n'a pas le monopole de la liberté, pas plus qu'elle ne l'a adoptée tout entière, comme l'illustre l'affaire Simonneau, le 3 mars 1792[13] : l'assassinat du maire d'Étampes, en pleine crise frumentaire, révèle combien le terrain économique ne peut se réduire à un affrontement bloc contre bloc. Sur le fond, les hommes de la Révolution conviennent que la rareté de la monnaie, la lenteur de sa vitesse de circulation sont les principaux obstacles à une prospérité réelle et mieux partagée. Ils pressentent que la maîtrise de la monnaie et du crédit assurerait une modernisation économique aussi radicale que la transformation politique accomplie à l'été 1789 : à savoir, ce qu'il a été convenu d'appeler depuis lors l'entrée dans l'ère capitaliste.

Mais ils ne s'y résolvent pas, car ce serait reconnaître l'intuition géniale d'un John Law. Donc admettre qu'il n'y a pas de coupure révolutionnaire et que le capitalisme procède d'une progressive acculturation. Ce serait surtout convenir que la nation n'est pas prête pour ce bond en avant, que sa dynamique économique n'est pas en harmonie avec sa transformation politique. Les jacobins se divisent, Robespierre tergiverse, les feuillants ne savent s'ils doivent dénoncer les droits jugés excessifs des propriétaires ou crier au complot et les paysans maudissent les accapareurs. Chacun semble se méfier du *marché* et de la liberté qu'il implique. La querelle politique qui se développe alors est un moyen de rationaliser par un biais idéologique une situation bloquée. En refusant d'admettre l'émergence du capitalisme, droite et gauche compliquent la tâche de l'historien : ils imposent durablement une vision comptable et statique de l'économie. En refoulant l'évidence capitaliste, droite et gauche se dégagent un espace où les controverses politiques pourront d'autant mieux se déployer qu'aucun camp n'accepte de se situer délibérément dans le champ économique.

Pour contourner ces obstacles, certains auteurs ont avancé l'argument de l'hétérogénéité : « Fascistes et catholiques, théoriciens des mécanismes de marché et chefs d'entreprises soucieux d'intégrer les travailleurs à l'entreprise, disciples de Saint-Simon qui rêvent de grands travaux et nostalgiques de la sagesse paysanne ne sont pas animés par les mêmes souvenirs ou les mêmes rêves[14]. » Au nom de l'absence d'une doctrine scientifique, cela revient à admettre une pluralité de principes, transformés en éléments de doctrines populaires concurrentes. Ces mêmes principes auraient l'avantage d'être transitoires, de ne pas être la propriété exclusive de la droite (et réciproquement) et de combiner les justifications éthiques avec la réalité économique. Mais il n'y a plus alors de concept propre à la droite. L'argent, le protectionnisme, l'entrepreneur deviennent des déterminants que les différentes formations utiliseraient à leur convenance, en fonction des circonstances. Cette analyse permet d'intégrer les contradictions, de comprendre, voire d'excuser, la lenteur de l'adaptation au capitalisme et au marché. La droite fonctionnerait ainsi de manière réactive, tantôt en mythifiant un passé, tantôt en se posant comme agent d'un nouvel ordre.

On écrit de la sorte une histoire des opinions sur les problèmes économiques. On décrit des pratiques circonstancielles, voire des modalités institutionnelles, mais cette démarche n'éclaire pas les arguments qui caractérisent une pensée de droite. Quelles que soient les ramifications repérables dans les discours de droite, on doit admettre qu'ils se proposent tous de concourir au bien des individus par une bonne économie. Mais qu'est-ce qui définit une bonne économie? La fragmentation infinie des biens offerte au plus grand nombre, via l'instrument du marché, ou la distribution organisée des biens, ce qui suppose une hiérarchie des biens et des individus?

La droite s'est en permanence posé cette question sans trouver de réponse définitive. Elle a tenté d'imaginer un modèle hybride subtil combinant la distribution de biens marchands aux individus en proportion de leurs mérites et celle de biens non marchands (l'enseignement, la sécurité...). La difficulté de l'entreprise alimente la tentation récurrente d'évacuer l'insoluble question économique. D'où un balancement perpétuel entre la culpabilité, le refoulement et la légitimité, qu'on se contentera ici d'esquisser.

I. LES DROITES FRANÇAISES S'INTÉRESSENT-ELLES À L'ÉCONOMIE?

La question de savoir si les droites en France s'intéressent à l'économie paraît relever du jugement de valeur. A lire pourtant les textes des contemporains de la Révolution et de leurs commentateurs, elle n'est pas saugrenue. Au moment où la société réfléchit sur les motifs et les modalités de sa représentation politique, elle n'arrive pas à y associer une pensée économique normative. Louis Dumont[15] le montre indirectement en datant la naissance de la catégorie économique, désormais libre de toute attache avec la finalité politique ou la valeur morale, de la publication de *l'Enquête sur la nature et les causes de la richesse des nations* par Adam Smith en 1776. Il ne retient donc pas les *Réflexions sur la formation et la distribution des richesses* de Turgot publiées en 1769-1770. Joseph Schumpeter affirme pourtant que « la structure théorique de cette œuvre est nettement supérieure à la structure théorique de la *Richesse des nations*[16] ». La raison de cette absence doit être cherchée non dans le caractère inachevé de l'œuvre de Turgot, mais dans la permanence du lien entre système économique et jugement moral.

De cette association revendiquée découle un principe propre à la pensée française, de droite comme de gauche : l'économie n'est pas un domaine à part dans la pensée humaine et cette activité ne peut reposer sur l'exclusif égoïsme de l'individu. On est ici d'emblée aux antipodes de la conception anglo-saxonne. Il suffit de consulter *L'ami des hommes ou Traité sur la population* (1756-1760) de Mirabeau l'Aîné pour s'en convaincre : le livre se présente comme un traité systématique (ce qui justifie son classement parmi les ouvrages d'économie), mais contient, en réalité, un plaidoyer très personnel en faveur d'une réforme politique qui seule permettrait un enrichissement par le bouleversement des modes de possession et d'exploitation de la terre. Le « système » fait office d'alibi intellectuel.

Cet état d'esprit largement répandu — le livre de Mirabeau connut un grand succès d'édition — eut deux conséquences. Personne ne vit la nécessité d'enseigner l'économie, en tant que discipline spécifique. Chacun put s'improviser économiste, pour peu qu'il donnât une cohérence intellectuelle à son propos. Ce fut le cas de la plupart des théoriciens dits de la Contre-Révolution, prompts à solliciter l'exemple économique pour souligner la cohérence d'un ensemble à tonalité politique. Dans ses deux livres, *La France chrétienne, juste et vraiment libre* (1789) et *Défense de l'ordre social contre les principes de la Révolution française* (1798), l'abbé Duvoisin tonne contre le matérialisme dévoyé de la noblesse et celui détestable, de la bourgeoisie. Cette réhabilitation de l'alliance du trône et de l'Église se passe fort bien de considérations économiques, sauf sur un point : la nature du lien entre le peuple et le souverain. La contrepartie de la restauration de l'ordre ancien, c'est l'amélioration du niveau de vie des prolétaires — terme utilisé par Duvoisin : « L'homme qui ne possède rien n'a pas de patrie, il est difficile pour lui de soutenir un gouvernement qui le maintient dans un état d'humiliation et de besoin[17]. » Le biais économique permet d'échapper à l'impasse de la non-représentation politique.

Il est alors délicat de faire le départage entre registre moral et économique. On en voudra pour preuve les multiples jugements d'Antoine de Rivarol, qu'il est abusif de cantonner au rôle de professeur ès aphorismes[18]. Sa description du problème monétaire est parfaitement en situation; seule la conclusion échappe au registre qu'eût emprunté un fermier général ou un intendant : « Il est certain qu'un peuple qui s'abandonne indiscrètement à la facilité de s'emprunter à lui-même, et de se payer en papier-monnaie, doit finir comme le Midas de la fable : les réalités disparaissent sous les mains qui créent toujours des signes. Voici une proportion éternelle : l'or et le papier-monnaie sont les deux signes des richesses; mais l'un est de convention universelle, l'autre d'une convention locale et bornée[19]. »

Pareil glissement est difficilement explicable. Le signe monétaire moderne est condamné parce qu'il engendre une égalité factice, tandis que l'or exercerait une fonction d'arbitrage universellement reconnue. Dans le premier cas, Rivarol exclut toute idée de contrat équitable entre individus libres; dans le second, il l'admet, mais la faute retombe sur la société qui ne fonctionnerait pas de manière suffisamment efficace. Ce ne sont donc pas les principes qui font problème, mais leur choix. Ce brouillard conceptuel est la manifestation d'un complexe rhétorique propre à la droite, dès lors qu'elle aborde l'économie. On le saisit distinctement dans la pensée d'un Rivarol, mais on aura l'occasion de vérifier ultérieurement que ce n'est pas un comportement isolé. Rivarol a manifestement apprécié les enjeux de la question monétaire. Mais, au lieu d'envisager une démonstration méthodique, il se place sous l'autorité du temps éternel, n'hésitant pas à remonter jusqu'à la fondation mythologique. Rivarol déᴘuise, sous un mode hypothétique, un plaidoyer en faveur de la stabilité contre le risque (autrement dit l'or contre le papier-monnaie). Il prend parti dans le débat sur les taux d'intérêt en refusant que la préférence pour la liquidité guide les décisions économiques. Mais il choisit son camp sans s'embarrasser de justifications scientifiques, comme si celles-ci étaient superflues.

A moins que ces justifications et la revendication des droites soient incompatibles. A première vue, l'idée semble saugrenue. La carrière et les écrits d'un Jean-Baptiste Say ou d'un Michel Chevalier en témoignent. Vulgarisateur à succès, expert, entrepreneur, Say incarne le triomphe de l'encyclopédisme à la française, du libéralisme économique comme science et praxis, de la discipline économique admise au Collège de France. Grâce à ses conseils, fondés sur une démarche empirique, le prince de la Cité assurerait à ses sujets ordre et prospérité[20]. Si l'on examine dans le détail les textes de Jean-Baptiste Say, on est cependant conduit à douter de cette belle cohérence.

Dès ses premiers travaux, Say mélange, en effet, préoccupations éthiques et économiques, comme Rivarol, mais en affectant une scientificité qui le garantirait contre la confusion. Say se veut le premier savant économiste à écrire pour le citoyen. D'où l'étonnante fluidité de son style, déconcertante même pour un observateur aussi averti que Marx, opposant l'élégance de l'écriture à la médiocrité du contenu. Du coup, ses formules sont suffisamment ambiguës pour que droites et gauches se les approprient ou bien qu'on les évacue d'un revers de pensée. La loi des débouchés serait ainsi au mieux une identité, au pis une tautologie[21]. Quant au libéralisme de Say, il devient difficile de savoir s'il correspond à une appellation faute de classification précise ou à un engagement plus sérieux que celui lié à l'air du temps. On sait, en effet, que l'estampille libérale était indispensable pour mériter le qualificatif d'économiste. Schumpeter émet de sérieux doutes en conclusion à ses longues analyses consacrées à la loi des débouchés : « [Say] avait découvert un théorème d'un intérêt considérable [et] c'est à peine s'il comprit lui-même sa découverte[22]. »

Ce flou conceptuel traduit les hésitations politiques de Say, partagé entre son désir de pouvoir et la tentation intellectuelle de proposer un mode de gouvernement économique valable pour tous les pouvoirs. D'emblée, il tente d'échapper au dilemme en procédant par la méthode analogique. Il écrit en 1800 un mémoire intitulé *Olbie ou Essai sur les moyens d'améliorer une nation*, en réponse à un concours ouvert par l'Institut sur le thème : « Quels sont les moyens, quelles sont les institutions propres à fonder la morale chez un peuple? » L'économie politique devient la physiologie de la société[23]. Schéma médical et vision économique se recouvrent; le premier apportant sa caution scientifique; la seconde ayant valeur générale, donc métapolitique, ce que l'intitulé dément. L'astuce rhétorique permet d'évacuer l'appartenance idéologique à la pensée de droite.

La méthode est perfectionnée dans les deux premières éditions (1803 et 1814) du *Traité d'économie politique*. Qu'un économiste écrive « l'offre crée sa propre demande » relève du même type de généralisation que celles auxquelles aime se livrer le docteur Knock, assurant que tout bien-portant est un malade qui s'ignore. Ce n'est pas un constat scientifique, mais l'indication de l'importance de l'offre dans le développement du marché. Cette proposition présente en revanche l'avantage d'être applicable à l'industrie, à l'agriculture et au commerce. Aucun gouvernement ne pourrait la contester, sauf à se laisser dominer par une imagination déraisonnable, autrement dit à se convertir au socialisme. Le raisonnement est sans faille et il ne nécessite nullement qu'on se revendique de droite, puisque la loi a valeur générale.

Reste à savoir si cette dissimulation rhétorique est particulière à la pensée de Say, voire chronologiquement bornée à la génération post-révolutionnaire. Il suffit, au gré de la curiosité, de lire les œuvres d'Alban de Villeneuve-Bargemont, Adolphe Blanqui, Pellegrino Rossi, Frédéric Bastiat, Louis de Bonald ou Jean-Charles Sismondi. Menée du point de vue de Sirius, cette enquête n'a d'autre objectif que de repérer l'existence éventuelle d'une « méthode Say », qui traduirait un état d'esprit spécifique à la droite, obsédée par la formalisation d'une bonne économie.

La lecture des *Nouveaux principes d'économie politique*, publiés en 1819, fournit une première illustration. Sismondi a beau se poser en rival de Say, sa méthodologie recoupe celle de son concurrent. Il entend proposer une politique économique efficace pour contrôler les débordements sociaux. Lorsqu'il dénonce les méfaits de la libre concurrence qui appauvrirait les ménages et précipiterait le déclenchement des crises, on croit être aux antipodes du libéralisme d'un Jean-Baptiste Say. A tel point qu'un historien n'a pas hésité à introniser Jean-Charles Sismondi porte-drapeau « d'une doctrine beaucoup plus conforme à l'esprit de la monarchie chrétienne[24] ». Mais, il suffit de parcourir les dix pages consacrées par Sismondi à la démonstration chiffrée de ses propositions pour constater qu'il prouve en fait la supériorité du libre-échange[25]. L'habillage scientifique dont se pare Sismondi aurait dû anéantir sa réputation d'économiste. Il n'en fut rien parce que ses lecteurs, comme ceux de Say, s'intéressent d'abord, sinon uniquement, au contenu moral de ses écrits. Que le protectionnisme assure une police interne et externe, voilà l'essentiel.

De ce point de vue, les convictions libres-échangistes de Frédéric Bastiat aboutissent au même résultat : la bonne économie est celle qui assure l'harmonie des intérêts de classe. Mais on sent l'auteur gêné par ce postulat socio-moralisateur. Il faut inventer un biais rhétorique ou scientifique. Bastiat s'essaie avec brio au premier en publiant en 1846 la série des *Sophismes économiques*. En inventant la pétition des fabricants de chandelles venus se plaindre de la concurrence déloyale du soleil, il peut faire l'apologie du capitalisme au nom du bon sens, contre les excès de la réglementation. En pleine Révolution de 1848, le 25 septembre, dans le *Journal des débats*, Bastiat écrivait encore : « *L'État, c'est la grande fiction à travers laquelle tout le monde s'efforce de vivre aux dépens de tout le monde.* » Par le truchement d'un genre littéraire, la satire, il fait passer pour une évidence économique ce qui est une conviction juridique, celle des limites à l'impérialisme législatif[26]. Mais, lorsqu'il se lance sur le terrain de l'économie, avec ses *Harmonies économiques* de 1849, Bastiat n'arrive pas à se dépêtrer des contraintes scientifiques, au point que Schumpeter prend prétexte de ce ratage pour l'exclure de la grande confrérie des Économistes[27].

Chez Villeneuve-Bargemont, le souci de la bonne économie est omniprésent, mais celui-ci pratique tout autant le mélange de la morale et de l'économie et l'astuce rhétorique. Il espère que « le principe de lutte perpétuelle, destructif du principe de l'ordre social » sera contrecarré « par la modération des désirs et des besoins [et que] l'accord du travail, de la justice, de la charité et de la religion » diminueront l'inégalité sociale[28]. Nous ne sommes pas loin des principes d'un Sismondi, même si la leçon est différente : le souci du bien-être immédiat ressemble « à une sorte de délire », il faut accepter « le désenchantement de la vie » et le sublimer par la religion[29]. D'où cet « axiome » posé par Villeneuve-Bargemont :

« Plus un pays possède d'entrepreneurs d'industrie riches, plus il renferme d'ouvriers pauvres[30]. » La symétrie est élégante, mais n'a pas de fondement économique. En revanche, elle permet des développements moraux multiples : le progrès mène à l'excès de richesses, de consommation et donc à la ruine du peuple. Qui en est responsable ? « L'aristocratie de l'argent et de l'industrie », autrement dit « le luxe des anciens seigneurs, moins l'élégance et la dignité ; leur domination, moins la libéralité et le désintéressement ; leur ambition, moins la capacité et les droits acquis ; enfin la puissance de l'or substituée à la noble puissance de la bienfaisance, de l'honneur et du dévouement[31] ». La Révolution — bourgeoise, pour le coup — offre le biais idéal puisqu'elle est condamnée moralement, au nom des principes économiques qu'elle a promus. La misère ouvrière suffit à discréditer le capitalisme.

Le classement en familles de pensée est ici moins opératoire qu'un partage simple entre optimistes et pessimistes. Les optimistes — de Sismondi à Bastiat — affirment le caractère dynamique de l'économie, mais ils ne parviennent pas à imaginer les vertus du déséquilibre. Ils condamnent celui-ci par souci moral et par crainte politique. Les pessimistes, tel Villeneuve-Bargemont, ont perçu l'importance de l'équilibre économique, mais ils n'ont pas accepté le schéma de l'offre et de la demande parce qu'ils craignent de voir les désirs de l'homme désorganiser la société. Dans les deux cas, la peur du mauvais choix social incite à la prudence économique. Le marché, même si la main invisible voit ses méfaits corrigés par la charité, ne saurait perturber les seuls équilibres qui comptent : l'harmonie hiérarchisée entre les classes.

Cette concordance de frilosités incite à étendre le champ des investigations vers l'aval. Les cas de François Guizot et de Charles de Rémusat relèvent de la philosophie politique, aucunement de la théorie économique. On se souvient du témoignage de Rémusat parlant des années 1840 : « Les affaires s'imposaient d'elles-mêmes, mais il semblait que c'était *"bon pour les goujats"* ; les ministères du Commerce, des Travaux Publics, des Finances même, étaient abandonnés à ces hommes de seconde ou troisième ligne [...]. Mal étudiés, mal préparés, mal discutés, le peu de projets de loi qui contenaient des améliorations un peu notables semblaient des choses indifférentes, des formalités à remplir, dont les ministres ne se souciaient pas. En huit ans, Guizot n'a pas une seule fois ouvert la bouche sur de tels sujets ; il s'en allait quand on en parlait[32]. » Il est vrai que nulle part dans ses amples Mémoires, Guizot ne parle d'économie.

Charles de Rémusat fournit une intéressante précision : s'occuper d'économie est, au fond, une activité vulgaire ; penser l'économie, une tâche secondaire. Position paradoxale, à un moment où les économistes font feu de tout bois pour conquérir des positions d'influence[33]. Elle s'explique cependant si l'on prend en considération trois éléments : la suspicion intellectuelle qui entoure l'économie ; la fascination-répulsion qu'exerce alors le modèle anglais (encore ce modèle est-il celui de la synthèse de la « distribution des pouvoirs », pour reprendre la formule de Montesquieu, à laquelle parvint la glorieuse Révolution de 1688 telle que décrite par Burke, plutôt que le capitalisme — et son économie politique — manchesterien) ; le rapport entre la politique et l'économie sous la Monarchie de Juillet. Les économistes sont soupçonnés d'utiliser leur discipline pour s'installer sur les marches du pouvoir. Or, s'il se sert de leur discours économique, le pouvoir politique ne veut pas s'encombrer d'hommes qui lui dicteraient le bon et le bien. Bonaparte fut le premier à appliquer ce jugement aux dépens de Jean-Baptiste Say, éliminé du Tribunat. Lorsque Charles Dunoyer réitère ses offres de service en 1815 dans *Le Censeur*, il est soigneusement ostracisé. Une génération plus tard, les économistes se lancent dans le prosélytisme avec la création de la Société des économistes (1842), du *Journal des économistes* (1842), de l'*Annuaire d'économie politique* (1844). Pourtant les résultats les déçoivent. Après un tour de France consacré, en 1847, à prêcher la bonne parole économique, Frédéric Bastiat conclut : « Outre qu'ils [les journaux économiques] ont bien peu d'abonnés, la plupart de ces abonnés ne les lisent pas[34]. » L'indifférence de la France cultivée s'explique aisément, dans la mesure où les économistes sont soupçonnés de privilégier la souveraineté du but, comportement qui a des relents révolutionnaires trop marqués. Les catholiques se méfient de cette perspective téléologique concurrente de la leur et les libéraux s'inquiètent de l'indifférence supposée des économistes — donc par extension de leur discipline — à la dignité politique — entendez, morale, puisque, pour un Guizot, l'instruction obligatoire est jugée complémentaire d'un suffrage censitaire et que l'enrichissement des individus vise d'abord à leur promettre d'accéder au rang de citoyens, donc à la représentation politique — des peuples.

À cette méfiance de la clientèle s'ajoutent les doutes des économistes, tenus trop longtemps en lisière du pouvoir. S'il faut « oublier » l'économie pour réussir, soit ! L'exemple de Lucien Anatole Prévost-Paradol est instructif. Lui qui se passionnait pour les sujets économiques dans *Premier Paris*, en vient quinze ans plus tard à douter que la liberté commerciale soit du même niveau que la politique ou la religieuse : « Malgré tout mon respect pour le libre-échange, je ne puis accorder qu'il doive être rangé parmi ces principes que les hommes se sentent appelés à confesser au prix de leur fortune et de leur sang... Personne ne demande à l'économie politique d'élever nos âmes, mais lorsqu'on a fait ce qu'elle nous conseille, tout le monde a le droit de l'accuser d'inconséquence si elle vide nos poches au lieu de les remplir[35]. » Blanqui, Bastiat, Passy, Garnier, Dunoyer, Wolowski, Chevalier se lanceront dans la politique pour que leurs idées sortent de la confidentialité. Le jugement de Rémusat prend tout son sens : l'économie est « vulgaire » parce qu'elle reste instrumentale.

Comment échapper à cette mise en touche? En montrant que l'économie et les économistes sont utiles, socialement, au pouvoir, quel qu'il soit. Menacés de perdre la bataille téléologique, ceux-ci s'acharnent à prouver leur efficacité déontologique. Ainsi apparaît une singularité majeure de la pensée économique française : son penchant pour des productions à caractère esthétique, idéologique ou moral, « sous couvert de contribution à finalité cognitive qui correspond parfaitement à ce que Tocqueville appelait l'esprit littéraire en politique[36] ». L'essentiel est de trouver un auditoire, d'exercer une influence, de conquérir la célébrité. Au faîte de sa gloire, Jean-Baptiste Say, le « libéral » obtient (en 1820 puis en 1830) de ministres légitimistes puis orléanistes, la création sur mesure de deux chaires d'économie, tandis que celle de l'école de Droit, fondée en 1819, reste sans titulaire jusqu'en 1864. Un enseignement prestigieux, des publications régulières dans les revues ou, mieux encore, un succès de librairie et un siège académique sont les critères de la compétence. En 1845, par exemple, Frédéric Bastiat enrage de n'être pas nommé en Faculté ou au Collège de France, après la parution d'un retentissant article critiquant les propositions de Lamartine en matière de droit au travail[37]. A titre de consolation, il fut élu l'année suivante membre correspondant de l'Académie des sciences morales et politiques.

L'efficacité de cette stratégie se juge en fonction de deux critères. Le premier, d'ordre intellectuel, peut être apprécié en comparant la notoriété des économistes français et l'importance de leurs publications avec celles de leurs concurrents, essentiellement britanniques[38]. Force est de constater que Say et ses épigones tiennent honorablement leur place. En 1830, le Royaume-Uni ne compte que deux chaires d'économie — à Oxford et à Londres — et les articles de l'*Edinburgh Review* ne trouvent guère plus de lecteurs que ceux du *Journal des économistes*. A lire les sommaires et la profession des auteurs, on note cependant une différence intéressante. Les contributions britanniques sont fournies par des praticiens sur des sujets variés touchant à l'ensemble de la vie économique. Henry Thornton, banquier, et David Ricardo, agent de change, traitent du prix des grains, de l'impôt, du libre-échange, des causes de la pauvreté, des fluctuations de la monnaie. Chacun apporte sa pierre à l'établissement d'une sorte de thésaurus commun qui consacre la place de l'économie, mais marque également sa fin, en tant qu'entreprise intellectuelle. Or c'est précisément ce dernier point qui agite les économistes français.

Ceux-ci s'efforcent, en effet, de préserver le caractère élitiste de leur production, tout en œuvrant à leur reconnaissance officielle. Aussi l'essentiel de leurs articles porte-t-il sur les questions sociales : ils s'intéressent au niveau de vie, à la consommation, aux conflits dans le monde ouvrier, aux revendications des paysans ou des pauvres[39]. Une relation de dépendance réciproque s'esquisse entre les pouvoirs et leurs conseillers. Mais les économistes se trouvent souvent pris dans une contradiction ingérable entre cohérence intellectuelle et orthodoxie sociale : tout en défendant le principe de la séparation entre politique et économie, l'économiste revendique une position d'influence, au titre de son expertise scientifique. Donc, il pense que l'ordre politique doit, peu ou prou, refléter l'ordre économique. Or, cette conception est irrecevable puisqu'elle laisse la porte ouverte aux excès sociaux. Il faut alors rejeter la mise en tutelle du politique par l'économique. Et nous voici reconduit à notre point de départ.

On comprend ainsi l'activisme rhétorique des Français. Il convient de trouver une échappatoire à ce dilemme, sans baisser pavillon. La démarche de Villeneuve-Bargemont illustre ce comportement : puisqu'il est impossible de concilier souci d'ordre et libre étude de la science des richesses — ce qu'est l'économie au XIXe siècle —, il faut inventer un artifice. D'où le recours à la charité chrétienne, sorte de « main invisible » qui garantirait à la fois le bon fonctionnement de l'économie, de la société et la supériorité du modèle français sur ses rivaux : « L'économie politique anglaise part des mêmes principes, sa théorie de la civilisation repose sur la nécessité d'exciter les besoins de l'homme pour multiplier ses jouissances et développer son industrie. Sans doute, la vertu n'est pas formellement exclue de cette doctrine ; mais il est facile de s'apercevoir qu'elle n'y occupe qu'un rang très secondaire, et que quelques magnifiques couleurs qu'on pare les théories anglaises, en définitive tout se résume dans la morale des intérêts matériels[40]. » La conclusion de Villeneuve-Bargemont est un modèle d'habileté rhétorique. C'est en changeant les règles du jeu économique que l'on garantira la paix sociale, puisqu'il est « mathématiquement établi » que les Français se suicident d'autant plus que le département est industrialisé[41]. Le profit devient le résidu disponible, après distribution de salaires décents, ce qui doit empêcher l'emballement du progrès et prévenir l'explosion sociale.

On aura remarqué que Villeneuve-Bargemont applique aux économistes britanniques la thèse de l'effet pervers[42]. D'une intention louable, on parvient à un résultat médiocre, faute d'avoir intellectuellement envisagé tous les aspects d'une politique économique. Version raffinée du « Je vous l'avais bien dit », l'explication par l'effet pervers constitue une aubaine pour les économistes parce qu'elle préserve leur magistère spirituel et qu'elle satisfait les attentes politiques des droites. Mais le processus est réversible : les droites disposent désormais d'un champ d'application concret — l'économie — pour vérifier leurs inquiétudes. Les experts vont être sollicités.

L'alliance des économistes et des droites sera scellée au cours des années préparant puis entourant la Révolution de 1848. Jusqu'en 1845-1846, le débat d'idées compte plus que l'affrontement politique : en 1840, Adolphe Blanqui défendait le livre de Joseph Proudhon *Qu'est-ce que la propriété?* devant l'Académie des sciences morales et politiques. Dès la crise économique de 1846, la rupture est consommée. Il n'est pas sûr que chacun en aperçoive nettement les raisons, mais, rétrospectivement, celles-ci sont évidentes. Avec les deux chocs économiques de 1846 et 1848[43] se trouve posée la question de la consommation. Malgré les mauvaises récoltes, les ruptures d'approvisionnement, la consommation globale des Français, calculée d'après les comptes nationaux, passe de 245-270 francs par tête autour de 1845 à 300-320 francs autour de 1852-1855[44]. Faut-il utiliser cette élévation des revenus pour transformer le marché national en un marché concurrentiel, capable de stimuler la production industrielle? Michel Chevalier et Charles Dunoyer plaident en ce sens[45], de même que le catholique Pierre-Simon Ballanche qui voyait dans les remous de 1845-1846 une illustration de son *Essai de palingénésie sociale* (1827-1829). En face, Louis Blanc et Victor Considérant mettront en garde leurs concitoyens contre la recherche du bien-être matériel et le faux prestige des gros salaires. Mais les deux camps comptent que la Révolution de février permettra les progrès du libre-échange, à l'instar de ce qui est advenu en Angleterre lorsque celle-ci reconnut le principe en 1846.

Le rapprochement s'opère d'abord pour des motifs d'ordre. De ce point de vue, la démarche politique des économistes est bien ancrée à droite : catholiques, légitimistes ou libéraux refusent la prétention des révolutionnaires à changer la vie par décret, celle du gouvernement provisoire — l'État — à maîtriser le réel sans effets pervers — nous y voilà à nouveau — pour l'ensemble de la société. Frédéric Bastiat résume le soulagement général après les journées de juin en s'exclamant : « Grâce au ciel, la cause de l'ordre et de la civilisation l'a emporté. »

En matière économique, si les principes rencontrent un accord général, les modalités posent souvent problème. Le refus de l'interventionnisme étatique et l'espérance d'un marché à fonction cognitive individuelle — l'auto-harmonisation des intérêts individuels en intérêt général — sont partagés. Mais, lorsqu'un Hippolyte Passy propose d'instaurer un impôt sur le revenu afin de financer, à partir de 1849, le déficit creusé par les événements de février et juin, l'unanimité des droites se fissure. De même, lorsqu'en 1850-1851, le lobbying du Conseil général de l'agriculture, des manufactures et du commerce, soutenu par Adolphe Thiers, aboutit au maintien des mesures protectionnistes. Le retour à l'ordre — indiscutable critère de droite — peut-il s'accomplir grâce à une action rationnelle de l'État ? Faut-il également considérer que des décisions (même contestables en principe) peuvent accroître l'efficacité du marché, en incitant les individus à modifier leur comportement[46] ? Bien qu'aucune réponse précise leur soit apportée, ces questions concrétisent les premières relations suivies entre un pouvoir politique et des économistes.

Estimer l'influence des seconds sur les premiers serait audacieux. Du moins dispose-t-on de textes. Ce qui est loin d'être le cas pour les praticiens de l'économie. Banquiers, industriels, commerçants, hauts fonctionnaires semblent avoir agi sous le seul empire de leur bon sens, du bien commun ou de leur intérêt. Ainsi les Mémoires de Martin Gaudin et de Nicolas Mollien contiennent quelques rares allusions à leur doctrine : « Les premiers commis, écrit Gaudin, avaient une influence sur les affaires qui pouvait n'être pas toujours sans inconvénients, mais que l'extrême mobilité des ministres, souvent étrangers, par leurs occupations antérieures, à la branche d'administration qu'ils étaient appelés à diriger, rendait inévitable et nécessaire au surplus pour conserver les traditions[47]. » Pour quelqu'un entré comme surnuméraire aux impositions en 1773 et qui finit sa carrière à la tête de la Banque de France de 1820 à 1834, après avoir été quinze ans ministre des Finances, c'est une profession de foi d'une remarquable discrétion.

A comparer les conclusions d'une recherche pionnière sur ces grands commis[48] avec le mouvement général des affaires, on cerne mieux les convictions de ces capitalistes. Premier constat : ils sont au fait des techniques les plus modernes, telle la lettre de change, et savent les utiliser dans la pire conjoncture pour un économiste — une guerre de vingt ans doublée d'une modification incessante des frontières. Ils gèrent avec brio le choc de cultures et de pratiques hétérogènes. On voit ainsi Stendhal, intendant des guerres à Brunswick en 1808, se démener pour faire accepter les billets du Trésor prussien par la Caisse des domaines[49].

Cette habileté, ils doivent surtout l'exercer sur le problème qui hante pouvoir politique et décideurs économiques, depuis la convocation des États généraux : le déficit des finances publiques. Outre l'urgence financière et l'enjeu démocratique, on retrouve l'accrétion des questions économiques qui vont dominer notre histoire contemporaine. Comment concilier les temps différents de la collecte des impôts, des dépenses publiques ordinaires, des dépenses extraordinaires de guerre ou de reconstruction? Ce n'est pas seulement un problème de trésorerie, mais de choix de politique financière. L'emprunt offre, on l'a dit, une solution provisoirement bannie en 1789; mais elle a, outre l'avantage de la rapidité et de la facilité, celui de vérifier la cote morale d'un État, vis-à-vis de ses citoyens comme des places étrangères. Emprunter avec succès, c'est s'assurer de sa *bonne* gestion. Mais celle-ci ne concourt pas nécessairement au *bien* public. D'où la seconde solution, consistant à faire financer les besoins de la Nation par une banque qui mettrait la puissance du privé au service de finalités nationales.

Adapter le modèle anglais à la situation française, sans qu'il y ait risque de confusion entre public et privé, personne n'y songeait pourtant sérieusement. A preuve, le jour même de sa création, le 18 janvier 1800, la Banque de France sollicite l'État pour qu'il soit son principal actionnaire (avec 5 millions sur un capital global de 7). Deuxième entorse de taille, les financiers peuvent obtenir l'escompte de leur papier grâce à deux signatures (au lieu de trois en règle générale) et sans versement de capitaux de garantie élevés puisque les receveurs de la Caisse d'amortissement et la puissance publique ont si généreusement contribué. On n'imagine pas un seul instant que les Français éclairés et la communauté internationale aient cru à la fiction d'une « masse de granit » établissant le crédit de la Nation.

Cependant, ces tours de passe-passe étaient indispensables. Et c'est là que se glisse le lien entre droites et agents économiques. La création de la Banque, la réorganisation du Trésor, de la fiscalité sont indispensables pour amalgamer des hommes que distingue leur expertise et que divise leur présence à un poste sous l'Ancien Régime ou sous la Terreur. Mobiliser les talents ne garantit nullement quant à la qualité des nouvelles institutions, mais prémunit contre une critique trop vive. Au conseil de Régence et aux postes de censeur, on relève la présence de la banque d'Ancien Régime aux côtés des fournisseurs aux armées, de quatre armateurs, d'anciens actionnaires de la Compagnie des Indes et de brillants transfuges de la fonction publique. Quel bouc émissaire auraient-ils pu trouver lors de secousses comme celle de 1805-1806 ? L'État, bien sûr. Pas celui qui, en la personne de Bonaparte, avait assuré leur fortune, mais un monstre froid et anonyme dont la présence avait été requise sur les fonts baptismaux de la Banque.

Socialement solidaires, les élites financières confortent ainsi leur position à l'abri de l'État, sans hésiter à dénoncer ses excès ou ses faiblesses au moindre danger. En deux générations, en effet, les grandes familles vont fusionner, ce qui permettait certes de jeter un voile pudique sur les millions accumulés par les uns et récupérés par les autres, mais les exposait à un rejet d'ensemble. A lire les listes établies par un obsédé des dynasties bourgeoises et par un historien, on comprend que le risque était réel[50]. Pour y faire face, il convient d'indiquer clairement quelles doivent être les nouvelles règles du jeu et pourquoi elles sont bonnes pour la Nation.

Le capitalisme devient plus opaque, en même temps qu'il est mieux assuré sur ses bases. Il lui faut donc une *bonne* règle de conduite, appliquée par des hommes qui ont le souci de la continuité et le sens de la hiérarchie des biens. Telle est la signification qu'il convient de donner au concept de tradition évoqué par Gaudin ou Mollien. Si les intérêts de l'État sont réellement prioritaires, alors les capitalistes privés et publics doivent conjuguer leurs efforts pour les sauvegarder par une règle qui s'imposerait aux aléas politiques : « Il n'est de protection et de sécurité absolue que dans l'existence d'une norme financière universellement admise, capable non seulement de résister aux désordres, mais à la tentation même du désordre[51]. »

Voilà pourquoi, malgré le blocus continental, Dunkerque continua d'être une place d'arbitrage européenne pour l'or et les traites, et aussi comment le pays a accepté de mobiliser ses capitaux au service de la puissance publique devant la charge constante de la dette, puis des dépenses et des indemnités de guerre, enfin des frais de reconstruction. La libération des circuits monétaires est alors repoussée à des jours meilleurs ou à des circonstances exceptionnelles — on attendra la paralysie du crédit local en 1848. Le handicap passe pour bénin : dans un pays très peuplé[52], mieux vaut une sous-monétarisation qu'une situation financière instable. On compte sur l'offre de travail pour maintenir le prix de la journée à des niveaux presque constants.

Ainsi la sociabilité des enrichis et la définition d'une déontologie commune au public et au privé permettent de gérer le mouvement général de complexification des affaires. Se connaître, s'écrire, se réunir conduisent à la mise en commun de modes de pensée. Peu importent les parcours politiques, du moment qu'on sait tenir en ordre la comptabilité des recettes et des dépenses ou organiser efficacement le mouvement des fonds. L'orthodoxie économique a acquis ses lettres de créance, sur les ruines des principes de 1789 mais avec, en partie, ses promoteurs, pour la mettre en œuvre.

La pratique contribue ainsi à panser les effets du traumatisme révolutionnaire. Face aux contraintes de l'industrialisation, aux urgences sociales et aux nécessités monétaires, il n'est pas question de s'abîmer dans le désespoir ou dans la nostalgie. En défendant un ordre qui leur permet de sauvegarder ou de gagner une influence dans la société, les hommes d'argent et les économistes règlent le débat sur les fins de l'économie. Si *l'expérience* des légitimistes ou des bonapartistes concourt au maintien des équilibres, peu importe que les uns décèlent l'action d'une main providentielle et les autres, une volonté organisatrice consciente. Seuls demeurent des problèmes économiques dont la solution dépend des choix éthiques opérés par les individus. L'économie reste une science des richesses, mâtinée d'un zeste de souci social.

C'est pourtant au moment où l'économie paraît clairement au service de l'homme que ses finalités éthiques vont se trouver contestées. La complexité grandissante du capitalisme industriel exclut les non-spécialistes de sa compréhension, ce qui ouvre la porte au soupçon, à la manipulation, à la corruption et réinstalle les chances d'une conception déontologique de l'économie, jugée, au début du siècle, attentatoire à la liberté de l'individu. S'il y a idéologie commune, n'y a-t-il pas en même temps collusion d'intérêts minoritaires contre l'intérêt général? Plus généralement, le

« pouvoir économique » ne serait-il pas tenté de confisquer une partie du pouvoir politique, sous prétexte d'agir pour la prospérité de tous[53] ? Surmonter ces contradictions — dans le discours, l'action et la controverse avec l'adversaire — telle est l'ambition des hommes de droite depuis un siècle et demi.

II. LES DROITES EN QUÊTE DE MODÈLE

Dans la pratique, chaque génération a éprouvé de grandes difficultés à résoudre ces interrogations. Parfois, le soupçon a des conséquences si corrosives que l'ordre économique et social apparaît comme le résultat trompeur d'une succession de mouvements désordonnés. En comparant la loi du 3 mars 1841 avec les décrets-lois des 8 août et 20 octobre 1935, puis 20 mars et 20 mai 1939 relatifs aux expropriations pour cause d'utilité publique, on peut indifféremment conclure à la dilution du capitalisme libéral[54] ou observer au contraire comment le législateur s'efforce avec talent de préserver un équilibre entre le droit de propriété et les contraintes de l'industrialisation. En 1989 encore, Pierre de Calan, membre de l'état-major du Centre national du patronat français et de l'Institut, consacre quatre articles à la défense d'un « capitalisme libéral catholique » sans échapper au soupçon de pseudo-libéralisme et de catholicisme hétérodoxe[55]. Sur le fond, les droites sont rapidement convaincues que le modèle holiste du temps de la monarchie absolue est inapplicable *stricto sensu*. Mais elles en conservent le principe hiérarchique. Comment s'accommoder de cet héritage et de la contrainte qu'exerce le rêve égalitaire surgi dans l'imaginaire des Français avec la Révolution ? Entre le risque et l'incertitude quel est le meilleur choix ? Faut-il privilégier « l'être » d'une entreprise, d'un groupe, ou bien se persuader qu'il y a une logique inéluctable au développement du marché, du capitalisme ? Autour de ces interrogations se cristallisent les réflexions des droites depuis le milieu du XIXe siècle. On voit d'emblée que les allers-retours dialectiques inhérents à ces interrogations rendent délicate l'élaboration d'un modèle.

La controverse sur le risque et l'incertitude l'illustre. Dans le premier cas, je ne connais pas ou peu les possibilités d'évolution économique; dans le second, je suis en mesure d'apprécier la gamme des différentes situations possibles. Ici, la tâche de l'économiste consiste à déterminer les étapes de la procédure conduisant à la meilleure décision. La part d'indécidable qui demeure satisfait les chrétiens, les libéraux et les légitimistes puisqu'ils ont à leur disposition une « main invisible[56] ». Mais cette intrusion est aussi porteuse d'une violence arbitraire telle que l'établissement de règles ou de procédures paraît à certains inutile. Si, en effet, j'ignore tout ou partie des éléments futurs ou si je considère que le capitalisme implique leur renouvellement fréquent, alors la concurrence la plus débridée devient la clef d'un égalitarisme aussi absolu que provisoire puisqu'il est toujours à confirmer, à recommencer. L'hypothèse de sa disparition permet de réintroduire le principe hiérarchique : le « meilleur » gagne, mais il doit sans cesse prouver sa supériorité[57]. Il reste à savoir si cette violence est supportable par la Nation, ce qui nous ramène au premier cas.

La prolifération d'ouvrages relevant des genres les plus divers et hybrides sur ce thème, de Clément Colson[58] à François de Closets[59], confirme la précarité de l'entreprise. D'une manière schématique, la construction du modèle suppose résolus quatre problèmes : 1. Le degré de liberté des activités productrices et le choix des priorités entre agriculture, industrie et commerce. 2. La répartition des revenus et son effet sur la consommation, l'épargne et le maintien de l'ordre public. 3. Le mode de fixation des prix. 4. La politique des taux d'intérêt.

Pour compliquer les choses, il faut tenir compte d'une « anomalie » historique nationale : le mauvais fonctionnement de la loi d'Engels. Le sociologue et statisticien allemand avait conclu de son étude sur les travailleurs belges, au siècle dernier, que la part des dépenses d'alimentation dans un budget diminue au fur et à mesure que s'élève le revenu. Or, les Français songent d'abord à se nourrir avant de répartir différemment leurs éventuels gains supplémentaires[60]. On pourrait imaginer un comportement résiduel, hérité des peurs d'Ancien Régime ou des privations prolongées. L'explication est un peu courte, car on approche du seuil de saturation de 3 000 calories/ jour seulement vers 1880, pour atteindre 3 300 calories à la veille de la Première Guerre mondiale. Et jusqu'en 1965-1970, les dépenses alimentaires domestiques et de loisirs (restaurants, fêtes, réceptions) placent le Français largement en tête des Européens avec un seuil de 25 % et un maximum de 30 atteint en 1905, en 1928 et en 1955[61].

Il ne s'agit pas ici de considérations secondaires. L'obsession alimentaire pèse sur les comportements d'épargne, sur les prix et le loyer de l'argent. En 1914, par exemple, la France est environ trois fois plus riche qu'en 1850; ses habitants continuent pourtant à privilégier la substitution des produits à la modification que supposerait la hausse des revenus[62]. Ce comportement ne cadre ni avec le mimétisme social tocquevillien, ni avec la rationalisation que suppose un progrès ordonné, fondé sur le calcul et la sélection, donc sur une utilisation du marché comme moyen de distinction. Convient-il dès lors d'accélérer ou de ralentir le passage à la société de consommation? Cette interrogation obsédera longtemps les droites.

Il reste à articuler ces différents paramètres dans un modèle économique propre aux droites. Le biais rhétorique démontre ici sa pertinence. La fabrication et l'appropriation du langage économique par la droite donnent une première indication. En évoquant « l'élasticité », « la performance », « la compétition industrielle », « les barrières douanières », « la libre circulation des biens et des individus », les penseurs de droite construisent des mondes métaphoriques. La métaphore économique n'est pas ici simple ornement intellectuel; elle permet de qualifier le marché. Mieux, elle confère à l'économie une noblesse, en même temps qu'elle la rend lisible. Du coup, celle-ci peut s'intégrer dans une conception politique globale.

La multiplication des métaphores offre à chaque sensibilité une palette presque infinie. D'où le foisonnement des explications, en fonction des solutions apportées aux quatre problèmes évoqués plus haut. D'un côté, se dessine une vision différentielle fondée sur la performance et l'inégalité des résultats comme des moyens. Là, règne la métaphore statistique : les « courbes de croissance », les « carrés magiques », les « différentiels d'inflation » doivent concrétiser le progrès de l'humanité. De l'autre, s'affiche le refus d'une économie pervertie par ses signes : l'argent, le marchand, le capitalisme importé dégradent l'homme et l'entraînent dans une compétition illusoire. Les métaphores du « déclin économique », du « capital humain », des « biens durables » visent à sauvegarder un monde menacé de perdre son identité.

On objectera à juste titre que l'accumulation des métaphores n'aboutit pas nécessairement à l'édification d'un modèle. Au contraire, la lecture des textes tourne souvent à l'inventaire et les professions de foi ressemblent à des catalogues stylistiques dont le florilège suivant donnera un aperçu. Pour Antoine Blanc de Saint

Bonnet, « le capital est le radeau qui porte une population [...] [mais] en versant de l'argent sur la foule, en lui abandonnant au fur et à mesure une part de capital, [on] ne peut que jeter de l'huile sur le feu, c'est-à-dire attiser l'immodération des jouissances dans les cœurs en proie à la fainéantise et au goût du plaisir[63]. » René Johannet, l'éditorialiste de la *Revue française*, effectue un tour d'horizon du capitalisme dans la crise des années 1930 où on relève au moins quarante-cinq métaphores pour qualifier l'action de l'État[64]. Plus près de nous, les candidats à l'élection présidentielle de 1965 font preuve d'une indéniable virtuosité. Pierre Marcilhacy déplore que le « fil d'Ariane qui doit peu à peu mener les Six à l'unité [européenne] à travers les méandres politiques et économiques se soit rompu ». Et le général de Gaulle, après avoir stigmatisé « les sources empoisonnées de l'inflation et de la hausse des produits », célèbre « l'épargne, grand réservoir où puiser la prospérité[65] ». Dans ce registre, la palme revient à Jean-Marie Le Pen qui associe systématiquement discours économique et figure de style : « Le capitalisme est à la propriété ce que Caïn est à Abel[66]. » Autant de cas-limites où la métaphore, parce qu'elle permet d'exprimer une opinion qu'on ne sait ou qu'on n'ose formuler, s'inverse et, loin d'expliciter un contenu propre à l'idéologie économique, vise surtout à glisser d'un référent à un autre, à passer du plan économique à celui d'une morale commune, fondant par là même l'illusion d'un « parler vrai ».

Mais la métaphore est plus qu'un utile substitut à la réflexion. En prétendant dévoiler les principes d'un monde *a priori* obscur, elle offre une occasion de le reconstruire de manière allégorique. Ainsi se trouvent réconciliés les préoccupations éthiques, le respect de la tradition et la rationalisation économique. Le changement et la conception d'un nouvel ordre peuvent être associés, que l'on choisisse une stratégie individualiste ou communautaire, par exemple chrétienne. Grâce à l'illusion métaphorique, ce n'est pas l'existence du monde capitaliste en tant que telle qui accapare l'attention, mais sa description, son histoire et son avenir. Schumpeter le note de manière lapidaire en présentant le tableau de la pensée française entre 1870 et 1914 : « Dans le domaine de l'analyse factuelle, on trouvait Le Play et son école, Simiand, Levasseur, Mantoux, Martin et beaucoup d'autres. Si l'on se tient aux réalisations de premier plan, on serait tenté de placer la science économique française devant celle de tous les autres pays. Mais si l'on excepte le domaine des études factuelles, on constate que les œuvres de premier plan n'exerçaient presque aucune influence et l'on ne rencontre alors presque aucun signe de cette activité accrue de la discipline[67]. »

Il en résulte deux conséquences. La première est liée au fondement de la pensée de droite française concernant la société civile : que celle-ci soit contractualiste ou pas, pour tous il ne fait aucun doute qu'elle est antérieure aux échanges. C'est parce qu'il y a société qu'il y a commune. L'économie est donc subordonnée à la construction sociale, à la différence du modèle lockien où la société est seconde par rapport au travail et à l'échange de ses fruits. Il n'y aura donc jamais en France de construction de l'ordre social et politique à partir de la souveraineté du marché, à l'encontre du monde anglo-saxon accoucheur de nombreux modèles de « sociétés justes » fondant les libertés individuelles sur le libre accès au marché (on songe, bien évidemment, aux réflexions décisives de John Rawls ou à l'ultra-libéralisme d'un Friedrich von Hayek). La deuxième conséquence nous ramène à la question du pouvoir économique et de son corollaire, la justice sociale — ou son absence. Privilégier le pouvoir économique, c'est admettre qu'il existe une stratégie cohérente des individus, des entreprises et de l'État indifférente aux variations conjoncturelles de l'histoire. Or, il existe des crises, des déséquilibres, des dysfonctionnements qui mettent l'homme au chômage, l'entreprise en faillite et l'État en banqueroute. Pour les surmonter, il faut compter sur la coopération des individus, au besoin contre le(s) pouvoir(s). L'ambition est louable, mais le résultat incertain.

La conclusion s'impose d'elle-même : aucun modèle ne peut synthétiser la contradiction entre un pouvoir imparfait et la volonté aléatoire des citoyens. Aussi la pensée de droite s'applique autant à traiter des pathologies économiques (le déficit extérieur, budgétaire) ou sociales (le paupérisme, le chômage) qu'à proposer des compromis successifs, quitte à leur conférer l'apparence d'un ordre par le biais métaphorique. Émerge un conservatisme économique, réticent devant les changements, porté à célébrer des âges d'or prérévolutionnaires ou préindustriels, mais résigné à intégrer ces transformations. On en voudra pour preuve la réinterprétation de la pensée de Bonald à la veille de la Grande Guerre[68]. La critique anti-industrielle de Bonald reposait sur le refus de la domination du marché au détriment de la société civile. Le débordement industriel et commercial était voué à l'échec parce qu'il impliquait l'exploitation de l'homme, son aliénation morale et religieuse et qu'il attisait les rivalités au lieu de contribuer à la paix sociale[69]. Bonald défendait donc une conception atrophiée de l'économie, dépendante des rapports instaurés entre l'État et la société civile[70]. En 1913, Roger Mauduit propose une lecture de Bonald où seuls les excès de l'industrie sont dénoncés, en particulier ceux dérivés du saint-simonisme[71]. Peu importe que Bonald ne cite jamais Saint-Simon dans ses œuvres, la tradition saint-simonienne suspecte de sympathies socialistes et étatistes fournit un bouc émissaire alors qu'il faut bien accepter les chemins de fer, le canal de Suez et les grands travaux.

Il reste à déterminer les contenus de ces compromis. Trois composantes semblent déterminantes par l'abondance des publications qu'elles ont inspirées jusqu'à aujourd'hui. D'abord la position hiérarchique du marché et des rapports sociaux ou, si l'on veut, les deux façons de considérer la qualité de la vie. S'y rattachent évidemment les débats sur l'agriculture et l'industrie. Ensuite, la place de l'argent dans son volume comme dans sa répartition. Enfin, le rôle de l'État comme facteur d'équilibre ou de déséquilibre. En assumant le reproche d'une simplification, nous nous proposons d'indiquer les principales étapes dans la formation de ces compromis, ainsi que les périodes de remises en cause.

III. LES TROIS COMPROMIS
DES DROITES

Jusqu'en 1870, les priorités des droites sont clairement établies et les auteurs légitimistes, conservateurs, réactionnaires ou libéraux s'accordent aisément. Considérant qu'il n'y a pas de question sociale, mais que le péril social est une éventualité (ce que les événements de 1848 confirment), la droite a le devoir de prendre en considération le fait social, en lui permettant notamment de s'exprimer dans un ordre qu'elle agence ou en définissant les rapports entre riches et pauvres, entre patrons et ouvriers. On s'étonnera peut-être de voir associées les années de la Monarchie de Juillet et celles du second Empire, car il est de coutume de considérer que la révolution de 1848 a précipité une prise de conscience, voire l'émergence d'une conscience de classe chez les patrons, les notables et les idéologues de droite[72]. Or, les lectures incitent à plus de prudence et il n'apparaît guère de rupture, par exemple, dans les propos que tenait Alfred Deseilligny en 1867-1868. Il se proposait toujours de « moraliser la classe ouvrière, de substituer de libres et loyales discussions de salaires et de tarifs à d'inutiles et ruineux chômages[73] ».

Deux considérations guident les réflexions des notables et des auteurs : la crainte du paupérisme et la nécessité d'établir un paternalisme efficace contre la revendication égalitaire. La notion de paupérisme est suffisamment floue pour recouvrir aussi bien la réalité économique (chômage, ressources insuffisantes) que ses causes (le manque d'argent, l'appétit de consommation jugé excessif) et ses conséquences (la montée de la criminalité, l'alcoolisme, le risque insurrectionnel)[74]. On aura remarqué que la définition pouvait convenir aux partisans du libéralisme comme aux adversaires de la loi de Say. La meilleure façon de combattre le paupérisme étant de pratiquer un paternalisme systématique, cette idée englobe à la fois la démarche (application sociale du *bien* économique), les mesures et le maintien de la nécessaire distance sociale qu'implique cette relation. Sur ce point, les analyses du baron de Gérando et d'Alexis de Tocqueville sont unanimement adoptées : entre les classes de la société doit s'établir « une mâle confiance et une sorte de condescendance réciproque, aussi éloignée de l'orgueil que de la bassesse[75] ». Même si Tocqueville utilise le mot « condescendance » dans une acception ancienne (sympathie ou complaisance), sa vision est d'ordre hiérarchique.

Le doublet paternalisme-paupérisme satisfait les exigences chrétiennes et policières, en même temps que les aspirations libérales ou réactionnaires. La détresse d'une partie de l'humanité est inévitable ; il n'y a donc pas de responsable, mais l'assistance charitable (Villeneuve-Bargemont) ou humanitaire (Charles Dunoyer) relève du devoir des familles qui pourront ainsi côtoyer « l'enfer social de la misère » et travailler à leur rédemption en même temps qu'à celle de leurs voisins. Grâce à la métaphore des deux mondes, point n'est besoin d'en proposer un « nouveau ». Les progrès de l'économie de marché doivent d'abord permettre d'améliorer l'alimentation — le « pain cher » est l'obsession du moment —, puis d'allonger la durée de la vie sans que le nombre d'indigents croisse en proportion. Il est donc hors de question d'augmenter massivement les salaires ou de modifier la répartition des profits. Trop d'argent est source de vices, donc de misère, d'autant que le pauvre « utilise mal » ses revenus[76]. L'essentiel reste d'employer la main-d'œuvre et d'éviter la prolongation des crises économiques dont on considère le retour comme inéluctable.

Dans ces conditions, le compromis initial sur lequel se rassemble la droite dans son ensemble diversifié privilégie l'entreprise employeuse d'hommes, espace de protection et de surveillance, modérément capitalisée. C'est l'aveu discret que l'industrie, surtout, et le commerce, un peu, répondent aux attentes modernes. En 1840, 1847, 1854, des voix s'élèveront certes pour réclamer la mise en place de « banques agricoles », mais il s'agissait de développer le crédit industriel en milieu rural[77]. L'idéal d'un capitalisme mixte se met en place. D'un côté, la grande entreprise dont il convient de se méfier « parce qu'elle marche constamment sur le bord d'un précipice sans pouvoir s'en écarter[78] », mais qui représente une mutation comparable au passage « des arbalètes du Moyen Age aux armes à feu de nos jours[79] ». De l'autre, la petite entreprise qui travaille au jour le jour, s'endette peu, expose moins ses employés au chômage et illustre, selon Michel Chevalier, les vertus nationales[80].

Le recours à la métaphore témoigne une nouvelle fois de l'importance de l'enjeu autant que de sa difficulté à le formuler en termes idéologiquement simples. On a parlé de libéralisme en privilégiant le respect de l'initiative individuelle. Mais cette conception devrait inclure une libre utilisation des capitaux, sans que celle-ci soit bornée entre les soupçons d'interventionnisme étatique et de spoliation due au poids des grandes sociétés, sans qu'il faille d'emblée songer à rééquilibrer par la fiscalité les différences de taille[81]. La métaphore du progrès et de la paix sociale permet d'occulter le dévoiement du libéralisme pur en un libéralisme *ad hoc* qui admet la révolution industrielle, mais en redoute les conséquences sociales qu'il s'efforce de contrôler. Peu importe que les déterminants soient différents : les uns détestent le capital spoliateur et corrupteur, les autres font de l'argent la clef de l'accession à la « propriété démocratisatrice ». Tous admettent que le capitalisme mixte est la bonne solution économique, donc la clef d'une société où le bien l'emporterait sur le désordre.

Ainsi s'expliquent mieux les décisions d'apparences contradictoires sur les questions douanières, les grands travaux ferroviaires, l'approvisionnement monétaire ou la législation sur les sociétés. En 1856, 1863 et 1867 — lois respectivement du 26 juillet portant réforme de la législation sur les sociétés commerciales, du 23 mai autorisant les sociétés à responsabilité limitée et du 26 juillet dispensant les sociétés anonymes de l'autorisation gouvernementale — les choix sont d'abord d'ordre juridique et réglementaire avant de correspondre à la situation des entreprises. D'où les

multiples garde-fous inventés pour limiter la législation sur les
sociétés anonymes aux firmes dont le capital est inférieur à 20 millions de francs ou bien une jurisprudence calquée sur celle des
autres formes de société. L'histoire a retenu les proclamations
libérales de Michel Chevalier, Adolphe d'Eichtal, Horace Say, du
banquier Adam, voire de Louis-Napoléon. En fait, celles-ci intéressaient moins une opinion soucieuse de considérations régionales et
professionnelles que la peur lancinante du mauvais choix. Il s'agit
bien d'éliminer l'incertitude. *Le Courrier de Bordeaux* et *La Gazette du
Bas-Languedoc*, organes légitimistes, demeurent libre-échangistes
(activités portuaire et vinicole obligent) et, en même temps, partisans déclarés du monopole des lignes de navigation ou de l'interdiction du sucre de betterave. Ce que veulent les Français, ce sont
de « beaux noms propres » (Bastiat) et de beaux discours opportunistes : « C'est nécessaire en France puisque les lois et les habitants
nous empêchent de bien faire avec et par le peuple[82] » Lorsque le
marquis de Louvois, protectionniste convaincu et pair de France,
précise qu'il représente les intérêts des métallurgistes de l'Yonne et
de la Côte-d'Or, la filiation aristocratique devient un moyen de se
donner l'illusion d'un univers économico-social cohérent, solidaire
et prévisible.

Les années 1870-1886 allaient non seulement obscurcir cette
visibilité mais saper les fondements du compromis en substituant le
risque à l'incertitude. La guerre impériale, l'entretien de l'armée
d'occupation, le paiement des indemnités à l'Allemagne et la
reconstruction ont coûté 11,4 milliards de francs. La dette publique
atteint 17,6 milliards, soit un doublement en quatre ans, en dépit
d'une ponction fiscale exceptionnellement élevée[83]. Au même
moment, la Commune fait découvrir le péril social à des droites qui,
on l'a dit, assimilent désordre et privation de la liberté économique.
Pour couronner le tout, l'argent, cher et rare, provoque à trois
reprises — 1872, 1876, 1882 — une quasi-paralysie des affaires.
On imagine aisément les conséquences de ce triple choc : la
concentration des entreprises marque le pas faute d'argent, la
modernisation technique est reportée à des jours meilleurs et la
population des faubourgs, suspecte de penser à la révolution pour
avoir du pain, est spontanément exclue du monde de la consommation.

Il faut donc replâtrer le compromis impérial, en élargissant le
champ d'action de l'État au détriment de la liberté et de la
propriété. Puisqu'il y a urgence économique, l'intervention de
l'État est admise même par les libéraux. Ces derniers préfèrent

oublier le recul démocratique qu'implique, selon eux, cette avancée, pour se féliciter de voir une République de propriétaires et le
marché sauvegardés. Cela suppose quelques acrobaties dialectiques : les articles de Léon Say sur les chemins de fer ou la dette[84],
ceux de Louis Marchal, Dominique Labry et Charles de Freycinet
quant à l'utilité des grands travaux sous la houlette de l'État[85]
offrent un intéressant florilège. Pourtant, aucun d'eux ne signale
que la raréfaction des capitaux rendait leur position intenable, à
moins de trahir la philosophie libérale en acceptant une hausse des
impôts.

Le risque économique paraît si considérable que l'intervention
de l'État ne rassure même pas. En fait, depuis les années 1870-
1873, les droites ne savent pas expliquer la pathologie nouvelle du
pays. Elles ne disposent d'aucun appareil scientifique et statistique
adapté à la mesure, encore plus à l'explication de la crise : « Les
questions économiques, par la suite de la complication des rouages,
ont pris une telle importance aujourd'hui que chacun, le plus
souvent sans être suffisamment renseigné, appuie son opinion sur
des faits qui ne se rapportent qu'à une face du problème et ne
permettent pas de saisir une vue d'ensemble... Chacun trouve une
explication à sa guise et demande la protection de l'État[86]. » C'est
seulement en 1887 que la Société de statistique, sous l'impulsion de
Léon Say, fonde l'Institut international de statistique avec pour
mission de mieux mesurer le bien-être des populations.

La démarche rhétorique est identique à celle des années 1840 :
décrire la situation économique pour traiter le problème social. Le
langage métaphorique — jusqu'à la schématisation d'une fluctuation cyclique d'ensemble — est de rigueur. Cependant, à cette
époque, les droites courent en permanence derrière l'évolution
économique. Leur discours est si confus qu'il mélange objectifs
moraux immédiats, principes d'action, sens éthique d'ensemble.
Ainsi la loi sur les patentes du 15 juillet 1880 a beau accorder un
tarif fiscal préférentiel aux petites entreprises, elle semble un
rempart dérisoire contre l'appétit des « vampires du commerce »,
tel le Bon Marché. Mais au même moment, la presse célèbre les
cent millions de francs de chiffre d'affaires atteint par le grand
magasin qui fait vivre 1700 salariés et près de dix mille ouvriers à
façon. Ce n'est qu'une des modalités du rééquilibrage en cours
entre production et distribution; elle contribue pourtant à la
division des droites qui ne savent plus si elles doivent compter sur la
puissance publique pour se protéger du socialisme ou si l'intervention de l'État y mène tout droit. Jules Méline et Léon Say

revendiquent le libéralisme, la prospérité, la défense du plein emploi, mais le premier est protectionniste et le second libre-échangiste. Et les deux tombent d'accord pour confesser leur perplexité devant la baisse prolongée des prix et le manque d'argent en circulation[87].

Dans le doute, les peurs imposent leur logique. Le capitalisme devient l'objet d'exécration pour une majorité de la droite. Ses zélateurs servent de boucs émissaires : « La juiverie moderne [les spéculateurs] compte dans ses rangs des catholiques, des protestants, des israélites, des gens sans culte[88]. » Les erreurs économiques vont « profiter à l'Allemagne », « alimenter les caisses de la City[89] », et surtout faire la démonstration que l'éthique n'est plus une préoccupation de droite : « Je sais bien que beaucoup de gens ne tiennent pas aux principes des autres, parce qu'ils n'en ont pas. On croit toujours que les principes n'ont pas de valeur pour les autres, quand on n'en a pas soi-même[90] ».

Aussi le consensus libéral du début du siècle reste l'apanage des professeurs de l'École libre des sciences politiques et de quelques entrepreneurs. Le péril de la dépression économique récurrente et de la crise sociale paraît autrement menaçant que la mise en cause de la liberté économique. Les deux premières craintes bénéficient d'une sorte de privilège d'antériorité dans la conscience de droite. La cohérence du discours est ainsi sauvegardée, au prix de contradictions assumées. L'État devrait intervenir peu, mais il a une mission sociale et une pratique historique telles que ses dettes représentent, en 1900, l'équivalent des trois quarts de la capitalisation boursière nationale. L'État restera donc dépensier parce qu'il doit socialiser cette main d'œuvre rurale qui entre lentement et à faible rémunération sur le marché du travail industriel ou commercial. En revanche, on exigera de l'État qu'il ne soit pas saisi d'*hubris*, en « immobilisant plus de capitaux que les épargnes ne pouvaient en produire » (Léon Say), autrement dit qu'il ne creuse pas le déficit budgétaire au-delà du « raisonnable ». Il reste à s'entendre sur cette contrainte morale : la charge de 7 % par rapport au produit national a paru vertueuse en 1871 ; celle de 3,5 % en 1880 est jugée excessive, tout comme celle de 2,6 % en 1910.

Parallèlement, l'entrepreneur doit échapper à la tutelle de la puissance publique et l'ouvrier à l'arbitraire patronal. On doit donc « réformer l'État », ce qui assure, dans ce compromis, la suprématie de l'approche déontologique. La réforme de l'État suppose en effet un bornage, de nature juridique, afin de définir des sphères d'utilité. Le procédé permet de satisfaire les libéraux, favorables à une sphère unique, le marché, et les corporatistes, enclins à multiplier les associations au nom du droit individuel[91]. Encore faut-il également s'entendre sur les tracés des frontières, ce qui fut rarement le cas. Entre 1891 et 1914, la question des retraites et de l'impôt sur le revenu fut débattue chaque année sans que les droites parvinssent à adopter une position autre que le rejet, faute de savoir trancher entre l'exigence sociale individuelle et son traitement privé ou public[92]. Lors des discussions parlementaires sur l'amendement Groussau de février 1906 (relatif à la privatisation des retraites) et sur l'amendement Villebois-Mareuil de mars 1909 (concernant l'exemption fiscale des revenus agricoles) les droites sont tout autant incapables d'établir les modalités d'une répartition sociale adaptée au compromis qu'elles défendent. Elles voudraient être modernes mais, paralysées par l'engagement déontologique que supposent ces réformes, elles se retranchent derrière une *modération* illusoire.

Sur ce point, la génération de 1914-1918 apportera peu de modification. La guerre imposera le recours obligé à l'État sans que soit déterminé le rôle de celui-ci dans la modernisation ; la révolution russe offrira un repoussoir idéologique sans que le traitement de la question sociale reçoive une réponse originale ; la longue période de marasme économique permettra de dénoncer le « capitalisme corrupteur et usurier », sans que soient définies les conditions d'une économie de marché cohérente. A l'origine de ces échecs répétés se trouve l'incapacité des droites à résoudre le problème de l'argent. En témoigne le retour de l'orthodoxie financière, procédé rhétorique habile mais, on l'a vu avec l'Empire, de médiocre efficacité doctrinale. Le mot offre un brevet éthique. Encore faudrait-il en préciser le contenu. « Le relèvement économique et financier » est inscrit en tête des statuts de l'Alliance républicaine démocratique, de la Fédération républicaine et défendu sans hésitation par les grands commis de l'État. Cependant, la lecture du Barodet des douzième et treizième législatures (1920, 1924) ne permet d'identifier aucun contenu clair. Que la dévaluation Poincaré soit à la fois « cachée » et marque l'avènement d'une orthodoxie idéale, en dit long sur les certitudes des droites. On a le sentiment que les slogans du style « l'Allemagne paiera », sont bien efficaces pour dissimuler les conflits sur la répartition financière (de même vingt ans plus tard, le mythe Pinay de la confiance inspirée aux petits épargnants par une rente qui coûtera très cher à l'État fait oublier que l'inflation ne fut aucunement vaincue à l'époque du Monsieur au petit chapeau).

Il devient urgent dans les années 1930 de trouver un compromis minimum en exaltant les finalités de la pensée économique de droite. Pour sauver la synthèse pseudo-libérale de 1900 sans s'attaquer à la question de l'argent, et en évitant le biais simplificateur de l'orthodoxie, il faut redéfinir les principes d'une bonne économie. Les réflexions à visée téléologique fleurissent, depuis les articles de Georges Valois ou Charles Rist jusqu'aux « programmes » de Jacques Doriot et du colonel de La Rocque. Compte tenu de l'urgence et des difficultés pratiques, la métaphore économique connaît son heure de gloire.

Valois — météorite passée de la synthèse maurrasso-sorélienne au faisceau des années 1920 puis à l'antifascisme militant des années 1930 — reprend le thème de la jouissance néfaste pour le bien de l'homme en réfutant la loi de l'offre et de la demande : « Ce n'est pas la demande qui fait baisser ou hausser les prix, ce sont les prix qui font augmenter ou diminuer la demande. Quand le vin est trop cher, on boit de l'eau, faute de grives, on mange des merles[93]. » Le colonel de La Rocque réutilise la métaphore biologique pour démontrer l'inanité de l'étatisme : « Il n'est pas plus possible de régenter l'économie qu'il n'est possible à l'homme de régler le mouvement de ses muscles à fibres lisses, indépendant de la volonté[94]. » Ni le « juste prix », ni l'allégement des tâches de l'État, ni la fin de la concurrence « abusive » ne garantissaient le retour à la prospérité. En revanche, ces recommandations traçaient les contours d'une « économie morale »[95].

Il restait à franchir l'étape de la mise en pratique, mais cela supposait que le compromis fût « épuré » et qu'un autre s'y substituât. Ce fut à l'origine l'ambition de la dictature de Vichy qui se trouvait paradoxalement favorisée par les circonstances. La question de l'argent paraissait évacuée du fait des ponctions allemandes et de la désorganisation des circuits monétaires et commerciaux. L'occupation et le régime policier écartaient la menace sociale. L'État français était inévitablement faible et suffisamment nécessaire pour que sa réforme parût aisée. Enfin, les leitmotive des années trente fournissaient un prêt-à-penser commode.

La solution adoptée par le maréchal Pétain est simple : écarter d'abord les problèmes, puis fonder son discours sur une vision téléologique exclusive à l'accomplissement lointain. L'ordre est soigneusement choisi : « Pour notre société dévoyée, l'argent trop souvent serviteur et instrument du mensonge était un facteur de domination » (11 juillet 1940); « J'entends que notre pays soit débarrassé de la tutelle la plus méprisable : celle de l'argent » (12 août 1940). Le premier coupable de cette déliquescence reste l'État : « Jamais dans l'histoire de France, l'État n'a été plus asservi qu'au cours des vingt dernières années » (11 octobre 1940). Enfin vient le tour du système économique : « La nouvelle organisation sociale ne sera pas un "libéralisme" puisqu'elle n'hésitera pas à combattre la violence qui se cache sous certaines libertés apparentes [...] Elle ne sera pas un "capitalisme" puisqu'elle mettra fin au règne de l'économique et à son immorale autonomie[96]. »

Dans les deux messages du 1er mars 1941 à Saint-Étienne et du 1er mai 1941 à Commentry, Philippe Pétain peut alors redéfinir un idéal économique et social qui reposerait sur « une solidarité d'intérêts » produit de l'habitude et non d'un contrat : « Un chef d'industrie, un patron, pour mériter le commandement dont il est investi, doit se considérer comme ayant charge d'existence et même, en un certain sens, charge d'âme. Il doit avoir le souci majeur de la dignité, du bien-être, du moral de ses collaborateurs et de leurs familles. Il doit même faire un pas de plus et, respectant la liberté de ses ouvriers, ne pas vouloir à toute force leur bien tel qu'il le conçoit lui, mais tel qu'ils le conçoivent eux » (1er mai). Une nouvelle fois, le pouvoir économique, soupçonné d'avoir corrompu l'État et la société, doit se racheter. Il est donc « normal » qu'il collabore avec la puissance publique, seule capable dans les circonstances présentes de concilier notamment par le corporatisme, efficacité et moralité[97]. Efficacité puisque les besoins doivent être hiérarchisés, moralité puisque l'État français se veut garant de l'intérêt général.

Ce raisonnement présente l'avantage immédiat de réconcilier adversaires et partisans du capitalisme. Le décor ne change pas (propriété privée, profit, entrepreneur) mais l'État se porte garant de la répartition sociale. « L'Ordre nouveau » ou l'avatar métaphorique de la pensée du compromis. Le général de Gaulle l'a bien compris, lui qui dans un discours du 11 novembre 1942, propose une définition voisine : « La France sait aussi ce que lui coûte un régime social et moral sclérosé dans lequel la Patrie se vit successivement négligée par des masses exploitées, puis trahie par des coalitions de trusts et de gens en place. Elle entend construire chez elle un édifice social et moral dans lequel chaque individu pourra vivre dans la dignité et dans la sécurité, où nul monopole ne pourra abuser des hommes ni dresser aucune barrière devant l'intérêt général[98]. » On sait que ce concept d'ordre nouveau est emprunté aux non-conformistes des années 1930[99], mais la guerre donne une occasion historique de fonder une autre mystique — les écoles de cadres à Uriage ou ailleurs s'y emploient — qui pourrait résoudre les crises, apaiser les troubles provoqués par les régimes totalitaires (le communisme recevant une priorité de traitement), sans enchaîner l'homme.

Pourtant, dès 1941, la dérive inflationniste, l'excès de liquidités et le mauvais drainage de l'épargne révèlent la fragilité de cette analyse. Vichy est la première victime, mais le gouvernement provisoire s'y trouvera confronté à l'automne 1944. L'argent se venge. Le retour de la question monétaire signe l'échec d'une synthèse unioniste ancrée à droite. Du coup, les équilibres proposés entre marché et État, entre industrie et agriculture, entre ordre social et liberté deviennent bancals. Vichy prétendait détenir le secret des bonnes solutions, sa faillite — à l'ombre des comités d'organisation industrielle dont l'expérience ne sera pas perdue par l'administration du Plan — renvoie les droites qui l'ont soutenu à un second Ancien Régime pour être coupable, comme ses ancêtres, d'avoir « bâti peu à peu une société imaginaire dans laquelle tout paraissait simple et coordonné, équitable et conforme à la rêverie[100] ». La disparition de l'État français entraîne une dépossession éthique pour l'ensemble de la droite. L'espérance économique, l'ordre social, la légitimité et la compétence du discours sont incarnés par les gauches. Même les échecs économiques des socialistes ou des radicaux sont en partie imputés à l'obstruction de la droite. Au lieu de proposer une vision téléologique, celles-ci semblent obsédées par la tactique, aveu de faiblesse et de remords.

Les droites ont perdu, dans le détour par Vichy, leur cohésion. Elles prétendaient rassembler les héritages de trois siècles, du colbertisme aux prémices du plan, dans une pensée de médiation. En 1944, l'heure de la retraite a sonné. Les priorités restent les mêmes; pas les acteurs. La dénonciation des « féodalités économiques » est plus qu'un slogan : en juillet 1943, de Gaulle voulait que les portes des bastilles s'ouvrent de bon gré; en 1945, les nationalisations marquent le retour de l'idéal révolutionnaire de 1792-1793[101]. Certes, la rationalisation industrielle et le remplacement d'une génération jugée à bout de souffle offrent des raisons de circonstance. Mais le basculement idéologique est d'une autre ampleur, dès lors que la monnaie, les taux d'intérêt, l'équilibre entre l'usine et la campagne passent au second plan et que le profit n'est plus nécessairement le premier ni le mieux servi dans le partage de la valeur ajoutée. Les droites doivent s'accommoder de choix venus d'autres horizons — les nationalisations, la planification, le keynésianisme, la modernisation industrielle portée par l'élite de la Fonction publique — et donner leur aval au progrès social décrété, même si certains — du poujadisme au refus de sacrifier l'Empire à l'intégration européenne — s'efforcent d'en tempérer les effets. En un sens, les droites d'après-guerre ne sont plus convaincues d'avoir un avenir économique qui leur soit propre. Et ce n'est pas le serpent de mer gaulliste de la « participation », troisième voie réactive à l'antagonisme du capital et du travail, qui put les en dissuader.

Il n'est pas sûr que cette hantise soit entièrement dissipée aujourd'hui[102]. La restauration d'une pensée de droite spécifique supposait en effet un travail de réappropriation intellectuelle sur des thèmes désormais imposés. Comment imaginer un acteur économique qui ne fût pas réformiste entre 1945 et 1975 ? Même si, comme Georges Pompidou, il était de bon ton de déplorer la souffrance que ces mutations et réformes imposaient aux Français (5 décembre 1970 et 27 septembre 1973), même si le président se voulait « un conservateur de civilisation » (9 octobre 1972), force est de constater que le contenu du libéralisme pompidolien traduit l'imprégnation de la culture de droite par des idées exogènes, dans des limites que marqua nettement le divorce entre le président de la République et le Premier ministre, Jacques Chaban-Delmas, qui rêvait d'une adéquation de la modernisation industrielle et de la modernisation des rapports sociaux dans une « nouvelle société » qui fut remisée aux oubliettes après la démission, le 5 juillet 1972, du Premier ministre. Ainsi, lorsque, le 22 septembre 1969, Pompidou exalte la rentabilité des entreprises, il prend soin d'ajouter que le bien-être des individus est déterminant, mais il demeure bien une inversion de la vision macro-économique : la politique budgétaire et fiscale volontariste prend le pas sur les choix monétaires qui deviennent peu ou prou des variables d'ajustement[103].

En réalité, Georges Pompidou — comme Charles de Gaulle et Valéry Giscard d'Estaing — a choisi une stratégie de transition graduelle vers un compromis de droite, ce qui n'excluait pas le recours occasionnel à des thérapies de choc, comme la réforme monétaire du 28 décembre 1958[104]. Si l'on s'attache au rythme des choix économiques, le retour du balancier vers la droite est indéniable. En revanche, à la différence de l'avant-guerre, la transition n'a de chances de rencontrer le soutien de l'opinion qu'en se doublant d'un projet politique convaincant. De ce point de vue, on opposera le succès de l'opération de 1958 à l'échec de celle du printemps 1974, lorsque la France intégra le système monétaire européen, vécu par l'opinion comme un simple ajustement technique monétaire et financier. Cette observation permet de régler la querelle entre dirigisme et libéralisme. En fait, la droite pratiqua le mélange des genres en utilisant à merveille le biais rhétorique pour justifier la pratique normative et les essais de libéralisation au nom de la modernité. Lorsqu'en pleine période d'encadrement du crédit, la libéralisation de l'ouverture des guichets bancaires a été décidée par le Premier ministre (1966-1967), « la course aux guichets » a déstabilisé pour vingt ans le secteur bancaire au point que celui-ci ne fut pas fâché, en 1982, de bénéficier d'une pause réglementaire qui devait permettre d'éliminer « les canards boiteux ». L'important était ailleurs : la Société Générale, la Banque de Paris séduisaient enfin les Français après un demi-siècle de méfiance et de déception. La réglementation rassurait l'épargnant, la proximité géographique banalisait l'acte financier, la médiation publicitaire donnait un nouveau style à la métaphore. En outre, les mesures de contrôle ont toujours été contournées avec succès par le marché (ainsi l'invention du crédit-bail pour recycler les liquidités des banques atteignant les plafonds fixés par l'État via les établissements financiers), sans que ces comportements souterrains affectent l'ordre restauré. Qu'un marché soit régulé par des mécanismes, par des institutions ou par leur combinaison importait moins désormais que son efficacité pratique.

Le rêve d'une économie mêlant libéralisme et socialisme prend corps, dans l'opinion, au tournant des années 1980[105]. La concurrence rivalise avec la participation, le profit avec les nationalisations, la liberté d'entreprendre avec la protection sociale contre le risque. Les beaux jours du capitalisme mixte semblent devoir revenir, à l'heure même où d'aucuns, soucieux des grands équilibres démographiques, économiques et financiers, annoncent la crise de l'État-Providence, quand ils n'en prophétisent pas la fin. Voici les droites placées une nouvelle fois devant un dilemme : accepter le capitalisme mixte revient à faire litière d'une pensée économique de droite, en espérant qu'une éventuelle conquête du pouvoir politique permettrait d'agir à la marge; refuser le capitalisme mixte implique un discours et une pratique libéraux ou conservateurs homogènes. Or, à partir de mars 1983 (arbitrage du président Mitterrand en faveur du maintien du franc dans le système monétaire européen au prix d'une dévaluation supplémentaire[106]), la gauche socialiste et radicale s'approprie le fonds rhétorique de la droite : la « rigueur », la « pause fiscale », la « désindexation des salaires et des prix », la « compétitivité extérieure » n'ont plus pour seuls hérauts les hommes de droite. Leur monopole de la confiance, de l'expertise et de l'efficacité est disputé.

Les beaux jours de la Bourse sous le règne de la gauche comme la célébration émue du centenaire d'Antoine Pinay par Pierre Bérégovoy en décembre 1991 tracent les nouveaux horizons d'une gauche ramenée à la case départ des droites : comment assurer un peu de justice sociale dans le libre jeu de la logique économique. Les droites se risquèrent à briser le cercle magique de la culture du marché devenue à tous commune en abandonnant le difficile équilibre du capitalisme mixte pour l'exaltation, plus propagandiste que réellement traduite dans les faits, du capitalisme libéral, entendu comme libéré de toutes pondérations ou contraintes correctrices. Ce fut le printemps théorique de l'ultra-libéralisme des années de la cohabitation (mars 1986-mai 1988), lorsque Jacques Chirac, alors Premier ministre, affichait son ambition de tirer pour la France des leçons des politiques conduites en Grande-Bretagne par Margaret Thatcher et aux États-Unis par Ronald Reagan. Printemps sans lendemains : les dénationalisations opérées par Édouard Balladur se réclamaient plutôt du thème gaullien du « capitalisme populaire » que des analyses d'un Friedrich von Hayek. Surtout, le discours « libéral » préjugeait, contre l'évidence historique, que l'opinion saurait distinguer entre critères de jugement économique et critères d'évaluation morale. Or, les thèmes de « l'argent facile », des « gagneurs », de « l'assainissement », de la « violence sociale » furent constamment associés, au point que la célébration du marché parut révéler la « vraie nature » d'une droite qui, faute d'avoir accepté l'antériorité du marché sur la société deux siècles plus tôt, se vengerait de manière presque antidémocratique, en remisant l'ordre social et moral au placard des métaphores. Du coup, l'opinion publique ne prit pas la peine de considérer qu'en pratique la droite avait respecté les termes de son partenariat fonctionnel avec l'État et que le discrédit affectant la droite venait précisément des insuffisances de l'État à se proclamer toujours protecteur des frontières du marché et gendarme veillant aux modalités morales de son fonctionnement.

De cette valse-hésitation entre l'éthique de conviction — assurer l'autorégulation du marché dans la plus grande liberté (« Qu'en tout, le gouvernement préserve, non qu'il entrave ni ne dirige; qu'il écarte les obstacles, qu'il aplanisse; on peut s'en remettre aux individus pour y marcher avec succès », écrivait déjà Benjamin Constant en 1829 dans ses *Mélanges de littérature et de politique* à propos « De la juridiction du gouvernement sur l'éducation ») — et l'éthique de responsabilité — introduire autant que faire se peut, dans le respect du marché des mécanismes législatifs et politiques correcteurs des effets de « la main invisible » pour préserver, par les équilibres sociaux, le libre exercice du marché —, résulte aujourd'hui pour les droites la nécessité d'élaborer une nouvelle transition, processus encore à l'œuvre et au contenu doctrinal incertain, mais essentiel à leur identité politique. Faut-il choisir le silence, l'évitement ou la confusion entretenue, comme Jean-Marie Le Pen[107]? Les droites doivent-elles considérer qu'il existe désormais une politique économique consensuelle qui réaliserait leur idéal du compromis poursuivi depuis plus d'un siècle, en empruntant pour l'essentiel leur langue mais, théoriquement du moins, peu de leurs valeurs? Ou bien, leur faut-il tabler sur l'usure naturelle des procédés rhétoriques et travailler à un nouveau contenu téléologique? Ce qui nous reconduit à la réflexion en ouverture de Charles de Rémusat : penser l'économie est-il aujourd'hui encore un exercice noble où ne devraient exceller que quelques-uns et à d'autres fins que celles de défendre et illustrer strictement le marché, ou, plus prosaïquement, est-ce *enfin* une des clefs d'un avenir démocratique?

ANTHONY ROWLEY

Il n'existe à proprement parler aucun ouvrage traitant spécifiquement des sensibilités économiques des droites dans le domaine de l'économie et du marché. Nombre d'ouvrages ont paru, notamment aux heures du credo hyper-, sinon ultralibéral de la décennie 1980, qui sont avant tout des plaidoyers pour l'économie de marché, présupposant naturelle la faveur des droites pour celle-ci. Or, le lecteur l'aura compris, c'est cette faveur même que l'étude historique révèle problématique. Aussi ces ouvrages écrits par des auteurs de la droite libérale nous ont-ils été utiles au titre de symptômes ou révélateurs de généalogies idéologiques imaginaires ou de réécritures intéressées de l'histoire. On les trouvera référencés dans les notes, ce qui permettra au lecteur par là même d'en comprendre l'usage contextuel que notre démonstration en a fait. S'y sont ajoutées d'autres références, classiques, qui balisent plus généralement le domaine de l'économie capitaliste et apportent à leur tour d'intéressants, voire précieux éclairages.

Troisième partie

LA VIE DANS LA CITÉ

CHAPITRE XII

Accepter la pluralité : haines et préjugés

En abolissant la représentation organique du peuple en la personne du monarque, pour lui substituer celle du peuple souverain, unique dans sa volonté, mais pluriel dans ses individus, la Révolution française a introduit, au principe de la Cité, une irréductible diversité, que les droites ont longtemps acceptée avec une extrême difficulté. Mettant un terme aux ordres et aux privilèges, la Révolution reconnaissait à chacun l'égalité civique, quelle que fût son origine sociale. Désormais tous pourraient semblablement concourir à l'exercice du souverain : les spécificités et particularités de chacun s'épanouiraient dans la sphère privée, pour disparaître de l'espace public qui ne serait plus habité que par des citoyens égaux, donc indifférenciés. De même, émancipant juifs et protestants, la Révolution introduisait dans l'espace privé des consciences la pluralité religieuse, ruinant le mythe catholique de la France fille aînée de l'Église. Les droites n'auront de cesse, à des degrés divers, de vouloir restaurer, contre l'individualisme révolutionnaire, des solidarités organiques qui particulariseraient, dans l'espace public, les individus par des appartenances visibles et englobantes. L'identité religieuse fut l'une de celles-ci. Ne pouvant revenir sur l'émancipation des juifs et des protestants, les droites crurent trouver la solution en proclamant le catholicisme religion d'État ; la Charte de 1814 affirme : « Chacun professe sa religion avec une égale liberté, et obtient pour son culte la même protection » (art. 5), « Cependant, la religion catholique, apostolique et romaine est la religion de l'État » (art. 6) ; ou, du moins, en consolidant l'ordre politique par l'ordre catholique (l'Ordre moral de Mac-Mahon et le culte du Sacré-Cœur, le soutien appuyé de l'épiscopat au régime de Pétain). La République, faisant son credo de l'universalisme des droits de l'homme sans distinction de classes, de races et de religions, les droites antirépublicaines — à l'exception de la droite orléaniste transformée, au tournant du siècle, par son acceptation tardive du pacte républicain et son

*renoncement au principe monarchique en droite libérale — prétendirent rebâtir
à neuf la Cité sur les appartenances organiques, et marquées dans l'espace
public, de chacun : ainsi, Vichy, soustrayant de la Cité les juifs.*

*La religion catholique, souvent, fut le prétexte que prirent les droites pour
forger ces haines et ces préjugés qui perdurent jusqu'à nos jours, du côté du
Front national notamment.*

*
**

L'histoire de la société française contemporaine est tout entière
traversée par de violents conflits, des luttes souvent impitoyables
opposant des groupes, des partis, des factions ou encore des classes
sociales aux intérêts et aux visions du monde radicalement antagonistes. Pays de dissensus marqué par des « guerres franco-françaises » incessantes, la France, à la différence, par exemple, de la
Grande-Bretagne, a tardé à construire un ordre social légitime aux
yeux de tous les citoyens : ceux-ci ont longtemps refusé une centralisation du jeu politique en préférant demeurer fidèles à des clivages
multiples qui façonnent dès lors largement leur personnalité et
leurs valeurs. L'héritage d'un féodalisme extrême s'est durablement fait sentir au cours des siècles en accroissant les particularismes territoriaux face auxquels le pouvoir central a dû sans cesse
affirmer par la force son autorité ; dans le même sens, les guerres de
religion ont elles aussi été farouches. Ainsi les durs affrontements
internes ont produit, tout au long des siècles, une quasi-guerre
civile aux facettes multiples se traduisant sans cesse par l'élaboration de systèmes de valeurs ou d'idéologies antagonistes propices à
toutes les rationalisations fantasmatiques. La formation même de la
nation française a donc pris place à travers des violences internes
constantes, alimentées de plus par des interventions de puissances
externes auxquelles les groupes et les partis en présence n'hésitent
pas à s'allier. Dans cette atmosphère de complot et d'intrigues, la
main de l'étranger se trouve en permanence d'autant plus facilement dénoncée de toutes parts, de la Révolution française à Vichy
ou encore à l'époque de la décolonisation, que les puissances
ennemies n'hésitent pas à attiser, hier comme aujourd'hui, ces
luttes intestines. Les passions politiques redoublent et, avec elles,
les accusations de trahison que se jettent les adversaires successifs
qui croient sans cesse découvrir des complots et des machinations
venant renforcer encore leur radicalisme idéologique de même que
leur vision fantasmatique du camp opposé, c'est-à-dire autant
d'éléments irrationnels producteurs de dissensus.

Ces guerres franco-françaises[1], de la Révolution à la guerre d'Algérie en passant par la Commune ou Vichy, se déroulent à partir de nombreux clivages religieux, nationalitaires, sociaux etc., qui ne se superposent pas toujours et se distribuent de plus, de manière fluctuante, sur un axe droite-gauche dont les valeurs se modifient elles-mêmes avec le temps. Il est dès lors parfois malaisé de distinguer les valeurs et les comportements qui appartiennent en propre aux droites ou aux gauches, tant les modes de pensée et les stratégies empruntent parfois tour à tour des cheminements identiques. On sait ainsi qu'un nationalisme cocardier parfois producteur de haines démesurées de l'étranger passe insensiblement, au cours du XIXe siècle, de la gauche à la droite, tandis que l'antisémitisme auquel les deux camps rivaux adhèrent à des degrés divers, d'une part, de Pierre-Joseph Proudhon, Charles Fourier à Alphonse Toussenel, d'autre part, d'Édouard Drumont, Charles Maurras, Maurice Barrès à Jean-Marie Le Pen, est néanmoins surtout professé par la droite extrême sans que pour autant certains courants de la gauche républicaine, encore au XXe siècle, en soient totalement immunisés. Et, dans le même sens, si l'antiprotestantisme se révèle particulièrement vigoureux du côté des droites extrêmes, il se fait aussi jour, quoique de manière plus sporadique, à gauche, par exemple chez Alphonse Toussenel ou encore Auguste Chirac.

En se diversifiant ainsi dans des directions de recherche tellement multiples, l'étude exhaustive des haines et des préjugés des droites françaises qui tiendrait compte non seulement des valeurs des membres des partis ou organisations diverses mais aussi de celles des électeurs[2], ou encore de tous ceux qui se mobilisent en faveur d'un projet foncièrement intolérant quel qu'il soit, ne peut être envisagé ici. De manière délibérée, on choisira donc de limiter cette analyse aux comportements de haines et aux préjugés les plus apparents, ceux qui se trouvent exprimés de manière explicite davantage du côté des droites extrêmes que des droites modérées dont l'examen demeure infiniment plus difficile tant le matériel devrait être construit à partir d'une longue recherche dont on a simplement voulu donner ici quelques pistes.

De plus, un populisme hostile aux gros, à l'étranger, à tous ceux suspects de velléités cosmopolites se développe en réalité aux deux extrêmes de l'échiquier politique, suscitant un identique mouvement de rejet exprimé sous une forme plus ou moins fantasmatique et irrationnelle : le mythe des gros exploiteurs, du gros capital international juif, cosmopolite et parfois, protestant, dominant sans

pitié un peuple sain composé de petits Français innocents et
vertueusement attachés à leur foi catholique les prémunissant
définitivement contre l'usure et la corruption, court à travers toute
l'histoire idéologique française et renforce encore la diabolisation
de l'adversaire[3]. Dans ce sens, se pencher sur les haines et les
préjugés des droites aurait pu impliquer d'examiner en permanence, en parallèle, la présence ou l'absence de telles attitudes dans
les divers courants de gauche. Ce travail plus satisfaisant ne peut
être envisagé ici de manière systématique; il serait pourtant indispensable si l'on souhaite prendre la mesure de l'originalité des
diverses formes d'ostracisme qui se font jour du côté des droites. On
s'efforcera tout du moins à chaque fois de signaler rapidement
l'existence de points de convergences sans pour autant s'engager
dans une véritable recherche comparative nécessaire même si ici,
de manière certes partielle donc incomplète, on s'est efforcé surtout
de diriger le pinceau de lumière vers le catholicisme comme source
qui irrigue, du côté tout particulièrement des droites, bien des
exclusions et des refus.

I. D'UNE DROITE À L'AUTRE

Vouloir étudier les haines et les préjugés des droites contemporaines pose pourtant d'emblée une autre difficulté qui, elle, ne peut
être éludée. Dans quelle mesure, en effet, la droite modérée, celle
qui exprime simplement un certain conservatisme et un attachement aux diverses traditions propres à la société française, adhère-
t-elle parfois, en ce qui la concerne, à des visions du monde fondées
sur la haine, la violence et l'exclusion radicale de toutes formes de
différences ressenties comme inacceptables? Dans le même sens, la
droite orléaniste ou encore, plus tard, celle qui se réclame d'un
catholicisme militant se livrent-elles elles aussi à des stratégies
marquées par une entière intolérance? Ces droites adhèrent certes à
des préjugés de toutes sortes, elles ne font pas nécessairement
profession de haine. Celle-ci, en définitive, se trouve-t-elle réservée
à la droite extrême qui se lance, depuis l'époque de la contre-
révolution jusqu'au mouvement lepéniste, dans des mobilisations
populistes chargées de haine? Une telle distinction est-elle convain-

cante, tant les passions et les ressentiments se diffusent insensiblement, par exemple durant les périodes de crise, d'une droite à
l'autre? De l'Affaire Dreyfus à la guerre d'Algérie, les guerres
franco-françaises radicalisent les oppositions, utilisent chacun des
camps en présence, renforcent, l'espace d'un temps, les solidarités
et font taire les divergences : dans ces temps de quasi-guerre civile,
la haine déborde de toute part, s'étend et amplifie souvent le simple
conservatisme. On voit alors, par exemple, des intellectuels modérés, des professeurs traditionalistes ou encore des dirigeants de
formations politiques attachés simplement à la stabilité sociale se
conduire en de véritables accusateurs animés d'une haine farouche,
d'une passion sans limite qui les transforme soudain en de véritables alliés de la droite extrême.

Prenons un cas de figure particulièrement révélateur des affinités
qui peuvent se nouer entre des secteurs pourtant fort distincts des
droites françaises : lorsqu'en octobre 1898, se trouve créée la Ligue
de la patrie française qui va entreprendre une campagne antidreyfusarde[4] et nationaliste très violente, les signataires de la
pétition qui appellent à sa constitution représentent des sensibilités
de droite fort différentes. Cette pétition est signée, en effet, aussi
bien par Maurice Barrès, Charles Maurras et Léon Daudet, les
maîtres à penser de la droite extrême qui vont sans relâche attiser la
haine et par ceux qui les suivent aveuglément dans cette stratégie
destructrice délibérée, comme Gabriel Syveton, Henri Vaugeois ou
Gyp (comtesse de Martel de Janville), lesquels sont également
proches d'un Édouard Drumont, incarnant à lui seul la haine à
l'état pur, que par de plus respectables et modérés académiciens
comme Albert Sorel, Jules Lemaitre ou encore Ferdinand Brunetière[5]. Dans le même sens, à la Ligue de la patrie française une fois
fondée, aux côtés de Maurice Barrès, Gabriel Syveton, Jean-Louis
Forain, ou Henri Vaugeois, figurent à nouveau vingt-trois membres
de l'Académie française, des professeurs du Collège de France, des
centaines de professeurs d'Université qui rejoignent ainsi, de
manière plus ou moins brève, les partisans déclarés des droites
extrêmes[6]. De tels rapprochements soulignent la diffusion de la
haine, l'exacerbation des sentiments qui, dans ce contexte de
profonde crise, radicalisent les valeurs.

Une semblable osmose mérite explication : on voudrait de suite
avancer qu'au fondement même de cette union des droites se
réalisant en conformité avec les valeurs des droites extrêmes, on
trouve tant le refus de la Révolution française que, et davantage
encore, la référence au catholicisme comme élément consubstantiel

à l'identité nationale. Comme l'exprimera plus tard Ferdinand Brunetière, « de même que le protestantisme, c'est l'Angleterre, et l'"orthodoxie", c'est la Russie, pareillement la France, c'est le catholicisme... tout ce que nous laisserons faire contre le catholicisme, nous le ferons au détriment de notre influence dans le monde, au rebours de notre histoire et aux dépens enfin des qualités qui sont celles de l'âme française[7] ». Dans ce sens, chaque nation s'identifie à une seule religion que les plus farouches partisans des droites radicales, tel Georges Thiebaud, l'ami d'Édouard Drumont et le grand pourfendeur du protestantisme, considère même parfois comme une race afin de la séparer définitivement de toutes les autres, d'empêcher tout mélange et, du même coup, d'entraver le processus de naturalisation d'éléments étrangers adeptes d'une autre religion. Dès lors tout devient simple : comme le souligne Thiebaud, « derrière chaque parti politique, il y a une religion qui se dissimule; derrière cette religion, un atavisme persistant, une influence congénitale de race dont les effets se perpétuent malgré la naturalisation, l'assimilation et... le patriotisme[8] ». La conclusion s'impose d'elle-même : les Français ne peuvent être que de race catholique et les protestants comme les juifs doivent être à jamais rejetés. Ce raisonnement issu des divagations d'Édouard Drumont et consorts sous-tend maintenant celui d'un penseur plus modéré comme Ferdinand Brunetière.

Tournons-nous maintenant vers les droites libérales. De manière presque blasphématoire tant il fait figure de parfait libéral attaché à la liberté et au pluralisme, même un auteur comme Tocqueville ne se trouve pourtant pas totalement immunisé contre de telles attitudes : admirateur déterminé de la démocratie américaine reposant explicitement sur la tolérance, la vie associative et le respect du droit, Tocqueville combat aussi le « despotisme démocratique » issu de la Révolution française et s'oppose, par des déclarations sans nuances, aux manifestations de révolte populaire de 1848; catholique convaincu rejetant la pensée contre-révolutionnaire d'un Joseph de Maistre ou d'un Louis de Bonald, il n'en souligne pas moins, par exemple, le rôle à ses yeux décisif des francs-maçons, des illuminés et autres juifs dans le déclenchement du processus révolutionnaire. Même si ces sociétés secrètes ne peuvent selon lui être considérées comme la « cause de la Révolution », elles jouent néanmoins à ses yeux un rôle indéniable. C'est donc bizarrement à tort que *La Croix*, journal qui diffuse alors un antisémitisme forcené quotidien, reproche à Tocqueville d'avoir « oublié » de souligner le rôle des juifs dans sa description d'une démocratie où l'argent règne[9]. Pour Tocqueville, « la croyance à toutes sortes de folies se développait dans la décadence des croyances religieuses[10] ». Le père de la démocratie libérale moderne partage ainsi certains préjugés et, en catholique déclaré, heurté par de tels « cabalistes qui remontent jusqu'aux juifs », il adopte un vocabulaire et fait sien une symbolique propice aux dérapages qui demeurent évidemment tout à fait exceptionnels dans son œuvre. Notons, de plus, que lorsqu'il raconte les événements révolutionnaires qui bouleversèrent la France de 1848, il en vient inévitablement à évoquer le personnage de Michel Goudchaux qui y joue un rôle considérable ; comme, au nom de l'Assemblée, il part en délégation avec lui dans les rues de Paris, il remarque qu'« il ne sentait point du tout son juif par la figure quoiqu'il le fût de père et de mère » ; un peu plus loin dans son récit, il rapporte sans commentaire un mot sur Adophe Crémieux en compagnie duquel il parcourt alors les rues de Paris : il fait figure d'« un pou éloquent » et son comportement, qu'il considère à son tour comme « gluant, soufflant », paraît confirmer une telle appréciation d'autant qu'il confesse n'avoir « jamais imaginé un homme qui fût plus laid ni plus disert[11] ».

Dans ce même courant libéral, un Anatole Leroy-Beaulieu, qui, de 1906 à 1912, est directeur de l'École libre des sciences politiques d'où sortent la plupart des élites politico-administratives, s'engage fermement dans la défense des juifs en combattant l'antisémitisme dont ils sont l'objet mais n'échappe pas lui-même à un certain nombre d'idées reçues de son époque : ainsi, après avoir souligné à quel point les juifs parviennent rapidement à occuper un certain nombre d'emplois politiques sous la troisième République, il concède qu'« il serait bon que la préférence demeurât aux gens du pays, aux Français de France... Sous ce rapport, les doléances de *La France juive* et des antisémites n'ont pas toujours été sans fondement, et cela alimente l'antisémitisme[12] ». A peine quelques années après la parution de *La France juive* d'Édouard Drumont et la poussée d'antisémitisme que le livre a déclenchée, Leroy-Beaulieu en accepte une des thèses essentielles et, comme Drumont, considère que les juifs sont tout particulièrement affectés par la névrose ou encore, qu'ils sont dépourvus de tout sens de l'honneur : mais surtout, de manière tout aussi erronée que Drumont qui en bâtit le premier la légende, il estime que Léon Gambetta est un juif qui a favorisé ses coreligionnaires ; « prenez, observe-t-il, le profil de Gambetta à la courbe judaïque si marquée : la maigre face du juif s'y élargit en masque léonin[13] ». Leroy-Beaulieu, catholique libéral, sombre ainsi à son tour dans une vision hallucinatoire des juifs, qu'il défend pourtant avec un immense courage dans cette période où se répandent avec force les idéologies d'exclusion.

Un tel entremêlement se fait également jour, du côté des droites plus conservatrices, dans les écrits d'un Albert de Mun, lui aussi signataire de la pétition en faveur de la Ligue de la patrie française. Ce dirigeant du parti légitimiste qui accepte ensuite la politique du Ralliement, ce député de la Bretagne catholique qui entend s'en faire le porte-parole, partage avec bien d'autres ce mythe des Bretons symbolisant, pour beaucoup, à eux seuls, on le verra plus loin, l'identité nationale menacée par les « forces occultes[14] ». Adepte des complots contre la République, Albert de Mun va finir par s'accommoder, comme le souhaite le pape lui-même, de ce régime en s'éloignant dès lors des droites extrêmes. Il n'en reste pas moins le défenseur du « ciment chrétien qui unit notre vieille société[15] » et mène une guerre déterminée contre la franc-maçonnerie dont le rationalisme militant et le caractère international désagrègent, selon lui, le corps social[16]. Célébrant, en 1896 encore, le quatorzième centenaire du baptême de Clovis, il retrouve dans cet événement l'origine de notre « race, la filiation catholique sortie du baptistère de Reims » et « rompue » par la Révolution française en application de la « conspiration cachée des loges maçonniques[17] ». Dans un même mouvement, il s'en prend à l'individualisme, à la haute banque juive, et à la Réforme, responsables, en définitive, de « l'omnipotence de l'État sécularisé ». Prolongeant l'inspiration de Joseph de Maistre, il s'emporte contre la « corruption » à laquelle succède, selon « les desseins de Dieu, l'expiration nécessaire », qui survient en 1789[18]. Contre « la conjuration laïque » guidée par une franc-maçonnerie aux ordres de Satan[19], l'Œuvre des cercles qu'il tente de créer lui apparaît comme une véritable « contre-maçonnerie[20] ». Personnage crucial de la troisième République à laquelle il s'est rallié, parce que ses stratégies et ses valeurs n'ont rien de comparables avec celles des droites extrêmes populistes et radicales, sa vision du monde et les mythes auxquels il donne force sont aussi néanmoins ceux des droites nationalistes, futur réceptacle presque naturel des doctrines fascistes chargées d'une haine absolue.

L'élément unificateur, soulignons-le, c'est bien à chaque fois un catholicisme intransigeant qui, à la suite de Bonald ou de Maistre, d'un Veuillot ou encore d'un Bailly, le père fondateur de *La Croix*, rejette définitivement la Réforme comme la Révolution et met au cœur de ses fantasmes, hier comme aujourd'hui, les protestants, les juifs et les francs-maçons[21]. L'intégrisme catholique hostile tant à la démocratie qu'aux juifs et souvent aux protestants est une constante de l'histoire française moderne : on peut simplement indiquer ici l'exemple du groupe Sodalitium Pianum, appelé ainsi en l'honneur du souverain pontife Pie V, qui déclare dans ses statuts déposés en 1912 : « Le catholique-romain est "papalin", "clérical", antimoderniste, antilibéral, antisectaire. Donc il est intégralement contre-révolutionnaire parce qu'il est non seulement l'adversaire de la Révolution jacobine et du radicalisme sectaire mais également du libéralisme religieux et social... nous nous plaçons au point de vue catholique, c'est-à-dire universel... il y a toujours la lutte séculaire et cosmopolite entre les deux forces organiques : d'un côté, l'unique Église de Dieu, catholique romaine, de l'autre côté, les adversaires du dehors et du dedans. Ceux du dehors (les sectes judéo-maçonniques et leurs alliés directs sont dans les mains du Pouvoir central de la Secte); ceux du dedans, modernistes, démo-libéraux catholiques, etc., lui servent d'instrument conscient ou inconscient d'infiltration et de décomposition parmi les catholiques[22] ». C'est bien cette volonté de fonder l'identité de la société française sur le catholicisme qui se fait jour aussi bien chez les catholiques intransigeants que sociaux, ceux-ci étant pourtant ralliés à la République[23]; dans ce sens, haines et préjugés se manifestent chez les uns et les autres avec une intensité variable, d'autant plus qu'un dirigeant politique, avec le temps, change souvent de courant à l'intérieur de ce vaste rassemblement que constitue la droite, modifications qui atténuent ou au contraire renforcent le radicalisme et le refus absolu de toutes différences culturelles.

Chez Albert de Mun, le passage d'une contestation de droite extrême à un simple conservatisme n'atténue en rien le poids des mythologies traditionnelles tournées vers la haine; par-delà l'évolution politique, les ressentiments persistent. Sa volonté d'étendre son influence sur la classe ouvrière le conduit, à l'instar de Jules Guesde ou encore de Benoît Malon, à « flirter » avec l'anticapitalisme et l'antisémitisme[24] que le courant légitimiste auquel il appartient et, en tout premier lieu, le comte de Paris, ont le plus souvent rejetés. Longtemps, le camp royaliste s'est gardé d'un antisémitisme déclaré aux connotations trop antireligieuses; ce n'est que lorsqu'il se transforme en une lutte contre une race à dimension biologique que certains courants royalistes, à la tête desquels se situe le duc d'Orléans, y adhèrent à leur tour, ce dernier déclarant, en effet, en 1898, qu'« il y a une question juive », la monarchie devant quant à elle protéger les vrais Français attachés au sol national. Notons, de manière presque surprenante, qu'un Charles Maurras ne s'est jeté avec enthousiasme dans l'antisémitisme qu'à cette même époque, son royalisme antérieur étant au contraire indemne de cette doctrine de haine dont il va devenir l'un des plus célèbres propagateurs.

Prenons à présent l'exemple d'un homme politique catholique comme Charles Benoist qui, un peu à l'inverse d'Albert de Mun, passe plutôt du conservatisme républicain au radicalisme monarchiste. Longtemps député de la Seine, il en vient à adhérer en 1924 à l'Action française dont il sera dès lors l'un des partisans résolus. Ce digne membre de l'Institut rejoint le mouvement monarchiste et s'éloigne de la République en se rapprochant de son « ami de toujours, Charles Maurras ». Il se lance dorénavant dans une sévère critique du « suffrage universel inorganique qui ne peut être que le suffrage universel anarchique » en critiquant, comme le ferait un Albert Thibaudet, le rôle des comités mais aussi l'individualisme et le pouvoir « corrupteur de l'argent » de même que celui des francs-maçons, véritables « inquisiteurs du cru » diffusant la libre pensée et l'athéisme[25]. En devenant le compagnon de combat des monarchistes, Charles Benoist conserve simplement des idées antérieures exprimées alors en tant que conservateur républicain et si l'on examine ses *Souvenirs* datant de cette dernière époque[26], on n'y trouve pas, par-delà les préjugés, la véhémence haineuse propre aux droites extrêmes.

Des dérapages se produisent aussi régulièrement chez des personnalités de la droite modérée appartenant au personnel politique et qui sont *a priori* insoupçonnables de telles passions. Il nous faudra y revenir plus loin mais essayons pourtant d'en donner dès à présent quelques illustrations, dans la mesure où ces acteurs ne seront pas toujours ensuite au cœur de notre analyse. Remarquons tout d'abord que la plupart d'entre eux se gardent, en dépit de leurs éventuels préjugés, d'abonder dans ce sens. Si l'on examine par exemple les œuvres de Raymond Poincaré[27] ou encore les idées et les valeurs d'Antoine Pinay[28], on constate de suite que leur commun attachement à l'ordre ne les incite pourtant pas, dans les moments où l'histoire bascule dans la violence, à partager les fantasmagories chargées de mythes qui se trouvent largement répandues par certains courants de la droite. Même si Raymond Poincaré considère qu'Édouard Drumont et Henri Rochefort dont on connaît le commun antisémitisme radical font partie intégrante de « l'âme française » au même titre qu'Anatole France[29], ses discours restent presque toujours dépourvus de toute dimension violente; dans le même sens, le dirigeant pondéré qu'est Antoine Pinay n'est, par exemple, que chichement vichyste, se gardant, en cette époque où la haine se donne libre cours, de toute attitude tranchée : il demeure tout au long de sa carrière politique, un leader modéré et réservé. De même, un Jules Méline ne cache pas ses solides préjugés sans pour autant tomber dans l'expression de sentiments haineux : ainsi, dans son ouvrage *Le retour à la terre*, il s'en prend à la ville qui « pervertit » les hommes, à la littérature « décadente » et « pornographique » qui lui apparaît comme la source d'une « infection morale », il dénonce « la maladie grandissante du fonctionnarisme » et défend l'esprit colonial qui sert « d'exutoire », en souhaitant enfin une « régénération de la race rurale » par « le retour à la terre[30] » : une morale conservatrice s'exprime avec ses préjugés sans que la haine se fasse jour, même si le vocabulaire utilisé pourrait insensiblement y conduire. De même Paul Reynaud, attaqué violemment par Charles Maurras, se penche avec sollicitude sur l'œuvre des chrétiens blancs en Asie, sur le sort de ceux qui sont captifs de l'Islam et défendent « le patriotisme français », mais ce vocabulaire d'une autre époque, que l'on retrouve presque identique chez les dirigeants de la gauche opportuniste ou radicale du tournant du siècle, se trouve utilisé par un homme qui proclame aussi son attachement à la République, son rejet définitif du fascisme et son admiration à l'égard de Léon Blum ou de Pierre Mendès France, condamnant durement l'assassinat de Georges Mandel par la Milice en juillet 1944[31].

Pour ces raisons, Paul Reynaud est logiquement entraîné à rompre avec André Tardieu, le leader de la droite conservatrice et républicaine qui se reconnaît en Georges Clemenceau, se situe aux antipodes de l'engagement fasciste et se voit combattu par Charles Maurras, mais qui bascule pourtant soudainement dans une phraséologie populiste et ne récuse plus un vocabulaire et une imagerie empruntés aux droites extrêmes. Pour lui, comme il le répète à de nombreuses reprises, « les tireurs de ficelles, les loges maçonniques » mènent le pays à la catastrophe tandis que Léon Blum, « penseur messianique » identique au « juif errant », influencé par Karl Marx, « ce grand bourgeois juif et allemand », n'hésite pas à « prodiguer des trésors de fourberie » en intervenant auprès du financier véreux Albert Oustric en faveur de son propre fils, Salomon Grumbach se trouvant lui aussi mêlé à de semblables tractations sordides, Jean Zay fixant pour sa part « le drapeau où vous savez[32]. » Utilisant sans détour le vocabulaire de la droite extrême, André Tardieu semble partager aussi ses mythologies les plus chères en sombrant dans un délire anti-maçonnique et anti-sémite qui le conduit tout droit à l'opposition imaginée par Charles Maurras entre « pays réel » et « pays légal », c'est-à-dire à une contestation des Chambres supposées contrôlées par les comités et les loges maçonniques. A ses yeux, la franc-maçonnerie est partout, « fabriquant les élus », accentuant la corruption et la décadence; du coup, « la France vit dans le mensonge » et « à la France réelle se superpose une France artificielle ». La conclusion s'impose, lourde d'ambiguïtés en cette époque de rejet du Front populaire : « La Révolution est à refaire. » C'est ce que répètent à satiété les dirigeants de la droite extrême, appelant de leurs vœux les plus chers une révolution nationale qui se trouvera mise en œuvre par Vichy avant d'être passionnément attendue, à nouveau, par le mouvement lepéniste qui revendique à son tour une véritable révolution française. Tournant ses yeux vers l'action fondatrice de Clovis, célébrant en permanence l'œuvre de Numa Denis Fustel de Coulanges si respectée également par Charles Maurras, André Tardieu estime sa propre identité entièrement façonnée par le catholicisme : enfant, il est « l'honneur du catéchisme »; adulte, il n'a de cesse d'opposer l'« homme artificiel » à celui qui trouve ses racines dans la religion catholique, de combattre l'anticléricalisme et la séparation de l'Église et de l'État en accusant sans cesse aussi bien Émile Durkheim que Gabriel Monod ou encore Ferdinand Buisson qui ont incité la troisième République « à s'attaquer à la religion de la majorité du pays », un juif et deux protestants qui sont aussi sans cesse dénoncés par les tenants de la droite extrême, Émile Combes étant quant à lui supposé être entièrement au service de la franc-maçonnerie qui contrôle la Ligue de l'enseigne-ment, la Ligue des droits de l'homme ou encore les Partis radical-socialiste et socialiste[33]. André Tardieu verse alors dans le pur délire de la droite extrême et en vient à partager ses haines principales, à savoir l'antisémitisme, l'antiprotestantisme et la peur viscérale d'une franc-maçonnerie conçue comme toute-puissante, les uns et les autres étant de plus supposés œuvrer en faveur d'un communisme internationaliste et subversif[34]. En soulignant de manière si constante le caractère décisif de son identité catholique, en plaçant délibérément sa réflexion dans le droit fil de la pensée de Joseph de Maistre et de Louis de Bonald, André Tardieu nous livre involontairement un fil conducteur de cette étude plus générale des haines de la droite. Une adhésion entière à un catholicisme traditio-naliste provoque parfois des dérapages de dirigeants politiques de la droite modérée et c'est bien en son nom que, très souvent, la droite extrême part en guerre contre les ennemis supposés de la France de toujours.

En témoigne encore un autre cas particulièrement révélateur de cet effet d'imprégnation resurgissant de manière soudaine chez des dirigeants de la droite fidèles à la République et qui l'ont amplement montré par leur comportement courageux en des temps particulièrement tragiques.

L'exemple du général de Gaulle ne peut qu'être évoqué avec beaucoup de précautions tant son nom s'identifie au refus définitif de toute tolérance à l'égard des idéologies d'extrême droite. Pourtant, selon le père du chef de la France Libre, « comme la Réforme, la Révolution a été, selon le mot de Joseph de Maistre, satanique dans son essence. L'aimer, c'est s'éloigner de Dieu[35] ». Dans quelle mesure cette éducation d'un catholicisme intransigeant éclaire-t-elle les dérapages futurs du fondateur de la cinquième République ? On sait déjà qu'à Londres, contre toute attente, comme l'observent tant Pierre Mendès France que Georges Boris, l'antisémitisme, de manière surprenante dans un tel contexte de lutte contre le nazisme, est loin d'être absent[36]. Et, plus tard, après la guerre israélo-arabe de 1967, éclate la fameuse apostrophe qui provoque tant de troubles : selon le chef de l'État, l'attaque éclair d'Israël qu'il condamne prouve que le peuple juif est un « peuple d'élite, sûr de lui-même et dominateur ». Tandis que des dirigeants de la droite catholique modérée comme Jean Lecanuet condamnent cette assertion qu'ils considèrent comme antisémite, Xavier Vallat, l'ancien dirigeant du Commissariat aux Affaires juives du régime de Vichy et toujours actif propagateur d'un antisémitisme virulent, s'en félicite, trouvant dans cette condamnation aux origines maurrassiennes incontestables une sorte de légitimation tardive à son propre combat acharné contre les juifs[37]. Un Raymond Aron, qui avait rejoint le général de Gaulle à Londres, reconnaît lui aussi douloureusement que celui-ci a ainsi « ouvert une nouvelle époque de l'histoire juive et peut-être de l'antisémitisme[38] », tandis que René Cassin, le vieux compagnon de toujours proteste contre des déclarations et des actes, comme l'embargo sur les ventes d'armes déjà payées par Israël, qu'il considère comme une « injustice[39] ».

La formule lapidaire du général de Gaulle provoque un trouble immense chez les juifs français qui ont le sentiment que resurgit dans la bouche même du libérateur de la France le spectre de l'antisémitisme. D'autant plus qu'elle relance le vieux débat sur la double allégeance qui va prendre une tournure très grave avec la défaite du chef d'État au référendum d'avril 1969, des dirigeants

gaullistes accusant ouvertement « l'or juif » et les « cercles pro-
israéliens » d'en être responsable[40] ; cette prise de position se
double d'une accusation, qui sera reprise plus tard par le mouvement lepéniste, selon laquelle les juifs exerceraient leur domination
dans les mass media ; avant même le référendum de 1969, Joël Le
Theule, porte-parole du Premier ministre, accuse les juifs des
médias qui tenteraient d'imposer une politique contraire aux intérêts de la France en influençant un vote hostile au chef de l'État[41].
De manière brutale, la tension va croître encore entre l'héritier du
général de Gaulle, Georges Pompidou, et les juifs de France lorsque
le nouveau chef d'État, plus compréhensif à l'égard du régime de
Vichy et qui signe la grâce du milicien Paul Touvier en critiquant
aussi les mythes de la Résistance, se lance à son tour dans une
violente politique anti-israélienne. Cela provoquera à son encontre
une dure réaction des juifs américains lors d'un voyage à New York
qui marquera le président et le renforcera dans ses convictions au
point qu'il sera prêt à formuler l'accusation de double allégeance[42].
A nouveau, « l'ombre de l'Affaire Dreyfus » se profile dans la
France contemporaine[43]. Ces ambiguïtés vont aller en s'accentuant
jusqu'à l'étonnante déclaration le 3 octobre 1980 de Raymond
Barre, alors Premier ministre, qui, le soir de l'attentat contre le
synagogue de la rue Copernic, distingue tout bonnement les juifs
touchés par cette action meurtrière des « Français innocents ».
Lapsus, dérapages incontrôlés ou encore utilisation imprudente
d'une imagerie et d'un vocabulaire particulièrement dangereux, les
dirigeants politiques de la droite gaulliste ou modérée, on le
constate, se laissent parfois eux aussi gagner par le mode de pensée
des droites extrêmes. Les déclarations hostiles aux immigrés d'origine maghrébine, dans la France des années 1980, formulées à
travers une mythologie chargée tout à la fois d'inquiétude et de
mépris par des leaders des droites gaulliste ou modérée qui, de
Charles Pasqua à Jacques Médecin, croient parfois devoir adopter
le vocabulaire du Front national pour parvenir à préserver leur
potentiel électoral — Valéry Giscard d'Estaing en septembre 1991
parlera d'« invasion » —, renforcent encore de semblables ambiguïtés qui prennent une force d'autant plus redoutable qu'elles se
font aussi jour, quoique plus rarement, chez des dirigeants de
gauche, produisant sur ce point, dès lors, dans les années trente à
l'encontre des juifs comme de nos jours, aux dépens surtout des
immigrés musulmans, un quasi-consensus de haines et de préjugés.

Notons d'ailleurs que les dirigeants politiques ne sont pas seuls à
s'engager parfois dans de tels dérapages. Ainsi les écrivains et les

artistes de droite, presque toujours proches d'un catholicisme traditionaliste, adhèrent à leur tour à des degrés divers aux mythologies extrémistes. Entre, d'une part, Maurice Barrès, Léon Daudet, Charles Maurras, Lucien Rebatet, Louis-Ferdinand Céline, Pierre Gaxotte, Henri Massis ou encore Alfred Fabre-Luce et de l'autre, Henry Bordeaux, Henry de Montherlant, Paul Claudel, Paul Morand ou encore Jean Giraudoux, on trouve toute une palette d'opinions politiques ou encore de valeurs chargées de mythologies fort différentes. Chez ces derniers, Georges Bernanos pourfendeur du franquisme ne s'en découvre pas moins un vibrant partisan de l'antisémitisme d'Édouard Drumont dont il souligne souvent le grand talent, les préjugés ne se transformant qu'exceptionnellement ici en haines ravageuses. Donnons-en un exemple : en 1939, Jean Giraudoux dénonce sans aucune précaution l'immigration et l'invasion de la société française par les juifs : pour lui, « sont entrés chez nous, par une infiltration dont j'ai essayé en vain de trouver le secret, des centaines de mille Askenasis, échappés des ghettos polonais... ils apportent là où ils passent l'à-peu-près, l'action clandestine, la concussion, la corruption »; Giraudoux se prononce alors pour la constitution d'un ministère de la Race et conclut, « nous sommes pleinement d'accord avec Hitler pour proclamer qu'une politique n'atteint sa forme supérieure que si elle est raciale[44] ». Paul Claudel ou Henry de Montherlant font quant à eux figurer dans leur théâtre des personnages juifs aux traits suspects et professent, un instant, ouvertement les clichés les plus éculés de la droite extrême[45]. Droite conservatrice et droite extrême se rencontrent alors et se mêlent parfois en une quasi-osmose dans ce lieu privilégié de synthèse entre haines et préjugés qu'est l'Académie française où certains de leurs représentants siègent victorieusement et dont il serait souhaitable d'entreprendre une analyse sociologique précise tant cette institution chargée de symboles officiels s'est montrée réceptive aux tenants des diverses droites.

C'est dire que tous les cas de figure sont envisageables : les tenants de la droite modérée comme ceux des droites extrêmes peuvent faire montre de haines violentes ou, au contraire, revenir à des sentiments plus modérés, l'adhésion à un catholicisme intransigeant sous ses diverses formes servant presque toujours à légitimer de tels excès. Soulignons encore ce point : de même que Colette Beaune a montré, après d'autres historiens, à quel point longtemps la France était « un royaume très chrétien... où n'habitent ni juif ni païen... une communauté raciale[46] », de même on peut avancer

qu'à l'époque moderne, le catholicisme soude encore des camps par
ailleurs rivaux en un même refus du capitalisme et, souvent, de
ceux qui sont supposés le propager tout en demeurant cachés. C'est
pourquoi, à des degrés divers, du côté des droites mais aussi parfois
du côté des gauches, l'identité catholique détermine une semblable
méfiance à l'égard de l'argent : dans ce sens, même si, par exemple,
un mouvement catholique de gauche comme *Le Sillon* refuse toute
attitude antisémite[47], son hostilité au capitalisme et au libéralisme
économique corrupteur le rapproche, dans une certaine mesure, du
catholicisme intégriste, son fondateur Marc Sangnier qui a été
influencé par Albert de Mun pouvant écrire que « la démocratie
dont *Le Sillon* poursuit la réalisation » se présente comme « une des
formes que peut revêtir la Démocratie chrétienne », « un rêve
chrétien postulant, pour se réaliser, le Christ[48] ». Notons aussi
qu'un Jacques Maritain, fidèle ami des juifs et combattant résolu
de toutes formes d'antisémitisme, n'en déclare pas moins qu'« une
conception réaliste de l'égalité de nature, si elle doit s'établir parmi
les hommes d'une façon générale et avec assez de fermeté pour agir
efficacement sur la civilisation, ne saurait être qu'une conception
chrétienne de cette égalité » ; et en énonçant cette « visée d'intégralisme chrétien », Maritain s'appuie sur l'autorité... du contre-
révolutionnaire Joseph de Maistre[49]. Dans ce sens, on peut avancer
avec prudence que c'est encore ce socle commun qui produit plus
tard les attitudes ambiguës d'un Emmanuel Mounier, en dépit de
l'orientation à gauche du personnalisme[50]. Avec son caractère
abrupt, le texte de Ferdinand Brunetière cité plus haut est comme
emblématique : la France s'incarne dans un catholicisme éternel et
ce constat favorable à une forme de nationalisme exacerbé rend
aussi compréhensible l'influence très large qu'exerce longtemps
Charles Maurras tant sur l'épiscopat que sur toute une élite
intellectuelle catholique[51]. De ce paradigme incontournable, qui
mène souvent au refus de la République et de la laïcité, découlent
des positions tantôt extrêmes, d'Édouard Drumont à Jean-Marie
Le Pen, tantôt modérées, tantôt encore humanistes et progressistes.

Si le catholicisme se présente souvent comme un dénominateur
commun produisant parfois des préjugés, parfois des exclusions et
des haines farouches, bien évidemment toutes les droites catholiques ne sombrent pas dans de telles attitudes de rejet. Ainsi, dans
les années 1920, l'importante Fédération nationale catholique
dirigée par le général de Castelnau maintient de bonnes relations
tant avec les juifs qu'avec les protestants et cherche même leur
alliance contre l'anticléricalisme : de manière significative, elle

publie en 1924 un livre intitulé *La dictature de la franc-maçonnerie sur la France* dans lequel on cherche en vain une attaque antisémite[52]; dans le même sens, plus tard, sous la quatrième République, en dehors, lors du gouvernement Pierre Mendès France, de certains incidents à connotation quasiment antisémite, la démocratie chrétienne se démarque elle aussi des attitudes haineuses des droites extrémistes qui se reconstituent dès les années 1950, certains courants de la pensée catholique en venant même peu à peu, de l'entre-deux-guerres à nos jours, à légitimer la spécificité juive dans la France contemporaine[53].

Il est néanmoins vrai qu'au niveau des élites comme à celui des notables locaux, simplement conservateurs, nombreux sont ceux qui clament sans cesse un point de vue intentionnellement catholique mais aussi chargé d'ostracisme : ainsi, pour un membre du Conseil général de la Manche, « qu'on le veuille ou non, l'Église catholique à Reims a baptisé les Francs et la nationalité française est née dans les champs de Tolbiac. Les évêques en ont été ses initiateurs. Les moines et le clergé ses instituteurs[54]. » Citoyenneté et nationalité viennent ainsi se confondre en un ensemble catholique cohérent qui incite, par exemple, au refus absolu d'une citoyenneté publique reposant sur une laïcité de type rationaliste que les juifs ou les protestants sont supposés vouloir mettre en œuvre pour porter un coup définitif à l'identité nationale. En 1901 encore, ce modeste conseiller général ne fait que traduire en ses propres termes la diatribe extrémiste de Louis Veuillot qui s'exclamait peu auparavant : « Moi, chrétien, catholique de France, vieux en France comme les chênes et enracinés comme eux, je suis constitué, déconstitué, reconstitué, gouverné, régi, taillé, par des vagabonds d'esprit et de mœurs. Renégats ou étrangers, ils n'ont ni ma foi ni ma prière ni mes souvenirs, ni mes attentes. Je suis sujet de l'hérétique, du juif, de l'athée et d'un composé de toutes ces espèces qui n'est pas loin de ressembler à la brute[55]. »

Acclamant Drumont à la fin du siècle dernier, nombreux seront les abbés à se lancer avec enthousiasme dans un antisémitisme radical et les professeurs de la faculté catholique seront loin d'être les derniers à apporter leurs deniers à la construction du célèbre monument Henry honorant la mémoire de celui qui fabrique le faux accusant le capitaine Dreyfus[56]. Plus tard, alors que des catholiques rejoignent la Résistance et que certains évêques, comme Mgr Saliège ou Mgr Théa, protestent contre les arrestations des juifs, d'autres ecclésiastiques suivent jusqu'au bout et avec enthousiasme le maréchal Pétain et certains — dont Mgr de

Mayol de Lupé — bénissent ou accompagnent même la division SS française Charlemagne lutter, aux côtés des Allemands, contre le communisme russe appréhendé comme juif et cosmopolite[57] ; durant la guerre d'Algérie, alors que des membres éminents de l'Église se tiennent aux côtés des militants nationalistes algériens, on trouve néanmoins certains militants catholiques engagés dans le noyautage de l'armée en faveur de l'instauration d'une société chrétienne autoritaire. Avec violence, ces prises de position lourdes de conséquences à l'égard de toutes les minorités porteuses d'autres cultures, se font encore jour actuellement chez les intégristes de Mgr Lefebvre, dans leur journal *Présent* et dans bien d'autres lieux plus officiels où les clameurs et les injures se font entendre, Romain Marie se proposant, par exemple, de lutter « contre l'immigration parce que chrétien[58] » ; sans qu'ils en tirent du tout des conclusions identiques, ne peut-on estimer que certains mouvements catholiques qui se réclament de la gauche et qui récusent de plus en plus ouvertement la laïcité n'en continuent pas moins encore de nos jours, involontairement peut-être, à établir cette relation de type identitaire ?

Concluons sur ce point crucial : que la France soit essentiellement catholique apparaît comme un quasi-paradigme définitif, dont certains tirent des positions extrémistes chargées de haine, d'autres s'en abstenant constamment ou, au contraire, partageant un moment une semblable attitude radicale. Et soulignons pour en terminer ce fait néanmoins essentiel : certains mouvements propagateurs de haine n'ont pourtant aucun lien avec le catholicisme, pis encore, ils le rejettent ; c'est le cas de quelques groupes de tendance fasciste de l'entre-deux-guerres mais c'est surtout celui, de nos jours, du GRECE dont le paganisme extrémiste repose explicitement sur une condamnation du judéo-christianisme « né en dehors de l'Europe » et qualifié d'« erreur pernicieuse », ses militants tournant plutôt leurs regards vers les mythes indo-européens[59].

Et notons enfin qu'à l'inverse, de manière certes très minoritaire, certains protestants comme ceux qui appartiennent à l'Association Sully ou encore au Cercle Fustel de Coulanges se rapprochent de Charles Maurras[60] tandis que quelques juifs membres de l'Action française, de la Ligue des patriotes, des Croix-de-Feu, des Faisceaux ou même du mouvement lepéniste s'engagent de manière paradoxale dans de telles entreprises extrémistes et se font à leur tour, de manière assez exceptionnelle il est vrai, les porte-parole de ces idéologies d'exclusion[61]. Soucieux d'abord d'apparaître comme de purs Français patriotes, récusant toute identité particulariste, ils en viennent le plus souvent, au bout de ce chemin tout entier fondé aussi sur la haine de soi, à se convertir au catholicisme ou à prendre encore la défense de cette religion menacée par la politique laïque des républicains et mise en œuvre parfois par d'autres juifs : ainsi Arthur Meyer, l'éditeur du journal *Le Gaulois*, défend l'Église et des positions extrémistes tandis que Sarah Bernhardt signe une pétition soutenue par « le parti catholique ». A l'instar de leurs coreligionnaires d'Allemagne ou encore d'Autriche chez qui parfois la haine de soi ne connaît pas de limite et conduit inévitablement à des comportements antisémites virulents[62], ces juifs, tel encore l'abbé Lémann, fournissent de nouvelles armes aux mouvements extrémistes[63].

Ce paradoxe se répète même chez les tenants d'un simple conservatisme libéral. Ainsi, Daniel Halévy, le célèbre auteur très modéré de *La fin des notables*, n'en estime pas moins que « derrière Gambetta et ses amis, la franc-maçonnerie est présente et puisqu'il faut enfin à tous les régimes une classe dirigeante, c'est elle qui se prépare à en fournir tous les membres[64] ». Dans un autre livre tout aussi classique, et qui paraît toujours en cette période si violente de l'entre-deux-guerres, Daniel Halévy attaque à nouveau les francs-maçons et en vient de manière plus générale presque à adhérer aux thèses de Charles Maurras puisqu'il critique *La République des comités*, présentée comme « un fruit non mûr mais pourri », en ajoutant que pour éviter cette dénaturation du « pays réel », « il faudra y mettre le fer », autant d'expressions relevant davantage du vocabulaire des droites haineuses et qui ne manquent de surprendre sous la plume de la droite libérale[65]. Quand, de plus, il se penche sur l'histoire de la troisième République, c'est à nouveau pour dénoncer le rôle crucial des « forces occultes » : : « Où, s'interroge-t-il, est la main de la Police ? des francs-maçons ? des juifs ? des Comités d'affaires ? Les forces occultes refusent les documents. Les voilà sauves[66]. » Sans la moindre critique, il cite les analyses d'Édouard Drumont sur le rôle des juifs dans les scandales que connaît la troisième République et considère enfin, en reprenant les thèses de Maurras sur les « États confédérés », que « le groupe maçon, le groupe juif, le groupe protestant » se trouvent à l'origine des lois anticléricales qu'il condamne[67]. Cet auteur libéral dont on médite encore aujourd'hui les leçons n'en est pas moins, en 1940, un admirateur sans réserve du maréchal Pétain. Contre le Grand Orient qui « dirige la manœuvre », contre un régime républicain responsable du déclin, il écoute parler le maréchal : « ce n'était pas la voix habile, avantageuse, du politique professionnel, la trop connue, les trop connues. C'était la voix d'un père en même temps que d'un chef »; en 1941, il regrette encore que le maréchal ne soit pas assez « soutenu et servi » et, dans le tourment, il invoque l'âme de Jeanne d'Arc[68]. De Daniel Halévy et jusqu'à André Siegfried qui, bien que protestant, n'en estime pas moins plus tard que, dans l'entourage de Pierre Mendès France, on discerne « trop aisément des influences juives internationales ou communisantes[69] », le courant des droites libérales dont s'inspirent ici des protestants ou des juifs parfois convertis cède ainsi occasionnellement à des sentiments qui le rapprochent bizarrement des droites extrêmes.

La matrice commune aux attitudes haineuses des droites extrémistes devient dorénavant plus claire : on trouve à chaque fois le rejet de la Révolution française qui annonce celui de la révolution bolchevique, le refus de l'individualisme qui est censé en découler, la volonté de maintenir au contraire une nation communautaire au fondement organiciste dont le catholicisme apparaît comme le seul ciment intemporel, un dédain constant à l'égard des étrangers de toutes sortes incapables de se fondre dans une identité nationale catholique, un rapport plus qu'ambigu à l'égard de l'argent et du capitalisme indentifiés à l'usure illégitime pour les catholiques et supposé pratiqué au contraire par tous ceux qui rejettent l'enseignement de l'Église, que ce soient les capitalistes anglo-américains ou encore les communistes bolcheviques avides d'industrialisation forcée. Du XXe siècle à l'époque contemporaine, ceux qui symbolisent le mieux, de manière constante, ces valeurs et ces pratiques considérées comme étrangères à une francité se perpétuant à travers les âges sont les juifs, les protestants et les francs-maçons, catégories qui, aux yeux des droites extrêmes, s'unifient d'elles-mêmes au point de former une sorte de nébuleuse plus ou moins homogène extérieure à la France catholique et menaçant, avec l'aide de certaines puissances étrangères, son intégrité et son identité même.

II. L'ÉTAT DANS L'ÉTAT :
JUIFS, PROTESTANTS ET MAÇONS

Anatole Leroy-Beaulieu, dont on a relevé certaines analyses ambiguës, n'en est pas moins le premier à s'élever contre « les doctrines de haine : antisémitisme, antiprotestantisme, anticléricalisme... ce sont des mixtures composées d'ingrédients similaires, faites pareillement d'un bizarre mélange de vérités et d'erreurs, de sentiments vils et de générosités dévoyées, le tout ranci par des haines sectaires et des préjugés surannés... Chacun des trois "anti" cherche à soulever, contre ses adversaires, les défiances patriotiques et les préjugés nationaux au nom de l'unité nationale. Chacun des trois "anti" conteste, à ses adversaires, le titre ou les droits de Français[70] ». Leroy-Beaulieu est l'un des tout premiers commentateurs à rapprocher ces multiples haines qui, en dehors de l'anticléricalisme issu plutôt des gauches, et qui n'a jamais mené, en dehors de l'Affaire des fiches — le général André ayant été soupçonné, au début du siècle, de dresser un fichier des officiers soupçonnés par l'état-major de sentiments antirépublicains — et de mobilisations locales assez exceptionnelles, à des stratégies d'exclusion aussi radicales, sont au cœur même de cette recherche. Il ajoute de plus que « s'il faut en croire l'antisémite, l'antiprotestant, l'anticlérical, les juifs, les protestants, les catholiques constituent un péril pour l'État, aussi bien que pour l'esprit français ; car les uns et les autres forment "un corps", et qui pis est, un corps ennemi, un "État dans l'État", qui obéit à un mot d'ordre étranger[71] ». Leroy-Beaulieu consacre entièrement son ouvrage à dénoncer cette thèse haineuse car il lui semble urgent de « repousser ces cris de guerre civile[72] » et de manière tout à fait claire, il souligne qu'« une religion, une Église peut prétendre à l'unité de doctrine, certaines Églises, comme l'Église catholique, ne peuvent s'en passer. Mais en est-il de même d'un État, d'une nation ? Un État n'est pas une Église, un État moderne surtout. Au rebours d'une Église, il doit faire place dans son sein, aux doctrines les plus diverses. L'unité de l'État ne peut plus consister dans l'uniformité des croyances. L'anticlérical doit en prendre son parti, tout comme le clérical, l'antisémite et l'antiprotestant[73] ». Cette observation oriente notre propre perspective en mettant délibérément l'accent sur le violent refus catholique de toute présence considérée comme trop particulariste dans un État devenu républicain et universaliste.

Ancrée dans un solide courant contre-révolutionnaire dont l'abbé Barruel mais aussi Joseph de Maistre et Louis de Bonald sont les théoriciens lointains, cette matrice se trouve plus tard définitivement reformulée de manière définitive, dès 1912, par Charles Maurras dans sa célèbre dénonciation des quatre États confédérés : pour lui, « ce pays-ci n'est pas un terrain vague. Nous ne sommes pas des bohémiens nés par hasard au bord d'un chemin. Notre sol est approprié depuis vingt ans par les races dont le sang coule dans nos veines » et c'est pourquoi il n'est pas question d'accepter passivement le règne absolu « des quatre États confédérés — juif, protestant, maçon, métèque — avec qui s'identifie nécessairement le pouvoir réel[74] ». Maurras poursuit inlassablement cette idée fixe qu'il n'est pas près d'abandonner puisqu'on la retrouve encore, sous une forme légèrement atténuée, en 1941, lorsqu'il dénonce « l'existence d'un État dans l'État, l'État juif dans l'État français[75] », et en 1945 lorsque à l'annonce du verdict de son procès à Lyon il déclare voir dans sa condamnation à la réclusion à vie « la revanche de Dreyfus ». Notons pourtant que cette accusation se faisait déjà jour dans le livre de J. Aper, *Le trio juif, franc-maçon, protestant* (1898), et qu'elle se trouve souvent formulée à l'époque, par exemple, par Ernest Renauld qui appelle les catholiques « à s'unir contre le danger de la triplice judéo-maçonnique-protestante[76] »; elle sera reprise sans cesse au XXᵉ siècle, s'adaptant même au cours du temps dans l'idéologie lepéniste, les quatre États devenant, dans un contexte nouveau, dorénavant cinq. Dans sa brochure intitulée *Les quatre ou cinq États confédérés*, Jean Madiran dénonce « la fortune anonyme et vagabonde », la caste des technocrates libéraux-socialistes, « le foisonnement du pluralisme maçonnique », « le chobiz des intellectuels cosmopolites », au premier rang desquels se trouvent, selon le Front national, presque uniquement des juifs, et enfin l'appareil communiste ; à longueur de pages, Madiran stigmatise sans cesse la maçonnerie, le marxisme et le judaïsme, et *Chrétien-Solidarité*, journal proche du Front national, presse le peuple français de s'engager dans une nouvelle « croisade », comme Jean-Marie Le Pen lui-même qui, en 1987, déclare : « J'ai confiance dans l'instinct de notre peuple pour, à l'instar de saint Michel, combattre les démons du renoncement, de la décadence, de la servitude[77]. » Se réclamant de Louis de Bonald, l'intégrisme chrétien contemporain entend défendre l'identité chrétienne de la France contre ces nouveaux États confédérés porteurs de décadence. En lointain écho de Charles Maurras et de Vichy, Arnaud de Lassus soutient, en octobre 1983, que « nous avons affaire à quatre groupes de pression : le juif, le protestant libéral, le franc-maçon, le communiste, qui exercent sur l'État français une influence décisive. Or, l'âme profonde de ces groupes n'est ni catholique ni française. Notre État est colonisé par des forces hostiles à ce qui constitue notre identité religieuse et nationale. C'est là que se situe l'un des principaux malheurs de la patrie. Et c'est par là que s'explique, en bonne partie, le génocide français contre lequel nous luttons[78] ». Au nom d'Édouard Drumont et de Charles Maurras, le Front national poursuit son combat contre le racisme antifrançais c'est-à-dire antichrétien, des fameux États confédérés qui se sont quelque peu modifiés pour laisser toute sa place à celui qui contrôle les mass media, véhicule moderne du vrai pouvoir.

Proclamée sans cesse pourtant de manière de plus en plus exacerbée, cette idéologie du refus s'applique presque indistinctement à tous les protagonistes eux-mêmes, au gré des luttes politiques intestines : ainsi Ernest Renauld, l'auteur du *Péril protestant,* en vient à considérer Maurras comme un « métèque » et Daudet comme un juif. De même, Drumont sera profondément affecté par une campagne systématique le faisant passer pour un juif caché. Tous les coups sont également permis pour anéantir les partisans de la République et de la Révolution française : on peut, par exemple, les qualifier, en travestissant leur identité réelle, de l'opprobre suprême, c'est-à-dire de juif (exemple de Gambetta sans cesse présenté, de fin du XIXe siècle à nos jours, dans les pamphlets comme souvent dans des travaux universitaires sérieux tant la rumeur se révèle forte, comme un juif italien), de protestant (c'est le cas de Jules Ferry et de bien d'autres acteurs favorables à la laïcité) ou encore de franc-maçon, qualificatif appliqué à tort à de très nombreux défenseurs de la République.

Si de Alphonse Toussenel à Jules Michelet, de Joseph Proudhon à Benoît Malon, Paul Faure et Maurice Thorez, les gauches ont également pratiqué un antisémitisme plus ou moins régulier, si, encore en 1990, un personnage important proche du Parti socialiste peut s'en prendre à Lionel Jospin en le traitant de « trotskiste d'origine protestante » au « menton à la Mussolini[79] » reproduisant un antiprotestantisme assez rare dans ses rangs, si certains de leurs membres n'avaient pas hésité à se tourner vers l'extrême droite et Vichy, révisant ainsi le marxisme et les théories socialistes jusqu'à rejoindre le camp ennemi, c'est néanmoins surtout du côté

des droites extrêmes que ne cessent d'éclore, du XIXe siècle à nos
jours, ces idéologies de haine qui défigurent encore davantage de
simples préjugés. Une vision tellement délirante en émane que
nombreux sont ceux qui se livrent désormais à une véritable
recherche maniaque et illuminée des juifs ou des protestants cachés
derrière leurs nouveaux habits d'émancipés et d'assimilés : leur
nombre est supposé d'autant plus important que leur visibilité
publique devient comme évanescente dans le cadre du régime
républicain où règne l'égalité des citoyens ; ainsi Drumont affirme
parfois, sans sourciller, que les juifs dépassent de très loin le million
dans la France de la fin du XIXe siècle alors qu'ils en sont en réalité
bien moins de cent mille, tandis que, presque à la même époque,
l'abbé Lemire soutient de son côté que l'on trouve deux millions de
protestants en France alors que les années 1880, leur nombre est
d'environ 630 000. Grossissant démesurément l'adversaire afin
d'en démontrer par avance l'infinie puissance, les discours de
haine, par beaucoup d'aspects, n'ont guère changé d'une époque à
l'autre.

De la contre-révolution qui suit les événements de 1789 jusqu'au
mouvement lepéniste contemporain, le thème de l'occupation du
pouvoir et de sa dénaturation par les francs-maçons, les protestants, les juifs et maintenant les immigrés d'origine maghrébine ne
cesse de se faire jour de manière lancinante. Considérés comme
allogènes, ces divers groupes sont assimilés les uns aux autres et
diabolisés en un contre-État venant, par des stratégies révolutionnaires ou, de manière plus insidieuse, par une pénétration presque
masquée au sein de l'élite dirigeante désormais corrompue, occuper
la place des aristocraties traditionnelles issues du plus profond de
l'histoire de France. De 1789 jusqu'à la troisième République
laïque et positiviste ou encore au mitterrandisme contemporain,
une grille d'analyse systématique se construit de manière cohérente, dont on peut retracer les figures essentielles, en termes
d'occupation illégitime du pouvoir, propriété du peuple français.

Si *La France juive* d'Édouard Drumont symbolise, en 1886, le
refus d'une troisième République appréhendée comme juive, protestante, franc-maçonne et donc étrangère à la France, le pamphlet
de l'abbé Augustin Barruel, publié en 1797, *Mémoires pour servir à
l'histoire du jacobinisme*, autre succès classique, joue le même rôle par
rapport à l'événement fondateur que constitue la Révolution française dans la mise en place définitive du récit du complot par lequel
les groupes étrangers se sont emparés de la France chrétienne. Pour
Barruel, la Révolution est délibérément préparée par une conspira-

tion qui réunit les philosophes souvent protestants voulant détruire tous les autels de Jésus-Christ, les francs-maçons liés aux sectes d'Illuminés et utilisant, pour réaliser leurs sombres desseins, jusqu'aux juifs eux-mêmes. Cette « conspiration antichrétienne », cette « gangrène » est en grande partie issue de Genève, la protestante, en bénéficiant de plus de l'appui décisif des francs-maçons protestants anglais pour imposer au pouvoir « la secte des jacobins » et « déchristianiser » la France. Barruel accepte même, par jeu, de se laisser initier afin de mieux connaître de l'intérieur la stratégie des conspirateurs : il décrit alors avec force détails le caractère minutieux de ce complot au langage secret qui va réussir à porter au pouvoir une nouvelle élite hostile au christianisme[80].

Cette interprétation diabolisatrice de la Révolution va marquer définitivement l'ensemble de la pensée contre-révolutionnaire et, à quelques nuances près, on la retrouve chez la plupart de ses porte-parole. Ainsi Joseph de Maistre, qui refuse de condamner l'ensemble des francs-maçons dans la mesure où il a lui-même adhéré à un de ses courants, reconnaît le rôle crucial de ce groupe secret dans la conspiration révolutionnaire et, à son tour, étend sa condamnation aux protestants et, dans une moindre mesure, aux juifs. Adepte lui aussi d'un catholicisme intransigeant, Maistre prolonge l'analyse de Barruel et influence la pensée contre-révolutionnaire, de Charles Maurras à Ernest Psichari, dans son refus du protestantisme et de la Réforme en général, coupables de porter atteinte au pouvoir du Roi très chrétien au profit des multiples intérêts cosmopolites. Il décrit la folie sanguinaire de la populace révolutionnaire, le thème du sang répandu revenant sans cesse et justifiant une expiation menant enfin à une possible rédemption : contre la révolution-maladie, le mysticisme maistrien entrevoit une régénération par le fer et le sang. Pour lui, « la Révolution française est satanique; si la contre-révolution n'est pas divine, elle est nulle »; d'où l'indispensable « effusion du sang » qui « pénètre les entrailles coupables pour en dévorer les souillures[81] » et, dans ce sens, le salut par le sang annonce les discours de Léon Bloy comme ceux de Georges Bernanos. Pour Maistre comme pour Barruel, « l'Illuminisme s'est allié à toutes les sectes parce qu'elles ont toutes quelque chose qui lui convient : ainsi, il s'aide des jansénistes de France contre le pape, des jacobins contre les rois, et des juifs contre le christianisme en général[82] ». Dans les *Considérations sur la France* comme dans *Les Soirées de Saint-Pétersbourg*, Maistre construit ainsi une apologie du mal qui inspire plus tard Félicité de Lamennais comme Pierre-Simon Ballanche en posant les fondements d'une théorie antidémocratique. Derrière le jacobin et, bientôt, le républicain tout court, se cachent Satan lui-même et ses divers acolytes contre lesquels doit se soulever, en retour, une véritable force révolutionnaire, celle précisément dont le Front national souhaite, dans les années 1980, la venue; ainsi, en 1985, Jean-Marie Le Pen déclare : « condamner les privilèges d'il y a deux siècles, pourquoi pas? Mais combattons aussi les féodalités bureaucratiques et syndicales du XXᵉ siècle... Le FN appelle de ses vœux une vraie révolution française qui rende la parole au peuple » dont l'identité chrétienne a été bafouée. Comme le soutient le Front national, « chacun dans la classe politique, s'apprête à fêter le bicentenaire de la Révolution de 1789. Pourquoi pas? La France, c'est quatre mille ans de culture européenne, vingt siècles de christianisme, quarante rois et deux siècles de République. Le FN assume tout le passé de la France[83] » sans pour autant vraiment se reconnaître dans cette République qu'il juge toujours cosmopolite, juive, protestante et franc-maçonne.

Pour Louis de Bonald aussi, « si les Rois s'en vont, c'est que Dieu se retire de la société ». Selon l'auteur de la *Théorie du pouvoir politique et religieux*, qui se trouve également à l'origine du courant contre-révolutionnaire, « la France républicaine serait la fin de l'Europe monarchique et l'Europe républicaine serait la fin de la civilisation, de la religion, de la politique, la fin de la société, la fin de tout »; lui aussi rend responsable de cette décadence la philosophie de la Réforme et le protestantisme en considérant que la « terrible expérience » de la Révolution française était indispensable pour assurer en définitive le retour à la France chrétienne. Dans ce sens, selon Bonald, le peuple juif qui a « fait mourir son libérateur » incarne la punition de Dieu et « s'ils propagent les idées révolutionnaires », les juifs annoncent en définitive, par leur nécessaire punition, le retour rédempteur à la France catholique. Pour Maistre comme pour Bonald, la France connaît ainsi une nouvelle Passion dont le christianisme sortira cette fois définitivement vainqueur[84]. Le courant contre-révolutionnaire trouve sans cesse au XIXᵉ siècle de nouveaux hérauts, tel Barbey d'Aurevilly qui déteste lui aussi le protestantisme, facteur de désordre politique et de révolution et vante sans compter les mérites de la race normande catholique à laquelle il appartient[85], tel encore Villiers de l'Isle-Adam qui, également royaliste, se glorifie, de même que plus tard Le Pen lui-même, d'être issu « d'une famille de celtes dure comme les rochers » et, par exemple, dans *Axel* ou encore dans *La révolte*, fait preuve d'un antisémitisme injurieux; pour ce dernier, « les décapités de Dieu » sont responsables de la décadence et, à l'image de la bourgeoisie dans son ensemble, leur culte de l'argent accroît la nécessité d'une rédemption par le Sang[86]. Solidement enracinée en Vendée et dans l'Ouest de la France, la contre-révolution se construit une opposition mythique entre les Celtes et les divers types, pour parler comme Maurras, de métèques, au premier rang desquels on trouve toujours les juifs accusés d'être responsables tant de la Révolution que de la consolidation des diverses Républiques.

Dans ce sens, on devrait entreprendre une étude systématique du mythe breton dans l'imaginaire politique français tant les héros comme Du Guesclin, Duguay-Trouin ou encore Surcouf sont, quelle que soit l'époque, régulièrement évoqués par la presse des multiples droites extrêmes afin de démontrer la pureté de l'âme française catholique à l'encontre des vilenies et des tares indélébiles que sont supposés porter pour toujours les juifs. Ce mythe emblématique est accepté par les contre-révolutionnaires du début du XIXe siècle comme plus tard par Édouard Drumont ; il provoque même un violent incident, en 1938, à l'Assemblée nationale lorsque face aux cris antisémites, Marx Dormoy s'exclame : « Un juif vaut bien un Breton ! », provoquant tant la colère que l'hilarité générale. Pour *L'Action française*, « il y a au moins cette différence qu'en France un Breton est chez lui. Le juif n'est qu'une sangsue de la mer Morte » et, dans le même sens, Jean-Charles Legrand qui sévit encore sous Vichy déclare : « La Bretagne, terre des Druides, tu l'ignores, tu es, toi, pour la terre de Judas. Le pays des Celtes, nos ancêtres, tu lui préfères l'internationale. La pègre des juifs campés sur des sols usurpés, c'est ta famille, tu les comprends mais tu ne connais pas le parler breton[87] » ; ce mythe resurgit, en janvier 1956, lorsque l'élection de Jean-Marie Le Pen est commentée favorablement par les *Nouveaux Jours* par un « enfin un Breton ! » pour s'enraciner dans le paysage politique français contemporain, Simone Veil étant supposée ressentir, quelques années plus tard et toujours selon la presse d'extrême droite, à l'égard de notre marin breton, un trouble profond lié au charme de « l'homme du large » ; plus récemment, en décembre 1989, il se fait à nouveau jour à la télévision lorsque le chef du Front national brandit sa qualité de Breton solidement enraciné dans l'identité nationale pour mettre en doute la qualité de citoyen français du ministre d'État Lionel Stoléru, juif supposé être aussi « israélien ».

Ainsi, de 1789 aux gouvernements socialistes des années 1980, se met en place une implacable logique qui cherche dans l'affermissement de la République la preuve du pouvoir sans cesse plus étendu de l'État juif, protestant et franc-maçon dont la nature artificielle démontre la trahison de la communauté organique française brisée dans son histoire et ses traditions culturelles propres. A l'instar des « Bretons », ce sont en vérité tous les vrais Français qui subissent, dans cette perspective, le diktat d'un État trouvant ses véritables appuis dans des internationales étrangères et cosmopolites. Dans la perspective des brûlots de l'abbé Lefranc, *Les secrets de la Révolution révélés à l'aide de la franc-maçonnerie* (1791), de l'abbé Barruel, *Mémoires pour servir à l'histoire du jacobinisme* (1797), ou encore du livre de Charles-Louis Cadet-Gassicour, *Les francs-maçons ou les jacobins démasqués* (1800), la Révolution française fait figure de complot juif et franc-maçon dirigé de manière clandestine par les protestants désireux de prendre leur revanche sur la Saint-Barthélemy afin de s'emparer d'un État à essence catholique. Seul Napoléon trouve grâce à leurs yeux puisque, pour eux, « il avait fait bifurquer la Révolution. D'anglaise et protestante parlementaire qu'elle était au début, elle était redevenue latine, catholique et dictatoriale[88] ». Pour ces théoriciens de la contre-révolution comme pour bien d'autres, Mirabeau de même que Robespierre seraient en réalité francs-maçons[89] comme Marat qui masquerait de plus en vain son identité juive mâtinée d'un protestantisme plus ou moins marrane ; ce dernier se voit sans relâche dénoncé comme juif aussi bien par Hippolyte Taine que par Édouard Drumont pour qui « la folie de Marat... c'est la névrose juive » ou, plus tard, par Léon Daudet comme Louis-Ferdinand Céline avant d'être cloué au pilori, sous Vichy, en 1944 ; dans un texte incendiaire, *Le juif Marat*, Armand Bernardini le présente, comme « un juif fornicateur... dermatologiquement malsain » : pour lui, « traînant la savate, enfoui dans une lévite luisante de crasse et d'usure, coiffé d'un foulard quand ce n'est pas d'un bonnet rouge, ainsi surgit, aux années historiques de sa vie, le grand inquisiteur de la Terreur, ce Juif-Errant[90] ».

Emancipés, en effet, par la Révolution française et devenant enfin des citoyens français identiques à tous les autres, les protestants comme les juifs forment donc toujours, dans cette vision hallucinée, contrairement aux espoirs du comte de Clermont-Tonnerre, un État dans l'État ; soucieux de préserver leur cohérence ethnique et culturelle au moment même où la Révolution détruit les États de même que les groupes intermédiaires, ils utilisent, dans cette perspective démonologique, leur solidarité interne et externe pour constituer ensemble, de manière cumulative et à travers des réseaux de sociabilité franc-maçonne, des ressources socio-économiques de pouvoir propres à leur assurer un contrôle total de l'État. Ce mythe s'enracine d'autant plus rapidement qu'il apparaît comme une présentation d'une réalité incontestable, à savoir le lien indissoluble qui s'est noué entre les francs-maçons, les juifs, les protestants et une République sans cesse combattue par tous ceux qui en récusent la légitimité. Rappelons ici simplement que l'État fort doté d'un régime républicain s'est ouvert, à partir surtout de la troisième République, à de nouvelles élites qui, recrutées sur des critères méritocratiques ou encore, à partir d'affinités idéologiques, remplacent peu ou prou, les anciennes élites traditionalistes souvent catholiques qui refusent de servir cette République laïque et positiviste. Autour de Léon Gambetta et de Jules Ferry, on voit en effet un certain nombre de protestants, de juifs et de francs-maçons nommés à des emplois importants de la fonction publique : certains deviennent préfets, juges, généraux ou accèdent encore à des postes élevés de l'administration centrale. Cette même logique entraîne également l'entrée au Parlement de même qu'au gouvernement de membres de ces catégories que la droite extrême persiste à considérer comme étrangères à la France catholique.

Du ministère Waddington composé pour beaucoup de protestants aux gouvernements Gaston Doumergue, Léon Blum ou encore Pierre Mendès France et Michel Rocard, en passant par tout un ensemble de personnalités, de Joseph Reinach à David Raynal, Georges Mandel, Robert Badinter ou encore Lionel Jospin, la présence de juifs et de protestants de même que celle d'un certain nombre de francs-maçons, tels Léon Gambetta, Jules Simon et bien d'autres jusqu'à l'époque contemporaine va acquérir une dimension de grande visibilité. Elle provoque parfois en retour dans l'histoire française récente une mobilisation extrémiste attisée par une myriade infinie de pamphlets propageant avec véhémence un antisémitisme et un antiprotestantisme que l'on peut qualifier de proprement politiques dans la mesure où ils remettent en question la présence, presque toujours simplement fonctionnelle et méritocratique, des juifs d'État de même que celle des protestants d'État se vouant passionnément au service public et professant le culte de l'intérêt général au nom d'une Raison universaliste. Juifs, protestants et francs-maçons particulièrement nombreux, par exemple, dans le personnel préfectoral, agissent uniquement au nom de l'État et servent la République sans tenir compte, dans l'accomplissement de leur fonction, de leurs valeurs propres[91] : l'« effet pervers » et imprévisible de cet accès à l'État n'en est pas moins le déclenchement de ces mouvements de haine qui, sans relâche, préparent, à partir de comptabilités extravagantes mais soigneusement tenues, des listes toujours plus précises élaborées à partir de leurs visions irrationnelles et démonologiques, leur expulsion. Dans ce sens, la contre-révolution peut, en 1940, clamer sa joie devant cette « divine surprise » qui permet enfin de venir à bout de l'État révolutionnaire et républicain coupable à ses yeux d'avoir entrepris la dénaturation de la société française catholique.

Même s'il insiste trop sur la détention de l'argent comme source de pouvoir et qu'il fait silence sur l'institutionnalisation de l'État républicain, Drumont fixe à jamais le nouveau paradigme de haine : pour lui, « les juifs sont arrivés à disposer de tous les ressorts de l'État » et « la France, grâce aux principes de 1789 habilement exploités par les juifs, tombait en dissolution... Les juifs avaient monopolisé toute la fortune publique, tout envahi, à part l'armée ». A ses yeux, « le juif fonctionnaire a tout envahi » et il importe donc de manière urgente de décrire soigneusement « le fonctionnement de cet État dans l'État qu'est la juiverie[92] ». Proche de Drumont, Barrès dénonce à son tour les hauts fonctionnaires qui « sortent de la synagogue » et entend combattre « l'État juif dans l'État français[93] ». Dans le même sens, L. Vial trace le programme de l'antisémitisme politique : « Plus de juifs dans l'administration ! Plus de juifs dans les ministères, plus de juifs dans la magistrature, plus de juifs dans l'Instruction publique, à la Guerre, aux Beaux-Arts, aux Ponts et Chaussées ! Plus de juifs à Polytechnique ou Saint-Cyr ! Plus de juifs au Conseil d'État ! Plus de juifs dans les Conseils de la Nation ! du dernier conseil de la dernière commune jusqu'au Palais Bourbon et au palais du Luxembourg[94]. » Du temps de l'Affaire Dreyfus à l'époque contemporaine, ce mythe de « la République juive » va devenir presque une constante de larges secteurs de la pensée politique française. D'une certaine manière, il constitue une curieuse application de la distinction proposée par Maurice Barrès entre les héritiers et les boursiers : simplement, au lieu de voir dans le boursier, un enseignant issu des classes populaires ou moyennes et désireux avant toute chose d'asseoir définitivement le pouvoir de la République en répandant ses Lumières, le boursier idéal-typique devient le juif qui satisfait aux impératifs de la méritocratie afin de se hisser dans l'appareil politico-administratif : pour Charles Maurras, il convient dès lors que l'État « recrute ses agents non parmi les bêtes à concours mais parmi les hommes de caractère dont les aptitudes particulières à une tâche déterminée auront été vérifiées[95] ».

Contre les juifs « bêtes à concours » dont les frères Joseph, Théodore et Salomon Reinach symbolisent longtemps à eux seuls l'étonnante réussite aux concours et aux Grandes Écoles, il convient donc d'en revenir aux qualités propres à assurer la permanence de la francité dans l'État : le pur rationalisme détourne de la patrie charnelle qui est avant tout « un sol[96] ». Cet *a priori* est identique à celui qu'énonce gravement Maurice Barrès lorsqu'il soutient qu'un juif, être nécessairement nomade, ne peut rien comprendre à *Bérénice* et à la culture française, quels que soient ses diplômes et sa culture universitaire. Pour *L'Action française*, « Blum tient l'État[97] » sans qu'il soit lui-même ancré dans le terroir; et Maurice Bedel de se moquer : « C'est un trait curieux de ce chef de l'Internationale ouvrière qu'il semble craindre les contacts de la terre : il n'a jamais frémi en sentant monter à ses narines l'odeur du sillon ouvert par le fer de la charrue; il est étranger à tout ce qui est sève, humus, sources entre les mousses, sentiers entre les haies... glèbe, argile, terre grasse, terre de bonne amitié. Ah! ce n'est pas un homme de chez nous[98]. » Dans le même sens, Laurent Viguier publie un livre à succès intitulé *Les juifs à travers Léon Blum. Leur incapacité historique à diriger un État*[99], tandis que *Pas Difficile*[100] estime que « le juif Mandel place ceux de sa race avant les Français. Il suit l'exemple de son chef de file, Léon Blum, qui a infesté de youpins tous les ministères, toutes les administrations »; plus tard, Pierre Poujade réactualise le populisme hostile à un État à la nature étrangère au sol de France : « Par qui sommes-nous gouvernés? » s'interroge *Fraternité française*; la réponse est dépourvue de toute ambiguïté : « Par des gens qui n'osent même pas dire leur nom : Mendès-Portugal, d'une famille de juifs portugais et marié à une juive égyptienne[101]. » Dans le même sens, de nos jours, selon *Rivarol*, « la Tribu Fabius » se trouve « propulsée au faîte de l'État socialiste[102]. »

Mais pour Drumont, « dès le commencement de la République, le protestantisme français fit alliance avec la juiverie »; plus précis encore, il soutient que « les protestants se sont cantonnés dans certains départements ministériels. Les Affaires étrangères, la Marine, les Colonies, sont devenus de véritables fiefs calvinistes[103] ». Dans le même sens, selon *La Croix*, « l'administration publique est devenue plus protestante encore que juive, le catholicisme en est presque exclu... L'ultramontanisme, c'est l'Église délivrée de l'État protestant, juif, gallican[104] ». Dans la perspective contre-révolutionnaire de Bonald ou de Barruel, *La Croix* milite en faveur d'une France catholique hostile au triomphe d'un État qui lui est étranger : pour ce quotidien favorable à Drumont, « grâce au protestantisme dont ils furent les inspirateurs, du moins les excitateurs secrets, les juifs purent organiser vite et solidement les sociétés francs-maçonnes... La société actuelle est un immense pantin dont les sociétés secrètes sont la ficelle et le suprême Conseil des juifs, le machiniste. Ils règnent à cette heure, les juifs, ils nous gouvernent. Grâce à la franc-maçonnerie et à l'or dont ils disposent, ils sont les maîtres du Sénat, de la Chambre, des Tribunaux et du gouvernement[105] ». Drumont de même que Barrès conservent le culte de la Saint-Barthélemy qui a su éliminer l'État protestant dans la France catholique. Comme le souligne à son tour Georges Thiebaud, « la nuée de protestants » s'est abattue sur « le gouvernement, les ministères, dans les cours et tribunaux des diverses juridictions, dans les préfectures... le régime protestant s'est substitué au régime catholique[106] ». Dans le même sens, Ernest Renauld décrit « l'emprise protestante » sur l'administration publique en comptabilisant les préfets ou les parlementaires protestants[107]. Relevons encore que selon E. Froment, les protestants « se répandent à travers le parti républicain, du centre à l'extrême gauche, on les rencontre influents, austères... ministres d'hier, ministrables de demain[108] ». Et, de manière claire, pour Maurice Barrès, « l'antiprotestantisme, l'antisémitisme, c'est une protestation contre l'accession des étrangers aux charges de l'État[109] ». Un nouveau Richelieu doit par conséquent se lever pour « faire rentrer dans le rang l'oligarchie huguenote » qui constitue depuis... l'« Édit de Nantes un État dans l'État[110] ». Avec Jean-Marie Le Pen, certains peuvent croire qu'un nouveau Richelieu vengeur est enfin réapparu pour défaire un Michel Rocard guidé par un violent « fanatisme anticatholique » et agissant dans l'unique but de réaliser « le dessein du mondialisme et de l'extrémisme juif[111] ».

De la Révolution française à l'époque contemporaine, les francs-maçons eux-mêmes ou ceux qui se cachent derrière leur identité juive sont donc accusés de former eux aussi un État dans l'État chrétien ou encore de contrôler entièrement l'État en faveur de leurs propres intérêts : pour *La Croix*, la franc-maçonnerie « constitue un État dans l'État, elle absorbe en elle les organismes de la puissance publique ou s'y substitue, poursuivant la réalisation d'un mot fameux d'un de ses fils : l'État, c'est nous ». Pour ce journal catholique, « la juiverie et la franc-maçonnerie ont même programme : Un État dans l'État. Un État au-dessus de l'État. Un État contre l'État[112] ». Et, en une affiche vengeresse, de proclamer enfin de manière définitive : « Des francs-maçons, il n'en faut plus parce qu'ils veulent accaparer la République. Au gouvernement constitutionnel, ils veulent substituer le gouvernement occulte des Loges. Ils font un État dans l'État. Pleins de tendresse pour les juifs, pleins d'égards pour les protestants, ils sont toujours remplis d'une haine sectaire contre la religion de la majorité des Français[113]. » Au même moment, E. d'Avesnes dénonce, en 1881, *La franc-maçonnerie au pouvoir 1789-1880* tandis que Léo Taxil dresse, en 1887, l'une des très nombreuses *Liste des francs-maçons, sénateurs, députés, hommes politiques, fonctionnaires* qui annoncent les appels répétitifs futurs à la délation et à l'expulsion des francs-maçons de l'espace public, tels ceux publiés par *Les Cahiers de l'Ordre* qui détaillent avec force précisions les méfaits de *La franc-maçonnerie au Parlement* (1928) ou encore le célèbre *Le péril judéo-maçonnique* de Mgr Ernest Jouin (1929) qui donne le coup d'envoi à la parution sur un rythme effréné de publications hostiles à la franc-maçonnerie d'État. Une partie des catholiques conservateurs se mobilisent encore dans les années trente, par exemple à Rouen dans de vastes meetings contre la franc-maçonnerie, l'*Écho de Normandie* appelant les catholiques à ne pas voter pour les candidats qu'ils soupçonnent d'être membres des sociétés secrètes[114]. Dans un contexte plus dramatique, en 1941 cette fois, on peut relever l'échantillon suivant dans un journal vichyssois : « C'est à l'influence de la franc-maçonnerie qu'il faut attribuer pour une large part les convulsions internes, les aventures externes dont notre pays fait les frais depuis 1789 et, en dernier lieu, la guerre que nous subissons encore... il faut reconnaître la vérité sur une association qui constituait un véritable État dans l'État, sur une puissance occulte capable, par sa puissance propre et par sa liaison avec les juifs, de s'opposer à tout élément sain et de progrès[115]. »

Dans la même perspective, Henry Coston participe depuis près d'un demi-siècle avec passion à ce procès perpétuel fait tant aux juifs qu'aux francs-maçons, attaquant sans relâche le pouvoir politique qu'ils exerceraient sans partage, de l'entre-deux-guerres jusqu'à nos jours, et faisant, encore en 1970, la présentation à ses yeux exhaustive des francs-maçons au Parlement[116]. Pour *L'Action anti-maçonnique*, « la ∴ a livré la France aux juifs et le F∴ L. Blum est président du Conseil[117] » ; de nos jours, les choses n'ont guère changé, sinon formellement, puisque le Front national s'en prend de plus en plus au B'nai B'rith, loge juive internationale qu'il accuse de dominer le système politique français : grâce à une terrifiante conjuration, cette loge imposerait sa loi aussi bien aux partis de gauche qu'à ceux de l'opposition gaulliste et modérée. Par un serment secret tenu dans le cadre d'une véritable conspiration, « cette puissance colossale et redoutable, irascible et carnassière » exerce sa « dictature » sur le personnel politique, toutes tendances confondues, et, par suite, sur la France catholique elle-même, qui ne peut donc trouver son salut qu'à travers le sursaut du Front national et de ses alliés intégristes qui luttent seuls contre l'emprise judéo-maçonnique internationale[118]. Dans une présentation actualisée des *Protocoles des sages de Sion* qui prend d'autant plus de poids qu'elle peut s'appuyer sur une vision conspirationniste propagée parfois par une ultra-gauche en mal d'explications diabolisantes, Jean-Marie Le Pen dénonce avec vigueur le « lobby mondialiste » : « Je pense, affirme-t-il, à l'utilisation qui est faite des droits de l'homme de façon tout à fait erronée et mensongère; il y a la Maçonnerie. Je crois que la Trilatérale joue un rôle. Les grandes internationales, comme l'internationale juive, jouent un rôle non négligeable dans la création de cet esprit antinational[119]. »

On ne compte plus, du début du XIXe siècle à nos jours, les dénonciations haineuses des juifs, des protestants et des francs-maçons qui les désignent comme les détenteurs d'un pouvoir caché leur assurant, grâce à un complot aux ramifications internationales, la maîtrise d'un État au sein de l'État et, en vérité, de l'État lui-même. Cette accusation rémanente inhérente au mythe des « gros » est quelque peu étrangère en tant que telle aux guerres franco-françaises elles-mêmes dans la mesure où c'est bien le peuple français tout entier qui, dans cette interprétation fantasmatique des droites extrêmes partagée parfois aussi par certains secteurs de la gauche, est appelé à récuser un État qui lui est devenu étranger. Les quatre États confédérés sont bel et bien partie intégrante du groupe des gros qui, de l'extérieur, domine et exploite à son profit le peuple de Français petits et innocents : simplement, le mythe ici se précise car il suppose cette fois que l'État soit lui-même propriété de ces gros-là et non, par exemple, des capitalistes. A la lutte des classes se substitue ainsi la haine qui peut être commune à toutes les classes, des francs-maçons, des juifs, des protestants et bientôt des immigrés d'origine musulmane qui, eux aussi, sont maintenant perçus comme voulant s'approprier l'État.

Il n'en reste pas moins que, de manière schématique, les temps forts durant lesquels s'exprime tout particulièrement cette forme essentielle de haine de l'étranger correspondent en général aux guerres franco-françaises. Elle éclate pendant l'Affaire Dreyfus, se poursuit lors de la séparation de l'Église et de l'État pour reprendre de plus belle, aux lendemains de la guerre de 1914-1918, s'accroître démesurément pendant le Front populaire et son contraire, Vichy, réémerger, après un temps de rémanence, avec le poujadisme, l'expérience Mendès France et, enfin, le lepénisme. Avec le temps, les choses se modifient puisque les protestants, membres à part entière des « quatre États », de 1789 au début du XIXe siècle, ne sont presque plus objet de haine et de rejet : on ne les accuse plus de vouloir dominer et de constituer un État dans l'État. Déjà Drumont ou Maurras, en dépit des attaques de ce dernier contre « l'État Monod[120] », se montrent plus prudents à leur égard, les considérant, en dépit de leurs valeurs propres, comme des Français à part entière, et, sous Vichy, l'antiprotestantisme politique disparaît même si certains signes d'antiprotestantisme demeurent[121].

Pour Charles Maurras, « depuis que l'Étranger de l'intérieur s'est emparé de l'État, juifs, protestants, maçons, métèques, n'opèrent plus avec les seules ressources de leur budget : ils disposent du budget de la France[122] » afin d'imposer leur propre pouvoir : comme les quatre États confédérés dénaturent l'État issu d'une société demeurée catholique, une seule solution s'impose rapidement, « le nettoyage national[123] ». Cependant, rejetant la théorie raciale du protestantisme, et tenant compte du fait que les protestants ne sont, en définitive, selon le mot de Drumont que « de mauvais frères, des frères hargneux et désagréables, des frères qui tirent toute la couverture à eux mais enfin, ce sont des frères », considérant du même coup que si « la question juive est une question de race, la question protestante est une question de famille de mauvais frères[124] », les protestants seront donc traités avec plus de retenue d'autant qu'ils sont quand même, selon l'expression de Maurras, « d'un sang français irréprochable à l'origine[125] ». Ce « nettoyage » souhaité aussi dans les mêmes termes, plus tard, par Pierre Poujade et tant attendu par les divers tenants des droites extrêmes comme par tous ceux qui, venant même parfois de l'extrême gauche, se sont ralliés à eux, n'aura donc pas pour tous les mêmes conséquences.

En ce qui concerne les protestants, selon le mot même de Georges Thiebaud formulé déjà en 1895, il ne s'agit pas de les « exclure » de l'État mais simplement tout au plus d'y « mesurer » leur présence[126]. Au contraire, dès 1940, les francs-maçons et davantage encore les juifs vont quant à eux se trouver immédiatement exclus de l'État et parfois même, perdre la nationalité française; un certain nombre de textes législatifs organisent systématiquement leur éviction des différentes organisations de l'État qui se veut ainsi, de lui-même, entièrement *Judenrein* et propre également de toute présence franc-maçonne. Les uns et les autres sont impitoyablement poursuivis par la propagande officielle, des expositions au Petit-Palais ou au Palais-Berlitz sont immédiatement montées pour faire connaître leur supposée prédominance dans l'État républicain, des instituts de recherche sont créés pour mieux dénoncer leur prétendue domination politique et sociale, des revues largement diffusées traquent littéralement toute manifestation juive ou franc-maçonne au sein du personnel politico-administratif et présentent sans cesse, minutieusement, des listes de noms accompagnées parfois d'adresses précises : ces « deux États » sont donc chassés hors d'un État appelé à redevenir conforme à la nature chrétienne de la société française[127].

Selon le mot de Maurras, « c'est au tour de la société de ronger l'État » en rétablissant si possible « l'hymen d'une race et d'un peuple, l'identification politique d'un État et d'une Maison[128] ». Et toujours fidèle à son vieux maître Drumont, Jean Drault voit enfin le moment arrivé d'en finir avec la « France juive » : « Les Français ne sont plus qualifiés pour réaliser le projet formé par leurs rois que trois républiques juives, dites françaises, surtout la troisième, ont calomniés, couverts de boue et de crachats, accablés d'insultes empruntées au répertoire du Talmud et des manuels scolaires maçonniques. La France officielle a trop longtemps renié le glorieux passé français. Quelqu'un renoue les traditions de l'Europe chrétienne. C'est un Allemand. Collaborer avec lui, c'est, pour commencer, abjurer l'erreur criminelle de 1789. Hitler n'est pas le vengeur appelé par Drumont, mais le constructeur d'un monde nouveau[129]. »

Ce texte marque l'ultime aboutissement du courant contre-révolutionnaire se prévalant d'une identité chrétienne pour renier la Révolution française et venir enfin à bout des usurpateurs que constituent à ses yeux tant les juifs que les francs-maçons ; contre les « Républiques juives » dénaturant l'État d'une société chrétienne, il faut revenir en deçà de 1789 et expulser, comme aux temps de la monarchie, tous ceux, en dehors des protestants chrétiens, qui lui restent racialement étrangers. Certes les droites extrêmes ne sont pas toutes hostiles à 1789 et, de Maurice Barrès à Marcel Déat, on prétend parfois en conserver le culte ; ce dernier soutient ainsi tranquillement que « Robespierre a incontestablement dessiné un national-démocratisme », il existe donc à ses yeux « un parallèle entre Hitler et Robespierre, un rapprochement inattendu entre la phase jacobine de la Révolution française et le national-socialisme[130] ». Dans ce sens, certains propagateurs du national-socialisme de même qu'Hitler lui-même qui, dans *Mein Kampf*, considère Robespierre, Danton et Marat comme des hommes exceptionnels, admirent le caractère radical de la Révolution française et prétendent s'en inspirer dans la mise en œuvre d'une nouvelle révolution nationale mettant définitivement un terme au règne de la bourgeoisie en détruisant ceux qui sont censés gouverner en son nom[131]. Et, de nos jours, les appels de plus en plus fréquents du Front national à une véritable révolution française démontrent amplement que la leçon de 1789 et, surtout, de 1793 n'a pas été oubliée : elle se trouve pourtant reformulée de fond en comble dans le cadre du paradigme contre-révolutionnaire afin de servir dorénavant non plus une ambition universaliste mais bien une finalité d'exclusion.

Et s'adaptant au contexte actuel de la société française où vivent dorénavant près de trois millions de personnes de confession musulmane dont une forte proportion sont de nationalité française et entendent assumer l'ensemble de leurs droits politiques en se présentant, par exemple, aux diverses élections politiques locales et nationales, cette révolution que les droites extrémistes appellent de leurs vœux conduit inéluctablement à l'exclusion de ces nouveaux « métèques » formant, pour conserver le vocabulaire maurrassien, l'un des « États » qu'une France chrétienne doit nécessairement réduire pour retrouver son identité propre. Face à l'entrée de citoyens français de confession musulmane dans le personnel politique[132], le Club de l'horloge, proche du Front national, revendique explicitement « le droit d'exclure[133] », théorisant dès lors un sentiment largement répandu puisque 76 % des Français paraissent estimer qu'il y a « trop d'Arabes[134] » dans la France contemporaine. Et prolongeant la logique traditionnelle identifiant les quatre États confédérés à la République elle-même, le Front national part dorénavant en guerre contre ce pouvoir tout aussi étranger et cosmopolite que constitue aujourd'hui à ses yeux « la République musulmane » dans une France qui serait demeurée foncièrement chrétienne.

III. VALEURS COSMOPOLITES
ET IDENTITÉ CATHOLIQUE

Si les « États confédérés » oppriment avec tant d'avidité la société française, c'est pour lui imposer impitoyablement une culture qui lui est étrangère. L'occupation de l'État apparaît alors comme le moyen crucial de la conquête des cœurs et des esprits afin d'en remodeler la socialisation politique dans un sens favorable aux valeurs cosmopolites productrices de déchéance. Dans ce sens, le judaïsme comme la Réforme ou encore, de nos jours, les règles du Coran sont l'objet tant de préjugés que de haines d'autant plus radicaux qu'ils mettent en danger les valeurs de chevalerie et de virilité de l'homme catholique, anéantissent son sens naturel de la communauté organique aussi bien au niveau de la nation qu'à celui du groupe familial en favorisant sans cesse un individualisme corrupteur et pervertissent enfin les mœurs en portant un coup fatal aux valeurs de l'Église. On le voit, le paradigme catholique se trouve à nouveau invoqué par les droites extrêmes pour justifier leur combat contre l'immoralisme véhiculé par les « états confédérés » successifs.

Dans cet imaginaire, les juifs, appréhendés comme errant d'un pays à l'autre, des nomades par excellence, tournés vers une modernité pervertissante, séduisant les femmes catholiques par leur mystère oriental et grâce aux richesses dont ils disposent, des êtres maléfiques coupables du meurtre du Christ, occupent une place privilégiée d'autant que l'« enseignement du mépris » longtemps diffusé par l'Église catholique a légitimé cette vision totalement négative du peuple déicide condamné à la déchéance ; du coup, leur rejet plus ou moins violent hors de la communauté nationale s'étend bien au-delà des limites des droites extrêmes. On ne peut ici prétendre donner une présentation systématique de ce type d'ostracisme dans l'histoire française contemporaine tant il est répandu et constant. D'Édouard Drumont qui soutient, en visant tout particulièrement les intellectuels juifs issus, par exemple, de l'École normale supérieure, et nommés à la Sorbonne ou au Collège de France, que « pour parler notre langue, il faut d'abord penser dans cette langue... il faut avoir sucé en naissant le vin de la patrie, être vraiment sorti du sol[135] » au mensuel *L'Anti-89* qui se moque du ministre de la Culture, « M. Lang qui est Jack et non Fritz, hélas », responsable de la célébration du Bicentenaire de 1789 et organisateur, à ce titre, de « la parade cosmopolite et burlesque de M. Goude », en passant par les listes incalculables de dénonciations nominales des metteurs en scène, des écrivains et des artistes juifs durant l'entre-deux-guerres ou sous Vichy, les intellectuels juifs sont sans cesse présentés comme responsables, au premier chef, de la décadence de la France catholique. Loin encore des considérations désobligeantes à caractère raciste qu'un Jacques Offenbach, un Marcel Proust, ou encore un Marc Chagall ont pu sans cesse provoquer, on voudrait s'attarder plutôt ici, de manière presque idéale-typique, aux exemples du sociologue juif Émile Durkheim et de l'historien protestant Gabriel Monod et aux réactions de rejet que leurs personnes et leurs œuvres ont suscitées.

Nulle étude systématique n'existe de la perception d'Émile Durkheim dans la société française et, tout du moins, dans les milieux intellectuels les plus divers. Fondateur de la sociologie française moderne, adepte d'une démarche positiviste et scientifique et responsable en grande partie de la mise en place d'une théorie de la citoyenneté tout orientée vers le civique et l'universalisme qui sera diffusée dans les campagnes par les instituteurs issus des écoles normales, Durkheim représente le type même de l'intellectuel républicain hostile aux déterminismes de race et de terroir qui se tourne vers la Raison pour trouver en elle un nouveau fondement à l'ordre social. De même que plus tard, nombreux seront ceux qui, à l'instar de Charles Maurras et de Léon Daudet, combattront la conception trop normative de la patrie élaborée par Léon Blum en termes de droits de l'homme, lui reprochant d'ignorer les vertus du terroir et des provinces, de même, à la fin du XIXe siècle et plus tard encore, ceux qui sont hostiles à l'idéologie rationaliste de la troisième République vont choisir Durkheim comme cible favorite de leurs attaques. Tous ceux qui s'engagent dans une lutte très dure contre la nouvelle Sorbonne, d'Henri Massis et Alfred de Tarde qui s'expriment sous le nom devenu célèbre d'Agathon, à Charles Péguy lui-même, voient en lui et, par exemple, en Charles Seignobos, historien protestant, l'antithèse exacte de Numa Denis Fustel de Coulanges dont ils veulent parfois s'inspirer encore, à l'instar de Charles Maurras lui-même. La Sorbonne des « métèques », celle des protestants, Charles Andler, Charles Seignobos ou Gabriel Monod mais aussi des juifs, Émile Durkheim, Léon Brunschvicg, Lucien Lévy-Bruhl ou encore Victor Basch, provoque, dans le cadre de l'Affaire Dreyfus, la vive hostilité de l'Action française qui préfère célébrer, en 1905, le soixante-quinzième anniversaire de Fustel de Coulanges. Pour Agathon, la nouvelle Sorbonne est responsable de la « crise du français » car elle propage sur le territoire national, l'esprit allemand, et s'engage dans des méthodes scientifiques qui s'éloignent du génie national.

L'Action française estime que Émile Durkheim et Lucien Lévy-Bruhl détruisent l'héritage catholique au profit, selon l'expression de Léon Daudet, de « la haute Guldure ». Une étude plus théorique et remarquablement bien informée publiée par Simon Deploige, à la Nouvelle librairie nationale, avec, étrangement, une *Préface* élogieuse de Jacques Maritain, dénonce sans relâche la dimension « amorale » de la sociologie de Durkheim et conclut : « Au terme de cet examen que reste-t-il de français dans la sociologie de M. Durkheim ? Ce n'est assurément pas lourd. L'apport allemand y est d'une prépondérance écrasante[136]. » Dans de nombreux articles de la presse de la droite extrême comme dans le livre d'Agathon, Durkheim se trouve tout particulièrement dénoncé comme le responsable du déclin du sentiment de l'identité nationale dont l'essence est le catholicisme. A Bordeaux, une violente campagne antisémite de la presse locale pousse aux défilés et aux violentes manifestations de rue : Durkheim, favorable à Dreyfus, est pris à partie comme d'autres professeurs dreyfusards[137]. Dans son livre dénonçant *Les religions laïques*, Don Besse (R.P.), qui appartient à l'Action française écrit : « M. Durkheim, dans cette invasion et cette conquête de l'enseignement officiel, a déployé la souplesse inusable et la ténacité âpre du juif qui veut occuper un monopole. Il est l'homme de sa race. Ceux de sa race l'ont aidé et ils le soutiennent. Il travaille pour elle en cherchant à lui assimiler la France... Il s'est approprié une sociologie pour en faire, en la déformant, une sociologie juive[138]. » Les violentes attaques contre les professeurs juifs et protestants de la nouvelle Sorbonne se livrent donc dans le cadre plus général du combat contre les « États confédérés » ; une Ligue pour la culture française se constitue pour livrer cette bataille et se trouve secondée par l'association des Amis du français et de la culture moderne à laquelle adhèrent un très grand nombre de professeurs des universités[139]. Les intellectuels catholiques parfois tournés vers le mysticisme clament leur hostilité au positivisme et prétendent vouloir endiguer l'invasion de l'esprit allemand, comme Charles Péguy lui-même qui dénonce désormais, après 1901, « l'impérialisme dreyfusard » et le « parti intellectuel », et s'attaque lui aussi, dans le Cahier *Notre Patrie*, tout spécialement à Émile Durkheim[140].

Pour tous ceux qui assument le cri du cœur de Maurice Barrès, le catholicisme c'est « l'expression de notre sang[141] », l'accès des juifs, et, à un moindre degré, celui des protestants, aux emplois les plus prestigieux de l'enseignement supérieur apparaît comme une menace insupportable; Charles Maurras s'emporte aussi bien contre le juif Durkheim, « puissant dans l'État comme dans la société » que contre Gabriel Monod, « la sentinelle allemande dans l'Université... détachée des vieilles racines françaises, qui fait marcher pour lui les maîtres de l'État, c'est-à-dire des représentants infidèles et des magistrats déloyaux, l'administration et son million de fonctionnaires, la librairie subventionnée ou achetée, une presse asservie[142] ». Pour Maurras, Durkheim comme « l'État Monod », « tribu » liée à l'étranger et qui peuple la France de « singes et de lunatiques[143] », favorisent l'individualisme et, à travers leur action, « d'une haute civilisation, nous plongeons, enfants de la louve, à l'impure sauvagerie[144] ». Les protestants, aux tout premiers rangs desquels figurent toujours Gabriel Monod, le célèbre directeur de la *Revue historique* ainsi que sa famille, de même que les juifs sont accusés, depuis le temps de l'Affaire Dreyfus, d'« introduire le virus germanique dans nos institutions catholiques[145] ». Déjà soumis aux dures critiques de Drumont, dans *La France juive*, en 1886, les Monod demeurent longtemps la cible favorite des multiples droites; on constate là encore un dérapage de la droite conservatrice vers la droite extrême : en 1936 encore, André Tardieu, par exemple, s'en prend à son tour à plusieurs reprises à Gabriel Monod et à Émile Durkheim, responsables de mener un combat au nom de la science contre l'homme catholique et la religion professée par « la majorité du pays » et ayant pour résultat la naissance d'« une France artificielle[146] ». Et, plus tard encore, un Marcel Déat, qui se dit lui-même « nourri dans la pensée philosophique de maîtres comme Durkheim, Lévy-Bruhl, Brunschvicg », n'en retrouve pas moins « dans le récit biblique des errances hébraïques au désert la source authentique de la doctrine de Durkheim qui a simplement identifié Iaveh avec la conscience collective effervescente de ce peuple sans sol qui ne tenait debout que par sa foi[147] ».

Le succès des « infiltrations » protestantes et juives éclaire aussi la signification de la mise en œuvre, au tournant du siècle, de la séparation de l'Église et de l'État, l'instauration d'une laïcité, qui détruit mieux que toute autre l'âme catholique. Pour Albert de Mun, « la désorganisation scolaire se poursuit et achève la déchristianisation du pays... c'est bien l'influence de ce protestantisme anarchique et devenu presque absolument antichrétien qui domine au ministère de l'Instruction publique... quant aux juifs, on retrouve leur main toujours forte[148] ». Le juif Durkheim, de même que le protestant Monod, sont parmi les tout premiers à se voir accusés de jouer un rôle crucial dans ce complot contre les valeurs de la société française[149]; Gabriel Syveton dénonce lui aussi Gabriel Monod qui « viole les traditions de notre race[150] » et Ferdinand Brunetière s'en prend explicitement à Émile Durkheim[151], de même que *La Vieille France*, journal selon lequel « Lévy-Bruhl, Durkheim, Sée, Basch et Blum règnent sur l'Instruction publique en France[152] », le sociologue du *Suicide* étant toujours accusé, en 1934, d'être un « empoisonneur public et un propagateur de la pourriture[153] ». L'hostilité à l'égard de Durkheim est à la mesure de son influence sur les « hussards noirs » de la République que sont les instituteurs laïques et rationalistes qui propagent dans les campagnes une idée de la citoyenneté détachée de tout catholicisme[154].

A peu près à la même époque, autour de Jules Ferry, des protestants comme Ferdinand Buisson, Jules Steeg ou Félix Pécaut, sont eux aussi considérés comme coupables de comploter contre l'âme catholique en voulant, de concert avec les juifs et les francs-maçons, imposer aux Français une école positiviste hostile à la religion. Selon Fénélon Gibon, « francs-maçons, politiciens, législateurs, protestants et juifs, tout ce monde rivalise en formules habiles à masquer l'odieuse entreprise de déchristianisation » que constitue l'école laïque[155]. Dans le même sens, pour Georges Thiébaud, « école laïque veut dire école protestante »; pour lui, « la laïcité est le masque du calvinisme[156] » qui pervertit les Français catholiques et les soumet à l'étranger. Selon Jean Fourcade, « tandis que les juifs, si prophétiquement démasqués par Drumont, n'en veulent qu'à notre argent, pour obtenir par l'influence et la domination politique, les protestants guettent notre conscience... Ils liquident le catholicisme[157] ». Pour Léon Daudet, « le crucifix est remplacé par le portrait de Dreyfus » et les inspecteurs de l'enseignement primaire parlent « un patois hébraïque[158] ». En un mot, la laïcité, c'est la soumission aux protestants anglo-saxons, aux juifs cosmopolites et aux francs-maçons qui déracinent les Français.

Évoquons rapidement un incident peu connu qui éclate à la Chambre le 29 octobre 1891 : Camille Dreyfus, député de la Seine, vient de déposer un projet de loi visant à instaurer une séparation entre l'Église et l'État quand Paul Déroulède monte à la tribune, suscitant un violent affrontement dont témoigne le dialogue suivant : « Paul Déroulède : "Je suis surpris qu'un débat semblable soit précisément ouvert devant vous non par un des 36 millions de catholiques mis en cause mais bien par un des 300 000 ou 600 000 israélites." Camille Dreyfus : "Je ne suis ni israélite, ni catholique. Je suis libre penseur". M. le Président : "Ici, nous ne connaissons aucune distinction résultant de religion"... Paul Déroulède : "Eh! bien, moi, je fais hautement connaître ma religion : je suis républicain chrétien et je proteste quand je vois que l'on veut déchristianiser la France pour la judaïser peut-être" Camille Dreyfus : "Je suis un libre penseur de l'École anglaise, de l'École française du XVIIIᵉ siècle... comme homme politique ayant à me préoccuper des liens qui existent entre l'État et un certain nombre d'organismes spéciaux qui tiennent à une conception spéciale du monde, j'ai le droit de m'en occuper, quelle que soit mon origine et quelle que soit la vôtre." »

Un Paul Déroulède qui ne figure pas habituellement parmi les antisémites acharnés et constants ne s'en révèle pas moins à son tour un catholique convaincu qui dénie à un député qu'il considère comme israélite le droit d'intervenir dans le débat de la séparation de l'Église et de l'État au nom d'un « républicanisme catholique ». Loin du monarchisme ou encore des droites extrêmes à la Drumont, Déroulède n'en adhère pas moins à un même refus jusqu'à adopter des statistiques presque aussi fantaisistes que celles de l'auteur de *La France juive*, en estimant, à la Chambre, que la France compterait 300 000 ou 600 000 juifs alors qu'ils sont tout au plus 80 000[159].

Pour Charles Maurras également, la laïcité, c'est le règne de l'anarchie que propage avec délectation la Ligue de l'enseignement détruisant l'identité catholique et ouvrant délibérément la voie aux internationales cosmopolites; dans une étonnante figure allégorique de l'époque, *La Croix* appelle à la mobilisation contre « la séparation maçonnique » de tous les catholiques, les sociologues, de même que les protestants et les francs-maçons étant, selon elle, parmi les principaux admirateurs de cette « belle fleur au sommet de laquelle trône l'anarchie, Dreyfus et les juifs[160] ». Quand Paul Grunebaum-Ballin, membre du Conseil d'État, est nommé rapporteur de la loi sur la Séparation de l'Église et de l'État, les droites extrêmes se déchaînent littéralement contre ce juif d'État qui personnifie à lui seul la domination de l'étranger. *La Libre Parole* dénonce « Grunebaum, le juif qui a rédigé cette loi de la Séparation où s'étale son ignorance de notre histoire[161]. » Pour *L'Action française*, « le juif du Conseil d'État, le Grunebaum n'a plus qu'une idée, mettre debout une loi talmudique appelée loi de séparation, qui dépossédera les catholiques, qui fera d'eux des parias dans leur propre pays[162] »; « la férule du boche Grunebaum-Ballin », selon l'expression de Léon Daudet[163], parvient ainsi à ses fins puisque avant lui, dans les années 1880, un autre député juif, Camille Dreyfus, avait déjà proposé une loi dans ce sens, la *Gazette du Midi* s'élevant déjà contre ce projet d'un « juif franc-maçon » et s'exclamant : « moutons catholiques, devenez enragés[164] ! ». Dans la *Revue internationale des sociétés secrètes*, dont le directeur, Mgr Jouin, pourfend inlassablement jusqu'à Vichy les juifs et les francs-maçons, on dénonce « l'anticléricalisme qui est le nœud central de l'action judéo-maçonnique en s'élevant contre la loi de la séparation avec Grunebaum-Ballin, la politique laïque avec les Blum, Levy-Ulman, etc.[165] ». Rappelons d'ailleurs qu'en 1880, Camille Sée, autre juif qui siège au Conseil d'État, prend l'initiative de créer un enseignement secondaire public et laïque pour les jeunes filles, provoquant une flambée d'antisémitisme contre une mesure dont certains craignent qu'elle mène inévitablement au déclin de la famille française et à la perversion des jeunes filles favorisés à nouveau sciemment par les juifs. A la Chambre des députés, on s'émeut de cette proposition qui n'est que « la suite des entreprises faites contre Dieu et la famille » tandis que, à l'extérieur, les polémistes catholiques dénoncent un nouveau complot judéo-maçonnique[166].

Cette séparation de l'Église et de l'État mise en œuvre par les républicains soucieux d'asseoir définitivement le pouvoir de l'État contre celui de l'Église est ainsi présentée comme la manifestation la plus redoutable du pouvoir des quatre « États confédérés » qui porte un coup fatal à l'identité catholique de la société française : « la guerre des deux France » trouve ici son terrain privilégié[167]. Un peu plus tard, lorsque le gouvernement du Front populaire paraît vouloir modifier les lois scolaires qui régissent encore l'Alsace et la Lorraine, une nouvelle vague d'antisémitisme déferle sur la France contre Léon Blum, cet autre juif d'État; *La Nouvelle Voix d'Alsace et de Lorraine*, l'« organe des chrétiens militants », s'exclame: « France, voici ton maître ! » et ajoute : « C'est le talmud dans ses pires applications[168] », tandis que *Les Jeunes d'Alsace* estiment qu'il « était réservé au premier Président du Conseil juif et athée de la République française de proposer à l'Alsace un malodorant marchandage de juif. Le peuple croyant s'opposera avec la plus farouche énergie à ce que les mains d'un juif athée enlèvent les crucifix de nos écoles[169] ». Sous Vichy, c'est chose faite : les évêques eux-mêmes s'en prennent à la laïcité responsable de la décadence morale et, sous l'impulsion de Mgr Gerlier qui en discute avec Pétain, on souhaite remettre l'école libre à la disposition des familles chrétiennes, obtenir pour les curés le droit de visiter les écoles publiques dans lesquelles réapparaissent de plus en plus fréquemment les crucifix[170]. Hier comme aujourd'hui, la laïcisation de la société française qui est l'une des plus poussée du monde occidental symbolise à elle seule la destruction des lointaines racines chrétiennes et suscite par contrecoup les fantasmes les plus irrationnels réactivant la peur de l'étranger venant imposer ses propres croyances. Dans les années 1980, à nouveau, les lois socialistes sur l'enseignement privé provoquent une flambée d'hostilité et l'Église qui s'est, tout particulièrement entre les deux guerres, ralliée à la République en acceptant aussi, bon gré mal gré, la laïcité, semble de nouveau, sans toutefois retourner à la tradition contre-révolutionnaire qui a longtemps influencé son mode de penser[171], en refuser, toutes tendances confondues, le principe, en souhaitant la venue d'une « nouvelle laïcité » plus respectueuse, jusqu'au sein de l'école, de l'identité catholique brisée par « une approche jacobine[172] ».

Cette haine engendrée, depuis la fin du XIXᵉ siècle, par des lois d'étatisation du système scolaire trouve également d'autres motifs pour s'exprimer sans relâche. Les lois sur le divorce proposées par Alfred Naquet sont perçues comme destinées à mieux détruire la famille française catholique. Alfred Naquet devient l'objet d'une campagne antisémite intense : Édouard Drumont remarque que le divorce est « une idée absolument juive[173] », des journaux comme *Le Carillon, Don Quichotte, Le Grelot* ou encore *La Jeune Garde*, le caricaturent armé d'un couteau en train de trancher l'hymen ou de manipuler un fœtus[174], *La Libre Parole* ne s'étonne pas de ce projet venant de quelqu'un qui a « bavé sur Jeanne d'Arc » et se demande « que peut bien faire à cet Hébreu que la France vive ou meure[175] ? » tandis que Charles Benoist estime que « la cervelle de M. Naquet est une officine d'empoisonneur public » explicable par « l'élément ethnique et atavique[176] ». De son côté, Jules Barbey d'Aurevilly, dont on a déjà noté les opinions très conservatrices, s'emporte contre Naquet : « La question du divorce, c'est le Bas-bleuisme de la famille... M. Naquet s'en est fait un plumet... il est vrai qu'il y a Jeanne d'Arc mais Jeanne d'Arc, ce n'est pas une femme, c'est un archange qui tient l'épée de Dieu pour le compte de la France[177] »; bien plus tard, Léon Daudet décrit encore Naquet tel « un araméen bossu comme dans les contes orientaux, un type d'hébreu non assimilé sorti du ghetto du Marais. Sa hideur confinait au maléfice ; il avait un œil sadique, un rire comme vomi par l'enfer, un goût pour le néant[178] ». Dans le même sens, Léon Blum provoque un peu plus tard lui aussi une incroyable haine antisémite pour avoir proposé que les jeunes gens puissent avoir des relations sexuelles avant le mariage : pour Henri Faugeras, « tout le processus de démolition de la famille, depuis Naquet jusqu'à Blum et Zay, du divorce à l'éducation sexuelle, est juif[179] » et *La Croix des Alpes-Maritimes* demande à ses lecteurs : « Qui plus que le hideux Naquet a contribué à la destruction de la famille française ? » pour répondre : « Léon Blum... le malfaiteur qui sème la corruption et la mort. Le juif peut être content de son œuvre d'éternel proscrit[180]. » *Jaune* estime que « le haut fonctionnaire juif qui a écrit ces salauderies devrait être fessé... je trouve que cet Hébreu, dans son rythme, dans sa manière d'être, synthétise d'une manière saisissante l'impudeur, l'absence de vergogne, de verecundia a dit Drumont, de sa race[181] » et Jean-Charles Legrand croque un portrait du président du Conseil socialiste sous les traits d'un « eunuque tenace comme un scorpion, son ouvrage *Du mariage* enseignant à nos femmes la complaisance au rut de ses amis, embusqués à l'arrière[182] ». Les « Don Juan de Synagogue » menacent, dans cette perspective, les femmes chrétiennes et Louis-Ferdinand Céline, dans *Bagatelle pour un massacre*, campe un grand nombre de personnages juifs avides de séduire et de profaner les femmes de France. L'antisémitisme sexuel porte à son paroxysme la haine névrotique des juifs, la peur des étrangers pervers détruisant, tel Laurent Fabius, « la bombe sexuelle à la bouche dessinée comme celle des grasses odalisques dans le harem de la Sublime Porte », le « Judas-Chérubin[183] », l'identité même de la nation française.

Ainsi se trouve réactivée la haine des « États confédérés », accusés cette fois de détruire le cercle familial, socle de la société chrétienne. Après l'éducation, le divorce et le libéralisme sexuel, de nos jours la légalisation de l'avortement votée grâce à l'action décidée de Simone Veil, provoque un regain de passion antisémite. On dénonce le nouveau « génocide français » que constitue l'interruption volontaire de grossesse, cet « acte barbare » qui ne peut qu'accélérer le déclin du sentiment d'une identité catholique française spécifique. Au nom des catholiques proches du Front national, Romain Marie s'interroge : « Si la France était demeurée un pays catholique, comment aurait-elle toléré que l'esprit de jouissance l'emportât sur l'esprit de devoir et de sacrifice[184] ? »

Lors d'un meeting du Front national, devant plus de deux mille personnes, on s'en prend sans ménagement à « la dame avorteuse » dont les mesures législatives mettent en péril la formule « travail, famille, patrie », obéissant ainsi aux « plans occultes des loges francs-maçonnes » avides de poursuivre « le génocide français[185] ».

Et lorsque Robert Badinter, alors ministre de la Justice, met toute son énergie dans l'abolition par la France de la peine de mort, son initiative suscite un tollé général du côté des droites extrêmes : pour *Présent*, par exemple, « l'œil charbonneux et brillant, le sourcil en virgule, la bouche tordue par la levée de sang noir, Badinter règle ses comptes... par héritage, il est pour le nomade contre le séden-taire. Pour le cosmopolite contre l'indigène. Pour le manouche voleur de poules contre la fermière qui les élève au grain. Pour le marginal contre la société... pour l'assassin contre l'assassiné, parce que, pour Badinter, la vraie victime, c'est l'assassin[186] ».

Il est vrai que, de nos jours, le paradigme des quatre « États confédérés » qui n'avait guère varié pendant longtemps, s'est très sensiblement modifié puisque, en dehors de quelques cercles fonda-mentalistes, l'antiprotestantisme a presque entièrement disparu, de même, plus étrangement, que l'hostilité publique à l'égard de la franc-maçonnerie. Ces deux puissances occultes ne paraissent plus menaçantes : le protestantisme fait désormais partie de l'identité française, tandis que les francs-maçons, en dehors de leur variante proprement juive, se sont quelque peu banalisés. En réalité, les cibles favorites des droites extrêmes mais aussi, parfois, celles des droites plus modérées qui leur empruntent encore quelquefois tant leur vocabulaire que leur imagerie, sont toujours les juifs mais, à leurs côtés, à la place des protestants qui sont en définitive appréhendés malgré tout comme chrétiens, on trouve désormais de nouveaux « métèques », les Français et les immigrés d'origine maghrébine. La décolonisation et la guerre d'Algérie ne cessent de produire leurs fantasmes de défaites se reportant aujourd'hui sur les immigrés provenant d'Afrique du Nord et devenus dorénavant souvent citoyens français, pour lesquels on refuse avec terreur le paradigme traditionnel du « creuset français[187] » assimilateur en donnant libre cours à une xénophobie qui autrefois, après quelque temps, s'apaisait le plus souvent, une fois réalisé le processus d'entrée des immigrés polonais ou italiens[188]. C'est désormais l'Islam appréhendé comme étant incompatible avec l'identité fran-çaise qui polarise les haines et rend toujours plus vivaces les préjugés : les nouveaux « métèques » ressuscitent d'innombrables Maurras au petit pied clamant leur haine des musulmans, accusés à leur tour de corrompre l'âme française en construisant une

« République musulmane » d'où les vrais Français seraient peu à peu inéluctablement exclus, leur identité se voyant à nouveau bafouée, comme précédemment, par une transformation radicale du système scolaire, une irruption de la religion musulmane symbolisée par des mosquées remettant en question la prééminence toujours actuelle du catholicisme jusqu'au sein de l'espace public, par des us et coutumes spécifiques, en un mot par des mœurs qui, à l'instar de celles adoptées quotidiennement par les juifs ou encore par les protestants et les francs-maçons d'antan, pervertiraient davantage la famille chrétienne en détruisant sa moralité. Les partisans du Front national et la nébuleuse de plus en plus large qui les entoure réussissent à provoquer dans l'opinion publique un refus quasiment consensuel de l'immigration musulmane qui transparaît dans nombre de sondages et se marque maintenant dans les résultats électoraux eux-mêmes. Tandis que certains groupes nostalgiques célèbrent toujours à Paris la naissance d'Hitler en souhaitant qu'enfin la France devienne « une nation pure, sans nègres ni juifs[189] », on réclame à haute voix du côté du Front national « la préférence française contre l'invasion maghrébine[190] ». Ce nouvel « État confédéré » attire de nos jours vers lui des haines si répandues que, peut-être pour la première fois, les clivages traditionnels en étant tellement affectés, les guerres franco-françaises risquent de changer de nature.

D'une époque à l'autre, la grande tradition organiciste hostile aux événements de 1789 se crispe dans un refus véhément de toute atteinte aux traditions et aux normes catholiques qui, seules, donneraient du « ciment » à la société française. Si, par-delà leur diversité et, parfois, leurs divergences, on peut discerner un élément constitutif des haines et des préjugés propres aux droites extrêmes et à celles qui parfois s'en rapprochent, c'est bien cette passion véhémente trouvant sa légitimité dans un catholicisme intransigeant ; c'est elle qui façonne le refus raide et entier de la présence au sein de cette communauté organique de tous ceux qui, au nom de solidarités cosmopolites étrangères, introduiraient, dans la société française, par leur maîtrise de l'État, des facteurs de dissolution corrupteurs de son identité et de son socle communautaire. Dans ce sens, la révolution de 1789, l'individualisme, le libéralisme ou encore le socialisme comme la République elle-même, d'une part, mais aussi, d'autre part, le capitalisme et l'argent dont il a été délibérément peu question ici, sont autant d'éléments par lesquels les fameux « États confédérés » et ceux qui leur sont dorénavant assimilés, parviendraient à pervertir une nation France dont certaines franges plus ou moins étendues cherchent toujours désespérément leurs uniques racines du côté de Reims. A un moment où la légitimité de l'État républicain paraît reculer tant se révèle forte la pression des droites en faveur d'un « État modeste », ou encore d'« un moins d'État », le retour aux identités ne conduit-il pas presque inéluctablement à la renaissance des haines et des intolérances ?

PIERRE BIRNBAUM

Il n'existe, à ce jour, aucun ouvrage qui présente une vue synthétique du sujet. Il y a, certes, de nombreux travaux sur l'antisémitisme catholique, notamment ceux de PIERRE PIERRARD, *Juifs et catholiques français*, Paris, Fayard, 1970; encore ces recherches abordent-elles le problème d'un point de vue théologique ou étroitement politique, c'est-à-dire lié à la chronologie des crises politiques et parlementaires de la République (le plus souvent d'ailleurs, la Troisième). Les témoignages des contemporains demeurent donc la source première du sujet, comme le montrent la centaine d'ouvrages référencés en notes. En réalité, le sujet prend consistance de l'effet cumulatif, répétitif, du jeu d'échos de lieux communs ou de rumeurs, d'obsessions et d'assertions, qui circulent d'un auteur à l'autre.

CHAPITRE XIII

La classe ouvrière

Les rapports que les droites ont noués avec la classe ouvrière relèvent pleinement du registre du difficile partage de la vie de la Cité. Le rapport à l'Autre est, dès l'origine, marqué du sceau de l'ambivalence : les préjugés dictent la représentation de l'ouvrier, la haine l'emporte au lendemain des grandes insurrections ; dans le même temps, le souci existe aussi de l'amélioration des conditions et du sort de cette population nouvelle, générée par l'expansion industrielle et urbaine, et dont on ne sait s'il faut mettre à distance sa radicale étrangeté ou tenter, dans le strict respect de la propriété, de combler le fossé économique, social, mais surtout culturel qui la sépare du reste de la Cité.

En août 1832, Saint-Marc Girardin explique dans le Journal des Débats : « Les Barbares qui menacent la société ne sont point au Caucase ni dans les steppes de la Tartarie, ils sont dans les faubourgs de nos villes manufacturières. Ces barbares, il ne faut point les injurier ; ils sont, hélas, plus à plaindre qu'à blâmer. » Au lendemain des journées insurrectionnelles de juin 1832, qui avaient résulté de la conjonction de la crise économique et de la crise sociale née de l'inégalité devant l'épidémie de choléra, le thème allait faire florès d'une Cité bourgeoise, industrieuse et honnête condamnée à vivre sous l'œil des Barbares. Il n'est alors jusqu'au poète allemand Henri Heine, accouru à Paris dès l'annonce de la révolution de 1830, qui, dans Lutèce, ne se dise convaincu que « de leurs mains calleuses, ils briseront sans merci toutes les statues de marbre de la beauté si chère à mon cœur [...] mon Livre de chants servira à l'épicier pour en faire des cornets où il versera du café et du tabac à priser pour les vieilles femmes de l'avenir. Je suis saisi d'une indicible tristesse en pensant à la ruine dont le prolétariat vainqueur menace mes vers qui périront avec tout l'ancien monde romantique ». Ainsi s'opère le passage d'une représentation strictement économique et sociale de la classe ouvrière — telle que Louis René de Villermé la dressera encore dans son célébrissime Tableau de l'état physique et moral des ouvriers dans les fabriques de coton, de laine et de soie *en 1840 — à une représentation politique où l'ouvrier, dans son* hubris *de domination, le cède au prolétaire. C'est particulièrement évident au lendemain des grandes insurrections de juin 1848 qui firent s'exclamer Cousin : « Courons nous jeter aux pieds des évêques, eux seuls peuvent nous sauver », et de la Semaine sanglante qui mit un terme à la Commune de Paris. Le thème des « classes nombreuses, classes dangereuses » est alors sous toutes les plumes, mais il se charge bientôt d'une signification nouvelle. Si Théophile Gautier, dans son* Tableau du Siège, Paris, 1870-1871, *écrit qu'« il y a sous toutes les grandes villes des fosses aux lions, où l'on parque toutes les perversités réfractaires que la civilisation n'a pu apprivoiser [...] population immonde, inconnue au jour, et qui grouille sinistrement dans les profondeurs des ténèbres souterraines », si Ernest Feydeau, la même année (1872), dans* Consolation, *renchérit : « Ce n'est même plus la barbarie qui nous menace, ce n'est même plus la sauvagerie qui nous envahit, c'est la bestialité pure et simple », il revient aux frères Goncourt de poser que l'heure de l'attention philanthropique au sort de la classe ouvrière a définitivement passé, et que celle-ci désormais doit être traitée en ennemie politique. Le mardi 28 mars 1871, Edmond note dans son* Journal : *« Ce qui arrive est tout uniment la conquête de la France par l'ouvrier et l'asservissement, sous son despotisme, du noble, du bourgeois, du paysan. Le gouvernement quitte les mains de ceux qui possèdent pour aller aux mains de ceux qui ne possèdent pas, de ceux qui ont un intérêt matériel à la conservation de la société, à ceux qui sont complètement désintéressés d'ordre, de stabilité, de conservation. » Quelques mois auparavant, un petit patron parisien, Denis Poulot, avait publié une étonnante enquête sur le refus des ouvriers d'obéir à leurs employeurs ; il avait classé, dans* Le sublime ou le travailleur comme il est en 1870, *et ce qu'il peut être, les réfractaires en catégories, distinguant ainsi le « sublime simple » (à qui « paresse et ivrognerie donnent la main ») du « Fils de Dieu » et du « Sublime des sublimes », lesquels font montre d'une « certaine dose d'instruction, même d'éducation ; l'intelligence au service de théories souvent absurdes, toujours autoritaires ; une activité, une énergie déployées à la démolition et non à la création ; par-dessus tout, une conduite qui est négation des libres, fraternelles et égalitaires formules de ces violents apôtres. » Il s'opère chez ces auteurs un basculement de la représentation de l'ouvrier : ce n'est plus, comme au temps du suffrage censitaire, une population socialement étrangère à la Cité que l'on tient, dans la crainte qu'elle n'en sorte, parquée dans ses quartiers ; c'est, à l'ère du suffrage universel, un peuple, désormais assuré de ses droits, qu'on ne peut plus politiquement mettre sous tutelle. Ernest Renan l'explicite dans* La réforme intellectuelle et morale *dès 1871 : « La France telle que l'a faite le suffrage universel est devenue profondément matérialiste ; les nobles soucis de la France d'autrefois, le patriotisme, l'enthousiasme du beau, l'amour de la gloire, ont disparu avec les classes nobles qui représentaient l'âme de la France. Le jugement et le gouvernement des choses ont été transportés à la masse ; or la masse est lourde, grossière, dominée par la vue la plus superficielle de l'intérêt. Ses deux pôles sont l'ouvrier et le paysan. L'ouvrier n'est pas éclairé ; le paysan veut avant tout arrondir son champ. »* La question est désormais de savoir comment contenir *l'expression politique légalement admise* — c'est la grande différence avec l'époque de Heine — *de cette classe.*

L'ambivalence des droites à l'égard de cette dernière ne commencera à s'effacer qu'avec le déclin de l'importance socio-économique des ouvriers.

**
*

Rares sont les travaux d'histoire ouvrière qui ne s'achèvent point par un dernier chapitre convenu sur l'éclosion et l'épanouissement du socialisme, sous quelque espèce que ce soit. Comme si la sociologie dictait, après plus ou moins d'hésitations, de retards et de péripéties, mais par une impérieuse nécessité, les choix du politique. Dès lors, n'y a-t-il pas quelque incongruité, à moins qu'on en marque d'emblée l'irréductible incompatibilité pour en clore aussitôt l'analyse, à marier sous le même titre deux réalités — les droites et la classe ouvrière — que tout paraît opposer ? D'un côté en effet, un groupe social tard venu, enfant de la modernité contemporaine, sans passé et sans mémoire longue, tout entier tendu vers l'avenir des utopies révolutionnaires. De l'autre, une ligne politique qui affirme la tradition et ses conservatoires, et, par essence, répugne au changement quand elle ne s'y oppose pas par la force. Et pourtant... : « ... la cause des grèves n'est ni dans le cerveau d'un homme, ni dans un malentendu professionnel ; elle est dans la situation générale... la misère et la déception » et dans la « ... danse macabre du chômage... » : ce n'est pas, en 1888, au lendemain des heurts violents avec la police qui ont marqué les grèves parisiennes et de la fermeture de la Bourse du Travail, un leader socialiste qui parle, mais Francis Laur, un de ces députés boulangistes qu'on accuse, pas forcément à tort, de vouloir étrangler la République[1]. Un demi-siècle plus tard, en juin 1936, quelques mois après l'émeute du 6 février : « Des grèves récentes ont révélé la profonde misère de la classe ouvrière, l'insuffisance des salaires, de terribles exemples d'exploitation... » : c'est *Je suis partout*, dans son numéro du 6 juin ; et quelques semaines plus tard, son éditorialiste, Pierre Gaxotte : « La classe ouvrière fait partie de la nation, la misère des ouvriers est celle de la patrie[2]... » On est loin de Thiers et de la vile multitude au lendemain de 1871, des nouveaux Barbares de Saint-Marc Girardin, bien avant dans le siècle, et plus généralement d'une peur, ou d'une ignorance, peut-être d'un mépris qui, longtemps, ont entouré, pour la droite au pouvoir, « la question sociale ».

Mais, dès lors, parle-t-on bien des mêmes ? On sait, depuis les travaux de René Rémond, qu'autant que la classe ouvrière, les droites sont multiples, c'est-à-dire qu'au sein du peuple ouvrier, les histoires, les traditions et les sensibilités sont si nombreuses qu'elles ont mis depuis longtemps à mal un concept théorique, trop théo-rique..., dans une nation tard venue à l'industrie et dont l'unité politique recouvre cent pays ; quant aux droites, elles ne sont pas toutes portées, avec l'orléanisme et ses fondements sociaux de la bourgeoisie d'affaires, par le vent de l'histoire : il est nombre de ses partis et de ses partisans pour s'en compter parmi les victimes. Bref, il y a aussi une droite qui se sent mise à l'écart et trahie par la modernité, au travers de sa tradition autoritaire, le carlisme du XIXe siècle, la branche populiste que René Rémond qualifie de bonapartiste et, au XXe siècle, les dérives fascisantes qui naissent des deux rameaux primitifs. C'est de ce côté-là que se situent Francis Laur, même si c'est pour un temps, et bien sûr *Je suis partout* et Pierre Gaxotte, celui des années 1930 en tout cas. Et, logique-ment, c'est de là que vient une attention qui est, pour les uns, nostalgie d'un Ancien Régime du patronage, pour les autres l'espoir de mobiliser à son profit une masse de manœuvre qui, elle-même, se sent oubliée longtemps de la démocratie représenta-tive et d'une République qui, *in fine*, se retrouve bourgeoise.

I. À LA RECHERCHE
DE LA CLASSE OUVRIÈRE

Sous la Restauration, la question ouvrière ne se pose pas encore avec la force qu'elle prendra dans la suite du siècle. Elle n'en est pas moins déjà, même si c'est de façon tout à fait marginale, un des éléments de la sensibilité ultra façonnée par le rêve d'un retour à l'Ancien Régime des vieilles corporations, poussée aussi par la crainte des nouvelles élites industrielles, celles, justement, du patronat. Toute une partie de la littérature de dénonciation qui, jusqu'aux années 1840, découvre avec horreur les effets sociaux de la mutation économique s'inscrit bel et bien dans ce courant réactionnaire, au sens étymologique du terme, légitimiste et catholique, et aussi dans l'esquisse d'une politique sociale chrétienne, en réaction contre les méfaits du marché qu'incarnent, entre autres, les écrits d'un Villeneuve-Bargemont. Si la nécessité de maintenir l'ordre politique étouffe toute véritable tentative d'encadrement et de ralliement du Quatrième État[3] (voyez la déception d'un Bédé, qui, fort de son bon droit, se retrouve désespéré de n'être pas soutenu par ses pieux patrons quand il devient meneur de grève), il n'en va plus de même après 1830. Le néocarlisme (qui y a d'ailleurs quelques amis) dénonce la répression qui frappe en 1831 les canuts révoltés de Lyon, et distribue des tracts qui veulent s'adresser à la classe ouvrière. Une ligne qui ne va guère dévier, jusqu'à la fin du XIXe siècle et le Ralliement[4].

« L'école d'économistes qui a prévalu jusqu'ici a eu le tort de s'inspirer du matérialisme. Tout se règle pour elle par l'équilibre entre l'offre et la demande [...] Mais la concurrence sans frein engendre fatalement les grèves [...] Le travail, au lieu de produire l'union du patron et de l'ouvrier, devient la lutte systématique des bras contre le capital... » Ce qu'écrit en 1871 Henri de La Broise, un monarchiste de la Mayenne[5], résume cette nostalgie de relations sociales harmonieuses, et fonde l'évidente sincérité de cette aristocratie royaliste qui ne se résout pas à la nouveauté du monde. Qu'il s'y mêle aussi le projet de constituer, pour la monarchie défunte et espérée, une clientèle plébéienne n'enlève rien à la volonté de restaurer la personnalisation des relations sociales, celle-là même qui lie, croient-ils, les propriétaires terriens que sont pour la plupart les dirigeants du monarchisme, avec leurs gens, contre la modernité, celle de l'arrogance du capital qui, par sa seule recherche du profit, désharmonise les rapports de dépendance[6]. Cette expérience terrienne inspire donc, après la Commune, à tous un idéal renouvelé du patronage, cette œuvre des Cercles ouvriers qui, pour n'être pas d'essence politique, prend la suite des mêmes tentatives antérieures. Il n'y a pas lieu de s'attarder sur un catholicisme social fin de siècle, celui d'Albert de Mun et de La Tour du Pin, essentiellement réactionnaire et contre-révolutionnaire, qui est aussi un essai de communion et d'encadrement de cette nouvelle France — celle des ouvriers, elle aussi étrangère aux pratiques et aux valeurs de la bourgeoisie — sous l'égide d'une Église profondément conservatrice et longtemps bloquée devant la modernité, et d'une fraction des classes dirigeantes. Le corporatisme chrétien maintient pendant tout un siècle, et le dit bien haut, la permanence de la volonté protectrice des notables. Et, ici et là on le verra, non sans succès[7], avant que d'être repris, avec d'autres références, par le néo-monarchisme de la Belle Époque.

Il y a alors bien longtemps que l'autre parti, celui du bonapartisme césarien, chasse sur les mêmes terres. La propagande bonapartiste de 1848 sait bien sûr jouer de cette mémoire subversive, et *L'Extinction du paupérisme* (brochure du futur prince-président qui a eu cinq éditions depuis 1844) est une des pièces maîtresses de son action; moins à cause de ses analyses que de ses références (Louis Blanc, Saint-Simon, les utopistes...) et de l'impact de certaines formules simples, qui font choc (« La classe ouvrière n'a rien »), où se résume la critique d'un capitalisme — « Saturne du travail » — et d'un système où « l'industrie dévore ses enfants et ne vit que de leur mort ». Des journaux comme *L'Organisation du travail* (le titre lui-même...) prêchent la haine des riches et des notables, que l'on espère ainsi mieux encadrer et diriger, et le programme du *Napoléon républicain* n'est rien de moins que l'abolition de la misère! Le pouvoir une fois établi, l'attention ne retombe pas, et *L'Opinion nationale*, que Gueroult publie sous la protection du prince Jérôme, veut s'adresser aux classes laborieuses, allant même jusqu'à publier en 1864 le Manifeste des Soixante[8], dans lequel, le 17 février, soixante ouvriers candidats à des élections complémentaires affirment, sans poser la question du régime, que les ouvriers constituent « une classe spéciale de citoyens ayant besoin d'une représentation directe ».

Mieux, c'est dans la personne même de l'empereur qu'elle s'incarne, conformément au style césarien et plébiscitaire du régime, et notamment lors de ces longs et multiples voyages provinciaux où il vient recharger son pouvoir. Lors du périple de 1852 — qui veut contribuer, et avec succès, à effacer la trace du coup d'État — il décore de la Légion d'honneur les mineurs les plus méritants de la Loire. Plus généralement, les ouvriers tiennent une place d'honneur dans les cortèges qui l'accompagnent : plus d'un millier à Lille en 1853, dont 700 mineurs, encore eux, et beaucoup de métallurgistes; et tout le gotha de la classe ouvrière lorraine à Nancy en 1856, des sidérurgistes mosellans aux extracteurs des salines et aux cristalliers de Baccarat. L'empereur aime à se faire présenter les travailleurs des usines qu'il visite, et sa sollicitude joue de l'émotion quand il va réconforter, comme en 1856, les victimes des inondations du Sud-Est et les malades du choléra dix années plus tard. Les dons et les libéralités de l'impératrice aux miséreux et aux chômeurs, les visites qu'elle fait aux hôpitaux et aux hospices vont dans le même sens[9].

Mais l'action impériale va bien au-delà. Dès le début du régime, les préfets sont invités à veiller aux bonnes relations entre ouvriers et patrons et nombre d'entre eux s'exécutent en poussant ceux-ci à accepter les demandes d'augmentation salariale, en se posant en conciliateurs dans les conflits du travail, au moins tant que l'ordre public et social ne leur paraît pas menacé. A compter des années 1860, l'ouverture s'accentue, avec le dessein affirmé — notamment par la brochure *Le peuple, l'empereur et les anciens partis*, qui est de 1860 — de rallier les ouvriers à un régime dont les élites tendent à s'éloigner. Elle joue moins de l'appel plébiscitaire — même si la tentation démagogique à jouer d'un certain anti-cléricalisme est évidente —, se fait plus conforme aussi au nouveau visage d'une classe ouvrière qui prend le chemin de l'organisation autonome. Les contacts se multiplient avec les responsables des Chambres syndicales avant la lettre, on favorise l'organisation coopérative, et l'empereur prend sur sa cassette personnelle les frais de voyage de la délégation ouvrière à l'Exposition de Londres ; enfin, faut-il rappeler la loi du 25 mai 1864 qui, pour la première fois, donne un cadre juridique à la grève en légalisant la coalition des ouvriers à condition qu'atteinte ne soit pas portée à la liberté du travail[10]. Le bonapartisme vaincu d'après 1871 ne renoncera d'ailleurs pas, et le publiciste Jules Amigues sera son dernier missionnaire en terre ouvrière, à travers des brochures comme *Lettres au peuple* ou *La France à refaire, L'Espérance*, un journal simple et bien fait qui naît en juillet 1872, et en 1876 encore, un projet d'hebdomadaire populaire[11].

Passons sur l'épisode boulangiste, où il n'est pas besoin pour les amis du « Brav' général » — parfois monarchistes — de s'adresser au peuple, puisque, on le verra, c'est une partie de la classe ouvrière qui va à eux, d'elle-même. Nous voici à la fin du siècle, déjà, et c'est des usines elles-mêmes que naît, avec le syndicalisme jaune, un nouvel effort pour tirer la classe, et à travers ses propres modes d'action, vers la tradition.

La mémoire de la classe ouvrière organisée a bien pu, dans la suite, occulter le syndicalisme jaune pour n'en évoquer que l'écorce des mots, sous le signe de la trahison et du mépris. Celui-ci n'en a pas moins marqué fortement la première décennie du siècle, et avec un évident succès. S'il s'ancre, en partie, dans les sensibilités populaires qui s'étaient reconnues dans le nationalisme des décen-nies antérieures, il n'a rien d'une ligue ; par les circonstances de sa naissance, par les formes de son organisation et le champ de son action première, par la sociologie de ses adhérents, et même par la personnalité de certains de ses dirigeants, c'est bel et bien, pour reprendre le jugement de Zeev Sternhell, un produit authentique et spontané du monde ouvrier[12].

On sait en effet qu'il naît de la réaction aux excès d'une grève trop dure chez les mineurs de Montceau-les-Mines en novembre 1899, qui se regroupent alors dans un syndicat n° 2. Deux années plus tard, il aurait attiré plusieurs centaines d'entre eux ; et, après avoir presque aussitôt entraîné les métallurgistes du Creusot voisin, il devient en 1902 le noyau d'une Union locale qui veut s'adresser aux autres corporations. Mais, déjà, l'essaimage — ou l'imitation — déborde de très loin la région, et l'on repère des groupes d'inspiration analogue dans le Nord — et notamment à la Compagnie minière d'Anzin —, à Tours, à Vierzon, à Angers, à Bourges, à Saumur, à Nantes, à Saint-Nazaire. Et à Paris, d'où une Bourse du Travail indépendante, a tenté, dès 1901, de lier le tout en une Union fédérale des syndicats et groupements ouvriers professionnels de France et des colonies, sous la direction de Paul Lanoir et autour d'un journal, *L'Union ouvrière*. Il y aurait eu 191 syndicats à y adhérer d'entrée, et 317 au 1er Congrès national, en 1902, au cours desquels tous tiennent bien à se démarquer des syndicats « indépendants » du textile du Nord et de la métallurgie de l'Est, qui sont, eux, d'origine patronale[13].

Après quelques péripéties, le mouvement se transforme en une Fédération nationale des jaunes de France, devenue en décembre 1902 l'Union fédérative des ouvriers et syndicats professionnels indépendants. L'initiative vient cette fois-ci de Pierre Biétry, un instant adjoint de Lanoir. C'est lui qui va achever de donner à l'affaire son visage prolétarien. Ouvrier horloger, il a milité au Parti ouvrier français, parti socialiste, et participé à ses congrès ; surtout, c'est un syndicaliste chevronné : il a créé la Fédération ouvrière d'Audincourt et conduit, en 1899, toutes les grandes grèves de la région, marquées notamment par une marche sur Belfort qui avait soulevé l'émotion de la France ouvrière tout entière. C'est un organisateur, mais aussi un entraîneur d'hommes, auquel il ne manque même pas l'aura de la persécution puisque, ancien des colonies disciplinaires dès son plus jeune âge, il a aussi connu la prison, et dont la personnalité annonce celle d'un Jacques Doriot[14].

Sous sa direction le mouvement déborde vite et fort des noyaux originels, qui n'étaient cependant pas négligeables. Dès 1903, la Bourse de Paris regroupe une trentaine de syndicats et étend son influence en banlieue, à Boulogne, à Puteaux, à Courbevoie, tandis que d'autres Bourses indépendantes surgissent au Havre, à Caen, à

Cherbourg, à Montluçon, à Marseille, à Lille, à Lyon, etc. C'est le début de ce que les observateurs de la sûreté estiment être une lame de fond et qui va atteindre son apogée en 1906. Si le nombre des adhérents est sujet à caution, la géographie ne l'est guère, qui colle à celle des pôles industriels : les ports et les arsenaux, Brest, Cherbourg, Toulon ; les grands bassins miniers et métallurgiques, Douai, le Nord-Pas-de-Calais, la Meurthe-et-Moselle ; les diasporas textiles, celle du Nord encore, à Lille, à Fourmies, et puis autour de Belfort, à Mazamet, etc. ; les villes les plus peuplées enfin, où les jaunes mordent sur les vieux métiers urbains — les ouvriers boulangers, les menuisiers — et aussi sur les nouveaux, comme les employés de commerce. La vie de nombre de ces syndicats est réelle comme celui des mineurs de Douai, qui compterait 8 000 membres et qui tient des congrès mensuels, finance des caisses de secours immédiats, de prêts de dots, et même un office du logement, *L'Abri familial* ; quant à la Bourse de Lille, elle fait la preuve de son influence en attirant, en février 1907, 900 suffrages sur les 4 000 qui se sont exprimés. Enfin, on retrouve trace de la propagande et de l'action des jaunes à Saint-Étienne, à Rennes, à Nantes, à Fougères, à Montluçon, à Vesoul, à Alençon, à Armentières, et dans le Tarn, le Var, le Gard, l'Hérault, la Gironde, etc.[15].

L'ensemble est animé par un hebdomadaire, *Le Jaune*, qui, à partir de janvier 1904, est diffusé par Hachette dans l'ensemble du pays, où il est relayé par un grand nombre de feuilles corporatives — à Paris, pour les gaziers, les cheminots, les conducteurs d'omnibus — ou locales — à Caen, à Lille, à Brest, à Vesoul entre autres —, qui reprennent les éditoriaux de Biétry. En 1904, on n'en distribue encore que 4 000 exemplaires, mais 20 000 dès l'année suivante. Et, à l'image du syndicalisme confédéré, la doctrine et l'action sont relayées par une Bibliothèque jaune, qui publie brochures, livres — des romans, même !— et un almanach, dont le succès est attesté en 1905-1907. Enfin, le mouvement se dote d'organisations spécifiques pour les femmes et les jeunes, d'un Comité de défense judiciaire, de bureaux de placement parisiens, Les Genêts, qui ont leur propre journal ; et le voilà qui fait école en Allemagne, en Suisse surtout, et qu'il correspond même avec l'Union du peuple russe[16].

Pour n'être pas né de leurs initiatives, le mouvement de Biétry attire d'emblée l'attention des formations de droite, et bientôt leur adhésion. D'abord celle des plus modérés : l'Union ouvrière reçoit, à ses débuts, l'appui de Jules Méline, ancien président du Conseil ; à la fin de 1901, une délégation importante est bien reçue à l'Élysée, et on note plusieurs interventions chaleureuses à la Chambre des députés. *Le Temps*, le *Journal des Débats*, *Le Figaro* saluent le congrès de 1902, tandis que *Le Gaulois* — moins modéré — évoque « la véritable population ouvrière française » et que *La Patrie* se félicite de ce que « la question ouvrière se trouve ainsi élucidée par les ouvriers eux-mêmes... ». Le manifeste qui crée la Fédération nationale en avril 1902 est repris par toute la grande presse qui, jusqu'en 1908 au moins, restera attentive à la vie du mouvement[17].

A la veille donc des législatives de 1902, les liens se tissent avec l'ensemble des formations de droite, l'Action libérale, l'Alliance des progressistes, l'Union libérale, mais aussi avec la Patrie française. Toutefois à compter de 1903-1904, c'est plutôt la droite extrême qui est au rendez-vous, de ce qui reste des ligues antidreyfusardes aux syndicats agricoles, de la duchesse d'Uzès et des légitimistes aux hérauts de la presse nationaliste et antisémite, Déroulède, Rochefort, Drumont. Si le Sillon se fait alors hostile — après une phase de sympathie, qui avait vu l'abbé Lemire y défendre les thèses jaunes —, la présence cléricale se fait de plus en plus prégnante : au Havre, le père Adéodat, franciscain, et à Roubaix-Tourcoing, un jésuite, Le Bail, se découvrent une vocation syndicaliste, tandis que le père Édouard, un franciscain, tient, sous le pseudonyme de « Théophile » une chronique régulière au *Jaune*. En janvier 1906, Biétry donne à la Ligue antimaçonnique française une conférence qui attire le gratin du nationalisme français, 5 000 personnes, dit-on, et les comités de la Patrie française aident à sa campagne électorale quand il est élu député de Brest en mai ; le 15 juin, c'est lui qui répond à Jaurès à la Chambre, et son discours est imprimé à 100 000 exemplaires. Qu'il soit devenu un orateur apprécié des associations catholiques, qu'il soit encensé par *L'Écho de Paris*, *Le Soleil*, *La libre Parole* et *L'Autorité* — les Cassagnac écrivent d'ailleurs, à l'inverse, dans les publications jaunes — n'empêche pas Paul Doumer, président de la Chambre et candidat à la présidence de la République, de lui dire sa sympathie ! Car Biétry et les jaunes sont portés par la peur sociale et le mécontentement que suscite la grande vague des grèves de 1906, avec leur allure révolutionnaire, et certains rêvent d'en faire le pivot d'un grand rassemblement anti-Bloc qui, ainsi, mordrait sur la classe ouvrière. Si la tentation politique est forte dès 1907, elle se concrétise avec la naissance d'un Parti propriétiste dont les thèmes n'ont désormais plus grand-chose à voir avec les origines prolétariennes du mouvement ; dès 1906, Biétry avait combattu l'idée de la journée de huit heures au nom de la défense de l'intérêt national, et s'était déchaîné contre les juifs, « la race maudite », « ces microbes crochus », en applaudissant les pogroms de Russie, et en dénonçant dans les socialistes… « les chiens de garde des juifs », en référence au « maître Drumont », lui-même si attentif aux jaunes dès 1904. Et, par ailleurs, il n'est plus question que de défense religieuse, de liberté de l'enseignement, de dénonciation des fonctionnaires et du projet d'impôt sur le revenu : l'alignement est achevé sur les thèmes de la droite, ce qui n'avait rien de prévisible dans les prémices des années 1899-1902, même s'il y était déjà question du respect des chefs, de la discipline, de la nécessaire conciliation des patrons et des ouvriers, et si l'on s'était opposé en 1901 au projet de loi Waldeck-Rousseau-Millerand sur le règlement à l'amiable des conditions de travail[18].

Parmi les partenaires de Biétry, il ne manque, semble-t-il, que l'Action française; en réalité, le chef des jaunes a prononcé deux conférences à son institut, en 1906, sur le « mouvement ouvrier conservateur ». A vrai dire, l'intérêt des nouveaux monarchistes pour le syndicalisme s'est manifesté depuis quelques années, fascinés que ceux-ci étaient par sa base corporative et son anti-individualisme; en juillet 1902, Jacques Bainville s'est interrogé sur le caractère « fixe et organique » de la démocratie ouvrière. Maurras lui-même commence à lui prêter une extrême attention, et appuie, à compter de 1904, *L'Avant-Garde royaliste*, puis, trois ans plus tard, *L'Accord social*, un hebdomadaire publié par Firmin Bacconnier, un imprimeur autodidacte qui suscite aussi conférences et réunions autour des questions ouvrières; mieux, une quarantaine de groupes d'abord, dont douze à Paris, fonctionneront autour de Bacconnier en 1908[19], alors que Léon Daudet, à sa manière, qui est autre, salue le prétendant comme « roi du Travail »!

Les années 1906-1908 accentuent d'ailleurs l'action des maurrassiens en direction des milieux ouvriers, à la fois par un refus d'être considérés comme exclusivement réactionnaires, et par une conscience évidente qu'il y a là une réserve militante nombreuse, dynamique, qui est restée étrangère à l'AF et qu'on ne peut ignorer; dans l'intérêt que l'on porte à Biétry, il y a d'ailleurs sans doute, aussi, une volonté plus ou moins avouée de débaucher ses troupes. Plus généralement, on prend contre Clemenceau le parti des grévistes de Draveil, on applaudit à la pendaison de Marianne en effigie par le syndicaliste révolutionnaire Janvion; les Camelots du roi fraternisent en prison avec les militants embastillés, Daudet dit sa sympathie pour la CGT : « Même sous le drapeau rouge, nous servirons la France »! Il se crée enfin une « amicale royaliste » avec quelques syndicalistes débauchés[20]. Et l'Action française peut s'enorgueillir du compagnonnage d'authentiques syndicalistes révolutionnaires comme Émile Janvion, un pionnier du mouvement chez les employés, créateur en 1899 du premier Syndicat des employés de la Préfecture, révolutionnaire patenté, révoqué pour fait de grève qui a participé à plusieurs congrès de la CGT[21].

Si la passion ouvrière de Maurras se fait cependant plus distraite à partir de 1910, l'arrivée de Georges Valois, un disciple déçu de Sorel, redonne forme au rêve d'une alliance entre la Monarchie et la classe ouvrière; on projette une revue, *La Cité française*, où se retrouveraient syndicalistes et nationalistes, et *L'Indépendance*, qui paraît à compter de 1911, mêle une inspiration catholique souvent mystique aux propos révolutionnaires les plus exaltés. A la fin de la même année enfin, voilà que naît, sur les mêmes bases, un Cercle Proudhon, qui se dote de *Cahiers* et dont Maurras honore de sa présence, sur l'estrade, la première assemblée[22].

La guerre fait oublier un temps le mythe de l'alliance ouvrière. Mais on sait qu'il est repris bientôt par le Faisceau de Georges Valois, même si celui-ci marque désormais ses distances avec le royalisme et regarde plutôt du côté du fascisme naissant. A son tour de mordre sur des militants ouvriers, des communistes cette fois-ci, comme Henri Lauridan et Marcel Delagrange, qui ont participé l'un et l'autre à des réunions de la nouvelle Internationale à Moscou, et sont d'authentiques révolutionnaires, même si leur carrière est plus récente. Le premier s'est fait connaître dans le syndicalisme textile du Nord, et il accumule d'importantes responsabilités, secrétaire de la Bourse du travail d'Halluin en 1919 et de l'Union départementale, puis de celle de Tourcoing en 1921, qu'il cumule avec la direction de la nouvelle UD unitaire, ancien animateur local des comités syndicalistes révolutionnaires et rédacteur au *Prolétaire*, l'organe régional du Parti communiste; quant au second, c'est un cheminot révoqué après les grèves de 1920, élu l'année suivante maire communiste de Périgueux[23].

On ne trouve pas, dans le même temps, de personnages aussi emblématiques du côté de l'Action française. Mais jusqu'en 1939, même si ce n'est pas un combat essentiel, il est en elle des responsables pour ne pas renoncer à attirer la classe ouvrière. Sur un autre ton cependant que celui d'avant-guerre, même si Léon Daudet garde à l'occasion le sien pour tonner encore, en 1924, que « Monsieur Compère Morel est moins révolutionnaire... » que lui! C'est celui du vieux corporatisme à La Tour du Pin, que reprennent le mensuel et les bulletins de l'Union des corporations françaises, créée en 1924, et autour de laquelle graviteraient, en 1928, pas moins de 89 centres provinciaux; c'est ce même ton encore qui inspire l'Institut des études corporatives et sociales de 1934, où l'on retrouve Firmin Bacconnier aux côtés de nouveaux venus, comme Louis Salleron, futur idéologue de Vichy, et Maurice Bouvier-Ajam, dont l'itinéraire sera tout autre puisqu'il le conduira dans les eaux communistes. Et même si *L'Insurgé* de J.-P. Maxence et Thierry Maulnier qui, à partir de 1937, se veut un organe nationaliste pour les milieux populaires (« Nationaux-syndicalistes de France, unissez-vous! ») prétend retrouver, sous le double patronage de Vallès et de Drumont, la violence du ton et l'appel à l'insurrection qu'il attribue à la tradition syndicaliste-révolutionnaire, ceux-ci constituent, à la fin de ces années trente, le langage d'une extrême droite dont sont issus (même si voilà à nouveau Lauridan), sous leurs diverses espèces, la totalité des rédacteurs[24].

Avec les Syndicats professionnels français, enfin, on retrouve la tentative de pénétrer la classe ouvrière à travers ses propres modes d'organisation. Ils naissent en même temps que le Parti social français, dans l'été 1936, à partir d'un Bureau d'études syndicales des Croix-de-Feu. Un Conseil national les coiffe en janvier 1937, et, en juillet, leur premier congrès annonce 17 Unions fédératives, 75 Secrétaires départementaux et 15 Fédérations nationales de branches et un journal bimensuel annonce des succès dans la métallurgie, la chimie, l'alimentation, les compagnies d'assurances et la « nouveauté » de la région parisienne. En 1939, chez Renault, les SPF obtiennent 3 585 voix pour l'élection des délégués[25]. Quant à l'après-guerre, on sait l'attention qu'a toujours portée à l'adhésion ouvrière la nouveauté politique qu'était le gaullisme, du RPF au RPR et ses groupes d'Action ouvrière et professionnelle, relancés en 1982 — après un flirt de l'UDR avec la Confédération française du travail et les syndicats indépendants — : ces groupes seraient plus de 850, dit-on cette même année, avec 25 000 adhérents dans un millier d'entreprises[26].

II. UNE DÉROBADE OUVRIÈRE?

Sur un siècle et demi, à travers des sensibilités successives, l'attention de la droite non orléaniste est donc une constante. Il est beaucoup plus difficile d'en mesurer les succès : estimés par ses organisations elles-mêmes, les chiffres ne veulent pas dire grand-chose, et les fronts successifs des droites sont eux-mêmes assez divers, selon la période ou le régime en place, pour qu'il ne soit guère possible de dessiner un récit en continu. Avec, sur le long terme, d'évidentes raisons de douter de l'adhésion ouvrière.

Attentive à traquer les prémices du socialisme fin de siècle, l'historiographie française n'a guère cherché à repérer les sensibilités ouvrières qui pourraient s'inscrire dans la tradition carliste, et l'on ne dispose guère que de remarques éparses. Mais les mémoires de Bédé attestent d'une certaine adhésion sous la Restauration, au moins parmi certains ouvriers professionnels de la capitale. Et au cœur même de l'événement séminal de la première révolte des canuts, on retrouve la personnalité d'un Pierre Charnier, royaliste et bon catholique qui, lorsqu'il fonde en 1828 la Société du devoir mutuel, la destine bel et bien à lutter contre le libéralisme bourgeois et la conçoit, en esprit autant qu'en organisation, comme une manière de contre-maçonnerie ou de contre-charbonnerie[27].

Le portrait qu'a tracé Armand Cosson des ouvriers nîmois — qui, justement, révulsent si fort Flora Tristan — pendant toute la période des monarchies parlementaires, va bien au-delà. Une classe ouvrière authentique pourtant, fortement concentrée dans le quartier des Bourgades, avec son langage, ses cafés, ses chansons, et sa combativité; mais qui accueille la Monarchie de Juillet par deux années de troubles qui font 14 morts, nécessitant l'intervention de la troupe et la proclamation de l'état de siège, avec le spectre récurrent d'une nouvelle Terreur blanche; qui, en 1831 encore, s'oppose à l'enlèvement d'une croix de mission; et qui, jusqu'en 1850 au moins, affiche dans ses ateliers le portrait du prétendant. La mémoire de la Révolution, celle de la revanche sanglante de 1815 au lendemain d'une longue période de misère, la relative prospérité des années de la Restauration fondent un royalisme populaire qui rêve d'un retour à l'âge d'or mythique d'avant 1789, à une société dont la hiérarchie aurait été rassurante parce que fixiste; rempart contre les fabricants, la bourgeoisie, le chômage et, *in fine*, la fragilité nouvelle de l'existence. Plus politique que religieuse, l'adhésion au catholicisme va de soi dans cette « ville des prêtres », comme l'écrivait Flora Tristan, et se teinte d'un anti-protestantisme qui vient de loin; le patronat textile nîmois, la banque surtout ne sont-ils pas l'apanage des réformés qui, de surcroît, sont aussi aux affaires municipales sous la Monarchie de Juillet? Pendant toute la monarchie bourgeoise, les fabricants orléanistes craignent la conjonction de la révolte servile avec le

coup de force carliste[28]. On retrouve, somme toute, cette dichotomie tête-bêche des oppositions sociale et politique qui ont été déjà
analysées par Charles Tilly dans le soulèvement vendéen. Mieux,
c'est bien sur une reprise et la modernisation de la double tradition
catholique et royaliste que ces ouvriers nîmois bâtissent la spécificité d'une culture et une première action collective.

Voici, à la fin du siècle, le prolétariat lainier de Mazamet. Le
temps n'est plus à la violence ni aux rêves de massacres. C'est ce
prolétariat néanmoins qui, jusqu'à sa mort en 1898, assure régulièrement les succès électoraux du baron Reille, royaliste et ancien
sous-secrétaire d'État à l'époque de l'Ordre moral, mais aussi
« l'ami des ouvriers ». Le portrait de son épouse est dans toutes les
maisons, « comme une icône », et chaque année, on va manger la
vache qu'il offre dans son château. Son journal, *Le Conservateur*,
exalte le bon vieux temps, en patois souvent, et dénonce les
« ventres bleus » protestants et, bien sûr, républicains du patronat
local. Là aussi, la lutte sociale s'appuie, à adversaire renversé, sur
les antagonismes religieux. La rudesse des grèves de 1903
n'empêche pas en 1906 de voter pour son fils Amédée, comme en
1899 et en 1902 déjà, et de l'élire député ; jusqu'en 1908, la mairie
demeure aux mains de ses amis ; une nouvelle vague de grèves,
qu'on le soupçonne d'attiser et qui voit défiler à Mazamet toutes les
grandes figures du socialisme et du syndicalisme nationaux, peut
bien donner naissance à une puissante organisation syndicale :
parmi ses principaux responsables, on en trouve neuf, dont l'un,
Barthès, est particulièrement éminent, pour figurer sur la liste
« réactionnaire » aux élections municipales de 1912[29]. Nul doute
d'ailleurs que d'autres monographies, à venir, permettraient de
repérer cette longue sensibilité carliste parmi d'autres communautés ouvrières du Midi « blanc ».

Le bonapartisme ouvrier — ou plus exactement populaire — est
d'une autre essence. On sait qu'il mord sous la Restauration chez
les ouvriers de l'industrie, comme les fileurs de Lodève, les carriers
de Corrèze, les filateurs de Seine-Inférieure, mais on le sait au seul
gré des notations éparses d'une police soupçonneuse, et, surtout,
jusqu'en 1848 au moins, avec une résonance qui n'a rien à voir
avec une quelconque sympathie pour les thèmes de la droite, bien
au contraire. Si Lyon est — ce qui reste à prouver — une citadelle
de la nostalgie napoléonienne, c'est justement à cause de sa
résonance jacobine[30]. Et comment lire autrement, en 1848, la
proposition des ouvriers de La Villette, à Paris, de nommer
Louis-Napoléon « Premier consul », leurs cris de « Bonaparte à la

Chambre » au lendemain des journées de Juin et leur rêve d'un gouvernement où lui seraient associés Louis Blanc, Proudhon et Barbès! Il en va de même en décembre, quand on estime de ceux qui se portent sur le prince la part des suffrages ouvriers au quart dans le Nord-Pas-de-Calais, à Épinal, à Blanzy, à Vienne et, plus généralement, dans tous les centres de la nouvelle France industrielle; de même à Saint-Étienne, quand les mineurs remercient l'empereur de l'abolition du monopole, à Reims quand ils pétitionnent en sa faveur, dans le Nord aussi[31].

Par la suite, l'Empire, qui commence par la débandade des organisations ouvrières et s'achève sur une vague de grèves sans précédent et la fusillade de La Ricamarie en mars 1870, n'en est pas moins traversé de mille signes d'adhésion ouvrière. Ceux que collectionnent avec soin les services préfectoraux, soucieux de les monter en exergue : au faubourg Saint-Antoine, où l'on accueille bien la propagande officielle dans les années 1860, à Metz, où, dans le même temps, les ouvriers portent en triomphe le buste de l'empereur; et même chez les célèbres et redoutables canuts lyonnais qui acclament l'empereur quand il traverse la ville en route vers l'Italie. Plus significative pourtant que la ferveur du temps d'une fête et d'un cortège est la fidélité électorale, qui ne s'évanouira jamais, des ouvriers du textile de Roubaix et d'Armentières, des mineurs de Valenciennes et des métallurgistes de la vallée de la Sambre. Et, surtout, les succès persistants des candidatures officielles dans certaines circonscriptions ouvrières, celle de Schneider au Creusot, de Pouyer-Quertier en Seine-Inférieure, d'Arnaud Rolle en Côte-d'Or, de Talabot à La Grand-Combe, de De Veau de Robiac à Bessèges où, en 1869 encore, le candidat républicain Jules Cazot ne parvient pas à prendre la parole à cause de l'hostilité des mineurs; la même année, l'alliance entre les bonapartistes et les travailleurs du textile permet de contrer l'opposition du patronat protestant de Mulhouse. En 1863, déjà, *Le Courrier français* du socialiste Vermorel n'en appelait-il pas à l'empereur pour susciter et soutenir des candidatures ouvrières? Et après la chute, il y aura même d'anciens responsables de l'Internationale, comme Albert Richard, pour se mettre à espérer en lui; Jules Amigues fera mordre son influence sur certains secteurs de la classe ouvrière parisienne, dont il ne manquera même pas une délégation lors de ses funérailles[32].

Pour n'être pas contestables donc, les traces d'adhésion ouvrière au régime impérial ne permettent pas de conclure à un ralliement à ses principes. La diffusion de *L'Extinction du paupérisme* se fait surtout après 1848-1851, quand elle prend figure de référence officielle. Et quel est le sens réel des manifestations occasionnelles d'enthousiasme que collectent avec gourmandise les préfets, le temps d'une visite impériale, le temps d'une fête, sur l'équivoque d'une situation ponctuelle, celle de 1861, par exemple, dans le Sud-Est, aux débuts de la question italienne? Devant les urnes le tableau est tout autre, et notamment dans les grandes villes industrialisées, où s'affermit l'authenticité d'une tradition et d'une culture autonome de pius en plus affirmée; quant aux succès électoraux des nouveaux centres industriels, ne traduisent-ils pas moins une adhésion des esprits et des cœurs au régime que l'efficacité des politiques de patronage entrepreneurial, au profit de gens qui, avant d'être des candidats officiels, sont d'abord de grands patrons? L'adhésion personnelle survivra d'ailleurs longtemps au régime, et aux changements de couleur politique, même si celle-ci reste fortement marquée à droite. A l'inverse, les espoirs de Vermorel ont été vite déçus, et, du côté des bonapartistes, les tenants de l'alliance ouvrière ont toujours été marginaux : rappelons, simplement, la figure du prince Jérôme; en 1872, Rouher donne encore un avis défavorable au financement de *L'Espérance* d'Amigues, dont les qualités n'empêchent d'ailleurs pas la faiblesse de la diffusion, pas plus de 7 000 exemplaires; et les vieux métiers qualifiés, ces menuisiers, ces cordonniers et ces chapeliers qui viennent enterrer Napoléon III, n'ont pas grand-chose à voir avec la nouvelle classe ouvrière française, celle qui l'applaudissait encore au cours de ses voyages[33].

A coup sûr cependant, il en demeure une sensibilité césarienne d'origine bonapartiste qui affleure à nouveau en 1888-1889, avec la poussée électorale du boulangisme, dans les arrondissements périphériques de Paris, dans sa banlieue Nord, mais aussi en province dans les centres miniers et métallurgiques du Valenciennois, et ses succès en Charente-Inférieure ou dans la Somme ne traduisent pas seulement une tradition droitière régionale[34]. Dès la fin de 1887, le *Journal des Débats* affirme que ceux qui acclament Boulanger sont les mêmes qui, hier, hurlaient contre Thiers et avaient fêté le retour de Louise Michel[35]. La légende ne court-elle pas que Boulanger serait fils de mineur, depuis qu'en mars 1886, il a répondu fièrement à une interpellation de Camelinat, et à la grande indignation des parlementaires de droite, d'ailleurs[36], après les grèves de Decazeville et l'assassinat de l'ingénieur Watrin, que, peut-être, les soldats qu'il avait envoyés étaient en train de partager leur gamelle avec les ouvriers? Dans l'été 1888, l'un de ses partisans, Francis Laur, ne prend-il pas la défense de cette « génération spontanée » de grèves à Paris, chez les mineurs de Saint-Étienne, les veloutiers d'Amiens, etc., qui ne s'expliquent que « par la danse macabre de la misère et du chômage[37] »? Et, en janvier 1889, le général lui-même n'adresse-t-il pas une proclamation spéciale « Aux ouvriers de la Seine[38] »?

De fait, la poussée électorale de 1889-1890 est précédée d'une vague d'agitation à propos de laquelle Paul Brousse n'hésite pas à parler de « grèves boulangistes ». Dès le printemps, Lafargue s'est alarmé de la pénétration de la propagande « révisionniste » dans la classe ouvrière, à un point tel qu'Engels craint que ses succès n'étouffent le socialisme naissant. Car les organisations socialistes en sont tôt bousculées : les blanquistes, dont on sait le prestige — un éditorial de Rochefort touche 200 000 lecteurs —, franchissent même totalement le pas, en se ralliant. Si les leaders possibilistes, au contraire, résistent, on estime dans l'été 1888 que la base ne les suit pas, et l'année suivante, un certain nombre de Chambres syndicales infectées s'éloignent d'eux : la classe ouvrière est en train de foncer « tête baissée » dans « le piège tendu par les césariens », estime un de leurs journalistes[39]. Même les guesdistes flottent : Lafargue renonce à combattre Naquet, et Guesde (comme Vaillant) se dérobe quand il s'agit de se mesurer directement à la candidature du général en janvier 1889; et pire, leur champion, le conseiller prud'homme Boulé passe aussitôt qu'élu du côté du boulangisme, dont il défend les couleurs quelques mois plus tard; en octobre, lors d'élections géné-rales particulièrement alarmantes, Édouard Vaillant est bien vain-queur à Paris, Jean Dormoy à Montluçon et Alfred Delcluze dans le Pas-de-Calais, mais ils ont perdu des voix depuis les municipales; Charles Longuet est battu à Courbevoie et Basly, cependant déjà fort connu dans le XIIIe arrondissement de la capitale, l'un des plus populaires et des plus misérables, est battu par un boulangiste obscur, Paulin Méry; d'ailleurs, vingt des trente élus révisionnistes de 1889 viennent de la gauche, et l'un des rares élus de celle-ci à Paris, Gustave Cluseret, ancien général de la Commune, va bientôt verser dans l'antisémitisme[40].

Les succès du syndicalisme jaune, par contre, sont à nuancer fortement, nonobstant les analyses de Zeev Sternhell qui voit en lui un mouvement capable de se poser en rival crédible de la CGT, n'hésitant pas à mettre en parallèle son congrès de 1904 avec celui de Montpellier, où le syndicalisme rouge s'unifie en intégrant les Bourses du Travail; à travers ses propres analyses, on devine en fait ce qui fait la faiblesse et la fragilité des jaunes. La totalisation du nombre des organisations et de celui des syndiqués est à considérer avec précaution, puisqu'elle émane des jaunes eux-mêmes, et Pierre Biétry est conduit, en 1901, à les réduire de moitié, autour de

100 000 adhérents, un chiffre encore trop arrondi pour être satisfaisant; on sait d'ailleurs que la question de la mesure statistique des forces réelles se pose pour l'ensemble du mouvement syndical, et pas seulement dans ces années-là.

Même s'ils sont nombreux, les syndicats que s'approprient les jaunes paraissent fortement disparates, souvent peu liés les uns aux autres; leur inspiration est sans doute plus diverse qu'il n'est dit dans l'instant, il en est de disparus quand d'autres sont encore à naître, et il faudrait une analyse chronologique plus fine de la décennie jaune pour apprécier vraiment le succès des « syndicats n° 2 », comme on les appelle souvent sur place. La première flambée, celle de 1899-1902, s'éteint d'ailleurs aussi vite qu'elle s'était embrasée, après le départ de Biétry, puis de Paul Lanoir, de la Bourse du Travail indépendante de Paris et l'Union ouvrière première manière disparaît en mai 1903. La seconde fondation, celle d'avril 1902, qui a elle-même des allures de scission précoce, met presque une année à prendre; et si la Fédération nationale des jaunes de France fait courir ses feux sur la France entière, on mesure mal l'effet cumulatif qui devrait s'ensuivre pour l'établir, au sens fort du terme, dans la classe ouvrière. Les journaux et les bulletins corporatifs peuvent bien surgir de partout : quelle est leur exacte diffusion? Comment sont-ils reçus? Mal, si l'on en juge par l'éphémère de leur existence. Hors de l'éditorial du chef, ils ont, semble-t-il, un caractère local ou corporatif étroit, épisodique aussi, comme les circonstances qui font naître et disparaître, ici et là, la référence au mouvement jaune. Dès 1906, les syndicats de Montceau-les-Mines et du Creusot, dont on sait le rôle matriciel, ne participent plus à ses instances nationales; la Bourse de Lille, puissante et dynamique, assiste bien aux congrès, mais elle ne se considère pas comme adhérente à la Fédération, et elle est moins hostile que Biétry à une éventuelle collaboration de fait avec les organisations socialistes; celle de Caen garde toujours une certaine réserve, se méfie des orientations politiques du mouvement, et, en 1905, s'engage même dans une grève avec le syndicat rouge des traminots, d'où elle sort d'ailleurs laminée[41].

Il semble, que pour nombre des adhérents ouvriers jaunes de la première heure, ceux issus de la grande industrie notamment, la répudiation qu'a faite dès 1904 Biétry du mot socialisme ait été particulièrement mal reçue. Comment pouvait-il en être autrement quand le mouvement, très tôt, est allé chercher ailleurs, c'est-à-dire du côté du patronat, ses appuis en un financement qui, on l'a vu du côté de la presse, ne lui est pas marchandé? Dès 1902, les industriels participent sans barguigner à ses manifestations, tels Muzet, président de la chambre de Commerce de Paris, Delabre et Périer, des responsables d'organisations professionnelles patronales (quincaillerie et commerce et industrie), Gaston Japy, qui participe au capital du *Jaune* avec les Peugeot deux années plus tard, Mame, le grand éditeur catholique de Tours, et, un peu plus tard, Toutain, un gros manufacturier de Laval, La Rochejoubert, le papetier d'Angers, et le joaillier Chaumet. C'est un autre industriel, Henri de Bellaigue, qui assure par ailleurs le lien, ambigu, avec l'*Action libérale*, et sans revenir sur l'action bien connue de Gaston Japy, le succès des syndicats jaunes ne s'expliquerait pas, à Belfort comme en Alsace ou à Reims, sans l'initiative et la protection des industriels locaux. Dès 1905, le nombre des ouvriers est en recul au Conseil national, où l'on retrouve, par contre, Paul Leroy-Beaulieu, aux côtés de quelques académiciens et de membres du Collège de France; il n'y manque même pas un amiral!

La dérobade de la classe ouvrière s'accentue quand elle découvre la collaboration journalistique de Biétry au *Soleil*, un journal royaliste, comme au temps des compromissions monarchistes de Boulanger, et, en son sein, la souscription lancée par *Le Jaune* est en 1907 un échec. Le Biétry du Parti propriétiste qui, on l'a vu, s'est aligné déjà depuis plusieurs années sur les positions idéologiques de la droite extrême a-t-il d'ailleurs encore quelque chose à voir avec elle? N'est-ce pas la vraie raison de la soudaine indifférence de la grande presse au congrès de 1909, à la veille d'une campagne électorale où Biétry renonce à se représenter? Déjà, en 1902, les patrons du Nord avaient refusé son arbitrage lors de la première grande crise du mouvement... Huit années plus tard, le discrédit des biétristes paraît tel dans la classe ouvrière que leur fréquentation devient compromettante pour nombre de leurs alliés d'hier. En 1910, les jaunes du Nord font eux aussi sécession, et quand Pierre Biétry quitte la France en 1912, le syndicalisme jaune n'existe plus vraiment, après deux années d'agonie[42]. Le militant ouvrier de 1899-1900 s'était depuis longtemps évanoui, et c'est moins en dirigeant syndical qu'en publiciste et en homme politique qu'il avait développé et conduit ce syndicalisme, à l'instar de quelques autres visages éphémères, comme Mangematin, le créateur du premier syndicat, celui de Montceau-les-Mines. Quant à Paul Lanoir, son compagnon des débuts, l'avait-il jamais été? L'Union générale des ouvriers des chemins de fer, créée en 1892, et qui lui avait ouvert la porte de la première Bourse du Travail indépendante de Paris semble avoir été directement inspirée par les grandes compagnies et le PLM, dont il était apparu d'emblée comme l'agent[43].

De même, Firmin Bacconnier, le créateur de l'« Amicale royaliste », n'a pas laissé d'autre trace qu'un patronyme isolé, et bien
loin de les attirer, la tentative antisémite de Léon Daudet (« Don-
nez-nous le roi, nous vous abandonnerons les juifs ! ») a plutôt
révulsé les ouvriers, qui, entre-temps, ont vécu l'affaire Dreyfus.
Nonobstant ces intentions, l'Action française n'est pas parvenue à
mordre sur la classe ouvrière, et les quelques mineurs ou tisseurs
qui participent à son congrès de Wagram en décembre 1910, les
quelques dizaines de cheminots, cependant organisés à part, qu'on
retrouvera après la guerre aux obsèques de Marius Plateau ou aux
défilés traditionnels à Jeanne d'Arc constituent des effectifs squelet-
tiques, et n'ont pas valeur de preuve ; déjà peu nombreux, ils se font
d'ailleurs de plus en plus rares au cours des ans. Les « groupes
d'études » de 1908 semblent fantomatiques. Et comment
comprendre le rôle d'Émile Janvion, qui, justement, disparaît du
mouvement ouvrier quand il se laisse séduire par Maurras et
Daudet ? Pour avoir toujours affirmé avec force ses convictions
libertaires, pour avoir été révoqué par Clemenceau, il n'en est pas
moins exclu de la CGT avec son ami Pataud, dont la renommée
avait d'ailleurs une autre ampleur, à l'indignation de la grande
majorité de ses anciens camarades. Plus tard, du côté du Faisceau,
la nomination au poste de « conseiller technique délégué » de
Marcel Delagrange en 1926 marque sa rupture d'avec toute
organisation ouvrière, qu'elle soit syndicale ou politique ; quant à
Henri Lauridan, il a déjà été exclu du PC depuis plusieurs années, a
abandonné son terrain militant en s'installant à Paris et après être
passé par la Solidarité française, le PSF et les antichambres de
Vichy, il finira astrologue dans la presse du cœur de l'après-guerre !
Les inquiétudes de Fournière, à la Belle Époque, étaient donc
vaines, qui voyait la classe ouvrière menacée de la contamination
monarchiste, comme elle avait été jadis séduite par le « Brav'général » ; et quelque prestigieux qu'aient pu être, de part et d'autre de
la Grande Guerre, pour un temps, ou ici et là, certains des
transfuges, les ralliements n'ont jamais été que des défections
individuelles, celles de dirigeants somme toute marginaux, et que
leur simple passage à droite a suffi à couper de toute organisation
authentiquement ouvrière. Le prurit prolétarien de l'AF a lui-
même été de courte durée, même s'il renaît, à l'occasion, entre les
deux guerres : dès 1911, Maurras s'est désintéressé de ce Cercle
Proudhon qu'il avait encouragé, et les alarmes de La Tour du Pin et
des royalistes chrétiens orthodoxes ont fait le reste pour que le flirt
avec les thèmes du syndicalisme révolutionnaire n'ait été qu'une

brève rencontre. Pouvait-il en être autrement pour une formation dont l'assise sociale était ailleurs, beaucoup plus à l'aise du côté des paysanneries, et dont le discours corporatiste, qui l'amène à combattre dans les années 1920 la journée de huit heures et les assurances sociales choque une bonne partie de la classe ouvrière? Et qui, logiquement, ne peut fonder en doctrine ce qui ne pouvait qu'être rencontre occasionnelle contre la République bourgeoise[44].

L'échec ouvrier de l'AF et du Faisceau annonce déjà celui des ligues et des partis fascisants, qu'ils soient ou non de filiation maurrassienne, nonobstant leur discours populiste. Dans le fichier des Croix-de-Feu en 1934, on ne trouve pas d'ouvriers d'usine; et si la présence du monde du travail semble s'affirmer au PSF à partir de 1937, elle reste à mesurer et à apprécier[45]. De même, la force des syndicats professionnels français, qui s'inscrivent on le sait dans sa mouvance, ne saurait être évaluée aux chiffres que eux-mêmes proclament, 500 000 adhérents en 1936, un million trois ans plus tard, et dont l'exagération parle d'elle-même, malgré qu'il puisse, comme à la Belle Époque des jaunes, y avoir percée ici ou là; dans le Nord-Est, elle reproduit celle du Parti lui-même, mais dans le Nord, la puissance de ce dernier n'empêche pas la faiblesse de l'organisation syndicale; quant à celle de Lyon, elle semble tout à fait volatile et limitée d'ailleurs aux salariés des PME. L'hostilité sans partage de la CGT se double d'une méfiance de plus en plus affirmée de la CFTC vis-à-vis d'organisations qui se distinguent mal, souvent — les cadres y jouent un grand rôle — des syndicats « autonomes » d'origine patronale, même si les leaders « professionnels » s'en démarquent en n'hésitant pas à les traiter de « jaunes ». Et la relance qui leur profite après l'échec de la grève générale cégétiste de novembre 1938 ne dure pas[46].

Reste enfin le Parti populaire français de Doriot, dont — est-ce utile à le rappeler? — la filiation est tout autre, puisqu'il est sorti tout armé du Parti communiste, même s'il reprend très tôt les thèmes de l'extrême droite. Sans doute la scission fondatrice de 1936 entraîne-t-elle, avec 800 des 900 militants communistes de Saint-Denis, bon nombre d'autres militants, plusieurs milliers sans doute, dans la banlieue rouge du nord de Paris, à Villetaneuse, à Bobigny, à Bagnolet; et, jusqu'à la guerre, le « Grand Jacques » garde une incontestable base ouvrière, dans les Bouches-du-Rhône, par exemple. Mais à Saint-Denis même, le repli est rapide, la résistance est efficace des cellules communistes et de la CGT; dès 1937, Doriot, qui vient d'être destitué, ne retrouve que 37 % des suffrages; et après sa démission, il n'en a plus guère que 25 %

désormais (même si c'est de peu) derrière le PC, qui est à 26 % ; sa séduction ne déborde guère des environs de son bastion, alors que renaît l'ancienne et efficace crainte des « jaunes ». A la fin de 1938, le responsable PPF de Renault avoue que les doriotistes font l'unanimité contre eux[47].

D'une manière plus générale, le PPF ne parvient pas vraiment à pénétrer dans les forteresses de la classe ouvrière que sont les grandes usines ; et ses lignes de force provinciales ont tôt fait de coller, plutôt, aux vieilles terres de l'extrême droite. Son deuxième congrès, en 1938, ne réunit déjà plus que 37 % d'ouvriers parmi ses délégués, contre 50 % à son premier ; la conférence ouvrière tenue en janvier avait déjà tiré la façon de l'impossibilité de se développer à l'intérieur de la CGT en appelant à la création d'un nouveau syndicalisme corporatiste. Parti plus plébéien qu'ouvrier, avec toutes les équivoques de la figure de son chef[48] — « la houle de ses épaules et de ses reins, le hérissement de sa toison, la vaste sueur de son front », comme dit Drieu la Rochelle — le PPF séduit plus aisément — comme, avant lui, les Croix-de-Feu — les semi-artisans des vieux métiers, et la condition prolétarienne s'y confondra de plus en plus avec les désespérances du chômage et les marginalités sociales ; il deviendra vite, on le sait, moins une organisation ouvrière qu'un réservoir de déclassés qui constituent, notamment, les Phalanges prolétariennes du Marseillais Simon Sabiani ; certains des Enfants d'Auvergne, qui rassemblent ouvriers et cadres de Michelin, finissent à la Cagoule, et l'on sait la dérive du PPF après 1940[49].

De cet échec de la droite extrême ou de l'extrême droite à organiser la classe ouvrière, atteste enfin la politique même de Vichy ; alors que tout semblait désigner, au plan doctrinal au moins, les syndicalistes PSF pour encadrer le nouvel ordre corporatif, c'est du côté de *Syndicats*, la fraction anticommuniste mais ouvrière de la CGT que celui-ci trouve ses alliés et ses cadres[50]. Pour un temps, bien bref d'ailleurs. La Charte du travail a beau attirer la fine fleur de l'appareil confédéré d'avant-guerre : en interdisant la grève, en dispersant les confédérations, en ne laissant subsister que des « comités sociaux » locaux, vagues et informes, elle a tôt fait d'apparaître comme un leurre, facteur de rapide désenchantement. Dès février 1941, les fonctions ministérielles de Belin se limitent au Travail et c'est, symboliquement, Pierre Pucheu, l'homme des organisations patronales, qui le remplace à la Production industrielle. Déjà méfiants, les syndiqués de l'ex-CGT deviennent hostiles, et qu'en a-t-il été vraiment de la force réelle des nouveaux « syndicats » officiels, qui, pour bon nombre, vont d'ailleurs devenir, sous une façade légale et ambiguë, les cadres nouveaux de la vieille autonomie ouvrière, et dont nous ne savons rien d'autre que ce qu'en disent, après-guerre, certains de leurs anciens thuriféraires[51]?

Sans qu'il soit question de le confondre avec l'héritage PSF ou PPF, le mouvement gaulliste d'après 1947 ne sera pas plus heureux vis-à-vis de la classe ouvrière, nonobstant le nombre des sections d'entreprise du RPF puis de celles de l'Action ouvrière et professionnelle du RPR. Aux législatives de 1973, on comptera moins de 1 % de ses membres parmi les candidats de l'UNR (alors qu'en 1979, 11,3 % des adhérents, ce qui est déjà peu, en seraient originaires) et aucun en 1978. La sociologie des militants dans les années 1980 ignore l'usine, et ne connaît guère que les périphéries de l'appareil productif et l'aristocratie des services publics et des entreprises nationalisées. Il semble même qu'il y ait eu recul, sous la quatrième République et aux débuts de la cinquième, puisque le RPF avait compté 17,8 % d'ouvriers, et même 22 % un moment, en 1972, sous le sigle UNR. Une enquête de 1979 révèle d'ailleurs un faible attrait pour le mouvement syndical, hormis Force ouvrière, puisque le rejet assuré de la CGT et de la CFDT ne signifie guère d'intérêt pour la Confédération syndicale libre, marquée à droite[52].

III. POUR FINIR, UNE POSSIBLE RENCONTRE?

Le carlisme populaire de la monarchie bourgeoise, la tentative césarienne sous l'Empire, l'agitation nationaliste et le vote boulangiste à la fin des années 1880, la nébuleuse jaune de la Belle Époque, un certain fascisme, lui aussi immense et rouge, dans les années 1930, et même certains ralliements électoraux du temps présent : la rencontre, pour être partielle et éphémère d'une partie du monde ouvrier, organisée ou non, avec la droite extrême est bel et bien une réalité récurrente de la France contemporaine. Une réalité qui vit au rythme des crises de la société française, lesquelles, à chaque fois, relancent l'intérêt pour le Quatrième État d'organisations et de partis qui, eux-mêmes, mettent en cause la tradition démocratique. Faut-il y voir toujours la conjonction de deux exclusions de la modernité, celle des victimes de la société indus-

trielle et celle des rejetés de la démocratie représentative? A coup
sûr, et les sensibilités se rejoignent contre ce qui constitue l'essence
de la démocratie, c'est-à-dire le suffrage universel et la règle de
majorité qui le fonde. Car, de la contestation des résultats de
celui-ci, à l'indifférence à sa pratique, l'ambiguïté des attitudes
ouvrières est pérenne, et c'est la même équivoque qui transparaît
lorsque, au contraire, on rêve de la démocratie directe héritée de la
Grande Révolution, mais qui resurgit périodiquement, sous
d'autres habits, dans la revendication césarienne de l'appel au
peuple. Comme le note Griffuelhes, le leader de la CGT, en 1908,
en effet, « suffrage universel et démocratie sont toutes choses que la
société capitaliste a apportées avec elle, d'où leurs imperfections et
leurs tares ».

Les radicaux révolutionnaires de la Monarchie de Juillet disent
déjà, alors même qu'ils en rêvent, toutes leurs réserves vis-à-vis du
suffrage universel, avec une argumentation qui demeurera
constamment présente : on ne peut pas transformer d'un coup en
électeur conscient une masse ignorante et que sa bonne foi peut
livrer à toutes les manœuvres et à toutes les tromperies. On sait que
les premières élections au suffrage universel masculin, au printemps de 1848, leur donnent en partie raison ; le peuple parisien ne
s'y trompe pas, qui a vainement tenté de les faire reculer pour
mieux éclairer l'opinion et qui, le 15 mai, dit sa colère de leurs
résultats. En province, la réaction est encore bien plus vive, et
tourne parfois à l'insurrection. Ainsi, à Limoges, où dès le 27 avril,
la foule détruit les procès-verbaux et, débordant ses leaders de la
bourgeoisie démocrate, désarme et dissout la Garde nationale, pour
rester seule maîtresse de la ville, au travers d'un Comité qu'elle
désigne et d'une garde mobile ouvrière, jusqu'au 18 mai, où
l'armée en reprend le contrôle ; et surtout à Elbeuf et à Rouen où,
pour être plus brève — trois journées — le refus tourne au drame :
d'une manifestation devant l'hôtel de ville naissent des barricades
dans les quartiers prolétariens rouennais de Martainville et de
Saint-Sever, que la troupe enlève par la force ; on relève 40 morts et
640 arrestations sont opérées dans les deux villes. Derrière ces
mouvements de rue, il y a bel et bien la tentation de la démocratie
directe, seule susceptible d'être éclairée. Celle-ci se nourrit des
souvenirs de la Grande Révolution, de ses journées populaires et de
la communauté sans-culotte, qui demeurent vivaces et
constamment présents jusqu'en 1851 et qui traversent encore les
Mémoires d'un révolutionnaire d'un Proudhon[53], alors même que le
suffrage populaire est limité par la loi du 31 mai 1850, combattu

justement par ces « montagnards blancs » de l'aile populiste des légitimistes, qui ont voté contre elle et lancent pour la combattre une campagne de pétitions qui obtient d'évidents succès auprès du petit peuple et des ouvriers des villes du Sud-Est, Avignon, Nîmes, Beaucaire, dont on sait par ailleurs la sensibilité monarchiste[54].

Réfugiés à Londres, Ledru-Rollin et Charles Delescluze en sont donc désormais à invoquer Rousseau et la Constitution de 1793 et à rêver d'un système où le référendum redonnerait à tout instant la parole à un peuple qui aurait seul l'initiative et la sanction des lois et qui pourrait révoquer ses élus. Car le suffrage universel, est-ce bien la démocratie, quand il suscite une représentation qui, sitôt élue par le peuple, peut en trahir les idéaux et les intérêts ? Un autre antiparlementarisme diffus est nettement perceptible dans les milieux populaires de la deuxième République, contre ce système « sans entrailles dans le peuple », écrira en 1869 Ledru-Rollin, « parti de caste, d'aristocratie », synonyme d'abaissement et déjà de corruption. Et d'opposer aux résultats pervers du suffrage universel, à la fin d'un régime qui a su si bien s'en servir, « le souffle révolutionnaire[55] » que portent les seuls esprits éclairés. Beaucoup plus tôt dans le siècle, le projet de Constitution du libraire Charles Teste, un ami de Buonarroti, n'imaginait-il pas un corps de « réformateurs », qui aurait eu le pouvoir d'écarter du vote ceux dont les « dispositions notoires » seraient en opposition avec les intérêts populaires, pour préserver la force et la pureté des opinions[56] ?

S'il est délicat de démêler ce qui revient à la gauche républicaine et aux responsables ouvriers (mais les propos des uns semblent bien traduire les sentiments des autres), la naissance d'un mouvement ouvrier organisé dans les années 1860 déplace le lieu du débat, mais ne change pas les positions. Pour Eugène Varlin, l'organisation de la classe ouvrière doit avoir le pas sur l'action politique électorale, et un changement n'aurait guère de sens s'il n'était pas accompagné de la prise en main de l'appareil productif[57]. L'antienne est logiquement reprise, après 1871, par le socialisme naissant ; Jules Guesde, et surtout Paul Brousse s'interrogent, en 1874, sur « la cohue électorale artificielle, sans liaison, sans force, sans vie ». Et, bien sûr, Édouard Vaillant, pour lequel « la minorité révolutionnaire [ne saurait] abdiquer devant l'opinion moyenne ». Vingt ans plus tard, alors même que se sont affirmés les succès électoraux du socialisme, il n'a pas changé d'avis, en 1895, sur « l'expérience menteuse d'une souveraineté illusoire » chez ces majorités « soumises à toutes les influences de l'ignorance et du privilège ». La première fracture du Parti ouvrier tout jeune ne s'est-elle pas faite, en 1884, entre les « suffragistes » et ceux qui disaient ne rien attendre des urnes ? Pour être des premiers, les blanquistes ne renoncent jamais vraiment au rêve de la démocratie directe ; la révolution demeure l'horizon incontournable des guesdistes, et pour le Parti socialiste de France de la Belle Époque, le suffrage universel reste fondamentalement mystificateur[58].

Entre-temps, le lien s'est à nouveau noué avec une droite ultra réveillée par la crise des années 1880, en attendant l'Affaire Dreyfus, sur fond de misère, de chômage et d'agitation ouvrières, en même temps que de jeux parlementaires et de valse des ministres : « Saletés parlementaires, pourritures d'assemblée... », les slogans d'un Henri Rochefort, qui n'a pas encore versé à droite, n'en sont pas moins des sentiments partagés par ceux qui rêvent de raviver la démocratie par un nouvel appel constituant au suffrage universel, et, aussi, de refonder la République, et par ceux qui n'ont jamais renoncé à l'étrangler. Telle qu'elle est, en tout cas, la République est la misère, la médiocrité et l'impuissance ; et dès les législatives de 1885, ici et là, les glissements des suffrages ouvriers se font vers ceux qui le disent le plus fort, et sont souvent à droite. A peine construite, la boussole du mouvement ouvrier se dérègle, que ne saurait orienter une vulgate marxiste schématique et douteuse. Contre « l'affameur Ferry » et ses complices, Floquet et Constant, l'arc républicain se fissure, qui avait assuré la fondation de la République ; son aile populaire se détache d'un système libéral qui semble n'assurer que les œuvres de l'ordre bourgeois. Et, en septembre 1889, un texte d'origine guesdiste met sur le même plan le danger ferryste et le péril boulangiste[59].

« Dissolution, révision, Constituante » : le triptyque boulangiste — qui reprend la philosophie du programme radical — renvoie à la mémoire de la démocratie directe, qu'avaient déjà tenté d'exploiter les bonapartistes de l'Empire déchu et qui fondait la légitimité du pouvoir sur le plébiscite et la souveraineté nationale sur l'intervention sans intermédiaire des citoyens[60]. Les hésitations d'un Clemenceau, le ralliement à Boulanger de certains radicaux, tels Naquet — qui, revenu à gauche, deviendra à la Belle Époque une des bêtes noires de l'Action française — ou Luisant — qu'on retrouvera au comité de soutien au pédagogue espagnol Francesco Ferrer condamné à mort par la monarchie de son pays — s'expliquent aussi par leur ouverture à la sensibilité populaire. Voilà les guesdistes eux-mêmes qui refusent, à la veille des législatives de 1889, de partir en guerre contre un boulangisme que

partagent les « masses ardentes et souffrantes », pour parler comme
Barrès ; pour nombre de blanquistes, la situation est révolutionnaire, et pourquoi refuser le premier coup qu'est en train de porter
Boulanger à la vieille société[61] ? Ses partisans n'invoquent-ils pas
la Grande Révolution, 1848 et la Commune de Paris, tous ces
moments privilégiés de « l'immortel défi du peuple à ses oppresseurs[62] ». N'affirment-ils pas leur volonté de rendre à celui-ci une
parole et un pouvoir qui ont été confisqués par la bourgeoisie ?
L'équivoque de la mémoire jacobine repeint l'égalité politique et un
certain usage du suffrage universel aux couleurs mensongères de
l'exploitation économique. Quelques-uns des chefs les plus prestigieux du socialisme ouvrier, Eugène Fournière, Clovis Hugues,
Camille Pelletan, ne voient aucun obstacle à collaborer à *La Cocarde*
de Barrès, aux côtés des représentants les plus ultras de la droite ; et
dans la Chambre élue en 1889, où vingt des trente députés
boulangistes viennent de la gauche, ceux-ci n'hésitent pas à mêler
leurs suffrages à ceux des socialistes lorsque, en juillet 1891, on
discute de l'amnistie pour faits de grève ; c'est Paul Déroulède, le
leader du nationalisme, qui prend, en paraphrasant Sieyès, la
défense du Quatrième État[63] ! Si le boulangisme populaire reflue
aussi vite qu'il avait surgi, il en restera, au moins dans le peuple
parisien, une sensibilité à l'antiparlementarisme que la droite
renouvelée sait exploiter, en donnant à son discours un ton plus
plébéien, et des formes d'action qui intègrent les turbulences
périodiques de la tradition urbaine[64]. La Belle Époque enfin
redonne vie à ce « dégoût du régime », à cet écœurement populaire,
pour parler comme Zeev Sternhell, avec les lendemains amers de
l'Affaire Dreyfus, quand le soutien de la classe ouvrière au dreyfu-
sisme et au rassemblement républicain ne semble payé que d'un
oubli des projets de réformes sociales, de la banalisation d'un
mouvement socialiste en parti de gouvernement où les renégats se
multiplient, de la répression clémenciste ; une fois de plus, comme
dans les années 1870, l'alliance avec la bourgeoisie libérale n'est
qu'un marché de dupes d'où, de surcroît, l'autonomie de la conscience ouvrière sort affaiblie. Et le syndicaliste révolutionnaire
Alphonse Merrheim d'écrire, en 1906, que « la République n'est
pas un régime social meilleur que les autres » ; on sait que d'autres
de ses compagnons de lutte ne vont pas tarder à franchir le pas ; et
Émile Janvion, à la veille de rallier l'Action française tient, au
moins, le même langage : « la République est une duperie » et le
socialisme lui-même est devenu « une fumisterie votarde » conduite
par la « bande enjuivée de Jaurès[65] ». Avant de s'en prendre aux

« niaises formules du catéchisme démocratique ». Comme quelques années auparavant, Émile Pouget, qu'il n'est pas cependant question de confondre avec lui, dénonçant « l'idée démocratique vulgaire » qui naît du consentement majoritaire à la règle du suffrage universel, et lui opposant « la vraie démocratie », celle qu'impose et guide « la minorité consciente », dont il affirme « l'obligation d'agir, sans tenir compte de la masse réfractaire » de la « majorité inconsciente[66] ». A aucun moment le syndicalisme d'action directe n'est tenté, dans ses profondeurs, directement au moins, d'écouter les sirènes de la droite extrême. Mais le parallélisme des discours est troublant, de même que certaines des pratiques qui en découlent, et qui plongent leurs racines dans ce terreau anarchiste des années 1880-1890 d'où a surgi ce syndicalisme exaltant le rôle des minorités conscientes. Combien de grèves se sont aigries dès que l'on a prétendu soumettre leur poursuite au vote des participants ? D'autant que, de façon caractéristique, on lit dans cette proposition la perfidie des patrons et des pouvoirs publics. La loi de la majorité n'est à aucun moment le principe sur lequel s'appuie la croissance de la CGT, et de la Fédération des Bourses du travail, où le vote s'exprime sur la base de l'égalité des suffrages de chaque syndicat, quel que soit le nombre de ses adhérents. Le débat s'aggrave dans les premières années du XXe siècle, qui oppose nettement organisations « révolutionnaires » et syndicats dénoncés comme « réformistes », notamment ceux des mineurs. L'entrée de ceux-ci dans la CGT, au lendemain des événements de Villeneuve-Draveil, n'empêche pas que le Congrès d'unification de 1908, à Marseille, écarte une nouvelle fois le vote par tête dans les instances confédérales où, cependant, le noyau révolutionnaire est en pleine crise. La même année d'ailleurs, dans l'article où il dénonce dans le suffrage universel et la démocratie des produits de la société capitaliste, Griffuelhes rappelle que « seul le refus du travail est du domaine prolétarien, seule la grève générale fera surgir la libération définitive », en une décennie où le syndicalisme avait privilégié le champ de « l'économique » — c'est-à-dire des luttes revendicatives concrètes — aux dépens de celui du « politique », confondu avec les leurres de la démocratie bourgeoise[67].

Le délitement du syndicalisme révolutionnaire marque-t-il la fin de cet espoir dans la seule action et dans les minorités conscientes ? A coup sûr, non, et l'on sait que la grande vague gréviste de 1920-1921 fait renaître la tentation putschiste, après la déception apportée, une fois encore, par le suffrage universel en 1919.

« Duperie » que celui-ci, dira bientôt le militant communiste Raoul Calas, dans ce nouveau parti, la Section française de l'Internationale communiste, qui hérite aussi, à côté de sa composante guesdiste, avec la tradition blanquiste et les militants du vieux syndicalisme d'avant 1914, de la tentation de l'action directe ; qui exalte avec le léninisme le rôle des minorités conscientes et organisées, et distinguera bientôt les libertés formelles des libertés réelles ; il manifestera, un certain 6 février 1934, aux côtés des émeutiers des ligues fascisantes et de la droite autoritaire. A travers le mot d'ordre « les Soviets partout » renaît le vieux rêve de la démocratie immédiate, quel que soit le visage de la réalité à laquelle il se réfère. L'exercice du suffrage universel ne peut être qu'une simple propédeutique à l'action révolutionnaire et à la prise du pouvoir qu'on en attend, en même temps qu'une occasion exceptionnelle d'agitation et de propagande. Le Parlement n'est pas le véritable lieu du pouvoir et la bolchévisation du Parti, à partir de 1924, le dit bien ; il est dans les entreprises, au sein desquelles on crée les nouvelles cellules, et aussi dans la rue, à l'aube — et dans la suite — d'une longue pratique émeutière qui débordera au-delà de la Seconde Guerre mondiale, jusqu'aux années 1950 et à la manifestation contre le général Ridgway, commandant le corps expéditionnaire en Corée ; là où, précisément, un Doriot a forgé sa réputation. Dans toutes les crises intérieures du Parti, qui voient fréquemment les élus s'opposer à la ligne générale, ceux-ci seront toujours écartés au profit des hommes de l'appareil. Quelle dérision d'ailleurs d'avoir fait élire 43 fois en 1921 André Marty emprisonné ! Déjà, Boulanger... N'a-t-on pas pu évoquer, lors de récentes affaires de fraude électorale, la récurrence de cette méfiance vis-à-vis des résultats du suffrage universel, et, chez certains militants, un évident mépris ? Si, enfin, la SFIO n'a jamais douté du principe de majorité, n'a-t-elle pas conservé longtemps, et même dans les premières années 1980 du nouveau Parti socialiste, l'idée chère à Blum que l'exercice du pouvoir n'était pas sa conquête et qu'une victoire électorale, si complète soit-elle, n'était pas le seul moyen d'accoucher d'une société nouvelle[68].

Bref, la coutume ouvrière sur laquelle s'est formée l'autonomie d'une culture ne sépare pas la récurrence de l'eschatologie révolutionnaire d'une certaine méfiance vis-à-vis des formes de la démocratie représentative. Elle s'appuie, aussi, sur l'idée qu'un ordre juste ne peut se fonder que sur les communautés réelles, celles du travail, à travers cette longue fidélité au métier qui est l'une de ses marques spécifiques, de la république des travailleurs de 1848 aux tentatives.

dans les années 1920, pour certains syndicalistes réformistes, d'une assemblée nationale des professions et d'un pouvoir exécutif des techniciens, d'où sortira la tentative corporatiste[69]. Plus grossièrement, elle prend longtemps la forme de l'opposition des « gros » contre les « petits », déjà présente sous la deuxième République[70], et dont Pierre Birnbaum a montré la permanence dans la France contemporaine. Dans la ligne de la parabole de Saint-Simon, voici d'un côté les ouvriers (et les entrepreneurs), de l'autre les spéculateurs et les parasites ; à travers les banquiers de Balzac et de Zola (« l'horrible argent qui salit et dévore »), c'est une image caricaturale de la société française qui se met en place ; un anticapitalisme primaire où les mots sont les mêmes, à l'extrême gauche comme à l'extrême droite, avec toute une imagerie commune aux blanquistes et aux guesdistes jusqu'à l'Action française, dans la France fin de siècle. A un point tel que cet anticapitalisme prend, pour un temps au moins, les couleurs de l'antisémitisme[71].

Sans doute ne faut-il guère prendre au sérieux les fréquentations ouvrières de l'agitateur extrémiste de la ligue antisémitique, le marquis de Morès, qui paraît en avril 1890 dans une réunion publique aux côtés de Louise Michel et se fait arrêter le 1er mai suivant, avec quelques dizaines de militants anarchistes et socialistes[72]. Il n'en reste pas moins que, à la fin du XIXe siècle, l'infection antisémite qui accompagne la percée du nationalisme est loin d'être étrangère au monde ouvrier. On sait qu'elle vient de loin, même si l'on peut douter d'une filiation directe à partir des écrits de Proudhon, de Toussenel, de Tridon. Et, à l'époque du boulangisme, Rochefort, Ernest Roche, Barrès ne s'y trompent pas, qui utilisent sa puissance mobilisatrice contre l'ordre établi ; encore moins Drumont pour qui, en 1898, « l'antisémitisme n'a jamais été une question religieuse », mais « ... toujours une question économique et sociale[73]... », ni les orléanistes qui, la même année, se décident à financer un Jules Guérin — qui se vante de ses amitiés anarchistes — parce que c'est sur lui que peut naître un autre mouvement ouvrier[74]. A l'occasion de l'Affaire Dreyfus, apparaissent des réactions ouvertement antisémites dans certaines sections du POF[75] ; comment lire, pour les ouvriers eux-mêmes, la présence, à la même tribune, de Guesde et de Morès, de Lafargue et de Guérin, sans qu'il y ait apparente contradiction ? Pour Biétry, l'antisémitisme est toujours « une méthode d'observation des questions économiques et sociales, grâce à laquelle on ne perd pas le bon chemin[76] », mais c'est aussi le même antisémitisme affiché haut et fort qui fait acclamer les syndicalistes Pataud et Janvion par le public d'Action française en avril 1911 ; et si ces derniers suscitent aussitôt l'indignation de *L'Humanité* et de *La Guerre sociale*, *La Bataille syndicaliste*, l'organe de la CGT, se tait. « Juifs allemands », « seigneurs Youtres », « agents de la juiverie », les formules de Janvion dans un article de *Terre libre* en octobre de la même année dénoncent « l'envahissement du marché français », et renvoient à l'équation Juifs-riches de *L'Organisation du Travail*, le journal bonapartiste de 1848[77]. Et l'on sait comment des gens comme Dumoulin ou Georges Yvetot, authentiques figures du syndicalisme révolutionnaire d'avant 1914, s'accommoderont, avec tant d'autres, de l'antisémitisme d'État de Vichy.

Au début du xxᵉ siècle en effet, il y a là bien autre chose qu'un pseudopode du nationalisme, où une partie de la classe ouvrière se retrouve aisément. Tout un vocabulaire, toute une thématique, qui vont faire long feu. Le nationalisme fin de siècle n'est que l'arrière-plan d'un anticapitalisme populiste, qui dénonce « les juifs cousus d'or » (Drumont), oppresseurs de « l'ouvrier parisien révolutionnaire et patriote », et responsables de l'écrasement de la Commune, ce « crime des conservateurs » ; on sait le déchaînement de la presse antisémite dans les mois qui ont suivi la fusillade du 1ᵉʳ mai 1891 à Fourmies, particulièrement avec la brochure ignominieuse d'Édouard Drumont, *Le Secret de Fourmies*, dénonçant le sous-préfet de la ville, Charles Ferdinand Isaac, comme juif. Dix ans avant Drumont, les libelles s'étaient multipliés qui prétendaient défendre l'ouvrier contre le capital cosmopolite, entendez juif, et *L'Antisémitique*, une obscure feuille de Montdidier, dans la Somme, en 1884-1885, s'était muée en *Le Péril social*, pour mieux affirmer l'unité du combat contre les juifs et la « féodalité capitaliste[78] ».

Si après l'Affaire Dreyfus, le discours antisémite semble moins mordre sur la classe ouvrière, le thème des « gros » ne disparaît pas de ses organisations, bien au contraire, même s'il se pare de la notion marxiste des « trusts », avant celle des « monopoles ». La formule des « deux cents familles » est quasi magique à l'époque du Front populaire, pour tous ses partisans, mais fait aussi recette à l'extrême droite, et *L'Émancipation nationale* de dénoncer « les familles financières [qui pillent] la France », et sont naturellement étrangères ! Et à gauche, en 1936, *Le Crapouillot* leur consacre un numéro spécial ; passé à droite, en 1952, il récidive sur *Les Gros*. Cet anticapitalisme hérité d'une vision d'Ancien Régime (« les donjons, les bastilles » de l'Alain de 1925) traverse toute une partie de la quatrième et de la cinquième République, avec les mêmes ambiguïtés : Antoine Pinay est, pour le PC, en 1952, « un gros patron de combat », quand le journaliste gaulliste Jean Nocher dénonce les « deux mille familles de combinards »; le congrès du PC stigmatise en 1976 les « maîtres de la France », que constituent les « princes de l'argent » et « la mince caste des milliardaires », mais l'année suivante, c'est au publiciste d'extrême droite Henri Coston de publier *Les deux cents familles au pouvoir*, retrouvant les accents antisémites du Drumont de *La fin d'un monde* (1888) et un tract du néopoujadiste Gérard Nicoud appelle à « liquider les gros[79] ».

L'essentiel est peut-être cependant ailleurs, moins visible et infiniment plus prégnant. Pour autonome qu'elle soit, la coutume ouvrière n'a jamais été séparatiste. Sur un siècle et demi, la classe ouvrière n'échappe ni aux courants de convection qui transforment la société ouvrière tout entière, ni aux grands débats qui traversent le champ du politique où les positions ne recouvrent pas forcément, au-delà de l'engagement partisan, les structures sociales. On sait, entre mille autres signes, la surprise de 1914 et d'un inattendu ralliement à l'Union sacrée. La République bourgeoise elle-même a changé, ce n'est plus celle d'un Thiers pour lequel toute grève était « une tentative de perturbation sociale qu'il [était] impossible de souffrir[80] »; à la répression a fini par succéder le sens du dialogue, et il n'est pas question de refaire ici toute l'histoire de la législation du travail. Le droit du travail a cessé, au xxᵉ siècle, d'être opposé à celui de la propriété, et si la dénonciation est constante chez les libéraux d'un risque de dérive vers le collectivisme, la plupart de ses grands textes, malgré leur élaboration longue, difficile et conflictuelle, ont fini par être votés à la quasi-unanimité du Parlement[81].

Au-delà de l'intégration progressive de la classe ouvrière, en tant que telle, à la nation, il faudrait aussi explorer l'univers des réussites individuelles, ou du moins l'espoir qu'on en a. Toute une fraction de la classe rêvait, dès le xixᵉ siècle, de devenir commerçant ou petit patron. Et c'est peut-être là une des clés, au début du xxᵉ siècle, d'un syndicalisme jaune qui prônait l'accession à la propriété, la participation aux bénéfices[82]. L'ascension sociale est aussi au cœur de l'idéologie des syndicats PSF (« on ne naît pas patron, on le devient ») qui réclament des primes de fidélité à l'entreprise, cette autre matrice encore mal connue, sous cette dimension du moins, de la mobilité et de l'enracinement[83]. On sait la thèse de la participation chère au gaullisme : la Charte du RPR, en 1982, tout en dénonçant le rôle désagrégateur des luttes sociales et en reprenant la dénonciation des féodalités de toutes natures, est dans le droit fil de ce qui est également un autre visage de la sensibilité ouvrière, à travers le thème de l'actionnariat populaire[84].

Et l'on sait comment a joué l'effet patrimoine lors des élections législatives de 1978, où 73 % des « pauvres possédants » (qui n'étaient pas tous ouvriers, bien sûr) votèrent à droite, simplement parce qu'ils détenaient un livret de Caisse d'épargne, des bons du Trésor ou même quelques actions mobilières[85].

Il conviendrait aussi de s'arrêter sur le partage hérité ou grandissant des valeurs. L'attachement à l'idéal patriotique, venu des profondeurs du XIXe siècle, revigoré à la fin des années 1880 par la crainte de l'Allemagne, en 1914 et pendant la Seconde Guerre mondiale encore, jusqu'à certaines positions du présent, en passant par l'adhésion à l'Empire colonial dont témoignait un des premiers sondages réalisés en France, qui révélait en 1939, que 53 % des ouvriers interrogés estimaient aussi « pénible d'en voir céder un morceau... qu'un morceau du territoire de la France[86] ». Sans oublier le conformisme de la morale, que reflètent aussi bien les éditoriaux bienpensants du *Jaune* contre les « mauvaises lectures », « les plaisirs honteux », la « passion des sens », la prostitution et l'alcoolisme (qui est, au même moment, un des chevaux de bataille de la CGT), que ceux de *Regards*, le magazine communiste qui, dans les années 1930, s'en prend à la littérature « ordurière » dont la vocation est « d'égarer le prolétariat », exalte la « vertu » et l'« honnêteté », pour donner *in fine* dans un prêche familialiste et nataliste, en attendant la croisade de Jeannette Vermeersch contre le *birth control* dans les années 1950 et les étonnements de Jacques Fremontier dans les années 1970[87]. La coutume ouvrière, c'est aussi un évident puritanisme, qui donnait des accents de Caton à Proudhon et aux militants fin de siècle pour reprocher à la bourgeoisie la frivolité de ses mœurs ; d'ailleurs, vers 1978, n'est-ce pas chez cette dernière que l'on accepte le mieux la liberté de l'avortement[88] ?

De cette analyse, la droite orléaniste puis la droite libérale ont été constamment absentes, au profit des tendances plus radicales. A l'arrivée (provisoire), c'est pourtant de leur côté qu'il convient d'aller voir. Nonobstant les doutes et les hésitations, le modèle de société politique qu'elles proposaient, avec le suffrage universel, la scolarisation et l'instruction, les formes intermédiaires (syndicats, partis, organisations corporatives, groupes de pression) de la participation collective, a, peu à peu, pénétré l'autonomie ouvrière pour mieux la réduire, au-delà du tapage des extrémismes partagés, même si c'était dans une évidente équivoque. C'est, plus encore, la forme de société qu'elles proposaient qui s'est instillée dans la classe : le refus du caractère définitif et étanche des césures sociales a toujours été lié à l'affirmation du messianisme séparatiste ; le rêve de stabilité et de sécurité, la croyance dans les chances individuelles ont toujours coexisté avec celui de libération collective; l'adhésion à l'idéal méritocratique d'une République s'est accompagnée de la dénonciation de ses blocages. Depuis 1958, 30 % des ouvriers, au moins, votent régulièrement à droite, et 42 % même aux élections présidentielles de 1965. A l'inverse, voter à gauche n'exclut pas que l'on rêve d'un petit commerce ou d'un petit pavillon, que l'on ait plus confiance dans ses capacités personnelles que dans un chamboulement de la société. A la fin des années 1970, 78 % des ouvriers français ne se disaient pas gênés de savoir qu'il y avait plus favorisé qu'eux, et la conscience de classe n'a jamais été exclusive d'une stratégie individuelle de promotion et de réussite[89]. C'est bel et bien là la véritable rencontre de la classe ouvrière et de la droite, d'une partie d'entre elle en tout cas, majoritaire à l'évidence. Mais l'ouvrier conservateur est, par nature, silencieux, quand l'histoire, elle, n'entend que le bruit des extrêmes.

YVES LEQUIN

Il n'existe pas d'ouvrages de synthèse sur la question traitée dans ce chapitre. Le lecteur se reportera donc aux ouvrages cités en note.

CHAPITRE XIV

L'hygiène et le corps

La vie dans la Cité est fréquentation nécessaire des autres. Or, si l'État proclame l'égalité politique de tous, la Cité est le lieu où se manifestent les inégalités individuelles — physiques notamment. Longtemps, les droites en appelèrent de celles-ci contre le principe même de l'égalité.

D'autant que ces inégalités — largement sociales dans leurs causes — étaient facteurs potentiels de troubles graves : les classes pauvres étaient vecteurs de maladies déstabilisatrices, tels le choléra et ses épidémies au début des années 1830, ou bien encore le mal endémique que fut l'alcoolisme ravageur de l'ordre des familles. Très vite, médecins et hygiénistes proposèrent des mesures visant, sinon à faire disparaître ces maux, du moins à limiter la menace sociale qu'ils faisaient peser. Dans le même temps, le sport et le culte du corps s'affirmaient comme un élément de distinction de ce qu'il est convenu d'appeler, à la suite des travaux de Thorstein Veblen, « la classe de loisirs ».

Mais la massification de la vie sociale et la nécessité reconnue, par tous, du développement d'une protection médicale de l'individu pour les intérêts bien compris de la société, firent bientôt que les droites, en ces domaines, partagèrent nombre de conceptions avec les gauches.

*
**

L'histoire du corps est celle d'un passage très progressif de la sphère de la vie privée à celle de la vie publique. Ce n'est qu'au XXe siècle que l'on peut parler d'une politique du corps. En France on peut en saisir l'esquisse dans les années trente quand Jean Zay appelle à ses côtés Léo Lagrange comme sous-secrétaire d'État à l'organisation des sports et des loisirs. Vichy, avec l'Éducation générale et sportive, affirme le corps comme objet de la politique publique mais ce n'est qu'après la Deuxième Guerre mondiale que s'ouvrent les grands débats sur de nouveaux droits du citoyen — et, plus encore, de la citoyenne — à disposer librement ou non de son corps.

S'il n'y a donc pas, au XIXe siècle, de « politique du corps », en revanche, bien des attitudes vis-à-vis de son propre corps comme du corps des autres s'inspirent de valeurs ou d'attitudes sociales que l'on peut considérer comme étant de droite, c'est-à-dire délibérément élitistes et tendant à affirmer la suprématie légitime des intérêts du petit nombre sur ceux de la masse. Cette sensibilité de droite dicte des comportements individuels avec la naissance du sport d'inspiration britannique, sport dont la démocratisation ne sera que très lente et qui s'accompagnera d'une très profonde évolution de ses valeurs et de ses buts. C'est une conception somme toute bien fondée de leurs propres intérêts qui dicte aux élites le souci de se protéger de la masse en l'assainissant moralement et physiquement, en la tirant d'une ignorance et d'une déchéance physique jugées également dangereuses. Ainsi naît un hygiénisme qui, utilitariste, se charge progressivement d'humanisme et qui se mue d'une politique de protection sociale sélective en une prise en charge de plus en plus large des misères humaines. Enfin, les rapports de l'homme à son propre corps restèrent bien longtemps confinés à la sphère du privé, pour autant qu'ils ne transgressaient pas un certain nombre d'interdits, en règle générale prononcés ou cautionnés par l'Église et transcrits dans les Codes napoléoniens. Il y eut évolution dès lors que la démographie s'inscrivit sur l'horizon du politique. Deux visions s'affrontèrent et n'ont cessé de le faire depuis la fin du XIXe siècle. Pour les uns, la décision de procréer et, parfois, de mourir, ne pouvait incomber qu'à l'individu inspiré par sa propre conception de la vie. Pour les autres, les choix de l'individu devaient se plier à des impératifs collectifs, nationaux, voire divins. L'individualisme de gauche se heurta à la primauté du groupe, telle que la définissaient les droites. Ce clivage n'est, cependant, que très imparfait car au sein des gauches, les collectivistes s'opposèrent en ce domaine à l'émancipation de l'homme et, bien plus encore, de la femme, tandis que bien des libéraux, par ailleurs de droite, s'y montrèrent favorables. Pour la clarté de notre propos, nous distinguerons donc trois domaines dans lesquels se sont exprimées pensée et politique de droite : la gymnastique et le sport, l'hygiène, la libération du corps.

I. LA GYMNASTIQUE,
LE SPORT ET LES LOISIRS

Toutes les définitions anglaises du XVIIIe siècle et du début du XIXe siècle font du sport l'activité de plein air de l'aristocratie. Ses composantes sont la pêche et la chasse et, par extension, tout ce qui a trait au cheval. Le terme a comme connotation majeure la gratuité de l'acte et comme connotation mineure la violence, ce qui amène à admettre comme sports les activités de combat. Dès l'origine il y a une ambiguïté du *sportsman*, souvent acteur mais parfois, aussi, simple spectateur. Telles sont bien les pratiques qu'entend introduire en France une génération d'anglomanes qui, le 11 novembre 1833, fonde à Paris le Jockey Club. Son premier président est Henry Seymour, jeune aristocrate anglais qui, bien qu'élevé en France, avait [35, p. 26], les goûts de la gentry anglaise, exercices du corps, courses et manie des paris. La finalité proclamée du Jockey Club était l'amélioration de la race des chevaux en France par l'organisation de courses sur le terrain bien vite prestigieux de Chantilly, mais la constitution du club traduisait surtout « le désir d'élever une barrière contre l'envahissement de la mauvaise compagnie, l'imitation des habitudes anglaises [qui] poussaient à la création d'un cercle où la jeunesse élégante, se recrutant elle-même, surveillerait le choix des admissions ». Cette jeunesse élégante se définissait comme une jeunesse « inoccupée » mais pouvant justifier « d'un titre, d'une belle fortune ou du moins d'une décoration » [36, p. 35]. A en croire Ernest Chapus, le succès fut immédiat et l'influence de l'institution sur la bonne société considérable. Le Jockey Club aurait ainsi « jeté au milieu du monde parisien un nouvel intérêt de plaisir et de grande existence » et, dès 1834, il y aurait eu « un air d'aristocratie et de haute existence à respirer en allant à Chantilly ».

La pratique des sports à l'anglaise est une manifestation de rejet d'une conception bourgeoise de l'égalité héritée de la Révolution, de retour à un mode de vie aristocratique. C'est ce que dit Chapus lorsqu'il dénonce une société dans laquelle l'élégance propre à chaque classe s'était cachée sous « le paletot qui n'est fait pour personne et qui va mal à tout le monde », une société qui avait perdu le sens du plaisir, qui « en mettant à contribution une ou plusieurs aptitudes de l'homme lui devient une occasion d'exercice, de mouvement, de paris, de jeu et exige toujours le concours d'un monde plus ou moins nombreux ». La pratique des sports à l'anglaise, c'est la proclamation d'un droit à l'acte à la fois gratuit et spectaculaire qui est le privilège proclamé d'une élite de la fortune et de la naissance. Elle s'insère dans tout un mouvement de rejet des valeurs bourgeoises de la France de la Monarchie parlementaire dont se feront les champions les *fashionables* et les *dandys*. Balzac [34] a, dans son *Traité de la vie élégante*, fait l'apologie de cette nouvelle élite issue du métissage d'une aristocratie qui lui apporte l'élégance, le bon goût, le sens de la haute politique, et d'une bourgeoisie forte de ses conquêtes prodigieuses dans les arts et dans les sciences. Cette élite à laquelle le sort épargne l'obligation du travail peut cultiver ses dons, ce qui la voue à gouverner les hommes car « celui-là dont l'existence est assurée, pouvant seul étudier, observer, comparer [...] et [...] le triple pouvoir du temps, de l'argent et du talent lui garantit le monopole de l'empire ». Balzac, écrivant en 1830, ne fait que pressentir le rôle qu'allait prendre le sport dans cette vie de l'élite en mentionnant que « pour la vie élégante, il n'y a d'être complet que le centaure, l'homme en tilbury ». Il distingue par ailleurs le *fashionable* du *dandy* en disant que « le dandysme est une hérésie de la vie élégante », dans la mesure où il est ostentation et souci des seules apparences. John Prévost [19], tout en soulignant que « cynique et mystificateur, le dandy met toutes les frivolités en honneur et dédaigne l'intelligence et les véritables talents », ajoute « qu'il n'est pas un type ridicule. Il sait exciter et retenir l'admiration de toute une foule d'émules moins heureux. Il devient le symbole éclatant du courant de fatuité et d'orgueil qui traverse la France après le triomphe de l'idéal révolutionnaire de l'égalité ».

La pratique ou le goût du sport sont ainsi, au milieu du XIXe siècle, l'une des manifestations de l'affirmation d'élites nouvelles nées de l'amalgame des héritiers de l'Ancien Régime, de l'Empire et d'éléments venus de la bourgeoisie conquérante. Sous le second Empire cette pratique se codifie et l'on distingue désormais les activités qu'il est de bon ton de pratiquer, et celles que l'on abandonne au peuple tout en les appréciant, parfois, comme spectacles. Ernest Chapus propose une classification très claire. Les courses, la chasse, si possible à courre et de préférence à Chantilly, le steeple-chase, si possible à La Croix-de-Berny, le tir au pigeon à

Tivoli jusqu'en 1831 et, depuis, Porte Dauphine, l'escrime, dans un nombre limité de salles d'armes de bon aloi, sont des sports du meilleur goût. Il est plus surprenant que la boxe française, le bâton et la canne soient « des exercices en grande faveur dans le haut monde » avec, comme pratiquants assidus, « les noms les plus beaux de notre grand monde ». La boxe anglaise est, par contre, considérée comme un sport spectacle, souvent même qualifié de barbare, et laissant place à des champions rétribués. Lutte, jeu de paume, billard sont pratiques vulgaires tandis que le jeu de boule offre, au cours la Reine, « un spectacle plein de naïveté populaire ».

Pour pratiquer les sports autorisés par les convenances il faut savoir se plier à des règles strictes. Ainsi, « le fashionable qui s'est montré sur un cheval pendant une saison le vend pour le remplacer ou le troquer ». Si le second Empire a été, avec pour modèle le duc de Morny, l'époque d'élection des fashionables sportifs, ceux-ci ont longuement survécu, à sa chute, comme en témoigne Albert de Saint Albin [40, p. 44, 73, 117]. Écrivant en 1889, il dresse un tableau des sports à Paris qui est étonnamment proche de celui de Chapus. L'évolution la plus évidente est l'institutionnalisation des pratiques. La constitution du Racing Club, le 23 novembre 1882, est due aux efforts de personnalités du tout Paris telles que Ferdinand de Lesseps, président d'honneur, et Napoléon Ney, président. Le nouveau club s'installe au Bois de Boulogne et se voue, à ses débuts, au sport pédestre, entendons la course à pied. Le Bois de Boulogne abrite également le Cercle des patineurs, fondé en 1865 sous la présidence du marquis de Mornay auquel succède Joachim Murat, et le Tir aux pigeons constitué le 1er août 1871, présidé par le prince de Croy. Si tout ce beau monde investit ainsi le Bois de Boulogne, il aime aussi à se retrouver dans de grandes chasses dont celles du duc d'Aumale, à l'occasion honorées de la présence du prince de Galles, sont les plus appréciées.

L'un des fleurons les plus inattendus de cette tradition sportive aristocratique est le cirque Molier, qui, de 1880 à 1904, permet aux jeunes aristocrates de satisfaire leur goût du risque et de se donner en spectacle [6, p. 216]. Le cirque survivra jusqu'à la mort de son fondateur, en 1932, mais les professionnels se substitueront progressivement aux nobles amateurs. Molier, fils du trésorier général de la Sarthe, était un fanatique du dressage des chevaux et de la haute école et c'est pour satisfaire sa passion qu'il installa un manège rue Benouville, à l'entrée de ce Bois de Boulogne, terrain de jeux de l'aristocratie. Des aristocrates de haute lignée comme Hubert de La Rochefoucauld vinrent à ce qui fut à l'origine un manège, puis passèrent du dressage à l'acrobatie et en s'adjoignant des professionnels, écuyères et clowns, donnèrent une première « représentation d'amateurs, faisant pendant aux comédies de société ». Tandis que M. de La Rochefoucauld faisait des prouesses à la barre fixe, M. de Beauregard était Monsieur Loyal, M. de La Géterie était clown, M. de Quelen cow-boy, en compagnie d'étoiles de l'Opéra ou de grands noms de la scène parisienne convertis en écuyères. Les représentations du cirque Molier avaient lieu chaque année au mois de mai, le jeudi devant les belles de théâtre et de boudoir, et le mardi devant les femmes du monde, notamment la très célèbre duchesse d'Uzès.

Ainsi voit-on s'épanouir dans l'Ouest parisien, jusqu'aux premières années du XXᵉ siècle, cette tradition aristocratique de la pratique sportive, sur ce terrain d'élection du Bois de Boulogne également doté des hippodromes de Longchamp et d'Auteuil qui ne détrônent pas ce haut lieu que reste Chantilly.

C'est encore d'une réflexion sur le modèle anglais que s'inspire l'action de Pierre de Coubertin qui peut être globalement interprétée comme un effort de transmission de cet héritage aristocratique à une société démocratique [50]. Pierre de Coubertin qui, en 1892, lança l'idée de la renaissance des Jeux olympiques, qui la fit adopter par le premier congrès olympique en 1894, et qui la concrétisa à Athènes en 1896, avait auparavant publié deux ouvrages sur l'éducation en France et en Angleterre, prolongés, en 1901, par ses « notes sur l'éducation publique ». Pierre de Coubertin est au centre d'une polémique sans cesse renaissante. Il est officiellement perçu en France comme un héros national et il n'y a pas d'ouvertures de Jeux olympiques qui ne s'accompagnent des hommages officiels les plus appuyés à leur rénovateur. Ce consensus apparent est battu en brèche par ceux qui, textes à l'appui, montrent que Pierre de Coubertin a véhiculé des idées du temps qui n'étaient pas toutes, tant s'en faut, progressistes, et par ceux qui accusent les Jeux olympiques d'avoir très largement contribué à dénaturer le sport.

Ce qui rend suspect de Coubertin à ses détracteurs passés et présents, ce sont d'abord ses origines puisque ce descendant d'une famille légitimiste s'affirme sans ambages fervent disciple de Frédéric Le Play, grand inspirateur, selon la lecture qu'en firent tour à tour ses contemporains, du catholicisme social ou du nationalisme organique. Mais cet homme, né en 1867, se fait connaître sur la scène publique à l'heure du Ralliement et il n'y a pas de contradic-

tion insurmontable entre ses racines catholiques et sa foi, maintes
fois proclamée, en la démocratie. En effet, Pierre de Coubertin, dès
1901, affirme que le sport est démocratique puisqu'il consacre des
résultats qui ne sont dus qu'aux efforts individuels. C'est une idée
force qu'il reprendra sans cesse, notamment en 1935, deux ans
avant sa mort, en écrivant que si le sport crée une élite, une
aristocratie, celle-ci est « d'origine totalement égalitaire,
puisqu'elle n'est déterminée que par la supériorité corporelle de
l'individu et ses possibilités musculaires multipliées, jusqu'à un
certain degré, par sa volonté d'entraînement » [22, p. 143]. Ce
type de réponse élude le vrai problème qui est celui de la signification même donnée au sport par Pierre de Coubertin. Sur ce point
essentiel l'homme a été si loquace, dans des contextes tellement
différents, qu'il est extrêmement aisé de faire apparaître de multiples contradictions. Il est d'abord évident qu'il a partagé un certain
nombre d'idées-forces de son temps. Ainsi n'a-t-il pas perçu la
place à donner au sport féminin puisqu'en 1936, encore, il déclarait : « Je n'approuve pas personnellement la participation des
femmes à des concours publics, ce qui ne signifie pas qu'elles
doivent s'abstenir de pratiquer un grand nombre de sports, mais
sans se donner en spectacle. Aux Jeux olympiques, leur rôle devrait
être surtout, comme aux anciens tournois, de couronner des vainqueurs » [11, p. 85]. On lui prête également l'affirmation qu'« à la
race blanche, d'essence supérieure, toutes les autres doivent faire
allégeance », phrase qui, séparée de son contexte, a tout pour faire
scandale mais qui, au XIXᵉ siècle, n'était qu'une parfaite platitude.
Nourrir ainsi le procès de Pierre de Coubertin d'anachronismes
grossiers ne saurait faire avancer les choses.

Ce dont Pierre de Coubertin ne s'est jamais dédit, et c'est en cela,
et en cela seulement, que sa pensée et que son action sont contestables, c'est de son élitisme. Il a écrit maintes fois la nécessité de
dégager une élite. Il a dit également que « la première caractéristique de l'olympisme ancien aussi bien que de l'olympisme
moderne, c'est d'être une religion. En ciselant son corps par
l'exercice comme le fait le sculpteur d'une statue, l'athlète moderne
exalte sa patrie, sa race, son drapeau » [21, p. 144]. En écrivant en
1900 que « l'homme de sport demeure étranger à toute préoccupation utilitaire », qu'il peut « cultiver l'effort pour l'effort » au prix
d'un recours constant à sa volonté [50, p. 118], Pierre de Coubertin rejoint bien évidemment la conception d'un sport réservé à ceux
à qui le sort a donné le loisir de s'y adonner, en même temps qu'il
pose le bien redoutable problème de l'amateurisme.

Dressage du corps par la volonté, au service de son pays ou de sa race, le sport n'est pas ce moyen d'épanouissement individuel qu'ont prôné, depuis le début du XXe siècle, bien des tenants de l'éducation physique. Cette logique qui découle de certains écrits de Pierre de Coubertin est très restrictive. Elle tend notamment à conduire à une exploitation du sport de haut niveau au bénéfice de causes qui n'ont plus rien d'humaniste et l'exemple en a été donné par les jeux de 1936 dans un Berlin dont Hitler voulut faire la vitrine propre du nazisme et que Pierre de Coubertin, à la veille de sa mort, eut la faiblesse de trouver admirables, disant que « la grandiose réussite des jeux de Berlin a magnifiquement servi l'idéal olympique » [11, p. 77]. Sans prétendre proposer une conclusion à un débat qui, dans tous les pays, oppose aujourd'hui les tenants d'un sport d'élite à ceux d'une pratique sportive de masse, et qui en vient en général à la conclusion que l'un ne va pas sans l'autre, on peut s'arrêter sur cette ambivalence de Pierre de Coubertin, imprégné de valeurs aristocratiques, mais soucieux d'en assurer la pérennité dans des sociétés démocratiques. Ce novateur a voulu faire fructifier un héritage. Son ambiguïté rappelle celle d'Alexis de Tocqueville, également nostalgique d'un élitisme condamné, convaincu que la démocratie était l'avenir inéluctable de l'humanité, mais soucieux de permettre à ses semblables d'échapper à un égalitarisme qu'il jugeait désespérant.

Alors même que la pratique sportive s'est très largement démocratisée en se diversifiant, toute une réflexion sur le sport et sur sa signification pour l'individu et la société reste profondément marquée par ses origines aristocratiques. Elle est illustrée par Jean Giraudoux et par Henry de Montherlant. Jean Giraudoux, lui-même sportif de haut niveau puisque champion universitaire du 400 mètres, puis joueur de rugby, de football et de tennis, se veut journaliste sportif et, en 1928, exprime sa philosophie du sport [41, p. 7]. Ses maximes et anecdotes sont délibérément provocatrices et, comme telles, ont donné prise aux interprétations les plus outrancières, surtout après les compromissions de leur auteur avec le régime de Vichy. Ainsi en est-il allé de la phrase « les terrains de sport sont les balances des races ». Jean Giraudoux s'affirme surtout comme un admirateur de Pierre de Coubertin. Avec lui, il condamne sévèrement le professionnalisme : « On appelle professionnel », dit-il, « le sportif qui n'a pas de profession et qui vit de son sport », tandis que l'amateur est « celui qui n'a pas voulu passer sa jeunesse sans connaître toutes les ressources de son corps jeune ». Du sport, Jean Giraudoux attend la protection dans

l'individu « des qualités de l'homme primitif » échappant aux
« méfaits de la civilisation ». Il en attend aussi la preuve de la
vitalité des nations : « On va voir si les nations créées par le traité
de Versailles ont du muscle. » Il suggère à plusieurs reprises que la
pratique sportive est à la fois préparation à la guerre et substitut de
celle-ci. Il dénonce ce qu'il considère comme l'indifférence des
hommes politiques aux besoins du sport et se félicite que les
journaux sportifs, *L'Écho des Sports* et *L'Auto*, détournent leurs
lecteurs des laideurs et des angoisses de la quotidienneté sociale et
politique. Il y a évidemment de la dérision dans sa formule
désabusée : « L'égalité devant le sport est vraiment la seule égalité :
les États-Unis se font représenter par un nègre dans le saut en
longueur. » Le sport est, pour Giraudoux, le moyen pour l'individu
de vivre en marge de la promiscuité d'un monde mesquin et pour
les nations de poursuivre, par-delà la guerre, leur course à la
suprématie. Les Jeux olympiques en sont l'occasion majeure.

L'inspiration d'Henry de Montherlant est très similaire [42,
p. 13]. Lui aussi est un admirateur inconditionnel de Pierre de
Coubertin. Comme lui, il voit dans le sport le moyen de sauver les
valeurs aristocratiques puisque « le sport est la sélection des meilleurs physiquement (et ayant en outre de l'intelligence et du
caractère) », alors que triomphe la démocratie. Il en attend aussi
une fraternisation des stades, — qui n'est pas sans rappeler celle
des tranchées exaltée notamment par les Croix-de-Feu —, qui
permet de surmonter les antagonismes sociaux. « L'un des rôles du
sport », écrit-il également, « est de guérir en quelque sorte le
travailleur de son travail. » Le stade permet donc à la masse
d'accéder épisodiquement à cet univers du loisir aristocratique
qu'Honoré de Balzac, un siècle plus tôt, croyait inéluctablement
réservé aux seuls privilégiés de la fortune et de la naissance.
Montherlant admet parfaitement tout ce que cela comporte d'illusion. Le sport a donc l'utilité d'un anesthésiant social, qu'il juge fort
utile à la préservation même de la société. Ainsi les conceptions
aristocratiques du sport, qui sont l'expression d'une fidélité à ses
origines, sont-elles bien loin, dans l'entre-deux-guerres, d'être
socialement et politiquement neutres. Elles débouchent même chez
Drieu la Rochelle, chantre de l'Europe allemande, sur une exaltation du corps, au lendemain de la défaite (la *NRF* du 1er février
1941), qui est une véritable réécriture de l'histoire : « Le mal est
dans l'oubli du corps. Oui, en France, l'homme a lentement oublié
son corps. La civilisation française a cessé d'être fondée sur le sens
du corps [...] Ce n'est point hasard que les docteurs chrétiens de la

fin du XIXe siècle, qui ont réagi contre le rationalisme et avec les symbolistes renoué la vie spirituelle et politique, étaient tous physiquement de solides gaillards : Bloy, Barbey, Claudel et Péguy. »

Si au sport est associée l'idée de gratuité, à la gymnastique est attachée une connotation utilitaire. L'opposition est plus rigoureuse entre les termes qu'entre les pratiques tant il est évident que l'entraînement à quelque activité physique que ce soit a toujours comporté une large part de discipline imposée. On peut ainsi être conduit à faire des gestes identiques mais dont les significations sont perçues comme différentes. Au XIXe siècle, des pratiques corporelles rangées progressivement sous le vocable de gymnastique se développèrent parallèlement aux sports réservés aux élites et leur utilité première fut de façonner de bons soldats. Le nom du colonel Amoros, officier espagnol réfugié en France après la chute de Napoléon, est attaché à l'importance donnée à la gymnastique dans la formation du soldat. De l'ouverture du « gymnase normal », militaire et civil, de Grenelle en 1819 à la création de l'École de Joinville en 1852, se multiplient les établissements dans toutes les régions militaires. La gymnastique qui y est pratiquée, et qui n'est qu'une interprétation très restrictive des enseignements d'Amoros [3], se veut préparation directe au combat. Elle fait une large place à l'escrime et à l'équitation comme au travail aux agrès. Le gymnaste ainsi formé a la maîtrise de mouvements de plus en plus strictement codifiés ; il se forme à une discipline de l'esprit comme du corps qui ne laisse pas place à l'épanouissement individuel. Son efficacité militaire est considérée, par certains historiens, comme douteuse, qui estiment qu'elle pousse à favoriser, dans la tenue au feu, les attitudes crânes et aveuglements héroïques, plutôt que les réflexions d'ordre tactique [3].

Il n'entre pas dans notre propos de nous étendre sur cette appropriation militaire initiale de la gymnastique car elle n'a pas de connotation politique et sociale particulière et c'est l'héritage qui, de notre point de vue, est intéressant. Lorsque, sous l'influence de l'hygiénisme, Victor Duruy rend obligatoire, en 1869, la gymnastique à l'école, le seul modèle de référence est celui de l'armée. Après la défaite de 1870 et avec l'adoption du service militaire obligatoire, c'est dès l'âge scolaire que l'on va entreprendre la formation tant physique que morale du soldat citoyen et cette formation devient dès lors un véritable enjeu politique. Elle ne se fait pas au sein de l'institution scolaire, même après les lois du

27 janvier 1880 et du 28 mars 1882 qui rendent obligatoire l'enseignement de la gymnastique, mais en marge de celle-ci, dans ce que l'on peut désigner globalement comme des œuvres périscolaires. Droites et gauches, cléricaux et anticléricaux s'en disputent longuement le contrôle.

Ce sont les républicains qui, dans le cadre global de leur effort de prise en main de la jeunesse, ont l'initiative avec, en 1882, la fondation des « bataillons scolaires » [12, p. 41-42 et 15, p. 61-63]. Ceux-ci sont officiellement créés par un décret du 6 juillet 1882 et destinés à « rassembler les élèves pour les exercices gymnastiques et militaires pendant toute la durée de leur séjour dans les établissements et instruction ». Ces bataillons ont des instructeurs militaires. L'armée leur donne armes, uniformes et instruments de musique et drapeaux, indispensables aux parades. Ils défilent notamment le 14 juillet et ils participent à des concours entre établissements et villes. Le succès immédiat est colossal, mais l'expérience ne dure qu'une dizaine d'années. Les bataillons scolaires laissent alors la place à des sociétés de tir, beaucoup plus discrètes. Ce sont moins les critiques initiales venues des droites que les risques de dérive que comportait cette institution qui entraînèrent sa ruine rapide. En effet, en même temps que les bataillons scolaires naissait la Ligue des patriotes, constituée le 18 mai 1882, et Paul Déroulède affirmait d'emblée sa sympathie quelque peu compromettante pour les bataillons scolaires [43, p. 172]. Le 13 mai 1883 il trace, dans son discours d'Angoulême, ce que doit être à ses yeux la préparation prémilitaire des enfants et adolescents d'âge scolaire. En novembre 1883, son discours de Longchamp s'adresse à toutes les sociétés de gymnastique. Le 14 juillet 1885, il se félicite de la bonne tenue des bataillons scolaires passés en revue à Paris par le général Jeanningros. En 1884 Déroulède fonde un concours national de tir complété en 1886 par un concours national d'escrime. L'appui ostentatoire ainsi donné à l'initiative des républicains modérés par la Ligue des patriotes ne pourra, à l'heure du boulangisme, qu'être compromettante, et c'est bien ce qui explique sans doute la fin de l'expérience.

On en vient ainsi à se défier, à gauche, des dangers que peuvent comporter certains types de formation physique tendant à un véritable conditionnement de l'individu, sans pouvoir nier cependant l'utilité fonctionnelle de la gymnastique. C'est ce qui conduit Jaurès à écrire : « Qu'un effort immense soit fait pour développer aussi l'éducation physique de la jeunesse, non point par l'apprentissage puéril et l'anticipation mécanique des gestes militaires, mais

par une gymnastique rationnelle s'adressant à tous et se propor-
tionnant à tous, aux faibles comme aux forts, et élevant le niveau de
la race » [44, p 293]. L'éducation physique se substitue ainsi à la
gymnastique. L'amélioration de la race est positive en temps de
paix comme en temps de guerre. Pour le colonel de Gaulle, la
gymnastique asservissante doit également être exclue de la formation d'une armée constituée de volontaires d'élite. Il faut qu'elle
soit sportive au sens le plus noble du terme. Il faut renoncer au
« système de dressage anonyme et global », substituer à « la
contrainte sommaire... un perpétuel concours ». Il faut appliquer à
l'instruction des troupes « la flamme de l'esprit sportif. Qu'on
mette à profit la volonté de force et d'adresse prodiguée sur tant de
stades, le goût de dépasser les autres dont s'enivre la jeunesse, la
renommée que l'opinion dispense aux champions, bref l'immense
dépense d'énergie et d'orgueil consentie en notre siècle en faveur de
l'effort physique et de la compétition » [45, p. 150]. Ainsi la
gymnastique militaire comme élément de dressage du soldat est-
elle discréditée pour l'homme de gauche, qui entend lui substituer
l'éducation physique, et par l'homme de droite, qui, pour son
armée de métier, propose d'en appeler aux vertus élitistes du sport.

La place et la signification à donner à la gymnastique et au sport
dans l'éducation ont été aussi l'objet d'affrontements entre gauche
et droite avec d'intéressants retournements doctrinaux. Pays de
Thomas Arnold, illustre maître du collège de Rugby, l'Angleterre
fut aussi celui d'Herbert Spencer qui affirma l'importance de
l'éducation physique comme dimension de la formation[1]. Ni l'un ni
l'autre n'eurent en France d'émules immédiats et l'on constate
plutôt une défiance avouée vis-à-vis de l'introduction de l'éducation
physique dans les programmes, particulièrement marquée chez les
penseurs de droite. Au mieux, c'est le silence, comme celui d'Hippolyte Taine pourtant censeur implacable d'un système national
d'éducation étatique qu'il accuse de provoquer « une disconve-
nance croissante de l'éducation et de la vie » [47, p. 822]. S'il
incrimine la surcharge, le surmenage, s'il prône une formation
équilibrée du bon sens, de la volonté et des nerfs qu'est incapable de
donner l'école, il n'affirme jamais l'éducation physique comme une
solution possible. Ernest Renan dénonce également l'infériorité de
la formation française, mais il se réfère à l'Allemagne et pas à
l'Angleterre [46, p. 595]. Il souhaite que l'éducation valorise
l'énergie morale. Il considère que les jeunes Français, formés à bien
dire et à bien écrire, « ne savent pas assez de choses », notamment
en science. Loin de dénoncer le surmenage, il en appelle à une

compétitivité intellectuelle accrue, mais qui ne laisse aucune place à l'éducation physique.

Maurice Barrès dénonce également l'intrusion de l'éducation physique au lycée et voit dans les Lendits organisés par la Ligue nationale d'éducation physique une véritable absurdité. Ils mettent en vedette ceux des enfants qui ont de « gros biceps » et « une cervelle laissée en torpeur », sans avoir pour contrepartie de donner aux plus faibles l'occasion de s'adonner « aux exercices modérés de leur âge ». Ainsi n'aboutit-on qu'à surajouter le surmenage physique au surmenage intellectuel, sans avancer d'un pas dans la direction d'une éducation mieux équilibrée [56, p. 32]. Quant à Charles Maurras, il dit son opposition initiale et catégorique à la renaissance des Jeux olympiques qu'il ne perçoit d'abord que comme la manifestation anachronique et sacrilège de « l'internationale du sport », d'un cosmopolitisme qui ne peut jouer qu'au bénéfice des Anglo-Saxons qu'il abhorre [56, p. 131]; ce n'est qu'après avoir constaté que les Jeux olympiques permettaient tout au contraire l'exaltation des fiertés nationales, qu'ils étaient l'occasion d'exprimer des « passions patriotiques », qu'il change du tout au tout d'avis. Il va même jusqu'à espérer y trouver une occasion de revanche des Latins sur les Anglo-Saxons.

Ces très fortes réticences de bien des penseurs de droite s'expliquent, si l'on en croit Édouard Herriot, par le poids de la tradition catholique. S'affirmant lui-même comme le disciple de Georges Hébert, il écrit que « la France moderne a renié le bel idéal que lui avait légué la Grèce antique » et il oppose une vision d'Olympie où « les processions, les défilés, les chants célèbrent la joie de l'activité saine et libre » à celle d'un Port-Royal, « l'un des centres de notre culture française » où l'on ne rencontre que mélancolie, austérité et solitude et où la règle est « la pénitence continuelle du corps ». Pour un Pascal, dit-il encore, « la maladie est l'état naturel des chrétiens » et « cette réaction contre les lois de la nature, ce parti pris de tirer les principes mêmes de la vie d'une contemplation perpétuelle de la mort, ce pascalisme ont longuement agi sur notre éducation française » [55, p. 180].

Ce réquisitoire tardif est certes simplificateur mais on doit admettre qu'il y avait dans bien des esprits de droite une défiance ou, pour le moins, un mépris pour l'éducation physique, qui pouvait d'ailleurs aller de pair avec une admiration de la pratique sportive réservée à l'élite, et avec une adhésion à des formes utilitaires de gymnastique. Cette défiance expliquerait que, dans un premier temps, les républicains aient eu le champ libre pour mettre en place les structures d'encadrement de l'éducation physique des jeunes.

Créée en 1866 par Jean Macé, la Ligue de l'enseignement met d'emblée la gymnastique au rang des activités des œuvres péri- et postscolaires qu'elle suscite, mais elle semble ne pas avoir innové et être restée fidèle aux conceptions inspirées par la pratique militaire. Les novateurs se retrouvent au sein de l'Union des sociétés de gymnastique de France (USGF), qui se constitue le 28 septembre 1873 et, plus tard, de l'Union des sociétés françaises de sport athlétique (USFSA), née le 31 janvier 1889. En 1894 la Ligue de l'enseignement affirme son ouverture aux conceptions nouvelles de l'éducation physique en lui faisant place dans le patronage défini comme « l'ensemble des institutions et des œuvres d'initiatives privées qui ont pour but de suivre et de protéger au point de vue physique et moral, avant, pendant et après l'école, les enfants et les adolescents des deux sexes » [18, p. 156]. La Ligue de l'enseignement mais aussi l'USGF et l'USFSA sont idéologiquement acquises aux républicains et elles font de l'éducation physique un instrument pour « forger le corps politique » [14, p. 87]. La gymnastique devient l'un des éléments majeurs des grandes fêtes républicaines, qui sont la mise en scène d'un mythe politique fondateur : le peuple souverain. Elle est glorification du corps et, par là même, elle vise à dégager la société de l'emprise de la religion, à dénouer les liens religieux qui retardent l'avènement de la modernité démocratique. Des études locales comme celles dont nous disposons sur l'Ille-et-Vilaine [15] montrent l'âpreté des conflits suscités par cette offensive républicaine et anticléricale sur la jeunesse. En 1906, *L'Écho de Notre-Dame de Toutes Grâces* constate, à Rennes, que « les sports ont actuellement une vogue qui ne leur sera pas de longtemps enlevée et, de toutes parts, on l'utilise pour attirer la jeunesse, l'arracher à nos œuvres, à notre action, à la pratique religieuse, à l'observation du repos dominical, et à l'assistance à la messe ». Les milieux catholiques ne pouvaient rester impassibles. Ils réagissent par la mise en place de leurs propres patronages avec la constitution, en 1903, de la Fédération gymnastique et sportive des patronages de France (FGSPF) du docteur Michaux. Il y a, dès lors, une pratique catholique de l'éducation physique qui se réclame de ses idéaux et finalités propres. Il s'agit de protéger la jeunesse des dangers de la rue. On considère que la fatigue du corps conduit à la pureté, que la gymnastique et le corps imposent le respect de l'autorité et la soumission à la discipline [12, p. 205-222]. L'émergence du nationalisme de droite permet surtout aux œuvres catholiques de récupérer le thème de la défense de la patrie en y adjoignant celui de la glorification de Dieu. Elles préparent, en forgeant les énergies, à tous les combats, aussi bien contre les ennemis de l'intérieur que de l'extérieur.

La formation ou, mieux, l'encadrement sportif de la jeunesse, est ainsi devenue, dès la fin du XIXe siècle, un enjeu politique et idéologique, et devait le rester par la suite, comme le constate le précurseur que fut le docteur Philippe Tissié, qui écrit en 1919 : « Sous le couvert de l'éducation physique, nous assistons à des luttes entre partis. Les associations de la jeunesse sont républicaines, socialistes, catholiques... On parade, on claironne, on banquette, on scrutine » [15, p. 147]. Cette lutte constante implique des restructurations des forces en présence. C'est chose faite avec la constitution, en 1911, de l'Union générale sportive de l'enseignement libre (UGSEL), et, en 1928, avec celle de l'Union française des œuvres laïques d'éducation physique (UFOLEP) et il n'est pas indifférent qu'il soit fait référence d'une part au sport, d'autre part à l'éducation physique, même si les pratiques se rejoignent [6, p. 83].

Le débat public, jamais clos, prend des dimensions nouvelles en 1936 avec l'arrivée au pouvoir du Front populaire qui propose, avec le thème des loisirs, de nouvelles finalités aux activités physiques et sportives. Les congés payés sont restés dans les mémoires comme la conquête la plus indiscutable du Front populaire ; la création du Brevet sportif populaire par décret du 13 mars 1937 apparaît comme un complément de cette mesure majeure. Il s'agit, en effet, désormais de préparer les travailleurs à tirer profit de leurs nouveaux loisirs ainsi que de prévenir, par la pratique sportive, les nuisances de la société moderne. Il faut, dit le rapport introductif de Léo Lagrange, « amener la masse des Français et des Françaises à prendre souci de leur santé et de leur développement physique », corriger les conséquences néfastes des « conditions d'un travail moderne qui tendent à éliminer l'effort physique ». Mais il ne faut pas s'en tenir à cet utilitarisme sommaire. Ce qu'il faut, dit ailleurs Léo Lagrange, c'est « essentiellement recréer le sens de la joie, recréer le sens de la dignité ». Ce sont là des objectifs qui sont réaffirmés dans le premier rapport d'activité du secrétariat d'État aux Sports et Loisirs : « Organiser les loisirs (et les sports) dans un pays démocratique, ne peut consister à placer les individus sous le contrôle autoritaire de l'État dans l'emploi de leur temps libre. L'État doit être un guide pour l'utilisation des loisirs et pour le développement, sur le plan individuel et sur le plan social, de la santé et de la culture. Son but suprême est que les travailleurs trouvent dans les loisirs la joie de vivre et le sens de leur dignité » [28]. L'existence d'un discret secrétaire d'État à l'Éducation physique, auprès du ministre de la Santé Henri Sellier, souligne cette distinction voulue par le Front populaire entre formation physique et initiation aux loisirs. Pour le Front populaire importe donc seul l'épanouissement de l'individu. Cette vision doit beaucoup aux idées développées depuis 1925 par Georges Hébert qui proposait un retour à des méthodes naturelles, peu faites sans doute pour préparer des champions, mais destinées à réconcilier l'homme moderne tant avec son propre corps qu'avec la nature[2].

Tandis que s'affirme ainsi une conception de l'éducation physique à laquelle adhère la gauche, dans les milieux de droite la glorification du sport prend d'autres significations que nous avons déjà entrevues dans l'héritage aristocratique revendiqué par un Giraudoux ou un Montherlant. Cette adhésion aux valeurs sportives est perçue par les contemporains comme une véritable révolution. Henri Massis et Alfred de Tarde disent se trouver ainsi, en 1913, en présence d'une nouvelle génération avide d'action et en contradiction totale avec la précédente qui croyait à une autonomie de la pensée et de l'action, à l'inutilité d'agir, au dégoût de la vie et qui était « malade de civilisation » [58, p. 34]. Émile Faguet constate aussi en 1912 que « la réaction est très forte, plus forte que je n'aurais cru contre Auguste Comte, Taine, Renan, qui ne sont plus nommés, quand ils le sont, qu'avec la dernière expression du mépris... la tendance générale est l'anti-intellectualisme » [58, annexes]. Massis et Tarde, tout en soulignant l'importance de penseurs tels que Paul Bourget, donné comme un précurseur, mais aussi Maurice Barrès et Charles Maurras, soulignent l'importance du sport qui, disent-ils, « a exercé, lui aussi, sur l'optimisme patriotique des jeunes gens une influence qu'on ne saurait négliger... les sports font naître l'endurance, le sang-froid, ces vertus militaires, et maintiennent la jeunesse dans une atmosphère belliqueuse ». Dans le même temps un auteur comme Léon Daudet exalte le rôle de la volonté capable, affirme-t-il, de maîtriser non seulement le corps mais le mal physique [57]. Dès lors, les idéologies de droite dénoncent à l'envie l'intellectualisme facteur de dégénérescence, glorifient l'action et la force, en théorie, mais aussi dans leur pratique politique. C'est ce qu'écrit Georges Valois [59, p. 133] en 1926 : « La Révolution nationale veut avoir des jeunes hommes qui ne seront pas abrutis par l'alcool, dont les poumons, fortifiés par l'exercice, respireront largement l'air de la France, qui développeront dans les jeux de force, de souplesse et de vitesse, des muscles amollis par le travail de l'usine et du bureau. » Des propos identiques peuvent être relevés dans les programmes de toutes les formations d'extrême droite comme le déclare Drieu la Rochelle qui écrit : « Tous ces gens-là [Jacques Doriot, Gaston Bergery, Marcel Déat, François de La Rocque] ont le même programme... l'intérêt porté à la jeunesse, la nécessité de redonner à ce peuple de la joie physique et morale, de la force, la nécessité de faire tomber le ventre plat des Français » [24]. Maurice Bardèche demande « les qualités qui sont celles qu'on a exigées de tous temps des hommes qui participent à des entreprises difficiles ou dangereuses, le courage, la discipline, l'esprit de sacrifice, l'énergie », des qualités qu'il définit comme « proprement militaires et pour ainsi dire animales », permettant « de protéger, de dompter », et que renforce bien évidemment la pratique sportive. Charles Maurras lui-même avait écrit, dès 1901, que « le savoir ne vaut pas la force ni la vertu pour obtenir le bonheur ou conquérir le pouvoir », et cet homme tôt frappé du handicap de la surdité et si marqué à l'origine par l'intellectualisme positiviste en vient à penser que l'intelligence ou la culture, comme la science, s'opposent à un libre épanouissement du corps, « à l'exercice de la volonté » [24]. Cette réhabilitation du corps et de l'instinct dérive facilement en apologie de la violence, d'une violence dont les Camelots du Roi se font une gloire. On a pu ainsi parler pour les milieux d'extrême droite d'un « esprit de bande » [25, p. 219] qui impliquait « le culte de la force et de la jeunesse, l'oubli de soi dans la chaleur fervente du groupe » ; ce qui devait séduire un homme comme Robert Brasillach.

Le régime de Vichy est très marqué par cet héritage de droite, mais sans rejeter pour autant , sur ce seul plan, tout apport du Front populaire. Le maréchal Pétain partage l'anti-intellectualisme si répandu à droite. Dès 1934 il déplorait que « notre système pédagogique poursuive comme but unique le développement de l'individu considéré comme une fin en soi » [17, p. 71] et, en août 1940, il déclare qu'il faut « restituer dans toute leur plénitude ces vertus d'homme... la formation d'une jeunesse sportive répond à une partie de ce problème... mais le sport pratiqué exclusivement ou avec excès, pourrait conduire à un certain appauvrissement humain ». Le projet de Vichy sera donc, par-delà la pratique du sport, la recherche d'une formation intégrale qui prend nom d'Éducation générale et sportive. La mise en œuvre en est confiée à Jean Borotra, illustre comme champion de tennis, et polytechnicien qui, le 7 août 1940, devient commissaire général de l'Éducation générale et sportive. Dans une allocution radiodiffusée du 31 décembre 1940 il définit les grandes lignes de son action. Il s'agit « d'organiser toute une série d'activités : séances d'éducation physique, d'initiation sportive et de jeux, chant choral, travaux manuels, hygiène pratique, vie de plein air ». On encourage donc la pratique sportive, mais non sans mises en garde : « Lorsque l'enfant sera parvenu à l'adolescence, c'est aux luttes sportives qu'il viendra demander le complément de son éducation physique et morale, en même temps qu'une source de joie pure. Les sports doivent devenir la meilleure des choses, comme ils ont parfois été la pire... le champion doit aimer la lutte et non la gloire, le succès pour lui-même et non pour le profit... c'est pourquoi, voulant assurer la pratique désintéressée du sport, le commissariat général a condamné le professionnalisme. » L'éducation générale qui n'est que très partiellement sportive se réclame des idées de Georges Hébert. Elle est pleinement intégrée dans les horaires scolaires, valorisée aux examens et, dans chaque établissement, c'est un professeur des disciplines traditionnelles qui en a la responsabilité. Par ailleurs le brevet sportif est maintenu. Il n'y a donc pas à proprement parler de solution de continuité entre Léo Lagrange et Jean Borotra. Tous deux pensent en termes d'éducation, mais le premier entend favoriser l'épanouissement de l'individu et, tout particulièrement, du travailleur, tandis que le second prépare un homme soumis aux exigences du groupe, de la famille et de la patrie [17].

Contrairement aux régimes fasciste et nazi, l'État français n'a pas assujetti sa jeunesse à un mouvement unique; c'est à des institutions disparates qu'il a demandé la formation postscolaire des jeunes et notamment des cadres. D'abord dirigés par le général de Lattre de Tassigny les Chantiers de Jeunesse s'inspiraient d'un scoutisme[3] mâtiné d'hébertisme et faisaient la place la plus large à une vie en plein air délibérément rude. Les Compagnons de France qui se proposaient « de donner aux jeunes Français une formation physique, professionnelle et morale propre à les associer au service du pays » faisaient aussi une large place à une formation physique comportant quotidiennement « mise en train » et « jeux sportifs » [30, p. 133]. Une attention extrême est apportée à une tenue qui se doit d'être « toujours irréprochable », ce qui suppose que l'on améliore par la culture physique « la race » dont 85 % des éléments étaient, initialement, plus ou moins déficients, proportion prétendument ramenée à 40 % dès juillet 1941 [61, p. 428]. A l'École des cadres d'Uriage, cette institution rendue prestigieuse par la personnalité de son chef, Pierre Dunoyer de Segonzac comme par la qualité de nombre de ceux qui, tel Hubert Beuve-Méry, y sont passés, « l'épanouissement des corps, le redressement des caractères » ont été des impératifs primordiaux [31] dans la formation d'une élite assimilée à une chevalerie moderne réclamée par les défis et les combats de l'avenir : on sait, désormais, quels efforts furent entrepris, jusqu'à la dissolution de l'école en 1942, pour concilier exigences intellectuelles et spirituelles et impératifs communautaires dans la formation de futurs chefs qui se devaient d'être des individus équilibrés par une discipline aussi stricte du corps que de l'esprit.

Dans ses intentions et alors même que les moyens manquèrent, et que l'Occupation faussa les expériences en faisant par exemple des Chantiers de Jeunesse un préalable au STO et en poussant les hommes d'Uriage vers la Résistance, le régime de Vichy fut donc le temps de la revanche du corps dans l'ensemble du système éducatif. On ne saurait voir le triomphe du seul anti-intellectualisme de droite à l'ombre des exaltations des dieux du stade nazi par les collaborationnistes de Paris : sans l'État français, en réalité, certaines mesures favorables à l'éducation physique à l'école allaient dans le même sens que celles du Front populaire [17]. Ainsi s'amorcent des convergences entre droites et gauches qui, dans l'après-guerre, conduiront à un large consensus des principes.

Dans la décennie 1936-1945 l'éducation et la pratique physiques et sportives avaient été reconnues, toutes nuances et contradictions comprises, comme un domaine dont les pouvoirs publics ne pouvaient plus se désintéresser. Le sport de haut niveau, avec notamment la préparation des Jeux olympiques était devenu affaire d'État et l'État-providence se devait de prendre en compte les besoins sociaux nouveaux créés par l'accession aux loisirs des masses, sans négliger les préoccupations de santé publique fort anciennes et qui, sous Vichy, s'étaient teintées d'eugénisme. L'ordonnance du 28 août 1945, complétée par l'arrêté du 25 novembre 1946, sont affirmation d'un nouveau droit de tutelle de l'État sur tout le mouvement sportif et associatif. Avec la création d'une direction générale de la Jeunesse et des Sports, au sein du ministère de l'Éducation nationale, l'État se donne pour tâche « de faire pénétrer l'idée sportive dans la masse des jeunes, d'assurer la formation des cadres sportifs, de venir en aide aux associations sportives et d'arbitrer en dernier ressort des différends qui les opposeraient, de favoriser l'entraînement des élites afin de permettre une bonne représentation nationale » [62]. Le texte de 1950 suggère une définition extrêmement large de la compétence de la direction générale qui traduit le souci de ne rien laisser échapper des héritages des régimes précédents. Le brevet sportif est ainsi rétabli dans sa forme initiale ; les activités de plein air avec les Auberges de la Jeunesse, l'Union nationale des centres de montagne, l'Union nautique, etc., sont prises en compte, tout comme la préparation des futurs Jeux olympiques. Un programme aussi généreux et exhaustif ne pouvait être accusé d'esprit partisan et, de fait, le débat, sous la quatrième République, ne porta guère que sur l'ampleur des moyens à mettre en œuvre. Le bien-fondé de l'étroite tutelle de l'État ne fut contesté ni à droite ni à gauche.

C'est avec la cinquième République que le débat public sur le sport fut relancé, jalonné par l'adoption successive de trois lois, celle du 28 juillet 1961 relative à l'équipement sportif et socio-éducatif, celle du 29 octobre 1975 relative au développement de l'éducation physique et du sport, dite « loi Mazeaud », celle, enfin, du 16 juillet 1984 relative à l'organisation et à la promotion des activités physiques et sportives, dite « loi Edwige Avice ». D'autres mesures comme le détachement, à dater de janvier 1964, du secrétariat d'État au Sport, du ministère de l'Éducation nationale avec retour, après 1981, au sein de ce ministère pourraient également faire croire à l'affrontement d'une politique de droite et d'une politique de gauche dont on cherche assez vainement la trace dans les textes. Ce que l'on peut aisément relever, en revanche, ce sont les dissonances des discours sur le sport tenus par les différentes familles politiques. La loi-cadre de 1961, expression de la volonté d'un gaullisme que l'on a dit fort agacé par la médiocrité des résultats français aux Jeux olympiques de Rome, se concrétise dans un plan d'équipement qui est l'une des expressions de l'urbanisme rationnel du temps. Les équipements sont uniformément définis en fonction de la taille des localités ou quartiers allant du simple terrain de jeux pour les plus petites communes aux ensembles complexes comportant terrains de tennis et piscines dès que le seuil des 10 000 habitants est atteint. Ce plan ne distingue pas le socioculturel du sportif, et il englobe les Maisons des Jeunes, ce qui montre que la droite gaulliste au pouvoir assume la vision globale des loisirs héritée du Front populaire. Dans les années 1960 le pouvoir gaulliste s'affirme très préoccupé des résultats olympiques nationaux et si les jeux d'été n'apportent que déconvenues ou semi-satisfactions, les jeux d'hiver de Grenoble, en 1968, sont considérés comme un triomphe pour la France. Assistant à la cérémonie d'ouverture, Georges Pompidou, Premier ministre, livre son interprétation de l'esprit olympique « qui consiste d'abord à exalter le sport comme le moyen pour l'homme de cultiver son corps et non point à l'opposer à l'esprit ou au caractère... L'esprit olympique, c'est aussi de considérer la compétition sportive comme le meilleur moyen d'entretenir chez l'homme la force du caractère et de faire revivre l'esprit chevaleresque entre hommes qui s'affrontent et accueillent avec le sourire la victoire du meilleur. C'est également une façon d'orienter le culte, enraciné dans l'homme, du héros et le besoin du triomphe et de la gloire vers des fins pacifiques. Mais l'esprit olympique, c'est encore quelque chose de plus profond. Les jeux réalisent le miracle d'exalter chez les hommes et les nations l'amour-propre national en même temps que le sentiment de la solidarité humaine » [68]. Cette accumulation de lieux communs est une adhésion sans réserve aux préceptes de Pierre de Coubertin et elle cache mal les trois vices qui, au dire de Hubert Beuve-Méry, ont altéré ces jeux comme les précédents : le nationalisme, le gigantesque et la commercialisation [68]. De fait, l'engagement de l'État, les manifestations de chauvinisme largement orchestrées par les médias que provoquent toutes les rencontres internationales, les travers d'un professionnalisme qui, après avoir perverti la boxe, corrompt des sports aussi populaires que le football et bientôt le tennis, ont imposé une réflexion menée par une commission de la doctrine mise en place en mai 1962 par un Haut Comité des sports créé auprès du Premier ministre. Cette réflexion est consignée dans un *Essai de doctrine du sport* publié en 1965 sous la responsabilité de Maurice Herzog. La platitude des propos est, ici, encore étonnante, prônant tout à la fois : d'imposer et d'organiser le sport dans les activités scolaires et postscolaires, de développer et de défendre le sport-loisir, de sauver le sport de haute compétition [65]. Les développements autour du premier point ne sont pas sans rappeler ce qu'avait été l'inspiration de l'éducation générale de Vichy, que Jean Borotra est d'ailleurs encore là pour rappeler. Le deuxième point entend assumer l'héritage du Front populaire et le troisième répond aux exigences du spectateur sportif particulièrement attentif aux résultats des athlètes nationaux. L'ultime conclusion qui dit l'État « responsable de l'éducation des jeunes et du bien-être des citoyens », ce qui est développé dans les termes qui sont ceux-là mêmes du texte de 1950, n'apporte aucune note d'originalité dans un domaine qui ne semble guère la susciter.

Toutefois, un accent un peu nouveau apparaît au début des

années 1970, lorsque Georges Pompidou, devenu président de la République, dit certes son intérêt pour le sport à l'école tout en condamnant la gymnastique d'antan, mais affirme aussi que ce n'est pas de son extension qu'il faut attendre des progrès du sport de haut niveau qui est, à ses yeux, de la responsabilité des clubs et des cercles sportifs [68]. Ainsi s'amorce un discret virage d'un pouvoir qui, dans les années 1960, misait sur un engagement accru de l'État et qui, dans les années 1970, va tenter, dans une nouvelle logique libérale, de réhabiliter l'acteur associatif, le secteur privé et, nouvelles venues, les collectivités locales. Telle est bien l'inspiration de la loi Mazeaud du 29 octobre 1975 : celle-ci ne parle plus, dans son article premier, de responsabilité de l'État mais « d'obligation nationale ». La responsabilité de l'État est ramenée à l'enseignement de l'éducation physique et sportive qui fait partie intégrante de l'éducation. Au sein même des établissements sont prévus des « groupements sportifs » à caractère associatif et qui adhèrent aux fédérations. Ils peuvent bénéficier de l'aide de personnes publiques et engager des éducateurs sportifs. Bien que le texte ne soit pas limpide, les intentions sont nettes : il s'agit de briser le monopole du personnel de l'Éducation nationale, d'établir des liens organiques entre les établissements d'enseignement et les clubs. Par ailleurs l'État « veille à garantir la promotion des sportifs de haut niveau » que l'on espère voir sortir des nouvelles formules de formation ainsi mises en place et couronnées par la création d'un Institut national du sport et de l'éducation physique. Quant au titre III de la loi, il accroît sensiblement les responsabilités des collectivités locales dans la réalisation des équipements sportifs. Les réactions à cette loi sont parfois sévères, en dehors même de celles des professeurs d'éducation physique qui se jugent sacrifiés, voire diffamés car tenus pour responsables des échecs olympiques de la France. On peut ainsi lire dans l'*Information municipale* [69] : « On peut dégager une ligne constante à travers tout le projet : tendre à décharger l'État de ses responsabilités financières à l'égard du développement du sport et à accroître son pouvoir d'intervention par différents moyens visant à subordonner toujours plus le mouvement sportif à sa politique au lieu de l'aider à assumer sa mission au service de la masse des sportifs dans les secteurs où ils pratiquent (sport de masse, sport scolaire, sport de haute compétition, sport des handicapés, sport dans les loisirs, etc.). » Le gouvernement est ainsi accusé de vouloir rompre, au bénéfice du sport de haut niveau, politiquement le plus rentable, ce prudent équilibre dont témoigne le texte de 1965.

La loi du 16 juillet 1984, votée sous le gouvernement de Laurent Fabius, élimine les dispositions les plus provocatrices du texte de 1975. Priorité est à nouveau clairement donnée à l'éducation physique et sportive, dispensée par le seul personnel de l'Éducation nationale. Les associations sportives des établissements peuvent certes être aidées par les collectivités locales mais sans se confondre avec des clubs. On met l'accent sur la concertation tant pour la définition des politiques que pour la réalisation des équipements. Cependant les dispositions antérieurement prises en faveur du sport de haut niveau demeurent : est consacrée l'existence d'établissements scolaires avec horaires aménagés — ce sont les sections sport-études — et « le ministre chargé des sports conclut des conventions avec des entreprises publiques ou privées en vue de faciliter l'emploi des sportifs de haut niveau et leur reclassement ». On en revient donc en 1984 à des formules d'équilibre qui avaient fait leurs preuves depuis la Libération. On respecte une tradition éducative ouverte au sport-loisir, sans pour autant sacrifier un sport de haut niveau qu'aucun gouvernement ne peut aujourd'hui négliger, sans être accusé par médias spécialisés et opinion, de porter atteinte à un honneur national engagé dans les Jeux olympiques, le tournoi des Cinq nations ou la Coupe du monde de football.

On se doit de relever que, si limitée que paraisse la marge de manœuvre des gouvernements de droite comme de gauche, ni les droites ni les gauches n'ont renoncé à débattre des politiques sportives. *Le projet républicain*, programme du Parti républicain préfacé en 1978 par Jean-Pierre Soisson, consacre un développement au sport dans un chapitre intitulé : « Le bonheur du corps ». Sans aucune mention de préoccupations nationales prévaut ici le souci de favoriser l'épanouissement individuel, ce qui est l'expression d'une pensée libérale cohérente [72]. En 1976, le Parti communiste a publié une brochure, *Le sport en question* [70], qui n'en est pas à un paradoxe près. Si la loi Mazeaud est condamnée, les Jeux olympiques sont hautement glorifiés, ne serait-ce que parce qu'ils permettent au sport socialiste de manifester sa supériorité. Au sportif professionnel de la société bourgeoise est opposé l'athlète complet, politiquement et physiquement, des démocraties populaires. *Les Cahiers du communisme* ont, à plusieurs reprises [71], développé les mêmes thèmes non sans contradictions. En 1963 le gouvernement est ainsi accusé de tout sacrifier au sport-spectacle et en 1976 il est tenu pour responsable des échecs de Montréal. En 1980 le Parti socialiste, sous le titre *Libérer le sport* [73], y va aussi de son pamphlet qui vise une loi Mazeaud accusée de désengager l'État, notamment financièrement, tout en resserrant son contrôle sur le milieu associatif. Alors même que le débat de fond tourne court, les diverses familles politiques recherchent à l'envie la caution que peut leur donner, aux yeux de l'opinion, l'adhésion de sportifs de haut niveau. Les gaullistes ont attiré à eux Maurice Herzog, le vainqueur de l'Annapurna, tout comme le régime de Vichy s'était servi de Jean Borotra; ont été ensuite incités à proclamer leur adhésion au pouvoir en place aussi bien Marielle Goitschel que Michel Jazy, Guy Drut et plus récemment encore, appelant à soutenir Jacques Chirac, Jeannie Longo. La gauche ne pouvait faire moins que de donner des ministères à Alain Calmat et à Roger Bambuck. Paradoxalement c'est Alain Calmat qui, en 1984, a autorisé le Loto sportif, mesure qui, prise par la droite, n'aurait manqué de déclencher un gigantesque tollé sur les thèmes de la corruption du sport par l'argent et du désengagement scandaleux d'un État allant chercher dans la poche des parieurs ce qu'il se refusait à inscrire au budget.

Ainsi le sport occupe-t-il trop de place dans la vie contemporaine pour ne pas être objet du débat politique mais sans que l'on puisse prétendre distinguer clairement aujourd'hui, sur le fond, des positions de droite radicalement différentes de celles des gauches, une fois oubliée la rhétorique propagandiste.

II. L'HYGIÈNE

L'action hygiéniste s'autorisa, au XIXe siècle, d'une vision négative des masses considérées comme dangereuses non seulement du fait de leur violence potentielle, mais aussi de la corruption morale et physique dont elles étaient capables. Bien avant même la découverte des microbes et des modalités de la contagion, les pauvres étaient considérés comme dangereux pour la santé des gens de bien et l'on a répété souvent qu'entre sa cour et son jardin, l'hôtel à la française était une protection contre les miasmes populaires tout autant que contre les émotions de la rue. L'hygiénisme, avec tout ce qu'il comporte d'autoritarisme parfois brutal, s'inspire de cette perception de l'autre. Elle n'est certes pas nouvelle. Madame de Sévigné comparait au XVIIe siècle le paysan affamé à un animal sauvage. Le glissement de sens du terme « vilain » est, en lui-même, fort significatif. En 1844, Balzac, dans *Les paysans*, écrit encore que ceux-ci « n'ont, en fait de mœurs domestiques, aucune délicatesse... qu'ils vivent d'une vie purement matérielle qui se rapproche de l'état sauvage auquel les invite leur union constante avec la nature ». A la bassesse morale s'ajoute la laideur physique car « le travail, quand il écrase le corps, ôte à la pensée son action purifiante, surtout chez des gens ignorants ». La disgrâce physique est l'indice de la médiocrité de la condition et de la bassesse de l'âme. C'est ce que suggère Eugène Sue lorsque, dans *Les mystères de Paris*, il évoque le Chourineur et son teint olivâtre entouré de deux individus, l'un « très pâle, très livide », l'autre « à figure imberbe, hâve, creuse, plombée, au regard éteint », tandis que Rodolphe, bien que déguisé en pauvre, avait « le cou svelte, aussi élégamment modelé que celui du Bacchus indien... des mains d'une rare distinction » et enfin « un air de résolution... d'audacieuse sérénité » qui mettait entre les autres personnages masculins et lui une distance énorme. Notons que la fille du peuple échappe à ce déterminisme de la laideur et que Fleur-de-Marie dite La Goualeuse est, au contraire, merveilleusement belle et de plus dotée d'une voix fascinante [80].

Ce ne sont pas les travaux de Louis Villermé et de ses émules qui pouvaient modifier cette vision du peuple puisqu'ils soulignent toutes les disgrâces dues aux conditions de travail, d'alimentation et de logement. Ils inspirent au contraire une perception très négative du monde ouvrier et de l'usine considérée comme « la Sodome du monde moderne... comme le facteur primordial de la démoralisation populaire » [79, p. 526]. Ces impressions sont confirmées par les rapports des autorités, policiers, magistrats, préfets, qui font une place plus large au braillard gaspilleur et malhonnête qu'au travailleur tranquille qui n'a pas d'histoire. Enfin cette idée d'un peuple malsain se trouve confortée par les constats faits par les conseils de révision amenés à réformer un fort pourcentage de conscrits.

Les milieux favorisés ont une propension marquée à rendre les pauvres responsables de leur propre déchéance physique et morale. Un médecin écrit ainsi en 1840 [98, p. 199] : « Quel que soit l'état de santé du pauvre, tout de suite vous le reconnaissez, à part ses vêtements déguenillés, à ses yeux ternes et sans expression, à sa figure maigre, terreuse, blafarde et bouffie ; à son corps voûté, ses genoux semi-fléchis ; à son air gauche, timide, triste ou envieux. Les vices qui infestent son moral sont encore la conséquence de la misère; c'est le mensonge... c'est la gourmandise... c'est l'ivrognerie... c'est enfin l'improbité. Sous le rapport intellectuel, il est encore plus dégradé qu'au physique; il est plein de préjugés; il croit aux sorciers, aux revenants; il est entêté, routinier; il repousse les lumières; il ne se souvient pas du passé, il est insouciant de l'avenir; il est ignorant, c'est tout dire. » Alors même que l'on peut admettre, comme le fait un autre médecin, que le fabricant qui l'exploite partage les responsabilités, il n'en reste pas moins qu'on peut l'accuser « au lieu de vivre sagement, économiquement, d'avoir préféré la vie déréglée du cabaret et d'autres plaisirs aussi pernicieux », ce qui en fait une victime sans défense de l'accident ou de la maladie. Cette vision du peuple malsain parce que ignorant dans le meilleur des cas, et trop souvent dépravé, se trouve confortée par les topographies médicales qui furent de mode chez les étudiants en médecine des premières décennies du siècle et par les traités d'hygiène professionnelle dont Alexandre Layet a laissé des modèles [93 et 94]. Sans écarter l'incidence de la misère, il dénonce en effet la nocivité des habitudes, positions néfastes pendant le travail pour les ouvriers, crasse invétérée des habitations campagnardes. L'hygiénisme a impliqué à l'origine et pendant longtemps encore cette vision négative de l'autre qui justifie le recours à la contrainte.

La répulsion pour l'autre marque également la perception des colonisés car l'inégalité des races humaines est physique tout autant qu'intellectuelle et morale. En cela, la tradition d'Occident se perpétue qui inscrit la barbarie dans l'espace qui s'étend au-delà des limites ultimes des empires : déjà, Pline l'Ancien faisait de l'Afrique la terre des monstres, Garamantes, Angyles, Blemmies, etc. Cela finit par être presque un genre littéraire. Ainsi, dans *Voyage au bout de la nuit*, Céline, dont on connaît la profession de médecin hygiéniste, écrit : « Dans la journée c'est accroupi, on croirait pas ça capable de se lever seulement pour aller pisser le long d'un arbre et puis aussitôt qu'il fait nuit, va te faire voir! ça devient tout vicieux, tout nerfs, tout hystérique! des morceaux de la nuit tournés hystériques! Voici ce que c'est que les nègres, moi j'vous le dis! Enfin des dégueulasses... des dégénérés quoi... » Les tares physiques et, en premier lieu, la couleur de peau ne sont que l'apparence de l'immoralité. Si le coolie asiatique par sa maigreur inspire la peur de la contagion tout en étonnant par sa résistance jugée animale, le marchand chinois, lui, est toujours adipeux, et seule la belle Tonkinoise est digne de nourrir les rêves des Européens. L'antisémitisme est également porteur d'une condamnation sans appel du physique de l'autre. Édouard Drumont s'étend longuement sur les signes évidents de perversité et se résume en écrivant : « Les principaux signes auxquels on peut reconnaître le juif restent donc : ce fameux nez recourbé, les yeux clignotants, les dents serrées, les oreilles saillantes, les ongles carrés au lieu d'être arrondis en amande, le torse trop long, le pied plat, les genoux ronds, la cheville extraordinairement en dehors, la main moelleuse et fondante de l'hypocrite et du traître. Ils ont assez souvent un bras plus court que l'autre » [81, p. 34] ; et encore se pique-t-il d'indulgence tout en citant en note un certain Lavater, qui n'est pas Johann Kaspar, inventeur de la physiognomonie, plus sévère encore. Plus les juifs lui semblent dangereux, plus ils sont hideux ; le juif allemand a ainsi : « les yeux chassieux [qui] ne regardent pas, le teint est jaunâtre, les cheveux couleur de colle de poisson » tandis que les juifs du Midi qui, après tout, sont nos alliés contre les Arabes, peuvent « parfois être beaux physiquement ». Enfin, dans les pires ghettos « il y a des vieux étonnants de laideur à côté de jeunes filles adorablement belles drapées dans des haillons », et on trouve ainsi un écho de cette glorification d'une beauté juive uniquement féminine mise à la mode par Walter Scott à travers le personnage de Rebecca. L'exotisme, quel qu'il soit, sied donc aux femmes tout autant qu'il condamne les hommes. Le XXe siècle ne fait que surenchérir sur cette condamnation du physique juif : ainsi Vichy et Abel Bonnard songèrent longtemps à confier la chaire, créée par l'État français, à la Sorbonne d'« Études sociales » à George Montandon, auteur, entre autres, de *Comment reconnaître le juif ?* suivi d'un *Portrait moral du juif selon les ouvrages de Louis-Ferdinand Céline, Édouard Drumont, Léon de Porcin et autres*. L'accueil réservé, par les étudiants, quelques mois auparavant à Henri Labroue, nommé titulaire de la chaire d'« Histoire du judaïsme contemporain », les en dissuadèrent néanmoins. La laideur masculine juive est une telle vérité première qu'elle est spontanément rappelée sous la plume d'auteurs aussi peu suspects d'antisémitisme que Roger Martin du Gard [82, p. 326]. Silbermann, personnage de Jacques de Lacretelle, a également un physique ingrat, une face un peu asiatique et des aspects de prodige de cirque. Dans *Gilles*, de Drieu la Rochelle, auteur dont le *Journal* révèle l'obsession antisémite, le juif et même la belle juive Myriam inspirent au héros un dégoût physique insurmontable qui le conduit au divorce [26]. Laid, le juif est aussi malsain et par là même dangereux. Il est notamment porteur de grippe ou de peste, ce dont, en 1920, s'émeut la grande presse

parisienne, alors que son ancêtre, au XIXe siècle l'avait été du
choléra [82, p. 314]. Tout comme la race juive véhicule les valeurs
maudites d'un internationalisme aussi bien capitaliste que marxiste, l'individu, lui, transmet les germes des pires maladies.
Comme il s'agit là de vices imputables à la race, ils sont sans
recours et on ne peut ainsi espérer que sur le juif le sport ait un
quelconque effet positif. Il y est d'ailleurs, par nature, inapte,
comme l'écrit, en 1943, Denis Dauwen : « Les juifs et le sport? On
ne saurait retenir ce titre car on trouve rarement des éléments aussi
inconciliables, aussi résolument étrangers l'un à l'autre. Le sport,
c'est, par excellence, l'activité désintéressée. Le juif est la cupidité,
l'avidité incarnées. Le sport, c'est l'effort généreux, la perpétuelle
recherche d'une occasion de se surpasser. Le juif répugne à toute
espèce de fatigue physique, surtout dénuée de profit, et sa vie se
passe à guetter l'occasion d'amasser » [10, p. 57].

Aux origines de l'hygiénisme, dans la logique de la colonisation
comme dans les justifications de l'antisémitisme il y a donc, à des
degrés très divers, une dévalorisation de l'autre par son apparence
physique et son corps. Cette dévalorisation n'est l'exclusivité
d'aucune famille de pensée — il y a un antisémitisme de gauche,
même paré d'anticapitalisme — mais elle se conjugue mieux avec
un élitisme dont on peut faire l'une des constantes de la pensée de
droite qu'avec les valeurs démocratiques de la gauche.

Les stratégies médicales et hygiénistes, qu'il est bien vain de
distinguer, ont été conditionnées tout à la fois par l'évolution de la
médecine et par celle des moyens que la collectivité était capable de
dégager pour la prise en charge de ses déshérités. La prévention l'a
d'abord emporté sur les soins. L'attention, en un temps réservée
aux plus favorisés, s'est progressivement élargie à l'ensemble de la
population.

Le talent qu'a mis Michel Foucault à développer, dans son
Histoire de la folie, le thème de l'enfermement a, aux yeux des
historiens, tout autant obscurci le débat qu'il a éclairé un réel objet
d'histoire. Nul ne peut nier l'importance de la loi du 30 juin 1838
sur les aliénés. Les abus qui ont découlé de son application,
intervenant dans l'intérêt des familles plutôt que pour raisons
médicales dûment démontrées, sont également indéniables, même
s'ils furent plus exceptionnels qu'on a voulu le dire. Mais on ne
saurait strictement réduire cette loi à l'expression d'une stratégie
bourgeoise tendant à faire de l'enfermement le moyen universel de
se débarrasser des gêneurs. L'analyse des longs débats qui, en 1837

et 1838, ont précédé l'adoption de la loi montre la prudence et les scrupules des législateurs qui se réclament d'ailleurs du précédent anglais de 1828. Eux-mêmes disent le sens de leurs efforts qui tendent à substituer à la seule autorité administrative jusqu'alors compétente celles, conjuguées, du préfet mais aussi du juge et du médecin. Ainsi peut-on lire : « Jusqu'ici la loi donnait à l'administration le droit de pourvoir aux inconvénients que pouvait avoir l'état des insensés. Lorsqu'elle avait mis la société à l'abri de ces inconvénients, l'administration avait fait son devoir. Or qu'ajoute le projet actuel ? Il impose à l'administration un nouveau devoir. Après avoir pourvu aux inconvénients que peut présenter la liberté des insensés, l'administration ne peut se dispenser de les retenir, non pas dans une prison où le malheureux insensé serait la victime des jeux cruels de tous les détenus, mais dans un établissement d'aliénés. Après avoir pourvu à la sûreté publique, elle pourvoira à la guérison de l'aliéné » [86]. Ainsi l'innovation, en 1837-1838, n'est-elle pas dans un enfermement qui était auparavant de règle, mais dans le droit aux soins. Ce choix est à replacer dans le contexte d'une évolution beaucoup plus générale du rôle imputé à l'emprisonnement des marginaux[4]. La prison postrévolutionnaire elle-même est conçue comme lieu moins de sanction que de réhabilitation des malfaiteurs par le travail, le grand criminel étant, lui, retranché de la société par la peine de mort.

Le XIXe siècle a vu se multiplier les lieux d'enfermement allant de la prison à l'asile, à l'hôpital, à l'hospice et aussi, pour les enfants, aux maisons de correction et autres colonies agricoles, sans oublier, plus tard, les sanatoriums, mais cette évolution ne peut pas être interprétée comme le simple triomphe d'une logique bourgeoise soucieuse de protection des éléments les plus favorisés de la société. Si dures qu'aient été souvent les solutions ainsi proposées, elles ont, en règle générale, marqué un progrès par rapport à celles qui leur étaient antérieures. L'enfermement est certes cruel, mais moins que l'abandon pur et simple auquel souvent il se substitue : jamais n'a existé cette société traditionnelle reconstruite par certains historiens et censée avoir été capable sinon d'intégrer sans douleur tous ses marginaux, du moins de les accepter, de les tolérer.

Les attitudes face aux tuberculeux, alors que la tuberculose reste incurable jusqu'à la découverte de la streptomycine en 1947, sont un exemple particulièrement riche de toutes les ambiguïtés que comporte une stratégie de prévention. Bien après que les travaux de Gaspard Laurent Bayle, de Jean-Baptiste Baumes et de Laennec ont permis une identification de la maladie, les médecins restent impuissants, condamnés à atténuer les symptômes à défaut de soigner le mal et, plus encore, à soulager les affres des malades et de leur entourage. Le bon médecin de famille est celui qui sait rendre la vie supportable au phtisique et à ses proches et qui sait également protéger de la malveillance de l'entourage la famille atteinte dans l'un de ses membres. Tel est le rôle social que doit jouer le médecin dont seuls les milieux privilégiés peuvent s'attacher les services, tandis que les humbles sont condamnés à mourir à l'hôpital dans des conditions dont le docteur Louis a donné à l'époque une description clinique et dont les frères Jules et Edmond de Goncourt ont fourni une version romanesque [123, p. 17 et 100]. Bien au-delà du simple respect des convenances il y a donc, face à la maladie, des attitudes qui répondent aux impératifs sociaux des milieux aisés. Les découvertes de Jean Antoine Villemin, en 1866, viennent perturber cette stratégie en imposant l'idée de la contagiosité du mal. Dès lors la médecine va tenir un double langage qui n'est que l'expression de la complexité de sa fonction sociale. De la contagiosité reconnue de la maladie découle la reconnaissance du danger que représentent les malades pour les bien portants et, bien évidemment, les malades pauvres particulièrement frappés par le mal, pour les nantis que leurs conditions de vie protègent mieux. L'hygiénisme tend alors à détruire les foyers de pestilence rendus responsables de la propagation de la maladie; Paul Juillerat en vient ainsi à proposer la constitution d'un fichier des logements insalubres [113] et, conjointement, à dépister les malades pour les contraindre à se soigner. Mais, saisie du problème en 1888, l'Académie de médecine refuse d'imposer la déclaration obligatoire de la maladie, donc d'officialiser sa contagiosité. Elle entend ainsi laisser au médecin toute liberté pour jouer son rôle traditionnel de protection du malade au sein de sa propre famille, et de sa famille dans la société globale. Il y va de l'intérêt des plus favorisés de pouvoir continuer à se faire soigner ainsi « en clientèle » dans la plus grande discrétion possible, et quels que soient les risques encourus par le tuberculeux et les siens. L'hygiénisme apparaît bien ici comme conditionné par la stratégie des classes dirigeantes.

Il en va de même lorsque, au début du XXe siècle, et en suivant l'exemple de l'Allemagne, le séjour en sanatorium apparaît comme la seule voie pour obtenir, à défaut de la guérison, une rémission de la maladie. Tandis que les sanatoriums populaires, généralisés par la loi Honnorat de 1919, sont de véritables lieux d'enfermement, les sanatoriums privés, et donc payants, sont d'authentiques palaces spécialisés dans l'accueil, l'entretien et, dans toute la mesure du possible, le divertissement des malades. On est envoyé d'autorité dans le sanatorium populaire de son département quand on a été détecté comme malade par un dispensaire, après enquête d'une infirmière visiteuse qui n'a pas pour fonction de respecter l'intimité des familles pauvres. On fait le choix de se rendre à Davos ou à Cambo, sur avis de son propre médecin, et on y reste qu'autant qu'on le veut bien, avec la possibilité de revenir se faire soigner en clientèle. Corollairement le malade riche trouve toujours place dans l'établissement de soins de son choix tandis que le pauvre se voit souvent refuser l'accès au sanatorium populaire surpeuplé. Alors que les soins du pauvre, toujours tenu pour largement irrespon-sable, exigent le respect d'une discipline stricte excluant notam-ment toute mixité, l'amélioration de la santé du malade moins dépourvu va de pair avec une vie laissée beaucoup plus libre. La prise en charge des tuberculeux donne ainsi, sous une apparente identité de modalités, un bel exemple de traitement inégalitaire de la souffrance au prix d'une interprétation très souple des principes hygiénistes. Encore a-t-on évité le pire car, en 1905, effaré par le coût des soins à donner aux malades populaires, une autorité médicale comme Georges Daremberg n'hésitait pas à prôner la construction pour le peuple de simples mouroirs en estimant que ce serait un exploit que de soigner par an 5 000 des quelque 150 000 malades dont le cas n'était pas, *a priori*, désespéré [96, p. 357]. La lutte antituberculeuse laisse ainsi apparaître avec une particulière netteté la pérennité des inégalités sociales alors même qu'elle est présentée depuis la fin du XIXe siècle comme une grande cause nationale. L'histoire des autres institutions d'assistance confirme la nature de classe de l'hygiénisme. C'est, semble-t-il, de la reconstruction de l'Hôtel-Dieu par Haussmann que date à Paris la transformation de l'hôpital de simple lieu d'accueil en véritable structure de soins. Ce n'est là que l'amorce d'un processus qui devait être bien long. Vers 1880 encore il n'y a pas, dans les hôpitaux, de véritables infirmières. Les religieuses sont surveil-lantes et n'ont, sous leurs ordres, que des hommes et des femmes de service et c'est cette absence de personnel soignant qui conduit Bourneville à créer les premières écoles d'infirmières, tout en menant bataille pour la laïcisation des hôpitaux. Les hospices des enfants trouvés ne sont, jusqu'à la loi Roussel de 1874, que des mouroirs. Les colonies agricoles et autres établissements qui, jusqu'en 1914 au moins, accueillent les enfants abandonnés, délin-quants ou non, restent très conformes au modèle de la maison de

Mettray ouverte en 1840 et passée à la postérité non seulement grâce à la description qu'en fit Michel Foucault, mais également parce que Jean Genet prétendit y avoir connu des conditions de vie atroces de 1926 à 1929, si l'on veut en croire *Miracle de la rose*. Rien n'y est prévu pour permettre un quelconque épanouissement des pensionnaires, encore moins pour leur donner une quelconque chance de promotion sociale. On cherche à en sortir un véritable produit standardisé, bon agriculteur, bon domestique et bon soldat, en tout état de cause inoffensif pour la société. Médicalement impuissantes ou accablées par l'ampleur de la tâche, les autorités ont toujours été contraintes, dans la France du XIXe siècle, de faire la part du feu, de laisser les plus défavorisés à leurs misères pour en mieux préserver les nantis, mais sans que l'on puisse distinguer, face aux contraintes du temps, plus que des nuances dans les choix de droite et de gauche.

Tandis qu'il paraît légitime d'imposer à un peuple irresponsable des règles de vie aussi sages que saines, les gouvernements furent toujours fort embarrassés quand il fallut faire des textes qui limitaient la liberté personnelle et le droit de propriété des élites. Beaucoup plus qu'une opposition droites-gauches, ce qui semble prévaloir c'est l'affrontement de choix libéraux et de choix autoritaires, gauches et droites n'ayant l'exclusivité ni des uns ni des autres. Faire prévaloir l'ordre et la sécurité publique n'était chose simple que tant que l'intérêt général ne heurtait pas les intérêts particuliers.

Le droit français est ainsi singulièrement timoré et hésitant face à ces deux grands fléaux sociaux, très tôt reconnus comme tels, que sont l'alcoolisme et la prostitution. L'ivrognerie est dénoncée comme le vice ouvrier par excellence dès la Monarchie de Juillet et l'émotion s'étend alors que les théories de Magnus Huss commencent à être connues sous le second Empire [92]. Par la suite tous les hygiénistes feront un comptage horrifié des débits de boissons qui se multiplient dans les villes. Zola, enfin, écrivit *L'assommoir*. Les retombées légales de cette intense émotion sont bien faibles. C'est, pour l'essentiel, la loi du 23 janvier 1873 qui sanctionne l'ivresse publique ou, plus précisément, les désordres qu'elle peut causer. En dehors du coupable, seul le débitant, qui sert un homme déjà ivre ou un mineur de moins de 16 ans, peut être sanctionné. En 1914 la guerre permettra l'interdiction de l'absinthe, mesure doublement symbolique, d'une part, de la volonté des autorités de faire quelque chose, et, d'autre part, et peut-être surtout, d'affirmer la distinction entre le mauvais alcool et le bon vin naturel. Les historiens ont dit l'impuissance des pouvoirs publics français face à ce problème de l'alcoolisme, toutes familles politiques confondues [91]. Il est vrai que l'on touchait à des intérêts aussi respectables que ceux des petits vignerons et bouilleurs de cru, grands propriétaires viticoles et betteraviers, sans oublier les débitants de boissons, agents électoraux actifs et essentiels s'il en est, dans une République encore largement rurale.

Face à la prostitution, le combat politique ne fut pas plus glorieux. Il y eut, certes, un très long débat qui opposa les réglementaristes et les abolitionnistes. Les réglementaristes se réclamaient de l'œuvre du docteur Alex Parent-Duchâtelet qui concluait son enquête, ouverte en 1827, par l'impossibilité de supprimer la prostitution, donc par la nécessité d'en limiter les nuisances. Son souci n'est pas de protéger les prostituées, mais de faire disparaître « le dégoûtant spectacle de la prostitution publique », cette incitation à la débauche qui menace jusqu'aux familles les plus respectables. Il s'abrite derrière l'autorité de saint Augustin pour dire que l'interdiction de la prostitution conduirait les passions à bouleverser la société [88, p. 202]. Les idées abolitionnistes viennent des pays anglo-saxons après 1870 et suscitent un écho à gauche comme en témoigne l'ouvrage qu'Yves Guyot publie en 1882 [89, p. 342]. Mais cet écho est surtout l'expression d'une hostilité à la police des mœurs et à ses méthodes. De fait les thèses réglementaires sont renforcées par l'ampleur que prend le discours vénérologique qui pose le problème en termes de prophylaxie exercée par l'autorité médicale. Bien que les radicaux aient été favorables aux thèses abolitionnistes, leur arrivée au pouvoir, en 1902, n'a aucun effet, car ils se heurtent à la virulence de ce néoréglementariste médical si puissant en ce temps de triomphe de l'hygiénisme. Des débats parlementaires houleux n'ont donc aucune conclusion positive et la loi municipale du 15 février 1902, qui laisse aux autorités municipales la responsabilité de l'hygiène publique, consacre une véritable démission du pouvoir central déjà inscrite dans le texte de juillet 1791. Pendant l'entre-deux-guerres des voix se font entendre dans les milieux catholiques pour dénoncer l'atteinte à la dignité humaine qu'implique le réglementarisme [131, sept.-oct. 1932 ; sept-oct. 1933 ; févr. 1934] et Henri Sellier, ministre de la Santé du Front populaire, voyant se renforcer le courant abolitionniste, propose un texte qui, sans aller jusqu'à l'interdiction de la prostitution, limiterait l'arbitraire administratif et policier. Le régime de Vichy revient à un réglementarisme sévère qui est, par là même, déconsidéré. En 1946, la loi du 13 avril, à laquelle reste attaché le nom de Marthe Richard, ferme les maisons de tolérance, met une fin théorique au réglementarisme, tandis qu'est institué un fichier sanitaire et social de la prostitution, qui devait être à son tour supprimé en 1960. Le rapport Guy Pinot de 1975, rédigé à l'initiative de Simone Veil, a rappelé, après les mouvements de prostituées, que le problème n'était pas pour autant résolu. Si dans ce débat séculaire, les droites parurent longtemps plus attachées à l'ordre public qu'à la défense de la dignité humaine, les gauches ne mirent pas au service de celle-ci une énergie soutenue, et les mesures prises depuis la Libération ne peuvent être imputées exclusivement ni à l'une ni à l'autre. Notons que la France, laissant prospérer les maisons closes dans les colonies, n'a signé la convention de l'ONU de 1949 sur la traite des Blanches qu'en 1960 [89]...

A l'imitation de l'Angleterre (*Factory Acts* de 1833 et 1867), la France se donna ses premiers textes en matière de protection du travail au bénéfice des enfants et des femmes; ce sont les lois du 22 mars 1841 et du 19 mai 1874. Ni l'un ni l'autre de ces textes ne porte de marque politique ou idéologique particulière. En 1841 il y eut convergence entre tous ceux qui dénonçaient les excès du nouvel industrialisme, conservateurs légitimistes aussi bien qu'hommes du mouvement [103, p. 228], et en 1874 le souci de préserver la race française, accentué par la défaite, joua tout autant qu'un humanitarisme que l'on peut dire de gauche. Quant à la protection de la petite enfance dont la pièce maîtresse est la loi du 23 décembre 1874, elle doit beaucoup au sénateur Théophile Roussel, également promoteur de la loi de 1889 sur la déchéance paternelle, en qui il est bien difficile de voir un esprit partisan. Ce médecin était certes, en 1849, lors de son premier mandat, un démocrate. En 1871, il s'inscrit à la gauche démocratique et il vote l'amendement Wallon qui fonde, de fait, la troisième République. En 1877, il prend place dans la fraction la plus modérée du Parti républicain. Jusqu'à sa mort, en 1903, il fut avant tout un homme de consensus prêt à accueillir toutes les voix pour faire passer les textes de protection de l'enfance qu'il ne cessa de proposer. Ce notable provincial était membre des Académies de médecine et des sciences morales et politiques, président de la « Société protectrice de l'enfance ». Il n'est pas possible de faire de l'œuvre considérable de ce grand philanthrope l'expression d'un engagement idéologique et partisan.

Lorsque les pouvoirs publics s'engagèrent dans l'assainissement des villes, leur action ne put manquer de susciter un débat politique, car elle ne pouvait que porter atteinte au sacro-saint principe de la propriété privée. La loi du 13 avril 1850 sur les logements insalubres fut l'œuvre des catholiques sociaux avec comme porte-parole les frères Anatole et Armand de Melun [103, p. 466]. Le rapporteur, Henry de Riancey, ne cacha pas l'importance de l'enjeu ; il déclara : « La matière est délicate... le libre usage, la libre disposition de la chose qui appartient à un citoyen commande le respect le plus sévère car ce sont les premières assises de l'ordre social », mais il ajoute qu'on pouvait y opposer « l'incontestable doctrine que le droit et l'intérêt privés doivent céder à l'intérêt public » [104, p. 88]. Cette dernière doctrine l'emporta et ce texte unanimement considéré comme la base de tout le droit français de l'urbanisme passa ainsi grâce à l'initiative d'hommes politique-ment de droite mais socialement progressistes. Dans ce débat essentiel, comme dans tant d'autres, le clivage n'est donc pas gauches-droites. Cette loi de 1850 et les conséquences qu'il sut en tirer permirent à Haussmann de mener à bien son œuvre parisienne [*idem*]. Après avoir été interprétée par la tradition historique républicaine comme l'effet d'un despotisme au service des favorisés et notamment de la bourgeoisie d'affaires, l'œuvre d'Haussmann et de l'ingénieur Eugène Belgrand est aujourd'hui reconnue comme étant également une gigantesque opération d'hygiène publique qui, en tant que telle, bénéficia à l'ensemble de la population. C'est, sans conteste, le caractère autoritaire du régime qui permit un tel bouleversement de la capitale, qui heurta profondément les libé-raux. Beaucoup plus qu'un triomphe brutal de la droite bonapar-tiste, l'œuvre d'Haussmann fut donc celle d'une raison d'État qui sut s'imposer aux intérêts particuliers. On ne croit plus aujourd'hui à un Paris pré-haussmannien favorable à une convivialité des riches et des pauvres, et à un Paris post-haussmannien qui aurait été bâti sur le principe assumé de la ségrégation sociale.

L'élaboration et le vote de la loi du 15 février 1902, qui conféra au maire des pouvoirs très étendus en matière de police et d'hygiène urbaine, furent aussi l'occasion d'un très long affrontement, notam-ment sur les bancs du Sénat. Le texte est d'une importance considérable puisqu'il est à l'origine de tous les règlements d'urba-nisme municipaux impliquant, avec le permis de construire, un strict contrôle des initiatives privées. L'un des principaux adver-saires du projet, Alcide Treille, médecin de son état, membre de la gauche démocratique et surtout du groupe agricole, rend compte en ces termes des positions respectives : « Dans cette question, il n'y a ni radicaux, ni modérés, ni représentants de droite ou de gauche, il n'y a que des hommes soucieux de ce que l'on veut faire dans leur pays, soucieux de ménager les deniers des contribuables... Vous êtes, dans ce grand conseil des communes, les représentants autorisés de ces populations rurales qui sont venues lentement mais sincèrement à la République et dont l'attachement est certain et profond ; prenez garde par des mesures vexatoires et coûteuses, par des mesures contraires à la science et au bon sens, d'éloigner des populations de la République » [109, 12 décembre 1900]. Tous les débats montrent en effet l'opposition entre ceux qui acceptent ou même revendiquent pour les communes des droits et des devoirs nouveaux, et tous ceux qui ne voient dans le projet qu'une ingérence de l'État, également coupable de se décharger financièrement sur les collectivités locales. Sur ce texte qui est un autre élément majeur de la législation nationale concernant l'urbanisme et l'hygiène, le clivage n'est pas strictement idéologique entre gauches et droites, mais sociologique entre France des villes et France des villages, France de la modernité et France de l'immobilisme. En réalité, l'hygiénisme, sous toutes ses formes, fut bien, quant au fond, une idéologie commune aux catholiques sociaux légitimistes comme aux couches nouvelles républicaines, si chères à Léon Gambetta.

Toutes ces mesures, législatives ou autres, confortent l'idée du passage d'un âge de la charité à un âge de la sécurité sociale [118]. Voir l'évolution comme celle qui va d'une charité de droite à une justice sociale de gauche est contestable. Même sous ses formes les plus traditionnelles, l'exercice de la charité découle d'un système de valeurs complexes et, avant tout, en France, de la conception chrétienne de la fraternité. Les possédants qui donnent à la charité ses moyens adhèrent certes, par ailleurs, et dans leur immense majorité, à des valeurs que l'on peut considérer comme de droite, telles que respect de la propriété et de l'ordre établi, mais dans leur exercice de la charité, les obligations qu'ils assument font référence à d'autres valeurs. Il y a, incontestablement, un dualisme, certains diront une schizophrénie, de la classe possédante et l'entrepreneur le plus implacable peut être le marguillier généreux de sa paroisse. De plus, et de toute évidence, l'exercice de la charité fut aussi respect bien entendu des intérêts des nantis, conscients de la nécessité des gestes pouvant leur concilier les bons pauvres et éviter la révolte. Cependant, la part du calcul ne doit pas recouvrir celle de la philanthropie. Ainsi dire que l'exercice de la charité fut le fait d'hommes — et de femmes — de droite ressort de l'évidence, si l'on admet l'assimilation réductrice à souhait possédants-hommes de droite ; dire que la charité est l'expression d'un système de valeurs de droite, c'est ignorer l'économie de la croyance religieuse et réduire celle-ci à une hypocrisie de bon aloi masquant de purs intérêts matériels. Or, la place de la religion — catholique notamment — dans la vie politique française témoigne et reconduit — nombre de chapitres de cette *Histoire des droites* l'ont rappelé — à une présence au monde, non pas à une présence aux biens. Elle est sens donné à une existence, elle n'est pas justification apportée à une possession. Bien des simplismes dus à un sociologisme absolu ont conduit à une incompréhension de cette donnée politique et économique fondamentale au XIXe siècle, que fut la charité. La pratique de cette dernière avait pour cadre traditionnel la paroisse et la commune appelées à collaborer pour la mise en place des bureaux de bienfaisance, tandis que dans les commissions des hospices siégeaient côte à côte édiles locaux et représentants du clergé. Renforcée par la fondation de sociétés comme celle de Saint-Vincent-de-Paul et par le remarquable essor, dans la première moitié du XIXe siècle, des ordres religieux, notamment féminins, cette charité soulageait une misère urbaine toujours étendue — plus de 10 % d'indigents permanents dans bien des villes — et qui avait ses paroxysmes en temps de crise ou d'épidémie. A cette activité caritative qui tend à soulager la misère, faute de pouvoir la supprimer, viennent se surimposer tout au long du siècle des actions de prévention générales ou spécifiques. Parmi les premières, on rangera la création des Caisses d'épargne dès 1818, celle des sociétés de secours mutuel codifiée par les décrets-lois du 26 mars 1852, qui les encourage à condition qu'elles aient des membres honoraires et un président nommé par le pouvoir. Parmi les secondes on trouvera toutes les œuvres patronales allant des caisses de secours et hôpitaux aux cités ouvrières et écoles. Dès 1813 le « Code du mineur », décret du 3 janvier, imposait à l'exploitant de secourir ses ouvriers blessés et, en 1817, une ordonnance royale fondait, en faveur des mineurs de Rive-de-Gier, la première caisse de prévoyance. Ces encouragements de l'État à une protection spécifique de la main-d'œuvre ouvrière furent donc très précoces, avec pour justification le maintien de l'ordre public. Au milieu du siècle le patronat protestant mulhousien eut un rôle exemplaire qui, mettant l'accent sur le logement et sur la formation, est l'une des explications de l'avance technologique de la région [121, p. 316]. D'une manière générale ce sont les grandes entreprises modernes, compagnies minières et métallurgiques et compagnies ferroviaires notamment, qui furent les plus novatrices. Au XXᵉ siècle l'Union des industries métallurgiques et minières créa ainsi un sanatorium modèle à Saint-Hilaire-du-Touvet tandis qu'André et Édouard Michelin, dans la région de Clermont-Ferrand, entouraient leur main-d'œuvre d'un réseau complet d'œuvres couvrant les besoins quotidiens tout comme les risques de l'existence. On apprécie fort mal l'importance prise dans l'histoire sociale de la France par ce développement d'œuvres et organisations qui font le pont entre la charité classique et la sécurité sociale : or, la mutualité, dans ses formes les plus diverses, n'intéressait pas, en 1911, moins de 3,5 millions d'individus [119, p. 195].

Comme le suggère le décret-loi de 1852, l'État tout à la fois encouragea et chercha à encadrer ce renouveau de l'action sociale. On peut retenir comme textes de large portée la loi du 5 juillet 1893 sur l'assistance médicale et gratuite, la loi du 30 novembre 1894, à laquelle est attachée le nom de Jules Siegfried sur les habitations à bon marché, ou encore la loi du 1ᵉʳ avril 1898 dite « Charte de la mutualité ». Ce dernier texte fut voté par la Chambre à l'unanimité, mais au terme de dix-sept années de débats [119]. Semblable unanimité entoura également les textes de 1893 et de 1894 comme plus tard, avec quelques nuances, celui du 5 avril 1910 sur les retraites ouvrières et paysannes. Finalement, donc, apparaît une volonté de détacher le social du politique. A gauche, le solidarisme, dont Léon Bourgeois fut le chantre, théorise cet effort pour transcender les divisions idéologiques au bénéfice de l'unité du corps social, en proposant une synthèse entre héritage chrétien et héritage républicain, la solidarité étant la fraternité vécue. Ce qui facilita la convergence théorique des droites ralliées, même si les désaccords restèrent profonds sur les moyens. Ce fut l'affirmation d'un catholicisme social dont Frédéric Le Play fut le maître à penser. On ne saurait, certes, sous-estimer le rôle du syndicalisme ouvrier et du socialisme dans la gestation de textes comme celui du 2 novembre 1892 sur le travail des femmes et des enfants ou du 12 juin 1893 sur l'hygiène et la sécurité des travailleurs, mais au vu des majorités parlementaires qui votèrent toutes ces lois on ne peut pas ramener l'évolution de la législation sociale en France à une victoire progressive des gauches sur les droites. Beaucoup plus éclairant est le schéma qui oppose dynamisme et inertie. Dynamisme politique qui est acceptation de responsabilités et de charges nouvelles pour l'État, dynamisme social qui va dans le sens d'une transformation de l'entreprise et qui suppose le dynamisme économique. Inertie au contraire de tous ceux qui défendaient les positions acquises et les

structures de production périmées et qui ne craignaient rien plus
que l'alourdissement des charges et responsabilités des pouvoirs
publics comme de l'entreprise. Ni les gauches ni les droites n'eurent
jamais le monopole du dynamisme et de l'inertie. Entre partisans
de gauche et de droite de l'innovation les longs débats portèrent
bien souvent sur la répartition des responsabilités ; un patronat
autoritaire acceptait mal de les partager avec les représentants du
monde du travail ; les représentants du monde du travail tenaient
par ailleurs en suspicion toute forme de collaboration avec le
patronat toujours suspect de détourner l'innovation à son seul
profit.

Les débats de l'entre-deux-guerres répètent étrangement ceux de
l'avant-guerre. Le 14 mars 1928 la loi sur les assurances sociales
est votée par 477 voix contre 2 mais au terme d'un débat qui s'était
ouvert dès mars 1921, et pour aboutir à un texte qui ne fut jamais
appliqué, puisqu'il fut profondément modifié par la loi du 30 avril
1930. Un consensus de façade, qui ne s'explique que par le retard
énorme que la France avait pris en ce domaine par rapport aux
pays voisins et qui masque des oppositions si diverses qu'elles ne
peuvent avoir de transcription politique simple. Les communistes
sont plus que réticents devant ce qu'ils considèrent comme une
forme de collaboration de classe ; les mutuellistes craignent d'être
exclus après avoir joué un rôle pionnier ; le patronat n'est, globalement, pas enthousiaste pour accepter un alourdissement des
charges salariales mais surtout, les milieux agricoles jugent que le
texte leur est inapplicable ou les exclut et les médecins dénoncent
avec virulence un pas décisif vers la fonctionnarisation de la
médecine. Lorsque passe le texte de 1930, on peut considérer, selon
son historien, que « le dernier carré de la résistance va représenter
beaucoup moins les intérêts du grand patronat que ceux des petites
entreprises et surtout des propriétaires terriens » [*idem*] tandis que
continue la grogne des médecins et que sont rassurés les mutuellistes. Le monde ouvrier admet, malgré les a priori doctrinaux de
certains, que la réforme est positive. Dans ce débat ce sont encore
dynamisme et inertie qui se sont opposés, par-delà tout clivage
politique gauches-droites.

La mise en place d'une législation familiale dont les pièces
maîtresses sont la loi du 11 mars 1932 sur les allocations familiales
et le code de la famille du 29 juillet 1939 a une coloration politique
et idéologique beaucoup plus tranchée [117, p. 126]. Dans les
dernières années du XIXᵉ siècle la conception chrétienne de la
famille a été renouvelée et enrichie par la réflexion de Frédéric Le

Play et de ses disciples sur la famille souche. Elle converge avec une inquiétude démographique qu'exprime notamment Jacques Bertillon qui a fondé l'Alliance nationale pour la population qui est de sensibilité républicaine. Si, à la veille de la Première Guerre mondiale, le populationnisme patriotique transcende les clivages politiques, au lendemain de celle-ci une certaine droite catholique a un rôle déterminant. Elle se reconnaît notamment dans la personne du général de Castelnau, héros de guerre et député de l'Aveyron. C'est elle qui fait voter les fameuses lois de 1920 et 1923 condamnant contraception et avortement. Par la suite ce mouvement familial rallie à ses thèses des hommes qui ne sont pas marqués idéologiquement à droite comme Henri Bunle, Adolphe Landry et Fernand Boverat et c'est donc aussi, à partir d'une impulsion de droite, mais dans un large consensus, que sont adoptées les mesures de 1932 et de 1939. Le monde ouvrier, d'abord réticent, s'est laissé convaincre que l'aide à la famille n'était pas simple résurgence de valeurs anciennes et manœuvres d'assujettissement du patronat [116, p. 30]. Le Code de la famille, particulièrement favorable au monde rural, prévient par là-même toute résistance de la France immobile. A la Libération, la mise en place de la Sécurité sociale suscite un écho affaibli des conflits de 1930 et la législation familiale concilie les héritages de la troisième République et de Vichy. Jamais le consensus politique n'a été, dans ce domaine, aussi large et ce n'est qu'avec la crise économique, à partir de 1975, que l'on se préoccupe réellement du poids des prélèvements obligatoires. La mode des thèmes néolibéraux ne décide pas les droites à remettre fondamentalement en cause l'État-providence et son principe d'égalité de tous devant la santé. L'intermède dit « libéral » de 1986-1988 n'a ainsi marqué aucune rupture dans une décennie socialiste.

III. LA LIBÉRATION DU CORPS

Le pape Paul VI a insisté en plusieurs occasions sur ce qu'il affirme être un respect chrétien du corps. Il déclare ainsi que « les chrétiens ne sauraient faire leur une doctrine manichéenne d'un corps mauvais et d'une âme bonne » : leur attitude doit être

« certes recherche de la santé et du plein épanouissement [favori-sant] le développement harmonieux de toutes les vertualités phy-siques, mais elle est aussi maîtresse de soi et ascèse ». Interprétant la pensée de Jean-Paul II, le docteur Sarano déclare : « Ce n'est pas être matérialiste que de réintégrer le corps dans la maison de l'esprit, c'est être personnaliste » [131, mai-juin 1984]. Aujourd'hui l'Église interprète l'incarnation du Christ comme la preuve même de l'éminente dignité du corps et dans sa réflexion sur la souffrance laisse ses théologiens affirmer que « tout l'Évangile, toutes les réactions de Jésus témoignent que la gloire de Dieu n'apparaît pas dans la maladie mais dans la guérison » [131, févr. 1974]. Si telle est aujourd'hui la position de l'Église, il est bien évident qu'elle tranche avec ce que furent, au XIXᵉ siècle, ses enseignements qui inspirèrent largement les attitudes vis-à-vis du corps, d'un corps longtemps, délibérément, ignoré ou caché. En 1901, Pierre de Coubertin tient l'Église pour responsable de la dégradation du sport au Moyen Âge [51], ne faisant que reprendre à son compte un lieu commun largement développé par la méde-cine positiviste : avec l'exemple des mortifications de ses moines, l'Église n'avait enseigné que le mépris du corps. Jules Michelet expliquait la haine meurtrière dont avaient été poursuivies les prétendues sorcières comme la vengeance de l'Église sur des femmes qui entendaient réhabiliter le corps. Se référant volontiers à Pascal, l'Église s'accrocha longtemps à l'idée d'un bon usage de la souffrance, envoyée par Dieu pour éprouver l'âme et assurer son salut. La souffrance en tire une signification édifiante qui explique la publicité donnée à certaines agonies, comme celle de Mme de Brammont décrite par Chateaubriand [123, p. 23]. On sait que la recherche d'une « belle mort » pouvait conduire à un mépris morbide de la vie : Philippe Ariès a rappelé les confessions des membres de la famille La Ferronays dans laquelle on attend, on souhaite la mort.

Cette valorisation de la souffrance et de la mort a pour corollaire des choix dont la cruauté, aujourd'hui, surprend. On peut en avancer, pour exemple extrême, le débat sur la césarienne. Cette opération resta mortelle jusqu'à la fin du XIXᵉ siècle. Néanmoins le père J.-C. Debreyne, dont la qualité de médecin fit le grand maître de la morale médicale chrétienne [128], n'hésite pas à la juger indispensable quand l'accouchement naturel doit provoquer la mort de l'enfant. Il faut, pour en permettre le baptême, sacrifier délibérément la mère car mieux vaut sauver une âme, surtout innocente, qu'un corps. Cette thèse qui figure encore dans les

éditions de l'ouvrage du second Empire, disparaît dans les réédi-
tions faites jusqu'en 1880. Cette dévaluation de la vie même a
naturellement pour corollaire un mépris des soins corporels
qu'eurent à combattre les hygiénistes. Reconnaissant que dans
certaines maisons d'éducation une conception aussi traditionnelle
qu'erronée de la pudeur conduisait à pousser les jeunes filles à
répugner aux ablutions les plus nécessaires, le docteur Georges
Surbled affirme, mais en 1900 seulement, que « la vie, n'en
doutons pas, reste le prix de la vertu », mais les « lois de l'hygiène »
dont il prescrit le respect sont plus des incitations à la tempérance,
à la maîtrise des passions qu'à une attention aux besoins du corps
[129, p. 151]. Le docteur Henri Bon, dont l'ouvrage se substitue à
celui de Georges Surbled comme guide moral des médecins chrétiens [130, p. 392], traite aussi de l'attention que le chrétien doit à
sa santé mais, tout en mettant en garde contre les conséquences des
péchés, interdit aussi toute attention complaisante au corps.
« L'enveloppe charnelle » n'est plus vouée à la mortification, mais
elle ne doit pas attirer de soins réservés à l'âme.

Temps de la pudeur bourgeoise, par rejet de la liberté des mœurs
de la haute société d'Ancien Régime, le XIXᵉ siècle fut aussi celui
des compromis et des hypocrisies. La vierge romantique, courtisée
mais non séduite, et l'épouse respectée ou crainte eurent pour
complément naturel la grisette, la demi-mondaine et la « fille de
noce ». La maison close est un lieu de convivialité majeur pour les
hommes qui savent y trouver des amis tout autant que des filles.
Cependant les comportements n'ont pas été uniformes. Sous le
second Empire l'exhibitionnisme était de bon ton hors des Tuileries
où l'impératrice Eugénie imposait la tenue la plus stricte. Les
grands du régime se devaient, à l'exemple de l'empereur lui-même,
d'avoir des aventures avec les célèbres Lionnes qui faisaient le
charme des théâtres parisiens comme des villes d'eau. Ce fut le
temps d'un retour quelque peu forcé aux libertés de l'Ancien
Régime. Ce fut aussi le temps d'une compréhension nouvelle des
fautes populaires; ainsi en vient-on, en 1869, à accorder des
secours aux filles mères, ce qui avait été jusqu'alors perçu comme
un encouragement au vice. La morale légitimiste était aux antipodes de cette licence impériale : Louis XVIII avait, certes, gardé
quelques habitudes coquines d'Ancien Régime mais Charles X fut
l'incarnation du retour à la vertu. Dans *Le lys dans la vallée*, M. de
Mortsauf est l'homme du repentir : il paie ses égarements personnels et il symbolise cette noblesse qui médite sur les fautes passées
d'où naquit la Révolution. Règne de la bourgeoisie, la Monarchie

de Juillet est le temps de la respectabilité dont Louis-Philippe et sa nombreuse famille donnent l'exemple, même si le comportement des princes laisse présager les débordements du règne suivant. Il y a donc bien des contrastes dans les attitudes des droites françaises au pouvoir. Elles n'eurent nullement le privilège de la licence ; la troisième République fut le temps de l'alcôve [89] caricaturalement illustré par les conditions, réelles ou supposées tant de fois évoquées par la presse satirique, de la mort du président Félix Faure. D'une façon générale, il y a, en France, une complaisance pour les frasques des hommes de pouvoir, qui contraste avec cette sévérité puritaine qui, en Angleterre, mais, plus encore, aux États-Unis, a brisé tant de carrières politiques d'hommes compromis dans des relations maladroites et tapageuses.

Jusqu'à la fin des années cinquante la société française vit un paradoxe : comme l'a montré la longue impuissance des autorités face aux problèmes de la prostitution, tout ce qui a trait aux relations sexuelles reste du domaine privé mais, par ailleurs, il y a une obligation nationale à faire des enfants affirmée dès la fin du XIXe siècle, officiellement encouragée après la Première Guerre mondiale. La France oscille donc entre les impératifs d'un laisser-faire respectueux de l'intimité des individus et un autoritarisme qui fait passer l'impératif collectif avant la liberté des hommes et surtout des femmes. Dans une telle situation, toutes les fautes sont tolérées, permises voire encouragées mais il n'y a pas de pardon ; toute grossesse doit aller à son terme même si, illégitime, elle conduit au déshonneur. Cette stratégie de l'enfantement à tout prix, dont les résultats démographiques ont été, jusqu'en 1939, plus que médiocres, a inspiré, de 1919 à 1944, des politiques de droite que ni la gauche du Cartel ni celle du Front populaire n'ont battues en brèche. On en connaît les pièces maîtresses, d'une part, lois de 1920 et 1923 interdisant contraception et avortement, et mesures répressives de Vichy alourdissant les sanctions contre avortées et avorteuses ; d'autre part, création des allocations familiales par les textes de 1932 et 1939, complétés par ceux de Vichy instaurant notamment l'allocation de la femme au foyer. Les débuts du baby-boom, dès 1943, apparaissent comme une justification de cette rigueur et de cette générosité même si, dans d'autres pays, il se manifeste dans un contexte fort différent. Après la Libération, sans que tous partagent pour autant le rêve de Michel Debré d'une France de cent millions de Français, il y a un très large consensus. Les allocations familiales sont considérées par tous comme un acquis social au même titre que la sécurité sociale et on s'accommode de la législation de 1920 même si les tribunaux hésitent de plus en plus à en appliquer toute la rigueur. Le MRP, si différent soit-il de la droite traditionnelle, ne transige pas sur le respect de la famille et tolère tout au plus, depuis que Pie XII a donné son accord, une limitation de la fécondité par les méthodes dites « naturelles ».

Lorsqu'elle jette les bases du Mouvement français pour le planning familial, en 1955, le docteur Marie Andrée Lagroua Weill-Hallé le fait en marge de toutes les formations politiques organisées. Les premiers appuis politiques se manifestent au sein de la gauche non communiste avec le dépôt d'un projet de loi tendant à la libéralisation de l'avortement par Emmanuel d'Astier de La Vigerie le 24 février 1956, suivi d'un projet radical le 16 mars puis d'un projet socialiste le 25 mai, tandis que le Parti communiste dit son opposition, tout en se prononçant pour un assouplissement de l'avortement thérapeutique [146, p. 88]. La franc-maçonnerie se prononce immédiatement pour la libéralisation de la contraception et, pendant vingt ans, sera de tous les combats d'émancipation de la femme [145, p. 204].

Les années soixante sont celles d'une très grande confusion. Les gaullistes au pouvoir répugnent à modifier la loi de 1920, mais elle n'est plus appliquée par les tribunaux, tandis que le pouvoir tolère l'activité du Planning familial qui ouvre des centres de consultation et diffuse l'information notamment dans son bulletin *La Maternité heureuse*. Cette inertie gouvernementale s'explique par la priorité accordée à d'autres problèmes, mais aussi par les incertitudes que font peser les débats du Concile. Jusqu'à l'encyclique *Humanae vitae* de juillet 1968, on vit, en effet, dans l'attente d'une évolution des positions de l'Église, attente finalement déçue.

C'est un député gaulliste, Lucien Neuwirth, qui, mettant à profit le climat créé par le long silence romain, et les multiples interprétations auxquelles il donne lieu, fait aboutir un projet identique à ceux qui avaient été déposés par la gauche en 1956. Le vote du 16 décembre 1967 est paradoxal : la gauche vote contre, communistes, socialistes et apparentés étant alors du même avis. A droite, s'il n'y a qu'une vingtaine de défections à l'UDR, il y en a plus de 30, soit près des trois quarts du groupe, chez les Républicains indépendants. Les gauches justifient leur opposition par les dispositions restrictives du texte interdisant toute propagande antinataliste et imposant la délivrance des contraceptifs sur ordonnance médicale exclusivement. Le vote de la loi Neuwirth ne signifie nullement que les droites sont désormais acquises à l'idée de la parenté volontaire. De fait, les textes d'application ne sortent pas et le blocage est tel que Lucien Neuwirth doit à nouveau se battre en 1971. Il ne faut pas moins de deux ans pour vaincre l'hostilité du garde des Sceaux, Jean Foyer, avec le vote d'une nouvelle loi, en juillet 1973, qui, mettant en place un Conseil supérieur pour l'information sexuelle, tire l'information contraceptive de la clandestinité dans laquelle elle était maintenue, au mépris même de la loi de 1967. Sur la scène internationale, la France gaulliste manifeste également son opposition à tout contrôle de la fécondité en ne signant pas la Déclaration sur la population, proposée par U Thant, secrétaire général de l'ONU, le 10 décembre 1966, contrairement à la Grande-Bretagne, aux États-Unis ou au Japon, mais tout comme l'URSS [142, p. 19]. Malgré le rôle personnel de Lucien Neuwirth, malgré le vote négatif des gauches en décembre 1967, un observateur aussi averti que le docteur Paul Chauchard peut écrire en 1967 : « Bien qu'il existe à droite certains partisans de la pilule, on peut dire qu'en France la contraception en général et la pilule en particulier sont devenues une des grandes options de la gauche. Qui refuse la pilule se pose par là même en esprit rétrograde. Seuls quelques communistes, défendant les positions traditionnelles de leur parti, résistent encore » [140].

La conclusion du débat sur l'avortement par le vote de la loi du 17 janvier 1975 est tout aussi paradoxale que le vote du 16 décembre 1967. Défendu par Simone Veil, ministre centriste de la Santé dans le gouvernement de Jacques Chirac, qui se pose alors en héritier légitime du gaullisme, le texte est voté par les gauches, contre la majorité présidentielle. Seuls 99 des 291 députés des trois groupes de la majorité ont en effet voté le texte avec l'opposition unanime soit 185 voix ; 189 députés de droite se prononçaient contre le texte. Au cours des ultimes débats, Michel Debré, qui était depuis trente ans l'oracle de la pensée gaulliste sur les problèmes de la natalité et de la famille, déclarait que « la vie ne commence pas à la naissance mais à la conception », et ne voulait tolérer que « des procédures raisonnables mais exceptionnelles d'interruption de la grossesse pour les cas les plus dramatiques » [133, 1er décembre 1974]. Ce déchirement des droites sur un problème de société majeur traduit un véritable écartèlement de ses membres entre la fidélité à leurs principes, et pour beaucoup à leur foi, et un humanisme sincère. Si la loi Neuwirth était passée au moment où les catholiques pouvaient s'attendre à un assouplissement des positions de l'Église sur la contraception, aucune illusion identique ne pouvait être possible en 1974. En plein débat français sur l'avortement la Congrégation pour la doctrine de la foi avait, le 25 novembre 1974, rappelé avec la dernière fermeté les positions de Rome sur l'avortement provoqué. « On ne peut jamais », dit ce texte dans sa conclusion, « approuver l'avortement, mais il importe par-dessus tout d'en combattre les causes » [*idem*, 1er décembre 1974], d'où les directives suivantes : « Il doit être en tout cas bien entendu qu'un chrétien ne peut jamais se conformer à une loi en elle-même immorale; et tel est bien le cas de celle qui admettrait la licéité de l'avortement. Il ne peut ni participer à une campagne d'opinion en faveur d'une telle loi, ni donner à celle-ci son suffrage. Il ne pourra pas davantage collaborer à son application. Il est, par exemple, inadmissible que des médecins et des infirmières se trouvent mis dans l'obligation de concourir de façon prochaine à des avortements et doivent choisir entre leur foi chrétienne et leur situation professionnelle. » Une telle mise en garde ne laissait pas le choix à bien des députés qui, à l'exemple de l'abbé Roger Laudrin, élu UDR, auraient pu déclarer : « Je ne vous suivrai pas, Madame le Ministre, parce que mes convictions s'inspirent du principe du respect de la vie et de la valeur de la civilisation. » Les députés de la majorité furent aussi soumis à des formes de pression sociale qui ne pouvaient pas s'expliquer par les seules convictions religieuses de leurs auteurs. Ainsi l'Ordre des médecins mena-t-il sans relâche campagne contre la loi, en s'attachant à refuser par avance toute responsabilité dans sa mise en application, fidèle en cela à une attitude qui avait déjà été la sienne en 1967. Son président, le professeur Lortat-Jacob, en vient ainsi, pour épargner tout débat de conscience aux médecins, à préconiser « la création d'un corps d'avorteurs, sorte d'infirmiers supérieurs travaillant dans l'orbite des services hospitaliers de gynécologie » [139, mars 1973]. C'est un membre déjà éminent de l'UDR, le docteur Bernard Pons, qui pourfendit avec le plus de vigueur l'Ordre des médecins en déclarant qu'il s'agissait « d'une chapelle qui a son clergé, mais plus de fidèles » [137]. Pour Michel Debré enfin, légaliser l'avortement c'est remettre en cause le difficile acquis de toute la législation familiale française, c'est, prophétisait-il, « une erreur historique », car « nous acceptons le risque de diminuer, de vieillir, alors que d'autres, à nos portes, croissent et rajeunissent »; ce à quoi Alfred Sauvy, inspirateur du Code de la famille de juillet 1939, répliquait que l'exemple des pays étrangers qui ont libéralisé l'avortement ne prouve nullement qu'il y ait corrélation entre ce type de mesure et une baisse de la natalité. Michel Debré reste donc ici partisan d'un populationnisme triomphant, au prix d'enfants non désirés, ce qui va bien au-delà des positions même d'une Église catholique qui, depuis les années soixante au moins, admet la légitimité d'une restriction des naissances à condition qu'elle ne soit l'effet que de méthodes naturelles et du contrôle de soi.

Le procès exemplaire de Bobigny qui, en 1972, s'était conclu par l'acquittement d'une jeune avortée victime tout à la fois des conditions de sa vie familiale et de la brutalité de son partenaire, avait été l'occasion d'une dénonciation de la barbarie et de l'injustice sociale des avortements clandestins. A l'initiative de maître Gisèle Halimi l'association Choisir avait donné à l'événement une publicité considérable. Michel Rocard, mais aussi des personnalités aussi respectées et venues d'horizons idéologiques aussi divers que le catholique Paul Milliez, les agnostiques Jean Rostand, François Jacob, Jacques Monod, avaient uni leurs voix pour dénoncer l'hypocrisie régnante. Les tribunaux ne punissaient plus les avortements, mais seules les femmes qui avaient les moyens matériels de se rendre à l'étranger pouvaient s'offrir des avortements médicalisés tandis que les autres étaient condamnées aux manœuvres abortives toujours dangereuses, parfois mortelles. La loi n'empêchait nullement de compter annuellement les avortements par centaines de milliers. Cette argumentation n'ébranla apparemment pas le président Georges Pompidou et son gouvernement en un temps où Lucien Neuwirth devait se battre avec acharnement pour faire passer dans la pratique les dispositions de la loi de 1967. L'élection à la présidence de la République de Valéry Giscard d'Estaing changea, quelque peu, les choses. Le problème était trop délicat pour que le nouveau président prenne une position tranchée et, plus tard, dans *Démocratie française*, il se gardera de toute allusion, alors même qu'il évoque la nécessaire évolution des structures familiales et de la condition féminine. Discrète donc, l'impulsion présidentielle n'en permet pas moins l'action de Simone Veil qui affronte ses propres amis politiques en tant que « femme et magistrat » et en affirmant qu'« au-delà des principes abstraits, c'est la situation dramatique des 300 000 femmes confrontées chaque année avec l'avortement qu'il faut considérer » [133, 2 décembre 1974]. Pour elle, « le gouvernement a renoncé à la voie de la facilité, celle qui aurait consisté à ne pas intervenir. C'eût été cela le laxisme ». Elle précise aussi que toute propagande reste interdite en faveur d'un avortement qui « doit rester l'exception, l'ultime recours pour les situations sans issue ». Ce vote de la loi sur l'avortement est assurément un événement particulièrement marquant du septennat de Valéry Giscard d'Estaing, indice d'un « tournant de la conscience morale » [132], la conscience de chacun l'emportant sur une fidélité systématique à une idéologie. On a pu l'interpréter comme l'inscription dans la législation d'une distinction nouvelle entre le moral et le légal et comme l'amorce d'un changement des comportements politiques puisque le vote de la loi a été, de part et d'autre, transgression des clivages gauches-droites, opposition-majorité [132]. De surcroît, ce vote fut « une fêlure dans la majorité présidentielle : une fraction de ses électeurs ne pardonnera jamais au président d'avoir légalisé ce qu'elle tient pour un crime » [147, p. 781].

Malgré la modération d'un texte qui, par la clause de conscience, évite notamment toute contrainte aux médecins pour qui il est possible de refuser de pratiquer l'avortement, cette légalisation suscite de très violentes réactions dans de nombreux milieux de droite, apporte des raisons d'être supplémentaires à l'intégrisme religieux et à l'extrémisme politique. La presse d'extrême droite développe le thème du « massacre des innocents » [132], le mouvement « Laissez-les vivre » appelle à une véritable insurrection contre les avorteurs [132]. Lorsque l'Assemblée nationale est appelée, le 30 novembre 1979, à reconduire une loi initialement mise à l'essai pour cinq ans, le détail du scrutin montre bien la persistance des résistances. Le texte est voté par 271 voix contre 201 mais par 24 députés RPR sur 154 et par 45 députés UDF sur 121, soit au total 69 suffrages de la majorité, 30 de moins qu'en 1974. Lorsque le débat rebondit une dernière fois, en février 1983, alors que le gouvernement socialiste se prononce pour le remboursement de l'interruption volontaire de grossesse, il est beaucoup plus facile à l'opposition des droites de clamer bien haut qu'elle est unanimement contre et que cette disposition dénature ses propres intentions de 1974 et 1979. Les règles politiciennes traditionnelles ont ainsi repris leurs droits.

Tandis que par la contraception puis l'avortement s'affirme un droit de l'homme à donner ou à refuser une vie traditionnellement considérée comme un don de Dieu, s'ouvre un autre débat sur un droit à la mort dans la dignité, en évitant des souffrances désormais jugées inutiles, et souvent conséquence d'un acharnement thérapeutique qui apparaît comme la forme ultime de la déshumanisation de la médecine hospitalière. Plus précisément, s'ouvre dès les années 1960 un débat sur l'euthanasie qui prend toute son ampleur une quinzaine d'années plus tard, notamment avec la publication du livre de Pierre Viansson-Ponté et de Léon Schwartzenberg [143]. Au cours des années suivantes, l'apparition du sida réveille de vieilles peurs et des réactions traditionnelles de rejet. Les interrogations sur ces problèmes ont des connotations idéologiques inévitables. Le sénateur Caillavet, radical et franc-maçon, attache son nom au combat qu'il mène pour permettre aux grands malades de « mourir dans la dignité », alors qu'à l'opposé Jean-Marie Le Pen propose pour protéger la société contre le Sida de rouvrir les léproseries d'antan. Les forces politiques traditionnelles restent en marge, condamnent à l'occasion les thèses excessives, comme le fait Michèle Barzach face à Jean-Marie Le Pen, mais évitent des engagements susceptibles de froisser les convictions d'une partie de leur électorat. Aujourd'hui comme hier, s'affirme donc sur les problèmes majeurs des politiques de santé et de préservation de la vie face aux progrès de la recherche en biologie, une autonomie du social par rapport au politique. Entendons par-là que d'un siècle à l'autre, s'est forgé un égal attachement au pacte républicain de l'égalité de tous devant les soins et à l'État-providence, agent distributeur des prestations sociales nécessaires au développement de la santé publique. Qu'il y ait des différences entre les droites et les gauches dans l'application des politiques de santé n'étonnera guère : ainsi, les droites proclament leur attachement au secteur libéral de la médecine et au libre choix du médecin par le patient; mais elles tentent de conjuguer ces principes avec celui de l'accès social égal de chacun aux soins. Au plan des principes, et non plus des politiques, les droites républicaines — libérale et gaulliste — rejoignent les gauches dans la défense de la Sécurité sociale, ou bien encore, en bioéthique, dans le refus de soumettre le corps et ses organes au principe de la commercialisation. Le consensus sur les principes est a contrario révélé par la volonté de l'extrême droite, au nom d'une vision sociale de l'hygiène et de la santé, de renoncer à l'universalité des lois et d'introduire la ségrégation dans les prestations comme dans les soins.

En deux siècles, le corps et la santé, dans les droites gagnées ou ralliées à la démocratie, auront, somme toute, parcouru le même chemin que dans les gauches : d'objets de propagande de parti, ils sont largement devenus des principes d'un consensus civique.

PIERRE GUILLAUME

Bibliographie

La gymnastique, le sport et les loisirs

L'histoire du sport en France suscite, depuis une vingtaine d'années, de très nombreux travaux, mais il n'existe pas, à ce jour, de synthèse de référence. Notons toutefois la publication, depuis 1988, de la revue biannuelle *Sport-Histoire* (Toulouse, Privat).

Notre but ne saurait être de présenter ici les principaux livres d'histoire du sport. Nous n'avons retenu que les ouvrages qui traitent de ses rapports avec la société et qui abordent des problèmes politiques et idéologiques.

Notre classement tient compte de l'évolution chronologique de notre objet d'étude, passant des rapports très généraux du sport avec la société civile à ses rapports avec le politique, quand le sport devient, progressivement, et à différents titres, affaire d'État.

Ouvrages fondamentaux :

[1] J. THIBAULT, *Sports et éducation physique (1870-1970)*, Paris, Vrin, 1972 (il s'agit là d'un travail pionnier, reconnu comme tel par tous les auteurs).

[2] J. THIBAULT, *Les aventures du corps dans la pédagogie française*, Paris, Vrin, 1977.

[3] M. SPIVAK, *Les origines militaires de l'éducation physique en France (1774-1848)*, Paris-Vincennes, 1975.

[4] J. ULMANN, *De la gymnastique aux sports modernes*, Paris, PUF, 1977.

[5] G. VIGARELLO, *Le corps redressé*, Paris, Delarge, 1978.

[6] J.P. CALLEDE, *L'esprit sportif*, Bordeaux, MSHA, 1987.

[7] G. ANDRIEU, *L'homme et la force*, Paris, éd. Actio, 1988.

[8] M. CAILLAT, *L'idéologie du sport en France depuis 1880 (race, guerre, religion)*, Paris, Éd. de la passion, 1989.

Un certain nombre d'ouvrages collectifs sont particulièrement riches :

[9] G. BERTHAUD, J.M. BROHM, F. GANTHERET, P. LAGUILLAUMIE, *Sport, culture et répression*, Paris, Maspero, 1976 (reprise de textes de *Partisans*).

[10] A. EHRENBERG (s.d.), « Aimez-vous les stades? », *Recherches*, n° 43, 1980.

[11] *Les dossiers du canard*, n° 3, *Les enjeux du stade*, juin 1982.

[12] P. ARNAUD (s.d.), *Les athlètes de la République, gymnastique, sport et idéologie républicaine, 1870-1914*, Toulouse, Privat, 1987.

[13] *Esprit, L'éducation physique*, mai 1975. *Le nouvel âge du sport*, avril 1977.

Des thèses non publiées sont du plus vif intérêt :

[14] M. SPIVAK, *Éducation physique, sport et nationalisme en France du second Empire au Front populaire, un aspect original de la défense nationale*, Paris I, 1983.

[15] J.L. GAY LESCOT, *Le développement du mouvement associatif sportif et de l'éducation physique en Ille-et-Vilaine de 1870 à 1939*, 3ᵉ cycle, Rennes II, 1985.

[16] P. ARNAUD, *Le sportsman, l'écolier, le gymnaste*, Lyon II, 1986.

[17] J.L. GAY LESCOT, *L'éducation générale et sportive de l'État français de Vichy (1940-1944)*, Bordeaux III, 1988.

[18] J.-P. AUGUSTIN, *Les jeunes dans la ville,* Bordeaux III, 1989.

Études spécifiques :
Leur classement est respectueux d'une chronologie qui traduit l'affirmation successive des différents thèmes.

[19] JOHN PRÉVOST, *Le dandysme en France,* Paris, 1957.

[20] M.-TH. EYQUEM, *Pierre de Coubertin,* Paris, 1966.

[21] J.-P. BOULONGNE, *Pierre de Coubertin,* Ottawa, 1975.

[22] L. CALLEBAT, *Pierre de Coubertin,* Paris, Fayard, 1988.

[23] C. PETER-CAPITAN, *Charles Maurras et l'idéologie de l'Action française,* Paris, Le Seuil, 1972.

[24] PH. MACHEFER, *Ligues et fascismes en France,* Paris, Clio, PUF, 1974 (comme le veut la logique de cette collection, cet ouvrage rassemble des textes fondamentaux).

[25] P. MILZA, *Fascisme français,* Paris, Flammarion, 1988.

[26] M. WINOCK, « Une parabole fasciste : *Gilles,* de Drieu La Rochelle », *Le Mouvement social,* nº 80, sept. 1972.

[27] J.M. BROHM, *Jeux olympiques à Berlin,* Bruxelles, Complexe, 1983.

[28] E. BAUDE, G. PROUTEAU, *Le message de Léo Lagrange,* Paris, Compagnie du Livre, 1950.

[29] M. COINTET-LABROUSSE, *Vichy et le fascisme,* Bruxelles, Complexe, 1987.

[30] R. HERVET, *Les Compagnons de France,* Paris, France-Empire, 1965.

[31] JANINE BOURDIN, « Des intellectuels à la recherche d'un style de vie : l'École nationale des cadres d'Uriage », *Revue française de sciences politiques,* IX, 4 décembre 1959; BERNARD COMTE, *Une utopie combattante. L'École des cadres d'Uriage, 1940-1942,* Paris, Fayard, 1991.

[32] H. VAN EFFENTERRE, *Histoire du scoutisme,* Paris, PUF, 1961.

[33] C. GUÉRIN, « Le chef scout de France : du chevalier à l'éducateur (1920-1960) », *Revue historique,* 556, oct.-déc. 1965.

Témoins et acteurs :

Origines et tradition aristocratiques :

[34] HONORÉ DE BALZAC, *Traité de la vie élégante,* « La mode », 1830.

[35] Comte D'ALTON-SHEE, *Mes Mémoires (1826-1848),* Paris, 1869.

[36] ERNEST CHAPUS, *Le sport à Paris,* Paris, 1854.

[37] ERNEST CHAPUS, *Manuel de l'homme et de la femme comme il faut,* Paris, 1861.

[38] Docteur A. DEBAY, *Les modes et les parures chez les Français depuis l'établissement de la monarchie jusqu'à nos jours,* Paris, 1857.

[39] Docteur A. DEBAY, *Hygiène alimentaire à l'usage des gens du monde,* Paris, 1860.

[40] ALBERT DE SAINT ALBIN, *Les sports à Paris,* Paris, Librairie moderne, 1889.

[41] JEAN GIRAUDOUX, *Le sport,* Cahiers Jean Giraudoux, Paris, Bernard Grasset, 1977, 1ʳᵉ éd. 1928.

[42] HENRY DE MONTHERLANT, *Les Olympiques,* Paris, Gallimard, 1938.

Sport et société : sport et armée.

[43] PAUL DÉROULÈDE, *Le livre de la Ligue des patriotes,* Paris, 1887.

[44] JEAN JAURÈS, *L'armée nouvelle,* Paris, 1911, rééd., Paris, Imprimerie nationale, 1992, avec une présentation de Jean-Noël Jeanneney.

[45] CHARLES DE GAULLE, *Vers l'armée de métier,* Paris, 1934.

Sport et société : sport et éducation.

[46] ERNEST RENAN, *La réforme intellectuelle et morale,* Paris, 1871.

[47] HIPPOLYTE TAINE, *Les origines de la France contemporaine*, Paris, Robert Laffont, 1972, 1ʳᵉ éd. 1875-1893.

[48] PIERRE DE COUBERTIN, *L'éducation en Angleterre, collèges et universités*, Paris, Hachette, 1888.

[49] PIERRE DE COUBERTIN, *L'éducation anglaise en France*, Paris, Hachette, 1889.

[50] PIERRE DE COUBERTIN, « La psychologie du sport », *Revue des Deux Mondes*, 1ᵉʳ juillet 1900.

[51] PIERRE DE COUBERTIN, *Notes sur l'éducation physique*, Paris, 1901.

[52] PIERRE DE COUBERTIN, *Une campagne de 21 ans*, Paris, 1908.

[53] PIERRE DE COUBERTIN, *Pédagogie sportive*, Paris, Cres, 1922.

[54] PIERRE DE COUBERTIN, *Mémoires olympiques*, Aix-en-Provence, Roubaud, 1931.

[55] ÉDOUARD HERRIOT, *Créer*, Paris, Payot, 1920.

Sport et société : sport et vie civique.

[56] N. PRIOLLAUD, *Le sport à la une*, Paris, 1984.

[57] LÉON DAUDET, *La lutte, histoire d'une guérison*, Paris, 1907.

[58] HENRI MASSIS, ALFRED DE TARDE, *Les jeunes gens d'aujourd'hui*, Paris Plon, 1913.

[59] GEORGES VALOIS, *La Révolution nationale*, Paris, 1926.

[60] *Le Flambeau, Le mouvement Croix-de-Feu*, Paris, 1935.

[61] Général NIESSEL, « Les Compagnons de France », *Revue des Deux Mondes*, 15 octobre 1941.

Politiques sportives et débats contemporains :

Textes officiels :

[62] *Notes et études documentaires*, n⁰ 1285, « Sport, éducation physique et équipement sportif en France », Paris, La Documentation française, 27 février 1950.

[63] *Journal officiel*, Loi de programme n⁰ 61 806 du 28 juillet 1961, relative à l'équipement sportif et socioculturel, 29 juillet 1961 (p. 6989).

[64] *Notes et études documentaires*, n⁰ 2895, « Le plan d'équipement sportif et socio-éducatif », Paris, La Documentation française, 15 juin 1962.

[65] Premier Ministre, haut comité des sports, *Essai de doctrine du sport*, Paris, 1965.

[66] *Journal officiel*, Loi n⁰ 75 988 du 29 octobre 1975, relative au développement de l'éducation physique et du sport, 30 octobre 1975 (p. 11180).

[67] *Journal officiel*, Loi n⁰ 84 610 du 16 juillet 1984, relative à l'organisation et à la promotion des activités physiques et sportives, 17 juillet 1984 (p. 2288).

Commentaires politiques :

[68] *Le Monde*, février 1968, articles divers sur les Jeux olympiques, 2 février, discours de Georges Pompidou, 8 février ; éditorial d'Hubert Beuve-Méry, septembre 1971 ; conférence de presse de Georges Pompidou, 2 septembre.

[69] *L'Information municipale*, 1975, 4, « Le projet de loi de promotion du sport », avril 1975.

[70] G. HERMIER, R. PASSEVANT, M. ZILBERMANN, *Le sport en question. Les réponses des communistes*, Paris, Éd. sociales, 1976.

[71] *Cahiers du communisme*, 39ᵉ année, n⁰ 6, J. GUIMIER, « Sport et jeunesse », juin 1963. 52ᵉ année, n⁰ 11, Y. ADAM, « Jeux olympiques, variations sur une défaite politique », novembre 1976.

[72] Parti républicain, *Le projet républicain*, Paris, Flammarion, 1978, préface de Jean-Pierre Soisson.

[73] *Libérer le sport, l'autre politique des activités physiques*, Paris, Club socialiste du Livre. 1980.

[74] *Problèmes politiques et sociaux*, nᵒ 513, *Le sport dans la société française*, Paris La Documentation française.

L'hygiène

Imposer le respect des règles d'hygiène entraîna l'extension, au XIXᵉ siècle, du champ d'intervention de l'État et il en résulta que le débat fut éminemment politique, alors même que les arguments se voulaient scientifiques, ce qui ne veut nullement dire qu'il fut affrontement simple d'idées de gauche et de droite.

Vision de soi et vision de l'autre :
C'est, au XIXᵉ siècle, la vision des *Classes laborieuses et classes dangereuses*, pour reprendre le titre de l'ouvrage classique de Louis Chevalier (Paris, Plon, 1958), qui marqua si profondément toutes les démarches ultérieures d'histoire sociale. Ce maître livre doit beaucoup à un certain nombre d'enquêtes qui traduisent l'éveil d'une nouvelle conscience sociale :

[75] E. BURET, *De la misère des classes laborieuses en Angleterre et en France*, Paris, Paulin, 1840.

[76] L.R. VILLERME, *Tableau de l'état physique et moral des ouvriers employés dans les manufactures de coton, de laine et de soie*, Paris, Renouard, 1840.

[77] ADOLPHE BLANQUI, *Des classes laborieuses en France pendant l'année 1848*, Paris, Pagnerre, 1849.

[78] A. AUDIGANNE, *Les populations ouvrières et les industries de la France*, Paris, Capelle, 1863.

[79] GEORGES DUVEAU, *La vie ouvrière en France sous le second Empire*, Paris, Gallimard, 1946 (cette grande thèse classique a également largement analysé les textes précédents).

[80] EUGÈNE SUE, *Les mystères de Paris*, Paris, 1842-1843 (ce modèle du roman populaire illustre cette vision contrastée des différentes catégories sociales, que l'on retrouve également sous la plume d'Alexandre Dumas, dans *Les trois mousquetaires*, où s'opposent les physiques des maîtres et des valets).

L'antisémitisme et le racisme ont perpétué cette condamnation du physique de l'autre :

[81] ÉDOUARD DRUMONT, *La France juive*, Paris, Flammarion, 1886.

[82] L. POLIAKOV, *L'Europe suicidaire (1870-1933)*, Paris, Calmann-Lévy, 1961 (ce livre fait l'inventaire des accusations antisémites).

[83] C. COQUERY, *La découverte de l'Afrique*, Paris, « Archives », Julliard, 1965.

[84] LOUIS-FERDINAND CÉLINE, *Voyage au bout de la nuit*, Paris, Gallimard, 1932.

Surveiller et punir :

[85] MICHEL FOUCAULT, *Surveiller et punir, naissance de la prison*, Paris, Gallimard, 1975 (référence obligée, quelles que soient les réserves que l'on puisse faire).

[86] Chambre des députés, *Exposé et motifs et projet de loi sur les aliénés*, séances des 6 janvier 1837, annexe 14, 18 mars 1837, annexe 137, des 3 et 5 avril 1837

[87] Docteur ALEX PARENT-DUCHÂTELET, *De la prostitution dans la ville de Paris considérée sous le rapport de l'hygiène publique, de la morale et de l'administration*, Paris 1836.

[88] Docteur ALEX PARENT-DUCHÂTELET, *La prostitution à Paris au XIXᵉ siècle* texte présenté et annoté par Alain Corbin, Paris, Le Seuil, 1981.

[89] ALAIN CORBIN, *Les filles de noce, misère sexuelle et prostitution aux XIXᵉ* ⁎ *XXᵉ siècles*, Paris, Aubier, 1978.

[90] Docteur L. BOSREDON, *Péril vénérien et prostitution*, Bordeaux, Gounouilhou, 1906.

[91] PATRICIA E. PRESTWICH, *Drink and the politics of social reform : anti-alcoholism in France since 1870,* Palo Alto, 1988.

[92] DIDIER NOURRISSON, *Alcoolisme et antialcoolisme en France sous la troisième République, l'exemple de la Seine-Inférieure*, thèse, université de Caen, 1986 (non publiée).

Décrire et dénoncer :

[93] Docteur ALEXANDRE LAYET, *Hygiène des professions et des industries*, Paris, Baillière, 1875.

[94] Docteur ALEXANDRE LAYET, *Hygiène et maladies des paysans*, Paris, Masson, 1882.

[95] H. NAPIAS, A.J. MARTIN, *L'hygiène en France de 1878 à 1882*, Paris, Masson, 1883.

[96] Docteur GEORGES DAREMBERG, *Les différentes formes cliniques et sociales de la tuberculose pulmonaire*, Paris, Masson, 1905.

[97] Docteur J. HÉRICOURT, *Les maladies de société, tuberculose, syphilis, alcoolisme et stérilité*, Paris, Flammarion, 1918.

[98] JACQUES LÉONARD, *La France médicale au XIXᵉ siècle*, Paris, « Archives », Gallimard-Julliard, 1978.

[99] JACQUES LÉONARD, *La médecine entre les pouvoirs et les savoirs*, Paris, Aubier, 1981.

Légiférer.

Le débat :

[100] Académie de médecine, *Bulletin*, 1888-1913, *Mémoires et rapports* (consultables à la bibliothèque de l'Académie).

[101] M. PESCHAUD, *De l'intervention de l'État en matière d'hygiène publique*, thèse de droit, Paris, 1898.

[102] G. DUBARLE, *Les projets de réglementation générale de l'hygiène*, thèse de droit, Paris, 1899.

[103] J.B. DUROSELLE, *Les débuts du catholicisme social en France (1822-1870)*, Paris, PUF, 1951 (cet ouvrage, comme les deux suivants, souligne le rôle particulier joué par les catholiques sociaux).

[104] P. LAVEDAN, *Histoire de l'urbanisme*, H. Laurens, Paris, 1952.

[105] FRÉDÉRIC LE PLAY, *La réforme sociale*, Paris, 1864.

Les mesures :

[106] Docteur BEDOIN, *Précis d'hygiène publique*, Paris, Baillière, 1891.

[107] O. FAURE, « La médecine gratuite au XIXᵉ siècle, de la charité à l'assistance », *Histoire, Économie et Société*, 1984-4 (p. 593-608).

[108] F. BEC, *Les pouvoirs du maire en matière d'hygiène publique de 1789 à 1902*, thèse de droit, Paris, 1907.

[109] Les débats préparatoires de la loi du 15 février 1902 sont d'une importance exceptionnelle par l'affrontement qu'ils provoquent, tout particulièrement au Sénat. On retiendra les séances suivantes : 11 décembre 1900, *JO* (p. 950 sqq.); 18 décembre 1900, *JO* (p. 968 sqq.); 20 décembre 1900, *JO* (p. 984 sqq.).

[110] A. POPINEAU, « Loi du 15 février 1902 relative à la protection de l'hygiène publique », *Les lois nouvelles 1903* (p. 329 sqq., 377 sqq.).

[111] H. MONOD, *La santé publique (législation sanitaire de la France)*, Paris, Hachette, 1904.

[112] J. SOURBES, *L'hygiène des travailleurs adultes*, thèse de droit, Paris, 1905.

[113] PAUL JUILLERAT, *Le casier sanitaire des maisons*, Paris, Rousset, 1906.

[114] J. DE DURAND, *L'assistance aux enfants, lois des 24 et 28 juin 1904*, thèse de droit, Montpellier, 1905.

[115] CH. BOURGUIGNON, *Des attributions de l'autorité municipale en matière d'hygiène*, thèse de droit, Bordeaux, 1910.

Prendre en charge.

Ouvrages généraux :
Les deux suivants, édités par l'Union nationale des caisses d'allocations familiales, n'échappent pas à la tentation apologétique :

[116] D. CECCALDI, *Histoire des prestations familiales en France*, 1957.

[117] ROBERT TALMY, *Histoire du mouvement familial en France (1896-1939)*, Paris, 1962 (apologie très tendancieuse du populationnisme).

Deux ouvrages qui, à des titres divers, ont largement renouvelé les perspectives :

[118] HENRI HATZFELD, *Du paupérisme à la Sécurité sociale, essai sur les origines de la Sécurité sociale en France, 1850-1940*, Paris, A. Colin, 1971.

[119] ANDRÉ GUESLIN, *L'invention de l'économie sociale, le XIXᵉ siècle français*, Paris, Economica, 1987.

Études spécifiques :

Quelques éléments sur les œuvres patronales dans :

[120] P. GUILLAUME, *La compagnie des mines de la Loire, 1846-1854*, Paris, PUF, 1966.

[121] M. HAU, *L'industrialisation de l'Alsace, 1803-1939*, Strasbourg, 1987.

La prise en charge, très significative, des tuberculeux a suscité les ouvrages suivants :

[122] *Notes et études documentaires*, n° 2300, *La législation antituberculeuse et l'organisation de la lutte antituberculeuse en France*, Paris, La Documentation française, 12 juin 1957.

[123] P. GUILLAUME, *Du désespoir au salut, les tuberculeux aux XIXᵉ et XXᵉ siècles*, Paris, Aubier, 1986.

[124] D. DESSERTINE, O. FAURE, *Combattre la tuberculose*, Lyon, PUL, 1988.

L'élaboration des grandes lois de 1928, 1930 et 1932 a suscité les commentaires suivants, qui donnent la quintessence des débats parlementaires :

[125] H. SOLUS, « Les assurances sociales, loi du 5 avril 1928 », *Les lois nouvelles*, 1929.

[126] H. SOLUS, « La loi du 30 avril 1930 sur les assurances sociales », *Les lois nouvelles*, 1930.

Quant à la dérive de l'hygiénisme vers l'eugénisme, elle apparaît très bien dans :

[127] A. CARREL, *L'homme cet inconnu*, Paris, 1935.

La libération du corps

Sous ce thème, on passe de l'analyse d'un système de valeurs au XIXᵉ siècle à celle d'un débat politique dans la seconde moitié du XXᵉ siècle.

XIXᵉ siècle.
Du XIXᵉ siècle et de la tradition catholique viennent les principes ou les alibis qui jouent un rôle majeur dans les débats du XXᵉ siècle.

[128] Docteur et père J.-C. DEBREYNE, *Essai sur la théologie morale considérée dans ses rapports avec la physiologie et la médecine*, Paris, 1842.

[129] Docteur GEORGES SURBLED, *La morale dans ses rapports avec la médecine et l'hygiène*, Paris, 1900.

[130] Docteur HENRI BON, *Précis de médecine catholique*, Paris, Félix Lacan, 1935.

[131] Société médicale de Saint-Luc, Saint-Côme et Saint-Damien, *Bulletin, 1895-1955*, devient *Saint-Luc, Évangile et Médecine*, 1955-1963, puis *Saint-Luc, organe du Centre catholique des médecins français*, 1963-1968, enfin *Médecine de l'homme* depuis 1968.

XXᵉ siècle.

Les journaux et périodiques sont la source qui permet de suivre les grands débats :

[132] *La Documentation française, La bataille de l'avortement. Les médias et l'événement*, Paris, 1986 (ce recueil réunit les textes majeurs sur le problème de l'avortement).

[133] *La Croix* (journal particulièrement précieux pour le second semestre 1968, par la place qu'il fait aux réactions à *Humanae vitae*. Très important également en novembre et décembre 1974, pour ses commentaires du débat parlementaire sur l'avortement).

[134] *Le Monde* (source majeure à partir de 1966, lorsque s'ouvre le débat sur la loi Neuwirth, très riche également pendant le second semestre 1968 et en novembre-décembre 1974).

[135] *Esprit*, numéros à thèmes : *La sexualité*, novembre 1960; *Après l'encyclique*, novembre 1968; *Humanae vitae*, mars 1969; *La loi sur l'avortement*, décembre 1973.

[136] *Le Nouvel Observateur*, notamment, numéro du 5 avril 1971, *Manifeste de 343 personnalités féminines en faveur de l'avortement*.

[137] *Le Point*, *Dossier* : M.-T. GUICHARD, J. DUQUESNE, « Avortement, complots contre la réforme », 25 novembre 1974.

[138] INED, « L'avortement », *Population et Sociétés*, nᵒ 45, mars 1972.

[139] *Ordre des médecins, Bulletin*, mars 1973.

De nombreux ouvrages, plus ou moins polémiques, ont jalonné tous les débats depuis trente ans. On peut retenir :

[140] Docteur PAUL CHAUCHARD, docteur MARIE ANDRÉE LAGROUA WEILL-HALLÉ, *Contre la pilule et le planning familial. Pour la pilule et le planning familial*, Collection Pour ou Contre, Paris, Berger-Levrault, 1967.

[141] Association Choisir, *Avortement, une loi en procès, l'affaire de Bobigny*, Paris, Gallimard, 1973.

[142] Docteur F. I-GELLE, *Différer la vie, les Églises et les États face à l'avortement et à la contraception*, Paris, Maloine, 1975.

[143] Docteur LÉON SCHWARTZENBERG, PIERRE VIANSSON-PONTÉ, *Changer la mort*, Paris, Albin Michel, 1977.

[144] F. GROS, F. JACOB, P. ROYER, *Sciences de la vie et Société*, rapport présenté à Monsieur le président de la République, Paris, 1979.

[145] Docteur P. SIMON, *De la vie avant toute chose*, Paris, Mazarine, 1979 (ouvrage du grand maître de la Grande Loge de France).

[146] Mouvement français pour le planning familial, *D'une révolte à une lutte : 25 ans d'histoire du planning familial*, Paris, éd. Tierce, 1982 (cet ouvrage réunit notamment en annexe tous les textes législatifs depuis 1920).

Pour replacer les débats dans l'histoire générale :

[147] RENÉ RÉMOND, *Notre siècle, 1918-1988*, Paris, Fayard, 1988.

CHAPITRE XV

Les arts

La place des arts dans la vie de la Cité est marquée au coin par l'ambiguïté du rôle qⁿⁱ leur est imparti depuis des siècles. Doivent-ils plaire ? Alors les arts relèveraient du seul rapport que le génie créateur établirait, dans une jouissance esthétique immédiate, avec son public, reconstitué à chaque œuvre par cette jouissance même. Mais doivent-ils instruire ? Alors les arts se partageraient entre les individus de la Cité, qu'ils se chargeraient d'édifier par des représentations éducatives de valeurs morales particulières, et l'État, qui propagerait, à travers un discours iconographique, musical ou plastique, les vertus qu'il aimerait requérir de ses sujets. On sait que le souverain fut toujours tenté de mobiliser les arts — que ce fût le monarque absolu privilégiant, dans les genres, la peinture d'histoire, la Révolution française qui, par la bouche du peintre François Gérard, par exemple, posait que les arts demeuraient un des « moyens les plus puissants et les plus universels... pour diriger l'esprit humain. Quelles ressources ils présentent à la philosophie ! », ou bien le second Empire ou la République, troisième du nom, avec la politique de commandes publiques. Encore qu'il ne faille jamais confondre les intentions du commanditaire avec celles, réalisées dans le tableau ou la statuaire, de l'artiste, et croire pouvoir lire les premières dans les secondes, la question mérite donc d'être posée, de savoir s'il a jamais existé un art de droite.

*
**

Répondre à une question en suppose les termes bien définis. Dans un ouvrage dont le titre même affirme, et dont le contenu montre clairement quelle diversité recouvre la notion de droite, il faudrait s'interroger sur les différentes formes d'art liées aux nombreuses faces du phénomène que constituent *les* droites. Le singulier, cependant, invite à dépasser le monde des apparences —

celles de l'art comme celles de la politique —, et donc à proposer une réponse absolue. Pour les uns, s'il se produit parfois qu'une œuvre d'art puisse être qualifiée de droite ou de gauche, cette portée, ou cette signification politique ne saurait tenir qu'à quelque chose d'extérieur, d'étranger à sa nature, à l'essence même de l'art. Dans cette perspective, l'intrusion d'un tel élément est en général condamné, parce qu'il détournerait de l'essentiel, de l'art en soi, et que, déjà, il trahirait dans l'esprit de l'artiste une confusion sur la nature de ce à quoi il a voué sa vie. Parler d'art de droite ou de gauche impliquerait donc une méconnaissance totale de ce qu'est l'art.

D'autres s'opposent à ce point de vue, sans d'ailleurs en être aussi éloignés qu'ils se l'imaginent. Pour eux, séparer l'art de la politique serait en soi une position de droite, ou plutôt une stratégie de la droite, visant à le priver de sa signification pour le rendre inoffensif. Car il serait, par nature, de gauche. L'art, c'est-à-dire, non pas une qualité de l'œuvre, mais une qualité du processus de création qui, sous peine de déchéance, devrait être affirmation de liberté, donc transgression des règles, des interdits, des habitudes, des exigences de la clientèle et des attentes de la société dans ce qu'elle a d'immobile, de conservateur. En un mot, l'art serait révolutionnaire, ou ne serait pas.

Ces opinions sont si répandues l'une et l'autre qu'il serait vain de vouloir citer tous les auteurs qui les ont soutenues avec une éloquence plus ou moins persuasive. Il serait tout aussi vain de les discuter, car elles sont indiscutables, pour l'historien, du moins, dont le regard, incapable de discerner les essences, s'arrête aux simples phénomènes. Aux simples phénomènes, mais à tous les phénomènes, y compris à ces opinions qui, articles de foi pour ceux qui les soutiennent, ne sont à ses yeux que des faits parmi d'autres, des croyances d'apparition tardive dont il faudra aussi écrire l'histoire si l'on veut comprendre ce qui a pu passer pour art de droite ou de gauche, depuis que ces notions se sont imposées dans la vie politique.

Quant à l'art, puisqu'il faut bien en proposer un essai de définition, il est ce qu'une société reconnaît comme tel, compte tenu de l'évolution qu'a connue le sens du terme. Cela dit, certaines difficultés n'en subsistent pas moins. Pour nous en tenir aux arts visuels, en excluant donc la musique et la poésie (autrement dit la littérature) qui leur sont traditionnellement adjointes depuis la constitution du système philosophique des beaux-arts au XVIIIe siècle, mais qui s'en distinguent trop, ne serait-ce que par les conditions économiques de leur existence, pour être traitées dans ce chapitre avec eux, ils se seraient partagés, selon une distinction ancienne et contestée, mais qui reste très vivante, entre arts majeurs et mineurs ou décoratifs, ces derniers relevant pour une part de l'industrie, ce qui rend parfois la frontière difficile à tracer entre ce qui est encore reconnu comme art et ce qui ne l'est plus. Même pour nous en tenir aux beaux-arts : architecture, sculpture, peinture, le premier d'entre eux, qui a passé parfois pour le plus noble, a vu par ailleurs son statut souvent contesté, comme le prouve encore, à défaut d'arguments philosophiques, la jurisprudence actuelle en matière de droit du créateur sur son œuvre. Cependant ces débats, qu'il fallait bien évoquer pour préciser le champ de l'étude, appartiennent eux aussi à l'histoire, et nous verrons quelles furent, et quelles sont encore leurs implications politiques.

I. DE LA PROPAGANDE

Dans un premier temps, toutefois, ils n'interviendront pas, car l'idée d'art de droite, ou de gauche, fait d'abord naître à l'esprit celle de propagande par l'image, donc de figuration propre à la peinture et à la sculpture — propagande officielle, d'abord, c'est-à-dire commanditée par le régime, mais aussi propagande officieuse, inspirée à des artistes ou des éditeurs par leurs convictions ou par l'appât du gain, et contre-propagande contestatrice de l'opposition, dans la mesure, variable selon les régimes, où il lui est permis de s'exprimer.

Elle peut prendre plusieurs formes. Le deux plus connues, en ce qui concerne la propagande officielle, mais non les plus efficaces, sont le monument sculpté et la peinture d'histoire — cette dernière notion recouvrant tout aussi bien les compositions allégoriques et la représentation de scènes tirées de textes littéraires ou des écritures saintes que celle d'épisodes historiques proches ou lointains. Il convient d'y ajouter la médaille, de diffusion restreinte, ainsi que la gravure et la lithographie, qui touchent, elles, un public beaucoup plus vaste, en particulier l'illustration de livres, surtout de manuels scolaires et d'autres ouvrages d'éducation ou d'édification[1]. Ces deux dernières techniques ont été progressivement détrônées, dans ces fonctions, par la photographie, moyen de propagande d'autant plus efficace qu'on la croit strictement objective dans l'enregistrement de la réalité. L'opposition, elle, n'utilise pas exactement les mêmes moyens, parce qu'elle ne dispose ni de la même liberté que l'État, ni des mêmes possibilités financières, que ce soit un éditeur, un comité ou à plus forte raison les artistes eux-mêmes, qui ne s'aventurent pas à entreprendre la réalisation d'une œuvre d'importance sans une commande ou au moins sans l'espoir d'une acquisition par les pouvoirs publics, la clientèle privée s'intéressant peu à la sculpture monumentale ou à la grande peinture d'histoire. Il existe quelques exceptions, mais rares, comme les tombeaux d'opposants politiques élevés par souscription, ou des tableaux présentés au Salon par défi[2]; mais l'arme de la contestation par excellence est la caricature. On sait qu'elle connut son âge d'or au XIXe siècle, à tel point qu'à côté de la lithographie, son outil de prédilection, elle alla même, grâce à Daumier, jusqu'à envahir la sculpture.

Daumier fut à son époque et reste considéré comme le plus grand caricaturiste de tous les temps. Or il a lutté, par esprit républicain, contre la Monarchie de Juillet. Autant dire qu'il semble se situer incontestablement à gauche, même si l'on a récemment fait observer ce qu'avait de conservateur, pour ne pas dire de réactionnaire, son opinion sur le rôle des femmes dans la société[3]. Son exemple corrobore, quand même il ne contribuerait pas à fonder, cette conviction plus ou moins consciente et très répandue que toute caricature serait de gauche, comme toute opposition politique. Il est vrai qu'au cours du XIXe siècle et d'une grande partie de XXe siècle, l'évolution générale des régimes successifs a fait qu'elle s'est située le plus souvent de ce côté — que ce soit d'abord contre les différentes formes du pouvoir monarchique au nom de l'idéal républicain, ou, par la suite, contre le pouvoir de la bourgeoisie au nom du socialisme. Il n'en reste pas moins qu'a existé, à certaines époques, une caricature de tendance contraire, même si elle est encore mal connue, par manque d'intérêt ou du fait des disparitions. Ce fut d'abord le cas pendant la Révolution : c'est ainsi que Claude Langlois a découvert et publié un *corpus* restreint (environ cent cinquante pièces), mais d'une forte unité, datant de la Législative, dont il a commencé l'étude par ces mots : « La caricature contre-révolutionnaire, elle aussi, existe. Pendant un temps bref, mais un moment décisif, dans les dix mois qui ont précédé la chute de la royauté, elle s'est imposée; elle a même été un temps dominante sur le marché, avant de se trouver marginalisée, puis complètement bâillonnée après la chute du roi[4]. » Près de cent ans plus tard, la troisième République dut affronter à ses débuts une opposition bonapartiste et surtout monarchiste beaucoup plus active et menaçante que l'opposition de gauche. La caricature aussi fut de la partie, en particulier au moment de l'Affaire Dreyfus, qui divisa la France en deux. L'un des meilleurs caricaturistes de l'époque, Forain, bien connu pour ses opinions réactionnaires, stigmatisa, par exemple, le rôle de Zola dans l'affaire en faisant dire à un soldat de corvée balayant *J'accuse* : « Quel fumier!... Ça pourrait faire tuer 100 000 hommes », et en illustrant la devise *Cedant arma togae* par un juge envoyant promener un képi d'un grand coup de pied.

Nombre d'artistes, à la fin du siècle, nourrissaient des convictions antirépublicaines, et certains n'hésitèrent pas à les faire connaître même dans de grands tableaux de chevalet. En 1885, le peintre Boutet de Monvel, monarchiste convaincu, envoya une violente satire antidémocratique, *L'apothéose*, au Salon de la Société des artistes français, d'où le sous-secrétaire d'État aux Beaux-Arts, Edmond Turquet, exigea qu'elle fût retirée parce qu'il avait cru s'y reconnaître sous les traits de Robert Macaire[5]. Déjà, en 1872, au lendemain de la défaite, un autre peintre, Janmot, avait exposé au Salon une composition allégorique intitulée *In hoc signo vinces*, où l'on pouvait voir, selon un critique du temps, « la France sanglante et terrassée, à qui la religion et la légitimité tendent la main pour se relever », prise de position sans équivoque en faveur du rétablissement de la monarchie qui le fit rayer de la liste des propositions d'achats dressée par l'administration sur laquelle sa réputation l'avait fait porter d'office[6].

De tels exemples restent relativement rares, parce que liés à des moments de la vie politique où le régime, situé plus à gauche qu'une grande partie de l'opinion, fait naître sur sa droite une opposition importante et radicale. Ces mêmes moments ont vu paraître un art officiel qu'il faut bien dire de gauche, si l'on se place dans la même optique : ainsi, pendant la Révolution, du *Marat* de David; ainsi, vers 1880, du *Triomphe de la République* peint par Glaize dans la mairie du XXe arrondissement de Paris, triomphe de la Liberté sur le monstre de la tyrannie royale ou impériale. Le plus souvent, toutefois, la propagande officielle a défendu des valeurs de droite dans la mesure où le régime devait se défendre, non contre un retour au passé, mais contre une opposition progressiste. Sans pouvoir mentionner ici toutes les œuvres d'art qu'elle a fait naître pendant deux siècles, ce qui serait d'ailleurs d'un intérêt relatif dans le cadre de la présente réflexion, encore faut-il en rappeler l'histoire dans ses traits principaux.

Sous la Révolution, un art officiel de droite était exclu avant la réaction thermidorienne, qui eut, à vrai dire, d'autres préoccupations. La situation troublée du pays laissait aux artistes une marge de liberté qui favorisa l'apparition d'œuvres plus ou moins hostiles à la Révolution, sans qu'on puisse parler ni vraiment de contestation, ni non plus de propagande officieuse. C'est ainsi que Guérin présenta, au Salon de 1799, peu avant le coup d'État du 18 brumaire, son *Marcus Sextus* que tous les visiteurs comprirent comme une plainte sur le sort des émigrés ainsi qu'un plaidoyer en faveur de leur retour[7]. A la même époque se répandait une peinture de genre historique, plus petite par les formats, donc destinée à une clientèle privée, qui tendait à propager par ses thèmes la nostalgie de la monarchie. Les auteurs en étaient des élèves de David qui, royalistes de conviction, avaient formé dans son atelier un petit groupe à part, les Lyonnais Revoil et Fleury Richard ainsi que Granet et son ami le comte de Forbin, qui sera chargé de l'administration des Beaux-Arts sous la Restauration[8].

Le rôle dévolu à l'art sous l'Empire (et d'abord sous le Consulat) pour exalter Napoléon Bonaparte est suffisamment connu pour qu'on n'y insiste pas [21 ; 22]. Le seul problème resterait de savoir si cette propagande doit être qualifiée de droite, compte tenu des jugements portés depuis l'époque sur l'empereur, tantôt considéré comme un autocrate, tantôt comme l'héritier de la Révolution. Cette seconde image prévalut sous la Restauration, parmi les opposants au régime, puis sous la Monarchie de Juillet, où elle fut d'ailleurs encouragée officiellement[9]. Mais c'est la première qui s'impose quand on considère les œuvres commandées pendant son règne. Les arcs de triomphe et les tableaux de batailles se rapportent au triomphateur, au conquérant, ce qui est l'une des fonctions, ou l'une des faces du personnage traditionnel du prince, d'Alexandre à Louis XIV, sans que rien ne puisse laisser deviner que son triomphe serait aussi celui d'un quelconque idéal révolutionnaire. D'autres tableaux concourent aussi à établir le lien avec la tradition monarchique, que ce soit, bien sûr, *Le sacre* peint par David, le *Napoléon Ier trônant* d'Ingres, dans lequel le peintre a multiplié les motifs rappelant Charlemagne et l'empire byzantin, mais aussi, alors que Napoléon ne faisait encore que percer sous Bonaparte, *Les pestiférés de Jaffa* de Gros, où le geste du Premier consul évoque celui des rois de France touchant les écrouelles.

Par définition, l'art officiel de la Restauration ne pouvait être que de droite ; mais il était plus difficile que sous l'Empire d'exalter les hauts faits d'arme du souverain ou des armées françaises. L'expédition d'Espagne, en 1823, donna pourtant au régime l'occasion d'illustrer sa gloire militaire en quatre grands tableaux[10]. C'est cependant surtout le poids du passé qui se fait sentir sur l'art, d'un passé récent et malheureux ressenti comme un péché de la nation, passé plus lointain avec lequel il importait de renouer. Le sentiment d'une faute inspire la construction de la chapelle expiatoire, par Fontaine, et plusieurs projets pour le tympan de la Madeleine. Mais l'époque de la Révolution avait aussi, pour la monarchie, ses pages glorieuses : c'est ainsi que la Maison du Roi commanda en juin 1816, pour le château de Saint-Cloud, une série de portraits des généraux vendéens, que rien, à vrai dire, si ce n'est les noms et quelques attributs, ne distinguent vraiment de ce qu'auraient pu être des portraits de généraux de la Révolution[11]. La même année, elle passait aussi commande, pour la galerie de Diane au palais des Tuileries, d'un ensemble de tableaux à la gloire de Louis XVI, ainsi que de Louis XIII, d'Henri IV, de François Ier et de Saint Louis, œuvres par lesquelles se mettait en place une apologie de l'ancienne monarchie française[12]. Mais la propagande par l'image s'étendit également à un autre domaine, celui de l'art chrétien, de la décoration des édifices religieux, qu'il faut bien considérer comme de droite à une époque où l'Église et la religion servaient d'appui au pouvoir.

L'effort entrepris dans ce domaine sous la Restauration devait se poursuivre tard dans le siècle. Il concerna d'abord la construction d'églises. Ce sont pour la plupart des églises paroissiales destinées à assurer la présence de la religion dans les nouveaux quartiers des villes ou dans les villages. Certaines, cependant, répondirent à des intentions plus nettement politiques, comme le Sacré-Cœur de Paris et la basilique de Fourvière. Nouvelles ou anciennes, les églises, de plus, furent l'objet d'une campagne de décoration intérieure, inégale selon les régions, mais qui fut systématiquement conduite à Paris par la préfecture de la Seine, étroitement soumise au ministère de l'Intérieur [23]. Elle prit surtout la forme de peintures murales, parfois aussi de tableaux d'autel. Cette action se poursuivit jusqu'en 1878, date à laquelle, le gouvernement de la République étant devenu républicain, le Conseil municipal eut licence de suivre l'avis exprimé par Viollet-le-Duc, anticlérical notoire, qui avait, dans un rapport sur le budget des Beaux-Arts de la capitale, mis en doute l'utilité de ces dépenses [40]. Prudemment, d'ailleurs, il ne dénonçait pas la propagande religieuse, mais faisait valoir que ces peintures restaient ignorées des amateurs et que de toute façon, l'ombre des chapelles ne permettait pas de les voir. La propagande, au demeurant, tenait moins aux sujets traités qu'au nouvel éclat dont elles rehaussaient les lieux du culte. Certaines d'entre elles, cependant, rappelaient en illustrant la vie de Clovis ou de Saint Louis la nature très chrétienne de la monarchie. Cette intention, la plupart du temps implicite, fut déterminante pour la décoration peinte de l'église Sainte-Geneviève, autrement dit du Panthéon, au début de la République des ducs. La nef consacrée à la patronne du lieu et les murs du transept aux piliers de la monarchie française — Clovis, Charlemagne, Saint Louis et Jeanne d'Arc — devaient présenter « l'histoire religioso-nationale » de la France, selon l'expression même de l'ecclésiastique chargé d'en tracer le programme[13]. Cependant cet édifice, qui relevait, non de la préfecture, mais de l'État, possédait une importance qui conférait à sa décoration une signification particulière.

Il fut tout au long du siècle, on le sait, l'enjeu symbolique des luttes entre la France qui se réclamait de 1789 ou de 1792, et celle qui vivait dans le regret de l'Ancien Régime. Celle-ci persistait à voir en lui l'église Sainte-Geneviève, celle-là le Panthéon des gloires nationales, où reposaient les cendres de Voltaire et de Rousseau. Chaque changement de régime ou presque entraîna un changement d'affectation, et avec lui un changement du décor peint ou sculpté qui témoigne aujourd'hui de ces avatars. A la coupole, Louis XVIII tenant la Charte a remplacé Napoléon Ier dont la présence aux côtés de Clovis, Charlemagne et Saint Louis aurait dû affirmer que l'Empire se situait dans la continuité de la monarchie très chrétienne ; au cul-de-four de l'abside, la mosaïque, commandée comme les peintures murales en 1874, montre le Christ dévoilant à l'ange de la nation les destinées de son peuple, « *Gesta Dei per Francos* » : rarement le lien entre l'Église et sa fille aînée s'était manifesté avec une telle force dans l'art, du moins depuis la Révolution.

Bien que ne disposant pas de la même légitimité historique que la monarchie, le second Empire lui aussi s'était largement appuyé sur l'Église, ainsi que sur l'armée — sur le sabre et le goupillon — pour assurer son pouvoir. Elle en faisait si peu mystère que le peintre Couture put envisager de peindre pour le pavillon Denon au Louvre un vaste tableau montrant *L'Empire s'appuyant sur l'Église et l'armée pour vaincre l'anarchie*, et s'il n'en obtint finalement pas la commande, la raison n'en tint pas au sujet, mais à une brouille survenue entre l'artiste, homme de caractère difficile, et l'administration[14]. Dans la salle voisine, la salle des États, Charles-Louis Müller avait peint au plafond, entre un *Triomphe de Charlemagne* et un *Triomphe de Napoléon Ier*, la Vierge protégeant la France, entourée des allégories des beaux-arts, de l'agriculture et des sciences d'un côté, des prophètes et des saints, de la religion, de l'extrême-onction et des croisés de l'autre[15]. Ainsi mise au service du régime, l'Église l'utilisait pour affirmer son propre pouvoir, dont témoignent encore, à travers la France, les statues colossales de la Vierge érigées sur des sommets.

Comme les régimes précédents, et plus encore, la troisième République multiplia les décors peints sur les murs des édifices publics. Leur iconographie, généralement en rapport avec la destination des lieux, offre une grande diversité. Un programme, toutefois, revient souvent dans les salles de mariage des mairies des arrondissements parisiens et des communes du département de la Seine; il illustrait, sous des formes variées, les idées de famille, de travail et de défense de la patrie. Le modèle en était le décor peint par Puvis de Chavannes, alors au sommet de sa gloire, pour l'escalier du Musée de Picardie à Amiens, plus particulièrement l'*Ave Picardia nutrix*, qui datait de l'Empire, et le *Ludus pro patria*, présenté au Salon de 1882. A propos de cet ensemble, on n'a pas manqué d'évoquer la devise du régime de Vichy, « Travail, Famille, Patrie[16] »; mais elle résume encore mieux, en apparence du moins, les décors des salles de mariage des mairies parisiennes. On pourrait donc croire avoir affaire à une iconographie tout aussi réactionnaire que l'étaient les idéaux de Vichy. Or elle semble avoir répondu bien au contraire aux sentiments républicains du Conseil municipal (et du Conseil général de la Seine), dont la majorité se situait, et se situa jusqu'en 1900 plus à gauche que le gouvernement. Cet exemple rappelle combien les notions de droite et de gauche sont relatives, et souligne, une fois encore, l'évidence que la frontière qui sépare droites et gauches se déplace avec le temps, de même que change la signification des mots.

II. DES VALEURS DES ARTISTES
ET DES MODES ARTISTIQUES

Une difficulté supplémentaire à laquelle peuvent se heurter les tentatives d'interprétation tient au fait que certaines valeurs, souvent classées aujourd'hui à droite, étaient alors communes aux deux camps, de même que les figures ou les .épisodes historiques dans lesquels elles s'incarnaient. Ainsi du patriotisme, au lendemain de la défaite de 1871, et de Jeanne d'Arc, la petite Lorraine, symbole de la résistance à l'ennemi, honorée par les républicains les plus radicaux tout autant que par les monarchistes, quoique sous une autre forme[17]. Bien commun à plusieurs partis, et lieux communs de la peinture monumentale, certains thèmes se retrouvent également d'un régime à l'autre, investis chaque fois d'une valeur différente. Enfin, on doit compter avec la relative liberté dont jouissaient les artistes : contrairement à une croyance trop répandue, les commandes publiques s'accompagnaient rarement de directives précises concernant la façon dont le sujet devait être compris, et l'administration s'occupait peu de cet aspect des choses. Cette observation ne vaut pas que pour la troisième République, mais bien pour tous les régimes du XIXᵉ siècle. Trop d'historiens de l'art, ces derniers temps, ont cru un peu vite trouver une explication aux œuvres de commande dans la situation politique du moment et dans les intentions supposées des pouvoirs publics, sans se demander si elles n'illustraient pas d'abord la pensée de l'artiste.

L'attitude inverse existe aussi, qui consiste à déchiffrer en elles des intentions contestatrices. Alors que la première se rencontre d'habitude lorsque l'auteur des œuvres en question est considéré comme un artiste académique, officiel, donc supposé docile au pouvoir et dépourvu de personnalité, la seconde permet de disculper les grands créateurs du reproche de soumission. L'exemple le plus célèbre en est offert par David : dans ses tableaux antérieurs à la Révolution, *Le serment des Horaces* et le *Brutus*, commandés par la surintendance des Bâtiments du Roi, on a voulu découvrir l'expression des sentiments révolutionnaires qui allaient quelques années plus tard conduire le peintre, membre de la Convention, à voter la mort du roi. Dans le monumental catalogue de l'exposition qui lui a été consacrée en 1989, Antoine Schnapper a heureusement insisté sur l'extrême prudence dont il convenait de faire preuve en ce domaine, la plupart des interprètes ayant tendance à projeter sur l'œuvre leurs désirs. C'est pourquoi il paraît tout aussi difficile de suivre dans son raisonnement Elmar Stolpe qui, en disciple de Michel Foucault, veut voir au contraire dans les *Horaces* l'illustration d'une idéologie militariste apparue au temps de Louis XIV[18].

La proportion relative des artistes célèbres, héroïsés par l'histoire de l'art, et des autres, beaucoup plus nombreux, suffit à expliquer que la première attitude, celle qui consiste à vouloir lire dans les œuvres de commande les intentions explicites du pouvoir ou au moins un reflet de sa politique, apparaisse beaucoup plus fréquemment. Elle ne tient pourtant pas compte d'un phénomène qu'une sociologie trop abstraite et systématique a par ailleurs présenté parfois sous la forme brutale d'une rupture : la conquête par les artistes de leur indépendance, ou de leur autonomie[19]. Si l'on veut bien laisser de côté ces grands mots, ce qu'on observe en réalité, au cours du XIXe siècle, c'est une évolution progressive dans les relations du pouvoir et des artistes, l'administration abandonnant peu à peu ses habitudes autoritaires pour traiter ceux-ci sur un pied d'égalité, quand ce n'est pas avec une déférence d'autant plus marquée qu'ils étaient plus célèbres. Il semble que le passage de Charles Blanc à la direction des Beaux-Arts, sous la seconde République, ait précipité les choses, dans la mesure où, artiste de formation, il appartenait par ses origines au même milieu que ses administrés[20]. Quoi qu'il en soit, l'évolution du comportement se reflète en particulier dans les rapports des inspecteurs des Beaux-Arts, fonctionnaires apparus sous la Monarchie de Juillet et chargés entre autres tâches de suivre l'exécution des commandes. Leur travail consistait à vérifier l'avancement des travaux pour justifier le paiement d'acomptes, et, s'ils transformaient volontiers leurs rapports en morceaux de critique d'art, les observations qu'ils se permettaient parfois de formuler n'incitaient que rarement l'artiste à corriger son œuvre. Encore ces observations ne portaient-elles jamais, sauf exception, que sur la forme, et non sur le sujet ou sa conception. Sans doute avait-il été approuvé sur esquisse, quand il n'avait pas été défini à l'avance par l'administration, mais en des termes ou sous une forme qui laissaient encore une marge importante à l'interprétation personnelle. C'est ainsi — pour prendre un exemple, non parmi les commandes de l'État, mais parmi celles de la préfecture de la Seine — que les peintures murales exécutées par Couture pour la chapelle de la Vierge à Saint-Eustache, qu'on pourrait dire de droite par destination, parurent aux contemporains d'une irreligiosité flagrante, et même si leur jugement tenait en fait à ce qu'ils savaient, ou croyaient savoir des opinions du peintre, il n'en reste pas moins que sa *Stella maris* et sa *Consolatrix afflictorum* laissent transparaître à la fois beaucoup de scepticisme et une critique sociale non dissimulée[21].

Ce qui est vrai pour les commandes officielles vaut à plus forte raison pour les œuvres exécutées à la libre initiative de l'artiste, surtout des tableaux d'histoire présentés aux Salons. La majorité d'entre eux n'avait pas de signification politique; mais le poids de la politique était tel sur les esprits au xixᵉ siècle que de nombreux artistes prirent parti dans leurs œuvres, soit pour faire connaître leur sentiment personnel ou pour attirer sur elles l'attention des pouvoirs publics et en obtenir ainsi l'achat. Cette dernière intention se comprend sans peine : la peinture d'histoire exigeait un investissement considérable et trouvait difficilement acheteur dans la clientèle privée. Cependant certains artistes n'hésitaient pas à braver au contraire le pouvoir en place, et l'on aurait tort de croire qu'ils se situaient toujours sur sa gauche, comme le montrent les exemples de Janmot et de Boutet de Monvel mentionnés plus haut. Il s'agit là, cependant, d'exemples isolés, mais isolés par le sujet choisi, non par l'orientation politique. Celle-ci se manifestait de préférence par l'attitude face à la Révolution, dont le souvenir se maintint très vivant pendant tout le xixᵉ siècle. D'où le nombre considérable de tableaux qui lui furent consacrés, que ce soit pour la célébrer ou pour en dénoncer les horreurs. La signification se révèle souvent au choix des épisodes : Mlle de Sombreuil forcée par les bourreaux à boire du sang des aristocrates pour sauver la vie de son père, anecdote rapportée par Thiers et qu'illustra Puvis de Chavannes à ses débuts, ne devait pas inspirer aux spectateurs les mêmes sentiments que la mort de Bara, héros républicain des guerres de Vendée. Ces dernières constituèrent une source d'inspiration particulièrement abondante, du fait qu'elles offraient aux artistes des épisodes dramatiques, d'où un certain exotisme n'était pas absent, et qu'au contraire des guerres menées contre l'envahisseur étranger, elles possédaient une signification éminemment politique[22]. Au début de la troisième République ou plutôt, passé mai 1876, de la République républicaine, beaucoup de peintres exaltèrent les bleus en montrant Vendéens et Chouans confondus sous la forme de sauvages ou de brigands; mais en Vendée même, ainsi qu'en Bretagne, se multiplièrent les œuvres destinées à perpétuer le souvenir du martyre subi, et de la résistance à l'oppression, tableaux, statues, mais aussi vitraux de nombreuses églises paroissiales.

Malgré l'opposition radicale des sentiments, certaines compositions consacrées aux guerres de Vendée restent ambiguës. Une ambiguïté plus forte encore affecte les représentations de la mort de Marat, ou l'arrestation de Charlotte Corday. L'héroïsation de celle-ci, fréquente dans l'art du XIXᵉ siècle, passerait pour un manifeste de droite si l'épisode avait opposé, comme les guerres de Vendée, les adversaires aux partisans de la Révolution. Or il opposait aussi les partisans de 1789 aux radicaux attachés au souvenir de 1793, de sorte que la meurtrière de Marat pouvait aussi servir la propagande d'une république modérée. Toutefois, des considérations de deux ordres conduisent à relativiser la portée politique du sujet : un phénomène de mode, d'abord, qui a souvent joué pour la peinture d'histoire du XIXᵉ siècle (une bonne dizaine de Charlotte Corday figuraient au seul Salon de 1880), puis son origine et sa valeur littéraires. Peindre « L'Ange de l'assassinat », comme l'avait nommée Lamartine, c'était se mesurer avec l'auteur de l'*Histoire des girondins*, plus encore qu'avec Ponsard, qui en tira une tragédie ; c'était aussi affronter cette tâche exaltante de devoir rendre l'expression d'une femme comparable à Judith — ou à Phèdre insultant Vénus, comme l'écrivait Théodore de Banville. De là, devant le tableau présenté par Henry Scheffer au Salon de 1831, les sentiments partagés d'un Victor Schoelcher, admirateur de Marat en politique, mais comme critique d'art incapable d'animosité envers le destin d'une véritable héroïne de tragédie[23].

Le problème posé, au fond, n'est autre que celui de toute peinture d'histoire, à la fois parce que des intérêts d'ordre artistique prévalaient souvent dans l'esprit du peintre sur les enjeux politiques, et en raison des moyens dont il disposait pour se faire entendre, la composition, les attitudes des personnages, leurs gestes, leur expression, beaucoup moins explicites en général que le passage d'un poème, d'un roman ou d'une histoire duquel il s'inspirait. A défaut de recourir, comme le caricaturiste en a la possibilité, à une légende — commentaire de l'image ou paroles d'un des protagonistes de l'action —, il pouvait le cas échéant introduire des allégories, des emblèmes, des symboles convenus : c'est ainsi que Couture chercha à modifier la signification de ses *Enrôlés volontaires* en remplaçant la figure de Théroigne de Méricourt, allégorie de la Liberté, par un anodin drapeau tricolore. Mais à défaut d'un tel procédé, dont l'emploi n'était pas toujours possible, la poésie muette qu'était, selon la doctrine, la peinture d'histoire n'échappait pas à un certain degré d'ambiguïté, d'autant plus élevé qu'elle se voulait plus réaliste. Un bon exemple en est offert par *Les conscrits* de

Dagnan-Bouveret, tableau acheté par l'État au Salon de la Société
nationale des Beaux-Arts en 1891, dans lequel un chroniqueur
récent voyait un « chef-d'œuvre de la peinture cocardière[24] ». Dès
l'époque, pourtant, les interprétations divergeaient : si tel critique
croyait sentir y passer « un souffle de patriotisme robuste et sain »,
tel autre jugeait les jeunes Bretons « plus ahuris qu'enthousiastes »,
— comparables en cela au conscrit dépeint dans *Sébastien Roch* par
un auteur qui n'a pas pour réputation d'avoir partagé les sentiments de la droite nationaliste, Octave Mirbeau[25].

Ce dernier exemple impose une conclusion provisoire : au niveau
où nous nous sommes placés, rien ne distingue l'art de droite d'un
art de gauche, sinon le sujet, du moins lorsqu'il est traité d'une
façon qui ne laisse aucun doute sur les sentiments et les intentions
de l'artiste ou du commanditaire. A cela, on ne manquera pas de
répondre que ce niveau reste superficiel et sans valeur, et que tout
art de cette nature se situe à droite quel qu'en soit le sujet. Nous
reviendrons sur les idées qui fondent cette vue des choses pour nous
arrêter à un argument qu'elle tire du cours même de l'histoire : la
preuve du caractère conservateur, ou même, à partir d'une certaine
époque, décidément réactionnaire de la peinture d'histoire, de
même que de la statuaire monumentale, tiendrait à ce qu'elles ont
disparu, parce qu'inadaptées à notre époque. En ce qui concerne la
première, il est entendu qu'elle était mourante au temps de Manet,
tellement mourante que les pouvoirs publics eux-mêmes en
auraient tiré les conséquences[26]. Si elle a connu un bref regain au
XXᵉ siècle, ce serait dans des circonstances et grâce à un artiste
exceptionnel, avec le *Guernica* de Picasso, une œuvre dont personne,
de plus, ne songe à mettre en doute le caractère de gauche. Sans
nous attarder à la philosophie de l'histoire qui autorise un tel
raisonnement, il faut bien observer qu'il repose sur une confusion
entre ce à quoi on accorde le droit à l'existence et ce qui existe
réellement, car quoi qu'on en ait, l'illustration des grandes pages
du passé n'a pas plus disparu de l'art au XXᵉ siècle que l'héroïsation
des grands hommes, même si les œuvres concernées ont été exclues
de l'histoire de l'art telle qu'on l'écrit communément.

Sans aller chercher les médiocres produits de « l'art maréchal »
sous le régime de Vichy, on doit rappeler la prolifération des
monuments aux morts, surtout après la Première Guerre mondiale,
le long maintien d'une tradition de la peinture militaire, ainsi que
l'essor de la peinture coloniale, particulièrement vivace entre les
deux guerres[27]. L'exaltation de l'Empire colonial avait pourtant
commencé plus tôt : dans les dernières années du XIXᵉ siècle, la

manufacture des Gobelins avait exécuté d'après un modèle de Rochegrosse une tapisserie évoquant *La conquête de l'Afrique*, composition qui paraît incontestablement de droite, bien que l'artiste ait voulu illustrer l'œuvre civilisatrice de la France apportant aux peuples du continent noir les bienfaits de la science, au premier rang desquels figure l'électrification, ce qui rapproche la colonisation du communisme tel que le définissait Lénine!

L'art de la tapisserie a connu, en France, après la Seconde Guerre mondiale et le temps d'une génération, un nouvel essor qu'on a non sans exagération qualifié de renaissance. Les récits quelque peu légendaires qu'on fit alors de son histoire nous paraissent aujourd'hui marqués d'un insupportable nationalisme. Faut-il pour autant parler de réaction droitière, alors que la plupart des artisans de cette « renaissance », à commencer par Lurçat, le plus célèbre d'entre eux, étaient membres du Parti communiste? La question nous rappelle combien certaines valeurs classées aujourd'hui de droite peuvent avoir selon les époques et les circonstances changé de camp, ou perdu leur fonction discriminatrice. Par ailleurs, contrairement à la présentation habituelle qu'on en fait, cette « renaissance » se caractérisait moins par ses principes esthétiques et techniques que par l'ambition de revenir à des sources d'inspiration élevée : c'est ainsi que Lurçat voulut concurrencer l'*Apocalypse d'Angers* avec sa tenture du *Chant du monde*. Faut-il, parce que l'invention des différentes pièces qui la composent relève de l'allégorie au sens le plus traditionnel du terme, classer l'œuvre à droite comme on le fait de la peinture d'histoire, alors que l'artiste plaide pour la paix, qui était, comme on sait, le thème central de la propagande de l'internationalisme prolétarien?

A suivre cette argumentation, il faudrait aussi renvoyer à droite, parce que de conception traditionnelle, toutes les peintures murales mexicaines, exécutées par des artistes qui se voulaient aussi révolutionnaires que Diego Riveira ou qu'Orozco. En réalité, la gauche tout autant, sinon plus encore que la droite a ressenti avant et encore après la Seconde Guerre mondiale le besoin d'un grand art public, monumental, et cette nostalgie, loin d'être nouvelle à l'époque, remontait en réalité au XIXe siècle.

Contrairement à ce que veulent croire certains historiens, l'interprétation politique et sociale de l'art n'est pas une nouveauté. Dans son principe, elle constituait déjà un lieu commun au XIXe siècle. Parmi les couples de catégories contraires qui structuraient la vision qu'on avait des rapports entre l'art et la société, il en est un qui eut et conserva longtemps une importance primordiale : l'opposition entre l'art public, porteur d'un message ou d'un enseignement, et l'art d'appropriation privée, destiné au plaisir des individus. D'un côté les monuments et la peinture murale, de l'autre les petits bronzes et les tableaux de chevalet. D'un côté un art officiel, mais aussi et d'abord un art pour le peuple, de l'autre un art répondant aux attentes d'une clientèle bourgeoise, puisqu'il était, déjà! entendu qu'individualisme rimait avec bourgeoisie. Dans cette optique, ce n'est pas la peinture d'histoire qui se situait à droite, mais bien plutôt celle de genre, contrairement à la conviction sur laquelle reposent tant de raisonnements dans l'histoire actuelle de l'art. On en trouve confirmation dans la personnalité de ceux qui plaidèrent pour l'une ou l'autre cause. Parmi les défenseurs les plus obstinés de l'art collectif, destiné au peuple se rencontre Charles Blanc, qui fit de la démocratisation de l'art une de ses principales préoccupations[28]. Directeur des Beaux-Arts au début de la seconde République, il en présenta une chaleureuse apologie dans un rapport adressé au ministre de l'Intérieur en octobre 1848, dans lequel il stigmatisait par contre les petits tableaux de chevalet, produits d'une société divisée, fragmentée par l'esprit individualiste[29]. Cet idéal, qui fut celui de générations de républicains, se maintiendra longtemps, teinté de nostalgie, le rêve d'un peuple uni, unanime, se projetant sur un Moyen Âge mythique, un âge d'or antérieur à l'avènement de la bourgeoisie, qui aurait coïncidé avec la Renaissance.

Près de vingt ans plus tard, sous le second Empire, Charles Blanc revenait sous une autre forme sur la défense de l'art public, le seul, selon lui, que l'État dût encourager, apportant son aide et décernant ses récompenses « à ceux qui font de l'art pour les multitudes qui ne paient point, et non pas pour un petit nombre d'amateurs qui paient très cher[30] ». Ainsi se trouvait réaffirmée l'opposition sociale entre peuple et bourgeoisie. Son raisonnement présentait pourtant un défaut : cet art public auquel l'État devait apporter son aide — non pas, à vrai dire, parce que le peuple lui-même n'en avait pas les moyens, mais parce qu'il ne correspondait au goût de personne —, cet art populaire, démocratique restait à inventer, et les « démocraties populaires » du XXe siècle n'ont pas été, elles non plus, capables de lui donner corps. Dans la forme qu'il n'a cessé de prendre sous tous les régimes, monuments sculptés ou peinture d'histoire appliquée à la décoration des édifices publics, il continuait en réalité la tradition de l'art des résidences royales — statues du souverain, décor peint des palais —, et, en cela, il peut globalement être considéré comme un art de droite.

Son contraire, l'art produit pour le plaisir des particuliers, se situe politiquement du même côté, pour plusieurs raisons. Il s'adresse, en premier lieu, comme le rappellait Charles Blanc, à une clientèle nécessairement riche. Mais par ailleurs cet art qui ne vise qu'à la délectation, détourne l'attention des problèmes du temps, et joue par là un rôle conservateur au service de ce qu'on appelle en langage marxiste la classe dominante. D'où le renvoi à droite de la peinture de genre, avec ses anecdotes plus ou moins spirituelles ou piquantes, ainsi que la peinture de nu, quels que soient les prétextes mythologiques derrière lesquels crut devoir s'abriter longtemps l'appel à la sensualité. La mythologie elle-même, d'ailleurs, ne fournit pas qu'un prétexte : supposant, pour être comprise, une certaine éducation classique, elle conforte dans son sentiment de supériorité toute une catégorie sociale. Mais le paysage n'échappe pas non plus au même classement, dans la mesure où il offre au regard l'image d'un refuge, d'une retraite loin de la ville, de ses misères, de ses conflits. Quant aux paysans, s'ils sont pauvres, c'est d'une pauvreté primitive qui ne les empêche pas, bien au contraire, de mener une existence heureuse au sein de la nature.

On reconnaît là bien des lieux communs déjà formulés par la critique au XIXe siècle, avant d'être repris par les historiens de l'art, et les exemples se pressent à l'esprit. Ce serait, à vrai dire, des centaines, des milliers de noms d'artistes qu'il faudrait citer, comme on peut s'en convaincre en feuilletant les catalogues illustrés des Salons. Pour s'en tenir aux plus connus, on pense aux personnages de Meissonier en habit Louis XIII, aux Vénus de Bouguereau et de Cabanel, aux belles glaneuses de Jules Breton, aux sous-bois de Diaz, aux arbres séculaires de Théodore Rousseau. *Mutatis mutandis*, le même répertoire se retrouve au XXe siècle, à ceci près que les anecdotes de la peinture de genre ont disparu, parce qu'on ne les trouvait plus spirituelles, que les nus s'offrent en général au regard sans aucun prétexte mythologique et que la forêt de Fontainebleau, trop fréquentée, s'est effacée devant d'autres paysages. Là aussi, certaines œuvres s'imposent à l'esprit de quiconque est tant soit peu familiarisé avec l'histoire de l'art telle qu'on l'écrit traditionnellement : ce sont les nus de Despiau, les natures mortes et les nus de Derain après la Première Guerre mondiale, les villages sous la neige de Vlaminck, sans oublier les élégantes de Van Dongen ou de Jean-Gabriel Domergue, les intérieurs de Chapelain-Midy et les paysages provençaux d'Yves Brayer.

A voir les choses ainsi, et c'est ainsi qu'on les voit souvent, la conclusion s'imposerait que presque tout art est de droite, presque tout art figuratif, du moins, car la scène de genre, le nu, la nature morte et le paysage constituent de loin les thèmes les plus fréquents de la peinture aux XIXe et XXe siècles. Seuls mériteraient d'être classées à gauche les œuvres dans lesquelles apparaîtrait la conscience des problèmes politiques et sociaux de l'époque, avec une intention réformatrice ou révolutionnaire — à condition, bien évidemment, que cette réforme ou cette révolution n'aille pas dans le sens d'un retour au passé ! Si l'on excepte la caricature politique, tout art serait donc de droite en dehors du réalisme, d'un réalisme qui commencerait avec les tableaux peints par Courbet autour de 1850, avant que le succès ne lui fasse multiplier les paysages du Jura et les scènes de chasse, se maintiendrait vers 1900 avec Steinlen et Jules Adler et se poursuivrait jusqu'après la Seconde Guerre, moins avec l'épisode, très rapide, du réalisme socialiste d'un Fougeron vers 1950 qu'avec les œuvres d'Erro, de Cueco ou de la coopérative des Malassis.

Cette façon de voir soulève plusieurs difficultés. Si on l'adopte, et que l'on juge des œuvres d'après la position politique et sociale de leurs sujets, on se heurte au fait que la frontière séparant droites et gauches se déplace selon les observateurs et aux problèmes d'interprétation posés par certaines œuvres. *La grève* de Roll, ce grand tableau présenté au Salon de 1880, acheté par l'État pour être envoyé au musée de Valenciennes et aujourd'hui ruiné par l'incurie de conservateurs trop soumis au goût dominant de leur époque, prêchait-il la réconciliation sociale — thème de droite —, ou exprimait-il la sympathie du peintre pour les mineurs ? Et dans ce dernier cas, ses sentiments humanitaires suffisent-ils à le dire de gauche, ou sa pitié ne serait-elle pas, au fond, un réflexe de droite dans la mesure où elle apportait l'illusion d'un remède au problème social[31] ? D'une façon plus générale, la critique marxiste a tendu à ranger à droite toute image de la misère qui, au lieu d'en mettre à nu les causes historiques, la présente comme la conséquence inéluctable d'une condition humaine tenue pour éternelle, et n'en propose pas d'autre solution que l'apitoiement et la charité. On reconnaît là une définition du misérabilisme tel que l'illustra, par exemple, après la Seconde Guerre mondiale, cet habile faiseur que n'a cessé d'être Bernard Buffet, dont la manière apportait une alternative au réalisme d'un Fougeron, mais tel que l'illustra aussi, à la même époque, avec un réel talent, un peintre qui était pourtant communiste convaincu, Jacques Gruber.

Allons plus loin encore, non dans le paradoxe, mais dans les interrogations. Le *Guernica* de Picasso, le plus célèbre tableau d'histoire du XXᵉ siècle, passe pour incontestablement de gauche, du fait de l'événement qu'il commémore, le bombardement de cette ville basque par l'aviation allemande pendant la guerre civile d'Espagne en 1937, et en raison des opinions du peintre, qui devait rallier le Parti communiste sept ans plus tard. Pourtant l'obscurité de son message, qui a sollicité la subtilité de très nombreux interprètes, n'en fait pas une œuvre vraiment populaire, malgré le nombre des visiteurs qui viennent se recueillir chaque jour devant elle ; l'utilisation d'un bestiaire qui peuplait déjà depuis longtemps ses gravures et dont le symbolisme érotique se passe de commentaires tend à faire penser qu'il ne pouvait concevoir les conflits armés qu'à travers son obsession des joutes amoureuses, soupçon que confirme sa composition plus tardive, à la fois médiocre et traditionnelle, par laquelle il prétendit dénoncer « les massacres de Corée », et cette réduction de l'histoire mondiale à l'autobiographie peut difficilement passer pour un trait de gauche ; l'un de ses meilleurs interprètes, enfin, Werner Spies, a souligné le contraste entre l'atmosphère pessimiste de l'œuvre et la foi dans les bienfaits de la science et de la technique qui rayonnait des autres décorations exécutées comme elle dans le cadre de l'Exposition internationale de 1937[32]. De fait, la croyance dans le progrès, l'idée même de progrès sont étrangères à l'esprit de Picasso, tout comme est absente de son œuvre l'iconographie du monde moderne, de la machine et des chantiers de construction, qui fascinait dans le même temps Fernand Léger[33].

L'acceptation du monde moderne, de ce qui fait la modernité du monde, le progrès des sciences et des techniques, l'industrialisation, la machine, devenue un véritable mythe dans l'art et dans l'architecture au début du XXᵉ siècle, cette acceptation passe aux yeux de bien des historiens pour le critère d'un art progressiste, donc de gauche. Serait de droite, inversement, l'attachement au passé, aux formes révolues de l'existence. De droite, donc, les paysans de Millet dont la grandeur biblique, intemporelle, dissimule mal qu'ils appartiennent à un monde en voie de disparition — et cela, malgré l'opinion qu'avait de cette peinture le comte de Nieuwerkerke, le surintendant des Beaux-Arts sous le second Empire, qui voyait en elle une peinture de démagogue. Mais faut-il, selon la même logique, classer à gauche Horace Vernet, parce qu'il a, sous la Monarchie de Juillet, célébré la machine à vapeur sous toutes ses formes alors connues — navire équipé de roues à aube et locomotive — au plafond d'une des salles du Palais-Bourbon — Horace

Vernet, qui mérite d'être qualifié de peintre du juste milieu à la Louis-Philippe, non pas, comme on l'entend d'ordinaire, à cause de son art, car cette appellation appliquée à la peinture de l'époque ne signifie rien, mais en raison de sympathies orléanistes qu'il ne cherchait pas à dissimuler[34]. Progressiste, il le serait en ce sens beaucoup plus que Courbet, socialiste convaincu, mais qui ne s'est jamais intéressé ni à la technique, ni à l'industrie, ni à aucune des réalités du monde moderne, serait-ce la grande ville.

Établir un lien entre la célébration du progrès technique ou scientifique et une position politique jugée progressiste relève en réalité de la pure pétition de principe fondée sur une vision quelque peu simpliste de l'histoire. La République de 1880 ou de 1890 se situait politiquement plus à gauche que le régime impérial, du moins selon les critères généralement admis, et pourtant, c'était une république profondément rurale, qui favorisa beaucoup moins que l'Empire l'industrialisation du pays. Adoptée par l'histoire de l'art, cette vision a conduit aux conclusions les plus aberrantes. C'est ainsi qu'on a voulu tirer les peintres impressionnistes dans ce sens, alors que les réalités du monde moderne ne tiennent pas plus de place, tant s'en faut, dans leurs tableaux que dans l'œuvre de beaucoup de contemporains méconnus. Sympathisant de l'anarchie, Pissarro n'en a pas moins représenté surtout des paysages rustiques et des paysans au travail, et ce n'est pas la vue d'une petite usine sur les bords de la Seine, encore moins celle d'un boulevard de Paris, qui portent témoignage de ses convictions politiques ; Monet, lui, était proche des milieux républicains radicaux, mais son univers pictural se limita longtemps au cadre d'une existence bourgeoise, avant qu'il ne tourne son intérêt vers les fleurs et les vieilles pierres de Rouen, de Londres ou de Venise ; Renoir, qui ne s'est pas beaucoup mêlé de politique, a peint, comme les peintres qu'on appelle pompiers, beaucoup de nus et de portraits mondains. Bref! il n'est rien dans l'art de ces peintres qui, du point de vue de l'iconographie, ne puisse le faire juger de droite. Leur clientèle ne se recrutait pas dans un milieu politiquement bien défini, mais c'était, dans l'ensemble, une clientèle riche, bourgeoise, si ce n'est aristocratique, et c'est peut-être autant par intérêt commercial bien compris que par conviction personnelle si leur marchand, Durand-Ruel, futur antidreyfusard virulent, publia dans la presse, en 1873, un appel au retour du comte de Chambord au nom du commerce de luxe[35].

Où situer la position politique d'une œuvre d'art? dans son sujet? dans l'intention du commanditaire? dans le sentiment du peintre ? dans la vision du public ? dans l'appartenance sociale de la clientèle ? Nous avons joué tour à tour de ces différents critères, qui coïncident parfois, et parfois divergent. Il arrive que la réponse s'impose sans doute possible, en particulier dans le cas de l'imagerie officielle, lorsque la commande impose un programme iconographique précis. Même dans ce cas, cependant, les œuvres problématiques ne sont pas rares. A plus forte raison convient-il de se montrer prudent face à ce que Charles Blanc appelait l'art pour les amateurs : l'ambiguïté inhérente à toute figuration que n'accompagne pas une légende rend souvent difficiles à définir les intentions du créateur.

La difficulté a été supprimée par certains historiens de l'art qui, prétextant que l'œuvre n'a pas d'existence hors de la société, ont voulu placer sa signification dans la réception qui lui est réservée[36]. Cette réception, cependant, ne varie pas que selon les époques ; elle varie aussi selon les individus, et même si la sociologie du goût peut établir entre les appréciations individuelles, à un moment défini de l'histoire, des caractères communs, il serait puéril de croire ceux-ci déterminés par la seule situation politique et sociale du moment. Pour prendre le cas de la critique d'art, les contraintes professionnelles, la tradition littéraire du genre, l'héritage, même inconscient, de catégories structurant le jugement esthétique pèsent d'un poids dont on commence juste à prendre la mesure. Mais il existe d'autres formes de réception que la critique d'art, et seules l'abondance et la relative facilité d'accès des sources, ainsi que le conformisme intellectuel des historiens d'art, surtout ceux qui se veulent les plus critiques, font que de nombreuses études de réception se sont fondées exclusivement sur elle. Pourtant les achats, que n'accompagne en général aucun discours, constituent eux aussi une forme de réception, tout aussi révélatrice, mais par un milieu souvent sans lien avec celui de la critique — un milieu, de plus, difficile à appréhender par les méthodes de la sociologie politique, tant il est quantitativement faible et dépourvu de cohérence. Quant à la réception par le public, que ce soit dans les Salons du XIXᵉ siècle ou dans les grandes expositions d'aujourd'hui, nous sommes en général réduits pour en juger au chiffre des entrées, duquel on ne saurait tirer la moindre conclusion.

Quoi qu'il en soit, réduire la signification d'une œuvre à la façon dont elle est reçue en ignorant les intentions de l'artiste relève d'une pétition de principe. Une autre approche a lié les deux termes de l'alternative, en insistant sur le rôle joué par l'attente implicite d'une réception dans la genèse même de l'œuvre. Membre de la société dans et pour laquelle il crée, l'artiste en partage les sentiments, les opinions, les préjugés, et ses choix de créateur sont, en partie du moins, déterminés par l'attente de l'accueil que recevra sa création. Cette approche passe pour être apparue d'abord dans l'histoire de la littérature, avant que les historiens de l'art ne la reprennent à leur compte. Après une longue période dominée par le formalisme et la critique interne d'une part, une sociologie soi-disant marxiste de l'autre, il est possible qu'elle ait créé dans l'histoire de la littérature l'illusion d'une nouveauté ; mais le poids des déterminations de cet ordre a toujours été une évidence pour l'histoire de l'art, et la seule nouveauté de la méthode consiste à porter à l'absolu ce qui fut et reste un élément relatif, variable selon les époques, les milieux, les individus[37].

A côté d'un Jobbé-Duval, par exemple, républicain radical et anticlérical qui accepta, sous le second Empire, des commandes de peintures murales pour des églises parisiennes parce que sa formation et son talent ne lui permettaient pas de gagner autrement sa vie avec son pinceau, Courbet voulut affirmer par ses œuvres une conviction politique plus consciente et mieux définie que beaucoup d'historiens de l'art n'ont voulu l'admettre. Sans doute cette conviction était-elle partagée par un certain nombre, d'ailleurs relativement réduit, de ses contemporains — disons de ses amis ; sans doute avait-il lui-même pour horizon d'être compris et de convaincre. Il n'en reste pas moins que ses toiles trouvèrent des acheteurs et des admirateurs, comme le duc de Morny, qui, ou bien n'en saisissaient pas le message, ou bien ne voulaient rien en savoir, qui l'auraient rejeté violemment sous la plume d'un théoricien de la politique, mais qui ne s'en souciaient guère chez un peintre qu'ils appréciaient comme peintre. Sans doute son *Retour de la conférence*, qui montrait des curés pris de boisson, fut-il refusé en raison de son sujet au Salon de 1863, mais cette satire du clergé, qui relevait d'ailleurs plutôt d'une vieille tradition populaire que de l'anticléricalisme des milieux républicains, n'empêcha pas le pouvoir de lui proposer quelques années plus tard la Légion d'honneur, qu'il mit un point d'honneur à refuser. Prétendre, comme on le fait souvent, qu'il s'était alors rangé, qu'aux sujets provocants de 1850 (ils l'étaient en réalité bien peu, si l'on considère l'ensemble de la production contemporaine) s'en étaient substitués d'autres, paysages ou scènes de chasse, propres à plaire au public mondain, c'est vouloir s'en tenir à une vue superficielle des choses, car, sans tomber dans l'arbitraire de certaines interprétations récentes, il est clair qu'un lien profond unit les montagnes du Jura, la chasse et le

gibier avec les convictions du peintre. On pourrait dire en conséquence qu'un malentendu n'a cessé d'exister entre lui, qui se situait
à gauche, et un public de droite. Mais nous sommes alors renvoyés
au même problème : où donc se situait son œuvre, et en fonction de
quel critère en juger?

III DES AVANT-GARDES ARTISTIQUES ET DU SUJET DES ŒUVRES

A l'exemple de Courbet, on pourrait opposer celui de Cézanne :
lui ne prétendait pas transmettre de message, et l'aurait-il voulu,
d'ailleurs, que ce message eût été de droite, puisqu'il nourrissait des
sentiments profondément conservateurs qui l'amenèrent à se déclarer contre Dreyfus au moment de l 'Affaire. Mais son art n'a rien de
politique, et, parce qu'il n'a rien de politique, il pourrait se situer à
droite *ipso facto*. La montagne Sainte-Victoire, le Château noir, des
pommes sur une table (même si l'on y perçoit le reflet d'obsessions
qui s'étaient manifestées plus crûment dans des compositions de
jeunesse), tout semblait, à s'en tenir aux sujets, pouvoir convenir à
un salon bourgeois, tout détournait l'attention des difficultés du
temps par la contemplation d'objets agréables en soi. On sait
pourtant quel accueil fut réservé à ces toiles par la même société qui
aurait dû y reconnaître ses propres aspirations. D'où cette idée que
la signification politique d'une œuvre ne tiendrait ni à son sujet, ni
aux opinions de l'artiste, mais à l'art lui-même. C'est la thèse que
soutenait Francis Jourdain en 1949, dans son pamphlet contre
L'art officiel de Jules Grévy à Albert Lebrun : « Nés de la bourgeoisie,
Cézanne et Van Gogh — pour ne citer que ces deux maudits — ne
sont pas les peintres de leurs congénères. L'esthétique de ces
bourgeois n'est pas bourgeoise; elle est à l'esthétique bourgeoise ce
que l'éthique du bourgeois Karl Marx est à l'éthique bourgeoise.
Le marguillier provençal, tout comme l'apprenti pasteur hollandais, a bel et bien trahi sa classe, par la qualité de son génie, par le
scandale que constituait son libre et téméraire génie[38]. » La personnalité de Francis Jourdain, le caractère de l'ouvrage d'où sont
extraites ces lignes, leur ton même, tout laisserait penser à une
simple boutade. Il n'en est rien. Sous une forme à la fois super-

ficielle et provocante, l'auteur ne faisait que reprendre à son compte, en lui donnant une coloration marxiste, une conception de l'art et de son rapport à la politique, au sens le plus large qui soit, qui s'était forgée plus d'un siècle auparavant et s'est imposée depuis lors au point d'en devenir une habitude mentale. Sommairement, elle peut se résumer ainsi : l'art moderne s'est constitué depuis le début du XIXe siècle à travers une série de révolutions successives, mais à côté de lui a continué, continue à en exister un autre, immobile, immuable. Cette opposition entre l'immobilisme et le mouvement, l'attachement au passé et la modernité, l'ordre et l'aventure, pour reprendre les mots de Guillaume Apollinaire qui ont servi de titre à un livre de Pierre Daix, ne serait autre que l'opposition entre la résistance au mouvement de l'histoire et ce mouvement même, en d'autres termes entre droites et gauches.

L'art moderne serait donc de gauche par nature, si l'on adopte cette manière de voir. Son histoire a été si souvent décrite qu'il suffit d'en rappeler brièvement les grandes lignes, pour mieux comprendre ce que devrait être son contraire. Il commence avec la révolution romantique contre le néo-classicisme, révolution qui donne le droit de cité à l'imagination, libère la couleur, affranchit l'art des règles et de la tyrannie de l'antique. Puis vient la révolution réaliste, qui rompt avec ce à quoi le romantisme était demeuré fidèle, le primat du grand art et la fuite dans le passé. Ne connaissant et ne voulant connaître que ce qui l'entoure, l'artiste se réconcilie avec son temps ; acceptant sans discrimination toutes les réalités du monde moderne et refusant de croire à une hiérarchie des genres, il s'accorde avec ce qui distingue son époque, le mouvement vers la démocratie. Puis vient la révolution impressionniste, la plus profonde peut-être, si l'on en juge d'après la force des résistances auxquelles elle se heurte. Avec elle, l'art parvient au point extrême du réalisme, en accord avec la science ; mais, par un renversement dialectique souvent noté, il accomplit le pas décisif vers son ultime affranchissement, à l'égard de la réalité elle-même. A partir de là, un enchaînement nécessaire et précipité de mouvement conduit jusqu'au cubisme et à l'art abstrait.

Chaque révolution, dans ce schéma, semble réagir contre la révolution précédente. C'est bien ce qu'elle fait, dans la mesure où elle en dépasse les objectifs ; mais elle hérite de ses acquis et s'inscrit dans un même mouvement. Ce à quoi elle s'oppose absolument, par contre, c'est à l'immobilité fondamentale d'un art dont les principes se veulent éternels, même s'il peut revêtir selon les circonstances tel ou tel vêtement à la mode : l'art académique, officiel ou bourgeois, pour reprendre les épithètes dont on le qualifie le plus souvent, et qui, sans être interchangeables, prétendent définir les différents aspects d'une même réalité.

Stricto sensu, l'art officiel se réduit aux commandes des pouvoirs publics, dont il a été question plus haut ; mais en général, l'expression reçoit une acception plus vaste : tout art encouragé, ou même admis par le pouvoir en place, par opposition à celui dont il cherche à entraver la libre manifestation. L'art officiel se situerait à droite parce que tous les régimes successifs qu'a connus la France depuis la Révolution auraient été, à quelques très rares exceptions près, des régimes de droite, ou en raison de la nature conservatrice de l'État, quelle qu'en soit la forme. Cet art officiel mériterait en même temps d'être qualifié d'art bourgeois dans la mesure où la bourgeoisie, portée au pouvoir par la Révolution, serait demeurée depuis lors la classe dominante et qu'elle exercerait sa domination au moyen de l'appareil d'État ; mais il le serait également dans la mesure où il s'accorderait aux goûts réputés prudents et conformistes de la bourgeoisie. Académique, enfin, il le serait d'abord parce que la théorie sur laquelle il repose et la pédagogie qui en résulte furent élaborées au cours des siècles précédents par l'Académie royale de peinture et sculpture et par l'Académie royale d'architecture ; il le serait aussi parce que les principes et les intérêts en sont défendus depuis la Révolution par cette institution très particulière qu'est l'Académie des beaux-arts, qui contrôle aussi l'enseignement de l'École des beaux-arts dans la mesure où elle compose le jury du prix de Rome. Il serait l'art officiel en raison des liens qui unissent l'appareil de contrôle de la vie artistique que sont ces deux institutions avec les pouvoirs publics. Constitué sous l'Ancien Régime, dont il reflète par ses principes la hiérarchisation sociale, on le dirait plutôt aristocratique que bourgeois, si la bourgeoisie parvenue au pouvoir n'avait pas adopté par besoin de distinction la culture et les habitudes de l'ancienne aristocratie.

Telle est fortement résumée, l'analyse qu'on peut faire d'une thèse dont le caractère simpliste tient aux généralisations abusives[39]. Elle se rencontre surtout, en ce qui concerne la France, dans les écrits portant sur le XIXe et le début du XXe siècle jusqu'à la Première Guerre mondiale. Au-delà, le tableau se modifie quelque peu. Du côté de l'art moderne, la belle série des *-ismes* dont la succession traçait la voie royale de la modernité semble faire place à une certaine confusion, même si le thème de l'affranchissement (du cadre, des techniques traditionnelles, de la notion même d'œuvre d'art...) reste une constante dans le discours des artistes et de la critique. A l'opposé, la tradition académique a disparu, et quoique l'Académie des beaux-arts existe encore, qu'elle conserve un certain prestige aux yeux de l'administration, qu'elle n'a perdu qu'en 1968 le contrôle du prix de Rome et que plusieurs de ses membres enseignent à l'École nationale supérieure des beaux-arts[40], elle ne joue depuis longtemps qu'un rôle minime dans la vie artistique, et seul le caractère obsessionnel de son antiacadémisme pouvait naguère encore conduire Jeanne Laurent à la présenter comme une puissance maléfique[41].

Ce à quoi s'opposerait au XXe siècle le mouvement de la modernité, ce ne serait donc plus, du moins en France, l'immuable tradition académique, mais des mouvements de réaction qui se donnent eux-mêmes comme *nouveaux* et conformes à l'esprit de leur temps. Pour simplifier à l'extrême, on peut en distinguer deux : celui qui, connu sous le nom de retour à l'ordre, s'est imposé à la fin de la Première Guerre mondiale, dont il passe pour une conséquence directe, et le post-modernisme des vingt dernières années, qui est loin, cependant, d'avoir rencontré en France le même succès que dans d'autres pays. Distants d'un demi-siècle, ces deux mouvements diffèrent profondément l'un de l'autre; ils présentent, de plus, des aspects si divers qu'on est en droit de s'interroger sur leur unité respective. Quoi qu'il en soit, une description rapide permet cependant de dégager quelques traits communs, traits sur lesquels s'est justement fondée leur réputation droitière.

Qu'il ait pris naissance après la guerre, comme on pense habituellement, ou dès 1914, comme a voulu le démontrer Kenneth E. Silver [42], le retour à l'ordre s'est caractérisé en peinture comme en sculpture par un retour à la figuration, et, sur le plan des principes, par la volonté de renouer avec une tradition nationale souvent qualifiée de classique, faite d'un juste équilibre entre la raison et la sensibilité, qui serait allée de Fouquet à Cézanne en passant par Poussin. Cet attachement à un classicisme considéré comme spécifiquement français permet d'établir un lien avec un autre phénomène décalé dans le temps par rapport à ce qu'on appelle le retour à l'ordre : le retour aux ordres classiques, c'est-à-dire aux pilastres, colonnes et corniches dans une architecture qui se voulait moderne, à partir d'environ 1930. Il passe parfois pour une conséquence non de la guerre, mais de la crise économique de 1929 : provoquant une réduction brutale de la commande privée, celle-ci aurait favorisé une politique de grands travaux, et par là un regain de la monumentalité officielle, obtenue grâce à l'emploi des ordres. Cette thèse, largement répandue, se fonde sur l'exemple de quelques édifices publics comme le palais de Chaillot, et sur l'évolution des deux grands prophètes de la modernité architecturale en France au début du siècle, Auguste Perret, le maître du béton, et Tony Garnier, l'auteur de *La Cité industrielle*, livre qui passe pour annoncer directement l'urbanisme moderne tel qu'il s'est défini vers 1925. En réalité, le classicisme et la monumentalité de leurs œuvres tardives, dans la composition desquelles dominent pilastres ou colonnes, étaient déjà en germe dès avant la Première Guerre mondiale, dans la façade du théâtre des Champs-Élysées de Perret ou dans la cité industrielle projetée par Garnier, dans laquelle l'architecte établit entre édifices publics, monumentaux, et habitations particulières une distinction typologique traditionnelle contre laquelle s'élèvera le mouvement moderne[42]. C'est pourquoi leur exemple conduit plutôt à se demander si le retour à l'ordre dans la peinture et la sculpture, loin d'en être une conséquence, n'aurait pas lui aussi pris racine dès avant le conflit mondial[43]. Quoi qu'il en soit, les deux mouvements présentent d'apparentes analogies, tant par leurs traits généraux que par l'évolution des artistes ou des architectes qui les composent, le parcours d'un Derain ou d'un Maillol les ayant eux aussi menés de l'avant-garde à la défense de la tradition.

Un demi-siècle plus tard, entre 1970 et 1980, la situation de l'art s'était tellement modifiée que la différence avec ce qu'il était entre les deux guerres semblerait interdire toute comparaison. L'architecture post-moderne ne se réclame ni du classicisme, ni de la tradition française; elle donne bien plutôt l'impression d'un nouvel éclectisme, par l'emploi qu'elle fait d'éléments bannis de l'architecture moderne, comme frontons, colonnes ou corniches. Cet emploi, cependant, est souvent si libre qu'on serait tenté de penser que sa raison profonde réside moins dans une doctrine positive de l'imitation que dans la volonté d'exprimer un rejet de la modernité telle qu'elle s'était définie dans l'histoire de l'architecture — ce rejet constituant d'ailleurs un trait, sinon le seul trait commun à tous les aspects du post-modernisme en architecture.

La notion de post-modernisme est apparue d'abord dans la critique littéraire, où elle possédait une tout autre signification. Elle a, en France, été reprise par certains philosophes, qui n'ont pas peu contribué à en brouiller le sens. Mais, introduite dans la critique d'architecture, c'est dans ce domaine qu'elle s'est répandue et vulgarisée, parce qu'elle y désignait, outre une prise de position théorique, une rupture concrète avec ce qu'il faut bien appeler le style de la modernité, même si la modernité architecturale s'était défendue d'avoir un style[44]. Elle n'a pas pénétré, par contre, la critique artistique. Une réaction, pourtant, s'est également fait sentir dans les arts, même si elle ne semble présenter aucun lien, que ce soit par son origine ou par ses formes, avec la post-modernité architecturale. Sans doute ne s'est-elle pas réclamée, elle non plus, du classicisme à la française, mais elle renouait, par-delà le néo-dada et l'art conceptuel, avec la tradition de la peinture, et parfois même avec la figuration. Ses représentations étaient pour une part des jeunes, comme Garouste ou Laget, qui n'ont jamais suivi d'autres errements, mais aussi certains artistes un peu plus âgés, en rupture avec leur passé, en particulier d'anciens membres du mouvement *Supports-Surfaces*, Louis Cane, Bioulès, Pincemin, revenus au tableau de chevalet qu'ils avaient d'abord voulu détruire.

Réactions, donc, au sens propre du terme; réactions artistiques, mais réputées liées à la réaction politique. La nature de ce lien, cependant, n'est pas celle que nous avons considérée plus haut : elle ne tient ni au sujet ou à la fonction des œuvres, ni aux opinions de leurs auteurs. Sans doute les natures mortes d'un Derain, les paysages d'un Vlaminck, les nus d'un Maillol ou d'un Despiau font-ils que leur art peut être compris comme un divertissement à l'usage de la bourgeoisie; sans doute aussi certains de ces artistes passent-ils, souvent à raison, pour s'être plus ou moins compromis avec les forces d'occupation pendant la Seconde Guerre mondiale[45]. Mais ces faits souvent mentionnés à l'appui d'une condamnation de leur art ne sont pas la cause de son caractère droitier, tout au plus des indices. Parce qu'ils étaient ou qu'ils devinrent réactionnaires en art, il paraît normal qu'ils l'aient été aussi en politique. De même l'architecture post-moderne a-t-elle été accusée en France d'être une forme de réaction politique parce qu'elle se présentait comme une réaction architecturale : quelles que soient la nature des édifices construits et l'opinion des architectes, il a paru normal qu'en fussent absentes les préoccupations sociales dont passe pour avoir procédé la modernité dans ce domaine.

La croyance en la nécessité d'un tel lien a trouvé au XXe siècle une confirmation hors de France : la persécution de l'art et de l'architecture modernes dans l'Italie fasciste, l'Allemagne nazie et l'Union soviétique pendant la période stalinienne, à laquelle il faudrait ajouter la Chine populaire. Ainsi la modernité devint-elle synonyme de liberté dans le monde occidental après 1945, et cette vision n'a sans doute pas peu contribué à assurer alors le succès tant de l'art abstrait que de ce qu'on appelle en architecture le style international, celui qui se cristallisa autour de 1925 dans les œuvres de Gropius, Mies van der Rohe et Le Corbusier, pour ne mentionner que les plus célèbres. Dans ce schéma, cependant, ce n'est pas la droite qui s'opposait à la gauche, mais la dictature, ou plus précisément le totalitarisme à la liberté qu'assurent les démocraties. On tend à considérer parfois que les deux lignes de partage coïncident — et cette conception s'est manifestée récemment par l'usage, justifié ou non, de classer à droite les communistes orthodoxes dans les pays de l'Est et en Union soviétique pendant la phase de libéralisation qu'on appelle la *perestroïka*. Admettons pourtant qu'il convienne de distinguer entre les dictatures de droite et la dictature du prolétariat, située à gauche : il faudrait en conclure, semble-t-il, que cette distinction ne concerne pas l'art, puisque les deux types de régimes ont pratiqué la même politique dans ce domaine.

En réalité, beaucoup d'auteurs, consciemment ou non, établissent entre eux une distinction fondamentale. Que les dictatures de droite, réactionnaires, aient imposé un retour à l'académisme du XIXe siècle leur paraît dans la nature des choses, tandis qu'ils tiennent la même politique pour le symptôme d'une déviation du régime en Union soviétique, où les idéaux de la révolution d'Octobre se seraient en fait incarnés dans les manifestations de l'avant-garde qui s'épanouirent à partir de 1917 pour connaître une fin brutale avec l'instauration du stalinisme. Ainsi serait confirmée, ou sauvegardée, la correspondance entre la marche de l'art et le progrès en politique dans le cadre général du mouvement de l'histoire. Cette vision, de plus, trouve à s'appuyer sur la comparaison avec ce qu'avait été la situation au XIXe siècle, en particulier en France sous la troisième République, où la peinture officielle s'était complu dans la représentation du travail et du monde ouvrier. De conservateur vers 1880, au temps de l'impressionnisme, le réalisme académique et bourgeois devenait donc réactionnaire quarante à cinquante ans plus tard, au service des dictatures soutenues ou suscitées par la bourgeoisie aux abois.

Dans cette optique, il est indifférent que les œuvres héroïsent les responsables du régime ou dépeignent, comme en France autour de 1880, la misère ouvrière, puisque les sujets ne sont pas en cause. Les régimes se ressembleraient en ce que, voulant toucher les masses, ils utilisent une imagerie que le réalisme académique rendait directement accessible — tout comme est accessible le message délivré aujourd'hui, en France, par les affiches électorales lors d'élections présidentielles ! Il est cependant permis de discerner une différence entre la volonté d'éducation populaire, héritée de la philosophie du XVIIIe siècle, qui constituait l'un des éléments fondamentaux de l'idéologie républicaine autour de 1880 et la tentative d'embrigadement des esprits qui a caractérisé les régimes totalitaires. On doit se garder ici d'assimilations fréquentes, mais trompeuses, pour ne pas dire absurdes. De nombreux auteurs ont tenté de placer sur le même plan les mesures policières prises par le régime national-socialiste, telles que l'interdiction faite à un artiste d'exposer ou même de peindre, et les décisions du jury des Salons au XIXe siècle. On est même allé, dans cette voie, jusqu'à considérer comme une forme de censure les réactions hilares ou furieuses du public devant certaines œuvres au célèbre Salon des refusés de 1863 — ce qui revient à contester la liberté d'expression au nom de ce qui serait une vérité absolue en matière d'art[46]. En réalité, pendant tout le XIXe siècle, des expositions particulières ou collectives eurent lieu à Paris indépendamment du Salon, et elles tendaient à se multiplier dès avant la formation du groupe impressionniste, qui exposa toujours en toute liberté. Il est vrai que le Salon jouissait d'un prestige particulier, qui tint longtemps à son caractère officiel; mais on doit se rappeler qu'en 1791, lorsque au nom de la liberté, le gouvernement abolit les jurandes et corporations, auxquelles les Académies royales se trouvèrent assimilées par un retournement ironique de l'histoire, la logique eût voulu que le Salon disparût ou devînt une affaire privée, et que c'est sous la pression des artistes que l'organisation en fut confiée au Directoire du département de Paris sous les ordres du ministère de l'Intérieur [21]. Près d'un siècle plus tard, en 1880, c'est encore contre les artistes, qui avaient opposé à cette mesure une longue résistance, que l'État finit par se débarrasser de cette ingrate fonction. Depuis l'Ancien Régime, les artistes français avaient pris l'habitude d'attendre de l'État qu'il prît en charge le soin de leurs propres affaires, quitte à déplorer sans cesse ses erreurs. Cette habitude mentale invétérée ne concernait d'ailleurs pas que les artistes : toutes les critiques adressées en France à l'action de l'État dans ce domaine depuis le XIXe siècle reposent en réalité sur ce qu'on attend de lui, consciemment ou non, qu'il agisse dans le domaine de l'art comme en matière de défense, de douanes ou d'instruction publique.

De fait, il n'est pas d'État moderne qui n'ait considéré comme de son devoir d'agir en faveur de la création artistique, ne serait-ce que par l'entretien d'écoles d'art. En France, l'attitude des pouvoirs publics, fondée sur la double tradition du mécénat royal et des Lumières, est par tradition interventionniste, avec des variations selon les époques et les courants de pensée. Les gauches le sont plus que les droites et revendiquent même parfois le monopole du soin de ce qu'on appelle aujourd'hui la culture — un mot qui recouvre administrativement à peu près les mêmes réalités que jadis l'expression de beaux-arts[47]. C'est à droite, inversement, qu'il faudrait donc situer la volonté de désengagement manifestée par la troisième République, dans la mesure où cette volonté ressortissait au libéralisme dans l'acception économique du terme, et même si elle se présentait aussi comme une réaction au dirigisme du second Empire[48]. Quoi qu'il en soit, peu de régimes manifestèrent aussi peu de goût pour l'action dans ce domaine, et il faut tout l'aveuglement d'un idéologue comme Pierre Daix, et toute son ignorance de l'histoire, pour imaginer que la République ait mis au point une « bureaucratie artistique d'État » préfigurant celle du troisième Reich ou de l'Union soviétique sous Staline [2].

La différence fondamentale tient à la nature totalitaire de ces deux derniers régimes. Dire qu'ils aient été des dictatures ne suffit pas : c'est également une dictature que le général Franco fit régner sur l'Espagne, et cependant l'art abstrait n'y fut pas interdit. La spécificité du totalitarisme se révèle dans la volonté d'imposer à tous les esprits une idéologie commune par le contrôle de toute forme d'expression et par la répression de tout ce qui échapperait à ce contrôle. De ce point de vue, la parenté entre des régimes contemporains, mais fondés sur des idéologies opposées, laisse supposer qu'ils s'influencèrent les uns les autres, et l'on sait de fait que l'Union soviétique servit de modèle à bien des égards, pour les moyens mis en œuvre, à Mussolini comme à Hitler. Le modèle soviétique se mit en place très tôt; en matière d'art, on fait même remonter l'énoncé de la doctrine à un article écrit par Lénine en 1905[49]. Quoi qu'il en soit, l'idée que la répression des avant-gardes daterait d'une perversion du système par Staline ne correspond pas à la chronologie, pas plus que ne repose sur des arguments concrets l'idée qu'elles en auraient incarné les véritables idéaux.

On sait qu'une autre avant-garde, le futurisme, a soutenu le fascisme à ses débuts, et a prétendu au rang d'art officiel du régime. Marinetti lui-même, le porte-parole du mouvement, était un fasciste convaincu et un ami du Duce. Ses espoirs furent déçus à la longue, sans d'ailleurs que la situation de l'art en Italie puisse se comparer à ce qu'elle fut en Union soviétique ou dans le troisième Reich. Marginalisé, le futurisme ne fut pas réduit au silence. Malgré leur retour à une figuration monumentale où se perçoit l'écho du style de Puvis de Chavannes (qui avait d'ailleurs influencé toute la peinture moderne à la fin du XIXe siècle), les œuvres d'un Carrà ou d'un Sironi n'ont rien de commun avec celles d'un Ziegler en Allemagne ou d'un Guerassimov en Russie. En architecture, le style international. loin d'être proscrit, trouva de nombreux adeptes, et le plus célèbre d'entre eux, Terragni, reçut des commandes officielles comme celle de la Maison du Fascio à Côme. Bref, la situation de l'Italie présente une complexité qui interdit d'en tirer des conclusions trop simples. On peut sans doute considérer que les modernistes se berçaient d'illusions, et que l'attitude incertaine du régime à leur égard, la faveur qu'il leur témoigna un temps tiennent à ce qu'il n'avait pas une vue suffisamment claire de sa propre nature, mais à s'en tenir aux faits, le raisonnement vaudrait tout autant pour les avant-gardes russes, tellement liées d'ailleurs au futurisme italien qu'elles en avaient repris le nom et qu'elles affirmèrent longtemps, même après la révolution d'Octobre, une communauté d'esprit[50].

Le cas de l'Allemagne semble plus probant, dans la mesure où l'art et l'architecture modernes firent l'objet d'attaques immédiates — différence que pourrait expliquer, du moins partiellement, la différence du régime national-socialiste avec celui de l'Italie fasciste. Pourtant, au cours des mois qui suivirent la prise du pouvoir par Hitler, de hauts responsables tentèrent de faire reconnaître l'art expressionniste, et en particulier celui des anciens membres de la *Brücke*, comme l'expression par excellence de l'esprit germanique. Sans doute la tentative se solda-t-elle rapidement par un échec, mais on peut se demander si celui-ci tenait à l'invraisemblance de son ambition, ou bien plutôt à quelque autre raison étrangère à la signification de cet art. Après tout, l'un des peintres concernés les plus en vue, Emil Nolde, qui fut aussi le plus touché par la répression, puisqu'il reçut l'interdiction de peindre et fut placé sous contrôle de la police, avait adhéré au parti national-socialiste dès qu'une section avait été créée dans sa région. Il serait trop facile, dans ce cas, d'invoquer la célèbre distinction entre objectif et subjectif, et de rappeler l'exemple paradigmatique qu'en a donné Georg Lukács à propos de Balzac, progressiste par ses romans bien qu'il ait nourri des convictions légitimistes. Mieux vaut essayer de comprendre les raisons qu'avait le régime d'interdire les manifestations de l'art moderne.

On a souvent souligné que l'idéologie du national-socialisme tenait du *patchwork*. Elle savait intégrer un certain modernisme, comme le montre l'esthétisation des autoroutes dans la propagande officielle ; mais elle avait surtout repris à son compte, en lui donnant

une base pseudo-scientifique, un chauvinisme d'ailleurs plus populaire que bourgeois, qui fleurissait depuis le XIXe siècle. Ce réflexe
n'épargnait pas, tant s'en faut, les milieux artistiques. Dans une
situation de concurrence croissante, et plus précisément devant le
succès commercial de certains concurrents, le premier argument
auquel on avait recours était la dénonciation de l'influence étrangère, avec d'autant plus de crédibilité qu'à la fin du XIXe et au
début du XXe siècle, les innovations venaient de France et que les
artistes français occupaient une place grandissante sur le marché
allemand. Par ailleurs, au lendemain de la défaite et de l'effondrement du régime impérial, stimulés par l'exemple de la révolution
russe, beaucoup d'artistes constituèrent des groupes, des conseils
(des *Räte*, équivalents des *soviets* en Russie) pour réformer l'art et la
société tout ensemble. Il entrait dans cette agitation fébrile beaucoup de générosité, d'utopie, de sentiment religieux et de *pathos*
révolutionnaire. Elle se calma bientôt, mais la conviction se maintint dans les esprits d'une alliance, ou d'une identité de nature entre
l'art moderne et la révolution bolchevique[51].

Cette conviction ne se limitait pas à l'Allemagne de Weimar. Elle
était répandue depuis longtemps et le reste encore aujourd'hui.
Pour prendre un exemple dans la France de l'époque, Camille
Mauclair, critique qui avait en son jeune temps défendu les
impressionnistes, dénonçait en 1933 la bolchevisation de son pays
par l'architecture de Le Corbusier : « On parle de révolution sans
voir qu'on la vit déjà. Nous sommes dans un prébolchevisme à
forme larvée. Nous, et une bonne partie de l'Europe. L'architecture
dont je parle prend de plus en plus figure d'une aile marchante du
bolchevisme avec l'approbation des snobs[52]. »

Peu importait à Mauclair que dans le livre sur lequel s'était
fondée sa réputation, *Vers une architecture*, Le Corbusier eût présenté
cette architecture, la sienne, comme le seul moyen d'empêcher la
révolution, et que par la suite, il se soit trouvé fort proche des idées
qui fleurirent pendant le régime de Vichy[53]. Outre qu'on peut
toujours arguer de la distinction entre le subjectif et l'objectif, il
n'était pour Mauclair que le porte-drapeau des propagandistes du
béton qui écrase l'individu par son uniformité, donc de la collectivisation — et il importe peu, à nouveau, qu'il ait justement cherché à
préserver dans l'habitat collectif les qualités de la maison individuelle[54]. Sans doute Mauclair ne pouvait-il pas prévoir que moins
d'un demi-siècle plus tard, le béton des banlieues serait dénoncé
par de jeunes architectes comme une conséquence néfaste de
l'économie capitaliste (ce qui fut, d'ailleurs, l'une des racines du

post-modernisme architectural), mais il aurait pu savoir que l'ampleur des besoins exigeait une solution à leur mesure, et qu'à cette échelle, toute esthétique était susceptible de créer une impression d'uniformité. Tout se passe en fait comme si les raisons qu'il donne, et auxquelles il n'y a pas lieu de penser qu'il ne croyait pas sincèrement, se fondaient en fait sur une conviction première, l'identité profonde de l'art moderne et d'une cause politique, plus précisément de la cause de la révolution — une identité qui se résumait en un mot, l'avant-garde.

La notion d'avant-garde a fait l'objet de nombreux commentaires, qu'il serait téméraire de vouloir résumer ici [5]. Peu d'entre eux, cependant, portent sur l'histoire du mot, seul moyen d'en comprendre l'usage actuel et les confusions auxquelles il donne lieu. Le plus souvent, il est devenu synonyme d'art moderne, et, projetant par anachronisme sur les époques anciennes le conflit de la tradition et de la modernité qu'a connu le XIXe siècle, on en est même venu à décrire l'histoire des avant-gardes artistiques à travers les âges, ce qui est un pur non-sens historique[55]. Plus précisément, on voit dans l'idée d'avant-garde une volonté de dépassement perpétuel, dépassement qui aurait eu sa justification lorsqu'il fallait s'affranchir du carcan académique, mais qui se serait dégradée depuis en simple exigence commerciale, le marché de l'art ayant besoin, comme la haute couture, de présenter sans cesse des produits nouveaux. D'un autre côté, on rappelle volontiers qu'il s'agit à l'origine d'une métaphore militaire, alors que tout souvenir de cette origine a très tôt disparu. On sait que l'application du mot à l'art s'est faite d'abord, pendant la Restauration, dans les milieux saint-simoniens. Le premier texte connu où il apparaisse figure dans un recueil publié en 1825, *Opinions littéraires, philosophiques et industrielles*. Il s'agit d'un dialogue entre l'Artiste, le Savant et l'Industriel, au cours duquel le premier déclare : « Unissons-nous ; et pour parvenir au même but nous avons chacun une tâche différente à remplir. C'est nous, artistes, qui vous servirons d'avant-garde [...] Quelle plus belle destinée pour les arts que d'exercer sur la société une puissance positive, un véritable sacerdoce[56] [...] »

On connaît le succès de cette idée chez les écrivains romantiques, en particulier chez Victor Hugo : le poète devenait le guide de l'humanité dans sa progression vers la lumière. Pour Baudelaire, l'avant-garde évoquait une littérature nourrie de socialisme humanitaire, ce qu'il détestait[57]. Dans les écrits sur l'art, le terme reste par contre relativement rare jusqu'au début du XXe siècle ; encore entre les deux guerres, en France, on lui préférait l'expression d'art vivant pour désigner l'art moderne, et c'est elle que Camille Mauclair employait pour dénoncer dans un autre pamphlet ce qu'il appelait *La farce de l'art vivant*. Il s'était répandu, par contre, en politique, pour désigner les minorités agissantes, fer de lance des révolutions. Que certains groupes ou certains organes de droite l'aient repris à leur compte, de même que les théoriciens de la révolution conservatrice reprirent à leur compte une phraséologie révolutionnaire de gauche, ne permet pas d'affirmer, comme on l'a fait, qu'il aurait existé deux conceptions distinctes, politiquement opposées, de l'avant-garde. La diffusion du mot dans le vocabulaire artistique a tenu à la politisation de groupes d'artistes qui, au début du siècle ou après la Grande Guerre, se proposèrent, dans la tradition romantique, de contribuer à l'avènement d'un monde nouveau. Ce sont, à des titres divers, aussi bien le futurisme italien que le constructivisme russe ou le surréalisme, dont on connaît les liens avec le communisme orthodoxe en France, puis avec le trotskisme.

La situation culturelle du dernier après-guerre assura le triomphe de l'idée d'avant-garde et la vulgarisation du mot. C'est alors que celui-ci se répandit dans les écrits sur l'art, et en vint à ne plus désigner pour certains que la nouveauté esthétique à tout prix ; mais il serait erroné de croire que cet usage résultait d'une tradition idéologique distincte : il s'agissait simplement d'une dégradation de sens dans un milieu, celui de la critique d'art, plus prompt à suivre les modes qu'à réfléchir sur l'histoire des mots. La dissociation sémantique, au demeurant, n'est en général pas clairement perçue, et reste d'ailleurs relative dans la mesure où l'idéologie de l'avant-garde elle-même implique aussi l'existence d'une innovation perpétuelle, sauf à supposer l'arrêt de l'histoire. D'où la confusion fréquente entre avant-garde *stricto sensu*, avec la dimension politique qu'avait le mot depuis l'époque saint-simonienne, et simple nouveauté esthétique. C'est sur une telle confusion, par exemple, que repose le livre déjà mentionné de Kenneth E. Silver consacré au retour à l'ordre [42] : prétendre que les artistes d'avant-garde ont dévié de leurs principes parce qu'ils se sont soumis au nationalisme provoqué par la guerre n'a de sens que si l'on entend par avant-garde un mouvement qui liait art et politique, comme le surréalisme le fit un peu plus tard ; mais si l'on comprend dans l'avant-garde tous les artistes novateurs, tels que Braque ou Matisse, croire que leur esthétique au temps du fauvisme ou des débuts du cubisme excluait par nature tout esprit chauvin relève de la pure pétition de principe.

Ce raisonnement n'est en fait qu'une manifestation du préjugé selon lequel existerait une correspondance profonde entre l'idéologie de gauche (qui tiendrait d'abord, pour cet auteur, au refus de tout nationalisme) et l'innovation en matière d'art. Ce préjugé a trouvé sa consécration dans l'idéologie de l'avant-garde, mais il était préparé depuis longtemps, depuis la Révolution, par un phénomène sur lequel Francis Haskell a justement attiré l'attention, et auquel on regrette que d'autres études n'aient pas été consacrées : l'introduction dans les écrits sur l'art d'une terminologie directement empruntée à la politique [7]. Pour l'auteur, il s'est d'abord agi de métaphores, mais qui se sont bientôt mises à vivre de leur vie propre et à conditionner la conception qu'on se faisait de l'art. L'importance prise par le phénomène tient à l'extraordinaire développement de la critique d'art au cours du XIXe siècle. Depuis que l'on porte par écrit des jugements sur les arts qui s'adressent à la vue, la difficulté de rendre compte des formes par les mots a conduit à utiliser des catégories empruntées à d'autres domaines, comme celui de la rhétorique, moins d'ailleurs à titre de métaphores conscientes que parce qu'elles étaient le seul instrument par lequel le jugement pût être structuré[58]. Au XIXe siècle, les Salons provoquèrent une abondance de comptes rendus rédigés presque tous par des auteurs qui n'avaient jamais d'autre occasion d'écrire sur l'art. Qu'ils aient projeté sur lui les débats qui agitaient la vie littéraire se comprend ; mais le poids des luttes politiques (que l'on songe aux émeutes, aux soulèvements, aux révolutions que connut la capitale !) amena d'autant plus facilement à penser l'art à travers les catégories de la politique que la vie artistique prenait un tour plus conflictuel. D'où l'expression d'« extrême gauche » utilisée par Stendhal pour désigner ses opinions en peinture, d'une façon d'autant plus consciemment métaphorique qu'en politique, il se disait de « centre gauche »[59]. D'où l'emprunt à un discours de Louis-Philippe, au début de son règne, de la notion de juste milieu qui fit fureur dans la critique d'art, bien qu'appliquée à la peinture, elle relevât du non-sens[60]. D'où la description, par un historien d'art du XXe siècle, de la critique d'art sous le second Empire selon un éventail allant de l'extrême droite (les admirateurs de Bouguereau) à l'extrême gauche (les partisans de Manet) [34]. Mais il existe aussi des exemples plus complexes : c'est parce que la conquête du droit de vote avait été l'un des grands combats menés sous la Restauration et la Monarchie de Juillet qu'on crut pouvoir résoudre le problème des Salons par l'élection du jury au suffrage universel — c'est-à-dire de tous les artistes qui envoyaient une œuvre. C'était projeter un modèle sur une réalité à laquelle il était inadapté non parce que le suffrage universel ne convient pas pour recruter des compétences, mais parce que le choix des membres du jury n'était, contrairement à l'illusion de la plupart des contemporains, qu'un problème mineur par rapport à la fonction même des Salons, c'est-à-dire à la raison de leur existence — problème qui ne pouvait pas être pensé en termes de droit de vote.

La politisation du vocabulaire artistique s'était développée avec la Révolution, qui entraîna une politisation profonde des mentalités françaises. Il y avait, cependant, à cela, une raison qui ne relevait pas que de la métaphore ou de la projection d'un modèle sur un domaine différent : la lutte de nombreux artistes contre l'Académie royale de peinture et de sculpture, dénoncée à la fois comme une institution de la monarchie et comme une entrave au libre exercice de l'art, au même titre que les corporations auxquelles elle se trouvait assimilée, quand elle avait été fondée contre elles! Il suffit de lire les vies du Danois Carstens ou de l'Allemand Koch pour savoir que des réactions du même ordre se produisirent aussi à l'étranger, avec, dans tous les cas, la même logique : la condamnation d'un système entraînait la condamnation du style de l'époque, qu'on croyait lui être lié. Le style néo-classique s'affirmait contre celui des Boucher ou des Van Loo parce qu'on voyait dans celui-ci à la fois l'expression de la décadence morale du régime, et le résultat de la dictature institutionnelle de l'Académie. Jusqu'à la Restauration, c'est lui que désigna l'expression de peinture académique, avant de s'appliquer, par un renversement de la perspective, au néo-classicisme qui avait pris sa place. De révolutionnaire, celui-ci devenait réactionnaire dans le champ de l'art, parce qu'il devait à son tour céder la place à un autre style; mais il le devait aussi politiquement, du fait de ses liens avec l'institution, et des liens de l'institution avec le régime — cela, bien que l'institution elle-même, l'Académie des beaux-arts, dans la forme qu'elle avait alors et qu'elle a conservée, tirât son origine de la Révolution[61].

Un style d'époque, pas plus que celui d'un artiste, ne se confond ni avec une institution, ni avec une doctrine esthétique : la doctrine académique s'est maintenue pendant des siècles, pendant lesquels de nombreux styles se sont succédé, et elle ne fondait pas plus l'un d'entre eux par ses principes que les principes de l'art abstrait ne fondent la manière d'un Vasarely plutôt que d'un Mathieu. Pourtant, c'est en raison des liens qu'il avait alors avec l'Académie des beaux-arts que le néo-classicisme en vint sous la Restauration à être qualifié d'académique, et en raison des liens de celle-ci avec le régime que la valeur politique qui s'attachait à lui connut aussi un renversement. Il en allait de lui comme du classicisme ou de l'impressionnisme, comme de tout style et de toute forme, comme de tout signifiant, qui peut selon les époques être porteur des significations les plus opposées.

Le gothique offre peut-être le meilleur exemple de cette relativité. Depuis le XIXe siècle, il est rare qu'on s'y soit référé, soit dans un édifice ou dans son interprétation, sans que s'y attache une raison idéologique[62]. Dire que s'agissant d'un style du passé, les références qui lui sont faites ne sauraient être que réactionnaires conduirait à condamner dans le même temps tout le primitivisme, dont il fut d'une certaine manière une manifestation précoce, et l'on sait le rôle qu'a joué le primitivisme dans la genèse de l'art moderne. On l'a par ailleurs invoqué comme un argument décisif pour justifier ce paradigme de modernité architecturale qu'en son temps, le Centre Georges Pompidou passa pour être[63]. En Allemagne, dans la seconde moitié du XVIIIe siècle, les fabriques néo-gothiques des parcs trahissaient souvent une admiration pour l'Angleterre qui ne tenait pas seulement à son architecture. Quelques décennies plus tard, le même style était mis au service de la Sainte-Alliance. En France, il incarna le renouveau du catholicisme avant de devenir l'expression de la rationalité laïque. Au XXe siècle, on le vit à la fois servir de modèle aux théories fonctionalistes et de source d'inspiration aux rêves architecturaux les plus utopiques.

Mais le champ d'action de l'idée du gothique ne se limite pas à l'architecture. Comme style germanique par essence (et quelle que fût la chronologie des grandes cathédrales), il servit aussi de référence aux expressionnistes allemands, dont on a trop oublié le profond nationalisme[64]. C'est pourquoi on a pu essayer, au début du troisième Reich, de faire reconnaître le style allemand par excellence dans leur art qui passa au contraire, après 1945, pour une incarnation de l'esprit de liberté, sans autre argument positif que les persécutions qu'ils avaient subies. De même l'abstraction à ses débuts (avant qu'on ne dénonce en elle un nouvel académisme) reste-t-elle classée à gauche, du côté du progrès, dans le mouvement de l'histoire vers toujours plus de liberté, alors que tous les principes fondamentaux dont elle a tiré sa justification, et par là toutes les attitudes mentales sans lesquelles elle n'aurait pas vu le jour relèvent d'un irrationalisme fondamental, qu'il serait tout aussi difficile d'étiqueter à gauche que le bergsonisme, même vulgarisé, dont s'est nourri le futurisme italien.

C'est à gauche, par contre, que se situaient auparavant les

pointillistes, tous ou presque sympathisants de l'anarchie. On a souvent cité leur exemple pour démontrer le lien entre innovation en art et progressisme idéologique, en oubliant, bien sûr, les exemples contraires, comme celui de Kandinsky, l'un des fondateurs de l'art abstrait, dont les nombreuses représentations de saint Georges montrent suffisamment l'attachement à la vieille Russie. Le rapport entre la position politique des pointillistes et leur art, dans la mesure où la première ne tient pas à des liens de camaraderie et où le pointillisme n'est pas, comme chez Maximilien Luce, un simple vêtement jeté sur le réalisme le plus académique qui soit, ce lien réside dans le scientisme apparent des principes sur lesquels s'appuyait leur esthétique; mais ces principes eux-mêmes, qui relevaient de la pure théorie et n'ont jamais trouvé leur application rigoureuse dans aucune œuvre, ne furent fertiles pour l'histoire de la peinture que par ce qu'ils contenaient en fait de pseudo-scientificité.

Toute esthétique, avons-nous dit, peut servir de support à des significations idéologiques opposées. On peut projeter sur les tableaux de Cézanne, quelles que fussent par ailleurs les opinions du peintre, une idée de rupture avec toutes les règles admises qui les apparenteraient à l'anarchie; mais on peut également déchiffrer dans la rigueur de ses compositions un goût de l'ordre qui serait exemplaire pour l'extrême droite[65]. Inversement, toute idéologie peut justifier les esthétiques les plus diverses. Pour de nombreux artistes, et pas seulement là où il était devenu la doctrine officielle, le marxisme portait en lui une exigence de réalisme; mais c'est également du matérialisme dialectique que se sont réclamés les membres de *Supports-Surfaces*. Sans doute toute forme n'est-elle pas susceptible de n'importe quelle interprétation et réciproquement, mais seule une étude historique de chaque œuvre, de chaque style permet d'en établir la signification à la fois pour son créateur et pour les différents publics, au cours des temps, et à ce niveau, les réalités sont trop diverses pour qu'il soit possible d'établir une correspondance générale entre innovation formelle et position idéologique de gauche. En définitive, celle-ci relève de l'acte de foi, d'un messianisme hérité, lointainement, de la doctrine saint-simonienne.

IV. DES GENRES

S'il existe un art de droite ou de gauche par le sujet des œuvres, en particulier de celles qui ont fait l'objet d'une commande officielle, les formes, elles, n'ont pas de signification politique en soi. Elles ont celle qu'on leur prête, qui varie selon les circonstances et les époques. Nous avons vu que la politisation de l'art, c'est-à-dire la projection sur lui d'une valeur politique, est un phénomène relativement récent, apparu avec la Révolution, ou dans les années qui la précédèrent. Il a touché les artistes tout autant que la critique, et nombreux sont ceux qui ont affirmé la valeur politique de leur propre style, ou du mouvement auquel ils se rattachaient; par la nature du raisonnement implicite sur laquelle elle repose, leur attitude ne diffère cependant pas de celle des théoriciens de l'art. Elle se fonde, pour simplifier à l'extrême, sur des arguments de deux types. Tantôt c'est un rapport factuel, historique qui semble avoir valeur de preuve : ainsi l'art des Cabanel, Bouguereau, Baudry, Jalabert, de peintres, donc, dont la carrière commence au milieu du XIXe siècle, mais qui avaient trouvé leur style avant le coup d'État du 2 décembre, fût-il dénoncé plus tard par certains esprits républicains comme l'art du régime impérial, par une extrapolation de la coïncidence chronologique et du succès mondain à une hypothétique parenté politique[66].

Plus souvent, le rapprochement semble relever de la métaphore ou du détournement de sens. C'est ainsi que les principes d'ordre, de soumission à des règles ou au contraire de liberté, de spontanéité se trouvent transposés du domaine de la création artistique à celui de l'organisation sociale et de la vie de la cité. Toute innovation artistique, parce que contestation de ce qui est tenu pour un ordre établi, devient dans cette optique largement répandue un pas qui annonce et prépare la marche de l'humanité dans sa libération progressive — d'où l'abus ridicule en histoire de l'art du terme de révolution, dépouillé de toute signification concrète et promu au rang de formule magique. A ce niveau de généralisation abstraite, il importe peu que l'ordre requis pour l'équilibre d'une composition peinte et l'ordre imposé pour maintenir la domination d'un groupe social, ou que les atteintes aux habitudes visuelles, qui trouvent leur sanction dans l'attitude de la critique et de la clientèle, et les infractions aux lois et règlements, qui trouvent la leur par des amendes et des peines de prison, constituent des réalités sans rapport entre elles, sinon verbal; il importe tout aussi peu que la nouveauté se fonde souvent sur l'énoncé de principes esthétiques plus contraignants encore que ceux avec lesquels elle veut rompre, et que la valeur des notions de liberté et de spontanéité appliquées à la création artistique reste encore à définir : nous nous trouvons en fait devant une pensée mythique fonctionnant selon le principe de l'analogie.

Il est cependant une notion dont la signification symbolique repose sur une parenté concrète, quoique lointaine, entre la réalité de la création et la réalité sociale : celle de hiérarchie, hiérarchie des genres à l'intérieur d'un art et hiérarchie entre les arts. Là aussi, on pourrait croire à une simple application du principe d'analogie, lorsque, par exemple, des parlementaires radicaux ou socialistes, autour de 1900, partaient en guerre au nom du principe d'égalité contre la distinction traditionnelle entre arts majeurs et mineurs comme s'il s'était vraiment agi de mettre en application la devise de la République[67]. La dénonciation de cette hiérarchie ne s'est évidemment pas limitée au milieu des parlementaires de la troisième République — sinon l'histoire de l'art, dans laquelle ils jouissent, peut-être à tort, d'une considération médiocre, n'en aurait pas pris acte. Elle a cependant joué dans l'histoire de l'art moderne telle qu'on l'a vécue, pensée, écrite en France un rôle beaucoup plus faible que la dénonciation des règles et autres entraves à l'expression du créateur, comme si le principe d'égalité ne possédait pas la même valeur, dans les milieux artistiques, que celui de liberté — cette inégalité, cette hiérarchie entre les deux principes n'étant au fond qu'une autre forme de la hiérarchie entre les arts.

Il est révélateur qu'on ait en général accordé, en France, plus d'importance à la hiérarchie entre les genres à l'intérieur du domaine des arts figurés — plus précisément de la peinture. On sait qu'un aspect fondamental de la doctrine académique consistait dans l'affirmation de cette hiérarchie. A son sommet figurait la grande peinture d'histoire, dont on a parfois tenté de démontrer la supériorité, au XIXe siècle, en faisant valoir qu'elle impliquait la maîtrise de tous les autres genres : sous une forme un peu différente, l'argument se rencontre même sous la plume de Baudelaire, qui, de ce point de vue, partageait le préjugé académique[68]. Puis venaient, par ordre descendant, la scène de genre et le portrait, et enfin, tout en bas de l'échelle, le paysage et la nature morte.

Depuis toujours, cette hiérarchie intéressait peu les amateurs : en dépit du mépris que Louis XIV passe pour avoir manifesté envers les scènes de genre, beaucoup de collections, même princières, du XVIIIe siècle étaient plus riches en petits tableaux hollandais qu'en grandes machines mythologiques. Au XIXe siècle, l'argument de la qualité picturale se fit plus explicite pour contester la supériorité de la grande peinture, face à une doctrine académique qui bénéficiait dans l'esprit du public et de la critique du prestige accru dont jouissaient, depuis la Révolution, les institutions savantes et d'enseignement. Il pouvait s'appuyer, à partir de la Monarchie de Juillet, sur l'exemple de la peinture de paysage, dans laquelle même des auteurs aux idées traditionnelles, comme Charles Blanc, reconnaissaient volontiers le plus beau fleuron de l'école française. Mais on invoque également, à partir du réalisme, l'argument de la démocratie, qui se confondait avec celui de la modernité dans la mesure où la peinture d'histoire mettait en scène, comme la tragédie, des personnages à la fois antiques et aristocratiques, et que l'aristocratie passait pour une survivance de l'Ancien Régime. D'où, dans un premier temps, la volonté de faire accéder le peuple à la peinture d'histoire, comme dans *L'enterrement à Ornans*, « tableau historique », selon Courbet, d'un événement banal en province, puis, avec la diffusion des idées nouvelles, la disparition prétendue de la peinture d'histoire au profit du paysage et de la nature morte, enfin l'abolition de la notion même de genres, comme de types en architecture, catégories liées à l'existence d'une hiérarchie.

De cette évolution portée, en apparence du moins, par une volonté égalitariste, un art semble avoir profité : la caricature, qui lui devrait sa reconnaissance. Dans le cadre d'une analogie, implicitement présente à l'esprit de tous les contemporains, entre la configuration des arts et de la société, la caricature occupait la place du populaire, inférieur et grotesque. Lui reconnaître la même valeur, la même dignité qu'aux autres formes d'expression artistique passait dans cette optique pour l'application extrême du principe d'égalité, et c'est ainsi que continuent à en juger aujourd'hui encore beaucoup d'historiens. Elle a, de fait, connu son âge d'or, en France, sous la Monarchie de Juillet, à l'époque où cristallisait le réalisme. Le lien entre les deux phénomènes reste cependant problématique, plus problématique en tout cas que celui qui unit étroitement la caricature à la peinture d'histoire. Parler de caricature, en vérité, c'est parler de deux réalités très différentes, quoique en général confondues dans les œuvres mêmes. Il s'agit, d'une part, de compositions complexes qui sont des commentaires figurés de l'actualité politique fondés sur un large recours au texte (légende ou paroles des protagonistes) et à l'allégorie. Par ailleurs, et dans son sens le plus courant, elle sert à désigner la représentation de corps, et surtout de visages soumis à des déformations expressives. Il suffit de rappeler certains dessins de Léonard de Vinci et de ses imitateurs, les déformations du visage humain programmées par Dürer dans son *Traité des proportions* et les recherches de Le Brun sur le passage de la physionomie humaine à la physionomie animale pour comprendre qu'il s'agit, poussé à l'extrême, d'un exercice académique par nature et indispensable à la peinture d'histoire, l'expression par la physionomie des types sociaux, des caractères et des passions. D'où le goût de la caricature chez les représentants les plus exclusifs de la peinture d'histoire, d'Annibal Carrache à Puvis de Chavannes.

C'est le même principe d'égalité, principe démocratique et de gauche s'il en fut, qui sert à justifier, dans l'art du XXᵉ siècle, l'emploi de matériaux communs, de rebut, en lieu et place de ceux qui étaient réputés nobles, tels que la peinture à l'huile ou le marbre en sculpture. L'argument a servi pour les collages et pour l'emploi d'objets de récupération, morceaux de ficelle, vieilles ferrailles, etc., et en particulier pour à peu près tous les bricolages de Picasso. Qu'il y eut cette intention chez lui, dont l'art fut comme l'inversion et la perversion d'une pratique académique qu'il avait parfaitement assimilée dans son jeune âge, et aussi chez les adhérents au mouvement dada et chez beaucoup d'autres artistes à leur suite ne permet pas encore de comprendre la raison profonde du phénomène, inséparable d'une valorisation du matériau apparue au cours du XIXᵉ siècle dans une tout autre perspective, le refus de la hiérarchie entre les arts.

Les réflexes égalitaires que nous venons d'évoquer, de la revalorisation du paysage à celle de matériaux du commun, se situent tous, en effet, à l'intérieur du domaine des arts majeurs, de ce qu'on appelait, en termes académiques, les arts du dessin, et qu'on n'ose plus appeler les beaux-arts : la sculpture et la peinture ainsi que la gravure et la lithographie, par opposition aux arts décoratifs ou appliqués à l'industrie — le statut de l'architecture ayant quant à lui fait l'objet de débats aussi nombreux que révélateurs. C'est contre cette hiérarchie entre arts dits « majeurs » et « mineurs » que la revendication d'égalité jouait véritablement, et cela non pas, ou pas seulement d'une manière métaphorique, puisqu'il y allait, concrètement, du mode de production des objets et du statut social qu'il entraînait pour leur producteur.

Il faut rappeler ici, brièvement, des faits bien connus. La société antique distinguait entre les activités convenables aux hommes libres, qualifiées de libérales, et le travail manuel, ou mécanique, réservé aux esclaves. Malgré des structures sociales tout à fait différentes, et qui se sont profondément modifiées depuis le Moyen Âge, nous avons hérité de cette distinction qui reste encore une structure mentale élémentaire, et, parce qu'élémentaire, à peu près inconsciente. Pendant des siècles, c'est à travers ce schéma emprunté à l'Antiquité classique qu'a été perçue la société aristocratique, même si la réalité en était très différente. Considérées comme libérales, les activités intellectuelles valaient à ceux qui les exerçaient, quelle que fût d'ailleurs leur position sociale et de fortune, une distinction dont ne bénéficiaient pas les artisans. Malgré l'estime que pouvaient leur prodiguer ceux qui les employaient, peintres et sculpteurs appartenaient au Moyen Âge à cette seconde catégorie et n'eurent de cesse, à partir de la Renaissance, de faire reconnaître à leur métier le rang d'une activité libérale. C'est ce que Dürer voulait dire, au début du XVIᵉ siècle, lorsqu'il parlait de la liberté de la peinture; c'est en ce sens qu'il faut comprendre aussi la liberté dans la devise *Libertas Artibus restituta* que l'Académie royale de peinture et de sculpture fut invitée à inscrire sur son sceau en 1777, lorsqu'elle obtint le monopole de l'enseignement et que l'Académie de Saint-Luc, considérée comme une corporation d'artisans, dut fermer son école[69].

Les premières académies apparues à la Renaissance furent des réunions de poètes ou de savants, et ce n'est pas un hasard si le mot fut repris par des artistes désireux d'imposer l'idée qu'ils pratiquaient une activité libérale[70]. Pour cela, il importait de fonder l'art sur l'esprit, c'est-à-dire sur la science ou sur une faculté semblable à l'inspiration poétique, et de diminuer le rôle de l'exécution manuelle dans la genèse des œuvres. D'où la hiérarchie académique des genres en peinture, la qualité de la peinture d'histoire tenant d'abord à ce qu'on appelait l'invention, puis à un ensemble de connaissances théoriques dans des domaines aussi variés que la géométrie ou l'histoire, tandis que la nature morte était réputée n'exiger qu'un œil juste et une main habile à reproduire mécaniquement l'apparence des choses. Bien qu'elle eût des conséquences pratiques dans l'organisation de l'Académie royale, cette hiérarchie interne restait cependant secondaire par rapport à la rupture qui se produisit peu à peu entre artistes et artisans.

Vouloir assigner une date, même approximative, à cette rupture n'est pas possible. Les procès intentés par ou contre des artistes à propos de taxes auxquelles étaient soumis les artisans et dont ils se voulaient exempts fournissent des repères précis, mais qui dépendent trop de circonstances particulières pour permettre de saisir la chronologie d'une évolution lente et complexe qui concerne aussi bien les modalités de conception et d'exécution des œuvres que le prestige social et le mode de vie des producteurs. Pendant un bon siècle, pourtant, depuis le milieu du XIXe, les historiens ont proposé, sinon une date précise, du moins une époque, ou plutôt deux époques très différentes, et cette différence reflète directement une opposition politique entre auteurs de droite et de gauche. Pour les uns, la rupture serait due au néo-classicisme davidien, et donc liée à la Révolution ; les autres la font remonter à la Renaissance, ou, lorsque la Renaissance française leur paraissait encore tout imprégnée de tradition médiévale, au siècle de Louis XIV. Cet écart de plusieurs siècles tenait à deux visions de la société idéale. Les seconds rêvaient d'un peuple uni tel qu'il l'aurait été dans un Moyen Âge mythique, en dépit de la noblesse féodale ; puis le modèle aristocratique se serait imposé aux esprits, entraînant la hiérarchie des arts dont les Académies avaient été et restaient le support institutionnel. Combattre cette hiérarchie, c'était à la fois lutter symboliquement, à travers l'idée qu'on se faisait de l'art, contre une société demeurée aristocratique, et très directement contre cette structure sociale à l'intérieur d'un milieu social étendu, puisqu'il comprenait à la limite tous les producteurs d'objets.

Sans appartenir au clan légitimiste ni souhaiter la restauration d'un état de choses qu'ils savaient définitivement disparu, les autres nourrissaient un sentiment de nostalgie pour la société d'un Ancien Régime lui aussi largement mythique. Ils ne niaient pas la distinction hiérarchique entre l'art et l'artisanat, entre le travail de l'esprit et celui de la main ; ils y voyaient bien au contraire un fait naturel sur lequel devait se fonder le fonctionnement harmonieux de la société, d'une société elle aussi hiérarchisée par nature. La hiérarchie signifiait dans cette optique liens et obligations réciproques, et la rupture était conçue comme un des aspects de l'éclatement des structures sociales et du triomphe de l'individualisme à la suite de la Révolution.

Les arguments historiques ne manquaient ni dans un sens, ni dans l'autre. D'un côté, on rappelait le statut social supposé de l'artiste au Moyen Âge, son absence d'orgueil de classe, le rôle qu'il jouait dans l'embellissement de la vie par la fabrication des objets les plus humbles ; de l'autre, on faisait valoir l'éclat incomparable des arts décoratifs en France jusqu'à la fin du XVIIIe siècle, et leur déclin depuis lors. La comparaison s'imposait avec la situation contemporaine, et c'est d'elle, de l'insatisfaction qu'elle provoquait que naissaient les mythes en question. Aussi n'est-il pas surprenant que la position qu'il faut bien appeler de droite ait été formulée dans un ouvrage qui répondait à des préoccupations d'une actualité brûlante, le célèbre rapport de Léon de Laborde sur l'Exposition universelle de Londres en 1851, publié sous un titre explicite, mais souvent mal compris, *De l'union des arts et de l'industrie*[71].

L'essor de la production industrielle, l'enlaidissement qui en serait résulté, le conflit qu'il provoqua entre l'industrie et l'art ont fait l'objet, depuis l'époque jusqu'à nos jours, d'une abondante littérature malheureusement dominée par quelques erreurs. C'est ainsi qu'on a souvent jugé l'attitude de Léon de Laborde contradictoire du fait que ce conservateur social au goût profondément traditionnel, puisqu'il ne voyait que « deux modèles : la nature et l'art grec », plaidait au contraire en faveur de l'industrie, facteur de progrès[72]. L'argumentation tient à une vision de l'histoire qu'il faut bien appeler de gauche, encore que toute la gauche ne s'y rallie pas, et cette distinction est fondamentale pour comprendre le problème présent.

Il existe, en effet, une gauche aux yeux de laquelle l'idéal d'égalité, comme celui de liberté, revêt une valeur absolue, de sorte que tout ce qui lui porte atteinte se trouve rejeté à droite, et une autre qui, s'appuyant sur une vision téléologique de l'histoire, considère que de tout phénomène historiquement nécessaire sortira un progrès, quelques négatives qu'en soient les conséquences à court terme. Ainsi de l'industrialisation, responsable de la longue misère du prolétariat, mais sans laquelle l'aube de temps meilleurs ne pourrait se lever. Dans cette dernière optique, la plus répandue, l'acceptation de l'industrie se situerait nécessairement du côté du progrès. C'est ainsi, nous l'avons vu, qu'on en est venu à prétendre et à croire qu'au XIXe siècle, seuls les peintres novateurs dans leur art se seraient intéressés aux paysages industriels et à la représentation de machines — quand les exemples contraires sont beaucoup plus nombreux —, ou que seuls les mêmes artistes auraient accueilli favorablement la photographie, ignorée ou rejetée par les peintres académiques — pure pétition de principe démentie par d'innombrables faits.

Force de progrès, l'industrie s'opposerait donc, dans cette optique, à la fois aux beaux-arts et à l'artisanat dont les partisans nourriraient la nostalgie du passé révolu. La propagande du régime de Vichy en faveur de l'artisanat traditionnel offre à cette thèse un argument facile, quoique moins simple qu'il n'y paraît, car on oublie, et que le même régime fit la place belle aux technocrates, et que l'artisanat le plus traditionnel qui soit, la tapisserie, fut exalté au lendemain de la guerre par des artistes qui se réclamaient tous ou presque du communisme[73]. Mais ces exemples tardifs datent d'une époque, qui dure encore, où les idées dont s'est nourri le XIXe siècle subsistent sans qu'on n'en comprenne plus ni l'origine, ni la portée. Aussi vaudrait-il mieux rappeler la carrière de l'Anglais William Morris (1834-1896), qui joua un rôle décisif dans le renouveau de l'artisanat d'art et consacra les dernières années de sa vie à la propagande socialiste. Il est vrai qu'on a aussi dénoncé chez lui une contradiction interne, inverse de celle dont aurait souffert la pensée de Léon de Laborde, quand on n'a pas voulu réduire son socialisme à la rêverie d'un poète[74].

Les idées de William Morris et du mouvement *Arts and Crafts* qui en dérive connurent en Allemagne une diffusion beaucoup plus considérable qu'en France. C'est sur elles, en partie du moins, que s'appuyait l'architecte Gropius lorsqu'il fonda le *Bauhaus* à Weimar, en 1919. Le retour à l'artisanat lui paraissait alors une nécessité pour tous les artistes et en particulier, bien sûr, pour les étudiants que devait former cette école qui passe pour avoir été le principal foyer de l'art moderne entre les deux guerres. Quelques années plus tard, sous la pression des conditions économiques, le *Bauhaus* s'orientait vers une collaboration avec l'industrie. Cette évolution est souvent interprétée comme un changement radical, un retour dans la bonne voie de la modernité après un moment d'aberration romantique due au climat de l'immédiat après-guerre dans la République de Weimar. C'est, là encore, se refuser à comprendre le fond du problème, au nom d'une équation entre la modernité en art et le progrès industriel d'une part, de l'autre entre le poids de la tradition artistique et le retour à l'artisanat.

Pour Gropius, qui ne faisait en cela qu'essayer de réaliser un idéal formulé au cours du XIXe siècle, ce avec quoi il fallait rompre, en réalité, c'était la tradition académique d'un art qui se prétendait supérieur, se voulait pur et refusait toute fonction pratique — un art qui, à ses yeux, n'avait pas d'existence légitime. C'est pourquoi l'enseignement du *Bauhaus* ne connaissait, en principe du moins, que la peinture et la sculpture appliquées à l'architecture, comme il ne connaissait, plus généralement, d'art qu'appliqué à la production — artisanale ou industrielle — d'objets utilitaires, tapis, vases, lampes, meubles ou maisons. L'économie moderne exigeait le recours à l'industrie, mais celle-ci avait entraîné une coupure entre la conception et l'exécution, et réduit l'exécutant, l'ouvrier, au rôle de pure mécanique : d'où la nécessité d'un rappel à l'artisanat comme modèle d'une union pleinement réalisée entre l'esprit et la main. C'est cette union qu'il fallait recréer à l'intérieur de l'homme lui-même et, l'un n'allant pas sans l'autre, au sein de la société, d'une société véritablement démocratique.

Bien que la pensée de William Morris n'y ait pas exercé la même influence qu'en Allemagne, un courant d'idées comparable s'était fait jour en France dans la seconde moitié du XIXe siècle. Il faut en exclure le souci qu'eurent alors la plupart des États européens d'améliorer la qualité esthétique de leur production industrielle, en particulier par l'ouverture de musées des arts décoratifs qui virent le jour à Londres, Vienne, Moscou, Berlin et Paris (où la même raison fut invoquée lorsqu'on créa une chaire d'esthétique au Collège de France !), car ces mesures n'avaient d'autre objectif que de résister à la concurrence des voisins. Elles entretenaient pourtant un mouvement d'intérêt pour les arts décoratifs et appliqués à l'industrie, qui répondaient dans certains milieux à d'autres préoccupations que purement mercantiles. Le débat entre l'invention et l'exécution, entre l'esprit et la main n'y jouait cependant pas le même rôle, comme le soulignait Roger Marx dans un livre qui résume parfaitement la doctrine, *L'art social*, paru en 1913, dans lequel il s'en prenait au passéisme de Ruskin, l'un des maîtres à penser de William Morris : « Prenons garde de retomber dans les errements de Ruskin. Est-il besoin de répéter que les dons de la main sont moins rares que les dons de l'esprit, que l'habileté s'acquiert, et que le pouvoir d'inventer n'appartient qu'à la vocation ? [...] à l'inventeur de concevoir avec la préméditation et la connaissance des ressources techniques ; à l'artisan d'œuvrer avec une intelligence du modèle qui ne se relâche à aucun instant durant le cours du travail[75]. »

Le problème fondamental, pour Roger Marx comme pour la plupart des auteurs français, résidait ailleurs ; mais il était lié lui aussi à la doctrine académique et aux comportements qui en résultaient, dans la mesure où il tenait à l'opposition qui s'était établie au XIXe siècle entre l'idéal et la matière, entre le beau et l'utile, entre l'art pur et les arts appliqués. Il n'y a pas lieu d'insister ici sur sa genèse et ses liens avec la situation sociale des artistes après la chute de l'Ancien Régime, sinon pour rappeler que leur prétention à cultiver l'idéal, et leur mépris affiché pour les préoccupations d'ordre matériel, prit la forme d'un mépris du bourgeois qui a, depuis l'époque romantique jusqu'à nos jours, provoqué entre la cause ouvrière et la leur une confusion d'autant plus insoutenable que ce mépris s'était modelé sur celui de l'ancienne noblesse pour la même bourgeoisie — et que ce même sentiment élitaire, qu'il est difficile de situer à gauche, se retrouve aussi bien dans le rôle prêté à l'artiste par les saint-simoniens à l'époque romantique que dans la théorie de l'avant-garde, qui rejoint en cela celle de la minorité agissante. C'est contre cette attitude, et contre l'absolue division qui en résultait entre arts majeurs et mineurs, que s'élevèrent de nombreux esprits, bien avant que Roger Marx n'écrivît : « Aucun mystère n'enveloppe plus aujourd'hui les origines de l'art. Les savants, d'accord avec les folkloristes, lui reconnaissent, dès ses débuts, à toutes les époques et sous toutes les latitudes, les mêmes fins utilitaires[76]. »

Dans cette vision, les « ouvrages conçus sans but défini », dont l'apparition ne remontait pas au-delà de la Renaissance, constituaient non pas une catégorie supérieure, mais une véritable anomalie, même si Roger Marx n'allait pas jusqu'à leur refuser le droit à l'existence — et par là se trouvait également condamnée la conception aristocratique de la société sur laquelle reposait symboliquement la hiérarchie des arts.

Utile, l'art contribuait au bonheur de toute la société, d'où son appellation d'art social, ou d'art pour tous, qui revient souvent à l'époque — c'est-à-dire, d'abord, d'art pour le peuple. Mais cet art était aussi un art issu du peuple, et non d'une aristocratie, d'une élite, même si les progrès techniques avaient entraîné une nécessaire division du travail. C'est l'idée que formulait en 1885 le vieux Louis de Ronchaud, républicain quarante-huitard devenu directeur des Musées nationaux sous la troisième République : « Ce développement de l'art contemporain dans le sens industriel et décoratif peut être considéré comme l'entrée du peuple dans le domaine artistique. C'est l'avènement du génie populaire, qui doit faire sortir l'art nouveau des entrailles mêmes de la nation. C'est le retour aux vieilles traditions du grand art décoratif, qui comprend tous les autres[77]. »

Ce complexe d'idées se situait consciemment à gauche. On lui a contesté cette position en arguant du fait qu'il a conduit, d'une part à un essor des arts décoratifs qui n'a guère concerné que les objets de luxe, et d'autre part à la revitalisation populiste de l'artisanat le plus traditionnel — celui que, beaucoup plus tard, encourageait le régime de Vichy. C'est oublier que lui a été liée une réflexion sur les valeurs décoratives et sur la signification du matériau, lieu de rencontre entre l'invention et l'exécution, qui, après avoir été longtemps tenue pour un phénomène marginal, apparaît aujourd'hui, de plus en plus, comme la source principale de l'art moderne. Ainsi — pour ne mentionner qu'un seul exemple — le refus de la perspective, ou plus précisément de l'illusion de la profondeur (la perspective linéaire n'étant qu'un des moyens de la produire), tiendrait sans doute bien moins à un très hypothétique changement de la perception du monde extérieur par l'œil et le cerveau qu'au principe du respect de la surface affirmé par tous les théoriciens de la peinture murale (donc appliqué à l'architecture) au cours du XIXe siècle, principe porté à l'absolu et repris par un détournement de sens dans la peinture de chevalet. Mais peu importe ici : que des principes esthétiques aient contribué à la formation de l'art moderne ne permet en rien de les situer à gauche ou à droite, sauf à retomber dans une vision téléologique de l'histoire et dans l'utopie de l'avant-garde.

Quelles qu'aient pu en être certaines conséquences, le complexe d'idées en question se situait donc à gauche, et par conséquent à droite l'attachement à la hiérarchie entre les arts. Cette hiérarchie existe encore, plus que jamais, pourrait-on dire, dans les faits, qu'il s'agisse de la carrière et du statut social des artistes et des artisans ou de l'enseignement officiel, où la division se maintient entre beaux-arts et arts décoratifs, et où la création d'une École nationale supérieure de création industrielle a même introduit une division supplémentaire entre les différents arts appliqués. Mais si elle continue à exister dans les faits, c'est qu'une vision hiérarchisée des arts n'a jamais cessé de dominer, en France, la majorité des esprits.

Roger Marx se réclamait de Léon de Laborde, le premier à avoir poussé un cri d'alarme devant le danger de la concurrence étrangère et réclamé pour y faire face l'union des arts et de l'industrie. Encore faut-il bien voir comment il comprenait cette union. Il était faux de prétendre qu'une ignorance réciproque régnât à son époque entre l'art et l'industrie. Depuis longtemps existait ce qu'on appelle aujourd'hui le *design*, qu'on appelait alors le dessin de fabrique, qui bénéficiait d'une reconnaissance officielle dans les expositions des produits de l'industrie. Mais Léon de Laborde lui déniait le droit à l'existence : c'était pour lui un usurpateur dont les inacceptables prétentions avaient été rendues possibles par la démission des artistes qui s'étaient retirés dans leur tour d'ivoire; car c'est du grand art, et de lui seul, que pouvait venir la beauté pour les produits de l'industrie. Sans doute invoquait-il, dans son ouvrage, « une fusion intime de l'inspiration et de l'application, une associa-

tion étroite entre l'imagination de celui qui invente et la main de
celui qui exécute »; mais il avait déclaré plus tôt que « l'art a sa vie
propre, en dehors de la nécessité de ses applications », et que « c'est
l'art dans sa pureté, et non pas l'art appliqué, qu'un gouvernement
sage droit enseigner et encourager[78] ». Aussi nourrissait-il, malgré
sa déclaration initiale (« L'art n'est ni aristocratique, ni populaire,
il n'est ni industriel, ni d'essence supérieure »), une conception
purement académique de la hiérarchie des arts. L'union qu'il
appelait de ses vœux, c'est donc dans le sens d'une subordination
qu'il faut la comprendre, et sa vision des rapports de l'art et de
l'industrie renvoyait en fait à l'image d'une société hiérarchisée
dans laquelle chacun occupe la place qui lui revient naturellement.

Léon de Laborde se battait sur deux fronts. Le progrès de
l'industrie devant, selon lui, venir du grand art, il voulait faire sortir
les artistes de leur superbe isolement, de leur tour d'ivoire. On
attribue d'ordinaire cette attitude hautaine, aristocratique, aux
seuls artistes d'obédience académique, à la fois en raison de l'idée
qu'ils se faisaient de l'art et de leur refus supposé du monde
moderne sous tous ses aspects. C'est cependant sous la plume de
certains d'entre eux qu'on rencontre un besoin de justifier l'existence de l'art, du grand art par l'influence bénéfique qu'il pouvait
exercer sur l'industrie. Ainsi Thomas Couture écrivait-il dans
Méthode et entretiens d'atelier : « Si l'art n'était profitable que pour
quelques privilégiés de la fortune, il faudrait cesser de s'en occuper;
mais il a, dans notre pays surtout, une action directe sur toutes les
productions françaises. Nous ne brillons pas que par notre courage,
nous brillons aussi par notre goût, nos meubles, nos tapisseries, nos
bronzes, nos voitures, nos papiers peints, nos étoffes, nos teintures,
nos décorations d'appartement, notre verrerie, nos porcelaines, nos
modes, nos fleurs artificielles, la décoration de nos jardins, l'arran-
gement de nos fêtes publiques, et bien des choses que j'oublie,
découlent de l'art du peintre et de l'architecte. Si vous avez de
l'abaissement dans les deux arts que je signale, vous avez, à
l'instant même, abaissement dans toutes les industries dont je viens
de parler[79]. »

Couture n'avait rien d'un grand penseur; mais les fondations
cachées sur lesquelles reposent les constructions des grands penseurs sont en général des structures mentales très simples qui se
lisent dans le plan, si la décoration de la façade peut donner le
change. Jusqu'à nos jours, nombreux sont les théoriciens qui, sous
des formes moins naïves et plus élaborées, ont réaffirmé le rapport
entre le grand art et la production d'objets utilitaires décrit au

milieu du XIXe siècle par Thomas Couture. Quelque insolite que puisse paraître le rapprochement, c'est cette vision des choses que l'on trouve, par exemple, sous la plume de cet écrivain prolixe et brillant que fut Le Corbusier, depuis le début de son *Étude sur le mouvement d'art décoratif en Allemagne* publiée en 1912, quand il signait encore Charles-Édouard Jeanneret, jusqu'à son plaidoyer pour la « synthèse des arts majeurs », expression dans laquelle la plupart des commentateurs ont négligé la signification de l'épithète, pourtant fondamentale et dont on comprend mieux la portée quand on constate à travers sa correspondance la nature très peu égalitaire des rapports qu'il entretenait avec l'artisan breton chargé de tailler les sculptures dont il lui envoyait les dessins[80].

Quels qu'aient été ses rapports avec Gropius, Le Corbusier s'opposait en cela aux principes sur lesquels reposait en Allemagne, au début du siècle, la grande réforme des écoles d'art dont la fondation du *Bauhaus* constitue un épisode parmi d'autres. Ces principes n'eurent d'ailleurs à peu près aucune répercussion sur l'enseignement des arts en France. On pourrait y voir une simple conséquence du poids mort de la tradition dans un pays où la centralisation rend particulièrement difficile, encore aujourd'hui, toute innovation pédagogique; mais la faible pénétration de ces principes en France, en dehors d'une époque et de milieux relativement limités, laisse aussi penser qu'ils se heurtaient au sentiment invétéré d'une hiérarchie des arts, d'une supériorité de l'artiste, ou du penseur, sur celui qui doit gagner sa vie de ses mains — qu'ils se heurtent, en d'autres termes, à une mentalité demeurée fondamentalement d'Ancien Régime, dominée par un préjugé artistocratique plus ou moins consciemment nourri de culture classique, par une mentalité de robins, serait-on tenté de dire, qui domine encore de larges milieux de la société française, en particulier de ceux qui se veulent et se croient à gauche.

PIERRE VAISSE

Bibliographie

Sur un sujet aussi vaste et aux frontières aussi floues, les indications bibliographiques ne peuvent être que très fragmentaires. Idéalement, une synthèse devrait reposer sur la somme des connaissances acquises concernant les arts et les artistes des XIXᵉ et XXᵉ siècles. En pratique, le cadre matériel du chapitre contraignait à n'argumenter qu'à partir d'un nombre limité d'exemples précis; mais il n'y aurait aucune raison d'introduire dans une bibliographie générale les titres de publications sur Couture ou Le Corbusier, parce qu'ils sont mentionnés dans le texte, plutôt que sur Rodin [46] qui ne l'est pas. C'est pourquoi toutes les références concernant un artiste ou une question particulière, ainsi que l'art des pays étrangers, sont exclues de la présente bibliographie.

Celle-ci ne comprend donc que les titres de publications d'un ordre général ou fondamentales pour le sujet, sans prétendre d'ailleurs à l'exhaustivité, ni pouvoir échapper à une certaine incohérence. La réflexion sur les rapports de l'art et de la politique relève en effet aussi bien du philosophe que de l'historien : d'où des contributions les plus diverses de caractère et de contenu. Parmi les livres qui se réclament de l'histoire, les études d'ensemble sur la période, qui sembleraient les plus utiles au lecteur désireux de compléter son information, sont souvent les moins recommandables dans la mesure où il risque d'y puiser surtout des partis pris et des erreurs. Les études portant sur une période, une question, un mouvement offrent quant à elles un intérêt variable et ne couvrent que de façon très inégale l'ensemble du domaine considéré, de sorte qu'il serait d'un côté oiseux de les mentionner toutes, mais que par ailleurs les lacunes sont inévitables. En conséquence, les indications qui suivent n'ont d'autre ambition que d'apporter au lecteur un moyen de s'orienter dans le maquis des publications.

Le problème des rapports entre l'art et la politique a alimenté un grand nombre de réflexions, les unes menées à partir d'exemples précis, d'autres au contraire d'un caractère général ou purement théorique. Parmi ces dernières études, le livre de :

[1] MIKEL DUFRENNE, *Art et politiques*, Paris, Union générale d'éditions, 10/18, 1974 (est un bon exposé, plus lyrique que critique, de l'utopie libertaire qu'on rattache aux événements de Mai 1968. Beaucoup plus ancienne en réalité, celle-ci reste encore largement répandue dans les écrits sur l'art moderne. C'est sur elle que repose le panorama international de l'art depuis la Révolution rédigé par) :

[2] PIERRE DAIX, *L'ordre et l'aventure. Peinture, modernité et répression totalitaire*, Paris, Arthaud, 1984 (dont l'information, de seconde main, laisse trop souvent à désirer).

C'est par contre de l'orthodoxie marxiste que se réclamait :

[3] NICOS HADJINICOLAOU, *Histoire de l'art et lutte des classes*, Paris, Maspero, 1973 (exposé théorique suivi d'essais d'interprétation, plus subtile que convaincante, d'œuvres célèbres).

On trouvera par contre un ensemble d'études particulières sur ce thème dans :

[4] *L'art et les révolutions*, actes du XXVIIᵉ Congrès international d'histoire de l'art

(Strasbourg, 1989), Strasbourg : Société alsacienne pour le développement de l'Histoire de l'Art, 8 vol. (vol. 1, 1990, parution complète prévue pour 1992).

L'affirmation d'un lien entre art et politique est un des fondements de la théorie de l'avant-garde. Sur l'histoire de cette notion, on peut consulter :

[5] DONALD D. EGBERT, « The Idea of "avant-garde" in Art and Politics », *The American Historical Review*, déc. 1967 (p. 339-336) ;

ainsi que :

[6] NICOS HADJINICOLAOU, « Sur l'idéologie de l'avant-gardisme », *Histoire et critique des Arts*, juillet 1978 (p. 49-76).

Une pénétrante analyse de l'invasion de la critique d'art par le vocabulaire politique a été fournie, pour la France du XIXe siècle, par :

[7] FRANCIS HASKELL, « Art and the language of Politics », *Journal of European Studies*, 1974/4 (p. 215-232), trad. fr. « L'art et le langage de la politique », *Le Débat*, n° 44, mars/mai 1987 (p. 106-115).

[8] RENATO POGGIOLI, *Teoria dell'arte d'avanguardia*, 1962, trad. angl. *The Theory of the Avant-Garde*, Cambridge, Massachussetts-Londres, Harvard University Press, 1968 (ce livre est plutôt, en dépit du titre, une histoire de la condition des artistes et de la formation des mouvements qualifiés couramment d'avant-garde. Il rejoint par là les études relevant de ce qu'on appelle la sociologie de l'art ou l'histoire sociale de l'art, deux étiquettes apposées d'ailleurs sur les produits les plus divers).

Sans parler de la sociologie de l'art de Pierre Francastel, qui n'avait de sociologie que le nom, il y a peu de rapports entre les travaux de sociologie empirique de Raymonde Moulin sur le marché de l'art :

[9] RAYMONDE MOULIN, *Le marché de la peinture en France*, Paris, Les Éd. de Minuit, 1967 ;

[10] RAYMONDE MOULIN, « Le marché et le musée. La constitution des valeurs artistiques contemporaines », *Revue française de sociologie*, XXVII — 3 juill.-sept. 1986 (p. 369-393) ;

ou de :

[11] C. HARRISON et CYNTHIA A. WHITE, *Canvases and Careers : Institutionnal Change in the French Painting World*, New York-Londres-Sidney, 1965 ; trad. fr. *La carrière des peintres français au XIXe siècle*, Paris, Flammarion, 1991 (approche statistique de la carrière des peintres français du XIXe siècle montrant le passage du système académique des Salons au système commercial des galeries),

et le véritable système idéologique de Pierre Bourdieu qui contraint les faits dans sa lecture sociologique, en particulier dans son étude consacrée à l'institution académique au XIXe siècle:

[12] PIERRE BOURDIEU, « L'institutionnalisation [*sic*] de l'anomie », *Les Cahiers du Musée national d'art moderne*, 19-20, juin 1987 (p. 6-19).

La prise en compte des déterminations économiques, sociales, politiques, institutionnelles de l'art, qui constitueraient l'objet de ce qu'on appelle en français l'histoire sociale de l'art, est une chose aussi banale qu'ancienne. Pourtant les auteurs qui se réclament de cette histoire dite « sociale » prétendent innover en s'opposant à une histoire interne, purement formelle, de l'art conçu comme une entité autonome, qui aurait jusque-là dominé la recherche; mais ce qu'ils récusent en réalité, c'est, au nom d'un système d'interprétation emprunté, tantôt à Marx, tantôt à l'école de Francfort, la validité d'une prise en compte empirique de ces déterminations. Leur argumentation n'est donc dirigée qu'en apparence contre l'histoire formaliste des styles dont Wölfllin aurait donné le modèle; en fait, elle s'apparente à celle

d'Adorno contre Popper dans la célèbre querelle du positivisme — quand elle
ne la reprend pas purement et simplement. On peut consulter sur cette
question l'article de :

[13] ENRICO CASTELNUOVO, « L'histoire sociale de l'art. Un bilan provisoire »,
Actes de la Recherche en Sciences sociales, nᵒ 6, déc. 1976 (p. 63-75).

Depuis cet état de la question, les publications se sont multipliées sur la vie
artistique en France au XIXᵉ siècle. Elles concernent en particulier les institutions et l'action de l'État, et rejoignent par là les nombreuses études sur la
signification politique des œuvres, préoccupation dominante de nombreux
chercheurs, surtout américains. Cette abondance ne rend portant pas
caduques les études anciennes, dont certaines restent fondamentales pour la
masse d'informations qu'elles contiennent. En ce qui concerne le XXᵉ siècle,
c'est surtout la portée idéologique de certaines tendances ou de certains
mouvements qui reste un sujet privilégié de recherche.

Il y a peu d'ouvrages généraux, et d'une portée inégale :

[14] ANDRÉ-HUBERT MESNARD, *L'action culturelle des pouvoirs publics*, Paris, Librairie générale de droit et de jurisprudence, 1964 (est une thèse de droit, utile pour
les données juridiques, mais qui reprend pour l'histoire de l'art de vieux
clichés).

[15] JEANNE LAURENT, *Arts et pouvoirs de 1793 à 1981. Histoire d'une démission
artistique*, Saint-Étienne, université de Saint-Étienne, CIEREC, 1982 (est, sous
le couvert d'une information puisée aux sources, mais qui demande à être
entièrement contrôlée, une tentative pour démontrer que tout le mal venait de
l'Académie des beaux-arts. On y voit à tort une défense de la modernité contre
la tradition : si la supériorité des tendances modernistes est bien posée comme
postulat de départ, le véritable objectif de l'auteur est de défendre l'autorité de
l'État contre toute délégation et tout partage du pouvoir, dans la tradition
jacobine de la fonction publique en France).

[16] GÉRARD MONNIER, *Des beaux-arts aux arts plastiques. Une histoire sociale de l'art*,
Besançon, La Manufacture, 1991 (offre un panorama de la vie artistique en
France aux XIXᵉ et XXᵉ siècles, mais sans vue d'ensemble et parsemé de
nombreuses erreurs).

Pour les institutions artistiques au XIXᵉ siècle, il faut toujours revenir à :

[17] PAUL DUPRÉ et GUSTAVE OLLENDORFF, *Traité de l'administration des beaux-
arts. Historique. Législation. Jurisprudence*, 2 vol., Paris, 1885 (manuel précis et
bien documenté).

Il convient par contre d'utiliser avec beaucoup de précaution les souvenirs
publiés par plusieurs responsables de l'administration des beaux-arts, en
particulier :

[18] GUSTAVE LARROUMET, *L'art et l'État en France*, Paris, 1895.

Parmi les innombrables ouvrages sur l'art et l'architecture en France depuis la
Révolution, ceux dont les titres suivent sont sans doute les plus à même de
fournir des éléments de réponse :

[19] Catalogue de l'exposition *La sculpture française au XIXᵉ siècle*, Paris, RMN, 1986
(le meilleur ouvrage d'ensemble sur le sujet, sans équivalent pour le XXᵉ siècle).

[20] BRUNO FOUCART, *Le renouveau de la peinture religieuse en France (1800-1860*,
Paris, Arthéna, 1987 (excellente synthèse sur cet aspect trop méconnu de la
peinture du XIXᵉ siècle).

[21] FRANÇOIS BENOIT, *L'art français sous la Révolution et l'Empire*, Paris, 1897 (reste
malgré sa date l'ouvrage fondamental, à compléter pour l'Empire par) :

[22] PIERRE LELIÈVRE, *Vivant Denon, directeur des beaux-arts de Napoléon*, Paris,
1942.

Pour la même période, et la Restauration, il faut également consulter la thèse de :

[23] RENÉ SCHNEIDER, *Quatremère de Quincy et son intervention dans les arts (1788-1830)*, Paris, 1910;

ainsi que le livre de :

[24] PIERRE ANGRAND, *Le comte de Forbin et le Louvre en 1819*, Lausanne-Paris, Bibliothèque des arts, 1972.

La meilleure vue d'ensemble de la peinture française pendant cette période est encore apportée par le catalogue de l'exposition :

[25] *De David à Delacroix. La peinture française de 1774 à 1830*, Paris, Grand-Palais, Paris, RMN, 1974.

Pour la Monarchie de Juillet, il faut encore se reporter au livre ancien de :

[26] LÉON ROSENTHAL, *Du romantisme au réalisme. La peinture en France de 1830 à 1848*, Paris, H. Laurens, 1914, rééd. Paris, Macula, 1987, avec une présentation de MICHAEL MARRINAN,

qui doit être complété par plusieurs publications récentes :

[27] THOMAS GAEHTGENS, *Versailles de la résidence royale au Musée. La Galerie des Batailles dans le musée historique de Louis-Philippe*, Anvers, Fonds Mercator et Paris, Albin Michel, 1984;

[28] MICHAEL MARRINAN, *Painting politics for Louis-Philippe. Art and ideology in Orleanist France. 1830-1848*, New Haven et Londres, Yale University Press, 1988;

[29] Catalogue de l'exposition *The Art of the July Monarchy. France 1830 to 1848* (University of Missouri-Columbia, Museum of Art and Archeology, 1989), Columbia et Londres, University of Missouri Press, 1990;

[30] MARIE-CLAUDE CHAUDONNERET, « La peinture en France de 1830 à 1848. Chronique bibliographique et critique », *Revue de l'art*, n° 91/1991 (p. 71-80).

Pour la deuxième République, on consultera :

[31] TIMOTHY J. CLARK, *The Absolute Bourgeois. Artists and Politics in France 1848-1851*, Londres, Thames and Hudson, 1973 (en particulier le chapitre 2, « The Art of the Republic », qui défend à vrai dire une thèse contestable à partir d'informations à contrôler) ;

ainsi que :

[32] PIERRE VAISSE, « Considérations sur la seconde République et les beaux-arts, 1848. Révolutions et mutations au XIXe siècle », *Bulletin de la Société d'histoire de la révolution de 1848 et des révolutions du XIXe siècle*, 1985 (p. 59-85).

[33] MARIE-CLAUDE CHAUDONNERET, « 1848 : "La République des Arts" », *Oxford Art Journal*, 1987 (p. 59-70).

Pour le second Empire :

[34] JOSEPH C. SLOANE, *French Painting between the Past and the Present. Artists, Critics, and Traditions from 1848 to 1870*, Princeton, Princeton University Press, 1951, rééd. 1973 (s'appuie principalement sur la critique d'art de l'époque, à défaut d'une connaissance des archives, et même, pour beaucoup d'entre elles, d'une connaissance directe des œuvres mentionnées).

La vue d'ensemble la plus récente est donnée par le catalogue de l'exposition :

[35] *L'art en France sous le second Empire* (Paris, Galeries du Grand-Palais), Paris, RMN, 1979.

[36] PATRICIA MAINARDI, *Art and Politics of the Second Empire. The Universal*

Expositions of 1855 and 1867, New Haven et Londres, Yale University Press, 1987 (voit dans les récompenses de l'Exposition universelle de 1867 le triomphe de la peinture de genre sur la peinture d'histoire).

Sur le réalisme, contemporain de la deuxième République et du second Empire, et dont les liens avec la politique sont souvent soulignés, on peut retenir pour le présent sujet, parmi des publications innombrables, la mise au point de :

[37] LINDA NOCHLIN, *Realism*, Harmondsworth, Penguin Book, 1971 ;

et le catalogue de l'exposition :

[38] *Exigences de réalisme dans la peinture française de 1830 à 1970*, Chartres, Musée des beaux-arts, 1983-1984 (dont les auteurs se réclamaient du marxisme).

Sur la politique artistique de la troisième République, le livre souvent cité de :

[39] JEANNE LAURENT, *La République et les beaux-arts*, Paris, Julliard, 1955 (est un ouvrage superficiel et partisan, dont le succès à lui seul mérite une étude).

On trouvera des précisions dans :

[40] PIERRE VAISSE, *La troisième République et les peintres. Recherches sur les rapports des pouvoirs publics et de la peinture en France de 1870 à 1914*, thèse d'État, université de Paris IV, 1980 (exemplaires dactylographiés).

Du point de vue de l'histoire de l'art, la troisième République couvre une période trop dépourvue d'unité du fait de sa longueur et des bouleversements qu'elle a connus pour pouvoir faire l'objet d'une bonne synthèse. A ses débuts, les rapports de l'art et de la politique sont souvent confondus avec ceux de l'art et des pouvoirs publics. Après la Première Guerre mondiale se pose la question du retour à l'ordre, qui a déjà suscité de nombreuses études parmi lesquelles on doit retenir les actes du colloque :

[41] *Le retour à l'ordre dans les arts plastiques et l'architecture 1919-1925*, Saint-Étienne, université de Saint-Étienne, CIEREC, 1975 ;

et plus récemment :

[42] KENNETH E. SILVER, *The Art of the Parisian Avant-Garde and the First World War, 1914-1925*, Princeton, N.J., Princeton University Press, 1989; trad. fr. *Vers le retour à l'ordre. L'avant-garde parisienne et la Première Guerre mondiale*, Paris, Flammarion, 1991 (qui lie le retour à l'ordre au conflit et le fait remonter à ses débuts, en 1914, alors qu'il en fait commencé déjà plus tôt).

On trouvera un riche ensemble d'informations dans le catalogue de l'exposition :

[43] *Les réalismes 1919-1939*, Paris, Centre Georges Pompidou, 1981.

Pour le régime de Vichy, on dispose d'une étude d'ensemble grâce à :

[44] LAURENCE BERTRAND DORLÉAC, *Histoire de l'art. Paris 1940-1944. Ordre national, traditions et modernités*, Paris, Publications de la Sorbonne, 1986 (dont les interprétations sont parfois faussées par une attention insuffisamment soutenue aux idées du XIXᵉ siècle).

D'innombrables publications de toute ampleur et de tout niveau ont été consacrées à l'art depuis 1945, mais bien peu apportent des éléments d'information utiles pour le problème présent. Il faut faire exception pour le catalogue de l'exposition :

[45] Catalogue de l'exposition *Les années décisives. L'art en Europe 1945-1953* (Saint-Étienne, Musée d'art moderne, 1987), Genève, Éditions Albert Skira.

[46] Sur Rodin, on pourra consulter ROSE-MARIE MARTINEZ, *Rodin et la politique*, Paris, Nouvelles Éditions Séguier, à paraître à l'automne 1992.

CHAPITRE XVI

La science

La science marque singulièrement les sensibilités politiques et culturelles dans la manière de vivre la Cité. Tout à la fois, dans l'imaginaire civique, œuvre d'un savant dont la singularité du génie travaille à l'amélioration du sort humain, et, dans la réalité sociale et économique, création prise dans les réseaux intriqués du politique, de l'industriel et du théorique pur, la science se voit cycliquement dotée, sitôt que refluent dans l'opinion les grands systèmes explicatifs religieux et philosophiques, de la mission suprême de dire l'origine et le devenir de l'homme et de son univers, donc, pour d'aucuns, qui croient le saut possible, d'édicter des règles d'une bonne conduite. Que ce soit, par exemple, à travers l'hygiénisme du XIXᵉ, l'eugénisme des XIXᵉ et XXᵉ siècles ou la sociobiologie contemporaine, nombreux furent, à gauche comme à droite, ceux qui dirent possible l'organisation de la vie de tous dans la Cité sur la base de la Science. Celle-ci était écrite avec une majuscule, recouvrant l'ensemble des représentations idéologiques bâties sur le passage opéré du plan des découvertes dans un champ de savoir organisé par une définition stricte et particularisée à celui des structures générales, culturelles et sociales. Encore faut-il ne pas négliger, parallèlement à cette tendance, le refus, chez nombre de catholiques, de voir la formalisation du cosmos et du monde humain par la science se substituer au récit de la Création par les dogmes et la foi : la Cité de l'homme ne devrait pas cesser de refléter, malgré l'imperfection de sa nature et sa peccabilité, l'ordre de la Cité de Dieu. Mais l'Église elle-même finissant par distinguer — voire le juger légitime — l'univers de la science de l'univers divin, la place de la science dans la Cité est aujourd'hui reconnue par tous comme une évidence.

Si le scientisme, ce passage d'une nature à l'autre — du plan de la pratique scientifique au plan de la coexistence civique —, est la chose la mieux partagée du monde, les droites ont-elles une sensibilité particulière qui les conduirait, plus que les gauches, à arguer de la science pour vouloir mieux diriger la vie de la Cité et mouler l'individu ?

Le modèle scientifique de la pensée acquiert une réelle puissance dans la pensée occidentale au XVIIe siècle, alors que s'achève la première révolution scientifique, dont les effets se feront sentir tout au long du XVIIIe siècle dans la sphère intellectuelle. Or, dans la seconde moitié du XIXe siècle, siècle d'une science féconde, et même celui des grands savants, autant que siècle de la bourgeoisie, le scientifique en vient à occuper une position élevée dans la conscience sociale, en particulier dans la conscience nationale. Désormais, le savant participe de la représentation sociale. C'est alors que le Panthéon républicain ouvre les portes de son imaginaire à la trinité de la Science : Claude Bernard, Louis Pasteur, Marcellin Berthelot. La science est accueillie dans la Cité, d'autant que le savant devient la cible des écrivains en peine de bouc émissaire pour les maladies morales du siècle. Les savants eux-mêmes, du fait de leur engagement civique, semblent trop humains, certains à gauche — le type idéal étant représenté par Marcellin Berthelot au XIXe et Jean Perrin au XXe —, d'autres à droite — Pierre Duhem pour le XIXe ou, dans une mesure moindre, Rémy Chauvin pour le XXe siècle. Le savant n'est plus alors que le membre d'une sous-classe, celle des intellectuels (une invention essentiellement française, au moment de l'Affaire Dreyfus), dont l'anatomie fut révélée par Jean Jaurès au plus fort de la querelle[1].

L'Action française, considérée par les intellectuels de gauche et autres dreyfusards comme un phénomène tératologique, est issue de l'Affaire. Son grand inspirateur, Charles Maurras, aurait été influencé, selon ses biographes, par les idées d'Auguste Comte et de Charles Darwin. On ne voit pas très clairement comment ces influences contradictoires se marquent dans le corpus maurrassien. En réalité les principes maurrassiens à propos de l'homme se placent sous l'autorité, en incipit, de Hobbes. L'on pourrait supposer, dès lors, qu'il s'agit là d'une indication montrant qu'en ses fondements, la pensée maurrassienne est, telle celle de Hobbes, empreinte de pensée scientifique. Mais cette conclusion est impossible. Outre que Maurras a toujours refusé le principe même d'une biopolitique[2], la structure cognitive du corpus maurrassien est essentiellement littéraire, rhétorique, poétique — des termes servant aussi à décrire les stratégies dans l'écriture scientifique. L'autorité du modèle scientifique caractéristique du plan hobbesien « d'assimilation de la psychologie et de la politique aux sciences physiques exactes[3] », ne corrompt aucunement les prin-

cipes de « L'Homme[4] ». L'œuvre de Maurras est-elle représentative du destin de la science dans les droites françaises? Les droites
ont-elles échappé au piège scientiste dans lequel la politique des
gauches tendait à tomber depuis les Lumières? Par indifférence
peut-être? Joseph de Maistre et Louis de Bonald, oui? Auguste
Comte et Ernest Renan, non? La science ne relève-t-elle pas de
l'entreprise politique des droites?

Pour répondre à la question, on pourrait procéder crûment par
l'examen d'ensemble des opinions et idées des hommes politiques,
lequel examen pourrait être complété par une corrélation des
savants et de leurs spécialités avec leurs opinions politiques. Ces
stratégies heuristiques ont déjà donné lieu à quelques travaux. Pour
finir, il faudra pardonner au sceptique qui ne manquera pas de
demander ce que l'on a bien pu apprendre, sinon que les hommes
politiques de droite n'ont pas de position distinctive sur la science,
et que, comme le reste de l'humanité, certains savants sont de
droite, quand d'autres sont de gauche. Mon approche limitée
consisterait plutôt à tenter de dissiper la pénombre politique de
plusieurs développements scientifiques en vue de déterminer ce que
l'on en peut conclure à propos du rapport des droites à la science.
J'ai délibérément retenu trois domaines scientifiques : d'abord, l'un
des domaines les plus profonds de la science théorique depuis le
logos newtonien : la relativité d'Einstein, ensuite, la biomédecine
dans un contexte institutionnel; enfin, un cas ostensiblement fort,
qui repose sur le darwinisme et la sociobiologie, et semble stimuler
des positions politiques clairement définies.

En général, la technologie est exclue de mon propos. D'aucuns y
verront pourtant une source d'arguments en faveur de ma démonstration : l'Action française ne se posa-t-elle pas, par exemple, en
promoteur des prouesses de l'aviation française? Le comte de Paris
posant auprès de son avion en est une bonne illustration, et
lui-même recueillit une bonne presse pour ses mises en garde
opportunes sur le retard pris par la France dans le domaine de cette
nouvelle technologie[5]. On pourrait même développer une argumentation plus générale sur l'utilisation politique de l'aviation par
les fascistes, les nazis, et les hommes aux convictions de droite
conservatrices, tel Charles Lindbergh. Sauf que l'argumentation
s'effondrera lorsqu'on en viendra à parler du développement de
l'aviation, à la même époque, en Grande-Bretagne ou en Union
soviétique. A la différence de la science, il semble douteux que la
technologie possède une relation nécessaire avec les droites[6].

I. LA RELATIVITÉ EINSTEINIENNE

En politique, les droites détestent la révolution, à moins que celle-ci ne soit conservatrice ou contre-révolutionnaire. Qu'en est-il alors de la révolution scientifique, si tant est que ce concept délabré possède encore une quelconque utilité heuristique ? La réception mitigée de la relativité en France peut s'expliquer en partie par une résistance psychologique à la révolution germanique, *Umwälzung*, que la « bataille de la relativité » différa jusqu'au début des années 1920[7]. La seule campagne sérieuse, et la première, pour introduire cette théorie suspecte fut orchestrée par Paul Langevin, qui commença dès 1910-1911 à donner des cours sur la relativité au Collège de France. Le Messie de la relativité — Henri Poincaré — mathématicien, fondateur de la théorie des solutions périodiques et, subsidiairement, cousin de Raymond Poincaré — se montrait un saint Jean-Baptiste réticent — visita Paris en 1922 : « grand retentissement », mais réception d'Albert Einstein, notons-le, par la Société française de philosophie, et non par les saducéens boudeurs de la Société française de physique[8]. Il n'est sans doute pas trop audacieux de classer Langevin à gauche, même s'il n'a rejoint le Parti communiste qu'à la Libération. Toutefois, il serait déraisonnable d'en conclure que l'introduction de la relativité fut l'œuvre de la gauche. Il se peut que l'auditeur le plus célèbre de Langevin ait été Louis de Broglie, qui reconnût l'importance de la relativité restreinte dans le développement des concepts de quantum de ses premiers travaux[9]. Et Louis de Broglie était certainement très éloigné de l'idéologie et de la politique de Langevin[10]. Il semble certes plus facile de trouver des conservateurs que des libéraux ou des révolutionnaires ennemis de la relativité. Mais puisqu'il est facile de trouver des savants plus à droite que tous les autres, il n'est pas évident que la position occupée sur le spectre politique ait quelque rapport avec la position prise à propos de la relativité. La communauté scientifique française s'est toujours signalée par son groupe bruyant à forte orientation républicaine ou socialiste, voire communiste, ce qui ne l'empêcha pas, très souvent, de se montrer sceptique ou résistante à l'endroit de certains des développements les plus significatifs de la science post-darwinienne : la sélection naturelle, la théorie atomique, la relativité, la théorie des quanta. Certes, des groupes importants ont également occupé l'avant-garde de la nouvelle science, mais l'historien a le trouble sentiment que les Français ont plus résisté que tout autre groupe national à cette science. Même le langage dont usent les défenseurs de la relativité est une rhétorique de la justification propre à satisfaire les critères esthétiques essentiels aux défenseurs conservateurs de l'esprit français contre la décadence moderniste, logique et stylistique. Les arguments contre et en faveur de la relativité ont une structure similaire, voire souvent identique. Cela n'est pas surprenant, car les savants arguant pour ou contre la relativité provenaient des mêmes terroirs éducatifs, où on les avait entraînés à appliquer les mêmes critères dans l'évaluation de la production scientifique. Henri Bouasse, conservateur, physicien fantasque de la faculté des sciences de Toulouse, acquit une notoriété considérable par son bref éclat de 1923 contre la théorie d'Einstein. Bien que l'éther sacré — inventé pour les besoins explicatifs de la propagation des ondes — n'ait pas eu de réalité à ses yeux, il le défendit comme la meilleure façon, facile à comprendre et à calculer, d'expliquer des milliers de grands phénomènes, plutôt que trois petits — ce qui était une présentation réductrice de la théorie d'Einstein. Réputé pour ses travaux en mécanique, Bouasse célébrait l'exactitude du modèle existant de l'univers : la précision de la mesure (« à l'approximation d'un dix millième au moins ») permise par le système justifiait que l'on retienne l'hypothèse de l'existence de l'éther. Les hypothèses scientifiques pouvaient être bizarres, mais ne pouvaient contredire l'évidence — référence obligatoire à Descartes —, ou ce que l'on appelle *le bon sens*, « plus prétentieusement, les catégories de notre pensée ». La relativité était une théorie inacceptable parce qu'elle était inutile. « Elle ne peut servir ni à l'enseignement des faits acquis, ni à la découverte des faits nouveaux[11]. »

Sur leur liste de critères déterminants de l'acceptabilité d'une science, droites et gauches accordent toutes un rang élevé au concept d'utilité. Il se peut que les droites se montrent plus fétichistes à l'endroit de cette dernière, mais la théorie et l'utilité peuvent être sauvées pour la science en arguant de conserve que la science théorique est une grande source d'applications pratiques, argument auquel Pierre Duhem donna sa formulation classique. Les savants de droite et de gauche ont pu se montrer critiques envers les courants intellectuels d'outre-Rhin, ils furent toutefois prodigues, à la suite d'Ernest Renan, de louanges de la science, soutenue par l'État, des universités allemandes. En 1899, Duhem se montra prolixe et éloquent sur l'excellence et le caractère hautement profitable de la chimie-physique en Allemagne, Hollande et États-Unis. C'était pour lui l'occasion ou jamais de souligner la négligence d'une branche importante de la science moderne dont se rendait coupable l'État, c'est-à-dire la troisième République anticléricale. Cette république était la bête noire de Duhem et elle le lui rendait bien. Il est vrai que cette opposition ouverte participait également de la stratégie d'autolégitimation de Duhem dans sa tâche difficile de se forger une carrière scientifique dans un État dont la politique lui répugnait. La guerre de 1914 fournit l'occasion inespérée d'un changement de stratégie à la troisième République et aux catholiques qui travaillèrent, en *union sacrée*, contre les récents héros de la *Wissenschaft*, de la science allemande, soudain transformés en ennemis de la civilisation, en apprentis sorciers, tout juste capables d'exploiter la science à des fins immorales[12].

La différence entre la théorie de la relativité et son application fut soulignée par Maurice Gandillot. Ce scientifique était un ancien élève de Polytechnique, institution souvent blâmée pour son approche excessivement théorique de la science. Dans une critique précise de « l'illusion de la relativité », il établit une distinction entre la science purement théorique et la réalité de l'application — ignorant la réalité de la science théorique et la théorie de l'application : la théorie de la relativité fonctionnait en principe, mais pas dans ses expériences sur la résistance des fluides. « Le postulat que [l'on admet] est parfaitement exact, tant qu'on ne sort pas du domaine de la cinématique pure[13]. » Prenant une position plus à gauche, du moins du point de vue cosmique, dans sa préface à la traduction de la version populaire que donna Einstein de ses théories, Émile Borel, favorable à la relativité, insista sur une limitation puissante de la relativité, confortant le point de vue de Gandillot. Les formules d'Einstein avaient une valeur scientifique et pratique, mais le domaine d'application réelle était limité[14]. Brillouin énonça l'argument sous une forme positive : la relativité était la seule coordination mathématique complète des phénomènes, ce qui compensait largement le fait qu'elle brise le cadre des anciennes conceptions. Mais il n'existait « aucun autre édifice théorique que celui d'Einstein pour grouper tous les faits bien observés ». Certes, une multitude de faits restaient encore à étudier et à expliquer concernant la matière au repos (inerte) ou presque. Simultanément, les conservateurs pouvaient se consoler du fait que

« les résultats des théories d'Einstein sont d'accord avec ceux des anciennes théories[15] ». Langevin, grand maître dans l'art de récupérer l'histoire à des fins polémiques, proféra un appel similaire : « La nouvelle théorie est solidement appuyée dans le passé sur tout le développement de la théorie électromagnétique, imposé par l'expérience, et dont elle représente l'aboutissement nécessaire[16]. » La logique, la preuve scientifique, et même l'évidence empirique, explication universelle cohérente des phénomènes, pouvaient séduire même le plus conservateur des Français, à moins que, nationaliste et catholique comme Pierre Duhem, il soit obsessionnellement lié à une conception particulière de la réalité que les Allemands semblèrent toujours brouiller[17]. On pouvait même formuler « une harmonie de grande beauté à l'intention de ceux qui avaient des exigences esthétiques[18] ». Le Dieu newtonien avait simplement changé de masque, c'était la même pièce, et l'on avait même tiré au clair certaines obscurités du scénario.

Peut-être fallait-il être un catholique large d'esprit pour reconnaître que la théorie de la relativité concernait les absolus, en tant que théorie des invariants. « Le principe d'invariance : les lois de la nature doivent pouvoir s'exprimer par des équations complètement indépendantes du choix du système de coordonnées[19]. » Bien que la théorie d'Einstein ait été discutée en détail au sein de la Société scientifique de Bruxelles — société catholique s'il en fut et dont étaient membres également un grand nombre de savants français catholiques —, c'est l'un de ceux-ci, Paul Drumaux, qui en publia une remarquable défense[20]. Il trancha dans la rhétorique célébrant la nature généralement satisfaisante de la physique moderne pour en souligner les incohérences : « On sait le profond étonnement que cette nouvelle physique a provoqué dans le monde, et cependant, n'est-il pas plus étonnant encore qu'on ait cru pendant des siècles pouvoir étudier le mouvement en définissant le mouvement par le temps et le temps par le mouvement, qu'on ait cru pouvoir parler de substance sans mouvement alors qu'on n'a jamais su imaginer un mouvement sans substance ? La théorie d'Einstein, c'est la guerre aux mots qui ne savent ce qu'ils veulent dire. » Le physicien relativiste ne connaissait plus, désormais, l'espace et le temps que par des mesures, l'éther n'était qu'un souvenir lointain : « Définir ce dont on parle et s'abstenir de parler de ce qu'on ne sait pas définir, voilà en quoi consiste la théorie d'Einstein. » La théorie d'Einstein concerne la réalité : « Elle est essentiellement une théorie de la réalité. La fiction ne fait qu'amoindrir la nature et aboutit toujours à la contradiction. »

Cependant la théorie d'Einstein ne pouvait être le « dernier mot de la physique »; d'autres splendeurs demeuraient encore à découvrir dans l'infini palais des merveilles, un être physique impénétrable et inaccessible que seuls les nombres pouvaient décrire[21].

L'intérêt passionné de la Société scientifique de Bruxelles pour la relativité trouvait une base solide dans le désir sincère qu'avaient ses membres d'occuper l'avant-garde de la recherche scientifique. Ils y puisaient également l'espoir de l'amélioration de leur statut dans le monde de la science, — soupçonneux envers le catholicisme depuis l'affaire Galilée. Au xixᵉ siècle, en effet, des érudits catholiques s'efforcèrent de réhabiliter l'Église souvent injustement ridiculisée à propos de l'antidarwinisme scientifiquement fondé des savants et intellectuels catholiques. Les catholiques essayèrent également d'atteler la science à leur cause en créant des universités catholiques après 1875, stratégie d'un modeste succès à Lille et à Paris[22]. L'attitude de la société catholique de Bruxelles s'apparente à celle des ingénieurs espagnols, groupe généralement catholique et conservateur, désireux de bénéficier du grand prestige intellectuel des idées d'Einstein, malgré sa réputation teintée de libéralisme, de judaïsme et d'anticonformisme. A la différence de l'Espagne, on ne peut pas dire que dans le monde culturel français, « la relativité devint une cause conservatrice », mais elle eut une tout autre réception que les idées biologiques de Charles Darwin.

Le darwinisme est une partie de la science du xixᵉ siècle dont l'impact est comparable à celui de la relativité au xxᵉ, bien que sur un plan strictement scientifique, la sélection naturelle était largement plus controversée que la relativité[23]. Plus la science était complexe et abstraite, plus grandissait le prestige social acquis par ses praticiens et adeptes, indépendamment de leur idéologie. Parfois les savants s'alarment de l'enthousiasme du public pour la science moderne, que l'on interprète comme une nouvelle compréhension de l'univers et de l'homme, avec toutes les implications du meilleur des mondes. Quelques âmes timides redoutent une menace que l'emprise de l'opinion ferait peser sur l'objectivité scientifique et sa prétention à la certitude lorsque les gens confondent science et philosophie — ce genre de division épistémologique était intellectuellement respectable dans les années 1920, bien que peut-être d'une validité discutable depuis l'œuvre célèbre d'Émile Boutroux, *De la contingence des lois de la nature*, publiée en 1874, et rééditée pour la neuvième fois en 1921[24]. La science était certaine, la philosophie discutable. Gauches et droites pouvaient toutes deux s'entendre sur ce principe, sinon sur les résultats de son application.

Dans le monde politique français, nulle idéologie politique ne semblait associer les personnes ou les doctrines avec le triomphe de la relativité ou la théorie de l'invariance. En raison peut-être de leur fidélité aux absolus inhérents aux modèles classiques qu'ils glorifiaient, les mouvements tele l'Action française ne s'intéressaient pas à la relativité ; à peu près totalement étrangers à la science, ils ne remirent jamais en cause une théorie de la relativité pas plus qu'ils ne tentèrent d'exploiter une théorie de l'invariance. On a démontré de façon tout à fait convaincante qu'il en allait à peu près de même avec le marxisme soviétique. Certes, en 1926, Semkovski pontifia sur le fait que la nouvelle physique d'Einstein confirmait brillamment le matérialisme dialectique, ce qui aurait semblé une absurdité aux einsteiniens catholiques. Mais en dépit de la polémique de Lénine contre Ernst Mach, l'idéologie politique ne changeait pas grand-chose à l'important travail de fond des savants soviétiques, tant dans le domaine de la relativité que dans celui de la mécanique quantique[25]. Même la doctrine de Lyssenko n'avait rien à voir avec la génétique, et ses implications marxistes n'était qu'une querelle à propos de la science dans l'agriculture[26]. Les droites françaises évitèrent ce type d'absurdité manifeste comme celle que représenta l'association hautement rhétorique qu'établit Mussolini entre lui et le mouvement fasciste d'une part, et les philosophies relativisantes d'Einstein ou de Spengler, d'autre part[27].

Peut-être les droites françaises s'intéressaient-elles plus au bolchevisme supposé d'Einstein qu'à sa science. Après qu'Einstein décida de ne plus retourner à Berlin en 1933, le gouvernement français créa à son intention une chaire de physique mathématique au Collège de France, où son ami Langevin avait longtemps prêché l'évangile de la relativité. Einstein était foncièrement intéressé par la chaire, mais il choisit finalement de devenir le premier professeur de l'Institute for Advances Studies de Princeton, qu'il décrit comme « un village suranné et cérémonieux de grêles demi-dieux dressés sur des échasses ». La perspective d'un enseignement d'Einstein en France ne réjouissait pas tout le monde. Le parfumeur et homme de presse aux convictions pour le moins ultra-conservatrices, François Coty, publia une mise en garde en première page du *Figaro* du 18 mai 1933, qui demeure un chef-d'œuvre de propagande journalistique. Il commençait par une remarque absurde sur l'incompréhensibilité de la relativité ; suivent une distinction entre les juifs méritants et loyaux envers la France et le reste, et finalement était posée la question qui tourmentait Coty :

« le professeur Einstein est-il un bolcheviste ou un communiste militant » ? Nulle mention du fait qu'Einstein est un bon ami du roi et de la reine de Belgique. Coty voyait Einstein comme un élément de la conspiration juive et bolchevique internationale. Anatole de Monzie, ministre de l'Éducation nationale, était, quant à lui, « l'agent le plus actif des Soviets en France ». Coty semblait d'accord avec les nazis, qui avaient confisqué les biens d'Einstein avant qu'ils ne puissent servir à financer une révolte communiste. Encore que les nazis manifestèrent plus d'intérêt que Coty envers la relativité, puisqu'ils firent des autodafés de certains des travaux d'Einstein[28]. Dans les années 1930, les sciences étaient pour les droites et les gauches d'un intérêt bien moindre qu'auparavant.

II. LA BIOMÉDECINE À VICHY

« Problème de méthode : convient-il de parler de l'histoire de *la* science, ou de l'histoire *des* sciences[29] ? » L'existence de la chose appelée science est toujours plus évidente pour les philosophes, et ceux qui sont extérieurs à la science, que pour les savants qui travaillent grâce aux forts cloisonnements de leur spécialisation, et il est normal que ces derniers aient été les premiers à poser la question de l'existence d'un universel scientifique. Ma démonstration présuppose un monde scientifique pluraliste, bien que la doctrine complémentaire de l'unité de la science ne soit pas exclue. La relation de la science à la politique est un sous-produit de la révolution scientifique (il s'agit là d'une formule rhétorique utile quoique épistémologiquement suspecte), et spécialement des Lumières, du moins de ce qui, dans celles-ci, s'intéressait aux sciences sur le plan politique et philosophique. La question de la réorganisation scientifique de la société humaine devint le leitmotiv des grands sociologues et des savants qui pensent l'homme et la société, du marquis de Condorcet et Auguste Comte à Alexis Carrel ; elle est devenue le centre de la querelle contemporaine sur les utilisations de la sociobiologie, dernier hybride intellectuel issu du croisement de la biologie avec ce que Carrel appelait la science de l'homme. De Thomas Hobbes à E.O. Wilson, tout penseur aspirant à faire la lumière sur l'homme et la société dut nécessairement jeter les fondations de la science de l'homme. Au XIXe siècle, nombreux furent ceux qui fusionnèrent l'histoire et la science dans une ingénieuse tentative de définir l'homme par ses origines, mais comme les Français le virent clairement, l'ascendance de l'homme n'est que le commencement de la science de l'homme. Il y eut, assurément, la tentative théologique singulière de Pierre Teilhard de Chardin, jésuite qui, parti d'une thèse sur *Les mammifères de l'éocène inférieur en France* (1922), conçut, grâce à ses fouilles paléontologiques, un système original où l'évolutionnisme fusionnait avec le spiritualisme, la matière puis l'homme traversant les trois stades de la cosmogenèse, de la biogenèse et, enfin, de la noogenèse, pour tendre vers Dieu, alpha et oméga, point initial et final. Très vite, l'Église apprit à se méfier de ce professeur à l'Institut catholique et, en 1962 encore, face à cette ultime tentative de réconcilier évolutionnisme, biologie et créationnisme, le Saint-Office appelait les enseignants religieux à « défendre les esprits, particulièrement ceux des jeunes, contre les dangers des ouvrages de Pierre Teilhard de Chardin et de ses disciples ».

La profession médicale française a une solide réputation historique de conservatisme. Mais la microanalyse révèle des nuances, telle l'adhésion des facultés de médecine à l'idéologie républicaine anticléricale du début de notre siècle. La carrière d'Alexis Carrel, prix Nobel de médecine en 1912, est illustrative à souhait des rapports que certaines droites entretinrent avec la biologie dans l'espoir d'une refonte biomédicale de la Cité. Dans la carrière d'Alexis Carrel, c'est fort évidemment les responsabilités qu'il assuma sous Vichy auxquelles nous prêterons intérêt. Rien de similaire, ni d'approchant les expériences nazies sur des êtres humains sélectionnés selon des critères « raciaux » et visant à améliorer la « race aryenne[30] » n'eut lieu dans la France de Vichy. Même si l'on admet la thèse, discutable, que les médecins participèrent au programme consistant à affamer les pensionnaires des asiles psychiatriques, Vichy n'est pas le troisième Reich. Mais des tentatives existèrent d'établir une connexion proclamée nécessaire entre la recherche médicale et le programme du nouvel homme dans la nouvelle civilisation, paradoxalement inauguré dans un régime officiellement consacré aux valeurs traditionnelles : travail, famille, patrie, retour à la terre et à la religion. La Fondation française pour l'étude des problèmes humains, qui fut, en quelque sorte le couronnement de la vie d'Alexis Carrel, fut instaurée après que Carrel eut rencontré Pétain en 1941[31]. On discutera encore longtemps de la question de savoir quels éléments des expériences

nazies sont attribuables à la formation unique de la nation allemande et à sa psyché[32]. La création de la Fondation française pour
l'étude des problèmes humains fut un monument à deux siècles de
pensée française recouverts de patine technocratique. Les Américains étaient d'abord parvenus à la conclusion qu'il est nécessaire
d'établir une science unifiée de l'homme. Il se pourrait que l'Institut des relations humaines de Yale (Institute of Human Relations),
fondé par la Rockefeller Foundation, représente un modèle partiel
de l'entreprise de Vichy, laquelle s'en distingue par deux traits
essentiels : Freud n'était pas son héros culturel, et l'université
contaminée par la mauvaise pensée n'était pas le siège de l'organisation. Toutefois, une partie du décalogue social, commun aux
deux entreprises était de servir la société[33].

Alexis Carrel était incontestablement un homme de droite : ami,
admirateur et collaborateur scientifique de Lindbergh, Carrel était
un adepte du culte eugénique du héros, un raciste blanc adorateur
des testicules comme la source de « la force et la qualité de l'esprit...
les grands [sont] fortement sexués[34] ». (Il est curieux d'observer à
quel point l'analyse académique a généralement évité de s'occuper
des diverses formes d'intérêt primordial porté aux testicules par les
extrémistes scientistes de droite. Ainsi, aujourd'hui encore, le
journaliste Yves Christen, un temps propagateur des thèses de la
sociobiologie du GRECE dans les colonnes du *Figaro-Magazine*, a
inventé bon nombre de formules séduisantes sur la corrélation entre
la testostérone et le pouvoir politique, mais jusqu'à présent « la
chimie du pouvoir » demeure monnaie de singe et sans pertinence
pour la politique, même si cette relation existe véritablement chez
les humains : la testostérone peut abonder à droite, on ne semble
pas en manquer à gauche[35].) Mais l'eugénisme n'a jamais été un
monopole de la droite; c'est tout le contraire en France, où il
constituait un respectable mouvement de la troisième République.
La Société d'eugénique, fondée en 1912, se consacrait à l'amélioration de la population française grâce à l'étude de l'hérédité et de la
sélection[36]. Il en allait différemment en Allemagne, où les eugé-
nistes en quête d'un véritable statut politique passèrent alliance
avec la droite conservatrice et radicale[37].

Vers la fin de sa vie, Alexis Carrel noua des contacts avec les
hommes politiques de droite par l'intermédiaire de son épouse,
militante catholique, riche et engagée. Carrel eut donc des amitiés à
la Cagoule, aux Croix-de-Feu, et au PPF de Jacques Doriot.
Excepté Doriot, dont le communisme passé satisfaisait l'exigence
carrélienne d'un homme nouveau, il semblerait que l'auteur de

L'homme, cet inconnu ait trouvé en tous les autres la parfaite illustration de l'incompétence des droites à comprendre les nécessaires
rapports du politique au scientifique. Il fut cependant entendu par
le maréchal Pétain : on peut prétendre qu'il existe une congruence
d'idées entre Carrel et le Vichy de la Révolution nationale à propos
de la reconstruction de l'homme et de la société humaine, qui
expliquerait probablement la création si prompte de la Fondation.
Pétain et Carrel, tous deux âgés, savaient qu'ils n'avaient pas de
temps à perdre. Avec la publication de *L'homme, cet inconnu*, en 1935,
Carrel devint un gourou de la science, rêvant d'un Institut de la
science de l'homme, qui présiderait au passage de la civilisation du
progrès des machines à celle du progrès de l'homme[38]. Le grand
œuvre de la science serait encore d'ordre analytique, mais le travail
de l'Institut devrait être synthétique, embrassant la biologie, la
psychologie, la sociologie et l'économie. En dépit de la résonance
sinistre des dogmes de Carrel — suivant lesquels les classes sociales
doivent être remplacées par les classes biologiques, puisque l'égalitarisme serait antibiologique, et que l'État idéal serait une Androcratie, gouvernement par les hommes définis en leur plus stricte
virilité[39] —, la Fondation française se révéla, sous Vichy, une
organisation pionnière, dotée d'une influence considérable sur les
techniques en sciences sociales ou en sciences de l'homme, grâce
particulièrement au développement de la psychologie sociale, des
études et statistiques, dont les travaux de Jean Stoezel. Carrel avait
toujours prôné l'idée de « la défense des populations et la préservation de la culture ». Biologie de la population, de l'enfance et de
l'adolescence, travail, production, et économie rurale faisaient
partie des domaines dans lesquels les experts renouvelèrent la base
de l'enquête sociale. Une science multidisciplinaire, conforme à
l'idéologie de Vichy, se concentra sur des enjeux vitaux pour l'ordre
nouveau : la nourriture, la famille, et le travail des enfants. Le
travail de l'Institut se poursuivit après la chute du régime, adé-
quatement sanctifié, comme beaucoup de bureaucrates et de politiciens, par une insertion stratégique et opportune dans le camp de
ceux qui œuvrèrent à la Libération. Carrel fut suspendu de ses
fonctions de régent de la Fondation française pour l'étude des
problèmes humains le 21 août et mourut le 5 novembre 1944.
Mais « l'espoir pour notre temps[40] » s'était échappé de la boîte de
Pandore des sciences sociales de Vichy et réapparaîtra, dès les
années 1970, lorsque la sociobiologie américaine fut utilisée par les
droites extrêmes en France dans leur construction d'une cité
raciale.

L'affaire Carrel permet de s'interroger sur l'origine du désir de réformer l'homme et sa civilisation : Assurément, il était dans l'air du temps des années 1930 de poser la nécessité d'un « thérapeute de la civilisation[41] ». Pour Carrel, le projet de réforme prit une spécificité originale et audacieuse qui devait reposer sur des connaissances précises, aussi exactes que la suture de vaisseaux sanguins ou les broderies de la célèbre Madame Lecomte auprès de laquelle le jeune Dr Carrel prit des leçons de couture. (Elle ne partagea pas son prix Nobel en 1912.) Les célèbres aventures et les succès de Carrel en recherche chirurgicale montrent qu'il reconstruisait l'homme physique, l'homme machine, bien avant de penser à reconstruire l'esprit de l'homme et son jardin de Candide. Dans les dernières années du XIXe siècle, Carrel répara et transplanta abondamment le corps humain et ses organes[42]. Une de ses spécialités était la recherche sur le cancer; l'analogie était, dans l'entre-deux-guerres, posée très souvent entre la crise de la civilisation et le registre tératologique ou épidémiologique (l'invasion des tissus sains par les cellules cancéreuses, nées des cellules normales) — on songe, par exemple, au docteur Destouches, alias Céline, égaré dans ses *Bagatelles pour un massacre* et autre *École des cadavres*. Carrel était sans doute mieux vacciné qu'Oswald Spengler contre la tentation de la métaphore organiciste de la société, mais on se défera difficilement de l'idée que certains concepts médicaux appartenant au système conceptuel qui le confortait, trouvèrent, à la fin de sa vie, selon une métaphore qu'il n'abandonna jamais, une incarnation fonctionnelle[43]. Lorsqu'on est immensément impressionné par le succès de la science dans une arène, il peut être aisé de tomber victime d'une hybris fonctionnaliste et d'envisager que l'homme et la civilisation peuvent également être reconstruits sur la base des résultats de la recherche scientifique en psychologie, sociologie, économie. Alexis Carrel et Vichy étaient, en cela, confortés par les régimes triomphants en Allemagne, en Italie et au Japon qui perpétuaient et déployaient les mêmes schémas. Carrel pouvait être salué comme le véritable fondateur du bioétatisme. Bien que nombre de pères fondateurs des sciences sociales eussent formulé des plans pour le progrès, fait exploser des dogmes scientifiques, couvé des utopies, et même mené à bien d'impressionnants programmes de recherche, avec Carrel, nous voyons peut-être pour la première fois le savant et l'État idéologiquement compatibles planifier l'homme nouveau et l'ordre nouveau, en parfait accord avec la tradition scientifique occidentale, sans les aberrations ni les horreurs du programme nazi[44]. Vichy avait Carrel, les nazis allemands avaient les professeurs Carl Clauberg et August Hirt et le Dr Josef Mengele. Il n'existait pas de figures comparables dans la science médicale française, capables de signer des pactes faustiens avec les autorités étatiques; en outre, il n'y avait personne de comparable à Himmler avec qui un chercheur perverti aurait pu s'entendre. Même le nouveau directeur de l'Institut d'études des questions juives, lorsqu'il fut refondu en 1943, afin d'accueillir les études ethnoraciales, était un médecin suisse, George Montandon, naturalisé en 1936. De plus le gouvernement de Vichy n'entendait pas soumettre la population à des examens raciaux comme les nazis prétendaient le faire : l'exclusion juridique hors de la communauté nationale, spontanément opérée par Vichy, suffisait à l'État français[45].

Étant donné, d'une part, la nature assez vague, dans leur formulation sans systématisation, des convictions politiques de Carrel, et son manque d'intérêt pour la politique et, d'autre part, sa croyance, en revanche largement argumentée, en la nécessité d'une nouvelle civilisation plutôt que d'une politique superficiellement renouvelée, on ne saurait établir une relation implacablement nécessaire entre les opinions du citoyen et les convictions du savant. A la différence des savants qui soutinrent Hitler[46], Carrel ne manifesta aucun soutien aux mouvements collaborateurs. Son activité s'inscrivit dans le cadre de Vichy, régime condamné pour sa complicité, donc sa responsabilité dans le génocide, puisqu'il prêta son aide à la déportation de juifs, français ou étrangers, résidant en France. Mais Vichy n'avait pas de programme d'extermination en propre, non plus que des programmes d'expérimentation sur des êtres humains. La politique et l'éthique de la recherche scientifique étaient si différentes en France et en Allemagne qu'il est difficile d'imaginer des programmes de ce genre. Comme nombre d'autres scientifiques, Carrel travaillait avec le système. Et il était probablement aussi heureux que tout autre réformateur des années 1930 de voir la technocratie éliminer la vieille politique parlementariste[47], de sorte que finalement les philosophes scientifiques puissent fournir un fondement solide, reposant sur une véritable nature humaine récemment révélée par la recherche, au progrès de l'esprit humain dans le nouveau système. Il est vrai que médecine et biologie, par l'hygiénisme notamment, ont toujours rapidement débouché dans l'arène politique.

III. SOCIAL-DARWINISME
ET SOCIOBIOLOGIE

Par nécessité, la biologie est la science qui a donné le plus d'otages à la politique depuis les Lumières. Cela fut vrai du darwinisme au XIXe siècle; cela l'est encore de la sociobiologie aujourd'hui. Certains historiens ont accordé un rôle important au social-darwinisme dans l'histoire du XIXe siècle, soit jusqu'en 1914[48]. D'autres ont trouvé peu de preuves de cette influence, bien que la question devienne celle de la définition du social-darwinisme. On ne peut même pas dire si Darwin lui-même était un social-darwiniste. Linda Clark, dans son analyse exhaustive, trouva peu de témoignages en France de l'influence politique du « modèle conflictuel » — l'application à la société humaine de la sélection naturelle des plus forts contre les plus faibles et de l'idée d'une lutte pour l'existence. Il se peut qu'une influence linguistique ait généré une illusion : « Les mots clés du darwinisme... avaient infiltré le vocabulaire contemporain et de ce fait contribué à l'impression que le social-darwinisme était extrêmement répandu[49]. »

Trois des quelques savants proches de l'Action française — René Quinton, Charles Fiessinger et Pierre Duhem — étaient antidarwiniens. Léon Daudet se réjouissait de la position antiévolutionniste (ce qui voulait dire antirépublicaine) du petit groupe de savants Action française. Mais Drieu la Rochelle, virulent antisémite, comme le prouve son *Journal*, adoptait la notion de lutte et célébrait la sélection comme une bombe lancée sur la démocratie et ses prétentions égalitaires[50]. Et dans les années 1930, la perception que les contemporains eurent de l'immigration est-européenne comme d'un flot montant donna libre cours à l'utopie biopolitique d'un État qui saurait tenir à l'écart les immigrants d'Europe orientale, puisque la sélection par le mélange des races humaines semblait tout aussi rationnelle que l'élevage des chevaux[51]. Le social-darwinisme n'avait pas de définition unique, mais il semble que la plupart des républicains étaient des réformistes-darwinistes, qui croyaient en la coopération plus qu'en la lutte. Des groupes de gauche et de droite, tout en gardant des positions traditionnelles, exploitaient le langage du social-darwinisme. Ce qui passait pour une nouveauté, le réductionnisme scientifique, traitant les réalités de la vie sociale comme celles de la biologie, se révèle être le simple prolongement de l'utilisation de concepts traditionnels du combat économique et moral visant à justifier « une hiérarchie naturelle dans la société[52] ». Pas plus à droite qu'à gauche, darwinisme et social-darwinisme n'eurent de rendement politique ou social significatif.

En science, toutes les idées nouvelles génèrent un large débat général à propos de leur signification intellectuelle, sociale et politique. Le darwinisme représentait un bon filon pour la gent académique et écrivassière; il l'est encore. La sociobiologie n'est pas moins prometteuse; elle semble assurer un meilleur rendement en théorie politique et sociale. En France, où toutes choses semblent dégénérer en méthode, la réflexion a évolué vers « une sorte de re-fondation méthodologique de l'histoire des idées : *l'analyse des complexes discursifs*[53] ». On dénonce ainsi la sociobiologie tout en redonnant une virginité à Darwin. « Aujourd'hui, la méconnaissance tactique de la logique fondamentale de l'anthropologie de Darwin se poursuit avec la sociobiologie, qui aboutit à la naturalisation de l'inégalité et à la recommandation de politiques inégalitaires, sous le prétexte que les hiérarchies biologiques, longuement étudiées par Darwin sur le versant dynamique de l'évolution sélective des espèces, ont un prolongement naturel au sein des sociétés humaines. » Cela va à l'encontre de la « logique darwinienne de la sélection appliquée à l'homme[54] ». Quel est l'objet de toute cette excitation? La suggestion de Wilson que « la répartition humaine des rôles par sexe, l'agressivité, les préoccupations morales, les croyances religieuses, et plus encore, pourraient avoir un lien avec l'héritage de notre évolution, telle qu'on la représente aujourd'hui dans nos dispositions génétiques sous-jacentes[55] ». Qu'il y ait, souvent par grande ignorance des effets, imprégnation du langage politique et social par la métaphore biologique, c'est, dirons-nous, une tradition littéraire, qui rassemble le Zola de *Thérèse Raquin* et du cycle des *Rougon-Macquart* et le Valéry Giscard d'Estaing de *Démocratie française* (encore que ce dernier ouvrage n'ait guère à voir avec la littérature). La crainte, cependant, existe que la droite extrême ne s'approprie la sociobiologie : outre que tout intérêt des droites pour la science est suspect pour les gauches qui considèrent la science comme leur chasse gardée, « la principale caractéristique de la sociobiologie est d'être un instrument biologique de négation des déterminations historiques sur le social. Si cet instrument séduit en priorité la droite la plus réactionnaire, ce n'est pas à cause de sa construction théorique, mais en fonction de l'appropriation désormais traditionnelle par l'extrême droite, des "lois" biologiques comme source de légitimation ». Jusqu'à présent, la sociolobiologie n'a rien produit d'aussi substantiel que le darwinisme pour ce qui concerne la politique ou la théorie sociale. Le jugement de Jon Elster sur le problème logique soulevé par les arguments sociobiologiques est d'un grand bon sens. « En dépit de certaines analogies superficielles entre les sciences sociales et biologiques, il existe des différences fondamentales qui rendent improbable le fait qu'elles puissent apprendre quoi que ce soit l'une de l'autre. La différence repose essentiellement sur la distinction entre les explications *intentionnelles* utilisées dans les sciences sociales et les explications *fonctionnalistes* spécifiques à la biologie. » Mais en dépit de l'absence d'intégration fondamentale des types de sciences, l'illusion de la respectabilité issue de l'exploitation de la science laisse présager que « l'éthologie et la sociobiologie vont générer entre elles un courant continu de textes pseudo-scientifiques pour les quelques années à venir[56] ».

De fait, une littérature a cru pouvoir trouver, dans l'observation de la sexualité des oiseaux ou la division du travail chez les abeilles, voire encore la coopération chez les fourmis, matière à repenser la Cité sur un mode élitiste, autoritaire, voire organique. Littérature, en réalité, marginale, sans grand écho chez les ténors de droite.

Une utilisation confuse de termes comme reine, esclaves, ouvrières, armées et altruisme, a conduit certains à prendre, à tort, ces termes pour des analogies directes avec l'homme. Il est impossible « d'utiliser les fourmis pour vérifier des théories générales qui (si elles sont confirmées) s'appliqueront, sous une forme conditionnelle adaptée, à toutes les choses vivantes ». Si la théorie générale de l'altruisme de W.D. Hamilton est exacte, « elle sera souvent confinée à la proche parentèle génétique[57] ». Si l'expérience passée sur les applications sociales de la science peut nous servir de guide, il est plus raisonnable de n'attendre de tout cela que des querelles entre gauches et droites à propos de ce qui se révèle pour finir un paradigme transitoire de la science, qui a inspiré aux idéologues et aux missionnaires une série d'analogies défectueuses. La grande œuvre française suscitée par l'illusion qu'il est possible « de délimiter un certain nombre de lois dont l'utilisation... serait d'élucider les relations de la sociologie animale, d'un côté, à la biologie, de l'autre, à la politique », est l'ouvrage intitulé *Les sociétés animales* qu'Alfred Espinas, positiviste et naturaliste, publia en 1877. Espinas ne décela aucune différence naturelle entre l'homme et l'animal, tout en insistant sur le caractère central de la conscience dans toute explication du fonctionnement de la société. « Une société est une conscience vivante, ou un organisme d'idées »... Les lois scientifiques, les explications scientifiques générales et les analogies médicales de la maladie et du soin ont tenté presque tous les esprits augustes des sciences sociales[58], avec plus ou moins de succès. Ernest Gellner a établi un contraste frappant entre la réussite de l'homme dans la compréhension de la nature physique et l'absence de progrès dans notre compréhension des lois du développement social. L'effondrement total de la théorie de la société la plus élaborée et la mieux orchestrée (le marxisme), de même que celui du fascisme dans les années 1940 démontrent cette pauvreté théorique[59]. Ce contraste peut sembler facile, mais il n'est pas infondé. En attendant le Godot des *Sozialwissenschaften* (des sciences sociales), nous n'avons à imiter qu'une seule partie du comportement « rationnel » des fourmis : elles envoient non pas leurs jeunes hommes mais leurs vieilles femmes à la guerre...

Si la sociobiologie eut quelque écho public dans la France des années 1970-1980 à droite et à l'extrême droite, c'est d'abord que ces droites étaient touchées alors, contre toute tradition issue de leur passé, par une mode ultra-libérale. Celle-ci, comme les vagues déferlantes, poussa d'aucuns à s'attaquer au contrat de base de la République : l'égalité de tous, afin de mieux fonder, par l'exaltation des inégalités naturelles, les inégalités sociales que génère toute politique de la main invisible sur un marché non régulé par l'État. Le recours à la sociobiologie était plus polémique qu'idéologique. Une fois la vague retirée, il ne reste, au plan idéologique, dans l'extrême droite, qu'une confrontation entre les tenants du déterminisme biologique, déterminisme absolu, et les créationnistes, catholiques ultras, qui ne retrouvent pas la main de Dieu dans un ordre génétique qui ignore tant la liberté du créateur que celle de sa créature.

Il se peut que la recherche biomédicale intéresse moins les politiciens que les sciences plus directement exploitables par le pouvoir économique et militaire. Les historiens et les sociologues accordent une grande attention aux politiques scientifiques des différents gouvernements, identifiant les domaines de progrès, d'avance sur les concurrents, ou de déclin et de retard, analysant les programmes et les budgets afin de déterminer quel secteur de la science, ou si la science elle-même profitent plus du pouvoir lorsqu'il est exercé par les gauches ou les droites. Depuis les Lumières nombre de tentatives ont démontré à quel point il est difficile de forger des liens cognitifs solides entre la science et les idéologies politiques particulières. Quand elles détiennent le pouvoir, gauches et droites sont également condamnées à vivre avec la science, à la soutenir, à encourager son développement, et souvent à célébrer ses nombreuses vertus constructives et destructives. Que serait la vie sans la science? « La science est devenue l'infratexture des infrastructures. » Edgar Morin, dans une de ces envolées de rhétorique néo-hégélienne dont il a le secret, s'embarque dans une réflexion sur « la nouvelle infratexture qui et que développe continûment la rotation dialectique du devenir moderne[60] ». La science est également une composante de base de l'État Léviathan, la condition nécessaire de sa grandeur et de son pouvoir. Cela n'apparaît jamais si clairement que dans le domaine militaire, lui-même difficile à distinguer du reste de la vie. De là le curieux paradoxe des États européens d'après les Lumières, qui identifiaient la nature universelle de la science avec leurs propres cultures nationales. L'Allemagne et la France, dans leur période de concurrence acharnée et de ressentiment purulent (des années 1860 aux années 1920 environ), fournissent le meilleur exemple d'utilisation de la science à des fins nationalistes et même chauvines[61].

Quand un mouvement politique aussi opposé aux normes démocratiques de la politique française que le Front national crut nécessaire en 1989 d'établir un Comité scientifique « afin d'éclairer son président Jean-Marie Le Pen et sa direction sur les grandes questions de société ainsi que sur les problèmes économiques et sociaux », les problèmes démographiques, par exemple, il ne fait que suivre l'exemple des partis républicains, de gauche comme de droite. Il semble que la conception que les droites se font de la science ne soit pas très différente de celle des gauches, mais en va-t-il autrement des utilisations politiques auxquelles toutes les deux peuvent soumettre la même science? Aujourd'hui la recherche scientifique est intégrée à la structure de l'État-nation moderne. Depuis la Révolution l'État et ses alliés industriels ont mobilisé les savants à diverses fins, y compris la préparation militaire à la guerre, la lutte contre la maladie — végétale, animale et humaine —, la puissance économique et l'éducation. Ainsi la science est-elle devenue essentiellement une force productive à traiter comme tout autre facteur économique. Ni les droites ni les gauches n'ont jamais envisagé de renoncer à cette remarquable force de croissance, considérée en général comme la source fondamentale du progrès et du pouvoir et, face aux développements actuels de la biologie, conviennent les unes et les autres de s'en tenir au cadre législatif français, reflet du pacte idéologique républicain fondamental, au refus de soumettre le corps de l'individu aux impératifs de la commercialisation des organes.

Afin de révéler une éventuelle approche de la science, différente selon que l'on serait de gauche ou de droite, deux historiens des sciences ont étudié les stratégies de vulgarisation développées par un savant de droite, Georges Claude, et savant de gauche, Paul Langevin, dans la constellation générale de l'action et de la pensée française : « Opposition de deux personnalités sans doute, mais aussi de deux idéologies qui s'affrontent dans le monde intellectuel français. A travers Langevin s'expriment les aspirations d'une élite de gauche, un petit groupe qui s'est soudé lors de l'Affaire Dreyfus et gravit les marches du pouvoir dans les années 1930. Borel, Perrin, Langevin, Rivet, Febvre, Jourdain, Cassou..., on retrouve ces noms dans presque tous les grands projets de vulgarisation de cette époque, dans les divers comités de lutte antifasciste et enfin dans le grand mouvement de rassemblement populaire dont Langevin fut un initiateur et qui accompagne le Front populaire dans son accession au pouvoir. Une poignée d'intellectuels actifs et décidés, tous animés par le même idéal humaniste et la même exigence de solidarité, par le même souci de coopération et de popularisation.

Claude, au contraire, est lié aux milieux industriels, catholiques et conservateurs. Comme Henry Le Chatelier qui participa à ses premières recherches et à la fondation de plusieurs de ses sociétés, il admire les États-Unis, leur président, Wilson, et le promoteur de l'organisation scientifique du travail, Taylor. Avec Le Chatelier, d'Arsonval, Guillet ou Lumière, il s'efforce de faire reconnaître la science industrielle dans les institutions françaises. Tous ces hommes partagent une même critique du parlementarisme français de la troisième République, mais seul Claude va jusqu'à un engagement politique marqué en adhérant à l'Action française en 1933[62]. »

Toutefois cette division paraît une aberration française temporaire, liée à un ensemble unique de circonstances sociales, politiques et religieuses sous la troisième République, plus qu'à un modèle universel scientifiquement fondé. Tandis que la science changeait, il en allait de même des conceptions et positions de ses créateurs. Considérons le plus grand événement de la science française du XXᵉ siècle, la création de l'arme nucléaire, qui requit le soutien du CNRS, de la Fondation Rockefeller — qui avait également subventionné Marie Curie — et des ministères des Armées et de l'Agriculture. Incapables de travailler efficacement dans le vieux cadre individuel, largement dépendant des relations personnelles, les savants devinrent les serviteurs des grands organismes centralisés (CNRS, CEA), étroitement imbriqués avec les firmes industrielles et le gouvernement. « La nouvelle structure était nécessairement orientée, plus vers les applications pratiques que vers les concepts idéaux de la vérité. [...] Le sens général de ces événements [la construction de réacteurs et de bombes] fut déterminé moins par la physique et la technique, moins par la société dans son ensemble, que par ce qui se trouvait entre elles : la structure particulière à l'intérieur de laquelle les savants modernes jouent leur rôle, une structure modelée, d'une part par ce qui peut être fait avec les lois mal connues de la nature, et de l'autre par une société industrialisée et bureaucratisée de gouvernements nationaux rivaux[63]. » Sur un mode germanique, nous pourrions dire que la *Gesellschaft* (la société) triomphe sur la *Gemeinschaft* (la communauté). Le Faust français a signé son pacte politique avec Léviathan en reconnaissant la domination de la « rationalité fonctionnelle » de l'organisation sur la « rationalité substantielle » de l'individu. Ce pacte, droites et gauches le respectent également.

HARRY W. PAUL
(traduit de l'anglais par Marie-Anne Lescourret)

Comme nombre d'autres recherches qui ont fait l'objet de différents chapitres de cette *Histoire des droites en France*, le sujet n'avait encore donné lieu à aucune synthèse. On se reportera donc aux ouvrages cités dans les notes et au contexte des références à eux faites.

Quatrième partie

LE MOULE DE L'INDIVIDU

CHAPITRE XVII

La religion

La religion a déjà croisé les chemins de cette Histoire des droites à de très nombreuses reprises : sur le plan historique d'abord, depuis l'émergence des premières sensibilités de droite au temps de la Constitution civile du clergé, de la Vendée et de la contre-révolution jusqu'aux mobilisations partisanes aux temps républicains et combistes de la séparation de l'Église et de l'État et des inventaires des biens des congrégations interdites, voire jusqu'à la défense, il n'y a guère, de la liberté de l'enseignement confessionnel ou libre ; sur le plan des cultes, ensuite, dans les formes de rassemblement politique comme dans les modalités de propagation des idées et doctrines — où très souvent le discours religieux eut sa part qui était une très belle part — et dans la mémoire collective commémorant le sacrifice de Jeanne d'Arc ou des poilus « soldats de Dieu », et, pour d'autres, le sacrifice des Vendéens ou celui du Maréchal faisant le don de sa personne aux heures noires de la dictature vichyste, avec le soutien empressé de l'épiscopat et du clergé ; sur le plan des sensibilités, enfin, où la religion a longtemps espéré définir la place de l'individu dans l'univers social, la nature et l'organisation de la Cité et le rapport de soi aux autres à travers des haines et des préjugés.

Par religion, il convient d'entendre essentiellement le catholicisme. Or, malgré tout ce qui vient d'être rappelé, le rapport du catholicisme aux droites — que d'aucuns aimeraient poser, pour simplifier, comme un rapport d'équi-valence — n'est pas a priori de nature apodictique. Assurément la France avait été proclamée au temps de la royauté « la fille aînée de l'Église », statut que des gouvernements, conservateurs, il est vrai, continuèrent à revendiquer pour elle jusque dans les années 1870, alors même que la monarchie de droit divin qui avait fondé cette prétention était abolie depuis longtemps. Mais ni la Restauration, ni le second Empire se portant au secours des États pontificaux, ni même la présidence d'Ordre moral de Mac-Mahon ne sauraient occulter le double fait qu'il y eut des gauches catholiques, voire politiquement mystiques, et *des droites fortement voltairiennes. Comment alors expliquer que dès ses commencements la sociologie électorale fit prioritairement son miel de la très forte corrélation observée entre des bastions de catholicité pratiquante et des bastions électoraux du conservatisme? De même, à s'en tenir à leurs discours et à leur propagande, les droites ont affiché pendant presque un siècle et demi la certitude que la pratique religieuse, semblablement à une éducation empreinte des valeurs chrétiennes et à la possession d'un bien, stabiliserait les caractères, tempérerait les passions, assoirait l'individu socialement et l'enrôlerait, dans son propre intérêt, sous la bannière de la défense de l'ordre établi par la tradition.*

La tâche de l'historien se révèle donc délicate, qui doit tout à la fois explorer le versant politique de la religion catholique telle que défendue en France par l'institution ecclésiale dans les rapports que celle-ci a entretenus avec les régimes et partis; retracer historiquement, dans leur genèse comme dans leurs modalités particulières nationalement et plurielles géographiquement, les liens qui se sont noués entre catholicité et droites, puis transformés en notre siècle en relation entre conservatisme et convictions religieuses; évaluer, pour finir, la portée exacte de la croyance longtemps défendue par les droites, et reprise par leurs adversaires, que la religion, en inscrivant l'individu dans un plan temporel et spirituel supra-mondain et en le situant dans la longue chaîne des morts qui témoigne de la Création, transformait derechef le citoyen en un pilier de la conservation politique et sociale. Cette partie de l'ouvrage s'attache à prendre l'exacte mesure de ce moule de l'individu, avec ses corollaires, pourrions-nous presque dire, que seraient l'éducation et le patrimoine.

*
**

I. LA CASSURE RÉVOLUTIONNAIRE : CROYANCE ET OPINION[1]

Lorsque André Siegfried et Paul Bois considèrent dans le moyen terme la constitution à l'Ouest de la France d'un bloc fermement ancré à droite depuis la Révolution française, tous deux n'ont garde de négliger l'importance du facteur religieux; mais cette commune perspective les conduit à des conclusions diamétralement opposées. Pour le premier, dans son *Tableau politique de la France de l'Ouest*

(1913), au terme d'une analyse approfondie de la diversité des attitudes religieuses des populations de l'Ouest, une conclusion s'impose : « Les forteresses de l'esprit clérical sont à peu de chose près celles des adversaires de la République ou plus exactement de l'esprit républicain. Bien que l'action catholique ne soit nécessairement ni antirépublicaine, ni antidémocratique, il y a là une coïncidence où nous ne craignons pas de trouver une relation de cause à effet [1, p. 400]. Dans ses *Paysans de l'Ouest* (1960), le second ne consacre au contraire que peu de pages aux déterminations religieuses de la fracture politique de l'Ouest intérieur. « On admet volontiers », écrit-il, « que l'attitude religieuse commande l'attitude politique. Mais, au fond, en vertu de quel postulat adopter cet ordre ? Pourquoi accorder l'antécédence au phénomène religieux ? Et l'évolution politique n'aurait-elle précédé l'évolution religieuse ?... Fut-on "républicain" parce que déchristianisé, ou déchristianisé parce que "républicain" ? » [2, p. 116]. Et, reprenant ces interrogations en 1971, Paul Bois précise : « L'explication par le facteur religieux, même lorsqu'il s'applique à la perfection et ne permet aucune réserve, soulève deux objections de principe [...] En premier lieu, est-il juste de considérer le cléricalisme (ou le catholicisme vigoureux) comme un facteur de l'opinion ? N'est-ce pas l'opinion elle-même ? [...] Pourquoi, l'habitat et le régime foncier étant identiques, ou très analogues, une population est-elle anticléricale, une autre ne l'est-elle pas ? [...] On en arrive ainsi à un émiettement ethnique, où toute explication se dilue, où les facteurs des attitudes politiques, longuement décrits, risquent de perdre toute consistance » [2, 1971, p. 25-27].

Dans quelle mesure une croyance religieuse peut-elle être le facteur déterminant de la formulation et de l'expression d'une opinion politique ? Et, plus particulièrement, existe-t-il un lien de causalité, ou tout au moins une corrélation forte et significative, entre catholicisme et vote à droite dans la France républicaine des XIXe et XXe siècles ? André Siegfried le revendique, en vertu d'une coïncidence qui lui paraît trop forte pour ne pas valoir explication. Paul Bois le nie, comme une évidence, ou plutôt une redondance, dénuée de toute valeur explicative. Les départager impose dès lors de s'interroger sur les conditions de la genèse des « opinions religieuses » en régime de suffrage universel et antérieurement à son instauration. Car la conjonction de la croyance religieuse et de l'opinion politique ne va pas de soi : elle est en France, à l'aube du XXe siècle, produit d'une histoire qui plonge ses racines dans une Révolution.

Croyance et opinion en régime de suffrage universel

Lorsqu'en 1911 le docteur Gustave Le Bon, le maître français de la psychologie positive, l'auteur de la *Psychologie des foules* (1895), entreprend d'examiner *Les opinions et les croyances*, il possède encore des idées simples et des assurances intactes. Il y a la croyance, « acte de foi d'origine inconsciente qui nous force à admettre en bloc une idée, une opinion, une explication, une doctrine » [3, p. 5] : « Jadis supposées d'origine divine, les croyances étaient acceptées sans discussion. Nous les savons aujourd'hui issues de nous mêmes et cependant elles s'imposent encore. Le raisonnement a généralement aussi peu de prise sur elles que sur la faim et la soif. Élaborée dans les raisons subconscientes que l'intelligence ne saurait atteindre, une croyance se subit et ne se discute pas... Le besoin de croire constitue un élément psychologique aussi irréductible que le plaisir et la douleur... L'âge moderne contient autant de foi que les siècles qui l'ont précédé... Les vieux *credo* religieux qui asservissaient jadis la foule sont remplacés par des *credo* socialistes ou anarchistes aussi impérieux et aussi peu rationnels, mais qui ne dominent pas moins les âmes » [*idem*, p. 7-8].

Il y a d'autre part les opinions, « édifiées, non pas toujours contre la raison, mais indépendamment de toute raison », qui « n'ont pas généralement la fixité des croyances » et dont les « divergences » sont « innombrables » : « Basées principalement sur des éléments affectifs ou mystiques, elles dépendent uniquement des réactions individuelles que le milieu, le caractère, l'éducation, l'intérêt, etc., modifient sans cesse » [*idem*, p. 150-153]. Et, par-delà les croyances et les opinions, il y a enfin la science, et le docteur Le Bon pour en rendre compte : « Souvent distinctes dans leurs effets, croyances et opinions appartiennent à la même famille, alors que la connaissance fait partie d'un monde complètement différent » [*idem*, p. 10].

Le credo scientiste de Gustave Le Bon, qui en vaut bien d'autres, a du moins le mérite de réintroduire aux distinctions essentielles qui prévalent parmi le monde savant dans les années mêmes où Siegfried rédige son *Tableau politique de la France de l'Ouest* : la croyance est généralement inaccessible à la raison ; l'opinion est plus mobile, mais non moins irrationnelle ; elle peut être éduquée à la tolérance ; mais lorsque l'opinion se confond avec la croyance, le bloc de certitude ainsi constitué apparaît inébranlable. « La grande masse », estime Le Bon, « suit les croyances, les opinions et les préjugés de son groupe. Elle y obéit, sans en avoir plus conscience que la feuille desséchée entraînée par le vent. Chez une élite fort restreinte seulement s'observe la faculté de posséder quelquefois des opinions personnelles [...] mais on ne peut souhaiter leur multiplication excessive [sinon] une société tomberait dans l'anarchie. La stabilité nécessaire à son existence est précisément établie grâce au groupe compact des esprits lents et médiocres, gouvernés par des influences de traditions et de milieu » [*idem*, p. 237].

Ces lignes tout à la fois pessimistes et péremptoires, écrites alors que la France demeure profondément divisée en blocs antagonistes au lendemain de l'Affaire Dreyfus et de la séparation de l'Église et de l'État, semblent bien éloignées des espoirs que fondait soixante ans plus tôt la génération républicaine de 1848 dans l'instauration du suffrage universel masculin. Étendre démocratiquement à l'ensemble des hommes adultes le droit et la faculté de formuler et d'exprimer une opinion (droit et faculté que les libéraux du premier XIXᵉ siècle restreignaient aux citoyens propriétaires, conçus comme les seuls acteurs autonomes du jeu politique), fonder l'opinion sur la raison étendue par les bienfaits de l'instruction, tout en reléguant sur un autre plan la croyance, tel est bien le projet qui triomphe en France au milieu du XIXᵉ siècle, et que réprouvent alors à l'unisson les droites réunies dans le parti de l'Ordre.

Or, le paradoxe de l'histoire politique de la France contemporaine veut que le principe du suffrage universel masculin, adopté le 5 mars 1848 par le gouvernement provisoire de la deuxième République, puis restreint sous la pression des notables par la loi du 31 mai 1850, soit sauvegardé et à nouveau rétabli dans son intégralité (quitte à être asservi dans la pratique) par le coup d'état bonapartiste du 2 décembre 1851, puis consolidé lors des élections du 8 février 1871 par la victoire des droites orléaniste et légitimiste portées par le choc de la défaite et l'aspiration à une paix rapide. Si les élections de 1875 et 1877, qui amènent progressivement au pouvoir la gauche républicaine pour plus de soixante années, déçoivent tous les espoirs que les droites avaient placés dans une restauration monarchique, puis, pour une large fraction de l'orléanisme, dans une République « honnête », le principe du suffrage universel ne sera plus, quant à lui, remis en cause que marginalement[2].

Ce rappel est essentiel pour saisir la genèse, puis la généralisation et la consolidation de la faculté d'*opiner* dans la France contemporaine. La seconde moitié du XVIIIe siècle avait connu la naissance de « l'opinion publique », cet assemblage composite et désorganisé des sentiments et des émotions, des goûts, des idées et des jugements des cercles cultivés ou éclairés des salons, des académies, des loges et des cabinets de lecture[3] ; mais la Révolution, brièvement et paroxystiquement, puis la deuxième République, durablement, introduisent une mutation fondamentale : car qu'est-ce que le suffrage universel, sinon l'extension au domaine de l'opinion individuelle de millions d'hommes, de l'ensemble des questions politiques, diplomatiques, sociales, économiques, mais aussi philosophiques, morales et religieuses qui intéressent la vie de la nation comme l'existence quotidienne des citoyens ? En ce sens, l'adoption du suffrage universel masculin bouleverse — plus profondément que ne le dit et ne le voudrait ce médiocre républicain de Gustave Le Bon — le rapport existant entre croyance et opinion : l'opinion a accru considérablement sa fonction et son emprise sur la société et contribué à modifier, à travers l'introduction massive de la culture démocratique dans toutes les classes de la société durant la seconde moitié du XIXe siècle, les modalités et le contenu de la « faculté de juger » ; la croyance a parallèlement reculé dans son rôle social, non sans être — et c'est la thèse qu'on voudrait ici brièvement illustrer et développer — influencée et comme contaminée dans sa structure et son expression par l'opinion elle-même.

Genèse des « opinions religieuses »

Ce qu'il s'agit dès lors de comprendre et d'éclaircir, si l'on veut saisir le rapport particulier qu'entretiennent à l'aube du XXe siècle la croyance et l'opinion dans le vote des populations catholiques, majoritairement exprimé en faveur de la droite, c'est comment, et dans quelle mesure, la croyance s'est muée en *opinion religieuse*, en partie assimilable à une opinion politique, et compatible dans ses effets avec un choix électoral déterminé.

C'est, on le sait, la Déclaration des droits de l'homme du 26 août 1789, à travers son article dix — « Nul ne doit être inquiété pour ses opinions, même religieuses, pourvu que leur manifestation ne trouble pas l'ordre public établi par la loi » —, qui popularise en France le terme jusqu'alors peu usité (et qui fit frémir les théologiens) d'« opinions religieuses ». La dénomination nouvelle doit vraisemblablement son origine à l'important traité *De l'importance des opinions religieuses* que publie l'année précédente à Londres l'ancien contrôleur des Finances Jacques Necker, l'inventeur, selon le mot cruel de Rivarol, du « style ministériel[4] » : « Les vues générales d'administration », plaide l'illustre banquier genevois, « l'esprit des lois, la morale et les opinions religieuses ont une étroite relation ; et c'est en entretenant une si belle alliance, que l'on élève un rempart autour des travaux destinés à la prospérité des États et à la tranquillité des Nations » [4, p. 3].

Qu'est-ce qu'une opinion religieuse dans la pensée de ce grand commis éclairé de l'État monarchique, d'inspiration calviniste et prélibérale ? C'est un « lien salutaire » entre les hommes, et c'est, subsidiairement, l'un des remparts de « l'ordre public » : « Le souverain et les loix interprètes de sa sagesse doivent se proposer deux grands buts : le maintien de l'ordre public, et l'accroissement du bonheur des particuliers : mais pour atteindre à cette double fin, le secours de la religion est absolument nécessaire... La religion, pour atteindre aux mêmes buts, suit une route absolument différente ; et d'abord ce n'est point d'une manière vague et générale, qu'elle influe sur le bonheur ; c'est en s'adressant aux hommes un à un ; c'est en pénétrant le cœur de chacun d'eux en particulier, pour y verser des conseils et des espérances ; c'est en présentant à leur imagination tout ce qui peut l'entraîner ; c'est en s'emparant de leurs sentiments ; c'est en occupant leur pensée ; c'est en se servant de cet empire pour soutenir leur courage, et pour leur offrir des satisfactions jusques dans les revers et les angoisses de la vie. De même, la religion concourt au maintien de l'ordre public par des moyens absolument distincts de ceux du gouvernement ; car ce n'est pas uniquement aux actions, c'est encore aux sentimens qu'elle commande ; et c'est avec les erreurs et les penchans de chaque homme en particulier, qu'elle cherche à combattre. La religion, en montrant la divinité présente à toutes les déterminations les plus secrètes, exerce une autorité habituelle sur les consciences ; elle semble assister à leurs agitations, et les suivre dans leurs subterfuges, elle observe également les intentions, les projets, les repentirs, et dans les routes qu'elle parcourt, elle semble aussi onduleuse et flexible en ses mouvements, que l'empire absolu de la loi paraît immobile et contraint » [*idem*, p. 7].

C'est dans le fait, à la veille de la Révolution, un projet de religion civile que propose le ministre de Louis XVI, dans la lignée de l'apologétique utilitariste du xviiie siècle[5]. « Chose admirable ! », écrivait déjà quarante ans plus tôt Montesquieu dans *L'esprit des lois* (que Benoît XIV inscrira à l'Index), « la religion chrétienne, qui ne semble avoir d'objet que la félicité de l'autre vie, fait encore notre bonheur dans celle-ci[6] »... Car ce n'est pas seulement dans un esprit de tolérance que la Révolution proclame la liberté des « opinions religieuses », c'est encore pour les faire, harmonieusement s'il se peut, concourir à la régénération de la Nation et à l'affermissement de la Loi. « La morale religieuse », poursuit Necker dans son ouvrage, « est la seule qui puisse persuader avec célérité, parce qu'elle émeut en même temps qu'elle éclaire ; parce qu'elle seule a les moyens de rendre sensible tout ce qu'elle recommande ; parce qu'elle parle au nom de Dieu, et qu'il est aisé d'inspirer du respect pour celui dont la puissance éclate de toutes parts, aux yeux des simples et des habiles, aux yeux des enfants et des hommes faits » [4, p. 26]. La crainte de Dieu facilite le gouvernement des hommes ; il est de bonne politique qu'elle soit inculquée dès l'enfance. « L'idée vague d'une puissance céleste, qui punit et qui récompense, l'autorité paternelle et la foiblesse de l'enfance préparent de bonne heure aux idées d'assujettissement et d'empire ; et le monde est une si grande merveille, un théâtre si continuel de prodiges, qu'il est aisé de lier de bonne heure la crainte et l'expérience au sentiment de l'Être Suprême » [_ibidem_]. Un bon ministre des Finances ne saurait d'ailleurs douter du bien-fondé de ces raisonnements. « Je place ici une observation importante : c'est que plus l'étendue des impôts entretient le peuple dans l'abattement et la misère, plus il est indispensable de lui donner une éducation religieuse ; car c'est dans l'irritation du malheur qu'on a surtout besoin, et d'une chaîne puissante, et d'une consolation journalière » [_idem_, p. 27].

Ce projet prend corps et consistance à l'Assemblée nationale de 1789, et n'est nullement étranger à l'élaboration d'une « constitution civile du clergé », soucieuse du point de vue des députés de « régénérer » l'Église dans le même temps que l'État. « Il y a donc une profession de foi purement civile », écrivait trente ans plus tôt Rousseau dans le _Contrat social_, « dont il appartient au souverain de fixer les articles, non pas précisément comme dogme de religion, mais comme sentiments de sociabilité sans lesquels il est impossible d'être bon citoyen ni sujet fidèle... Les dogmes de la religion civile doivent être simples, en petit nombre, énoncés avec précision, sans explication ni commentaires. L'existence de la Divinité puissante, intelligente, bienfaitrice, bienfaisante, prévoyante et pourvoyante, la vie à venir, le bonheur des justes, le châtiment des méchants, la sainteté du contrat social et des lois : voilà les dogmes positifs. Quant aux dogmes négatifs, je me borne à un seul, c'est l'intolérance[7] ». En 1789, l'abbé Fauchet publie *De la religion nationale*, apologie d'un catholicisme d'État renouvelé : « Distinguons la sage loi de la tolérance qui a pour objet non pas les cultes, mais les personnes », écrit le futur évêque constitutionnel du Calvados, « de la loi sacrilège d'indifférence qui admettrait toutes sortes de cultes au sein de la Patrie. » « La nationalisation du catholicisme », a-t-on pu noter devient ainsi « la condition de sa reconnaissance comme *religion nationale* » [5]. Plus généralement, « le primat épistémologique de l'éthique dans la réflexion sur la société, l'appréciation de la religion selon des "valeurs" qui ne sont plus les siennes (le bien commun, l'exigence de la conscience, le progrès, etc.), le retrait de la religion sur les "pratiques religieuses" ou son alignement sur les catégories imposées par une société ; la marginalisation du culte par rapport à la loi civile ou politique », toutes ces évolutions, également issues de l'avènement des Lumières, sont à l'origine d'un formidable déplacement opéré entre religion et morale [6, p. 156] (cette dernière promise à l'universalité, celle-là désormais vouée à la particularité) et entre croyance et opinion. « On veut anéantir jusqu'au nom du clergé », s'indigne en février 1790 l'abbé de Salamon, « et on [les] appellera officiers de morale[8] »...

Or cet ambitieux dessein, tant dans sa version écclésiale (l'Église constitutionnelle de 1791) que dans sa version civile et révolutionnaire (les cultes de la Raison et de l'Être suprême, décadaires ou théophilanthropiques), échoue historiquement : il ne se constituera pas en France cette harmonie des croyances religieuses et des institutions civiles que Tocqueville admire en Amérique[9], et que Quinet reproche à la Révolution de n'avoir pas su établir, en faisant passer la nation au protestantisme[10]... Mais ce même projet de réconciliation de la croyance et de l'opinion n'est pas sans influer en sens inverse sur les adversaires de la Révolution, qui revendiquent à leur tour la conjonction nécessaire entre catholicisme, monarchie et contre-révolution. C'est toute autorité que l'Écriture (Romains 13,1) fait procéder de Dieu : mais c'est l'union du trône et de l'autel, de la dynastie des Bourbons et de l'Église gallicane que tente de faire prévaloir l'apologétique nouvelle née dans l'émigration. Telle est l'idée qu'exprime avec force Louis XVIII, prétendant au trône en exil, dans son adresse aux évêques du 10 octobre 1797 : « Je désire que les ecclésiastiques soutiennent parmi mes sujets l'esprit monarchique en même temps que l'esprit religieux, qu'ils les pénètrent de la connexion intime qui existe entre l'autel et le trône et de la nécessité qu'ils ont l'un et l'autre de leur appui mutuel. Qu'ils leur disent bien que l'Église catholique, sa disci-

ASSERMENTÉS DE 1791
et pratique religieuse (1945-1966)

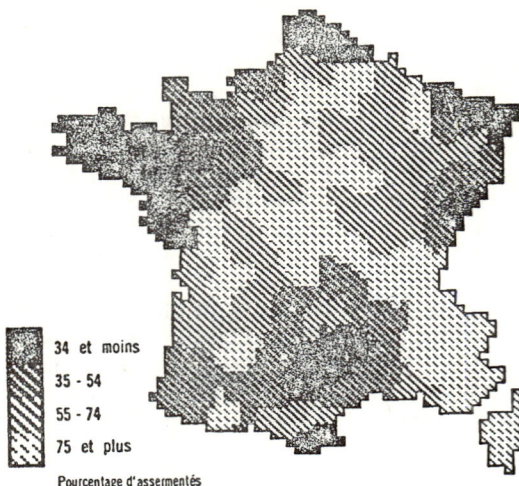

34 et moins
35 - 54
55 - 74
75 et plus

Pourcentage d'assermentés

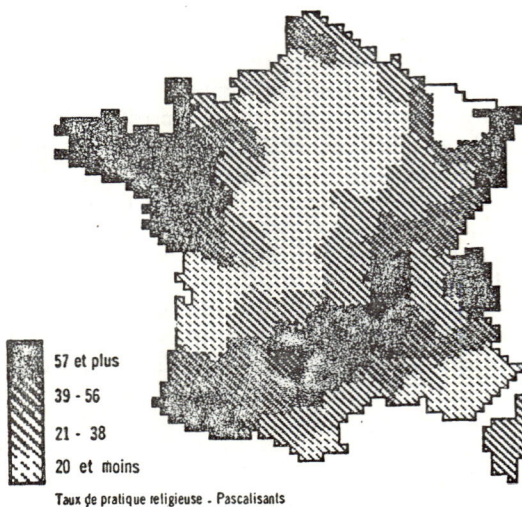

57 et plus
39 - 56
21 - 38
20 et moins

Taux de pratique religieuse - Pascalisants

Carte extraite de : Timothy TACKETT, *La Révolution, L'Église, La France*, Paris, Le Cerf, 1986.

pline, sa hiérarchie, cet ordre merveilleux qui, pendant tant de siècles, l'ont conservée pure de toutes erreurs, ne se lie bien qu'à la monarchie et ne peut exister longtemps sans elle[11]. » La solidarité du légitimisme et de l'Église se fonde, pour plus d'un siècle, sur cette « intime connexion ».

Dans le même temps, l'événement révolutionnaire détermine dès 1791, avec l'obligation faite (le 27 novembre 1790) au clergé paroissial de prêter serment à la constitution civile du clergé, une fracture au sein de la Nation, d'essence indissociablement religieuse et politique. Car, non seulement la carte du serment laisse apparaître une géographie de la fidélité au catholicisme romain et du refus de la Révolution, qui restera valide dans ses grandes lignes jusqu'à l'aube des années 1960, et dont la pérennité s'enracine tout à la fois dans la structure de l'habitat et de l'organisation de la vie religieuse, dans le mode de relation du clergé et des fidèles, dans la cohérence d'une ecclésiologie d'inspiration tridentine, dans la tradition des lieux et dans le traumatisme vécu et approfondi durant le cours des événements [7]; mais le serment lui-même — et la « religion du serment » qui l'accompagne — constituent « l'impardonnable sacrilège, la déchirure par tous visible du *corps* social... À partir de 1791, le soupçon de contre-révolution devient comme consubstantiel au catholicisme parce que c'est à travers la constitution civile que la contre-révolution a largement et ouvertement *pris corps* » [8, p. 331].

La Révolution instaure ainsi, dans les deux camps qu'elle a définis et opposés pour plus d'un siècle, les conditions d'une première « connexion » de l'opinion et de la croyance, et consacre autour de celle-ci, avec la radicalité et la violence qui lui sont propres, une fracture durable, élargie parmi les catholiques par le souvenir toujours vivant, ou délibérément entretenu, de la persécution antireligieuse et de la Terreur [9, 10, 11] ; mais, tandis que le projet d'une « religion civile » ne survit pas plus à l'événement révolutionnaire que les multiples « religions de l'avenir » du siècle suivant ne parviendront réellement à s'imposer, l'*intime connexion* du catholicisme et de la contre-révolution sort renforcée de l'expérience du clergé réfractaire et se voit consolidée par la restauration politique et religieuse du XIXe siècle.

658 *Le moule de l'individu*

La croyance, entre opinion et mentalité

Soixante années encore, cependant, séparent la rupture révolutionnaire de la proclamation du suffrage universel masculin : si la Révolution constitue bien le terreau de la corrélation entre croyance religieuse et opinion politique, les années décisives de la maturation de la culture politique moderne sous la Monarchie censitaire, et jusque sous le second Empire, n'importent pas moins à la consolidation nationale et locale de la conjonction entre croyance et opinion. Au plan général, par-delà les nostalgies tenaces et les espérances de restauration monarchique, la connexion entre catholicisme et légitimisme va s'affaiblissant après 1830, sous la double influence d'une pensée contre-révolutionnaire critique de la Restauration elle-même (Maistre, Bonald dans une moindre mesure, Lamennais surtout) et de la romanisation du catholicisme français : c'est vers une conjonction moins étroitement dynastique entre fidélité religieuse, conservatisme social et traditionalisme politique que s'oriente l'évolution des esprits dans les « pays de chrétienté ». L'affermissement d'autre part d'une séparation rigide de la sphère civile et politique par rapport à la sphère religieuse, que la législation (laïcisation de l'état civil, désacralisation de l'autorité après 1830) et l'application stricte du concordat de 1801 font progressivement entrer dans les mœurs, n'est pas sans renforcer, dans ces mêmes secteurs de l'opinion, une certaine laïcisation du champ politique. Enfin la liberté de conscience, acquise depuis 1789, la liberté de la presse et la liberté d'opinion, de même que le développement du parlementarisme et jusqu'aux effets du suffrage restreint accélèrent dans tous les rangs de la société un processus d'individuation des choix religieux, moraux et politiques : « Le seul moyen d'affaiblir une opinion », écrit lucidement Benjamin Constant (et il pense ici, en protestant libéral, aux opinions religieuses), « c'est d'établir le libre examen. Or, qui dit examen libre, dit éloignement de toute espèce d'autorité, absence de toute intervention collective : l'examen est essentiellement individuel[12]. » L'opinion conforte ainsi progressivement son autonomie et son individualité; mais la croyance acquiert dans son domaine propre une consistance et une cohérence nouvelles.

Ce sont cependant les évolutions locales qui déterminent, *hic et nunc*, la constitution des corrélations les plus durables. Il importe à cet endroit de faire la part d'une troisième instance, celle de la mentalité, conçue comme l'ensemble plus générique, plus vague mais non moins déterminant, des traditions, des attitudes sociales et mentales, des habitudes et des comportements qui définissent ces réalités fragiles, mais pourtant tangibles, que sont dans la France du XIXᵉ siècle le « tempérament » régional ou « l'esprit de localité ». Telle population apparaît ainsi fidèle à l'Église, mais rebelle à la conscription ou à l'impôt, ou inversement, docile à l'autorité, mais chicanière en matière de droits communaux et batailleuse avec ses curés. Les paysans protestants des Cévennes, généralement hostiles à la Restauration, paient régulièrement l'impôt au roi quand leurs voisins catholiques, partisans déclarés des Bourbons, multiplient les désertions : « On ne saurait mieux constater qu'en ce temps », a-t-on observé pertinemment « la discipline (ou l'indiscipline) civique relevait davantage de la mentalité que de l'opinion[13]. » Sur les terres bocagères de l'Ille-et-Vilaine, l'historien distingue pour sa part dès les premières décennies du XIXᵉ siècle les contours d'un catholicisme *blanc*, clérical et légitimiste, qui marque de sa forte empreinte tout l'arrondissement de Vitré, et d'un catholicisme *bleu*, moins hostile au clergé constitutionnel sous la Révolution, plus indépendant du presbytère — et du château — ensuite [22]. Dans le très rural département de l'Ain, « il y a partout », note le préfet en 1828, « observation assez régulière des pratiques du culte, sans que la croyance religieuse neutralise sensiblement un certain esprit d'indépendance qui s'insinue plus ou moins en toute chose » [21, p. 642].

Pareilles nuances préfigurent des évolutions à venir, des cohésions culturelles plus ou moins fortes, et les futurs clivages politiques régionaux. L'opinion n'y entre encore que pour peu : on a noté que, lors des premières élections présidentielles de décembre 1848, ce sont les populations rurales du Finistère ou du Morbihan, plus dociles aux indications des notables, qui donnent au candidat républicain modéré, le général Cavaignac, le pourcentage le plus élevé de suffrages, alors les campagnes font, de la Normandie à la Bourgogne, et contre l'avis de la majorité de la classe politique, une ovation au « neveu de l'Empereur[14] »... Mais qu'advienne en 1848 le suffrage universel, que s'impose progressivement à chaque citoyen la nécessité d'exprimer un choix par un vote, que naisse et se consolide la culture démocratique, que se développe et se structure jusqu'au village un débat politique énoncé à travers l'affrontement de camps distincts et antagonistes, et le fait de mentalité se mue en fait d'opinion.

C'est une identique mutation qui, en ces mêmes années, entraîne la croyance.

LE REFUS DE LA RÉPUBLIQUE PAR LES DROITES
Suffrages aux élections législatives 20 février 1876

LE REFUS DE LA RÉPUBLIQUE PAR LES DROITES
Suffrages aux élections législatives 14 octobre 1877

Pourcentage en faveur de la République calculé par rapport aux suffrages exprimés : *1*. Moins de 40 %. — *2*. De 40 à 50 %. — *3*. De 50 à 60 %. — *4*. De 60 à 70 %. — *5*. De 70 à 80 %. — *6*. De 80 à 90 %. — *7*. De 90 à 100 %.

Ces quatre cartes sont extraites de : Jean-Marie MAYEUR, *Les débuts de la IIIe République, 1871-1898*, Paris, Le Seuil, 1973.

LE REFUS DE LA RÉPUBLIQUE PAR LES DROITES
Suffrages aux élections législatives 21 août 1881

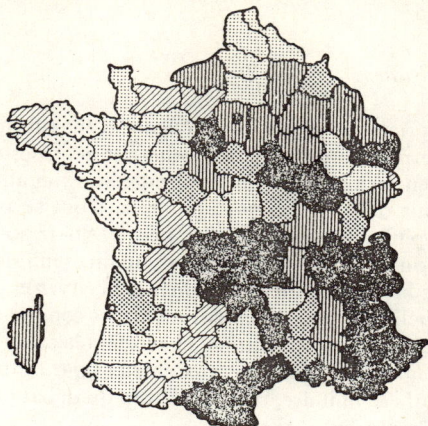

Pourcentage en faveur de la République calculé par rapport aux suffrages exprimés : *1*. Moins de 40 %. — *2*. De 40 à 50 %. — *3*. De 50 à 60 %. — *4*. De 60 à 70 %. — *5*. De 70 à 80 %. — *6*. De 80 à 90 %. — *7*. De 90 à 100 %.

LE REFUS DE LA RÉPUBLIQUE PAR LES DROITES
Suffrages aux élections législatives 4 octobre 1885

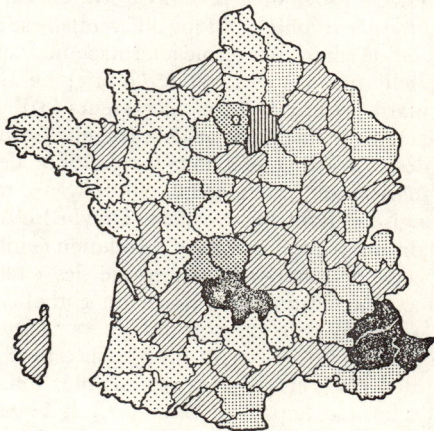

Pourcentage en faveur de la République calculé par rapport aux suffrages exprimés : *1*. Moins de 40 %. — *2*. De 40 à 50 %. — *3*. De 50 à 60 %. — *4*. De 60 à 70 %. — *5*. De 70 à 80 %. — *6*. De 80 à 90 %. — *7*. De 90 à 100 %.

Le temps des bastions

La constitution de « terres de chrétienté », massivement fidèles à l'Église en termes de pratique religieuse, et acquises durablement aux droites en termes de choix politique, se situe au terme de ce long processus de corrélations complexes. Tout se passe en effet comme si l'opinion avait, dans les années 1860-1890, en certaines régions plus qu'en d'autres, et selon des nuances infinies dictées par les traditions historiques, les mentalités collectives et les personnalités individuelles, progressivement investi et comme contaminé la croyance, puis l'avait restructurée et réorientée selon de nouvelles logiques et en fonction de nouveaux enjeux pour l'introduire, sous forme de synthèse unitaire, dans le champ du débat politique local et national et des luttes de partis.

L'observation statistique et cartographique des résultats du vote dans la France républicaine, dès lors que peut s'exprimer librement le suffrage universel masculin à partir des élections législatives de 1875, fait ainsi apparaître des contrastes régionaux extrêmement marqués, que la science politique française, d'André Siegfried [12] à François Goguel [13], n'a eu cesse, depuis un siècle, d'analyser et de commenter. De province à province [19], de village à village parfois [20], une géographie politique différentielle se met en place, qu'il est tentant de confronter terme à terme à une cartographie de la pratique, telle que les travaux de Gabriel Le Bras [14], de Fernand Boulard [15] et de leurs successeurs [16, 17, 18] l'ont établie. D'élection en élection, par-delà les modifications progressives des règles et des contenus de la vie politique de la troisième République naissante[15] et les conjonctures (Seize-mai, lois scolaires, boulangisme, Ralliement, Affaire Dreyfus) qui modifient le paysage des droites françaises[16], une corrélation évidente se manifeste, selon cette distribution périphérique des « terres de chrétienté » qui est la marque distinctive du catholicisme français depuis le XIXe siècle, dans deux grands blocs : l'Ouest breton et intérieur [23] et les hautes terres du Massif central, cette « Bretagne du Midi » [24], et quelques régions plus limitées spatialement : le pays basque, le pays de Caux [25], la Flandre française, [26, p. 88-138], et, avec plus de nuances, la Franche-Comté [27], la Savoie et la Corse. Corrélations nullement mécaniques cependant (les variations multiples de la cartographie électorale en témoignent éloquemment pour les « bastions » eux-mêmes) : des régions votent à droite, qui n'ont qu'une pratique religieuse médiocre (Normandie, Charentes); d'autres conservent une pratique religieuse élevée, qui votent majoritairement pour la République (Lorraine, Bresse) : les « catholiques du suffrage universel » (car tous les Républicains de 1877 ne sont pas, il s'en faut, des « hommes sans Dieu »), fidèles à leur foi mais autonomes en matière politique, héritiers en un sens du « catholicisme bleu », et sans lesquels la troisième République n'aurait pu s'établir fermement, constituent les vivants témoins et acteurs de la disjonction pratique de la croyance et de l'opinion en régime démocratique.

Pourquoi donc est-ce en quelques régions seulement que l'*intime connexion* du catholicisme et du vote à droite s'est exprimée, puis consolidée au point de constituer une évidence dans les données politiques de la France à l'aube du XIXᵉ siècle? Rendus à l'interrogation initiale, on ne révoquera pas en doute les réponses multiples qui ont été avancées, par le substrat économique et social qui soude un monde rural autonome et homogène autour du curé et du grand propriétaire, par le bocage qui à la fois isole de la modernité et rassemble sous la direction des autorités « naturelles », par des *habitus* de vie collective au sein de microcosmes culturels solidaires et contraignants, par une ecclésiologie tridentine — matrice de la Réforme catholique et de l'entreprise de reconquête lancée par l'Église — et une morale religieuse soutenues par un clergé puissant et respecté, par la tradition historique et la mémoire entretenue des événements passés[17].

C'est tout cela (et d'autres facteurs encore selon les lieux et les temps) qui a en effet, depuis la Révolution, lié inextricablement fidélité religieuse, traditionalisme culturel, conservatisme social et refus de la République, rendu possible la mutation de la croyance en « opinion religieuse » et opéré sa conjonction avec l'opinion politique exprimée par les représentants des droites. Conjonction inévitable sans doute, dans les conditions nouvelles impulsées par l'avènement du suffrage universel et le choc de la modernité politique, mais qui impose de garder en mémoire (et nous rejoindrons ici Siegfried contre Bois) que les deux domaines furent jadis et sont par nature distincts, que « l'action catholique [n'est] nécessairement ni antirépublicaine, ni antidémocratique », et que la croyance n'est pas, précisément, une opinion. Mais, à l'heure où point le XXᵉ siècle, un fait non moins indéniable a constitué et rendu rigide la fracture politique de la France contemporaine : les catholiques pratiquants, dans leur immense majorité, votent désormais à droite.

II. LE SECOND RALLIEMENT
ET LE CONSERVATISME POLITIQUE[18]

Les premières années du XXe siècle, autour des élections de 1902 et de la loi de Séparation de 1905, représentent paradoxalement la phase la plus aiguë des crises où les catholiques sont politiquement impliqués et le début d'une évolution vers l'apaisement que le second Ralliement, au lendemain de la Grande Guerre, va confirmer. Par le tournant qu'elles représentent, elles justifient notre choix d'en avoir fait la charnière de cette étude commune sur les rapports qu'entretiennent la religion et la droite. Dans un premier temps il importe de vérifier si le bloc catholique, qui s'est constitué au XIXe siècle — nous venons de le voir — en des bastions géographiquement diversifiés et ancrés à droite par l'*intime connexion* de la croyance et de l'opinion, perdure au siècle suivant. Dans l'affirmative, il conviendra d'en préciser l'évolution et les nuances, car les conditions de ce siècle ne sont plus celles du précédent. L'historien dispose fort heureusement, en particulier depuis les années 1950, d'outils nouveaux — enquêtes et sondages d'opinion — ignorés par le XIXe siècle et grâce auxquels il est permis de dépasser le simple constat de corrélations géographiques entre la pratique religieuse et le vote conservateur, en mesurant avec précision l'ampleur de ces corrélations, y compris hors des zones mises en évidence par la cartographie de la pratique.

Au XXe siècle, comme au siècle précédent, et même davantage, se pose le problème de l'échec de la traduction partisane d'une opinion catholique politiquement conservatrice. En effet, au lendemain du second conflit mondial, le MRP rallie un temps la plus grande part, sinon la totalité des voix catholiques; or ce parti échoue finalement. L'inexistence d'un parti confessionnel et l'échec de toute formule s'en approchant constituent un véritable problème historique.

Quant à la corrélation entre la pratique religieuse et le vote à droite, les origines en ont été décrites dans l'étude consacrée au XIXe siècle, qui a vu se forger une opinion catholique dans le refus des valeurs de modernité incarnées par la Révolution française et son héritage. Cet enracinement majoritaire des catholiques dans le camp conservateur, voire réactionnaire, a été progressif; il s'est alors nourri de toute une suite d'événements et de crises, en particulier dans le dernier tiers du siècle, qui ont cristallisé les oppositions — et qui ont été rappelés dans le tome premier : impossible restauration monarchique, crise boulangiste, affaire Dreyfus mais surtout consolidation d'une République laïque et qui entend bien, par l'instruction, enraciner profondément ses valeurs et son système. Si une telle corrélation perdure au XXᵉ siècle, ce qui fut valable jusqu'à la veille de la Grande Guerre, l'est-il encore de nos jours dans une France qui a connu très tôt l'apaisement des rapports Église-État, et dont la société se sécularise de plus en plus?

Les catholiques sont-ils toujours de droite?

Au XXᵉ siècle, les corrélations établies entre les cartes de pratique religieuse et celles des consultations électorales, les recherches plus précises qu'ont permis les nouveaux moyens d'investigation que sont les sondages et les enquêtes surtout au lendemain de la Seconde Guerre mondiale, confirment la survivance des bastions catholiques qu'a vu se constituer le XIXᵉ siècle. Dans les grandes lignes, la coïncidence, constatée au siècle précédent, entre certains bastions électoraux de la droite et les régions de forte pratique religieuse telles que la carte en a été dressée par Fernand Boulard [15] se maintient au XXᵉ siècle : l'Ouest étudié par André Siegfried [1], la Flandre, l'ouest du Pas-de-Calais, les hautes terres de la bordure méridionale du Massif central[19], les Pyrénées atlantiques, sans oublier, pour partie seulement car plus complexe, la France de l'Est. Dans certaines régions comme l'Ouest, Siegfried fait remarquer qu'à l'orée du XXᵉ siècle la droite catholique, qui a succédé à la droite royaliste, dispose d'une « base à la fois plus large et plus moderne que l'ancien parti du roi » [1, p. 458]; aux élections de 1902 et 1906 elle atteint des scores jamais obtenus jusque-là.

Pour les premières années du siècle une telle coïncidence s'explique par la place qu'occupe la question religieuse dans le débat politique : elle est alors la principale source de clivage entre gauches et droites. Avec l'application rigoureuse des lois laïques et la séparation des Églises et de l'État, les catholiques s'estiment revenus aux heures les plus tragiques des persécutions révolutionnaires et de la politique de déchristianisation de 1793. Dans un tel contexte, il est naturel qu'à l'instar de leurs ancêtres de la Révolution et comme ils l'avaient eux-mêmes fait au XIXe siècle, ils rejoignent le camp de ceux qui rejettent l'anticléricalisme, c'est-à-dire les droites. Celles-ci ont inscrit la défense religieuse à leurs programmes. En 1906, les régions de forte pratique sont celles qui résistent le mieux à la défaite des droites. Et quand celles-ci sont victorieuses en 1919, les catholiques en tirent tout bénéfice : le gouvernement du Bloc national légalise la fête de Jeanne d'Arc, renoue les relations diplomatiques avec le Saint-Siège, règle en accord avec Rome la question des associations cultuelles par la création d'associations diocésaines. « L'aménagement de la Séparation » était ainsi réalisé. Mieux, grâce à cette majorité de droite, des catholiques accédaient aux responsabilités gouvernementales pour la première fois depuis 1877[20].

Au lendemain de la victoire du Cartel des gauches en 1924, les projets annoncés par Édouard Herriot — notamment ceux de l'abrogation du régime concordataire dans les provinces recouvrées d'Alsace-Lorraine qui avaient ignoré, pour cause d'annexion à l'Allemagne, l'application des lois de Séparation — ravivent la division des Français sur la question religieuse et exacerbent l'opposition de la plupart des catholiques à la gauche radicale et socialiste. Ils s'organisent alors comme jamais auparavant et ripostent au gouvernement avec une étonnante vigueur en créant la Fédération nationale catholique qui regroupe toutes les forces de l'Église et à la tête de laquelle ils portent un ancien député du Bloc national, le général de Castelnau. Organisation de défense religieuse, elle n'en intervient pas moins sur le terrain politique, même après la chute du gouvernement Herriot. Elle agit comme groupe de pression lors des élections de 1928, accordant son soutien aux candidats qui acceptent son « Cahier de revendications » ; et les catholiques devant voter pour ces seuls candidats, 46 % des députés élus, tous de droite, ont bénéficié de cette caution [64, p. 176].

Il y a également, pour les deux premières décennies du XXe siècle, et dans le prolongement de l'Affaire Dreyfus, une étroite collusion entre de nombreux catholiques et la droite extrême qu'incarne alors l'Action française. On sait le succès de la ligue de Charles Maurras auprès des clercs et de certains intellectuels catholiques : les séminaristes, les membres du clergé, une partie de la hiérarchie, sans oublier de nombreux professeurs des écoles catholiques [60, p. 254]. La ligue royaliste offre aux convertis et aux intellectuels catholiques en quête d'action « un chemin balisé et sûr qui donne à celui qui l'emprunte la certitude que ses positions temporelles sont assurées d'être en accord étroit avec son catholicisme » [34, p. 131]. Mais l'Action française recrute aussi plus largement dans les milieux traditionnels de l'Ouest et du Sud-Est catholiques et royalistes tout à la fois. Son succès s'explique évidemment par la parenté de certains aspects de son idéologie avec nombre d'éléments de la tradition antimoderniste que l'Église a forgée au XIXᵉ siècle, particulièrement le rôle de la famille et des corps intermédiaires dans l'organisation de la société. Très peu de catholiques ont alors perçu la nature sinon antichrétienne, du moins agnostique, des premiers écrits de Charles Maurras. Enfin, dans le contexte de persécution anticléricale, la ligue apporte son soutien logistique; c'est particulièrement le cas dans les années 1924-1926 au cours desquelles les camelots du roi assurent, par exemple, le service d'ordre des réunions catholiques en plusieurs villes de France, voire de certaines processions comme à Lille en juin 1926 [60, p. 209].

Cependant l'entre-deux-guerres introduit une nouvelle donnée dans le rapport des catholiques à la politique : hormis le court intermède que fut le Cartel des gauches, la question religieuse, si elle est encore un des facteurs de la *summa divisio*, ne semble plus devoir être un enjeu électoral, les clivages politiques se situant à d'autres niveaux. Déjà, à travers le programme du Bloc national, les catholiques ont finalement accepté la « laïcité de l'État », à condition que celle-ci se concilie « avec les droits et les libertés de tous les citoyens, à quelques croyances qu'ils appartiennent[21] ». S'amorcent ainsi la réalisation des espoirs de Léon XIII et l'évolution vers ce que l'on a appelé le second Ralliement. Après la Grande Guerre, forte d'une expérience dont elle a su tirer les leçons, la hiérarchie catholique se fait plus prudente; elle intervient moins souvent dans le débat public, se contentant, à l'occasion des élections, de recommandations négatives à l'encontre du « socialisme athée ». Largement engagé à l'époque du Bloc national, le second Ralliement est parachevé en 1926 avec la condamnation de l'Action française par le pape Pie XI. La mise à l'Index de certains ouvrages de Charles Maurras, l'interdiction faite aux catholiques de lire *L'Action française* et l'ensemble des mesures prises dans les mois suivants par l'épiscopat français à l'encontre des ligueurs monarchistes signifient, entre autre, la reconnaissance renouvelée par la hiérarchie catholique des institutions de la République, et expriment le refus de voir la cause de l'Église identifiée à celle de la réaction politique. Sous l'impulsion du nouveau pape, l'épiscopat français entend aller plus loin encore : il veut dissocier la cause de l'Église de France du conservatisme social et du nationalisme intransigeant. En 1929, lors du conflit qui oppose le Consortium textile à la Confédération française des travailleurs chrétiens, Mgr Liénard soutient le syndicat chrétien avec l'approbation de Rome. De même, Pie XI manifeste son plus exprès soutien à la Société des nations et aux politiques qui s'inscrivent dans ce cadre, telle celle conduite par Briand — relayé en France par certaines organisations comme l'Association catholique de la jeunesse française, dont l'un des dirigeants, Georges Bidault, fait en 1926 l'éloge de la politique de Locarno, et qui organise en 1933 un congrès sur la paix.

Cette nouvelle conjoncture se traduit-elle alors par une évolution de l'opinion politique des catholiques? Car même s'ils demeurent anticléricaux et profondément laïques, les partis de gauche — radicaux et socialistes — ont tiré la leçon de l'échec du Cartel; les élections de 1932 et plus encore celles de 1936 se font sur de tout autres enjeux. À moyen terme, les catholiques ont obéi aux injonctions pontificales concernant l'Action française, et sa condamnation a abouti au tarissement du recrutement de la ligue dont l'activité visible disparaît à partir de 1929 en de nombreuses régions. Mais il importe de souligner l'ampleur de la résistance de l'opinion catholique [35, p. 303] : l'hostilité de la plupart des dirigeants de la Fédération nationale catholique à cette condamnation, comme Grousseau, le général de Castelnau et Xavier Vallat, fut grande sans oublier que de nombreux dirigeants locaux de la Fédération étaient royalistes. Or, la Fédération pèse par son grand prestige dans l'opinion catholique, tant elle jouit depuis 1925 de la confiance du pape qui, en 1929 encore, lors d'une audience à Rome en présence de l'archevêque de Paris et devant les pèlerins français, encourageait publiquement l'action du général de Castelnau[22]. Une pareille résistance de la part de la direction de la FNC en dit long sur l'attachement d'une bonne partie des catholiques à des valeurs réactionnaires, et révèle une relative distance des fidèles par rapport à la hiérarchie.

L'épiscopat éprouve du reste de sérieuses difficultés à faire abandonner par la FNC le terrain des luttes politiques, tant les catholiques français sont habitués depuis le siècle précédent à la confusion du spirituel et du temporel. D'une manière générale, ils demeurent attachés aux valeurs d'une droite conservatrice sur le plan social et hostile à l'esprit de Genève, exprimées dans les colonnes de *L'Écho de Paris* et de la *France Catholique*, organe de la FNC. *La Croix* avait tardé en 1926 à publier la lettre du Cardinal

Andrieu, archevêque de Bordeaux chargé par l'archevêque de Paris et le nonce apostolique de dénoncer dans une lettre datée du 25 août (date anniversaire de la condamnation du Sillon par Pie X) la prétention des dirigeants de l'AF de ne pas s'occuper seulement de politique, mais également de prêcher sur tous les autres terrains (religieux, moraux, sociaux) « l'athéisme, l'agnosticisme, l'antichristianisme, l'antimoralisme individuel et social [...] le paganisme, ses violences et injustices » ; en 1930, elle évolue dans son contenu et s'aligne sur les nouvelles orientations romaines, et perd des lecteurs. Quant à la nouvelle force politique d'inspiration catholique qui voit le jour en 1924, le Parti démocrate populaire, et qui, tout en se rattachant à la droite classique par ses alliances, entend se démarquer du conservatisme social et du nationalisme, elle n'obtient guère de succès auprès des catholiques, recueillant en tout et pour tout à peine 3 % des suffrages à l'échelon national et parvenant à faire élire de quinze à vingt députés [64, p. 441]. Les élections de 1936, dépourvues pourtant de tout enjeu religieux, attestent de cet enracinement à droite de la grande masse des catholiques : « Il est indéniable que le gros des catholiques vote, par habitude, par intérêt, ou par conviction raisonnée, pour la droite... » [41, p. 65]; aucune région de forte pratique n'a alors manqué aux droites. À la veille de la guerre, l'opinion catholique reste, à la base, une opinion conservatrice comme en témoigne en 1932 le succès du livre de l'abbé Bethléem *Romans à lire*, ouvrage aux accents antiprotestants et antisémites et qui ne cache pas ses sympathies d'Action française. Ce texte connaît cette année-là sa onzième édition! Certaines voix catholiques s'inquiètent de la situation, tel cet article de la *Vie Intellectuelle*, revue dominicaine, des 25 février et 10 mars 1936 : « Dieu est-il à droite[23]? »

La période de la guerre et de la dictature vichyste confirme cet enracinement. Sans doute, l'absence de consultation électorale et d'étude d'opinion réduit-elle les possibilités d'investigation de l'historien; toutefois les différentes études régionales et l'analyse du comportement des chrétiens durant la Seconde Guerre mondiale [45 ; 46 ; 47] permettent un premier bilan. Comme la grande masse des Français, les catholiques ont été pétainistes par soulagement; mais, plus que d'autres, ils ont été « séduits par la législation nouvelle qui marque une rupture avec l'idéologie officielle scientiste et anticléricale de la troisième République » [Yves-Marie Hilaire, 35, p. 81]. Les Écoles normales, bastions du laïcisme, ne sont-elles pas détruites, la franc-maçonnerie pourchassée, les juifs exclus et déchus, les « devoirs envers Dieu » réintroduits à l'école? Surtout, la devise du nouveau régime, « Travail-Famille-Patrie », n'est-elle pas également la leur ? Qu'on y rajoute « Dieu » et les catholiques de France se retrouveraient pleinement dans ce programme de rénovation nationale et morale qu'ils ont toujours appelé de leurs vœux, des sphères les plus conservatrices du catholicisme aux jeunes mouvements de l'action catholique spécialisée [48, p. 125-160]. C'est que l'antimodernisme demeure le fondement de la pensée catholique et informe encore largement alors le comportement des fidèles. Enfin, Vichy n'emprunte-t-il pas beaucoup au discours religieux : explication morale de la défaite, rédemption de la nation par la pénitence, sacrifice et recours à un sauveur, le Maréchal[24]. Sans doute de nombreux catholiques ont bientôt perçu que cette rénovation nationale n'était pas tout à fait la leur, et que la prudence s'imposait à l'égard de Vichy surtout après qu'à l'été 1942 une partie de l'épiscopat eut témoigné sa douleur après la grande rafle des juifs au Vélodrome d'hiver ; mais « la révolution nationale a été un piège dont beaucoup de chrétiens n'ont pas su, pu ou voulu s'extraire » [47, p. 170].

Depuis la Libération, l'orientation conservatrice du plus grand nombre des catholiques se maintient, à la condition de considérer le vote MRP (Mouvement républicain populaire) comme un vote conservateur. Sans doute le parti au niveau de sa direction et de ses militants, en particulier dans les premières années, se veut-il et se présente-t-il comme « un parti de démocratie sociale » [63, p. 163], ouvert aux nationalisations et aux transformations sociales. Sur le plan électoral la situation est quelque peu différente car, en l'absence d'autre force de droite dans l'immédiat après-guerre, la France conservatrice n'a d'autre choix que le vote MRP. À partir de 1951, la situation se clarifie ; la dérive droitière du mouvement — sous l'effet de la concurrence du RPF gaulliste — est évidente tant par son opposition aux différentes coalitions de gauche et de centre-gauche et sa participation à des alliances de centre-droit, que par son attachement à la défense de l'école libre et sa politique en matière coloniale [*idem*, p. 164-165 ; 29, p. 78].

Les résultats des différentes consultations électorales de la quatrième comme de la cinquième République confirment bien cette corrélation entre certains bastions conservateurs et les régions à forte pratique religieuse. Inversement, la pratique religieuse diminue-t-elle, et c'est un déficit électoral pour la droite. C'est à cette conclusion que sont précisément parvenus les politologues et les sociologues qui ont cherché à rendre compte des difficultés électorales de la droite depuis les années 1970 [77 ; 79]. Certainement, l'évolution du vote féminin y a sa part de responsabilité, mais tous insistent sur les effets directs de la baisse de la pratique dans certains fiefs conservateurs qui étaient en même temps des régions de pratique élevée. On assiste, par exemple, à un recul de la droite dans l'Ouest catholique entre les présidentielles de 1965 et de 1974. Quant aux élections législatives de 1978 en Bretagne, elles confirment l'évolution amorcée et montrent à quel point le sort de la droite peut, dans certains cas, être étroitement lié au facteur religieux. Certes, la percée opérée par le parti socialiste dans cette terre de chrétienté a été favorisée par le passage à gauche de certains catholiques, surtout des militants qui ont d'ailleurs fourni les cadres et les élus socialistes bretons. Cependant une analyse approfondie des résultats démontre que cette évolution électorale est d'abord à mettre au compte d'un recul de la pratique, les régions de forte pratique ayant quant à elles mieux résisté à la progression de la gauche.

Toutefois la coïncidence entre pratique religieuse et vote à droite n'est pas seulement géographique; le recours aux enquêtes et aux sondages à partir du début des années 1950 a confirmé l'ancrage des catholiques à droite et son étonnante constance : plus des trois quarts des pratiquants réguliers[25] déclarent voter pour les partis conservateurs. Le sondage de 1952, organisé par l'IFOP, révèle qu'ils sont alors 92 % à se prononcer pour les familles de la droite, en incluant bien entendu le MRP[26]. Treize années plus tard, ils auraient été 76 % à voter pour Tixier-Vignancour, Lecanuet et de Gaulle [72], et en 1974 cette même droite aurait atteint 90 %[27]. Quant aux consultations électorales des années 1980, elles n'apportent aucune modification d'ampleur : les enquêtes réalisées en 1986 et 1988[28] confirment un vote des pratiquants réguliers aux alentours de 80 % en faveur de la droite, à condition, il est vrai, de comptabiliser le Front national. Ainsi la nationalisation du Parti socialiste, la poussée d'une gauche non communiste, l'effondrement du PCF, la présence même de chrétiens à de hauts postes de responsabilité au sein du PS et du gouvernement n'apportent aucun changement dans l'orientation politique de la masse des pratiquants réguliers.

Par les cartes, nous ne pouvions que constater des coïncidences, grâce aux sondages il est possible de préciser ces corrélations; ils révèlent ainsi l'existence d'un lien direct entre la probabilité du vote à droite et le niveau d'intégration religieuse [74; 75; 80]. D'évidence, comme le confirment tous les sondages sans exception, plus le catholique est pratiquant, plus il tend à voter à droite; moins il pratique et plus il se détache des droites, sans pour autant voter majoritairement à gauche. Retenons quelques exemples. En 1965, quand 76 % des pratiquants réguliers déclaraient avoir voté pour les candidats de droite au premier tour des présidentielles, ces mêmes candidats ne recueillaient que 51 % des suffrages des pratiquants occasionnels, dont presque le quart s'étaient prononcés pour le candidat unique de la gauche. Au premier tour des présidentielles de 1988, l'écart est tout aussi important : 76 % des pratiquants réguliers votaient à droite et 64 % seulement des occasionnels.

Ainsi en dépit de l'évolution du contexte politique qui caractérise l'histoire française du XXe siècle, en particulier le déclin de l'anti-cléricalisme, la disparition de la question religieuse des débats politiques, plus tardivement le consensus national réalisé sur la question scolaire, la quasi disparition récente d'une gauche maté-rialiste et athée, en dépit enfin des profonds changements qui ont affecté le monde catholique français dès les années 1930 et qui se sont amplifiés avec le concile Vatican II dans les années 1960, l'ancrage à droite du plus grand nombre des catholiques demeure. Une telle permanence pose deux problèmes : celui de la traduction en termes partisans de cette sensibilité politique, celui du rapport qu'entretient la religion avec les droites. En effet, l'ampleur et la continuité de la corrélation pratique religieuse-suffrages droitiers reconduit au paradoxe suprême que demeure l'échec ou l'absence d'un parti catholique au XIXe siècle comme au XXe siècle, paradoxe qui marque une des originalités de notre histoire politico-religieuse. Les conflits n'ont pas manqué au siècle passé et même au tournant du nôtre qui auraient pu justifier un rassemblement politique des forces catholiques. Or, c'est dans un contexte d'apaisement reli-gieux que la France a connu l'expérience la plus proche d'un parti confessionnel : le Mouvement républicain populaire.

L'impossible parti catholique

Durant toute une partie du XXe siècle, alors qu'ils ont le senti-ment réel d'être les victimes d'une persécution d'État, les catho-liques de France, et l'idée leur en était venue au siècle précédent, auraient dû logiquement s'organiser en parti confessionnel à l'ins-tar de leurs coréligionnaires belges et allemands. Ils ne le feront pas. Même au lendemain de la Seconde Guerre mondiale, tandis que de nombreux partis confessionnels voient le jour un peu partout en Europe — en Allemagne, en Italie ou encore en Belgique par exemple — le MRP échappe à cette catégorie. Jamais la vie politique française ne connut d'exemple de vrai parti confessionnel, à savoir d'organisation politique dont le recrutement, l'électorat, le programme et les objectifs relèvent d'une confession.

La première raison de cette absence tient au refus des acteurs catholiques, laïcs et clercs, de créer en France un tel parti. Trois organisations auraient pu prétendre au statut de parti catholique. Tout d'abord l'Action libérale populaire fondée en 1902 et qui regroupe des catholiques ralliés; ce parti se donne pour objectif la défense des libertés de l'Église dans le contexte des luttes anti-cléricales et de la domination radicale, tout en se voulant ouvert aux préoccupations du catholicisme social. Le rejoignent d'ailleurs d'anciens membres de l'ACJF comme Henry Reverdy, Henri Bazire ou Jean Lerolle. Ce parti qui ne rassemble que des catholiques et dont les objectifs correspondent à ceux des catholiques de France se donne par ailleurs le *Zentrum* allemand pour modèle. L'ALP a disparu à l'époque du Bloc national quand une autre force politique d'une nature catholique indéniable apparaît, en 1924 : le Parti démocrate populaire. Plus encore que l'ALP, il se réclame du catholicisme social et entend défendre la liberté de l'Église là où elle peut être encore menacée, c'est-à-dire sur le terrain scolaire. Mais la grande force catholique sera, après la Seconde Guerre mondiale, le MRP. Fondé par des militants catholiques de la Résistance, la plupart issus des mouvements de la jeunesse catholique et tout spécialement de l'ACJF auxquels se sont joints les anciens du PDP et une partie des membres de la Jeune République, il dispose, comme ses deux prédécesseurs, sinon de l'appui de la hiérarchie catholique, du moins du soutien efficace du clergé; et plus que ses prédécesseurs, il attire à lui dès sa création et lors des premières consultations électorales la plus grande part des voix catholiques. Quant à son action, « sur toutes les questions qui engagent des principes moraux, politique familiale, censure des films, éducation, le MRP se fait le porte-parole du point de vue catholique » [69, p. 77].

Cependant, en dépit de ces caractéristiques, aucune de ces trois organisations politiques n'a accepté d'être un parti confessionnel. Elles refusent d'être des « partis catholiques », rejetant même l'étiquette démocrate-chrétienne à une époque où ce type d'organisation fleurit en Europe avec un réel succès. Elles refusent également toute idée de programme confessionnel et se donnent comme objectif de ne pas limiter leur assise aux seuls catholiques; telle est en particulier la volonté du PDP qui admit « une certaine sécularisation de la société » [64, p. 103] et du MRP qui accepte la laïcité.

Ce refus de se confessionnaliser s'explique évidemment par le contexte politique propre à la France, à savoir la réalité politique et législative de l'anticléricalisme. Pour des partis comme l'ALP ou le PDP qui veulent s'intégrer au système politique et jouer la carte du Ralliement, tout en voulant s'inspirer de valeurs chrétiennes sur le plan politique et social, il importe que leur entreprise ne soit pas interprétée comme une nouvelle forme de cléricalisme. À la limite, ils acceptent d'être des « partis de catholiques ».

En ce qui concerne le MRP, sa détermination est encore plus affirmée, particulièrement de la part des fondateurs du mouvement et dans les années de l'immédiat après-guerre. Bien que les militants catholiques aient obtenu droit de cité dans la vie politique par leur rôle explicite au sein de la Résistance, ils se refusent sitôt les hostilités finies à fonder un « parti catholique ». Dans la dénomination comme dans les statuts du MRP aucune référence n'est faite à l'Église ou à son enseignement. En cela, le mouvement est bien moins confessionnel que la CFTC d'avant 1964. Le MRP se veut un parti d'inspiration chrétienne, autrement dit une force politique dont l'objectif est de « reconstruire la cité sur les forces morales et spirituelles qui ont leur source dans le christianisme » [67, p. 137], forces autour desquelles peuvent se retrouver tous les catholiques mais aussi les protestants; si le parti n'a guère réussi auprès de ces derniers, il a cependant attiré à lui quelques minorités protestantes d'Alsace et du Sud-Est. Enfin, dans une France fortement imprégnée de culture catholique, le mouvement a vocation à rassembler tous les Français qui, par leur éducation, partagent les valeurs de fraternité, de défense de la personne humaine et de liberté. Néanmoins, il ne saurait être question pour le parti d'être l'expression politique des catholiques et encore moins de l'Église. Plusieurs facteurs ont contribué à ce refus des fondateurs du mouvement. Il y a certes le poids d'une culture politique française et la défiance des autres forces politiques, en particulier des partis issus de la Résistance et non compromis avec le régime de Vichy, à l'égard de toute résurgence du cléricalisme, crainte partagée par les anciens du PDP qui jouent un grand rôle dans la fondation du nouveau parti. Mais principalement l'expérience des dirigeants issus des mouvements de l'Action catholique, ACJF ou mouvements spécialisés, a été déterminante. Dans l'entre-deux-guerres, ces organisations ont été des pièces de première importance dans la stratégie du pape Pie XI en France. En refusant le « politique d'abord » et la confusion du

politique et du religieux de l'AF, par leur insistance sur la formation des jeunes catholiques préalablement à tout engagement
politique reporté à l'âge adulte, et surtout par la distinction des
plans si bien formulée par Jacques Maritain : « en tant que catholiques » et « en catholiques », ces mouvements ont préparé le
terrain à un parti non confessionnel. La pratique du « voir-juger-
agir » a également prédisposé ces militants à une certaine conception de la politique. Cette méthode traduit une attitude d'ouverture
et de compréhension à l'égard du monde extérieur à la foi. Il n'est
donc plus question « de bâtir à l'écart une cité catholique ou de
fixer la défense des droits d'une minorité comme objectif aux
catholiques » [68, p. 812]. De surcroît, la nature apostolique de ces
mouvements les a rendus sensibles à la réalité religieuse du pays et
spécialement à la déchristianisation de certains milieux révélée en
1943 par l'ouvrage des abbés Godin et Daniel, *La France pays de
mission*[29]. On note d'ailleurs dans l'action catholique spécialisée de
la période de la guerre le glissement du concept d'apostolat et de
reconquête chrétienne vers celui plus prudent de témoignage et de
présence. Enfin, les militants d'action catholique ont été habitués à
prendre leurs responsabilités au sein de mouvements où les aumôniers sont certes présents, mais dont la direction est assurée par les
jeunes eux-mêmes. Ils ne sont donc guère prêts à accepter la tutelle
d'une hiérarchie dont le comportement durant l'occupation et face
à Vichy n'a pas été exempt des ambiguïtés les plus lourdes.
D'évidence en 1944 l'honneur de l'Église est largement sauvé par
l'action héroïque de ses militants laïques. La convergence de tous
ces éléments explique assez que les fondateurs du MRP aient rejeté
tout caractère confessionnel à leur mouvement, du moins dans ses
statuts et dans son programme.

Mais il est un autre facteur qui fut déterminant : l'attitude de la
hiérarchie catholique. Après la Séparation, celle-ci n'a jamais
réellement envisagé le recours à une organisation politique. Nous
avons déjà évoqué la prudence de ses interventions dans le domaine
électoral au lendemain de la Grande Guerre. Si elle a encouragé la
constitution de la FNC dans le but d'une défense religieuse
conjoncturelle, l'alerte passée, elle a contraint l'organisation du
bouillant général à abandonner le terrain politique. Après la
Libération, la hiérarchie maintient le cap. Sans doute dans un
premier temps appelle-t-elle « indirectement » à voter pour le
MRP. À la veille des élections de novembre 1946 les mandements
épiscopaux recommandent un vote utile, et ce ne peut être qu'en
faveur du nouveau parti seul habilité à concurrencer le Parti

communiste et la SFIO, compte tenu de l'état de la droite classique
à ce moment. Mais rapidement les évêques cessent de recourir à des
encouragements aussi clairs. Lorsqu'en 1951 l'*Osservatore Romano*
appelle les catholiques français à voter en faveur du MRP, à l'instar
de leurs coréligionnaires italiens, plutôt que de se prononcer pour
« un vague transformisme de droite, qui fatalement pourra s'engager dans la voie de l'intransigeance[30] », l'épiscopat français reste
totalement silencieux. Le 9 novembre 1955, *La Croix* publie une
déclaration de l'Assemblée des cardinaux et des archevêques selon
laquelle aucun candidat aux élections du mois de janvier 1956 ne
peut se présenter sous l'étiquette catholique ni faire état de son
appartenance à une quelconque organisation catholique. Telle est
désormais la ligne de conduite de la hiérarchie; cela n'exclut pas
qu'ici et là des prêtres aient apporté un soutien actif et explicite au
MRP tant que celui-ci a conservé quelque importance. L'attitude
de la hiérarchie catholique s'explique pour une grande part par la
volonté de dissocier clairement la cause et les intérêts de l'Église de
toute obédience politique quelle qu'elle soit. En cela, elle a tiré les
leçons du XIXe siècle et accepté la Séparation à l'occasion du
second Ralliement. Car il n'est plus question pour elle de chercher à
obtenir un statut privilégié ni d'exercer une influence directe sur les
attitudes politiques. Enfin et surtout, au XXe siècle comme au
précédent, la hiérarchie a parfaitement pris la mesure de l'obstacle
majeur à la création d'un parti confessionnel en France, à savoir le
pluralisme constant des catholiques en matière politique et sociale.

Dans le contexte d'une politique anticléricale menée au début de
ce siècle par un gouvernement de gauche et incarnée par les forces
de la gauche radicale et socialiste, il n'y eut jamais de regroupement
défensif des catholiques non seulement en un parti confessionnel,
mais même dans un parti de droite déjà existant : lors des différentes consultations électorales du début du siècle ou de l'entre-
deux-guerres, y compris lors de celles de 1902 dont l'enjeu fut
exclusivement la « républicanisation de l'État » et donc « la question religieuse », les voix catholiques se sont éparpillées entre les
différentes organisations de droite. Avant 1914, les catholiques se
partagent entre l'ALP des ralliés qui acceptent le régime républicain et se réclament de certains principes du catholicisme social, les
« conservateurs » qui ont renoncé à l'étiquette monarchiste et n'ont
toujours pas admis le Ralliement, sans oublier la famille nationaliste principalement représentée par l'AF. Le même pluralisme
règne au lendemain de la Grande Guerre, même si les ralliés de
l'ALP et la droite catholique traditionnelle ont rejoint les « progres-

sistes » de la Fédération républicaine, lui apportant ainsi la clientèle électorale des terres de chrétienté du sud du Massif central et de l'Ouest où les députés de la Fédération de Louis Marin sont élus avec le soutien affiché de la FNC[31]. À côté de cette large mouvance conservatrice, des catholiques votent aussi pour les « indépendants » qui incarnent dans l'Ouest une droite intransigeante et traditionnelle; ils traduisent ainsi en termes électoraux l'attachement d'une partie des fidèles aux idées d'Action française. Enfin, même s'ils sont peu nombreux, comme nous l'avons déjà signalé, les démocrates populaires du PDP représentent la troisième des familles d'esprit entre lesquelles se répartissent, fort inégalement certes, les catholiques, encore à la veille de la Seconde Guerre mondiale. Cependant, à la droite de l'échiquier politique, cette dernière tendance incarne la gauche du catholicisme puisqu'elle regroupe « les trois traditions catholique sociale, démocrate chrétienne et catholique libérale[32] ». Semblable pluralisme atteste de la profonde division des catholiques français sur les questions essentielles de la nature du régime, de l'organisation de la société ou encore de la politique extérieure. Les uns n'ont pas encore admis le régime républicain et nourrissent à son encontre de vieilles rancœurs, y compris au sein de la Fédération républicaine, et tel est le cas du député de la Gironde, Philippe Henriot. Le plus grand nombre des catholiques a finalement rejoint le camp de la République à la condition qu'elle soit conservatrice et respectueuse des libertés de l'Église, en particulier de celle de l'enseignement. Quant au PDP il est l'objet des attaques les plus vives de certains milieux catholiques qui lui reprochent son réformisme social, pourtant bien modéré, mais surtout ses positions « briandistes » en matière internationale. Finalement, dans les limites d'un pluralisme de droite, les catholiques apparaissent particulièrement divisés. Du reste, deux ans après la condamnation de l'AF, le général de Castelnau doit accepter la liberté d'opinion des membres de son organisation concernant la nature du régime [64, p. 176].

Au lendemain de la Libération cependant, les catholiques semblent emprunter les chemins d'une unité idéologique et politique jusqu'ici jamais réalisée, puisque, pour la première fois de leur histoire, leur vote se concentre sur un parti, le MRP, qui obtient en octobre 1945 plus du quart des suffrages exprimés, talonnant le PCF, alors que les « modérés » se sont complètement effondrés; ce parti s'implante d'ailleurs d'entrée de jeu dans les terres des modérés de l'entre-deux-guerres, les bastions de forte pratique religieuse, tout en conquérant d'autres régions. L'accès des femmes — dont la pratique religieuse est nettement supérieure à celle des hommes[33] — au droit de vote explique en grande partie cet enracinement hors des terres de chrétienté. Cette situation fait illusion, elle tient à la conjoncture de l'après-guerre où une droite classique éliminée provisoirement du fait de sa compromission avec Vichy, voire avec la collaboration, a fait défaut à un électorat conservateur en quête d'un barrage efficace au Parti communiste devenu le premier parti de France. Mais très vite, dans les premiers mois qui suivent et jusqu'au début des années 1950, cet électorat va abandonner le MRP. Remarquons que déjà en 1945, en dépit de leur effondrement, les « modérés » avaient bien résisté dans les terres catholiques du Massif central et dans l'Ouest intérieur [29, p. 33]. Le phénomène s'accentue en 1951 quand le MRP perd 44 % de ses électeurs lors des législatives, exclusivement au profit du RPF qui s'implante dans certains départements de l'Ouest comme la Vendée ou la Loire Inférieure. Sans doute les électeurs qui délaissent le MRP ne sont-ils pas tous des catholiques pratiquants, l'électorat de 1945-1946 débordant les régions et les milieux traditionnellement pratiquants ; le sondage de 1952 n'en confirme pas moins un réel retour des catholiques au pluralisme à droite : si 54 % des messalisants déclarent voter pour le MRP, 20 % se prononcent pour les modérés et 10 % pour le RPF. L'érosion du MRP se poursuit et en 1956 il se stabilise autour de 11 % des suffrages exprimés, alors que le RPF n'existe plus. En réalité ce sont les modérés qui ont profité de son déclin. Cette droite classique, revenue à la vie politique avec l'arrivée de Pinay, ne manque d'ailleurs pas de rappeler son attachement aux valeurs chrétiennes ; ainsi, lors du premier congrès national des Indépendants et de l'Alliance républicaine et sociale en février 1955, un rapport est consacré à ce sujet[34]. Enfin, à partir de 1958 le gaullisme contribue à affaiblir le MRP en captant nombre de ses dirigeants et militants et en attirant une masse importante de ses électeurs catholiques (tout autant, d'ailleurs, que de ceux de la droite modérée). En 1965 les pratiquants réguliers déclarent avoir voté à 55 % pour de Gaulle et seulement à 17 % pour Lecanuet et 4 % pour Tixier-Vignancour [72].

Ce que le MRP perdait à droite, il le perdait tout autant sur sa gauche ; mais cela ne concernait alors que des minorités. Certes, l'émergence d'une gauche catholique est plus ancienne. Sans remonter au Sillon, la Jeune République qui a participé au Rassemblement populaire, bien qu'électoralement marginale, témoigne de l'amorce d'un glissement à gauche. De même le sondage de 1952 révèle que 8 % des messalisants déclarent voter pour les partis de gauche, des radicaux aux communistes. Mais surtout la dérive droitière du MRP, déjà évoquée, mécontente à partir de 1951 une minorité de militants et certains cadres. Dans un premier temps ils vont rejoindre la JR, le Mouvement de libération populaire, surtout le Parti radical rénové par Mendès France, plus tard ils rejoindront l'Union de la gauche socialiste et le Parti socialiste unifié. Plus gravement, à cette époque de crises coloniales et de difficultés du régime, les dirigeants des mouvements confessionnels qui, lorsqu'ils passaient au monde adulte, prolongeaient leur engagement en entrant au MRP, se détournent eux aussi du parti, attirés qu'ils sont dans un premier temps par le réformisme mendésiste, tarissant par là même le recrutement des cadres du parti. Le 23 décembre 1955, un petit événement illustre bien cette évolution d'une partie des catholiques : un communiqué, signé de quelques grands noms de l'intelligence catholique (René Rémond, Pierre-Henri Simon, Jean Lacroix, Henri-Irénée Marrou et Georges Suffert), rappelle que « les catholiques peuvent voter à gauche » en vue d'obtenir la paix en Algérie et le progrès à l'intérieur[35].

La division des catholiques s'est donc maintenue voire accentuée. Peu à peu un électorat de gauche a vu le jour et a pris une réelle ampleur. Aux législatives de 1986 les pratiquants réguliers auraient ainsi voté à 18 % pour la gauche, à 21 % en 1988. Si le reste des pratiquants réguliers se partagent à peu près équitablement entre RPR et UDF, une partie d'entre eux (de 5 % à 8 %), bien qu'en proportion plus faible que le reste des Français, vote depuis 1986 pour le Front national. De la gauche à l'extrême droite, avec certes une forte concentration à droite, l'électorat catholique apparaît plus divisé que jamais. De tous les facteurs qui expliquent l'inexistence d'un parti confessionnel en France, cette division idéologique et politique est de loin le plus déterminant.

On rétorquera que ce pluralisme est somme toute, fort limité, la grande majorité des catholiques pratiquants appartenant à la famille des droites, du centre droit à la droite conservatrice, voire, pour une minorité à la droite extrême. L'essentiel est ailleurs, dans la nature particulière du rapport qu'entretiennent la pratique religieuse, signe d'une plus ou moins forte intégration à la communauté catholique, et le vote conservateur. Il peut ne s'agir assurément que d'une relation de causalité comme, à la suite de Siegfried, on l'a très souvent affirmé; il se peut plutôt, comme il appert d'études plus récentes, que le rapport soit d'une complexité autre qu'une causalité mécanique.

Droite et religion, des rapports particuliers

Constater une corrélation, la décrire est chose aisée, la comprendre et en rendre compte se révèle plus complexe. L'analyse qui en a été faite pour le XIXe siècle, présentant justement la constitution de cette opinion catholique et les raisons de son orientation à droite, vaut-elle toujours pour le XXe siècle? N'est-elle pas finalement remise en cause par certaines évolutions importantes? Qu'un électorat catholique de gauche se développe, même minoritaire, au sein du catholicisme, en particulier à partir de la Libération, tend à relativiser l'impact de cette religion sur le plan politique. N'est-ce pas d'ailleurs ce que suggéraient les chercheurs qui dans les années 1960 attiraient l'attention sur l'essor de ce nouveau type d'électorat? Ils expliquaient, par exemple, le glissement à gauche de certaines organisations confessionnelles par la démocratisation de leur recrutement amorcée dès l'entre-deux-guerres [68, p. 819; 69, p. 137]. À la même époque, l'évolution des protestants vers un certain pluralisme politique, à la faveur de l'essor d'une droite non cléricale incarnée par le gaullisme [*idem*, p. 93], invite à la prudence. D'autant que, dans une société de plus en plus sécularisée, il est permis de s'interroger sur les effets réels de l'appartenance religieuse sur le comportement des individus soumis à tant d'autres influences. En réalité, les travaux consacrés depuis trente ans au comportement électoral et à ses facteurs débouchent sur une conclusion quasi unanime : le rôle prépondérant du facteur religieux, qui l'emporte sur l'appartenance sociale et le patrimoine, sans parler de l'instruction. Surtout, que l'on fasse intervenir n'importe quelle autre variable — l'âge, le sexe, la profession, le niveau d'étude ou le patrimoine — la relation entre le vote à droite et le degré d'intégration religieuse demeure inchangée [73 ; 75]. Enfin, si les revirements auxquels nous a habitués le corps électoral ces dernières années ont pu donner à penser que le vote pouvait aussi dépendre de variables conjoncturelles, c'est-à-dire des enjeux de la campagne, la personnalité des candidats et les stratégies partisanes, des enquêtes récentes ont démontré à quel point les variables dites « lourdes », dont la religion, demeuraient des facteurs essentiels du vote [81, p. 151 ; 82, p. 206]. Un fort degré d'intégration religieuse doit donc toujours être considéré comme un facteur déterminant et même *irréductible* du vote conservateur.

Si le fait d'être un catholique pratiquant renforce apparemment la probabilité du vote à droite, il convient cependant d'être prudent quant à l'incidence exacte de ce facteur sur les consultations électorales. Au lendemain de la guerre, l'accès des femmes au suffrage universel a sans aucun doute accentué le rôle de la variable religieuse dans la vie politique; à l'inverse, nous l'avons vu, la diminution régulière de la pratique ne risque-t-elle pas d'en réduire considérablement l'importance[36]? Pourtant, si elle a fortement régressé, la place des catholiques dans l'électorat conservateur reste significative voire déterminante. En effet, si les pratiquants réguliers qui votent à 70 % pour la droite représentent un peu moins du tiers de son électorat, comme l'établit la remarquable enquête post-électorale de 1978 [78, p. 250], les pratiquants irréguliers ou occasionnels ne constituent plus, en revanche, que 20 % des voix conservatrices. Avec la baisse de la pratique, cette catégorie d'électeurs ne peut qu'être appelée à diminuer à droite. Elle n'en représente pas moins encore la moitié de la clientèle des partis conservateurs. Or les voix pèsent lourd quand le rapport des forces gauches-droites est très serré; ce fut le cas par exemple aux présidentielles de 1974 et de 1981, où Valéry Giscard d'Estaing et François Mitterrand l'emportèrent successivement avec seulement 1,62 % et 3,5 % d'avance.

Comment expliquer malgré tout la permanence de cette variable lourde qu'est demeurée la religion dans le comportement électoral des Français? Si le conflit entre l'Église et l'État est réglé avec le second Ralliement, toute difficulté a-t-elle pour autant disparu? Les clivages qui ont vu le jour à la fin du XIXe siècle n'ont-ils pas continué à jouer au siècle suivant? D'évidence ce conflit qui a opposé l'Église et l'État républicain a forgé des habitudes et des réflexes tant chez les catholiques que chez leurs adversaires. Ceux des catholiques qui, au cours de ce siècle, ont cherché à s'implanter à gauche ont dû combattre les réticences et même parfois l'hostilité des partis de gauche.

Mais cette méfiance partagée a été alimentée tout au long du siècle par la question scolaire qui a sans doute pu déterminer un vote catholique conservateur. Durant des décennies elle a été perçue et vécue comme un prolongement, affaibli certes mais non moins réel pour les protagonistes, du conflit entre l'Église et la République. Ouverte au XIXe siècle avec l'instauration d'un enseignement « laïque et obligatoire », la querelle scolaire s'est atténuée après 1945 puisque la liberté de l'enseignement est reconnue; d'ailleurs les autorités ecclésiastiques font preuve d'une grande prudence sur cette question, comme sur beaucoup d'autres. Et pourtant ce conflit rebondit périodiquement, faisant resurgir chez les catholiques comme chez les laïques tous les fantasmes comme l'argumentation de l'époque des rapports les plus tendus entre l'Église et l'État. C'est le cas au début des années 1950 quand une partie des catholiques se mobilise afin d'obtenir le financement public de l'école confessionnelle. La mobilisation concerne surtout les bastions de chrétienté comme l'Ouest par exemple, dont les évêques s'expriment avec une exceptionnelle fermeté traduisant ainsi les revendications de leur clergé et de leurs fidèles. Dans ces départements, où l'enseignement primaire privé l'emporte sur le public, la question du financement des écoles catholiques est le premier critère du vote des pratiquants [69, p. 214-215]. Compte tenu de l'importance de leur électorat catholique, la défense de l'école libre a toujours été, par conviction sans doute mais aussi par tactique, un des objectifs des partis conservateurs. Le mouvement gaulliste est à cet égard exemplaire : en 1951 il est en fait divisé sur la question scolaire car il est loin d'être un parti de catholiques, les protestants occupant, par exemple, une place importante parmi les dirigeants[37]. Néanmoins dans le but de faire éclater la Troisième Force au lendemain des élections de 1951, de contraindre le MRP à rompre durablement avec les socialistes, voire, par la surenchère sur ce thème, d'attirer à lui les voix catholiques, il opte pour l'école privée, relance la querelle scolaire et apporte son soutien à la proposition de loi Barangé du 28 septembre de cette même année faisant bénéficier l'enseignement libre des mêmes subventions à la construction et des mêmes aides aux parents que l'enseignement public. Enfin lorsque la question resurgit au début des années 1980 le conflit a changé de nature. Il est évident que la prudence des évêques, sans parler de la réserve de nombre d'entre eux, l'opposition de catholiques plus nombreux encore qu'auparavant à la défense de l'école libre, souligne combien cette querelle a perdu son caractère confessionnel, sauf pour quelques extrémistes[38]. Car l'enjeu en est davantage le libre choix pour les parents quand le système éducatif public traverse une grave crise.

D'une manière générale si la question scolaire a pu mobiliser les catholiques, il ne semble pas qu'elle ait eu une incidence considérable sur le vote, excepté dans quelques régions évoquées précédemment. Il a existé par ailleurs et il existe encore toute une opposition catholique au principe des subventions à l'école privée, y compris dans les rangs du clergé[39].

Doit-on pour rendre compte du vote conservateur des catholiques faire appel au cléricalisme ? Celui-ci a pu s'entendre pendant longtemps par l'incursion de l'Église sur le terrain politique. Ici encore le second Ralliement et, d'une manière plus générale, la stratégie de Pie XI de désengagement de l'Église par rapport au politique ont marqué un tournant considérable dans l'attitude de la hiérarchie, mis à part la période de Vichy. Désormais la hiérarchie se fait discrète et prudente, plus encore après la Libération, compromise qu'elle a été de 1940 à 1944[40]. Il y a certes eu les condamnations et mises en garde contre le communisme et le progressisme dans les années 1950 et la condamnation de l'expérience française des prêtres-ouvriers, mais la période du concile opère un profond changement avec la reconnaissance des valeurs du monde et, en France, l'ouverture du dialogue avec les non-croyants dont les communistes. Toutefois, si en matière politique et électorale aucune directive ne vient plus d'en haut, gardons-nous bien d'en conclure que tout cléricalisme a disparu. Au début du siècle André Siegfried définissait ce dernier comme une attitude qui consiste à accorder au prêtre ou à subir de lui « une autorité politique de même ordre que son autorité religieuse, c'est-à-dire également indiscutée » [1, p. 392]. Localement et en particulier dans les fiefs catholiques, le clergé a sans doute pu continuer à gouverner les hommes sur le plan temporel comme au plan spirituel. Compte tenu du pouvoir qu'il avait acquis en ces régions, comment n'aurait-il pas cherché à traduire en termes politiques la défense des intérêts matériels et spirituels de l'Église : défense de l'école libre, lutte contre le communisme athée et plus généralement contre toutes les forces anticléricales qui auraient pu au niveau du pouvoir local battre en brèche l'influence des clercs ? En admettant que le cléricalisme se soit maintenu même tardivement, il est douteux qu'il ait eu un grand effet sur le vote. À ce sujet, notons que le glissement à gauche d'une partie du clergé français dans les années 1960 ne s'est en aucune manière fait sentir sur l'orientation politique des fidèles ; au contraire, ceux-ci ont souvent dénoncé ce qu'ils ont eux-mêmes appelé un « cléricalisme de gauche ». En réalité, les catholiques sont plus indépendants qu'on ne le croit souvent à l'égard de leurs autorités spirituelles, comme ils ont souvent eu l'occasion de le manifester en bien d'autres domaines[41].

Comportement religieux, pratique religieuse et conservatisme politique

De toute évidence, ni la querelle scolaire, ni le refus de l'anticléricalisme ni l'influence du clergé ne sauraient rendre compte d'une relation aussi forte et durable entre la pratique et le vote. S'agit-il du reste d'une relation de causalité? Il est avéré que le catholique partage avec le conservateur un ensemble de valeurs et de dispositions d'esprit qui relèvent plus du « catholicisme réel » que des textes du Magistère.

Pendant la première moitié du XXe siècle, l'Église ne propose guère à ses fidèles, en particulier aux adultes[42], d'autre attitude que l'obéissance envers la hiérarchie, les clercs et le dogme. Le contenu même de ce dogme, la référence à un ordre naturel voulu par Dieu, ordre immuable tant dans l'organisation de la société que dans la vie individuelle, correspond à une des valeurs fondamentales des droites : l'ordre, tant en matière politique que sociale et morale. Comment un catholique peut-il accepter la revendication d'un sort meilleur, le sien comme celui de son prochain étant voulu par la Providence? Sans doute le catholique doit-il lutter pour apaiser la souffrance, mais non pour l'éradiquer de la condition humaine puisque la souffrance est salvatrice; il ne saurait donc se révolter. Par ailleurs l'organisation pyramidale et hiérarchisée de l'Église cultive chez le fidèle le respect de l'autorité et de l'ordre, valeurs chères aux droites. De même, les conservateurs et les catholiques partagent le refus commun de tout ce qui peut diviser la communauté, en particulier les classes et les conflits sociaux. L'Église a certes admis dans les années 1930 la réalité de la division sociale des Français, mais pour y remédier par le moyen de la collaboration, concept pour le moins peu progressiste[43].

Les mutations qui se préparaient depuis les années 1930 au sein du catholicisme français prennent toute leur ampleur au lendemain de la Libération sur les ruines d'un antimodernisme que l'expérience tragique de Vichy a balayé [48, p. 264]. Le concile est venu confirmer et parachever l'évolution annoncée. Par l'ouverture au monde, la prise en compte des problèmes sociaux, la dénonciation de l'injustice internationale, en particulier du colonialisme, un divorce n'allait-il pas s'installer entre les valeurs catholiques et celles des droites? Ces nouvelles orientations ont mis un certain temps à pénétrer le monde catholique lui-même, en particulier dans les terres de chrétienté où les vieilles habitudes opposaient une résistance tenace, tant sur le plan liturgique que dans le domaine de l'idéologie. Mais c'était sans compter avec la droite qui connaît aussi après 1945 une évolution importante. Par le biais du MRP sur sa gauche, elle s'est enrichie d'une grande part de la tradition démocrate chrétienne et catholique sociale, encore condamnée à la veille de la guerre par les conservateurs. Quant au mouvement gaulliste sous ses différentes formes, il a longtemps présenté une indéniable dimension sociale dont témoigne sa quête d'une troisième voie, entre le libéralisme sans frein et le collectivisme [59]. Pour l'essentiel donc, catholiques et conservateurs partagent toujours, dans la seconde moitié du XXe siècle, les mêmes valeurs. Par contre, si dans les années 1960 le vote catholique pour l'extrême droite, au demeurant très faible, était proportionnel à la pratique, c'est le contraire depuis les années 1980, les plus pratiquants étant parmi ceux qui résistent le mieux à la séduction du Front national[44]. Et c'est là une profonde rupture par rapport au siècle précédent et même par rapport à l'entre-deux-guerres : le catholique pratiquant est très souvent conservateur mais il est rarement extrémiste.

Ces valeurs communes au catholicisme et aux droites révèlent l'existence d'une culture catholique conservatrice. Ainsi le vote à droite ne serait pas la conséquence d'une forte intégration religieuse, le vote et la pratique seraient plutôt « les deux aspects complémentaires d'un certain type de personnalité » [71, p. 1179]. Une étude consacrée aux catholiques de Grenoble vient conforter cette vision des choses [80]. L'appartenance à un groupe de réflexion sur la foi, au conseil paroissial, à l'Action catholique, à l'animation liturgique et la lecture de la Bible traduisant une réelle autonomie dans le rapport à l'autorité spirituelle, s'accompagneraient d'une attitude politique plus progressiste. À l'inverse, certains autres engagements comme l'action caritative et même sociale, la catéchèse des enfants ou l'animation des jeunes, n'intervenant nullement dans le rapport à l'institution qui reste traditionnel, se doubleraient d'un vote conservateur. D'évidence le comportement religieux, et pas seulement la pratique, et le vote apparaissent bien comme les deux facettes d'une même réalité[45]. Précisons à cet égard que les études consacrées aux élections de 1978 et 1981 soulignent cette interdépendance du religieux et du politique dans le cadre d'une culture commune [77 ; 79]. Dans les bastions catholiques le recul des droites correspond en réalité à l'effritement, voire dans certains cas à l'effondrement du « milieu socio-culturel catholique conservateur qui constituait l'essentiel de son support électoral » [79, p. 1009] lié en particulier à la diminution très rapide du nombre de paysans. Ici les droites et la pratique s'affaissent dans un même mouvement, signe de la crise de la société traditionnelle rurale à laquelle l'Église s'était remarquablement adaptée.

Ainsi les corrélations constatées entre les bastions conservateurs et les régions à forte pratique traduisent bien l'existence d'une culture et d'une idéologie. La culture catholique conservatrice dominante est assurément flanquée sur sa droite d'une idéologie intégriste réactionnaire : la ligne de partage entre ces deux univers mentaux traverse tout autant le champ politique qu'elle affecte le comportement religieux. Pour rendre compte de ces cultures Paul Bois, on l'a vu à propos du XIXe siècle et à l'encontre d'André Siegfried qui posait la corrélation de la croyance et de l'opinion politique suite aux ébranlements de l'histoire, élargit la perspective au-delà du seul facteur religieux et fait appel à l'histoire qui aurait ainsi forgé à la faveur d'événements comme la Révolution française, voire antérieurement, une idéologie qui « cristallise d'une façon simple et forte toute une personnalité complexe en l'affirmant contre une autre... » [2, p. 678]. Plus que ne le suggère la notion de tradition, il s'agit ici d'une véritable « personnalité collective » structurée par une idéologie qui intègre parmi ses éléments constitutifs la croyance et qui perdure à travers l'histoire tant que les conditions socio-économiques, les groupes humains qui en constituent l'armature n'ont pas disparu. Cette démarche, par le recours à la longue durée, offre à l'historien une explication cohérente et solide de la convergence idéologique entre le catholicisme traditionnel et le vote à droite.

Remarquons cependant qu'elle ne semble pas totalement satisfaire politologues et sociologues aux yeux desquels il importe, pour notre siècle particulièrement, d'expliquer la pérennité d'une telle culture non seulement dans les campagnes et les régions de forte circulation des idées, mais également ailleurs ; car c'est partout que les sondages mettent en relief la réalité de cette convergence. Sociologues et politologues s'interrogent en particulier sur l'efficacité des sondages ; certains d'entre eux émettent l'hypothèse de l'existence d'une troisième variable en amont de cette culture que la méthode actuelle des enquêtes ne permettrait pas de révéler (le mode de production, par exemple, aurait, selon d'aucuns, un rôle prépondérant qu'il conviendrait de décoder [73 ; 76]).

À dire le vrai, la corrélation pratique religieuse-vote à droite ne semble pas relever aujourd'hui de la pure et simple relation de causalité, tant le lien entre droite et religion se révèle pour finir plus subtil. Sans doute toutes les études consacrées à l'analyse du vote soulignent-elles, outre ces corrélations, le caractère irréductible du facteur religieux ; nous n'en disconvenons pas. Nombre d'historiens ont par ailleurs mis en évidence l'autonomie du fait religieux qui informe, nous n'en doutons pas non plus, le comportement des individus.

Cependant, s'il est vrai que le degré d'intégration religieuse exerce une influence réelle et indéniable sur le comportement politique, il n'entretient pas seulement avec le politique un rapport de causalité, loin de là, il l'accompagne aussi ; le religieux s'il est autonome, n'en est pas pour autant indépendant et isolé. Comme nous avons eu l'occasion de le démontrer, le catholicisme participe à une réalité culturelle plus vaste qui l'englobe et dont le vote conservateur est un autre élément. Le facteur religieux entretient en fait une relation à double sens avec le vote conservateur : s'il entre pour une part dans la détermination du vote à droite, on ne saurait exagérer cette part même, puisque dans le même temps ce facteur religieux est l'un des divers aspects d'un comportement global qui se traduit dans le champ politique par un vote conservateur. Dans cette logique, la foi catholique n'est plus, pour la corrélation catholicisme-vote à droite, le seul élément déterminant. S'il en est un, c'est d'abord le conservatisme politique. La preuve *a contrario* est apportée par les catholiques qui se situent à gauche : en même temps qu'ils ne s'inscrivent plus dans le même camp politique, ils ne vivent ni ne participent plus du même catholicisme que celui des conservateurs.

Quant à la transmission de ce vécu religieux qui noue idéologie, croyance et opinion politique et de ce qu'il traduit, elle se fait par ce vecteur fondamental qu'est la famille, qui a joué et joue probablement ici un rôle capital. Précisément, l'urbanisation, l'exode rural, l'évolution socio-économique affaiblissent cette structure sociale traditionnelle, et par là même portent atteinte à sa fonction de transmission et donc de reproduction des modèles socio-culturels par la distanciation des liens familiaux, par le repliement sur le couple ; d'où le fléchissement de la culture catholique-conservatrice qui atteint en profondeur une droite qui doit se recomposer et se redéfinir afin de trouver de nouvelles assises.

PHILIPPE BOUTRY, ALAIN-RENÉ MICHEL

Bibliographie

I. XIXe siècle

Les termes du débat fondamental sur la corrélation croyance-opinion politique sont clairement posés par :

[1] ANDRÉ SIEGFRIED, *Tableau politique de la France de l'Ouest sous la IIIe République*, Paris, A. Colin, 1913.

[2] PAUL BOIS, *Paysans de l'Ouest. Des structures économiques et sociales aux options politiques depuis l'époque révolutionnaire dans la Sarthe*, Le Mans, Vilaine, 1960; Paris, Flammarion, 1971 (version abrégée).

À ces deux ouvrages, on rajoutera la contribution à l'*Histoire de la France rurale* de Maurice Agulhon, citée en note 13, et le témoignage de la grande époque de la laïcité républicaine, scientiste et militante :

[3] GUSTAVE LE BON, *Les opinions et les croyances*, Paris, Flammarion, 1911.

Un texte matriciel, dès les Lumières, sur la notion d'« opinion religieuse » demeure celui de :

[4] JACQUES NECKER, *De l'importance des opinions religieuses*, Londres, 1788.

Sur cette notion, telle qu'elle est utilisée aujourd'hui par les historiens, on lira :

[5] CLAUDE LANGLOIS, « Religion, culte ou opinion religieuse : la politique des révolutionnaires », *Revue française de sociologie*, XXX, 1989.

[6] MICHEL DE CERTEAU, « La formalité des pratiques. Du système religieux à l'éthique des Lumières (XVIIe-XVIIIe siècle) », 1973, repris in *L'écriture de l'histoire*, Paris, Gallimard, 1975.

Sur la déchirure révolutionnaire :

[7] TIMOTHY TACKETT, *La Révolution, l'Église, la France. Le serment de 1791*, Le Cerf, 1986.

[8] CLAUDE LANGLOIS, « La déchirure », postface à Timothy Tackett, *La Révolution, l'Église, la France. Le serment de 1791, op. cit.*[7].

[9] MICHEL LAGRÉE, « Le clergé breton et le premier centenaire de la Révolution française », *Annales de Bretagne et des pays de l'Ouest*, XCI, 1984/3 (p. 249-267).

[10] DOMINIQUE JULIA, « De l'anathème à l'abstention. Les évêques français et le bicentenaire », *Le Débat*, n° 57, novembre-décembre 1989 (p. 195-208).

[11] *Les catholiques français et l'héritage de 1789. D'un centenaire à l'autre, 1889-1989*. Actes du colloque de l'Institut catholique de Paris (Paris, 9-11 mars 1989), textes réunis sous la direction de Pierre Colin, Paris, Beauchesne, 1990.

Sur les bastions catholiques, les ouvrages sont nombreux : on distinguera d'abord les références fondatrices :

[12] ANDRÉ SIEGFRIED, *Géographie électorale de l'Ardèche sous la troisième République*, Paris, A. Colin, Fondation nationale des sciences politiques, 1949.

[13] FRANÇOIS GOGUEL, *Géographie des élections françaises sous la troisième et la quatrième République*, Paris, Fondation nationale des sciences politiques, 1970.

[14] GABRIEL LE BRAS, *Introduction à l'histoire de la pratique religieuse en France*, 2 vol., Paris, 1942-1945; *Études de sociologie religieuse*, 2 vol., Paris, PUF, 1955-1956.

[15] FERNAND BOULARD, *Matériaux pour l'histoire religieuse du peuple français*, Paris, Éditions de l'EHESS, Presses de la Fondation nationale des sciences politiques et Éditions du CNRS, à partir de 1982, 2 volumes parus (1982, 1987) ; *Aspects de la pratique religieuse en France de 1802 à 1839*, RHEF n° 163, juillet-décembre 1973.

Puis les études nationales et régionales :

[16] YVES-MARIE HILAIRE, « La pratique religieuse en France de 1815 à 1878 », *L'information historique*, XXV, 1963 (p. 57-69).

[17] GÉRARD CHOLVY, *Géographie religieuse de l'Hérault contemporain*, Paris, PUF, 1968.

[18] FRANÇOIS-ANDRÉ ISAMBERT, JEAN-PAUL TERRENOIRE, *Atlas de la pratique religieuse des catholiques en France*, Paris, Presses de la Fondation nationale des sciences politiques et Le Cerf, 1980.

[19] *Droite et gauche de 1789 à nos jours*, Actes du colloque de Montpellier, 9-10 juin 1973, Montpellier, Université Paul-Valéry, 1975, et notamment les contributions de Gérard Cholvy, « Religion et politique en Languedoc méditerranéen et Roussillon à l'époque contemporaine », p. 33-74, et de Raymond Huard, « Montagne rouge et montagne blanche en Languedoc-Roussillon sous la seconde République » (p. 139-160).

[20] FRANCIS BELLON, « Attitude religieuse et option politique à Mazan et Velleron entre 1871 et 1893 », *Provence historique*, XIII/51, 1963 (p. 75-90).

[21] PHILIPPE BOUTRY, *Prêtres et paroisses au pays du curé d'Ars*, Paris, Le Cerf, 1986.

[22] MICHEL LAGRÉE, *Mentalités, religion et histoire en Haute-Bretagne au XIXᵉ siècle. Le diocèse de Rennes, 1815-1848*, Paris, Klincksieck, 1977.

[23] MICHEL LAGRÉE, *Religion et cultures en Bretagne (1850-1950)*, Paris, Fayard, 1992.

[24] GÉRARD CHOLVY, « Cette Bretagne du Midi », *Histoire du Rouergue*, sous la direction d'Henri Enjalbert, Toulouse, Privat, 1979 (p. 393-424).

[25] NADINE-JOSETTE CHALINE, *Des catholiques normands sous la troisième République. Crises. Combats. Renouveaux*, Roanne, Horvath, 1985.

[26] JEAN-MARIE MAYEUR, « Un pays rural. Une chrétienté », in *Un abbé démocrate. L'abbé Lemire, 1853-1928*, Paris, Casterman, 1968.

[27] PAUL HUOT-PLEUROUX, *Le recrutement sacerdotal dans le diocèse de Besançon de 1801 à 1960*, 2 vol., Besançon, Néo-Typo, 1966 ; *La vie chrétienne dans le Doubs et la Haute-Saône de 1860 à 1900 d'après les comptes rendus des missions paroissiales*, Besançon, Néo-Typo, 1966.

II. XXᵉ siècle

Sources

Pour la pratique religieuse qui mesure le degré d'intégration à la communauté catholique, nous renvoyons aux travaux du Chanoine Boulard [15]. Lecture à laquelle on ajoutera celles déjà mentionnées de [16] et [18], mais également :

[28] JACQUES SUTTER, *La vie religieuse des français à travers les sondages d'opinion (1944-1976)*, Paris, Éditions du CNRS, t. I et II, 1984.

Ce recueil de sondages apporte d'intéressantes informations sur la pratique, les croyances et les valeurs partagées par les adeptes des différentes confessions. Pour mesurer l'orientation politique des régions de forte pratique religieuse, nous renvoyons aux différents atlas électoraux. Depuis les années 1950, des données cartographiques sont complétées par les enquêtes publiées par la revue

Sondages de l'IFOP et par la publication annuelle de la SOFRES, *L'État de l'Opinion.*

Retenons aussi :

[29] FRANÇOIS GOGUEL, *Chroniques électorales, la quatrième République, les scrutins politiques en France de 1945 à nos jours,* Paris, Presses de la Fondation nationale des sciences politiques, 1981.

[30] FRANÇOIS GOGUEL, *Chroniques électorales, la cinquième République du général de Gaulle,* Paris, Presses de la Fondation nationale des sciences politiques, 1983.

[31] FRANÇOIS GOGUEL, *Chroniques électorales, la cinquième République après de Gaulle,* Paris, Presses de la Fondation nationale des sciences politiques, 1983.

Histoire politique des catholiques

De nombreux ouvrages, qui traitent de l'histoire religieuse des Français ou de l'attitude des catholiques face à tel ou tel problème d'ordre politique, peuvent fournir toute une série d'informations quant au rapport de la religion et de la droite. Outre les ouvrages généraux :

[32] ADRIEN DANSETTE, *Destin du catholicisme français 1926-1956,* Paris, Spes, 1957.

[33] ANDRÉ LATREILLE, RENÉ RÉMOND, *Histoire du catholicisme en France,* t. III : *La période contemporaine,* 2ᵉ édition, Paris, Spes, 1962.

[34] GÉRARD CHOLVY, YVES-MARIE HILAIRE, *Histoire religieuse de la France contemporaine,* t. II : *1882-1930,* Toulouse, Privat, 1988.

[35] GÉRARD CHOLVY, YVES-MARIE HILAIRE, *Histoire religieuse de la France contemporaine,* t. III : *1930-1988,* Toulouse, Privat, 1988.

On lira les études particulières :
La réaction des catholiques devant la politique anticléricale et laïque a été inégalement traitée. La crise de 1924 et surtout la FNC attendent leurs historiens.

Retenons cependant :

[36] JEAN-MARIE MAYEUR, « Géographie de la résistance aux inventaires », *Annales ESC,* novembre-décembre 1968, (p. 1259-1272).
Ce n'est pas tant la France la plus pratiquante qui résiste le plus mais celle d'un catholicisme traditionnel, contre-révolutionnaire, populaire et rural.

[37] MARCEL LAUNAY, *L'Église et l'École en France, XIXᵉ XXᵉ siècle,* Paris, Desclée, 1988.

[38] JEAN-MARIE MAYEUR, « La guerre scolaire, ancienne ou nouvelle histoire? », dans *Vingtième siècle, Revue d'Histoire,* nᵒ 5, janvier-mars 1985 (p. 101-109) (une intéressante et pertinente réflexion sur la question scolaire et les événements de 1984).

Les catholiques et l'Action française : dans l'attente de l'achèvement de la thèse de Jacques Prévotat, nous renvoyons pour l'essentiel au travail d'Eugen Weber [60] ; voir également :

[39] ANDRÉ LATREILLE, « L'Action française, les catholiques et le Saint-Siège », *Cahiers d'Histoire,* nᵒ 4, 1965.

On lira les recherches consacrées aux catholiques et aux crises des années 30 :

[40] RENÉ RÉMOND, *Les catholiques dans la France des années 30,* Paris, Cana, 1979, 2ᵉ éd.

[41] RENÉ RÉMOND, « Les catholiques et le Front populaire 1936-1937 », *Archives de sociologie des religions,* CNRS, nᵒ 60, juillet-décembre 1960.

[42] P. CHRISTOPHE, *Les catholiques et le Front populaire,* 2ᵉ édition, Paris, Éd. Ouvrières, 1986.

[43] PIERRE RENOUVIN, RENÉ RÉMOND, *Léon Blum chef de Gouvernement 1936-1937*, Actes du colloque de la Fondation nationale des sciences politiques, 26-27 mars 1965, Paris, Presses de la Fondation nationale des sciences politiques, 2ᵉ éd., 1981.
On trouvera ici d'utiles informations sur l'évolution de l'Église de France quant à son rapport au politique. Par contre, le colloque consacré, dix ans plus tard, à la France de Daladier n'a pas accordé le même intérêt aux catholiques.

[44] D.W. PIKE, *Les Français et la guerre d'Espagne*, Paris, PUF, 1976 (comme la synthèse de René Rémond [40], ce travail analyse avec précision l'attitude des catholiques français auxquels est consacrée une étude particulière).
Les catholiques de 1939 à 1945 : plusieurs colloques ont fait le point sur l'état de nos connaissances, renouvelant les perspectives et les problématiques et ouvrant de nouvelles pistes de recherches :

[45] XAVIER DE MONTCLOS, MONIQUE LUIRARD, FRANÇOIS DELPECH, PIERRE BOLLE (s.d.), *Église et chrétiens dans la IIᵉ Guerre mondiale, la région Rhône-Alpes*, Actes du colloque de Grenoble, 1976, PUL, 1978.

[46] *Églises et chrétiens dans la IIᵉ Guerre mondiale, le Nord-Pas de Calais*, Actes du colloque de Lille de novembre 1976, *Revue du Nord*, nᵒ 237 et 238, avril-juin 1978 et juillet-septembre 1978.

[47] XAVIER DE MONTCLOS, MONIQUE LUIRARD, FRANÇOIS DELPECH, PIERRE BOLLE (s.d.), *Églises et chrétiens dans la IIᵉ Guerre mondiale — La France*, Actes du colloque de Lyon, 1978, PUL, 1982.

[48] ALAIN-RENÉ MICHEL, *La J.E.C. face au nazisme et à Vichy, 1938-1944*, Lyon, PUL, 1988.

[49] RENÉ RÉMOND (s.d.), *Paul Touvier et l'Église*, Fayard, 1992 (où l'on trouvera une récente mise au point sur le rôle de l'Église pendant la guerre).

Sur cette période nous attirons l'attention du lecteur sur les deux ouvrages suivants :

[50] JACQUES DUQUESNE, *Les catholiques français sous l'occupation*, Paris, Grasset, 1986.

[51] MONSEIGNEUR GUERRY, *L'Église catholique en France sous l'occupation*, Paris, Flammarion, 1947. (Autant le premier est honnête, sérieux et mérite toute l'attention de l'historien, autant le second relève davantage du plaidoyer et de l'autojustification, dépourvu qu'il est de toute valeur historique.)

Enfin on trouvera des informations dispersées mais riches cependant dans deux ouvrages plus généraux :

[52] RENÉ RÉMOND, *Le Gouvernement de Vichy* 1940-1942, *Institutions politiques*, Actes du colloque de la Fondation nationale des sciences politiques, mars 1970, Paris, A. Colin, 1972.

[53] JEAN-PIERRE AZEMA, FRANÇOIS BÉDARIDA (s.d.), *Le régime de Vichy et les Français*, colloque IHTP, 11-13 juin 1990, Paris, Fayard, 1992.

L'évolution politique des catholiques dans les années 50 :

[54] ANDRÉ NOZIÈRE, *Algérie : les chrétiens dans la guerre*, Paris, Cana, 1978.

[55] ÉTIENNE FOUILLOUX, « Chrétiens et juifs comme les autres ? » dans JEAN-PIERRE RIOUX (s.d.), *La guerre d'Algérie et les Français*, Paris, Fayard, 1990, p. 109-115 (l'auteur y souligne le hiatus entre ce que la mémoire catholique a retenu, l'importance du rôle de cette communauté dans l'événement, et une réalité plus modeste révélée par les sondages. Il en conclut à la quasi-absence de singularité des réactions religieuses).

Sur le mendésisme nous disposons d'une base de travail récente grâce au colloque de 1984 qui a justement abordé et le cas des catholiques mendésistes et celui de l'action du MRP contre Pierre Mendès France.

[56] *L'expérience Mendès France (1954-1955) et le mendésisme,* colloque international du CNRS, Paris, 13-15 décembre 1984, CNRS—IHTP, Paris, Fayard, 1984.

Les catholiques et les partis politiques

Les études sur les partis du centre droit, de droite et d'extrême droite ne manquent pas ; cependant, mis à part les travaux consacrés aux organisations politiques d'inspiration catholique, la plupart d'entre eux n'abordent pas les rapports avec les catholiques. Quelques-uns apportent cependant des informations sur cette question. L'ouvrage suivant, d'ailleurs incontournable pour cette étude, consacre une réflexion au rapport Église-droites :

[57] RENÉ RÉMOND, *Les droites en France,* Aubier 1982, Paris (l'auteur, s'il reconnaît « l'étroite solidarité entre les forces conservatrices et le catholicisme » (p. 409), n'en souligne pas moins les éléments qui nuancent une vision par trop simpliste à ses yeux. Il insiste en particulier sur le pluralisme politique des catholiques et sur le vote à gauche d'un quart des pratiquants pour la période récente).

[58] JEAN-MARIE MAYEUR, *La vie politique sous la IIIe République, 1870-1940,* Paris, Le Seuil, 1984 (des informations précieuses sur l'ensemble des forces politiques, dont celles de droite, et particulièrement sur l'ALP jusqu'à présent peu étudiée).

[59] MARC SADOUN, JEAN-FRANÇOIS SIRINELLI, ROBERT VANDEN-BUSSCHE (s.d.), *La politique sociale du général de Gaulle,* Actes du colloque de Lille (8 et 9 décembre 1989), Centre d'Histoire de la région du Nord et de l'Europe du Nord-Ouest, Collection « Histoire et littérature régionales », 1990 (ce colloque apporte des précisions quant aux liens pouvant exister entre la dimension sociale du gaullisme et le catholicisme social. S'il y a certaines convergences, voire des apports, le gaullisme originel s'en écarte aussi sur certains points).

[60] EUGEN WEBER, *L'Action française,* Paris, Stock, 1962, rééd. Fayard, 1980 (étude indispensable en attendant la publication de la thèse de Jacques Prevotat).

[61] ARIANE CHEBEL D'APPOLONIA, *L'extrême droite en France. De Maurras à Le Pen,* Bruxelles, Complexe (une étude intéressante sur l'ensemble de la droite extrême mais qui ne consacre qu'une faible place aux « catholiques extré-mistes » ; une solide étude sur la FNC faisant toujours cruellement défaut).

Par contre, pour une période plus récente, celle de la cinquième République, l'ouvrage suivant fournit un inventaire très détaillé de la presse catholique traditionaliste et intégriste :

[62] RENÉ CHIROUX, *L'extrême droite sous la Ve République,* LGDJ, Paris 1974.

La littérature concernant les organisations politiques d'inspiration catholique (articles, mémoires des acteurs) ne manque pas ; nous retiendrons quelques ouvrages fondamentaux :

[63] JEAN-MARIE MAYEUR, *Des partis catholiques à la démocratie chrétienne, XIXe-XXe siècle,* Paris, Colin, 1980 (étude comparée de l'ensemble des expériences d'organisations politiques catholiques, de leur évolution, y compris de leur absence, comme en France. Une riche bibliographie).

[64] JEAN-CLAUDE DELBREIL, *Centrisme et démocratie chrétienne en France, le Parti démocrate populaire des origines au MRP, 1919-1944,* Paris, Publications de la Sorbonne, 1990 (une étude complète et fouillée qui vient combler fort heu-reusement une lacune de notre historiographie).

En complément pour cette période, on pourra consulter :

[65] CHRISTIAN BAECHLER, *Le Parti catholique alsacien, 1919-1939, Du Reichland à la République jacobine,* Paris, Ophrys, 1982.

Sur le MRP nous disposons de deux études : l'une, fondamentale, est malheureusement difficile d'accès car non publiée; l'autre est utile mais elle n'apporte qu'une connaissance incomplète de ce parti :

[66] PIERRE LETAMENDIA, *Le MRP*, thèse de Science politique de Bordeaux, 1975, dactylographiée.

[67] ÉMILE-FRANÇOIS CALLOT, *Un parti politique de la Démocratie chrétienne en France : le Mouvement républicain populaire (origine, structure, doctrine, programme et action politique)*, Paris, Éditions Marcel Rivière et Cie, 1978.

Études sur religion et droite

Ces recherches ont été magistralement ouvertes par les travaux d'André Siegfried [1,12] dont l'analyse a pour une grande partie vieilli, mais dont la lecture demeure encore stimulante pour l'esprit. Sur ses traces, mais en se consacrant à un seul département, on lira les travaux de Paul Bois [2]. Contestant certains aspects de l'argumentation d'André Siegfried, l'importance du régime de la propriété par exemple, il insiste sur la constitution d'une idéologie en liaison avec des événements politiques, en particulier la Révolution française mais non exclusivement.

D'autres travaux, contemporains de la thèse précédente, soulignent le regain d'intérêt des chercheurs pour les rapports entre la religion et la politique :

[68] RENÉ RÉMOND, « *Droite et gauche dans le catholicisme français contemporain* », *Revue française de science politique*, septembre 1958, n° 3, p. 529-544 et décembre 1958, n° 4 (p. 803-810).

[69] RENÉ RÉMOND (s.d.), *Forces religieuses et attitudes politiques dans la France contemporaine*, colloque de Strasbourg 23-25 mai 1963, Cahiers de la Fondation nationale des sciences politiques, n° 130, Paris, A. Colin, 1965.

[70] ALINE COUTROT, FRANÇOIS DREYFUS, *Les forces religieuses dans la société française*, Paris, A. Colin, 1965.

À ces deux derniers ouvrages qui présentent l'avantage d'aborder tous les aspects des rapports entre la politique et les religions en France, et qui soulignent en particulier le début du démantèlement de la solidarité entre le catholicisme et la droite, répond l'article suivant qui, sans rien contester du bilan présenté, ne s'en interroge pas moins sur la démarche qui sous-tend l'analyse de ce colloque et de l'ouvrage qui lui succède, à savoir le caractère déterminant du religieux sur le politique :

[71] FRANÇOIS GOGUEL, « Religion et Politique en France. À propos de deux livres récents », *Revue française de science politique*, 1966, vol. 16, n° 6 (p. 1174-1180).

À l'occasion des présidentielles de 1965, l'appartenance religieuse n'ayant pas été retenue par les concepteurs des différents sondages organisés avant le vote, une étude est consacrée à cette question à partir d'une enquête spécifique après les élections; elle en conclut au caractère de loin le plus déterminant de ce facteur :

[72] MICHEL BRULE, « L'appartenance religieuse et le vote du 5 décembre 1965 », *Sondages*, 1966, n° 22 (p. 15-19).

Quatre ans plus tard, une équipe de sociologues reprend cette analyse et la passe au crible d'une étude critique, en utilisant une troisième variable. Ils aboutissent à la même conclusion :

[73] ÉVELYNE AVER, CONSTANT HAMES, JACQUES MAÎTRE, GUY MICHELAT, « Pratique religieuse et comportement électoral à travers les sondages d'opinion », *Archives de sociologie des religions*, CNRS, n° 29, janvier-juin 1970 (p. 27-52).

Voulant faire le point sur cette question de la détermination du vote, particulièrement intéressés par le rôle des facteurs socio-économiques, deux autres sociologues ont rassemblé le maximum de données et les ont soumises à l'analyse pour conclure chaque fois au caractère déterminant et irréductible du facteur religieux :

[74] GUY MICHELAT, MICHEL SIMON, *Classe, religion et comportement politique*, Paris, Presses de la Fondation nationale des sciences politiques, Éd. Sociales, 1977.

[75] GUY MICHELAT, MICHEL SIMON, « Déterminations socio-économiques, organisations symboliques et comportement électoral », *Revue française de science politique*, 1985 n° 26 (p. 32-69).

Reprenant l'ensemble de ces travaux depuis Michel Brulé, en 1977 une autre étude entend préciser le « sens de la corrélation entre ces deux variables "culturelles" l'une religieuse, l'autre politique » en s'appuyant sur deux « outils méthodologiques contemporains : le marxisme et la psychanalyse » :

[76] PHILIPPE BRAUD, « L'inclination des catholiques pratiquants vers la droite — Essai d'interprétation », dans *Mélanges offerts à Georges Burdeau — Le Pouvoir*, LGDJ, 1977 (p. 377-403) (l'auteur conclut en évoquant « l'influence autonome de la famille sur le politique » qui demeure à ses yeux une énigme à déchiffrer).

Les différentes consultations électorales qui manifestent depuis le milieu des années 1970 une évolution de l'opinion sont l'objet d'une attention particulière et donnent lieu à des études où la question de la variation religieuse est bien entendu analysée. Certaines de ces études revêtent pour notre propos un intérêt tout particulier :

[77] PHILIPPE BRAUD, « Les élections législatives de mars 1978 en Bretagne », *Revue française de science politique*, décembre 1978, n° 6 (p. 1018-1038) (une étude capitale pour nous qui met en évidence l'existence de cette culture catholique conservatrice qui s'identifie au monde rural et traditionnel breton. L'auteur ne croit guère à la conversion des catholiques au socialisme, mais plutôt à un déclin du catholicisme responsable du recul de la droite).

[78] JACQUES CAPDEVIELLE, ÉLIZABETH DUPOIRIER, GÉRARD GRUNBERG, ÉTIENNE SCHEISGUTH, COLETTE YSMAL, *France de gauche — vote à droite*, Paris, Presses de la Fondation nationale des sciences politiques, 1981 (cette étude riche et complète des élections de 1978 aborde rapidement notre sujet, juste pour souligner « le poids de la tradition catholique » dans les options des Français).

[79] PIERRE MARTIN, « Le basculement électoral de 1981 — L'évolution électorale de la droite », *Revue française de science politique*, octobre-décembre 1981, n° 5 et 6 (p. 999-1014) (une étude par régions qui confirme l'analyse de Philippe Braud quant à l'érosion de l'assise catholique de la droite par l'effondrement de son support socioculturel, le monde rural).

[80] RENÉ BRÉCHON, BERNARD DENNI, *Attitudes religieuses et politiques des catholiques pratiquants*, enquête par questionnaire dans huit assemblées dominicales grenobloises, BDSP — IEP, Grenoble 1982 (une étude qui confirme l'orientation prépondérante à droite des catholiques pratiquants, mais qui a le remarquable avantage de révéler l'existence d'une double culture au cœur même du catholicisme correspondant à des comportements politiques différenciés. Un type de recherche qui demanderait à être systématisé).

À propos des élections de 1986, on trouvera des indications statistiques et quelques fragments d'étude sur le rapport catholique et droite dans l'intéressant ouvrage :

[81] ÉLIZABETH DUPOIRIER, GÉRARD GRUNBERG, *Mars 1986 : la drôle de défaite de la gauche*, Paris PUF, 1986.

Enfin plus récemment un ouvrage collectif fait le point, soulignant une fois encore l'importance du facteur religieux parmi les « variables » lourdes, mais signalant également qu'au schéma déterministe qui a prévalu jusqu'ici, commence à être opposé un modèle rationaliste qui fait une plus grande part à la liberté de l'électeur :

[82] DANIEL BOY, NORMA MAYER, *L'électeur français en questions*, CEVIPOF, Paris, Presses de la Fondation nationale des sciences politiques, 1990.

CHAPITRE XVIII

L'éducation

L'importance de l'éducation tient au rapport qu'elle établit entre les attentes d'une société et la réalisation de l'individu. Que l'éducation soit le moule de l'individu, nul n'a jamais songé à le nier. Le nœud de la question demeure plutôt la place que l'éducation occupe au regard de la religion. Celle-ci est-elle la tutrice sociale de l'individu ou une croyance privée qu'il sera libre, une fois éduqué, de suivre dans son for intérieur ? L'éducation, dans la définition de son utilité sociale, réfère immédiatement à la part attribuée à la religion dans l'espace public de la Cité ou dans la sphère privée de l'individu. Enseignera-t-elle un système de croyances, et l'éducation remplira humblement sa fonction ancillaire au bénéfice de la religion ; propagera-t-elle un savoir proclamé vierge de tout dogme particulier mais édicté par les sentiments naturels et fondé sur la raison, et elle assumera alors de plein droit sa noble mission d'éveiller les hommes à la liberté. Cette alternative tranchée en ces termes et formulée encore en novembre 1883 par Jules Ferry dans sa Lettre aux instituteurs (« l'instruction religieuse appartient aux familles et à l'Église, l'instruction morale à l'école. Ce que vous allez communiquer à l'enfant, c'est la sagesse du genre humain, c'est une de ces idées d'ordre universel que plusieurs siècles de civilisation ont fait entrer dans le patrimoine de l'humanité ») a été posée par la Révolution française. Encore faut-il la comprendre dans toute sa profondeur. Ici se joue doublement le rôle formateur de l'éducation : par sa fonction comme par son contenu. De la première découle le second.

En effet, en instituant le corps social comme réalité politique et historique première, la Révolution a, par nécessité, placé l'éducation au foyer du devenir de l'ordre nouveau. Dès lors que celui-ci se fonde sur l'idée qu'il est désormais organisable par lui-même (la souveraineté du peuple) sans plus aucune référence à une transcendance extérieure d'où il tirerait légitimité et règles, il convient que chacun de ses éléments (les individus qui politiquement assemblés constituent la volonté souveraine) devienne désormais transformable et reproductible pour que soit assurée la pérennité de la Cité. Voilà qui définit la fonction de l'éducation · former le citoyen pour la démocratie nouvelle. Talleyrand l'avait souligné dès septembre *1791* : « Forts de la toute-puissance nationale, vous êtes parvenus à séparer, dans le corps politique, la volonté commune ou la faculté de faire des lois, de l'action publique ou des divers moyens d'en assurer l'exécution ; et c'est là qu'existera éternellement le fondement de la liberté politique. Mais pour le complément d'un tel système, il faut sans doute que cette volonté se maintienne toujours droite, toujours éclairée, et que les moyens d'action soient invariablement dirigés vers leur but ; or, ce double objet est évidemment sous l'influence directe et immédiate de l'instruction. La loi, rappelée enfin à son origine, est redevenue ce qu'elle n'eût jamais dû cesser d'être, l'expression de la volonté commune. Mais pour que cette volonté, qui doit se trouver toute dans les représentants de la nation, chargés par elle d'être ses organes, ne soit pas à la merci des volontés éparses ou tumultueuses de la multitude souvent égarée ; pour que ceux de qui tout pouvoir dérive ne soient pas tentés, ni quant à l'émission de la loi, ni quant à son exécution, de reprendre inconsidérément ce qu'ils ont donné, il faut que la raison publique, armée de toute la puissance de l'instruction et des lumières, prévienne ou réprime sans cesse ces usurpations individuelles, destructives de tout principe, afin que le parti le plus fort soit aussi, et pour toujours, le parti le plus juste. Les hommes sont déclarés libres ; mais ne sait-on pas que l'instruction agrandit sans cesse la sphère de la liberté civile, et, seule, peut maintenir la liberté politique contre toutes les espèces de despotisme ? Ne sait-on pas que, même sous la Constitution la plus libre, l'homme ignorant est à la merci du charlatan, et beaucoup trop dépendant de l'homme instruit et qu'une instruction générale, bien distribuée, peut seule empêcher, non pas la supériorité des esprits qui est nécessaire et qui même concourt au bien de tous, mais le trop grand empire que cette supériorité donnerait, si l'on condamnait à l'ignorance une classe quelconque de la société ? [...] Les hommes sont reconnus égaux ; et pourtant combien cette égalité de droits serait peu sentie, serait peu réelle, au milieu de tant d'inégalité de fait, si l'instruction ne faisait sans cesse effort pour rétablir le niveau, et pour affaiblir du moins les funestes disparités qu'elle ne peut détruire ! Enfin, et pour tout dire, la Constitution existerait-elle véritablement, si elle n'existait que dans notre code ; si de là elle ne jetait ses racines dans l'âme de tous les citoyens ; si elle n'y imprimait à jamais de nouveaux sentiments, de nouvelles mœurs, de nouvelles habitudes ? Et n'est-ce pas à l'action journalière et toujours croissante de l'instruction, que ces grands changements sont réservés ? »

Quant au contenu de l'éducation, Talleyrand, toujours dans ce même Rapport sur l'instruction publique fait au nom du Comité de Constitution les 10, 11 et 19 septembre *1791, précisait* : « L'instruction en général a pour but de perfectionner l'homme dans tous les âges, et de *faire servir sans cesse à l'avantage de chacun et au profit de l'association entière les lumières, l'expérience, et jusqu'aux erreurs des générations précédentes [...] Elle est l'art plus ou moins perfectionné de mettre les hommes en toute valeur, tant pour eux que pour leurs semblables ; de leur apprendre à jouir pleinement de leurs droits, à respecter et remplir facilement tous leurs devoirs ; en un mot, à vivre heureux et à vivre utiles ; et de préparer ainsi la solution du problème, le plus difficile peut-être des sociétés, qui consiste dans la meilleure distribution des hommes. »*

La Révolution nourrit, à une époque, le volontarisme utopique, si excellemment défini par l'historien Bronislaw Baczko, de la régénérescence du genre humain par l'instauration d'une société pédagogique qui éduquerait le peuple en propageant par les fêtes, les cérémonies calendaires, les séances publiques du législatif, la publicité des débats une pédagogie sociale. Jean-Paul Rabaut Saint-Étienne en vint à distinguer l'instruction de l'éducation nationale dans son Projet d'éducation nationale *du 21 décembre 1792 : « L'instruction publique éclaire et exerce l'esprit, l'éducation doit former le cœur ; la première doit donner des lumières, et la seconde des vertus ; la première fera le lustre de la société, la seconde en fera la consistance et la force. L'instruction publique demande des lycées, des collèges, des académies, des livres, des instruments, des calculs, des méthodes, elle s'enferme dans les murs ; l'éducation nationale demande des cirques, des gymnases, des armes, des jeux publics, des fêtes nationales ; le concours fraternel de tous les âges et de tous les sexes, et le spectacle imposant et doux de la société humaine rassemblée ; elle veut un grand espace, le spectacle des champs et de la nature. L'éducation nationale est nécessaire à tous, l'instruction publique est le partage de quelques-uns. Elles sont sœurs mais l'éducation nationale est l'aînée. »* Cette utopie ayant été abandonnée, la Révolution léguait une représentation de l'homme perfectible selon les Lumières, qui définissait la fonction de l'éducation comme le moule de l'homme à venir d'une Cité fondée à neuf sur ses droits et ses devoirs. L'éducation était désormais placée au fondement de l'état social démocratique et de l'ordre politique chargé de le refléter. Ce que, sous Bonaparte, La décade philosophique *rappelait le 10 pluviôse an VI (1798) : « L'instruction est un pouvoir, pouvoir d'autant plus étendu qu'il est moral, qu'il est le supplément des institutions, et qu'il n'y a de solide gouvernement que celui qui emprunte de l'instruction sa principale force. »*

S'attaquer à cet état social impliquait donc, pour les droites, de redéfinir la place de l'éducation. Selon qu'elles poseraient l'individu égal à son prochain sur le même plan de la citoyenneté ou qu'elles inscriraient l'individu dans un ensemble organique ou sur les degrés de l'échelle des hiérarchies, la fonction de l'éducation comme moule de l'individu ne serait pas toujours semblablement entendue ni définie dans son contenu : l'instruction de tous est-elle un réquisit de la préservation de l'ordre social ? La famille n'est-elle pas d'abord le creuset de l'éducation plutôt que l'école ? L'école doit-elle être d'État ou d'Église ?

On se méprendrait à croire que les termes du débat sur l'éducation, pour idéologiques qu'ils furent de part et d'autre, ont été fixés par les joutes parlementaires, les articles de presse, les brochures de propagande. La littérature — qu'elle soit didactique ou romanesque — fut un des grands vecteurs de diffusion auprès d'une opinion qu'on espérait à son tour convaincre, voire mobiliser. Côté républicain, lorsque Ferdinand Buisson, l'un des grands inspirateurs de l'école de Jules Ferry, au titre d'inspecteur général de l'Instruction publique et de directeur de l'enseignement primaire, puis de titulaire de la chaire de pédagogie à la Sorbonne, procéda à la refonte de son Dictionnaire de pédagogie *en 1911, il demanda à Émile Durkheim de rédiger l'article « Éducation ». Le père de la sociologie, discipline entendue comme la science de la République, écrivait donc : « Chaque société se fait un certain idéal de l'homme, de ce qu'il doit être tant au point de vue intellectuel que physique et moral ; cet idéal est, dans une certaine mesure, le même pour tous les citoyens ; à partir d'un certain point il se différencie suivant les milieux particuliers que toute société comprend dans son sein. C'est cet idéal, à la fois un et divers, qui est le pôle de l'éducation [...] C'est la société dans son ensemble, et chaque milieu social particulier, qui déterminent cet idéal que l'éducation réalise. La société ne peut vivre que s'il existe entre ses membres une suffisante homogénéité : l'éducation perpétue et renforce cette homogénéité en fixant d'avance dans l'âme de l'enfant les similitudes essentielles que réclame la vie collective. Mais, d'un autre côté, sans une certaine diversité, toute coopération serait impossible : l'éducation assure la persistance de cette diversité nécessaire en se diversifiant elle-même et en se spécialisant. [...] L'éducation consiste en une socialisation méthodique de la jeune génération. » Et Durkheim d'insister : « En dépit de toutes les dissidences, il y a dès à présent, à la base de notre civilisation, un certain nombre de principes qui, implicitement ou explicitement, sont communs à tous, que bien peu, en tous cas, osent nier ouvertement et en face : respect de la raison, de la science, des idées et des sentiments qui sont à la base de la morale démocratique. Le rôle de l'État est de dégager ces principes essentiels, de les faire enseigner dans ses écoles, de veiller à ce que nulle part on ne les laisse ignorés des enfants, à ce que partout il en soit parlé avec le respect qui leur est dû. »*

On pourrait presque croire que Durkheim a choisi une notice, certes développée, de dictionnaire pour répondre à la droite littéraire, laquelle avait cherché à couler dans une veine romanesque des principes d'éducation en proportion résolument inverse de ceux développés par le sociologue. Pour elle, la priorité éducative est celle du milieu particulier, avant d'être celle de l'État. L'inspiration de cette droite littéraire — Bourget, Barrès — rappelle par certains aspects Bonald. Maurice Barrès comme Paul Bourget semblent souvent faire écho à la Théorie du pouvoir politique et religieux, *qui définit la place de l'individu, plutôt qu'à la* Théorie de l'éducation sociale, *laquelle exclut de l'éducation de l'esprit les sortes de personnes qui ne contribuent — femmes, enfants, peuple — qu'à la société naturelle et pas à la société politique. Leur univers paraît résonner des prémisses bonaldiennes :* « Dans tous les temps, l'homme a voulu s'ériger en législateur *de la société religieuse et de la société politique, et donner une* constitution *à l'une et à l'autre : or, [...] l'homme ne peut pas plus donner une constitution à la société religieuse ou politique qu'il ne peut donner la pesanteur aux corps, ou l'étendue à la matière, et bien loin de pouvoir* constituer *la société, l'homme, par son intervention, ne peut qu'empêcher que la société ne se* constitue, *ou, pour parler plus exactement, ne peut que retarder le succès des efforts qu'elle fait pour parvenir à sa* constitution naturelle *[...] Non seulement ce n'est pas à l'homme à constituer la société, mais c'est à la société à constituer l'homme, à le former par l'éducation sociale. »*

La constitution naturelle de la société, son organisation équilibrée par la famille, le pays, la patrie, foyers d'une tradition préservée, reproduite et transmise, sont au principe tant du Disciple *de Paul Bourget (1889) que des* Déracinés *de Maurice Barrès (1897). Les deux romans ont en commun la dénonciation des doctrines enseignées par l'école — le positivisme, le kantisme — qui visent soit à réduire la part de la morale soit à la décharner dans un univers d'identités abstraites, par le déracinement de l'individu hors de ses déterminations organiques et concrètes (on se souvient de Joseph de Maistre qui déclarait avoir rencontré des Français, des Anglais et des Allemands, mais jamais l'Homme de la Déclaration des droits de 1789). L'enseignement et l'éducation tels que conçus par la République poussent finalement l'individu énervé de toute substance propre à devenir criminel. Les* déracinés *marquèrent plus les générations que* Le disciple, *parce que Maurice Barrès, qui ouvrait ses* Scènes et doctrines du nationalisme *sur l'affirmation que « le nationalisme, c'est l'acceptation d'un déterminisme », tire du déracinement du « prolétariat des bacheliers » toutes les conséquences — le lecteur qui a déjà rencontré ce texte à plusieurs occasions s'en souvient : exaltation de la famille, de la terre et des morts, antiparlementarisme. A l'éducation publique et nationale Barrès oppose les solidarités organiques. « Le lycée de Nancy avait coupé le lien social naturel ; l'Université ne sut pas à Paris leur créer les attaches qui eussent le mieux convenu à leurs idées innées, ou, plus exactement, aux dispositions de leur organisme. Une atmosphère faite de toutes les races et de tous les pays les baignait. Des maîtres éminents, des bibliothèques énormes leur offraient pêle-mêle toutes les affirmations, toutes les négations. Mais qui leur eût fourni [...] une méthode pour former, mieux que des savants, des hommes de France ? [...] Cet émiettement se retrouve jusque dans les consciences. Un homme, en effet, n'appartient pas à une seule œuvre, à un seul intérêt ; il peut être, au même moment, engagé dans des groupements distincts. Que ceux-ci, grâce à l'état général de notre pays, soient antagonistes, voilà un* homme en contradiction intérieure, et par là diminué, sinon annulé. En conséquence, ce qui fait question, c'est la substance française. En principe, la personnalité doit être considérée comme un pur accident. Le véritable fonds du Français est une nature commune, un produit social et historique, possédé en participation par chacun de nous ; c'est la somme des natures constituées dans chaque ordre, dans la classe des ruraux, dans la banque et l'industrie, dans les associations ouvrières, ou encore par les idéals religieux, et elle évolue lentement et continuellement. Si nous admettons que nos forces constitutives sont dissociées et contradictoires, le fonds de notre vie, notre vraie réalité, notre énergie, ne sont-ils pas gravement atteints ? » On voit à ces quelques exemples combien l'éducation fut au foyer de la Cité — celle des citoyens comme des lettres.

Toutefois, ces mêmes exemples ne sauraient nous faire oublier qu'en un siècle, de Louis de Bonald à la défense de l'école libre, les droites ont parcouru un long chemin qui les a conduites, à front renversé, du refus de l'instruction obligatoire pour tous et pour toutes à la défense d'une qualité d'éducation qui assure à chacun les chances de sa réalisation ; du refus de l'éducation nationale, elles sont parvenues à la défense d'un système éducatif libre qui puisse être la seconde chance pour les exclus du système public. Hier, elles refusaient l'éducation de tous au nom des devoirs religieux et sociaux ; aujourd'hui, elles défendent l'éducation privée au nom du droit fondamental de chacun à l'exercice libre de ses choix. Cette évolution ne leur est cependant pas tout à fait propre : plus marquée à droite qu'à gauche, puisqu'à l'ombre portée de l'héritage révolutionnaire, le pacte républicain assumait dès l'origine l'obligation de l'instruction, elle reflète sur le terrain politique et éducatif la formidable poussée de scolarisation d'une société modernisée. Dans un pays préoccupé par la qualité de son appareil d'enseignement, l'éducation demeure le grand moule social de l'individu. Mais il a cessé d'être le discriminant idéologique d'autrefois : l'élève des pères ne votera pas nécessairement plus à droite que celui de la Laïque. Si l'éducation est aujourd'hui à nouveau un facteur discriminant, elle le doit fondamentalement à une donnée autre, mais majeure : l'inégalité massive des différents milieux sociaux devant l'école.

*
**

Il n'est pas d'unité dans la pensée des droites sur l'éducation, du moins en dehors des doctrines contre-révolutionnaires et légitimistes. Jusqu'à Taine au moins, l'inspiration chrétienne sert de point commun aux vues des conservateurs. Ces derniers sont d'autre part, au long des XIXe et XXe siècles, mis en face d'une croissance générale des besoins et de l'offre d'éducation, tandis que grandit la place de l'État dans le fonctionnement des institutions scolaires. Dans la mesure où ils sont partisans d'un contrôle de l'Église sur celles-ci, ils se trouvent tôt en opposition avec une évolution politique et institutionnelle de longue durée. Les contre-révolutionnaires estiment renouer avec la tradition où l'Église assumait la mission d'éducation et avait la haute main sur le monde scolaire. Ainsi s'explique, à l'aurore du XIXᵉ siècle, la détestation qu'éprouvent les royalistes et les plus fervents catholiques à l'endroit du monopole universitaire conçu par Napoléon, « usurpateur » de l'éducation comme il l'a été du pouvoir politique. Au fil de l'histoire mouvementée de l'instruction et de son développement en France, l'union des droites comme leur différenciation s'opèrent dans la lutte contre ce monopole, puis dans la réponse à la politique de laïcisation croissante menée par les républicains sous la troisième République. Passé les espoirs de restauration de l'ordre ancien, puis de la monarchie, l'Église apparaît à la plupart comme le seul rempart contre l'étatisation de l'instruction publique. Son intransigeance garantit un espace de liberté pour l'école. La lutte alors s'éclaire qui fut menée pour la liberté de l'enseignement secondaire, durant la Monarchie censitaire. Les thèmes du combat pour l'école libre, durant les XIXᵉ et XXᵉ siècles, prennent là leur origine et leur argumentation.

Retracer une telle évolution demande une évocation de la pensée contre-révolutionnaire; il conviendra de s'attacher au contenu des doctrines conservatrices, à leurs parentés et à leur héritage, pour aboutir, de nos jours, à la nouvelle formulation de la « question scolaire ». Sont particulièrement significatifs, après le rêve d'une impossible « restauration » de l'ordre scolaire ancien et la lutte pour la liberté de l'école, la genèse de la loi de 1850, rupture avec le « monopole » universitaire, la discussion autour des lois laïques, les débats autour de l'enseignement féminin. La réaction catholique au combisme constitue aussi un épisode révélateur, tandis que se développe une pensée de droite non chrétienne sur l'éducation; cette dernière, au-delà du positivisme et d'Auguste Comte, essaie d'appliquer à la sphère éducative les recettes d'un libéralisme qui refuse protection et régulation de la part de l'État.

I. LES DOCTRINES
DE LA CONTRE-RÉVOLUTION

Au lendemain de la Révolution, et quel que soit le désir d'ordre du gouvernement et des populations, la situation de l'éducation impose, avant même l'élaboration de toute théorie, un constat de faiblesse et presque d'impuissance dans le domaine des écoles populaires. La dispersion des congrégations à la Révolution, et parmi elles des congrégations enseignantes à vocations multiples, a fait disparaître une bonne partie des structures scolaires de la France d'Ancien Régime. La dispersion des religieux durant la période révolutionnaire, l'absence ou le petit nombre de sujets au sein de celles qui se reconstituent ensuite font clairement sentir que le maintien des structures locales antérieures ne saurait prolonger la fiction, chère aux royalistes, d'une école populaire entièrement confiée à l'Église. Demeure chez beaucoup de ceux qui se soucient de reconstituer sur des bases saines le corps social l'espoir que l'Église pourra de nouveau exercer son magistère sur l'école. Nombre de conseils généraux, appelés en 1800 et 1801 par le ministre Chaptal à donner leur opinion sur l'état de l'instruction publique dans leur département, s'expriment dans des termes peu différents, sur le fond, du texte envoyé par le conseil d'Ille-et-Vilaine : « L'instruction publique est presque nulle dans toute la France, parce qu'on a voulu s'écarter de la pratique confirmée par l'expérience. On ne parle ni de la divinité, ni des principes de la morale. On croit donc qu'il faut en revenir à ce qui se faisait anciennement[1]. »

Les nouveautés n'ont guère produit de résultats, ou bien se sont révélées fâcheuses, d'où la nostalgie du passé, du retour à un état antérieur que l'on s'imagine volontiers plus florissant qu'il ne l'était. Plus que d'une pensée de droite qui s'exprimerait là, il convient d'y voir un réflexe à proprement parler « réactionnaire », un désir de recours à des formules connues, acceptées, familières. La religion montre ici surtout une dimension utilitaire : elle est regardée comme la meilleure gardienne de la morale publique. L'Empire qui met l'instruction religieuse à la base de tout enseignement l'entend bien ainsi et espère par ce moyen régir les esprits. L'Église est alors honorée, mais au rang d'un instrument de gouvernement. Un autre corps constitué se dresse devant elle qui la déposssède : l'Université.

C'est contre cette création nouvelle, contre cette corporation d'un nouveau genre, cet empiétement de l'État sur un terrain nouveau pour lui, que les droites au XIXe siècle, et plus particulièrement les catholiques et légitimistes, mènent le combat et trouvent des alliés. Beaucoup de paysans, qui n'imaginent peut-être pas dans l'instruction un danger de corruption morale, refusent encore l'école en 1833, parce qu'ils craignent une atteinte à leur mode de vie. A Lorain, chargé alors par Guizot d'une tournée d'inspection générale dans toutes les écoles du royaume, des villageois répondent en exprimant, plus qu'un fruste immobilisme, la crainte de l'exode rural et de la disparition d'une main-d'œuvre nécessaire aux champs : « Foin de l'instruction ! Nous avons mangé du pain sans savoir lire et écrire, nos enfants feront de même... Quand tous les enfants du village sauront lire et écrire, où trouverons-nous des bras ? Ils iront dans quelque fabrique et déserteront nos campagnes, ou bien ils feront comme les séminaristes de Servières, ils se dégoûteront des travaux manuels auxquels les destinaient leurs pères, et ils augmenteront le nombre des fainéants et des avocats de village qui déjà pullulent dans nos hameaux[2]. »

Sous la Restauration, existe en effet une réticence qui perdurera, chez les partisans de la monarchie légitime et en général les notables, devant l'idée d'une instruction donnée à tous sans considération de l'origine sociale. En témoigne un exposé approuvé par la majorité de la Société littéraire de Laval en 1829 : « Si l'instruction », affirme l'auteur, « est un des moyens les plus puissants pour développer cette sensibilité qui fait le charme ou le malheur de la vie, on doit craindre, en la prodiguant à une classe que sa position condamne à un travail pénible et souvent aux plus dures privations, d'éveiller en elle le sentiment des besoins que ses moyens ne lui permettent pas de satisfaire [...]. Au milieu de l'effrayante profusion de livres impies et corrompus qui inonde la France, l'instruction du peuple ne sera qu'un moyen plus prompt de répandre leurs désolantes doctrines[3]. » Les notables de la Mayenne ne sont pas seuls à penser de la sorte : ils rencontrent la pensée de leurs pareils, mais aussi des préoccupations populaires relatives à la confusion sociale que ne manquerait pas de produire une instruction semblable dispensée à tous.

A une époque où l'instruction, même élémentaire, n'est pas répandue partout et n'est pas dispensée en général aux plus démunis, elle peut être regardée comme subversive de l'ordre social, puisqu'il n'est pas encore imaginable qu'un individu doté d'une éducation poussée au-delà des simples rudiments gagne sa vie en se livrant à des activités manuelles. La crainte, dans ces conditions, est liée à des préoccupations économiques autant que sociales ou politiques. Mais la valeur accordée à l'instruction, au moins dans l'abstrait, est déjà très grande et préfigure la place qui lui sera accordée dans l'imaginaire des générations ultérieures, avant et pendant la République. Les questions d'éducation prennent donc une importance grandissante dans le débat des idées.

Au lendemain des bouleversements de la Convention, le vicomte de Bonald publie, à la suite de la *Théorie du pouvoir politique et religieux*, une *Théorie de l'éducation dans la société* où se trouvent consignées, sous la forme d'aphorismes et de raisonnements d'une logique rigide, ses vues sur l'éducation. Elles présentent quelques analogies avec le souci de reconstitution que manifestent l'opinion et le régime impérial quelques années plus tard, devant le « vide immense que d'anciennes fautes et des désordres récents ont laissé dans l'instruction publique[4] ». Mais, ajoute-t-il aussitôt, « on n'a pas distingué l'homme de la famille de l'homme de l'État, l'homme privé de l'homme public, et il a résulté de cette confusion un système d'éducation qui n'est pas plus propre à former l'homme pour la société domestique, qu'à le former pour la société publique ». De là la nécessité de « remonter aux éléments de la société » et de définir deux systèmes d'éducation, l'une domestique, l'autre publique, car « l'homme appartient par son esprit et par son corps, sous le rapport religieux, comme sous le rapport politique, à une société domestique et à une société publique[5] ». Ici se perçoit, dès avant les débats qui agitent le XIXe siècle, ce qui sera la plus constante démarcation entre la pensée traditionaliste et les autres familles d'esprit : même si l'enfant est élevé par l'État dans un établissement public, l'essentiel est ailleurs. Les traditionalistes, et avec eux les catholiques soucieux de l'éducation du « cœur », sont convaincus de l'importance du for privé dans l'action éducative. Ainsi Bonald voit-il trois sortes de personnes à exclure de toute éducation publique, parce qu'elles appartiennent « à l'état domestique de la société[6] » : les femmes, les enfants et le peuple, « tant qu'il est occupé de travaux mécaniques ». Savoir lire et écrire, au reste, n'est pas « absolument » nécessaire au « bonheur[7] » du peuple ni à ses intérêts, et ce sera une idée fréquemment présente chez les traditionalistes, car l'existence de l'homme est ordonnée au salut de son âme, et non pas au bien-être ou aux modes fugitives de ce bas monde. Le rappel d'un âge antérieur où la société était censée vivre dans l'harmonie, alors que la masse des classes laborieuses était illettrée, vient souvent, par exemple, à l'appui de l'attitude adoptée par certains membres du clergé de la Bretagne bretonnante qui consiste à rejeter l'apprentissage du français. Mieux vaut ne pas savoir lire, pensent ces curés soucieux du salut de leurs ouailles, que laisser pénétrer la société rurale par les idées pernicieuses venues du dehors au moyen de livres qu'ils jugent « pervers[8] ».

Dans un tel système de pensée, où la famille constitue la cellule de base de la société, l'« éducation domestique » est l'objet d'une grande attention. Reçue au sein de la famille, elle commence avec la vie. C'est le lieu de pourfendre les « sophistes », entendons les matérialistes du XVIIIe siècle, qui ne voyaient dans l'enfant « que des sens » : il faudra suivre l'éveil de la raison et adapter la première instruction à la compréhension enfantine[9]. Rousseau, dans *Émile*, distinguait des étapes dans le développement des enfants et prévoyait des connaissances propres à chaque âge. Bonald, sans doute, ne procède pas à un tel découpage et ne se pique pas de psychologie, mais il s'inspire des constatations opérées par les pédagogues. C'est au moment, écrit-il, où l'enfant est capable de lier des idées entre elles que doit commencer l'instruction de la religion publique. Quant aux femmes, elles ont un « devoir bien plus sacré que celui d'allaiter leurs enfants, dont la philosophie moderne » — l'allusion à Rousseau est claire — « leur a fait une loi », c'est le devoir d'élever leurs filles [10]. Celles-ci ne recevront pas la même éducation que les jeunes gens, puisqu'elles ne connaîtront pas la même destination. Ici, liée à une conception anti-individualiste et au partage jugé nécessaire des tâches entre tous les membres de la cellule familiale, se forme une idée qui ne constituera pas l'apanage de la seule droite tout au long du XIXe siècle : la différence nécessaire d'instruction entre les garçons et les filles. La stabilité sociale paraît à ce prix.

Le rôle de la mère dans toute première éducation et le principe du partage des sexes quand il s'agit d'instruire et de former se retrouvent chez Joseph de Maistre, mais avec des considérations plus précises : chaque sexe joue un rôle particulier dans l'éducation. « C'est à notre sexe sans doute », écrit-il, « qu'il appartient de former des géomètres, des tacticiens, des chimistes, etc.; mais ce qu'on appelle *l'homme*, c'est-à-dire l'homme *moral*, est peut-être formé à dix ans; et s'il ne l'a pas été *sur les genoux de sa mère*, ce sera toujours un grand malheur [...] Si la mère surtout s'est fait un devoir d'imprimer profondément sur le front de son fils le caractère divin, on peut être à peu près sûr que la main du vice ne l'effacera jamais[11]. » La distinction est ici claire entre l'instruction et l'éducation, celle-ci laissant à celle-là l'aspect technique des connaissances pour se consacrer à la formation première, intime, morale et religieuse, qui ne saurait commencer trop tôt. Elle donne une place éminente à la femme, comme mère éducatrice : thème qui connaîtra une grande fortune dans les milieux conservateurs, par-delà même le XIXe siècle.

II. L'ŒUVRE DE GUIZOT

Les conservateurs monarchistes, en matière d'instruction, s'en remettent donc entièrement, pour certains, à l'Église et aux congrégations enseignantes afin d'assumer, comme par le passé, pensent-ils, l'instruction du peuple. D'autres, héritiers de la philanthropie, hommes d'œuvre, voient dans l'instruction l'un des devoirs de charité. Ils fondent alors, selon le modèle de la philanthropie et de la charité hérité du siècle précédent, des sociétés qui se proposent de promouvoir la fondation d'écoles, d'en financer et d'encourager les meilleures méthodes. La Société pour l'instruction élémentaire, la plus célèbre et durable, en est un bon exemple. Fondée en 1815 à l'imitation des initiatives anglaises, elle réunit alors une large gamme de personnalités, des philanthropes à la manière du siècle précédent tout comme des hommes religieux et des royalistes fervents : le pieux Mathieu de Montmorency, le comte de Laborde, le Lyonnais Gérando, fervent catholique, le protestant François Guizot. Lors des Cent-Jours, Lazare Carnot, rallié à Napoléon contre l'invasion, s'intéresse à l'organisation des premières écoles ouvertes par la Société. Un large accord semble ainsi se faire des légitimistes aux libéraux pour le progrès de l'instruction populaire. Cette unanimité de départ se défait avec les luttes politiques de la Restauration et le retour ou la création de congrégations enseignantes. Les ultras s'en prennent à la Société, coupable à leurs yeux de libéralisme, propagatrice de la méthode lancastérienne ou mutuelle, à l'opposé de l'enseignement « simultané » des Frères. La Société n'en a pas moins prêché d'exemple, créé l'émulation, fait publier des livres scolaires, ouvert des écoles.

Fondée d'abord à Bordeaux, puis à Grenoble, la Société catholique des Bons Livres, née en 1825, apparaît caractéristique de ces associations de bienfaisance telles que les conçoit le monde légitimiste. De rayonnement modeste, elle unit en son sein des noms illustres et des membres de l'épiscopat. Le publiciste légitimiste Pierre-Sébastien Laurentie en est la cheville ouvrière : elle essaie de diffuser, avec des moyens limités et des résultats à l'avenant, les livres qu'elle aura fait composer sur des sujets mis au concours et jugés par elle dignes d'être couronnés. A la fin de sa deuxième année d'existence, elle compte près de 8 000 souscriptions[12]. Les livres se distribuent par vente à prix très bas et même par distributions gratuites, outre les exemplaires confiés aux souscripteurs pour qu'ils les communiquent au plus grand nombre de personnes possible. Là aussi, il n'est pas question d'entraide, mais de charité. Comme la Société pour l'instruction élémentaire, une œuvre de ce genre répond au modèle ancien de la bienfaisance. Les sujets abordés durant la troisième année ne quittent pas le registre purement religieux : histoire de l'Église, la vie de Jésus-Christ, le chrétien catholique, le livre du chrétien. Le Grand Aumônier voudrait entreprendre davantage; le rapport de Laurentie pour 1827 évoque la fondation d'une Association catholique. Elle se servirait des dépôts en province de la Société des Bons Livres qui multiplierait ses activités. Dans le même temps, s'esquisse le projet d'une Encyclopédie catholique : « il faut montrer aux hommes que la vertu est une grande condition de succès dans toutes les parties des travaux de l'esprit », et non se borner aux « classes les moins éclairées ». Le nom des savants prévus pour ce grand œuvre, les protections évoquées, l'oraison funèbre de Mathieu de Montmorency prononcée dans la même séance de la Société montrent à quel point celle-ci procède d'une conviction aussi monarchiste que chrétienne. Il faut ainsi, conclut Laurentie, préparer un règne heureux « à l'Auguste Enfant ». Mais bientôt Juillet sonne le glas de ces espoirs de reconquête apologétique.

Avant 1830, Guizot ne saurait être qualifié d'homme de droite. Étoile du parti des « doctrinaires », il appartient au groupe de ceux qui veulent, dans l'ordre certes, assurer au sein de toutes les couches de la société la diffusion de l'instruction : il en espère, au-delà de bienfaits moraux et sociaux, le règne de la raison dans la vie politique. Ministre de l'Instruction publique de 1832 au début de 1836, il fait voter une loi sur l'instruction primaire qui ne fut nullement désavouée par ses successeurs, mais qui marque de façon claire le moment où dans le ministre l'homme de progrès a coexisté avec l'homme de conservation. La place que Guizot assigne à l'instruction publique dans l'organisation sociale est celle d'un élément régulateur garant de la paix sociale : « Ce n'est pas pour la commune seulement », écrit-il aux instituteurs en leur envoyant le texte de la loi du 28 juin 1833, « et dans un intérêt purement local que la loi veut que tous les Français acquièrent, s'il est possible, les connaissances indispensables à la vie sociale, et sans lesquelles l'intelligence languit et quelquefois s'abrutit : c'est aussi pour l'État lui-même et dans l'intérêt public; c'est parce que la liberté n'est assurée et régulière que chez un peuple assez éclairé pour écouter en toute circonstance la voix de la raison. L'instruction primaire universelle est désormais une des garanties de l'ordre et de la stabilité sociale[13]. »

Loin des effervescences pédagogiques, Guizot entend donc parler au nom de la raison, concilier l'ordre et la liberté. Aussi bien cette lettre aux instituteurs a-t-elle pu servir de modèle à Jules Ferry, quelque cinquante ans plus tard.

Guizot écrit : « Vous n'ignorez pas qu'en vous confiant un enfant, chaque famille vous demande de lui rendre un honnête homme et le pays un bon citoyen. Vous le savez : les vertus ne suivent pas toujours les lumières, et les leçons que reçoit l'enfance pourraient lui devenir funestes si elles ne s'adressaient qu'à son intelligence. Que l'instituteur ne craigne donc pas d'entreprendre sur les droits des familles en donnant ses premiers soins à la culture intérieure de l'âme de ses élèves. Autant il doit se garder d'ouvrir son école à l'esprit de secte ou de parti, et de nourrir les enfants dans des doctrines religieuses ou politiques qui les mettent pour ainsi dire en révolte contre l'autorité des conseils domestiques, autant il doit s'élever au-dessus des querelles passagères qui agitent la Société pour s'appliquer sans cesse à propager, à affermir ces principes impérissables de morale et de raison sans lesquels l'ordre universel est en péril et à jeter profondément dans de jeunes cœurs ces semences de vertu et d'honneur que les passions n'étouffent point [...]. C'est la gloire de l'instituteur de ne prétendre à rien au-dessus de son obscure et laborieuse condition, de s'épuiser en sacrifices à peine comptés de ceux qui en profitent, de travailler enfin pour les hommes et de n'attendre sa récompense que de Dieu. Aussi voit-on que, partout où l'enseignement primaire a prospéré, une pensée religieuse s'est unie, dans ceux qui le répandent, au goût des lumières et de l'instruction. Puissiez-vous, Monsieur, trouver dans de telles espérances, dans ces croyances dignes d'un esprit sain et d'un cœur pur, une satisfaction et une constance que

peut-être la raison seule et le seul patriotisme ne vous donneraient
pas! [...] La foi dans la Providence, la sainteté du devoir, la
soumission à l'autorité paternelle, le respect dû aux lois, aux droits
de tous, tels sont les sentiments que l'instituteur s'attachera à
développer. »

Sans doute, affirme Guizot, l'existence de l'instituteur, dans sa
commune, sera-t-elle soumise à des contraintes, mais ces
contraintes, pour exercer les devoirs envers les enfants, pour
aboutir à l'accord nécessaire avec le curé, seront dictées par les
« lumières » et la « sagesse » de l'instituteur lui-même. Ainsi
pourra-t-il atteindre la fin réelle de sa tâche : « Développer l'intelligence, propager les lumières, c'est assurer l'empire et la durée de
la monarchie constitutionnelle. » Guizot, c'est certain, n'adhère
pas à la contre-révolution; mais sa doctrine d'un pouvoir supérieur
aux individus, la « raison » ou la « sagesse », l'installe désormais
dans le camp des conservateurs.

Il n'est pas jusqu'aux méthodes pédagogiques qui ne soient
l'objet d'un débat qui rapidement se transpose du domaine pédagogique au champ politique. L'enseignement sur le mode mutuel,
introduit en 1815 et imité de missionnaires anglais, était très
propre, pensaient ses défenseurs, à l'apprentissage des rudiments
de la lecture, de l'écriture et du calcul par des masses d'enfants sous
l'autorité d'un seul maître, grâce à un système de « moniteurs », en
fait des élèves plus avancés, responsables chacun d'un petit groupe.
Il convenait donc particulièrement, par un coût regardé comme
peu élevé et dans des circonstances où les bons maîtres étaient
rares, à l'instruction populaire. Patronné à ses débuts par la Société
pour l'instruction élémentaire et des personnalités conservatrices
aussi bien que libérales, encouragé par les autorités dans les
grandes villes, il paraissait devoir se répandre. Il fut victime
cependant de la faveur trop bruyante que lui témoignaient les
libéraux, de la concurrence grandissante des congrégations et,
probablement, de cette aura d'innovation, voire de « socialisme »
qui l'entourait dans le discours de ses défenseurs. Ce n'est pas le
type d'école qu'adopta Guizot, lui-même membre de la Société
pour l'instruction élémentaire, lorsqu'il préparait la loi du 28 juin
1833 relative à l'instruction primaire des garçons. Même si l'école
mutuelle, comme elle le fit, pouvait entrer dans le cadre de la loi, il
est certain qu'elle n'a pas obtenu la protection ministérielle qu'elle
aurait pu espérer quelques années plus tôt. Aussi déclina-t-elle
rapidement. Méthode prônée par la gauche, donc honnie par les
conservateurs qui y voyaient un détestable apprentissage du

désordre démocratique, elle inspira cependant quelques durables pratiques dans les situations de pénurie : la salle d'asile et les écoles missionnaires notamment. Soucieux de stabilisation sociale, Guizot demandait des moyens plus assurés et s'accommodait mieux de la « pédagogie simultanée », à l'imitation des frères, ce qui satisfaisait les milieux catholiques. L'ouverture des écoles normales d'instituteurs et la place donnée aux congrégations dans l'enseignement donnaient au reste un personnel suffisant pour peu à peu appliquer des méthodes qui avaient fait leurs preuves.

III. LES CATHOLIQUES
ET LA LIBERTÉ SCOLAIRE

Le sentiment éprouvé par les monarchistes d'avoir, dès 1814, renoué avec les habitudes et structures éducatives du passé, avait tenu pour une part à ce qu'ils avaient mal pris la mesure des bouleversements sociaux, institutionnels et mentaux subis par la France durant les vingt-cinq années écoulées depuis la chute de l'Ancien Régime : ils avaient espéré voir le peuple dans ses profondeurs revenir aux coutumes anciennes. Le retour officiel de l'Église à sa tutelle sur l'enseignement avait pu aussi donner à croire qu'était possible, au moins dans ce domaine, une résurrection du temps passé, d'une sorte de chrétienté. Ainsi peut s'interpréter la suppression du monopole universitaire lors de la première Restauration. Les Cent-Jours portèrent apparemment conseil puisque l'Université napoléonienne, si près d'avoir été détruite, fut maintenue en août 1815 dans ses particularités, comme « un très bon instrument de règne », selon l'expression de Taine, « une, unique, cohérente, disciplinée et centralisée ». Restait alors à l'orienter dans le sens du pouvoir, ce qui fut accompli quand Mgr Frayssinous devint grand-maître. Ainsi l'Université avait-elle changé d'orientation et de signification, aux yeux des ultras et du parti dévot. C'était faire bon marché, du moins dans le long terme, des tensions qui n'allaient pas manquer de se manifester dans ce grand corps, et des protestations qui s'enflèrent au-delà même du monde conservateur au cours de la Monarchie de Juillet contre le monopole de ce corps.

Le changement se mesurait, entre autres, à l'impossibilité où se trouvait l'Église catholique, selon Guizot, d'agir sans « l'appui quotidien du pouvoir civil », du moins aux temps du Consulat et de l'Empire. Après l'union du trône et de l'autel en partie reconstituée sous la monarchie restaurée, le catholicisme voyait s'ouvrir devant lui « une nouvelle carrière, celle de l'indépendance ». Ainsi Guizot distinguait-il, sous la Monarchie de Juillet, trois mouvements parmi les catholiques : les uns animés par une « ardeur rétrograde », les autres qui restaient dans une « attitude un peu subalterne » à l'égard du pouvoir civil, un groupe enfin qui aspirait, pour l'Église, « à des destinées plus fières et plus fécondes. Ceux-là regardaient l'Ancien Régime comme ruiné sans retour, la nouvelle société française, son organisation, ses idées, ses institutions comme définitivement victorieuses ; à leur sens, l'Église catholique pouvait et devait les accepter hautement, en réclamant dans ce régime sa propre indépendance[14] ».

La lutte pour la reconnaissance de l'école libre menée par un groupe de jeunes gens qui, provisoirement du moins, se réunissent autour de l'idée du libéralisme catholique, Lamennais, Montalembert, Lacordaire, de Coux, constitue le témoignage, au début de la Monarchie de Juillet, de diverses tendances de la génération catholique nouvelle. Il s'agissait, selon Lamennais qui exige dans *L'Avenir* la reconnaissance des libertés nécessaires et solidaires entre elles, de « briser les liens qui asservissent l'Église à l'État, l'affranchir de la dépendance qui entrave son action, l'associer au mouvement social qui prépare au monde des destinées nouvelles[15] ». La religion pourrait ainsi montrer qu'elle ne s'inféode pas toujours à la droite traditionnelle. Le jeune Charles de Montalembert et l'abbé Lacordaire se font volontairement poursuivre en justice pour avoir ouvert, à Paris, le 11 mai 1831, une école primaire sans autorisation. Ils s'en prennent aux décrets impériaux qui ont instauré le « monopole universitaire », si débonnaire qu'en soit le joug. Privé de la tribune qu'il espérait par une procédure simplement correctionnelle, Montalembert, promu à la pairie par la mort de son père, comparaît devant la Chambre haute[16]. Son attitude cependant inquiète ou agace ses juges. L'assemblée est présidée par des légistes imprégnés de tradition gallicane. Ceux-ci préfèrent l'ordre et l'autorité de l'État à une liberté impétueuse qui paraît ne vouloir subir aucune règle. Datée de 1931[17], une lecture exclusivement catholique de cet épisode, éclairée par des considérations sur le vote ultérieur de la loi de 1850 où le même Montalembert joua son rôle, montre à la fois combien les pairs furent offusqués de voir affirmer d'abord l'autorité pontificale avant les règlements français, et combien était seul ce groupe ultramontain nouvellement venu. Pour proclamer la liberté catholique, il en appelait au Saint-Siège, mais nul dans la hiérarchie épiscopale ne soutint Montalembert et ses amis ; Rome, au reste, allait bientôt formuler une condamnation des idées de Lamennais dans l'encyclique *Mirari vos* (15 août 1832) : l'expérience de *L'Avenir* était terminée.

Le libéralisme catholique n'en avait pas terminé avec la liberté d'enseignement, essentiellement grâce à Montalembert : celui-ci s'en est fait l'éloquent défenseur, à la Chambre des pairs sous la Monarchie de Juillet, à l'Assemblée nationale comme député de Doubs de 1848 à 1857. En janvier 1849, le ministre Armand de Falloux le nomme membre de la commission extraparlementaire chargée de définir les bases de la loi d'enseignement qui doit remplacer les projets du ministre de Février, Hippolyte Carnot, démissionnaire après les journées de Juin. Montalembert, comme beaucoup, s'est rallié au parti de l'Ordre ; il fait figure à la commission de « monarchiste libéral » et représente une version catholique du parti de l'Ordre, face aux universitaires et aux rares républicains.

La préparation et le vote de la loi Falloux présentent une grande importance dans l'histoire des droites et de ses divisions, dans la mesure où le texte de la loi a représenté à la fois un terrain d'entente et un compromis entre les partis les moins extrêmes qui se disputaient le contrôle de l'école primaire. Adoptée le 2 janvier 1850, la loi que fait voter le ministre de l'Instruction publique de Parieu, dite « la petite loi » pour la distinguer de la loi du 15 mars 1850, couramment appelée « loi Falloux », montre à quel point la discussion s'est concentrée sur les instituteurs. Elle en confie la nomination au préfet qui a latitude de choisir entre un laïc ou un congréganiste. Prévue pour six mois, la loi Parieu ne fut abrogée qu'en 1944 : « Ce régime, écrivait Seignobos quelque cinquante ans plus tard, qui faisait de l'instituteur un fonctionnaire soumis à l'agent politique du pouvoir central, devait paraître si commode à tous les gouvernements que tous l'ont conservé. » Dans le parti de l'Ordre, la crainte de la révolution a donc fait s'unir, provisoirement, au prix de concessions mutuelles, légitimistes, orléanistes et amis de la stabilité sociale. L'éducation apparaît ainsi un domaine de relative entente, mais ne suffit pas à créer l'unité des partis. Ainsi se manifeste la distorsion entre la sphère privée et le politique où les déchirements demeurent entiers. La question religieuse vient apporter des distinctions plus subtiles, entre les hommes qui pensent et agissent par attachement à la foi chrétienne et ceux qui voient dans l'enseignement par l'Église le moyen de s'assurer les services d'un gendarme commode et traditionnel. Plus brutalement, cet emploi de l'Église la rend solidaire du parti de l'Ordre et lui aliène l'ensemble de la gauche qui s'emploie désormais à prétendre, au rebours de la tendance générale au développement de l'instruction, que la loi, en donnant des facilités aux congrégations enseignantes comme en mettant au pas les universitaires, entraîne une régression ou un retard dans les progrès de l'instruction publique.

Il n'en est que plus intéressant de définir le fonds d'idées auquel ont eu recours les participants pour en arriver à rédiger une proposition[18]. Est soulevée d'emblée la question fondamentale des rapports entre l'autorité et la liberté. En face d'elles, se trouve l'État qui a, dit le conseiller d'État Janvier, deux droits à exercer : droit de surveillance et droit de concurrence à l'égard de l'enseignement libre. Thiers, président, croit que la dernière révolution a fait naître pour la société des devoirs nouveaux qui imposent à l'État « l'obligation d'avoir des doctrines ». Quelles barrières faut-il opposer à l'invasion de doctrines « perverses et immorales » dans l'enseignement public? L'État a le droit d'imposer certaines doctrines, répond Victor Cousin, mais il ne lui appartient pas d'approfondir les doctrines religieuses. L'Université est là depuis cinquante ans qui a toujours proscrit avec rigueur les théories contraires à la morale publique. Pour l'enseignement primaire, Cousin montre les cadres qu'offre la loi de 1833 : ils lui paraissent convenables.

Dès la troisième séance, Thiers dévoile le fond de sa pensée[19]. Le danger politique est à ses yeux si grand que, partisan de l'Université, il serait prêt à donner tout l'enseignement primaire au clergé, pour se débarrasser de « ces détestables petits instituteurs ». Son discours a d'autant plus d'importance que sa personnalité rencontre peu de rivaux dans le débat et qu'il exprime les peurs du parti de l'Ordre. C'est le projet Carnot que Thiers a dans l'esprit quand il part en guerre contre la gratuité et l'obligation : ministre de l'Instruction publique pendant quelques semaines, Hippolyte Carnot entendait renouer avec les idéaux de 1789 dans sa proposition de loi du 30 juin 1848, instituant l'obligation scolaire pour les enfants des deux sexes (art. 2), la gratuité des écoles publiques (art. 3), la nomination des instituteurs par le ministre de l'Instruction publique d'après les listes présentées par le conseil municipal (art. 9). Quelques formules de Thiers sont restées célèbres : « Je dis et je soutiens que l'enseignement primaire ne doit pas être forcément et nécessairement mis à la portée de tous » : selon l'orateur, l'instruction devrait être réservée à un « commencement d'aisance »; ou encore : « Je ne puis consentir à laisser mettre du feu sous une marmite sans eau[20]! » Montalembert proteste et demande pour le clergé « la liberté de l'influence, mais non la domination, exclusive de la liberté ». Le système de Thiers « sera toujours rejeté comme entaché d'ignorantisme ». Les raisons de Thiers étaient en grande partie liées à la conjoncture; il s'y joignait quelque réminiscence des Lumières : « Qui sait lire et écrire s'éloigne du travail des champs! » A la séance suivante, un député professeur à la faculté de Rennes, rédacteur à *L'Univers*, Roux-Lavergne, repousse la gratuité absolue au nom de l'idée de sacrifice. L'enfant, argue-t-il, a besoin pour aimer ses parents de connaître les sacrifices qu'ils se sont imposés pour lui. Roux-Lavergne se réclame d'une pensée à la fois religieuse, conservatrice et patriarcale, volontairement contraire à l'esprit du siècle; cette pensée trouvera encore son expression dans la bouche de certains orateurs de l'opposition, lors du vote des lois de laïcité. Théoricien de l'enseignement depuis la Restauration, toujours fidèle au légitimisme, Laurentie repousse lui aussi l'idée de gratuité absolue, parce qu'elle entraînerait au monopole de l'État. Ainsi les orateurs et écrivains traditionalistes ou seulement conservateurs, attachés à l'école sous influence religieuse, se retrouvent-ils pour défendre contre les entreprises de l'État un domaine où liberté et responsabilité du père de famille vont de pair. L'opposition à la gratuité n'a pas dit son dernier mot : elle s'exprime encore lors des débats de 1881, et pour les mêmes raisons : la non-gratuité est, pour des orateurs de droite, le prix que paie le père de famille pour faire l'épreuve de sa liberté.

Les discussions ultérieures montrent deux camps dans la commission : les plus résolus adversaires des projets de Carnot se rangent derrière Thiers, tandis que Cousin tâche de sauver les universitaires de la réprobation si vivement exprimée par les ennemis de l'Université et qu'un ancien recteur, membre du conseil de l'Université, Poulain de Bossay, prend la défense, chiffres à l'appui, des instituteurs publics et des écoles normales. Ainsi fait le directeur de l'École normale, P.-F. Dubois. L'abbé Dupanloup, représentant du culte catholique, a permis cependant d'apercevoir comment les tenants de l'enseignement catholique entendaient dépasser cet antagonisme. Partisan, avec l'Église, de l'instruction gratuite, il estime qu'il ne faut, par principe, l'imposer à personne. L'État a des devoirs en la matière, mais il ne convient pas de substituer les devoirs de l'État à ceux de l'individu et de la famille. La voie d'un compromis, rendue possible par le commun souci, après les violences, de l'ordre à maintenir, se dessine donc en faveur de l'Église, d'une Église qui a pris le parti de la liberté d'enseignement parce qu'elle y voit le moyen de consolider ses acquis.

La loi du 15 mars 1850 sur l'instruction primaire a accordé la liberté, entendue comme la fin du monopole universitaire dans l'enseignement secondaire. Elle a donné à l'Église catholique une part dans la surveillance des instituteurs. L'école publique est toujours ouverte aux ministres du culte. Les congrégations peuvent d'autant plus facilement faire concurrence aux instituteurs laïcs qu'elles bénéficient de la simple présentation faite par les supérieurs pour les religieux, du privilège de la lettre d'obédience, qui remplace le brevet de capacité pour les religieuses. Autant de privilèges qui, dans les premières années du second Empire, s'accompagnent d'une répression contre les tendances favorables à la République dans le corps enseignant.

L'Église, jadis force de libération vis-à-vis du monopole dans l'esprit de Montalembert, se range alors et est rangée dans le parti de l'Ordre Montalembert lui-même se rallie en 1849 à la défense de l'ordre social aux côtés des orléanistes. L'évolution du père d'Alzon, fondateur des assomptionnistes, témoigne d'une autre ligne de pensée · en catholique de son temps, s'il n'établit pas de barrière entre le politique et le religieux, il dissocie, dès la Monarchie de Juillet, la cause de la religion de celle de la monarchie et ne s'accommode pas d'un « parti de l'Ordre », parce qu'il refuse une simple défense sociale et affirme la primauté des principes religieux[21]. Aussi n'est-ce pas en fonction de la loi de 1850 qu'il conduit son action ultérieure, mais en dehors de la loi, par la réclamation d'une liberté totale de l'enseignement. Les forces catholiques sont donc plus divisées qu'il n'y paraît.

Au-delà de ces divergences sur le fond entre catholiques et contrairement à ce qu'avaient espéré les membres de la Commission de 1849, la loi de 1850 inaugure une réelle déchirure sur les questions d'enseignement entre la majorité du monde catholique et l'aile marchante de l'Université. Ceux que déserte pour un temps l'espoir de restaurer la monarchie estiment continuer le combat par l'affirmation des droits catholiques sur l'école. Ils prennent part au renforcement du camp de l'Église, mais leur attitude, tout en constituant un glissement du politique au religieux, exprime le rejet d'une bonne part des aspirations contemporaines.

Ainsi se manifeste l'ambiguïté des catholiques libéraux : le parti clérical use de la liberté qu'affirme la loi ; il étend aussi, à la faveur de la réaction qui suit 1848, de la frayeur du désordre et de l'installation d'un régime autoritaire — l'Empire —, son influence et ses moyens d'agir dans le monde scolaire. La loi de 1850, en effet, améliore la situation faite aux congréganistes et aux curés de paroisse par la loi Guizot : outre l'exemption militaire accordée aux frères comme aux instituteurs et la lettre d'obédience qui tient lieu pour les congréganistes de brevets académiques, elle fait du curé l'une des autorités préposées à la surveillance de l'enseignement primaire. D'où l'exaspération grandissante du camp adverse. L'apaisement dont avaient rêvé Thiers et Dupanloup en 1849 se mue bientôt en illusion. Plus tard, Pierre de La Gorce voit le projet comme une transaction entre deux puissances rivales qui ne donne satisfaction ni aux universitaires, ni aux catholiques[22]. Ces derniers donnent dans l'intransigeance, tandis que le journal *L'Univers* tend à devenir leur interprète ordinaire : « M. Louis Veuillot n'hésita pas à combattre la loi, insuffisante selon lui et par là même plus dangereuse qu'utile[23]. » D'autres journaux catholiques critiquent la loi avec plus d'acrimonie, tandis qu'une bonne part de l'épiscopat déplore les concessions du ministre. Une fois encore, les éléments de l'instruction ne sont pas en cause, mais l'orientation qui leur est donnée par l'Université, accusée d'hostilité à l'égard de l'Église. Le contenu de l'instruction importe moins que ceux qui la dispensent et lui donnent son orientation : « Vous avez livré au jugement de l'État l'enseignement ecclésiastique », écrit encore *L'Univers*... « Vous avez immolé les libertés municipales sur l'autel de l'État [...]. Vous avez créé une armée d'instituteurs, de professeurs, d'inspecteurs, de recteurs, tous fonctionnaires, pour propager, jusque dans le dernier village, les enseignements empoisonnés de l'État, pour empêcher que, dans les établissements particuliers, on puisse donner des enseignements contraires[24]. »

Cette radicalisation de l'opposition catholique n'est pas sans relation avec la montée d'un journalisme ultramontain qui s'érige, par-delà un épiscopat plus habitué à la négociation, en maître à penser des foules catholiques et du « peuple chrétien ». Il s'instaure alors entre la presse et la hiérarchie catholique une sorte de surenchère qui ne joue pas en faveur de la modération. La presse ne fut cependant pas à l'origine de la campagne menée en 1869 par Mgr Dupanloup. Pour des raisons politiques, ramener les catholiques sur le terrain de leurs vrais devoirs, l'opposition à l'Empire, l'évêque d'Orléans travaille à obtenir le départ du ministre Victor Duruy ; il entraîne les évêques en un domaine où Duruy n'avait guère obtenu de résultats, mais qui, hors des jeux proprement politiques, demeurait particulièrement sensible : l'enseignement secondaire des jeunes filles que le ministre avait osé confier à des professeurs de l'Université[25]. Le Dupanloup de 1869 est loin des transactions de 1850, et si l'épiscopat dans sa majorité reste en retrait, les laïcs et une partie jeune, ultramontaine, du clergé ont subi une évolution qui les pose en adversaires de la politique scolaire de leur temps. Ainsi, aux monarchistes hostiles par principe, se joignent les catholiques qui reprochent avant tout à l'Empire sa politique romaine et, en outre, le soutien accordé à l'Université et aux maîtres laïcs face au clergé.

La querelle de l'enseignement secondaire des jeunes filles qui provoqua la chute de Duruy partait d'un événement d'ampleur modeste; n'avaient bénéficié des cours secondaires, de 1867 à 1869, que 2 000 jeunes filles de la bonne société. Elle constitue néanmoins un épisode révélateur de l'opposition de fond entre le monde conservateur et ceux qui, dès le second Empire, se sont préoccupés d'une éducation pour les filles affranchie au moins en partie de la tutelle traditionnellement exercée par l'Église. L'enseignement des filles est en effet resté, par une tradition antérieure à la Révolution, conçu selon les principes de l'Église. La loi de 1850 a aidé à l'emprise grandissante sur lui des congrégations enseignantes. Mgr Dupanloup a donc le sentiment de sauvegarder, outre une politique qui lui est chère, le patrimoine de l'Église : « Les filles étaient élevées sur les genoux de l'Église. » Des femmes dépend l'avenir à une époque où la pratique religieuse est surtout féminine; en elles repose la première éducation religieuse des enfants. Ainsi s'explique l'ardeur, pour ne pas dire la violence de la campagne que mène l'évêque d'Orléans contre cette première initiative de laïcisation. Est en cause à vrai dire non l'enseignement élémentaire, mais l'éducation des jeunes filles des classes aisées et la direction à lui imprimer.

Le débat reprend quelque douze ans plus tard, lorsque, en 1880, le député Camille Sée dépose une proposition de loi relative à l'enseignement secondaire des jeunes filles, destiné, comme les cours Duruy, en principe, aux filles des classes privilégiées[26]. Plus court que celui des garçons, il ignore latin, grec et philosophie; son fondement essentiel réside dans l'apprentissage du français et de la littérature française, avec des éléments des sciences et un peu de langues vivantes. Un enseignement en somme similaire à celui qui se donne dans les meilleurs pensionnats. Mais Camille Sée le veut neutre; l'enseignement de la morale y remplace l'enseignement religieux laissé au soin des familles. La pensée de Mgr Dupanloup, disparu en 1878, reste présente lors de la discussion parlementaire, sur un mode atténué toutefois chez la plupart des orateurs de la droite. Le duc de Broglie, au cours des débats au Sénat, traite du fond de la question dans un ample discours. C'est une expérience toute nouvelle, observe-t-il, qu'on se propose d'entreprendre. Puisqu'on a retranché l'instruction religieuse, le cours de morale sera indépendant de toute doctrine religieuse. Il sera également indépendant de toute doctrine puisqu'on a décidé de ne pas enseigner la philosophie aux jeunes filles. Sans doute n'est-il qu'une seule morale, si on prend le sens le plus superficiel du mot. Mais comment définira-t-on le fondement de la morale? Le nom de Dieu se rencontre dans l'un des derniers articles du programme (devoirs envers Dieu). La difficulté ne s'évitera pas par des « prétéritions prudentes... il y a des omissions qui équivalent à des négations positives ». Pour éviter le cours de « morale athée » auquel on aboutirait, il n'est que de revenir à la « vieille morale, celle du catéchisme[27] ». Aussi le duc et ses amis, sans succès, concluent-ils à l'abandon de l'article sur le cours de morale.

Au total, les discussions sur l'enseignement secondaire féminin, au Sénat, où les droites ont encore quelque force et où la loi est accueillie de façon bien tiède, révèlent le souci, de nature politique et religieuse, posé par l'intervention de l'État dans un domaine qu'il avait jusque-là négligé. Mis à part les débats parlementaires, la question ne semble pas avoir passionné les milieux de droite, tant ils sont persuadés que l'entreprise ne peut réussir, imbus qu'ils sont d'une autre image de la femme, incompatible avec l'enseignement prôné par Camille Sée. La passion de Dupanloup, dans son hostilité, provenait de son espoir de se servir de l'État; ses successeurs au Parlement et dans l'opinion conservatrice préfèrent opposer une fin de non-recevoir, aussi aura-t-on plutôt recours à la notion d'une proposition « ridicule », voire inconvenante. L'éducation de la jeune fille dans l'intimité de la famille est assimilée dans les esprits à la conservation de sa virginité. Les femmes initiées aux « brutalités de la science » perdent le caractère de la jeune fille, élevée « dans une poétique ignorance des mystères des choses », écrit Mirbeau[28]. De tels développements tiennent place, souvent, dans la presse, d'une véritable argumentation : on lui préfère l'anathème, voire l'insulte. La lecture des réactions conservatrices à une institution appelée virtuellement à changer l'équilibre traditionnel de la famille donne donc, lors des discours prononcés à la Chambre et surtout au Sénat, une impression fréquente de faiblesse, voire de légèreté. L'enseignement féminin apparaît comme un domaine sensible, mais il ne sert pas de lieu à une réflexion qui permettrait d'aller au-delà d'une hostilité impuissante.

IV. DE L'ENSEIGNEMENT CONFESSIONNEL À L'ÉCOLE LIBRE

Assombries par l'exil ou la retraite de quelques opposants au « césarisme », les toutes premières années du second Empire ont été aussi marquées par des vexations dont furent victimes les instituteurs de la part des autorités locales et cléricales. De façon plus ponctuelle, les universitaires furent soumis par leurs supérieurs à une sourcilleuse surveillance de leur comportement et de leurs convictions. Mais le régime impérial n'accomplit que bien temporairement l'idéal des droites en matière éducative. L'administration universitaire qui s'est affermie entreprend au fil des années une action continue pour entraver le développement des institutions congréganistes et mettre un terme à ce qu'elle voit comme un excès des interventions « cléricales » dans l'école. C'est que des municipalités, mues par des convictions conservatrices, mais aussi, peut-être, par des considérations économiques, transforment les écoles congréganistes en écoles publiques comme le leur permet la loi de 1850. L'application attentive de celle-ci par les ministres Fortoul et Rouland va dans un tout autre sens. L'Église apparaît désormais une force de droite : les intransigeants parlent fort en un domaine qui leur est essentiel, car l'école chrétienne est pour eux le lieu de sauvegarde des valeurs religieuses. Peu de catholiques, dans la lutte sourde, parfois ouverte, qui se livre au village, peuvent alors échapper à l'étiquette de réactionnaires, d'autant que la majorité des républicains rejette toute compromission et arrive au pouvoir, en 1877, résolue à appliquer un programme fondé sur la gratuité, l'obligation et la laïcité de l'école.

Avec l'avènement des républicains et le vote des lois scolaires, les lignes de clivage déjà anciennes entre conservateurs et républicains se dessinent une nouvelle fois sur les principes qui doivent régir l'éducation des jeunes Français. Divisés sur la question monarchique, plus tard sur la nature même du régime, tenants de diverses écoles de pensée dans le domaine de l'économie ou sur les questions sociales, les parlementaires et les journalistes conservateurs retrouvent leur unité sur le terrain de l'école. Ils combattent avec ensemble l'adoption des lois fondamentales, sans arriver à réunir une majorité parlementaire, contre l'adoption des textes proposés par Jules Ferry et ses amis. Leur faiblesse relative au Parlement s'accroît du fait de la tactique adoptée par Ferry ; elle consiste à ne pas faire adopter d'un seul coup tout le programme républicain en matière d'enseignement. Les conservateurs souffrent aussi de leurs propres insuffisances : de même qu'ils semblent ne pas s'être préparés à la persécution qui atteint l'enseignement libre, aucune pensée vraiment nouvelle sur l'école ne semble s'être formée dans leur camp, une fois acquise la liberté d'enseignement, couronnée par la loi de 1875 sur l'enseignement supérieur. Comme dans le cas particulier de l'enseignement féminin, les droites se placent plutôt sur le terrain de la société et des mœurs qui ne souffriraient pas, selon eux, les innovations républicaines, plutôt que d'essayer une réponse globale et argumentée à ces propositions. Le « fossé de la question religieuse » empêche, il est vrai, toute alliance temporaire ou toute transaction. Ce qu'un climat de crainte au lendemain de Juin 1848 avait permis, avec la loi de 1850 n'apparaît plus possible. D'un côté — les mots importent ici — le parti conservateur, dans les débats scolaires, invoque les « droits du père de famille », à quoi Paul Bert réplique par le « droit de la conscience » des enfants et des parents : à une vision de la société organisée où les véritables individus sont les groupes tels que la famille, s'oppose la conception strictement individuelle des républicains.

Dès lors, dans la France, du XXe siècle, une série d'images pourraient illustrer les relations des droites à l'éducation. Deux d'entre elles ont laissé une trace dans les sensibilités, sans doute parce qu'elles symbolisent les limites à ne pas franchir si l'on veut sauvegarder la cohésion nationale. Dramatisée par la presse populaire catholique, l'expulsion des congrégations enseignantes en 1904 marque l'aboutissement autoritaire du processus de laïcisation de l'enseignement. Elle est l'occasion obligée de réfléchir sur une liberté et sur les moyens humains et matériels de continuer une œuvre jugée nécessaire. Beaucoup plus près de nous, la manifestation de foule, calme, organisée, qui, en juin 1984 à Paris, a mis le monde de l'enseignement privé dans la rue et provoqué la chute du ministre Savary. Mais 1984 marque, en réalité, la force de l'attachement, qui dépasse le clivage entre gauches et droites, à la liberté de l'enseignement.

Dans l'un comme l'autre des moments évoqués, les droites qui, la plupart du temps, font cause commune avec les catholiques et puisent chez eux une bonne partie de leurs électeurs, connaissent une mutation, sinon de leurs principes, du moins de leurs pratiques éducatives. L'expulsion des congrégations vient à l'issue d'une longue période où elles se voient dépossédées peu à peu de cette part qu'elles occupaient dans l'instruction des jeunes Français. Éviction qui semble aboutir à la victoire de la gauche et marquer le début de l'unification du système scolaire en France. L'« autre école », les radicaux le croient en effet, est désormais vouée à une inéluctable disparition. Il n'en est rien. Exilées, plusieurs grandes congrégations ouvrent des écoles aux frontières de la France et une partie de leurs élèves les suit. C'est ainsi que Charles de Gaulle fut l'élève des jésuites à Antoing en Belgique, que les Frères des écoles chrétiennes transportèrent leur grand pensionnat de Passy à Froyennes, leurs noviciats à Irun ou à Douvres. Cette forme de résistance qui va jusqu'à l'exil des élèves comme des maîtres, signe en même temps de fidélité au type d'éducation donné par les religieux, a une connotation en partie sociale. Mis à part les novices et plus généralement les futurs religieux, les élèves de l'enseignement secondaire sont seuls à l'adopter. Or les usages de l'époque réservent encore celui-ci presque entièrement aux classes privilégiées. Un phénomène massif, en revanche, se produit en France même. Les religieux sécularisés, désormais isolés, ouvrent des écoles privées, secondaires et primaires; ainsi font des maîtres et maîtresses laïcs de l'enseignement libre. Le trait le plus remarquable des années qui suivent la législation combiste se trouve là et dans l'effort pour maîtriser une situation inédite que fournissent les parents d'élèves. Devant la décléricalisation brutale de l'enseignement, des laïcs, parents et maîtres surtout, souvent au prix de réels sacrifices matériels, s'efforcent ainsi de faire vivre des établissements privés où ils pourront faire donner aux enfants une éducation chrétienne.

Dans l'effervescence qui suit l'écroulement de 1904, une association de laïcs se distingue par son ancienneté et son expérience : la Société générale d'éducation et d'enseignement. Née en 1867, elle se propose de garantir les écoles chrétiennes de la contagion des doctrines antichrétiennes. Elle compte en son bureau de grands noms du monde conservateur et des catholiques de diverses tendances : Chesnelong, Cornudet, le vicomte de Melun, et L.-C. Michel. Société conservatrice, elle fait appel, par la voix d'Émile Keller, à l'unité politique de ceux qu'elle rassemble, pour une meilleure efficacité. Outre un bulletin, elle fait paraître une revue pédagogique hebdomadaire. Son comité de contentieux, présidé par Armand de Mackau, déploie une grande activité après la mise en place de la législation républicaine et apparaît comme « le directeur moral de la résistance à la politique de laïcisation ». La Société, à la différence de *L'Univers* prompt aux solutions extrêmes, peut plus facilement que lui apparaître comme le représentant du monde catholique, d'autant qu'elle réunit les principaux hommes politiques catholiques et se confond presque avec le Comité catholique de défense religieuse créé en 1877[29].

A la fin de 1902, l'état-major habituel de la Société examine la conduite à tenir devant « la guerre déclarée à l'enseignement chrétien ». Faut-il annexer l'enseignement à l'épiscopat, par le moyen d'une commission diocésaine, ou bien procéder à une véritable réorganisation, en constituant des comités diocésains reliés entre eux pour la propagande, l'assistance et la coopération entre catholiques ? L'assemblée des délégués prévoit des comités locaux de défense des religieux, en accord avec les autorités religieuses, une défense par les œuvres et par la presse et même un boycott de ceux qui ne partagent pas les convictions catholiques. Soucieuse de ménager la hiérarchie épiscopale, la Société se crée en quelque sorte une politique à l'usage des laïcs ; elle sépare alors son action de celle des congrégations : il s'agit pour elle de procéder à une sécularisation réelle, et non fictive comme espérèrent un temps les congrégations ; il fallait alors donner des moyens d'existence aux religieux sécularisés.

Mais à côté de la Société générale d'éducation, franchement conservatrice, se distinguent deux autres tendances qui épousent, sans exclure combinaisons et affinités entre les groupes, les autres courants du catholicisme français : libéral et social. Au nom de la liberté, se fonde la Ligue de la liberté de l'enseignement en août 1902, qui veut regrouper aussi bien des catholiques que des libres-penseurs ou des protestants pour défendre avant tout la liberté d'enseigner : le protestant François de Witt Guizot vient y rejoindre Anatole Leroy-Beaulieu, Georges Picot et Denys Cochin. La Ligue aide les associations du type de celles dont, à Lyon, un soyeux et homme d'œuvre, Jean Bornet, donne le modèle, fondé sur l'association de tous les intéressés. Une brochure qu'il publie en 1902 critique le système traditionnel qui fait reposer l'école libre sur le curé et les congrégations ; les familles, observe-t-il, sont les plus intéressées. L'école de demain sera fondée sur l'association qui amènera les familles à s'unir pour administrer l'école. Elle sera

« succursale de la famille, sa continuation, mieux encore la famille elle-même enseignante ». A partir de là pourra s'édifier la « maison commune ». Il n'est pas indifférent que Bornet cite Le Play dans le cours de son développement : avec les pères de famille siégeraient « les autorités sociales ». Les réunions régulières feront l'éducation des familles comme l'école fera celle des enfants. Sur ces principes se crée un comité lyonnais pour l'établissement et « l'exploitation d'écoles libres sur des bases nouvelles ». Des associations « dans lesquelles les représentants des familles des élèves entrent pour la plus grande part » se chargeront de l'« administration tandis que les curés des paroisses se voient confier l'enseignement religieux et moral ». Le thème de l'éducation par la famille, de la responsabilité de la famille dans l'éducation des enfants, n'apparaît donc plus seulement dans son accompagnement traditionnel. Il est la réponse que va chercher un monde bousculé dans ses habitudes et ses certitudes par un défi d'une ampleur nouvelle. Coulé dans le moule de valeurs intangibles pour le monde catholique, fortement inspiré par le catholicisme social, il gagne dans la conjoncture la dimension inédite d'une réponse « moderne ». La publication de ce manifeste, suivi d'une lettre d'approbation du cardinal Coullié, archevêque de Lyon, remporte un « grand succès ». Soixante-dix-huit associations existent à la fin de 1904, à la suite de l'appel lyonnais. Parallèlement, s'organisent ou se créent des syndicats de maîtres de l'enseignement libre, à l'exemple des syndicats chrétiens d'origine souvent cléricale qui existent dans quelques branches professionnelles. Ils se grossissent des religieux sécularisés dont il faut défendre les intérêts.

La défense de l'école libre se fait donc à l'aide de multiples initiatives, venues en un premier temps des laïcs plus que des clercs. Le regroupement des pères de famille sert à deux fins : soutenir l'école libre et surveiller la neutralité dans l'école publique. L'épiscopat laisse faire et approuve, entravé qu'il est par l'imminence de la dénonciation du Concordat, accomplie avec la loi de Séparation du 9 décembre 1905. Mais passé cette date, les associations sont peu à peu mises sous la surveillance du clergé. Les évêques prennent en main une lutte scolaire qui pouvait auparavant, par les soins des laïcs, dépasser le monde catholique pour affirmer une liberté fondamentale de la société française. Les Unions diocésaines regroupent alors les œuvres catholiques, dont l'école. Cette cléricalisation et, somme toute, cette banalisation de la question scolaire traitée comme une autre par le clergé ne vont pas sans une retombée de l'enthousiasme chez certains laïcs qui avaient cru devoir, quelques années auparavant, prendre leurs responsabilités. L'évolution met en lumière la complexité du dilemme auquel se sont trouvés confrontés les catholiques depuis l'arrivée des républicains au pouvoir : faut-il maintenir la fiction d'une « chrétienté » provisoirement persécutée par un pouvoir transitoire, comme le croyaient certains conservateurs aux débuts de la République? Doivent-ils construire une contre-société, comme les y invitent certains évêques et la Curie romaine? Ou plutôt ne devraient-ils pas reconnaître que la France est devenue un pays de mission à transformer et proprement convertir de l'intérieur? Comme l'observe André Lanfrey, mandements épiscopaux et lettres pastorales se font nombreux au lendemain d'une prise de position collective de l'épiscopat, en 1908 et 1909, ce qui est une nouveauté. La majorité des évêques, unanime dans la condamnation du laïcisme, se montre modérée quand elle parle de l'école « neutre », d'autant que la plus grande partie de leurs ouailles la fréquente.

Si l'école « laïque » a réussi à s'imposer, elle le doit à la réserve des instituteurs qui assure au moins la neutralité et la paix au village. Les souvenirs sur cette époque de l'école publique montrent souvent les deux mondes qui s'ignorent plus qu'ils n'entretiennent de querelles localisées; les tensions se traduisent plutôt par des pressions du clergé et des classes possédantes sur les parents d'élèves et les maîtres publics. Le contraste n'en est que plus grand avec la violence latente du conflit. Deux idées fondamentales : celle de liberté et celle des droits de la famille, n'en auront pas moins été transmises du plus profond du XIXᵉ siècle à cette période annonciatrice des débats ultérieurs.

V. LES DÉBATS DU XXᵉ SIÈCLE

Les événements de la Première Guerre mondiale ont atténué un temps le conflit scolaire. Les forces de la gauche laïque ne pouvaient plus développer à loisir le thème des « deux France » qu'aurait divisées la présence de deux écoles concurrentes, puisque la preuve d'une unité profonde venait d'être si tragiquement apportée. Mais bientôt les élections de 1919 faisaient reparaître le débat au

Parlement : la majorité de Bloc national est faite de ceux qui acceptent les lois de laïcité, pour peu qu'elles soient appliquées dans un esprit libéral, et des catholiques qui refusent la notion, chère aux républicains, de « lois intangibles ». Dans le même temps, les bouleversements économiques nés de la guerre rendent de plus en plus précaire l'existence des établissements libres : ils ne vivent en effet que des versements des parents et de donations moins fréquentes que jadis. La crise mondiale accentuera ce dénuement grandissant. Thème en faveur avant la guerre, la RPS (Répartition proportionnelle scolaire) apparaît en 1921 comme une réponse aux partisans de l'école libre : le produit de l'impôt payé par tous irait à toutes les écoles, en proportion des enfants scolarisés par chacune. La liberté de l'enseignement existe-t-elle encore, arguent les tenants de la RPS, quand elle est privée des moyens de s'exercer? Aucun accord n'est en vue sur la question quand la majorité du Cartel en 1924 projette de ne plus tolérer les congrégations et d'introduire les lois laïques en Alsace-Lorraine. L'Association catholique de la jeunesse française et la Fédération nationale catholique entrent en campagne. Tandis que les partis de gauche se servent du thème de l'école unique comme ciment de coalitions en fait disparates, les adversaires qui voient dans l'école unique la menace du monopole s'organisent en véritables groupes de pression. En 1929-1930 se créent les APEL (associations de parents d'élèves de l'enseignement libre). Elles font cause commune avec l'Alliance des maisons d'éducation chrétienne. La FNC, en 1928, suscite l'engagement de 227 députés à soutenir l'école libre. Une sorte de mobilisation permanente des partisans de celle-ci est l'une des explications de l'échec partiel du Front populaire dans ses projets de réforme éducative.

Un certain nombre de thèmes de la Révolution nationale, appliqués à l'éducation, comme l'exaltation de la famille, l'idée d'une autorité paternelle, l'opposition de l'esprit de sacrifice, nécessaire, à l'esprit de jouissance responsable du désastre, étaient de nature à séduire le monde proche de l'enseignement libre. Des mesures telles que l'abrogation des lois anticongréganistes, dès la rentrée scolaire de 1940, l'octroi de facilités financières et de subventions allaient aussi dans ce sens. Mais les forces de droite traditionnelles ont trop interprété le climat plus favorable à l'école libre comme un juste retour des choses, une revanche sur la République, après les haines et les craintes accumulées au temps du Front populaire. Le retour de la légalité républicaine se traduit donc par la disparition de toute subvention et la réaffirmation de la laïcité.

Les structures qui avaient entretenu la mystique de l'école libre entre les deux guerres ont disparu pour partie. Les APEL s'unissent à des associations de professeurs, de chefs d'établissement, d'anciens élèves en un Secrétariat d'étude pour la liberté d'enseignement et la défense de la culture, en 1948. L'âme en est Édouard Lizop qui travaille en 1951 à la création d'une association parlementaire pour la liberté de l'enseignement. Le but avoué est d'assurer l'exercice de la liberté d'enseignement, en fait de procurer à celle-ci les moyens nécessaires. Les maîtres qui se recrutent de plus en plus parmi les laïcs sont alors très mal rémunérés, tandis que le nombre des élèves est en augmentation. Les milieux laïcs, essentiellement la FEN et la Ligue de l'enseignement, répètent le slogan : « Les fonds publics à l'école publique ». La Troisième force, constituée des socialistes SFIO et des MRP, qui forme les gouvernements depuis 1947, ne connaît évidemment pas l'unanimité sur la question. Après les élections de 1951, le RPF pose la question des subventions aux écoles privées : une union des RPF, MRP et indépendants permet d'aboutir aux lois Marie (21 septembre), permettant aux élèves des écoles libres de devenir boursiers, et Barangé (28 septembre) créant un fonds spécial destiné aux chefs de famille[30].

Le retour du général de Gaulle en 1958 inaugure une nouvelle étape de la question de l'enseignement libre et une nouvelle manière d'envisager celle-ci. Il est certain que la loi Debré (31 décembre 1959) qui règle les relations avec l'enseignement privé n'aurait pas été votée sans l'extrême habileté des auteurs de la loi — Michel Debré au premier chef — et la situation particulière où se trouvaient alors la France et les partis politiques affaiblis par la guerre d'Algérie et les événements de 1958. Les contrats sont signés, non pas avec l'enseignement privé, mais avec les établissements représentés par leurs directeurs. Le système des contrats, imaginé par la commission de préparation que présidait l'ancien ministre socialiste Pierre-Olivier Lapie, se substitue au système des subventions sans contrepartie. L'hostilité des forces de droite fut plus acharnée encore que la protestation laïque, malgré la pétition monstre du Comité national d'action laïque. Les partisans de l'enseignement libre craignaient, en effet, l'intégration à terme dans le système public des établissements sous contrat d'association. Dans l'article 1 de la loi, « le respect du caractère propre » est une addition du général de Gaulle qui n'intervint pas autrement dans le processus législatif. Il fallait y voir moins une concession arrachée par le groupe de l'enseignement libre, comme dans le cas du contrat simple, que l'effet de la conviction profonde du général en la matière et la reconnaissance d'une situation de fait. Le ministre socialiste de l'Éducation nationale, André Boulloche, démissionna, tandis que de l'autre côté, Édouard Lizop continuait de protester. La loi, cautionnée par les évêques, passa à une écrasante majorité.

L'application se ressentit de l'action persévérante menée par les partisans de l'enseignement privé au sein de la majorité de droite et de la nécessité évidente de l'enseignement privé dans une conjoncture de forte croissance des effectifs scolaires. D'où les décrets de 1964 et 1965 sur le recrutement des maîtres, la loi de 1971 qui précise le « besoin scolaire », une série de mesures financières relatives aux constructions et à la formation des maîtres. La loi Guermeur enfin, défendue par un député breton (25 novembre 1977), outre les dispositions financières favorables aux maîtres, leur impose de respecter le « caractère propre » de l'établissement où ils enseignent, précaution d'« ordre moral » qui aboutit parfois à l'intrusion dans la vie privée. Les conditions de nomination achèvent la victoire d'un enseignement privé qui se refuse à toute intégration. Sans doute le CNAL et la gauche affichent-ils leur hostilité ; le programme commun de 1972 prévoit la nationalisation des établissements sous contrat. Mais déjà l'enseignement privé n'est plus ce fourrier du cléricalisme qu'ils dénonçaient et cesse d'être la créature de la seule droite, car dans une société aussi scolarisée, il remplit une fonction essentielle de proposition pédagogique aux éclopés du système officiel.

Les manifestations de 1984 qui, en un crescendo bien organisé, ont fait descendre dans les rues une foule qui mêlait les parents, les maîtres, les élèves de l'enseignement libre, ont emporté le ministre Savary et son projet d'un grand service public laïc et unifié de l'enseignement. Elles ont montré en même temps le déplacement du débat. Certes, l'ouest de la France, et plus généralement les bastions de chrétienté fidèles à l'enseignement libre ont défilé et administré la preuve qu'il existe des zones où l'école libre n'est pas un privilège de caste, mais le signe d'une appartenance religieuse, voire d'une fidélité aux traditions. Voulue par le général de Gaulle, la reconnaissance du « caractère propre » dans la loi Debré du 30 décembre 1959 était due à la compréhension de cette fidélité ; les établissements confessionnels constituaient au reste, à l'époque, l'écrasante majorité des établissements libres. Cela étant, plus récemment, s'observent chaque année des transferts de l'enseignement libre à l'enseignement public, et inversement, transferts qui ne peuvent être dus à des préoccupations religieuses. La manifestation de 1984 incarnait entre autres le refus de renoncer à la liberté d'enseignement, perçue comme une liberté fondamentale.

C'est sur ce principe que certains tenants de la droite dite « libérale » se fondent pour réclamer la fondation d'universités libres et concurrentes totalement affranchies de la tutelle de l'État. Ce courant de pensée a sans doute provoqué la fondation récente de quelques écoles supérieures de commerce ou de gestion. Il demeure néanmoins fort minoritaire et ne saurait être confondu avec l'élan qui a conduit, au lendemain de la loi de 1875 reconnaissant la liberté de l'enseignement supérieur, à la création de facultés libres comme autant de ripostes, sur le terrain des sciences profanes, à l'entreprise de laïcisation annoncée par la République. Les facultés catholiques, à Lille et à Angers, par exemple, ou l'Institut catholique à Paris ne gardent plus ce propos combatif, mais tiennent à conserver leur originalité, tandis que la plus grande partie des catholiques récusent l'identification entre le catholicisme, la droite et l'école. La liberté, vue comme une chance scolaire de plus pour la jeunesse, comme la possibilité d'autres pédagogies, d'autres rythmes d'apprentissage, d'autres domaines de connaissance, coexiste, pour des raisons liées à une longue histoire, avec un État bailleur de fonds et presque omniprésent, en une synthèse bien particulière à la France.

FRANÇOISE MAYEUR

Le sujet, qui ne se confond pas avec l'histoire générale de l'éducation ou de l'enseignement, n'avait pas été jusqu'ici spécifiquement traité. Les ouvrages référencés en note selon leur utilité contextuelle pourront servir de première bibliographie.

CHAPITRE XIX

Le patrimoine

Parvenu presque au terme de cette Histoire des droites, *le lecteur aura, à plusieurs reprises, découvert combien le patrimoine — biens immobiliers ou fortune mobilière — fut pour les droites un des moules de l'individu. Défini, sous la forme de la propriété, comme l'un des droits de l'homme dès l'article 2 de la Constitution de 1791 (« Le but de toute association politique est la conservation des droits naturels et imprescriptibles de l'homme. Ces droits sont la liberté, la propriété, la sûreté et la résistance à l'oppression »), il fut à la base des grandes constructions et mises en forme idéologiques de la Cité et de la place que devait y occuper l'individu. Supposé, corollairement à sa possession, assurer un goût pour l'ordre établi des choses et une volonté de pérenniser le cours de celles-ci, le patrimoine aura été l'objet de toutes les attentions politiques et sociales : sur lui, les droites auront voulu fonder les hiérarchies organiques de la famille et des pays, délimiter strictement le nombre des individus appelés, en corps politique, à participer à la détermination de la loi, voire arrêter l'aire de l'instruction et de la propagation du savoir.*

Posé, dans l'imaginaire des droites, comme un élément essentiel de la nécessaire discrimination sociale, le patrimoine aura-t-il jamais été ce moule rêvé dont la possession suppose que l'individu aligne désormais sur celle-ci l'expression de son suffrage ?

*
**

D'emblée, dissipons cette ambiguïté bien révélatrice, en fait, d'une évolution qui n'est pas seulement sémantique : ce qu'évoque aujourd'hui le mot de « patrimoine » pour la majorité de nos contemporains, c'est avant tout le patrimoine collectif, artistique ou monumental, qu'incarnent dans le respect de tous les collections de nos musées ou les édifices classés « monuments historiques » et que régit non sans recours aux effets médiatiques — rappelons l'« année du Patrimoine » — une direction spécialisée du ministère de la Culture [68]. C'est dans un second temps seulement que vient à l'esprit le sens économique du terme, qui longtemps fut prédominant et que l'on retiendra naturellement ici. Qu'est-ce donc, dans cette acception, que le patrimoine?

Comme pour maintes notions dont on fait couramment usage, telles en sociologie celles de « classe » ou de « bourgeoisie » [5], force est de reconnaître un certain flou et des glissements de sens. « L'idée de patrimoine est de celles qui, à raison de leur simplicité apparente, paraissent s'expliquer d'elles-mêmes... Est-ce pour cette raison que le législateur qui emploie en plusieurs endroits du Code civil l'expression... n'a défini nulle part la chose qu'elle représente? » : introduisant ainsi l'article qu'elle lui consacre, *La Grande Encyclopédie* [10] attire l'attention sur une incertitude et une évolution. Fondée sur l'étymologie, la définition classique que donnent Émile Littré ou Pierre Larousse et qui semble avoir prévalu au XIXᵉ siècle est celle d'un « bien dont on a hérité de son père ou de sa mère » [9], que la piété filiale en même temps qu'une saine gestion commandent de ne pas « dissiper¹ ». « Biens de famille par opposition à acquêts » [8] : pour être demeurée présente jusqu'à nos jours dans les dictionnaires², cette définition restrictive semblait déjà dépassée aux rédacteurs de *La Grande Encyclopédie*, qui invitaient tout au contraire à considérer l'ensemble des biens, le patrimoine étant juridiquement « l'idée abstraite de l'universalité de tous les objets appartenant à une personne déterminée » [10]. Leurs successeurs, aujourd'hui, y voient « l'ensemble des éléments aliénables et transmissibles qui sont la propriété, à un moment donné, d'une personne, d'une famille », qu'ils soient mobiliers, immobiliers, financiers ou incorporels [11]. En d'autres termes, tous les types de biens, d'usage domestique ou professionnel, de rapport ou de réserve, qui constituent la fortune d'un individu ou d'un ménage, que ceux-ci ont acquis aussi bien qu'hérités, et qu'ils pourront transmettre à leurs ayants droit. C'est cette définition actuelle qu'on retiendra ici, gardant cependant en mémoire le sens plus restrictif longtemps donné au mot de « patrimoine », explication de sa surprenante rareté dans le vocabulaire politique ou tels écrits fondamentaux du siècle dernier³. Le patrimoine, par conséquent, ce sont ces biens tant rassemblés que recueillis qui, transmis, fondent la richesse durable d'une famille; c'est la fortune, l'avoir. L'argent? L'esprit rechigne devant certaine connotation péjorative de ce dernier terme, qui fait apparaître a contrario la dimension plus noble de « patrimoine ». De même un rapprochement avec « propriété », décidément plus juridique et plus abstrait, fait ressortir avec un brin de sentiment une référence familiale pour ne pas dire dynastique. Mais n'est-ce pas là glisser déjà vers une perception restrictive de cette question qui, pour sembler à première vue relever de la vie privée, se révèle en réalité au cœur du débat politique ?

I. LE PATRIMOINE, VALEUR DE DROITE ?

S'il est un thème enraciné à gauche, c'est bien l'identification du camp adverse aux « possédants » : la droite, globalement, ce sont les riches, c'est la domination foncière, c'est le pouvoir de l'argent, c'est en particulier le patrimoine des « grandes familles » [66] que symboliseront le château, les cheminées d'usines ou le portefeuille boursier dans une perspective héréditaire d'accumulation et de revenus sans travail. Argument polémique inusable, ce mythe des « gros » dont on a souligné la permanence en même temps que l'ambiguïté [2], de la troisième République à nos jours, peut sans peine être prolongé d'un bon demi-siècle vers l'amont à travers le discours libéral puis républicain, tel qu'il s'exprime notamment dans la presse d'opposition. Successivement *Le National, La Réforme, Le Siècle* [42, t. II], de la Restauration au second Empire, sans oublier tous leurs émules de province[4], ont prélude dans ce registre aux déclamations radicales en faveur des « petits » ou à la dénonciation marxiste des « monopoles », ces derniers, par exemple, étant accusés déjà couramment sous la Monarchie de Juillet... Sur plus d'un siècle et demi c'est donc, avec une extraordinaire constance, la même représentation qui prévaut, la même assimilation politico-sociale, d'où une logomachie étonnamment répétitive recourant à travers le temps aux mêmes références, au même vocabulaire consacré, dans une sorte de psychodrame sans fin où l'on rejoue éternellement 1789 dans le rôle, cela va de soi, du Sieyès de *Qu'est-ce que le tiers état ?* Seront ainsi rituellement vitupérés les « privilégiés », la « nouvelle aristocratie », c'est-à-dire celle « du coffre-fort », la « caste dirigeante », voire la « réaction féodale », avec la prévisible conclusion sur les « Bastilles à prendre[5] ». S'y ajouteront en cours de route quelques « ventres dorés », les « deux cents familles », le « grand capital » ou le « mur d'argent », pour ne point parler d'envolées morales à destination entendue sur l'argent qui corrompt... Toutes formules-chocs dont on admettra volontiers qu'elles puissent s'appuyer sur quelque réalité au niveau des avoirs comme des comportements, mais dont il convient aussi d'évaluer en historien la part de fantasme sinon de contrevérité. N'y aurait-il, en effet, de fortune qu'à droite ? Et inversement, comment croire que seul s'opposerait aux gauches un parti — par définition très minoritaire — des nantis ?

Au-delà d'un mythe électoralement efficace mais dont les fondements réels restent à vérifier, soulignons au moins l'intérêt, à travers ce regard de l'autre, de s'interroger sur un point qu'une attention trop exclusive à l'idéologie, à la vision du monde des droites, finirait par faire oublier : celui de leur rapport avec cette réalité matérielle qu'est la possession de biens, celui de l'influence que peuvent exercer sur le choix politique les intérêts d'ordre socio-économique. Sans donner ici dans le jeu polémique des assimilations simplistes ni retomber dans un déterminisme heureusement dépassé, il y a lieu de se demander dans quelle mesure la détention d'un patrimoine et le souci de le défendre influent sur l'engagement à droite. Mais tout d'abord, ne faut-il pas s'interroger sur la conception même que les droites ont de ce patrimoine, tant dans son principe que sous les diverses formes qu'il peut présenter, et sur la place qu'elles lui accordent dans leur système de pensée ?

Que le patrimoine constitue pour les droites à peu près unanimes une de ces valeurs qu'elles entendent préserver relève de l'évidence, tout comme d'ailleurs la possession par nombre de ses représentants de biens considérables[6]. S'ensuit-il pour autant que ce soit très spécifiquement une valeur de droite ? André Siegfried faisait remarquer qu'« il y a un nombre énorme de choses que les Français ne mettent jamais en question, à quelque parti qu'ils appartiennent » [41, p. 53]. Malgré les débordements oratoires auxquels il a pu donner lieu, sans doute conviendrait-il d'y inclure le patrimoine, dont maintes statistiques montrent depuis toujours la diffusion chez nous. On sait la fréquence, hier, de la propriété paysanne[7]. Il en va de même aujourd'hui pour celle du logement : dès 1978, près d'un Français sur deux était propriétaire, l'écart n'étant pas si considérable entre l'électorat du PC (31 % de propriétaires) et celui de l'UDF (59 %) [6, Tab. 25]. S'étonnera-t-on qu'en 1981, 79 % des personnes sondées par l'IFOP se soient déclarées favorables au principe de l'héritage, 4 % seulement y étant hostiles[8] ? Siegfried, encore une fois, opposait aux États-Unis, où « neuf fois sur dix, les résultats du succès demeurent viagers et intransmissibles », une société française au « socle » paysan et à l'« immense virtualité bourgeoise » où l'on « cherche dans la propriété l'indépendance [...] qui garantit le niveau de vie [...] et que l'on transmet ensuite aux héritiers du nom » [41, p. 18]. Or cette aspiration, largement répandue dans une France de petits propriétaires ruraux, de petits bourgeois, où le rêve de beaucoup d'ouvriers fut longtemps de s'établir à leur compte, devait trouver à gauche de notables soutiens et ce d'autant plus logiquement, il faut le rappeler, que le droit moderne de propriété et le mode établi de transmission successorale sont des acquis de la Révolution. N'a-t-on pas en 1789 proclamé la propriété droit « inaliénable » et « sacré », en faisant dès lors une des bases de la citoyenneté ? N'est-ce pas le Code civil, charte d'une société nouvelle, qui a réformé le régime des biens et de l'héritage, le principe du partage égalitaire lui conférant durablement une référence de gauche face aux nostalgiques du droit d'aînesse[9] ? Pour la majorité des « hommes de progrès », au XIXe siècle, cette propriété à la fois individuelle et totale représente une conquête de la Révolution, que rend plus précieuse encore la menace quelque peu mythique d'un retour à l'Ancien Régime agitée par les libéraux sous la Restauration et même encore par les républicains au temps de Mac-Mahon, avec certain succès auprès de paysans n'ayant oublié ni la dîme ni les droits seigneuriaux. Comme les droites pour leur part s'accommodent, à défaut parfois du régime successoral, d'une législation consacrant le patrimoine et l'héritage, c'est un très large consensus qui pratiquement se réalise sur ce plan. Cela marginalise d'emblée ceux qui s'aventurent à le contester — que l'on songe au scandale soulevé par l'essai de Proudhon, *Qu'est-ce que la propriété ?* [17] et, un demi-siècle plus tard, aux craintes suscitées par le « collectivisme », significativement assimilé par certains de ses adversaires à une régression vers la distinction d'Ancien Régime entre droit d'usage et droit éminent — ou les contraint à d'extrêmes prudences. Ainsi, pour calmer l'affolement suscité par certaines véhémences clubistes, les démocrates-socialistes, sous la deuxième République, doivent singulièrement modérer leur discours, famille et propriété s'inscrivant en bonne place sur leur programme [39, t. 2, p. 94]. On pourrait y joindre en écho, au seuil du XXe siècle, les réticences d'un Jaurès conscient de la difficulté de faire admettre aux paysans les vertus d'une collectivisation[10]. Le parti communiste lui-même, pour séduire les campagnes, ne devra-t-il pas se muer en champion de l'exploitation familiale à travers le syndicat paysan qu'il assume, le MODEF?

On comprend dès lors qu'à la différence de tel autre problème, comme celui de la laïcité, la question du patrimoine n'ait jamais entraîné un clivage durable et net entre droite et gauche, une partie de celle-ci y étant favorable et le reste, en dépit d'idéologies plus ou moins hostiles, se trouvant contraint par la force des choses à bien des accommodements. D'où probablement le moindre intérêt de la science politique pour un thème n'offrant entre les deux camps qu'une démarcation incertaine. D'où plus encore l'ambiguïté fondamentale d'une contestation rituelle (mais avant tout verbale) des riches, des bourgeois, des héritiers, qui ne saurait aller très loin dans ses tentatives concrètes sans susciter de vives réactions de rejet, la passion égalitaire des Français, dont Alexis de Tocqueville avait souligné les racines, n'allant pas jusqu'à leur faire remettre en cause le principe même de la propriété et de sa transmission successorale. Aussi les gauches, réalisant que l'électeur moyen est un petit propriétaire, répondront-t-elles à ses aspirations contradictoires en réservant, le plus souvent, leurs coups aux « gros » : « faire payer les riches », « prendre l'argent là où il est », autant de formules au succès assuré, s'agissant naturellement de l'insolente fortune de cette minorité « privilégiée » dont on dénonce l'omnipotence, les patrimoines plus modestes semblant, eux, légitimement hors de cause. Reste à savoir à quel niveau on passe des uns aux autres ; et si la focalisation sur l'opulence de quelques « gros » vise à rassurer la masse des « petits », nul doute que la violence du discours et le systématisme idéologique aient fini par en inquiéter plus d'un. A tout le moins, cela fournit d'excellents arguments aux droites qui prennent — ou semblent prendre — au sérieux ces menaces ; des droites qui, à l'inverse, affirment haut et fort la légitimité et mieux encore les vertus du patrimoine. Cela quelle qu'en soit l'ampleur, la défense des plus modestes justifiant opportunément celle des plus fortunés ; quelle qu'en soit l'origine, l'insistance sur les fruits du travail personnel n'en faisant que mieux admettre les droits de l'héritier. Quelle qu'en soit la nature? C'est ici sans doute qu'au front commun de droite pour défendre un principe viennent s'opposer des attitudes quelque peu divergentes qu'on ne peut que relier à *des* droites [1], elles-mêmes différentes tant par leur type de patrimoine que par le jugement qu'elles portent sur les divers placements.

Pour la droite la plus traditionnelle qu'incarne au XIXᵉ siècle le légitimisme, le patrimoine est synonyme de biens immobiliers : biens ruraux en particulier, rassemblés autour d'un château ou d'une maison de maître, au cœur du terroir où s'enracine une famille entretenant des liens parfois séculaires avec ses fermiers ou ses métayers. On songe aux personnages de *La terre qui meurt* [65], à ces paysans de l'Ouest intérieur se déclarant encore sous la Troisième « de la dépendance » de tel hobereau, ou à ces royalistes de la Mayenne [33] jouant les landlords dans leur manoir rebâti en style « féodal »... Notons pourtant que ce placement foncier n'eut longtemps rien que de très courant dans le monde des notables, qu'ils soient nobles ou bourgeois, nulle vraie fortune ne se concevant sans lui[11]. Plus globalement, les statistiques successorales montrent la longue prédominance des biens immobiliers, ruraux ou urbains, au XIXe siècle (encore 40 % en 1908) et mieux encore leur regain d'importance face aux incertitudes du XXe siècle : 42 % en 1934, 59 % en 1953 [12]. Dans le langage courant, avoir du bien continuera longtemps de faire référence à des « biens au soleil », la terre en particulier, malgré un revenu amenuisé, conservant durablement toute sa signification symbolique de valeur sûre, qui ne « ment pas », face aux illusions de la Bourse et aux déboires industriels.

C'est précisément une ouverture plus grande aux « affaires » et aux investissements mobiliers qui caractérise cette ancienne gauche devenue conservatrice que représente l'orléanisme, le cas de la droite bonapartiste, moins homogène socialement, étant plus difficile à classer[12]. Non que l'on dédaigne ici le patrimoine foncier dont on mesure toujours la portée sociale et qu'on sait d'ailleurs opportunément reporter sur la ville haussmannienne. Mais, à côté du placement de prestige ou de l'intérêt porté à la spéculation immobilière, on sait aussi participer très tôt aux investissements ferroviaires et aux profits boursiers. Sans doute l'évolution générale des fortunes au cours du XIXe siècle vient-elle progressivement brouiller ce schéma, estompant le contraste entre ces deux tendances. Les patrimoines, en effet, se diversifient et au traditionnel immeuble s'ajoutent chez presque tous des valeurs mobilières. Celles assurément dites de « père de famille » (rente sur l'État, actions de la Banque de France...), mais aussi des investissements plus risqués (emprunts ottomans, russes), sinon affairistes, l'exemple malheureux de l'Union générale [37] montrant tout un milieu conservateur et clérical soudain saisi par la spéculation. Mais ce genre de désastre, que prolongeront les crises et scandales financiers de l'entre-deux-guerres, va précisément nourrir, dans des milieux que leur inexpérience relative prédispose à en être victimes, une hostilité latente envers un monde de l'Argent dont les fallacieuses promesses ne visent qu'à piller le patrimoine des « honnêtes gens ». Toute une nouvelle droite nationaliste, antiparlementaire, voire révolutionnaire, apparue au tournant du siècle et nourrie non seulement de l'Affaire Dreyfus, mais aussi du scandale de Panama, reprend ainsi à son compte un certain anticapitalisme, mais en lui donnant un caractère sélectif. Épargnant la terre, l'entreprise familiale, l'investissement productif, elle s'en prend d'autant plus violemment, avec une nette connotation antisémite, à la puissance occulte d'un capital cosmopolite tourné vers la spéculation. Elle récupère du même coup tout un discours de gauche et apporte sa voix à la dénonciation, jusqu'à nos jours, des « gros », des « trusts », des « dynasties bourgeoises ». Pierre Poujade sur un mode populaire ou Emannuel Beau de Loménie [24] dans une tradition plus aristocratique se réclamant d'Édouard Drumont en prolongent jusqu'à nous l'expression plus ou moins ambiguë.

Il est d'autres « chassés-croisés » [3] entre gauches et droites, quant à la signification du patrimoine. Garantie d'une indépendance économique, celui-ci constitue aussi dans une certaine vision le fondement des droits politiques. Vision de droite? Si le système censitaire a fini par prendre cette étiquette, rappelons qu'avant d'être reproché à la « monarchie bourgeoise », il avait caractérisé les constitutions révolutionnaires, le principe d'un électorat-fonction justifiant, pensait-on, sans même parler des références antiques à un citoyen-propriétaire, l'appui sur des critères concrets de sélection [39, t. 1]. Inversement, même si cela ne fut qu'un vœu, n'oublions pas que l'on songea chez les ultras à étendre très largement le droit de suffrage, pensant qu'un peuple de paysans bien encadré par ses notables noierait dans sa masse les bourgeois libéraux des villes. C'est l'évolution conservatrice d'une partie de ces derniers, au lendemain de 1830, qui devait ancrer à droite un système qui n'y était pas né et, face à une contestation acerbe sur le thème des « capacités », fixer sur le patrimoine le centre du débat. Le célèbre « Enrichissez-vous » de Guizot, mettant l'accent sur le travail et sur l'épargne, fait du droit de suffrage la récompense des vertus mêmes qui sous-tendent une stratégie patrimoniale. Loin d'être un « privilège », il devient le fruit d'un effort en même temps qu'une chance offerte aux plus méritants.

S'il cesse dès la révolution de Février d'être le fondement des droits politiques, le patrimoine n'en reste pas moins objet d'affrontements. Et face aux « utopies » développées dans les clubs comme devant telles mesures inspirées par les « partageux », c'est Thiers qui prend en main sa défense et illustration. *De la propriété* : à défaut d'employer le terme pour les raisons dites plus haut, ce petit livre amplement diffusé constitue un vrai catéchisme du patrimoine, riposte du parti de l'ordre aux « dangereux sectaires » qui minent la société. Récusant le communisme, qui « est pour la propriété ce que les mathématiciens appellent la preuve par l'absurde », ou le socialisme qui « n'osant pas la nier absolument » se cache derrière « divers systèmes..., l'Association..., le Droit au travail » [19, p. 179], Thiers exalte une propriété dont « le travail est le vrai fondement ». Partant des inégales facultés humaines et de leur exercice plus ou moins actif, il justifie l'inégalité des biens : « Cet homme qui travaille activement et accumule..., quel tort en s'enrichissant lui-même a-t-il fait autour de lui ? » [*idem.*, p. 46-47]. Mais si « l'équité crie que l'homme qui a travaillé doit posséder en paix le fruit de son travail [...] l'utilité sociale... veut tout aussi impérieusement qu'il puisse transmettre à ses enfants » [*idem.*, p. 60], car c'est là son incitation principale au labeur, dont profite non seulement sa famille mais le genre humain. Habile plaidoyer en faveur du droit de propriété et de l'héritage, opposant le bon sens à l'égalitarisme des contempteurs du patrimoine, la démonstration de Thiers fera date. Offrant une argumentation à ceux qui entendaient défendre ces valeurs, son audience, en fait, allait dépasser largement le camp conservateur.

Moins rationnelle mais très profondément ancrée dans les mentalités est la vision du patrimoine comme expression concrète et support matériel d'une famille, telle lignée s'identifiant presque à tel bien symbolique : une terre, une demeure, éventuellement une entreprise tenue de père en fils. Image empreinte d'une forte charge affective, dont on comprend qu'au-delà des considérations d'intérêt elle parle directement au cœur et qu'elle touche bien plus que les seuls privilégiés. Un exemple récent, de la fin des années 1970, pendant plusieurs semaines, au fil d'une « dramatique » télévisée [67], des millions de Français — et pas toujours les plus nantis — se sont retrouvés autour de la « table de pierre » du Plessis-lès-Vaudreuil, étrangement solidaires du destin d'une famille, d'un château que leur caractère hautement aristocratique aurait dû leur rendre étrangers. Qualité de la mise en scène sans doute, mais surtout sentiment très profondément ressenti du lien entre famille et patrimoine, l'effondrement de l'un s'accompagnant de l'éclatement de l'autre. Ainsi, du domaine mauriacien jusqu'à l'humble mas des films de Pagnol, du petit fonds de commerce à la Poujade jusqu'à ces grandes entreprises dont des études récentes [27, t. 2] montrent le caractère durablement familial, l'idée d'un patrimoine fruit de l'opiniâtre effort des générations successives s'avère très fortement enracinée, affirmant bien au-delà du seul cercle des riches une valeur à la fois matérielle et morale. Une valeur propre aux droites? Là encore, les vertus, largement admises à gauche, de l'épargne, l'exaltation par le radicalisme du petit propriétaire, la prudence des partis marxistes quant à l'héritage permettent d'en douter. Mais sans doute est-ce à droite, et plus spécialement dans une filiation traditionaliste, que s'affirme le mieux l'idéal d'un patrimoine lié à la famille dans une conception globale de la société, Frédéric Le Play en offrant l'expression majeure.

Bien que l'Avertissement de *La réforme sociale en France* assure que ce livre « pourrait devenir le programme des pères de famille de tous les partis » [20, p. 10] et que, de fait, ni sa méthode — « l'observation méthodique des faits sociaux » — ni ses modèles, pris dans les pays les plus avancés, n'aient un caractère en soi réactionnaire, nul doute qu'un système fondant l'ordre social avant tout sur la religion, la propriété et la famille[13] ait eu fort peu de chances chez nous de trouver écho à gauche. Affirmant comme Thiers les vertus d'une propriété individuelle, « récompense naturelle du travail et de l'épargne » [*idem.*, p. 194], Le Play s'en distingue par l'attention nouvelle qu'il prête au régime successoral, un point dont Tocqueville avait pressenti l'importance mais sans le développer personnellement[14]. « Les régimes de succession, plus que toutes les autres institutions civiles, ont le pouvoir de rendre fécondes ou stériles la propriété et les familles de propriétaires » [*idem.*, p. 202]. Infiniment nuisible est à ses yeux le régime du « partage forcé » entre les héritiers, établi en 1793 et confirmé dans le Code civil avec le faible correctif de la quotité disponible[15] : « Le père n'a plus le pouvoir de conserver l'établissement qu'il a fondé parce que tous ses enfants tirent de la loi le droit de s'en partager les lambeaux »... [*idem.*, p. 208]. Perspective décourageante : « A quoi bon planter des arbres qui n'abriteront pas les descendants? » [*idem.*, p. 241], à quoi bon commencer une œuvre qui exigerait l'effort de plusieurs générations? A ce système qui « désorganise la famille et par suite la société entière » [*idem.*, p. 247], qui pulvérise le patrimoine et notamment la toute petite propriété trop morcelée pour rester viable, ne laissant qu'une échappatoire, le malthusianisme, Le Play oppose non point la « conservation forcée » du patrimoine pratiquée sous l'Ancien Régime, dont il mesure les faiblesses et l'atteinte à l'esprit moderne, mais un régime de liberté testamentaire dont les pays anglo-saxons lui offrent le modèle. Là, « chaque chef de famille se préoccupe de maintenir et d'accroître... le domaine rural, l'atelier d'industrie, la maison de commerce qu'il a créés ou qu'il a reçus de son père » [*idem.*, p. 207]; parmi ses nombreux enfants, il choisit le plus capable comme successeur, dotant les autres ou les aidant à s'établir ailleurs. Ainsi conjuguera-t-on maintien du patrimoine familial et dynamisme d'éléments désireux de se faire une situation. Sans discuter ici du bien-fondé d'une telle théorie, soulignons-en l'intégration dans une certaine vision de droite où la famille, « c'est-à-dire l'être collectif se maintenant d'âge en âge au même foyer » [*idem.*, p. 283] grâce à la transmission du patrimoine, alliant droits et devoirs, autorité, propriété et discipline morale, constitue la cellule de base d'un organisme social sain et un modèle repris tant au niveau de l'entreprise paternaliste qu'à celui de l'État monarchique.

II. LE PATRIMOINE, FACTEUR D'ENGAGEMENT À DROITE?

Valeur proclamée à droite mais en fait souvent également respectée à gauche, malgré les faux-semblants d'une dénonciation rituelle, le patrimoine constitue-t-il, de par sa possession, un facteur d'engagement à droite? Le souci de sa sauvegarde induit-il un comportement politique que caractériserait l'attachement spontané à tels partis préconisant un certain mode de gestion notamment fiscale, et à tels hommes qui en sont devenus le symbole? Résultat conjugué d'une contestation véhémente à gauche et, à l'autre bord, d'une exaltation immodérée de la propriété, l'assimilation des droites aux nantis et l'idée que la possession détermine un engagement à droite se sont assez enracinées pour que peu d'études aient cru devoir s'interroger sur d'apparentes évidences. La difficulté de l'enquête aidant, ou bien, dans ce problème du rapport entre situation économique et attitude politique, on affirme hâtivement leur lien pour ne plus s'intéresser ensuite qu'à l'une ou l'autre isolément, dans une perspective autonome orientée soit vers les idéologies, soit vers les fortunes et placements; ou bien, examinant le patrimoine des diverses catégories socioprofessionnelles, on déduit plus ou moins implicitement du degré de richesse de celles-ci à la fois une appartenance de classe et l'option politique qui se doit de l'accompagner. Faut-il rester, pourtant, prisonnier des clichés qu'entretiennent représentations mentales, partis pris et, surtout, paresse intellectuelle?

A quelque moment qu'on se place des XIXe et XXe siècles, force est de reconnaître que l'équation entre patrimoine et droites souffre d'assez frappantes exceptions, et de constater qu'il y a toujours eu aussi de la fortune à gauche. Sans même remonter jusqu'aux gros affairistes dont on sait le rôle pendant toute la fin de la Révolution, n'est-ce pas l'hôtel particulier d'un banquier, Jacques Laffitte, qui servit de quartier général à la révolte contre les ordonnances de Charles X, en juillet 1830, un rôle similaire étant tenu par le banquier Michel Goudchaux en février 1848? Tous deux devaient d'ailleurs confirmer cette option de gauche après le succès de leur révolution, le premier, déçu par le roi-citoyen qu'il avait contribué à élever sur le trône, en rejoignant le parti du Mouvement, le second en gérant les finances d'une seconde République démocratique. Hommes nouveaux, dira-t-on, artisans de leur propre fortune et n'ayant pas renié leurs opinions premières. Est-ce pourtant le cas de ces riches bourgeois, héritiers d'un notable patrimoine, qu'on vit en leur temps soutenir, sinon incarner la troisième République, fût-elle opportuniste? Citons Casimir-Perier, d'une opulente lignée financière, les Motte ou Waddington, héritiers d'une fortune textile, un Jules Ferry lui-même, assez aisé pour vivre de ses rentes et dont le frère administrait un grand organisme d'affaires[16]. Sous des gouvernements plus avancés, un Rouvier, un Caillaux [61] n'étaient pas issus de milieux pauvres, et l'on sait, de nos jours, les affinités d'un Bernard Tapie, proposé comme modèle du chef d'entreprise, avec la gauche socialiste. Il en fut toujours à peu près de même et une étude approfondie, par exemple, de l'électorat citadin de la monarchie censitaire montre à quel point la richesse pouvait s'y concilier avec un vote à gauche[17]. Comment expliquer sinon que tant de villes bourgeoises, sous la Restauration, aient élu presque constamment des députés d'opposition? Et comment oublier que les grands ténors de la seconde République étaient déjà élus du temps de Louis-Philippe, autrement dit qu'ils atteignaient au moins les 500 F du seuil d'éligibilité[18], condition remplie par quelque 50 000 privilégiés seulement?

Rarement tentée, même de façon ponctuelle pour les périodes du passé, la mise en relation des patrimoines, tels qu'on peut notamment les connaître à travers les déclarations de succession faites à l'Enregistrement, avec les options politiques fait apparaître chez les plus fortunés un éventail d'opinions beaucoup plus ouvert qu'on ne l'imagine, suggérant que l'argent n'est pas le seul facteur en cause. Dans les villes normandes, par exemple, sous la troisième République, une dominante modérée dans les classes aisées n'empêche pas que maints grands bourgeois ne s'engagent résolument à gauche, l'anticléricalisme ou l'appartenance à une confession minoritaire jouant visiblement davantage que d'éventuelles inquiétudes socio-économiques. Et il ne s'agit pas seulement d'avocats tel le maire de Rouen Louis Ricard, qui deviendra garde des Sceaux. Chez les industriels et négociants, la gamme est à peu près complète depuis les monarchistes jusqu'aux radicaux les plus avancés, nombreux étant les républicains bon teint tels, au Havre, Jules Siegfried ou, mieux, Félix Faure [58].

Si le patrimoine n'implique pas forcément l'engagement à droite, les droites, elles, ne se résument pas davantage aux seuls éléments riches ou simplement aisés. Concevable à l'époque censitaire, encore que la réalité, on l'a vu, l'ait souvent démentie, l'hypothèse, pour survivre à l'instauration du suffrage universel, devait se doubler d'une autre invoquant les pressions des notables ou des officiels sur des paysans pauvres et peu éclairés. Il est frappant de voir chez un analyste aussi fin que l'auteur du *Tableau politique de la France de l'Ouest* [50] la persistance de ce schéma et la difficulté d'admettre qu'un paysan totalement libre puisse voter à droite, l'explication majeure d'un comportement contraire restant pour lui la dépendance du fermier ou du métayer vis-à-vis des nobles ou grands bourgeois qui détiennent la terre. C'est là faire indirectement référence à l'idéal, cher à la gauche non socialiste, d'un citoyen-propriétaire ancrant sa liberté dans la possession d'un minimum de bien. Le patrimoine, gage du vote à gauche? Si paradoxal que cela paraisse, c'est le message d'un Gambetta exaltant petits et moyens propriétaires ou entrepreneurs[19], c'est la conception même des radicaux qu'Alain formulera [21], le petit possédant semblant plus ferme dans son engagement politique que le tâcheron en quête d'emploi. N'est-ce pas des viticulteurs aisés qu'André Siegfried découvre dans le « Midi rouge », militants d'un parti collectiviste [41, p. 164]? A l'inverse, il est clair que des éléments démunis votent pour les droites. Ainsi dans les villes françaises où, tout au long du XIXe siècle, deux adultes sur trois environ meurent sans laisser le moindre héritage [26, t. 3], il est bien rare que les gauches rassemblent les deux tiers des voix. Et encore, un bon nombre de ces successions très minoritaires n'ont qu'un montant des plus modestes et relèvent de milieux populaires, ouvriers, petits employés, réduisant d'autant la clientèle présumée des droites. En réalité, la part des milieux proprement aisés dans la population citadine dépasse rarement 15 % : nobles, bourgeois petits ou grands, dont plus d'un, on l'a vu, d'opinion avancée, ce qui implique que la majorité des voix de droite y provient en réalité de catégories au patrimoine modeste ou nul. Au vote conservateur tant dénoncé des « ruraux » s'ajoute donc, en ville, celui de classes moyennes dont les troubles sociaux refroidissent les velléités frondeuses, et parfois même d'ouvriers dont le « bon esprit », souvent évoqué sous le second Empire, n'est pas seulement une clause de style pour rapports préfectoraux. La science politique, d'ailleurs, ne retrouve-t-elle pas aujourd'hui le cas de l'« ouvrier conservateur[20] », plus sensible à une promotion individuelle concrète qu'aux promesses révolutionnaires de lendemains qui chantent?

D'une façon générale, le progrès des sondages d'opinion met en évidence, pour notre temps, la diversité des options au sein d'un même milieu, suggérant en même temps l'influence décisive de certains facteurs. Parmi ces paramètres du choix politique, faut-il ranger la possession d'un patrimoine? L'enquête très précise réalisée à l'occasion des élections législatives de 1978, qui virent une France « sociologiquement à gauche » se donner une majorité de droite, conclut très affirmativement [6] : alors que le niveau de revenu n'exerce d'influence que dans ses tranches les plus élevées, la possession d'un patrimoine un peu diversifié s'avère, à revenu égal, nettement propice au vote à droite, son absence, même chez les plus aisés, jouant à l'inverse en faveur de la gauche. Une « stratégie patrimoniale » influencerait ainsi la décision des électeurs, dès lors qu'ils « sont confrontés à des choix politiques dont ils pensent qu'ils engagent des intérêts matériels » [6, p. 187]. Mais comment expliquer qu'en 1981, où l'enjeu semblait plus encore un « choix de société », la majorité soit passée à gauche? Une crise économique mal surmontée aurait-elle réduit le nombre des « possédants » ou incité certains d'entre eux à placer leurs espoirs dans une autre gestion? A moins qu'il n'y ait lieu de relativiser un « effet patrimoine » dont l'influence incontestable n'est jamais seule en cause, combinée qu'elle se trouve avec d'autres facteurs dans l'alchimie complexe de la décision électorale. Auquel cas le patrimoine rejoindrait, en cela, — le lecteur l'aura vu plus haut — la religion.

Pour des époques plus lointaines où n'existent guère de moyens d'en démontrer statistiquement le poids, le rôle du patrimoine dans l'engagement à droite s'affirme néanmoins à travers tels débats, telles situations conflictuelles, révélateurs d'un combat avec ses objectifs et ses hantises.

« A bas les voleurs ! » Ce cri des boulangistes repris, avec quelle vigueur, le 6 février 1934, symbolise on ne peut mieux les réactions de droite face aux menaces de gauches suspectées d'intentions spoliatrices, associées à l'idée de scandales financiers, ou au moins accusées de gaspiller les fonds publics[21]. Comme le notait avec humour André Siegfried — bon bourgeois, mais de l'autre bord — la droite est seule à se présenter comme le « parti des honnêtes gens »... En face, elle dénoncera avec constance les « hommes de désordre » excitant l'« envie », la « haine du riche » et ne rêvant que « nivellement », « taxation » ou « confiscation »... Estompées dans les périodes calmes où règnent l'ordre, la loi ainsi qu'une relative prospérité, oubliées, croirait-on, au profit d'un de ces thèmes — anticléricalisme, dénonciation des « gros »... — par lesquels les gauches apprivoisent une partie du camp adverse, ces hantises resurgissent violemment lorsque de graves troubles sociaux, un effondrement de l'économie, voire un simple projet de réforme fiscale menacent de porter atteinte au patrimoine. L'ampleur de celui-ci, dès lors, ne compte plus, les « petits » se sentent solidaires des « gros » et la propriété virtuelle — ceux qui n'ont encore que des « espérances », ceux qui souhaitent s'établir à leur compte — rejoint bientôt les véritables possédants. 1848 illustre cette réaction de défense qui fait basculer vers le parti de l'Ordre des couches sociales modestes où une démocratie plus rassurante — on le verra un quart de siècle plus tard — aurait eu de bonnes chances de s'enraciner : petits propriétaires paysans affolés par les « partageux » et le spectre complaisamment brandi de la « loi agraire », boutiquiers des gardes nationales dont l'hostilité à Guizot avait permis Février mais que l'agitation de la rue et des clubs conduit à marcher en juin contre la barricade. Les événements de la Commune — où se distinguèrent moins des « prolétaires », l'étude des pièces des procès des communards l'a prouvé, que des artisans et ouvriers traditionnels — et plus encore l'image qui en sera répandue, le développement spectaculaire à la fin du siècle d'un courant anarchiste ou collectiviste, en attendant l'« homme au couteau entre les dents », voilà de quoi entretenir les vieilles hantises des détenteurs d'un patrimoine. Hantises droitières principalement, bien qu'on les partage à gauche plus souvent qu'on ne veut l'avouer; hantises pourtant qu'une certaine droite a pu parfois elle-même susciter, le cas des biens nationaux [36] méritant qu'on l'évoque ici.

La Révolution, qui avait jeté les fondements du droit moderne de propriété, est celle aussi qui devait peu après le violer pour motif politique avec le séquestre et la mise en vente des biens d'émigrés. Frappant spécifiquement la droite contre-révolutionnaire, la confiscation ne choquait pas outre mesure le reste de l'opinion et se fondait dans une vaste vente de biens, religieux ou autres, dont trop de gens, de tous milieux, avaient bénéficié pour qu'il soit pensable d'en remettre en cause la propriété. D'où l'engagement pris par Louis XVIII de ne pas revenir sur ces acquisitions; d'où aussi le mécontentement des émigrés spoliés, dont plus d'un devait s'efforcer, une fois rentré en France, de récupérer, par divers moyens, son ancien patrimoine. D'une certaine manière, la décision prise par Charles X en 1824 de les indemniser rendait hommage au droit « inaliénable » de propriété, même si le caractère partisan d'une mesure en faveur des ultras devait indigner des bourgeois libéraux par ailleurs très imbus du même principe « sacré ». A la vérité, le « milliard des émigrés[22] » présentait l'avantage de clore une vieille querelle entre possédants sur la légitimité de tels ou tels biens dans les patrimoines. Mais un des effets de cette loi, violemment dénoncée par l'opposition, allait être de raviver dans les campagnes la hantise d'une « réaction féodale » menaçant la propriété paysanne, mythe qui, habilement cultivé par la gauche, jouera encore son rôle d'épouvantail lorsque Gambetta, pour gagner les ruraux à la République, mènera ainsi le combat à front renversé.

Le cas des émigrés isole une droite, la plus ancienne, qui devait n'apparaître ensuite que comme une composante d'une famille politique à plusieurs visages. Dans la plupart des autres circonstances, ce sont toutes les droites, malgré ce qui peut les séparer, qui se retrouvent unies au moins dans une certaine défense et illustration du patrimoine. En particulier contre les menaces d'une fiscalité jugée oppressive. A un discours de gauche prônant, dès avant le Programme de Belleville défendu par Gambetta en avril 1869, un renforcement de la fiscalité directe grâce à l'établissement d'un impôt progressif sur le revenu, les droites, pendant tout le XIXe siècle, opposent les vertus du système — issu de la Révolution mais consacré par sa pérennité — des « quatre vieilles » [38]. Soulignons-en le fondement patrimonial, la contribution foncière étant la plus importante et l'impôt taxant de la sorte en premier lieu la propriété. Accepté dans l'ensemble et trouvant, sous la monarchie censitaire, quelque contrepartie dans l'accès à l'électorat dont il était le gage principal, cet impôt foncier, complété de façon plus catégorielle par la patente et enfin, mais à un niveau modeste, par la contribution personnelle et mobilière ou celle des portes et fenêtres ne pouvait beaucoup s'alourdir sans impopularité. La grande erreur du Gouvernement provisoire, sous la deuxième République, aussitôt exploitée par les droites, fut de décider les fameux 45 centimes additionnels : concrétisant les craintes suscitées par le socialisme, ce supplément d'impôt ne pouvait qu'aliéner les propriétaires, si menus soient-ils, au nouveau pouvoir et confirmer les doutes largement semés par ses adversaires sur sa capacité de gestion financière.

La politique fiscale des droites, dont Adolphe Thiers au XIXᵉ siècle offre l'expression accomplie, vise au contraire à ménager le patrimoine, prêchant la limitation des dépenses publiques et cherchant dans les taxes indirectes le complément indispensable à l'équilibre budgétaire. Payées par tous au prorata de la consommation, et donc davantage par le riche au train de vie luxueux, ces taxes sont jugées plus équitables qu'un surcroît d'impôt direct accablant le fruit « du travail et de l'épargne ». On prétend, écrit Thiers en 1848, augmenter l'impôt sur la propriété parce qu'il frappe le riche ; or « la propriété foncière est dans la main du pauvre en France, vu que chaque paysan en a un morceau » [19, p. 345]. Objectera-t-on que des taxes sur la consommation grèvent plus lourdement des budgets populaires avant tout consacrés à la nourriture ? Augmenter le foncier, c'est faire monter le prix du blé, donc indirectement celui du pain, aliment de base du peuple : « cela vaut-il mieux que de faire renchérir le vin qu'il boit au cabaret ? » [*idem*, p. 346]. L'impôt indirect, conclut Thiers, et le règne ajourd'hui de la TVA semblera lui donner raison, c'est « l'impôt des pays avancés en civilisation », où règne une économie d'échanges [*idem*, p. 358].

La grande menace reste pourtant, tout au long du XIXᵉ siècle, l'impôt sur le revenu, inlassablement dénoncé à droite comme « arbitraire » et « inquisitorial », deux qualificatifs dont on doit mesurer l'écho dans une gauche libérale... Bien que l'exemple proche d'une Angleterre habituée à l'*income tax* ait pu rassurer certains, deux aspects surtout d'un tel système fiscal hérissent les droites, précisément en ce qu'ils touchent au patrimoine : c'est, pour une part, la déclaration et plus encore le droit de vérification qu'il implique, forme d'« inquisition fiscale » et source de « vexations tracassières » violant le traditionnel secret des familles ; c'est surtout l'idée de progressivité très vite associée au projet qui effraie car elle marque une rupture, juge-t-on, avec le principe d'égalité devant l'impôt dans un but plus ou moins avoué de nivellement social. Vous retranchez à l'un pour donner à l'autre, s'indignait Thiers, concluant : « Vous avez mis la main sur la propriété » [19, p. 315]. Accusation redoutable... Répétée, renouvelée à mesure que grandit le péril, la dénonciation d'un système « inique » s'enrichit d'images alarmantes, de la « guillotine fiscale » au « lit de Procuste », toutes métaphores dont l'horreur finit par inquiéter les radicaux eux-mêmes, peu pressés en définitive de mettre en pratique une réforme qui depuis si longtemps figure à leur programme. C'est qu'une fois le principe adopté à l'encontre des « gros », son application risque un jour de s'étendre aux « petits » : qu'on songe aux craintes actuelles face à un impôt sur les grandes fortunes devenu simplement impôt de solidarité sur la fortune et dont plus d'un découvre que le seuil n'est pas si élevé...

L'âpre résistance des droites à l'impôt sur le revenu, qui, par Sénat interposé, ajournera l'effet d'une mesure votée par les députés juste à la veille de la Première Guerre mondiale (le 15 juillet 1914), ne doit cependant pas faire oublier un autre aspect de la fiscalité, mieux accepté bien qu'il frappe très directement le patrimoine : il s'agit des droits de succession, véritable impôt sur la propriété perçu lors de ses transferts et spécialement lors des mutations par décès. Issus de l'Ancien Régime, ces droits furent réorganisés par une loi de l'an VII, durable « charte de l'Enregistrement » [15], avec des tarifs modiques. Et bien qu'on ait peu à peu alourdi les taux, étendu la matière imposable ou accru les moyens de vérification[23], les droites semblent avoir admis cet impôt sur le patrimoine, la déclaration qu'il suppose n'étant pas jugée « inquisitoriale », peut-être parce que, fondée sur quelque inventaire notarié des biens du défunt, elle garantissait les droits de chaque héritier. Mais ce consensus va se rompre dès lors que certains vont voir là, mieux qu'un revenu fiscal, un instrument de redistribution sociale. Suggéré sans succès par Crémieux dès 1849, le principe d'un tarif progressif de l'impôt successoral est l'objet d'affrontements significatifs en 1894, Denys Cochin, au nom des droites, se faisant l'avocat du patrimoine face à ceux qui contestent la légitimité d'une fortune héritée : « La propriété, c'est la propriété de la famille. Celui qui la possède en est seulement le dépositaire et il a entre les mains les biens de ses enfants... » [15, p. 25]. D'où l'injustice et l'inopportunité, estime-t-il, d'une mesure qui affaiblira encore la famille dans une France où le Code empêche de maintenir comme à l'étranger le patrimoine aux mains de l'un des héritiers. Voté par les députés, freiné par le Sénat, le principe devait finalement passer dans la loi budgétaire de 1901. L'application, d'abord plus modérée qu'on ne l'avait craint à droite, allait bientôt s'alourdir[24], des taux jugés « extravagants » engendrant une augmentation de la fraude et, forme plus neuve, une évasion fiscale sensible sous forme de dépôts à l'étranger.

Pour trouver l'argent nécessaire à des dépenses publiques qu'elles souhaitent, autant que possible, limiter, les droites préconisent volontiers l'emprunt. Celui-ci n'est-il pas un pacte de confiance avec les détenteurs du patrimoine appelés à prêter les sommes nécessaires[25] ? Et, s'il est bien géré, cet emprunt ne constituera-t-il pas une forme nouvelle et fort appréciée de ce patrimoine ? De la rente perpétuelle à l'emprunt Giscard, l'accueil est généralement favorable à droite, dès lors que le pouvoir sait inspirer confiance tant par une gestion rassurante que par telles garanties opportunément offertes. C'est ainsi qu'indexé sur l'or et exempté de droits de succession, le fameux emprunt Pinay recréait les conditions mêmes qui avaient assuré le succès de la rente sur l'État dans la première moitié du XIXe siècle. Ne négligeons pas pourtant une autre dimension, plus noble, de ce soutien du patrimoine aux gouvernements qui ont sa faveur. Si le triomphe des emprunts Thiers pour la libération du territoire, véritable revanche de l'épargne française, mêle encore au patriotisme les attraits d'un bon placement, en sera-t-il de même, en 1914-1918, avec ces emprunts de la Défense nationale où la France de droite ne sera pas la dernière à « donner son or » ?

L'effort constant des droites au XIXe siècle, quant au patrimoine, avait été de le protéger moins contre une improbable expropriation que contre la menace d'une progressivité de l'impôt : bataille finalement perdue puisque après les droits de succession, le principe en triomphe avec l'impôt sur le revenu, prélevé pour la première fois en 1917. Au lendemain de la victoire militaire, c'est d'un autre désastre qu'il faut se préserver avec une inflation qui n'aura désormais de cesse et qui, s'ajoutant à la perte sèche de valeurs étrangères, russes ou autres, mine insidieusement des avoirs largement composés de biens à revenu fixe ou non immédiatement réévaluables. Certes, on n'a pas fini de dénoncer le poids du fisc, les vexations de ses agents : qu'on songe, après une autre guerre, à l'exécration poujadiste des « polyvalents » [53]. Le communisme d'autre part ravive les vieilles craintes pour la propriété, radicalisant certaines attitudes sans pour autant tout expliquer : est-ce uniquement pour défendre le Capital qu'un Ernest Mercier, un François Coty, financent les ligues extrémistes que l'on sait[26] ? Mais surtout, dans une conjoncture de crise qui fragilise les mieux pourvus, face aux scandales financiers et autres escroqueries à l'épargne multipliées grâce au développement d'une presse économique et que facilite l'égarement d'une épargne en quête de valeurs-refuges, les droites mettent leur espoir dans un « sauveur du franc » qui sera du même coup garant du patrimoine.

Ce personnage tutélaire qui saura gérer la maison France en « bon père de famille », c'est Poincaré, acceptant de revenir « au service » du pays pour réparer les fautes du Cartel; c'est Antoine Pinay, « homme de bon sens, d'expérience, au-dessus des partis », comme le décrit la presse modérée [64, p. 51], rassemblant la confiance des droites et incarnant assez ce rôle mythique pour être la caution indispensable, après le retour du général de Gaulle, d'un second emprunt indexé sur l'or et du « nouveau franc ». Plus représentatifs d'une France modernisée, Valéry Giscard d'Estaing, avec sa compétence proclamée de « grand argentier », ou Raymond Barre avec l'autorité savante du « meilleur économiste de France » — ainsi que le définissait Giscard d'Estaing — ont-ils su à leur tour assumer ce rôle? L'enquête réalisée auprès des électeurs de 1978 montre bien la confiance envers le second de ceux qui, peu ou prou, ont quelque patrimoine : même dans les catégories majoritairement hostiles (ouvriers, employés, enseignants...), ceux qui placent leur épargne ou possèdent quelque immeuble rejoignent l'opinion des groupes les plus favorables [6, chap. IV]. Sympathie pour un homme symbole d'une politique économique rassurante, dont la science s'enveloppe d'une rondeur bonhomme, sans ce côté technocratique qui au fond inquiète, ni — alors — de grandes ambitions affichées? Peut-être faudrait-il reconsidérer sous cet angle, une fois oubliées alarmes et concessions à l'utopie, l'image vue de droite, aujourd'hui — avec Pierre Bérégovoy — comme hier, de certains gestionnaires de gauche, ôtant passablement de son acuité à ce qui avait pu sembler un « choix de société »...

Les Français, selon une formule célèbre, ont « le cœur à gauche mais le portefeuille à droite »; ce que traduit à sa manière, à propos d'un scrutin précis, telle grande enquête de sociologie politique [6] insistant sur l'« effet patrimoine » dans la décision électorale. De fait, il y a longtemps qu'une distorsion s'observe entre un certain type de représentations politiques et idéologiques et le comportement de l'opinion dans un pays joignant traditionnellement un idéal égalitaire à de profondes aspirations patrimoniales. Identifier ainsi le patrimoine aux droites, c'est d'abord oublier l'égal attachement des gauches à la petite propriété et à sa transmissibilité, c'est vouloir effacer qu'il existe maintes fortunes de gauche dont les détenteurs, de par leurs options, se soustrairaient d'eux-mêmes du camp des « gros »... dénoncé par ces mêmes gauches, c'est surtout faire bon marché d'autres facteurs déterminants de l'attitude politique — telle, non pas la religion, mais la *pratique* religieuse —, sans lesquels ne sauraient s'expliquer les succès des droites en régime de suffrage universel. Est-ce une fortune plus grande qui pousse le descendant des chouans vers un autre bord que l'héritier des camisards? Comment la possession d'un patrimoine se conjugue-t-elle avec les effets de l'âge, plus élevé dans l'électorat de droite, ou avec certaine conception du monde valorisant l'effort, la prévoyance et dont les habitudes d'épargne puis de transmission successorale ne sont qu'un des éléments? Faut-il alors croire François Guizot et opposer un parti des « fourmis » à celui des « cigales »[27]? Pour être bien réels, les rapports entre les droites et le patrimoine ne relèvent pas d'une simple causalité directe. Tout comme existent à gauche des fortunes florissantes, on peut être de droite sans posséder de patrimoine. Celui-ci, sans doute, aux yeux de toutes les droites, reste une valeur fondamentale qu'elles exaltent et défendent opiniâtrement. Mais la conviction, nourrie par les droites, que la possession d'un patrimoine inscrit l'individu dans des croyances d'ordre, de stabilité et de continuité du cours des choses est elle-même une représentation idéologique et, comme telle, elle relève du même registre que la conviction, à gauche, que l'Argent est de droite : elle peut se fortifier d'exemples historiques, elle n'est aucunement en soi une relation de cause à effet absolument et continuellement vérifiée. Encore le patrimoine est-il à droite une valeur que l'on sait parfois relativiser au profit d'une cause supérieure. Pour s'en tenir au politique, et sans égaler l'exemple de la duchesse d'Uzès prodiguant ses millions au parti boulangiste [60], nombre d'hommes de droite en 1830, puis dans les années 1880 et encore 1930 ont sacrifié carrière et possibilités d'enrichissement à leurs convictions; beaucoup devaient ensuite, à fonds perdus, soutenir de leurs deniers des journaux ou des formations perpétuant leur fidélité. Serait-ce, comme le suggère le cas, au XXe siècle, de quelques millionnaires entretenant des groupuscules extrémistes, le propre d'une certaine droite, méritant plus pleinement ce nom?

C'est que l'effet patrimoine ne joue jamais seul. Dans le moule de l'individu, il entre comme un élément, au même titre que les convictions politiques et idéologiques ou les croyances religieuses plus ou moins vécues. Il est un facteur discriminant, non pas en soi, mais conjugué avec d'autres facteurs. A droite, il révèle en maintes occasions un clivage maintenu entre une droite ultra, sous ses avatars successifs, et la droite libérale qui n'est qu'anciennes gauches devenues conservatrices; celle-ci met davantage l'accent sur les intérêts matériels, celle-là leur fait céder le pas à l'idéologie, jusqu'à les sacrifier parfois, ou distingue entre un patrimoine légitime, en particulier terrien, où s'enracine la famille, et le capital anonyme, apatride, spéculatif, mêlé à la fête impériale et aux scandales de la Troisième, qu'elle abandonne volontiers à la vindicte populaire. Sensible à droite, le clivage est plus net encore à gauche, où seules en ce domaine des représentations propagandistes — les « gros », les « deux cents familles », le « mur de l'argent »... — permettent de rassembler conjoncturellement tenants et adversaires — au moins théoriques — de la propriété privée.

Ainsi, loin d'offrir une coupure nette entre les deux camps l'attitude face au patrimoine brouille quelque peu les pistes. Proposerait-elle d'autres frontières, la vraie gauche ici commençant avec l'idée de socialisation? A moins que dans une France largement peuplée — même à gauche — de propriétaires, où l'électorat communiste de naguère se déclare lui-même en majorité favorable au droit d'héritage, on ne soit renvoyé à une double réalité : que le patrimoine soit un discriminant social et un moule de l'individu; mais que son existence soit, dans le même temps, l'objet d'un vaste consensus qui rassemble, dans sa défense et la part de rêve qu'il suscite chez ceux qui n'en ont pas, les gauches et les droites.

JEAN-PIERRE CHALINE

Bibliographie

S'appuyant d'abord sur la vision des trois droites — légitimiste, orléaniste, bonapartiste — dégagée dans l'ouvrage classique :

[1] RENÉ RÉMOND, *Les droites en France*, Paris, Aubier, 1982.
On trouvera, à défaut de synthèse sur notre thème particulier, une approche stimulante dans :

[2] PIERRE BIRNBAUM, *Le peuple et les gros. Histoire d'un mythe*, Paris, Pluriel, 1979.

[3] GUY ROSSI-LANDI, *Le chassé-croisé. La droite et la gauche de 1789 à nos jours*, Paris, Lattès, 1978.

[4] JACQUES CAPDEVIELLE, *Le fétichisme du patrimoine. Essai sur un fondement de la classe moyenne*, Paris, FNSP, 1986.

On pourra y joindre, dans un cadre régional mais avec des conclusions voisines :

[5] JEAN-PIERRE CHALINE, *Les bourgeois de Rouen. Une élite urbaine au XIX*^e^ *siècle*, Paris, FNSP, 1982;

et, pour une analyse de l'« effet patrimoine » lors d'élections récentes :

[6] JACQUES CAPDEVIELLE, ÉLISABETH DUPOIRIER, GÉRARD GRUN-BERG, ÉTIENNE SCHWEISGUTH, COLETTE YSMAL, *France de gauche, vote à droite*, Paris, FNSP, 1981.

La définition — fluctuante — du mot « patrimoine », dont on ne peut négliger l'acception culturelle, est étudiée dans :

[7] PIERRE NORA, *Les lieux de mémoire*, II, Paris, Gallimard, 1986; et est éclairée par :

[8] ÉMILE LITTRÉ, *Dictionnaire de la langue française*, t. II, 1869.

[9] PIERRE LAROUSSE, *Grand dictionnaire universel du XIX*^e^ *siècle*, t. XII, 1874.

[10] *La Grande Encyclopédie*, t. XXVI, Paris (s.d.).

[11] *Grand dictionnaire encyclopédique Larousse*, 10 vol., t. VIII, Paris, 1984.

Sur son contenu économique on lira notamment :

[12] PAUL CORNUT, *Répartition de la fortune privée en France*, Paris, A. Colin, 1963.

[13] JULES LÉPIDI, *La fortune des Français*, Paris, PUF, 1988.

[14] « Le patrimoine des Français. Montant et répartition », *CERC*, Documentation française, n° 49, n° spéc. 1979.

[15] ADELINE DAUMARD, *Les fortunes françaises au XIX*^e^ *siècle*, Paris-La Haye, Mouton, 1973.

[16] CYRIL GRANGE, DENIS KESSLER, ANDRÉ MASSON, PAUL-ANDRÉ ROSENTAL, « Accumulation et répartition du patrimoine des Français depuis 1804. Hypothèses et méthodologie », *Cahiers du CEREPI*, Paris X, janvier 1985.

Le patrimoine a suscité divers essais engagés. Aux attaques de :

[17] PIERRE-JOSEPH PROUDHON, *Qu'est-ce que la propriété?* (1840), in *Œuvres complètes*, éd. C. Bouglé, Paris, Rivière, 1923 sqq.;

que relaiera la critique marxiste avec, entre autres :

[18] KARL MARX, *Les luttes de classes en France (1848-1850)*, Paris, Éditions sociales, 1952;

réplique le *best-seller*, avec édition populaire à 1 F, de :

[19] ADOLPHE THIERS, *De la propriété*, Paris, Paulin, Lheureux et Cie, 1848, tandis qu'une conception patrimoniale de la société est fournie par :

[20] FRÉDÉRIC LE PLAY, *La réforme sociale*, 3 vol., Paris, Dentu, 1864.

Le thème reste présent dans maint ouvrage politique du XXe siècle :

[21] ALAIN, *Éléments d'une doctrine radicale*, Paris, Gallimard, 1925.

[22] VALÉRY GISCARD D'ESTAING, *Démocratie française*, Paris, Fayard, 1976 (notamment chap. « Patrimoine et liberté »).

Il inspire, bien qu'aux deux extrêmes, la relecture contestataire de;

[23] AUGUSTIN HAMON, *Les maîtres de la France*, 3 vol., Paris, 1936-1938.

[24] EMMANUEL BEAU DE LOMÉNIE, *Les responsabilités des dynasties bourgeoises*, 4 vol., Paris, Denoël, 1943-1963; à compléter par *Édouard Drumont ou l'anti-*

capitalisme national, présenté par Emmanuel Beau de Loménie, Paris, Pauvert, 1968.

Outre le récit suivi, avec une abondante bibliographie, de la :

[25] *Nouvelle histoire de la France contemporaine,* Paris, Le Seuil, 17 volumes parus, on consultera plus précisément, sous l'angle de la société :

[26] FERNAND BRAUDEL, ERNEST LABROUSSE (s.d.), *Histoire économique et sociale de la France,* t. III-IV, Paris, PUF, 1976-1982.

[27] YVES LEQUIN (s.d.), *Histoire des Français, XIXe-XXe siècles,* Paris, A. Colin, 1983 (notamment t. II).

[28] PIERRE SORLIN, *La société française,* 2 vol., Paris, Arthaud, 1969-1971.

[29] GEORGES DUBY, ARMAND WALLON (s.d.), *Histoire de la France rurale,* t. III-IV, Paris, Le Seuil, 1976.

[30] PHILIPPE ARIÈS, GEORGES DUBY (s.d.), *Histoire de la vie privée,* t. IV, Paris, Le Seuil, 1987.

[31] ANDRÉ-JEAN TUDESQ, *Les grands notables en France, 1840-1849. Étude historique d'une psychologie sociale,* 2 vol., Paris, PUF, 1964.

[32] LOUIS GIRARD, ANTOINE PROST, RÉMI GOSSEZ, *Les conseillers généraux en 1870,* Paris, PUF, 1967.

[33] MICHEL DENIS, *Les royalistes de la Mayenne et le monde moderne (XIXe-XXe siècle),* Paris, Klincksieck, 1977.

[34] ADELINE DAUMARD, *Les bourgeois et la bourgeoisie en France depuis 1815,* Paris, Aubier, 1987.

[35] YVES POURCHER, *Les maîtres de granit. Les notables de la Lozère du XVIIIe siècle à nos jours,* Paris, Orban, 1987.

Sur des problèmes politico-financiers :

[36] ANDRÉ GAIN, *La Restauration et les biens des émigrés,* 2 vol., Nancy, Société d'éditions typographiques, 1929.

[37] JEAN BOUVIER, *Le krach de l'Union générale, 1878-1885,* Paris, PUF, 1960.

[38] ROBERT SCHNERB, *Deux siècles de fiscalité française, XIXe-XXe siècles. Histoire, économie, politique,* Paris, Mouton, 1973.

Sur les idéologies, structures et attitudes politiques en rapport avec le patrimoine :

[39] RENÉ RÉMOND, *La vie politique en France,* 2 vol., Paris, A. Colin, 1965-1969.

[40] JEAN TOUCHARD (s.d.), *Histoire des idées politiques,* t. II, Paris, PUF, 1959.

[41] ANDRÉ SIEGFRIED, *Tableau des partis en France,* Paris, Grasset, 1930.

[42] CLAUDE BELLANGER (s.d.), *Histoire générale de la presse française,* 5 vol., Paris, PUF, 1969-1976.

[43] JEAN DUBOIS, *Le vocabulaire politique et social en France de 1869 à 1872,* Paris, Larousse, 1962.

[44] ANTOINE PROST, *Vocabulaire des proclamations électorales de 1881, 1885 et 1889,* Paris, Presses de la Sorbonne, 1974.

[45] GUILLAUME BERTIER DE SAUVIGNY, *La Restauration,* Paris, Flammarion, 1963.

[46] PHILIPPE VIGIER, *La seconde République dans la région alpine. Étude politique et sociale,* 2 vol., Paris, PUF, 1963.

[47] BERNARD MÉNAGER, *Les Napoléon du peuple,* Paris, Aubier, 1988.

[48] PIERRE BARRAL, *Les fondateurs de la troisième République,* Paris, A. Colin, 1968.

[49] ZEEV STERNHELL, *La droite révolutionnaire (1885-1914). Les origines françaises du fascisme,* Paris, Le Seuil, 1978.

[50] ANDRÉ SIEGFRIED, *Tableau politique de la France de l'Ouest sous la troisième République,* Paris, A. Colin, 1913.

[51] JEAN-NOËL JEANNENEY, *Leçon d'histoire pour une gauche au pouvoir. La faillite du Cartel (1924-1926)*, Le Seuil, 1977.

[52] SERGE BERSTEIN, *Le 6 février 1934*, Paris, Archives, 1975.

[53] STANLEY HOFFMANN, *Le mouvement Poujade*, Paris, FNSP, 1956.

[54] MAURICE DUVERGER, *Partis politiques et classes sociales en France*, Paris, FNSP, 1955.

[55] PIERRE BARRAL, *Les agrariens français de Méline à Pisani*, Paris, A. Colin, 1968.

[56] GEORGES LAVAU, GÉRARD GRUNBERG, NONNA MAYER, *L'univers politique des classes moyennes*, Paris, FNSP, 1983.

[57] FRÉDÉRIC BON, JACQUES CAPDEVIELLE et coll., *L'ouvrier français en 1970*, Paris, FNSP, 1971.

[58] JEAN-PIERRE CHALINE, « Idéologie et mode de vie du monde patronal haut-normand sous le second Empire », *Annales de Normandie*, n° spéc., mai-juillet 1988.

Sur quelques figures emblématiques :

[59] PIERRE GUIRAL, *Thiers*, Paris, Fayard, 1986.

[60] PHILIPPE LEVILLAIN, *Boulanger, fossoyeur de la monarchie*, Paris, Flammarion, 1982.

[61] JEAN-DENIS BREDIN, *Joseph Caillaux*, Paris, rééd., Folio, 1980.

[62] JEAN-NOËL JEANNENEY, *François de Wendel en République. L'argent et le pouvoir*, Paris, Le Seuil, 1976.

[63] PIERRE MIQUEL, *Poincaré*, Paris, Fayard, 1961.

[64] SYLVIE GUILLAUME, *Antoine Pinay ou la confiance en politique*, Paris, FNSP, 1984.

Grand thème littéraire enfin, le patrimoine a inspiré de multiples œuvres, de la *Comédie humaine* aux *Rougon-Macquart*, de Mauriac à Giono. Citons, dans une vision traditionaliste :

[65] RENÉ BAZIN, *La terre qui meurt*, Paris, Calmann-Lévy, 1899.

Plusieurs ont été portées sur les écrans, ainsi :

[66] *Les grandes familles*, film de Denys de La Patellière, 1958, d'après le roman de MAURICE DRUON, Paris, Julliard, 1948.

[67] *Au plaisir de Dieu*, téléfilm d'après le roman de JEAN D'ORMESSON, Paris, Gallimard, 1974.

Sur l'autre acception du terme patrimoine (collectif, historique, artistique et monumental) :

[68] FRANÇOISE CHOAY, *L'allégorie du patrimoine*, Paris, Le Seuil, 1992.

Cinquième partie

QU'EST-CE QU'ÊTRE DE DROITE?

CHAPITRE XX

Les droites au miroir des gauches

Dans l'organisation symbolique des univers politiques, droites et gauches se définissent par leurs rapports mutuels. Parler des droites au miroir des gauches, c'est donc approcher l'identité des tendances comme résultant chacune d'un travail commun de différenciation. Ce n'est pas seulement le système des forces dans son ensemble qui résulte de l'association de ces contraires, mais bien l'identité et l'existence de chaque force ainsi conçue dans un univers polarisé qui, à tout moment de son histoire, dépend de l'intervention et de l'expression adverses. Si l'on considère ainsi que la droite et la gauche ne sont pas des absolus dotés d'une existence en soi et d'une cohérence propres, mais plutôt des positions toujours relatives et simultanées qui n'ont de sens qu'ensemble, on comprend qu'on ne puisse étudier les droites indépendamment de ce qu'en disent les gauches et négliger ce que la doctrine ou la stratégie des premières doit à la dictée des secondes.

La symétrie toutefois n'implique pas l'équilibre. Historiquement c'est, en effet, bien la gauche qui la première a pris la parole pour énoncer la nouveauté de son projet et de sa vision du monde par rapport à un état des choses qui pouvait jusqu'alors paraître naturel. Voilà pourquoi pendant longtemps la droite est allée sans dire, jusqu'au moment où, travaillant sur une grammaire politique inventée par la gauche, elle a dû décliner son identité à l'aide de catégories dont elle n'était jamais l'auteur. Elle qui pourtant existait d'abord a dû signifier sa différence avec des mots inventés par l'adversaire libéral et républicain, occuper dans un jeu inégal la place disqualifiée que la gauche lui assignait.

Longtemps il fut difficile à la droite d'assumer son nom. Ne pouvant ainsi se désigner, elle s'est essayée un temps à la couleur —

le bleu contre le rouge —, aux valeurs — l'ordre contre le désordre —, à la temporalité — la conservation contre la révolution ; elle a même consenti à emprunter à l'adversaire son identité, se disant, au moins en partie, républicaine en 1848, progressiste ou même de gauche sous la troisième République. Il faut souligner le paradoxe : la droite sans doute exprimait par le refus de son nom le rejet de la division, son incapacité à concevoir la politique comme un rapport de forces, et voilà qu'elle emprunte le nom de l'adversaire, illustrant ainsi la tendance récurrente de la vie politique française au sinistrisme.

C'est que le nom décidément renvoie à un enjeu décisif de légitimité que la démocratie moderne a imposé : marquées à l'origine par des significations purement topographiques, droites et gauches ont très vite été valorisées différemment en raison des rapports qu'en démocratie le politique entretient avec le social. On quitte ici le paradigme libéral qui renvoie de l'opinion à sa représentation pour retrouver une logique apparemment plus naturelle, celle de l'intérêt qui raisonne en termes de riches et de pauvres, de peuple et de gros, de dominants et de dominés, en somme qui glisse insensiblement des clivages politiques aux clivages sociaux.

Il faut retrouver la dimension sociale qui soutient ainsi le jeu politique pour comprendre à la fois la réticence des forces conservatrices à accepter une marque de droite qui revient à les associer à une minorité sociale politiquement disqualifiée, et la capacité de la gauche dans son ensemble à imposer ses significations propres à la totalité du jeu démocratique. Droites et gauches décidément ne sont pas dans les relations d'égalité, et s'il est vrai que chacune ne peut se comprendre que dans ses rapports aux autres, les droites plus que les gauches ne peuvent se lire que dans le miroir de l'adversaire.

Que ce miroir soit déformant, on le perçoit d'abord à la lecture des images que les gauches aiment à donner des droites : le clérical, le bourgeois, le hobereau, le factieux ; des figures où l'extrême parvient à qualifier le tout, des caricatures où ne se retrouvent jamais les traits dans lesquels les droites elles-mêmes se reconnaissent.

A ces figures les gauches ne renoncent jamais mais elles ne les manient pas toutes indifféremment. Trois temps peuvent être ici distingués où les gauches, par leur désignation différente de l'adversaire, expriment leur pluralité. Le temps d'abord de la division où s'exprime à nu la dimension sociale du politique, le temps où chaque force mobilise ses propres soutiens contre toutes les autres, où à l'ensemble de la droite sont le plus purement associées les figures de l'extrême. Le temps ensuite de l'union des gauches où la quête du peuple rejette dans l'opposition le petit nombre : les oligarques, les deux cents familles, les monopoles. Le temps enfin de l'union sacrée, où les gauches consentent à oublier ce qui les différencient des droites pour ne retrouver que les fondements de l'unité nationale.

C'est assez dire que sont ici maniées des problématiques associant ou dissociant le politique et le social : parfois purement politique, parfois purement social, en réalité toujours sociopolitique, le miroir que les gauches tendent aux droites ignore toujours l'image que ces dernières aimeraient donner d'elles.

I. LES QUATRE FIGURES DE L'EXTRÊME

On parle de figures de l'extrême parce qu'il importe ici pour la gauche de disqualifier l'ensemble du camp adverse à partir de traits réels mais minoritaires qui ne valent tout au plus que pour les franges les plus radicales de la droite. En ce sens il ne s'agit pas de mythes : l'imaginaire renvoie toujours à un réel amplifié, saturé plus que déformé. Aux figures ainsi maniées chacun peut associer des personnages, des situations dont il a fait ou dont il aurait pu faire l'expérience ; l'individu ne se représente vraiment que ce qu'il peut objectiver. La droite n'est plus une pure abstraction, un simple concept, elle prend à proprement parler figure, elle s'incarne et s'envisage. Et ce corps dont l'autre l'a dotée est bien plus fort que ses propres paroles. Forte de ses seules idées, elle ne peut que se réfugier dans la dénégation qui, comme on le sait, ne détruit jamais l'efficacité du réel-imaginaire.

La figure du clérical

Très antérieur à la Révolution française, l'anticléricalisme a, dès l'origine, nourri la culture populaire [26] avant d'être intégré et utilisé par les courants libéral et républicain. On comprend ainsi que la nouvelle problématique introduite dans la politique moderne par le socialisme et le mouvement ouvrier ait pu, malgré quelque hésitation, renchérir sur l'ancienne mythologie. Manié par le radicalisme dans une perspective en apparence purement politique, l'anticléricalisme a très vite repris une coloration sociale : la condamnation du cynisme et des privilèges a toujours redoublé le rejet de l'obscurantisme et de la conspiration.

Dans l'anticléricalisme est, en effet, tout entière contenue la lutte qui oppose la société moderne à l'Ancien Régime : c'est dans ces termes mêmes que, dans le quotidien, la gauche républicaine situe l'enjeu du combat politique. On parle de « dissiper les ténèbres amoncelées dans les esprits », de « rendre l'esprit des populations à jamais inaccessibles au fanatisme et à la superstition », de « résoudre la question cléricale au bénéfice de la civilisation » [32, 1882, p. 317]; Gambetta fustige « l'esprit non seulement clérical mais vaticanesque, monastique, congréganiste et syllabiste [...], l'esprit d'ignorance cherchant à s'élever sur la servitude générale » [43, p. 297]. On pourrait tout aussi bien citer Caillaux, Combes ou Clemenceau, partout s'exprime la même opposition du savoir et des ténèbres, la même association du cléricalisme et de la réaction.

Aux Lumières la gauche emprunte, en effet, l'idée que l'homme doit d'abord user de sa raison, trouver en lui-même, dans les seules ressources de sa connaissance, les lois de son bonheur. C'est sur cette idée que le libéralisme élabore son intelligence de l'organisation sociale et du progrès humain. En échappant à l'ordre pérenne des choses, l'histoire devient humaine, l'opinion prime sur la vérité, le temporel sur l'éternel, la nature sur la Providence. Terme à terme, ce sont bien les valeurs de la tradition que le libéralisme cherche à bannir de la sphère publique, ouvrant ainsi la voie au discours le plus consacré du républicanisme conquérant. Contre le savoir éclairé, le cléricalisme incarne la croyance obscure; à la promotion du plus grand nombre il oppose la permanence des hiérarchies anciennes : « Il y a maintenant en France dans chaque village, écrit Victor Hugo, un flambeau allumé, le maître d'école et une bouche qui souffle dessus, le curé » [cité *in* 18, p. 385].

C'est sa propre identité que la gauche dans son ensemble assure en stigmatisant l'obscurantisme de l'autre camp à partir de la figure outrée du clérical. L'enjeu apparaît nettement lors de l'Affaire Dreyfus où se dessinent deux camps, deux cultures, où, contre la raison d'État, la défense de la justice et de la vérité renvoie, de manière métonymique, à l'assomption de la raison et de la liberté. Si l'attachement à la République peut alors devenir une véritable mystique, c'est bien parce que la lutte des Lumières contre l'obscurantisme appelle une véritable conversion où le peuple s'accomplit dans la quête d'un nouveau salut temporel. Il faut, comme le dit Charles Péguy, lutter contre l'esprit de corps du catholicisme pour promouvoir l'homme libre et raisonnable : « Combien de catholiques se disant et se croyant libéraux, combien de catholiques se disant et se croyant ennemis des jésuites, héritiers fidèles de l'ancien esprit de l'Église de France, même héritiers de la raideur janséniste et de la franchise gallicane ont-ils suivi pas à pas, servilement, les jésuites jusqu'en leurs machinations les plus infâmes[1] ! »

Clairement s'énonce ici la condamnation de l'obéissance aveugle, de l'Internationale noire qui aliène la raison et l'autonomie de ceux qu'elle tient. Dans le maniement de la figure cléricale s'exprime non seulement le refus de l'enseignement congréganiste qui inculque préjugés et fanatisme, mais aussi la condamnation de l'emprise extérieure : « Rome a parlé, il faut obéir », comme on dit alors [43, p. 218]. Bien plus, par la référence au pouvoir directeur de la papauté, c'est « la plus inacceptable des coalitions », celle que régit « l'Église romaine » qui s'oppose à la gauche [19, p. 195]. Il suffit, en somme, qu'une partie des droites soient cléricales pour que l'ensemble du peuple catholique soit soupçonné d'obéir à la dictée étrangère. Tout le discours que prononce Gambetta le 4 mai 1877 pourrait être rappelé : « Ce n'est pas seulement en France qu'on fait appel à toutes les populations catholiques ; dans toute l'Europe, dans tout l'univers, on voit les pasteurs se lever, prononcer les mêmes discours, écrire les mêmes lettres, se livrer à la même ardente propagande [...] Car ce qui est admirable dans l'Église, c'est l'unité d'action, c'est l'unanimité qui s'établit [...] Nous sommes en présence d'une armée qui a un général et qui manœuvre comme savent manœuvrer les armées disciplinées » [43, p. 218-220].

En apparence, il est seulement question de politique. En mêlant le privé au public, le cléricalisme déforme l'idée de religion et introduit dans les affaires de la Cité des problématiques qui n'ont pas à y paraître : tout comme le sabre ne saurait être politique puisque l'armée doit rester muette, le goupillon ne saurait, même par le biais des consciences individuelles, violer les frontières de la société civile. Pourtant, avant même l'entrée du socialisme dans la politique parlementaire, s'esquisse la portée sociale de la thématique anticléricale. Plus que sur la richesse des congrégations et le scandale de la mainmorte ecclésiastique, c'est sur la domination intéressée que l'on met l'accent. Avec la référence au péril social, la gauche républicaine et radicale dévoile les mécanismes par lesquels l'Église reproduit les anciennes hiérarchies et maintient le peuple dans un clientélisme illusoire; l'Église se donne comme protectrice des petits quand elle n'est que le guide moral des dominants. Gambetta parle du « mal clérical » qui s'est « infiltré » dans les classes dirigeantes [43, p. 225], et Combes en éclaire la force et le caractère pervers : par le relais de l'enseignement congréganiste, l'esprit clérical peut inverser le cours de l'histoire et faire d'un acteur de la Révolution une classe réactionnaire[2].

Les termes de l'anticléricalisme semblent par là définitivement établis et s'imposer à tous les acteurs qui le prennent en charge. Reprise par le mouvement ouvrier, la problématique continue de privilégier une analyse ou l'idée possède le pouvoir d'organiser le social : ainsi chez Jaurès et chez Blum, l'opposition se concentre sur l'extrincésisme des rapports que l'Église entretient avec le monde, sur son incapacité foncière à assimiler les termes du débat politique moderne, et chez les communistes eux-mêmes pourtant réticents à jouer sur la figure du clérical paraît primer une lecture fondée sur l'extraterritorialité et l'extratemporalité de l'Église [26, p. 299].

La figure du bourgeois

Comme s'il fallait décidément manier une autre figure pour que se dessine plus complètement au regard des gauches l'image des droites, est ici mis en scène un autre rapport du politique et du social, une relation où le social, loin d'être structuré par l'idée, recèle l'essentiel des significations : le sacré laisse place à l'intérêt, le peuple se dresse contre les gros.

Ainsi référé au social, le thème est inégalement assumé par le discours présocialiste. Jusqu'en 1848, le suffrage censitaire favorise une lecture utilitaire du choix électoral et le vote exprime une signification plus sociale que politique. C'est alors que le système représentatif apparaît d'abord comme l'expression d'une machine politique au service des intérêts particuliers[3]. A la figure du jeune républicain, spartiate, ascète et fanatique, s'oppose celle du « bourgeois juste milieu aux pensées molles et aux calculs sordides » [18, p. 341].

Dans la seconde moitié du XIXe siècle, paraît au contraire s'imposer, libre de toute considération sociale, la question institutionnelle : d'un côté l'Ancien Régime, de l'autre, la Révolution, d'un côté la réaction, de l'autre la République. D'un côté pourtant les privilèges et les castes, de l'autre l'égalité et l'individualisme. Avec le plus de clarté sans doute, Gambetta relie la montée d'une couche sociale nouvelle au défaut de résolution et de courage d'une partie de la bourgeoisie française [43, p. 115], mais la référence reste isolée : dans les années 1880, par exemple, le vocabulaire des proclamations électorales ignore les classes ou même les conditions sociales pour ne considérer que l'électeur, individu abstrait [25, p. 34]. Il faut attendre la concurrence socialiste pour que toute la gauche dessine dans la polémique politique la figure du bourgeois.

Ici le discours se fait pleinement transparent. Dans le recours à une thématique antérieure à la démocratie, on oppose les petits contre les gros, on dessine la figure de la droite en général sous les traits de l'oligarchie opposée au plus grand nombre. Loin de cette bourgeoisie modérée et socialement conservatrice à laquelle la gauche républicaine et libérale ne manque pas quelquefois de faire appel lorsque l'enjeu de la lutte est strictement politique, l'anathème est jeté sur le caractère à la fois prédateur et outrancier de l'adversaire de classe[4] : un candidat du « parti républicain » se dresse ainsi en 1902 contre les monopoles, contre le gros capital du commerce et de l'industrie, contre les féodalités financières [32, 1902, p. 23-24]. Des termes que ne désavouerait pas un socialiste ; on ne parle certes pas de République sociale, mais toute la logique est déjà présente qui relie les enjeux politique, social et moral de la lutte contre les droites.

Retrouvant la figure thermidorienne d'un rapport naturellement vertueux entre le peuple et ses délégués, la gauche socialiste et communiste creuse la frontière entre la représentation ouvrière tout entière faite de pureté, de clarté et de probité, et le camp de l'« égoïsme », de l'« oisiveté » et du « profit » [32, 1919, p. 132-133, et 1924, p. 664] qui, pour l'extrême gauche, recrute « dans l'obscurité des coulisses politiciennes ou dans l'orgie des salons dorés » [32, 1924, p. 163]. Il faut bien sûr faire la part du style, mais jamais et dans aucun cercle, n'est absente la référence à l'argent sale, à l'argent, comme le dit François Mitterrand, qui « corrompt, l'argent qui achète, l'argent qui écrase, l'argent qui ruine, l'argent qui pourrit jusqu'à la conscience des hommes » [52, t. I, p. 536].

Au-delà, c'est le patriotisme de l'adversaire qui est soupçonné et l'enjeu de la conscience nationale soulevé. Car l'argent du petit nombre n'est pas seulement sale, il est apatride. Les intérêts ne connaissent pas de frontière et peuvent tuer tout esprit national : la bourgeoisie étouffe, comme le dit Léon Blum, le sens patriotique ; à la fois pacifique et chauvine, elle ne sait pas vouloir la paix quand la paix est possible ni accepter la guerre quand la guerre est inévitable [33, 1940-1945, p. 441] ; faute de conscience nationale, elle ne connaît pas la distinction entre le bien et le mal. Antérieure à la guerre, la thématique prend ainsi après 1914 une autre dimension : le bourgeois s'enrichit de manière immorale dans le commerce des armes, il prend un autre trait, celui du marchand de canons dont Paul Faure fait la figure emblématique du patronat antinational. Par l'intermédiaire de sa représentation politique, le bourgeois pèse sur les décisions d'intérêt général et introduit dans l'État sa logique du profit et de l'égoïsme individuels. Pour le Cartel des gauches déjà se noue entre le patronat sans frontières et la droite au nationalisme dès lors incertain, une obscure complicité, une identité d'intérêts et de valeurs.

Par l'association de la droite et du possédant, les gauches transposent en politique la vieille opposition entre la virilité et l'ascèse ouvrières, d'une part, la mollesse et la médiocrité bourgeoises, d'autre part. La droite, comme le dit François Mitterrand, renvoie dans toutes ses sensibilités et familles à « la France conservatrice des présidents de chambre de commerce, de l'Ordre des médecins, des P.-D.G. et des notaires » [51, p. 287], la France, en somme, inchangée de Monsieur Homais. On n'est plus ici dans la caricature qui force le trait et disqualifie l'adversaire dans l'outrance ; on est dans l'identité profonde et dans la force du réel. L'homme de droite c'est le bourgeois.

La figure du légitimiste

En associant les droites à la figure du clérical ou du bourgeois, les gauches accomplissent un véritable travail d'analyse dans lequel leur propre identité est en jeu et doit s'énoncer explicitement puisque la question religieuse comme la question sociale ne parviennent pas à les réunir tout entières ; les inquiétudes spirituelles ou la recherche même d'un fondement sacré de la cohésion sociale peuvent conduire à élaborer des représentations qui ne sont pas sans rappeler certains traits de l'ancienne religion. Plus clairement encore, le manque d'assurance politique des premiers républicains, les inquiétudes de certains d'entre eux devant l'apparition des « classes dangereuses » puis la montée du socialisme, les entraînent à ne pas pourfendre en toute circonstance et de manière univoque la figure du bourgeois. Chacun est parfois contraint, notamment lorsque la question du régime ou la question nationale paraissent au premier plan, d'associer à son nom la vieille bourgeoisie française, celle de la sagesse, de l'épargne et de la famille. La condensation de l'adversaire sous les traits du bourgeois, l'assimilation de toutes les droites aux classes possédantes ne peuvent donc se réaliser toujours sans danger ni ambiguïté. C'est là surtout que les différentes familles composant la gauche retrouvent le plus facilement les distinctions qui les marquent dès l'origine et ne cessent de travailler leurs rapports.

Avec la figure du légitimiste on touche au contraire à la question sur laquelle toutes les composantes de la gauche ont puisé leur identité commune : le choix pour la République. Voilà le lieu où les eaux se mêlent, où les représentations se bousculent, mobilisent toutes les ressources de la mémoire pour retrouver dans une figure hybride l'esprit de l'Ancien Régime qui résiste, les traits d'une droite qui n'a rien appris et rien compris. Le bourgeois peut s'essayer à parler du progrès, rappeler ses origines révolutionnaires ; le légitimiste au contraire est renvoyé du côté du passé, dans l'amont de l'événement qui a justement marqué la naissance de la gauche. Le légitimiste, c'est l'autre, le hors-jeu de l'histoire. A la fois opposé à la République et à la démocratie, il éclaire à lui seul les mécanismes par lesquels la gauche décrypte le combat politique.

Le vocabulaire qu'on a déjà décliné en témoigne : il suffit de parler de féodalité, d'aristocratie de l'argent ou de serfs du capitalisme pour exprimer de la manière la plus évidente l'éternel pouvoir du possédant. Puisée dans le lexique du XVIIIe siècle, l'analogie entre le système des classes et celui des ordres et des conditions devient au XIXe un des lieux communs de la politique. Saint-Simon parle de « féodalité industrielle » et de « féodalité mercantile », Auguste Blanqui et Charles Fourier assimilent le combat entre le travail et le capital à celui qui oppose le maître et l'esclave, et bien sûr la Commune ne peut que favoriser le rejet du conservateur sous le terme équivoque de Versaillais [15, p. 59-61, 77 et 136]. Sur ce registre, les ressources des gauches sont infinies : on peut bien sûr faire appel à l'esprit de Coblence, aux émigrés de l'intérieur, au pouvoir des castes, aux débris du vieux monde, mobiliser la rhétorique qui oppose « les idées rétrogrades de privilège et d'oppression aux idées modernes de progrès et de liberté » [32, 1882, p. 183]. Écoutons Joseph Caillaux parler de Victor de Broglie, duc de son état : « L'attitude de l'homme était de raideur, le masque déplaisant. Un aristocratisme dédaigneux semblait écrit sur le visage, dans les yeux aux paupières lourdes, dans les lèvres dont les coins tombaient méprisants. [...] A la tribune, l'orateur faisait figure d'un de ces ridicules pantins dont, en pressant sur un ressort, on déclenche la tête et les bras » [35, t. II, p. 59].

Ainsi tracée, la figure du hobereau serait seulement ridicule si elle ne renvoyait à la toute-puissance du chef d'entreprise, monarque à sa manière. Si elle ne permettait pas surtout de qualifier par extension l'ensemble des droites, accrochées à des privilèges d'un autre temps. Il y a l'extrême — les maurrassiens, les fascistes et les antisémites — qui, comme le dit Julien Benda [8, p. 161], reste aveuglée par sa haine de la Révolution ; et il y a, plus largement, le « parti de l'immobilité et du recul » [34, p. 181] qui, derrière le ralliement proclamé aux institutions de la République, marchande sans cesse son soutien à la démocratie. C'est dire que, à la différence de la précédente, la figure du légitimiste permet de mobiliser toutes les ressources symboliques d'une grammaire politique où sous la question du régime perce au vrai l'enjeu social de la domination.

La figure du factieux

Dernière image maniée par la gauche, celle du factieux pousse à l'extrême le travail de disqualification : plus encore que les autres sans doute, elle travaille sur la caricature et manie l'excès. D'où l'intermittence et la prudence de son emploi. Naturellement, certaines familles sont plus exposées que d'autres : celles précisément qui font de la réforme de l'État ou de la mise en cause des institutions un axe essentiel de leur projet. Ici le désaccord entre gauches et droites ne touche pas aux politiques ou aux équipes, mais bien plus fondamentalement aux règles du jeu qui normalement devraient précéder et assurer la tenue du débat. Sur la nature du régime les gauches démocrates, en effet, ne sauraient transiger. Elles ont lutté contre la Restauration et la Monarchie de Juillet, elles ont naturellement identifié l'Empire au césarisme, elles ont enfin, même si elles la jugent en partie imparfaite, assis la République : il n'y a pas sur cet acquis de révision possible. Aux aguets sur la question du régime, les gauches s'accrochent aux principes qui fondent leur identité politique. Chaque famille sans doute attache une signification différente à la démocratie représentative et à la souveraineté parlementaire, mais ensemble elles interdisent que s'institue tout ce qui peut évoquer l'envers de ce régime : le suffrage censitaire, la démocratie plébiscitaire, la concentration des pouvoirs.

Sur cette ligne, la frontière entre droites et gauches est incertaine. Le factieux renvoie par définition aux courants extrêmes qui, tels le fascisme et le maurrassisme, s'opposent terme à terme aux gauches sur les plans éthique, politique et social. A l'idée, en effet, selon laquelle l'extrême droite se disqualifie par son culte de la violence et son mépris de la démocratie s'ajoute l'interprétation que le socialisme donne du fascisme : expression politique extrême de la bourgeoisie, dernière étape dans le processus de dégénérescence sociale du capitalisme.

Le factieux renvoie ensuite à toutes les formes de césarisme qui, tels le boulangisme et le gaullisme, plaident pour une nouvelle organisation des rapports entre le peuple et ses représentants. Ici toutefois la figure devient imprécise, comme le laissent apparaître les lectures successives que les gauches donnent du gaullisme. Clairement maniée en 1947 lors de la fondation du RPF, elle est déjà plus brouillée avec l'avènement de la cinquième République où les radicaux et les socialistes se divisent sur son emploi et où les communistes eux-mêmes hésitent, faisant tour à tour du régime l'expression du fascisme, puis du pouvoir personnel, du pouvoir des monopoles enfin [14, p. 185].

Il est clair que se noue ici le débat autour de la valeur des règles du jeu. Le gaullisme, en effet, n'est pas indifféremment assimilé à la subversion ; il l'est dans les moments où il pose lui-même la question du régime — le « hold-up constitutionnel » que dénonce François Mitterrand [49, p. 119] — et ne se soumet pas aux principes communs, aux moments en somme où il rappelle les hésitations qui ont accompagné le passage de l'Empire à la République. N'est-ce pas cette question initiale qui est ravivée en 1877, en 1889, en 1924, en 1934, c'est-à-dire chaque fois que les gauches voient dans le renforcement du pouvoir exécutif la mise en cause de la souveraineté parlementaire, et surtout dans le pouvoir d'un seul la contestation de l'expression majoritaire : « Comme minorité », déclare Gambetta en 1877, « vous avez confisqué le pouvoir, comme minorité, vous vous êtes réclamés du pays [...], comme minorité ayant entre les mains toutes les ressources de l'État, pouvant disposer de toutes les forces sociales, politiques et administratives de ce pays [...], vous êtes arrivés à gagner quarante sièges par le vol et la fraude » [43, p. 263]. Le factieux, comme le dit encore Gambetta, ignore que « la République est la loi de la France », remet en cause « l'ordre public et la paix sociale » et méprise « le jugement du suffrage universel » [43, discours du 23 avril 1875, p. 150]; il ne respecte ni la paix ni la nation [34, p. 250]. Révolutionnaire potentiel, il ne connaît pas la règle.

Par un procédé classique de la rhétorique politique, les gauches renversent le discours de l'adversaire et se font le parti de l'ordre et de la paix. L'efficacité de l'argument se mesure à sa capacité de reconstituer les frontières idéologiques, de fondre l'unité d'un camp sur le rejet de l'autre. La droite qui, dans son ensemble, n'est pas factieuse, peut à tout moment se faire le « bras séculier » de l'autoritarisme et du fascisme, — « Mieux vaut Hitler que Blum » —, sacrifier à son pouvoir économique les institutions de la République.

Derrière l'extrême sensibilité des gauches à la question du régime et des institutions républicaines, au-delà du soupçon dont elle peut sur ce point entourer l'ensemble des droites à partir des positions de ses franges les plus extrêmes, ce sont les fondements mêmes de la démocratie, les rapports entre majorité et minorité qui, pour elles, sont en jeu. Dans la figure du factieux, on rejette certes la violence et l'irrespect du droit, mais, au-delà, l'extraordinaire pouvoir mobilisateur que son évocation entraîne tient sans doute à l'inadéquation radicale qui ne cesse de marquer les rapports des droites et du peuple. Dans le jeu de représentations que les gauches imposent, les droites sont par essence rejetées du côté de la domination : leur consentement à la souveraineté populaire est toujours partiel, imparfait, donné sous bénéfice d'inventaire. Lorsqu'elles ne peuvent plus maintenir l'illusion de leur identification au peuple, il y a nécessairement violence et rejet de la règle. Parce que la République c'est la loi, la droite en général est toujours, en puissance, hors-la-loi.

II. LES TROIS CERCLES

Ici le jeu se complique et se précise. Parce que gauches comme droites sont multiples, chacune doit, dans une première logique, retrouver, par la désignation de l'adversaire, les principes de sa distinction. C'est alors que chaque famille, à gauche, décline sa propre identité, trouve dans ses valeurs les plus propres le prix de sa singularité. Hors ces moments où chacun se différencie de tous les autres, la gauche ensemble s'identifie au peuple tout entier, dessine autrement le cercle adverse, le rétracte à la mesure de son propre déploiement. Enfin, lorsque prime la logique d'union nationale, s'efface la frontière entre droites et gauches et disparaît l'adversaire pour ne plus laisser subsister que l'ennemi ou le traître.

Les logiques de la distinction

On est donc dans ces moments où chacun travaille pour soi, mobilise les ressources de son identité, se distingue à la fois de la droite globale et des autres gauches.

Première ligne d'opposition : celle qui identifie les républicains, celle qui d'abord fait référence à un clivage de nature politique : la Révolution contre la réaction, la République contre l'Ancien Régime. Une ligne claire bien sûr lorsqu'elle s'exprime à nu sur la question du régime, lorsque les droites peuvent être exactement associées au refus de la République, lorsque les limites du Parti républicain ne prêtent pas à discussion. Une ligne plus imprécise lorsqu'elle rejette l'adversaire qui pourtant clame son ralliement au régime : il faut alors jouer sur le qualificatif, distinguer le vrai du faux, le pur et l'impur. Il faut alors appeler la mémoire, révéler par le passé la vérité du présent, réactiver les vieilles catégories de la droite et de la gauche. C'est Henri Brisson qui pose la question « de savoir si, pour défendre la République, on veut faire la majorité par ici [la droite], c'est-à-dire avec ceux qui ont passé trente ans à essayer de la détruire ou si on le fera avec tous les républicains qui siègent dans cette Assemblée » [19, p. 286] ; c'est Georges Clemenceau, qui, dans sa réponse à la volonté que manifeste René Goblet d'élargir la majorité à la nouvelle droite républicaine, répond : « Le jour où vous aurez mérité la confiance de la droite vous aurez perdu la nôtre. [...] Il n'y a pas de conciliation entre eux et nous, aussi bien dans l'ordre politique que dans l'ordre social. » [19, p. 157]

Voilà qui souligne encore la difficulté de tenir une ligne exclusivement politique. Ce qui sépare les républicains des droites, dit en somme Clemenceau, c'est bien plus que le régime : il y a, dans l'attachement à la République, tout un ensemble de valeurs, de sentiments, de symboles qui en fait une vision du monde, une anthropologie à la fois intégrale et intransigeante, un absolu qui appelle, plus que l'acquiescement, un engagement [27]. Bien avant que le socialisme introduise clairement en politique les ressources de la légitimité sociale, l'intégrisme républicain exprime tout ce qui le sépare des droites mais aussi toute la difficulté d'affirmer son identité au sein des gauches.

Le socialisme n'a pas ces problèmes. Car aux communes valeurs républicaines il ajoute un référent d'une autre force, celui de la classe : dès 1848, les utopistes introduisent dans le débat un vocabulaire social qui, organisé autour de l'opposition entre capital et travail, ne cessera jamais de colorer la langue politique. Quand un socialiste parle de la bourgeoisie et de la classe ouvrière, il faut l'entendre dire « eux » et « nous », c'est-à-dire, derrière l'apparence, décrypter le réel. Il y a dans la langue classique de la République une illusion, un piège que le formalisme ancien tend à l'esprit nouveau ; il ne s'agit plus avec le socialisme d'un débat d'idées, mais d'une lutte des classes, d'un affrontement entre la vérité et l'erreur. On ne parle plus, en termes globaux, de la gauche contre la droite, mais du peuple des travailleurs contre la bourgeoisie, contre le capital, contre la réaction cléricale et patronale [33, 1934-1937, p. 95]. Que tout dialogue soit alors impossible avec l'adversaire, François Mitterrand le dit assez quand il revisite son itinéraire : « J'ai assisté à des conférences, participé à des séminaires, à des colloques où l'esprit s'échauffait à rebâtir le monde. On recherchait les conciliations, les synthèses [...], on demandait en somme au capitalisme de comprendre que l'on comprenait mieux que lui ses propres intérêts. Il écoutait, goguenard, bref, j'ai dialogué [...] Mais à force de la regarder sans la voir j'ai fini par rencontrer une certaine vérité » [50, p. 165].

A tenir de près le discours socialiste, il faudrait reconstituer le parallélisme des références que la synthèse jaurésienne a imposé, rappeler la superposition des lignes politique et sociale, souligner la résistance de la trace républicaine, éclairer au fond tout ce qui l'a longtemps distingué du discours communiste. On ne trouve pas chez les socialistes le travail de condensation contenu dans le mot d'ordre « classe contre classe », on ne trouve pas bien sûr la dérision que les communistes expriment de manière récurrente, et d'abord dans les périodes d'ostracisme, à l'égard du « débat entre fractions bourgeoises », du « piège des gauches » [55, t. II, p. 47 et 100]. Quand il s'agit de se distinguer, les gauches ne négligent aucune marque de leur identité.

La logique du rassemblement

Les gauches ont toujours à se distinguer des droites. Mais les ressources qu'elles mobilisent à cette fin semblent largement liées au rapport des forces qui prévaut en leur sein. On le voit même dans les périodes de rassemblement où les gauches élargissent le cercle de famille pour ne plus laisser dans l'opposition que la partie la moins assimilable de l'adversaire. Dans ces moments s'affirme bien toujours une logique du peuple réconcilié contre le petit nombre, mais dans ces moments aussi continue de percer la lecture que chacune des composantes de la gauche développe des rapports politiques; chacun persiste à donner sa marque, à colorer à sa manière l'union et l'adversaire.

Imprimée par les républicains, la coloration ne peut être que politique. Pour un acteur habitué à lire l'histoire autour de la césure révolutionnaire, l'élargissement du cercle ne change pas la nature du débat. Dans un combat dont le terme est nécessairement écrit, le ralliement au régime du plus grand nombre vérifie la force de l'évidence : simplement déplacée, la ligne de partage rejette hors de l'histoire l'ignorance, la cécité, la chimère, comme le dit Victor Hugo. Pour le révolutionnaire de 1848, l'irréductible reste le rebelle qui, dans le refus du suffrage universel, révèle son ignorance du vrai.

Rien de tout cela n'est absent du discours socialiste. L'histoire garde un sens, s'écrit sur des valeurs, mais il y a ici une autre force, l'inévitabilité du réel qui laisse à la marge le tout petit nombre des gros. Dans ses lignes essentielles, la lecture du politique reste inchangée, toujours référée au social, toujours articulée sur le rôle directeur de la classe ouvrière. Mais dans ces moments où paraît primer le rassemblement sur la désunion peut se développer une conception plus ouverte et plus œcuménique des clivages sociaux; là peuvent se mêler les traditions socialiste et républicaine. Préfigurant la parousie finale, la classe déjà s'ouvre au peuple tout entier.

Ainsi exprimée, la démarche qualifie d'abord la perspective socialiste où s'impose une approche républicaine de l'unification du peuple. Quand il parle du Front populaire, Blum souligne ce qu'était son devoir de chef du gouvernement : maintenir l'ordre civique, l'ordre républicain, garantir l'intérêt national; il associe dans un mixte singulier le lexique du socialisme international et celui de la République française : « Chaque fois que j'ai pris la parole devant un auditoire populaire », rappelle-t-il au procès de

Riom, « j'ai tenu le langage suivant : "J'ai une catégorie de devoirs envers vous, en ce sens que c'est votre confiance, votre affection qui m'ont porté au pouvoir et que je dois y rester fidèle. Mais j'ai d'autres devoirs que j'ai contractés personnellement vis-à-vis de la communauté nationale, à partir du jour où vous m'avez porté au gouvernement" » [33, 1940-1945, p. 257].

En apparence, le discours communiste est tout différent. C'est l'opposition connue du peuple contre les gros, l'exclusion des « 140 000 hobereaux », des « deux cents familles », des « grandes oligarchies », des « barons de l acier », de la « finance apatride ». Une thématique purement sociale, qui, dans la pleine rigueur de la logique indigène, se distingue du discours associé aux anciennes expériences républicaines : « Le Cartel des gauches », comme le dit Maurice Thorez, « c'était une partie de la classe ouvrière entraînée par la pratique de la collaboration des classes derrière un clan de la bourgeoisie, pour le profit du capital. Le Front populaire, c'est la classe ouvrière, influençant par son activité les travailleurs des classes moyennes et les entraînant à la lutte contre la bourgeoisie, contre le Capital et le fascisme » [55, t. III, p. 104]. Pourtant pointe déjà ici une langue hybride où les références de classe se conjuguent avec le vocabulaire le plus classique de la tradition républicaine : le Parti communiste oppose en 1936 les gauches aux droites, en 1946 la démocratie laïque à la réaction, dans les années 1970 le peuple de France à « l'État-Giscard ». Une langue à la fois populaire et nationale où se précipitent les références à *La Marseillaise*, à la République — la République tout court, sans qualification sociale —, à la démocratie laïque, où la classe ouvrière peut se réconcilier avec les autres, les anciens combattants, les catholiques, les classes moyennes, la petite bourgeoisie.

Le propre des procédés de légitimation utilisés par le gauche dans les périodes de rassemblement consiste, en fondant sa propre identité sur celle du peuple tout entier, à priver la droite dans son ensemble de toute assise sociale possible. Réduite aux deux cents familles, celle-ci est renvoyée du coté de ce qu'elle est par essence pour la gauche : la domination pure. Injustice absolue, antinomie de la raison moderne.

La logique de l'union

L'union des gauches et des droites, l'union nationale imposée par la défaillance des droites : les deux cas de figure sont ici évoqués. Expérimentée lors de la Première Guerre mondiale, la première coalition implique reconnaissance de l'autre; vérifiée lors de la Seconde Guerre mondiale, la deuxième approche constate la disqualification de l'adversaire.

A lire en effet ces deux événements tout paraît distinguer les deux miroirs que les gauches renvoient aux droites. Pour les socialistes surtout, la Première Guerre mondiale est d'abord vécue comme un échec, une défaite de l'internationalisme. Et c'est bien ce que semble signifier la participation à un gouvernement bourgeois : une reconnaissance d'une problématique de la réconciliation, du consensus, de la France. Les historiens pourtant ont bien montré comment derrière ce ralliement[5] résistaient les références les plus sûres aux valeurs de la République[6]. L'union nationale n'implique pas pour la gauche unie renonciation à son identité politique : il suffit que soit mis en cause son patriotisme pour qu'elle riposte en recourant aux vieilles catégories du cléricalisme et de l'antirépublicanisme. L'Union nationale ne signifie pas ralliement au chauvinisme et au nationalisme : « L'union nationale, oui, la réconciliation, oui, mais avec tous ceux qui acceptent la forme démocratique que le pays s'est librement donnée[7]. » Mieux, pour les socialistes même les plus acquis à l'idée de défense nationale, ne s'efface jamais totalement la certitude que l'avènement de la guerre marque la défaite de la société bourgeoise : « Elle a déchiré soudain le voile sur la réalité des choses », comme le dit Blum [33, 1914-1928, p. 40].

C'est dire que la guerre joue toujours comme révélateur des contradictions sociales et éclaire, même dans les moments apparemment les moins favorables à la gauche dans son ensemble, le sens que celle-ci donne à l'histoire. Il faut lire les pages où Blum annonce la fin du rôle révolutionnaire de la bourgeoisie pour pleinement apprécier l'esprit de cette dernière logique : quand la classe, après s'être élargie au peuple, s'identifie à la nation, elle marque simplement la forclusion des clivages politiques; il n'y a plus d'intérêt particulier, il n'y a plus de droites . « La vie en commun serait impossible aux hommes si l'intérêt spécial et momentané de l'individu ne s'inclinait pas devant l'intérêt général et permanent d'un groupe, mais le problème est d'obtenir de chaque groupe politique ou social ce qu'on exige de l'individu, c'est-à-dire la subordination volontaire à l'intérêt général et permanent de la nation » [33, 1940-1945, p. 490].

L'effacement des catégories politiques, l'intérêt national assurément s'imposent d'autant mieux, au cours de la Seconde Guerre mondiale, que sont plus fortes les figures répulsives de l'ennemi et du traître. La défense nationale recouvre alors complètement le combat de toujours de la gauche humaniste contre la barbarie, mais plus que jamais elle s'appuie sur des valeurs morales, sur une anthropologie fondamentale qui permet, cette fois-ci, de rejeter l'adversaire dans le camp de l'inhumanité. Que l'adversaire trouve encore certaines de ses racines dans les classes dirigeantes n'a alors qu'une importance secondaire. Pas plus que les catégories politiques, ne résistent les catégories sociales ; demeure dans sa vérité la plus nue l'opposition du bien et du mal.

III. LES DEUX PROBLÉMATIQUES

A la lecture de ce qui précède, il semble bien que deux problématiques sans cesse se mêlent et s'opposent : une approche d'abord politique dans laquelle les identités propres et la perception des identités adverses se fondent essentiellement sur des clivages d'opinion et de conception du monde ; une approche ensuite apparemment exclusivement sociale et économique, mais pourtant en permanence traversée par des considérations liées à la conquête et à l'exercice du pouvoir. Dans l'image des droites, s'expose une commune référence au politique qui, par-delà la diversité de ses traditions, donne à la gauche son unité.

La problématique politique

On est en apparence ici fidèle à la signification première du clivage. Conçue par le libéralisme, l'idée d'un espace politique séparé de la société permet d'ignorer les différences sociales et les aliénations individuelles qu'elle peut susciter pour ne plus considérer dans le citoyen que l'être libre et raisonnable dont l'opinion est dicible, souhaitable, capable d'engendrer simplement et naturellement le bien de tous. C'est évidemment le double postulat de la raison universellement répandue et de l'égalité politique assurée par l'État qui permet à la démocratie libérale de considérer le bien commun comme la résultante possible de la somme des opinions individuelles. Comme sur le marché économique où de la seule rencontre des égoïsmes individuels résultent l'équilibre commun et le bien-être de tous, naît du débat politique un produit original, ni vérité délivrée d'en haut ni simple addition inconséquente des opinions personnelles.

On sait pourtant que ce modèle est dès le XVIIIe siècle concurrencé par une autre conception de la politique dans laquelle une vérité est nécessaire pour unifier la société et dépasser l'immobilité et la déraison collectives auxquelles peut conduire la logique individualiste. C'est que la question cruciale qui se pose à la politique du XIXe et du XXe siècle naît très exactement dans le silence du libéralisme, dans l'articulation du politique et du social d'abord, dans l'orientation aussi que doit prendre cette articulation du pouvoir à la société.

On voit bien tout ce qui oppose les deux conceptions. Dans sa lecture de l'échange politique, le libéralisme porte à la considération et à la reconnaissance de l'adversaire. Il ne s'agit pas d'éliminer l'autre, mais de tirer profit de la rencontre — l'échange économique pour les libéraux n'est pas nécessairement à somme nulle. C'est dans cette logique qu'on peut comprendre l'opposition droite-gauche et sa figuration sur un axe qui, par son horizontalité même, n'implique aucune valorisation des positions qui s'y projettent et permet d'échapper à l'ancienne visualisation verticale des rapports sociaux.

Au contraire, la conception rousseauiste, démocratique, oppose à l'expression incohérente des opinions individuelles l'exigence d'une purification politique : la « volonté générale » assoit l'intérêt commun, la « volonté de tous » ne regarde qu'à l'intérêt privé ; la première assure la raison du tout, la seconde exprime des opinions partielles et erratiques. D'un côté la vérité de l'un, de l'autre l'erreur du pluriel, d'un côté la pleine confiance dans l'opinion publique, de l'autre l'appel à l'esprit public, à la régénération du social par le politique. On retrouve ainsi, paradoxalement dans l'accomplissement de la démocratie extrême, la verticalité de la hiérarchie initiale que le libéralisme avait récusée : l'échange n'ajoute rien mais retranche, l'adversaire n'enrichit pas, ne concourt pas à la formation de l'intérêt général mais introduit en politique les méfaits de l'intérêt particulier.

C'est sans doute cette double expression, verticale et horizontale des rapports politiques qu'exprime aux débuts de la troisième République le Parti républicain dans sa perception de la droite. Fidèle à la tradition libérale, il peut porter un regard presque neutre sur l'adversaire, et ainsi, par exemple, le désigner simplement par sa situation dans l'hémicycle [43, p. 36]. Plus souvent héritier de la tradition jacobine, il le rejette et le dévalorise.

Il le rejette d'abord en ignorant jusqu'à son nom. Quand la référence à la droite ne porte en soi aucune dévalorisation, la gauche, par le refus du nom de l'autre, manifeste sa position éminente, neutralise le poids d'indifférence que porte en elle-même l'inscription des forces sur un axe univoque. Il faut dissocier les plans, mobiliser toutes les valeurs, reconstituer les généalogies pour attribuer à l'adversaire sa pleine identité. La droite globale c'est l'ancien contre le nouveau, l'ordre des choses contre le mouvement des hommes, l'oligarchie contre la démocratie.

On a déjà dit comment le discours des gauches associait les droites aux figures de l'Ancien Régime. Ici nul équilibre, nulle expression du doute, nulle ouverture sur l'alternance. Nourri de positivisme [23, p. 187-248], le Parti républicain lit la politique à la manière du savant qui s'est plié aux exigences de la connaissance et a rompu avec la fausse perception des choses. Que peut dans ces conditions dire une doctrine qui, à la manière des préphysiciens, joue sur la croyance et puise à l'erreur du sens commun ? la droite, comme le dit Émile Combes, « c'est l'esprit des temps anciens, l'esprit de réaction, qui a fait surgir (les espérances contre-révolutionnaires) des débris du vieux monde comme une négation vivante des principes fondamentaux de la société moderne » [39, p. 198]. La droite au fond se définit par une addition de manques : la société sans l'individu, le pouvoir sans le peuple, l'autorité sans la responsabilité, le monde sans les Lumières. La droite ne connaît pas le libre examen, se nourrit aux préjugés et se soustrait à la charge de la preuve. N'est-ce pas ce que vérifient idéalement ses positions dans l'Affaire Dreyfus où moins que la justice et la réalité comptent pour elle la vérité *a priori* et son ordre ? A la manière des gauches sans doute, les droites se réfèrent aux universaux qui, tels la nation, le peuple et l'État, mobilisent l'imagination mais il s'agit pour elles d'entités désincarnées qui renvoient à un amont — la tradition —, à un haut — l'instance divine — irréels et abstraits; rien qui puisse rappeler les sources modernes de la souveraineté. Les droites ne sauraient être ainsi démocrates : elles peuvent rituellement se soumettre à l'épreuve du suffrage universel, « laisser au peuple la liberté de désigner qui lui convient », leur restent toujours le pouvoir de l'argent, de la presse, de l'Église, ces instances d'appel qui rendent illusoire sa révérence formelle à la souveraineté du peuple [34, p. 192].

Dans l'opposition droites contre gauches deux conceptions de la société s'expriment, l'une égalitaire, l'autre hiérarchique : « La conception hiérarchique, écrit Julien Benda, entend [...] que certains membres de la communauté soient investis d'un caractère intangible, que leurs comportements soient au-dessus du contrôle, du moins de celui du peuple ; leur thèse, quoi qu'ils soutiennent, est au fond celle des anciennes monarchies, selon laquelle les rois ne doivent de comptes qu'à Dieu, dont ils sont les vicaires ici-bas. [...] L'intangibilité des chefs est nécessairement voulue par les classes qui entendent que leur suprématie sociale ne soit pas discutée » [8, p. 157]. Parce qu'elles renvoient dans leur identité même au passé, les droites ne peuvent pas parler au présent et proclamer en toute vérité leur ralliement au régime. Contre les commandements de la conscience, la civilisation morale et les conclusions du savoir, les droites incarnent la religion de la nature, la culture de l'esthétique et les tentations de l'irrationnel [7, p. 50, 51, 54]. La parole ne vaut pas si elle est de quelque manière dissociée du nouvel ordre des choses.

Mais est-il encore ici question de politique ? Les gauches qui reprochent aux droites leur incapacité à penser la politique dans toutes ses dimensions, qui leur reprochent, par leur silence sur la question sociale, de garantir l'injustice de l'ordre établi, écrivent toujours sur deux lignes leur vision de l'adversaire. Comme le dit André Siegfried, derrière l'opposition entre pouvoir absolu et pouvoir populaire s'exprime plus profondément deux écritures sociales des rapports politiques [6, p. 31].

La problématique sociopolitique

La division entre la droite et la gauche a revêtu sa pleine et première signification au moment de la Révolution française lorsque se superposaient les dimensions sociale, politique et religieuse de telle manière que deux camps s'affrontaient mais plus encore deux visions du monde et deux sociétés. Dans les grands moments de division de l'esprit public, lorsque, à proprement parler, n'était en jeu qu'une seule des trois questions qui ont marqué l'histoire politique française des deux derniers siècles, c'est bien parce que toutes les dimensions constitutives de la première opposition étaient rappelées et ravivées même sans être énoncées que les acteurs pouvaient à ce point s'appuyer sur elle pour se distinguer et s'unir. On pourrait certes citer quelques dates essentielles de l'histoire de la République — 1940, 1958 — où se dissocient les trois plans initiaux, mais il s'agit justement de moments où n'est pas clairement en cause le clivage engendré par la Révolution française. C'est dire qu'il faut retrouver dans la langue politique ce que le discours tait parfois : derrière les conventions égalitaires de la démocratie, la force du réel et le poids des inégalités sociales. Une évidence sans doute pour le mouvement socialiste qui n'a jamais pu concevoir le politique hors de la référence à l'économique, un fondement pour l'ensemble des gauches qui ont construit leur identité sur une reconstruction politique du social.

On a parlé de convention[8] pour traduire le traitement que la démocratie libérale a imprimé à la société : ni une ignorance ni une dénégation mais, le temps de l'opinion, de la délibération et de la décision politique, une suspension provisoire des inégalités économiques. Dans le rejet des privilèges était en jeu une dissociation des plans, la formation d'un espace artificiel et protégé où devenait inconcevable une pure expression des rapports sociaux. L'économie n'était pas rejetée du débat politique, les inégalités n'étaient pas tues, mais leur traitement ne pouvait qu'être le produit différé et patient de la raison reconnue en politique. Inconciliable avec l'organicisme de l'Ancien Régime, le projet libéral l'était tout autant avec l'intégralisme socialiste qui ne concevait pas une reconnaissance de l'égalité limitée à l'ordre politique.

Si l'on peut pourtant parler ici de gauche au singulier c'est bien parce que les révolutionnaires et les républicains dans leur foulée ne se sont jamais tenus à leur posture initiale, ont continué de réfléchir avec des mots qu'ils avaient eux-mêmes bannis du vocabulaire politique. Dans leur travail d'identification et de distinction, il leur a fallu reprendre les catégories de l'Ancien Régime, opposer sans cesse le tiers état aux privilèges, dénier la légitimité de l'adversaire en l'associant à la défense de l'aristocratie et de l'oligarchie. Par la seule logique du combat politique, la gauche modérée retrouvait ainsi dans la désignation de l'adversaire une problématique que seul le socialisme assumait en conscience.

« Nous sommes, dit Caillaux, les héritiers directs des bourgeois du Tiers État, des hommes du peuple, du petit clergé et de la petite noblesse qui, pendant de longs siècles, furent le support de la royauté travaillant à remplir sa mission historique, s'appliquant à réaliser contre la haute noblesse, contre le haut clergé son grand œuvre : l'unité de la France. Nous continuons le mouvement des communes contre les féodaux, le mouvement du peuple de France contre les seigneurs et les gens de cour, le mouvement du Tiers État contre la royauté dégénérée oublieuse de ses traditions, infidèle à sa mission nationale » [34, p. 137]. Nulle trace dans ce texte de l'événement inaugural et de la rupture fondatrice : en dehors des termes de la politique moderne où ne valent que les individus et les opinions, est réintroduite en politique une partition que la Révolution avait formellement abolie, est écrite l'histoire permanente que mène le peuple contre l'injustice et la domination.

Parce que la convention démocratique impose à la fois le suspens de la question sociale et l'équivalence des options politiques, il faut que la gauche, pour légitimer sa prétention à représenter le peuple, réactive les anciennes catégories immédiatement parlantes, celles qui mêlent dans une figuration unique les distinctions politiques et les hiérarchies sociales. Les anciennes catégories pourtant ne sont pas reprises en l'état : retravaillés, manipulés, les ordres perdent leurs frontière initiales, prennent une coloration hybride où sont associées les polarités institutionnelles que l'Ancien Régime connaissait — le haut et le bas — et les oppositions purement sociales que la modernité a ravivées — le petit et le gros. Le Parti républicain peut dépasser par là ce que l'opposition droite-gauche engage d'abstraction et de trop grande inscription des acteurs dans l'arbitraire du langage, ce qu'elle comporte aussi d'indifférence, d'équivalence, de légitimation identique pour les deux parties. Dans l'ignorance des contresens et des anachronismes, il reconstruit une épopée dont il est le héros éternel. Ce n'est plus seulement le terme annoncé qui légitime son projet mais, plus sûrement encore, les combats antérieurs et les annonciations précédentes. Porte-parole proclamé du peuple, il se pare de la seule légitimité qui compte en démocratie et, dans le même mouvement, relègue l'adversaire dans l'histoire des univers dépassés. La droite, dans son identité abstraite, n'est plus l'autre partie présentant aujourd'hui dans l'arène démocratique l'autre option légitime, mais plutôt l'éternel ennemi du peuple, l'adversaire de la démocratie. La droite est pour toujours associée à la domination et à l'archaïsme.

Voilà qui ne pose pas problème pour le courant socialiste. Écrite sous sa plume, l'histoire est immédiatement transparente, l'équivalence sans médiation assurée entre le social et le politique ; sur le long terme, la démocratie ne vaut que par sa qualification, le pouvoir politique doit se comprendre par la puissance économique, la démocratie populaire par opposition à la démocratie bourgeoise.

A mi-chemin pourtant, le socialisme retrouve la tradition républicaine, et il le fait curieusement par une même réécriture de l'histoire. La langue républicaine devait connoter socialement sa lecture du politique ; le socialisme doit se ressourcer à la mémoire politique pour élaborer son mythe de l'adversaire. Moment de choix, le Front populaire réunit les familles de la gauche dans un même rituel où défilent tous les emblèmes et figures de la Révolution : le 14 Juillet, *La Marseillaise*, la lutte éternellement recommencée du peuple contre les féodalités financières. On parle certes de classes, de masses et de travailleurs, on n'ignore pas les références les plus sûres du vocabulaire socialiste, mais les mots ne prennent sens que par leur inscription dans une histoire qui parle à l'imaginaire du citoyen. C'est pourquoi sans doute la gauche tout entière préfère travailler sur les oppositions ordre et mouvement, Ancien Régime et Révolution, réaction et progrès plutôt que droite et gauche. Le réactionnaire c'est au fond le légitimiste de toujours, celui qui n'a pas renoncé et qui garde inscrite en lui la marque indélébile de ses origines : les classes régnantes dans le vocabulaire socialiste et républicain du xixᵉ siècle, le comte d'Ornano et le prince Poniatowski sous la plume de Georges Marchais, les gens du château dans la langue de Pierre Mauroy expriment dans une même expression toute la complexité et la richesse d'une problématique qui se moque des dénégations de l'adversaire et des conclusions de l'histoire savante.

En ce sens, c'est bien la *figure du légitimiste* qui incarne le plus exactement pour les gauches l'*identité permanente* de l'adversaire. Caractérisé par son triple refus de la démocratie, de la Révolution et de l'égalité sociale, le légitimiste dit en un mot tout ce que la gauche dans son ensemble prête à toutes les droites confondues : la domination et l'injustice, la morgue et le mépris, la bêtise et l'obscurantisme. Le politique décidément n'est pas ce que voulait en faire le libéralisme : il n'y a pas plus d'égalité entre droites et gauches qu'il n'y a d'égalité entre dominants et dominés ; à mi-chemin le socialisme et la République se rencontrent pour construire, dans le seul rejet de l'adversaire, une organisation hiérarchique des rapports politiques, pour tracer de la gauche à la droite une ligne où rien ne se perd de la première verticalité des rapports sociaux.

JEAN-MARIE DONEGANI,
MARC SADOUN

Bibliographie

Sur un sujet de cette ampleur, il n'est pas possible de mentionner toutes les sources qui, d'une manière ou d'une autre, ont concouru à la conception de l'étude. On écartera donc délibérément non seulement les ouvrages d'histoire générale, mais aussi les travaux plus précis portant sur les périodes ou les événements, même les plus caractéristiques, et les études traitant des forces et des idéologies que l'on n'a pas directement utilisées dans l'écriture du texte.

Les droites vues de gauche

On dispose de peu d'études sur le sujet. Cinq références doivent être mentionnées :

[1] PIERRE BIRNBAUM, *Le peuple et les gros*, Paris, Grasset, 1979.

[2] ALAIN BERGOUNIOUX, BERNARD MANIN, « L'exclu de la nation. La gauche française et son mythe de l'adversaire », *Le Débat*, n° 5, oct. 1980 (p. 45-53).

[3] GÉRARD GRUNBERG, « Le Parti socialiste et ses représentations de l'adversaire », *Intervention*, n° 4, mai-juillet 1983, p. 8-16.

[4] DANIEL LINDENBERG, « Les droites vues de gauche », *Les Temps modernes*, 41 (465), avril 1985 (p. 1893-1902).

[5] RENÉ RÉMOND, « La droite ressemble-t-elle à l'idée que s'en fait la gauche? », *Projet*, 175, mai 1983 (p. 454-463).

Forces et idéologies

[6] EMMANUEL BEAU DE LOMÉNIE, *Qu'appelez-vous droite et gauche?*, Paris, Librairie du Dauphin, 1931.

[7] JULIEN BENDA, *La trahison des clercs*, Paris, Grasset, 1975 (1re éd. 1927).

[8] JULIEN BENDA, *Les cahiers d'un clerc*, Paris, Émile-Paul, 1949.

[9] JULIEN BENDA, *La grande épreuve des démocraties*, Paris, Le Sagittaire, 1945.

[10] EMMANUEL BERL, *Mort de la pensée bourgeoise*, Paris, Grasset, 1929.

[11] EMMANUEL BERL, *Mort de la morale bourgeoise*, Paris, Gallimard, 1929.

[12] SERGE BERSTEIN, *Histoire du Parti radical*, 2 t., Paris, Presses de la Fondation nationale des sciences politiques, 1980, 1982.

[13] JEAN-MARIE COTTERET, CLAUDE ÉMERI, JACQUES GERSTLÉ, RENÉ MOREAU, *Giscard d'Estaing-Mitterrand, 54774 mots pour convaincre*, Paris, PUF, 1976.

[14] STÉPHANE COURTOIS, MARC LAZAR, *50 ans d'une passion française, de Gaulle et les communistes*, Paris, Balland, 1991.

[15] JEAN DUBOIS, *Le vocabulaire politique et social en France de 1869 à 1872*, Paris, Larousse, 1962.

[16] LOUIS GIRARD, *Les libéraux français 1814-1875*, Paris, Aubier, 1985.

[17] BERNARD GROETHUYSEN, *Origines de l'esprit bourgeois en France*, Paris, Gallimard, 1977 (1re éd. 1927).

[18] ANDRÉ JARDIN, *Histoire du libéralisme politique, de la crise de l'absolutisme à la Constitution de 1875*, Paris, 1985.

[19] JACQUES KAYSER, *Les grandes batailles du radicalisme, 1820-1901*, Paris, Marcel Rivière, 1962.

[20] DOMINIQUE LABBÉ *François Mitterrand, essai sur le discours*, Paris, La Pensée sauvage, 1983.

[21] GÉRALDI LEROY, ANNE ROCHE, *Les écrivains et le Front populaire*, Paris, Presses de la Fondation nationale des sciences politiques, 1986.

[22] PIERRE MANENT, *Les libéraux*, 2 t., Paris, Hachette, 1986.

[23] CLAUDE NICOLET, *L'idée républicaine en France*, Paris, Gallimard, 1982.

[24] LÉON POLIAKOV, *La causalité diabolique*, 2 t., Paris, Calmann-Lévy, 1980, 1985.

[25] ANTOINE PROST, *Vocabulaire des proclamations électorales de 1881, 1885, 1889*, Paris, PUF, 1974.

[26] RENÉ RÉMOND, *L'anticléricalisme en France de 1815 à nos jours*, Paris, Fayard, 1976.

[27] ODILE RUDELLE, *La République absolue*, Paris, Publications de la Sorbonne, 1982.

[28] JEAN TOUCHARD, *La gloire de Béranger*, 2 vol., Paris, A. Colin, 1968.

[29] JEAN TOUCHARD, *Littérature et politique*, Cours Institut d'études politiques de Paris, Ronéoté, 1954, 1955.

[30] GEORGES WEILL, *Histoire du Parti républicain en France, 1814-1870*, Paris, Genève, Slatkine, 1980 (1re éd. 1900).

Discours, Mémoires et témoignages

Là aussi les références sont trop abondantes pour pouvoir être toutes citées. De nombreux témoignages consultés ont apporté peu d'enseignements à la connaissance du sujet. On a choisi de placer ici le Barodet (dont seulement quelques tomes correspondant à des dates particulièrement importantes pour notre sujet ont été consultés) aux côtés des sources les plus significatives ou les moins infécondes.

[31] VINCENT AURIOL, *Journal du septennat*, 7 vol., 1947-1954, Paris, Gallimard, 1970, 1971.

[32] DÉSIRÉ BARODET, *Programmes, professions de foi et engagements électoraux*, Paris, Imprimerie de la Chambre des députés puis de l'Assemblée nationale.

[33] LÉON BLUM, *L'Œuvre*, 9 t., Paris, Albin Michel, 1955-1972.

[34] JOSEPH CAILLAUX, *Ma doctrine*, Paris, Flammarion, 1926.

[35] JOSEPH CAILLAUX, *Mes Mémoires*, 3 t., Paris, Plon, 1942-1947.

[36] GEORGES CLEMENCEAU, *La mêlée sociale*, Paris, Charpentier et Fasquelle, 1895.

[37] GEORGES CLEMENCEAU, *Dans les champs du pouvoir*, Paris, Payot, 1913.

[38] GEORGES CLEMENCEAU, *Sur la démocratie : neuf conférences*, Paris, Larousse 1930.

[39] ÉMILE COMBES, *Une campagne laïque, 1902-1903*, Paris, H. Simomis Empis, 1904.

[40] JACQUES DUCLOS, *Mémoires*, 6 t., Paris, Fayard, 1968-1972.

[41] JACQUES DUCLOS, *De Napoléon III à de Gaulle*, Paris, Éd. sociales, 1964.

[42] JULES FERRY, *Discours et opinions*, 7 vol., Paris, A. Colin, 1893-1898.

[43] LÉON GAMBETTA, *Discours et plaidoyers choisis*, Paris, G. Charpentier, 1883.

[44] FRANÇOIS GUIZOT, *Mémoires pour servir à l'histoire de mon temps*, Paris, Laffont, 1971 (1ʳᵉ éd. 1859-1872).

[45] ÉDOUARD HERRIOT, *Pourquoi je suis radical-socialiste?*, Paris, Éd. de France, 1928.

[46] JEAN JAURÈS, *Œuvres*, 5 t., Paris, éd. Rieder, 1931-1939.

[47] PIERRE MENDÈS FRANCE, *Œuvres complètes*, 6 vol., Paris, Gallimard, 1984-1990.

[48] JULES MICHELET, *Le peuple*, Paris, Julliard, 1965 (1ʳᵉ éd. 1846).

[49] FRANÇOIS MITTERRAND, *Le coup d'État permanent*, Paris, Julliard, 1964.

[50] FRANÇOIS MITTERRAND, *Ma part de vérité*, Paris, Fayard, 1969.

[51] FRANÇOIS MITTERRAND, *La paille et le grain*, Paris, Flammarion, 1975.

[52] FRANÇOIS MITTERRAND, *Politique*, 2 t., Paris, Fayard, 1977, 1981.

[53] GUY MOLLET, *Bilan et perspectives socialistes*, Paris, Plon, 1958.

[54] ÉMILE OLLIVIER, *Journal (1844-1869)*, Paris, Julliard, 2 t., 1961.

[55] MAURICE THOREZ, *Œuvres*, Paris, Éd. sociales, 23 t., 1950-1965.

CHAPITRE XXI

Portrait
de l'homme de droite
Littérature et politique

L'analyse qu'on va lire risquant, aujourd'hui encore, de paraître insolite, plus de dix ans après son premier exposé [1], on voit mal comment éviter un rappel théorique préalable, en principe destiné à éclairer le lecteur, mais qui aggravera probablement son impatience. Le seul titre que l'on puisse avoir à solliciter son attention pendant quelques instants, avant de lui proposer le portrait annoncé de l'homme de droite, en chair et en os, est le nombre d'années que l'on a consacré à tenter d'approfondir quelques hypothèses, et de donner un statut à une discipline — l'histoire littéraire des idées — dont Jean Touchard fut l'initiateur [4]. La littérature peut-elle fonder un savoir sur le politique? Quelle grille d'interprétation peut-on asseoir sur l'examen de générations et de tempéraments littéraires, par définition singuliers? Le soupçon d'illégitimité qui s'attache à toute prétention de tirer des conclusions opératoires d'un *corpus* apparemment arbitraire, nous interdit de faire l'économie de ces deux questions.

I. QUE DIT LA LITTÉRATURE DU POLITIQUE?

Parmi les sources de la recherche historique, la littérature devrait être considérée comme la plus riche et la plus féconde. Elle a beaucoup pâti, dans l'estime des historiens, de la notion marxiste de superstructure. Dès lors que le texte littéraire était considéré comme la résultante des rapports de forces économiques et sociaux, il ne nous apprenait, par définition, rien de plus que ce que nous pouvions savoir par les documents politiques et administratifs. C'était, en revanche, la connaissance des faits économiques et sociaux, qui était censée nous parler de la littérature. Hauser [12], Lukács [13], Goldmann [10], Sartre [14], Althusser [15], pour ne citer que les plus célèbres, ont ainsi apporté sur Racine, Montesquieu, Balzac, Zola ou Flaubèrt, des éclairages intéressants, mais réducteurs. L'écrivain renvoyait à son temps, qui servait à expliquer l'œuvre : le cercle était à la fois pauvre et vicieux. L'exemple classique de ce type d'analyse est la « lecture » proposée par Lukács des *Paysans* de Balzac : dans cette œuvre, le romancier monarchiste se serait fait, à son insu, le peintre marxiste de la « tragédie de la parcelle » et de la montée de « l'usurier de la ville », détenteur du « capital bourgeois », au détriment du propriétaire foncier issu de l'ancien ordre aristocratique. Une telle interprétation, présentée comme une découverte, repose sur deux erreurs de perspective. La première, liée à la thèse de l'idéologie superstructure, est le préjugé selon lequel la préférence politique et les mythes qui habitent la conscience d'un individu devraient nécessairement aveugler celui-ci sur l'appréciation des réalités historiques. Il n'est pas bouleversant d'apprendre que la sociologie du roman balzacien reflète les données observables de la société de son temps. La seconde erreur consiste à confondre le matériau d'une œuvre littéraire avec le projet littéraire lui-même. Balzac peignait un monde en train de mourir, là où Lukács entend qu'il décrivait une classe en train de naître. L'écrivain mettait en scène des passions individuelles, là où son critique, sans nier cette évidence, voit jouer des rapports de forces collectifs totalement étrangers à la vision balzacienne du monde. Au terme de l'analyse, la connaissance de cette vision n'a pas fait le moindre progrès.

En réaction contre ce dogmatisme, s'est développée la thèse de la spécificité et de l'absolue liberté de la Création littéraire — en particulier du roman. Depuis le *Contre Sainte-Beuve*, de Proust [17], jusqu'à *L'art du roman*, de Kundera [21], en passant par *Le confort intellectuel*, de Marcel Aymé [18], ou encore *Paul et Jean-Paul* [19] et le *Roman du roman* [20], de Jacques Laurent, s'est rassemblé un front qui, parti de positions opposées, aboutit pratiquement au même résultat : récuser la possibilité d'un apport de la grande littérature à la connaissance objective de l'histoire; ou plus exactement, considérer le fait que le roman puisse servir à cette connaissance comme le signe de sa dégradation. Ainsi, enveloppée pour ainsi dire sur sa gauche et sur sa droite, l'histoire littéraire des idées a-t-elle dû battre en retraite, et se contenter de n'être qu'une des variantes de l'histoire de la littérature. Utilisée avec précaution, et à titre accessoire, par les historiens académiques, elle n'est jamais parvenue à s'instituer en discipline autonome.

Or l'histoire littéraire des idées ne saurait être considérée comme une simple auxiliaire de l'histoire politique non seulement parce qu'elle peut apporter *davantage*, mais aussi parce qu'elle représente *autre chose*.

Davantage : trois noms, en l'espèce, doivent être cités — trois noms, Lucien Febvre [24], Paul Hazard [22, 23] et Georges Dumézil [25], auxquels s'attachent trois concepts. Le premier a rappelé, notamment dans *La religion de Rabelais. Le problème de l'incroyance au XVIe siècle*, la nécessité de prendre en compte l'*outillage mental* dont l'individu dispose, selon les époques, pour penser le monde et pour se penser dans le monde. C'est ainsi que l'absence, au XVIe siècle, de certains termes : « absolu », « relatif », « abstrait », « concret », « concept », etc. [24, éd. de 1968, p. 328 sqq.], autorise seulement à écrire que Rabelais fut « un libre esprit »... « pour son temps » [*ibid.*, p. 421]. La compréhension du politique passe par l'inventaire des mots de la tribu.

Le second, Paul Hazard, a donné son acception la plus large à la notion de *vision du monde* (inventée en Allemagne par Dilthey, et vulgarisée par Lukács). L'idée maîtresse de l'auteur de *La crise de la conscience européenne au XVIIe siècle* est que notre outillage mental est informé par notre cadre de vie, par l'évolution des techniques, par les changements de perception de l'espace et du temps. *La crise* est la première œuvre qui ait su mettre en relation les transformations conjointes des mouvements d'idées et des formes de sensibilité, telles qu'elles se manifestent dans la littérature. Elle introduisait la notion de rupture, qui avait manqué à la conception tainienne de l'histoire. En ce sens, et en dépit de son absence de prétention méthodologique, Paul Hazard est le fondateur de la lignée d'historiens de la sensibilité qui aboutit à Jacques Le Goff, Jean Delumeau, Alain Corbin, en passant par le Sartre de *Qu'est-ce que la littérature ?* et par Michel Foucault.

Aux notions d'*outillage mental* et de *vision du monde*, Georges Dumézil a ajouté celle de *fonction*. Sans aucun lien avec les recherches conduites en ethnologie par Claude Lévi-Strauss, Dumézil jetait un pont entre la conception fixiste de la nature humaine qui sous-tend le structuralisme, et la prise en compte de l'impact des forces matérielles sur l'histoire de nos représentations. Repérées par Dumézil dans la littérature mythologique, poétique et historique du domaine indo-européen, les trois fonctions (politique et religieuse, militaire, productive) sont à la fois une clé interprétative, statique, d'un système d'organisation sociale et un principe explicatif, dynamique, des rapports de forces à l'œuvre dans l'histoire. On connaît le parti que Joël Grisward [27] et Georges Duby [26] ont tiré des trois fonctions, pour rendre compte des ordres de l'imaginaire féodal. La dialectique des trois fonctions fournit également un modèle aussi utile, par exemple, à la compréhension de l'histoire romaine que des causes de la Révolution française, et on en trouve la trace dans Tite-Live comme dans Jules Michelet. C'est dire que la littérature n'apporte pas seulement des indications sur l'état des mentalités dans une conjoncture, mais qu'elle contribue à mettre en évidence des structures de longue durée, dans un champ culturel déterminé.

Autre chose. Bien qu'elles nous paraissent nécessaires à toute approche littéraire de l'histoire, les notions d'outillage mental, de vision du monde et de fonction, ne sont pas, pour autant, suffisantes. Leur force est de définir, entre des champs disparates, des relations de cohérence. Leur relative faiblesse est, d'abord, de proposer la même grille de lecture pour tous les ordres de l'activité humaine — politique, économique, social, religieux, esthétique. Une grille interprétative qui rassemble des ressemblances synchroniques ou diachroniques, et qui ne rend compte que des ruptures entre des espaces culturels ou entre des époques, manque une des dimensions majeures de l'expérience historique — l'inventaire des différences à l'intérieur d'une même période et d'un même espace culturel.

Or, précisément parce que sa fin est à la fois de poser une singularité et d'exprimer cette singularité dans un langage universel, le texte littéraire permet, mieux qu'aucun autre, de saisir l'écart entre le général et le particulier. En tant qu'elle est, par essence, un acte de liberté, la littérature hésite, depuis les origines, entre la revendication d'autonomie, d'une part, et, d'autre part, la mise en forme esthétique, le traitement individualisé d'un dessin (ou d'un dessein) collectif. Mais qu'il veuille se prendre ou se déprendre, qu'il s'engage ou qu'il affirme sa distance, l'auteur n'atteindra son but que s'il a d'abord pris la mesure de ce qui fonde son adhésion ou son rejet. En d'autres termes, la littérature consciente de son objet, se voulût-elle fasciste ou jdanoviste, s'oblige par nature à séparer les ordres : il ne faut pas chercher plus loin, pour ne prendre que deux exemples extrêmes, l'explication de la qualité des pages de critique littéraire de *Je suis partout* avant-guerre, ou du pathétique du « mentir vrai » auquel s'est condamné un poète stalinien tel qu'Aragon. Alors que la totalisation est le propre de toute démarche de l'esprit, la littérature a, au contraire, pour fonction de délimiter son territoire — et plus l'écrivain est lucide, plus il maîtrise son propos, plus le tracé sera précis. Plus le discours littéraire s'affirme dans sa spécificité, plus il est en contradiction avec les autres manifestations d'une culture, plus le matériau qu'il élabore sera utile à la réflexion du philosophe, de l'historien et du politologue sur ces différents champs d'expression[1]. Plus loin s'avance l'enquête sur une expérience individuelle, plus riche est son apport à la critique de l'expérience collective (dans un sens infiniment plus subtil que la sociologie marxiste de la littérature, dont la lecture est tautologique). Aussi bien n'est-ce pas un hasard si les maîtres de la pensée politique sont aussi, le plus souvent, de grands écrivains.

La seconde faiblesse des notions classiques d'*outillage mental*, de *vision du monde* et de *fonction*, est de favoriser une lecture rationnelle de l'imaginaire — entendons de traiter l'imaginaire avec les critères (de causalité, de cohérence) qui sont ceux de la raison. Le fait, par exemple, qu'au XVIe siècle, la religion n'ait pu être remise en cause sur le plan conceptuel, n'interdit pas de penser qu'elle l'ait été sur le plan des comportements et des sensibilités — comme en témoigne précisément Rabelais. La notion d'*outillage mental* rend compte de l'exercice de la raison dans son ordre. Pas du travail des mythes, ni des mouvements de la sensibilité. Réciproquement, poser, comme Lucien Goldmann, disciple de Georg Lukács, dans *Le dieu caché*, que « Hume n'est pas rigoureusement sceptique, mais [que] l'empirisme l'est » ; ou que « Descartes est croyant, mais [que] le rationalisme cartésien est athée », revient à dissocier la *vision du monde* du tempérament dans lequel celle-ci s'enracine.

S'il est une *fonction* de la littérature, c'est de protester contre la prétention d'enfermer la nature humaine dans les catégories de la seule raison, et de révéler que l'un des problèmes majeurs qui se pose aux civilisations n'est pas tant d'assurer la maîtrise de la raison sur les passions, que d'équilibrer les conflits qui opposent les passions entre elles. Le guide le plus sûr, sur ce point, n'est autre que Freud [28]. Le grand apport de la psychanalyse à la connaissance de l'homme en société est la mise en évidence du fait que le dualisme raison-passion est secondaire par rapport au principal affrontement, qui se situe à l'intérieur de l'irrationnel même [29;

30; 31]. Le conscient prend ses racines dans l'inconscient, et la prétention de séparer le rationnel du fantasme aboutit à créer du pathologique pur. Au plan individuel comme au plan collectif, le pathologique ne résulte généralement pas de la « non-congruence » de nos états ou de nos statuts : il est le plus souvent à rechercher du côté des traumatismes engendrés par la poursuite d'une cohérence impossible.

Appuyer notre analyse sur des auteurs du premier rang est, dans ces conditions, la moins mauvaise façon d'éliminer l'arbitraire. La légitimation profonde du recours à ce *corpus* ne consiste pas, si on nous a suivi, dans le fait que les grands noms qui ont acquis droit de cité dans les manuels de littérature sont généralement ceux qui ont rencontré, en leur temps, la plus vaste résonance. Si la littérature devait être sondée pour sa « représentativité », il faudrait se référer d'abord à la littérature de colportage, à la bibliothèque rose ou au roman policier, dont l'intérêt est indéniable pour l'historien des sensibilités, mais qui ne nous apprennent rien de plus que ce que nous pouvons savoir par d'autres sources (presse, iconographie, rapports de police, etc.). Et encore, n'est-il même pas sûr que la littérature populaire puisse être réellement, dans la majorité des cas, considérée comme représentative. L'enquête de René Kaës [36] sur la culture ouvrière dans les années soixante, ou l'essai d'Anne-Marie Thiesse [35] sur *Le roman du quotidien* à la Belle Époque, voire Roland Barthes dans *Le degré zéro de l'écriture* [16], ont montré que les poètes ouvriers, les auteurs de romans populaires et les écrivains communistes tels qu'André Stil, n'ont jamais fait autre chose que reproduire l'idée qu'ils se faisaient du langage « noble », à travers le discours précieux stigmatisé par Malherbe, ou les stéréotypes du peuple instaurés au XIXe siècle par Michelet, Hugo et Zola. Ces textes du second rang et de seconde main nous renvoient à leurs grands modèles, à la fois comme reflets et comme informateurs des mentalités collectives.

Ce que nous cherchons, ce sont des « témoins de l'homme », pour reprendre l'expression un peu désuète de Pierre-Henri Simon [40]. Entendons des auteurs capables de s'élever au plus haut niveau de conscience possible de l'écart qui sépare les données structurelles et plurielles de la nature humaine, des données sensibles propres à un milieu et à une conjoncture : peu importe, dès lors, que leur « génie » ait été reconnu par leurs contemporains (ce qui est, cependant, le plus souvent le cas), pourvu qu'il soit authentifié par la postérité.

On conçoit que les experts en sciences humaines se méfient du témoignage du « génie » et qu'ils préfèrent travailler dans la pâte des mentalités communes et des pratiques sociales, réductibles en données quantitatives. Mais les sondages ne saisissent que des instantanés d'opinion, et l'image à la fois partielle et floue qu'ils restituent pose des problèmes insolubles d'interprétation. L'analyse la plus fine ne parviendra jamais à extraire de l'enquête plus que ce que l'enquêteur y a mis. Pour être plus riches de contenu, les professions de foi et les discours des politiciens du second rayon cultivent le plus souvent l'ambiguïté et se rapportent à la conjoncture. La part de la projection personnelle de l'interprète est d'autant plus grande que le matériau est plus sommaire. Quant aux discours, ouvrages, lettres et carnets des hommes politiques de dimension historique, ils appellent le même traitement que les grands textes du patrimoine littéraire — si constante est la confusion entre les vocations littéraire et politique, dans une tradition culturelle inaugurée en France par les gens de lettres, intellectuels et sociétés de pensée qui jouèrent un rôle décisif aux origines de 1789. La littérature, il est vrai, sollicite la subjectivité du lecteur : mais le texte existe par lui-même, et le long cheminement qui va du texte à ses lectures, des lectures au texte, d'un texte à l'autre et d'une lecture à l'autre, autorise des conclusions qui, sans être jamais certaines, peuvent au moins attendre avec confiance l'infirmation qui leur aura conféré, selon Popper, une valeur « scientifique » provisoire. Les conclusions que l'on présente ici ne prétendent pas à un autre statut. On n'a pas la prétention de révéler des « choses cachées depuis la fondation du monde », mais de signaler des récurrences qui ressemblent à des constantes, des recoupements qui ressemblent à des structures, des hypothèses qui ressemblent à des explications.

II. QUELLE GRILLE D'INTERPRÉTATION ? QUATRE HYPOTHÈSES

Nos premières hypothèses portent sur le degré de réalité, sur le contenu et sur la place qu'il convient de donner à la notion de « droite » dans la vie politique française. *La* droite existe-t-elle indépendamment des organisations partisanes qui paraissent la définir? Doit-on parler d'une droite, ou de plusieurs droites? Y a-t-il des idées de droite? L'extrême droite est-elle de même nature que la droite, ou faut-il préférer à la distinction droite-gauche, d'autres catégories, comme la notion d'échelle d'intensité, opposant extrémistes et modérés? Le fascisme, par exemple, est-il de droite, de gauche, ou de nulle part? L'appartenance à la droite définit-elle seulement une forme d'engagement politique, ou englobe-t-elle tous les aspects de la personnalité? D'un *corpus* initialement constitué des œuvres de Joseph de Maistre, Germaine de Staël, Benjamin Constant, François René de Chateaubriand, Honoré de Balzac, François Guizot, Adolphe Thiers, Maurice Barrès, Charles Péguy, Anatole France, Pierre Drieu la Rochelle, Henry de Montherlant, Roger Nimier, Jacques Laurent et Albert Camus, nous avons retiré des observations qui permettent, peut-être, d'apporter à ces questions des réponses plus satisfaisantes, plus proches des réalités des droites françaises depuis la Révolution, que la vulgate inspirée par la lecture des historiens et des théoriciens politiques.

Première hypothèse : la spécificité du tempérament politique

La première de ces observations est la confirmation de la théorie des tempéraments, sous-jacente aussi bien aux travaux d'analyse électorale de François Goguel, qu'à l'histoire des droites de René Rémond et à la sociologie des partis politiques de Maurice Duverger. François Goguel [8] a nettement montré que tous les critères objectifs qui semblaient rapprocher les « centres », sous la troisième République, ont buté sur la ligne invisible, mais infranchissable, séparant le centre droit et le centre gauche — comme si la convergence des intérêts, voire des fins politiques, cédait le pas à des solidarités plus profondes, inscrites dans les cœurs autant que dans les raisons. René Rémond [7] a mis en évidence la continuité de trois cultures de droite, légitimiste, orléaniste, bonapartiste, qui se sont parfois associées, souvent combattues, et qui n'ont jamais pu réaliser leur synthèse, sinon peut-être de nos jours, mais qui n'en renvoient pas moins à une catégorie — la droite — définie par opposition à la gauche[2]. Maurice Duverger a dégagé la « loi » qui, dans les systèmes politiques bipolaires, contraint les coalitions de droite ou de gauche à gouverner au centre, pour s'assurer l'appoint de la frange modérée de l'électorat — thèse qui revient à faire du « centre » la résultante d'une mécanique, et non une réalité en soi.

Toute la difficulté est de caractériser cette droite et cette gauche, implicites dans la plupart des lectures classiques de la vie politique française. Or, force est d'observer que, si *les* droites et *les* gauches ont fait l'objet de nombreuses tentatives de définition, le contenu spécifique de *la* droite et de *la* gauche comme catégories politiques est demeuré étrangement ignoré, comme s'il était possible de connaître les parties d'un ensemble, sans avoir préalablement cerné la nature de cet ensemble. Pour notre part, les traits communs ressortant de la lecture d'écrivains aussi différents que le légitimiste Joseph de Maistre, l'orléaniste Benjamin Constant, le bonapartiste Maurice Barrès, et des auteurs revendiqués à la fois par la gauche et par la droite, comme Charles Péguy, Anatole France et Albert Camus, nous paraissent dessiner les contours de dispositions psychologiques, intellectuelles et morales, qui caractérisent un même *tempérament*. Aussi parlerons-nous, en référence à ces tempéraments partagés par les droites dans leurs diversités et les gauches dans leur pluralité, de droite et de gauche au singulier. En d'autres termes, si les *notions* de droite et de gauche ne renvoient évidemment pas à des essences, si elles ne correspondent pas à des contenus stables et définis, si enfin elles renvoient à des familles politiques très différentes (René Rémond parle *des* droites, comme Georges Lefranc parle *des* gauches), il existe en revanche des *hommes* de droite et des *hommes* de gauche, et c'est dans cette distinction pour ainsi dire existentielle, qui provoque, aujourd'hui comme hier, des oppositions et des refus passionnels, que se situe l'essentiel du problème.

Qu'entend, par tempérament? A l'article *tempérament*, Littré donne, comme principales définitions : « constitution physique du corps humain », exemple : « tempérament bilieux, sanguin », etc., puis : « caractère », exemple : « quoi que l'art humain puisse faire, le tempérament précède toujours la raison » (Rousseau, *Émile*, IV). Le Larousse du XIXe siècle propose : « constitution physique », « constitution morale », « ensemble des penchants ». Robert revient à Littré : « organisme d'une personne », « caractère d'une personne », « ensemble de caractères innés chez une personne, complexe psycho-physiologique qui détermine ses comportements », exemple : « les activités affectives sont très proches des physiologiques. Elles constituent le tempérament. Le tempérament change d'un individu à l'autre, d'une race à l'autre. Il est un mélange de caractères mentaux, physiologiques et structuraux. Il est l'homme même. C'est lui qui donne à chacun de nous sa petitesse, sa médiocrité ou sa force » (Alexis Carrel, *L'homme, cet inconnu*, IV, III). Le *Dictionnaire de psychologie* de Norbert Sillamy rappelle brièvement les théories biotypologiques de la doctrine des humeurs, de Galien et Hippocrate, jusqu'à Pavlov, pour conclure : 1. Qu'« actuellement, on considère plutôt que le tempérament, permanence d'une certaine manière d'être, dépend directement d'un régulateur neuro-endocrinien, le complexe diencéphalo-hypophysaire, situé à la base du cerveau », et 2. que « les notions de tempérament et de caractère sont parfois confondues ».

Toutes ces définitions balancent entre deux pôles, entre lesquels on n'aura pas la prétention de trancher : le physique et le psychique, l'inné et l'acquis, l'individuel et le structurel. Elles reposent toutes, en revanche, sur deux postulats communs : le tempérament serait un tout indivisible, et il serait radicalement distinct de la raison. Nos hypothèses, fondées sur le témoignage des textes littéraires, suggèrent une autre interprétation. Loin d'être indivisible, le tempérament se manifeste très différemment selon les ordres auxquels nous nous appliquons. *En d'autres termes, il existe un tempérament politique, distinct des autres manifestations de la personnalité.* Rien ne nous paraît plus inadapté, de ce point de vue, que la fameuse typologie des caractères de Le Senne, qui classe les individus en huit catégories, en fonction des variables « émotif-non émotif », « actif-non actif », « primaire-secondaire ». Mirabeau, selon ce catalogue, serait un « émotif-actif-primaire », autrement dit un « colérique ». Or nous savons que politiquement, il fut l'homme qui, s'il avait vécu, aurait pu faire triompher la cause modérée de la monarchie constitutionnelle. Qu'il n'ait pas été « modérément modéré » est certain. Mais la banalité de cette dernière expression traduit précisément, dans le langage courant, le décalage qui existe entre l'investissement psychologique apporté dans un engagement et la nature de cet engagement. De même, quel rapport y a-t-il entre le narcissisme de Chateaubriand (« émotif-actif-secondaire », ou encore « passionné » selon Le Senne), le prométhéisme de Balzac (« non émotif-actif-primaire », ou « sanguin »), le saturnisme de Baudelaire (« émotif-non actif-primaire », ou « nerveux »), et le conservatisme politique nettement professé par ces trois grands créateurs? Quel lien établir entre le Jean-Jacques « sentimental » (« émotif-non actif-secondaire ») de *La Nouvelle Héloïse*, et le Rousseau du *Contrat social*, rigoureux, presque « géomètre », selon le jugement d'un « non émotif-actif-primaire », Voltaire, qui était pourtant lui-même capable de la plus extrême sensibilité en politique? Plus près de nous, comment ne pas être frappé par le contraste entre la répugnance extrême de Brasillach ou de Sartre pour la violence, et l'engagement politique qui a conduit ceux-ci à cautionner, à droite et à gauche, les massacres les plus monstrueux de l'Histoire? Dans un autre champ, il faut beaucoup de mauvaise foi pour identifier le Heidegger philosophe au Heidegger nazi. Bref, et pour le dire en termes prosaïques, nous connaissons tous des « apathiques » (non émotifs-non actifs-secondaires), délicieux dans le commerce quotidien, qui soutiennent avec ardeur Jean-Marie Le Pen, et des « colériques » qui battent leur femme et votent Jean Lecanuet. Barrès, dans *Un homme libre*, a fait doctrine de cette « polyphrénie » fondamentale : « Je me suis morcelé en un grand nombre d'âmes. Aucune n'est une âme de défiance ; elles se donnent à tous les sentiments qui les traversent. Les unes vont à l'Église, les autres au mauvais lieu » (chapitre XII). C'était tirer d'intuition, avant la lettre, la leçon de la « non-congruence des statuts », qui constitue, selon nous, un des enseignements les plus utiles du freudisme.

Que l'on en conclue à l'existence de plusieurs tempéraments en chaque individu, ou que l'on préfère considérer que les composantes d'un même tempérament s'organisent de façon différente, selon l'objet, n'est qu'une question de vocabulaire. Le constat fondamental de la divisibilité de la notion conduit en revanche à remettre en cause l'opposition entre le tempérament et la raison. Si en effet l'engagement politique nous est apparu comme le fait d'un tempérament spécifique, qui ne se résume pas aux données de la psychologie, et moins encore à celles de la physiologie, c'est bien que la politique s'inscrit dans un *ordre*, qui n'est pas plus celui de la psychologie que de la raison, mais qui fait intervenir l'une et l'autre. Si la politique était purement rationnelle, il n'y aurait pas d'Histoire — et le fait est que la fin de la raison dans l'Histoire se confond avec la fin de l'Histoire. Si la politique était purement passionnelle, l'Histoire de l'humanité serait finie — en catastrophe — depuis longtemps. Nous définirons *le tempérament politique comme une certaine orientation de l'esprit, qui renvoie à des affects spécifiques et à une mémoire spécifique, et qui repose sur un exercice particulier de la raison.*

Le propre du sujet politique est de conduire la stratégie de ses préférences, qu'il ne dissocie pas de l'exercice de sa liberté. Rousseau réfléchissant *en écrivain* sur la politique, a parfaitement décrit cette articulation de la raison et du sentiment, dans un texte — sa réponse à l'article de Diderot sur le droit naturel dans l'*Encyclopédie* — où il oppose « l'homme tel qu'il est » à l'acteur politique purement rationnel, qui n'est qu'une vue de l'esprit : « Que la volonté générale soit, dans chaque individu, un acte pur de l'entendement dans le silence des passions sur ce que l'homme peut exiger de son semblable, et sur ce que son semblable est en droit d'exiger de lui, nul n'en disconviendra. Mais où est l'homme qui puisse ainsi se séparer de lui-même ? »

En ce sens, Julien Benda [38], dans son célèbre pamphlet de 1927, a eu à la fois raison et tort de dénoncer *la trahison des clercs.* Raison, s'il entendait que la fonction de l'intellectuel est de se situer hors de la politique, et de rappeler les citoyens aux « valeurs éternelles et désintéressées, comme la justice et la raison ». Tort, s'il s'agissait de faire de ce discours rationnel la substance même de l'action politique — autrement dit de faire passer l'intellectuel du statut de citoyen comme un autre, à celui de conseiller du prince (et l'on sait que Benda a opéré, lui-même, plusieurs fois ce dérapage). De même, Raymond Aron était parfaitement dans son rôle, lorsqu'il exerçait sa raison sur le jeu des passions politiques. Il a toujours su qu'il sortait de ce rôle, dès lors que la tentation irrésistible (mais qui est précisément de l'ordre de la passion politique) le prenait de faire prévaloir ses vues rationnelles. C'est ainsi que, en mai 1968, il se déclarait volontiers « situé dans la dialectique de l'Histoire ». C'est ainsi encore que, lors de la guerre d'Algérie, il convint avec Pierre Brisson de ne pas plaider, dans les colonnes du *Figaro*, la thèse de l'indépendance, à laquelle il s'était rallié dès 1957. Sans doute cette décision fut-elle prise par désir de ne pas heurter inutilement les lecteurs de ce journal ; mais peut-être aussi le philosophe dont la pensée a respecté au plus haut point la règle de la séparation des ordres, était-il conscient que la mise en œuvre de solutions rationnelles au problème algérien aurait eu, à cette date, toutes les chances de déclencher une guerre civile. Le contraste entre l'analyse de Raymond Aron dans *La tragédie algérienne* en 1957 et la stratégie louvoyante de De Gaulle (qui avait sans doute fait la même analyse) après 1958 mesure très exactement l'écart entre la rationalité appliquée au politique, et la réalité pratique du politique.

Deuxième hypothèse : la droite et la gauche usent d'un même outillage mental, hérité des Lumières

La deuxième observation, corollaire de la précédente, pose que le tempérament politique n'est pas un donné intemporel, mais une réalité historique. De même qu'il se définit à la convergence de préférences affectives et de stratégies rationnelles, le tempérament se situe à la rencontre d'une nature et d'une culture. Telle fut la grande conquête des Lumières : faire passer la politique du plan vertical (la relation de l'homme à Dieu) au plan horizontal (la relation des hommes entre eux). Cette révolution, dont les fondateurs sont Rousseau et Kant, et dont la déclaration des droits de l'homme fut l'expression accomplie, a fait apparaître à la fois un nouvel acteur, de nouveaux rapports, et le nouvel espace à l'intérieur duquel ces rapports se sont développés. Le citoyen, la nation, la propriété, sont nés ensemble du nouveau regard jeté sur les relations de l'homme et du monde.

On ne saisit pas ce qu'est un homme de droite, ou de gauche, si on ne prend la mesure de ce basculement de la *Weltanschauung* sur le plan de l'écliptique mentale. La droite et la gauche n'ont eu d'existence et de sens qu'en fonction des catégories précisées et mises en forme à la fin du XVIIIe siècle. Loin de s'affronter de part et d'autre d'une barrière infranchissable séparant la Révolution de la contre-révolution, *elles se sont situées et combattues du même côté*. Le nouvel espace politique décrit par les Lumières nous a paru, d'après notre *corpus*, se définir sous quatre rapports que l'on peut se représenter comme les quatre angles d'une surface plane dont l'individu serait le centre : un angle psychologique — la relation à autrui ; un angle métaphysique — la relation à la nature ; un angle logique — la relation à l'Histoire ; et un angle moral : la relation au bien et au mal. Moi et l'autre, moi et la nature, moi et l'Histoire, moi et la responsabilité morale, — cette « grille » de lecture du politique dessine le cadre commun de questions auxquelles la droite et la gauche ont apporté des réponses variables selon les circonstances, mais constamment divergentes.

On ne prétend pas épuiser ici les perspectives de ce nouveau paysage et d'autres critères, d'autres découpages seraient sans doute possibles. Celui qui s'est imposé à nous, au fil de nos lectures, présente l'intérêt d'inscrire le tempérament politique dans une double genèse. Il s'éclaire par les origines philosophiques de la Révolution française, aussi bien que par les données concrètes qui façonnent la personnalité et marquent l'expérience individuelle. Les quatre dimensions que l'on vient d'indiquer — pour ainsi dire le quadrilatère des forces qui déterminent le tempérament — trouvent leur source dans ce que nous avons appelé la « révolution du sujet »[3]. Provoquée, au XVIIIe siècle, par les bouleversements démographiques, scientifiques, techniques qui ont transformé l'Europe (doublement de la population en un siècle, calcul infinitésimal, naissance de la machine à vapeur, du gaz, de la chimie, de la métallurgie), la révolution du sujet a consisté dans l'installation du Moi, promu législateur, au centre de la politique. L'ordre ancien impliquait une vision du monde verticale, *holiste*, conduisant de Dieu au sujet par l'intercession du monarque tout-puissant. L'ordre nouveau instaurait une relation horizontale des citoyens entre eux, et le passage des morales du soupçon (la morale de La Rochefoucauld) à celles de l'aliénation (la morale de Durkheim et de Sartre).

Le nouveau statut anthropologique du Moi fut une œuvre de longue haleine, mais c'est l'effort de conceptualisation de Kant qui lui a donné son statut. Ramenée à son projet, l'entreprise kantienne a consisté à libérer l'homme du diktat de l'ordre divin, sans pour autant substituer la créature au Créateur. Le Moi est souverain, mais à l'intérieur des limites que lui impose l'ordre naturel. L'étrange paralogisme qui a consisté, de la part de Kant, à inventer une Création en partie double, en posant, d'un côté le phénomène, accessible à nos catégories, et de l'autre, le noumène, maintenu dans son mystère, ne s'explique pas autrement. Pour jeter le pont théorique entre la révolution des sensibilités et une *praxis*, il fallait à Kant deux modes : l'un qui instaure, de façon non provisoire, l'autonomie et la puissance du sujet; l'autre qui, en préservant la transcendance, empêche la Création de sombrer dans le néant et dans l'absurde — et permette de fonder tout ensemble, une science et une morale. Pour autoriser le passage d'une politique du droit divin à une politique des droits naturels, il faut que Dieu cesse d'être le maître de toutes choses, mais qu'il continue d'exister.

L'autre aspect de la Révolution du sujet — le transfert de la politique du plan vertical au plan horizontal (plaçant les gouvernés sur le même plan que leur gouvernement) — est manifeste dans la morale kantienne, détachée de la loi divine et ramenée sur la terre : le « tu dois » kantien résulte de la confrontation de l'homme avec les autres hommes en société. L'ouvrage fondateur, sans lequel la morale kantienne n'aurait pas été possible, est celui de l'écrivain qui a, plus que quiconque, réfléchi au problème des rapports de l'individuel et du collectif : *Le contrat social* de Rousseau. La nouveauté radicale du contrat défini par Jean-Jacques repose, non sur une idée abstraite de l'Homme avec majuscule — contresens répandu par la lecture polémique de la contre-révolution — mais sur la perception de l'autonomie de chaque volonté particulière[4].

Le changement de plan introduit par Rousseau et par Kant impliquait dans son mouvement une double dynamique de liberté : il ouvrait l'ère de la *différence* — et l'on a trop oublié, depuis, que la revendication égalitaire de la Révolution reposait sur cette affirmation préalable. Simultanément, il détachait la politique du religieux, sans pour autant substituer l'homme à Dieu — et il est clair que ce fragile équilibre n'a pas cessé d'être remis en cause, dès l'époque révolutionnaire, aussi bien par les nostalgies théocratiques de la droite, que par les ambitions démiurgiques de la gauche (auxquelles Raymond Aron a donné le nom de religions séculières). Mais ces dérives auraient sans doute définitivement brouillé les pistes de la naissante démocratie, si le nouvel espace politique n'avait été décrit dans un texte — la Déclaration des droits de l'homme — qui s'est imposé d'emblée comme une lumineuse table d'orientation. Entendons — et la nuance est capitale — moins comme un catalogue de *réponses*, que comme l'exposé d'une problématique par rapport à laquelle les générations suivantes, qu'elles fussent dominées par la droite ou par la gauche, ont été contraintes de se situer.

C'est dans la Déclaration des droits de l'homme que la nouvelle configuration de l'espace politique a pris forme et corps. La liste des *droits naturels* — liberté, propriété, sûreté, résistance à l'oppression — qui s'y trouvait dressée, loin de refléter les préoccupations d'une caste, enveloppait les quatre références cardinales en fonction desquelles le citoyen allait se situer pendant deux siècles. La liberté, définie comme la capacité de faire « tout ce qui ne nuit pas à autrui », décrivait la dialectique de la relation entre moi et l'autre. Sa postérité directe a clairement explicité la nature du conflit : 1. Comment faire en sorte que l'autre n'empiète pas sur moi — et ce sont les libertés de pensée, d'opinion, d'expression, d'aller et venir. 2. Comment faire en sorte que mon moi puisse se faire entendre des autres — d'où les libertés de réunion et de pétition.

On a reconnu dans ces deux préoccupations contradictoires, mais liées l'une et l'autre au nouveau statut du sujet, la matrice du futur débat sur les libertés formelles (« droit de ») et les libertés réelles (« droit à »), qui sera, à partir du début du XXe siècle, un des points discriminants dans la querelle entre la droite et la gauche. On n'a peut-être pas suffisamment aperçu que ce débat, posé en termes neufs par les progrès *quantitatifs* des sociétés industrielles, n'a pas cessé de s'inscrire, en termes *qualitatifs*, dans la nouvelle géométrie transférant du plan vertical au plan horizontal la relation entre le sujet et les autres. Agir en étant le moins possible agi, telle est la question, à laquelle droites et gauches ont apporté des réponses symétriques. A droite, la protection de l'individu contre les majorités et plus encore, contre les minorités opprimantes, a été perçue comme prioritaire — quitte à renoncer provisoirement à l'accomplissement collectif des préférences individuelles (le « droit de » passant avant le « droit à »). A gauche, les conditions concrètes d'affirmation des choix individuels ont été jugées décisives — serait-ce au prix de contraintes d'organisation collective susceptibles de suspendre les « droits de » aussi longtemps que les « droits à » ne seront pas entrés dans l'ordre des faits.

Le deuxième droit naturel, la propriété, ne saurait être confondu avec le simple « avoir », cher à une bourgeoisie attachée à ses biens. La meilleure preuve en est que la classe possédante n'a cessé, par la suite, de justifier la propriété par d'autres critères : la finalité du « bonheur », la propriété comme gage de responsabilité politique, puis de motivation économique, enfin l'analogie avec la notion biologique de « territoire »... Ce droit, déclaré « inviolable et sacré », posait la question, bien plus fondamentale, du rapport entre moi et la nature. Comment ne pas être aliéné par ce que je possède? Chaque tempérament, chaque époque aura sa réponse. Mais les termes du débat sont posés dans ce fameux article 17 qui a osé mettre la propriété sur le même plan que la liberté.

Le troisième droit, la sûreté, touche au problème des relations entre moi et la responsabilité morale. La sûreté n'est pas présentée, à la manière de Hobbes, comme une conséquence de l'ordre social, mais comme un *a priori* de la raison politique. Ce n'est pas ici, une fois de plus, l'intérêt individuel qui s'exprime, mais la conscience des obligations créées par la juste pondération de la sécurité individuelle et de la sécurité collective. A l'intérieur de quelles limites la solidarité doit-elle, peut-elle s'exercer? La déclaration des droits de l'homme laisse ouverte la question : aussi bien sait-elle que la violence et les conflits entre individus comme entre peuples sont inévitables. Du moins cherche-t-elle à les canaliser en mettant la « force publique » au service du bien commun. Tout l'avenir d'une des interrogations les plus constantes de la morale politique — dans quelle mesure suis-je comptable de l'autre, peuple ou individu, et ai-je le droit ou le devoir de m'ingérer dans ses affaires? — est contenu dans l'énoncé d'un droit situé très au-delà de la problématique machiavélienne classique. Les citoyens de droite et les citoyens de gauche prendront, ici encore, position sur cette question en fonction de leur tempérament.

La dernière relation — celle du sujet à l'Histoire — est traduite dans le dernier droit naturel, qui est la résistance à l'oppression. La notion avait pour but de légitimer les violences de juillet 1789. Elle n'en a pas moins assuré le dernier côté manquant de notre tétragone, en marquant, par l'ambiguïté même de ses termes, comment le conservatisme et le réformisme sont issus d'une même origine. La sûreté, c'était le conflit de l'homme avec l'institution non pas nié, mais apprivoisé. La résistance à l'oppression tire les conséquences du conflit ouvert avec l'institution trahie. Ce faisant, elle prend en compte la capacité humaine de peser sur le cours des choses — mais aussi bien pour le changer que pour le rétablir. Le contenu réversible des notions de « résistance » et de « mouvement » a maintes fois montré que la résistance à l'oppression pouvait servir aussi bien à justifier la conservation de l'ordre établi, que sa subversion. Sur ce chapitre comme sur les autres, ce seront les préférences de droite ou de gauche qui feront le partage, dicteront les choix.

En d'autres termes, la coupure anthropologique de la fin du XVIIIᵉ siècle contenait en puissance les termes du débat qui devait opposer la droite et la gauche jusqu'à nos jours. Loin de prolonger le divorce entre Révolution et contre-révolution, le conflit droite-gauche a mis face à face deux lectures adverses, mais possibles l'une et l'autre, de l'héritage des Lumières. On montrera plus loin, à propos de Joseph de Maistre ou de François René de Chateaubriand, que la contre-révolution, conçue comme force de réaction pure, est un mythe, un phénomène d'intoxication, qui s'explique beaucoup plus par la surenchère du conflit entre doctrinaires de bords opposés, que par la nature des tempéraments en présence, et par la réalité des arguments invoqués.

Troisième hypothèse . la droite et la gauche se différencient moins par les contenus que par les visées

Pour en venir à l'examen de ces arguments, notre troisième observation remet fondamentalement en cause les interprétations qui traitent de la droite et de la gauche en termes de *contenus* idéologiques stables, ou qui, au contraire, récusant le fondement de la distinction, expliquent cette dernière par la seule mécanique des stratégies partisanes. Entre les idées et les tempéraments, il n'existe pas de relation univoque — ne serait-ce que parce que les idées sont amenées à se modifier en fonction des situations historiques et des conduites de pouvoir. Étrangère à la fois aux logiques doctrinales et aux contraintes de la politique active, la littérature est un terrain idéal pour observer ce décalage que confirme l'Histoire : des idées qui étaient hier de gauche, peuvent devenir plus tard de droite, et réciproquement. Les exemples de « chassés-croisés » idéologiques, pour reprendre l'expression de Guy Rossi-Landi [9], sont suffisamment nombreux et connus (qu'il s'agisse de l'idée coloniale, de la notion de progrès, de l'écologie, du pacifisme, de l'antisémitisme, etc.), pour qu'il ne soit pas nécessaire de s'y attarder. Cela n'autorise pas, pour autant, à nier la réalité du tempérament qui informe ces idées. D'abord, parce qu'un ensemble d'idées politiques ne se divise pas, et que, le plus souvent, les idées, à l'intérieur d'un même ensemble, ont moins de sens par elles-mêmes que par la manière dont elles s'articulent les unes aux autres; ensuite, parce que chaque ensemble varie en fonction du milieu culturel, de la conjoncture et du discours qui lui est opposé; enfin, parce que cet ensemble n'est pas un construit intellectuel obéissant à un critère de cohérence, mais un champ de signes, de symboles, de thèmes, constitué par glissements progressifs et par association (champ que Jean Touchard décrivait en recourant à la métaphore des infusoires).

Pour désigner ces ensembles, les uns parleront de système, les autres de structure : c'est affaire de convention. L'essentiel est que soient écartées les deux erreurs d'interprétation qui sont à l'origine de la plupart des impasses de l'histoire des idées : le nominalisme et le dogmatisme. S'agissant de politique, le sens n'est pas plus dans le mot, que la cohérence dans l'idée. Il n'est pas indifférent que cette double erreur soit le plus souvent le fait des observateurs situés sur des positions extrêmes (incapables, par un effet de simple parallaxe, de percevoir que les situations ne sont pas données, mais relatives). D'un point de vue nominaliste, le fascisme est de gauche (national-socialiste), alors que la clé des tempéraments le fait dériver, sans surprise, de la vision du monde de droite — et il est probable que la victoire politique et les désastres du fascisme sont nés, en grande partie, de cette confusion sur sa véritable nature. Les cas spectaculaires d'hommes d'extrême gauche passés à l'extrême droite ou, plus rarement, dans l'autre sens (et qui ont inspiré la théorie des « échelles d'attitudes ») sont atypiques, et ce n'est pas un hasard s'il s'agit souvent d'intellectuels (Déat d'un côté, Drieu de l'autre), acharnés à inscrire les préférences de leur tempérament dans la logique d'un système d'idées. Le nominalisme et le dogmatisme ne permettent pas davantage de comprendre pourquoi, par exemple, le Parti radical est passé en un siècle, de l'extrême gauche au centre droit, en même temps que son pouvoir ne cessait de décliner : cette évolution n'est sans doute pas due au fait que le parti a changé, mais tout au contraire au fait que celui-ci, victime de sa victoire, a commis le contresens de se vouloir le foyer intellectuel d'un consensus républicain — lequel, par définition, excluait les préférences de tempérament, pour ne plus s'appuyer que sur des « majorités d'idées », selon la formule symptomatique d'Edgar Faure.

Une idée, en politique, est d'abord une *visée*, qui renvoie à des *schèmes*, eux-mêmes variables selon les *tempéraments*. L'histoire des idées politiques, telle que nous l'entendons, se distingue de l'histoire des doctrines, dans la mesure où elle ne se satisfait pas de l'inventaire de parcours conceptuels ou thématiques désincarnés, et où, scrutant la manière dont ces concepts et ces thèmes s'organisent, elle s'efforce de remonter aux *visées* et aux *schèmes* qui déterminent les comportements de façon beaucoup plus décisive que les *contenus*. L'histoire abonde en exemples de situations dans lesquelles les mêmes références doctrinales et les mêmes valeurs ont été invoquées pour justifier des options politiques opposées. Toute la question est de trouver la clé, le principe de cette divergence.

Pour reprendre le cas de la guerre d'Algérie, la plupart des adversaires de l'indépendance ne voulaient pas moins assurer les droits des communautés vivant sur le sol algérien, que les partisans du FLN. Nul n'avait le monopole des droits de l'homme, pas plus, selon une formule célèbre, que « le monopole du cœur ». L'affrontement, décisif, venait de ce que les uns, venus en grande majorité de la droite, considéraient ces droits comme le résultat d'un processus historique dont le principe — l'inclusion de l'Algérie dans la nation française — ne pouvait être remis en cause, tandis que les autres, venus de la gauche, subordonnaient la possibilité de réalisation de ces droits à la rupture avec la métropole. A droite, même si le moyen utilisé était la force, le mobile profond était le refus du conflit. A gauche, même si le moyen était la paix, les fins étaient celles de la violence historique assumée.

Quatrième hypothèse : la droite, ou le refus du conflit

Refus ou assomption du conflit : telle nous semble être la ligne fondamentale de clivage entre la droite dans sa diversité et la gauche dans sa pluralité, la première clé des tempéraments. De Gaulle ne s'est rallié à la solution de l'indépendance algérienne, et la droite ne s'est associée au fondateur de la cinquième République, que lorsqu'il est apparu de façon évidente que le coût de la rupture avec les départements d'outre-Méditerranée serait moindre que celui de la conservation. Les accords d'Évian furent le résultat d'un réflexe de conservation. Les irréductibles de l'OAS demeurés fidèles à la thèse de l'Algérie française n'en sont pas devenus pour autant des partisans de la rupture : victimes d'un attachement passionnel à l'ordre dans lequel ils avaient vécu, ils seraient devenus fascistes dans un contexte comparable à celui de l'Allemagne du début des années trente. Dans une France en expansion, leur baroud d'honneur, suivi d'une rapide renonciation à l'usage de la violence — très semblable au comportement de l'extrême droite après la journée du 6 février 1934 — les fit apparaître pour ce qu'ils étaient : des hommes de droite tendant, par tempérament, à souhaiter la disparition des conflits.

La définition de la droite et de la gauche par le refus ou l'assomption du conflit, nous paraît plus riche que l'opposition classique entre l'ordre établi et le mouvement, pour au moins quatre raisons. La première est qu'en se gardant d'identifier les conduites politiques aux intentions proclamées, elle échappe aux effets pervers du nominalisme. La seconde est qu'en situant le dialogue droite-gauche *du même côté* par rapport à la rupture décisive des Lumières, elle retire toute signification à la valorisation manichéenne du réformiste ou du révolutionnaire par rapport au conservateur, dénigré comme « réactionnaire », en fonction d'un « sens » supposé de l'Histoire. La troisième raison réside dans le fait que la philosophie de l'Histoire sous-jacente à la conception du politique résumée ici, suppose que la liberté repose non seulement sur la dialectique de la raison et des passions, mais sur la confrontation des tempéraments. Également partagées entre le réalisme et l'utopie, sujettes à des dérives de même nature, enclines à défaire le travail accompli par l'autre à chaque alternance, la droite et la gauche coûtent cher, il est vrai, en termes d'efficacité économique et sociale. Mais la démocratie est à ce prix. Le gouvernement de la Raison rêvé hier par les philosophes et aujourd'hui par les experts, renvoie à l'utopie d'un État sans politique, ou d'une société sans État. Mais quel est, pour en revenir à Rousseau, le citoyen qui pourrait ainsi « se séparer de lui-même » ? Ou, pour évoquer la fable des Troglodytes de Montesquieu, quel est le Sage qui résisterait à la tentation de faire le bien de ses concitoyens contre eux-mêmes ? La liberté a un coût, et le degré de développement intellectuel et moral d'une société se mesure au prix que celle-ci accepte de payer pour sa liberté.

Le quatrième avantage de l'explication du tempérament de droite par la répugnance au conflit, est de rendre compte de l'état d'esprit, de la stratégie et même du ton qui ont gouverné les rapports de ce tempérament par rapport à son antonyme depuis la Révolution française. *L'état d'esprit* est une conduite de culpabilité, renforcée par le fond catholique, maintenu comme référence culturelle fondamentale, sous une forme laïcisée. Dès l'origine, la droite a été impressionnée par l'image négative que la gauche — qui avait, de fait, la maîtrise du discours et le privilège d'avoir créé le nouvel outillage mental — lui a donnée d'elle-même. D'où la propension de l'homme de droite à se dénigrer et à se considérer comme plus à gauche que les autres hommes de droite, seraient-ils, en fait, moins à droite que lui... La *stratégie* résulte de l'inscription de la droite dans le même champ culturel que la gauche, et elle obéit à la dialectique du révolutionnaire (au sens large) et du conservateur, telle que Vittorio Mathieu l'a mise en lumière [3] : le conservateur estime avoir été indûment délogé d'un pouvoir qui lui revient par nature (et le fait est qu'après 1789, la majorité de l'opinion française fut « contre-révolutionnaire » au sens impropre de l'expression). Mais il exclut, par tempérament, de forcer le cours des choses pour rentrer dans son bien : « La contre-révolution », écrivait déjà Joseph de Maistre dans ses *Considérations*, « ne sera pas une révolution contraire, mais le contraire de la révolution. » De là ce discours *récupérateur* tendant, comme l'avait si bien vu Alain, à nier la réalité de l'opposition droite-gauche, et à invoquer une capacité plus grande que celle de la gauche, d'atteindre les fins (liberté, égalité, justice, fraternité) que cette dernière se propose. L'archétype de cette stratégie est la célèbre apostrophe de Tardieu, lançant à la gauche, lors du vote de la loi créant les allocations familiales : « Ne tirez pas sur moi, je porte vos enfants dans mes bras ! » Quant au *ton*, étroitement lié à cette stratégie, il balance entre le catastrophisme de la dernière page des *Mémoires d'outre-tombe* et la dérision de *La chartreuse de Parme*, qui sont les deux faces d'une même conscience d'échec, dont on peut suivre le parcours depuis les premiers romantiques jusqu'à Cioran ou Raymond Aron.

On s'est beaucoup demandé si la droite n'avait pas une vocation particulière à la littérature, notamment à propos du cercle des écrivains qui, autour de Nimier, ont relevé le roman au lendemain de la guerre. La réponse pour nous, ne fait guère de doute. Les grands écrivains de gauche, un Hugo, un Gide, un Sartre, furent l'exception — et, comme tels, d'autant plus aisément consacrés par la République comme des écrivains nationaux ; les itinéraires d'un Péguy, d'un Anatole France, d'un Giono, d'un Camus, d'un

Malraux, interdisent de classer ceux-ci tout entiers à gauche. Par situation historique, la droite, même au pouvoir, nourrit les inquiétudes propres aux minoritaires, sinon aux marginaux. Le héros problématique, confronté à ses divisions intimes et au mystère de son être historique, est mal à l'aise dans les catégories de la gauche, non moins schizophrènes, mais plus clairement résolues par une vision dialectique du monde. S'il est une raison qui légitime que l'on prenne appui sur la littérature pour brosser le portrait de l'homme de droite, c'est bien celle-là.

III. PORTRAIT DE L'HOMME DE DROITE EN QUATRE DIMENSIONS

Le lecteur qui nous aura suivi jusqu'ici peut maintenant contempler, sans trop de surprise, le portrait de l'homme de droite que nos sources littéraires nous invitent à lui proposer. Dans la confrontation avec l'autre, avec l'Histoire, avec la nature et avec les conséquences de nos actes (la responsabilité morale), le tempérament de droite dicte à l'individu un certain nombre de procédures rassurantes, radicalement distinctes de celles que retient le tempérament de gauche (qui cherche à surmonter l'obstacle plutôt qu'à le désamorcer), et dont le but est de supprimer le conflit ou de le contourner, en tous les cas de le rendre supportable. Il est temps de considérer cette figure sous chacun des angles qui lui donnent ses contours et son relief.

Moi et l'autre : de Maistre, le récupérateur

Dans la relation à autrui, la procédure de désamorçage du conflit consiste soit à laisser faire l'autre, en considérant qu'il est voué à poursuivre inutilement des fins qui lui échappent, mais dont on détient le sens profond ; soit à faire valoir qu'on serait d'accord sur les fins, si seulement des moyens raisonnables permettaient d'y atteindre ; soit encore à jouer alternativement de ces deux ressorts, selon les circonstances. Cette stratégie, que l'on décèle à date récente dans le dialogue entretenu par Raymond Aron avec la gauche [39], ou encore dans la sociologie des « effets pervers », n'a rien d'une ruse hypocrite destinée à dissimuler des intentions égoïstes : Albert O. Hirschman, qui en a « découvert » le principe dans un récent essai, plus de dix ans après la description que nous en avons donnée, se trompe lourdement en faisant de celle-ci une clé de l'attitude « réactionnaire » (au sens manichéen du terme, qu'il ne distingue pas du comportement conservateur) et en le présentant comme un paralogisme plus ou moins intentionnel [2]. La conduite du tempérament de droite est le contraire d'une ruse de guerre, d'une négation camouflée. C'est un discours qui s'efforce de ramener l'énergie de l'adversaire dans son sens — le « bon sens » — à la manière du judoka. Du point de vue de la raison politique, qui est son ordre, elle n'est pas plus le mal contre le bien que l'inverse, pas plus le faux contre le vrai que le vrai contre le faux : chacun sa part de justice et d'égoïsme, d'erreur et de vérité.

Mais, dira-t-on, une telle interprétation du tempérament de droite, n'est-ce pas faire bon marché de la Terreur blanche, des violences des ligues à partir des dernières années du XIXᵉ siècle, des campagnes de *Gringoire* et de *Je suis partout* à la fin de la troisième République, des exactions perpétrées par la Milice pendant la Seconde Guerre mondiale? *Quid* des outrances d'Édouard Drumont, Léon Bloy, Georges Bernanos? Nous répondrons que le refus du conflit n'est pas nécessairement le refus de la violence, et qu'il peut prendre racine dans deux dispositions psychologiques individuelles différentes : ce peut être, comme la paix selon Spinoza, « une force de l'âme »; ce peut être, aussi bien, un comportement de rétraction et de peur, générateur de haine et de sang (rappelons-nous le propos d'Alain : « Un jour, deux timides se croisèrent sur le pont d'Asnières : il y eut du sang »). Entre la violence subie, considérée comme faisant partie de l'ordre du monde (la guerre étrangère), ou la violence déchaînée par la peur (la guerre civile) et la violence délibérée, considérée comme un acteur de l'histoire (la révolution ou le « devoir d'ingérence »), les motivations ne sont pas les mêmes. Les deux premières formes de violence sont de droite, la troisième est de gauche. Et même si cela ne fait guère de différence du point de vue des victimes, et si cela ne saurait certes justifier aucune préférence morale, cela importe du point de vue de l'explication historique : l'incapacité des ligues d'avant 1914 et de l'extrême droite des années trente d'être révolutionnaires autrement qu'en mots, l'avortement du 6 février 1934, la « divine surprise » de l'accession de Pétain au pouvoir sans coup de force, suivie de ce que Maurras a appelé, de façon symptomatique, la

« contre-révolution spontanée », l'incapacité des collaborationnistes les plus durs de regarder en face les réalités de la politique antisémite nazie, ou aujourd'hui comme hier, le rejet, apparemment paradoxal, d'une grande partie de la droite d'assumer une politique extérieure d'ingérence au nom des droits de l'homme, ne peuvent s'expliquer de façon correcte, si l'on ne considère l'ensemble des droites, de la droite modérée à la droite dite improprement « révolutionnaire », comme les variantes d'un même tempérament, caractérisé par la répugnance au conflit.

L'illustration fondatrice, l'archétype de l'attitude que l'on décrit ici, est l'écrivain que l'on considère comme le parangon de la contre-révolution, le Burke français, celui dont Maurras a témoigné que sa lecture lui fut une révélation : Joseph de Maistre. Ce n'est pas le lieu ici de revenir sur l'analyse détaillée qui nous a permis d'établir que les *Considérations sur la France* [54], publiées en 1797 — au moment où étaient ruinés en France les espoirs d'une restauration monarchique —, sont l'exacte réplique du *Contrat social* de Rousseau. Le dialogue de la droite avec la gauche est déjà tout entier contenu dans cet opuscule, qui est moins la négation du *Contrat* que sa récupération ou, si l'on préfère, son retournement : « Il faut veiller cet homme sans relâche », avoue de Maistre dans une note révélatrice du chapitre VIII, « et le surprendre lorsqu'il laisse échapper la vérité par distraction ».

Le propos symétrique des deux œuvres éclate dès la première ligne : « L'homme est né libre », écrit Jean-Jacques, « et partout il est dans les fers ». « Nous sommes tous », répond de Maistre, « attachés au trône de l'Être suprême, par une chaîne souple, qui nous retient sans nous asservir » : on a reconnu le schéma kantien de la Création en partie double, mais inversé. La liberté humaine n'est pas niée : la question est désormais celle de la place qu'il convient de lui assigner dans l'ordre de la Création. On pourrait multiplier à l'infini les observations maistriennes qui témoignent que cet ancien franc-maçon savoyard, qui n'était ni noble, ni catholique, et qui a passé la plus grande partie de sa vie à Venise, Turin et Saint-Pétersbourg, se situe du même côté que Jean-Jacques par rapport à ce que nous avons appelé la Révolution du sujet : « Il n'y a rien de si insupportable à notre orgueil que le gouvernement despotique »; « le plus grand problème européen [est de savoir] comment on peut restreindre le pouvoir souverain sans le détruire » (*Du pape*, II, 2) [55]; « les individus qui composent les nations, les familles et même les corps politiques sont solidaires » (*Considérations*, X); « c'est l'opinion qui perd les batailles, et c'est l'opinion qui les gagne »; « la moindre opinion que vous lancez sur l'Europe est un bélier poussé par trente millions d'hommes » (*Soirées de Saint-Pétersbourg*, sixième entretien) [56]. La liste serait longue, des notions — constitution, législateur, nation, citoyen, opinion, représentation, liberté et même progrès (« la marche progressive de l'esprit humain » dans l'*Examen de la philosophie de Bacon*, XIX) [61] — dont l'emploi, dans l'œuvre de De Maistre, atteste que celui-ci critique la Révolution avec les instruments mêmes de la Révolution.

Nous reviendrons sur cette critique, en la considérant sous les autres angles d'approche qui définissent, selon nous, les contours du tempérament de droite. Pour le point qui nous intéresse ici — la relation à l'autre, et en l'occurrence à la « gauche » —, nous nous bornerons à constater que les objections de Joseph de Maistre inaugurent une longue lignée de critiques toutes semblables, reposant sur :

1. l'argument d'autorité : de quel droit, au nom de quoi? « La plus grande folie, peut-être, du siècle des folies, fut de croire que les lois fondamentales pourraient être écrites *a priori*; tandis qu'elles sont évidemment l'ouvrage d'une force supérieure à l'homme » (*Essai sur le principe générateur des constitutions politiques* [61]);

2. l'argument de l'adaptation des moyens aux fins : « Quel appareil immense, que la Révolution! Quelle multiplicité de ressorts et de rouages! Quelle énorme quantité d'hommes employés à réparer les dommages! Tout annonce que la nature n'est pour rien dans ces mouvements, car le premier caractère de ses Créations, c'est la puissance jointe à l'économie des moyens » (*Considérations*, I). Montesquieu et Rousseau s'accordaient déjà, dans le même sens, à expliquer que « les lois inutiles affaiblissent les lois nécessaires »;

3. l'argument des leçons de l'expérience : « Je n'entends point insulter la raison. Je la respecte infiniment, malgré tout le mal qu'elle nous a fait; mais ce qu'il y a de bien sûr, c'est que toutes les fois qu'elle se trouve opposée au sens commun, nous devons la repousser comme une empoisonneuse » (*Soirées*, quatrième entretien).

Bref, du bon usage de l'humanisme; du bon usage des lois; du bon usage de la raison : le discours de la « réaction », chez de Maistre, est, en fait, celui de la conservation de ce qui peut être sauvé. Certes, s'il le pouvait, l'écrivain rétablirait l'ordre ancien, qui lui inspire de la nostalgie, mais il y faudrait une « révolution contraire », à laquelle son tempérament répugne : « Il faut avoir le

courage de l'avouer, Madame », confie-t-il dans une lettre célèbre :
« longtemps, nous n'avons point compris la Révolution dont nous
sommes les témoins; longtemps, nous l'avons prise pour un *événement*. Nous étions dans l'erreur : c'était une *époque*; et malheur aux
générations qui assistent aux époques du monde! » [61]. Il se
contentera donc du « contraire de la Révolution », en apprivoisant
en quelque sorte les Lumières, dont son éducation autant que son
expérience historique, l'ont conduit à faire sien l'outillage mental.

Cette attitude n'est pas philosophique; elle ne relève pas de la
raison spéculative : c'est, au sens hégélien du terme, une ruse de la
raison politique, destinée à reprendre l'avantage sur l'adversaire
sans conflit, et enracinée dans le tempérament le plus profond; avec
ses doutes, ses contradictions, que la plume de De Maistre, écrivain, met en évidence, alors que le doctrinaire eût voulu les cacher.
Manifeste supériorité, pour l'historien des idées, du *corpus* littéraire
sur les textes de théorie politique! Au-delà des paralogismes, les
artifices de la rhétorique, le choix des métaphores, les aveux sur
soi-même trahissent les aspirations inexplicites ou inavouées,
révèlent le travail de l'inconscient. Si l'on en doutait, il faudrait se
référer aux témoignages de De Maistre, qui révèlent sa nostalgie
d'un âge sans conflit : nostalgie de l'enfance, telle que, laisse
tomber l'auteur des *Soirées,* « retarder un jeune homme, c'est le
sauver ». Un psychanalyste ne manquerait de diagnostiquer le
regret de cette période de latence dont de Maistre situe le seuil à
l'âge observé par Freud, aux environs de la dixième année. « Ce
qu'on appelle l'homme, c'est-à-dire l'homme normal, est peut-être
formé à dix ans; et s'il ne l'a pas été sur les genoux de sa mère, ce
sera toujours un grand malheur » (troisième entretien). Ce n'est
pas un hasard si la droite a longtemps défendu le principe d'une
politique éducative fixant le plus tard possible l'âge de la scolarisation (jusqu'à la période très récente, où elle a dû s'incliner devant
l'évolution des mœurs).

Nostalgie, également, de l'âge d'or — mais encore faut-il
s'entendre sur le contenu de ce mythe, qui n'est pas le même à
droite et à gauche. L'âge d'or, selon de Maistre, n'est nullement
l'état de nature rousseauiste, dans lequel l'homme n'est pas protégé, et que l'écrivain juge menaçant, pervers, destructeur. Voici
l'anthropologie du temps, mise par de Maistre au service de la
récupération des thèses de l'adversaire. On connaît la description
névrotique du sauvage, que celui-ci oppose à la vision irénique de
Rousseau : « On ne saurait fixer un instant ses regards sur le
sauvage, sans lire l'anathème écrit, je ne dis pas seulement dans son

âme, mais jusque sur la forme extérieure de son corps. [...] Il est voleur, il est cruel, il est dissolu, mais il l'est autrement que nous. Pour être criminels, nous surmontons notre nature : le sauvage la suit, il a l'appétit du crime, il n'en a point les remords » (*Soirées*, deuxième entretien). L'homme sans société est vu comme anthropophage, parricide, infanticide : l'autre est une menace, sans la protection de l'Esprit — entends de l'ordre social des origines, supposé harmonieux. *Deus, sive civitas*. Observons que pour les besoins de sa démonstration, de Maistre invoque deux natures — la nature sauvage et la nature socialisée — dont la coexistence n'est guère compatible avec l'idée d'une Création harmonieuse. Nous revoici, comme eût dit Montaigne, « au rouet » de la Création en partie double de Kant, mais dans un rapport inversé. L'âge d'or maistrien est aussi fictif que celui de Rousseau — mais à droite, cet imaginaire est celui de la mémoire — la mémoire de l'enfance protégée; à gauche, c'est celui de la volonté.

Bien d'autres preuves, bien d'autres témoignages postérieurs d'écrivains de droite, que nous avons analysés ailleurs, pourraient être appelés à l'appui de l'interprétation psychologique que l'on propose ici. Chateaubriand [51] : « Je pris le parti de me cacher moi-même pour porter en paix mon innocence »; « Ô misère de nous ! Notre vie est si vaine qu'elle n'est qu'un reflet de notre mémoire. » Barrès : « Vraiment, quand j'étais très jeune, sous l'œil des barbares et encore à Jersey, je me méfiais avec excès du monde extérieur. » Montherlant [57] : « le courage qu'il faut pour ne pas céder à la terreur d'être seul » (*Service inutile*). Nimier [59] : « Maintenant que je suis tout seul, je peux l'avouer : je déteste la violence. Elle est bruyante, injuste, passagère » (*Le hussard bleu*).

Pendant deux siècles, la littérature de droite n'a cessé de reproduire le même archétype : celui d'une conscience désespérée par la rupture des anciennes solidarités organiques, et partagée entre la tentation du repli et la recherche d'une « troisième voie » introuvable.

Moi et l'histoire : les apories du conservateur

Dans son effort pour rétablir les équilibres rompus par la Révolution, de Maistre s'est heurté, sans pouvoir la résoudre, à la grande aporie du conservatisme : jusqu'à quel point de la durée, entériner le fait ? Pourquoi la révolution française échapperait-elle à la légitimation par l'expérience, qui caractérise l'ordre monarchique? Nous l'avons dit : ce critère ne sera pas l'emploi de la violence. Aussi bien Joseph de Maistre oppose-t-il, sans autre justification, les bonnes violences (celles que déchaînent les guerres monarchiques, ou la fureur divine) aux mauvaises violences (la Terreur, « monstre de puissance, ivre de sang et de succès »). Ce ne sera pas davantage la raison, à laquelle l'auteur des *Considérations* oppose le « sens commun », appelé à faire fortune, dans le discours de droite, sous les espèces du « bon sens ». Ce ne sera pas non plus le pouvoir établi : « On a droit de massacrer Néron. » La réponse est l'idée toute subjective que de Maistre se fait du point idéal autour duquel le rapport le plus harmonieux possible, entre l'exercice de la liberté humaine et l'ordre rassurant de la Création, peut s'établir — ce point où « tout étant à sa place, il n'y a point de secousses, point d'ondulations, tous les frottements étant doux, il n'y a point de bruits, et ce silence est auguste ».

En dépit des apparences, s'il est un titre auquel de Maistre fait figure de continuateur de Montesquieu et d'ancêtre de l'ensemble de la droite — y compris la droite libérale d'aujourd'hui —, c'est bien celui-ci : bien des experts, membres des « comités d'éthique » ou théoriciens du « public choice » qui aujourd'hui cherchent le seuil du tolérable dans le progrès des techniques ou le développement des lois, ne se renieraient pas en signant ces phrases du prétendu « père » de la contre-révolution : « Jamais la science ne doit paraître avant que les esprits soient préparés à la recevoir sans danger » (*Examen de la philosophie de Bacon*, XIX), ou encore : « Étant donné la population, les mœurs, la religion, la situation géographique, les relations politiques, les bonnes et mauvaises qualités d'une nation, le problème pour les législateurs est de trouver les lois qui lui conviennent » (*Étude sur la souveraineté*). La seule différence entre de Maistre et ses héritiers qui s'ignorent, est que l'écrivain, lucide et sensible, savait — ou plus exactement trahissait qu'il savait — que son choix était indémontrable. Nos modernes décideurs ne s'élèvent pas toujours au même niveau de conscience.

Ce que l'on appelle le providentialisme de Joseph de Maistre n'est autre que l'assomption de cet arbitraire. Voici comment celui-ci en rendait compte, dans un discours prononcé devant le sénat de Savoie en 1784 : « Le sage vraiment digne de ce nom, et qui aurait honte de tenir ses opinions de la mode, connaît le point où il doit abandonner ses contemporains. Son esprit des ruines observe le torrent et, tandis que la multitude, masse aveugle et passive, roule sans résistance, il s'appuie sur lui-même et s'arrête où il faut. » On sait que les images de la ruine et du torrent sont également familières à Chateaubriand : elles sont la marque d'un même tempérament. Quant à l'emploi du mot de « résistance », il ne doit pas nous abuser : le terme servira, sous la Restauration, à désigner les adversaires, également malheureux, du « mouvement ».

Dès 1796, frappé par les apories de ce discours, Benjamin Constant en faisait le diagnostic dans sa célèbre brochure *De la force du gouvernement actuel et de la nécessité de s'y rallier* : « Il me semble », écrivait-il, « que c'est étrangement abuser de l'expérience. Elle ne peut nous éclairer que sur ce qu'elle nous montre. Ce qui n'a pas existé n'est pas de son ressort. Il faut toujours qu'elle s'appuie sur un fait ou sur une tentative, ce qui est un fait. Vouloir l'étendre sur l'inconnu, c'est la déplacer sur ses bases. » Cela signifie-t-il que Constant fût inconscient de l'aporie symétrique, celle de la Révolution ? Lisons la suite de son propos : « Les gouvernements subsistent en dépit des théories parce que, dans toutes les nations, la masse aime essentiellement et presque exclusivement le repos : elle se plie à tout ce qui est tolérable et, par sa flexibilité, elle rend tolérable ce qui d'abord ne l'était pas » (chapitre VI). Entendons que Constant a fait la critique du conservatisme de De Maistre *d'un point de vue conservateur*.

Le conservatisme peut être hanté par le spectre de la dégradation, comme il peut l'être par la confiance dans la durée : sa forme pessimiste est illustrée par de Maistre, sa forme optimiste par Constant (dont le raisonnement n'est pas plus logique que celui de son adversaire : il récuse l'abus de l'expérience, pour s'appuyer sur cette dernière aussitôt). Ces deux variantes d'un même tempérament se retrouveront, par la suite, réparties de façon plus ou moins égale au sein de chacune des familles politiques de droite, notamment les légitimiste, orléaniste et bonapartiste distinguées par René Rémond (avec une nette dominante pessimiste dans le courant légitimiste).

Toutes récuseront moins le progrès, que la dialectique conflictuelle de l'Histoire — sans pour autant renoncer à une destination humaine. Le moi ne se pose pas en s'opposant, mais en écoutant les injonctions de la nature. « Plus on examine l'univers », lit-on dans la dixième *Soirée*, « et plus on se sent porté à croire que le Mal vient d'une certaine division qu'on ne sait expliquer, et que le retour au Bien dépend d'une force contraire qui nous pousse sans cesse vers une certaine unité tout aussi concevable. » Le ressort profond du propos est éclairé par un texte des *Confessions* de saint Augustin, que de Maistre cite, comme un aveu, dans le même chapitre : « Je fus coupé en pièces au moment où je me séparai de ton unité pour me perdre dans une foule d'objets : tu daignas ramasser les morceaux de moi-même » ; la recherche de l'unité sans conflit est inséparable du sentiment de la fragmentation du moi, issu du changement de plan dans la relation du même et de l'autre (passage de l'ordre de la verticalité à la confrontation horizontale) que nous avons décrit, et que l'héritier de l'Ancien Régime a reçu de plein fouet.

À la question de la division de la conscience, la droite répond par les « jalons » (mot de droite par excellence) que constituent les faits et les *mœurs* (politique expérimentale de De Maistre, empirisme organisateur de Maurras). Convaincu que cette division est inscrite dans la nature humaine, l'homme de droite croit en l'opacité de la communication entre les individus (alors que l'homme de gauche prône la transparence) : sa vision du monde est plurielle, et sa morale est celle de La Rochefoucauld (alors qu'à gauche, elle est unitaire). D'où, à droite, la nécessité des codes sociaux et du contrôle exercé par les bien-pensants, nécessité qui ne procède pas, en son fond, d'un esprit « bourgeois », comme la gauche en a fait à la droite le procès, mais bien de ce que Miguel de Unamuno a appelé « le sentiment tragique de la vie ». La rébellion individualiste contre le « confort intellectuel », manifestée par les écrivains que l'on a appelés à tort des « anarchistes de droite », comme Marcel Aymé ou Roger Nimier, est un leurre. Elle est de l'ordre du blasphème, et formulée comme telle. Le « confort intellectuel » n'est pas plus de droite que de gauche, et il n'est pas besoin de beaucoup creuser l'œuvre des « hussards », pour y reconnaître les traits caractéristiques du tempérament de droite.

Entre de Maistre et les écrivains que nous avons choisis pour illustrer le tempérament dont celui-ci fut l'archétype, la continuité de la vision de l'Histoire est frappante, et n'a cessé de s'approfondir : même valorisation des leçons de l'expérience, même sentiment corrélatif de la fragmentation du moi, même souci des codes et des mœurs, même perception, mais plus explicite, de l'ambivalence du fait historique. Non, encore une fois, que rien ne fasse sens. Mais dans un système de pensée qui rejette la dialectique, la conviction que le « oui » et le « non » — ou que le Bien et le Mal, comme nous le verrons plus loin — ne sont pas successifs, mais concomitants, s'impose naturellement. Chaque événement est susceptible de plusieurs lectures aussi vraies les unes que les autres ; chaque moment contient en puissance un probable et son contraire. Ce n'est pas du « relativisme » historique, dans la mesure où la réalité du fait n'est pas niée, et où la vérité de chaque approche n'est pas remise en cause. C'est, opposée à la dialectique, la complexité du vécu (qui rend compte, entre autres raisons, de l'attirance des biologistes pour les idées de droite). C'est, très exactement, la « philosophie » de l'histoire (à supposer qu'une telle philosophie soit possible, c'est-à-dire échappe à l'ordre du politique) dont Raymond Aron, conscience de droite qui s'ignorait, a posé les fondations dans sa thèse de 1938.

Pour ne pas alourdir inutilement notre démonstration, bornons-nous à quelques citations.

Chateaubriand, sur la politique expérimentale : « Laissons donc là les théories pour ce qu'elles valent : en Histoire comme en physique, ne prononçons donc que d'après les faits » (*Essai sur les révolutions*, 1826) [51]. Sur l'ambivalence du fait révolutionnaire (trente ans avant Tocqueville) : « La Révolution était achevée lorsqu'elle éclata. C'est une erreur de croire qu'elle a renversé la monarchie ; elle n'a fait qu'en disperser les ruines » (*De la Vendée*, 1819). Sur l'équilibre nécessaire entre la nature et les œuvres de l'homme : « La société n'est pas moins menacée par l'expansion de l'intelligence qu'elle ne l'est par le développement de la nature brute [...]. L'homme est moins l'esclave de ses sueurs que de ses pensées » (dernière page des *Mémoires d'outre-tombe*). Sur la frag-mentation du moi : « Mes actes ont été de l'ancienne cité, mes pensées de la nouvelle ; les premiers, de mon devoir, les dernières, de ma nature [...] Je me suis rencontré entre deux siècles, comme au confluent de deux fleuves » (*Mémoires*). Sur le tragique de la vie : « La civilisation actuelle se perd en elle-même ; le vase qui la contient n'a pas versé la liqueur dans un autre vase ; c'est le vase qui est brisé, et la liqueur répandue. » Sur la répugnance à l'égard de la rupture, du conflit : « Que [la jeunesse] n'abuse pas de sa force ! Qu'elle se garde d'ébranler les colonnes du temple ! On peut abattre sur soi l'avenir ; et plus d'une fois, les Français se sont ensevelis sous les ruines qu'ils ont faites » (*De la Restauration et de la monarchie élective*). Enfin, sur le refus de renoncer pour autant à un sens, inscrit non dans l'Histoire, mais dans l'homme : « Personne n'est plus persuadé que moi de la perfectibilité de la nature humaine » (*ibid.*) [51].

Balzac [43], comme en écho à Chateaubriand : « En fait de civilisation, rien n'est absolu. Les idées qui conviennent à une contrée sont mortelles dans une autre, et il en est de l'intelligence comme des terrains » (*Le médecin de campagne*). « Quand ces mœurs seront changées, quand nous serons tous de grands citoyens, ne deviendrons-nous pas, malgré les aises d'une vie triviale, le peuple le plus ennuyeux, le plus ennuyé, le moins artiste, le plus malheureux qu'il y aura sur terre ? [...] Comme on le voit, le mot *Progrès* peut aussi bien signifier *non* que *oui* » (*Le député d'Arcis*). « J'ai toujours tâché de faire converger les intérêts des uns vers ceux des autres » (*Le médecin de campagne*).

Barrès : « Il y a en moi comme des couches superposées de liquides de densité différente dans un vase. Selon la profondeur où je fais descendre le tuyau de la pompe aspirante, je tire tel ou tel liquide. » « Quelles que soient les objections que nous puissions faire contre la révolution, nous sommes disposés à accepter les choses au point où elles sont, et précisément parce que nous ne sommes pas des révolutionnaires, nous voulons tirer parti des choses » (*Cahiers*, proposition à comparer à la formule maistrienne : « La contre-révolution ne sera pas une révolution contraire, mais le contraire de la révolution »). « Dans l'ordre des faits, pour que la monarchie vaille, il faudrait qu'il se trouvât en France une famille ralliant sur son nom la majorité (sinon la totalité), la grande majorité des électeurs ; voilà qui n'existe pas » (lettre-préface au second volume de l'*Enquête sur la monarchie* de Maurras).

Maurras [49] : « La logique et l'art entier de la déduction ne sont pas aussi arbitraires ni si *a priori* qu'on le répète. Les fautes qu'ils font commettre viennent bien moins de la faiblesse de ces méthodes que de la faiblesse des notions expérimentales adoptées au début » (lettre à Barrès, novembre 1901 ; on ne saurait mieux dire que la raison politique comporte une part inévitable d'arbitraire, mais Maurras, qui se voulait écrivain et qui ne l'était pas, était le dernier à s'en apercevoir).

Montherlant : « Il y a tant d'hommes en vous » (*Le cardinal d'Espagne*). « Faire tout ce qu'il faut pour anéantir l'adversaire. Mais, une fois qu'il a montré ce que c'était lui qui tenait le bon bout, s'allier du même cœur avec lui » (*Solstice de juin*). « Le paquebot s'oppose aux mouvements incohérents des vagues, mais en même temps, dans une certaine mesure, il colle à ces mouvements, roulis et tangage. S'abandonner où il le faut, et s'imposer où il le faut » (*Solstice*). « L'équivalence entre chaque chose et celle qui logiquement est son contraire, l'une et l'autre aimables, parce que l'une et l'autre manifestations de la vie. Cette idée, on la retrouve dans chacun quasiment de mes livres » (*La balance et le ver*, manuscrit de 1944).

Nimier (prologeant Montherlant) : « Cette sale histoire que j'ose à peine appeler ma vie, cette sale histoire a duré cinq ans. D'abord j'ai été bien déçu, en 40, de voir que nous étions battus. On ne m'avait pas élevé dans ces idées-là. Prisonnier, je le suis resté jusqu'au jour où des imbéciles ont monté des postes de téhessef clandestins. Quel ennui ! Je me suis évadé dans la semaine qui a suivi. Alors, par manque d'imagination, je me suis inscrit dans la Résistance. Un an plus tard, mes camarades me faisaient entrer dans la Milice pour préparer un assassinat politique. Ils m'avaient prévenu, ils m'avaient dit que ce serait une épreuve pénible. Mais j'ai trouvé des garçons énergiques, pleins de muscles et d'idéal. Les Anglais allaient gagner la guerre. Le bleu marine me va bien au teint. Les voyages forment la jeunesse. Ma foi, je suis resté. A présent, j'ai revêtu un uniforme plus humain, celui des armées alliées » (*Le hussard bleu*). Le scénario du *Petit canard* de Jacques Laurent et celui du *Lacombe Lucien* de Patrick Modiano et Louis Malle ne sont pas loin.

Quelles que soient les écoles auxquelles on rattache ces écrivains, et en raison même du fossé qui sépare leurs personnalités, les analogies entre des discours qui ne se sont pas concertés, leur parenté avec une source, de Maistre, que la plupart n'ont sans doute jamais lu, le fait, enfin, que leurs motivations, leurs concepts, leurs métaphores, ne se retrouvent jamais (ou du moins jamais sous la même forme) chez des écrivains de gauche, attestent l'existence d'un même tempérament politique, enraciné à la fois dans la personnalité profonde et dans une culture. Sans doute peut-on être tenté d'adresser à ce type d'analyse le reproche qui a souvent été fait à René Girard ou à Georges Dumézil : à ouvrir trop de portes, on n'en ouvre plus aucune. Mais notre objet n'est pas tant d'expliquer les causes de comportements particuliers, que de comprendre les formes, les structures à travers lesquelles ils se manifestent. Aussi bien, la meilleure façon de répondre à l'objection est-elle de poursuivre l'inventaire.

Moi et la nature : l'animisme-organicisme

Le père R. Lenoble a montré dans son *Histoire de l'idée de nature*, que le mode fondamental de réduction du conflit entre l'homme et la nature est ce que nous appelons l'animisme-organicisme. Cette procédure, propre aux enfants comme aux primitifs, consiste à supposer l'univers traversé d'un même souffle vital, à se représenter le monde structuré selon le même modèle organique qui semble au principe de toute vie. Le fait de se représenter les êtres animés et inanimés construits selon une même structure atténue le scandale de l'altérité du monde, en rapprochant l'homme de la Création. Telle est la fonction des contes de fées : si les objets qui m'entourent (par exemple, les arbres de *L'oiseau bleu* de Maeterlinck ou les animaux et les objets de *L'enfant et les sortilèges* de Colette) ont une âme qui vibre à l'unisson de celle de l'enfant, leur présence ne peut être que bienveillante — ou du moins l'enfant peut les comprendre. Privés d'âme, réduits à leur matérialité brute, ils renvoient au mystère de l'être, et au malaise métaphysique du héros de Sartre, Roquentin, devant l'arbre existentiel de *La nausée* (et l'on conçoit que le thème de l'arbre, sur lequel se projettent les représentations de la vie, soit un des plus constants de la littérature). Les mythes d'Orphée et d'Amphion, qui expriment tous deux la quête d'une correspondance entre le langage des différents règnes de la Création et l'harmonie des sons, inscrivent dans le terreau commun de la nature humaine la procédure qui vise à unifier de proche en proche les formes et les forces.

Or, de Joseph de Maistre à Roger Nimier, pour nous en tenir à notre *corpus*, la littérature de droite abonde en exemples de cette procédure. Ici encore, quelques exemples suffiront à étayer la démonstration.

C'est ainsi que la vision du monde de Joseph de Maistre unifie « le vaste domaine de la nature vivante » et n'établit pas de discontinuité entre la vie du « règne insensible » et la vie tout court. Dans son *Examen de la philosophie de Bacon*, l'écrivain reproche au philosophe de vouloir « à toute force troubler, s'il est permis de s'exprimer ainsi, la végétation de la plante humaine » (chapitre XX). L'incidente : « s'il est permis, etc. », souligne que la métaphore n'a pas été choisie au hasard. Au reste, ce n'est pas une simple métaphore. Tout comme plus tard Péguy, Barrès ou Maurras, de Maistre emprunte volontiers ses arguments aux autres règnes. Sur la violence, par exemple : « Dès que vous sortez du règne insensible, vous trouvez le décret de la mort violente écrit sur les frontières même de la vie. Déjà, dans le règne végétal, on commence à sentir la loi : depuis l'immense catalpa jusqu'aux plus humbles graminées, combien de plantes *meurent* et combien sont *tuées* ! Mais dès que vous entrez dans le règne animal, la loi prend tout à coup une épouvantable évidence » (*Soirées*, septième entretien).

Le moins que l'on puisse dire de cette argumentation est qu'elle n'est pas catholique. Le fait est que les catholiques, lorsque sera apparu le darwinisme, seront de la même façon partagés, à l'égard de ce dernier, entre l'obligation de le rejeter au nom de la foi, et la tentation de caresser en lui une doctrine proche de leur organicisme. Aussi bien l'urgence interne de réconcilier le moi et le monde est-elle généralement la plus forte. La nature, telle que la conçoit de Maistre, est un vaste système communicant, qui réconcilie avec lui-même, par le détour du monde, le moi divisé[5].

La confusion du moi et du monde donne la clé du texte fameux sur le bourreau, qui a inspiré le Michel Foucault de *Surveiller et punir*. Pourquoi cette description complaisante de l'horreur du supplice de la roue (« les membres fracassés s'enlacent dans les rayons ; la tête pend ; les cheveux se hérissent »...) et pourquoi, pour finir, cet éloge de l'exécuteur sur lequel reposent « toute grandeur, toute puissance, toute subordination » (*Soirées*, premier entretien) ? Une explication, qui est celle de Foucault, consiste à s'en tenir à ces termes, et à supposer que de Maistre, défenseur de l'absolutisme, défend une des expressions qui garantissent ce dernier en donnant à voir aux foules la marque la plus spectaculaire du pouvoir sur les corps. Mais de Maistre haïssait le despotisme, comme il haïssait la violence : on connaît de lui une lettre (à Mme de Saint-Réal) stigmatisant « cet épouvantable supplice du knout » auquel il avait assisté en 1806. Il faut donc aller plus loin, et lire la suite du commentaire sur le bourreau : « Il est l'horreur et le lien de l'association humaine. Ôtez du monde cet agent incompréhensible, dans l'instant même l'ordre fait place au chaos, les trônes s'abîment et la société disparaît. » Revoici le *chaos*, ce mal à l'état pur, et l'association humaine *désunie* : si le bourreau rassure, ce n'est pas parce qu'il est l'expression du pouvoir, mais parce qu'il est celui qui transfère le mal du fond de l'inconscient à la surface des corps. Il est celui par l'entremise duquel la Création, morcelée dans l'inconscient coupable, retrouve son unité au niveau de la conscience. Il est un des vecteurs qui rétablissent le *lien* entre les ordres et les règnes. Il est le prix qu'un esprit tourmenté consent à payer pour retrouver la sérénité.

Deuxième exemple, Maurice Barrès. Un dialogue remarquable des *Déracinés*, autour du tombeau de Napoléon, évoque les trois modes sur lesquels le tempérament de droite évoque sa confiance dans l'harmonie des forces de la nature. Le premier personnage, Roemerspacher, exprime le point de vue organiciste : « Tu m'étonnes, Sturel, de croire aux grands hommes [...] Ne sens-tu pas que l'individu n'est rien et que la société est tout ? » A quoi Sturel, qui représente Barrès lui-même, répond, « très nerveux » : « M. Taine t'a fait panthéiste. Tu regardes la nature comme une unité vivante ayant en elle-même son principe d'action. Moi, j'y vois un ensemble d'énergies indépendantes dont le concours produit l'harmonie universelle. — Et moi [intervient Saint-Phlin, le troisième personnage, traditionaliste catholique], je tiens l'univers pour une matière inerte mue par une volonté extérieure. [...] Napoléon a été voulu par Dieu. »

Dans tous les cas, l'unité et l'harmonie traduisent les intentions de la nature. La race, le milieu, le moment chers à Taine, incluent l'individu dans un rapport aux êtres et aux choses parfaitement rassurant. Dans la scène fameuse où, mettant face à face un de ses héros et M. Taine, Barrès évoque sa propre rencontre avec celui-ci, l'auteur de la *Philosophie de l'Art* déclare à Roemerspacher : « Que chacun agisse selon ce qui convient dans son ordre. Respectons chez les autres la dignité humaine et comprenons qu'elle varie pour une part importante selon les milieux, les professions, les circonstances. Voilà ce que sait l'homme sociable, et c'est aussi ce que nous enseigne l'observation de la nature. » Là-dessus, M. Taine conduit son visiteur devant « son » arbre, square des Invalides. Il désigne le « bel être luisant » et se livre à un festival d'animisme-organicisme. L'arbre, professeur d'énergie : « Sa jeune force créatrice *dès le début* lui fixait sa destinée, et sans cesse elle se meut avec lui. » « Dès le début », écrit Barrès : il ne s'agit pas d'une énergie réellement créatrice, mais d'un ordre écrit de toute éternité. « Puis-je dire que c'est sa force propre? enchaîne le vieux philosophe. Non pas, c'est l'éternelle unité, l'éternelle énigme qui se manifeste dans chaque forme. »

L'arbre, professeur d'éthique : « En éthique surtout, je le tiens pour mon maître. Regardez-le bien [...]. Cette masse puissante de verdure obéit à une raison secrète, à la plus sublime philosophie, qui est l'acceptation des nécessités de la vie. Sans se renier, sans s'abandonner, il a tiré des conditions fournies par la réalité le meilleur parti, le parti le plus utile. » Perfection de la Création, jamais prise en défaut! L'arbre est-il moribond (et il est en effet inutile de le chercher aujourd'hui « à la hauteur du trentième barreau de la grille compté depuis l'esplanade »)? « Mon beau platane aura vécu. Sa destinée est ainsi bornée par les mêmes lois qui, ayant assuré sa naissance, amèneront sa mort. » En une promenade, Barrès a défini les principes élémentaires de sa réconciliation avec l'autre et avec la nature, il a même, au terme du parcours, exorcisé son angoisse de la mort[6].

Sur la relation de l'œuvre de Maurice Barrès avec la nature, une dernière observation s'impose. L'identification du moi et de la

Création, qui est la clé de l'animisme-organicisme, implique un dialogue de l'intérieur avec l'extérieur. L'interlocutrice de Barrès n'est pas la nature telle que celle-ci s'exprime *dans* le corps humain, dans sa physiologie, mais la nature végétale et minérale. En sorte que l'équation homme-nature, même si elle revendique l'insertion dans la petite patrie, a un caractère suffisamment général pour se passer du critère de la race (autrement dit de la nature intériorisée dans les gènes). Bien que Barrès ait dérapé sur cette voie, il apparaît que le milieu lui importe plus que la race. Si le héros d'*Au service de l'Allemagne*, l'Alsacien Ehrmann, est victime de l'indécrottable balourdise des « boches », *Colette Baudoche* rend un autre son : le personnage de l'Allemand Asmus n'y est pas présenté comme irrémédiablement perdu par sa race. Le petit village de Moselle qui l'accueille lui fournit sa chance : « Il y a des petits villages isolés au milieu des espaces ruraux qui, le soir, à l'heure où l'on voit rentrer les bêtes et les gens, m'apparaissent comme des gaufriers, et je crois que tout être, fût-il barbare prussien, soumis à leur action patiente et persistante, y deviendrait lentement lorrain. »

On n'a pas assez pris garde, dans les innombrables commentaires du nationalisme de Barrès, à cette image du gaufrier. Rien n'est plus éloigné du racisme qui anime l'auteur des *Scènes et doctrines du nationalisme* contre le bouc émissaire juif, ou parfois même contre les Français du Sud (dans *Les lézardes sur la maison*) que la loi du *gaufrier*. La nation barrésienne, reposant sur l'héritage de la terre et des morts, n'est pas nécessairement close, et le député boulangiste, l'antidreyfusard, n'a jamais renié la fin d'*Un homme libre*, qui se concluait sur un éloge de l'« étranger ».

La biologie n'a été le plus souvent, dans le tempérament de droite, qu'un principe d'identité et d'analogie. Les auteurs qui, comme Gobineau, en ont fait un principe de causalité sont des marginaux dans l'histoire française, et l'on peut soutenir que l'absence d'un réel fascisme en France est due en partie au caractère spécifique de la relation que l'homme de droite y a traditionnellement entretenue avec la nature. Les tentatives de la « nouvelle droite » et de divers courants qui n'appartiennent pas seulement à la droite, d'accréditer non seulement l'analogisme entre biologie et société, mais aussi le recours à la biologie comme critère explicatif de l'action politique, constituent, depuis une dizaine d'années, un dérapage regrettable par rapport à cette tradition.

Dernier exemple : Roger Nimier. Si iconoclaste, si esprit fort que celui-ci se soit voulu, la procédure animiste-organiciste trahit, à maintes reprises, la vérité de son tempérament. Pour nous en tenir au *Hussard bleu*, qui est son roman le plus achevé, écoutons son héros Sanders : « Pour montrer comme je suis devenu raisonnable, je n'ai plus qu'à fermer les yeux. Alors les événements s'avancent en rangs. Je les reconnais au passage et, humblement, je les salue, car ils sont monotones comme les flaques d'eau dans lesquelles nous marchons le soir. Mais prenons garde : en penchant la tête, nous risquons d'y voir le reflet d'une étoile. Ainsi nos moindres gestes poursuivent-ils des signes venus de loin. »

Nous ne sommes pas très loin de Balzac, que nous aurions pu également citer : « Le plus grand d'entre vous a deviné, sur la fin de ses jours, que tout était cause et effet réciproquement, que les mondes visibles étaient coordonnés entre eux et soumis à des mondes invisibles » (*Séraphîta*). Ni de Barrès, qu'il faut évoquer encore : « Je suis l'élément unique car, sous son apparence d'infinie variété, la nature est fort pauvre, et tant de mouvements qu'elle fait voir se réduisent à une petite secousse, propagée d'un passé illimité à un avenir illimité. » Que la nature vivante et harmonieuse, telle que Nimier se la représente, soit là pour cicatriser les blessures de l'agression humaine, pour apaiser l'angoisse née du scandale de notre présence dans le monde, ces lignes parfaitement explicites du même roman l'indiquent suffisamment : « La gare de K. est décharnée, ses verrières en loques, les rails d'une laideur désolante. Voilà l'injustice. Plus on saccage la nature, plus elle est naturelle. Des arbres coupés, des maisons brûlées, des trous, des rivières débordantes, tout ce débraillé lui va bien au teint [...]. Au contraire, les villes ne se passent pas de soins continuels. Une tuile qui manque, tout le toit se trouve dépeigné. Et quand il n'y a plus de toit, les maisons prennent l'aspect de petites décervelées. »

Cette dernière remarque, dont on trouve des équivalents chez Maurras, suggère, quant au traitement de la nature par la droite, une remarque complémentaire de celles que nous avons déjà formulées : en raison même de sa familiarité avec l'ordre des choses, le tempérament de droite a toujours, paradoxalement, beaucoup mieux accepté les (mauvais) traitements infligés par l'homme à la nature, que la gauche prométhéenne, au sein de laquelle s'est développé ce phénomène purement citadin que sont les mouvements écologiques.

Si l'on voulait aligner les preuves de l'importance de l'animisme-organicisme chez Nimier, voici encore quelques notations, qui désignent un ordre des sentiments et des choses soumis à la volonté de la nature : « Une jeune femme dont on aperçoit la silhouette en passant sur le champ de manœuvre, un jardin qui paraît beau parce que les feuilles ont le droit de traîner par terre [...]. L'inconnue est un petit morceau du monde, bien encastré entre d'autres fragments. » « Il faut croire que l'hiver est une saison où l'on n'existe pas vraiment. » « D'ailleurs, avril ne doit pas être un très bon mois pour se tuer. »

Qu'importe, que le ton soit souvent celui du persiflage : on ne blasphème que contre les valeurs que l'on juge sacrées. On jure pour exorciser sa peur, comme l'atteste cet aveu de Saint-Anne : « Je ne comprends toujours pas, sinon que je ne saurai jamais mourir. Rien n'est plus horrible que de se mélanger à la nature, rien n'est plus odieux que la terre. Elle nous attend, elle n'est pas pressée » (p. 44). La nature, qui, de notre vivant, nous protège en son sein, redevient l'ennemie quand elle nous dissout dans la mort.

Moi et la responsabilité morale : la réversibilité des mérites et des peines

Dernière étape dans notre inventaire des procédures de réduction du conflit, la réversibilité des mérites et des peines est le corollaire du schème précédent. Par la réversibilité des mérites et des peines, nous entendons l'absence d'autonomie du Bien et du Mal. Le bien et le mal qui nous arrivent ne sont jamais dénués de sens. Ils s'inscrivent, eux aussi, dans l'ordre d'une nécessité supérieure, qui nous échappe peut-être, mais dont on vérifiera le bien-fondé plus tard, ou ailleurs. A telle misère ici ou maintenant, correspond un bien ailleurs ou demain. Cela ne signifie pas que le bien et le mal soient interchangeables — ni qu'il soit justifié de faire le mal pour atteindre à un bien, comme le Lafcadio de Gide, ou le Goetz sartrien du *Diable et le Bon Dieu*. Cela signifie, une fois de plus, que le problème de la responsabilité morale ne trouvera de solution que précaire, en son temps et en son lieu, sans que l'homme puisse faire autre chose que de composer avec des forces dont les lois profondes lui échappent : plus au contraire il cherchera à maîtriser celles-ci pour faire le bien, plus il risquera d'atteindre le but inverse de celui qu'il s'était proposé. La sociologie des effets pervers en est une des applications possibles, que nous avons déjà signalée.

En son acception première, la réversibilité des mérites et des peines est, il est vrai, un dogme chrétien. Mais Joseph de Maistre, toujours lui, nous éclaire sur le passage de ce thème du dogme religieux au mythe culturel : « La croyance dont je vous parle ne souffre exception de temps ni de lieu. Nations antiques et modernes, nations civilisées ou barbares, époques de science ou de simplicité, vraies ou fausses religions, il n'y a pas une seule dissonance dans l'univers » (*Soirées*, neuvième entretien). Et de citer à l'appui, la coutume antique de la *devotio* : « Decius avait la foi que le sacrifice de sa vue serait accepté par la divinité, et qu'il pouvait faire équilibre à tous les maux qui menaçaient sa patrie. » Le fait est, poursuit de Maistre, que l'Église a toujours manié avec prudence le dogme de la réversibilité : le seul sacrifice rédempteur qu'elle admette est celui du Christ. Si par malheur il advient que l'on étende la notion à l'ensemble des hommes justes et innocents, « nous avons les sacrifices humains et les prostitutions des païens », comme l'observait un bon père en 1823...

La réversibilité, donc, est de l'ordre de la croyance, non de la foi. Elle ne prend pas sa source, note de Maistre, dans une parole révélée, mais dans une forte urgence intérieure : « Le christianisme est venu consacrer ce dogme, qui est infiniment naturel à l'homme, quoi qu'il paraisse difficile d'y arriver par le raisonnement » (*Considérations*, III, et *Soirées*, neuvième entretien). Autrement dit, il s'agit d'une procédure de l'inconscient, dont de Maistre va jusqu'à préciser la fonction : « Sans le christianisme, l'homme ne sait ce qu'il est, *parce qu'il se trouve isolé dans l'univers*, et qu'il ne peut se comparer à rien » (*Soirées*, neuvième entretien). « Parce qu'il se trouve isolé dans l'univers » : on ne saurait mieux mettre en évidence le sentiment de fragmentation du moi, d'impossibilité de communiquer entre les êtres, qui caractérise le tempérament de droite. Une Création morcelée, une conscience atomisée : c'est en ce sens — et pas seulement du point de vue de la contradiction apportée par l'expérience à la raison universelle — que doit être comprise l'affirmation célèbre des *Considérations* : « Il n'y a point d'homme dans le monde. J'ai vu, dans ma vie, des Français, des Italiens, des Russes, etc. Je sais, grâce à Montesquieu, qu'on peut être Persan ; mais quant à l'*homme*, je déclare ne l'avoir jamais rencontré de ma vie ; s'il existe, c'est bien à mon insu » (chapitre VI).

Dans un monde où, en confrontant les êtres et les nations sur le même plan, la révolution du Sujet a multiplié les risques de fracture et de conflit, l'harmonie ne peut être restaurée que par le détour du mythe. Dans le domaine moral, le dogme de la réversibilité remplit cette fonction. Dès lors que le Bien peut équilibrer le Mal, que le sacrifice peut racheter le péché, le scandale d'une Création dans laquelle les catastrophes et la souffrance sont possibles se trouve atténué. Le mal n'est plus que l'exception qui confirme la règle.

Dans le premier entretien des *Soirées*, de Maistre prend l'exemple célèbre du balcon, qui rappelle l'exemple de l'hydropique de Descartes (qui a soif, alors que le fait de boire aggrave son état) : « Le monde n'étant gouverné que par des lois générales, vous n'avez pas, je crois, la prétention que, si les fondements de la terrasse où nous parlons étaient mis subitement en l'air par quelque éboulement souterrain, Dieu fût obligé de suspendre en notre faveur les lois de la gravité, parce que cette terrasse porte dans ce moment trois hommes qui n'ont jamais tué, ni volé. »

On l'a compris : ce qu'il s'agit d'innocenter, au terme d'un raisonnement spécieux, ce n'est pas l'homme, c'est Dieu. Entendons l'harmonie rassurante de la Création. Rejeter sur le monde la culpabilité de l'homme reviendrait à remettre en cause l'ordre universel, la rationalité supérieure sur laquelle la conscience de droite a besoin de s'appuyer. En ce sens, poser l'innocence de l'homme n'est pas une solution : ce serait au contraire aggraver le scandale de la présence du Mal dans l'univers, affirmer, en un sens, la supériorité de l'homme sur la Création, et faire obligation à l'homme d'éradiquer, hors de lui, la perfection morale supposée en lui. De là, l'opposition fondamentale des morales de droite et de gauche. *A gauche, l'homme est responsable, mais il est innocent* — et jugé d'autant plus responsable, qu'il est considéré, *a priori*, comme innocent[7]. *A droite, l'homme est irresponsable, mais il est coupable.* « Nous accusons la Providence », écrit de Maistre, « pour être dispensés de nous accuser nous-mêmes; nous élevons contre elle des difficultés que nous rougirions d'élever contre un souverain ou contre un simple administrateur dont nous estimerions la sagesse. Chose étrange! il nous est plus aisé d'être justes envers les hommes qu'envers Dieu » (*ibid.*). Dans le langage maistrien, qui repose, comme tout discours politique, sur un paralogisme permanent, accuser la Providence serait la juger responsable. S'accuser soi-même est s'avouer coupable, sans que pourtant l'on soit fondé à se reconnaître comptable du monde comme il va : « Celui qui a étudié cette triste nature [la nature humaine], sait que l'homme en général, s'il est réduit à lui-même, est trop méchant pour être libre » (*Du pape*, III, 2). Passons sur le lapsus : « l'homme en général », que de Maistre niait tout à l'heure. En raison directe de ses paralogismes et de ses contradictions, dont se fût gardé un véritable philosophe, l'écrivain nous livre, mieux qu'un traité de doctrine, un des paradigmes essentiels de la psyché de droite[8].

L'avenir de ce paradigme est immense : contrairement à une idée reçue, la droite suppose, autant que la gauche, l'individu conditionné par la société qui l'environne. Mais *à droite*, on juge que c'est pour son bien — ou plus exactement que c'est dans la nature des choses. *Individualisation de l'universel. A gauche*, on invite l'individu à s'en affranchir. *Universalisation du particulier.* A droite, le sujet n'étant responsable qu'au regard de sa conscience est jugé comptable de ses actes devant la société. La Justice n'a pas à s'occuper de morale — mais à défendre les intérêts de l'harmonie collective contre l'individu qui les menace. La prison, dont Michel Foucault n'a pas eu trop de mal à voir le modèle de la société globale, n'est pas autre chose que la continuation du contrôle social par d'autres moyens. La peine adaptée, définie à l'avance, rapide et certaine de Beccaria, dont Tocqueville chante les louanges dans son rapport sur les prisons, est l'exacte expression de cette vision du monde, qui en vaut une autre. Mais selon quels critères, même sociaux, la peine sera-t-elle « adaptée » ? A gauche, le juge s'érige en conscience morale, à la fois du prévenu (supposé innocent) et de la société (supposée coupable) : « l'individualisation de la peine » et le « juge de l'exécution des peines » en seront les principales manifestations — qui renvoient, elles aussi, à l'aporie : « Au nom de quoi ? »

Maurice Barrès (imité par Paul Bourget dans *L'étape* et *Le disciple*) est celui qui a tiré de la façon la plus claire et la plus concrète, pour plusieurs générations, les conséquences de la procédure dont Joseph de Maistre a institué l'archétype. Dans l'ordre de la raison politique, le dogme de la réversibilité des mérites et des peines conduit à une théorie de la relativité *pratique* du bien et du mal. Le bien et le mal ne sont pas exclusifs l'un de l'autre : ils coexistent en puissance dans chaque acte, dans chaque situation. L'action droite est celle qui se réfère, non à un absolu universel, mais aux conditions spécifiques du lieu et du moment. C'est le sujet des *Déracinés* : la même âpreté au gain, le même instinct de possession, la même dureté de cœur qui en font des assassins à Paris, auraient fait de Racadot et de Mouchefrin, s'ils étaient restés en Lorraine, un excellent cultivateur ou un bon notaire. La virtualité du mal n'en aurait pas été moins présente dans leur nature. Simplement, elle aurait été neutralisée par le milieu et les circonstances.

Le déterminisme du lieu et du moment entraîne-t-il l'abandon de la responsabilité humaine et l'innocence de fait du coupable, consacrée par le triomphe de l'« environnementalisme » ? On connaît la réponse : Barrès, comme de Maistre, aspire moins à disculper l'homme qu'à innocenter Dieu — à rendre, lui aussi, la Création plus rassurante. A vrai dire, dans son effort pour maintenir l'intervention du libre arbitre à l'intérieur de toute action, il est encore plus embarrassé que l'auteur des *Soirées*. Mais le propos est explicite : « Il est naturel qu'une Astiné Aravian meure assassinée. D'autre part, le coup des paysans Racadot et Mouchefrin ajoute un épisode banal à l'éternelle jacquerie. Mais bien qu'on en sente le déterminisme, leur conduite n'est pas en harmonie avec les façons de voir des gens normaux ; elle offense les lois de la société civile et les lois instinctives : un tel acte doit entraîner la suppression de ses auteurs. »

Les sociétés libérales d'aujourd'hui connaissent ce problème : si elles jugent au nom de l'absolu moral (justice de gauche), elles sont amenées à légiférer abusivement en lieu et place d'une conscience. Si elles tranchent au nom de la collectivité (justice de droite), les voici amenées soit à méconnaître les motivations spécifiques de l'acte (les « circonstances atténuantes »), soit à faire le procès de la société elle-même[9]. Mais la scène de l'assassinat d'Astiné Aravian par les paysans déracinés Racadot et Mouchefrin comporte une autre leçon : elle est une des rares situations où Barrès trouve la force, qui lui a de plus en plus manqué par la suite, de maintenir son esthétique en son ordre : l'artiste y regarde froidement le politique se débattre dans ses apories. La vision du monde qui vise à neutraliser le Diable n'est guère satisfaisante pour le romancier : construite à coups de grands compromis et de petites ambiguïtés, elle manque de souffle, de contrastes et d'effets. Un bref instant l'écrivain imagine ses deux criminels prenant la fuite sous un ciel de nuages, « animaux fuyants », Caïns hugoliens. Vision littéraire, à la faveur de laquelle, le temps d'une phrase, l'homme libre refait surface : « La société n'est belle qu'en contrariant la nature. »

Mais Barrès n'est ni Hugo, ni Gide. Ses bras retombent : « L'ignominie de cette minute est de telle évidence qu'il serait superflu de s'y arrêter davantage »... Il faudra donc que Barrès se résigne à voir incarner sa *Weltanschauung* par des personnages ternes. L'enthousiasme des frères Baillard de la *Colline inspirée* est certes admirable, mais il mène à l'hérésie. Ceux qui ont raison, ce sont Saint-Phlin, un des *Déracinés*, qui, restant sur sa terre, s'abandonne, dans *Leurs figures*, à la médiocrité d'une existence égoïste, ou Colette Baudoche, dont le renoncement au bonheur et le sens du devoir sont déterminés par la peur des ragots des bonnes dames de Metz.

Comment l'auteur de *Du sang, de la volupté et de la mort* a-t-il pu en venir à ce déni de soi-même, si ce n'est parce que son tempérament politique, au moins aussi urgent que sa nature d'artiste, l'y portait ?

Inclure le tragique dans le quotidien, passe encore : c'est un des ressorts de la littérature de droite depuis Balzac; mais s'exalter à l'idée que le quotidien est tragique, ressasser après Verlaine que « la vie humble aux travaux ennuyeux et faciles » est une grande chose, voilà qui passe mal et a encouragé, jusqu'à nos jours, toute une insipide littérature « de la terre », style Perrochon, Gachon et autres « chons ».

Ainsi Colette Baudoche refuse-t-elle d'épouser M. Asmus, le Prussien, par « honneur », mais un honneur aussi minable que la responsabilité de Racadot et Mouchefrin : « L'honneur, elle le sent plus qu'elle ne le connaît, mais elle a un signe certain, l'estime des dames de Metz. » Ces dames, qui « remplissent une fonction publique, exercent une autorité morale et maintiennent *l'ordre de sentiments* sur lequel veut se régler toute véritable Messine », sont les incarnations de l'esprit des lieux. Elles représentent les mœurs, le contrôle social, le regard de l'autre ressentis non comme contraintes, mais comme protections, par la grâce de la grande équivalence entre l'homme et son environnement naturel, qui a désarmé le mal.

Barrès a confié l'analyse de cette vision du monde au plus pâle et au plus borné de ses personnages, la traditionaliste Saint-Phlin, dans la lettre que ce dernier adresse à Sturel : plaidoyer contre la « règle universelle » de Kant, qui « ne distingue pas qu'il y a des vérités lorraines, des vérités provençales, des vérités bretonnes ». Le kantien est prêt à toutes les expériences, « parce qu'il ignore celles que ses aïeux et notre terre ont résolues pour lui... Contre toutes les singularités qu'on lui propose, qui peuvent être des vérités ailleurs et qui par là sont soutenables dans l'abstrait, il ne se ménage point de refuge dans son innéité » : témérité d'affronter le mal sans s'entourer des précautions de l'ordre naturel qui le neutralisent ! Voir Racadot et Mouchefrin : « Reniant leurs vertus de terroir et impuissants à prendre racine sur les pavés de la grande ville, ils y furent exposés et démunis[10]. »

Toute l'idéologie de Vichy — du moins la part dominante issue de la droite — est contenue dans ces pages : non seulement ses contenus (la politique du retour à la terre, la décentralisation, la « prophylaxie sociale », le corporatisme agricole, la charte du travail, la doctrine communautaire, les chantiers de jeunesse, l'école des cadres d'Uriage, l'urbanisme, etc.), mais d'abord la *visée* d'ensemble qui a inspiré le discours de Pétain et les rapports avec l'Allemagne. Un même fil court du « don » de la « personne » de Pétain à la France (l'antique *devotio* évoquée par de Maistre), à la neutralisation de la défaite par le détour d'une mystique sacrificielle, avec sa dérive antisémite : le dogme de la réversibilité des mérites et des peines. Parmi les nombreux témoignages d'écrivains que l'on pourrait appeler à cette barre, le plus probant sera le moins attendu : que l'individualiste, le « païen » Henry de Montherlant ait réagi, en la circonstance, comme un traditionaliste catholique, atteste l'existence du fond de sensibilité commun aux familles de droite, que nous avons appelé le tempérament.

Voici en quels termes celui qui devait se moquer du moralisme vichyste et de l'idéologie des « zenfandézeycols » accueillait, dans le *Solstice*, le « sacrifice » de Pétain : « Songeons au héros véritable qui ne trahit pas les siens à cause de leurs fautes, mais qui en silence répare des fautes. Haut s'il espère et sublime s'il désespérait. Cela, ç'a toujours été le rôle de Pétain. [...] En le voyant ministre de la Guerre, je me rappelais un mot de Poincaré. Poincaré lui remettant le bâton le loua d'avoir "multiplié les bonnes chances". [...] Puisse notre Maréchal aujourd'hui "multiplier les bonnes chances" dans une partie plus grave encore que celle de Verdun. »

L'aboutissement logique de ces procédures déresponsabilisatrices (mais qui ne sont pas, répétons-le, déculpabilisatrices pour autant), est de donner à la « bonne chance » la primauté sur la volonté humaine. Qu'est-ce que « multiplier les bonnes chances » (selon une formule qui rappelle étrangement le dernier discours télévisé de la campagne présidentielle de Valéry Giscard d'Estaing en 1974), sinon coller le mieux possible à la Providence ? Jacques Laurent, qui a développé ce thème dans *Le petit canard*, au temps des « hussards », définit cette attitude, dans *Les bêtises*, comme une « complicité avec le hasard ». C'est la « main invisible » d'Adam Smith — et la doctrine économique libérale comme l'extension abusive de cette dernière au droit et à la politique par Hayek procèdent de la même vision du monde.

Voyons encore le film *Lacombe Lucien* de Patrick Modiano et Louis Malle : le scénario conte l'histoire d'un jeune homme comme les autres, conduit à entrer dans la police allemande à la suite d'une succession de hasards déterminés par la crevaison d'un pneu de vélo. Le propos des auteurs n'était assurément pas de diminuer la culpabilité du jeune voyou, mais de suggérer que des hasards semblables avaient pu conduire d'autres individus, plus heureux, à devenir des « héros » de la Résistance. En d'autres termes, dans un univers où le bien et le mal existent, mais ne sont pas autonomes, il est aussi absurde de consacrer des saints que des diables. D'autre part — souvenons-nous de De Maistre —, ce bien et ce mal, qui ne sont pas gratuits, puisqu'ils sont reliés l'un à l'autre, ne sont pas, pour autant, voués à rencontrer leur récompense ou leur châtiment. L'acte n'est pas gratuit, au regard de la Création. Il l'est, pour celui qui l'accomplit : la liberté est dans le geste. De là, « l'antihéros » stendhalien, qui situe, selon nous, Henri Beyle nettement à droite. De là, dans toute une tradition littéraire de droite, ce goût de mettre en évidence, dans la situation, le commentaire ou le ton, l'ambivalence des sentiments les plus élevés, des actions les plus nobles, des convictions les plus intimes. De là enfin, tant de provocations infantiles — dont Barrès, Montherlant, Nimier ont abusé, faute de se sentir, comme Chateaubriand ou Stendhal, à l'aise sur les cimes (mais, on l'a vu dans le cas de Barrès, non toujours sans regret).

Pour préciser les idées, en voici quelques exemples : « l'intelligence, cette petite chose à la surface de nous-mêmes » (Barrès) ; « d'ailleurs l'intelligence, un adjudant-chef de mon escadron, Dieu et moi, savons bien que ça n'existe pas » (Nimier) ; « Roses écloses du matin..., les jeunes amantes ont de l'appétit, une âme amusante à fleur de peau, une pâleur qui leur donne un caractère de passion ; et leur corps est frais » (Barrès) ; « Cette région est pleine de petites filles. Il en sort de tous les arbres fruitiers. Il ne faut pas dire qu'elles sont moches. Elles sont moches, mais ce sont des Lorraines et ce mot est si gentil qu'il faut leur sourire » (Nimier) ; « Vais-je devoir passer tout mon été avec cette petite bonne ? » (Barrès, dans ses *Cahiers*, pendant la rédaction de *Colette Baudoche*) ; « Il est agréable, il est urgent de tromper l'humanité en couchant avec Marlène Dietrich. Mais cette petite servante ! » (Nimier). Loin d'être une audace, cette rhétorique est un art de protéger sa diversité intérieure, de déjouer par la surprise et le retrait l'agression aliénante de l'autre, d'apaiser son angoisse devant l'hostilité du monde et le silence de Dieu. Barrès l'a parfaitement expliqué : « Le souci de paraître indifférent ne laisse pas le loisir de souffrir » (*Un homme libre*).

Sur le plan littéraire, ces provocations ne méritent guère d'être prises au sérieux. Mais, comme il arrive toujours chez les grands écrivains, la parade renvoie à la psychologie profonde. La jonglerie que, souvent par mimétisme pur, les jeunes romanciers de droite continuent inlassablement de cultiver, procède d'un malaise, qui est celui de l'homme de droite en société. C'est le tempérament politique, bien plus qu'une esthétique littéraire (passablement pauvre), qui est ici en cause. Et puisqu'on vient de beaucoup citer *Le hussard bleu* de Roger Nimier, il n'est pas inutile de montrer que le schéma de la réversibilité du bien et du mal est en effet présent dans le roman. « On me dira », note le personnage de Saint-Anne, « que la guerre est dangereuse et que j'aurais mieux fait de me décider quand il était encore temps. Je n'en suis pas sûr. *J'ai même l'impression que les choses sont mieux ordonnées qu'on ne le croit.* Les garçons qui ont pris figure, ils meurent : c'est normal. Ils n'avaient plus qu'à vieillir, à continuer comme une démonstration. L'algèbre ne passionne pas le Seigneur. Au contraire, si on ne se prononce pas, si on attend, si on respire, on a ses chances. On intéresse Dieu. » Plus loin, le même Saint-Anne, heureux que la volonté divine ait joué en sa faveur, en le laissant survivre à un bombardement, s'indigne que Sanders en ait recueilli, lui aussi, le bénéfice : « Est-ce qu'il peut y comprendre quelque chose ? Et d'abord, il s'en fiche. Il se fiche de tout. Je le déteste parce qu'il est vivant, comme moi, et que c'est injuste. » Tout n'est pas égal, mais se sauve qui peut. Ailleurs, le personnage de Sanders joue la vie d'une femme aux dés : c'est sa manière à lui d'être complice de la Providence.

IV. CONCLUSION

Au terme de ces analyses, fort simplifiées et abrégées, trois questions. La première est celle de leur application, au-delà du cercle étroit des auteurs « de la Pléiade » que nous avons cités. A tort ou à raison, les textes de notre *corpus* ne nous paraissent se différencier des attitudes politiques communes, que par la complexité qui nous a permis d'en mieux cerner les ressorts, de mieux en faire le tour. Sous leur forme élémentaire et quotidienne, les quatre composantes du tempérament politique s'expriment en des formules que l'on peut entendre au coin de la rue : « l'enfer est pavé de bonnes intentions », « à quelque chose malheur est bon », « d'un mal peut sortir un bien », « on ne force pas le destin », « nous ne pouvons porter sur nos épaules tout le malheur du monde », « la Corrèze avant le Zambèze », « qui veut faire l'ange fait la bête », « le changement sans le risque » (ou « dans la continuité »), etc. Peut-être, à la lumière des explications qui précèdent, sera-t-on mieux en mesure de déchiffrer les présupposés, les intentions et les implications de cette sagesse (ou de cette déraison) commune, de les apprécier en fonction de leur contexte, et surtout de les situer dans leur ordre — la confusion des ordres étant la condition nécessaire, sinon suffisante, des dérives vers les extrêmes.

La deuxième question porte sur le point de savoir si, sans l'avoir voulu, nous n'avons pas été manichéen : le complexe d'infériorité de la droite, venu des conditions de sa naissance, incline spontanément à juger sa vision du monde plus étroite que celle de la gauche. La répugnance à l'égard du conflit, qui, selon nous, caractérise le tempérament de droite, peut sembler moins positive que l'assomption des contradictions de l'histoire, propre à la gauche. S'agissant de comportements politiques dont nous avons assez dit qu'aucun ne détient la vérité, et qu'ils constituent l'un et l'autre des acteurs à part entière de l'histoire, un tel jugement de valeur ne nous paraît pas justifié. Le philosophe italien Vittorio Mathieu a souligné dans un livre déjà cité la complémentarité nécessaire du révolutionnaire et du conservateur. Ainsi en va-t-il de celui qui, à droite, perçoit le tragique de l'histoire, est sensible à sa précarité, à ses rythmes, à ses contrariétés, qui lutte, sans trop y croire, pour préserver un ordre et des mœurs, qui situe la destination humaine d'abord dans la conscience, et celui qui croit possible de dominer la nature, qui rêve de changer, par paliers successifs ou d'un seul coup, la société, la vie et l'homme, et qui — du moins en politique — ne connaît pas le doute. L'un et l'autre, eût dit Balzac, sont « des phénomènes de volonté ». Aucun n'a le monopole ni du cœur, ni de la vérité, ni de l'avenir (les solutions économiques et sociales préconisées par la gauche reposent souvent sur des formules archaïques). Mais leur affrontement, leur dialectique sont le privilège de la démocratie, et le prix, somme toute, le moins élevé que les sociétés humaines aient trouvé, pour permettre aux citoyens d'assumer leur histoire dans la liberté.

La dernière question est celle de l'actualité de notre portrait. Nul doute que, depuis la Première Guerre mondiale, le progrès continu des techniques et l'internationalisation des mœurs aient contraint la droite à se convertir intellectuellement à la principale conséquence de l'égalité, qui est le passage des droits formels aux droits réels, avec la rupture des communautés organiques qui en résulte. Nul doute que la gauche ait été, pour la même raison, obligée de renoncer aux dogmes (le marxisme, le matérialisme dialectique) et aux mythes (la révolution, le Progrès, la lutte des classes, l'utopie égalitariste, la paix universelle) qui inspiraient son action. Faut-il en conclure à la justesse des prédictions de Raymond Aron, lorsque celui-ci dénonçait, en 1955, dans *L'opium des intellectuels*, l'anachronisme des fidélités de droite et de gauche, face aux impératifs de la modernisation?

On observera que, des deux adversaires, c'est la gauche qui a le plus perdu. C'est une banalité de dire que les périodes de crise sont favorables à un mouvement général de retrait par rapport à la perspective de conflits. La montée des inquiétudes devant le risque de nouveaux désastres économiques, devant les menaces de guerres locales qui se rapprochent et devant le phénomène de l'immigration est favorable à un comportement de l'opinion, y compris de celle qui vote à gauche, inspiré de la *Weltanschauung* que nous avons située à droite. A ces facteurs conjoncturels s'ajoutent des phénomènes structurels : l'émergence des « sociétés civiles », la « juridicisation » des rapports sociaux, l'explosion des moyens de communication, l'éclatement du modèle national et la dépolarisation des tensions planétaires, ont introduit les sociétés occidentales dans un ordre de la complexité, de l'ambivalence, qui n'a plus guère de rapports avec le raisonnement dialectique propre à la gauche — mais qui s'inscrit naturellement dans les modes de pensée de la droite.

Cela dit, nous avons trop insisté sur le caractère historique du tempérament de droite, situé à la confluence d'une nature et d'une culture, pour exclure que la configuration que nous avons décrite ne vienne à disparaître à son tour. D'autres systèmes d'organisation de l'espace politique sont concevables, d'autres critères déterminants (telle l'opposition entre le pluralisme et l'aspiration à l'unité), d'autres relations — notamment le rapport de plus en plus envahissant entre moi et moi. Ce serait alors toute une anthropologie politique, et corrélativement toute une histoire, qui serait à repenser.

ALAIN-GÉRARD SLAMA

Bibliographie

Ouvrages généraux

Dans la mesure où le domaine exploré ici reste à défricher, le livre de référence demeure :

[1] ALAIN-GÉRARD SLAMA, *Les chasseurs d'absolu. Genèse de la gauche et de la droite,* Paris, Grasset, 1980.

A compléter par :

[2] ALBERT O. HIRSCHMAN, *Deux siècles de rhétorique réactionnaire,* Paris, Fayard, 1991.

[3] VITTORIO MATHIEU, *Phénoménologie de l'esprit révolutionnaire,* Paris, Calmann-Lévy, 1974.

Et par trois manuels d'histoire des idées politiques :

[4] JEAN TOUCHARD (s.d.), *Histoire des idées politiques,* Paris, PUF, 1959 (classique et très dense).

[5] PASCAL ORY (s.d.), *Nouvelle histoire des idées politiques,* Paris, Hachette, 1987 (« moderne » et plus diversifiée).

[6] FRANÇOIS CHÂTELET, OLIVIER DUHAMEL, ÉVELYNE PISIER-KOUCHNER, *Histoire des idées politiques,* Paris, PUF, 1982 (orientée vers l'histoire des doctrines).

Pour l'histoire politique de la droite et des partis en France, deux classiques :

[7] RENÉ RÉMOND, *La droite en France,* Paris, Aubier, 1954.

[8] FRANÇOIS GOGUEL, *La politique des partis sous la IIIᵉ République,* Paris, Le Seuil, 1946; et un essai brillant, refusant l'opposition droite-gauche :

[9] GUY ROSSI-LANDI, *Le chassé-croisé,* Paris, Lattès, 1978.

Sur la sociologie de la littérature, les ouvrages de base sont :

[10] LUCIEN GOLDMANN, *Le Dieu caché,* Paris, Gallimard, 1959.

[11] LUCIEN GOLDMANN, *Pour une sociologie du roman,* Paris, Gallimard, 1964.

[12] ARNOLD HAUSER, *Histoire sociale de l'art et de la littérature,* 4 vol., Paris, Le Sycomore, 1982.

[13] GEORG LUKÁCS, *Balzac et le réalisme français,* Paris, Maspero, 1967.

[14] JEAN-PAUL SARTRE, *Qu'est-ce que la littérature?* Paris, Gallimard, 1947.

[15] LOUIS ALTHUSSER, *Montesquieu, la politique et l'histoire,* Paris, PUF, 1974.

[16] ROLAND BARTHES, *Le degré zéro de l'écriture,* Paris, Le Seuil, 1953.

Critique de la sociologie de la littérature, dans :

[17] MARCEL PROUST, *Contre Sainte-Beuve,* Paris, Gallimard, 1954.

[18] MARCEL AYMÉ, *Le confort intellectuel,* Paris, Flammarion, 1949.

[19] JACQUES LAURENT, *Paul et Jean-Paul,* Paris, Grasset, 1951.

[20] JACQUES LAURENT, *Roman du roman,* Paris, Gallimard, 1977.

[21] MILAN KUNDERA, *L'art du roman,* Paris, Gallimard, 1986.

Pour une approche structurelle de l'histoire des mentalités, des mythes et des sensibilités :

[22] PAUL HAZARD, *La crise de la conscience européenne*, Paris, Fayard, 1935.

[23] PAUL HAZARD, *La pensée européenne au XVIIIᵉ siècle, de Montesquieu à Lessing*, Paris, Fayard, 1946, rééd. 1963.

[24] LUCIEN FEBVRE, *La crise de l'incroyance au XVIᵉ siècle. La religion de Rabelais*, Paris, Albin Michel 1942.

[25] GEORGES DUMÉZIL, *Mythe et épopée*, Paris, Gallimard, 1968.

[26] GEORGES DUBY, *Les trois ordres, ou l'imaginaire du féodalisme*, Paris, Gallimard, 1978.

[27] JOËL H. GRISWARD, *Archéologie de l'épopée médiévale*, Paris, Payot, 1981.

Sur psychanalyse, histoire et littérature, voir essentiellement :

[28] SIGMUND FREUD, *Totem et tabou*, Paris, Payot, 1965.

[29] BELA GRUNBERGER, *Le narcissisme*, Paris, Payot, 1975.

[30] GEORGES DEVEREUX, *Éléments d'ethnopsychiatrie générale*, Paris, Gallimard, 1970 (fondamental).

[31] ALAIN BESANÇON, *Histoire et expérience du moi*, Paris, Calmann-Lévy, 1971.

[32] RENÉ GIRARD, *Mensonge romantique et vérité romanesque*, Paris, Grasset, 1961.

[33] RENÉ GIRARD, *Des choses cachées depuis la fondation du monde*, Paris, Grasset, 1978.

[34] GASTON BACHELARD, *La terre et les rêveries de la volonté*, Paris, José Corti, 1947.

Sur la littérature populaire :

[35] ANNE-MARIE THIESSE, *Le roman du quotidien. Lecteurs et lectures populaires à la Belle Époque*, Paris, Le Chemin vert, 1984.

[36] RENÉ KAËS, *La culture populaire en France*, Paris, Éd. ouvrières, 1962.

[37] RENÉ KAËS, *Image de la culture chez les ouvriers français*, Paris, Cujas, 1968.

Sur les intellectuels, deux pamphlets et trois bilans :

[38] JULIEN BENDA, *La trahison des clercs*, Paris, Grasset, 1927.

[39] RAYMOND ARON, *L'opium des intellectuels*, Paris, Calmann-Lévy, 1955.

[40] PIERRE-HENRI SIMON, *Témoins de l'homme*, Paris, Le Seuil, 1951.

[41] MICHELINE TISON-BRAUN, *La crise de l'humanisme*, I, *1890-1914*, II, *1918-1939*, Paris, Nizet, 1958.

[42] BERNARD-HENRI LÉVY, *Les aventures de la liberté*, Paris, Grasset, 1991.

Textes cités

[43] HONORÉ DE BALZAC, *Œuvres*, Éd. du centenaire, Paris, Club français du livre, 1950.

[44] MAURICE BARRÈS, *Le culte du moi*, Paris, Union générale d'édition, 10/18, 1986.

[45] MAURICE BARRÈS, *Le roman de l'énergie nationale*, Paris, Le Livre de poche, 1967.

[46] MAURICE BARRÈS, *Colette Baudoche*, Paris, Plon, 1951.

[47] MAURICE BARRÈS, *La colline inspirée*, Paris, Plon, 1950.

[48] MAURICE BARRÈS, *Mes Cahiers*, Paris, Plon, 1929-1938, 1949-1957.

[49] MAURICE BARRÈS, *La République ou le roi*, correspondance inédite avec Charles Maurras, 1883-1923, Paris, Plon, 1970.

[50] ALBERT CAMUS, *Essais*, Paris, Gallimard, La Pléiade, 1965.

[51] FRANÇOIS RENÉ DE CHATEAUBRIAND, *Œuvres*, Paris, Gallimard, La Pléiade, 1947-1960.

[52] JEAN-PAUL CLÉMENT, *Chateaubriand politique*, Paris, Hachette, Pluriel, 1987.

[53] JACQUES LAURENT, *Le petit canard*, Paris, La Table Ronde, 1954.

[54] JOSEPH DE MAISTRE, *Considérations sur la France*, Paris, Vrin, 1936.

[55] JOSEPH DE MAISTRE, *Du pape*, Paris-Genève, Droz, 1966.

[56] JOSEPH DE MAISTRE, *Les Soirées de Saint-Pétersbourg*, Paris, Garnier, s.d., 2 vol.

[57] HENRY DE MONTHERLANT, *Essais*, Paris, Gallimard, La Pléiade, 1963.

[58] PAUL MORAND, *Chronique de l'homme maigre*, Paris, Au cheval ailé, 1942.

[59] ROGER NIMIER, *Le hussard bleu* Paris, Gallimard, 1950.

[60] RENÉ POMEAU, *Politique de Voltaire*, Paris, A. Colin, 1963.

[61] ROBERT TRIOMPHE, *Joseph de Maistre*, Genève, Droz, 1968.

CONCLUSION GÉNÉRALE

Les droites et l'Histoire

On sait le double pouvoir des mots : de dénomination et de connotation. D'emblée, un constat s'impose à l'observateur de notre vie politique : les termes droite et gauche n'ont pas la même charge affective. En 1928 déjà, l'historien Charles Seignobos remarquait qu'en « 1914, lorsque les groupes ont été rangés dans la salle des séances suivant leur place dans la série des nuances politiques, c'est dans la moitié droite de la salle qu'ont siégé tous les groupes qui conservaient dans leur titre le terme de gauche (Gauche radicale, Fédération des gauches, Républicains de gauche[1]) ». Le « sinistrisme » de la vie politique française, que nous avons déjà évoqué dans l'introduction générale de cette *Histoire des droites* et qui s'était opéré au fil des décennies précédentes, ne suffit pas à expliquer un tel phénomène. Il y a bien eu, à une date qui demanderait à être précisée, une sorte d'ostracisme sémantique frappant la droite : tandis que le mot gauche a toujours eu tendance à sortir de son lit, par des captations de sources ramifiées, le mot droite s'est rapidement retrouvé à son étiage. Déjà, dans la Chambre élue en 1910, l'appellation ne concernait plus qu'un « Groupe des droites » étique, constitué de quelques députés monarchistes, une quinzaine en 1914[2]. Après la guerre, le groupe le plus à droite dans la Chambre de 1919 sera celui des « indépendants » (27 élus) et seul un petit groupe de 12 membres aura au Sénat le nom de « Groupe de la droite ».

1. Charles Seignobos, « La signification historique des élections françaises de 1928 », *L'année politique française et étrangère*, juillet 1928, in *Études de politique et d'histoire*, Paris, PUF, 1934, p. 309 sq., citation p. 312.
2. Cf. les groupes parlementaires de la troisième République inventoriés par François Goguel et Georges Dupeux dans *Sociologie électorale*, A. Colin-Fondation nationale des sciences politiques, 1951, p. 75 sq.

Si le label droitier s'est ainsi peu porté dès le début du XXe siècle, là n'est pas la seule difficulté initiale pour l'historien des droites. A des mots, droite et gauche, inégalement connotés vient s'ajouter le problème d'une mémoire différentielle. Ce dernier point, à bien y regarder, est aussi important que celui des appellations contrôlées. Notre mémoire nationale a un centre de gravité placé à gauche, et ce déséquilibre mnésique n'est pas non plus sans effet sur l'épaisseur et la composition des alluvions déposées par les mots et la mémoire, sur lesquelles l'historien doit travailler.

Si de telles données constituent autant d'obstacles à une étude raisonnée de notre vie politique, elles en constituent en même temps l'une des justifications principales. L'une des raisons d'être de cette *Histoire des droites,* en effet, était de tenter d'éclairer davantage un domaine où les mots se dérobent souvent et où les effets de mémoire peuvent être des miroirs déformants tendus à notre communauté nationale et à la représentation qu'elle se donne d'elle-même et de son passé. Cette entreprise, on l'aura compris à la lecture de ses trois volumes, s'est voulue, dans cette perspective, une contribution de la science historique à l'intelligence du politique. Sur ce chantier, bien des hypothèses ont été formulées, qui seront débattues, des pistes ont été ouvertes, qui seront poursuivies ou infléchies, des acquis ont été dégagés, qui contribueront à une meilleure connaissance de ce passé national.

Il serait assurément illogique de vouloir ici, en quelques pages, nouer en gerbe ces hypothèses, ces pistes et ces acquis, fruit du travail d'une cinquantaine de chercheurs aux sensibilités et aux intérêts différents. C'est dans le corps même de ces trois volumes que l'on trouvera les attendus de la démarche choisie et les pièces du dossier historique ainsi monté. Monté, mais non instruit. A aucun moment, en effet, il ne s'est agi, faut-il le rappeler, de faire ici une histoire à charge ou à décharge.

I. L'EMPREINTE DE L'HISTOIRE : DEUX FINS DE SIÈCLE FONDATRICES

Mais ce dossier étant aussi à suivre, un arrêt sur l'image s'impose, au terme de ces deux siècles d'histoire.

Géodésie

La naissance du couple droite-gauche a eu lieu dans un contexte historique précis, celui de l'été 1789, et sur un enjeu apparemment clair : les formes de dévolution du pouvoir dans une monarchie constitutionnelle. Le mot enjeu, nous l'avons déjà souligné, est bien celui qui convient ici : les sensibilités politiques cristallisent en se déterminant par rapport à ce qui est en jeu à une date donnée, et peu à peu se constituent des traditions politiques, modelées par ces enjeux successifs et nanties progressivement d'une personnalité propre. D'où, au tome 1, la nécessité de pratiquer une sorte de géologie politique sur deux siècles d'histoire, afin de localiser ces moments successifs de cristallisation politique, et de géodésie, pour déterminer la place de la ligne de front entre la droite et la gauche à une date donnée. Car ces droites, au bout du compte, devaient être localisées dans le tissu historique en s'en tenant aux critères du temps et par rapport aux enjeux qui sous-tendent les débats civiques de l'époque.

Dans ce travail de cadastre rétrospectif, seule la discipline historique pouvait redonner à l'étude des droites une double dimension éclairante : verticale, avec le déroulement de deux siècles d'histoire, mais aussi horizontale, avec l'observation à une date donnée de la configuration précise de l'espace politique. Mais un tel travail avait ses limites, vite apparues au fil de l'étude.

Car le *limes* entre droite et gauche se révèle parfois mobile, élastique ou poreux. Sa mobilité, notamment, a été souvent soulignée. C'est même, on l'a vu, une tradition bien établie que de constater le « sinistrisme » de la vie politique française. Une sorte de lent glissement « de glacier[1] » a entraîné l'apparition progressive de nouveaux courants entrés côté cour — la gauche de la scène politique — tandis que, côté jardin, d'autres courants entraient en coulisses, ayant perdu toute substance ou, en tout cas, tout poids réel sur la marche des affaires nationales. Le destin de la droite légitimiste, passée rapidement, à la charnière des deux derniers siècles, du statut de force politique importante à celui de courant marginal dans une République triomphante, puis devenue, en notre fin de siècle, un isolat nourri d'intégrisme religieux, mais sans grande réalité statistique, en est un exemple éloquent.

Mais tous n'ont pas ainsi disparu de la scène. Ils ont alors connu simplement un changement de leurs marques sur cette scène,

1. Albert Thibaudet, *Les idées politiques en France*, Paris, Stock, 1932, p. 19.

emportés vers la droite par l'apparition de nouveaux acteurs sur leur gauche. L'exemple du Parti radical passé en moins d'un siècle de l'extrême gauche au centre droit — tout au moins pour son versant « valoisien » — est éclairant. Mais la notion de front mobile est peut-être, en l'occurrence, inadéquate car il est difficile d'établir en pareil cas si c'est la frontière qui se déplace ou si ce sont les acteurs qui la franchissent, déportés par une pression sur leur gauche. Toujours est-il qu'à la mobilité du front s'ajoute une certaine porosité : le terme convient mieux que celui de perméabilité, les phénomènes de déplacement étant généralement lents et à forte rétention. Et, mobilité ou porosité, déplacement de la frontière ou des acteurs politiques, il y a bien mouvement, que celui-ci soit relatif ou absolu.

Mobile, peu étanche, la frontière, de surcroît, se laisse parfois franchir par des frontaliers qui peuvent, en fonction des enjeux, se retrouver de part ou d'autre de la ligne, sans pour autant que l'évolution historique explique dans ce cas de tels mouvements pendulaires. L'exemple du Parti radical est, là encore, éclairant. Sous la quatrième République, il a pu se retrouver, à quelques années à peine de distance, au centre droit — ainsi à la fin des années 1940 — ou au centre gauche — au moment où Pierre Mendès France contrôle momentanément l'appareil de ce parti, au milieu de la décennie suivante. L'image du « champ de failles », forgée par René Rémond[1] est, à cet égard, très parlante : plus qu'une cassure nette, c'est un *no man's land* faillé qui sépare la droite et la gauche, avec, donc, du « jeu » dans cette portion centrale.

Cette souplesse — selon des modalités et pour des raisons qui peuvent varier — de la frontière a plusieurs conséquences. L'une est une interrogation qui court tout au long du livre : le système binaire reflète-t-il réellement notre vie politique ? Ou faut-il considérer que le centre est lui aussi une donnée permanente de cette vie politique, venant, de ce fait, brouiller la traditionnelle partition bipolaire[2] ? Le problème est d'autant plus complexe que ce brouil-

1. René Rémond, *Les droites en France,* Paris, Aubier-Montaigne, 1982, p. 34.
2. On pourrait multiplier les exemples de débats à ce propos. Parmi ceux qui opposèrent des noms illustres de la science politique, signalons l'échange sur le sujet, à seize ans de distance, entre André Siegfried et François Goguel. Le premier, en 1930 dans son *Tableau des partis en France,* étudiant au chapitre V « L'éventail des partis et des groupes », consacrait un paragraphe de sept pages (172 à 179) au centre. Tout en insistant sur la situation instable du centre, « zone de partage des eaux », il identifiait tout de même 163 députés du centre dans la Chambre de 1928. En 1946, dans son *Introduction à la politique des partis sous la IIIe République,* François Goguel, renvoyant à ce passage du livre d'André Siegfried, écrivait : « Je ne puis suivre André Siegfried lorsqu'il distingue en France trois tendances politiques essentielles, la droite, le centre et la gauche. Il a certainement raison s'il s'agit

lage se fait, par définition, vers le milieu de l'espace politique, mais qu'en même temps ce centre se définit par rapport aux deux périphéries. Il vient donc perturber une frontière et compliquer une définition de la droite et de la gauche sans pour autant abolir ces notions. Si l'on ajoute que l'intérêt porté au centre par les historiens et les politologues vient aussi de ce que celui-ci est un observatoire particulier pour les institutions de la cinquième République et pour la bipolarisation qui, rapidement, en découla, on conviendra que cette question n'est pas simple. D'autant que, de surcroît, elle contraint à remonter à la source : alors que pour René Rémond, l'orléanisme est une gauche passée à droite — ou une droite née à gauche[1] —, Stéphane Rials, par exemple, y voit le cas typique d'un centrisme[2]. Et, en aval, plus proche de nous, la question est restée entière : y a-t-il un centre sous la cinquième République? Et si tel est le cas, le point de gravité du « giscardisme », par exemple, se situe-t-il au centre[3]?

Nouveaux décors, répertoires inédits

Au début du siècle, André Siegfried, rédigeant son *Tableau politique de la France de l'Ouest*, observait : « On se rend mal compte à Paris de la passion, de l'intensité, de la violence que les combattants apportent dans cette guerre politique, qui mériterait bien, à sa façon, le nom de *guerre de Cent ans* : car si le sang a depuis bien longtemps cessé de couler, il n'est pas excessif de dire que, sur plus d'un point, la guerre civile continue dans les esprits[4]. »

A cette date, pourtant, les enjeux étaient en train de se transformer : un siècle de bruit et de fureur induits par la Révolution française ne va plus constituer alors, peu à peu, qu'un sillage, une

d'idées. Mais, pratiquement, la droite et le centre ont presque toujours fait bloc aux élections » (*op. cit.*, p. 28-29). Maurice Duverger a, de son côté, à plusieurs reprises, développé des analyses sur les mécanismes qui, malgré la bipolarisation, conduiraient à un point de gravité historiquement au centre.

1. C'est donc à juste titre que Maurice Agulhon a pu écrire que la droite légitimiste était « la seule droite chimiquement pure » (*La République de Jules Ferry à François Mitterrand (1880 à nos jours)*, Paris, Hachette, 1990, p. 70).

2. Plus précisément un « centrisme pour son époque ». Quant au bonapartisme il est, lui, « en son époque », pour Stéphane Rials, un « centrisme autoritaire » (« La droite ou l'horreur de la volonté », *Le Débat*, n° 33, janvier 1985, p. 34-48).

3. Cf. Danièle Zéraffa, « A la recherche du centre dans la vie politique française (1962-1986) », *Vingtième siècle. Revue d'histoire*, n° 9. janvier-mars 1986, p. 81-96.

4. André Siegfried, *Tableau politique de la France de l'Ouest sous la troisième République*, Paris, A. Colin, 1913, p. 510.

traîne plus ou moins large selon les régions — les 14 départements de l'« Ouest intérieur » et de ses abords étudiés par André Siegfried étant plutôt placés vers le haut sur une échelle d'intensité. A partir de la fin du XIXe siècle, en effet, progressivement les luttes se mèneront et les débats s'articuleront sur d'autres registres et autour d'autres thèmes que ceux dérivés de 1789. Ce renouvellement des enjeux historiques et donc des points de clivage rend bien compte, on le verra, du poids de l'histoire dans l'identité des droites françaises. Il pose aussi la question du rôle, en aval, du XXe siècle dans cette identité.

L'amont, assurément, se situe en 1789. Huit décennies après cette date, Ernest Renan observera : « La Révolution française est un événement si extraordinaire que c'est par elle qu'il faut ouvrir toute série de considérations sur les affaires de notre temps[1]. » On se gardera pourtant de faire de cette date une sorte de *big bang* originel, ou, version moins laïque, de Création du politique. D'une part, les fondements politiques de l'Ancien Régime se trouvaient déjà ébranlés à cette date. D'autre part, si des cultures politiques neuves germent au fil du XVIIIe siècle puis fleurissent au moment de la Révolution française, elles vont devoir composer avec un substrat plus ancien, plus enfoui et plus composite, que l'historien saisit, de ce fait, plus difficilement. Deux exemples, parmi d'autres, le démontrent aisément. Bien avant les doctrines socialistes du XIXe siècle, on peut localiser des ferments du slogan « le peuple contre les gros » dans le « discours anti-noble » qui se structure au moment de la Révolution, plus précisément à partir de 1787[2]. Mais ce discours lui-même plonge sans nul doute dans plusieurs siècles d'histoire, même si pendant longtemps il ne fut pas relayé par une forme d'expression politique élaborée. 1789 ne constitue donc pas, pour l'histoire des sensibilités nourrissant le clivage droite-gauche, une sorte de dalle épaisse en dessous de laquelle il serait impossible de forer. Ainsi, second exemple, le comportement des foules révolutionnaires ne peut se ramener aux seuls débats d'idées de la période révolutionnaire. Dans *La grande peur de 1789*[3], Georges Lefebvre avait bien montré que les mouvements très largement spontanés de

1. Ernest Renan, « Monarchie constitutionnelle en France », *Revue des Deux Mondes*, 1er novembre 1869 (phrase citée en épigraphe de François Furet, *La Révolution de Turgot à Jules Ferry, 1770-1880*, Paris, Hachette, 1988).

2. Cf. Antoine de Baecque, « Le discours anti-noble (1787-1792). Aux origines d'un slogan : le peuple contre les gros », *Revue d'histoire moderne et contemporaine*, t. 36, janvier-mars 1989, p. 28.

3. Georges Lefebvre, *La Grande Peur de 1789* suivi de *Les foules révolutionnaires*, Paris, A. Colin, 1932-1934, rééd. 1988, avec une présentation de Jacques Revel.

l'été 1789 puisaient dans un terreau prérévolutionnaire où s'amalgamaient peurs ancestrales, haines recuites et préjugés venus de siècles d'histoire.

Cela étant, si ce qui précède conduit à nuancer l'idée d'une table rase en 1789, le tourbillon des années révolutionnaires n'en est pas moins essentiel pour notre sujet[1]. On pourra discuter le terme d'événement *fondateur*. En revanche, celui d'événement *structurant*[2] est difficilement contestable. D'une part, comme l'a souligné François Furet, la Révolution française présente déjà « la succession des types d'autorité publique qui meubleront le répertoire des luttes politiques françaises : la dynastie des Bourbons, la monarchie constitutionnelle, la dictature jacobine, la République parlementaire, le bonapartisme ». Pour cette raison, la révolution ne confère pas seulement au couple droite-gauche une réalité historique, elle fournit aussi à la vie politique française des « répertoires », qui se nourrissent désormais de mémoires antagonistes et binaires : « 1789 et 1793, les Droits de l'homme et le jacobinisme, la liberté et l'égalité, le gouvernement représentatif et le bonapartisme[3] », par exemple, au sein du camp républicain, mais aussi, plus largement, les thématiques révolutionnaire et contre-révolutionnaire.

Répertoires fournis par l'événement fondateur ou structurant, mais aussi décor désormais planté. Car à partir du printemps 1789 et de ce qu'il advint des États Généraux, un cadre parlementaire existe qui donne une réalité topographique au binôme droite-gauche. Certes, au cours du siècle qui suit et jusqu'au début de la troisième République, ce décor parlementaire reste historiquement

---

1. On pourra, dès lors, s'étonner que ce soit plutôt 1815 qui soit mentionné, le plus souvent, dans les histoires des droites. Ce n'est qu'en apparence paradoxal. Comme l'expliquait Michel Denis au tome 1, c'est bien entendu la date de 1789 qui est essentielle mais la période du Consulat et de l'Empire semble ensuite une parenthèse où les clivages naissants sont comme figés en l'état. Et 1815 apparaît, à cet égard, comme une sorte de dégel où ces clivages réapparaissent et, dans le contexte de la Restauration, sont immédiatement réactivés.

Dès 1932, nous l'avons vu au tome 1, Albert Thibaudet insistait dans *Les idées politiques de la France* sur la date de 1815 : s'y mettent alors en place « quelques données fondamentales », telle « l'opposition d'une ancienne France et d'une nouvelle », et vont apparaître désormais « les familles d'idées politiques » *(op. cit.,* p. 7), et, en 1954, René Rémond aussi bien dans le titre de son livre que dans les attendus d'un tel choix évoquait la même date, moment « où droite et gauche deviennent des réalités sociales et des données de psychologie collective » *(La droite en France de 1815 à nos jours. Continuité et diversité d'une tradition politique,* Paris, Aubier, 1954, p. 8).

2. Terme utilisé notamment par Bertrand Badie et Guy Hermet, *Politique comparée,* Paris, PUF, 1990, p. 19 et 43.

3. François Furet, *op. cit.,* p. 18.

instable et, à certaines périodes, il n'est plus qu'une image rétinienne. Mais celle-ci, souvent, demeurera présente dans le regard des parties en présence, qu'elle gêne la vue — et dans ce cas, il s'agira de tenter d'abolir définitivement cette image — ou qu'elle soit une vision qui hante le souvenir et à laquelle on souhaite redonner vie. Ces regards contrastés ne sont, du reste, que le reflet du souvenir laissé par 1789, heureux pour les uns, néfaste voire cataclysmique pour les autres.

D'autant que la Révolution, outre qu'elle plante le décor et fournit les répertoires, est bien, d'autre part, et plus largement, l'occasion de l'installation — assurément progressive — de la politique moderne[1]. Celle-ci, comme on l'a souligné à juste titre[2], est le régime du « for interne », l'élection supposant le choix et le débat autorisant le libre et plein examen. Dès lors, les répertoires deviennent à la fois les repères par rapport auxquels s'exerce le choix et les cadres au sein desquels se détermine après examen le jugement. A l'opposé du « for interne », les autorités de l'Ancien Régime, et notamment le roi et l'Église, étaient des « autorités imposées du dehors[3] ». Si le XIXe siècle français est donc rythmé politiquement par le débat autour des différentes formes possibles de dévolution et d'exercice du pouvoir, c'est, à travers elles, la question de l'identité et du poids de ceux qu'André Siegfried nommait les « autorités sociales » qui est posée désormais. Il y a doublement enjeu, découlant dans les deux cas de 1789 et des années suivantes. Car ce sont bien, dès lors, deux conceptions de l'organisation politique et sociale qui s'affrontent, et tout le XIXe siècle sera pour les partis en présence une sorte de cour d'appel pour tenter de casser ou, au contraire, de confirmer le mouvement historique amorcé en 1789.

La Révolution entre au port

Peut-on pour autant considérer que l'histoire du second siècle qui nous sépare de 1789 — entendons la période écoulée depuis les années 1880 — a été rythmée par les mêmes enjeux et les mêmes débats? Ce serait oublier ce moment tournant que constituent les

1. Keith Michael Baker, Colin Lucas, François Furet et Mona Ozouf, *The French Revolution and the Creation of Modern Political Culture*, Oxford, Pergamon Press, 3 vol., 1987-1989.

2. Philippe Dujardin, dans une contribution inédite signalée par Maurice Agulhon, *Marianne au pouvoir. L'imagerie et la symbolique républicaines de 1880 à 1914*, Paris, Flammarion, 1989, p. 353.

3. Maurice Agulhon, *ibid.*

premières années de la troisième République, récemment éclairées par deux œuvres maîtresses. Ainsi, François Furet concluait — et justifiait — son étude d'une Révolution française dilatée à l'échelle de onze décennies par le constat — étayé — des « retrouvailles du pays républicain et de sa tradition presque apprivoisée » : au terme de près d'un siècle d'histoire nationale, « la Révolution française entre au port[1] ».

Et avec elle, la République victorieuse. Pour celle-ci, l'année 1879, avec le remplacement à l'Élysée de Mac-Mahon par Jules Grévy, est essentielle : comme l'a écrit Maurice Agulhon, à partir de cette date « le temps du combat a bien fait place à celui de la puissance établie[2] ». Et il ne s'agit pas seulement de passage au rang de régime officiel et de mise en place d'une symbolique de la victoire — *La Marseillaise* promue hymne national et, l'année suivante, le 14 juillet proclamé fête nationale —, c'est dans les esprits aussi que la République a gagné. Cet affermissement se retrouve notamment à travers l'irrésistible progression, réelle et symbolique tout à la fois, de Marianne : les travaux de Maurice Agulhon ont bien montré la banalisation, entre 1879 et 1914, du buste de mairie et analysé comment « un fait social partisan et victorieux se transforme en fait coutumier, par ce qu'on pourrait appeler un effet de majorité consolidé par le temps[3] ». Dans ce domaine, on le voit, c'est le politique qui anticipait sur les mentalités et qui les structurait. Et, de là, s'est rapidement constituée « une sorte d'écosystème social » dont les premières décennies du XXᵉ siècle ont été « l'âge d'or[4] ».

Certes, auparavant, le jeune régime républicain aura connu encore deux crises d'adolescence, au moment du boulangisme puis lors de l'Affaire Dreyfus, à la fin des années 1880 donc puis au tournant du siècle, mais l'essentiel en fait était probablement joué, en termes de rapport de forces, depuis l'échec de Mac-Mahon. Et même si l'on peut discuter sur la chronologie précise de cette victoire définitive, un fait demeure : 1879, 1889 ou 1898, la fin du XIXᵉ siècle ainsi entendue marque bien un moment tournant.

Au reste, c'est quelques mois à peine après la retombée de la flambée boulangiste que les propos, en novembre 1890 à Alger, du cardinal Lavigerie sonnaient les trois coups du « Ralliement » des

1. François Furet, *op. cit.*, p. 517.
2. Maurice Agulhon, *Marianne au pouvoir*, réf. cit., p. 7.
3. *Ibid.*, p. 339.
4. Serge Berstein et Odile Rudelle, en « avant-propos » de l'ouvrage (s.d.), *Le modèle républicain*, Paris, PUF, 1992, p. 7 et 9.

catholiques français. Et l'un des attendus de l'analyse du cardinal d'Alger est significatif : « La volonté d'un peuple s'est nettement affirmée. » En d'autres termes, refuser les institutions de la République apparaîtrait désormais comme un combat d'arrière-garde, à contre-courant de la sensibilité majoritaire du peuple français.

Et s'il fallait trouver un autre symptôme, moins conjoncturel, de cette victoire de la République, on en trouverait la trace, avec une ou deux décennies de décalage, dans l'histoire savante que le pays se donne alors à lui-même. Si, au fil du XIXe siècle, le rejet de la République est un point d'ancrage de toute une veine historiographique — au demeurant ramifiée —, au début du siècle suivant le débat entre historiens change de nature : à travers l'opposition Mathiez-Aulard, c'est désormais entre partisans de la Révolution française qu'ont lieu les affrontements et c'est en leur sein que passe dorénavant la ligne de faille historiographique. Les attaques contre la Révolution viendront surtout, dès lors, de l'Action française. Confirmation, s'il en était besoin, que le débat Révolution — contre-révolution a cessé à cette époque d'être central : il reste fort d'amplitude, mais devient périphérique de localisation.

Car si le mouvement de Charles Maurras connaît en ce début de XXe siècle une indéniable montée en puissance, il n'en arrive pas moins après la bataille. Certes, il ne se contenta pas d'être un relais de l'ultracisme, radeau de sauvetage permettant à celui-ci d'aborder aux rivages de l'entre-deux-guerres malgré la dislocation, avant 1914, de la mouvance et de la clientèle légitimistes ; il souffla, de surcroît, sur les braises du monarchisme et lui redonna des couleurs vives, grâce à son propre rayonnement. Mais, pour ce qui est du débat sur la Révolution française, ces couleurs ravivées, au moment où l'Ancien Régime apparaît comme un continent historiquement englouti, se bornent à fournir des fondements raisonnés à la nostalgie. S'il y a bien eu, au seuil de notre siècle, une greffe réussie, sur un royalisme hérité, de l'apport maurrassien pétri de rationalisme, le surgeon qui en est issu ne put être le levain d'une tradition politique déjà trop affaiblie. Pour être un facteur de réarmement idéologique, encore aurait-il fallu que la monarchie ait encore des troupes à réarmer. Si le discours de l'Action française devint dès lors beaucoup plus d'imprécation que d'action, c'est que le mouvement de Charles Maurras arrivait trop tard, dans un monde où les principaux enjeux avaient changé.

Car là est bien l'essentiel : dans la France « fin-de-siècle », la question du régime n'est plus le point central des luttes politiques. Le siècle naissant restait certes le fils de la Révolution française, mais aussi et surtout de la seconde révolution industrielle dont il hérite l'essor de nouvelles forces sociales et la montée des conflits qui en découlent. Et les cultures politiques allaient s'en trouver profondément modifiées, dans une France de surcroît en rapide mutation sociologique et culturelle. Certes, la « question religieuse » sert, à cet égard, de passerelle entre les deux siècles et les relations entre le catholicisme romain et la société moderne seront parfois encore déterminantes, nous y reviendrons, dans les débats civiques. Mais elles le seront comme buttes témoins, héritage de deux siècles d'histoire et vestige, plus particulièrement, des grands ébranlements enregistrés après 1789 et au fil du XIX⁰ siècle.

Entre-temps, en effet, en cette fin du XIX⁰ siècle, d'autres données apparaissent qui confèrent à cette période un statut de période-tournant. Si la Révolution avait entraîné tout à la fois l'apparition de la politique moderne et l'acte de naissance du clivage droite-gauche, la période 1875-1900 constitue bien l'acte de baptême de notre XX⁰ siècle politique. Car, comme dans plusieurs pays de l'Occident de l'Europe, cette période marque en France l'entrée dans « l'ère des masses », entrée qui ne pouvait pas ne pas être sans retombées sur les traditions politiques nationales. Pour les masses ouvrières en expansion, mais surtout pour la paysannerie encore prépondérante et pour les masses moyennes conquérantes, il y a bien un désenclavement géographique par le maillage du réseau ferré et par le service militaire et un décloisonnement culturel par l'école laïque et par l'extension de l'imprimé — notamment la presse. De ce fait, l'attente, et donc les rapports, vis-à-vis du politique se modifient. Le rail qui désenclave, l'armée qui repousse la ligne d'horizon de l'existence des jeunes Français, l'école et le journal qui font reculer d'autres bornes, tout concourt à une circulation plus rapide des idées et des doctrines, et, de ce fait, à une remise en cause du poids traditionnel des « notables », qui avaient pourtant non seulement survécu au suffrage universel mais l'avaient en quelque sorte phagocyté. Quelles seront, dès lors, les formes d'expression civique et les structures d'intégration politique de ces « masses », dans le cadre de la démocratie républicaine victorieuse ?

Une telle question dépasse, assurément, le seul cas des droites. Elle n'en demeure pas moins essentielle. D'autant que ces droites, comme tous les autres acteurs du débat civique, sont confrontées à de nouveaux enjeux historiques, qu'il leur faut intégrer et retraduire en termes politiques. Par exemple, la défaite de 1870 et la perte de l'Alsace-Lorraine, ou l'accélération de l'expansion coloniale et la constitution au profit de la France républicaine d'un Empire qui est en superficie le deuxième après l'Empire britannique. Cette rétraction du territoire national et, en même temps, cette dilatation de l'influence française aux dimensions de la planète modifieront en profondeur certaines des analyses des droites françaises. Avec, il est vrai, une importance beaucoup plus grande du premier phénomène. L'amputation nationale, elle-même consécutive à une défaite militaire, et le sentiment de nationalisme blessé en découlant ne pouvaient pas rester sans contrecoup sur l'action et surtout la pensée politique. Il est ainsi des époques où les cultures politiques ont notamment pour fonction de cautériser des plaies et de panser l'âme meurtrie des nations.

Autre enjeu nouveau, et probablement le plus important historiquement : en un temps où la République est victorieuse et où le débat sur la nature du régime passe donc progressivement au second plan, c'est la « question sociale » qui s'installe sur le forum. Le problème du rôle de l'État dans le régime de la propriété et les questions de l'inégalité et de l'exploitation verront leurs contours par deux fois ravivés, donnant naissance tour à tour à deux ennemis que la droite non seulement combattra mais par rapport auxquels, de surcroît, elle devra se situer idéologiquement : le socialisme puis le communisme.

Certes, la « question sociale » est déjà présente au fil du premier XIXᵉ siècle, et la peur sociale joua un rôle déterminant dès 1848. Le fait nouveau est que cette « question sociale », d'abord agrégat d'aspirations multiples, s'incarna progressivement, après cette date, en une forme politique relativement stable, le socialisme. Or, au cours des dernières décennies du siècle, intervient, à cet égard, une bifurcation historique essentielle : la Marianne des républicains victorieux n'est pas la Sociale des courants socialistes qui s'éploient à cette date. On trouverait assurément plusieurs dates symbolisant ce glissement progressif, mises en lumière par les travaux de Maurice Agulhon. Ainsi en 1889, un congrès socialiste international se tient à Paris et les luttes sociales sont naturellement à son ordre du jour, avec notamment la limitation de la journée de travail. En cette même année, la République fête le premier centenaire de la Révolution. Les combats des républicains, au fil des années 1870, contre la réaction monarchiste puis, juste avant le Centenaire, contre le mouvement boulangiste, leur conféraient encore une « sorte de bonne conscience de gauche[1] », mais le fossé

1. Maurice Agulhon, *Le Monde*, 28-29 avril 1991. Cf., du même auteur, le chapitre II de *La République de Jules Ferry à François Mitterrand*, réf. cit.

était déjà profond avec le mouvement ouvrier naissant et les courants qui s'en réclamaient.

Et la fusillade de Fourmies, deux ans plus tard, apparaît comme un choc de cultures et d'identités politiques de gauche : pour les uns, l'ordre républicain et sa défense sont dans la continuité des combats progressistes menés depuis un siècle; pour les autres, cet ordre républicain n'est que le paravent de l'ordre bourgeois et de l'injustice sociale.

En ces années 1890 s'opère donc un découplage fondamental dans l'histoire des cultures politiques. Alors que dans la décennie précédente, l'affermissement de la République contre un danger de « Réaction » — entendons alors restauration — donnait encore à la défense de la République un caractère discriminant pour rendre compte du clivage droite-gauche, c'est alors que « République et gauche cessent de s'identifier[1] » automatiquement. Comme l'a souligné Maurice Agulhon, jusque-là, face à la droite, « des souvenirs de luttes anciennes intervenaient parfois dans les désignations locales : on trouvait les "Bleus", en mémoire de 1792, ou les "Rouges" évoquant 1848, tout cela désignant la gauche, donc[2] ». « Bleus » et «Rouges » étaient alors du même côté du grand fossé. A la fin du siècle, peu à peu, c'est entre eux que va passer désormais ce fossé. A la faille Blancs-Bleus se substitue alors la fracture Bleus-Rouges, avec, il est vrai, nous y reviendrons, ce vestige du clivage précédent qu'est la question religieuse.

Assurément, ce passage de la « France des Blancs et des Bleus » à la « France des Bleus et des Rouges[3] » est, dans le détail du modelé, beaucoup plus complexe. Mais comme l'avait montré Georges Lefebvre dans *Les foules révolutionnaires*, il y a le plus souvent, dans la représentation de l'adversaire en politique, processus de « nivellement » : les nuances s'estompent, il y a construction de l'« adversaire type[4] ». Pour les droites, celui-ci, bientôt, ne sera plus le républicain mais l'homme de la subversion sociale et de la déstabilisation économique : de critères avant tout politiques on passe donc, à cette date, à une vision socio-économique des débats civiques. Et la République peu à peu sera détenue en copropriété par les républicains de souche et les ralliés.

Si la gauche est républicaine « de fondation », on a donc pu

1. *Ibid.*, p. 68.
2. *Ibid.*, p. 34.
3. A juste titre, Guy Antonetti fonde sur ces clivages successifs l'articulation principale de son *Histoire contemporaine politique et sociale*, Paris, PUF, coll. « Droit fondamental », 1986.
4. Georges Lefebvre, *Les foules révolutionnaires*, réf. cit., p. 225-256.

écrire légitimement que la droite l'est, pour sa part, « par conversion et accoutumance[1] ». Tout au moins pour les rameaux de droite qui se trouvaient déjà à droite avant les années 1880. Car la partie de l'ancienne gauche républicaine des débuts de la troisième République qui se trouve alors déportée à droite y transporte et y acclimate un sentiment républicain resté vivace. En quelques décennies, à la charnière de deux siècles, le « sinistrisme » produit ainsi ses effets les plus rapides. L'hypothèse monarchique disparaissant *de facto* après les épisodes Mac-Mahon et Boulanger, c'est à un véritable glissement de terrain que l'on assiste dans les quinze années qui suivent[2] : la gauche républicaine de 1870 se trouve, à l'exception des radicaux, littéralement aspirée vers le centre et la droite.

Les exemples ne manquent pas de ces hommes que l'on ne peut plus situer à gauche en cette fin de XIXᵉ siècle mais qui n'en sont pas moins des républicains de souche, fervents démocrates de surcroît. L'historien Jean Touchard a ainsi évoqué son grand-père Armand Rousseau, député républicain du Finistère en 1871, mort en 1896, gouverneur général de l'Indochine. Ce dernier, républicain opportuniste, considérait Gambetta « comme un personnage dangereux et les socialistes lui faisaient horreur »; mais, en même temps, l'élément essentiel de sa culture politique était « une sorte de morale républicaine et presque de puritanisme républicain[3] ». On comprend mieux qu'il n'y ait pas eu réellement osmose, jusqu'à la Première Guerre mondiale, entre républicains de souche et « ralliés » et que la mouvance « modérée » du début du XXᵉ siècle ne soit pas tout entière à droite; le clivage droite-gauche passe alors, au contraire, en son milieu. Et il faudra attendre la constitution du Bloc national en 1919 pour que les républicains non de souche puissent accéder à la sphère du pouvoir.

Pour les républicains de souche, d'autres exemples sont éclairants sur leur culture politique à la fin du XIXᵉ siècle. Ainsi le père d'André Siegfried, Jules Siegfried, maire du Havre. André Siegfried, dans le livre qu'il lui a consacré, brosse le portrait d'un républicain fervent, acceptant « sans réserve » la « République

1. Maurice Agulhon, « La Révolution française au banc des accusés », *Vingtième siècle. Revue d'histoire*, nᵒ 5, janvier-mars 1985, p. 7-17, citation p. 8.
2. Les deux choses étant, bien sûr, liées. A cet égard, le mot de Gambetta sur la République, devenue désormais « une forme qui entraîne le fond », rend bien compte, indirectement, de cette manière de glissement de terrain (mot signalé, par exemple, par Claude Nicolet, *L'idée républicaine en France (1789-1924)*, Paris, Gallimard, 1982, p. 204).
3. Jean Touchard, *La gauche en France depuis 1900,* Paris, Le Seuil, 1977, p. 29-31.

laïque », mais en même temps « conservateur, au sens le plus fort du terme, presque physiquement hostile au désordre, à la suren-chère, à la démagogie, à toutes les formes, quelles qu'elles fussent, du radicalisme, de l'extrémisme, de la révolution[1] ».

Si le « sinistrisme » déporte à droite une partie du personnel républicain, ce transfert n'est donc pas seulement le résultat d'une sorte de jeu de billard politique. Dans le nouveau contexte idéolo-gique de cette fin de siècle, ces thèmes de l'ordre social et de la propriété, déjà prégnants auparavant, deviennent centraux dans le débat politique et donc discriminants pour ce qui est du clivage droite-gauche. Quand Auguste Burdeau, républicain opportuniste, député du Rhône à partir de 1885, ministre de la Marine et des Colonies à partir de juillet 1892 dans les cabinets Loubet et Ribot puis ministre des Finances en décembre 1893 dans le cabinet de Jean Casimir-Perier et président de la Chambre des députés en juillet 1894, meurt le 12 décembre 1894, Ernest Bérard, lui aussi député du Rhône, cite en exemple l'ascension sociale du « petit apprenti lyonnais devenu l'héroïque soldat, l'éminent philosophe, le brillant homme d'État[2] », tandis qu'Édouard Aynard, autre député du Rhône, déplorera la mort d'un de « ceux qui se sont élevés du fond de notre peuple par la seule fortune de la supériorité de l'intelligence et de la volonté », mais en précisant que cette « société mouvante » permise par le système méritocratique de la troisième République[3] doit être un garde-fou contre la « tyrannie révolutionnaire » et le « règlement d'État ». Ses propos sont, du reste, tout à fait explicites : « Son enfance de petit ouvrier, écoulée dans des fatigues heureusement inconnues de la génération actuelle, ne l'avait pas aigri ; ses souvenirs de misère ne l'ont pas empêché de défendre avec une constante énergie ceux qui pos-sèdent des biens et qui dirigent le travail, contre l'école qui voit le progrès dans leur suppression. Son bon sens lui montrait que, dans notre société mouvante, chacun change assez souvent de place sans que la tyrannie révolutionnaire doive s'en mêler ; il ne pouvait croire au bonheur et au progrès par le règlement d'État[4]. »

1. Cf. André Siegfried, *Mes souvenirs de la IIIe République. Mon père et son temps. Jules Siegfried. 1836-1922,* Paris, Éditions du Grand Siècle, 1946, p. 62-63.
2. Sur cette ascension, cf. Jean-François Sirinelli, « Littérature et politique : le cas Burdeau-Bouteiller », *Revue historique,* CCLXXII, 1985/1, p. 91-111.
3. Cf. Jean-François Sirinelli, « Des boursiers conquérants ? École et « promo-tion républicaine » sous la IIIe République », *in* Serge Berstein et Odile Rudelle, *Le modèle républicain,* réf. cit., p. 243-262.
4. Discours prononcés aux obsèques d'Auguste Burdeau, le 16 décembre 1894, *in* Charles Simond, *Histoire d'un enfant du peuple, Auguste Burdeau,* Paris, Bibliothèque d'Éducation nationale, Picard et Kaan, 1895, p. 281 et 290.

Dans le même temps, et cette concomitance est, bien sûr, la résultante d'un phénomène global, la mouvance socialiste connaît à cette époque une montée en puissance. Après les élections législative de 1893, les socialistes passent de 12 à 52 au Palais-Bourbon. Une nouvelle force politique campe désormais à l'extrême gauche[1], dont les radicaux se trouvent évacués. Le fait que la République ne soit plus l'élément discriminant essentiel et le constat de ce glissement à droite de certains républicains de souche sont, du reste, indirectement sensibles dans les problèmes d'identité que rencontre alors le Parti radical : car ce « sinistrisme » doublé de la montée du socialisme va entraîner pour lui, à partir de 1890, une « image idéologique en voie de décoloration »; mais, dans le même temps ou presque, c'est le Ralliement qui « rajeunit » ce parti et préserve son identité en lui permettant d'être le dépositaire d'une sorte d'« intégrisme républicain[2] ». Du coup, la crise d'identité de ce parti se trouva reculée d'une vingtaine d'années. A la veille de la Première Guerre mondiale, le thème de la « Réaction » était largement éventé, et il prendra d'autres teintes dans l'entre-deux-guerres.

Ces changements sont d'autant plus importants que l'orée de siècle qui se profile est un moment où apparaissent à droite comme à gauche ces structures stables que sont les partis politiques. Fruit tant du glissement de terrain que de cette apparition de partis qui va à nouveau stabiliser le paysage, l'espace politique du premier XXe siècle se trouve ainsi dessiné. Les forces politiques prennent alors la pose pour plusieurs décennies. Les dernières années du XIXe siècle ne constituent donc pas seulement une phase de transition où des idées et des courants déjà existants se ressourcent, mais elles forment de surcroît une période fondatrice où ceux-ci, confrontés à de nouveaux enjeux historiques, s'infléchissent ou même se transforment.

Questions au XXe siècle

Mais il n'y a pas seulement transmutation, à cette époque, de ce qui existait déjà. C'est alors qu'apparaît, à l'extrême droite, cette forme de national-populisme devenue depuis cette date un phéno-

1. Là encore, le clivage droite-gauche par le rapport à la République se trouve brouillé à cette date, l'acculturation de la réalité républicaine par le socialisme s'étant faite lentement (cf., sur ce point, la mise au point d'Alain Bergounioux, « Socialisme et République avant 1914 », in *Le modèle républicain*, réf. cit., p. 117-128).

2. Cette analyse sur le Parti radical et les trois citations qui l'accompagnent sont

mène récurrent et en même temps caméléon : chaque époque de crise tout à la fois la fera réapparaître et lui conférera ses teintes propres.

Quelle est la nature de cette nouvelle droite? Sur ce point, le débat historiographique est en cours. Les travaux de Zeev Sternhell[1] et ceux, sur un registre autre et plus spécifique, de Pierre-André Taguieff[2] ont beaucoup apporté, et plusieurs contributions de cette *Histoire des droites* livrent de nouvelles pièces au dossier. En une époque où les droites républicaines se mettent en place et vont constituer désormais un élément stable du paysage politique, l'apparition sur leur flanc droit d'une droite populiste et antiparlementaire introduit une autre touche dans ce paysage.

Une structure binaire est-elle alors en train de se mettre durablement en place, avec, d'un côté des droites parlementaires, certes ramifiées mais ayant en commun un respect des rouages de la démocratie représentative, de l'autre une droite extrême rejetant moins la République en elle-même — sauf pour ses éléments issus du « légitimisme » — que cette démocratie? Là encore, le débat est en cours[3], mais son intérêt n'est pas seulement rétrospectif et l'actuelle fin de siècle gagnerait probablement à être aussi analysée à la lueur des enseignements historiques de la précédente.

Dès la fin du XIXe siècle, en effet, il est plusieurs lectures possibles de l'apparition de cette droite extrême, correspondant aux différentes facettes de la mutation que connaît la France des premières décennies tertio-républicaines et de la crise multiforme qui en découle : politique, sociale et, plus largement, identitaire.

de Gérard Baal, dans la présentation de sa thèse, lors de son exposé de soutenance *Le Parti radical de 1901 à 1914,* Paris I, 4 octobre 1991.

1. Zeev Sternhell, *La droite révolutionnaire 1815-1914. Les origines françaises du fascisme,* Paris, Le Seuil, 1978.

2. Auquel on doit l'introduction en 1984 d'un terme qui, depuis, a fait souche : le national-populisme (« La rhétorique du national-populisme », *Cahiers Bernard Lazare,* n° 109, juin-juillet 1984, p. 113-138). Cf. également, par exemple, sa contribution, « Le nationalisme des "nationalistes". Un problème pour l'histoire des idées politiques en France », à *Théories du nationalisme. Nation, nationalité, ethnicité,* s. d. de Gil Delannoi et Pierre-André Taguieff, Paris, Éditions Kimé, 1991.

3. Outre *La droite révolutionnaire* de Zeev Sternhell, on se reportera aux remarques de Maurice Agulhon, qui penchent apparemment dans le même sens, à travers le compte rendu fait des thèses de René Rémond et de Zeev Sternhell dans *La République de Jules Ferry à François Mitterrand,* réf. cit., p. 70-71. On lira aussi les réflexions sur « La tradition républicaine et le général de Gaulle », faites par le même auteur au colloque international consacré au général de Gaulle en novembre 1990 *(De Gaulle en son siècle,* tome 1, *Dans la mémoire des hommes et des peuples,* colloque organisé par l'Institut Charles de Gaulle, Paris, Plon-La Documentation française, 1991, p. 188-194).

Sur le plan politique, si la République sort victorieuse de trois fins de décennies successives qui constituèrent autant de caps dangereux à franchir — le 16 mai 1877 et la zone de turbulence politique jusqu'à la démission de Mac-Mahon en janvier 1879, la crise boulangiste dans sa période de hautes eaux du printemps 1888 à la fin de l'hiver 1889, l'Affaire Dreyfus en 1898-1899 —, et si les « couches nouvelles » montantes forment un riche terreau pour la classe politique républicaine conquérante, également renforcée par le Ralliement, il y a probablement dès cette époque un « refus du compromis libéralo-démocrate[1] », compromis dont le Ralliement est une des premières formes, et donc une crise désormais latente de la représentation politique, crise réactivée depuis à plusieurs reprises, quand le fossé entre le personnel parlementaire et le peuple s'élargit trop, pour des raisons qui peuvent varier, et que ce personnel devient suspect de détournement de souveraineté populaire.

Au cœur de cette droite extrême est déjà identifiable un noyau structurant, véritable culture politique, nourrissant les programmes de conjoncture et se définissant continûment par le refus de la représentation politique démocratique, l'antisémitisme et la xénophobie, la nécessité affirmée d'un pouvoir fortement personnalisé et hiérarchisé, fondé sur une légitimité de nature plus plébiscitaire que déléguée.

En cette fin du XIXᵉ siècle, la droite se nourrit aussi d'un malaise social, mais qui ne se pose pas forcément, pour cette droite extrême, en termes de crainte de la lutte des classes. Celle-ci, dont nous avons vu qu'elle devient alors déterminante dans la vision politique des droites parlementaires et dans leur hantise du désordre et de la subversion, n'est pas toujours perçue avec la même ampleur et la même urgence par la droite extrême, qui se montrera, du reste, parfois plus attentive à la « question sociale ». Plus que la classe ouvrière, c'est la montée des classes moyennes et des boursiers conquérants qui semble inquiéter alors à l'extrême droite : l'attitude d'un Barrès, en tout cas, est à cet égard révélatrice. La méritocratie et les nouveaux notables apparaissent déstabilisateurs et troublent une clientèle qui n'est pourtant pas composée que de nantis et de privilégiés, loin s'en faut. Certes, en d'autres époques, ce pourront être la crainte du communisme et l'inquiétude sociale des classes moyennes devant la menace d'une prolétarisation qui nourriront les résurgences de la droite extrême. Mais, précisément,

---

1. Jacques Julliard, « De l'extrémisme à droite », *Mil neuf cent. Revue d'histoire intellectuelle*, 9, 1991, p. 5-15, citation p. 8.

c'est la plasticité idéologique de cette droite, autour de son noyau structurant, qui lui permettra de canaliser tour à tour des malaises et des craintes nés de périodes différentes et nourrissant, de ce fait, des revendications diverses. Revendications qui auront toutefois en commun de toujours refléter l'inquiétude de catégories craignant, selon les périodes, d'être les oubliées d'une mutation en cours ou les soutiers d'une période de difficultés.

En cette fin de XIXe siècle, le malaise des phases de mutation est encore accru par le développement d'une crise identitaire. Et pas seulement en raison du choc de 1870-1871, déjà évoqué, et l'amputation nationale qui en résulta. Si le régime porte au flanc la cicatrice de deux provinces perdues et si l'opinion est saisie par instants de fièvre obsidionale, si, de surcroît, plusieurs scandales touchent largement le personnel politique au début des années 1890, c'est plus largement une atmosphère complexe qui prévaut, en ces années fin-de-siècle[1]. Celles-ci distillaient une sorte de griserie de la marche au Progrès, mais aussi, concomitamment, un sentiment d'incertitude, de temps suspendu, que la proximité du tournant du siècle exacerbait : hantise de la décadence, obsession de l'épuisement de la race, guettée par la « dépopulation », l'exode rural et l'alcoolisme, et que l'on doit protéger, dans sa fragilité, des atteintes étrangères. C'est donc un nationalisme blessé et inquiet tout à la fois qui se développe alors et qui donne à cette fin de siècle ses teintes particulières.

Dans l'inventaire de ces périodes fondatrices des traditions politiques, si 1789 et ce qui s'ensuivit constituent la période fondatrice par excellence, il ne faudrait pas qu'une fin de siècle en vienne à en cacher une autre, et on ne saurait trop insister sur l'importance de cette fin du XIXe siècle. Coincée dans un ressac de mémoire, entre la geste victorieuse des vingt premières années tertio-républicaines et le seuil du siècle suivant qui, point d'orgue avant le grand massacre, fut rétrospectivement promu au statut de « Belle Époque », la dernière décennie du XIXe siècle a longtemps occupé dans notre mémoire collective une place historiographique-ment ingrate et, de ce fait, injuste.

Cette extrême pointe du siècle est essentielle pour notre sujet : gauche et République, on l'a vu, ne riment plus forcément, des droites républicaines, de souches ou ralliées, s'enracinent, une droite extrême est désormais présente et son métabolisme sera celui de l'intermittence. Cette fonction fondatrice de la fin du XIXe siècle

1. Eugen Weber, *Fin de siècle. La France à la fin du XIXe siècle*, Paris, Fayard, 1986; Jean-Pierre Rioux, *Chronique d'une fin de siècle. France, 1889-1900*, Paris, Le Seuil, 1991.

confirme aussi, plus largement, que l'empreinte de l'histoire peut se marquer de différentes manières et que les phases de cristallisation des traditions politiques peuvent être de natures diverses. Il s'agit toujours, on l'a vu, de moments où se posent de grands enjeux pour la communauté nationale. Mais ceux-ci ne consistent pas seulement en fractures révolutionnaires ou en ébranlements engageant l'existence nationale : parfois, de façon moins spectaculaire mais tout aussi profonde, il s'agit de mutation du corps social ou du cadre politique. A cet égard, la fin du XIXᵉ siècle présente ce cas de figure : période de mise en place puis d'enracinement de nouvelles institutions, elle est aussi une phase de l'ascension des classes montantes conquérantes; dans un tel contexte, l'héritage de la défaite de 1870-1871 ne constitue donc qu'un paramètre d'un moment historique infiniment plus riche et complexe.

Au fil du XIXᵉ siècle, la question du régime primait dans le débat civique et, fort logiquement, les familles politiques avaient cristallisé sur les différentes réponses possibles à une telle question : les trois grands rameaux recensés par René Rémond incarnent ainsi chacun un choix institutionnel, monarchie d'Ancien Régime pour les légitimistes — mais amendée par la Charte de 1814 —, monarchie constitutionnelle pour les orléanistes, recherche d'une synthèse entre autorité et expression populaire pour le bonapartisme. A la fin du siècle, la question sociale a peu à peu investi le devant de la scène politique. L'aspiration à l'ordre et la crainte de la subversion, déjà présentes auparavant dans les horizons idéologiques des droites, étaient toutefois restées jusque-là le plus souvent secondes par rapport à la question institutionnelle. Elles sont, au contraire, dès lors au cœur des préoccupations de ces droites qu'elles contribuent du reste à remodeler, par rapprochement progressif avec une partie de l'ancienne gauche et ralliement au pacte républicain.

Et c'est précisément parce que la démocratie parlementaire est politiquement victorieuse et idéologiquement désormais dominante qu'un autre problème, parallèlement à celui de l'ordre social, passe lui aussi au premier plan : l'intégration politique des « masses », et leurs rapports parfois complexes avec les élites politiques. Avec ce problème et avec cette question sociale devenue centrale, ce sont donc de nouvelles lignes de pente qui se dessinent alors pour les droites modérées ou extrêmes. Et quand sont frappés les trois coups de notre siècle, bien des éléments du paysage politique des décennies suivantes sont en place. Comme l'écrira en 1931 Paul Morand : « 1900, nous lisons notre avenir dans tes rides[1]. »

1. Cité in *Chronique d'une fin de siècle*, réf. cit., p. 284.

Une fois admis ce rôle gestateur joué par certaines périodes de notre histoire nationale dans l'apparition des traditions politiques, il paraît difficile d'admettre *a priori* une sorte de stérilité historique du XXᵉ siècle, si dense en fractures, ébranlements et mutations. Se pose, bien sûr, notamment — et nous touchons ainsi à un autre débat historiographique en cours — la question de la nature du gaullisme. Celui-ci constitue-t-il une nouvelle droite, forgée au brasier de la Seconde Guerre mondiale, ou n'est-il qu'un nouvel avatar de la droite dite bonapartiste ? Significativement, c'est moins au moment de la sortie de la première édition du livre de René Rémond en 1954 que le débat sur ce point s'engagea — le RPF, qui venait alors d'être mis en sommeil, paraissait, par son échec, accréditer la thèse de la greffe manquée d'un courant sans lende-main, tandis que le général de Gaulle semblait, à soixante-quatre ans, faire retraite définitive à Colombey —, qu'à l'occasion de la publication de la deuxième édition en 1963 : le gaullisme triom-phant, doublement légitimé par l'onction populaire en 1958 et 1962, paraissait alors, au contraire, devoir faire souche, non pas seulement en tant que « parti majoritaire » né du fonctionnement des nouvelles institutions mais comme tradition bien enracinée et, de ce fait, appelée à durer. De là, par exemple, les réserves de François Goguel, rendant compte de cette nouvelle édition dans la *Revue française de science politique*[1], sur l'assimilation bonapartisme-gaullisme.

L'aspect généalogique vient donc — logiquement — interférer dans ce débat, qui demeure trente ans après et sur lequel l'étude consacrée au gaullisme dans le tome 1 apporte une mise au point prenant en compte, précisément, l'histoire et la sociologie électorale de ces trois dernières décennies. De même, au tome 2, l'analyse de la Seconde Guerre mondiale dans la mémoire des droites confirme la fécondité historiographique de ce type d'approche qui permet d'examiner sous un angle neuf bien des points débattus de l'histoire des droites depuis 1945, et notamment celui de la nature du gaullisme.

La Seconde Guerre mondiale a bien constitué un creuset pour un courant, le gaullisme, qui, même s'il reprend aussi en charge des éléments préexistants, émerge à l'existence historique à l'occasion de ce conflit. Et le général de Gaulle n'a pas été seulement le sourcier d'une nappe déjà présente. Le courant ainsi surgi des profondeurs historiques est très largement né de la secousse tecto-nique de la guerre.

1. *Revue française de science politique*, vol. XIV, 2 avril 1964, p. 354-356.

Son originalité, du reste, ne s'arrête probablement pas là. Car si le débat historiographique a surtout posé la question de la nature du gaullisme, c'est aussi le problème de sa fonction historique qui doit être examiné. En 1964, François Goguel avait formulé l'hypothèse que le gaullisme était « une forme politique de la mutation économique et sociale qui transforme dans ses profondeurs la France de la seconde moitié du XXe siècle[1] ». Trente années supplémentaires de recul permettent aussi désormais à certains observateurs de notre histoire nationale d'analyser le gaullisme dans le long terme politique : le gaullisme n'aurait pas été seulement l'agent historique d'une mutation socio-économique, mais il aurait constitué en lui-même une mutation politique. Pour Pierre Nora, « le rôle historique » du général de Gaulle aura été « l'acculturation en profondeur de la droite à l'idée républicaine », aboutissant à « une forme nouvelle de ralliement » et à « une refondation de la République[2] ». Sur un autre registre, Maurice Agulhon voit dans le général de Gaulle un « républicain *autrement*[3] ». L'appréciation de l'ampleur de la mutation et l'analyse des deux auteurs sont, en fait, de teneur différente. Mais, moment clé de l'histoire républicaine scellant définitivement le pacte républicain, ou, plus simplement, phase nouvelle de l'histoire des droites en République confirmant le statut de celle-ci, désormais en copropriété entre droites et gauches, le gaullisme serait bien plus, dans les deux cas, qu'un simple avatar de la droite bonapartiste.

Et, quelle que soit l'analyse retenue, on observera que dans la triade des situations historiques gestatrices — fractures, ébranlements, mutations —, le gaullisme relèverait donc de deux cas de figure cumulés : né de la secousse tectonique du second conflit mondial[4] — ou réactivé par elle, pour les tenants de l'interprétation généalogique —, il s'est inscrit aussi, en y jouant un rôle moteur, dans la mutation française du second demi-siècle.

---

1. François Goguel, art. cit., p. 356.
2. Pierre Nora, « L'historien devant de Gaulle » in *De Gaulle en son siècle*, tome 1, *Dans la mémoire des hommes et des peuples,* réf. cit., p. 172-178, citations p. 177.
3. Maurice Agulhon, « La "tradition républicaine" et le général de Gaulle », art. cit., citation p. 193.
4. Sans compter, au fil de l'après-guerre, l'onde concentrique de la décolonisation.

II. LE LEGS DE L'HISTOIRE :
LES CULTURES POLITIQUES

Ce cumul permettra-t-il au gaullisme de s'enraciner? La question renvoie au problème plus large de l'enracinement des familles politiques. Car ces familles politiques enfantées par l'histoire ne font souche que lorsqu'elles sont dotées de l'épine dorsale d'une culture politique. Or, les cultures politiques ne naissent pas égales en droits. Certaines s'acclimatent mieux que d'autres, qui, trop vite déphasées par rapport à l'histoire de leur temps, sont rejetées dans les limbes des cultures politiques mort-nées. Surtout — et ceci explique cela —, une culture politique n'existe qu'à condition de devenir partie constitutive du débat civique de son temps et d'être assimilée par un groupe donné au sein duquel elle s'incarnera durablement.

Glissement progressif des cultures

Il est donc une autre lecture, complémentaire de la précédente, de nos deux derniers siècles d'histoire. Si l'histoire des enfantements successifs des traditions droitières privilégie le court terme des événements fondateurs, des périodes charnières et des moments tournants, celle de leur enracinement doit se placer dans le moyen terme des cultures politiques léguées par la houle de l'Histoire. Avec, à nouveau, tout d'abord, le constat du glissement progressif, d'un siècle à l'autre, des teneurs de ces cultures et des affrontements majeurs qui en découlent.

Pour l'affrontement qui fut longtemps cardinal, la cause est entendue : la Révolution française, dont la « scène primitive[1] » fut régulièrement rejouée au fil du XIXe siècle, n'a plus été au cours du siècle suivant la boussole des engagements et des sensibilités. Même un Charles Maurras, condamné par la justice à la Libération, conclura, à l'énoncé du verdict : « C'est la revanche de Dreyfus. » A sa manière, le pourfendeur de 1789 prenait lui aussi pour référence une autre fin de siècle : au milieu du XXe siècle, le travail du deuil s'était ainsi opéré même pour les irréductibles, et pour le plus grand nombre l'acclimatation politique s'était effectuée

1. François Furet, *in* François Furet, Jacques Julliard et Pierre Rosanvallon, *La République du centre*, Paris, Calmann-Lévy, 1988, p. 18.

depuis de longues décennies. Ce qui explique notamment, au moins pour partie, la nature spécifique des rapports entre gaullisme et République, vierges de tout malentendu historiquement de naissance.

Pour l'autre grand choc de cultures politiques qui a dominé le XIXe siècle, celui qui opposa le catholicisme et les courants dérivés de la Révolution, la tendance fut également à l'apaisement, même si celui-ci a eu lieu plus lentement et tardivement dans notre siècle. L'histoire de la Révolution française avait été aussi, en effet, celle du divorce entre cette Révolution et la religion catholique. La constitution civile du clergé adoptée à l'été 1790, le serment civique exigé de tous les évêques, prêtres et professeurs de séminaire à partir de novembre 1790, la laïcisation de l'état civil et la législation du divorce en septembre 1792, et, plus largement, pour reprendre l'expression forgée en 1892 par Alphonse Aulard, la « déchristianisation » de l'an II, autant d'ébranlements qui entraînèrent une fracture entre l'Église et la Révolution. Et le Concordat de 1801, même si son préambule proclamait que « le catholicisme est la religion de la grande majorité des Français », ne put réduire réellement cette fracture, dont les effets induits furent fondamentaux. Désormais, deux cultures politiques s'opposèrent tout au long du XIXe siècle, avec le sentiment réciproque que leurs valeurs étaient par essence antagonistes. Choc de cultures, donc, mais plus largement choc d'identités. A tel point qu'historiens et politologues ont, en maintes occasions, pointé là une ligne de faille essentielle de notre histoire nationale. D'autant que le conflit politique entre l'Église et la Révolution s'est accompagné d'un contentieux beaucoup plus profond avec les principes mêmes issus de cette Révolution. D'une part, le libéralisme politique du XIXe siècle confiait à l'individu le soin de définir la Vérité, qui, de ce fait, n'était plus immanente. D'autre part, les deux vagues de laïcisation à la fin du XVIIIe siècle puis à celle du XIXe siècle ont retiré les masses du champ de la nécessaire influence divine. L'erreur, désormais, se trouvait doublement inséminée dans le corps social, chez l'individu comme au sein des masses. Et parce qu'on ne peut transiger avec l'erreur, le monde moderne qui en était porteur ne pouvait qu'être condamné.

A cet égard, la loi de 1884 instaurant le divorce non seulement ne pouvait que conforter les fidèles dans le sentiment de leur bon droit et de la légitimité de leur combat, mais, de surcroît, elle allait cristalliser une large part du contentieux, en cette fin du XIXe siècle où les fidèles, avant même les grands affrontements de la décennie suivante, ressentaient les différentes dispositions laïques comme hostiles et discriminatoires.

Malgré le Ralliement qui bientôt s'amorçait, il existait donc alors une large faille, dont le rejeu se produira à plusieurs reprises au XXᵉ siècle. Non qu'il s'agisse ici de minimiser l'importance politique du Ralliement, ni d'omettre que, malgré les crises, les rapports se feront progressivement moins tendus, du toast d'Alger aux souffrances communes endurées dans les tranchées. Mais le rebond de la crise, trente-cinq ans plus tard, à l'époque du Cartel des gauches, par exemple, montre bien que le fossé, à cette date, n'avait pas été comblé. Et il est significatif que quelques années plus tard, en 1930, André Siegfried ait pu encore écrire : « L'anticléricalisme marque donc une frontière, frontière si importante qu'elle constitue sans doute la ligne de partage dominante de toute notre politique[1]. »

Cela étant, le dénouement assez rapide de cette crise de 1925 montre bien que, dans ce domaine également, la querelle avait perdu dès cette date une partie de sa force et de sa substance. Il faudra certes ensuite encore plusieurs décennies avant que les relations entre le catholicisme et la société moderne soient pleinement placées sous le signe de l'apaisement, mais, à l'échelle du siècle entier, la tendance lourde va dans ce sens.

Au fil du même siècle, au contraire, la « question sociale » va se trouver à plusieurs reprises rajeunie, au sens géomorphologique du terme : c'est même cette question, sous ses formes successives, qui, beaucoup plus que la nature républicaine du régime, a rythmé une large part de notre histoire nationale depuis un siècle. On a vu plus haut sa prégnance dès la fin du XIXᵉ siècle, à travers la crainte du socialisme. La révolution bolchevique de 1917 et l'agitation sociale de l'immédiat après-Première Guerre mondiale attiseront encore davantage le sentiment d'un danger de subversion de l'ordre social. Le fait est, du reste, alors sensible aussi bien dans l'ordre politique[2] que sur le registre idéologique. Dans ce domaine, en effet, *Le Figaro* du 19 juillet 1919 publia par exemple un manifeste intitulé « Pour un parti de l'intelligence ». Un texte liminaire justifiait l'initiative

---

1. André Siegfried, *Tableau des partis en France*, Paris, Grasset, 1930, p. 62.
2. Ainsi, pour les élections de novembre 1919, où le socialisme est assimilé au « bolchevisme » (cf. les analyses de Jean-Jacques Becker et Serge Berstein dans l'*Histoire de l'anticommunisme en France*, t. 1, *1917-1940*, Paris, Orban, 1987; sur les élections de 1919, cf. également la thèse de Nicolas Roussellier, *Phénomène de majorité et relation de majorité en régime parlementaire ; le cas du Bloc national en France dans le premier après-guerre européen (1919-1924)*, Paris, Institut d'études politiques, 1992, 3 vol., dact.).

par la nécessité d'organiser une « défense intellectuelle » contre « le bolchevisme de la pensée[1] », bolchevisme dont la menace hantera désormais la conscience des droites.

Dans ces enjeux successifs autour desquels cristallisent les sensibilités politiques et sur lesquels s'articulent droites et gauches, le débat sur les formes de dévolution et d'organisation du pouvoir et de l'autorité et celui, sous-jacent, sur la légitimité historique de la Révolution française sont passés progressivement, à partir de la fin du XIXᵉ siècle, au second plan, tandis que le problème du rôle de l'État dans le régime de la propriété et dans l'organisation sociale et la question, subséquente, du socialisme puis du communisme s'installaient pour longtemps au cœur du débat civique.

Fin de siècle

Qu'en est-il de ces enjeux successifs en cette troisième fin de siècle depuis la Révolution française ? Le fait essentiel ne serait-il pas que s'est opérée silencieusement, depuis vingt-cinq ans, une « seconde Révolution française », ce bouleversement économique et socioculturel né des Trente Glorieuses et ainsi baptisé par le sociologue Henri Mendras ?

Pour ce dernier, une telle Révolution a définitivement « refermé la fracture ouverte par la première[2] ». Déjà, depuis un siècle, la Révolution avait cessé d'être le principal référent du clivage droites-gauches. Mais sa trace restait grande, non seulement dans la mémoire collective, mais aussi, à l'état latent, dans nombre de nos débats, par exemple sur l'appréciation des conditions de son déroulement et l'interprétation de ses causes et de ses effets. La réduction actuelle de la fracture ne signifie pas que sa trace se soit émoussée dans la conscience nationale. Mais cette trace est maintenant consensuelle. La Révolution est terminée parce que, après avoir vaincu historiquement à la fin du XIXᵉ siècle, elle a gagné en appel au fil du siècle suivant : les Français y voient massivement « la fondation de la démocratie[3] ».

Mais, pour l'axe droites-gauches, les effets de la « seconde Révolution française » sont ailleurs. La présence d'une très large

1. Cf. Jean-François Sirinelli, *Intellectuels et passions françaises. Manifestes et pétitions au XXᵉ siècle*, Paris, Fayard, 1990, p. 43 sq.
2. Henri Mendras, *La seconde Révolution française. 1965-1984*, Paris, Gallimard, 1988, p. 131.
3. Olivier Duhamel, « La Révolution française est terminée », *Pouvoirs*, 50, 1989, p. 121-125, citation p. 123 (à partir de sondages réalisés en 1988 et 1989).

classe moyenne, incluant de surcroît une grande partie de la classe ouvrière, l'affaiblissement du sentiment religieux, la disparition ou l'édulcoration des cultures politiques contestant ou combattant le régime de la démocratie libérale, dessinent un nouveau paysage sociopolitique où la plupart des points de repère hérités de deux siècles d'histoire se sont dissous ou altérés. Le Bad-Godesberg rampant du Parti socialiste au fil des années 1980 et l'affaissement à la même date du Parti communiste français ont, bien sûr, accéléré un tel processus. Surtout, l'écroulement des régimes communistes a fait disparaître à la fois une sorte de ligne d'horizon vers laquelle la gauche — ou, plus précisément, les rameaux qui en son sein se réclamaient du marxisme — a longtemps tourné ses regards, et un point de mire pour les droites.

Pour celles-ci, un tel processus est donc essentiel, dans tous les sens du terme. D'une part, la disparition d'un ennemi de longue date entraîne parfois des troubles d'identité. D'autre part, et surtout, ces horizons perdus ne pourront que modifier notre culture politique nationale. Le 1789 français est confirmé en appel par le 1989 de l'Europe centrale et orientale, mais comme 1789 n'avait plus besoin, on l'a vu, d'une nouvelle procédure d'appel dans la France de la fin du XXᵉ siècle, le point important reste la disparition d'un « mouvement de l'Histoire », tel que l'entendait une vulgate imprégnée de marxisme-léninisme[1]. Mais une société ne peut vivre sans se représenter, même confusément, sinon son avenir, en tout cas le sens, dans les deux acceptions du terme, de son mouvement. De là, à coup sûr, surgiront les nouveaux enjeux et sur eux cristalliseront les nouvelles sensibilités. Et de nouvelles cultures politiques, probablement, se recomposeront.

III. LE SENS DE L'HISTOIRE

Car droites et gauches, tout bien considéré, ne se définiraient-elles pas notamment par — et ne s'opposeraient-elles pas sur — un rapport différent à l'Histoire et à son fil[2]? Encore faut-il préciser comment s'organisent de tels clivages.

1. A la croisée de ses travaux sur la Révolution française et de l'observation de l'implosion des régimes communistes, François Furet attira dès le moment même, dans plusieurs textes, l'attention sur le choc à venir sur nos cultures politiques.
2. D'autres approches étant elles aussi fécondes : ainsi celle développée par Alain-Gérard Slama dans le chapitre qui précède.

On connaît la phrase de Ramuz : « La nature est de droite, l'homme est de gauche. » Elle est le plus souvent citée à l'appui d'une vision binaire présentant d'un côté une sorte de résignation à l'ordre des choses, de l'autre un pari sur la capacité humaine à modifier cet ordre et sur l'impératif moral que constitue une telle tentative. Prise au premier degré, la piste peut se révéler trompeuse, le propos dans ce domaine étant volontiers polémique, trop souvent banal et rarement convaincant. Il postule, en effet, un pessimisme intrinsèque de la droite et attribue à la gauche un optimisme congénital. Pont aux ânes de l'histoire du couple droite-gauche, cette approche par la psychologie collective ne résiste guère à l'analyse. A juste titre, Jean Touchard observait dans *La gauche en France depuis 1900* : « Soutenir, comme on le fait périodiquement, qu'il existe un caractère de droite et un caractère de gauche n'a pas de fondement[1]. » Et Raymond Aron de remarquer, par exemple, qu'il existe une gauche pessimiste, ainsi celle incarnée par le philosophe Alain[2]. On aurait tort, pourtant, d'éliminer totalement, à des fins d'exorcisme du péché de banalité ou du défaut de généralité, une piste qui, explorée davantage en profondeur, permet de progresser, dans le domaine des horizons idéologiques aussi bien que dans celui des sensibilités.

Horizons idéologiques ? Il existe assurément, à droite, toute une palette d'analyses et de pensées constituées qui sont fondées sur le refus — lui-même nourri par la crainte — de l'évolution. Albert O. Hirschman, par exemple, distingue dans les phases récentes et successives[3] de l'histoire occidentale un refus de l'évolution formulé à travers une « rhétorique réactionnaire ». Or, ajoute-t-il, celle-ci a mis tour à tour en œuvre les thèses de « l'effet pervers », de « l'inanité » et de la « mise en péril[4] ». Dans le premier cas, l'analyse est fondée sur le postulat que toute tentative d'amélioration est un facteur aggravant de la situation que l'on veut améliorer ; dans le deuxième, il y a l'affirmation de la vanité de telles tentatives ; dans le troisième cas, la lourdeur présumée du coût des

---

1. *Op. cit.*, p. 16.

2. Raymond Aron, *Mémoires*, Paris, Julliard, 1983, p. 320.

3. Albert O. Hirschman reprend dans son analyse les trois phases grossièrement séculaires que le sociologue britannique T.H. Marshall distingua en 1949 dans une célèbre conférence consacrée au « développement de la citoyenneté » en Occident : le XVIIIe siècle placé sous le signe des combats en faveur des droits civils et des libertés individuelles, le XIXe siècle et ses grandes batailles pour la conquête du suffrage universel, le XXe siècle avec « l'avènement de l'État-providence, qui étend la notion de citoyenneté au domaine économique et social » (Albert O. Hirschman, *Deux siècles de rhétorique réactionnaire*, Paris, Fayard, 1991, p. 14).

4. *Perversity, futility, jeopardy* dans le texte original.

réformes est trop importante et risque de mettre en péril ce qui a déjà été acquis. Méfiance envers des effets forcément pervers, sentiment de la vanité de l'action, crainte de voir compromis des équilibres précaires, ces trois cas de figure rendraient bien compte de l'argumentaire de nombre des grands systèmes de pensée conservateurs ou réactionnaires[1].

Mais ce ne sont pas les seules constructions idéologiques qui seraient ainsi fondées sur la crainte et le refus du changement. Car, dans de telles constructions, c'est non seulement le rapport à la nature et à son éventuelle transformation qui est en jeu, mais c'est également, par là même, une vision de l'Histoire qui se lit en filigrane. Et une telle vision touche aussi, plus largement, aux sensibilités, dont ces constructions idéologiques ne sont qu'une composante. Mise en avant du passé et de la défense des acquis qu'il incarne, dans un cas, prise en compte de l'avenir et des virtualités dont il est gros, dans l'autre cas, le rapport à l'Histoire et aussi à l'action éventuelle face à son déroulement souhaité ou craint est non seulement différent à droite et à gauche mais c'est lui, de surcroît, qui nourrit sensibilités et valeurs.

Pour cette raison, les visions qu'une communauté nationale a de son passé sont essentielles. Elles sont, d'une part, le reflet de sensibilités politiques qui ont intégré un passé transmis, relayé et relu à travers le prisme d'une mémoire forcément déformante. Mais, du même coup, d'autre part, ce passé revisité pèse sur la perception que cette communauté nationale a de son présent et sur la représentation qu'elle se fait de son futur. On ne s'étonnera pas, dans ces conditions, que le rapport à l'Histoire — rapport entendu ici dans ses deux acceptions, au demeurant liées, de mémoire et de sens présumé d'un déroulement historique — soit essentiel pour notre étude et qu'y réside probablement une des différences majeures entre gauches et droites. Certes, les gauches françaises s'enracinent dans le passé. Elles ont leur martyrologe : retenons ici la figure de « Maria la blonde » (Maria Blondeau), jeune tisseuse tombée à Fourmies le 1er mai 1891, une branche d'aubépine à la main ; sa mort ne se situe pas seulement à l'exacte bissectrice de l'histoire de la République de 1792 à nos jours, elle symbolise aussi, on l'a vu, le moment où la mémoire républicaine devient plurielle car antagoniste. Elles ont également leurs champs d'honneur, devenus lieux de piété douloureuse — le mur des Fédérés[2] — ou de

1. Pour une discussion des thèses d'Albert O. Hirschman, cf. notamment l'article de Raymond Boudon, « La rhétorique est-elle réactionnaire ? », *Le Débat*, n° 69, mars-avril 1992, p. 92-101.

2. Cf. Madeleine Rebérioux, « Le mur des Fédérés », in *Les lieux de mémoire*, (s. d.) Pierre Nora, I, *La République*, Paris, Gallimard, 1984, p. 619-649.

liesse. Elles ont aussi leurs héros. Mais l'inventaire de ceux-ci conduit à poser une question qui n'est incongrue qu'en première lecture : ces gauches, même aussi solidement enracinées dans le passé national, n'ont-elles pas toujours eu un regard davantage tourné vers l'avenir ? La question, en tout cas, doit être posée. Car ces héros, outre qu'ils sont souvent des entités collectives[1], sont plutôt projetés vers l'avenir et l'accomplissement d'un sens de l'Histoire : ce seront tour à tour le Peuple, en lutte contre les tyrannies, le Prolétariat, levain des Révolutions sociales à venir, puis le Tiers Monde, un moment dépositaire de luttes politiques et socio-économiques supposées dilatées à l'échelon mondial. Cette succession — qui épouse, au fil des deux derniers siècles, les courbes du « sinistrisme » de la vie politique française — entraînera, du reste, des chocs d'identité puis de mémoire : le Peuple s'accomplit dans la République, mais quand celle-ci, à la fin du XIXᵉ siècle, refuse de devenir « la Sociale », les aspirations du Prolétariat seront prises en charge par d'autres gauches apparues peu à peu. Parmi celles-ci, le socialisme aura beau être, par sa pression sociopolitique puis par ses passages au pouvoir, l'artisan d'authentiques et profondes conquêtes sociales, les luttes d'émancipation nationale du Tiers Monde feront naître en son sein les troubles que l'on sait : en 1956, l'intensification de la guerre d'Algérie par un gouvernement à direction socialiste comptera davantage dans la mémoire des gauches que la mise en place, par exemple, d'une troisième semaine de congés payés[2].

Si ce sont donc, jusque dans les troubles de la mémoire, les aspirations et, de ce fait, les visions de l'avenir qui sont ainsi souvent en question à gauche, les droites semblent, elles, avoir un rapport différent à l'Histoire, davantage tourné vers le passé. Le cas de figure le plus simple et, de ce point de vue, le plus banal est l'aspiration à l'éternel retour qu'expriment les systèmes de pensée étymologiquement réactionnaires. On connaît ce joli mot de Julien Gracq sur Rome, ville douée selon lui pour « le réemploi de la ruine[3] ». D'une certaine façon, l'Action française, par exemple, montrera un génie identique pour réactiver l'idéal de la monarchie absolue en une époque où celui-ci était définitivement vaincu historiquement et pour tenter de rebâtir un système doctrinal sur

1. Maurice Agulhon observe au sein de la gauche française une tradition « antilâtrique », souvent réactivée *(De Gaulle en son siècle,* t. 1, réf. cit., p. 190).
2. Cf. Alfred Wahl, « L'image de Guy Mollet dans la "nouvelle gauche" (1965-1971) », in *Guy Mollet. Un camarade en république,* Bernard Ménager *et alii,* Presses universitaires de Lille, 1987, p. 591 sq.
3. Julien Gracq, *Autour des sept collines,* Paris, José Corti, 1988, p. 57.

un passé aboli. A cet égard, le monde selon l'Action française est bien « une Restauration à la Viollet-le-Duc[1] », où le stuc le dispute à la pierre de taille.

Nous l'avons déjà souligné, l'Action française fournit ainsi des fondements raisonnés à la nostalgie. Et son regard est non seulement tourné vers le passé, mais il s'est, de surcroît, comme figé sur un monde perdu. Car la Révolution française, à ses yeux, n'incarne pas seulement le mal absolu, c'est aussi une sorte de drame cosmique : elle a rompu, en effet, l'ordonnance même du monde, en rompant cette continuité bienfaisante pour la nation qu'était la monarchie. Et elle figure, de ce fait, parmi les trois plaies de la France : Réforme, Révolution, Romantisme.

Autre cas de figure, lui aussi banal : il peut s'agir de retenir le temps, d'en freiner les évolutions jugées néfastes ou dangereuses. De la réaction on passe là, classiquement, à la conservation. Mais, dans les deux cas, retour au temps passé ou rétention du temps qui passe, les grands courants idéologiques de droite, les grands mouvements politiques qui s'en réclament, les sensibilités qui s'y reconnaissent ou s'en nourrissent, ont, on le voit, une vision de l'Histoire certes multiforme mais radicalement différente de celle des gauches. Celles-ci, souvent, ne regardent en arrière que dans la mesure où s'y lit un chemin parcouru et s'y justifie la route qui reste à faire. Le passé, s'il est important et même parfois perçu comme fondateur — ainsi, la Révolution française —, n'est scruté qu'au travers d'un rétroviseur, le regard restant dirigé vers un avenir au nom duquel se mène le combat politique. D'une telle vision du passé émergent, de ce fait, davantage les « Grands Hommes », on l'a vu, que les « Grands Ancêtres » de la droite. Grandes figures symboliques, ces Grands Hommes de la gauche sont certes portés au statut de grands personnages d'une mémoire collective par ce qu'ils ont fait, mais davantage encore par ce qu'ils incarnent. Ainsi perçus, ils sont autant des hommes de l'avenir — car dépositaires de valeurs qui dictent la route — que du passé.

L'histoire est donc parfois malicieuse : c'est, en effet, à gauche que viennent se nicher, dans ce domaine, une attitude et des pratiques par certains aspects religieuses. Un phénomène de béatification laïque a ainsi conféré depuis 1789 à quelques héros du légendaire des gauches un statut à part. Le Panthéon républicain — initialement à gauche, même s'il est passé ensuite en copropriété avec les droites républicaines — est donc une sorte d'Olympe. Et si

1. Philippe Ariès, *Un historien du dimanche,* avec la collaboration de Michel Winock, Paris, Le Seuil, 1980, p. 78.

les droites ont leur propre Panthéon, il est peuplé seulement de génies tutélaires, protégeant le présent par leurs actes passés, sans pour autant incarner l'avenir.

Dans le texte du tome 2 sur histoire et historiens de droite, est rappelé ce mot de Guizot : « La société, pour croire en elle-même, a besoin de n'être pas née d'hier. » Les droites, en effet, s'enracinent et avant-hier doit servir de terreau. Dès lors, bien des traits de sensibilité relevés au fil de ce tome s'emboîtent et, nous l'avons vu au seuil de ce volume, s'ordonnent notamment autour de la famille, expérience première pour l'individu de la venue et de la présence au monde, et de la terre, lieu d'enracinement autant qu'éventuel patrimoine. Dans les deux cas, le rôle de point d'ancrage par rapport aux rythmes de l'histoire est patent : la terre, note Pierre Barral, constitue « un pôle de stabilité au sein d'un monde où le rythme du changement s'accélère ». Et la famille n'est pas seulement la matrice de l'ordre et de l'identité mais une chaîne vivante se déroulant à son rythme propre sans épouser les courbes cahotiques de l'Histoire.

Ces deux exemples font apparaître un autre aspect du rapport des droites au Temps et à l'Histoire. A l'inverse des fractures et des ruptures qui souvent fondent la vision historique des gauches, à droite la continuité prime, par la terre et les morts.

S'expliquent mieux, ainsi remis en perspective, les rapports entre les droites et la nation. Comme le notait Fernand Braudel dans son dernier livre, « une nation ne peut *être* qu'au prix de se chercher elle-même sans fin[1] ». Ainsi, on le voit, la nation devient un point nodal des sensibilités politiques : cette quête de soi suppose, en effet, une mémoire, en amont, et la vision d'un avenir, en aval. La conception de la nation ne concerne donc pas seulement l'idée que l'on se fait d'une communauté, de ses rouages comme de ses ingrédients, mais aussi une certaine idée de son devenir historique. A travers la nation, ou, plus précisément, à travers sa représentation dans les nostalgies et les rêves des droites, ce ne sont donc pas seulement le sol et les hommes qui sont en question, mais l'Histoire qui a façonné ce sol et qui emporte les hommes selon un cours sur lequel ils aspirent à avoir prise. Inversement, on connaît la difficulté éprouvée par la gauche, un siècle durant, à appréhender le fait national. Qu'elle soit marxiste, et donc d'essence internationaliste, ou humaniste, et donc encline à dénoncer les ferveurs nationales, dangereuses à ses yeux, elle aura eu souvent tendance à considérer

1. Fernand Braudel, *L'identité de la France*, t. 1, *Espace et Histoire*, Paris, Arthaud-Flammarion, 1986, p. 17.

la réalité nationale comme porteuse de nuées funestes et dange
reuses pour l'harmonie universelle.

Cela étant, si la nation est ainsi pour les droites le produit d'une
Histoire en même temps qu'un garde-fou empêchant que cette
Histoire s'emballe, il n'en a pas toujours été ainsi : comme valeur
primordiale au cœur d'un système de pensée, elle a été une notion
voyageuse, passant de la gauche à la droite au terme d'un itinéraire
dûment localisé et daté, et dont le point de croisement se situe à la
fin du XIXe siècle. L'observation ne doit pas conduire à conclure sur
une note pessimiste, par le constat du caractère politiquement
mouvant de nombre de valeurs ou de sensibilités politiques qui
nous interdirait d'en faire les boussoles d'un paysage politique à la
Salvador Dali, aux instruments de mesure fondants. Les droites,
enfantées par l'Histoire, ont certes connu des mues successives,
liées aux mutations de l'Histoire et à ses enjeux successifs. Mais ce
sont précisément ces mues qui, au fil de nos deux derniers siècles,
ont pérennisé l'axe gauches-droites[1]. Et si l'historien, pour l'avenir,
se refuse à la divination, il se contentera ici de remarquer que
l'histoire qu'on a lue au fil de ces trois volumes ne constituait en
aucun cas une sorte de retour de cendres d'un passé aboli. C'est une
histoire à suivre, dans tous les sens du terme.

JEAN-FRANÇOIS SIRINELLI

---

1. Axe indissociable, assurément. S'il en fallait une dernière preuve, c'est dans
les pages qui précèdent qu'on la trouverait : nombre d'observations, en effet, y
portaient sur la gauche du paysage politique, et plusieurs des auteurs cités avaient
médité, dans leurs travaux, sur l'histoire des gauches, par exemple à travers la
République au XIXe siècle.

NOTES

Chapitre I

LA FAMILLE

1. Jean Guiraud, *La famille laïque*, Besançon, Imprimerie de Bossanne, 1905.

2. Manuel Devaldès, *La brute prolifique*, Paris, Éd. du Malthusien, 1914.

3. C'est la droite gaulliste qui a laissé chuter, au début de la cinquième République, le pouvoir d'achat relatif des allocations familiales. C'est la droite libérale, avec Valéry Giscard d'Estaing et Simone Veil, qui a libéralisé l'avortement en 1974-1975.

4. Albert Bayet, dans *La Dépêche* du 8 septembre 1912.

5. Sur ce point, il n'y avait pas unanimité chez les philosophes, comme le souligne Joseph Goy [5] : Jean-Jacques Rousseau, au nom de la raison naturelle et de l'intérêt des enfants, était hostile au divorce.

6. A la faveur du grand autodafé des vestiges de la féodalité dans la nuit du 4 août, le droit d'aînesse et le privilège de masculinité avaient été abolis, ce qui permit au législateur d'interdire les pratiques inégalitaires dans les successions *ab intestat* (cf. Joseph Goy, [5, p. 96].

7. Joseph Goy [5] cite aussi la phrase de Robespierre : « La Patrie a le droit d'élever ses enfants; elle ne peut confier ce dépôt à l'orgueil des familles, ni aux préjugés des particuliers, aliments éternels de l'aristocratie et d'un fédéralisme domestique qui rétrécit les âmes en les isolant. »

8. Alain Lottin, *La désunion du couple sous l'Ancien Régime, l'exemple du Nord*, Paris, Éd. universitaires, 1975.

9. Franklin Lewis Ford, *Strasbourg in transition*, 1648-1789, New York, Norton 1966, p. 92; François Wendel, *Le mariage à Strasbourg à l'époque de la Réforme, 1520-1692*, Strasbourg, Imprimerie alsacienne, 1928; Pierre Bels, *Le mariage des protestants en France jusqu'en 1685*. Paris, Librairie générale de droit et de jurisprudence 1967, thèse de droit, parue dans la collection « Bibliothèque d'histoire du droit et de droit romain », vol. 12.

10. Montesquieu, *Lettres persanes*, 1721, lettre 116, et *De l'esprit des lois*, 1748, livre XVI, chapitre 15.

11. Denis Diderot, *Supplément au voyage de Bougainville*, publ. 1796.

12. Morelly, *Code de la nature*, 1755.

13. De Cerfvol [pseud.], *Cri d'une honnête femme qui réclame le divorce conformément aux lois de la primitive Église, à l'usage actuel du Royaume catholique de Pologne, et à celui de tous les peuples de la terre qui existent ou qui ont existé, excepté nous*, Londres, 1770.

14. *L'Ami des enfants : Motion en faveur du divorce*, Paris, n.d., *circa* 1789.

15. D'après Alfred Sauvy (« Quelques démographes ignorés du XVIIIe siècle » *in*

Joseph Spengler, *Économie et population : Les doctrines françaises avant 1800*, Paris, 1954, p. 371), Cerfvol, qui était démographe — auteur aussi d'un *Mémoire sur la population*, Londres, 1768 —, pensait au remariage de Louis XV avec Mme du Barry.

16. Jean Antoine Nicolas Caritat, marquis de Condorcet, *Esquisse d'un tableau historique des progrès de l'esprit humain*, Paris, Agasse, An III/1794. Claude Adrien Helvétius (+1771), *Réflexions morales*, Paris, éd. An III/1795.

17. Albert Joseph Ulpien Hennet, *Du divorce*, Paris, 1789.

18. *L'homme mal marié, ou questions à l'auteur de « Du divorce »*, Paris, s.d., circa 1790; *L'irdissolubilité du mariage vengée, ou réfutation du livre intitulé Du divorce*, n.p., n.d.

19. Hilaire Joseph Hubert de Martigny, *Traité philosophique, théologique et politique de la loi du divorce, demandée aux États généraux par S.A.S. Mgr. Louis Philippe Joseph d'Orléans, premier Prince du Sang, où l'on traite la question du célibat des deux sexes, et des causes morales de l'adultère*, Paris, 1789; Simon Nicolas Henri Linguet, *Légitimité du divorce, justifié par les Saintes Écritures, par les Pères, par les Conciles, etc.*, aux États Généraux de 1789, Bruxelles, 1789; *Réflexions d'un bon citoyen en faveur du divorce*, n. p., n. d., circa 1790. *Il est temps de donner aux époux qui ne peuvent vivre ensemble la faculté de former de nouveaux nœuds*, Paris, 1791.

20. *Lettre contenant la proposition d'un amendement à faire à la loi du divorce*, n. p., n. d. [1793]; *Adresse aux républicains sur le divorce, considéré dans ses rapports moraux et politiques*, Paris, An IV.

21. Dominique Dessertine, *Divorcer à Lyon sous la Révolution et l'Empire*, Lyon, Presses universitaires, 1981; Gérard Thibault-Laurent, *La première introduction du divorce en France sous la Révolution et l'Empire (1792-1816)*, thèse de droit, Montpellier, 1939.

22. Louis de Bonald, *Sur les gouvernements*, t. II, p. 553; cité par Raymond Deniel, *Une image de la famille sous la Restauration*, Paris, Éd. ouvrières, 1965, p. 102.

23. Ferréol-Xavier Chiflet, cité par Raymond Deniel, *op. cit.*, p. 103.

24. Louis de Bonald, *op. cit.*, p. 23.

25. *Archives parlementaires*, tome XXI, p. 10 et 11.

26. Réimpression de l'ancien *Moniteur*. Supplément du 30 avril 1820, p. 24-41.

27. Discours du 10 février 1826, *Archives parlementaires* de 1787 à 1860, 2ᵉ série, t. XLV, p. 754, cité par Deniel, *op. cit.*, p. 104.

28. Opinion de M. le duc de La Rochefoucauld, *Archives parlementaires*, 2ᵉ série, t. XLVII, p. 26.

29. Louis de Bonald, *Du divorce, considéré au XIXᵉ siècle relativement à l'état domestique et à l'état public de société*, Paris, 1800.

30. Trinquelague, in *Discours de la Chambre des députés*, s. d., s. éd., t. I, 1815-1816, p. 28-29.

31. Pierre Joseph Proudhon, *Les Malthusiens*, Paris, s. d. [1848]; *Système des contradictions économiques ou philosophie de la misère...* 2ᵉ éd., Paris, Garnier frères, 1850.

32. Pierre Joseph Proudhon, *De la justice dans la Révolution et dans l'Église, Nouveaux principes de philosophie politique adressés à S. E. Mgr. Mathieu*, Paris, Garnier frères, 1858, t. IV; *La pornocratie ou les femmes dans les temps modernes*, Paris, A. Lacroix, 1875.

33. Trinquelague, *op. cit.*, p. 27-28.

34. Louis de Bonald, « Sur la mendicité », in *Mélanges littéraires politiques et philosophiques*, Paris, Adrien Le Clère, éd. 1854, t. II, p. 263; *De la famille agricole, de la famille industrielle et du droit d'aînesse, idem.*, p. 56.

35. Bernard Schnapper, « La séparation de corps de 1837 à 1914. Essai de sociologie juridique », *Revue historique*, 259, 1978, p. 453-466.

36. Jean Carbonnier [25], p. 333.

37. Alexandre Dumas fils, *L'homme-femme*, Calmann-Lévy, 1878.

38. Alfred Naquet [31].

39. *Idem.*, p. 236-238.

40. *Idem.*, p. 305.

41. Alfred Naquet [32]; Abbé Vidieu, *Famille et divorce*, Paris, 1879.

42. Alexandre Dumas fils [33], p. 10-11.

43. *Idem.*, p. 120.

44. Charles de Ribbe, *Les familles et la société en France avant la Révolution d'après des documents originaux*, Tours, A. Mame et fils, 4e éd. 1879, p. 150 et 375. Il s'agit d'un fidèle admirateur de Le Play. Cf. Frédéric Le Play, *L'organisation de la famille selon le vrai modèle signalé par l'histoire de toutes les races et de tous les temps*, Tours, A. Mame et fils, 2e éd., 1875 (1re éd. 1870). Rappelons que le titre intégral de l'ouvrage de Le Play paru chez Plon en 1864 est : *La réforme sociale en France déduite de l'observation comparée des peuples européens*. On compte sept éditions entre 1864 et 1887. Nous citons la sixième édition, corrigée et refondue, chapitre 26 (*La famille*, paragraphe XVIII, « L'indissolubilité du mariage, garantie des bonnes mœurs », livre III, p. 68-70). Pour autre exemple des travaux historiques sur la famille : E. Glasson, *Le mariage civil et le divorce dans l'Antiquité et dans les principales législations modernes de l'Europe*, 2e éd., Paris, 1880.

45. Alfred Letellier, *La loi sur le divorce votée par le Sénat et la Chambre des députés, précédée du rapport fait au nom de la commission de la Chambre des députés, chargée d'examiner la proposition de loi adoptée par elle, adoptée avec modifications par le Sénat, et tendant à rétablir le divorce*, Paris, L. Larose et Forcel, 1884.

46. Charles Letourneau, *L'évolution du mariage et de la famille*, Paris, Adrien Delahaye et Émile Lecrosnier, 1888, p. 308.

47. Alfred Letellier, *op. cit.*, p. 10.

48. Jean Gaudemet [26], p. 403-405.

49. Henri Coulon et René de Chavagnes, *La famille libre*, Paris, Flammarion, 1913, et *Le mariage et le divorce de demain*, Paris, Flammarion, 1908.

50. Ces projets sont cités en appendice de l'ouvrage ci-dessus de Henri Coulon et René de Chavagnes, *La famille libre*, *op. cit.* Ils prévoyaient des indemnités pour la fille séduite, la possibilité d'une action en recherche de paternité présumée, des facilités pour l'adoption, une pension mensuelle pour les mères, depuis le quatrième mois de la grossesse jusqu'au quarante-cinquième jour après l'accouchement (et pendant dix mois supplémentaires pour celles qui allaitaient elles-mêmes leur enfant), le partage de la puissance parentale entre le père et la mère, et la liberté totale de tester, sauf attribution d'une pension alimentaire aux enfants légitimes ou naturels légalement reconnus.

51. Cité par Henri Coulon et René de Chavagnes, *La famille libre*, *op. cit.* C'est abusivement qu'on a voulu rattacher à ce courant contestataire Léon Blum, dont le livre, *Du mariage* (1907), traite surtout des conditions du bonheur des couples. Pour lui, « le mariage n'est pas une institution mauvaise, mais une institution mal réglée, et dont on tire un mauvais parti. Ce n'est ni un poison, ni une panacée. C'est un aliment sain, mais qu'il faut assimiler à son heure. ».

52. Sur ce sujet, voir Claude Salleron, « La littérature au XIXe siècle et la famille » [14, p. 72 et sq.]. On notera que, pour Balzac, au contraire, la famille est la pierre angulaire de la société : « Sous ce rapport, je me range du côté de Bossuet et de Bonald, au lieu d'aller avec les novateurs modernes. »

53. Maurice Barrès, d'abord partisan d'un individualisme total, se rallia aux valeurs traditionnelles avec *Les déracinés* (1897). Sur l'entrée des valeurs familiales dans la littérature, voir Robert Talmy [9, t. I, p. 133-137].

54. Pour Engels, « l'affranchissement de la femme a pour condition première la rentrée de tout le sexe féminin dans l'industrie publique; à son tour cette condition exige la suppression de la famille individuelle comme unité économique de la

société... Les soins de l'éducation à donner aux enfants deviennent une affaire publique; la société prend un soin égal de tous les enfants, qu'ils soient légitimes ou naturels » (*Les origines de la famille, de la propriété privée et de l'État*, 1884).

55. Sébastien Faure : « Si vous ne pouvez pas transmettre à vos enfants une constitution saine et robuste, vous n'avez pas le droit d'être père et mère. Si vous n'avez pas la possibilité, la probabilité très grande de pouvoir donner à vos enfants une bonne éducation, vous n'avez pas le droit de procréer. » (Discours au meeting néo-malthusien du 31 mars 1910, placé sous la présidence d'Alfred Naquet).

56. Cité par Jules Franel, *La famille d'après les prédicateurs de Notre-Dame de Paris*, thèse de la faculté de théologie protestante de Montauban, Montauban, 1894. L'année suivante (1861), le Père Félix explicitait et élargissait cette conception : « Quelle est la source de la vie sociale, et qui dira le secret de sa génération ? Messieurs, il y a ici deux choses qui ne peuvent être un mystère pour personne : le lieu de cette source et le fait de son perpétuel et universel jaillissement. Le fleuve de la vie sociale sort du foyer domestique; la famille est la source vive de la patrie... Les législateurs l'ont trop oublié; ils ne songent qu'aux individus et aux nations; ils omettent la famille, source unique des populations fortes et pures, sanctuaire des traditions et des mœurs où se retrempent toutes les vertus sociales » (*ibid.*).

57. Frédéric Le Play, *La réforme sociale en France, réf. cit.*. L'idée fondamentale de Le Play est de restaurer l'autorité dans toute la société, à l'image de l'autorité du père dans la famille-souche.

58. *Le conseiller du peuple*, Livre IV, ch. XXVII, p. 248-249.

59. « Je voudrais que dans les élections primaires, l'homme marié votât pour sa femme, en d'autres termes que sa voix comptât pour deux, que le père votât pour ses enfants mineurs », Ernest Renan, *La réforme intellectuelle et morale*, 1871, Paris, éd. Michel Lévy, p. 88.

60. Henri Lasserre : « Supprimer le droit de la femme et de l'enfant à être représentés, parce qu'ils sont incapables de voter, c'est absolument comme si, dans une licitation, on supprimait le droit de propriété des mineurs, parce qu'ils sont incapables de l'exercer par eux-mêmes » (*De la réforme et de l'organisation du suffrage universel*, Paris, Victor Palmié, 1873); Gabriel Tarde : « Sans la possession des droits politiques, celle des droits civils devient à la longue plus apparente que réelle, comme le savent très bien les masses électorales exclues du scrutin à l'époque des censitaires » [cité *in* 23, p. 112].

61. Colonel Marchand, lors de la campagne électorale de 1906 : « Nous voulons réellement, énergiquement, l'avènement du quatrième État, la famille, c'est-à-dire le peuple tout entier, dans toutes les classes, à la direction sociale, qu'aujourd'hui ses courtisans se disputent et s'arrachent pour le malheur de toute la nation ainsi mise en perdition » [cité *in* 23, p. 115]; abbé Lemire : « Un État ne se compose pas d'individus juxtaposés. La cellule sociale vraie, c'est la famille. Et dans un pays civilisé, la famille, c'est l'union légalement reconnue de l'homme et de la femme... N'est-il pas juste que celui qui est le représentant légal de cette société acquière une place dans les préoccupations du législateur et puisse se rappeler à sa pensée? N'est-il pas juste que cet homme, qui est le chef de famille, puisse voter en son nom? ». Ce projet est « essentiellement démocratique, car c'est dans le peuple qu'on se marie le plus souvent » (Chambre des députés, Doc. 1911, annexe 1115, p. 2200 et sq.) [cité *in* 9, t. I, p. 120].

62. La gauche craignait que le vote des femmes ne fît basculer la majorité à droite. Après la guerre, Jean Guiraud prendra publiquement parti contre le vote des femmes (*La Croix* du 24 février 1922).

63. Procès verbal de l'Œuvre des Cercles, 24 mars 1892 et 27 mai 1892 [9, t. I, p. 53].

64. Jean Guiraud, *La famille laïque, op. cit.*

65. Georges Noblemaire, Paul Lerolle et abbé Fonssagrives, *La guerre à la famille*, p. 27.

66. *Idem.*, p. 35-38. L'auteur signale l'existence d'une société féministe chrétienne (fondée en 1896), d'une revue internationale des intérêts féminins, *La femme contemporaine* (fondée en 1902 par le chanoine Lagardère) et de onze groupements féminins de même inspiration. Albert de Mun avait pris des positions voisines dans *Le travail des femmes*.

67. Par contre, ni l'Action française ni le Sillon ne s'intéressent au mouvement familial, comme le note Robert Talmy [9, t. I, p. 140, n. 15]. Charles Maurras s'en tient aux positions de Louis de Bonald : « A l'institution héréditaire de la *famille*, ajoutez les entités permanentes de gouvernement de la *commune* et de la *province*, et l'institution qui équilibre, par fondation de l'*autorité* : vous avez la formule de la monarchie » (*Gazette de France*, 6 mai 1899). De même, le Sillon ne s'écarte guère du programme de Frédéric Le Play et de *La réforme sociale*.

68. Auguste Isaac (animateur du Mouvement familial), in *La réforme sociale*, juin 1908.

69. Jacques Bertillon, *La dépopulation de la France*, Paris, 1912, p. 128.

70. Dans son livre *Dépopulation et Civilisation* (Paris, Lecrosnier et Babé, 1890, réédité en 1990 par André Béjin chez Economica, Paris), Arsène Dumont soutient que la natalité est en raison inverse de la « capillarité sociale », mais le progrès de l'individu en raison directe de cette même capillarité.

71. Émile Levasseur, *La population française. Histoire de la population avant 1789 et démographie de la France comparée à celle des autres nations au XIXᵉ siècle*, 3 vol., Paris, 1889-1892. Émile Levasseur, qui adhérait pleinement au credo républicain, ne pouvait admettre « l'opinion que la fécondité française ait diminué précisément dans la mesure où le respect de la religion s'est affaibli ». Pour lui, « le bien-être est certainement l'une des causes principales de la faible natalité de la France ».

72. Jacques Bertillon, « Le problème de la dépopulation », *Revue politique et parlementaire*, juin 1897 [9, t. I, p. 72].

73. Robert Talmy a retrouvé dans les archives d'A. Glorieux, fondateur du mouvement, *La plus grande famille*, le texte d'une lettre adressée le 23 juillet 1924 au président de l'Alliance nationale : « Si l'Alliance nationale veut vraiment mettre le doigt au fond de la plaie, si elle veut y porter le fer, qu'elle fasse établir de quelle manière les radicaux et leurs prédécesseurs, les Jacobins, depuis la Révolution, ont contribué à accroître le nombre des Français, et que l'on mette en regard de ce relevé des fils prodigues, le relevé du splendide développement de nos grandes familles catholiques » [9, t. I, p. 264, n. 58].

74. En 1916, le capitaine Maire intente un procès à *L'Écho de Paris* qui avait placé sa ligue sur le même plan que l'Alliance nationale et que la ligue Pour la vie !

75. Sur cette triste histoire, voir Alain Becchia, « Les milieux parlementaires et la dépopulation de 1900 à 1914 », *Communications* (numéro spécial, *Dénatalité-L'antériorité française, 1800-1914*), 44, 1986, p. 201-246.

76. Ce gouvernement comporte six ministres favorables à une politique de la famille et de la natalité : Breton, François-Marsal, Honnorat, Isaac, Landry et Ricard.

77. Loi du 23 juillet 1920, votée par 500 députés contre 53.

78. Loi du 23 mars 1923, votée par 472 députés contre 82.

79. Quelques calculs hasardeux avaient fait croire, dès le début du siècle, que le nombre annuel des avortements dépassait 500 000 ! Sur ce point, voir Jacques Dupâquier, « Combien d'avortements en France avant 1914 ? », *Communications* 44, Paris, 1986, p. 87-106.

80. Faisaient partie du groupe, chez les radicaux socialistes, Daniel Vincent, Jean-Louis Dumesnil, Justin Godard, Louis-Lucien Klotz, Albert Le Bail, P. Laffont; chez les socialistes Vincent Auriol, Marcel Cachin et Alexandre Varenne.

81. Une « faiseuse d'anges » de Cherbourg, responsable de la mort d'une de ses clientes, sera même exécutée.

82. Voir là-dessus le chapitre écrit par Jean-Claude Chesnais (« La politique de population française depuis 1914 »), dans l'*Histoire de la population française, op. cit.*, vol. 4, p. 181-231.

83. Dans *Le deuxième sexe* (Paris, Gallimard, 1949), Simone de Beauvoir écrit : « Puisque l'oppression de la femme a sa cause dans la volonté de perpétuer la famille et de maintenir intact le patrimoine, dans la mesure où elle échappe à la famille, elle échappe aussi à cette absolue dépendance; si la société niant la propriété privée refuse la famille, le sort de la femme s'en trouve considérablement amélioré. »

84. Louis Roussel, *Le mariage dans la société française contemporaine*, INED, Travaux et Documents, cahier n° 73, Paris, PUF, 1975.

85. La loi Veil dépénalisant l'avortement a été votée par l'Assemblée nationale en novembre 1974 par une majorité d'occasion rassemblant les communistes, les socialistes, une partie des centristes et des gaullistes (284 voix contre 189). Plus tard, en 1981, le gouvernement Mauroy fera décider le remboursement de l'avortement par la Sécurité sociale, et, en 1986, le gouvernement Chirac refusera de revenir sur cette mesure. De ce point de vue, il n'y a aucune solution de continuité entre les positions de Georgina Dufoix et celles de Michèle Barzach.

86. Les deux premières mesures en ce sens datent de 1969 et 1970, sous la présidence de Georges Pompidou; mais c'est sous le septennat de Valéry Giscard d'Estaing qu'elles deviennent systématiques : allocation de rentrée scolaire en 1974, allocation de parent isolé en 1976, complément familial en 1977. Plus tard, sous le premier septennat de François Mitterrand, le quotient familial est plafonné et l'allocation pour jeune enfant est soumise à des conditions de ressources. Le gouvernement Chirac ne revient pas là-dessus : il se contente de relever les plafonds.

87. Les « parents isolés » bénéficiant d'une part et demie dans le calcul du quotient fiscal, le concubinage procure un allégement d'impôt parfois considérable. Veufs et divorcés hésitent désormais à se remarier. Là-dessus, voir Evelyne Sullerot, *Pour le meilleur et sans le pire*, Paris, Fayard, 1984.

88. *Un projet pour les femmes*, décembre 1977.

89. Texte de la proposition de loi n° 2536 déposée par les socialistes et les radicaux de gauche (session de 1976-1977) en faveur d'une allocation familiale unique.

90. *Pour une politique des femmes : les propositions du PSU*, Paris, Syros, 1981.

91. « Ce qui prive des femmes, des familles, de la joie d'avoir un enfant », intervention de Colette Gœuriot dans le débat du 30 novembre 1979, *Naissance, Contraception, Avortement. Les moyens de décider*, Paris, Éd. sociales, 1980.

92. Programme du Front national « Pour la France », Paris, 1990, chapitre X : « Accueil de la vie et préférence familiale. »

Chapitre II

LA TERRE

1. Cité *in* Victor Nguyen, *Aux origines de l'Action française. Intelligence et politique à l'aube du XXᵉ siècle*, Paris, Fayard, 1991, p. 945 et 885.

2. Luce Prault, *Paysans, votre combat*, Paris, 1963, p. 47.

3. Édouard Drumont, *La France juive*, Paris, Marpon et Flammarion, 1886, t. 1, p. 30.

4. *Gringoire*, 5 juin 1936.

5. Florilège des déclarations publiques de Pierre Poujade contre Pierre Mendès France. Sur celles-ci, comme sur le contexte des références données en notes 3 et 4, voir Pierre Birnbaum, *Un mythe politique : la « République juive »*. *De Léon Blum à Pierre Mendès France*, Paris, Fayard, 1988 — particulièrement le chapitre VI, « Le vin, l'eau et le lait », p. 172-195 et p. 337-339.

Chapitre III

LA RÉGION

1. Sur ce point — essentiel, on le verra, au régionalisme — du statut de l'idiome, lire Michel de Certeau, Dominique Julia et Jacques Revel, *Une politique de la langue. La Révolution française et les patois*, Paris, Gallimard, 1986, notamment p. 155-169.

2. Sur la création du département, outre l'étude d'Albert Soboul [1, p. 37 sq], voir, bien évidemment, les travaux de Marie-Vic Ozouf-Marignier, *La représentation du territoire français à la fin du XVIIIᵉ siècle d'après les travaux sur la formation des départements*, thèse, 1983, Paris, Éd. de l'EHESS, 1989.

3. Sur ce point, voir François Furet et Mona Ozouf (s.d.), *La Gironde et les girondins*, Paris, Payot, 1991. Pour sa part, Albert Soboul affirmait : « Le fédéralisme girondin fut finalement le fait de la bourgeoisie maîtresse des administrations départementales, inquiète pour la propriété » [1, p. 45].

4. C'est la célèbre page du deuxième livre de *De la démocratie en Amérique* (4ᵉ partie, chapitre VI, « Quelle espèce de despotisme les nations démocratiques ont à craindre »), dans laquelle Tocqueville appelle à la reconstitution de pouvoirs intermédiaires et locaux électifs face à l'État centralisé et à son despotisme régulateur : « Au-dessus [des hommes semblables et égaux] s'élève un pouvoir immense et tutélaire, qui se charge seul d'assurer leur jouissance et de veiller sur leur sort. Il est absolu, détaillé, régulier, prévoyant et doux. Il ressemblerait à la puissance paternelle, si, comme elle, il avait pour objet de préparer les hommes à l'âge viril ; mais il ne cherche, au contraire, qu'à les fixer irrévocablement dans l'enfance » (Alexis de Tocqueville, *Œuvres*, t. II, *De la démocratie en Amérique*, Paris, Gallimard, la Pléiade, 1992, p. 837).

5. Cf. Pascal Ory, « Le centenaire de la Révolution française », *in* Pierre Nora (s.d.), *Les lieux de mémoire*, t. I, *La République*, Paris, Gallimard, 1984, p. 523-560.

6. A Henri Charriaut, qui mène, en 1895, une enquête sur la décentralisation, comparable à celle que fera, cinq ans plus tard, Charles Maurras sur la monarchie, l'abbé Lemire répond qu'elle doit « d'abord permettre l'initiative ».

7. Georges Clemenceau, *in* Joseph Paul-Boncour, *Charles Maurras. Un débat nouveau sur la République et la décentralisation*, Toulouse, Nouvelle librairie nationale, 1905, p. 159.

8. Maurice Barrès, *Scènes et doctrines du nationalisme*, Paris, Félix Juven, 1902, p. 91-92.

9. *Idem*, p. 494.

10. *Idem*, p. 497, 505.

11. Charles Brun, *Le régionalisme*, Bloud, 1911, p. 17.

12. Paul Deschanel a publié un livre remarqué, *La décentralisation* (Paris, Berger-

Levrault, 1895), dans lequel il affirme que « la décentralisation fait passer les affaires de la main des fonctionnaires à celle des citoyens » et conclut à la nécessité de « fonder des corps intermédiaires ».

13. *Un débat nouveau..., op. cit.*, p. 45, 52, 77.

14. Toutes les citations de Charles Maurras sont extraites de l'ouvrage de Victor Nguyen, *Aux origines de l'Action française. Intelligence et politique à l'aube du XXᵉ siècle*, Paris, Fayard, 1991, p. 842, 458, 502, 880, 847, 945, 482. On lira particulièrement le chapitre « Sous le règne du Midi », p. 431-506.

15. *L'Action régionaliste*, avril 1919.

16. Pierre Foncin, *Les pays de France, projet de fédéralisme administratif*, Paris, A. Colin, 1905.

17. Vidal de la Blache, « Régions françaises », in *La Revue de Paris*.

18. Gabriel-Xavier Culioli, *Le complexe corse*, Gallimard, 1990, p. 24, 242-243.

19. Christian Bougeard, « L'opinion : étude départementale et régionale : la Bretagne » *in* Jean-Pierre Azéma et François Bédarida, s.d., *Le régime de Vichy et les Français*, Paris, Fayard, 1992, p. 540-544. Voir également Pierre Barral, « Idéal et pratique du régionalisme dans le régime de Vichy », *Revue française de science politique*, 1974, p. 911-939.

Chapitre IV

LA PATRIE

1. Voir, dans cet ouvrage, Philippe Contamine, « Jeanne d'Arc dans la mémoire des droites », *Histoire des droites en France*, t. II, chap. X.

2. Sur ce point lire : Ralph Schor, *L'opinion française et les étrangers 1919-1939*, Paris, Publications de la Sorbonne, 1985; Michael R. Marrus et Robert O. Paxton, *Vichy et les Juifs*, Paris, Calmann-Lévy, 1981; CDJC, *La France et la question juive 1940-1944. La politique de Vichy, l'attitude des Églises et des mouvements de Résistance*, Paris, Sylvie Messinger, 1981; André Kaspi, *Les juifs pendant l'occupation*, Paris, Le Seuil, 1991; Dominique Rossignol, *Vichy et les francs-maçons. La liquidation des sociétés secrètes 1940-1944*, Paris, Lattès, 1981.

3. Voir Daniel Nordman, « Des limites d'État aux frontières nationales », *in* Pierre Nora, *Les lieux de mémoire*, t. 2, *La Nation**, Paris, Gallimard, 1986, p. 35-61

4. René de Chateaubriand, *Mémoires d'outre-tombe*, 4ᵉ partie, livre XXXIX, chapitre 9 [11, p. 741]. Il ajoute : « Ici, nous avons planté les trophées pour réclamer en temps et en lieu. »

5. Edmond de Cazalès, « Études historiques et politiques sur l'Allemagne », *Revue des Deux Mondes*, 4ᵉ série, t. XXIX, 1842, p. 79.

6. Numa-Denis Fustel de Coulanges, « L'Alsace est-elle allemande ou française ? Réponse à M. Mommsen, professeur à Berlin » (1870), *in* François Hartog, *Le XIXᵉ siècle et l'histoire. Le cas Fustel de Coulanges*, Paris, PUF, 1988, p. 379. « Voilà pourquoi les hommes veulent marcher ensemble, ensemble travailler, ensemble combattre, vivre et mourir les uns pour les autres. La patrie, c'est ce qu'on aime. »

7. Sur ce point, Jean-François Sirinelli, *Intellectuels et passions françaises. Manifestes et pétitions au XXᵉ siècle*, Paris, Fayard, 1990, p. 92-100.

Chapitre V

LA COLONISATION

1. Intervention du Dupin au cours des séances des 11, 28, 29, 30 avril, 1 et 2 mai 1834. *Moniteur*, 1834.

2. Intervention du comte de Sade à la Chambre des députés, session de 1834.

3. Intervention d'Alexis de Tocqueville au cours du débat sur les crédits extra-ordinaires pour l'Algérie, juin 1846. Cf. *Écrits et discours politiques*, in *Œuvres complètes*, III, 3, Paris, Gallimard, 1990.

4. Ainsi Tocqueville lui-même, dont le grand rapport de 1847 est fort significatif à cet égard, car s'il y déplorait qu'autour de nous, « les lumières se [soient] éteintes », il s'y réjouissait de « la soumission dans la plus grande partie du pays ».

5. Mémoire fait au Roi et à la Chambre, 1847.

6. Intervention de Frédéric Passy à la Chambre des députés, 28 juillet 1885, citée par Charles-Robert Ageron *L'anticolonialisme en France*, Paris, PUF, 1973, p. 48-49.

7. Paul de Cassagnac, *L'Express du Midi*, 16 mars 1898 cité par Charles-Robert Ageron, *op. cit.*, p. 70.

8. Paul Lenglé cité par Charles-Robert Ageron, *op. cit.*, p. 17.

9. Intervention de Jules Ferry, à la Chambre des députés, 28 juillet 1885 *in* Charles-André Jullien et Robert Delavignette, *Les constructeurs de la France d'outre-mer*, Paris, Corrêa, 1946, p. 297-298.

10. Édouard Drumont, *La France juive, Essai d'histoire contemporaine*, Paris, Marpon et Flammarion, 1886, t. 1, p. 447.

11. *Idem.*, p. 477-478. A comparer avec Paul Vigné d'Octon, *La gloire du sabre*, Paris, Flammarion, 1900. Les mêmes thèmes sont réversibles.

12. Charles-Robert Ageron, *L'anticolonialisme en France...*, *op. cit.*

13. *Idem.*, p. 17.

14. Intervention du duc de Broglie au Sénat, 11 décembre 1884, citée par Ageron, *idem.*, p. 64-65.

15. Paul Déroulède, discours du Trocadéro, 26 octobre 1884.

16. Paul Déroulède, *Le Drapeau*, 10 janvier 1885.

17. Duchesse d'Uzès, *Le voyage au Congo*, Paris, Plon et Nourrit, 1894, Préface de juin 1894.

18. Paul Leroy-Beaulieu, *De la colonisation...*, Paris, F. Alcan, 1874.

19. Ernest Psichari, *Le voyage du centurion*, Préface de Paul Bourget, Paris, L. Conard, 1922, p. 8.

20. Discours de Robert Millet au banquet du Comité du Maroc cité par Charles-Robert Ageron, *France coloniale ou parti colonial*, Paris, PUF, 1978, p. 149.

21. Maurice Barrès, *Mes Cahiers*, Paris, Plon, 1929-1957, t. IX, février 1911-décembre 1912.

22. Paul Déroulède, Discours à la chambre des députés, 7 avril 1892, cité par Ageron, *op. cit.*, p. 68.

23. Charles Maurras dans la *Gazette de France*, 19 janvier 1900.

24. Jacques Bainville dans *l'Action française*, « Les partis et le Maroc, 29 novembre 1909.

25. Charles Maurras, dans *l'Action française*, 23 juin 1920.

26. Agathon (Alfred de Tarde et Henri Massis), *Les jeunes gens d'aujourd'hui*, Paris, Plon et Nourrit, 1913.

27. Formule de Christopher Andrew et Sydney Kanya-Forstner, « The French Colonialist Movement during the third Republic : The Unofficial mind of Imperialism », *Transactions of the Royal Historical Society*, 5th series, vol. 26, 1976, p. 148.

28. Cité par Édouard Bonnefous, *Histoire politique de la troisième République*, t. IV, 1924-1929, Paris, PUF, 1960, p. 84.

29. Paul Reynaud, *Mémoires*, t. I, *Venu de ma montagne*, Paris, Flammarion, 1960, p. 304.

30. Discours inaugural de Lyautey cité par Raoul Girardet, in *L'idée coloniale en France de 1871 à 1962*, Paris, La Table Ronde, 1972, rééd Hachette, Livre de Poche, Pluriel, p. 194.

31. Paul Reynaud, *op. cit.*, p. 313, discours de Marseille, septembre 1931.

32. *Ibid.*, p. 330.

33. Lyautey, discours inaugural de l'Exposition coloniale de Vincennes 1931, plus généralement, voir Catherine Hodeir et Michel Pierre, 1931. *L'exposition coloniale*, Bruxelles, Complexe, 1991.

34. Paul Reynaud, *op. cit.*, p. 304.

35. Sur Georges Mandel, Jean-Noël Jeanneney, *Georges Mandel l'homme qu'on attendait*, Paris, Le Seuil, 1991.

36. Charles-Robert Ageron, « Les colonies devant l'opinion publique française (1919-1939), in *Revue française d'histoire d'outre-mer*, t. LXXVII, n° 286, 1er trim. 1990, p. 31-73.

37. Jacques Marseille, *Empire colonial et capitalisme français. Histoire d'un divorce*, Paris, Albin Michel, 1984, p. 254 sq.

38. Jean Paillard, *La fin des Français en Afrique noire*, Paris, les Œuvres françaises, 1935, préface de J.-L. Gheerbrandt. On trouvera d'utiles citations et des développements dans le DEA de Pascal Blanchard, *Idéologie coloniale et regard sur l'Afrique à travers la presse de « droite extrême » au temps du mythe impérial*, Université Paris I, dact., Centre de recherches africaines, 1989.

39. J.-L. Gheerbrandt, préface à Jean Paillard, *op. cit.*

40. Charles Maurras, *Pages africaines*, Paris, 1940, p. 170 et 174.

41. Charles Maurras, « La plus grande France », *L'Action française*, 12 juin 1939.

42. *Au service de la renaissance française*, 1944, p. 23.

43. Charles-Robert Ageron, « La survivance d'un mythe : la Puissance par l'Empire colonial (1944-1947) » in *La Puissance française en question! 1945-1949*, René Girault et Robert Frank (s.d.), Paris, Publication de la Sorbonne, 1988, p. 40.

44. Cf. sur ce point, voir Charles-Robert Ageron, « Les troubles du Nord-Constantinois en mai 1945 », in *Vingtième Siècle, Revue d'Histoire*, octobre 1984, p. 33.

45. Charles-Robert Ageron, « La survivance d'un mythe », *op. cit.* ; un sondage d'avril 1947 fait apparaître qu'un tiers de Français ne croyait déjà plus à l'Union française.

46. C'est le 21 septembre que *L'Humanité* publia le fameux communiqué du Bureau politique du PCF reconnaissant la République proclamée à Hanoi. En novembre, le PCF entama une campagne de propagande en métropole.

47. Charles-Robert Ageron, « La survivance d'un mythe », *op. cit.*, p. 48.

48. Alain Ruscio, « L'opinion française et la guerre d'Indochine (1945-1954), in *Vingtième Siècle, Revue d'Histoire*, n° 29, janvier-mars 1991, p. 42.

49. *Ibid.* ; Alain Ruscio rapporte un de ces « agréables moments de détente » que fournit la lecture du *Journal officiel* du 27 janvier 1950, quand Jeannette Vermeesch déclara sa « haine » pour la « majorité impérialiste de cette Assemblée », et déclencha les feux croisés de la droite et de la gauche communiste : « ordures », « saloperies », « salaud », « goujat »...

50. Charles-Robert Ageron, in *Histoire de la France coloniale, 1914-1990*, Paris, A. Colin, 1990, p. 465.

51. Le ministère de la France d'outre-mer et celui des États associés sont confiés à des républicains populaires, Paul Coste-Floret, à la FOM de novembre 1947 à juillet 1950, puis Aujoulat de mars 1951 à décembre 1952, Jean Letourneau aux États associés en 1951-1952; en 1955-1956, c'est encore un MRP, Paul-Henri Teitgen qui est titulaire du portefeuille de la FOM et prépare la « loi-cadre Defferre »; en outre les questions d'outre-mer de 1946 à 1951, tout spécialement en ce qui concerne l'Afrique du Nord, relèvent du ministre des Affaires étrangères et du président du Conseil, c'est-à-dire Georges Bidault ou Robert Schuman, de 1946 à 1954.

52. Voir sur ce point Georgette Elgey, *La République des contradictions, 1951-1954*, Fayard, 1968, p. 352 sq.

53. *Ibid.*

54. « La Justice est une politique », *Le Figaro*, 10 février 1953.

55. Cité par Georgette Elgey in *La République des contradictions, op. cit.*, p. 403-404.

56. *Combat*, 14 octobre 1955.

57. Miles Kalher, *Decolonization in Britain and France, The Domestic Consequences of International Relations*, Princeton University Press, 1984, p. 112.

58. *Journées d'études* du Centre national des indépendants, mars 1952.

59. Cité par Georgette Elgey, *La République des contradictions, op. cit.*, p. 462.

60. *JO, Conseil de la République*, discussion de la loi-cadre, séance du 7 juin 1956. Luc Durand-Réville, sénateur du premier collège du Gabon, était inscrit à la Gauche démocratique, petite formation de radicaux de droite.

61. Le vote de loi-cadre en seconde lecture à l'Assemblée nationale fut acquis par 446 voix contre 98. Les indépendants se divisèrent; Paul Reynaud et Joseph Laniel votèrent pour, Antoine Pinay contre, se retrouvant ainsi aux côtés de Paul Antier, Jacques Isorni, Jean-Louis Tixier-Vignancour et... Jean-Marie Le Pen (*JO, Assemblée nationale*, 19 juin 1956).

62. Pierre Moussa, *Les chances économiques de la communauté franco-africaine*, 1957.

63. Cité par Jacques Marseille, *Empire colonial..., op. cit.*, p. 359.

64. Charles-Robert Ageron, in *Histoire de la France coloniale, op. cit.*, p. 478-480.

65. Exposé de Georges Villiers à l'Assemblée générale du CNPF, le 14 février 1956, document aimablement communiqué par Philippe Mioche.

66. Sur cette question, la thèse maintenant classique de Jacques Marseille, *Impérialisme colonial et capitalisme français, Histoire d'un divorce, op. cit.* En réalité, la France va s'efforcer de « repasser » le fardeau colonial à la Communauté européenne, comme Maurice Couve de Murville, ambassadeur à Bonn, en émet le vœu, s'adressant à des hautes personnalités allemandes, en janvier 1958 (discours à l'occasion de l'exposition française de Hambourg sur « L'avenir de l'Europe en Afrique française »).

67. « Lettre d'un intellectuel à quelques autres à propos de l'Algérie », Imprimerie collective du gouvernement de l'Algérie, Alger, 1955.

68. Jean-François Sirinelli, « Les intellectuels dans la mêlée » in *La guerre d'Algérie et les Français*, Paris, Fayard, 1990, p. 129; également, du même auteur, le chapitre IX, « guerre d'Algérie, guerre des pétitions? » in *Intellectuels et passions françaises. Manifestes et pétitions au XXᵉ siècle*, Paris, Fayard, 1990.

69. *L'Express*, 5 avril 1957.

70. Raymond Aron, *Mémoires*, Paris, Julliard, 1983, p. 365-376.

71. Profession de foi de la Liste d'union républicaine, Henry Bergasse-Jean Fraissinet, élections du 2 janvier 1956.

72. Cité par Thierry Billard, « Illusions et incohérences des Indépendants », in *La guerre d'Algérie et les Français, op. cit.*, p. 220.

73. *JO, Assemblée nationale*, 1ᵉʳ juin 1956, p. 1220, intervention du député UFP, Marcel Bouyer.

74. Titre de la communication de Serge Berstein dans *La guerre d'Algérie et les Français*, *op. cit.*, p. 203-218.

75. *Idem*, p. 207.

76. Cf. Thierry Billard, *art. cité*.

77. André Astoux, *L'oubli*, Paris, Lattès, 1974, p. 143.

78. *La Nation républicaine et sociale*, 2 décembre *1955*, citée par Miles Kahler, p. 87, n. 31.

79. *Le Monde*, 26 août 1955.

80. *JO, Conseil de la République, Débats*, 19 mars 1956, intervention de Michel Debré dans la discussion sur les pouvoirs spéciaux. Voir aussi, *JO*, 29 mars 1956.

81. Voir sur ce point la communication de A.S. Kanya-Forstner, « The Evolution of De Gaulle's Thought on the French Colonial Empire, 1940-1962 » aux *Journées de Gaulle*, 19-24 novembre 1990. Il s'agissait surtout de déclarations privées, par exemple à Louis Terrenoire en mai 1955, à Geoffroy de Courcel ou à J.R. Tournoux en novembre 1956; mais, plus significativement, sa conférence de presse du 30 juin 1955, écartait implicitement la solution de l'intégration de l'Algérie à la France.

82. Charles de Gaulle, *Mémoires d'espoir. Le renouveau, 1958-1962*, Paris, Plon, 1970, p. 41.

83. Charles de Gaulle, conférence de presse du 31 janvier 1964.

84. Nous rejoignons ici Jacques Marseille, « La gauche, la droite et le fait colonial en France des années 1880 aux années 1960 », *Vingtième Siècle. Revue d'Histoire*, n° 24, octobre-décembre 1989, p. 17-28.

Chapitre VI

L'ÉPREUVE DE L'ÉTRANGER

1. François Guizot, *Mémoires*, t. I, p. 157-159, cité dans *Histoire de la civilisation en Europe depuis la chute de l'Empire romain jusqu'à la Révolution française*, édition établie par Pierre Rosanvallon, Paris, Hachette, 1985, p. 14.

2. François Guizot, *Histoire de la civilisation en France*, t. I, p. 141, cité dans *Histoire de la civilisation en Europe, op. cit.*, p. 312-313.

3. François Guizot, *Histoire de la civilisation en Europe, op. cit.*, p. 287-290.

4. Alexis de Tocqueville, *De la démocratie en Amérique*, L. I, 2ᵉ partie, chap. IX, in *Œuvres*, Paris, Gallimard, La Pléiade, 1992, p. 365.

5. *Idem*, L. II, 3ᵉ partie, chap. XXI, « Pourquoi les grandes révolutions deviendront rares », *op. cit.*, p. 774.

6. Cité *in* Victor Nguyen, *Aux origines de l'Action française. Intelligence et politique à l'aube du XXᵉ siècle*, Paris, Fayard, 1991, p. 847.

7. Cette formule est utilisée dans le *Journal des Débats* du 6 janvier 1827; elle ne vient pas directement des ultras, mais illustre fort bien leur attitude [13, p. 309].

8. Voir à ce sujet la thèse de Françoise Mallet, *Un royaliste au service de la légitimité, Jean-Guillaume Hyde de Neuville, 1776-1857*, Paris, École des Chartes, 1987.

9. Abbé Gagnol, *Histoire contemporaine de 1789 à nos jours*, Paris, Librairie C. Poulssiègue, 1898, p. XII; il s'agit d'un manuel des écoles catholiques.

10. Les travaux sur André Tardieu ne sont pas nombreux; cf. notamment Nicolas Roussellier, « André Tardieu et la crise du constitutionnalisme libéral », *Vingtième Siècle. Revue d'Histoire*, n° 21, janvier-mars 1989, p. 57-70; pour les années 1930, on trouve aussi quelques éléments dans Marie-France Toinet [30, p. 231-249].

11. Mais au nord des États-Unis, les conservateurs ont découvert un modèle : le Canada français. Vivait là-bas une population française qui a gardé les traditions d'Ancien Régime, et sur laquelle veille de très près une Église omniprésente, tout imprégnée d'ultramontanisme [17, p. 280-283], et qui fournissait la partie la plus autoritaire du personnel politique.

12. Claude Fohlen, « Catholicisme américain et catholicisme européen... », *Revue d'histoire moderne et contemporaine*, 34, avril-juin 1987, p. 215-230.

13. André Maurois annonce dès l'abord « J'aime les Américains »... et décrit un pays doux et paisible, Duhamel, en même temps, est constamment rebuté par la dureté et le matérialisme [29, p. 41-42, 62-65].

14. Le cas de Georges Duhamel, par rapport à l'URSS, apporte une confirmation inavouée et anecdotique de cette dérive vers la force. Voici un homme de droite qui déteste les États-Unis et montre une faiblesse étrange pour la Russie des Soviets. Sans doute, s'agit-il d'une médiocre affaire de droits d'auteur liée à la diffusion intéressée de son œuvre en URSS [42, p. 68-69], plus que d'une sympathie active pour un véritable modèle politique, mais une telle attitude cadre bien avec le choix, par une partie de la droite, des modèles de l'interdit. On la retrouve dans les prises de position du GRECE, dans les années 1970 et 1980, préférant l'URSS aux États-Unis [3, p. 106-107].

15. Le raisonnement de Jacques Bainville, par exemple, va jusqu'à prêter aux seuls Allemands d'origine française la réussite de leur pays [39, p. 471].

16. Claude Autant-Lara parle même du « verre du condamné », *Le Monde*, 27 juillet 1989; on retrouve ces mêmes formules dans les textes du GRECE, quinze ans auparavant.

17. Même André Maurois, anglophile éminent, prête à un de ses personnages, anglais, la phrase suivante : « L'Anglais est plus pudibond, parce que ses désirs sont plus violents. On remarque chez les plus austères d'entre eux des crises de sadisme qui étonnent dans leurs âmes bien ratissées » [49, p. 127].

Chapitre VII

DIEU

1. Emmanuel Sieyès, *Qu'est-ce que le tiers état?*, Paris, PUF, 1982, p. 67.

2. Mathieu-Louis Molé, *Mémoires*, Paris, éd. Novilles, 1922, t. I, cité *in* Jean Laspougeas, « Concordat de 1801 » *in* Jean Tulard (s.d.), *Dictionnaire Napoléon*, Paris, Fayard, 1987, p. 453.

3. Joseph de Maistre, *Écrits sur la Révolution*, Paris, PUF, 1989; « Considérations sur la France », p. 93, 96, 104.

4. Benjamin Constant, *De l'esprit de conquête et de l'usurpation...*, Paris, Flammarion, 1986, p. 267-268.

5. Jean Delumeau, *La peur en Occident*, Paris, Fayard, 1984.

6. Entretien accordé au mensuel *Globe*, avril 1988.

7. A Marseille, un soir de réunion, « Mégret poursuit en brossant le portrait de ces "Africains" qui violent nos frontières, imitant l'accent petit nègre comme les militants du 5ᵉ le font tous les soirs de permanence. On l'écoute, on rit de plaisir. Mégret choisit ce moment pour faire peur : "Si cela continue, ce sera la fin de notre identité nationale, de notre paix civile, un véritable Liban à la française." A mes côtés, Albert se crispe : il est comme tout le monde, il refuse que son monde disparaisse et ne veut pas mourir. Un spectateur n'y tient plus, se lève et hurle : — Pour les musulmans, tuer des infidèles ouvre les portes du paradis. Alors, je vous le demande, est-ce que nous voulons servir d'engrais au jardin d'Allah? Mégret conclut que seul un gouvernement national écartera le danger en expulsant tous les clandestins et en obligeant les immigrés en règle à prêter serment d'allégeance à la France. [...] Et Israël, ajoute Ronald Perdomo, est même plus dur que nous : on ne le dit pas assez, mais, nous, nous n'exigerons jamais des immigrants qu'ils soient catholiques, alors que, pour entrer en Israël, il faut être juif » [83, p. 54].

Chapitre VIII

LE SUFFRAGE UNIVERSEL

1. Voir Serge Berstein et Odile Rudelle (s.d.), *Le modèle républicain*, Paris, PUF, 1992.
2. Sur ce point, Jean-Marie Mayeur, *L'Abbé Lemire. Un prêtre démocrate, 1853-1928*, Paris, Casterman, 1968.
3. La loi Barangé de 1951 (votée à la demande du RPF) accordait des bourses scolaires qui seront les mêmes pour les élèves du privé et du public

Chapitre IX

LE PARLEMENTAIRE

1. Ancelot et Charles de Bernard : légitimistes, Ducange plutôt républicain, Reybaud (créateur du personnage de Jérôme Paturot) orléaniste « de gauche », jusqu'en 1846, conservateur ensuite, Frédéric Soulié, Étienne de Lamothe-Langon. Cités par Chantal Rabane [4].
2. En particulier, Georges Lecomte présente un bilan des dépenses électorales de son héros qui correspond à peu près à la comptabilité électorale du marquis de Solages étudiée par Rolande Trempé, *Actes du 82ᵉ Congrès des Sociétés savantes*, Bordeaux, 1957, p. 471-490.
3. Il y a effectivement une légère sur-représentation du Midi occitan dans les gouvernements, assez peu marquée pour l'ensemble de la période; en revanche, le nombre des ministres méridionaux augmente très régulièrement avec le temps, ce qui a attiré l'attention.
4. Voir Jean-François Sirinelli, « Littérature et politique : le cas Burdeau-Bouteiller », *Revue historique*, CCLXXII, 1985, 1, p. 91-111.
5. L'étude des déclarations de successions des ministres, où l'on peut retrouver un schéma de l'évolution du patrimoine, ne laisse voir aucune trace d'enrichissement suspect, à une exception près [3, p. 149].
6. Zeev Sternhell, *La droite révolutionnaire, 1885-1914. Les origines françaises du fascisme*, Paris, Le Seuil, 1978.
7. Je laisse ici de côté les projets de réforme visant à rationaliser le parlementarisme, issus des rangs républicains (Millerand, Tardieu, Doumergue).
8. Sur ce point, voir les livres éclairants de Pierre Birnbaum : *Un mythe politique :*

la « *République juive* ». *De Léon Blum à Pierre Mendès France*, Paris, Fayard, 1988 ; *Histoire politique des juifs de France* (éd.), Paris, PFNSP, 1990 ; *Les fous de la République. Histoire politique des juifs d'État, de Gambetta à Vichy*, Paris, Fayard, 1992.

9. Voir Jean-François Sirinelli, « L'image du normalien dans *Les hommes de bonne volonté* : mythe ou réalité ? » dans *Jules Romains face aux historiens contemporains*, Cahiers Jules Romains 8, 1990, p. 93-104.

Chapitre X

LE FONCTIONNAIRE

1. La référence en la matière demeure l'ouvrage classique de Friedrich Hayek. *La route de la servitude* [21]. Mais on trouverait une version plus radicale — presque autant libertaire que libérale — de la problématique de l'État minimal chez Robert Nozick : *État, anarchie et utopie* [23]. Friedrich Hayek dans un livre récent semble clore le parcours en avançant l'acte de décès des concepts qui portaient l'illusion étatiste [22].

2. Sous une forme juridique Pierre Delvolvé esquisse toutefois une problématique de cet ordre bien que philosophiquement plus édulcorée. Adossé à une doctrine de l'État interventionniste et proliférant au travers d'une armée de fonctionnaires, le service public français finirait à ses yeux par devenir « liberticide » [50]. Une telle analyse demeure cependant marginale tant dans la doctrine qu'au regard des positions affichées par la droite politique. Est-ce parce qu'elle résiste mal à un examen des fondements intellectuels de l'idée de service public et un bilan critique de son héritage historique ?

3. Le thème de cette dualité est posé sans ambages par Vivien : « l'administration doit obéir à la politique en serviteur fidèle et dévoué [...] Mais s'il en est ainsi dans ce qui constitue la conduite générale, les deux pouvoirs doivent pouvoir se séparer non pour se contrarier, mais pour se tenir dans leurs conditions respectives lorsqu'il s'agit de l'exécution des lois, des mesures de détail et des rapports directs de la puissance publique avec les citoyens » [28, p. 31]. L'approximation d'une théorie de la séparation des pouvoirs est sans doute trop irritante pour ne pas laisser prise à la critique de républicains offusqués un demi siècle plus tard par la pratique de leurs amis. Ainsi de celle de Durkheim qui trouve « raide » le fait que Millerand révoque un fonctionnaire ayant signé un texte hostile au gouvernement sans même faire mention de sa fonction. D'où l'esquisse d'une interprétation plus libérale du thème : le fonctionnaire est bien un « personnage double », à la fois agent de l'autorité qui doit se conformer aux règles du service, mais aussi « homme privé, citoyen comme les autres », libre d'exprimer ses opinions, « chères ou contraires au gouvernement du jour » [41, p. 192 sq.].

4. On relèvera que, dans les premières décennies du XXᵉ siècle, la figure politique s'inverse : c'est désormais du camp des républicains que viennent les propositions de statut et chez les syndicalistes que s'organise la résistance. Georges Clemenceau en 1907, puis Léon Bourgeois en 1908 et enfin le gouvernement en 1920 déposent des textes. Mais dès 1912 le rapport Maginot sur le statut provoque l'ironie de *L'Humanité* qui y voit un instrument contre le droit d'association et déclare qu'il « vaut mieux laisser les choses en l'état ». C'est alors que le gouvernement républicain se trouve confronté à des rapports alarmistes des renseignements généraux : « dans tous les milieux intéressés, les esprits sont surexcités. On fait voir aux

adhérents le bâillon que sera ce statut surtout au point de vue politique [...]. Les postiers se trouvent tout spécialement visés par ces articles, ayant jusqu'ici été les seuls à faire grève et n'ayant pas voulu, malgré les menaces, abandonner leurs droits de citoyens ». Note du 5 juillet 1912 [42, p. 49].

5. Voir [48]. Moins radicaux, François Bloch-Lainé et Bernard Tricot proposent quant à eux d'harmoniser les situations sur le modèle de celle faite aux fonctionnaires en offrant aux salariés détenteurs d'un mandat électif l'assurance de retrouver un emploi. *Le Monde*, 6 février 1986.

6. Historiquement, Jacques Donzelot [56] n'hésite d'ailleurs pas à faire de ce thème de la modernisation l'objet d'une figure parfaitement paradoxale en démontant les mécanismes d'une « première modernisation menée par la droite en référence à des thèmes de gauche » (la planification des années 1950 et 1960) puis d'une « seconde modernisation menée par la gauche avec des thèmes de droite » (la problématique de l'État animateur des années 1980).

Chapitre XI

L'ÉCONOMIE ET LE MARCHÉ

1. Karl Polanyi, *La grande transformation. Aux origines politiques et économiques de notre temps*, Paris, Gallimard, 1983.

2. Louis Dumont, *Homo Hierarchicus. Le système des castes et ses implications*, Paris, Gallimard, 1966, 1979; *Homo Aequalis. Genèse et épanouissement de l'idéologie économique*, Paris, Gallimard, 1977, 1985.

3. Louis de Bonald, *Théorie du pouvoir politique et religieux* suivi de *Théorie de l'éducation sociale*, éd. Colette Capitan, Paris, UGE, 1966, p. 30.

4. Louis de Bonald, *Essai analytique...*, Paris, 1800, p. 149; cité par Marcel Gauchet dans sa présentation de Benjamin Constant, *De la liberté chez les Modernes*, Paris, Librairie générale française, 1980, p. 62.

5. *Principes...* in *De la liberté chez les Modernes, op. cit.*, p. 271.

6. *Idem*, p. 275.

7. *De la liberté des Anciens...* in *De l'esprit de conquête et de l'usurpation...*, éd. Ephraïm Harpaz, Paris, Flammarion, 1986, p. 275.

8. *Idem*, p. 276.

9. Montesquieu, *De l'esprit des lois*, livre XXI, ch. 20, in *Œuvres complètes*, éd. Roger Caillois, Paris, Gallimard, la Pléiade, 1951, p. 640.

10. *Principes..., op. cit.*, p. 374.

11. Démonstration convaincante de Joseph A. Schumpeter dans son *Histoire de l'analyse économique*, Paris, Gallimard, 1983, t. 1, p. 450-463.

12. Cf. Georges Lefebvre, « La Révolution française et les paysans », in *Études sur la Révolution française*, Paris, PUF, 1954.

13. Michel Winock, *L'échec au roi*, Paris, O. Orban, 1991, p. 163-171.

14. Raymond Aron, *Espoir et peur du siècle*, Paris, Calmann-Lévy, 1957, p. 62.

15. Louis Dumont, *Homo aequalis, op. cit.*, Paris, Gallimard, 1977, p. 49 sqq.

16. Joseph A. Schumpeter, *op. cit.*, p. 349.

17. Duvoisin cité par Jacques Godechot, *La contre-révolution, doctrine et action, 1789-1804*, Paris, PUF, 1961, p. 54.

18. Jean Touchard, *Histoire des idées politiques*, t. II, Paris, PUF, 1965, p. 483.

19. Antoine de Rivarol, *Écrits politiques et littéraires*, choisis et présentés par Victor Henry Debidour, Paris, Grasset, 1956, p. 143.

20. Cf. Yves Breton, « Les Économistes, le pouvoir politique et l'ordre social en France entre 1830 et 1851 », *Histoire, Économie et Société*, 2ᵉ trimestre 1985, p. 233-252.

21. Voir la discussion des quatre lectures possibles de la loi des débouchés *in* Joseph A. Schumpeter, *op. cit.*, t. II, p. 322-335.

22. Joseph A. Schumpeter, *op. cit.*, t. II, p. 334.

23. Repris par Michel Chevalier : « L'économie politique est au corps médical ce que la physiologie est au corps humain », *Annuaire de l'économie politique pour 1844*, p. 17.

24. Guillaume Bertier de Sauvigny, *La Restauration*, 3ᵉ éd., Paris, Flammarion, 1983, p. 350.

25. Jean-Charles Sismondi, *Nouveaux principes...*, Paris, 1819, vol. 1, p. 374-384.

26. Pierre Manent le signale dans *Les Libéraux*, Paris, 1986, Hachette, Coll. Pluriel, t. II, p. 226-227. Curieusement, il n'évoque pas la confusion juridico-économique.

27. Joseph A. Schumpeter, *op. cit.*, t. II, p. 169.

28. Alban de Villeneuve-Bargemont, *Économie politique chrétienne*, Bruxelles, Méline, 1837, p. 56.

29. *Idem*, p. 69.

30. *Idem*, p. 148.

31. *Idem*, p. 152.

32. Cité et analysé par Pierre Rosanvallon, *Le moment Guizot*, Paris, Gallimard, 1985, p. 268.

33. Aldophe Blanqui est professeur au Conservatoire des arts et métiers à partir de 1833, Michel Chevalier au Collège de France à partir de 1840, Joseph Garnier fonde la chaire d'économie politique en 1846 aux Ponts et Chaussées. Michel Chevalier est au Conseil d'État, Hippolyte Passy presque continûment ministre de 1834 à 1840 (Cf. Yves Breton, *art. cité*, p. 238-240).

34. Frédéric Bastiat, *Œuvres complètes*, t. VI, p. 380, *in* Yves Breton, *art. cité*, p. 249.

35. 19 mars 1866, cité par P. Guiral, *Prévost-Paradol*, Paris, PUF, 1955, p. 159.

36. A. Wolfelsperger, W.W. Pommerehne et B.S. Frey, « La valeur des économistes français », in *Revue française d'économie*, vol. 3, I, hiver 1988, p. 162.

37. Frédéric Bastiat, « Un économiste à M. Lamartine à l'occasion de son écrit intitulé *Du droit au travail* », *Journal des économistes*, t. 10, décembre 1844-mars 1845.

38. J'ai relevé les noms des économistes français « éminents » cités par Mark Blaug dans *Who's Who in economics. A biographical dictionary of major economics 1700-1986*, 2ᵉ éd., Wheatsheaf, Brighton, 1986. Avec 38 mentions pour 1780-1850, la France arrive au deuxième rang derrière le Royaume-Uni (48 mentions).

39. Voir la recension d'Yves Breton, *art. cité*, p. 247-249.

40. Alban de Villeneuve-Bargemont, *op. cit.*, p. 62.

41. *Idem*, p. 134.

42. Telle qu'analysée par Albert O. Hirschman, *Deux siècles de rhétorique réactionnaire*, Paris, Fayard, 1991, p. 27-75.

43. Sur le sujet, deux visions contraires chez Ernest Labrousse, *Aspects de la crise et de la dépression de l'économie française au milieu du XIXᵉ siècle, 1846-1851*, Bibliothèque de la révolution de 1848, t. XIX, La Roche-sur-Yon, 1956, et Anthony Rowley, « Deux crises économiques modernes : 1846 et 1848? », *Bulletin de la Société d'histoire de la révolution de 1848*, 1986, nᵒ 2, p. 81-90.

44. Cf. les calculs de Maurice Lévy-Leboyer et François Bourguignon, *L'Économie française au XIXᵉ siècle*, Paris, Economica, 1985, p. 22-28.

45. Cf. Yves Breton, *art. cité*, p. 242-243.

46. Un intéressant parallèle politico-économique est établi par Stéphane Rials, « La droite ou l'horreur de la volonté », *Le Débat*, 1985, n° 33.

47. *Mémoires, souvenirs, opinions et écrits du duc de Gaële*, Paris, A. Colin, 1926, t. I, p. 8.

48. Michel Bruguière, *Gestionnaires et profiteurs de la Révolution*, Paris, Olivier Orban, 1986.

49. *Idem*, p. 188.

50. Emmanuel Beau de Loménie, *Les responsabilités des dynasties bourgeoises*, t. I, Paris, La Librairie française, 1977-1979, p. 109-137, et Michel Bruguière, *op. cit.*, p. 227-293. Sur les 300 noms cités par ces deux auteurs, on en compte 250 aux liens professionnels, matrimoniaux, de parentèle, maçonniques ou clubistes certains.

51. Michel Bruguière, *op. cit.*, p. 181.

52. Sous la Restauration, le monde rural compte à lui seul autant d'habitants que l'ensemble des îles britanniques.

53. Voir les thèses d'Emmanuel Beau de Loménie, *op. cit.*, et de Jean Lhomme, *La grande bourgeoisie au pouvoir*, Paris, PUF, 1960, p. 67-71 et 113-123. Bonne mise au point chez Christophe Charle, *Les élites de la République* (1880-1900), Paris, Fayard, 1987, p. 440 sq.

54. Achille Dauphin-Meunier, « L'Économique et le Droit », *La Vie industrielle*, 4 février 1941.

55. Pierre de Calan, in la *Revue des Deux Mondes*, juillet-décembre 1989. Sur la controverse, voir l'article d'Emile Poulat in *Les chrétiens et l'économie*, Paris, Centurion, 1991, p. 22-24.

56. Cf. l'analyse de Jean-Pierre Dupuy, « La Justice sociale introuvable », *Commentaire*, n° 34, été 1986, p. 213-222.

57. Cf. P. Baccou, *Le grand tabou*, Paris, Albin Michel, 1981, p. 93-94.

58. Clément Colson, *Transports et tarifs*, Paris, Laveuz, trois fois réédité entre 1890 et 1908.

59. Voir le thème de la « remise des compteurs à zéro » dans *Toujours plus*, Paris, Grasset, 1982, p. 112-113.

60. Pour plus de détails, on se reportera à Maurice Lévy-Leboyer et François Bourguignon, *op. cit.*, p. 23-42.

61. Voir les calculs de Jean-Marcel Jeanneney et Elizabeth Barbier-Jeanneney, *Les économies occidentales du XIXe siècle à nos jours*, t. I, Paris, Presses de la FNSP, 1985, p. 122.

62. Voir L. Dugé de Bernonville, « Budgets de famille dans divers pays », *Bulletin de la Statistique générale de la France*, avril 1914, p. 297-336. Ainsi que le numéro spécial des *Annales*, 2/3, 1975.

63. Antoine Blanc de Saint-Bonnet, *La légitimité*, Paris, 1873, p. 600 et 604.

64. René Johannet, *Voyage à travers le capitalisme*, Paris, Plon, 1934.

65. Cf. Anthony Rowley, « Le discours économique lors de l'élection présidentielle de 1965 », *Revue française d'économie*, vol. 3, I, hiver 1988, p. 96-131.

66. Interview de Jean-Marie Le Pen par J. Doucelin, *Rivarol*, 19 avril 1974. Propos identiques dans *Rivarol*, le 15 mai 1975.

67. Joseph A. Schumpeter, *op. cit.*, t. III, p. 128.

68. Roger Mauduit, *Les conceptions politiques et sociales de Bonald*, Paris, Oudin, 1913.

69. Voir notamment Louis de Bonald, « De la famille agricole... », t. I des *Œuvres complètes de M. de Bonald*, Paris, 1864, p. 237, et « Considérations politiques sur l'argent et le prêt à intérêt », *op. cit.*, t. II, p. 280-282.

70. En quoi Louis de Bonald rejoignait dans sa conclusion le Benjamin Constant de *La liberté des Anciens comparée à celle des Modernes*, parti pourtant des prémisses

inverses (le commerce et l'industrie protègent de la guerre), qui en arrive lui aussi à subordonner la sphère économique à la représentation politique des intérêts civils.

71. Roger Mauduit, *op. cit.*, p. 172-173.

72. Voir André-J. Tudesq, *Les grands notables en France (1840-1849). Étude historique d'une psychologie sociale*, Paris, PUF, 1964, 2 vol., p. 605.

73. Analyse détaillée par Jean Bouvier, « Les Réflexes sociaux des milieux d'affaires », *Revue historique*, 1953, p. 271-301. La citation (p. 277) reprend un extrait du livre de Deseilligny, *De l'influence de l'éducation sur la moralité et le bien-être des classes laborieuses*.

74. Cf. le recensement d'André-J. Tudesq, *op. cit.*, p. 565-568 pour la Monarchie de Juillet et celui de Georges Duveau dans *La pensée ouvrière sous le second Empire*, Paris, Gallimard, 1946, p. 125-129.

75. Alexis de Tocqueville, *De la démocratie en Amérique*, Paris, Gallimard, 1951, t. I, vol. 1, p. 29. Pour Gérando, voir *De la bienfaisance publique*, Paris, 1839, t. II, p. 541.

76. Gérando, *op. cit.*, t. I, p. 147, et G. de Chamborant, *Du paupérisme, ce qu'il était dans l'Antiquité, ce qu'il est de nos jours*, Paris, 1842, p. 336.

77. André-J. Tudesq, *op. cit.*, p. 576.

78. Auguste Blanqui, *Cours d'économie industrielle*, cité par F. Démier in *L'univers politique des classes moyennes*, Georges Lavau, Gérard Grunberg, Nonna Mayer (s.d.), Paris, Presses de la FNSP, 1983, p. 32.

79. *Idem*, p. 33.

80. *Idem*, p. 34.

81. C. de Montaigu, *L'organisation du travail et du commerce*, Paris, Capelle, 1848, p. 57.

82. Frédéric Bastiat, Lettre à Cobden du 26 mai 1846, citée par André-J. Tudesq, *op. cit.*, p. 615.

83. Chiffres tirés de Maurice Lévy-Leboyer et François Bourguignon, *op. cit.*, p. 81.

84. Léon Say « le rachat des chemins de fer », *Journal des Économistes*, XVI, 1881, p. 329-376; « La Dette publique » in *Nouveau dictionnaire d'économie politique*, 1891.

85. Louis Marchal, « Étude sur la mesure d'utilité des voies de communication »; Dominique Labry, « Application de l'utilité des travaux publics »; Charles de Freycinet, « Situation des travaux publics. Rapport au président de la République », *Journal des Économistes*, IX-X, 1880, p. 115-147, 348-355, 380-392.

86. Clément Juglar, « La baisse des prix et la crise actuelle », *L'économiste français*, 1879.

87. Léon Say, *Les finances de la France sous la IIᵉ République*, t. IV, 1901, p. 216. Jules Meline, *Le retour à la terre et la société industrielle*, 1905, p. 78.

88. *La Revendication*, 21 février 1889.

89. Léon Say cité par Georges Michel, *Léon Say, sa vie, ses œuvres*, Paris, Calmann-Lévy, 1899, p. 441-449.

90. Léon Say, Discours à la Chambre des députés, 9 mai 1891.

91. Cf. Roger Sémichon, *op. cit.*, p. 91-103.

92. Cf. D. Shapiro (ed.), « The Right in France 1890-1919 », *St. Anthony's Papers*, nᵒ 13, p. 85-134.

93. Georges Valois, *L'économie nouvelle*, p. 80, cité par Jean Maurice Duval, *Le Faisceau de Georges Valois*, Paris, La Librairie française, 1979, p. 62.

94. Lt-Colonel de La Rocque, *Service public*, Paris, Grasset, 1937, p. 139.

95. Thème récurrent chez Pierre Lucius, *Faillite du capitalisme? Une explication de la crise mondiale*, Paris, Payot, 1932, p. 25-41 et *Rénovation du capitalisme*, Paris, Payot, 1933. Également, Jean de Fabrègues, « Capital et capitalisme », *Réaction*, mars 1932.

96. Philippe Pétain in la *Revue des Deux Mondes*, 15 septembre 1941. Cité par Jean-Louis Germain-Thomas, « Un exemple d'économie de contraintes », thèse dact., p. 99.

97. Cf. Olivier Wieviorka, « Une droite moderniste et libérale sous l'occupation : l'exemple de la vie industrielle », *Histoire, Économie, Société*, 1985, p. 414-416.

98. Cité par Jean-Louis Germain-Thomas, *op. cit.*, p. 113.

99. Voir notamment Jacques Bardoux, *Le drame français. Refaire l'État ou subir la force*, Éd. des Portiques, 1934, p. 25-36. Et du même auteur, la lettre adressée le 5 juillet 1940 au maréchal Pétain sur « le plan constitutionnel de la reconstruction française ». Sur le thème de l'ordre nouveau, cf. Jean Touchard, « L'esprit des années 1930 », in *Tendances politiques dans la vie française depuis 1789*, Paris, Hachette, 1960, p. 89-113; Jean-Louis Loubet del Bayle, *Les non-conformistes des années 30. Une tentative de renouvellement de la pensée politique française*, Paris, Le Seuil, 1969 et Zeev Sternhell, *Ni droite, ni gauche, l'idéologie fasciste en France*, nouv. éd., Bruxelles, Complexe, 1987.

100. Alexis de Tocqueville, *L'Ancien Régime et la Révolution*, Paris, Gallimard, 1951, p. 127.

101. Voir l'analyse de Pierre Rosanvallon, *l'État en France, op. cit.*, p. 245.

102. Cf. l'analyse prudente d'Alain Juppé dans *Le gaullisme aujourd'hui*, Paris, Gallimard, 1985, p. 68-70; de même la réserve des participants du colloque *De Gaulle en son siècle*, t. III, « Moderniser la France », Paris, Plon, 1992, p. 174-206 et 268-273. Voir aussi, Jean-Claude Colliard, *Les républicains indépendants*, Paris, PUF, 1971, p. 315-317.

103. De 1969 à 1984, les dépenses en francs constants de l'État ont crû en volume de 3,5 % par an. Plus généralement, voir Jean-Claude Casanova et Maurice Lévy-Leboyer (s.d.), *Entre l'État et le marché. L'économie française des années 1880 à nos jours*, Paris, Gallimard, 1991.

104. Dans le même esprit, on comparera utilement le premier plan Barre du 22 septembre 1976 (thérapie de choc pour casser l'inflation) avec le second du 6 mars 1978 (libération graduelle des prix et défense du franc plus qu'autoritaire).

105. Voir les sondages SOFRES d'avril 1980 et de mars 1981, *in* Élisabeth Dupoirier et Gérard Grunberg, *Mars 1986 : La drôle de défaite de la gauche*, Paris, PUF, 1986, p. 36-38.

106. Anthony Rowley, *Les vingt-cinq ans qui ont changé la France*, Paris, NLF, 1986, p. 103-111

107. Au cours des cinq premières émissions « L'heure de vérité », Jean-Marie Le Pen a abordé à une reprise le domaine économique (sur les privatisations). En 1979, le Front national dénonce le capitalisme; en 1980, son chef se proclame « national-libertaire », y compris en économie; en 1983, Jean-Pierre Stirbois célèbre les vertus du thatchérisme; en décembre 1984, *National Hebdo* se déclare favorable à une économie ouverte pour une identité française forte; en novembre 1988, Jean-Marie Le Pen se prononce à Strasbourg contre l'Europe économiquement cosmopolite et le libéralisme économique; en février 1991, *National Hebbo* affirme qu'une identité française forte précédant l'économie contraindra le marché à s'adapter. Sur les confusions entretenues au plan théorique, lire *Pour la France. Programme du Front national*, présentation de Jean-Marie Le Pen, Paris, Albatros, p. 51-52, 55, 61, 66-67, 71-73, 81.

Chapitre XII

ACCEPTER LA PLURALITÉ : HAINES ET PRÉJUGÉS

1. Voir « Les guerres franco-françaises », *Vingtième siècle*, janvier-mars 1985. Voir aussi, sous la direction de Theodore Zeldin, *Conflicts in French Society*, George Allen and Unwin, Londres, 1970.

2. Voir, par exemple, Guy Michelat et Michel Simon, *Classe, religion et comportement politique*, Paris, Presses de la FNSP, 1977.

3. Pierre Birnbaum, *Le peuple et les gros. Histoire d'un mythe*, Paris, Grasset, 1979.

4. Voir Stephen Wilson, *Ideology and experience. Antisemitism in France at the time of the Dreyfus Affair*, Londres, Associated University Press, 1982.

5. Voir Jean-François Sirinelli, *Intellectuels et passions françaises. Manifestes et pétitions au XXᵉ siècle*, Paris, Fayard, 1990, p. 27.

6. Jean-Pierre Rioux, *Nationalisme et conservatisme. La Ligue de la patrie française, 1899-1904*, Paris, Beauchesne, 1977 ; Zeev Sternhell, *La droite révolutionnaire. 1885-1914. Les origines françaises du fascisme*, Paris, Le Seuil, 1978, chap. 2.

7. Ferdinand Brunetière, *Discours de combat*, Paris, Perrin, 1900 p. 193.

8. Georges Thiebaud, *Le parti protestant*, Paris, Albert Savine, 1885, p. 19.

9. *La Croix*, 12 mai 1894.

10. Alexis de Tocqueville, *L'Ancien Régime et la Révolution*, Paris, Gallimard, 1953, t. II, p. 41-42.

11. Alexis de Tocqueville, *Souvenirs*, Paris, Gallimard, 1964, p. 163 et 165.

12. Anatole Leroy-Beaulieu, *Israël chez les nations*, Paris, Calmann-Lévy, 1983, p. 317 (1ʳᵉ éd., 1893).

13. *Idem*, p. 182, 208 et 242.

14. Albert de Mun, *Discours et écrits divers*, t. VI, Paris, 1904, p. 338.

15. *Idem*, p. 28.

16. Voir, dans ce même tome VI des *Discours et écrits divers* sa « Lettre sur la franc-maçonnerie ». Sur Albert de Mun et les droites contre-révolutionnaires catholiques, Pierre Pierrard, *L'Église et la Révolution, 1789-1889*, Paris, Nouvelle Cité, 1988.

17. *Idem*, p. 55 sqq.

18. *Idem*, t. IV, p. 128.

19. *Idem*, t. I, p. 168. Voir aussi t. II, p. 342 sqq.

20. Voir Philippe Levillain, *Albert de Mun. Catholicisme français et catholicisme romain du Syllabus au Ralliement*, École française de Rome, 1983, p. 1017.

21. Jacques Maître, « Catholicisme d'extrême droite et croisade antisubversive », *Revue française de sociologie*, avril-juin 1961. Jean-Marie Mayeur « Catholicisme intransigeant, catholicisme social, démocratie chrétienne », *Annales ESC*, mars-avril 1972.

22. Émile Poulat, *Intégrisme et catholicisme intégral. Un réseau secret international antimoderniste : « La Sapinière. 1909-1921 »*, Paris, Casterman, 1961, p. 119-120.

23. Paul Cohen, *Piety and politics. Catholics revival and the generation of 1905-1914 in France*, Garland Publications, New York, 1987.

24. William D. Irvine, *The Boulanger Affair Reconsidered. Royalism, Boulangism and the Origins of the Radical Right in France*, Oxford University Press, New York, 1989, p. 170.

25. Charles Benoist. *De l'organisation du suffrage universel. La crise de l'État moderne*, Paris, 1895, p. 29 et 41.

26. Charles Benoist. *Souvenirs,* t. III, Paris, Plon, 1934.

27. On ne trouve ainsi nul signe de haine dans les ouvrages suivants de Poincaré : *Au service de la France,* 11 vol. Paris, Plon, 1926, *Idées contemporaines,* Paris, Fasquelle, 1906.

28. Voir Sylvie Guillaume, *Antoine Pinay ou la confiance en politique,* Paris, Presses de la FNSP, 1984. Dans le même sens, Pierre-Étienne Flandin demeure à l'écart de telles idéologies extrémistes. Voir, par exemple, son livre *Discours,* Paris, Gallimard, 1937.

29. Raymond Poincaré, *Idées contemporaines,* Paris, Fasquelle, 1906, p. 405.

30. Jules Méline, *Le retour à la terre,* Paris, Hachette, 1905, p. 110-111, 198, 204, 218-219.

31. Paul Reynaud, *Mémoires,* Paris, Flammarion, 1960, t. I, p. 306-311, 454-455, 470.

32. André Tardieu, *Alerte aux Français,* Paris, Flammarion, 1936, p. 29 et 47; *La note de semaine, 1936,* Paris, Flammarion, 1937, p. 40, 46, 119; *La note de semaine, 1937,* Paris, Flammarion, 1938, p. 100 et 141; *L'année de Munich,* Paris, Flammarion, 1939, p. 29. Sur Tardieu, on peut consulter le livre de Louis Aubert et *alii, André Tardieu,* Paris, Plon, 1957.

33. Ces citations sont extraites des livres suivants d'André Tardieu. *Sur la pente,* Paris, Flammarion, 1935, introduction, p. 28 et 63; *La Révolution à refaire,* t. I, *Le souverain captif,* Paris, Flammarion, 1936, Avant-propos, p. 10, 86, 97, 104, 113, 143, 161.

34. Sur ce thème, voir Serge Berstein et Jean-Jacques Becker, *Histoire de l'anti-communisme en France. 1917-1940,* t. I, Paris, Orban, 1987, chap. 2.

35. Jean Lacouture, *De Gaulle,* t. I, *Le Rebelle,* Paris, Le Seuil, 1984, p. 15.

36. Voir Pierre Birnbaum, *Un mythe politique, « La République juive ». De Léon Blum à Pierre Mendès France,* Paris, Fayard, 1988, p. 169-170.

37. Voir Henry H. Weinberg, *The myth of the Jew in France. 1967-1982,* Mosaic Press, Oakville, 1987.

38. Raymond Aron, *De Gaulle, Israël et les juifs,* Paris, Plon, 1968, p. 18.

39. Voir Marc Agi, *René Cassin, fantassin des droits de l'homme,* Paris, Plon, 1979, p. 263 sqq.

40. Samy Cohen, *De Gaulle, les gaullistes et Israël,* Paris, Alain Moreau, 1974, p. 212-214.

41. *Le Monde,* 9 janvier 1969.

42. Henry Rousso, *Le syndrome de Vichy. 1944-198...,* Paris, Le Seuil, 1987, p. 129 sqq.

43. André Fontaine, « L'ombre de l'Affaire Dreyfus », *Le Monde,* 15-16 mars 1970.

44. Jean Giraudoux, *Pleins pouvoirs,* Paris, Gallimard, 1939, p. 59 et 76.

45. Voir Jeffrey Mehlman, *Legs de l'antisémitisme en France,* Paris, Denoël, 1984.

46. Colette Beaune, *Naissance de la nation France,* Paris, Gallimard, 1985, p. 212 et 337.

47. Paul Cohen, « Heroes and dilettantes : the Action française, Le Sillon and the Generation of 1905-1914 », *French Historical Studies,* Automne 1988, n° 4. L'auteur rapproche ces deux mouvements du point de vue des structures organisationnelles, de leur commun refus des partis politiques, etc.

48. Cité par Émile Poulat, *Église contre bourgeoisie. Introduction au devenir du catholicisme actuel,* Paris, Casterman, 1977, p. 150.

49. Voir Pierre Vallin. « Église, société, chrétienté vers 1930 », in *Les catholiques français et l'héritage de 1789,* Paris, Beauchesne, 1989, p. 137. Voir aussi Yvon Tranvouez, *Catholiques d'abord. Approches du mouvement catholique en France. XIXe-XXe siècle,* Paris, Éd. ouvrières, 1988.

50. Il n'est pas question de revenir aux polémiques contemporaines portant sur l'œuvre de Mounier. Voir Zeev Sternhell. *Ni gauche ni droite. L'idéologie fasciste en France*, Paris, Le Seuil, 1983. Pour une analyse complète de la querelle déclenchée par ce livre, Antonio Costa Pinto. « Fascist ideology revisited : Zeev Sternhell and his critics », *European Historical Quaterly*, n° 4, octobre 1986 ; John Hellman, *Emmanuel Mounier and the new catholic left. 1930-1950*, University of Toronto Press, Toronto, 1981.

51. Y. Transvouez. « Entre Rome et le peuple (1920-1960) », *in* François Lebrun (s.d.), *Histoire des catholiques en France*, Pluriel, Paris, 1980, p. 459 sqq.

52. Richard Millman, *Les ligues catholiques et patriotiques face à la question juive en France, de 1924 à 1939*, thèse de Doctorat, IEP, Paris, 1989, p. 106.

53. Lazare Landau, *De l'aversion à l'estime. Juifs et catholiques en France de 1919 à 1939*, Paris, Le Centurion, 1980.

54. Cité par Yves Deloye, thèse de doctorat de sciences politiques sur *La citoyenneté au miroir de l'école républicaine et de ses contestations. Politique et religion dans la France du XIXᵉ siècle*, université Paris I, 1991.

55. Cité par Michel Winock, *Édouard Drumont et Cⁱᵉ. Antisémitisme et fascisme en France*, Paris, Le Seuil, 1982.

56. Pierre Pierrard, *Juifs et catholiques français*, Paris, Fayard, 1970, p. 106.

57. Voir, par exemple, François Bédarida, « Le tournant des années 40 », *in Les catholiques français et l'héritage de 1789, op. cit.*

58. Pierre-André Taguieff, « Nationalisme et réactions fondamentalistes en France. Mythologies identitaires et ressentiment antimoderne », *Vingtième Siècle, Revue d'Histoire*, janvier 1990.

59. Anne-Marie Duranton-Crabol, *Visages de la Nouvelle droite : le GRECE et son histoire*, Presses de la FNSP, Paris, 1988, p. 27, 53, 73.

60. Voir Stuart Schram, *Protestantism and politics in France*, Imprimerie Corbière, Alençon, 1954, p. 106-107.

61. Richard Millman, *Les ligues catholiques..., op. cit.*, p. 123, 431, 476.

62. Voir Jacques Le Rider, *Modernité viennoise et crises de l'identité*, Paris, PUF, 1990.

63. Joseph Lémann, *L'entrée des israélites dans la société française*, Paris, éd. Avalon, 1988.

64. Daniel Halévy, *La fin des notables*, Paris, 1930, p. 122.

65. Daniel Halévy, *La République des comités. Essai d'histoire contemporaine. 1895-1934*, Grasset, Paris, 1934, p. 126 et 188. Ce rapprochement permet, entre autres arguments, à Claude Goyard de tenter une étrange réhabilitation de Maurras. « Maurras, critique de la IIIᵉ République », *in Histoire des idées politiques et idées sur l'histoire. Études offertes à J.-J. Chevallier*, Paris, Cujas, 1977.

66. Daniel Halévy, *Vers l'étude de la troisième République*, Paris, Grasset, 1937, p. 39.

67. Daniel Halévy, *Décadence de la liberté*, Paris, Grasset, 1931, p. 48, 107.

68. Daniel Halévy, *Trois épreuves. 1814, 1871, 1940*, Paris, Plon, 1941, p. 72, 133, 139, 173.

69. André Siegfried, *De la IIIᵉ à la IVᵉ République*, Paris, Grasset, 1956, p. 172.

70. Anatole Leroy-Beaulieu. *Les doctrines de haine. L'antisémitisme. L'antiprotestantisme. L'anticléricalisme*, Paris, Calmann-Lévy, 1902, p. 63-64, 67.

71. *Idem*, p. 70.

72. *Idem*, p. 302.

73. *Idem*, p. 288.

74. *L'Action française*, 6 juillet 1912. Voir Raoul Girardet, *Le nationalisme français, 1871-1914*, Paris, Le Seuil, 1983. Sur l'antisémitisme d'État, voir Frédéric Ogé, *Le journal « L'Action française »*, thèse de l'Université Toulouse-Le Mirail, Toulouse,

1984. Voir aussi Victor Nguyen, *Aux origines de l'Action française. Intelligence et politique à l'aube du XXᵉ siècle*, Paris, Fayard, 1991, chap. III : « Aux origines du néochristianisme », dans lequel il se penche sur l'antiprotestantisme.

75. Charles Maurras, *La seule France*, Paris, Lardanchet, 1941, p. 182.

76. Cité par Stuart Schram, *Protestantism and politics in France*, *op. cit.*, p. 94.

77. Voir Pierre-André Taguieff, « Nationalisme et réactions fondamentalistes en France. Mythologies identitaires et ressentiment moderne », *op. cit.*

78. Voir Pierre-André Taguieff, « Antisémitisme politique et national-populisme en France dans les années 1980. Aspects idéologiques et argumentatifs », dans Pierre Birnbaum (éd.), *Histoire politique des Juifs de France*, Presses de la FNSP, Paris, 1991.

79. Il s'agit de Pierre Bergé, président des Opéras de Paris et proche de François Mitterrand, *Le Monde*, 12 avril 1990.

80. Abbé Barruel, *Mémoires pour servir à l'histoire du jacobinisme*, Paris. Voir, par exemple, chap. 1 et 10.

81. Voir Jean-Louis Darcel, « Joseph de Maistre et la Révolution française », *Revue des Études maistriennes*, 1977, n° 3. Dans le même numéro, Bernard Sarrazin, « La notion de sacrifice de Joseph de Maistre à Léon Bloy. » Voir aussi, Jacques Vier, « Apologétique des Lumières et apologétique maistrienne. » *Revue des Études maistriennes*, 1983, n° 8 et Robert Triomphe, *Joseph de Maistre*, Genève, Droz, 1968.

82. Michel Riquet, « Joseph de Maistre et le père Barruel », *Revue des Études maistriennes*, 1980, n° 5-6, p. 201.

83. Pierre-André Taguieff, « Un programme révolutionnaire ? » *in* Nonna Mayer et Pascal Perrineau, *Le Front national à découvert*, Paris, Presses de la FNSP, 1989.

84. Voir Gérard Gengembre, *La contre-révolution ou l'histoire désespérante*, Paris, Imago, 1989, p. 205, 255. Voir aussi, du même auteur, « Bonald, la doctrine pour et contre l'histoire », *in* François Lebrun et Roger Dupuy, *Les résistances à la Révolution française*, Paris, Imago, 1987. Voir aussi Éric de Mari, *Le vicomte de Bonald et la Révolution française*, DEA, Paris I, 1982.

85. P.J. Yarrow, *La pensée politique et religieuse de Barbey d'Aurevilly*, Droz, Genève, 1961.

86. Alain Nery, *Les idées politiques et sociales de Villiers de l'Isle Adam*, Paris Université-Culture, 1984.

87. Pierre Birnbaum, *Un mythe politique : « La République juive »*, *op. cit*, p. 153.

88. Georges Thiebaud, *Le parti protestant*, *op. cit.*, p. 37.

89. J-M Roberts, *La mythologie des sociétés secrètes*, Paris, Payot, 1979.

90. Élisabeth Roudinesco et Henry Rousso, « Antisémitisme et contre-révolution. 1866-1944, *L'Infini*, automne, 1989.

91. Voir Pierre Birnbaum, *Un mythe politique : « La République juive »*, *op. cit.*, et *Les fous de la République. Histoire politique des juifs d'État, de Gambetta à Vichy*, Paris, Fayard, 1992 ; Jean Bauberot, « Les débuts de l'antiprotestantisme et la question de Madagascar », *Revue d'histoire et de philosophie religieuses*, 1972, n° 4 et 1973, n° 2 ; André Encrevé et Michel Richard (s.d.), *Les protestants dans les débuts de la IIIᵉ République* 1871-1875, Société d'Histoire du protestantisme français, Paris, 1978 ; André Encrevé, « Les protestants et le début de la IIIᵉ République », *L'Histoire*, mars 1980 ; Vincent Wright, « Francs-maçons, administration et République : les préfets du gouvernement de la défense nationale 1870-1871 », *Revue administrative*, 1987, n° 240 et 1988, n° 241.

92. Édouard Drumont, *La dernière bataille*, Paris, E. Dentu, 1890, p. 80 et 192. Du même auteur, *La France juive*, Paris, Marpon et Flammarion, 1886, t. I, p. 86 de même que *Les juifs contre la France*, Paris, Librairie antisémite, sans date, p. 85. Sur Drumont et cette période, voir Robert Byrnes, *Antisemitism in Modern France*, New

Brunswick, 1950; Stephen Wilson, *Ideology and Experience. Antisemitism in France at the Time of the Dreyfus Affair*, *op. cit*; Michel Winock, *Édouard Drumont et Cie*, *op. cit*; Frederick Busi, *The Pope of antisemitism. The Career and Legacy of Edouard Drumont*, University Press of America, New York, 1986; Pierre Birnbaum, *Un mythe politique : « La République juive »*, *op. cit*.

93. Cité par Zeev Sternhell, *Maurice Barrès et le nationalisme français*, rééd., Bruxelles, Complexe, 1985, p. 233-236.

94. L. Vial, *Le juif roi. Comment le détrôner*, Paris, P. Lethielleux, 1899, p. 87.

95. *L'Action française*, 21 juillet 1942.

96. A. Vincent, *Les instituteurs et la démocratie*, Paris, Nouvelle librairie nationale, 1912, p. 10.

97. *L'Action française*, 14 mars 1938.

98. Maurice Bedel, *Bengali*, Paris, Œuvres françaises, 1935, p. 116 sqq.

99. Laurent Viguier, *Les juifs à travers Léon Blum. Leur incapacité historique à diriger un État*, Paris, éd. Baudinières, 1940.

100. *Pas Difficile*, février 1939.

101. Voir Stanley Hoffmann, *Le mouvement Poujade*, Paris, A. Colin, 1956, p. 226.

102. *Rivarol*, 24 août 1984.

103. *La libre Parole*, 27 décembre 1898.

104. *La Croix*, 4 février 1887. De manière générale, voir Pierre Sorlin, *« La Croix » et les juifs*, Paris, Grasset, 1967.

105. *La Croix*, 29 mars 1899.

106. Georges Thiebaud, *Le parti protestant*, *op. cit.*, p. 41.

107. Ernest Renauld, *La conquête protestante*, Paris, 1900.

108. E. Froment, *La trahison protestante*, Paris, 1899, p. 71.

109. Maurice Barrès, *Scènes et doctrines du nationalisme* (1902), Paris, Plon, rééd. 1925, t. I, p. 113.

110. Voir Jean Baubérot, « La vision de la Réforme chez les publicistes anti-protestants (fin XIXᵉ-début XXᵉ siècle) », *in* Philippe Joutard, éd., *Historiographie de la Réforme*, Delachaux et Niestle, Paris, 1977, p. 158. Dans le même sens, voir, dans ce même ouvrage collectif, l'article de Victor Nguyen, « L'Action française devant la Réforme ». Voir aussi, plus récemment, Steven Hause, « Anti-protestantism rhetoric in the early Third Republic », *French Historical Studies*, vol. 16, nᵒ 1, été 1989.

111. J. Madiran, « Pas pour la droite, mais pour la France », *Présent*, 6 décembre 1989.

112. *Idem*, 17 février 1988.

113. *Idem*, 4 mai 1988.

114. Voir Nadine-Josette Chaline, *Des catholiques normands sous la troisième République, Crises, Combats, Renouveaux*, Horvath, Roanne, 1985, p. 183.

115. Cité par Daniel Béresniak, *Juifs et francs-maçons*, Paris, Bibliophane Éd., 1989, p. 160-161.

116. Voir, par exemple, *Dans les coulisses de la République*, Paris, 1944, et, plus récemment, « La franc-maçonnerie gouverne », *Lectures françaises*, octobre 1958 ou encore, le *Dictionnaire de la politique française*, La librairie française, Paris, 1967; sous le pseudonyme de Saint Pastour, « La franc-maçonnerie au Parlement », *Documents et Témoignages*, Paris, 1970.

117. *L'Action anti-maçonnique*, juin 1936.

118. Voir Pierre-André Taguieff, « Mobilisation national-populiste en France : vote xénophobe et nouvel antisémitisme en France », *Lignes*, 1989, nᵒ 9.

119. *Présent*, 11 août 1989.

120. Charles Maurras, *Au signe de Flore*, Paris, 1931, p. 155-246.

121. Stuart Schram, *Protestantism and politics in France*, *op. cit.*, p. 115.

122. *L'Action française*, 12 septembre 1909.

123. *La Croix*, 10 juin 1905.

124. *La libre Parole*, 18 février 1908. Pour Drumont, « les protestants se sont fait beaucoup de tort en se solidarisant presque officiellement avec les Juifs », *La Libre Parole*, 2 juin 1900.

125. Charles Maurras, *Quand les Français ne s'aimaient pas*, Paris, Nouvelle Librairie latine, 1926, p. 191.

126. Georges Thiebaud, *Le parti protestant, op. cit*, p. 50.

127. Sur la lutte de Vichy contre les francs-maçons, voir Dominique Rossignol, *Anti-franc-maçonnerie. Antisociétés secrètes. Iconographie de la France occupée. 1940-1944*, thèse de doctorat, EHESS, 1980, t. I. Les recherches empiriques portant sur l'exclusion tant des juifs que des protestants durant le régime de Vichy sont encore presque inexistantes.

128. Charles Maurras, *Nos raisons contre la République, pour la monarchie*, Paris, 1931, p. 10, 89.

129. Jean Drault, *Histoire de l'antisémitisme*, Paris, éd. C.L., 1942, p. 179.

130. Marcel Déat, *Mémoires politiques*, Paris, Denoël, 1989, p. 785.

131. Voir Bertram Gordon, « National movements and the French Revolution: the justification of the French in fascist Italy, Nazi Germany and Vichy France », *in* Michel Vovelle, *Actes du colloque sur la Révolution française*, Paris, 1989.

132. Voir *Libération*, 23 avril 1989, « Les beurs montent en mairies ». Voir aussi *Libération*, 16 juin 1989; *Le Monde*, 25 février 1988. Sur ce point, voir Rémy Leveau, « Les partis et l'intégration des "beurs" » *in* Yves Mény, s.d., *Idéologies, partis politiques et groupes sociaux*, Presses de la FNSP, Paris, 1989.

133. *Le Monde*, 16 février 1990.

134. *Libération*, 28 mars 1990.

135. Édouard Drumont, *La France juive, op. cit.*, t. I, p. 30.

136. Simon Deploigel, *Le conflit de la morale et de la sociologie*, Paris, Nouvelle librairie nationale, 1927, p. 128. Voir aussi, p. 137 : « L'œuvre de M. Durkheim est *made in Germany* ».

137. Élisabeth Cazenave, « L'Affaire Dreyfus et l'opinion bordelaise », *Archives du Midi*, 1972. Voir aussi, Pierre Birnbaum, *Introduction* à Émile Durkheim, *Le socialisme*, Paris PUF, 1972.

138. R.P. Dom Besse, *Les religions laïques. Un romantisme religieux*, Paris, 1913, p. 240, 245.

139. Voir Claire-Françoise Bompaire-Evesque, *Un débat sur l'Université au temps de la troisième République*, Aux amateurs de livres, Paris, 1988.

140. Voir Paul Cohen, *Piety and Politics. Catholic revival and the generation of 1905-1914, op. cit.*, p. 252.

141. Cité par Zeev Sternhell, *Maurice Barrès et le nationalisme français, op. cit.*, p. 308.

142. Charles Maurras, *Quand les Français ne s'aimaient pas, op. cit.*, p. 84, 290.

143. Charles Maurras, « l'État Monod », dans « Les Monod peints par eux-mêmes », *in* Maurras, *Au signe de Flore*, Oaris, 1931, p. 155-246. Voir Michael Sutton, *Nationalism, positivism, and catholicism : Charles Maurras and French Catholics. 1890-1914*, Cambridge University Press, Cambridge, 1982.

144. Charles Maurras, *Réflexions sur la Révolution de 1789*, Paris, éd. Self, 1948, p. 4, 188.

145. *La Croix*, 15 mars 1898.

146. André Tardieu, *La révolution à refaire, op. cit.*, p. 88, 104, 161.

147. Marcel Déat, *Mémoires politiques, op. cit.*, p. 171, 618.

148. Albert de Mun, « Lettres à sa femme », *Archives nationales*, 378AP 6, Papiers de Mun (Yves Deloye a bien voulu m'indiquer cette référence).

149. Voir Roger Nichaud, *La laïque*, La Renaissance française, Paris, 1910; Dom Besse, *Les religions laïques*, Paris, Nouvelle librairie nationale, 1913, chap. 14, « M. Durkheim en Sorbonne ».

150. Gabriel Syveton, *L'Université et la nation*, Paris, Bureaux de la Patrie française, 1899.

151. Ferdinand Brunetière, *Discours et combat*, Paris, Perrin, 1907, p. 134.

152. *La Vieille France*, 31 décembre 1919.

153. Charles Hagel, *Le péril juif*, Éditions nouvelles africaines, Alger, 1934, p. 72.

154. Cité par Yves Deloye, *op. cit.*

155. Fénélon Gibon, *Où mène l'école sans Dieu*, Paris, 1925, 4ᵉ éd., p. 104. Voir, du même auteur, *La perversion des mœurs et le remède capital : le retour à l'éducation et à la vie chrétienne*, s.d.

156. *La libre Parole*, 24 novembre 1909 et 18 septembre 1911; voir aussi *La Croix*, 7 août 1898.

157. Jean Fourcade, *Prosélytisme protestant*, Paris, Bureaux de l'A.E., 1905.

158. *La libre Parole*, 19 juin 1904.

159. Voir le débat et le commentaire attristé des *Archives israélites* du 5 novembre 1891 qui estiment que, pour des raisons de « convenances », des questions comme celles-là ne devraient pas être soulevées par des israélites.

160. *La Croix*, 24 septembre 1898, 24 novembre 1899, 11 juillet 1905, 21 octobre 1906. Dans ce sens, voir l'article anonyme, « La Ligue de l'enseignement est-elle une œuvre bien française? » extrait du *Conservateur de l'Aisne*, St-Quentin, 1884 (cette référence m'a été indiquée par Yves Deloye).

161. *La libre Parole*, 28 juillet 1908.

162. *L'Action française*, 1ᵉʳ juillet 1909.

163. Léon Daudet, *Le Palais de Police*, Paris, éd. du Capitole, 1931, p. 16.

164. *La Gazette du Midi*, 30 octobre 1882, Archives nationales, F 19 1966.

165. Mgr Jouin, « Le péril judéo-maçonnique », *Revue internationale des sociétés secrètes*, 1925, t. V.

166. Voir Françoise Mayeur, *L'enseignement secondaire des jeunes filles sous la IIIᵉ République*, Paris, Presses de la FNSP, 1977.

167. Émile Poulat, *Liberté, laïcité. La guerre des deux France et le principe de la modernité*, Paris, Cerf, 1987, chap. 7.

168. *La Nouvelle Voix d'Alsace et de Lorraine*, avril 1937.

169. *Les Jeunes d'Alsace*, 7 février 1937.

170. Wilfred Halls, *Les jeunes et la politique de Vichy*, Paris, Syros, 1988, p. 82 sqq.

171. Voir les remarques de Bernard Plongeron dans *Les catholiques français et l'héritage de 1789*, *op. cit*, p. 65 ainsi que, dans ce même ouvrage, le texte de Jean-Marie Mayeur, « La laïcité de l'État ».

172. *Documents épiscopaux*, Bulletin du secrétariat de la conférence des évêques de France, nᵒ 1, janvier 1989, p. 25.

173. Edouard Drumont, *La France juive*, *op. cit.*, t. 1, p. 114.

174. *Archives de la préfecture de Police*, E a 52, Dossier Naquet.

175. *La libre Parole*, 23 et 31 septembre 1906.

176. Sybil (Charles Benoist), *Croquis parlementaires*, Paris, 1891, p. 89.

177. Jules Barbey d'Aurevilly, *Dernières polémiques*, Paris, 1891, p. 239.

178. Léon Daudet, *Au temps de Judas*, Paris, Grasset, 1933, p. 91-92.

179. Henri Faugeras, *Les juifs, peuple de proie*, Paris, Documents contemporains, 1943, p. 61. Dans le même sens, Robert Launey, *Figures juives*, Paris, Nouvelle librairie nationale, Paris, 1921.

180. *La Croix des Alpes-Maritimes*, 7 juillet 1907, Fonds L. Blum, Presses de la FNSP.

181. « Pour les Vierges de Sion », *Jaune*, 24 février 1909, Fonds L. Blum, Presses de la FNSP.

182. Jean-Charles Legrand, *Paroles vivantes*, Paris, éd. Baudinière, 1941, p. 184.

183. *Présent*, 4 septembre 1985; *Rivarol*, 27 juillet 1984 ; *Figaro Magazine*, 15 septembre 1984.

184. Romain Marie, « Le génocide français », *Chrétien-Solidarité*, février-mars 1984. Sur ce point, Pierre-André Taguieff », Nationalisme et réactions fondamentalistes en France », *op. cit.*

185. *Le Monde*, 19 octobre 1983.

186. *Présent*, juin 1983.

187. Gérard Noiriel, *Le creuset français*, Paris, Le Seuil, 1988.

188. Ralph Schor, *L'opinion française et les étrangers en France. 1919-1939*, Paris, Publications de la Sorbonne, 1985.

189. *Libération*, 23 avril 1990.

190. *Idem*, 4 décembre 1989.

Chapitre XIII

LA CLASSE OUVRIÈRE

1. Cité par J. Néré, *Le boulangisme et la presse*, Paris, A. Colin, 1964, p. 131.

2. Cit. par E. Weber, *L'Action française*, trad. française, Paris, Stock, 1962, rééd. Fayard, 1985, p. 415-416.

3. H. Hatzfeld, *Du paupérisme à la Sécurité sociale*, Nancy, Presses universitaires, 1989, p. 7 sqq.

4. G. Bertier de Sauvigny, *La Restauration*, Paris, Flammarion, 1955, p. 315; R. Rémond, *Les droites en France*, nouv. éd., Paris, Aubier, 1982, p. 81.

5. M. Denis, *Les royalistes de la Mayenne et le monde moderne, xixe-xxe siècle*, Paris, Klincksieck, 1977, p. 421.

6. R. Rémond, *op. cit.*, p. 82.

7. E. Weber, *op. cit.*, p. 86.

8. G. Duveau, *La vie ouvrière en France sous le second Empire*, 4e éd., Paris, Gallimard, 1946, p. 101-102; B. Ménager, *Les Napoléon du peuple*, Paris, Aubier, 1988, p. 89-95, p. 136.

9. B. Ménager, *op. cit.*, p. 146-147.

10. R. Rémond, *op. cit.*, p. 328-329; B. Ménager, *op. cit.*, p. 125, p. 141, p. 146-147.

11. B. Ménager, *op. cit.*, p. 141 sqq, p. 282 sqq.

12. Z. Sternhell, *La droite révolutionnaire. Les origines françaises du fascisme*, Paris, Le Seuil, 1978, p. 287, p. 315.

13. *Ibid.*, p. 245-250, en attendant le résultat des travaux de M.G. Dezes et E. Arnold.

14. *Ibid.*, p. 254-255; J. Maitron, *Dictionnaire biographique du mouvement ouvrier français*, Paris, Éd. ouvrières, t. XIX, 1983, p. 160-161.

15. Z. Sternhell, *op. cit.*, p. 254 sqq., p. 310.

16. *Ibid.*, p. 259, p. 310-313.

17. *Ibid.*, p. 248 sqq., p. 251-252, p. 257-261.

18. *Ibid.*, p. 245-248, p. 257-161, p. 264-266.

19. *Ibid.*, p. 354, p. 378 sqq.

20. E. Weber, *op. cit.*, p. 89 sqq.

21. J. Maitron, *op. cit.*, t. XIII, p. 90.

22. E. Weber, *op. cit.*, p. 93.

23. J. Maitron, *op. cit.*, t. XXIV, p. 235 et t. XXXIII, 1988, p. 361 sqq.

24. E. Weber, *op. cit.*, p. 558-559.

25. Ph. Machefer, « Les syndicats professionnels français (1936-1939) », *Le Mouvement social*, 1982, n° 119, p. 91-93.

26. P. Sigoda, « Les cercles extérieurs du RPR », *Pouvoirs*, n° 28, 1984, p. 154-155.

27. G. Bertier de Sauvigny, *op. cit.*, 1955, p. 339; F. Rude, *L'insurrection lyonnaise de novembre 1831. Le mouvement ouvrier à Lyon, 1827-1832*, Paris, Anthropos, 1970, p. 124 sqq.; R. Gossez, éd., *Un ouvrier en 1820. Manuscrit inédit de Jacques-Étienne Bédé*, Paris, PUF, 1984, p. 295 sqq.

28. A. Cosson, *Fabriques et ouvriers du textile à Nîmes. Crise, renaissance, déclin, 1790-1850*, thèse Montpellier III, dactyl., 1982, p. 371, p. 375 sqq.; *idem*, « L'industrie textile à Nîmes : la fin d'une hégémonie », *Le Mouvement social*, 1985, n° 133, p. 10-12, p. 16-17.

29. A. Cazals, *Avec les ouvriers de Mazamet dans la grève et l'action quotidienne*, Paris, La Découverte, 1978, p. 25, p. 36 sqq., p. 290.

30. B. Ménager, *op. cit.*, p. 27, p. 38, p. 42-46.

31. *Ibid.*, p. 224 sqq.

32. *Ibid.*, p. 89, p. 161, p. 282, p. 285-286; R. Huard, *Le suffrage universel en France, 1848-1946*, Paris, Aubier, 1991, p. 82-83.

33. B. Ménager, *op. cit.*, p. 136, p. 161, p. 285-286; R. Huard, *op. cit.*, p. 82-83.

34. B. Ménager, *op. cit.*, p. 344 sqq.; R. Huard, *op. cit.*, p. 143-144.

35. Z. Sternhell, *op. cit.*, p. 55.

36. J. Néré, *op. cit.*, p. 26-27.

37. *Ibid.*, p. 131.

38. *Ibid.*, p. 145.

39. Z. Sternhell, *op. cit.*, p. 36-39; M. Winock, « La naissance du Parti allemaniste (1890-1891) », *Le Mouvement social*, 1971, n° 75, p. 53 sqq.

40. Z. Sternhell, *op. cit.*, p. 37-38, p. 63.

41. *Ibid.*, p. 246-255, p. 262-264, p. 269-276, p. 305-312.

42. *Ibid.*, p. 246-312.

43. *Ibid.*, p. 247.

44. *Ibid.*, p. 372 sqq.; E. Weber, *op. cit.*, 1962, p. 83, p. 89-94, p. 223, p. 242; J. Maitron, *op. cit.*, t. 13, p. 90 et t. 33, p. 361 sqq.; H. Dubief, *Le syndicalisme révolutionnaire*, Paris, A. Colin, 1969, p. 49.

45. P. Milza, *Fascisme français, passé et présent*, Paris, Flammarion, 1987, p. 138.

46. Ph. Machefer, art. cité, *Le Mouvement social*, n° 119, 1982, p. 96 sqq., p. 110-111.

47. P. Milza, *op. cit.*, p. 164-165, p. 170-176.

48. J.-P. Brunet, *Jacques Doriot*, Paris, Balland, 1986.

49. P. Milza, *op. cit.*, p. 104-106; p. 164-165; p. 170-171; p. 233, p. 299-300; J.-P. Brunet, *op. cit.*, p. 174, p. 231.

50. Ph. Machefer, art. cité, *Le Mouvement social*, n° 119, 1982, p. 95-98.

51. R. Paxton, *La France de Vichy*, trad. française, Paris, Le Seuil, 1973, p. 210; P. Milza, *op. cit.*, p. 210.

52. P. Guiol et E. Neveu, « Sociologie des adhérents gaullistes », *Pouvoirs*, 28, 1984, p. 105 sqq.

53. R. Huard, *op. cit.*, p. 39, p. 38; A. Corbin, *Archaïsme et modernité en Limousin au XIXᵉ siècle, 1845-1880*, Paris, Rivière, 1975, t. II, p. 769 sqq.; M. Boivin, *Le*

mouvement ouvrier dans la région de Rouen, 1851-1876, Rouen, Publications de l'Université de Rouen, 1989, t. I, p. 93.

54. R. Huard, *op. cit.*, p. 55 sqq.

55. *Ibid.*, p. 64, p. 84.

56. *Ibid.*, p. 29.

57. *Ibid.*, p. 139.

58. *Ibid.*, p. 64 sqq., p. 139 sqq., p. 153 sqq.

59. Z. Sternhell, *op. cit.*, p. 39-43.

60. B. Ménager, *op. cit.*, p. 286 sqq.

61. Z. Sternhell, *op. cit.*, p. 41-43.

62. *Ibid.*, p. 65.

63. *Ibid.*, p. 60 sqq.

64. R. Rémond, *op. cit.*, p. 158.

65. Z. Sternhell, *op. cit.*, p. 321, p. 385 sqq.

66. *Ibid.*, p. 345.

67. *Ibid.*, p. 345, p. 354, p. 385; J. Julliard, *Clemenceau, briseur de grève*, Paris, Julliard, 1965, p. 81, p. 131.

68. R. Huard, *op. cit.*, p. 236; M. Pigenet, « La manifestation Ridgway du 28 mai 1952 » *in* P. Favre, éd., Paris, Presses de la FNSP, *La Manifestation*, 1990, p. 245 sqq.

69. R. Huard, *op. cit.*, p. 234-235; Y. Lequin, « Le métier », in *Les lieux de mémoire*, à paraître, Gallimard.

70. G. Duveau, *op. cit.*, p. 101-102.

71. P. Birnbaum, *Le peuple et les gros. Histoire d'un mythe*, nouv. éd., Paris, Hachette, 1983, p. 13 sqq.

72. Z. Sternhell, *op. cit.*, p. 218-219.

73. *Ibid.*, p. 177-178.

74. *Ibid.*, p. 227-228.

75. C. Willard, *Le mouvement socialiste en France (1893-1906). Les guesdistes*, 1965, p. 410-411.

76. Z. Sternhell, *op. cit.*, p. 269 sqq.

77. H. Dubief, *op. cit.*, p. 49; p. 215-216; B. Ménager, *op. cit.*, p. 95.

78. E. Weber, *op. cit.*, 1962, p. 90-91; Z. Sternhell, *op. cit.*, p. 181, p. 199-201; P. Birnbaum, *op. cit.*, p. 17 sqq.

79. P. Birnbaum, *op. cit.*, p. 42 sqq., p. 56 sqq., p. 84-87.

80. J.-P. Machelon, *La République contre les libertés*, Paris, Presses de la Fondation nationale des sciences politiques, 1976, p. 207 et suiv.

81. H. Hatzfeld, *op. cit.*, p. 34 sqq.; p. 41, p. 47 sqq.

82. Z. Sternhell, *op. cit.*, p. 287 sqq.

83. Ph. Machefer, art. cit., *Le Mouvement social*, n° 119, 1982, p. 106 sqq.

84. J. Baudouin, « Gaullisme et chiraquisme : réflexions autour d'un adultère », *Pouvoirs*, 28, 1984, p. 63; Ph. Portier, « Les militants du RPR, étude d'une fédération », *ibid.*, p. 115.

85. J. Capdevielle et al., *France de gauche, vote à droite*, 2ᵉ éd., Paris, Presses de la FNSP, 1988, p. 182 sqq.

86. R. Girardet, *L'idée coloniale en France de 1871 à 1962*, 2ᵉ éd., Paris, Hachette, 1972, p. 197-198; Z. Sternhell, *op. cit.*, 1978, p. 44-55.

87. Z. Sternhell, *op. cit.*, p. 260, p. 298; F. Delpla, « Les communistes français et la sexualité. 1932-1938 », *Le Mouvement social*, n° 91, 1975, p. 121 sqq. ; J. Frémontier, *La vie en bleu. Voyages en culture ouvrière*, Paris, Fayard, 1990.

88. R. Rémond, « L'originalité du socialisme français », in *Tendances politiques dans la vie politique française depuis 1789*, Paris, Hachette, 1960, p. 52; J. Capdevielle et al., *op. cit.*, p. 160.

89. P. Birnbaum, *op. cit.*, p. 141-145, p. 137 sqq.

Chapitre XIV

L'HYGIÈNE ET LE CORPS

1. Herbert Spencer, né en 1820, mort en 1903, a publié entre 1849 et 1859 quatre articles réunis sous le titre *De l'éducation intellectuelle, morale et physique*. Le dernier est consacré à l'éducation physique et traite de la nécessaire attention à donner au corps. Il est dénonciation de l'ascétisme au nom de l'adaptation aux besoins naturels. Dès lors l'éducation physique apparaît comme l'une des dimensions nécessaires de la formation, d'autant plus nécessaire qu'elle doit contrecarrer une dégénérescence provoquée par les conditions de la vie moderne. Aux mouvements codifiés, il faut préférer « les exercices indiqués par la nature » et « pour les filles comme pour les garçons, les jeux auxquels les poussent leurs instincts naturels, sont essentiels à leur bien-être corporel ». De ce bien-être corporel découle un bon fonctionnement cérébral, compromis au contraire par l'abus de l'étude. Tant par la liberté d'épanouissement physique qu'il demande pour les filles que par le caractère ludique qu'il entend donner aux activités physiques, Spencer est un précurseur qui se situe aux antipodes des partisans d'un utilitarisme militaire ou scolaire conduisant à une codification étroite des exercices.

2. Georges Hébert fonde sa méthode sur « une recherche de perfectionnement physique de l'être humain » qui passe par un retour aux aptitudes de l'homme primitif que la civilisation a détériorées. Il ne s'agit nullement de prôner un impossible retour à l'état de nature, mais de récupérer les qualités de résistance, d'adresse, d'agilité, de vitesse, qui permettaient au primitif de survivre. Hébert propose une éducation qui exclut tout artifice et qui donne à tous un équilibre retrouvé plutôt qu'elle ne prépare une élite à l'exploit. Officier de Marine, Hébert s'est fait connaître par son rôle d'instructeur de l'École des pupilles et des mousses de Lorient, avant de triompher au Congrès international de l'éducation physique de Paris en 1913 et de devenir alors directeur du Collège des Athlètes de Reims. Il a défendu ses idées dans des ouvrages parfois délibérément provocateurs tel *Le sport contre l'éducation physique*, publié en 1925, et les a développés dans *L'éducation physique, virile et morale par la méthode naturelle*, de 1936. Le régime de Vichy trouva dans les thèses d'Hébert un double caution à l'idée du retour à la nature et à celle de la formation du caractère par une précarité voulue des conditions de vie.

3. L'histoire du scoutisme est faite d'ambiguïtés. Militaire par ses origines et ses apparences, le scoutisme se veut activité éducative tout autant que de loisirs et entend concilier l'épanouissement personnel de ses membres avec le service de la communauté. Les activités physiques sont pratique de la nature plutôt que sport et elles s'intègrent dans un ensemble complexe de comportements éducatifs. C'est cette complexité même qui a fait l'attrait d'un scoutisme où chacun trouve une réponse à ses exigences et qui a suscité, par voie de conséquence, toutes les critiques. Né en Angleterre de la volonté d'un officier colonial, Robert Baden-Powell, en 1908, le scoutisme a un succès quasi immédiat en France où les éclaireurs protestants apparaissent dès 1911, immédiatement suivis des éclaireurs de France, laïcs. Par suite des réticences de l'Église face à un mouvement d'origine protestante le scoutisme catholique ne se développe qu'ensuite, mais dès les années 1920 il devient très largement dominant. Le scoutisme étendu aux louveteaux et aux routiers,

ouvert aux filles mais sans aucune mixité, fait autour de lui une unanimité consacrée par une circulaire d'Édouard Herriot qui attire sur lui la bienveillance du corps enseignant [33, p. 80]. Ce sont les emprunts nombreux des mouvements de jeunesse de Vichy au scoutisme qui le rendent ensuite suspect, notamment à la gauche. Les scouts ont été eux-mêmes trop vus au premier rang des manifestations qui accompagnaient les déplacements du maréchal Pétain. On s'interroge aussi sur la philosophie du mouvement, et notamment sur la conception du chef qu'il véhicule. On dénonce la marque d'un élitisme qui se veut chevaleresque et qui est visualisé par un système de galons et de distinctions qui rappelle les origines militaires du mouvement [33]. Dans les années 1950, de crises en remises en question, le scoutisme évolue en se banalisant et résiste mal à l'essor des pratiques sportives organisées, d'une part, des activités de loisirs offertes par l'Union des centres de plein air, les Maisons des jeunes ou les Auberges de la jeunesse, d'autre part. Loin de l'unanimisme de l'entre-deux-guerres il n'a plus qu'un rôle résiduel dans la formation des jeunes.

4. Jacques-G. Petit montre que la finalité de la prison, telle qu'elle fut conçue à la fin du XVIIIe siècle, à partir, notamment, des travaux de Cesare Bonesana Beccaria, était la rééducation par le travail (cf. *Ces peines obscures. La prison pénale en France, 1780-1875*, Paris, Fayard, 1990).

Chapitre XV

LES ARTS

1. Sur les illustrations de manuels scolaires, on se reportera aux travaux de Christian Amalvi, en particulier *Les héros de l'histoire de France. Recherche iconographique sur le Panthéon scolaire de la troisième République*, Paris, Phot'œil, 1979.

2. Sur les tombeaux d'opposants politiques, voir le résumé de la communication présentée par Antoinette Romain-Lenormand au 2e Congrès national d'archéologie et d'histoire de l'art (Lyon, 1990), dans *Histoire de l'art*, n° 13/14, 1991, p. 105. Sur les tableaux présentés au Salon, voir *infra*.

3. Sur Daumier et les femmes, voir Linda Nochlin, « Allegories and Révolutions : the image of Liberty in 1848 », dans [4].

4. Claude Langlois, *La caricature contre-révolutionnaire*, Paris, Presses du CNRS, 1988, p. 7.

5. Le tableau a été acquis par le Musée d'Orléans en 1980. Voir la *Revue du Louvre*, 1981-1982, p. 134-135, et [40, p. 128].

6. [40, p. 129].

7. E.-J. Delécluze, *David, son école et son temps*, Paris, Didier, 1855, rééd. Paris, Macula, 1983, p. 211.

8. *Ibid.*, p. 80 sqq.; Marie-Claude Chaudonneret, *La peinture troubadour*, Paris, Arthéna, 1980.

9. Voir le catalogue de l'exposition *La légende napoléonienne, 1796-1900*, Paris, BN, 1969.

10. Il s'agit de *La prise du Trocadéro*, d'abord confiée à Gros, puis, en 1827, à Delaroche, du *Portrait équestre du duc d'Angoulême*, peint par Horace Vernet, de *La prise des retranchements devant La Corogne*, commandée à Hippolyte Lecomte, et de *La prise de Pampelune*, peinte par Carle Vernet après avoir été initialement confiée à Charles Langlois. Voir Neal Fiertag, *La monarchie constitutionnelle : quelques aspects de la peinture*

d'histoire sous la Restauration, thèse de doctorat de 3ᵉ cycle, université de Paris IV, 1981 (exemplaire dactylographié).

11. Josette Bottineau, « Les portraits de généraux vendéens », *Gazette des beaux-arts*, 1975/1, p. 175-191.

12. Geneviève et Jean Lacambre, « La galerie de Diane aux tuileries sous la Restauration », *Revue du Louvre*, 1975-1, p. 39-50.

13. Pierre Vaisse, « La peinture monumentale au Panthéon sous la IIIᵉ République », catalogue de l'exposition *Le Panthéon, symbole des révolutions*, Centre canadien d'architecture et Caisse nationale des monuments historiques, Paris, Picard, 1989.

14. Pierre Vaisse, « Couture et le second Empire », *Revue de l'art*, nᵒ 37, 1977, p. 43-68.

15. Nancy Davenport, « Charles-Louis Müller et les décorations peintes du Louvre », *Bulletin de la Société de l'Histoire de l'Art français*, année 1986, Paris, 1988, p. 145-161.

16. Louise d'Argencourt, *Les peintures murales de Puvis de Chavannes au Musée de Picardie*, thèse de doctorat de 3ᵉ cycle, université de Paris I, 1973 (exemplaire dactylographié).

17. Gilbert Zoppi, « Jeanne d'Arc et les républicains », *L'Esprit républicain*, Actes du colloque tenu à Orléans les 4 et 5 septembre 1970, Paris, 1972.

18. Elmar Stolpe, *Klassizismus und Krieg, über den historischen Maler Jacques-Louis David*, Frankfurt am Main-New York, 1985.

19. On a souvent voulu, surtout dans l'historiographie allemande de l'art, dater cette rupture de la Révolution, qui aurait entraîné la ruine de la société d'Ancien Régime : les artistes, qui travaillaient jusque-là au service de l'Église et de la noblesse, se seraient alors trouvés libres de toute contrainte sociale. Simplificatrice à l'extrême, cette théorie peut s'appuyer sur l'attitude adoptée à l'époque par nombre d'artistes et d'écrivains allemands (voir, par exemple, Bernhard Knauss, *Das Künstlerideal des Klassizismus und der Romantik*, Reutlingen : Gryphius-Verlag, 1925). Pour la France, il faut encore se reporter à [21, p. 249 sqq.]. Une autre tendance, non moins réductrice, consiste à confondre la conquête de l'autonomie avec la lutte menée par les artistes indépendants contre le pouvoir académique au service de l'État, dans la seconde moitié du XIXᵉ siècle.

20. D'après Philippe de Chennevières, *Souvenirs d'un directeur des Beaux-Arts*, Paris, Aux bureaux de *L'Artiste*, 2ᵉ partie, 1885, p. 54 : « Je me souviens toujours, quand j'entrai dans l'Administration des Musées, en 1846, combien j'étais étonné et mortifié pour ces pauvres gens de l'accueil rude et impoli qui leur était fait en nos bureaux, et j'admirais leur endurance. En ce sens, les peintres et les sculpteurs gagnèrent beaucoup à la révolution de Février ; on commença dès lors à les respecter et à les tenir pour ce qu'ils valaient [...] Et puis, c'était deux artistes ou écrivains d'art, Ch. Blanc et Jeanron, qui venaient d'être mis à la tête des deux principaux services, et ils devaient à leurs confrères, dont ils dépendaient quelque peu par l'opinion, des ménagements dont MM. de Cailleux et Cavé, s'appuyant directement sur le roi et sur le ministre de l'Intérieur, se croyaient malheureusement trop affranchis à l'égard de leurs administrés. D'ailleurs chacun sait, qu'au moins pour parler de Ch. Blanc, ses formes étaient fort douces et agréables et n'avaient rien d'orgueilleux. »

21. La meilleure étude sur cet ensemble est celle de Jane van Nimmen, « Thomas Coutures Murals in Saint-Eustache, Paris », dans le catalogue de l'exposition *Thomas Couture : Paintings and Drawings in American Collections*, University of Maryland Art Gallery, 1970.

22. On trouvera sur ce sujet une bonne documentation dans les catalogues des expositions *Les traces des guerres de Vendée dans la mémoire collective*, Château du

Puy-du-Fou, Écomusée départemental de la Vendée, 1983, et *Bretons ou chouans, les paysans bretons dans la peinture d'histoire d'inspiration révolutionnaire au XIXe siècle*, Quimper, Musée des Beaux-Arts, 1989.

23. Victor Schœlcher, dans *L'Artiste*, I (1831), p. 292, cité par Michael Marrinan [28], qui commente ainsi son jugement (p. 264, n. 359) : « This example is but one reminder that our present-day attempts to link a critic's politics to his writings on imagery must done with care. »

24. J.-P. Crespelle, *Les maîtres de la Belle Époque*, Paris, Hachette, 1966, p. 147.

25. Alfred de Lostalot, *L'Illustration*, 1891, cité dans le catalogue de l'exposition *Équivoques*, Paris, Musée des Arts décoratifs, 1973 (non paginé) ; André Michel, « A travers les Salons », *Notes sur l'art moderne (peinture)*, Paris, s.d., p. 281. Présenté au Salon de la Société nationale des Beaux-arts en 1891, le tableau avait été acheté avant le Salon par un collectionneur privé qui consentit à le céder à l'État. Antonin Proust, l'ancien ministre des Arts de Gambetta, qui s'entremit dans cette affaire, voyait en lui « l'image du patriotisme le plus vrai. Il représente bien cette démocratie rurale, patiente et résolue, qui a su se conquérir tant de sympathie par son attachement au devoir » (Arch. nat., F ²¹ 2 153) ; mais un préfet honoraire, H. de Ferron, crut devoir protester contre le projet d'achat, car, écrivait-il au ministre de l'Instruction publique, « on croirait que le but du peintre a été de montrer que les conscrits français ressentent de l'horreur en partant pour l'armée » (*ibid.*). L'intention du peintre était plus modérée : « Je voudrais », écrivait-il à un ami, « avec des moyens purement plastiques, graphiques, éveiller une idée de patrie. Donner à ce sujet la mélancolie qu'il comporte mêlée d'un peu d'héroïsme » (cité par Pauline Grisel, *P.A.J. Dagnan-Bouveret à travers sa correspondance*, mémoire de DEA, université de Lyon II, s.d. [1987], ex. dact.).

26. La thèse de la mort de la peinture d'histoire à l'époque de Manet a été illustrée en particulier par l'exposition *Triumph und Tod des Helden* [*Triomphe et mort du héros*], Cologne - Zurich - Lyon, 1988 (catalogue Milan, Electa, 1988). Sur la prétendue reconnaissance officielle de cette mort, voir [36].

27. Sur « l'art maréchal », voir [44]. Les monuments aux morts ont fait depuis une vingtaine d'années l'objet d'un grand nombre d'études ; un essai de synthèse a été donné par Alain Renaud Diot, *La pierre du sacrifice ou l'art de la guerre. Les monuments aux morts en France*, thèse de doctorat de 3e cycle, université de Paris I, 1980 (exemplaire dactylographié). Sur la peinture coloniale, voir le catalogue de l'exposition *Coloniales, 1920-1940*, Musée municipal de Boulogne-Billancourt, 1989-1990.

28. Cette volonté de répandre la connaissance et le goût de l'art s'est incarnée dans les livres qui ont fait la réputation de Charles Blanc, l'*Histoire des Peintures de toutes les Écoles*, en 14 volumes, entreprise collective dont il fut l'initiateur et le directeur, la *Grammaire des arts du dessin* (1867) et la *Grammaire des arts décoratifs* (1882), mais aussi dans son projet de musée des copies qui ouvrit ses portes en 1873 pour être fermé quelques mois plus tard par son successeur à la direction des Beaux-Arts, Philippe de Chennevières [40, p. 508-509].

29. Charles Blanc, *Rapports au citoyen ministre de l'Intérieur sur les arts du dessin et sur leur avenir dans la République française*, publié dans le *Moniteur universel* du 10 octobre 1848, p. 2763-2764.

30. Charles Blanc, « Exposition universelle de 1867 », dans *Les artistes de mon temps*, Paris, 1876, p. 419.

31. A défaut d'une étude récente, on se reportera aux propos du peintre rapportés par Azar du Marest dans *A Travers l'Idéal*, Paris, Librairie académique Perrin et Cie, s.d., p. 292-294.

32. Werner Spies, « *Guernica* und die Weltausstellung Paris 1937 », dans Werner Spies, *Kontinent Picasso*, Munich, Prestel, 1988, p. 63-100. Parmi les derniers

ouvrages consacrés à une œuvre qui a fait l'objet d'innombrables commentaires, citons Max Imdahl, *Picassos Guernica*, Francfort am Main, Insel Verlag, 1885 ; Joaquin de la Puente, *El Guernica. Historia de un cuadro*, s. l., Silex, 1987 ; Herschel B. Chipp, *Picasso's Guernica*, Londres, 1989.

33. Voir, par exemple, le catalogue de l'exposition *Léger et l'Esprit moderne*, Paris, Musée d'art moderne de la Ville de Paris, 1982.

34. Sur le plafond du Palais-Bourbon, Pierre Vaisse, « La machine officielle. Regard sur les murailles des édifices parisiens », *Romantisme*, n° 41 (1983), p. 19-40.

35. *Le Figaro* du 31 octobre 1873 :
« Monsieur le rédacteur, Comme vous le dites avec raison, les conservateurs doivent avoir le courage de leurs opinions. En laissant toujours la parole à nos adversaires, nous laissons bien souvent accréditer des erreurs grossières. Ainsi rien n'est plus faux que cette prétention des républicains à soutenir que le haut commerce de Paris éprouve les répugnances les plus vives contre toute restauration monarchique. Les affaires sont arrêtées uniquement par la crainte de retomber entre les mains des républicains et nous aspirons tous, et comme Français et comme commerçants, au rétablissement de la monarchie héréditaire qui seule peut mettre fin à nos maux. Veuillez agréer, » etc.

36. C'est, en particulier, le point de vue défendu par Nicos Hadjinicolaou dans [3].

37. Cette relativité a été soulignée par le principal théoricien de l'esthétique de la réception, Hans Robert Jauss, qui écrit dans *Ästhetische Erfahrung und literarische Hermeneutik* (Francfort am Main, Suhrkamp, 1982, cité d'après la 2ᵉ édition, 1984) :
« Wenn das geschichtliche Wesen eines Kunstwerks für uns nicht mehr unabhängig von seiner Wirkung und die Tradition der Werke nicht mehr unabhängig von ihrer Aufnahme als Geschichte einer Kunst zu bestimen ist, muss die herkömmliche Produktions-und Darstellungsästhetik rezeptionsästhetisch fundiert werden. Diese Fundierung soll und kann Keineswegs dazu dienen, für Literatur und Kunst wieder eine selbstständige Geschichte zu retten. Der Partialität der Rezeption gegenüber Produktion und Darstellung entspricht vielmehr die Partialität der Geschichte der Kunst im Verhältnis zur und innerhalb der allgemeinen Geschichte » (p. 737) [« Si l'essence historique d'une œuvre d'art ne peut plus être définie pour nous indépendamment de son action, ni la tradition des œuvres indépendamment de leur réception comme histoire d'un art, il faut fonder l'esthétique traditionnelle de la production et de la représentation sur une esthétique de la réception. Cette fondation ne doit et ne peut en aucun cas servir à sauver une histoire autonome de la littérature et de l'art. Au caractère partiel de la réception face à la production et à la représentation correspond bien plutôt le caractère partiel de l'histoire de l'art par rapport à et à l'intérieur de l'histoire générale. »] Tout cela est assurément juste, mais d'une forte évidence.

38. Francis Jourdain, *L'art officiel de Jules Grévy à Albert Lebrun*, Le Point, XXXVII, avril 1949, non paginé. Ce pamphlet longtemps célèbre se distingue par le caractère de son illustration, car la plupart des œuvres reproduites n'ont pas été acquises par l'État, une bonne partie d'entre elles ayant de plus pour auteurs des peintres auxquels l'administration n'achetait rien, au contraire de Francis Jourdain lui-même, bien en cour à ses débuts grâce à l'influence paternelle.

39. Sur cette thèse, voir Pierre Vaisse, « Les raisons d'un retour : retrouvailles ou rupture ? », *Le Débat*, n° 10, mars 1981, p. 10-28, et *idem*, « L'esthétique du XIXᵉ siècle : de la légende aux hypothèses », *Le Débat*, n° 44, mars-mai 1987, p. 90-105.

40. Il convient d'ajouter qu'elle conserve encore le contrôle de la section artis-

tique de la Casa de Velázquez à Madrid; mais cette institution ne joue dans la vie artistique qu'un rôle tout à fait négligeable — sans doute pour cette raison!

41. [15, passim].

42. Chez Le Corbusier (qui l'a formulé dans son opuscule au titre significatif *Une maison, un palais* publié en 1928), ce refus de la typologie repose sur la croyance en des principes universels et absolus de la construction, valables quelle que soit la fonction de l'édifice; mais plus souvent, il traduisait un refus de la hiérarchie sociale qu'exprimait la hiérarchie des types architecturaux. En cela, il est comparable au refus des genres en peinture, dont il sera question plus loin.

43. Au contraire de la thèse défendue par Kenneth E. Silver [42]. Il faut rappeler que le style dit « ingresque » de Picasso apparaît déjà dans des dessins datés de 1914. Le catalogue de l'exposition *On classical ground. Picasso, Léger, de Chirico and the new classicism, 1910-1930*, Londres, Tate Gallery, 1990, offre une bonne vue d'ensemble de la question.

44. Cette prétention a trouvé encore récemment un avocat en la personne d'Anatole Kopp, auteur d'un livre au titre dénué d'ambiguïté, *Quand le Moderne n'était pas un style, mais une cause*, Paris, École nationale supérieure des Beaux-Arts, 1988.

45. [44, p. 94-95]. Sur l'attitude de Derain, voir la mise au point de Jane Lee, dans le catalogue de l'exposition *Derain* (Oxford - Edimbourg - Troyes, 1990-1991), Oxford, Phaidon Press, 1990, p. 84-85. Il est par contre regrettable que cette période soit passée sous silence dans le catalogue de l'exposition *Vlaminck* (Chartres - Aoste, 1987), Milan, Fabbri Editori, 1987.

46. Jane Clapp, *Art Censorship. A Chronology of Proscribed and Prescribed Art*, Metuchen, N.-J., The Scarecrow Press, 1972. Il semble difficile d'aller plus loin que cet auteur en matière d'amalgame indu et de confusion.

47. Le ministère de la Culture (d'abord ministère des Affaires culturelles, au début de la cinquième République) a repris les attributions de la direction des Beaux-Arts, puis du secrétariat d'État aux Beaux-Arts, et son champ d'action n'a pas subi de modification essentielle.

48. De sérieuses réserves sur le libéralisme de la troisième République ont été formulées par Jean-Pierre Machelon, *La République contre les libertés? Les restrictions aux libertés publiques de 1879 à 1914*, Paris, Presses de la FNSP, 1976. Elles ne concernent cependant pas la vie artistique.

49. Il s'agit de « L'organisation du parti et la littérature de parti », publié dans *Novaïc Jizn* du 13 novembre 1905, trad. fr. dans Lénine, *Sur l'art et la littérature*, Paris, Union générale d'éditions, coll. 10/18, t. 2, 1976, p. 135 sqq.

50. On trouvera une mise au point récente sur ce sujet dans le livre d'Igor Golomstock, *Totalitarian Art*, Harper Collins, 1990, trad. fr. *L'art totalitaire*, Éditions Carré, 1991.

51. Voir, pour le domaine de l'architecture, le livre aujourd'hui classique de Barbara Miller Lane, *Architecture and Politics in Germany, 1918-1945*, Cambridge, Mass., Harvard University Press, 1968, rééd. 1985.

52. Camille Mauclair, *L'architecture va-t-elle mourir?*, Paris, Éditions de la Nouvelle Critique, 1933, p. 21. L'auteur avait auparavant publié chez le même éditeur deux autres pamphlets consacrés à la peinture, *La farce de l'art vivant* et *Les métèques contre l'art français*.

53. Brian Brace Taylor, *Le Corbusier, la Cité du Refuge. Paris 1929-1933*, Paris, L'Équerre, 1980, p. 17-18; Jean-Louis Cohen, « Vichy — Die französische Baukultur zwischen Autoritarismus und Technokratie », dans Hartmut Frank éd., *Faschistische Architekturen. Planen und Bauen in Europa 1930 bis 1945*, Hambourg, Hans Christians Verlag, 1985, p. 201-207.

54. C'est le sens de toutes ses recherches sur l'habitat collectif, inspirées par le souvenir de la chartreuse de Galuzzo (val d'Ema), en Toscane, depuis le projet d'immeubles-villas de 1922 jusqu'aux cités radieuses. On doit se rappeler que l'opposition entre individuel et collectif a constitué un problème majeur de la pensée, y compris de la pensée architecturale entre les deux guerres.

55. Germain Bazin, *Histoire de l'avant-garde en peinture du XIIIe au XXe siècle*, Paris, Hachette, 1969.

56. Cité dans [6, p. 51-52]. En 1845, D. Laverdant, fouriériste, développait la même idée dans un opuscule intitulé *De la mission de l'art et du rôle des artistes. Salon de 1845*, Paris, Aux bureaux de la Phalange : « L'Art, expression de la Société, exprime, dans son essor le plus élevé, les tendances sociales les plus avancées : il est précurseur et révélateur. Or, pour savoir si l'art remplit dignement son rôle d'initiateur, si l'artiste est bien à l'avant-garde, il est nécessaire de savoir où va l'Humanité, quelle est la destinée de l'Espèce. »

57. Charles Baudelaire, *Mon cœur mis à nu*, XLI, dans Charles Baudelaire, *Œuvres complètes*, Paris, Gallimard, La Pléiade, 1954, p. 1219. Baudelaire établit une liste de métaphores militaires. Le commentaire qu'il en donne (XXXIX, p. 1218, et XLI, p. 1219) doit être rapproché de sa dénonciation de la croyance au progrès (XV, p. 1210-1211) et de sa description de la « canaille littéraire » (XXXI, p. 1216).

58. Voir, par exemple, la critique du prétendu éclectisme des Carrache par Denis Mahon, « Eclecticism and the Carraci : further reflections on the validity of a label », *Journal of the Warburg and Courtauld Institutes*, XVI, 1953, p. 303 sqq.

59. Stendhal, « Salon de 1824 », dans Stendhal, *Mélanges d'art*, Paris, Le Divan, 1932, p. 6 et 8.

60. Discours du 30 janvier 1831. Louis-Philippe disait vouloir s'y tenir « également éloigné des excès du pouvoir populaire et des abus du pouvoir royal ». Léon Rosenthal [26] a consacré un chapitre au juste milieu dans la peinture française sous la Monarchie de Juillet, mais la définition qu'il en donne ne justifie en rien cette appellation.

61. Le renversement dans la signification de l'adjectif *académique* semble s'être opéré sous la Restauration. Pour Delécluze, en 1827, « l'école académique » est celle « qui s'est perpétuée en France depuis Coypel jusqu'au *Bélisaire* de David », c'est-à-dire pendant le XVIIIe siècle, jusqu'à ce que David ait rompu avec elle (*Journal de Delécluze*, Paris, Bernard Grasset, 1948, p. 479). Dès 1824, pourtant, Thiers entendait par « conventions académiques » les conventions de l'école davidienne, contre lesquelles se révoltait le jeune talent de Delacroix (« Salon de 1824 », *Revue européenne*, octobre 1824, p. 683).

62. Voir, par exemple, François Loyer, « Néo-gothique et politique au XIXe siècle en France », dans [4].

63. Claude Mollard, *L'enjeu du Centre Georges Pompidou*, Paris, Union générale d'éditions, coll. 10/18, 1976. L'auteur, qui n'est pas un historien de l'architecture, ne fait ici que reprendre un lieu commun ; voir Maija Bismanis, « Medievalism and modernism : an architectural link », dans [4].

64. Voir sur ce point la remarquable thèse de **Magdalena** Bushart, *Der Geist der Gotik und die expressionnistische Kunst*, Munich, Verlag Silke Schreiber, 1990.

65. C'est l'image d'un Cézanne attaché à la tradition classique que donne F.-L. Lem, *Sur le chemin de la peinture : Paul Cézanne*, Paris, Le Prieuré, 1969.

66. A la simple chronologie s'ajoutait un autre argument, d'ordre moral : de même qu'à la fin du XVIIIe siècle, les mythologies galantes des Boucher et des van Loo avaient été dénoncées par les esprits républicains comme un symptôme du déclin des mœurs sous la monarchie, de même, après la défaite de 1871, le besoin de redressement national fit-il voir dans les nudités des Bouguereau ou des Cabanel un

produit de la société corrompue du second Empire. Aucun auteur français, cependant, n'a formulé cette critique avec autant de netteté que l'Allemand Richard
Muther, dans sa *Geschichte der Malerei im 19.Jahrhundert*, Munich, 2 vol., 1893-1894.

67. Voir, par exemple, les rapports sur le budget des Beaux-Arts des députés
Merlou pour 1894, *Impressions parlementaires*, 1893, n° 2875, p. 3-4; Trouillot pour
1895, *Impressions parlementaires*, 1894, n° 907, p. 3 ; Massé pour 1904, *Impressions
pariementaires*, 1903, n° 1203, p. 7-8.

68. Charles Baudelaire, *Salon de 1846*, repr. dans *Charles Baudelaire, op. cit.*, n. 57,
p. 623-624.

69. Sur cet épisode, voir Jean Locquin, *La peinture d'histoire en France de 1745 à
1785*, Paris, Laurens, 1912, rééd. Paris, Arthéna, 1978, p. 63.

70. Sur l'histoire des académies, l'ouvrage fondamental reste celui de Nikolaus
Pevsner, *Academies of Art. Past and Present*, Londres, 1940, rééd. New York, Da Capo
Press, 1973.

71. Léon de Laborde, *De l'Union des Arts et de l'Industrie*, Paris, Imprimerie
impériale, 2 t., 1856.

72. *ibid.*, t. II, p. 7.

73. Il s'agit de Jean Lurçat, de Marc Saint-Saëns, et de presque tous les membres
de l'Association des peintres cartonniers de tapisserie réunis autour de la galerie La
Demeure. La dernière mise au point est celle de Michèle Heng, « Aubusson et la
renaissance de la tapisserie », *Histoire de l'art*, n° 11, 1990, p. 61-73.

74. Dans son ouvrage monumental sur *La pensée utopique de William Morris*, Paris,
Éditions sociales, 1972, Paul Meier a cherché à disculper l'écrivain de cette
contradiction, en le tirant vers le marxisme orthodoxe. C'est ainsi qu'il écrit
(p. 685) : « Si William Morris considère que l'art de la société communiste renouera
avec ce qu'il y avait de meilleur dans la civilisation médiévale, il n'a *jamais* prétendu
que l'horloge des temps futurs se remettrait à l'heure du Moyen Âge. Jamais il n'a
laissé entendre que le cadre de la vie quotidienne serait la reproduction pure et
simple du cadre gothique ou que le mode d'existence du xxII⁰ siècle serait celui du
xIVᵉ siècle. »

75. Roger Marx, *L'art social*, Paris, Bibliothèque Charpentier, 1913, p. 26-27.

76. Roger Marx, *op. cit. (supra*, n. 75), p. 3

77. Louis de Ronchaud, « De l'encouragement des beaux-arts par l'État », *La
Nouvelle Revue*, t. XXXIII, mars 1885, p. 134.

78. Léon de Laborde, *op.cit. (supra*, n. 71), t. II, p. 15 et 7.

79. Thomas Couture, *Méthode et entretiens d'atelier*, Paris, 1967, p. 375-376.

80. Lettres reproduites dans *Le Corbusier - Savina, Sculptures et dessins*, Paris,
Fondation Le Corbusier et Philippe Sers, 1984.

Chapitre XVI

LA SCIENCE

1. Christophe Charle, *Naissance des « intellectuels »*, *1880-1900*, Paris, éd. de
Minuit, 1990, p. 28-38, et Jean-François Sirinelli, *Intellectuels et passions françaises :
Manifestes et pétitions au xxᵉ siècle*, Paris, Fayard, 1990.

2. Julien Brunn, *La nouvelle droite*, Paris, Nouvelles Éditions Oswald, 1979,
p. 293.

3. George H. Sabine, *A History of Political Theory*, New York, Holt, 1937, 1950,
1951, p. 458.

4. Charles Maurras, *Œuvres complètes*, Paris, p. 161-162.

5. *Almanach de l'Action française*, 1934, p. 40-43, extraits d'article du comte de Paris sur « La maîtrise de l'air, » paru dans *Revue universelle*, 15 juin 1933.

6. Cf. Robert Wohl, « Par la voie des airs : L'entrée de l'aviation dans les lettres françaises », *Le Mouvement social*, déc. 1988, p. 41-64 ; version modifiée, « The Bards of Aviation : Flight and French Culture, 1909-1939 », *The Michigan Quarterly*, été 1990, p. 303-327.

7. Michel Paty, « The Scientific Reception of Relativity in France », in Thomas F. Glick, *The Comparative Reception of Relativity*, Dordrecht, 1987, p. 113-167 ; voir également Lewis Pyenson, « The Relativity Revolution in Germany », *idem*, p. 59-111.

8. Bernadette Bensaude-Vincent, *Langevin, 1872-1946. Science et vigilance*, Paris, Berlin, 1987, ch. III.

9. Paty, « The Scientific Reception of Relativity », in Glick, *op.cit.*, p. 153, 161, n. 133.

10. Cf. Louis de Broglie, André Thérive et alii, *L'avenir de la science*, publié en 1941, volume décrit par Henry Guerlac comme « une attaque de la droite contre l'humanisme scientifique prêché par les hommes de la gauche », « Science and French National Strength », in Edward Mead Earle (ed.), *Modern France Problems of the Third and Fourth Republics*, New York, Russell, 1964 p. 81-105. Renan avait écrit son *Avenir de la Science*, publié en 1895, près d'un siècle auparavant.

11. Henri Bouasse, *La question préalable contre la théorie d'Einstein*, Paris, Librairie scientifique Albert Blanchard, 1923 ; reproduction de l'article paru dans le numéro de janvier 1923 de *Scientia, Revue internationale de synthèse scientifique*, Paris, Alcan.

12. A propos de la théorie et de l'utilité, voir Harry W. Paul, *The Sorcerer's Apprentice. The French Scientist's Image of German Science*, 1840-1919, Gainesville, University of Florida Press, 1972, p. 63, et *From Knowledge to Power. The Rise of the Science Empire in France, 1860-1939*, Cambridge, Cambridge University Press, 1985, p. 171. Duhem continue à vanter le soutien dont bénéficie la science en Allemagne dans « Une science nouvelle, la chimie physique », *Revue philomathique de Bordeaux et du Sud-Ouest*, n° 5 et 6, 1899, 205-215, 260-280. Sur les emprunts culturels franco-allemands, voir Michel Espagne et Michael Werner, *Transferts : les relations interculturelles dans l'espace franco-allemand, XVIIIe et XIXe siècle*, Paris, Recherche sur les Civilisations, 1988. Pour un examen de l'impact des politiques républicaines sur les savants catholiques (Duhem, Albert de Lapparent, Georges Lemoine, et Joseph Grasset), voir Harry Paul, « The Crucifix and the Crucible : Catholic scientists in the Third Republic », *The Catholic Historical Review*, LVIII, 1972, p. 195-219.

13. Maurice Gandillot, *Note sur une illusion de relativité*, Paris, Gauthier-Villars, 1913, p. 16.

14. Émile Borel, préface à Albert Einstein, *La théorie de la relativité restreinte et généralisée mise à la portée de tout le monde*, traduit d'après la dixième édition allemande, par Mlle J. Rouvière, licenciée ès sciences mathématiques, Paris, Gauthier-Villars, 1921, V-VI.

15. Préface de M. Brillouin à J. Villez, *Les divers aspects de la théorie de la relativité*, Paris, Gauthier-Villars, 1923, p. VII.

16. P. Langevin, préface à A. S. Eddington, *Espace, temps et gravitation, suivi d'une étude mathématique de la théorie*, Paris, Hermann, 1921, p. III.

17. Harry W. Paul, *The Sorcerer's Apprentice, op. cit.* chap. 3, « Pierre Duhem as Propagandist : A Subtle Revision ».

18. Général Vouillemin, *Introduction à la théorie d'Einstein. Exposé philosophique élémentaire*, Paris, Albin Michel, Bibliothèque des sciences modernes et sociales, 1922, p. 12

19. Paul Drumaux (professeur à l'université de Gand), *L'évidence de la théorie d'Einstein*, Paris, Hermann, 1923, p. 54.

20. *Ibid.*

21. Paul Drumaux, *L'évidence de la théorie d'Einstein*, *op. cit.*, p. 67-69.

22. Harry W. Paul, *From Knowledge to Power*, *op. cit.*, chap. 6, « Science in the Catholic Universities ».

23. Thomas F. Glick, « Relativity in Spain », in Glick, (ed.), *The Comparative Reception of Relativity*, p. 231-263; Glick, *Einstein in Spain*, Princeton, Princeton University Press, 1988; and Glick (ed.), *The Comparative Reception of Darwinism*, Chicago, University of Chicago Press, 1988.

24. Pour les implications politiques de ce travail, voir Harry W. Paul, *The Edge of Contingency, French Catholic Reaction to Scientific Change from Darwin to Duhem*, University Press of Florida, 1979, chap. 1.

25. Cf. Loren R. Graham, *Science and Philosophy in the Soviet Union*, New York, Knopf, 1972, Vintage, 1974, p. 112, et David Joravsky, *Soviet Marxism and Natural Science*, 1917-1932, New York, Columbia University Press, Chap. 18.

26. David Joravsky, *The Lyssenko Affair*, New York, Harvard University Press, 1970; Denis Buican, *Lyssenko et le lyssenkisme*, PUF, 1988.

27. Barbara J. Reeves, « Einstein Politicized : The Early Reception of Relativity in Italy », *in* Glick (ed.), *The Comparative Reception of Relativity*, *op. cit.*, p. 217, 221.

28. La chaire de physique mathématique, créée le 31 mai 1933, exista jusqu'au 19 décembre 1945, mais sans « existence légale ». Archives, Collège de France, B. II. physique, d bis Chaire Einstein. Einstein correspondit avec la reine Élisabeth de Belgique durant vingt-deux ans. Jeremy Bernstein, *Einstein*, New York, Viking, 1973, p. 3-9.

29. Isabelle Stengers, « L'affinité ambiguë : le rêve newtonien de la chimie du XVIIIe siècle », *in* Michel Serres (s.d.), *Éléments d'histoire des sciences*, Paris, Bordas, 1989, p. 297.

30. Sur la médecine scientifique en Allemagne nazie, voir Benno Müller-Hill, *Murderous Science. Elimination by Scientific Selection of Jews, Gypsies, and others, Germany 1933-1945*, Oxford, Oxford University Press, 1988; Robert Jay Lifton, *The Nazi Doctors. Medical Killing and the Psychology of Genocide*, New York, Basic Books, 1986; and Max Weinreich, *Hitler's Professors. The Part of Scholarship in Germany's Crimes against the Jewish People*, New York, YIVO, 1946.

31. Jean-Jacques Gillon, « La fondation française pour l'étude des problèmes humains », in R. Bouden, F. Bromicaud et A. Guard (s.d.), *Science et théorie de l'opinion publique. Hommage à Jean Stoetzel*, Paris, Éd. Retz, 1981, p. 257-268. L'ouvrage fondamental demeure Alain Drouard, *Une inconnue des sciences sociales. La Fondation Alexis Carrel 1941-1945*, Paris, Maison des sciences de l'Homme, 1992. Drouard fait de la Fondation « le creuset des sciences sociales de l'après-guerre », et l'origine de ce qui devint l'Institut national d'études démographiques. William H. Schneider, « Vichy and Eugenics », *Quality and Quantity. The Quet for biological regeneration in 20th century France*, Cambridge, Cambridge University Press, 1990, p. 256-282.

32. Cf. Charles S. Maier, *The Unmasterable Past. History, Holocaust and German National Identity*, Cambridge, Harvard University Press, 1988.

33. A propos de l'Institut des relations humaines, cf. J. G. Morawski, « Organizing Knowledge and Behavior at Yale's Institute of Human Relations », *Isis*, 77, 1986.

34. Sur l'adoration de Carrel pour les testicules, voir les travaux de Jean-Charles Sournia, à paraître sous le titre *Mythologies de la médecine moderne*, Paris.

35. Yves Christen, *Biologie de l'idéologie*, Paris, Éditions 13, 1985, ch. 6. Cet apôtre de la sociologie est également l'auteur de *L'heure de la sociobiologie*, Paris, Albin Michel, 1979.

36. Dans une excellente analyse de « Eugenics and the Left », *Journal of the History of Ideas*, XLV, n° 4, oct.-déc. 1984, p. 567-590, Diane Paul traite du travail des savants socialistes américains et anglais qui tentèrent durant les années 1920 à 1940 « de développer un eugénisme socialement responsable; c'est-à-dire un programme à réaliser dans une société ayant aboli les classes sociales, susceptible ainsi de faire la différence entre les effets de l'hérédité et l'environnement » (p. 574).

37. Peter Weingart, « German Eugenics between Science and Politics », *Osiris*, 5, 1989, p. 260. Linda L. Clark, *Social Darwinism in France*, University of Alabama Press, 1984, p. 154. Voir également Daniel J. Kevles, *In the Name of Eugenics : Genetics and the Uses of Human Heredity*, New York, Knopf, 1985, and Peter Weingart, Jürgen Kroll, Kurt Bayertz, *Blut und Gene : Geschichte der Eugenik und Rassenhygiene in Deutschland*, Francfort, Suhrkamp Verlag, 1988. Voir également « Review Symposium », sur le livre de Kevles, in *Isis*, 77, juin 1986, p. 311-319; *The New York Times*, le 30 août 1990, p. 1-13, rapporte qu'au National Cancer Institute, a réussi « dans la thérapie du gène humain l'effort de traiter la maladie en replaçant les gènes malins par des gènes sains ». Heureusement, il s'agit de génétique, non d'eugénisme — pour l'instant.

38. Harper and Row a publié *L'homme, cet inconnu* en anglais en 1935, l'année de l'édition française.

39. Sur le concept d'Androcratie, voir Saul Antonio Tovar, « Alexis Carrel y la problemá contemporánea », *Revista de la Universidad Nacional de Córdoba*, 1967, p. 120 : « Gobierno del hombre "masculino". »

40. Extrait du titre du livre de Joseph T. Durkin, *Hope for our Time. Alexis Carrel on Man and Society*, New York, Harper and Row, 1965.

41. *Alexis Carrel, L'ouverture de l'homme*, édition établie par Yves Christen, Éditions du Félin, 1986, p. 33.

42. Citation du prix Nobel par le Karolinska Institute : « En reconnaissance de ses travaux concernant la suture des vaisseaux et la transplantation de vaisseaux et d'organes. » Voir *Carrel. Présentation de Hilaire Cluny. Choix de textes. Bibliographie*, Paris, Éd. Seghers, 1970, et *Catalogue des œuvres d'Alexis Carrel établi par le docteur J. Sutter*, reproduit in Christen, *L'ouverture de l'homme, op. cit..*

43. Pour une revue des métaphores avec lesquelles nous pensons, vivons et mourons, voir les travaux de George Lakoff, spécialement *Metaphors We Live By*, en collaboration avec Mark Johnson, Chicago, The University of Chicago Press, 1980, et *Women, Fire and Dangrous things. What Categories Reveal about the Mind*, Chicago, The University of Chicago Press, 1987.

44. Cf. Robert Jay Lifton, *The Nazi Doctors : Medical Killing and the Psychology of Genocide*, New York, Basic Books, 1986, et Benno Muller-Hill, *Murderous Science : Elimination by Scientific Selection of Jews, Gypsies, and Others. Germany, 1933-1945*, New York, Oxford University Press, 1988.

45. Michael R. Marrus et Robert O. Paxton, *Vichy France and the Jews*, New York, Schocken Books, 1983, p. 300-301 (trad. fr., *Vichy et les juifs*, Paris, Calmann-Lévy, 1981).

46. Voir Alan D. Beyerchen, *Scientists under Hitler. Politics and the Physics Community in the Third Reich*, New Haven and London, Yale University Press, 1977.

47. Robert O. Paxton, *Vichy France. Old Guard and New Order*, 1940-1944, New York Norton, 1975, 1re éd., Knopf, 1972, Chap. III : « The Collaborators... Experts »; Gérard Brun, *Techniciens et technocratie en France, 1918-1945*, Albatros, 1985.

48. Zeev Sternhell, *La droite révolutionnaire, 1885-1914. Les origines françaises du fascisme*, Le Seuil, 1978; Greta Jones, *Social Darwinism and English Thought : The Interaction between Biological and Social Theory*, Brighton, U.K., Harvester Press, 1980.

49. Linda L. Clark, *Social Darwinism in France, op. cit.*, p. 93. Voir aussi p. 96, pour une critique de l'approche sans discernement de Sternhell dans le traitement des nationalistes de la droite radicale qui trouvèrent leur compte dans le social-darwinisme.

50. Linda L. Clark, *Social Darwinism in France, op. cit.*, p. 105.

51. Voir René Martial, *Race, hérédité, folie : étude d'anthroposociologie appliquée à l'immigration*, Paris 1938.

52. Jeffrey C. Brautigam, « Sorting out Social Darwinism », *Hist. Phil. Life Sci.*, 12,1990, p. 111-116; recension comparative d'Alfred Kelly, *The Descent of Darwin. The Popularization of Darwinism in Germany, 1860-1914*, Chapel Hill, Université of New Carolina Press, 1979; Jones, *Social Darwinism and English Thoughty*, et Linda L. Clark,, *Social Darwinism in France.*

53. Partick Tort et alii, *Misère de la sociobiologie*, Paris, PUF, 1985.

54. Patrick Tort, *Misère de la sociobiologie, op. cit.*, p. 173. Voir également Patrick Tort, *La pensée hiérarchique et l'évolution*, Paris, Aubier Montaigne, 1983. Pour l'historique du débat en France, Pierre Thuillier, *Les biologistes vont-ils prendre le pouvoir? La sociologie en question. Le contexte et l'enjeu*, Bruxelles, Complexe, 1981.

55. Ullica Segerstrale, « Colleagues in Conflict : An "In Vivo" Analysis of the Sociobiology Controversy », *Biology and Philosophy*, I, 1986, p. 53-87. Voir Edward O. Wilson, *Sociobiology. The Abridged Edition*, Cambridge, The Belknap Press of Harvard University Press, 1980; *Sociobiology : The New Synthesis* fut publié en 1975. Le dernier chapitre porte un titre éloquent : « Man : From Sociobiology to Sociology » (L'homme : de la sociobiologie à la sociologie).

56. Jon Elster, « Beyond Gradient-Climbing », *in* Dwain N. Walcher, Norman Kretchner, Henry L. Barnett, *Mutations. Biology and Society*, Masson, 1978, p. 273-303.

57. Mark Ridley, « The Queen and the bouncers », *Times Literary Supplement*, 24-30 août, 1990, p. 894, recension des dernières révélations sur les fourmis par E.D. Wilson.

58. Voir Susanna Barrows, *Distorting Mirrors, Visions of the Crowd in Late Nineteenth-Century France*, New Haven, Yale University Press, 1981, p. 115-119. Robert A. Nye, *Crime, Madness, and Politics in Modern France*, Princeton, Princeton University Press, 1982, relève la popularité du modèle *médical* du déclin national en politique et dans les mouvements sociaux sous la troisième République; Daniel Pick, *Faces of Degeneration. A European Disorder, c. 1848-1918*, Cambridge, Cambridge University Press, 1989, p. 96, voit Durkheim comme « captivé par l'analogie médicale de la maladie et de la santé, et par les modèles scientifiques en général ». Jean-Pierre Rioux, « La science impériale de M. Durkheim », *Le Monde*, 9 août 1990, p. 2, recourt également à une explication pathologique : « hanté par le désordre social et la déliquescence de la morale civique », Durkheim délivrait le salut au moyen de la sociologie scientifique, dans *Les règles de la méthode sociologique*, 1895.

59. Ernest Gellner, « A reformer of the modern world » [André Sakharov], *Times Literary Supplement*, 17-23 août 1990, p. 863-864.

60. Edgar Morin, *Introduction à une politique de l'homme*, Paris, Le Seuil, nouv. éd., 1969, p. 41. La Science n'a pas de conscience. « Et pourtant elle entraîne derrière elle la planète, puisqu'elle entraîne la grande et vraie révolution des temps modernes, et qu'elle crée la civilisation technicienne » (p. 40).

61. Harry Paul, *From Knowledge to Power, op. cit.*.

62. Bernadette Bensaude-Vincent et Christine Blondel, « Deux stratégies divergentes de vulgarisation : Georges Claude et Paul Langevin », *Cahiers d'histoire et de philosophie des sciences*, nouv. série, n° 24, 1988, p. 38.

63. Spencer R. Weart, *Scientists in Power*, Cambridge, Harvard University Press,

1979, p. 274-275 (traduction française : *la grande aventure des atomistes français. Les savants au pouvoir*, Paris, Fayard, 1980, p. 378).

Chapitre XVII

LA RELIGION

1. Cette partie a été rédigée par Philippe Boutry.

2. Jean-Marie Mayeur, *La vie politique sous la troisième République*, Paris, Le Seuil, 1984.

3. Jürgen Habermas, *Strukturwandel der Öffentlichkeit* (Neuweid, 1962), traduction française : *L'espace public. Archéologie de la publicité comme dimension constitutive de la société bourgeoise*, Paris, Payot, 1978; Reinhart Koselleck, *Le règne de la critique*, trad. française, Paris, Minuit, 1979; Daniel Roche, *Le Siècle des Lumières en province. Académies et académiciens provinciaux (1680-1789)*, Paris-La Haye, Mouton, 1978; *Les Républicains des lettres. Gens de culture et Lumières au XVIIIᵉ siècle*, Paris, Fayard, 1988; Mona Ozouf, « Le concept d'opinion publique au XVIIIᵉ siècle » (1986), repris in *L'homme régénéré. Essais sur la Révolution française*, Paris, Gallimard, 1989, p. 21-53; Roger Chartier « Espace public et opinion publique », in *Les origines culturelles de la Révolution française*, Paris, Le Seuil, 1990, p. 32-52.

4. Rivarol, *Maximes et pensées*, Paris, Silvaite, 1960, p. 22.

5. Guy Besse, « Philosophie, apologétique, utilitarisme », *XVIIIᵉ siècle*, 1970 p. 131-146.

6. *L'Esprit des lois*, livre XXIV, ch. 3.

7. Jean-Jacques Rousseau, *Le Contrat social* (1762), livre IV, ch. 8.

8. Pierre Blet, « Garampi et la constitution civile du clergé », in *Miscellanea in onore di Monsignor Martino Giusti*, Città del Vaticano, Archivio Vaticano 1978 vol. I, p. 133.

9. Alexis de Tocqueville, *De la démocratie en Amérique*, Paris, 1835-1840. Françoise Mélonio, « La religion selon Tocqueville. Ordre moral ou esprit de liberté? », *Études*, janvier 1984, p. 73-88; et « Tocqueville et la restauration du pouvoir temporel du pape (juin-octobre 1849) », *Revue historique*, 549, janvier-mars 1984, p. 109-123.

10. Edgar Quinet, *Le christianisme et la Révolution française*, Paris, 1845. François Furet, *La gauche et la Révolution française au milieu du XIXᵉ siècle. Edgar Quinet et la question du jacobinisme (1865-1870)*, Paris, Hachette, 1986.

11. Gérard Gengembre, *La contre-révolution, ou l'histoire désespérante*, Paris, Imago, 1989, p. 130.

12. Benjamin Constant, « De la liberté religieuse », in *Principes de politique applicables à tous les gouvernements représentatifs et particulièrement à la constitution actuelle de la France* (1815), ch. XVII, repris in *De la liberté chez les Modernes*, textes choisis, présentés et annotés par Marcel Gauchet, Paris, Le Livre de Poche « Pluriel », 1980, p. 405.

13. Maurice Agulhon, *Histoire de la France rurale*, Paris, Le Seuil, tome III, 1976, p. 152.

14. Maurice Agulhon, *1848, ou l'apprentissage de la République*, Paris, Le Seuil, 1973.

15. Jean-Marie Mayeur, *La vie politique sous la troisième République, 1870-1940*, Paris, Le Seuil, 1984.

16. René Rémond, *La droite en France de la première Restauration à la Vᵉ République*, Paris, Aubier, 3ᵉ éd. 1971.

17. Michel Denis, *Les royalistes de la Mayenne et le monde moderne, XIXᵉ-XXᵉ siècle*, Paris, Klincksieck, 1977; Jean-Clément Martin, *La Vendée et la France*, Paris, Le Seuil, 1987.

18. Cette partie a été rédigée par Alain-René Michel.

19. André Siegfried, à propos de l'Ardèche, a eu l'occasion de démontrer combien les cantons les plus catholiques, ceux de la montagne, étaient en même temps les plus orientés à droite [12, p. 112].

20. Exception faite de la Première Guerre mondiale qui vit la participation au gouvernement de Denys Cochin [58, p. 262].

21. Cf. Robert Cornilleau, *De Waldeck-Rousseau à Poincaré, Chronique d'une génération (1898-1924)*, Éditions Spes, Paris 1927. L'auteur publie le texte intégral du programme du Bloc national républicain, p. 399-441.

22. Cf. *La Documentation catholique*, 20 décembre 1930, col 1180-1192.

23. Cf. *La Vie Intellectuelle*, 25 février et 10 mars 1936, article anonyme.

24. Bien que fort éloigné de la démarche historique habituelle, nous suggérons ici la lecture éclairante de l'analyse du discours pétainiste par Gérard Miller : *Les pousse-au-jouir du maréchal Pétain*, Paris, Le Seuil, 1975.

25. On notera que le critère « pratiquants réguliers » a fortement évolué : si, dans les années 1950 et encore en 1965, dans l'enquête de Michel Brule [72] cette notion désigne la pratique hebdomadaire, à partir des années 1970, le pratiquant régulier n'est plus censé aller à la messe qu'une ou deux fois par mois.

26. D'après l'enquête réalisée par l'IFOP en septembre 1952 et publiée dans *Réalités* de novembre de la même année, les messalisants déclarent voter à 54 % pour le MRP, à 20 % pour les Indépendants et à 18 % pour le RPF, la gauche ne recueillant que 8 % des suffrages déclarés [69; 70].

27. Cf. *Sondages*, 36ᵉ année, 1974, n° 1 et n° 2 : enquête avant les présidentielles de mai 1974; p. 53-54 : répartition des intentions de vote pour le premier tour selon la pratique religieuse (enquête du 22 avril 1974); pratiquants réguliers : Chaban-Delmas 33 %, Giscard d'Estaing 47 %.

28. Cf. SOFRES, *L'état de l'opinion, Clés pour 1987*, Paris, Le Seuil, 1987 : selon un sondage isoloir organisé le 16 mars 1976, les pratiquants réguliers auraient voté aux législatives à 69 % pour la liste RPR-UDF, à 2 % pour les divers-droite et à 8 % pour la liste du Front national; cf. SOFRES, *L'état de l'opinion, Clés pour 1989*, Le Seuil, 1989 : selon une enquête post-électorale réalisée du 14 au 23 juin 1988, les pratiquants réguliers déclarent avoir voté à 73 % pour l'URC-divers droite et à 5 % pour le Front national.

29. H. Godin, Y. Daniel, *La France pays de mission?*, Paris, Éditions de l'abeille, 1943; préface de l'abbé Guérin, aumônier général de la JOC. Nous n'entendons pas nous prononcer dans le débat sur la déchristianisation de la France. Retenons que ce livre a incontestablement marqué militants et clercs et déterminé les comportements de toute une génération.

30. Article de Frederico Alessandrini, rédacteur en chef, *Osservatore Romano* de juin 1951, cité dans [63, p. 168] et [69, p. 64].

31. Ce que montre la carte électorale de la Fédération républicaine de 1932 établie par W.D. Irvine, *French Conservatism in crisis : The Republican Federation of France in the 1930's*, Baton Rouge, Louisiana University Press, 1979, reproduite dans [58, p. 420].

32. Cf. [64, p. 101], nous serions incomplets si nous omettions la Jeune République qui, bien que fort minoritaire dans le catholicisme, n'en représente pas moins la traduction politique la plus à gauche.

33. Cf [28, p. 815], enquête réalisée par l'IFOP du 6 au 15 mars 1946 : elle révèle un dymorphisme sexuel important dans la pratique régulière; 52 % des femmes déclarent aller à la messe tous les dimanches, pour 29 % des hommes.

34. Le groupe de l'Action républicaine et sociale est né de la dissidence de 27 députés RPF qui ont choisi de soutenir Antoine Pinay le 6 mars 1952, contrevenant ainsi aux consignes du général de Gaulle. En 1954, ils rejoignent le Centre national des indépendants et paysans, [57, p. 246-247]. Au colloque de 1963, René Rémond évoque avec précision le premier congrès de ce mouvement et ses orientations religieuses [69, p. 83].

35. Rappelons que le 3 décembre précédent François Mauriac, dans *L'Express*, avait incité les catholiques à voter à gauche [70, p. 196-197].

36. Pour l'évolution de la pratique religieuse depuis 1945, nous renvoyons aux travaux d'Yves-Marie Hilaire et Gérard Cholvy [35] qui ne fournissent toutefois pas d'indication d'ensemble. On pourra également consulter la riche documentation rassemblée par Jacques Sutter [28] qui permet d'évaluer approximativement le recul de la pratique. Un sondage de 1946 révèle 32 % de pratique hebdomadaire; trente ans plus tard deux sondages de janvier et août 1976 situent cette même pratique entre 16 et 19 % [idem. t. II, p. 873].

37. René Rémond a eu l'occasion de montrer comment le mouvement gaulliste s'était, dès 1948, divisé sur la question scolaire [69, p. 84-85].

38. Cf. René Rémond, *Notre siècle, 1918-1991*, Fayard, Paris, 1991, p. 871.

39. René Rémond a rappelé qu'en 1951 « l'épiscopat n'a pas apporté un soutien sans faille » aux revendications des partisans de l'école libre [69, p. 67]; enfin nombre de catholiques issus des mouvements d'Action catholique sont plus soucieux d'évangélisation que de défense de l'école confessionnelle, en particulier les catholiques de l'enseignement public et les membres du SGEN qui s'est prononcé contre la loi Barangé en 1951 et contre toute subvention.

40. Les différents colloques consacrés à l'attitude des catholiques pendant la Seconde Guerre mondiale [45, 46, 47] comme la récente contribution de Renée Bédarida au colloque de l'IHTP sur « Vichy et les Français » [53, p. 444-462] ont tous démontré la lourde responsabilité de la hiérarchie catholique française qui n'a pas su choisir à temps et qui s'est obstinée dans son attitude légaliste à l'égard de Vichy. C'est Rome qui doit intervenir auprès de l'épiscopat français pour qu'il accepte d'envoyer des aumôniers auprès des maquis; l'épiscopat s'obstinant à confondre terrorisme et résistance.

41. À cet égard, François Goguel suggère à propos de la corrélation vote à droite et fort encadrement religieux en terre de chrétienté, que « les votes conservateurs des électeurs catholiques ne devaient autrefois pas grand-chose aux pressions cléricales, mais que ces pressions correspondaient tout simplement aux préférences innées de ceux qui les subissaient » [71, p. 1179].

42. Notons en effet que dans l'Entre-deux-guerres les mouvements spécialisés ne concernent que les jeunes, la spécialisation pour adultes ne prenant son essor qu'après la Libération. Sans doute existe-t-il une autre Action catholique, mais sa conception demeure traditionnelle quant à la pastorale et au rapport du laïc au clerc.

43. Sans doute un tel concept est-il en théorie et pour les dirigeants et certains militants qui l'ont intégré un progrès : la collaboration des différents milieux sociaux en favorisant l'éclosion d'élites dans chaque groupe social marque une avancée de l'Église sur le plan social par rapport à la conception traditionnelle du devoir social des classes dirigeantes. Il n'empêche qu'à la base, voire de la part du prêtre de paroisse, une telle conception peut être d'abord perçue comme un outil idéologique contre les forces de gauche et une justification à toutes les formes de corporatisme par exemple.

44. Présidentielles de 1965 : déclarent avoir voté pour Tixier-Vignancour, 4 % des pratiquants réguliers, 3 % des pratiquants irréguliers, 2 % des catholiques non

pratiquants [72, p. 17]. Déclarent avoir voté pour le Front national aux législatives de 1986, 8 % des pratiquants réguliers, 11 % des pratiquants occasionnels, 12 % des non-pratiquants (SOFRES 1987, p. 115), et aux législatives de 1988 : 5 % des pratiquants réguliers, 10 % des pratiquants occasionnels et 11 % des non-pratiquants.

45. René Rémond a eu l'occasion de souligner combien la division politique des catholiques se traduisait aussi sur le plan religieux par des comportements différents, la droite et la gauche correspondant à des systèmes de pensée différents et opposés [68].

Chapitre XVIII

L'ÉDUCATION

1. James Guillaume *in* Ferdinand Buisson, *Dictionnaire de pédagogie et d'instruction primaire*, Paris, Hachette, 1882-1893, p. 514. (Analyse officielle des procès-verbaux de réunions des conseils généraux.)

2. Lorain, *Tableau de l'instruction primaire en France*, Paris, 1837, p. 15 sqq.

3. Michel Denis, *Les royalistes de la Mayenne et le monde moderne, XIXᵉ-XXᵉ siècle*, Paris, Klincksieck, 1977, p. 174.

4. Louis de Bonald, *Traités et discours politiques. De l'éducation dans la société*, Paris, rééd. Ad. Le Clère, 1847, p. 368.

5. *Idem*, p. 369-370.

6. *Idem*, p. 372.

7. *Idem*, p. 388.

8. Fidèles à la tradition, comme dans beaucoup d'autres endroits de France, les Bretons enseignent à lire dans un syllabaire latin, réputé plus facile, et parce qu'il donne accès à la lecture des prières. Gilbert Nicolas (thèse inédite, Paris-IV, 1992, sur l'École normale de Rennes de 1831 à 1852) fait état de curés qui, sous la Monarchie de Juillet encore et malgré l'évolution de la pédagogie officielle, s'opposent à l'enseignement du français. Ils le font surtout, semble-t-il, pour des raisons morales.

9. *Op. cit.*, p. 383.

10. *Idem*, p. 414.

11. Joseph de Maistre, *Les Soirées de Saint-Pétersbourg, ou entretiens sur le gouvernement temporel de la Providence*, Lyon, Paris, 1831, 2 vol., t. I, p. 195.

12. Pierre-Sébastien Laurentie, secrétaire général de la Société, *Rapport présenté au Conseil général de la Société catholique des bons livres*, Paris, 1827.

13. Lettre adressée le 18 juillet 1833 à tous les instituteurs primaires. François Guizot la reproduit et en indique les intentions dans *Mémoires pour servir à l'histoire de mon temps*, Paris, 1860, t. II, p. 344-350.

14. *Mémoires, op. cit.*, t. III, p. 95.

15. *L'Avenir*, 29 avril 1831.

16. Après une comparution, au début de juin, en correctionnelle. L'audience devant les pairs a lieu le 19 septembre. Montalembert, venu au Luxembourg avec tous ses amis, est condamné au minimum de peine : cent francs d'amende et les dépens. Cf. Léonce Celier, *Le procès de l'école libre (mai-septembre 1831)*, Documents, Paris, J. de Gigord, 1931.

17. *Idem*.

18. Georges Chenesseau (Introduction), *La commission extraparlementaire de 1849,* texte intégral inédit des procès-verbaux, Paris, J. de Gigord, 1937. La commission comportait vingt-quatre membres.

19. Les débats n'étaient pas publics, même si la commission procéda à quelques auditions, dont celle de frère Philippe, supérieur des Frères des Écoles chrétiennes. Chacun des membres s'exprima avec beaucoup de liberté, Thiers plus que tout autre. Aussi s'opposa-t-il à toute publication des procès-verbaux. Ceux qui furent publiés en 1937 provenaient de Mgr Dupanloup.

20. Troisième séance, 10 janvier 1849.

21. *Emmanuel d'Alzon dans la société et l'Église du XIXᵉ siècle,* Paris, Éd. du Centurion, 1982.

22. Pierre de La Gorce, *Histoire de la seconde République,* Paris, 1898, t. II, p. 284.

23. *Idem,* p. 285.

24. *Ibidem.*

25. Cf. Françoise Mayeur, *L'éducation des filles au XIXᵉ siècle,* Paris, Hachette, 1979, et *Mgr Dupanloup et les problèmes politiques de son temps,* Actes du colloque tenu à Orléans les 17-18 novembre 1978, Orléans, Bulletin de la Société archéologique et historique de l'Orléanais.

26. Cf. Françoise Mayeur, *L'enseignement secondaire des jeunes filles sous la troisième République,* Paris, Presses de la FNSP, 1977.

27. Sénat, *Débats,* seconde délibération, 10 décembre 1880.

28. *Le Gaulois,* 25 novembre 1880.

29. Cf. Louis Capéran, *Histoire contemporaine de la laïcité française,* t. I : *La crise du seize Mai et la revanche républicaine,* Paris, Marcel Rivière, 1957 ; t. 2 : *La révolution scolaire, idem,* 1959; t. 3 : *La laïcité en marche,* Paris, Nouvelles Éd. latines, 1961; et André Lanfrey, *Les catholiques français et l'école,* 2 vol., Paris, Éd. du Cerf, 1990.

30. Sur toute cette évolution depuis la Seconde Guerre mondiale, cf. Antoine Prost, t. IV de l'*Histoire générale de l'enseignement et de l'éducation,* Paris, Nouvelle Libr. de France, 1981, et, plus bref, Marcel Launay, *L'Église et l'école en France, XIXᵉ-XXᵉ siècle,* Paris, Desclée, 1988.

Chapitre XIX

LE PATRIMOINE

1. On retrouve là le poncif du fils de famille dilapidant son héritage, largement développé par la littérature de ce siècle « bourgeois », non sans *a priori* socio-politiques.

2. On peut en observer la répétition dans les éditions successives du *Dictionnaire Larousse,* l'une des plus récentes [11] donnant toujours comme première définition : « bien qu'on tient par héritage de ses ascendants », même si sous la rubrique « sciences économiques » suit un aperçu plus autre.

3. Épisodique chez Frédéric Le Play [20], le terme est complètement absent dans l'essai d'Adolphe Thiers sur la propriété [19]. Il ne figure pas davantage dans le vocabulaire politique de 1869-1872 étudié par Jean Dubois [43] ni dans les proclamations électorales des années 1880 analysées par Antoine Prost [44].

4. C'est notamment le cas du *Journal de Rouen* dont la thèse de Jean-Pierre Chaline [5] permet de mesurer le ton contestataire en ce domaine.

5. Exemples pris dans *Le Journal de Rouen* de la Monarchie de Juillet, qui dénonce

de même les « monopoles... maintenus au profit de quelques castes privilégiées » (8 septembre 1832).

6. Prenons-en pour exemple ces conseillers généraux du XIXe siècle dont les dossiers indiquent à la fois le revenu et l'option politique [32], ou ces notables décrits par André-Jean Tudesq [31].

7. On compte plus de 14 millions de cotes foncières en 1881 et en 1892 les trois quarts des exploitants agricoles sont propriétaires [29, t. 3].

8. Sondage publié par *Le Point*, 9 novembre 1981, et cité par Jacques Capdevielle [4]. La majorité des électeurs du PCF était du même avis.

9. En 1826, un projet de loi sur les successions recréant un certain droit d'aînesse à partir de 300 F de cens foncier fut repoussé par la Chambre des pairs.

10. D'où la distinction qu'il établit entre grande et petite propriété paysanne : « l'une est une forme de capital, l'autre une forme du travail », dont la transmission par héritage lui semble légitime. Cf. le discours du 3 juillet 1897, cité *in* [55].

11. La distinction entre les fortunes mobilières et foncières serait pour cette époque largement fictive, nul avoir de quelque importance ne se concevant alors sans une part notable d'immeubles, source de prestige pour le « propriétaire », élément stable du revenu et gage éventuel de crédit.

12. Sans doute faudrait-il distinguer ici le pouvoir, fort entreprenant dans le domaine économique, et sa clientèle électorale, largement paysanne et aux horizons plus restreints.

13. Tels sont les titres des trois premiers chapitres, constituant le tome I du livre, le travail ne venant qu'ensuite.

14. Dans *La démocratie en Amérique*, t. I, chapitre III.

15. La part dont on peut disposer par testament est limitée à la moitié des biens s'il n'y a qu'un enfant, 1/3 s'ils sont deux, 1/4 s'ils sont trois ou plus (art. 913).

16. S'y ajouteraient, entre autres, Léon Say, Henri Germain, ou encore ce Dubochet, « magnat de l'industrie du gaz » et « mécène des républicains lors du 16 mai » [25, t. 10, p. 50].

17. Cf. notamment André-Jean Tudesq [31] et Jean-Pierre Chaline [5].

18. Cas en particulier de Lamartine, Arago, Crémieux, Dupont de l'Eure, Garnier-Pagès, Ledru-Rollin, Marie...

19. « A chaque propriété qui se crée, c'est un citoyen qui se forme... La propriété est, à nos yeux, le signe supérieur et préparateur de l'émancipation morale et matérielle de l'individu. » Discours d'Auxerre, 1er juin 1874 [48, p. 232].

20. Un phénomène [57] plus précocement analysé en Angleterre où le *Tory Worker* a fait l'objet depuis 1965 d'études approfondies.

21. Ainsi *Le Temps* saluait-il l'arrivée du Cartel en 1924 : « Une majorité dépensière par principe, tracassière de la fortune privée » dont il faut attendre « nouveaux impôts violents et tyranniques, confiscation de capitaux, de propriétés, d'héritages... » [51, p. 62-63].

22. Remboursé en titres de rente 3 %, il n'atteignait en fait que 630 millions au cours de 1825 [36].

23. En 1850, par exemple, malgré quelque grogne à droite, on étendit aux biens mobiliers le taux plus élevé (1 % seulement en ligne directe...) fixé pour les immeubles et l'on supprima l'exemption dont bénéficiaient les fonds publics français, vu leur place croissante dans les patrimoines [15, p. 19-20].

24. Sans atteindre et de loin les taux démagogiques voulus par certains (jusqu'à 72 % réclamait l'amendement Ménard-Klotz), le prélèvement passe, pour les biens de 500 000 à 1 million de F, de 2,5 % en 1901 à 4 % en 1910 [15, p. 28-29].

25. Antoine Pinay parlera ainsi en 1952 du « nouveau pacte d'honnêteté qui va lier l'épargne à l'État » [64, p. 79-80].

26. Rituellement expliqué par l'affolement d'un Capital se jetant dans les bras du fascisme, le soutien financier (au moins initial) d'un Coty à la *Solidarité française*, d'un Mercier au *Redressement français* ou d'un Taittinger aux *Jeunesses patriotes*, beaucoup moins efficace en définitive que la classique propagande par la presse ou l'affiche, gagne à être réexaminé dans la perspective proprement idéologique d'une droite extrême.

27. Rappelons ici Guizot : « Les uns, par l'intelligence et la bonne conduite, se créent un capital et entrent dans la voie de l'aisance et du progrès. Les autres, ou bornés, ou paresseux, ou déréglés, restent dans la condition étroite et précaire des existences fondées uniquement sur le salaire »... (*De la démocratie en France*, 1849, cité *in* [6, IV]

Chapitre XX

LES DROITES AU MIROIR DES GAUCHES

1. Cité par Géraldi Leroy, *Péguy entre l'ordre et la révolution*, Paris, Presses de la FNSP, 1981, p. 127.

2. Cf. Émile Combes dans son discours du 18 mars 1903 : « A mesure que l'enseignement congréganiste a gagné du terrain, la bourgeoisie, sa cliente, s'est éloignée de la République. La majeure partie est passée à la réaction » [39, p. 187].

3. Cf. les réflexions de Tocqueville dans sa lettre du 27 juillet 1853 : « Presque toute la nation fut amenée à croire que le système représentatif n'était autre chose qu'une machine politique propre à faire dominer certains intérêts particuliers et à faire arriver toutes les places dans les mains d'un certain nombre de familles : opinion très fausse même alors qui a plus favorisé que tout le reste l'établissement d'un nouveau gouvernement. » (Cité par A.-J. Tudesq, « Les comportements électoraux sous le régime censitaire » *in* Daniel Gaxie (s.d.), *Explication du vote*, Paris, Presses de la FNSP, 1985, p. 123.)

4. « La guerre » écrit Édouard Herriot, « a terriblement accru l'influence politique de l'argent. Les vieux cadres sociaux se disloquent. Autour d'une aristocratie de naissance qui garde parfois un charme aimablement suranné, la grâce d'une éducation fine, pullule une foule de faux nobles, importés ou de fabrication récente, qui n'ont droit à de vraies couronnes que le jour de leurs enterrements. La bourgeoisie française, celle qui conserve les vertus de la race, le goût de l'épargne, l'attachement à la famille, le sens du sacrifice, se laisse opprimer par la foule des nouveaux enrichis. [...] Je refuse de m'incliner devant les insolences, les menaces ou les vengeances de la fortune » [45, p. 180].

5. Jean-Jacques Becker, *1914 : Comment les Français sont entrés dans la guerre*, Paris, Presses de la FNSP, 1977.

6. Annie Kriegel, *Aux origines du communisme français, 1914-1920*, Paris-La Haye, Mouton, 1964.

7. Jean-Jacques Becker, *op. cit.*, p. 435.

8. Cf. Georges Lavau, Olivier Duhamel, « La démocratie » *in* Madeleine Grawitz, Jean Leca, (s.d.), *Traité de science politique*, Paris, PUF, 1987, t. II, p. 29-113 (en particulier p. 61-68).

Chapitre XXI

PORTRAIT DE L'HOMME DE DROITE

1. C'est ce que Daniel Bell a tenté de faire dans son essai capital sur *Les contradictions culturelles du capitalisme* (PUF, 1979) qui commet cependant, à notre sens, l'erreur symptomatique de confondre contradictions et dysfonctions : à l'opposé de l'interprétation marxiste, qui est, en son essence, totalitaire, aucune société ne se développe de manière fonctionnellement cohérente sur les plans de l'art, de l'économie, du régime politique, etc. Jamais la France hyperdirigiste de la quatrième République n'a été politiquement plus libérale ; jamais le conformisme culturel n'a été plus grand que dans les sociétés hyperindividualistes de l'Occident contemporain, etc. Ces contradictions sont structurelles au plan des sociétés, comme elles le sont au niveau individuel. Les situations révolutionnaires ne naissent pas de la contradiction entre les ordres, mais de la coïncidence des contradictions à l'intérieur de chaque ordre (coïncidence des conflits entre intellectuels, entre aristocrates, entre bourgeois, entre ecclésiastiques, entre paysans et à l'intérieur même de la Cour, à la veille de la Révolution française).

2. Ce n'est pas un hasard si les auteurs le plus souvent cités par René Rémond dans son maître livre sont Chateaubriand et Tocqueville : un géant des lettres et un « intellectuel » qui était aussi un grand écrivain.

3. Voir [1], chap. III, p. 54-81.

4. On saisit, dans la structuration « horizontale » du contrat, le fossé qui sépare Rousseau de Hobbes — en dépit de la part prise par ce dernier à la démolition de l'ordre théocratique. Selon Hobbes, les mobiles poussant les hommes à s'associer sont l'intérêt et la crainte. Le but du contrat selon l'auteur du *Léviathan* était de protéger la vie, qui ne fait aucune différence entre les hommes. Sa structure, qui dessaisissait les citoyens entre les mains du monarque absolu, résultait d'un accord passé horizontalement entre les citoyens, mais elle s'inscrivait, quant à ses fins, dans un champ vertical.

5. Une lecture freudienne suggérerait que l'identification du moi et du monde est une procédure classique du rejet de la conflictualité œdipienne. Maistre présente, de ce rejet, un des symptômes : l'horreur des excès de table qui caractérise souvent, et jusqu'à nos jours, l'idéologie, sinon la pratique de la droite. « Si chacun veut s'examiner sévèrement, il demeurera peut-être convaincu qu'il mange plus qu'il ne doit. [...] Examinez dans tous ses détails cet art perfide d'exciter un appétit menteur qui nous tue » (*Soirées*, premier entretien). Cette phobie de la nourriture est à comparer avec le ton très différent de Rousseau, qui n'aborde le sujet que du point de vue du moraliste, par exemple : « Je ne connais qu'un sens aux affections duquel rien de moral ne se mêle. C'est le goût. Aussi la gourmandise n'est-elle jamais le vice dominant que des gens qui ne sentent rien » (*L'origine des Langues*, chap. XV). Même commentaire au livre II d'*Émile*, et observation sociologique dans *Le contrat social*, III, 8 : « Un Espagnol vivra huit jours du dîner d'un Allemand. Dans les pays où les hommes sont plus voraces, le luxe se tourne aussi vers les choses de consommation. En Angleterre, il se montre sur une table chargée de viande ; en Italie, on vous régale de sucre et de fleurs »... Premiers essais sur la « consommation ostentatoire » de Veblen et sur la « civilisation des mœurs » de Norbert Elias, qui n'ont rien de commun avec la répugnance qui se dégage du texte maistrien.

Comme le suggère Bela Grunberger, à partir du moment où il y a tentative de confusion entre le sujet et l'objet, celui qui mange s'identifie à celui qui est mangé. Il a donc l'impression de se sauver par l'abstinence et de se *tuer* en mangeant (*Le narcissisme*, Payot, 1975, p. 151). C'est le sujet traité par Paul Morand dans sa *Chronique de l'homme maigre*, dans des circonstances qui, il est vrai, s'y prêtaient, en 1941, et par le cinéaste Marco Ferreri, dans son film *La grande bouffe*, dans les années soixante-dix.

Cela dit, le danger de l'interprétation freudienne, si on prétendait la généraliser, serait d'amener à unifier les traits de la personnalité — alors qu'une de nos hypothèses est, au contraire, la diversité des registres de la conscience. L'inconscient, par définition, est un. La personnalité est plurielle, et si le conscient ne se sépare pas de l'inconscient, le pathologique résulte de la prétention d'unifier nos états ou nos statuts. Il existe, heureusement, des hommes de droite bâfreurs et des hommes de gauche dyspeptiques...

6. Jean Touchard a observé, dans son *Histoire des idées politiques*, que le thème de l'arbre était une constante de la littérature traditionaliste. Bien d'autres exemples pourraient en effet être cités : le chêne de la forêt de Tronçais, à ce point identifié par l'idéologie pétainiste à la personne du Maréchal qu'il fut symboliquement fusillé à la Libération... Ou encore cette scène d'un roman de Paul Gadenne, *Siloé*, qui eut également son heure de gloire sous Vichy : « Tandis qu'il s'approchait, Simon sentait que l'arbre avait quelque chose à lui dire, et il allait à lui, le cœur battant. [...] Il s'appliquait tout contre lui, dos à dos, poitrine contre poitrine jusqu'à ce qu'il sentît passer un peu de la pensée, de la force qui animaient le géant. » Cela dit, il existe aussi nombre d'arbres « de gauche » : chez Hugo, Gide, Giono, Sartre. La différence pourtant est substantielle. Témoin cette métaphore des *Faux-monnayeurs* : « Les romanciers nous abusent lorsqu'ils développent l'individu sans tenir compte des compressions d'alentour. La forêt façonne l'arbre. A chacun, si peu de place est laissée ! Que de bourgeons atrophiés ! Chacun lance où il peut sa ramure. La branche mystique, le plus souvent, c'est à de l'étouffement qu'on la doit. On ne peut échapper qu'en hauteur. »

La contrainte de la nature n'est ici prise en compte qu'en vertu de la relation *dynamique* qui existe entre celle-ci et l'homme. L'arbre est symbole, non de la hiérarchie ni de l'héritage, mais des obstacles que doit vaincre le bourgeon pour éclore.

Dans les *Nouvelles nourritures* (IV), les bourgeons percent encore de la manière la moins traditionaliste qui soit : « Tu remarqueras de même que tout l'élan de la sève gonfle de préférence les bourgeons de la fine extrémité des branches et les plus éloignés du tronc. Sache comprendre et t'éloigner le plus possible du passé. » L'arbre est ainsi retourné contre Taine et Barrès, pour lesquels il était principe d'identification, expression rassurante d'une loi antérieure à l'homme et à la Création.

Un autre écrivain de gauche, Jean Giono, a retrouvé le même esprit dans *Triomphe de la vie*, publié en 1941, à l'heure culminante de l'organicisme de droite, et reçu comme un témoignage d'allégeance à l'idéologie de Vichy. « Pour que l'homme puisse supporter le fait que le monde a été créé, il est obligé chaque jour, parfois chaque heure, à tout moment, de refaire en lui-même la création du monde. » En dépit des nombreuses incertitudes de sa pensée, Giono se retrouve spontanément sur le même sol que Gide, Hugo et tant d'autres, dans la même forêt, où l'arbre exprime le rejet de l'identification rassurante et l'adhésion de l'homme qui prétend s'égaler à la Création sans cependant s'égaler à Dieu : « C'est le départ pour l'aventure universelle comme la lance de l'arbre hors de la graine, et l'éclatement du frai de poisson. Il n'est besoin d'aucun commandement préétabli, d'aucune hiérarchie dirigeante, ni d'un plan dicté même par le plus excellent des dictateurs, pour que les efforts de chacun s'organisent en vue du bonheur commun. Cela se fait naturellement. »

Lorsque cet arbre sera dissocié de l'ordre naturel sous le regard de Roquentin, dans *La nausée* de Sartre, il engendrera le malaise existentiel et le sentiment de l'absurde, en ces années dominées par Hitler et Staline, durant lesquelles le sujet, entraîné par une dérive paroxystique, cédera à la tentation de ne plus connaître que l'extrémité hideuse de ses branches et d'arracher ses racines.

Aux tentations de l'homme-Dieu qui assassine le Créateur et à travers ce dernier la Création, à la génuflexion de l'homme-créature qui tremble, comme Barrès et Maurras, devant la menace du déracinement, la sagesse de Gide répond, dans *Prétextes*, par la synthèse du repiquage...

7. Précisons que cette analyse, que nous proposions dès 1980, est très antérieure au « responsable, mais pas coupable » rendu fâcheusement célèbre par Mme Dufoix lors des débats du printemps 1992 sur la responsabilité des membres du gouvernement dans l'affaire de la contamination de plusieurs milliers d'hémophiles à la suite de transfusions sanguines opérées avec l'aval du CNTS.

8. Dans sa théorie fantaisiste de la réversibilité des mérites et des peines, de Maistre pousse très loin le raisonnement. Comment, par exemple, expliquer que, dans un ordre harmonieux, nos actes positifs ne soient pas récompensés, et nos mauvaises actions punies par la Providence ? La réponse est que nous n'apercevons pas les récompenses et les châtiments, parce qu'ils sont décalés dans le temps et dans l'espace — ce qui revient à affirmer la responsabilité *formelle* de l'individu (puisqu'il n'est censé être comptable devant l'ordre universel, qui le juge), pour mieux affirmer son irresponsabilité *réelle* (puisqu'en définitive, l'ordre dans lequel son action s'inscrit, lui échappe).

9. Le transfert de la responsabilité individuelle à la société n'est pas, on le constate une fois de plus, un thème propre à la gauche, et Barrès ne s'est pas contenté de l'invoquer dans ses romans. On l'a vu céder à cette facilité disculpatrice devant l'Assemblée, le 21 juin 1909, à propos de suicides d'adolescents qui secouaient l'opinion. Le sujet, à vrai dire, l'intéressait depuis longtemps.

La dédicace d'*Un homme libre* signalait dès 1889 la recrudescence du nombre des suicides de collégiens, mais c'était le « prince de la jeunesse » qui s'exprimait contre les excès de la « discipline », et au nom des « intentions » des suicidés. Vingt ans après, l'écrivain-député montait à la tribune pour dénoncer, en présence du ministre de l'Instruction publique, Gaston Doumergue, de nouveaux suicides d'adolescents dans les lycées. Le ton avait changé. En 1909, toute son argumentation — l'évocation d'une « épidémie » de suicides, niée par son adversaire, la dénonciation des responsabilités de l'école laïque et non plus du système éducatif en général, la remise en cause de la philosophie allemande — aboutissait à retirer aux suicidés la responsabilité de leur acte.

Ce changement d'optique ne reflétait pas seulement un itinéraire personnel, mais l'inquiétude d'un tempérament qui se rencontrait avec une société en proie à une profonde crise morale : en traitant le suicide comme un fait collectif, en le dénonçant comme un crime social camouflé, le député de Paris était-il si éloigné des thèses de Durkheim sur le suicide, soutenues en 1897 ? La conception libérale du contrôle social, telle que, par exemple, Thiers l'avait exprimée dans son discours sur « la vile multitude » en 1850, ou telle qu'on la trouve derrière le concept d'anomie, est l'enfant naturel, bien que non désiré, de la Révolution du sujet. Autant que le tempérament de gauche, la *Weltanschauung* de droite se heurte, dans ses moments critiques, à la difficulté de concilier les aspirations de l'inconscient avec le projet de liberté — la volonté de l'*homme libre* — apparu dans la seconde moitié du XVIIIᵉ siècle.

10. Dans son dialogue ininterrompu avec Barrès, Gide a retourné l'argument. La thèse de la réversibilité du bien et du mal n'aboutit, selon lui, qu'à conclure à l'absurdité de la Création, qui est incompatible avec la Révolution du sujet. Le personnage du Millionnaire, alias Zeus, du *Prométhée mal enchaîné* (1897) demande à un passant d'écrire sur une enveloppe contenant un gros chèque, le premier nom qui lui passe par la tête; puis il assomme le malheureux, qui n'a rien compris à ce qui vient de lui arriver : ainsi le bien qui sera parvenu par hasard au destinataire du chèque au porteur, aura été la contrepartie du mal — le coup donné au passant par Zeus — et la preuve aura été faite de l'absurdité de l'univers, à laquelle l'homme peut seulement remédier, comme Prométhée, en nourrissant son aigle : c'est-à-dire en assumant sa responsabilité morale. Il n'y a d'éthique que dans l'assomption tragique de l'autonomie du mal; éthique et liberté, solidaires, impliquent le rejet de la réversibilité des mérites et des peines, le refus de toute procédure unificatrice du monde. Le thème se retrouve dans les romans de Gide, et bien entendu dans la réflexion des *Caves du Vatican* sur « l'acte gratuit », qui pose la question des fondements de la loi que le sujet moral, responsable de soi, se donne à lui-même. Sartre a prolongé le même débat, en le radicalisant, dans *Le Diable et le Bon Dieu* : « Le monde est iniquité; si tu l'acceptes, tu es complice, si tu le changes, tu es bourreau. » Comment être à la fois responsable et innocent? Comment être à la fois affranchi de l'ordre universel, et partie d'une Création cohérente? Cette interrogation fondatrice de la psyché de gauche a également nourri la notion d'absurde dans l'œuvre de Camus.

INDEX

798, 801, 807, 808, 817, 834, 868, 887, 892, 898.

ARSONVAL, d' : 643.

Association catholique de la jeunesse française (ACJF) : 727.

Association de parents d'élèves de l'enseignement libre (APEL) : 727, 728.

Association républicaine des anciens combattants : 342, 343.

Association Sully : 440.

ASTIER DE LA VIGERIE, Emmanuel d' : 552.

ASTOUX, André : 888.

AUBANEL, Théodore : 85.

Auberges de jeunesse : 908.

AUGUSTIN, saint : 33, 541, 815.

AUJOULAT : 887.

AULARD, Alphonse : 864.

AUMERAN, Adolphe : 158.

AURIOL, Vincent : 882.

AUTANT-LARA, Claude : 197, 889.

AUZIAS-TURENNE, duc d' : 183.

AVESNES, Étienne d' : 455.

AVICE, Edwige : 528.

AVRIL DE SAINTE-CROIX : 33.

AYMÉ, Marcel : 788, 816.

AYNARD, Gustave : 855.

AZAR DU MAREST : 910.

AZÉMA, Jean-Pierre : 884.

BAAL, Gérard : 856.

BABEUF, Gracchus : 33, 87.

BACCONNIER, Firmin : 485, 493.

BACCOU, P. : 894.

BACON, Roger : 811, 814.

BACZKO, Bronislaw : 699.

BADEN-POWELL, Robert : 907.

BADIÉ, Bertrand : 847.

BADINTER, Robert : 114, 451, 469.

BAECQUE, Antoine de : 846.

BAILLY : 430.

BAINVILLE, Jacques : 119, 327, 483, 885, 889.

BAKER, Michael Keith : 848.

BALLADUR, Édouard : 418.

BALLANCHE, Pierre-Simon : 216, 396, 447.

BALZAC, Honoré de : 54-55, 58, 65, 323, 324, 362, 503, 512, 517, 533, 596, 788, 794, 796, 817, 824, 830, 834, 879.

BAMBUCK, Roger · 532.

BANVILLE, Théodore de : 577.

BARANGÉ : 682, 890, 921.

BARBÈS, Arnaud : 488.

BARBEY D'AUREVILLY, Jules : 448, 518, 903.

BARBIER-JEANNENEY, Élizabeth : 894.

BARDÈCHE, Maurice : 525.

BARDOUX, Jacques : 158, 896.

BARÈRE, Bertrand : 74, 82, 368.

BARNAVE, Antoine : 262, 358, 359, 360.

BARNETT, Henry L. : 918.

BAROCHE, Jules : 276, 309.

BARODET, Désiré : 412.

BARRAL, Pierre : 872, 884.

BARRE, Raymond : 303, 436, 896.

BARRÈS, Maurice : 83, 84, 88, 110, 113, 114, 120, 138, 139, 143, 174, 193, 289, 315, 322, 328, 329, 330, 332, 425, 427, 437, 452, 453, 454, 458, 463, 500, 503, 521, 524, 700, 701, 794, 797, 813, 818, 820, 822, 823, 824, 828, 829, 830, 832, 858, 879, 883, 885, 901, 927.

BARRÈS, Philippe : 120.

BARROT, Odilon : 78, 269.

BARROWS, Susanna : 918.

BARRUEL, abbé Augustin : 216, 444, 446, 450, 453, 900.

BARTHÉLEMY, Joseph : 143, 315.

BARTHES, Roland : 792.

BARTHOU, Louis : 295.

BARZACH, Michèle : 557, 882.

BASCH, Victor : 461, 464.

BASTIAT, Frédéric : 131, 362, 384, 390, 391, 392, 393, 397, 409, 893, 895.

BATAILLE, Henry : 33, 34.

BAUBEROT, Jean : 901.

BAUDELAIRE, Charles : 325, 598, 796, 913, 914.

BAUDIN : 308.

BAUDIN, Alphonse : 341.

BAUDOUIN, J. : 906.

BAUDRY : 604.

BAUDRY D'ASSON : 133-134.

BAUMES, Jean-Baptiste : 537.

BAYARD, seigneur de : 107.

BAYERTZ, Kurt : 917.

BAYET, Albert : 877.

BAYLE, Gaspard Laurent : 537.

BAZIN, Germain : 913.

BAZIN, René : 34, 57, 60, 62, 64, 65.

BAZIRE, Henri : 673.

BEAU DE LOMÉNIE, Emmanuel : 738, 894.

Société pour l'instruction élémentaire : 709.
Société Proudhon : 85.
SOISSON, Jean-Pierre : 531.
SOLAGES, marquis de : 890.
SOLJENITSYNE, Alexandre : 191.
SOMBREUIL, Mlle de : 576.
SONIS, Gaston de : 107.
SOREL, Albert : 104, 427.
SOREL, Georges : 339.
SORLIN, Pierre : 901.
SOUCHON, Auguste : 65.
SOULIÉ, Frédéric : 890.
SOURNIA, Jean : 916.
SOURY, Jules : 330.
SOUSTELLE, Jacques : 121, 156, 157, 160, 161.
SPENCER, Herbert : 520, 907.
SPENGLER, Oswald : 636.
SPIES, Werner : 583, 910.
SPINOZA, Baruch : 234.
STAËL, Germaine de : 192, 194, 262, 313, 794.
STALINE, Joseph : 191, 200.
STAVISKY, Alexandre : 343.
STEEG, Jules : 464.
STENDHAL (Henri BEYLE, dit) : 323, 324, 398, 600, 832, 913.
STERNHELL, Zeev : 339, 480, 490, 500, 857, 890, 897, 899, 901, 902, 904, 905, 906, 917.
STIL, André : 792.
STIRBOIS, Jean-Pierre : 896.
STOETZEL, Jean : 635.
STOLERU, Lionel : 449.
STOLPE, Elmar : 575, 909.
STRAUSS, Paul : 40.
SUAREZ, Georges : 199.
SUE, Eugène : 533.
SUFFERT, Georges : 679.
SUHARD, Mgr : 229.
SULLEROT, Évelyne : 882.
SULLY : 61.
SURBLED, Georges : 550.
SURCOUF : 451.
SUTTER, J. : 917.
SUTTER, Jacques : 921.
Syndicat général de l'éducation nationale (SGEN) : 921.
Syndicats professionnels français : 485.
SYVETON, Gabriel : 427, 464, 903.

TAGUIEFF, Pierre-André : 857, 899, 900, 901, 904.
TAILHADE, Laurent : 340.
TAINE, Hippolyte : 83, 109, 174, 181, 193, 213, 337, 450, 520, 524, 702, 712, 821, 822, 927.
TAITTINGER, Pierre : 925.
TALABOT : 488.
TALHOUËT-ROY, marquis de : 279, 314.
TALLEYRAND, Charles Maurice de : 116, 183, 230, 255, 256, 258, 260, 261, 306, 307, 313, 369, 698-699.
TALMY, Robert : 879, 881.
TAPIE, Bernard : 742.
TARDE, Alfred de : 140, 461, 524, 885. Voir AGATHON.
TARDE, Gabriel : 880.
TARDIEU, André : 56, 59, 66, 85, 144, 145, 177, 297, 316, 433, 434, 463, 888, 890, 898, 902.
TARGET : 306.
TAXIL, Léo : 455.
TEILHARD DE CHARDIN, Pierre : 633.
TEITGEN, Paul-Henri : 887.
TERRENOIRE, Louis : 888.
TESTE, Charles : 498.
THANT, Sithu U : 553.
THATCHER, Margaret : 199, 243, 418.
THÉRIVE, André : 915.
THIBAUDEAU, A.C. : 308, 313.
THIBAUDET, Albert : 336, 342, 345, 432, 843, 847.
THIBAULT-LAURENT, Gérard : 878.
THIBON, Gustave : 51, 52, 53, 56.
THIEBAUD, Georges : 428, 454, 457, 464, 897, 900, 901, 902.
THIERS, Adolphe : 105, 118, 129, 131, 176, 226, 258, 266, 267, 274, 275, 276, 277, 284, 308, 309, 313, 365, 397, 475, 505, 576, 715, 716, 718, 739, 747-748, 749, 794, 913, 922, 923, 928.
THIESSE, Anne-Marie : 792.
THOMAS D'AQUIN : 110.
THOREZ, Maurice : 302, 375, 445, 774.
THORNTON, Henry : 395.
THOURET, Jacques Guillaume : 262, 265, 306, 307, 308, 358.
THUILLIER, Pierre : 918.
THUREAU-DANGIN, Paul : 118, 317.
TILLY, Charles : 487.
TISSIÉ, Philippe : 523.
TISSIER, Mgr : 227.

PLAN DES AUTRES TOMES

Troisième partie

CULTIVER

Cinquième partie
QU'EST-CE QU'ÊTRE DE DROITE?

tel

Volumes parus